# 甘肃年鉴

## 2023

甘肃省地方史志办公室　编

甘肃民族出版社

图书在版编目（C I P）数据

甘肃年鉴. 2023 / 甘肃省地方史志办公室编. -- 兰州 : 甘肃民族出版社, 2023.5
ISBN 978-7-5421-6068-3

Ⅰ. ①甘… Ⅱ. ①甘… Ⅲ. ①甘肃－2023－年鉴 Ⅳ. ①Z524.2

中国国家版本馆CIP数据核字(2023)第090772号

甘肃年鉴（2023）
甘肃省地方史志办公室 编

责任编辑：陈苗苗
封面设计：王旭风
出版发行：甘肃民族出版社
地　　址：兰州市城关区读者大道 568 号 730030
联系电话：0931—2131268（编辑部）　0931—2131216（发行部）
印　　刷：兰州银声印务有限公司
开　　本：889 毫米 ×1194 毫米　1/16　印张：35.25　插页：20
字　　数：1200 千
版　　次：2023 年 6 月第 1 版　2023 年 6 月第 1 次印刷
印　　数：1 ～ 2 500 册
书　　号：ISBN 978-7-5421-6068-3
定　　价：320.00 元

图书若有印装质量问题，请直接与出版社联系调换。
联系电话：0931—2131216

# 《甘肃年鉴》编纂委员会



# 《甘肃年鉴》编纂委员会办公室



# 《甘肃年鉴》编辑部

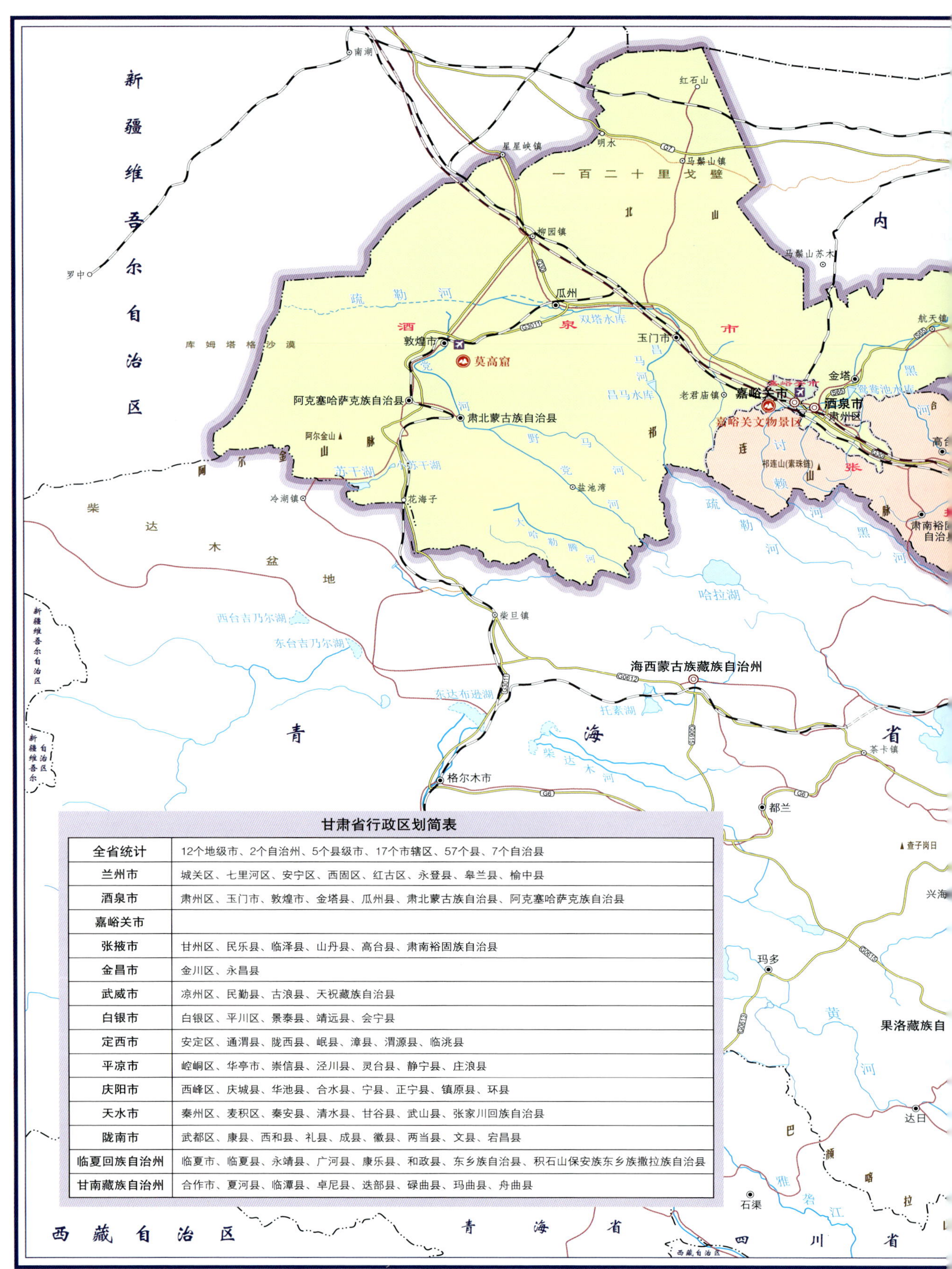


甘肃省行政区划简表

| 全省统计 | 12个地级市、2个自治州、5个县级市、17个市辖区、57个县、7个自治县 |
|---|---|
| 兰州市 | 城关区、七里河区、安宁区、西固区、红古区、永登县、皋兰县、榆中县 |
| 酒泉市 | 肃州区、玉门市、敦煌市、金塔县、瓜州县、肃北蒙古族自治县、阿克塞哈萨克族自治县 |
| 嘉峪关市 | |
| 张掖市 | 甘州区、民乐县、临泽县、山丹县、高台县、肃南裕固族自治县 |
| 金昌市 | 金川区、永昌县 |
| 武威市 | 凉州区、民勤县、古浪县、天祝藏族自治县 |
| 白银市 | 白银区、平川区、景泰县、靖远县、会宁县 |
| 定西市 | 安定区、通渭县、陇西县、岷县、漳县、渭源县、临洮县 |
| 平凉市 | 崆峒区、华亭市、崇信县、泾川县、灵台县、静宁县、庄浪县 |
| 庆阳市 | 西峰区、庆城县、华池县、合水县、宁县、正宁县、镇原县、环县 |
| 天水市 | 秦州区、麦积区、秦安县、清水县、甘谷县、武山县、张家川回族自治县 |
| 陇南市 | 武都区、康县、西和县、礼县、成县、徽县、两当县、文县、宕昌县 |
| 临夏回族自治州 | 临夏市、临夏县、永靖县、广河县、康乐县、和政县、东乡族自治县、积石山保安族东乡族撒拉族自治县 |
| 甘南藏族自治州 | 合作市、夏河县、临潭县、卓尼县、迭部县、碌曲县、玛曲县、舟曲县 |

审图号：甘S（2022）1号

# 甘肃省政区图

附注：1属宁夏回族自治区 2 太子山天然林保护区 3 莲花山风景林自然保护区

## 2022数字甘肃

全年全省地区生产总值11201.6亿元，比上年增长4.5%

第一产业增加值1515.3亿元，增长5.7%

第二产业增加值3945.0亿元，增长4.2%

第三产业增加值5741.3亿元，增长4.4%

全年人均地区生产总值44968元，比上年增长4.7%

全年全省十大生态产业增加值3278.77亿元，占全省地区生产总值的29.3%

### 农 业

全年全省粮食种植面积270.0万公顷，比上年增加2.3万公顷

全年粮食产量1265.0万吨，比上年增产2.7%

全年蔬菜产量1736.6万吨，比上年增产4.9%

中药材产量137.5万吨，增产4.6%

园林水果产量575.4万吨，增产6.7%

### 工业和建筑业

全年全省全部工业增加值3297.2亿元

规模以上工业增加值增长6.0%

年末全省发电装机容量6780.8万千瓦，比上年末增长10.2%

全年规模以上工业企业利润594.6亿元，比上年增长15.3%

全年建筑业增加值657.6亿元，比上年增长4.6%

年末具有资质的总承包和专业承包建筑业企业2670个，比上年末增加296个

## 服务业

全年全省批发和零售业增加值795.6亿元，比上年下降0.5%

交通运输、仓储和邮政业增加值555.6亿元，增长17.7%

住宿和餐饮业增加值155.0亿元，下降7.5%

金融业增加值925.1亿元，增长2.9%

房地产业增加值573.2亿元，下降3.2%

其他服务业增加值2681.0亿元，增长6.5%

全年规模以上服务业企业营业收入比上年增长4.4%，利润总额增长6.3%

全年货物运输总量72945.1万吨，比上年下降4.2%

## 居民收入消费和社会保障

全年全省居民人均可支配收入23273.1元，比上年增长5.5%

全年全省居民人均消费支出17489.4元，比上年增长0.2%

农村居民人均消费支出11494.2元，增长2.6%

## 文化旅游、卫生健康和体育

年末全省广播节目综合人口覆盖率99.46%，比上年末提高0.03个百分点

全年共接待国内游客1.35亿人次，比上年下降51.2%

年末全省共有医疗卫生机构25267个

全省共有体育场地82581个，体育场地面积5180.3万平方米，人均体育场地面积2.07平方米

全年体育获得各类奖牌33枚，其中金牌15枚

# 编纂说明

一、《甘肃年鉴》是由甘肃省人民政府主管、甘肃省地方史志办公室编纂的综合性省级年度资料性文献。2009年始纂（附全文数据光盘），《甘肃年鉴（2023）》为第15卷，记述时限为2022年1月1日至12月31日（部分内容依据实际情况涉及时限外）。

二、《甘肃年鉴（2023）》坚持以马克思列宁主义、毛泽东思想、邓小平理论、“三个代表”重要思想、科学发展观、习近平新时代中国特色社会主义思想为指导，坚持辩证唯物主义和历史唯物主义的立场、观点和方法。紧紧围绕省委省政府中心工作，突出年度特色，全面、客观、真实、系统地记述甘肃省自然、政治、经济、文化、社会和生态文明建设等各个领域的基本情况，为促进甘肃经济社会高质量发展和社会各界了解甘肃、研究甘肃提供基本资料和历史借鉴。

三、《甘肃年鉴（2023）》在保持原有框架相对稳定的前提下，部分类目进行了适当调整，在特载、专记、卷首图片中，突出2022年这一关键时间节点，全面、客观、系统记录甘肃省委、省政府过去5年和新时代以来10年，在以习近平同志为核心的党中央坚强领导下，以习近平新时代中国特色社会主义思想为指导，统筹推进“五位一体”总体布局，协调推进“四个全面”战略布局，坚持稳中求进工作总基调，完整、准确、全面贯彻新发展理念，加快构建新发展格局，牢牢把握高质量发展主题，积极应对严峻复杂的发展环境和交织叠加的风险挑战，高效统筹疫情防控和经济社会发展，推动全省各项事业取得历史性成就、发生历史性变革，陇原大地的面貌、人民群众的面貌实现了前所未有的巨大变化。

四、《甘肃年鉴（2023）》内容分为类目、分目、条目三个层次，以条目作为记述的基本形式。设特载、专记、大事记、省情概览、中国共产党甘肃省委员会、甘肃省人民代表大会、甘肃省人民政府、中国人民政治协商会议甘肃省委员会、中国共产党甘肃省纪律检查委员会甘肃省监察委员会、民主党派　工商联、群众团体、法治、军事、经济管理与监督、丝绸之路经济带建设、农业　林草业　畜牧业、水利、工业、商贸业、旅游业、金融业、交通运输　邮政通信、城乡建设、生态环境、科学技术、教育、文化　体育、卫生、社会事务管理应急救援保障、市（州）概览、先进集体和先进人物、附录32个类目，216个分目，1221个条目。使用图片132幅。

五、《甘肃年鉴（2023）》收录2022年国家部委，甘肃省委、省政府表彰的先进集体和先进人物。

六、《甘肃年鉴（2023）》所载的全省综合性统计资料，由省统计局提供；卷中内容和数据，由省直各部门、单位、社会团体、行业组织、企事业单位和市州地方史志办公室确定专人撰写提供，单位负责人审核；数据单位均使用法定计量单位；插页及卷首、正文照片，均由有关单位提供。

七、《甘肃年鉴（2023）》设置双重检索系统：书前刊有目录，书后备有索引。索引采用内容分析法，款目按汉语拼音字母顺序排列。

八、《甘肃年鉴（2023）》封三插装电子版光盘。

# 苦尽甘来 贫褪味

以贫困不除誓不罢休、不获全胜决不收兵的坚定意志，打赢脱贫攻坚战，彻底改变了“苦瘠甲于天下”的历史面貌。

钱袋鼓了，农民笑了，日子甜了。图为定西市渭源县田家河乡元古堆村村民领到合作社分红（省委宣传部　供图）

民生为上、治水为要。引洮供水工程解决了甘肃四分之一人口的安全饮水、农业灌溉和生态建设用水，满足了陇原儿女的长久期盼。图为定西市渭源县山区群众吃上甘甜的洮河水（省委宣传部　供图）

东部扶贫协作省市倾情帮扶、鼎力相助。图为临夏回族自治州的对口援建扶贫车间（省委宣传部　供图）

扶志扶智激发内生动力，移风易俗培育文明乡风。图为金昌市金川区双湾镇新粮地村“婆媳互夸会”现场（省委宣传部　供图）

脱贫攻坚，交通先行。“四好农村路”高质量发展，城乡路网加快建设。全省14个市州实现高速贯通，全部乡镇和建制村通硬化路、通客车。图为位于庆阳市庆城县的甜永高速史家山枢纽互通式立交桥（省委宣传部　供图）

壮大县域经济规模，实施“强县域”行动。橄榄油产业已成为甘肃省陇南市武都区的支柱产业，产量和产值全国领先。图为武都区农民在采摘油橄榄（省委宣传部　供图）

电商扶贫，蹚出新路。图为陇南市礼县龙槐村果农直播销售（省委宣传部　供图）

# 甘肃的“地标蔬菜”

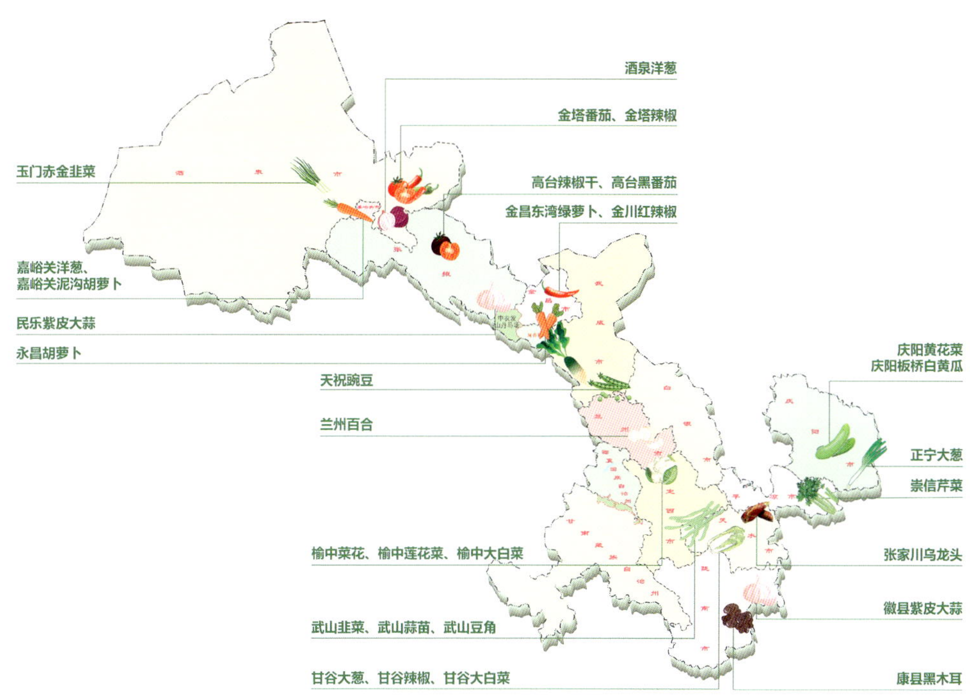


## 甘肃省减贫成效图

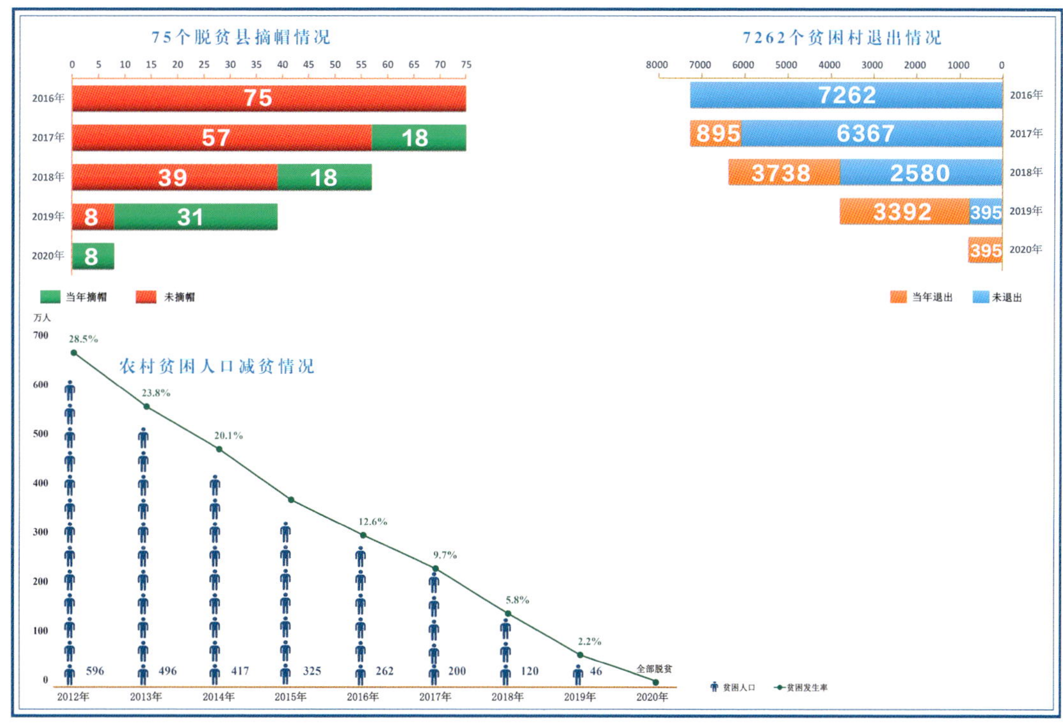


历史性解决了绝对贫困问题。截至2020年，75个贫困县全部摘帽，7262个贫困村全部出列，552万建档立卡贫困人口全部脱贫（省委宣传部　供图）

全面贯彻落实党的民族政策，不断改善民族地区生产生活条件，各族群众获得感、幸福感、安全感显著提升。图为陇南市武都区坪垭藏族乡易地搬迁新址（省委宣传部　供图）

现代寒旱特色农业产业发展新格局加快形成。设施农业种植规模达200万亩，年产值320亿元，150万传统农民转变为新型职业农民。图为张掖市民乐县智能温室采摘串番茄场景（省委宣传部　供图）

# 黄河之滨添壮美

筑牢国家西部生态安全屏障，黄河流域治理取得阶段性成果，祁连山生态“由乱到治、大见成效”，污染防治攻坚战阶段任务全面完成，生态环境质量持续改善。

树牢尊重自然、爱护自然的生态文明理念，切实保护自然资源，促进人与自然和谐共生。图为张掖市境内的丹霞地貌（省委宣传部　供图）

打赢“蓝天、碧水、净土”保卫战，“兰州蓝”成为甘肃亮丽名片。图为蓝天白云下的兰州市区（省委宣传部　供图）

加大祁连山生态整治与保护力度，图为祁连山下的山丹军马场（省委宣传部　供图）

美丽康县花桥村景区（陇南市地方志办公室　供图）

落实全民健身国家战略，提高人民健康水平。全省已建成各类体育场地70395个，建成村级农民健身工程6307个，覆盖率达99%。图为新建成的甘肃省兰州市奥体中心（省委宣传部　供图）

陇南国家级绿色矿山金徽矿业（陇南市地方志办公室 供图）

坚决承担起黄河上游生态保护责任，推动黄河流域生态保护和高质量发展。黄河干流甘肃段国控出境断面水质连续6年稳定达到II类。图为素有“高原之肺”之称的甘肃省甘南藏族自治州玛曲县阿万仓湿地（省委宣传部 供图）

蓝天碧水，城在景中。生态宜居的兰州新区俯瞰图（兰州新区　供图）

藏族群众在玛曲县扎西塘贡赛喀木道湿地保护与修复项目实施中施肥种草（甘南州志办　供图）

# 富民兴陇谱新篇

全面加强党的建设，推动重点领域改革，加快产业转型升级，促进民族团结，增进民生福祉，经济社会发展和各项事业取得显著成就。

抢抓共建“一带一路”机遇，内外兼顾、陆海联动、向西为主、多向并进的开放新格局加快形成。图为首班兰州新区—黄岛港—拉脱维亚公铁海多式联运开通（省委宣传部　供图）

深入实施西部大开发战略，强化基础设施规划建设，交通、水利、新基建等一大批标志性工程建成投运。图为兰新高铁甘肃省张掖市民乐段（省委宣传部　供图）

如意甘肃，“风光”无限。抢抓“双碳”机遇，推动风、光、储一体发展，形成了发、输、储、用、造协同推进的新格局。现已建成国内首条输送清洁能源的酒泉—湖南±800千伏特高压直流输电工程（省委宣传部　供图）

实施“强工业”行动，坚定不移走新型工业化道路。图为庆城县全国首个百万吨级页岩油示范区的长庆油田华H100钻井现场（省委宣传部　供图）

金昌市金川区金川集团高精铜带生产线生产的高纯镍、高纯铜，为工业现代化发展提供了关键原材料支撑（省委宣传部　供图）

实施“强科技”行动，驱动产业升级，助推经济发展，综合科技创新水平指数达到53.71%。图为国家级专精特新“小巨人”企业——星火机床公司（天水市志办　供图）

教育事业取得长足发展，现代职业教育体系基本建立。图为培黎职业学院师生参加实训（省委宣传部　供图）

整合公共服务资源，建成新时代文明实践中心87个、实践所2256个、实践站19149个，提前实现县乡村三级全覆盖。图为兰州市榆中县詹家营村群众用文明积分兑换奖品（省委宣传部　供图）

五级医疗卫生服务体系全面建成，公共卫生服务能力显著增强。图为临夏回族自治州永靖县医务工作者为基层群众提供义诊服务（省委宣传部　供图）

广泛开展民族团结进步创建工作，深入实施“石榴籽”工程，共绘美好生活“同心圆”，促进各民族共同繁荣发展。图为甘南藏族自治州碌曲县藏族传统舞蹈——锅庄（省委宣传部　供图）

党的创新理论“飞入寻常百姓家”，干部群众团结奋进的共同思想基础更加坚实。图为张掖市甘州区平山湖蒙古族民族乡“马背党员宣讲队”（省委宣传部　供图）

铸牢中华民族共同体意识，让休戚与共、荣辱与共、生死与共、命运与共的共同体理念深植各族群众心中。图为张掖市肃南裕固族自治县一家人用裕固族传统手工贴绣作品，祝福伟大祖国繁荣昌盛（省委宣传部　供图）

# 丝路古道 文脉兴

发挥历史文化资源优势，弘扬中华优秀传统文化、革命文化、社会主义先进文化，打造甘肃气派、陇原特色的文化名片。

推动文化交流，共谋合作发展。连续举办五届丝绸之路（敦煌）国际文化博览会，为共建“一带一路”沿线各国合作交流、民心相通提供了一个重要平台。图为文博会《相约敦煌》文艺演出现场（省委宣传部　供图）

# 甘肃丝路文化带

推进社会主义文化繁荣发展，持续满足人民群众更高质量的文化需求，推出了一批彰显甘肃特色的优秀文化产品。图为舞剧《丝路花雨》剧照（省委宣传部　供图）

强化党建引领，凝聚奋进力量，党史学习教育成果丰硕。图为青少年参观平凉市泾川县汭丰镇郑家沟村党史展室（省委宣传部　供图）

2022年“中国旅游日”武威宣传活动（尚禾、董丽俊/摄）

“敦煌与故宫对话：飞跃文化二千年”音乐会暨文化讲座在香港举办（省文旅厅　供图）

2022年“文化和自然遗产日”甘肃省非遗宣传展示主会场系列活动（省文旅厅　供图）

## 陇原儿女多奇志

五载栉风沐雨，十年春华秋实。甘肃广大干部群众脚踏实地、埋头苦干，唱响新时代奋斗者之歌、劳动者之歌、奉献者之歌。各行各业涌现出“敦煌女儿”樊锦诗、“大国工匠”潘从明等优秀代表。

陇原儿女心向党（中国甘肃网　供图）

“文物保护杰出贡献者”国家荣誉称号获得者樊锦诗，敦煌研究院原院长、名誉院长。她择一事、终一生，将一辈子奉献给敦煌文物保护研究事业。图为樊锦诗工作照。

国家科技进步奖二等奖获得者、“全国劳动模范”潘从明，金川集团铜业有限公司贵金属分厂提纯班班长。他扎根生产一线26年，坚持技术创新。图为潘从明工作照。

“时代楷模”武威市古浪县八步沙“六老汉”三代人41年坚定“困难面前不低头，敢把沙漠变绿洲”的信念，让漫漫黄沙披上了绿装。图为“六老汉”三代人先进群体合影。

“全国抗击新冠肺炎疫情先进个人”脱亚莉，庆阳市人民医院重症监护室护士长。她支援武汉抗疫53天，参与救治新冠肺炎患者278人。图为脱亚莉工作照。

“时代楷模”“全国优秀共产党员”柴生芳，定西市临洮县委原副书记、县长。他跑遍临洮县323个行政村，行程4万多公里，鞠躬尽瘁、一心为民。图为柴生芳生前工作照。

“全国脱贫攻坚先进个人”马志祥，他带领张掖市甘州区长安镇前进村村民艰苦奋斗，将人均年收入不足千元的贫困村变为人均年收入4万余元的示范村。图为马志祥工作照。

“全国优秀共产党员”“全国脱贫攻坚楷模”张小娟，甘南藏族自治州舟曲县扶贫办原副主任。她生命的最后一刻依然奔走在扶贫路上，牺牲时年仅34岁。图为张小娟生前工作照。

“最美基层民警”“双百政法英模”李生寿，敦煌市公安局雅丹地貌景区治安派出所所长。他扎根戈壁大漠，在“魔鬼城”里凿出派出所，从死亡线上救出21条生命。图为李生寿工作照。

“最美奋斗者”任继周，中国工程院院士、兰州大学草地农业科技学院名誉院长。他在草业科学领域坚持教学与科研并举，是我国草业科学奠基人之一。图为任继周工作照。

“中国好人”陈宗新，张掖市甘州区中国工农红军西路军龙渠烈士陵园守墓人。他一家四代人85载忠心守护西路军无名烈士墓。图为陈宗新工作照。

# 目　录

## 特　载



## 专　记



## 大事记



## 省情概览

## 中国共产党甘肃省委员会

## 甘肃省人民代表大会



## 甘肃省人民政府

# 中国人民政治协商会议甘肃省委员会



# 中国共产党甘肃省纪律检查委员会 甘肃省监察委员会

## 民主党派　工商联

## 群众团体

## 法　治

# 军　事



# 经济管理与监督

# 丝绸之路经济带建设



# 农业　林草业　畜牧业

## 水　利

## 工　业



## 商贸业

## 旅游业

## 金融业



## 交通运输　邮政通信

# 城乡建设

## 生态环境

## 科学技术



## 教育

# 文化　体育

## 卫生



## 社会事务管理 应急救援保障

# 市(州)概览

# 先进集体和先进人物



# 附　录



# 索　引

# 继往开来奋进伟大新时代　富民兴陇谱写发展新篇章 为全面建设社会主义现代化幸福美好新甘肃努力奋斗

## ——在中国共产党甘肃省第十四次代表大会上的报告

尹　弘

（2022年5月27日）

同志们：

现在，我代表中国共产党甘肃省第十三届委员会向大会作报告。

中国共产党甘肃省第十四次代表大会，是在向第二个百年奋斗目标进军的关键节点、喜迎党的二十大的历史时刻召开的一次重要会议。大会的主题是：**高举中国特色社会主义伟大旗帜，以习近平新时代中国特色社会主义思想为指导，深入落实习近平总书记对甘肃重要指示要求，动员全省上下弘扬伟大建党精神，不忘初心、牢记使命，开拓进取、砥砺前行，继往开来奋进伟大新时代，富民兴陇谱写发展新篇章，为全面建设社会主义现代化幸福美好新甘肃而努力奋斗。**

此时此刻，回顾新时代的奋斗历程，我们感慨万千，为党和国家事业取得的历史性成就、发生的历史性变革而无比骄傲，为陇原大地呈现的翻天覆地变化而无比自豪。展望新征程的壮丽图景，我们豪情满怀，夺取全面建设社会主义现代化新胜利的信心更加坚定，开创甘肃各项事业发展新局面的斗志更加昂扬。在这个承前启后的重要关口，我们更加深切地感悟到：习近平总书记两次考察甘肃给予的亲切关怀、作出的重要指示，为我们一路走来指引了前行方向、提供了强大动力，也必将继续引领和鼓舞我们昂首奋进、走向美好未来。历史画卷总是在前后相继中铺展，时代华章总是在接续奋斗中书写。陇原振兴的号角已经吹响，我们要牢记领袖嘱托，保持战略定力，接好历史的接力棒，不忘来时路、奋进新时代，不断把建设幸福美好新甘肃、开创富民兴陇新局面宏伟事业推向前进！

**一、过去五年极不平凡，全省各项事业取得历史性进步和成就**

省第十三次党代会以来的五年，甘肃迎来了加快发展、繁荣振兴的重要契机，也面临决战脱贫攻坚、转变发展方式、修复自然生态、净化政治生态等艰巨任务。五年来，在以习近平同志为核心的党中央坚强领导下，省委认真贯彻党的十九大和十九届历次全会精神，深入落实习近平总书记对甘肃重要指示要求，团结带领全省各族干部群众负重自强、顽强拼搏，推动各项事业全面进步，呈现出综合实力显著提升、改革开放不断深化、生态治理大见成效、人民生活明显改善、社会大局和谐稳定、党风政风民风昂扬向上的良好局面，如期实现同全国一道全面建成小康社会奋斗目标，全面建设社会主义现代化迈出坚实步伐。

**五年来，我们举全省之力决战决胜脱贫攻坚，历史性解决了绝对贫困问题**。面对脱贫任务全国最重的特殊省情，省委站在对历史、对人民负责的高度，带领广大干部群众以贫困不除誓不罢休的豪情壮志，以不获全胜决不收兵的坚定意志，打了一场声势浩大、惊天动地的脱贫攻坚战役。全省上下坚持把主要精力放在扶贫开发上，聚焦目标标准，贯彻精准方略，组织实施“一户一策”脱贫计划，着力构建富民产业体系，为贫困地区发展和贫困群众脱贫提供了有力支撑。各级层层签订“责任书”、立下“军令状”，领导干部身先士卒、率先垂范，带动形成了广泛参与、尽锐出战的攻坚态势。36万名帮扶责任人、7.45万名驻村帮扶人员奔赴扶贫一线，把汗水洒遍千山万水，把心血倾注千家万户，立下了汗马功劳。东部扶贫协作省市和中央定点帮扶单位同我们并肩作战，社会各界与我们携手攻坚，从各方面给予鼎力相助。经过艰苦卓绝的奋战，我们夺取了脱贫攻坚战的全面胜利，“两不愁三保障”和饮水安全目标任务全面完成，75个贫困县全部摘帽，7262个贫困村全部退出，552万农村建档立卡贫困人口全部脱贫，农业生产条件极大改善，农村面貌发生巨大变化，在我国减贫史上留下了厚重的甘肃印迹。2021年以来，我们坚持以全面实施乡村振兴战略牵引带动“三农”工作，着力巩固拓展脱贫攻坚成果，扎实开展乡村建设，农业特色产业蓬勃发展，农民增收渠道更加稳定，陇原乡村焕发出勃勃生机。

回望波澜壮阔的脱贫攻坚历程，我们为彻底解决困扰甘肃千百年的绝对贫困问题深感欣慰，为同全国一道全面建成小康社会倍感振奋。这是广大陇原儿女矢志追求幸福美好生活创造的伟大奇迹，也是甘肃发展史上具有里程碑意义和划时代影响的伟大胜利！

**五年来，我们坚持以经济结构调整助推高质量发展，全省综合经济实力明显提升**。立足老工业基地实际，把稳定经济增长同转变发展方式紧密结合起来，努力推动形成更具竞争力的产业格局。石油化工、有色冶金、煤炭电力等传统产业“三化”改造深入实施，新能源、新材料、生物医药等新兴产业不断壮大，建成全国首个百万吨级页岩油开发示范区和首个千万千瓦级风电基地。聚焦绿色低碳发展，稳步推进碳达峰碳中和。交通、水利、新基建等基础设施加快建设，兰渝铁路、引洮供水等一批标志性工程全线建成投运。兰州新区经济增速连续五年领跑国家级新区。全省城镇化率由46.1%提高到53.3%。科技创新取得重要成效，科技进步贡献率提高5.12个百分点。市场主体数量明显增加，民营经济长足发展。全省地区生产总值跨上万亿元台阶，一般公共预算收入突破千亿元大关，为建设现代化新甘肃奠定了坚实基础。

**五年来，我们牢固树立绿水青山就是金山银山理念，推动生态环境发生显著变化**。坚决扛起筑牢国家西部生态安全屏障政治责任，坚持生态优先、绿色发展，以壮士断腕的决心整治生态问题，以更大力度开展国土绿化，美丽甘肃建设取得重要进展。祁连山生态保护“由乱到治、大见成效”，国家公园体制试点基本完成。黄河流域生态保护和高质量发展规划体系基本构建，启动实施一批重大生态项目，流域生态功能出现积极变化。污染防治攻坚战阶段任务全面完成，河湖长制、林长制全面实施。单位地区生产总值能耗、碳排放强度明显下降，生态环境质量持续改善，探索出了一条生态保护和经济发展互促共进的新路子。

**五年来，我们着力推进全面深化改革和对外开**

放，经济社会发展动能更加强劲。注重提升改革的系统性、整体性、协同性，下功夫破除深层次体制机制障碍。推出重要改革举措942项，党政机构改革全面完成，“放管服”、国资国企、农业农村、执法司法等重点领域和关键环节改革深入推进。坚持全方位扩大对外开放，抢抓“一带一路”建设最大机遇，积极参与国内大循环、国内国际双循环，着力打造向西开放大枢纽、大通道，空港、陆港等开放平台建设扎实推进，对外贸易稳步增长，内外兼顾、陆海联动、向西为主、多向并进的开放新格局加快形成。

**五年来，我们高度重视增进民生福祉，人民群众生活大幅改善。**始终把让老百姓过上好日子作为一切工作的出发点和落脚点，千方百计保障和改善民生。注重加强基础性、普惠性、兜底性民生建设，民生支出占财政总支出比例连年保持在80%左右。全省城乡居民收入年均分别增长7.1%和8.9%，累计实现城镇新增就业超过200万人、劳务输转2600多万人次。县域义务教育实现基本均衡，“双减”政策有效落实，现代职业教育体系基本建立，高等教育“双一流”建设稳步推进。五级医疗卫生服务体系全面建成，公共卫生服务能力显著增强。养老机构覆盖所有县区，城乡低保标准不断提升，困难群众和受灾群众生产生活得到妥善安置。大力整治农村人居环境，有序推进城镇老旧小区和棚户区改造。坚持人民至上、生命至上，全力抗击新冠疫情，严格落实“外防输入、内防反弹”总策略和“动态清零”总方针，连续打赢3轮多点散发疫情阻击战，圆满完成入境人员集中留观救治任务，有力维护了人民生命安全和身体健康。

**五年来，我们持续强化意识形态阵地建设和管理，宣传思想文化工作凝心铸魂作用日益凸显。**牢牢把握意识形态工作主动权，切实做到舆论阵地管理不放松、意识形态工作责任制落实不懈怠。深入宣传党的创新理论，精心组织庆祝中国共产党成立100周年、新中国成立70周年、改革开放40周年系列活动，干部群众团结奋进的共同思想基础更加坚实。完善网络综合治理体系，有效提升用网管网治网能力，网络空间更加清朗。县级融媒体中心建设实现全覆盖，在全国率先打造省级云平台。宣传推介力度不断加大，甘肃对外知名度和影响力进一步提升。实施公民道德建设行动和精神文明创建工程，新时代文明实践中心实现全覆盖，社会主义核心价值观更加深入人心。繁荣发展文化事业和文化产业，国家文化公园建设顺利推进，各族人民文化自信显著增强。

**五年来，我们扎实推动民主法治建设，团结和谐、安全稳定的政治社会局面不断巩固。**坚持不懈发扬民主、厉行法治，民主实践更加丰富，法治效果日益彰显。支持人大及其常委会依法行使职权，立法、监督、决定、任免等职能作用有效发挥。加强人民政协专门协商机构建设，政协发扬民主和增进团结相互贯通、建言资政和凝聚共识双向发力的程序机制更加健全。构建大统战工作格局，实施民族团结进步创建“一廊一区一带”行动，依法加强宗教事务管理，爱国统一战线更加巩固。工会、共青团、妇联等人民团体桥梁纽带作用充分发挥。全面依法治省深入推进，政法队伍教育整顿成效显著，扫黑除恶专项斗争圆满收官，防范化解风险取得积极进展，安全生产形势稳定向好，政治安全、社会安定、人民安宁局面持续发展。国防动员和后备力量建设扎实有力，军地军民关系更加密切。

**五年来，我们全面加强党的建设，政治生态得到持续净化。**深入贯彻新时代党的建设总要求和新时代党的组织路线，纵深推进党的各项建设，党的全面领导进一步加强。坚决全面彻底肃清王三运、虞海燕、宋亮等人流毒和影响，党的政治纪律和政治规矩更加严明。“两学一做”学习教育、“不忘初心、牢记使命”主题教育和党史学习教育走深走实，党员干部的政治觉悟和政治能力明显提升。完成市县乡领导班子和村（社区）“两委”换届任务，干部队伍结构明显优化，各级领导班子整体功能不断增强。扎实推进党支部建设标准化、“四抓两整治”和党建工作信息化，党的基层基础更加坚实。党管人才原则有效落实，人才发展体制机制逐步完善，人才数量和质量实现双提升。严格贯彻中央八项规定及其实施细则精神，组织开展转变作风改善发展环境建设年活动，持续深化为基层减负工作。充分发挥巡视利剑作用，一体推进不敢腐、不能腐、不想腐，反腐败斗争取得压倒性胜利并全面巩固。

同志们！五年砥砺奋进，成绩来之不易。这些成绩的取得，根本在于以习近平同志为核心的党中央的坚强领导，在于习近平新时代中国特色社会主义思想的科学指引，在于习近平总书记亲自为甘肃把脉定向、指路领航，是中央机关、国家部委、兄弟省区市和社会各界大力支持的结果，是全省各级党组织、广大党员干部和各族人民团结奋斗的结果，也同历届省委长期打下的坚实基础密不可分。在此，我代表中共甘肃省第十三届委员会，向全省广大党员、干部、群众和离退休老同志，向各民主党派、工商联、无党派人士和人民团体，向驻甘解放军指战员和武警部队官兵，向所有关心支持甘肃发展的海内外朋友和社会各界人士，表示崇高的敬意和衷心的感谢！

同时，我们也清醒地看到，全省发展中仍存在一些矛盾和问题，发展不平衡不充分特别是不充分问题突出，经济总量小、人均水平低，城镇化程度不高，居民收入全国靠后，基本公共服务能力不足，同全国发展差距依然较大；产业结构单一，科技创新能力不强，基础设施建设滞后，营商环境仍需改善，发展瓶颈制约依然明显；治理体系和治理能力有待提升，公共安全和应急管理体系还不健全，影响和谐稳定的风险隐患依然较多；生态环境向好基础尚不稳固，生态文明建设任务依然艰巨；腐败和作风问题时有发生，党风廉政建设和反腐败斗争形势依然严峻复杂。对此，我们要高度重视，切实加以解决。

五年来的实践深刻启示我们，做好甘肃工作，推动甘肃发展，**必须坚持沿着习近平总书记指引的方向前进**，坚定不移践行“两个维护”最高政治原则和根本政治规矩，把习近平总书记对甘肃重要指示要求作为全省工作的总方针总纲领总遵循，做到思想统一、意志统一、行动统一。**必须坚持党的全面领导**，以自我革命精神加强党的建设，强化省委总揽全局、协调各方作用，充分发挥党的领导政治优势，切实把党的领导落实到事业发展各方面各环节，团结一切可以团结的力量共同奋斗。**必须坚持高质量发展**，完整、准确、全面贯彻新发展理念，着力推动质量变革、效率变革、动力变革，始终通过高质量发展促进结构升级、增强综合实力。**必须坚持以人民为中心**，把人民对美好生活的向往作为奋斗目标，持之以恒保障改善民生，尽力而为办好民生实事，让人民群众充分享受改革发展成果、有更多获得感幸福感安全感。**必须坚持一切从实际出发**，把服务国家战略同推动甘肃发展紧密结合起来，把准发展方位和基本省情，实事求是确定目标，求真务实推动工作，咬定青山不放松，一张蓝图绘到底。

同志们！成绩鼓舞人心，启示弥足珍贵。我们要乘势而上、再接再厉，努力走好新的赶考之路，书写更加精彩的历史答卷，不辜负习近平总书记的殷殷嘱托，不辜负肩负的时代使命，不辜负陇原人民的热切期待！

**二、准确把握甘肃发展的阶段性特征，奋力开创全面建设社会主义现代化新局面**

经过多年的不懈奋斗，甘肃已经站上新的发展起点，进入国家重大战略叠加和自身发展势能增强的历史交汇期，处于蓄势待发、爬坡过坎、追赶进位的关键阶段。当今世界，百年未有之大变局正加速演进，国际政治经济形势更趋严峻复杂，但和平与发展仍是时代主题。当代中国，中华民族伟大复兴进程不可逆转，经济长期向好的基本面不会改变，持续发展具有多方面有利条件，将为我省发展创造良好外部环境。如今的甘肃，经济社会发展的方位和特征、基础和条件、氛围和态势已经发生明显变化，随着新时代推进西部大开发形成新格局、黄河流域生态保护和高质量发展、共建“一带一路”等国家倡议的深入实施以及国内国际市场的深刻变革，甘肃作为生态屏障、能源基地、战略通道、开放枢纽的特殊功能定位越来越凸显，拥有的资源禀赋优势、工业基础优势、地理区位优势越来越凸显，倾斜政策叠加、发展平台叠加、市场利好叠加的振兴机遇期越来越凸显，发展空间更为广阔，发展前景更加美好。但辩证地看，我省仍属于相对欠发达地区，面临着发展不充分和发展不平衡的双重压力，面对着扩大经济规模和促进转型升级的双重难题，需要应对内生动力不足和外部竞争加剧带来的双重挑战，通过高质量发展提升综合实力、缩小发展差距仍然是我们的最大任务。同时，摆脱传统发展模式的束缚更加急迫，资源环境的硬性约束更加趋紧，短板弱项的瓶颈制约更加明显，促进脱贫地区、革命老区、民族地区发展的任务更加繁重。未来一个时期，机遇和挑战并存、优势和劣势同在，需要我们把国家所需、甘肃所能、群众所盼、未来所向更好统筹起来，扬长避短、趋利避害，以系统观念谋篇布局，以奋斗姿态推动发展，确保跟上全国社会主义现代化建设总体进程。

未来五年，全省工作的总体要求是：**以习近平新时代中国特色社会主义思想为指导，深入贯彻党的十九大和十九届历次全会精神，全面贯彻即将召开的党的二十大精神，坚持以习近平总书记对甘肃重要指示要求为统揽，统筹推进“五位一体”总体布局，协调推进“四个全面”战略布局，坚持稳中求进工作总基调，立足新发展阶段，完整、准确、全面贯彻新发展理念，加快构建新发展格局，牢牢把握高质量发展主题，以供给侧结构性改革为主线，紧紧围绕经济发展、山川秀美、民族团结、社会和谐，提升综合实力、提升生态质量、提升基础支撑、提升生活品质、提升治理效能，打造全国重要的清洁能源及新材料基地，打造西北地区重要的科创中心，打造现代寒旱特色农业高地，打造“一带一路”开放枢纽，打造西部生态安全屏障，纵深推进党的建设新的伟大工程，加快全面建设社会主义现代化步伐，推动共同富裕取得更多实质性进展，努力谱写加快建设幸福美好新甘肃、不断开创富民兴陇新局面的时代篇章。**

未来五年，要努力实现以下目标：

——*综合经济实力实现新跃升*。经济增速高于全国平均水平，经济总量大幅提升，经济结构不断优化，现代化经济体系建设取得重要进展。科技进步贡献率持续提高，战略性新兴产业和高新技术企业加快发展，工业增加值占生产总值比重显著提升。重点领域和关键环节改革进展明显，外向型经济实现增量扩容。基础设施网络更加完善，现代流通体系更加健全。区域中心城市带动力不断增强，以人为核心的新型城镇化加速推进，城乡融合发展和农业农村现代化进程加快，城乡差距进一步缩小。

——*绿色转型发展取得新突破*。“双碳”战略有序实施，新型电力系统加快构建，清洁能源产业一体化规模化发展格局逐步形成。重点行业资源利用效率大幅提升，绿色低碳技术广泛推广应用。黄河流域生态保护和高质量发展战略深入实施，重点生态功能区建设加快推进，生态环境保护制度和绿色发展体制机制不断完善，国家西部生态安全屏障更加牢固。

——*人民生活水平迈上新台阶*。实现更加充分更高质量就业，居民收入增长和经济增长基本同步。城乡公共服务设施整体优化，基本公共服务均等化水平明显提高，教育更加公平更为优质，社会保障体系、卫生健康体系、生育养老服务体系、住房供应保障体系更加健全，各族群众生活更加富足。

——*社会文明程度得到新提高*。习近平新时代中国特色社会主义思想深入人心，社会主义核心价值观融入社会发展各方面，文化事业更加繁荣，公共文化服务体系和文化产业体系更加完善，人民群众思想道德素质、科学文化素质和身心健康素质明显提高。

——*社会治理效能达到新水平*。依法治省迈出坚实步伐，民主法治更加健全。政府职能加快转变，行政效能和公信力不断提升。防范化解重大风险体制机制逐步健全，全方位、立体化、多维度公共安全网基本形成。党建引领基层治理作用充分发挥，共建共治共享社会治理格局加快构建。

——*全面从严治党呈现新气象*。党的建设全面加强，各级党组织政治领导力、思想引领力、群众组织力、社会号召力显著增强。干部队伍精气神全面提振，人才队伍创新创造活力充分激发，党风政风民风更加昂扬向上，风清气正的政治生态全面形成，干事创业的环境更加优化、氛围更加浓厚。

根据总体要求和奋斗目标，未来五年，我们要着眼甘肃整体发展、立足各地优势，推动构建“一核三带”区域发展格局，牵引带动全省协同联动发展。

*“一核”*，就是建设以兰州和兰州新区为中心、以兰白一体化为重点、辐射带动定西临夏的一小时核心经济圈，推动优势地区建设自主创新示范区、特色产业聚集发展区、综合交通物流枢纽承载区、对外开放先行区，打造驱动全省高质量发展的主引擎。

*“三带”*，就是建设以清洁能源及新材料和特色

高效农业为重点的河西走廊经济带、以综合能源和先进装备制造为重点的陇东南经济带、以水源涵养和水土保持为重点的黄河上游生态功能带。支持资源禀赋和基础条件具有相对优势的酒嘉、平庆和天水等地率先发展，建设酒泉、天水两个区域中心城市，提升城市群发展能级和辐射功能。深入实施黄河流域生态保护和高质量发展战略，推动生态环境质量整体改善。鼓励各市州打破行政区划限制，推进省域内设施联通、政策相通、市场互通、产业融通，形成合理分工、错位发展、优势互补的区域布局。

未来五年，我们的主要抓手是实施强科技、强工业、强省会、强县域“四强”行动，以重点地区和关键领域为突破口，推动综合实力和发展质量整体跃升。

——*实施强科技行动*。甘肃具有良好科技基础，科教资源相对丰富，加快高质量发展对科技创新的需求越来越迫切。强科技，就是要汇聚科技创新资源要素，增强基础研究能力、科学发现能力、技术创新能力，让科技创新成为产业升级、经济发展的主要驱动力。必须把科技创新摆在现代化建设全局的核心位置，以强化科技攻关、促进成果转化为导向，以深化科技体制机制改革为切入点，以打造创新联合体和新型研发机构为支撑点，加大研发投入、优化科技生态，依靠科技创新催生发展动能、创造美好未来。

——*实施强工业行动*。工业是实体经济最为重要的组成部分，是富民兴陇最为关键的产业支撑。强工业，就是要立足省情实际和现有基础，把做大做强工业作为产业发展的主攻方向，通过技术进步和模式创新，振兴老工业基地，促进工业经济迭代升级、提质增效，带动全省经济实现结构优化、良性循环。必须坚定不移走新型工业化道路，顺应信息化、数字化、智能化发展趋势，坚持强龙头、补链条、聚集群，坚持传统优势产业和战略性新兴产业两手齐抓，提升各级各类工业园区承载能力和发展水平，做足延链补链强链文章，在改旧育新中推动工业经济扩量提质。

——*实施强省会行动*。兰州是全省的经济、政治、文化、科技、开放中心，地位举足轻重。甘肃现代化建设需要兰州当好高质量发展的排头兵，当好带动省域整体发展的火车头。强省会，就是要把发展壮大兰州和兰州新区作为加快全省发展的战略抓手，依托区位优势、交通优势、产业优势、科教优势和人才优势，按照聚焦功能定位、优化空间布局、突出重点板块、强化域内联动的思路，着力建设要素聚集中心、科技创新中心、产业发展中心、物流输转中心、区域消费中心，打造产业园区发展、营商环境改善、现代城市建设、乡村全面振兴、公共服务供给、基层社会治理、制度体制革新的样板，提升首位度、开放度、贡献度及城市影响力、综合竞争力，充分彰显省会担当、展示省会作为，不断增强在全省整体发展中的集聚和辐射带动作用。

——*实施强县域行动*。县域强则省域强，县域活则全盘活，县域富则百姓富。强县域，就是要把县域作为经济发展的基本单元，充分发挥各县市区的主动性和能动性，有效提升县域自我发展能力，使县域逐步走上良性可持续的发展道路。必须把发展县域经济摆在突出位置，坚持因地制宜、分类施策，依托县域资源禀赋，紧扣县域发展类型，突出县城和中心镇的节点纽带作用，着力培育特色优势产业和多元富民产业，增强公共服务供给能力，打造一批工业强县、农业大县、文旅名县、生态优县，构建功能鲜明、经济繁荣、设施配套、治理有效、普惠共享的县域发展格局。

同志们！在历史的长河中，我们脚下这片土地，积淀了“人一之我十之，人十之我百之”的甘肃精神，孕育了勤奋质朴、吃苦耐劳、坚忍执着、百折不挠的陇人品格，支撑着陇原儿女战天斗地、生生不息，激励着甘肃人民改变家乡面貌、创造幸福生活。我们坚信，进入全面建设社会主义现代化新征程，全省各族人民一定能够传承奋斗基因，弘扬时代精神，让蓝图落地，让梦想成真，在陇原大地续写新的辉煌！

**三、完整准确全面贯彻新发展理念，全力推动经济社会高质量发展**

发展是解决一切问题的基础和关键。新时代推动甘肃发展，必须把新发展理念作为基本原则和行动先导，更好统筹经济和生态、城镇和乡村、发展和安全，更加注重固强补弱、蓄势赋能，让创新成为第一动力、协调成为内生特点、绿色成为普遍形态、开放成为必由之路、共享成为根本目的，不断盘活存量、引入增量、提高质量、增强能量、做大总量，努力实现更高水平、更有效率、更可持续的发展。

**（一）坚定不移加强科技创新，加快建设创新型省份。**科技创新是推动高质量发展、加快现代化建设的战略支撑。要牢固树立抓科技就是抓发展、谋创新就是谋未来的观念，把牢“四个面向”要求，将强科技行动深度嵌入强工业、强省会、强县域行动，促进创新链同产业链、资金链、人才链、政策链深度融合，推动经济发展由要素驱动为主向创新驱动为主转变。

着力打造高能级创新平台。支持兰州白银国家自主创新示范区和兰白科技创新改革试验区提质增效，深入推进国家重点实验室重组，布局建设一批国家级创新平台。加强科技创新跨省区联动，协同打造西北科技创新中心，统筹资源建设兰州科学城，更好服务国家科技战略布局和全省高质量发展。

集中力量打好关键核心技术攻坚战。提高重大科研项目组织力，聚焦国家战略任务，紧扣我省产业发展，动态凝练一批重点科研项目，支持企业、高校和科研院所联合攻关，努力在重大基础研究、应用技术研究和关键共性技术攻关上取得更多突破性进展。

持续强化企业创新主体地位。完善扶持企业创新的政策措施，实施“专精特新”企业和高新技术企业梯次培育计划，鼓励骨干企业牵头组建创新联合体，支持企业扩大研发投入、建设科研中心，推动产业链上中下游协同创新、大中小企业融通创新，促进创新成果加速向现实生产力转移转化。

深入实施创新人才培育工程。健全重大人才计划实施机制，培养引进“高精尖缺”人才和高水平创新团队，加强青年人才培养储备，拓宽科技人才发展通道，打造西部重要的人才中心和创新高地。加强科学普及工作，厚植创新土壤，提高全民科学素质。

全面深化科技体制机制改革。实施科技管理流程再造，健全科技创新治理体系，推广运用公开竞争、“揭榜挂帅”、“赛马”等机制，促进科技供给侧和需求侧、研发端和落地端对接畅通。建立财政投入稳定增长机制，健全科技创新激励机制，加强知识产权保护，营造崇尚创新创造的浓厚氛围。

科技引领未来，创新关乎命运。我们要牢固树立创新驱动发展的鲜明导向，不断打造生机盎然、活力迸发的创新生态，催生更多创新成果，促进成果高效转化，以高水平科技创新引领经济社会高质量发展！

**（二）坚定不移实施提质增效扩量工程，大力构建现代产业体系。**经济发展的基础在产业，甘肃产业发展的核心是在转型中实现增长。要以构建现代产业体系为目标，以强工业行动为抓手，把彰显功能、促进转型、放大特色有机统筹起来，打好产业基础高级化、产业链现代化攻坚战，激发实体经济活力，打造千亿级产业集群和百亿级园区，不断提高产业质量效益和综合竞争力。

落实“双碳”战略，促进绿色低碳发展。把碳达峰碳中和纳入经济社会发展全局，扎实推动能源绿色低碳转型、工业领域碳达峰、节能降碳增效等各项工作，努力形成能源资源开发利用新格局。加快构建清洁低碳能源体系，谋划布局新型能源、调峰电源、电能存储等项目，扩大河西特大型新能源基地规模，推进以沙漠、戈壁、荒漠为重点的大型风光电基地建设，规划设立一批新能源上下游产业聚集区，支持有条件地区建设局域电网和微电网，提升电力外送和就地消纳能力，打造清洁能源生产和利用强省。加快传统能源绿色高效发展，重点建设陇东综合能源基地，配套建设千万千瓦级多能互补基地、千万吨级油气生产基地和特色高端战略性石化工业基地，促进传统能源布局、结构和效益优化。着力建设全国重要的能源供应基地，使能源产业成为全省经济发展的重要支撑和产业构建的重要牵引。

改造传统产业，促进规模集约发展。加快传统产业高端化、智能化、绿色化改造，完善和落实链长制链主制，持续推动工艺技术进步，实现规模、质量、效益同步提升。完善能耗排污、环境容量等政策，支持工业基础较强地区加快发展。实施新一轮找矿突破战略行动，加快矿产资源勘查开发。突出重点产业和骨干企业，推进石油化工产业延链补链，推进有色冶金产业高端延伸，推进煤炭建材产业精细精深发展，推进钻采炼化、电工电气、数控机床等装备制造产业加快升级，不断做大做强做优传统产业。

培育新兴产业，促进集群特色发展。顺应产业变革趋势，聚焦半导体材料、氢能、储能、电池及智能制造等新兴产业，优化布局、强化扶持，加快构筑产业体系新支柱。发挥和巩固新材料产业比较优势，在重点领域不断推出高端拳头产品。搭建产学研创新和产业孵化平台，打造国家生物医药产业基地。做强中医药加工产业，建设全国中医药传承创新发展示范区。支持特色专业园区发展，推动国家级园区做精做专。提升服务业发展水平，推动现代服务业同先进制造业深度融合，促进生产性服务业向价值链高端延伸。依托厚重历史文化和丰富旅游资源，促进文化旅游融合发展，建设国际知名的旅游目的地。

产业兴则经济兴，产业强则经济强。我们要毫不动摇走产业兴省富民的路子，下更大力气优化产业布局、落地产业项目，不断提升产业层次、扩大产业规模，切实筑牢高质量发展的底盘和支撑！

**（三）坚定不移实施乡村振兴战略，扎实推进农业农村现代化**。我省农业比重大、农村人口多，现代化建设最艰巨最繁重的任务依然在农村。要坚持把解决好“三农”问题作为重中之重，加快“三农”工作重心向全面推进乡村振兴转移，不断深化农业农村改革，统筹推动“五个振兴”，努力促进农业高质高效、农村宜居宜业、农民富裕富足。

坚决扛牢保障粮食安全政治责任。严格落实粮食安全和耕地保护党政同责，压实粮食安全属地责任，确保耕地面积不减、粮播面积不减、粮食产量不减。坚持藏粮于地，加强农田水利和高标准农田建设，加大中低产田改造力度，加快发展高效节水灌溉，提高稳产增产能力。落实最严格的耕地保护和结构管控制度，坚决遏制耕地“非农化”、基本农田“非粮化”。坚持藏粮于技，加快农业关键核心技术攻关，推动先进适用设施装备研发应用，提升农业科技化、机械化、智能化水平。全力促进种业振兴，加强种质资源收集、保护和利用，建设良种联合攻关体，完善商业化育种体系，强化生物育种制种，支持优势地区打造全国一流良种繁育基地。

持续巩固拓展脱贫攻坚成果。把增加脱贫群众收入作为根本措施，把促进脱贫县加快发展作为主攻方向，不断缩小收入差距、发展差距。继续落实“四个不摘”要求，加强动态监测和帮扶，及时消除返贫致贫风险。壮大农村集体经济，强化易地搬迁后续扶持，加强受灾群众帮扶，防止出现新的贫困。激发群众内生动力，鼓励脱贫群众用勤劳双手增收致富，让脱贫群众生活更上一层楼。

全力推动农业高效发展。坚持质量兴农、绿色兴农，完善农业发展体制机制，大力培育农民合作社、家庭农场等新型经营主体，优化农业组织形式，构建现代农业产业体系，打好特色优势牌，推动适度规模经营，提高农业综合效益。进一步优化农业区域布局，建设一批现代高效农业示范园区，大力发展现代寒旱特色农业，壮大黄土高原区旱作高效农业、河西走廊戈壁节水生态农业、黄河上游特色种养业、陇东南山地特色农业。坚持用工业思维发展现代农业，以养殖业牵引农业产业结构优化升级，以农产品精深加工业和食品工业带动特色产业价值链提升，培育形成一批具有甘肃特点和市场影响力的农业品牌，推动特色农业大省加速向特色农业强省转变。

深入实施乡村建设行动。遵循乡村建设规律，优化村庄分类标准和布局，科学编制实用性村庄规划。加强传统村落、特色民居和历史文化名村名镇保护，传承文脉，留住乡愁。完善基础设施，加强基本公共服务，深化乡村治理和人居环境整治，培育文明乡风、良好家风、淳朴民风，建设幸福优美陇原新乡村。

农民群众对更高品质生活充满期待。我们任何时候都要把广大农民装在心中，扎实推动城乡融合发展、均衡发展，集中更多要素和资源，推进乡村建设，实现乡村振兴，让农村更美丽，让农民更幸福！

**（四）坚定不移统筹区域发展，构建高质量发展的国土空间布局和支撑体系**。我省地域辽阔，区域差异大，各地禀赋特点鲜明。要按照构建区域发展格局的部署要求，鼓励各地因地制宜、彰显特色，促进地区间协同联动发展，逐步形成各展所长、充满活力的区域发展态势。

推动重点区域和特殊类型地区加快发展。依托建设兰西城市群、关中平原城市群，拓展跨省区合作，增强域内城市要素吸附聚集力和人口吸纳能力。促进兰州新区高质量开发建设，打造实体经济新高地。稳步推进老工业城市和资源型地区转型发展，扶持生态脆弱地区探索发展绿色经济。推动革命老区振兴发展，让老区人民生活越过越好。加快民族地区发展，推动各民族共同走向现代化。

提高县域经济整体实力。区分城市服务、工业主导、农业优先、文旅赋能、生态功能等五种类型，找准定位、确定赛道，发展县域产业，壮大经济规模。促进公共服务设施提标扩面、环境卫生设施提级扩能、市政公用设施提档升级，改善县域发展条件和环境。以产城融合、宜居宜业为方向，加快推进以县城为重要载体的城镇化，发挥县城连接城市、服务乡村作用，促进城市、县城、小城镇和村庄协调联动、特色化发展，使城市乡村功能更加贴近群众需要。

优化国土空间开发布局。构建多规合一的国土空间规划体系，统筹划定永久基本农田、生态保护红线、城镇开发边界三条控制线，切实强化国土空间用途管制。以资源环境承载能力为基础，区分城市化地区、农产品主产区、生态功能区，优化基础设施、公共服务、生产力和公共资源布局。在城市化地区，坚持开发与保护并重，打造经济和人口高效集聚的地区；在农产品主产区，坚持保护为主、开发为辅，打造保障农产品安全的主体区域；在重点生态功能区，坚持保护为主、限制开发，打造保障生态安全的重点区域，逐步形成主体功能明显、优势互补、高质量发展的国土空间开发保护新格局。

国土空间是宝贵资源，不同的国土空间具有不同的资源禀赋。我们要尊重客观规律，坚持因地制宜，提高资源配置效率，优化国土空间结构，努力使全省生产力水平和整体功能得到新的提升！

**（五）坚定不移加强生态环境保护，建设山川秀美、生态优良的美丽甘肃。**我省生态地位特殊而重要，保护好生态环境就是对中华民族永续发展的最大贡献。要牢固树立正确的生态观发展观，只要是有利于厚植绿色底蕴的事情就要克服一切困难推进，只要是损害生态环境的行为就要不讲条件坚决纠正，切实扛起筑牢国家西部生态安全屏障的重大使命。

推动黄河流域生态保护和高质量发展是甘肃义不容辞的责任。要坚持“重在保护、要在治理”方略，推进山水林田湖草沙一体化保护和系统治理，提升流域整体生态功能，担好上游责任，展示上游作为。以甘南黄河上游水源涵养区、陇中陇东黄土高原区、祁连山地区为重点，加快实施一批水源涵养、水土保持、治山增绿、防沙治沙等工程。坚持“四水四定”原则，支持绿色低碳和资源节约型产业发展，提高水资源循环利用水平。高标准建设黄河生态廊道，努力将黄河建成岸绿景美的生态河。完善大中型水库、河道堤防、山洪防治等工程体系，健全水沙调控机制，保障黄河径流稳定与河流健康，构筑黄河安澜的稳固防线。

统筹推进全省域生态建设，全方位加强生态环境治理和保护。实行“三线一单”分区管控，构建以祁连山、大熊猫国家公园为主体的自然保护地体系，加快创建若尔盖国家公园，实施尕海、黑河等湿地生态修复工程和自然湿地抢救性保护项目。构建现代环境治理体系，完善多元化、市场化生态保护修复机制，健全生态保护补偿机制，探索生态产品价值实现路径，不断提升环境治理能力。稳步推进生态及地质灾害避险搬迁，实现生态保护、民生改善多重效应。深入打好污染防治攻坚战，协同推进降碳、减污、扩绿、增长，整治群众反映强烈的突出生态环境问题，努力让天更蓝、水更绿、空气更清新。

良好生态环境是最公平的公共产品，是最普惠的民生福祉。我们要像对待生命一样对待生态，像保护眼睛一样保护环境，锲而不舍、久久为功，把陇原大地建设成为人与自然和谐共生的美好家园！

**（六）坚定不移补短板强弱项，加快构建覆盖城乡、功能完备、支撑有力的现代化基础设施体系。**基础设施建设是拉动有效投资、促进长远发展的重要抓手。要把基础设施建设作为关系全局的重大工作，统筹传统设施和新型设施，统筹现实需要和前瞻布局，精准补短板、强弱项，着力优化基础设施网络、结构、功能和发展模式，实现经济效益、社会效益、生态效益、安全效益相统一。

加快推进交通基础设施建设。完善综合交通基础设施布局，推进各种运输方式有效衔接，优化网络系统功能，建设“三廊六通道”交通主骨架，构建便捷顺畅、经济高效、绿色集约、智能先进、安全可靠的综合立体交通网。建设以兰州为中心的多向连通高速铁路网和覆盖广泛的普速铁路网，实施一批机场新建、迁建、改扩建项目，完善出省通道和普通国省道网络。加快高速公路建设，实现县县通高速公路目标。完善农村交通运输体系，推进产业路、旅游路、乡村路建设，进一步改善通行条件。

加快推进水利基础设施建设。实施一批骨干水网、跨流域调水、民生水利、水生态保护和防洪抗旱减灾工程，完善重点工程配套设施，建设与发展需要相适应的水网体系，形成河湖健康、人水和谐的水生态保护格局。实施白龙江引水、引大入秦延伸增效等重大水资源配置工程，争取从根本上解决重点地区缺水问题。推进城乡供水一体化、城乡供水服务均等化，提升水资源供给和水安全保障能力。

加快推进能源基础设施建设。提升河西走廊清洁能源基础设施配套水平，畅通陇东煤炭、油气输送通道，加快建设陇电入鲁工程，规划建设陇电入浙、陇电入沪工程，积极推动西气东输四线甘肃段等项目实施，完善能源综合运输网络。

加快推进新型基础设施建设。大力发展5G、物联网、工业互联网等新一代信息基础设施，统筹部署数据与算力基础设施，合理布局大数据中心，实施“东数西算”工程，推进全国一体化算力网络国家枢纽节点、国家新型互联网交换中心等项目建设，积极发展融合基础设施和创新基础设施，以新基建为经济社会发展赋能。

加快推进市政、防灾减灾、农业农村、国家安全等基础设施建设，有序推进城市地下综合管廊建设，逐步完善防洪排涝、污水和垃圾收集处理体系，推进城乡冷链物流设施建设，加强公共卫生应急设施建设，不断强化基础设施支撑保障功能。

没有基础设施的现代化，就没有各领域的现代化。我们要坚持基础先行，一年接着一年干，以基础设施的四通八达、更新迭代、系统集成助推陇原腾飞！

（七）*坚定不移全面深化改革开放，充分激发发展活力动力*。改革开放是决定当代中国命运的关键一招，也必定是甘肃紧跟时代潮流、加快发展步伐的重要法宝。要在更高起点、以更大力度推进改革开放，打造更具活力的体制机制，拓展更为广阔的发展空间。

与时俱进全面深化改革。围绕充分发挥市场在资源配置中的决定性作用、更好发挥政府作用，落实建设全国统一大市场部署要求，不失时机、蹄疾步稳深化重点领域和关键环节改革，实现要素价格市场决定、流动自主有序、配置高效公平。健全现代产权制度，依法平等保护民营企业产权、自主经营权和企业家合法权益，激发各类市场主体活力。提升国资国企改革成效，积极稳妥实施混合所有制改革，增强国有经济竞争力、创新力、影响力、抗风险能力。深化财税金融体制改革，减轻企业税费负担，推动绿色金融快速发展。纵深推进“放管服”改革，强化事中事后监管，加快建设数字政府、诚信政府，加强社会信用体系建设，完善营商环境评价体系，引导各级各方面倍加珍视营商环境、大力改善营商环境，构建亲清政商关系，努力用一流营商环境助推高质量发展。

锐意开拓全面扩大开放。深度融入新发展格局，用足用好“一带一路”建设最大机遇，充分发挥通道、枢纽、文化优势，找准做实发力点，提高对外开放的质效。优化全域开放布局，统筹四向拓展，突出向东向西开放，加强同共建“一带一路”沿线国家和地区的实质性、多领域合作。完善大平台、大通道、大通关体系，充分利用中欧、中亚、南亚通道和西部陆海新通道，提升国际班列运营规模和效益。发展外向型经济，打造加工贸易产业集聚区，扩大进出口贸易额。深化对外人文交流，高质量办好兰洽会、文博会等国际性节会，增强甘肃对外影响力。

实践发展永无止境，改革开放也永无止境。我们要坚持改革不停顿、开放不止步，敢于在改革路上革故鼎新、在开放路上劈波斩浪，努力在大改革、大开放中实现大发展！

（八）*坚定不移推进民生保障和社会建设，让人民群众过上更有品质的生活*。民心是最大的政治，民生连着民心。要把人民放在心中最高位置，顺应人民群众对美好生活的新期待，深入实施民生工程，加大投入办好民生实事，着力解决群众急难愁盼问题，让发展实绩更有温度，让惠民答卷更有厚度。

增加城乡居民收入，让群众更富裕。强化就业优先导向，完善公共就业服务体系，开展大规模多层次职业技能培训，拓宽市场化社会化就业渠道，推动更加充分更高质量就业。探索共同富裕实现路径，健全经济发展与收入增长联动机制，完善收入分配制度，扩大中等收入群体比重，增加低收入群体收入，使全省人民朝着共同富裕目标扎实迈进。

提高各类教育质量，让群众更满意。坚持社会主义办学方向，落实立德树人根本任务，合理配置教育资源，健全协同育人机制，以教育现代化促进人的全面发展。深化教育领域综合改革，推动学前教育普及普惠、义务教育优质均衡、高中教育特色多样发展，持续深化“双减”工作，全面改善乡村学校办学条件；整体推进职业教育提质创优，打造“技能甘肃”；加大高校“双一流”建设力度，提升高等教育综合实力，努力让每个孩子都享有接受更好教育的机会，获得自身发展、人生出彩的能力。

推进健康甘肃建设，让群众更安康。树立大卫生、大健康理念，推动以治病为中心向以健康为中心转变，全方位全周期守护人民健康。健全现代医院管理制度和医疗卫生服务体系，布局建设国家区域医疗中心，完善分级诊疗体系，加大对基层医疗卫生机构建设投入力度，促进优质医疗资源扩容下沉和均衡发展，推广“互联网+医疗健康”模式，让群众看病多一些便利、少一些负担。改革完善疾病预防控制体系，提升公共卫生应急处置和医疗救治能力，加强新冠疫情常态化防控。建设甘肃丝绸之路体育健身长廊，推动体育产业高质量发展。

完善社会保障体系，让群众更放心。坚持兜底线、织密网、建机制，稳步提高社会保险统筹层次，扩大各类社会保险覆盖面，健全覆盖全民、统筹城乡、公平统一、可持续的多层次社会保障体系，托起群众“稳稳的幸福”。做好“一小一老”民生工作，落实三孩生育政策，办好普惠托育服务，推动老龄事业和养老产业发展，让儿童快乐成长、老人安享晚年。保障妇女、未成年人、残疾人合法权益，支持社会组织、志愿服务、公益慈善等事业健康发展。全面落实“房住不炒”要求，规范房地产市场秩序，健全租购并举的住房制度，有序发展保障性租赁住房，努力解决新市民、青年人等群体的住房困难。

为民造福就是最大政绩。我们要把群众安危冷暖时刻放在心上，办好群众牵肠挂肚的民生实事，把为人民谋幸福真正体现在工作中，用实际行动赢得群众点赞！

**（九）坚定不移增强文化自信，推动宣传思想工作守正创新。**作为中华民族和华夏文明的重要发祥地，甘肃促进文化繁荣具有得天独厚的条件。要坚持中国特色社会主义文化发展道路，担好举旗帜、聚民心、育新人、兴文化、展形象的使命任务，为现代化建设提供强有力的思想支撑、精神支撑和文化支撑。

牢牢守住意识形态主阵地。严格落实意识形态工作责任制，深入开展习近平新时代中国特色社会主义思想学习研究和宣传教育，用党的创新理论武装党员干部、教育人民群众。繁荣发展哲学社会科学，加强理论陇军建设。推动媒体深度融合发展，提高主流舆论传播力、引导力、影响力、公信力。健全网络综合治理体系，打击网络违法犯罪，净化网络空间，掌握网络意识形态工作领导权。

唱响社会主义核心价值观主旋律。加强公民道德建设，深化精神文明创建活动，拓展新时代文明实践中心建设。弘扬八步沙“六老汉”三代人治沙群体新时代愚公精神、敦煌研究院文物保护利用群体莫高精神，提升人民的思想道德素养和社会文明程度。

拓展公共文化服务供给主渠道。大力发展文化事业，实施重大文化设施和文化项目，推进文化惠民工程，开展群众性文化活动，建设“书香陇原”，促进人民精神富裕。弘扬优秀传统文化，加强文物和古籍保护利用，推动华夏文明传承创新区和长城、长征、黄河国家文化公园建设，掌握敦煌文化研究话语权。发掘历史文化资源，用好鲜活发展素材，推出一批文艺精品力作。建好红色文化教育基地，赓续红色血脉。

发展壮大陇原文化产业主力军。加强文化产业政策支持，坚持引进和扶持相结合，做大文化品牌企业，培育更多文化市场主体，增加优质文化产品供给。加快发展新型文化企业、文化业态、文化消费，推动文化产业转型升级。深化文化体制改革，加快创建全国文化产业示范园区，深度挖掘文化资源经济价值。

甘肃历史悠久而厚重，文化多彩而独特。我们既要代代守护、薪火相传，也要紧跟时代、推陈出新，让文化成为最富魅力、最吸引人、最具辨识度的甘肃标识！

**（十）坚定不移加强民主政治建设，凝聚起共同团结奋斗的强大合力。**社会主义民主是维护人民根本利益的最广泛、最真实、最管用的民主，也是我们干事创业的无穷力量之源。要坚持党的领导、人民当家作主、依法治国有机统一，深入推进社会主义民主政治建设，巩固和发展生动活泼、安定团结的政治局面。发挥人民代表大会制度的根本政治制度作用，坚持和发展全过程人民民主，支持和保障人大及其常委会依法履职尽责，加强对“一府一委两院”的监督，密切人大代表同人民群众的联系，不断加强和改进新时代人大工作。发挥人民政协“重要阵地、重要平台、重要渠道”作用，深化专门协商机构建设，提升政治协商、民主监督、参政议政质量，增强思想政治引领和凝聚共识的实效。坚持全面依法治省，健全完善地方性法规规章体系，开展法治政府示范创建活动，深入推进政法改革，全面实施“八五”普法，努力建设更高水平法治甘肃。支持民主党派、工商联和无党派人士履行职能，进一步构建和深化大统战工作格局，促进政党关系、民族关系、宗教关系、阶层关系、海内外同胞关系和谐，巩固和发展最广泛的爱国统一战线。加强和改进党对群团组织的领导，支持工会、共青团、妇联等人民团体依法依章程开展工作，把所联系的群众紧紧凝聚在党的周围。完善双拥机制和军民共建、军民融合机制，推进国防动员体制改革，加强全民国防教育，巩固军政军民大团结。

作为多民族多宗教地区，我们必须高度重视、扎实做好民族宗教工作。要以铸牢中华民族共同体意识为主线，全面构筑中华民族共有精神家园，深入持久开展民族团结进步创建，促进各民族交往交流交融，有形有感有效推进中华民族共同体建设，使各民族像石榴籽一样紧紧抱在一起。全面贯彻新时代党的治藏方略，推动涉藏州县长治久安和高质量发展。全面贯彻新时代党的宗教工作理论和方针政策，坚持我国宗教中国化方向，深化“党亲 国好 法大”教育实践活动，提高宗教界自我管理水平，提高宗教事务治理法治化水平，积极引导宗教与社会主义社会相适应。

团结出凝聚力，团结出战斗力。只要我们充分发挥社会主义民主政治的特点和优势，众志成城、和衷共济，就一定能够巩固发展政通人和的良好局面！

**（十一）坚定不移防范化解风险隐患，更好统筹发展和安全。**发展和安全是一体之两翼、驱动之双轮，互为前提，缺一不可。要深入贯彻总体国家安全观，以人民安全为宗旨，以政治安全为根本，以经济安全为基础，加强国家安全体系和能力建设，下好先手棋、打好主动仗，实现高质量发展和高水平安全良性互动。

积极防范化解重大风险隐患。坚定维护国家政权安全、制度安全，严密防范和严厉打击敌对势力渗透破坏活动。加强经济安全风险预警、防控机制和能力建设，坚决守住不发生系统性和区域性风险底线。统筹推进地方金融改革，完善地方金融监督管理体系，强化金融机构内部风险防控。加强政府债务风险常态化监控，完善专项债券管理机制。防范化解新技术新应用带来的风险，维护网络安全、信息安全、数据安全等非传统安全。引导督促各级各方面居安思危，加强预判、做足预案、及时预警，扎实做好防范化解重大风险的各项工作。

纵深推进平安甘肃建设。完善重大决策社会稳定风险评估机制，健全立体化信息化社会治安防控体系，加强市域社会治理现代化建设，维护社会大局和谐稳定。坚持和发展新时代“枫桥经验”，健全社会矛盾纠纷多元预防化解机制，完善信访工作责任体系，妥善解决群众合理诉求。巩固深化政法队伍教育整顿成果，常态化推进扫黑除恶斗争。把保障公共安全作为平安建设的重要内容，全面加强公共安全管理，严把安全风险源头关、监测关、管控关，织密织牢公共安全网。严格落实安全生产责任制，持续推进重点领域安全生产专项整治，优化应急管理体系，增强防灾减灾救灾能力，提升安全管理和本质安全水平。

同志们！全方位推动高质量发展，是新时代最鲜明的主题，也是新征程最激昂的乐章。我们要增强时不我待的紧迫感、舍我其谁的使命感，自加压力、拼搏奋进，积极投身现代化建设火热实践，努力创造无愧于历史、无愧于时代、无愧于人民的骄人业绩！

**四、坚持全面从严管党治党，不断推进新时代党的建设新的伟大工程**

建设新甘肃、开创新局面，关键在加强党的全面领导、推进全面从严治党。必须坚持以党的政治建设为统领，统筹推进党的各项建设，发扬自我革命精神，把严的主基调长期坚持下去，持续营造风清气正的政治生态，为全省各项事业发展提供坚强保证。

**（一）始终把党的政治建设摆在首位，切实提高政治判断力、政治领悟力、政治执行力。**确立习近平同志党中央的核心、全党的核心地位，确立习近平新时代中国特色社会主义思想的指导地位，是党的十八大以来最大的政治成果、最重要的历史结论，充分反映了全党全军全国各族人民的共同心愿。我们要从党的百年奋斗历史中汲取智慧和力量，准确把握党在新时代的原创性思想、变革性实践、突破性进展、标志性成果，深刻领悟“两个确立”的决定性意义，增强“四个意识”、坚定“四个自信”、做到“两个维护”，始终在政治立场、政治方向、政治原则、政治道路上同以习近平同志为核心的党中央保持高度一致。健全贯彻落实习近平总书记重要指示和党中央精神的长效机制，强化政治监督，做到党中央提倡的坚决响应、党中央决定的坚决执行、党中央禁止的坚决不做。健全坚持和加强党的全面领导的制度体系，完善各级党委（党组）工作制度，确保党的领导落到实处。严格执行党章党规，严肃党内政治生活，加强政治能力训练和政治实践历练，严明党的政治纪律和政治规矩，教育引导党员干部始终保持政治上的清醒坚定和高度自觉，牢牢把握“国之大者”，切实把对党忠诚体现在贯彻党中央决策部署的行动上，体现在履职尽责、做好本职工作的实效上，体现在日常言行上。

**（二）坚持不懈强化理论武装，深学细照笃行习近平新时代中国特色社会主义思想。**一以贯之学懂弄通做实习近平新时代中国特色社会主义思想，深入学习贯彻习近平总书记对甘肃重要指示要求，完善经常性学习教育机制，提高各级党委（党组）理论学习中心组学习质量。发挥各级党校（行政学院）主阵地作用，分级分类开展轮训培训，谋划做好党的二十大精神集中学习培训，推动党员干部自觉做习近平新时代中国特色社会主义思想的坚定信仰者和忠实实践者。加强理论研究阐释，深入基层开展宣传宣讲，让党的创新理论家喻户晓。健全党史学习教育常态化长效化机制，引导党员干部坚定历史自信、把握历史主动、增强历史自觉、担当历史使命，以更加饱满的热情和干劲为党和人民的事业不懈奋斗。

**（三）深入贯彻新时代好干部标准，打造忠诚干净担当的干部队伍。**坚持把政治标准放在第一位，鲜明树立重实干、重实绩、重担当的选人用人导向，以发展论英雄、以实绩论功过，完善和落实科学精准的选贤任能制度，让政治素质高、敢于担当任事的干部得到褒奖和重用。健全培养选拔优秀年轻干部常态化工作机制，加强对年轻干部的实践锻炼和监督管理，源源不断培养选拔德才兼备的优秀年轻干部。统筹用好各年龄段干部，做好培养选拔女干部、少数民族干部和党外干部工作，充分激发广大干部的积极性主动性。培养专业能力、专业精神，围绕落实“三新一高”要求，聚焦中心任务和重点工作，有针对性开展实战化培训。坚持事业为上、以事择人，健全干部担当作为激励保护机制，为担当者担当、为干事者撑腰，让有为者有位、能干者能上、优秀者优先。

**（四）持续强化基层基础，充分发挥基层党组织战斗堡垒作用。**牢固树立大抓基层的鲜明导向，统筹推进各领域基层党组织建设，切实增强政治功能和组织力凝聚力，不断把基层党组织建设成为宣传党的主张、贯彻党的决定、领导基层治理、团结动员群众、推动改革发展的坚强战斗堡垒。坚持走党建引领、自治法治德治相结合的善治道路，发挥党的领导核心作用，完善党领导下的基层治理机制，向基层下沉资源、力量、服务和管理，聚焦群众需要、对准现实问题改进提升基层党建工作，把党的政治优势、组织优势转化为治理效能，努力实现基层有活力、管理出实效、群众得实惠的治理目标。加强党员队伍建设，加大在重点群体、新兴领域发展党员力度，从严从实强化日常教育管理监督，激励广大党员当标兵、做先锋，让党旗在经济社会发展各个战场高高飘扬。

**（五）认真落实党管人才原则，全方位培养引进用好人才。**聚焦现实需要和重大部署谋划布局人才工作，统筹推进各领域人才队伍建设，造就一批高端科技人才，打造高素质产业人才大军，推进乡村振兴人才队伍建设，持续壮大人才队伍规模。深化人才发展体制机制改革，进一步向用人主体授权，积极为人才松绑，完善人才评价体系，以灵活的政策吸引人才，以良好的环境留住人才，以宽松的氛围使用人才，形成人尽其才、才尽其用的生动局面。健全人才服务保障体系，落实党委联系服务专家制度，开展全周期、全方位、便捷化服务，让甘肃成为各类人才施展才华、实现抱负的广阔舞台。

**（六）牢固树立实干导向，驰而不息改进作风。**发扬党的光荣传统和优良作风，传承中国共产党人精神谱系，始终保持奋发有为的精神风貌。强化政绩观教育，把践行政绩观情况纳入干部选拔任用考察内容，引导党员干部悟透以人民为中心的发展思想，解决好政绩为谁而树、树什么样的政绩、怎样树好政绩的问题。深化拓展作风建设年活动，大兴调查研究之风，让真抓实干、务求实效、创造过硬实绩成为普遍追求和风尚。严格落实中央八项规定及其实施细则精神，持之以恒纠治“四风”，重拳整治顽疾陋习和隐形变异作风问题，坚决整治形式主义官僚主义行为，防止不良风气反弹回潮。持续为基层减负，让基层把更多精力用在干实事上。深入开展党员干部家庭家教家风建设，把好传统带进新征程，将好作风弘扬在新时代。

**（七）一体推进不敢腐、不能腐、不想腐，不断把党风廉政建设和反腐败斗争引向纵深。**坚持无禁区、全覆盖、零容忍，坚持重遏制、强高压、长震慑，坚持受贿行贿一起查，完善“三不”一体推进制度机制，努力取得更多制度性成果和更大治理成效。保持反对和惩治腐败的强大力量常在，严查政治问题和经济问题交织的腐败案件、重大建设和重大资金使用中的腐败问题，不断清除损害党的先进性和纯洁性的因素，不断清除侵蚀党的健康肌体的病毒。坚决查处群众身边的腐败问题和不正之风，常态化惩治涉黑涉恶腐败和“保护伞”。加强对“一把手”和领导班子的监督，以党内监督引领各类监督系统集成、协同高效。深化政治巡视，健全巡视巡察上下联动格局，推动有形覆盖和有效覆盖相统一。坚持惩前毖后、治病救人，综合运用“四种形态”惩治极少数、教育大多数。加强新时代廉洁文化建设，促进干部清正、政府清廉、政治清明，努力打造风清气正的廉洁甘肃。

同志们！时代大潮浩浩荡荡、奔流不息，伟大事业征途漫漫、任重道远。惟有奋斗，方能挺立潮头、掌握主动、续写辉煌。我们要用心感悟时代发展的脉搏，顺应千帆竞发、百舸争流的宏观大势，弘扬改革创新、一往无前的时代精神，勇于突破传统路径的依赖，敢于打破条条框框的限制，鼓足勇气开拓进取，推动各项工作不断取得新进展、打开新局面。我们要着力锻造我将无我的境界，淬炼功成不必在我、功成必定有我的品格，树立无功就是过、平庸便是错的观念，夙夜在公、恪尽职守，不计较个人得失，全身心谋事干事，努力创造经得起人民和实践检验的业绩。我们要持续砥砺攻坚克难的锐气，锤炼斗争意志，发扬斗争精神，敢于挑最重的担子、啃最硬的骨头，困难面前迎头而上、挑战面前主动出击，善作善成破解难题，动真碰硬化解旧账，凡事都付出最大努力、争取最好结果。我们要始终保持笃行不怠的韧劲，任何时候任何情况下都坚持“干”字当头，对当务之急雷厉风行、紧抓快办，对长期任务滴水穿石、绵绵用力，一仗接着一仗打，一棒接着一棒干，全力以赴促进一方发展、造福一方百姓。我们都深爱着脚下这片土地，对她充满深厚感情，一定会为之付出自己的全部，把陇原大地建设得更加美好！

同志们！领袖指引航向，梦想照亮未来。让我们更加紧密地团结在以习近平同志为核心的党中央周围，坚定不移沿着习近平总书记指引的方向前进，踔厉奋发、锐意进取，埋头苦干、勇毅前行，为全面建设社会主义现代化幸福美好新甘肃而努力奋斗，以实际行动迎接党的二十大胜利召开！

（省委政研室　赵斌）

# 党的十八大以来甘肃发展成就

党的十八大以来，甘肃省委、省政府在以习近平同志为核心的党中央坚强领导下，以习近平新时代中国特色社会主义思想为指导，把习近平总书记对甘肃重要指示要求作为总方针总纲领总遵循，统筹推进“五位一体”总体布局，协调推进“四个全面”战略布局，坚持稳中求进工作总基调，完整、准确、全面贯彻新发展理念，加快构建新发展格局，牢牢把握高质量发展主题，积极应对严峻复杂的发展环境和交织叠加的风险挑战，高效统筹疫情防控和经济社会发展，推动全省各项事业取得历史性成就、发生历史性变革，陇原大地的面貌、人民群众的面貌实现了前所未有的巨大变化。2012—2021年，全省生产总值由5393.1亿元增加到10243.3亿元、年均增长6.9%，一般公共预算收入由520.4亿元增加到1001.8亿元、年均增长7.5%，这两项指标在2021年分别突破了万亿元和千亿元大关；其他指标也保持了快速增长，规模以上工业增加值和城乡居民收入的年均增速分别达到6.2%、8.1%和9.8%，人均GDP翻了一番。

2022年，面对经济下行压力加大和两轮新冠疫情冲击造成的不利局面，省委、省政府坚决贯彻习近平总书记“疫情要防住、经济要稳住、发展要安全”的重要指示，及早制定出台了11个方面53条稳增长政策措施，按照省第十四次党代会部署，加快实施强科技、强工业、强省会、强县域“四强”行动，积极抢抓和用好政策机遇，努力克服一系列困难和挑战，经济社会发展呈现出项目建设力度大、工业提质增效、新能源加快推进、特色农业发展势头好等特点，继续保持了总体平稳、稳中有进、稳步提质的良好态势。上半年，全省地区生产总值、规上工业增加值、固定资产投资、进出口总值增速分别比全国高1.7个、3.7个、4.8个、15.2个百分点，出口同比增长49.4%，工业投资同比增长51.7%，取得了来之不易的成绩。

**这10年，我们举全省之力决战决胜脱贫攻坚，历史性地解决了绝对贫困问题，如期同全国一道全面建成小康社会，广大农村地区发生了翻天覆地的变化，人民群众过上了更加幸福美好的生活**

2012—2021年，全省累计投入财政专项扶贫资金1032.9亿元，年均增长24.15%；天津、山东、福州、厦门等东部协作省市累计投入资金123.16亿元，实施协作项目6600余个。2016—2021年，36家中央定点帮扶单位直接投入资金31.6亿元，帮助引进项目1403个。金融机构对脱贫攻坚也给予大力支持，2015—2021年，发放脱贫人口小额信贷717亿元。累计派出36万名帮扶责任人、7.45万名驻村帮扶人员，帮助贫困地区脱贫攻坚。经过10年的顽强奋战，全省现行标准下552万农村建档立卡贫困人口全部脱贫，7262个贫困村全部出列，58个国家片区贫困县和17个省定插花型贫困县全部摘帽，贫困地区的面貌焕然一新。接续推进巩固拓展脱贫攻坚成果同乡村振兴有效衔接，我省在2021年度国家巩固脱贫成果后评估和东西部协作考核评价中均为“好”的等次，两项指标都排在全国第3位。

*一是群众生产生活条件得到前所未有的改善。*“两不愁三保障”任务全面完成，贫困家庭失学辍学学生应返尽返，乡村两级基本医疗空白点全面消除，建档立卡贫困人口参保实现了全覆盖。农村公路里程达到12.5万千米，其中沥青（水泥）路达到9.21万千米，比2012年底增加了7.16万千米，2017年底实现了具备条件的建制村通沥青（水泥）路，2019年底实现了具备条件的建制村通客车，告别了农村“出行难”的历史。全省建成集中供水工程9034处、分散式供水工程22万处，农村集中供水率达到93%、自来水普及率达到90%，农村群众实现了吃上放心水的梦想。动态新增危房改造全部完成，易地扶贫搬迁让

群众住上了宽敞明亮的住房。通过建设扶贫车间、开发公益性岗位，大力发展消费扶贫、旅游扶贫、光伏扶贫、生态扶贫，群众就业增收渠道不断拓宽。2013—2021年，全省脱贫人口人均纯收入由2415元增加到10079元，年均增长19.6%。习近平总书记视察过的东乡县布楞沟村、渭源县元古堆村、古浪县黄花滩富民新村也都发生了翻天覆地的变化，布楞沟村和元古堆村分别于2014年和2018年脱贫，黄花滩富民新村群众生产生活条件得到根本改善。

*二是脱贫地区特色产业形成了遍地开花的态势。*围绕解决特色产业“没钱干”“谁来干”“闷头干”“不白干”问题，构建起投入保障、生产组织、产销对接、风险防范四大体系，有针对性地出台人均5000元、每户最多不超过3万元的到户产业扶持政策，筹措155.6亿元扶持110万贫困户发展“牛羊菜果薯药”为主的扶贫产业。出台1000亿元特色产业贷款工程和500亿元农产品收购贷款扶持政策，一大批农业企业和农民专业合作社得到扶持，与贫困户建立起了利益联结机制，推动贫困地区特色产业短时期内实现了从零散状、碎片化到成链条、集聚化的巨大转变。仅2018—2020年，全省通过发展产业和“产业+劳务”实现脱贫的群众达138.83万人，占同期全省总脱贫人口的73.6%。围绕做好调结构、优布局、强主体、兴科技、育品牌五篇文章，深入实施以产业链链长制为抓手的龙头企业引培提升行动，全省龙头企业达到3315家；实施合作社规范提升专项行动，总数已超过9万家，更多的农民分享到了产业增值收益。经过10年发展，全省农业产业结构发生了深刻调整，特色产业规模迅速扩大，畜牧业综合生产能力大幅提升，2021年全省畜牧业产值达到619亿元，占农业总产值的比重达到25.4%，比2012年提高了7个百分点。

*三是农业农村发展展现出生机勃勃的活力。*2012年以来，全省每年推广以全膜双垄沟播为主的旱作农业技术1500万亩以上，推广以膜下滴灌为主的农田高效节水技术1000万亩以上。随着各项强农惠农政策的落实，粮食单产水平明显提高，人均占有粮食水平稳步增加，全省粮食生产实现了由产销平衡到调出的历史性转变。2012—2021年，全省粮食播种面积稳定在4000万亩左右，2021年达到4015.13万亩，今年可达到4039万亩；粮食单产由2012年的266.69公斤提高到306.5公斤，增幅达到15%。组织实施农村人居环境整治三年行动，扎实推进农村厕所革命、生活垃圾污水治理、村容村貌提升等重点工作，乡村宜居水平得到持续提升。截至目前，全省建成农村卫生厕所248万座，普及率由2018年的10%提高到50%，常住农户卫生厕所普及率达到60%，90%以上的村庄生活垃圾得到有效治理，农村生活污水治理率达到21.8%。适应乡村振兴新要求，推动巩固拓展脱贫攻坚成果同乡村振兴各项机制衔接转换，启动实施“5155”乡村建设示范行动，去年共投入资金217.84亿元，完成了500个省级示范村的创建目标。组织开展农村留守老人、妇女、儿童、特困群众关爱服务行动和乡村振兴“岗位大练兵、业务大比武”活动，群众急难愁盼问题不断得到解决，追求幸福生活的内生动力极大激发。今年以来，省委、省政府按照党中央决策部署和习近平总书记重要指示要求，对继续巩固拓展脱贫攻坚成果、加快全面推进乡村振兴进一步作出安排部署，把工作对象转向所有农民，把工作任务转向推进乡村“五个振兴”，把工作举措转向促进发展，努力推动农业农村与全省同步实现现代化。

**这10年，我们牢固树立绿水青山就是金山银山的理念，坚决扛起筑牢国家西部生态安全屏障的政治责任，坚持生态优先、绿色发展不动摇，全省生态环境质量持续改善，一幅山川秀美的画卷正在徐徐展开**

PM10由2013年的94微克/立方米下降到2021年的56微克/立方米，PM2.5由2015年的33微克/立方米下降到2021年的22微克/立方米。优良水体断面比例由2012年的83.3%提高到2021年的95.9%。截至目前，全省林地面积1.19亿亩，占全省总土地面积的18.7%；草地面积2.146亿亩，占全省总土地面积的33.6%。通过保护和治理，现在甘肃天更蓝了、水更清了、地更绿了，美丽甘肃建设取得了重要进展。

*一是祁连山生态保护实现“由乱到治、大见成效”。*2017年以来，省委、省政府持之以恒抓好祁连山生态环境问题整治，在没有先例可循的情况下，出台祁连山及全省各级各类保护地内矿业权退出分类处置办法和意见，祁连山保护区内矿业权、水电站、旅游设施项目已完成分类整改，保护区所有草原纳入奖

补政策范围，全面完成了减畜任务，有效解决了林权证与草原证“一地两证”问题。实施祁连山生态保护与建设综合治理规划，投入57亿元开展山水林田湖草生态保护修复试点，祁连山生态保护长效机制不断健全，生态破坏趋势得到有效遏制和扭转，生态环境持续向好的局面正在不断巩固。民勤县青土湖水域面积从2010年的3平方千米扩大到目前的26.7平方千米，呈现出碧波荡漾、生机盎然的景象。2019年8月习近平总书记视察时指出，祁连山生态保护实现了“由乱到治、大见成效”，给予了高度评价。

二是黄河流域生态保护和高质量发展取得积极进展。坚持重在保护、要在治理，组织实施甘南黄河上游水源涵养区山水林田湖草沙一体化保护和修复工程、黄河首曲湿地保护修复等一批重大带动性项目，黄河流域甘肃段自产水资源量明显增多，2017年以来平均达到109亿立方米，黄河干流出境断面水质连续6年达到Ⅱ类标准，2021年沿黄流域41个国考断面水质优良比例达到92.68%，高于沿黄省份平均水平。分区域治理水土流失，小流域综合治理、坡耕地整治进度加快，近五年全省完成水土流失治理面积3.61万平方千米、塬面保护838.43平方千米、植树造林2487.36万亩。落实节水优先、空间均衡、系统治理、两手发力的治水思路，实施深度节水控水行动，去年全省用水总量比2017年下降5.1%，万元工业增加值用水量降幅达56.1%。打好灾害治理持久战，全省已建成25座国家级绿色矿山和7座省级绿色矿山，矿山生态环境得到逐步改善，矿区土地复垦水平全面提升。

三是全省生态文明建设发生了全局性变化。着力打造河西祁连山内陆河生态安全屏障、南部秦巴山地区长江上游生态安全屏障、甘南高原地区黄河上游生态安全屏障、陇东陇中地区黄土高原生态安全屏障和中部沿黄河地区生态走廊“四屏一廊”，到2021年底全省草原综合植被盖度达到53.04%，湿地面积稳定在169.3万公顷左右。河长制、湖长制、林长制全面建立，全省21934名河长、1065名湖长上岗，履行守河护河第一责任人职责，落实巡河、治河、护河“三位一体”责任。污染防治攻坚战取得阶段性成效，在国家2019年度、2020年度污染防治攻坚战成效考核中，我省均取得“优秀”等次。2021年以来，推动污染防治攻坚战向纵深拓展，组织实施秋冬季大气污染防治等7个标志性战役，大力整治老百姓身边的突出生态环境问题，去年环境空气质量达到近10年来的最好水平，“兰州蓝”由“浅蓝”走向“深蓝”，全省生态环境质量持续巩固提升。

**这10年，我们扎实推进经济结构战略性调整，加快转变发展方式，积极培育新动能和新增长点，产业发展水平持续提升，经济高质量发展取得丰硕成果，全省经济综合实力和竞争力跃上了新台阶**

2011—2022年，全省安排实施省列重大项目1711个，截至2022年6月底累计完成投资15443亿元。今年以来，两次高规格组织开展重大项目集中开工仪式，开工亿元以上项目1239个，总投资近万亿元。上半年，省列重大项目完成投资增长37%，重点项目投资完成率达到125%，在全省上下形成了抓项目、促发展的浓厚氛围。

一是供给侧结构性改革不断深化。坚持用改革的办法推进经济结构调整，减少无效和低端供给，扩大有效和中高端供给，增强供给结构对需求变化的适应性和灵活性，全要素生产率持续提高。统筹推进“三去一降一补”五大任务，运用市场化、法治化手段，重点抓好钢铁和煤炭行业去产能工作，通过优胜劣汰倒逼低效产能退出，国家下达的生铁、粗钢产能化解任务于2020年全部完成，行业竞争力明显提升。扩大电力直接交易规模，降低企业用电成本，仅2016—2019年就为企业让利62.2亿元。同时，推进电力现货市场建设，我省被列入全国第一批8个电力现货市场建设试点地区之一。2021年以来，针对煤炭和能源供需形势变化，我省综合施策、积极应对，不断扩大煤炭先进产能供给力度，全力保障电煤供应，成为全国少有的几个未实施有序用电和拉闸限电的省份之一。

二是科技综合实力保持在全国第二梯队。加快兰白科技创新改革试验区和兰州白银国家自主创新示范区建设，2021年“兰白两区”地区生产总值达到1152.9亿元、同比增长18.64%。建成了一批高能级创新平台，全省国家重点实验室达到11家，形成了覆盖多学科方向和产业技术领域的创新基地体系。加快关键核心技术攻关，10年来累计争取国家各类科技项目（课题）8308项、立项省级科技计划项目11543

项。强化企业创新主体地位，在全国率先出台企业创新联合体管理办法，目前已组建8家企业创新联合体，全省高新技术企业总数从2012年的233家增加到2021年的1371家。完善科技成果转移转化服务体系，全省技术合同成交额由2012年的73.06亿元增加到2021年的280.44亿元，年均增长16.12%。去年，全省综合科技创新水平指数达到53.71%，比2012年提高了11.97个百分点。

*三是现代产业体系逐步形成*。坚持强龙头、补链条、聚集群，开展打好产业基础高级化、产业链现代化攻坚战，扎实推进产业数字化、数字产业化，重点产业链不断做大做强。加快传统产业“三化”改造，到2021年底全省规上工业企业经营管理数字化普及率、数字化研发设计工具普及率、关键工序数控化率分别达到51%、47.8%、43.2%。新能源及装备制造、新材料、生物医药、文化旅游等新兴产业逐步壮大，到2021年底全省高技术产业、战略性新兴产业增加值占规上工业的比重分别达到6%、10%。加快新能源产业发展，建成了全国首个千万千瓦级风电基地，到今年6月底全省新能源并网装机达到3200万千瓦，占全省装机总量的比重达到49.6%，成为省内第一大电源。深入推进文化旅游融合发展，“十三五”时期全省接待国内游客13.2亿人次、实现旅游综合收入8995.4亿元，分别较“十二五”时期增长了1.5倍和1.8倍。

*四是基础设施网络日益完善*。到2021年底，全省公路总里程达到15.7万千米，比2012年底增加了2.54万千米；公路密度从2012年底的28.87千米/百平方千米提升到2021年底的36.77千米/百平方千米。全省铁路运营里程达5590千米、新增2710千米，高速铁路实现“零”的突破、新增1425千米，兰州进入“地铁时代”，全省首条自主投资的天水至陇南铁路开工建设。2012年至2022年6月底，完成水利全口径投资1456亿元，年均增速达到10%，引洮供水、民勤红崖山水库加高扩建工程等全面建成，甘肃中部生态移民扶贫开发供水、古浪黄花滩调蓄供水等工程开工建设。加快新型基础设施建设，截至今年6月底全省累计建成5G基站28227个，金昌紫金云大数据中心、兰州新区大数据产业园大数据中心等建成投用，庆阳市全国一体化算力网络国家枢纽节点获批建设。

*五是全面深化改革向纵深推进*。10年来，省级推出重要改革举措1953项，深层次体制机制进一步理顺，发展活力和动力显著增强。国企改革方面，2012年以来省属企业改制重组引入社会资本超过340亿元，目前省属企业混改户数占比达到57.7%，2021年混改企业为省属企业贡献了64%的营业收入、80%的利润总额。土地管理利用改革方面，2012年至2022年上半年，全省供应国有建设用地214.35万亩，2020年11月30日武威市出让集体经营性建设用地6宗101.32亩，成交价款656.3万元，敲响了我省乃至西北地区新《土地管理法》实施后集体经营性建设用地入市“第一槌”。全面推进“标准地”改革，在兰州新区、金昌工业园区、玉门市进行试点，已出让17宗、总面积2042.44亩。“放管服”改革方面，不断简化行政审批事项，加强事中事后监管，加快数字政府建设，省级97%的政务服务事项实现“最多跑一次”，“不来即享”等服务机制让更多优惠政策直达企业，促进了全省营商环境的持续优化。

*六是全方位对外开放格局加快构建*。坚持扩大开放不动摇，内外兼顾、陆海联动、向西为主、多向并进的开放格局逐步形成。积极抢抓“一带一路”建设最大机遇，紧紧围绕“五通”做文章，2013年以来国际货运班列已开通4向5条线路并实现常态化运营，开通和运营国际（地区）客运航线38条、货运航线14条，累计新设外商投资企业2058家。人文交流合作走深走实，“一带一路”高校联盟加盟院校达到173所，累计实施国际科技合作项目150多项，设立海外中医中心或岐黄中医学院16家，捐赠1.5万剂“甘肃方剂”支援国际抗疫，丝绸之路（敦煌）国际文化博览会是目前国内唯一以“一带一路”文化旅游为主题的国际性综合博览会，已成功举办了5届。加强国际贸易合作，近10年来我省与“一带一路”沿线国家累计实现进出口1511.3亿元，占全省进出口总值的比重由2013年的21.9%提升到2021年的45.7%。

*七是城乡区域发展更加协调融合*。不断优化资源配置，推进城乡融合发展，全省城镇化率由2012年的38.75%提高到2021年的53.3%。全面放开城市落户限制，2016年以来累计实现300多万农业转移人口及其他常住人口落户城镇，农业转移人口就业服

务、基本养老、基本医疗、住房保障和子女义务教育纳入政府公益性投入保障范围。大力发展县域经济，将全省86个县市区划分为5种类型，将新引进企业缴纳增值税省市级分享的部分让利于县，将国有未利用土地审批权、成片开发方案审批权下放到市县，开展建设用地县级直报试点，县域自我发展能力不断提升。支持革命老区、民族地区和资源型城市加快发展，同10年前相比，这些地区的发展面貌得到了极大改善。

**这10年，我们始终坚持以人民为中心的发展思想，持续加大保障和改善民生力度，注重加强基础性、普惠性、兜底性民生建设，加快解决群众急难愁盼问题，人民群众的获得感幸福感安全感大幅提升**

10年来，全省民生支出占财政总支出的比例保持在80%左右；高校毕业生月均收入由2018年的3959元提高到去年的4723元，省属企业职工年均工资收入由2016年的6.95万元提高到2020年的8.67万元。截至2021年底，全省老年人服务设施覆盖95%的城市社区和55%的行政村，建成各级居家养老服务平台90个，年服务老年人超过1500万人次。

*一是就业创业规模连年扩大。*截至2022年6月底，全省城镇新增就业累计达到388.45万人。加大高校毕业生就业支持力度，连续多年组织实施“支持1万名未就业普通高校毕业生到基层就业”为民办实事项目，以及国家“三支一扶”“特岗教师”“西部计划”等基层服务项目，全省高校毕业生就业率保持在90%以上。累计输转城乡富余劳动力5282.7万人次，实现劳务收入10233.9亿元，完成精准扶贫劳动力培训262.88万人次，其中建档立卡劳动力169.75万人次。累计认定2343个乡村就业工厂（就业帮扶车间），吸纳就业近9万人，其中脱贫劳动力3.2万人。建设国家级创业孵化示范基地5家，省级孵化基地（园区）148家，累计吸纳带动就业127.88万人。

*二是多层次教育体系逐步形成。*截至2021年底，我省学前三年毛入园率达93.3%、普惠性幼儿园覆盖率达92.93%，分别比2012年提高了35.78个、33.7个百分点。2021年，全省九年义务教育巩固率达97.3%，高于全国平均水平，比2012年提高了12.43个百分点。2021年，全省高考录取率达87.08%，高等教育入学率达48.3%。加大“技能甘肃”建设力度，在全国率先建立“文化素质+职业技能”职教高考制度，中高职连续3年超额完成招生计划，中高本贯通的职教体系基本形成。连续4年统筹实施“薄提项目”“温暖工程”和“建宿舍扩食堂增学位”等民生实事，2021年14个市州主城区新增2.6万个学位。

*三是卫生健康事业得到长足发展。*分级诊疗能力不断提升，到2021年底实现了“50+N”种常见普通病患者90%在基层医疗卫生机构就诊。市级和县级中医医疗机构覆盖率分别达到92.85%和95.34%，乡镇卫生院（社区卫生服务中心）中医馆建设覆盖率达到91.77%。加快推进“互联网+医疗”服务，到去年底省市县乡村五级医疗机构实现电子健康卡应用全覆盖。2020年新冠疫情发生后，选派796名医护人员圆满完成驰援湖北任务；2021年疫情发生和2022年两轮疫情发生后，坚决打好疫情防控阻击战歼灭战，全力守护了人民群众生命安全和身体健康。

*四是社会保障体系取得新突破。*大力实施全民参保计划，将城乡居民和农村籍灵活就业人员纳入企业职工基本养老保险参保范围，将失业保险保障范围扩大至城乡所有参保失业人员。2012年以来，全省养老保险、工伤保险、失业保险参保人数达到2372.77万人次，社保卡持卡人数达到2605万人，比全国高出3.7个百分点，实现了全民参保、应保尽保。不断健全社会救助体系，持续提高救助保障水平，城乡低保标准分别由2012年每人每年3120元、1488元提高到2022年的8076元、5268元，实现了困难群众应保尽保、精准施救。截至目前，全省城市低保保障人数达到31.9万人，农村低保保障人数达到145.3万人，有效保障了困难群众的基本生活。

**这10年，我们全面加强宣传思想文化工作，扎实履行举旗帜、聚民心、育新人、兴文化、展形象的使命任务，汇聚起了加快建设幸福美好新甘肃、不断开创富民兴陇新局面的磅礴力量**

*一是思想理论建设取得重大进展。*大力建设“理论陇军”，近10年在中央“四报一刊”刊发理论文章167篇，研究阐释党的理论创新成果能力显著提升。健全理论宣讲工作体系，全省已建成基层宣讲示范点307个。哲学社会科学繁荣发展，中国特色新型智库建设深入推进，近10年我省获得国家社科基金各类项目立项1129项，省社科规划项目立项1869项。党

史学习教育常态长效，省级层面策划推出重点活动19项、特色活动130项，打造红色教育“大课堂”45处；全省帮办实事28万余件，解决群众急难愁盼问题58万多个，党史学习教育评估群众满意度达99.2%。

二是主流舆论形成强大声势。近年来特别是党的十九大以来，紧扣改革开放40周年、新中国成立70周年、建党百年等重大节点，聚焦脱贫攻坚、全面小康、疫情防控等开展主题宣传60项，开展大型集中采访活动15场次，省级主要媒体相继开设专栏专题70个。新闻媒体发展迅速，2012年以来省内新闻单位获中国新闻奖一等奖5件、二等奖6件、三等奖19件。媒体融合发展纵深推进，组建甘肃新媒体集团，在全国率先打造“新甘肃云”省级技术平台，86个县级融媒体中心建设实现全覆盖，5个试点市级融媒体中心实现党报、电视台有效整合，甘肃日报报业集团打造全域性移动新媒体平台“奔流新闻”。建设甘肃海外社交平台矩阵，对外宣传创新推进。

三是社会主义核心价值观广泛弘扬。2012年以来，我省先后有樊锦诗被授予“文物保护杰出贡献者”国家荣誉称号，古浪县八步沙“六老汉”三代人治沙造林先进集体、敦煌研究院文物保护利用先进群体被授予“时代楷模”荣誉称号，5人获评全国道德模范。精神文明建设深入推进，2012年以来我省兰州、金昌、嘉峪关市荣获全国文明城市，全国文明村镇、文明单位、文明校园、文明家庭分别达151个、100个、39所和19个，非公单位创建全国文明单位实现零的突破。全省86个县级新时代文明实践中心全部建立，建成文明实践所、站分别达1404个、17244个，年均开展各类文明实践活动近百万场次。

四是文化事业和文化产业持续健康发展。2012年以来，我省舞台剧、电视剧、纪录片等文艺精品数量不断攀升，获得国家级奖项作品33部。全省新建影院204家，新增荧幕988块，新增座位数10.7万个，县城影院覆盖率达95%。城乡公共文化设施网络更加完善，全省现有公共图书馆104个、文化馆103个、美术馆53个、博物馆128个、乡镇（街道）综合文化站1346个，全部免费向公众开放。“书香陇原”建设取得实质性进展，全省农家书屋出版物保有量从2607万册增加到3100万册，农民人均图书拥有量从1.7册增加到2.6册，2019年率先在全国建成数字农家书屋。推动敦煌研究院建成世界文化遗产保护典范和敦煌学研究高地，建成我国文化遗产领域首个多场耦合实验室，组建甘肃省敦煌文物保护研究中心，实施重点石窟保护项目20多项。深化敦煌学研究，开展敦煌学课题研究100多项，出版学术专著近50部。全省文化产业不断发展壮大，现有规模以上文化企业185家，2021年实现营业收入123.37亿元、同比增长22.95%，读者出版集团获得“全国文化企业30强”提名。

**这10年，我们扎实推动民主法治建设，着力构建大统战工作格局，全面加强法治甘肃建设，广泛调动一切积极因素和力量，团结和谐、安全稳定的政治社会局面不断巩固**

一是社会主义民主实践更加丰富。支持人大及其常委会依法行使职权，立法、监督、决定、任免等职能作用有效发挥。加强人民政协专门协商机构建设，政协发扬民主和增进团结相互贯通、建言资政和凝聚共识双向发力的程序机制更加健全。构建大统战工作格局，爱国统一战线更加巩固。2012年底，全省共有民主党派成员20966人，到2021年底民主党派成员数量发展到29212人。推动基层民主政治建设和基层社会治理，广大群众在基层治理格局中的主体地位得到有力保障。工会、共青团、妇联等人民团体桥梁纽带作用充分发挥。

二是民族宗教工作健康发展。推动民族地区全面建成小康社会，民族事务治理能力不断提升，民族地区面貌、少数民族群众面貌、民族关系面貌显著改善。实施民族团结进步“一廊一区一带”创建行动，截至目前全省已成功创建全国民族团结进步示范市（州）6个、示范县（市区）24个、示范单位27个、教育基地8个；创建省级民族团结进步示范区142个、示范单位384个、教育基地14个，民族团结进步创建工作“甘肃品牌”的影响力不断增强。全面贯彻党的宗教工作基本方针，推进“党亲　国好　法大”教育实践活动，在全省宗教界唱响“共产党好、中国特色社会主义好”主旋律，宗教界“五个认同”进一步增强。

三是法治甘肃建设纵深推进。全面依法治省工作扎实开展，政法队伍教育整顿成效显著，扫黑除恶专项斗争圆满收官，政治安全、社会安定、人民安宁局面持续发展。在全省公检法司系统统一上线运行办案平台，累计流转案件2万多件。完成全省基层法院内设机构改革，精简比例达43%。完成全省检察机关三级内设机构改革，精减比例达47%。完成民用机场公安机构管理体制改革和甘肃矿区公安局、甘肃森林公安机关管理体制调整。全省建成公共法律服务中心96个、工作站1381个、工作室13754个，实现了全省86个县（市区）公共法律服务实体平台全覆盖，17427个村（居）法律顾问全覆盖。

**这10年，我们牢牢把握严的主基调，深入贯彻新时代党的建设总要求和新时代党的组织路线，纵深推进党的各项建设，党的全面领导进一步加强，为全省各项事业发展提供了坚强保证**

*一是政治建设全面加强*。始终坚持以党的政治建设为统领推进各项工作，自觉在思想上政治上行动上同以习近平同志为核心的党中央保持高度一致，深刻领悟“两个确立”的决定性意义，以实际行动坚决做到“两个维护”。群众路线教育实践活动、“三严三实”专题教育、“两学一做”学习教育、“不忘初心、牢记使命”主题教育和党史学习教育等走深走实，党员干部的政治觉悟和政治能力明显提升。坚持把学习习近平新时代中国特色社会主义思想作为政治任务，持续抓好学习教育、宣传阐释和专题研讨，及时跟进学习领会习近平总书记最新重要讲话精神，自觉用以武装头脑、指导实践、推动工作。

*二是组织建设不断取得新成效*。扎实推进党支部建设标准化、“四抓两整治”和党建工作信息化，党的基层基础更加坚实。加强基层党组织阵地建设，全省99.86%的村党群服务中心面积达到120平方米以上，100%的社区党群服务中心面积达到200平方米以上。积极稳妥推进村党组织书记和村委会主任“一肩挑”，比例达到91.2%。为全省所有现任村干部办理了基本养老保险，86个县（市区）还建立了离任村干部生活补助制度。发展壮大村级集体经济，目前全省村级集体经济年收入5万元以上的村达到10889个、占68.3%。不断提高城市基层党建引领基层治理水平，14个市州、86个县（市区）、133个街道、1446个社区全部建立党建联席会议制度，133个街道全部建立“大工委”，1391个社区成立了“大党委”，建立网格党支部6489个，指派10933名街道社区党员干部包联网格，组织28.1万名党员到社区报到服务，推动党的组织和工作有效覆盖“神经末梢”。努力建设素质优良、结构合理的党员队伍，2012年底至2022年6月底，全省党员人数由166.3万人增加到192.75万人。

*三是干部人才队伍发展壮大*。坚持正确选人用人导向，坚持好干部标准，加大年轻干部选拔培养力度，干部队伍结构明显优化，各级领导班子整体功能不断增强。坚持以发展论英雄、以实绩论功过，对政治过硬、实绩突出、群众公认的优秀年轻干部及时交任务、压担子，提拔到吃劲重要岗位；对政治素质好、能力强、潜力大但资历尚浅的，通过交流提拔等方式统筹使用。近年来选派270多名年轻干部到国家部委、发达地区、信访一线挂职锻炼，选派86名省直部门年轻干部到县（市区）挂任班子成员主抓乡村振兴工作。党管人才原则有效落实，人才发展体制机制逐步完善，人才数量和质量实现双提升，全省人才总量达到219.7万人、比2012年增长44.5%。实行“陇原人才服务卡”制度，为全省9335名持卡高层次人才分类提供保障服务，目前为持卡人才提供免费旅游景点734个，提供就医“绿色通道”服务的省级医疗单位6家，真正让安心留人、惠民利民的好政策落实落细。

*四是党风廉政建设深入推进*。严格贯彻中央八项规定及其实施细则精神，组织开展转变作风改善发展环境建设年活动和形式主义、官僚主义集中整治行动、“四察四治”专项行动，持续深化为基层减负工作。充分发挥巡视利剑作用，一体推进不敢腐、不能腐、不想腐，反腐败斗争取得压倒性胜利并全面巩固。党的十八大以来，全省纪检监察机关查处形式主义官僚主义问题6763件，查处享乐主义奢靡之风问题6107件。2015年以来，全省纪检监察机关查处群众身边腐败和作风问题20612件。2018年以来，全省纪检监察机关查处扶贫和乡村振兴领域问题9875件；立案查处涉黑涉恶腐败和“保护伞”问题1463件，处理4751人，给予党纪政务处分2596人，移送司法164人。

（省委政研室　赵斌）

# 新时代十年甘肃标志性成果

过去五年，是甘肃战贫困、建小康，促发展、谋跨越的五年。在党中央坚强领导和省委直接领导下，全省上下坚持以习近平新时代中国特色社会主义思想为指导，深入贯彻党的十九大和二十大精神，牢记习近平总书记殷殷嘱托，负重自强、顽强拼搏，“十三五”顺利收官，“十四五”良好开局，踏上全面建设社会主义现代化新征程，谱写了加快建设幸福美好新甘肃、不断开创富民兴陇新局面的时代篇章。

在五年经济社会发展历程中，四个方面的成就意义尤为重大。一是决战决胜脱贫攻坚，历史性解决绝对贫困问题，与全国一道全面建成小康社会。二是经济总量迈上万亿台阶，财政收入跨过千亿大关，综合经济实力实现较大跃升。三是祁连山生态保护“由乱到治、大见成效”，生态文明建设发生全局性变化，国家西部生态安全屏障筑牢加固。四是民族团结、社会和谐呈现新气象，坚定不移听党话、矢志不渝跟党走，成为全省各族人民的共同心声。这些标志性成就，是建设幸福美好新甘肃的生动缩影，是开创富民兴陇新局面的真实写照，极大增强了陇原人民的志气底气，极大改善了甘肃发展的形象预期。

**陇原大地圆梦小康，呈现了富民兴陇崭新气象。坚持精准扶贫、尽锐出战，如期打赢脱贫攻坚战，接续推进乡村振兴，广大农村面貌发生翻天覆地的变化。**

脱贫攻坚任务全面完成。75个贫困县全部摘帽，7262个贫困村全部退出，552万农村建档立卡贫困人口全部脱贫，书写了我国减贫史上的甘肃篇章。49.9万农村贫困人口通过易地扶贫搬迁拔掉穷根。具备条件的建制村全部通硬化路、通客车、通邮路。行政村动力电全覆盖，光纤宽带和4G网络覆盖率达到99%。东部协作省市和中央定点帮扶单位投入资金172.06亿元，实施项目9789个，帮助销售农产品206.18亿元。脱贫地区农村居民人均可支配收入年均增长9.8%，高于全省城乡居民收入增幅。

脱贫成果有效巩固拓展。保持过渡期帮扶政策总体稳定，防止返贫动态监测和帮扶机制作用有效发挥，教育、医疗、住房和饮水保障成果巩固提升。就业和产业支持力度不断加大，易地搬迁后续扶持有效开展。脱贫人口小额信贷总量、贷款余额和新增贷款均居全国首位。涉农整合资金58%用于脱贫地区产业发展。倾斜支持39个乡村振兴重点帮扶县。2021年我省在国家巩固脱贫成果后评估和东西部协作考核评价中均获“好”的等次。

乡村振兴扎实推进。全省一产增加值年均增长6.3%，连续位居全国前列。建成高标准农田1409.8万亩。粮食产量连续三年稳定在240亿斤以上。农业产业化龙头企业、农民专业合作社分别达到3360家和9.3万个。创建7个国家现代农业产业园，获批6个国家农业现代化示范区、50个全国乡村旅游重点村（镇），会宁、民勤、临泽创建国家乡村振兴示范县，建设4个国家级产业集群和35个特色产业强镇。“甘味”品牌连续两年荣登中国区域农业形象品牌影响力指数100强榜首。设立30亿元乡村振兴投资基金。启动“5155”乡村建设示范行动，编制完成6750个实用性村庄规划。张掖、甘南、陇南、临夏打造乡村振兴示范样板成效突出。

**高质量发展步伐加快，厚植了富民兴陇强劲动能。着力盘活存量、引入增量、提高质量、增强能量、做大总量，全省地区生产总值连跨八千亿、九千亿和万亿台阶，年均增长5.5%，增速从2017年全国第30位提升到第3位。**

产业动能持续增强。聚焦“强龙头、补链条、聚集群”，大力推进工业强省、产业兴省，规上工业增加值增速提升到全国第13位，工业占生产总值比重提高1.9个百分点。新增规上工业企业1277户。建立产业链链长制，培育链主企业101家，实施“三化”改造重点项目719个。煤炭、原油、天然气产量达到5875万吨、1090万吨、5.2亿立方米，分别比2017年增长57%、32%、190%。建成陇东千万吨油气生产基地。新能源并网装机3800万千瓦，比2017年增加1732万千瓦，成为省内第一大电源。陇电入鲁工程启动实施。张掖盘道山、肃南皇城抽水蓄能工程开工建设。酒泉新能源及新能源装备制造、金昌镍铜钴新材料和新能源电池、白银硫磷铁钛锂新材料等产业基地加快建设。国内行业单体产能最大的稀土萃取生产线在白银建成投产。战略性新兴产业、高新技术产业发展提速。深化央地合作，签约实施项目204个、投资5927亿元。

*科技赋能提质增效*。综合科技创新水平不断提升，保持在全国第二梯队。兰白自创区、兰白试验区创新引擎作用逐步彰显。获批省部共建干旱生境作物学国家重点实验室，组建中国工程科技发展战略甘肃研究院。建成中国（甘肃）知识产权保护中心。国产首台自主知识产权碳离子治疗系统在武威投入临床应用，实现重离子超大型装置国产替代，成套设备加工制造基地在兰州新区建成投运。技术合同成交额由163亿元增加到338.57亿元。高新技术企业达到1683家，是2017年的2.7倍。新认定省级“专精特新”企业195户、国家级“小巨人”企业45户。科技进步贡献率达到58.2%。29项科技成果荣获国家奖。6名科学家当选“两院”院士。

*区域发展协同并进*。编制完成“多规合一”国土空间规划。加大兰西城市群、关中平原城市群共建力度。制定实施“十四五”兰州经济圈、河西走廊经济带、陇东南区域发展规划。庆阳市生产总值跨越1000亿，武威、白银、平凉、张掖、陇南、定西、金昌突破500亿。兰州新区经济增速持续领跑国家级新区，生产总值由2017年162.09亿元增加到342亿元。县域经济加快发展，生产总值超过百亿的县达到30个。新认定省级开发区18个、代表性园区12个。榆中、敦煌2个国家县城新型城镇化示范区加快建设。全省城镇化率54.19%，比2017年提高6.07个百分点。

**基础设施固强补弱，强化了富民兴陇支撑条件。着眼破瓶颈、强保障，狠抓交通、水利、新基建等基础设施建设，经济社会发展的硬件支撑不断增强。**

*交通瓶颈有效破解*。公路总里程、铁路运营里程、高铁里程达到15.7万千米、5765千米和1600千米，分别比2017年增加1.5万千米、730千米和447千米。高速（一级）公路里程突破7400千米，通高速县市区达到72个，实现与相邻6省区高速公路全联通。12个市通铁路，8个市通高铁，酒额铁路、敦格铁路、银西高铁、银兰高铁中兰段建成通车，兰张三四线中川机场至武威段、兰合铁路、西成铁路加快建设，以兰州为中心的放射型快速铁路网趋于完善。干支线机场9个，航空运输服务市州覆盖率达到79%。

*水利建设润泽陇原*。实施一批骨干水网、民生水利、水生态保护和防洪抗旱减灾工程，建成引洮二期骨干、甘肃中部生态移民扶贫开发供水工程总干渠、黄河干流甘肃段防洪一期、民勤红崖山水库加高扩建等工程。白龙江引水等重大项目前期工作取得突破。兰州、天水告别单一水源历史。新增年供水能力5亿多立方米，全省缺水少水状况有效改善。

*新基建扩面增效*。建成3.15万个5G基站、66个数据中心、15个工业互联网平台。5G网络实现市州城区全覆盖。兰州获评全国5G网络速率最佳城市。全国一体化算力网络国家枢纽节点获批建设，兰州国家级互联网骨干直联点、庆阳数据中心集群、全省算力资源统一调度服务平台加快建设。张掖、金昌、酒泉、兰州新区云计算大数据项目有序推进。

**生态环境整体向好，夯实了富民兴陇绿色根基。践行“两山”理念，美丽甘肃建设全面推进，大美陇原的天更蓝、山更绿、水更清。**

*生态建设水平稳步提升*。“三线一单”生态环境分区管控制度全面实施。新增造林2392万亩，完成草原种草改良2278万亩、沙化土地综合治理1348万亩、水土流失治理5386.4万亩。五级河（湖）长、林长体系全面建立。祁连山生态环境进入常态长效保护监管阶段。祁连山国家公园完成试点，大熊猫国家公园正式设立，若尔盖国家公园创建扎实推进。

新增黄河首曲和敦煌西湖国际重要湿地。平凉成功创建国家森林城市。平凉、张掖和两当、崇信、迭部、合作、清水获国家生态文明建设示范市、示范县。古浪八步沙林场等4地被命名为全国“两山”实践创新基地。石羊河成为全国首批美丽示范河湖。甘南环境革命实现雪域藏乡“绿色蝶变”。

*黄河国家战略深入实施*。扛牢上游责任，建立完善“1+N+X”规划政策体系。推动兰州在保持黄河水体健康上发力带头，“黄河之滨也很美”成为亮丽名片。黄河首曲湿地保护修复、祁连山北麓水源涵养、秦岭西段生物多样性保护恢复、石羊河中下游防沙治沙综合治理、陇中地区水土流失综合治理等重大生态项目加快实施。启动黄河流域兰西城市群甘肃片区生态建设行动。积极推动建立横向生态补偿机制。开展省级层面黄河流域生态保护地方立法与污染现状调查。黄河干流出境断面水质连续7年达到Ⅱ类。

*污染防治攻坚纵深推进*。两轮中央和省级生态环境保护督察整改任务基本完成，连续两年获得国家污染防治攻坚战成效考核“优秀”等次。14个市州空气质量首次全面达到国家二级标准。全省国考断面水质优良比例达到95.9%。土壤环境质量保持总体稳定。能耗“双控”有效落实。张掖、兰州实现林草碳汇交易率先突破。平凉完成全省首笔国际绿色碳交易。

**改革开放走深走实，激发了富民兴陇动力活力。以改革破难题，以开放拓空间，经济社会发展的动能更加强劲，客商看好甘肃、投资甘肃的预期不断向好。**

*重点领域改革取得突破*。国企改革三年行动任务如期完成，省属企业公司制改革全覆盖，混改面达57.8%，比2017年提高17个百分点。整合组建天然气管网公司、国际物流集团。新增上市公司5家。兰州新区绿色金融改革创新试验区建设取得阶段性成果。开展科研成果赋权改革试点。国有未利用地、城镇批次建设用地和土地征收成片开发方案审批权限下放市（县）政府。“标准地”改革实现“拿地即开工”。农村土地制度改革、“三变”改革、集体产权制度改革稳妥推进。电价改革年均降低企业用电成本近百亿元。

*营商环境持续改善*。“放管服”改革不断深化，数字政府建设取得突破性进展，“甘快办”特色应用加速拓展，全省政务服务事项全程网办率达到98%以上。工程建设项目、建设用地审批时限分别压减至90个和20个工作日以内。市场主体从2017年的148.86万户增加到217.06万户。减税降费近2150亿元，惠及市场主体93万户。民间投资占比达到42%。招商引资到位资金1.55万亿元，年均增长17%。

*开放空间纵深拓展*。新开通21条国际货运班列线路、11条国际货运包机航线，中欧班列常态化运营。在共建“一带一路”国家和地区设立13个商务代表处，建立121个国际营销服务网点、海外仓和商品展销中心。跨境电商交易额从2018年的0.6亿元增加到14.3亿元。建成运营7个海关指定监管场地。兰州新区综合保税区进出口贸易额达到180亿元，比2017年增长76.2%。全国首例进口铁路运输铜精矿监管通关模式落地金昌。

**民生福祉改善提升，促进了富民兴陇共建共享。多措并举保障改善民生，民生支出连年保持在80%左右，每年兴办10件民生实事，广大群众获得感幸福感安全感明显增强。**

*民生保障持续强化*。城镇新增就业183.3万人。基本医保参保率稳定在95%以上，基本医疗保险、大病保险、医疗救助跨省和省内异地就医直接结算全面实现。城乡低保标准分别提高49%和51%。帮扶援助困难退役军人36.5万人次。实施城镇棚户区住房改造66.74万套，建成保障性安居工程39.57万套。化解国有土地上已售城镇住宅历史遗留“登记难”问题84.92万套。

*社会事业全面发展*。学前三年、高中阶段、高等教育毛入学率达到93.3%、95.3%和48.3%，分别比2017年提高2.3、1.3和12.8个百分点。义务教育均衡发展目标全面实现。“双减”政策有效落实。获批国家级一流本科专业建设点182个。建成15个国家临床重点专科。人均预期寿命由2017年的73.41岁提高到75.64岁。武威吐谷浑、灵台桥村、夏河白石崖溶洞、张家川圪垯川、庆阳南佐遗址入选“考古中国”。推出《八步沙》《又见敦煌》《布楞沟的春天》等文艺精品。创建国家5A级景区3家。临夏八坊十三巷被认定为国家级旅游休闲街区。村级公共

文化设施实现全覆盖。市、县两级公共体育场覆盖率分别达到93%和87%。成功举办第十四届、第十五届省运会和第十届、第十一届残运会。金昌、嘉峪关蝉联全国文明城市，兰州获评全国文明城市。

平安甘肃深化建设。民族团结进步事业长足发展。宗教事务管理法治化水平不断提升。国防动员和后备力量建设得到加强。食品药品安全专项整治成效明显。应急管理体系基本建成，安全生产专项整治全面深化，防灾减灾救灾能力持续增强。扫黑除恶专项斗争深入开展，连续4年现行命案全破。金融机构化险工作有力有效，近两年金融领域清收处置不良资产698.3亿元。

**五年来，政府系统坚持严字当头、实字在先、干字为要，持续加强自身建设。**开展“不忘初心、牢记使命”主题教育和党史学习教育，狠抓中央巡视、国务院大督查、审计等发现问题整改。“七五”普法规划全面完成。行政复议体制改革走在全国前列。自觉接受省人大及其常委会法律监督、工作监督和省政协民主监督，办理省人大代表意见建议2871件、政协提案3541件，提请省人大常委会审议地方性法规议案134件，制定、修改和废止政府规章60部。创新优化工作机制，加大政策激励力度，建立完善经济运行调度、重大项目协调推进、重点工作领导包抓等机制。制定实施市州重点工作完成情况评价办法、县域经济综合评价考核办法，引导各地形成大干快上、竞相发展的良好氛围。8项典型经验获国务院大督查通报表扬、18项工作获国务院督查激励。严格执行中央八项规定精神，深入推进政府系统党风廉政建设和反腐败斗争，政治生态持续向好。

党的十八大以来，我们党和国家走过了一段极不寻常、极不平凡的发展历程，新时代十年的伟大变革在党史、新中国史、改革开放史、社会主义发展史、中华民族发展史上具有里程碑意义。同全国一样，甘肃各项事业也取得了历史性成就、发生了历史性变革，可以说甘肃在很多方面都是全国发展的缩影和写照。

十年来，以习近平同志为核心的党中央高度重视甘肃发展和甘肃工作，给予了许多亲切关怀和特殊支持。习近平总书记先后两次视察甘肃并发表重要讲话，给我们作出“八个着力”重要指示、提出“五个方面”工作要求，为我们提供了思想指引、行动指南和强大精神力量，极大增强了广大干部群众砥砺前行的信心和干劲。这十年，甘肃事业发展最鲜明的主题主线，就是坚定不移沿着习近平总书记指引的方向前进，深入贯彻党中央重大决策部署，坚决服从服务党和国家大局，加快建设幸福美好新甘肃，不断开创富民兴陇新局面，努力让各族群众过上更好生活。我们坚持以习近平新时代中国特色社会主义思想为指导，始终把习近平总书记对甘肃重要指示要求作为全部工作的总方针总纲领总遵循，团结带领各族干部群众负重自强、顽强拼搏，推动各项事业取得新的长足进步、城乡面貌发生新的巨大变化，如期实现全面建成小康社会奋斗目标，全面建设社会主义现代化迈出坚实步伐。

**第一，决战决胜脱贫攻坚，同全国一道全面建成小康社会。**受自然条件、发展历史、经济基础等因素影响，甘肃长期以来就是全国扶贫开发的主战场之一。十年前，甘肃最基本的省情特征就是贫困面积大、贫困人口多、贫困程度深，贫困问题在全国都是典型的，脱贫攻坚期间一直是全国脱贫任务最重的省份。全省86个县市区中，有58个被列为国家集中连片特困县，还有17个插花型贫困县，这些县主要集中在干旱区、高寒区和林缘区，生态环境脆弱，自然灾害频发，基础条件滞后，很多都是一方水土养活不了一方人。国家确定的“三区三州”深度贫困地区中，就包括我省的临夏州、甘南州和天祝县三个民族地区，我们还有18个省定深度贫困县，这些地方地处偏远、山大沟深，交通不便、产业薄弱，人均受教育程度低，经济社会发展制约因素多，贫困问题更突出，脱贫难度更大。

习近平总书记非常关心甘肃的脱贫攻坚，2013年视察时明确要求我们把工作重点放在扶贫开发上，2019年参加全国两会甘肃代表团审议时明确要求我们不获全胜、决不收兵。我们坚决贯彻习近平总书记坚定信心不动摇、咬定目标不放松、整治问题不手软、落实责任不松劲、转变作风不懈怠的重要指示，坚持把脱贫攻坚作为头等大事和底线任务，聚焦目标标准，贯彻精准方略，层层签订责任书、立下军令状，举全省之力打了一场声势浩大的脱贫攻坚战役。东部扶贫协作省市和中央定点帮扶单位同我们并肩作战，社会各界与我们携手攻坚，从各方面给予了无私援助和鼎力支持。经过艰苦卓绝的奋战，我们如期夺取了脱贫攻坚战的胜利，全面完成“两不愁三保障”和饮水安全目标任务，75个贫困县全部摘帽，7262个贫困村全部退出，552万农村建档立卡贫困人口全部脱贫，历史性地解决了困扰千百年的绝对贫困问题，在我国减贫史上留下了厚重的甘肃印迹。

十年来，广大脱贫地区的面貌发生了翻天覆地变化，脱贫群众的生活水平已经今非昔比，入学就医更加方便，住房饮水更加安全，交通通信更加快捷，就业增收更有保障，人居环境也得到极大改善，很多是以前想都不敢想的。习近平总书记2013年视察过的东乡县布楞沟村，之前吃水都是靠水窖集水，或者翻山越岭去拉水；出村都是土路，晴天尘土飞扬，下雨就泥泞不堪；村小学只有两间教室、3名老师，村民很少有读完小学的，也没什么增收技能和门路。通过政府支持和社会帮扶，布楞沟村实现率先脱贫，盖起了新房，通了自来水，硬化路也修好了，孩子们可以在家门口上学，老人能在村里面就医，群众也有了稳定增收渠道，去年全村人均可支配收入超过8800元。村民们非常感念党和政府给予的温暖，家家户户在自来水井上刻上了“吃水不忘总书记，永远感恩共产党”。不仅仅是布楞沟一个村，整个东乡县村村都通了自来水，供水管道长达7200多千米，这在脱贫攻坚之前是没有的。

打赢脱贫攻坚战后，我们按照党中央部署要求，逐步将“三农”工作重心转到全面促进乡村振兴上，在壮大乡村产业、开展乡村建设、加强乡村治理上继续下功夫，既守住了不发生规模性返贫的底线，也进一步增强了农村地区的内生发展动力，广大农民包括脱贫群众日子越过越好、越来越有奔头。

**第二，着力推动高质量发展，经济综合实力大幅提升。**甘肃作为欠发达地区和老工业基地，是发展潜力和困难都比较突出、优势和劣势都比较明显的省份，面临着扩大经济规模和加快转型升级的双重任务。十年来，我们按照习近平总书记的重要指示，坚持把新发展理念作为基本原则和行动先导，将着力点放在解决发展不平衡不充分问题上，努力转变经济发展方式、推进经济结构调整、夯实高质量发展基础，全省地区生产总值年均增长6.9%、人均翻了一番，去年经济总量跨上万亿元台阶、一般公共预算收入突破千亿元大关，经济发展总体走上了良性循环可持续的轨道。

甘肃发展最大的成效就是现代产业体系逐步形成。我们立足省情特点和优势，突出强龙头、补链条、聚集群，坚持传统产业和新兴产业两手齐抓，扎实打好产业基础高级化、产业链现代化攻坚战，形成了更具竞争力的产业格局。传统产业“三化”改造不断加快，石油化工、有色冶金、装备制造等产业重焕生机，去年工业企业经济效益创历史最好水平。新能源、新材料、大数据、生物医药等新兴产业发展势头强劲，建成全国首个千万千瓦级风电基地，全国一体化算力网络国家枢纽节点建设稳步推进，正加快建设全国重要的新能源动力电池和电池材料生产基地。

甘肃发展最大的进步就是科技创新驱动作用显著增强。我们把创新摆在现代化建设全局的核心位置，高水平建设兰州白银国家自主创新示范区和兰白科技创新改革试验区，建成了一批高能级创新平台，形成了覆盖多学科方向和重点产业技术领域的创新体系，综合科技创新水平指数较十年前提高了近12个百分点、增幅居全国第8位。重视强化企业创新主体地位，已组建8家企业创新联合体，技术合同成交额增长了近3倍，高新技术企业数量增长了近5倍。

甘肃发展最大的变化就是基础设施条件大幅改善。基础设施滞后对甘肃发展的制约作用非常明显，习近平总书记多次指示我们加快构建覆盖城乡、功能完备、支撑有力的基础设施体系。十年来，我们围绕补短板、强弱项、增后劲，积极抢抓用好国家倾斜政策，实施了一大批基础设施项目，公路里程增加2.54万千米，铁路运营里程增加2710千米，兰渝铁路、兰州地铁等标志性工程建成投用。特别是在习近平总书记的亲切关怀下，引洮供水一期工程全面建成通水，二期骨干工程全线通水，陇中人民半个多世纪的期盼成为现实，全省约四分之一人口吃上了甘甜的洮河水。

**第三，切实加强生态保护，西部生态安全屏障**

**不断筑牢**。甘肃是黄河、长江上游重要的水源涵养区，也是腾格里、巴丹吉林、库姆塔格等沙漠汇合南移的阻挡区，在保障国家生态安全中的地位举足轻重。全省生态的战略性、复杂性、脆弱性特征十分明显，90%的国土面积属于限制开发区和禁止开发区，不少地方极度干旱，植被覆盖稀疏，土地沙化荒漠化严重。习近平总书记多次叮嘱我们，要努力提高生态文明建设水平，筑牢国家西部生态安全屏障，2019年视察甘肃时还首次强调黄河流域生态保护和高质量发展这个重大问题。这些年，我们鲜明提出保护好生态环境就是甘肃对中华民族永续发展的最大贡献，始终把生态文明建设作为重大政治任务和底线任务来推动实施。

实践中，我们牢固树立绿水青山就是金山银山理念，坚持走生态优先、绿色发展之路，紧紧盯住黄河、长江、内陆河三大流域，突出重点地区和关键部位，以实施生态工程、加强系统治理为抓手，推动全省生态环境实现整体好转。在黄河流域，深入落实黄河战略，启动实施水源涵养、水土保持、节水治水等重点生态项目，扎实推进甘南黄河上游水源涵养区山水林田湖草沙一体化保护和修复工程，谋划启动黄河干流生态廊道建设，使流域生态功能出现积极变化。在长江流域，持续加强"两江一水"综合治理，加快建设大熊猫国家公园，水源涵养功能明显增强。在内陆河流域，我们坚决整治祁连山生态破坏问题，全面完成保护区内矿业权、水电站、旅游设施项目分类整改，祁连山生态保护"由乱到治、大见成效"。根据国家公园建设标准和政策，持续加强祁连山全域保护和系统修复，依托现代科技建设"智慧祁连"，形成"天地空"一体化监测网络，生态治理已经走上正规化信息化轨道。现在，河西内陆河地区生态环境逐步好转，黑河流域东居延海连续17年不干涸，石羊河下游民勤青土湖水面超过26平方千米，干涸消失近300年的疏勒河终端湖"哈拉奇"水域重现。同时，切实加强全省域生态保护，深入打好污染防治攻坚战，去年全省空气质量平均优良天数比率达90.2%，地表水国考断面水质优良比例达95.9%。如今的甘肃，一幅山川秀美的生态画卷正在徐徐展开，国家西部生态安全屏障更加牢固，人民群众对生态环境的满意度有了大幅提高。

**第四，全面深化改革开放，发展活力动力显著增强**。甘肃地处西北内陆，改革开放一度滞后。习近平总书记对甘肃深化改革开放也很关心，要求我们更加注重改革的系统性、整体性、协同性，加快构建内外兼顾、陆海联动、向西为主、多向并进的开放新格局。我们坚持以开放引领改革、以改革促进开放，出台实施一系列政策措施，通过改革开放破解发展障碍、拓展发展空间。国资国企、投融资、营商环境等领域改革成效显著，省属企业混合所有制改革户数占比达57.7%，打造"甘快办""甘政通""12345"热线、"不来即享"四张品牌，超过93%的政务服务事项实现网上办理。抢抓用好共建"一带一路"最大机遇，积极参与国内大循环、国内国际双循环，深度融入西部陆海新通道，着力打造向西开放大枢纽、大通道，国际陆港空港、兰州新区综合保税区、全国跨境电子商务综合试验区等开放平台日趋完善，文博会、兰洽会、药博会等节会展会影响力逐步扩大，甘肃已经成为海内外客商青睐的投资热土。目前，我省已与180多个国家和地区建立了经贸往来关系，十年来同共建"一带一路"国家进出口额累计超过1500亿元。

**第五，积极保障改善民生，人民群众生活水平明显提高**。受经济发展水平影响，几十年来甘肃群众收入总体偏低，生活条件同其他省份相比也有不小差距。习近平总书记视察时明确指出，"让老百姓过上好日子是我们党一切工作的出发点和落脚点"，指示我们不断增强人民群众的获得感幸福感安全感。全省各级深入贯彻以人民为中心的发展思想，坚持在发展中改善民生，把尽力而为同量力而行结合起来，着力加强基础性、普惠性、兜底性民生建设，积极办好民生实事，加快解决群众急难愁盼问题，使群众过上了更有品质的生活。近年来，全省民生支出占财政支出比例每年都在80%左右，城乡居民收入增速连年高于经济增速，就业、教育、医疗、社保等事业有了长足发展，特别是"一老一小"问题得到有效解决，养老服务设施覆盖95%的城市社区和55%的行政村，普惠性幼儿园覆盖率达92.93%。连续打赢多轮新冠疫情防控阻击战，守护了人民生命安全和身体健康。平安甘肃、法治甘肃建设深入推进，扫黑除恶专项斗争圆满收官，公共安全体系日益健全，社会和谐稳定，百姓安居乐业。

甘肃是个多民族地区，56个民族都有分布，少数民族人口占到总人口的10.6%。千百年来，各民族在这片土地上繁衍生息、守望相助，共同创造了甘肃的历史，让包括少数民族群众在内的各族群众过上更好生活是我们义不容辞的责任。十年来，我们牢固树立中华民族共同体意识，依托民族团结进步创建“一廊一区一带”行动，加大对民族地区经济发展和民生保障的倾斜支持力度，加快推进基本公共服务均等化，优先发展民族地区教育，切实提高民族地区医疗卫生水平，多渠道促进民族地区群众充分就业，使民族地区发展条件、少数民族群众生活条件发生了巨大变化。扎实做好宗教工作，积极引导宗教与社会主义社会相适应，营造了民族和睦、宗教和顺的良好氛围。现在，从雪域高原到黄土高坡，从陇上江南到河西走廊，各族群众生活蒸蒸日上，各族人民一心向党，像石榴籽一样紧紧抱在一起。

**第六，纵深推进管党治党，政治生态持续修复和净化。**做好甘肃的工作，办好甘肃的事情，关键在党。甘肃政治生态曾遭到严重破坏，管党治党出现宽松软状况。祁连山生态破坏问题，也暴露出部分党员干部在思想和作风建设上存在比较突出的薄弱环节。近年来，我们坚决贯彻习近平总书记“推动全面从严治党向纵深发展”的重要指示，制定省委常委会及其成员全面从严治党《职责清单》，切实加强党的全面领导，狠抓管党治党各项工作，党的政治、思想、组织、作风、纪律以及制度建设不断强化，全省政治生态明显转变、持续向好。始终把政治建设摆在首位，坚决全面彻底肃清王三运、虞海燕等人流毒和影响，引导广大党员干部深刻领悟“两个确立”的决定性意义，增强“四个意识”、坚定“四个自信”、做到“两个维护”。坚决整改中央巡视反馈问题，以实际行动维护党中央权威。严格执行中央八项规定及其实施细则精神，驰而不息纠治“四风”，扎实开展转变作风改善发展环境建设年活动，深化为基层减负工作，查处形式主义官僚主义问题6700多起、处分5100多人。下力气夯实基层基础，增强基层党组织政治功能和组织力，累计整顿软弱涣散基层党组织2.2万个。鲜明树立重实干、重实绩、重担当的选人用人导向，多措并举激励干部担当作为，累计查处不担当不作为干部790多人。坚持严的主基调不动摇，充分发挥巡视利剑作用，一体推进不敢腐、不能腐、不想腐，全省纪检监察机关共处置问题线索19.3万件，立案6.56万件，党纪政务处分7.5万人，移送检察机关1957人，反腐败斗争取得压倒性胜利并全面巩固。着重加强对“一把手”和领导班子的监督，制定省委《若干措施》，教育监督、提醒惩戒成效明显。高度重视干部和人才队伍建设，举办专业能力提升培训班4.2万期、培训干部254.5万人，人才数量和质量实现双提升，人才总量达到219.7万人、比2012年增长44.5%。总的看，现在全省政治生态更加清朗健康，干部风貌更加昂扬向上、能力更加适应需要，齐心协力干事业的氛围也越来越浓厚。

（省政府办公厅　韩正宾　李振宸）

# 甘肃宣传思想工作发展成就

党的十九大以来的五年，是甘肃宣传思想工作砥砺奋进、守正创新的五年。全省宣传思想战线坚持以习近平新时代中国特色社会主义思想为指导，认真履行举旗帜、聚民心、育新人、兴文化、展形象的使命任务，推动宣传思想工作与全局工作同步同向、稳步向上，取得了丰硕成就。

**深化理论武装，党的创新理论深入人心。**理论学习教育不断深化。全省各级各部门始终把学习宣传贯彻习近平新时代中国特色社会主义思想作为首要政治任务，不断重温习近平总书记对甘肃重要讲话重要指示批示精神，及时跟进学习习近平总书记最新重要讲话和指示批示，深入学习贯彻党的十九大、十九届历次全会和党的二十大精神，深刻认识“两个确立”的决定性意义，进一步增强“四个意识”、坚定“四个自信”、做到“两个维护”。坚持省委理论学习中心组示范引领，健全党委（党组）理论学习中心组巡学旁听制度，坚持季度通报，各级中心组学习制度化、规范化水平持续提升。党史学习教育扎实深入开展，推进党史学习教育常态化长效化。理论宣传普及广泛开展。建好用好“学习强国”甘肃学习平台，发挥新时代文明实践中心、县级融媒体中心等阵地作用，理论宣传普及不断深入。健全理论宣讲工作体系，组建博士宣讲团、青年宣讲团、马背宣讲团等宣讲队伍，建成基层宣讲示范点307个，常态化开展分众化、对象化、互动化宣讲活动，推动党的创新理论入脑入心入行。理论研究阐释深入推进。制定出台马克思主义理论研究和建设工程、马克思主义学院建设、新型高端智库建设相关制度办法，兰州大学马克思主义学院入选全国重点马院。加强“理论陇军”建设，围绕“三新一高”、碳达峰碳中和、乡村振兴、百年党史等主题，推出一批高质量研究成果，五年来在中央“四报一刊”刊发理论文章131篇，国家社科基金项目立项614个。

**加强宣传引导，奋进新时代的主流思想舆论不断壮大。**正面宣传引导强劲有力。始终坚持团结稳定鼓劲、正面宣传为主，大力唱响主旋律、弘扬正能量，紧扣改革开放40周年、新中国成立70周年、建党百年等重大节点，聚焦脱贫攻坚、全面建成小康社会、黄河国家战略、疫情防控等，开展主题宣传60多项，策划系列大型集中采访活动15场次，省级主要媒体相继开设专栏专题70多个，全省社会主义现代化建设的舆论氛围更加浓厚。媒体融合发展纵深推进。组建甘肃新媒体集团，在全国率先打造“新甘肃云”省级技术平台，86个县级融媒体中心建设实现全覆盖，全面完成全省“一平台”“一张网”建设目标。出台推进全省媒体深度融合发展的若干措施，13个市级融媒体中心挂牌运行，推动县级融媒体中心提质增效，甘肃日报报业集团倾力打造全域性移动新媒体平台“奔流新闻”，建立传播力季度榜单发布制度，健全新闻指挥协调调度和新闻阅评机制，新闻舆论传播力引导力影响力公信力不断增强。意识形态工作不断加强。牢牢掌握意识形态工作主动权，旗帜鲜明坚持党管宣传、党管意识形态、党管媒体原则，不断压紧压实各级党委（党组）政治责任、领导责任。成立省委宣传思想和意识形态工作领导小组，健全完善意识形态工作责任落实、阵地管理、风险防控、责任追究等一系列制度机制，持续深化“扫黄打非”、文娱领域专项治理等工作，扎实开展意识形态工作专项督查、巡视检查、年度考核，持续传导责任压力。加强意识形态风险防控，确保全省意识形态领域安全稳定。对外宣传质效持续提升。建立对外宣传工作联席会议机制，建成文化外宣资源库。实施“采访线”工程，成立甘肃国际传播中心。组织海外媒体甘肃采访、主题国际论坛等重大外宣活动，举办敦煌文博会、丝绸之路国际旅游节、公祭伏羲大典等重大节会和“奋进新时代”主题成就展甘肃单元展览，中国故事甘肃篇章得到生动讲述和广泛传播，“如意甘肃”品牌形象得到进一步提升。

**坚持铸魂育人，思想道德建设工作持续加强。**大力培育践行社会主义核心价值观。建立社会主义核心价值观入法入规协调机制，十大创建行动深入开展，文明形象大使“陇小飞”系列深受群众喜爱。樊锦诗、张小娟、八步沙“六老汉”、敦煌研究院文物保护利用群体等全国重大典型不断涌现。80名全国道德模范及提名奖获得者、243名中国好人充分发挥榜样示范作用。出台贯彻落实新时代公民道德建设实施纲要、新时代爱国主义教育实施纲要若干措施。成立甘肃省大中小学思政课一体化建设指导委员会，推动《习近平新时代中国特色社会主义思想学生读本》在中小学全面使用，思政课主渠道作用进一步发挥。深入推进精神文明建设。出台《甘肃省文明行为促进条例》，进一步健全鼓励文明行为的长效机制。建成运行“文明甘肃云展馆”，打造网上群众性精神文明创建主阵地。广泛深入开展“五大创建”，兰州市成功创建全国文明城市，金昌、嘉峪关两市成功蝉联，天水、武威、张掖、白银、庆阳等5个地级市，肃南、玉门、敦煌、清水、合作、崇信、永靖、康县、陇西等9个县市获得提名，全国文明村镇、文明单位、文明校园、文明家庭分别达到151个、237个、39所和19个，非公单位创建全国文明单位实现零的突破。文明实践中心建设不断深化拓展。全省共建成县级新时代文明实践中心86个，建成13个市级新时代文明实践中心，建成文明实践所、站分别达1356个、17395个，年均开展各类文明实践活动近百万场次，全省346多万志愿者、3.4万个志愿服务组织和5.07万个文明实践志愿服务队活跃在基层一线。推进移风易俗，行政村（社区）红白理事会、村规民约覆盖率达到97%。全省建成乡村学校少年宫1127所。

**把牢正确导向，社会主义文艺进一步繁荣发展。**着力打造现实题材文艺精品。深入实施陇原文艺高峰攀登工程，开展建党百年主题文艺创作，精心创排大型音乐舞蹈史诗《致敬百年》。创作推出交响合唱组曲《南梁颂》、电影《浴血誓言》，推出《庄严的承诺——甘肃省脱贫攻坚原创歌曲专辑》，出品电影电视剧《八步沙》《一个都不能少》《苹果为什么这样红》等，创排秦腔《人往高处走》《村上春秋》。优秀影片《天水来的姑娘》《爱在夏日塔拉》在电影频道“伟大的时代”主题展播，电影《高铁作证》入围长春电影节和丝绸之路国际电影节。积极开展基层文艺惠民活动。组建46支“陇原红色文艺轻骑兵”，开展惠民演出近千场，覆盖全省14个市州。开展“建党百年·春绿陇原”文艺展演展播活动1000余场，网络观看人数达1.2亿多人次。“送欢乐下基层”“送万福进万家”慰问演出活动，被中央文明办授予“最美文艺志愿服务项目”“最美文艺志愿服务组织”荣誉称号。大力运用文艺展示奋进甘肃。精心举办“传承红色经典·启航新的征程”摄影图片展，举办“脱贫攻坚·圆梦小康”甘肃摄影大展，出版《伟大历程——甘肃扶贫纪实》纪录工程丛书。开展系列书法展、美术展，3部党史题材优秀美术作品被中国共产党历史展览馆收藏并展出。组织开展抗疫主题文艺创作，歌曲《甘肃甘肃》《你是最美的人》《共产党领导着战疫情》等一大批音乐作品刷爆“朋友圈”，在全社会广泛传唱。

**坚定文化自信，文化事业文化产业发展质量显著提高。**公共文化服务水平不断提升。颁布《甘肃省公共文化服务保障条例》，制定《关于推进全省公共文化服务高质量发展实施意见》《基本公共文化服务实施标准》。投入免费开放经费近14.5亿元，103个公共图书馆、103个文化馆、53个美术馆、128个博物馆、1346个乡镇（街道）综合文化站免费向公众开放。农村综合文化服务中心、广播电视实现全覆盖，率先在全国建成数字农家书屋，“书香陇原”建设取得实质性进展。全省农村电影公益放映累计91万余场，公共文化服务效能持续提升，基层群众精神文化生活更加丰富。敦煌文化保护传承弘扬有力加强。省委、省政府出台贯彻落实习近平总书记在敦煌研究院座谈重要讲话精神传承弘扬敦煌文化的《实施意见》，努力推动敦煌研究院建成世界文化遗产保护典范和敦煌学研究高地。建成我国文化遗产领域首个多场耦合实验室，组建甘肃省敦煌文物保护研究中心，不断推进文物数字化保护，实施重点石窟保护项目50多项。着力深化敦煌学研究，建成“敦煌学信息资源”和“藏经洞出土文献”数据库，实施流失海外敦煌文物数字化复原项目，举办敦煌论坛，发布《敦煌宣言》，创刊《石窟与土遗址保护研究》，《敦煌研究》国际影响力日益扩大，出版《敦煌艺术大辞典》等学术专著80余部，发表学术论文600余篇。创新打造敦煌舞派、敦煌画派，在国内外举办敦煌艺术精品展，纪录片《莫高窟与吴哥窟的对话》、广播剧《青春敦煌》、沉浸式演出《乐动敦煌》等敦煌题材文艺精品不断涌现。文化改革发展深入推进。用好华夏文明传承创新区国家级平台，加快长城、长征、黄河国家文化公园甘肃段建设。开展河西走廊国家文化遗产线路保护利用行动，“考古中国”、文溯阁《四库全书》数字化影印出版等一批重大项目取得突破性进展。培育发展“专精特新”文创企业，打造了具有甘肃地域特色、文化特质、爆火“出圈”的“绿马”等系列文创产品。文化体制改革不断深化，五年来完成改革任务123项。加强国有文化企业党的建设，将党建工作写入公司章程，落实党组织在公司治理结构中的法定地位。创新推动文化产业数字化发展，不断提升10个国家级、7个省级文化产业园区（基地）建设水平。读者出版集团获得“全国文化企业30强”提名。推动文旅融合发展，文化旅游产业不断发展壮大。

党的十八大以来的十年，甘肃坚持以习近平新时代中国特色社会主义思想为指引，认真履行举旗帜、聚民心、育新人、兴文化、展形象的使命任务，持续推动宣传思想工作正本清源、守正创新，取得历史性成就，为奋进新时代提供了有力的思想支撑、精神支撑、文化支撑。

**高擎思想之旗，理论武装扎实深入推进。**理论学习不断深化。坚持省委理论学习中心组示范引领，健全党委（党组）理论学习中心组巡学旁听制度，坚持季度通报，把学习宣传贯彻习近平新时代中国特色社会主义思想作为首要政治任务，各级中心组学习制度化、规范化水平持续提升。党史学习教育扎实开展，出台专门政策措施，推动党史学习教育常态化长效化。理论宣传宣讲广泛开展。聚焦建平台、出精品、广普及、入人心，持续打造“学习强国”甘肃学习平台、县级融媒体中心等平台载体，策划推出一批重点理论专栏和融媒体产品。健全理论宣讲工作体系，建成基层宣讲示范点307个，在干部群众中累计宣讲72万余场，推动党的创新理论入脑入心入行。理论研究阐释全面推进。制定出台马克思主义理论研究和建设工程、马克思主义学院建设、新型高端智库建设等政策文件，出台“十四五”哲学社会科学发展规划，兰州大学马克思主义学院入选全国重点马院。围绕碳达峰碳中和、乡村振兴等主题，推出一批高质量研究成果，十年来在“四报一刊”刊发理论文章167篇。

**服务中心大局，舆论引导更加有力有效。**新闻宣传报道有声有色。多角度、全方位、高密度组织新闻宣传，紧扣新中国成立70周年等重大节点，策划系列主题采访活动；聚焦脱贫攻坚、全面建成小康社会、黄河国家战略等，在全国率先启动全媒体集中采访活动；围绕强科技、强工业、强省会、强县域行动，大力开展行进式宣传报道，持续加强防疫科普宣传。

**坚持培育新人，文明新风吹遍陇原大地。**公民道德建设深入推进。出台贯彻落实《新时代公民道德建设实施纲要》的《若干措施》，实施公民道德建设行动，扎实开展“陇人骄子”“甘肃好人”等先进典型选树，樊锦诗、张小娟、八步沙“六老汉”、敦煌研究院文物保护利用群体等全国典型不断涌现。广泛开展道德模范基层巡讲、网络电视宣传等活动，有力提升公民思想道德建设的覆盖面和知名度。文明实践深化拓展。86个县级新时代文明实践中心全部建立，建成13个市级新时代文明实践中心，建成文明实践所、站分别达1356个、17395个。出台结对共建乡镇实践所、农村电影公益放映与实践中心融合发展等政策举措。推进移风易俗，行政村（社区）红白理事会、村规民约覆盖率达到97%。全省建成乡村学校少年宫1127所。80名全国道德模范及提名奖获得者、243名中国好人充分发挥榜样示范作用。文明创建持续推进。广泛深入开展“五大创建”，兰州市成功创建全国文明城市，金昌、嘉峪关两市成功蝉联，天水、武威、张掖、白银、庆阳等5个地级市，肃南、玉门、敦煌、清水、合作、崇信、永靖、康县、陇西等9个县市获得提名，全国文明村镇、文明单位、文明校园、文明家庭分别达151个、237个、39所和19个，非公单位创建全国文明单位实现零的突破。

**坚定文化自信，文化优势得到不断彰显。**敦煌文化保护传承弘扬成效明显。省委、省政府出台《关于进一步贯彻落实习近平总书记在敦煌研究院座谈重要讲话精神传承弘扬敦煌文化的实施意见》。建成我国文化遗产领域首个多场耦合实验室，组建甘肃省敦煌文物保护研究中心，积极申报组建文化遗产保护领域国家重点实验室。深化敦煌学研究，启动《敦煌文献全编》等精品出版项目，出版《敦煌艺术大辞典》等学术专著80余部，发表学术论文600余篇。创新打造敦煌舞派、敦煌画派，《莫高窟与吴哥窟的对话》《青春敦煌》《乐动敦煌》等敦煌题材文艺精品不断涌现，敦煌研究院获批国家级文化科技融合示范基地。文化供给水平不断提升。出台我省基本公共文化服务实施标准，扎实推进博物馆、纪念馆、文化馆、图书馆、美术馆免费开放，在全国率先建成数字农家书屋，农村综合文化服务中心、广播电视等实现全覆盖，“书香陇原”建设稳步推进，“陇原红色文艺轻骑兵”等文化惠民活动广受欢迎。实施陇原文艺高峰攀登工程，推出影视剧《一个都不能少》《浴血誓言》等精品力作，有33部作品获国家级奖项，其中8部获“五个一工程”奖。启动编纂《陇右文库》，开展文溯阁《四库全书》数字化影印出版，《段一士手稿》获第五届中国出版政府奖图书奖，《敦煌研究》获第五届中国出版政府奖期刊奖。文化体制改革和平台建设不断深化。出台华夏文明传承创新区及长城、长征国家文化公园“十四五”专项规划，组建长城长征国家文化公园建设发展研究中心、黄河国家文化公园研究院。加快文化科技融合，不断提升10个国家级、7个省级文化产业园区（基地）建设水平。深化文化体制改革，完善国有文化企业法人治理结构，深化国有文艺院团改革，“读者”成为我国最具影响力的文化品牌之一。

（省委宣传部　张云）

# 奋进新时代甘肃10年教育发展成就

党的十八大以来的十年，甘肃省教育系统深入贯彻落实习近平总书记关于教育的重要论述和对甘肃重要指示要求，在省委、省政府的坚强领导和教育部的大力指导下，以促进普惠普及、提升内涵质量、强化服务能力为重点，科学谋划、精准施策，笃定实干、勇毅前行，奋力推动甘肃教育事业发生格局性变化、取得历史性成就。

**十年来，始终坚持党对教育工作的全面领导，立德树人根本任务进一步落实落地。**以党的政治建设为统领，不断改进和加强甘肃省教育系统党建思政工作。完善省市县三级教育工作领导小组协调联动机制，建立省级领导联系高校制度，省级领导带头落实“上讲台”制度，每年为高校作“形势与政策”辅导报告。扎实开展基层党组织标准化建设提质增效行动，深入推进高校“双带头人”培育工程、书记校长党建特色专题培训、党委书记抓基层党建述职评议考核等工作，选树了一批全国新时代高校党建示范创建和质量创优标杆院系、样板支部，全省教育系统创建近3000个标准化党支部，培育165个省级先进示范党组织。出台甘肃省《关于以习近平新时代中国特色社会主义思想统领教育工作的实施方案》《甘肃省深化新时代学校思想政治理论课改革创新实施方案》等政策措施，在全省学校构建起以“必修+选修”推进习近平新时代中国特色社会主义思想“三进”课程体系。完善大中小学思政课教师一体化备课机制，形成8个覆盖各学段的省级备课共同体，成立一批省级思政课、辅导员名师工作室。完善甘肃省教材工作委员会以及基础教育、职业教育、高等教育三个课程教材专家工作委员会管理体系，出台有关实施细则，强化教材编审的全流程管理。

**十年来，大力推动城乡教育一体化发展，基础教育步入公平优质发展新阶段。**甘肃省学前教育毛入学率、义务教育巩固率、高中阶段毛入学率分别由2012年的57.52%、84.87%、80%提高到2021年的93.3%、97.3%、95.3%。全省所有县市区实现均衡发展目标，在“全面普及”的基础上实现了“基本均衡”的大跨越。进城务工人员随迁子女、残疾儿童少年等接受义务教育的权利得到有效保障。开展“优教”行动，创建了一批领航幼儿园、卓越高中，“学前教育绘本”列为甘肃省“我为群众办实事”活动典型事例，甘肃省成为全国首个探索打造本土化原创幼儿绘本的省份，近一半的普通高中成为省级示范校、特色实验校。开展全省“中小学德育工作星级校”“千所德育示范校”创建工作，出台全省全面加强和改进新时代学校体育、美育、劳动教育的“三个若干措施”，把“五育并举”纳入对市州政府履行教育职责评价范围，形成一批德育、体育、美育、劳动教育特色校，引领带动素质教育特色发展，基础教育正在加快从“有学上、好上学”向“上好学、优质学”转变。建立省级“双减”工作定期通报、协调调度、督导检查机制，做到校外治理与校内提质联动，制度建设和监督检查并进，对提升义务教育整体质量发挥了重要作用。

**十年来，加快构建现代职业教育体系，“技能甘肃”品牌底色更加鲜明亮丽。**甘肃省成为全国第二个部省合作打造职业教育高地的省份，教育部连续3年、国务院办公厅连续2年表彰甘肃省职业教育改革发展成效，职教高考、职称评审、工资薪酬等一系列职业教育改革措施走在全国前列。不断优化职业教育区域结构布局，打造兰州新区职教园区，陇中、河西走廊、陇东南集群“一园三群”发展模式，启动省级产教融合试点建设培育工程，培育建设一批产教融合型企业单位、职教集团，一批高校获批国家乡村振兴人才培养优质校，10个县被认定为全国农村职业教育和成人教育示范县，持续深化东西部职业教育协作，形成了职业教育区域化、区域职业教育产业化、产业职业教育集团化发展新格局。突出职业教育类型定位，组建了两所本科层次职业技术大学，产教融合、职普融通、中职高职本科贯通培养的职教体系初步形成。在全国率先实施省级“双高计划”“优质中职”项目，一批高职、中职学校进入国家“双高计划”、示范校建设序列。通过“一县一校一中心”“职业院校+培训基地+线上平台”等方式，统筹构建“培养培训一人、就业创业一人、脱贫致富一户”的职教扶贫模式，助推形成职业教育、职技培训和促进就业创业一体化工作格局，使职业院校毕业生、社会受培人员在各行各业一线岗位发挥更大更好作用。

**十年来，不断强化内涵发展和提升服务能力，高等教育的贡献度显著增强。**甘肃省出台加快全省普通高等教育高质量发展的若干措施，深入推进高水平大学建设和一流学科突破工程，创建新时代振兴中西部高等教育改革先行区。新增一批博士、硕士学位授予单位和本科高校，增设一批经济社会发展急需的学科专业。建强建好高层次人才培养主阵地，深入推进“双万”计划和“四新”建设，启动全面振兴本科教育攻坚行动，出台卓越工程师、基础学科拔尖学生、研究生教育高质量发展等一揽子人才培养计划（实施方案）。在国家重点实验室建设、科技“三大奖”等方面实现历史性突破，高校立项的国家级高水平科研项目占全省总数的80%以上，高水平科技专著、学术论文较2012年实现翻番。大力支持高校与科研院所、骨干企业开展科技协同攻关和成果转移转化，近年来高校产学研项目合同金额年均2亿元以上。高等教育毛入学率、高考录取率较2012年大幅增加，分别达到48.3%、87.08%，226万甘肃学子走进大学校园，10.8万名贫困地区学子通过地方农村贫困专项等省列专项招生计划进入高水平大学深造。大学生初次就业率逐年增长，近年来连续达到80%以上。甘肃省适龄劳动力人均受教育年限由不足8.5年提升到10.01年。

**十年来，全面深化教育综合改革和对外交流合作，教育发展动能和潜力持续提升。**甘肃省出台教育评价改革工作方案、实施方案，推动建立以促进学生全面发展为目标的学生评价体系，在省内所有市州和部分高校建立一批教育评价改革试点单位。率先在西北地区平稳启动普通高考改革，积极推进“专升本”及艺术类招考录取改革。依托甘肃省智慧教育平台，建设集学生综合素质评价、选课走班、学生发展指导等功能于一体的高考综合改革信息管理系统。不断深化基础教育课程改革，全面启动教育督导体制机制改革。稳妥有序推进民族地区学校“三科”统编教材使用和国家通用语言文字教育教学，中华民族共同体意识更加铸牢铸实。统筹做好校园安全和疫情防控工作。成立“一带一路”高校联盟，加盟成员178个，覆盖五大洲27个国家和地区，积极融入黄河流域教育高质量发展格局。省部共建、省校合作、对口支援等工作持续走深走实。全省高校建设了一批“111计划”基地，在境外设立了孔子学院（课堂）、“岐黄中医学院”和中医中心。创新开展中小学“百校结好”项目，设立“甘肃省丝绸之路专项奖学金”，吸引留学生来甘深造。

**十年来，深入落实教育优先发展战略，教育基础保障和环境条件不断优化。**甘肃省集中人力财力物力打基础、强弱项，连续多年实施中小学“温暖工程”“建宿舍扩食堂增学位”等省政府民生实事项目，改善1.6万所义务教育学校办学条件，增补近5万个城市主城区中小学学位，增加普惠性幼儿园学位8万个，基本解决深度贫困县师生校园采暖和中小学教师住宿问题，保障农村孩子稳定就近入学。建设全国唯一的教育精准扶贫国家级示范区，探索形成西部地区教育扶贫经验做法。全面完成教育脱贫攻坚任务，控辍保学实现动态清零，解决了义务教育失辍学问题。在全国率先实施乡村教师支持计划，全面实行义务教育教师“县管校聘”改革。补充乡村中小学教师4.4万人，16万名乡村教师享受到每月不低于400元的补助，偏远地区超过1000元。学生资助“不让一个学生因家庭经济困难而失学”，“营养餐”让农村学生吃饱吃好。探索形成“互联网+支教”等教育信息化新路径，更好实现农村地区、边远贫困地区和民族地区教育机会公平、服务惠及、资源共享，走出了一条欠发达地区教育信息化特色发展之路。

党的十九大以来的五年，中央召开了全国教育大会、组建教育工作领导小组、印发实施《中国教育现代化2035》，全面部署了教育是国之大计、党之大计的战略任务。省委召开全省教育大会、出台《甘肃教育现代化2035规划纲要》和“五年实施方案”，省市县三级组建党委教育工作领导小组，党对教育工作全面领导的体制机制不断完善，全省教育改革发展进入新阶段。

**五年来，我们统筹抓疫情防控和教育改革发展，**在应对“不确定性”的大变局中，精诚团结、负重前行，战胜了几轮“攻坚战”“遭遇战”，形成“一方有难八方支援”、能打仗、打胜仗的磅礴气势和战斗精神，这是“甘肃教育人”攻坚克难、勇毅前行，推动教育高质量发展的最大确定性、最大底气、最大保证。

**五年来，全省以落实《深化新时代教育评价改革总体方案》为主线，**着力破解“五唯”问题，推动各级各类学校改变重扩大规模轻内涵发展、重改善条件轻教书育人、重理论考试轻能力培养的现象，着力推进大中小学思政教育一体化，出台实施我省加强体育、美育和劳动教育的“三个若干措施”，在统筹疫情防控和教育事业发展、促进学生全面发展等方面取得了新成效。

**五年来，全省以建好全国唯一的教育精准扶贫示范区为目标，**省市县乡校五级抓控辍保学，连续5年实施省政府为民办实事项目，“温暖工程”“周转宿舍”和“建宿舍扩食堂增学位”教育民生项目，历史性解决了失辍学问题，大幅改善了义务教育办学条件，为全省打赢脱贫攻坚战和全国打赢教育脱贫攻坚战做出了积极贡献。

**五年来，全省以部省联合打造“技能甘肃”为牵引，**推动职业教育在服务技能型社会和“技能强省”战略上先走一步，在全国率先建立职教高考制度，实施省级“双高计划”“优质中职”项目，统筹资源组建2所职业技术大学，我省成为全国第一个实现独立学院转设“清零”省份，国务院办公厅连续两年激励表扬甘肃职业教育改革发展成效。

**五年来，全省以振兴高等教育为新使命，**抢抓国家振兴中西部高等教育的历史机遇，在全国率先出台加快高等教育高质量发展的政策举措、发布高校新文科建设“十项行动”，获批国家级一流专业建设点182个，省属高校均获批一流专业数（包括国家和省级的）位居全国第五位，争取国家新时代振兴中西部高等教育改革先行区在甘落地，打开了推动高等教育高质量发展的新局面。

（省教育厅　崔坚）

# 奋进新时代甘肃10年科技发展成就

在省委、省政府的坚强领导下，在科技部的大力支持下，全省科技界坚持以习近平新时代中国特色社会主义思想为指导，深入贯彻党的十九大和二十大精神，全面落实省第十三次和第十四次党代会决策部署，负重自强、克难而进，笃志创新、潜心科研，“十二五”“十三五”科技规划顺利收官，“十四五”科技规划开局良好，强科技行动起步有力，全省科技工作取得长足进步，创新型甘肃建设取得重要进展。《中国区域科技创新评价报告2022》显示，较2012年，全省综合科技创新指数提高13.18年百分点、达到54.92%，10年间科技综合实力由全国第三梯队上升至第二梯队。

## 一、过去五年发展情况

### （一）创新平台建设取得新成效

以国家战略需求为导向，强化战略科技平台建设，新建钍基熔盐堆核能系统、高精度地基授时系统等一批重大科技基础设施，获批省部共建干旱生境作物学国家重点实验室等一批国家级创新平台，全省国家重点实验室数量达到11家。稳步推进全国重点实验室体系重组，统筹推进省级科技创新基地建设，建成甘肃省同位素实验室，组建中国工程科技发展战略甘肃研究院，形成覆盖多学科方向和产业技术领域的创新基地体系。区域创新高地能级不断提升，兰白试验区、兰白自创区创新引擎作用更加彰显，2家国家高新区、10家国家农业科技园区和10家省级高新区、56家省级农业科技园区加快提质增效，形成主体功能明显、优势互补、高质量发展的区域创新布局。

### （二）关键核心技术攻关实现新突破

坚持“四个面向”，加快关键核心技术攻关，29项科技成果荣获国家奖。在重离子物理、化学、大气、草业、冰川冻土、文物保护等领域形成一批优势学科，在石油化工、有色冶金、核技术、装备制造、生物医药、寒旱农业等领域具有较强的工程化技术优势，在新能源、新材料、先进制造等新兴产业领域具备一定的研发基础。参与研制暗物质粒子探测卫星“悟空”号关键部件，离子电推进系统为我国航天事业作出重大贡献，“冰状雪”研究团队为北京冬奥会增添了甘肃科技元素。碳离子治癌、口蹄疫疫苗、高端剃须刀用钢、玉米新品种等重大成果不断涌现并成功实现产业化，有力支撑产业基础高级化、产业链现代化。

### （三）科技体制机制改革释放新活力

着眼优化全省科技创新生态，制定《关于深化科技体制机制改革创新推动高质量发展的若干措施》《关于进一步激发创新活力强化科技引领的意见》《甘肃省强科技行动实施方案（2022—2025年）》等重大政策措施，对科技创新的支持力度持续加码。启动科技管理流程再造，优化省级科技计划体系，深化科技领域“放管服”改革，实行以增加知识价值为导向的分配政策，推进科技“三评”改革，完善科技奖励制度，开展职务科技成果赋权试点，实施减轻科研人员负担激发创新活力专项行动等。通过一系列改革“组合拳”，科技创新的基础制度和政策体系更加完善，科技创新治理能力和法治化水平明显提高。

### （四）科技人才队伍建设迈出新步伐

突出人才引领驱动的战略地位，深入推进科技人才管理体制改革，持续优化科技人才计划体系，不断完善科技人才服务保障体制机制，通过平台吸附、项目支撑、实践砺才、改革赋能，营造了有利于人才“稳育引用”的良好发展环境。6名科学家当选“两院”院士，5名科技工作者获“何梁何利奖”，5名外国专家获“中国政府友谊奖”。累计获得国家自然科学基金3287项、经费17.1亿元，培养了一大批中青年科技人才。当前，全省研发人员达到5.5万人、较2017年增长34.4%，现有在甘两院院士17人、“长江学者”34人、杰青59人、省级科技拔尖人才69人，国务院特贴专家1471人。

（五）科技供给能力得到新提升

争取国家科研项目和经费持续攀升，累计获得国家科技计划经费近80亿元。较2017年，全社会研发经费投入增加41.06亿元，财政科技支出增加21.56亿元；全省高新技术企业数量增长175%，技术合同交易额翻了一番，高新技术产业化指数提高了4.37个百分点，科技活动产出指数提高了7.18个百分点；科技进步贡献率提高了6.9个百分点、达到58.2%，科技创新有力助推质量变革、效率变革和动力变革，对全省经济社会高质量发展的支撑引领作用更加凸显。

## 二、甘肃省10年科技发展主要指标

2021年，甘肃省专业技术人员达到61.74万人，比2012年增长14.59%，年均增长1.52%；R&D全时人员投入达到3.33万人年，比2012年增长36.91%，年均增长3.55%（表1）。

表1 2012—2021年甘肃科技人员情况

| 年度 | 2012 | 2013 | 2014 | 2015 | 2016 | 2017 | 2018 | 2019 | 2020 | 2021 |
|---|---|---|---|---|---|---|---|---|---|---|
| 专业技术人员数（万人） | 53.88 | 55.23 | 56.22 | 56.92 | 57.27 | 58.07 | 57.89 | 59.1 | 60.52 | 61.74 |
| R&D全时人员（万人年） | 2.43 | 2.50 | 2.71 | 2.59 | 2.58 | 2.37 | 2.22 | 2.60 | 2.68 | 3.33 |

2012—2021年，甘肃累计投入R&D经费908.79亿元，年均增长8.82%（图1）。2021年，甘肃省R&D投入占GDP比例达到1.26%，比2012年增加0.19个百分点；甘肃省财政科技投入占财政支出的比重达到0.87%，比2012年增加0.08个百分点；规模以上工业企业R&D投入占营业收入的比重达到0.64%，比2012年增加0.21个百分点。

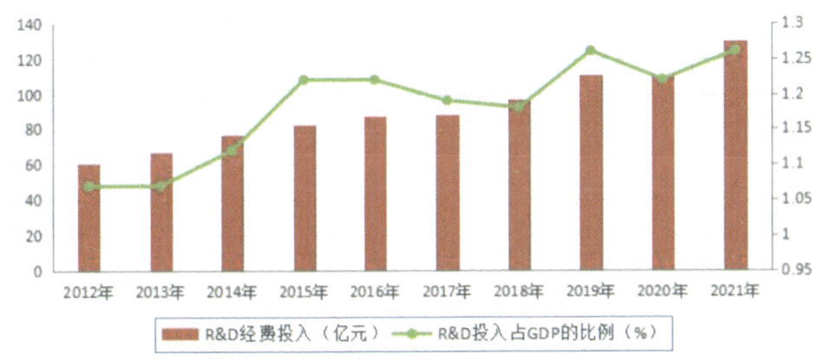


图1 2012—2021年甘肃R&D经费投入情况

2012—2021年，甘肃新上省级科技计划项目累计12974项，年均增长14.04%；投入省级财政经费33.42亿元，年均增长13.96%（图2）

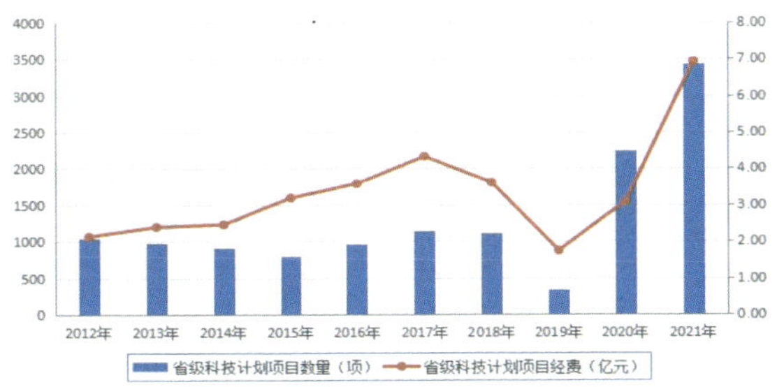


图2 2012—2021年甘肃科技计划项目情况

2012—2021年，专利授权量累计达到113954件，年均增长24.36%；万人发明专利拥有量2021年达到4.82件，年均增长21.75%。2012—2021年，技术合同成交额累计实现1623.4亿元，年均增长16.11%，登记省级科技成果累计达到12481项，年均增长4.30%。2012—2021年，甘肃省累计共有1568项成果获得了科学技术奖，其中7项科技功臣奖、96项自然科学奖、76项技术发明奖、1389项科技进步奖。

## 三、新时代10年科技创新进展

10年来，甘肃省深入实施创新驱动发展战略，深化科技体制机制改革，优化科技资源配置，增强科技创新有效供给，科技创新治理体系持续完善，科技创新在高质量发展中的支撑引领作用进一步凸显，科技综合实力全国第二梯队，甘肃省落实国家科技改革与发展重大政策等方面的工作成效显著，创新型甘肃建设进入新阶段，科技创新事业取得明显成效。

（一）全面深化科技体制改革，创新政策形成新体系

科技资源配置方式改革和科技计划管理改革深入推进，科技项目和经费管理不断优化，科技体制改革主体框架基本建立。推动科技领域“放管服”改革，进一步优化科研管理，提升科研绩效，建立了以信任为前提的科研管理机制。聚焦破除体制机

制障碍，推进“三评”改革，监督评估和科研诚信建设取得积极进展。修订科技奖励实施细则，科技奖励政策导向作用凸显。推动《甘肃省支持科技创新若干措施》落实，以后补助等形式激发创新主体活力，对2480家奖补对象，兑现奖补资金5.3亿元。建设省级科普基地43家，举办系列科普活动。

### （二）聚力构筑区域创新高地，创新能力再上新台阶

兰州白银国家自主创新示范区、兰白科技创新改革试验区（以下简称“兰白自创区”“兰白试验区”或“兰白两区”）创新“引擎”作用逐步凸显，兰白自创区2020年生产总值较2018年设立之初增长12.5%，兰白试验区生产总值较2014年设立之初增长76.1%。高精度地基授时系统、大科学装置科技创新创业园等科研基础设施落地建设。国家野外科学观测研究站总数达到9家，国家农业科技园区总数达到10家，国家科技企业孵化器总数达到12家，建设中马、中巴联合实验室（技术研发中心），建设国家国际科技合作基地5家、国家引才引智示范基地4家、国家高校学科创新引智基地9家。建设国家临床医学研究中心分中心6家。张掖市位列全国首批15个小微企业创业创新基地示范城市，获得国家支持资金6亿元。推进省级科技创新基地优化整合，形成了覆盖多学科方向和产业技术领域的创新基地体系。

### （三）着力提升科技支撑能力，创新发展取得新成效

集中力量在重大关键共性技术、重大工程化产业化技术方面取得突破，以科技创新为支撑，新兴产业集聚发展态势明显，兰白综合性高技术、金昌新材料、酒泉新能源、天水装备制造、定西中医药等产业集群初成规模，有力提振了甘肃省科技创新综合实力。企业技术创新能力持续增强，科技型企业队伍进一步发展壮大，高新技术企业数从2012年末的223家增加到2021年末的1371家，科技型企业“文祥渔业”在新三板挂牌上市。实施战略性新兴产业骨干企业发展8条措施，编制42家骨干企业技术路线图。编制十大生态产业技术引进指南和信息服务指南，提高十大生态产业科技含量，有力推动甘肃省发展质量变革、效率变革、动力变革。构建“一带五区”现代农业发展格局，培育六大特色产业，科技创新有力支撑打赢脱贫攻坚战。

### （四）持续增强科技攻坚能力，重点领域实现新突破

首套国产碳离子治癌设备打破了高端医疗器械国际垄断，进入临床应用。为暗物质粒子探测卫星“悟空”号研制关键部件。新材料、空间技术、寒旱农业等领域具备较强技术优势。离子电推进系统、高端剃须刀用钢、国家级新品种“阿什旦”牦牛、高山美利奴羊“陇字号”优势特色农作物新品种等科研成果具备较强竞争力，有望形成新的经济增长点。生态修复保护、文物保护等技术处在全国领跑地位，文化遗产保护典范和敦煌学研究高地建设取得积极进展。“青藏高原发现丹尼索瓦古老型智人”研究成果荣登科学杂志2019年度“十大科学突破”。

### （五）加快建设科技服务体系，成果转化谱写新篇章

优化创新创业载体布局，持续提升大学科技园、科技企业孵化器、众创空间运行水平，成立省科技投资集团公司、丝绸之路国际知识产权港，建成兰州科技大市场，形成紧密协作、互动融通的科技成果转移转化服务体系。建立科技成果转化直通机制，举办科技成果转移转化现场会，对促成科技成果转移转化成效显著的综合服务平台、服务机构、企业进行奖励，累计下达奖励资金2000万元。设立科技创新券，投入资金7855万元，对技术转移服务等进行支持，惠及科技型小微企业、创新创业团队2748个。搭建科技金融服务平台，与邮储银行甘肃省分行、工商银行甘肃省分行签订科技金融合作协议，在甘肃银行、兰州银行设立科技支行。引导保险公司开发科技型金融产品，设立首台套重大技术装备保险等支持科技创新的保险产品。修订《甘肃省技术市场条例》，加快科技成果转化，促进技术市场繁荣，10年间，甘肃省技术市场合同成交额累计达到1623.4亿元，2021年技术成交金额是2012年的3.84倍。

### （六）积极构建多元平台载体，人才引育取得新进展

出台《全面加强基础科学研究的实施意见》，动态调整重点实验室等科技创新基地，稳定一批长期服务于甘肃省经济社会发展的科技人才队伍。设立省级自然科学基金重大项目，重点布局杰出青年基

金、基础研究创新群体，在甘肃省优势领域定向组织重大基础研究项目，以源头创新项目培育高层次科技人才，实现自然科学领域各学科、特色优势产业和省内各地区的“全覆盖”，成为甘肃省科技人才培养的重要基础。争取科技部“三区”支持计划专项资金1.4亿元，选派6474名次科技人员到受援县开展科技服务，为基层提供智力支持。面向世界汇聚一流人才，吸引海外高端人才4600余人次来甘肃工作。在一定程度上对冲了科技人才流失，2021年甘肃省R&D人员达5.51万人，比2012年增长49.79%。

**四、重点研发计划项目取得的重要进展**

近10年，中央在甘科研院所、高校承担实施了一批国家重点研发计划，在天体环境、高能物理、重离子治癌、生态环保、动物疫苗及新药、气候变化等领域，取得了一系列重大科研成果。甘肃省属科研院所、高校、企业积极承担国家重点研发计划项目，在有色冶金、水处理、节水灌溉等领域取得重大进展。

（一）重离子治疗癌症的相关生物学效应及分子机理研究

项目由中国科学院近代物理研究所与日本放射线医学综合研究所合作，从重离子诱发癌细胞，DNA复杂性集簇损伤的生物物理和分子生物学特性切入，聚焦癌干细胞、静止期癌细胞和p53基因突变三大导致癌细胞辐射抗拒的细胞分子生物学特性，研究解决重离子克服癌细胞辐射抗拒的有效性和作用机理，为扩展重离子治癌的适用范围、发展进一步提高放射治疗效果的技术措施，提供关键性生物学依据。项目的实施能够明确重离子辐照诱发癌细胞DNA集簇性损伤和修复的效应规律、生物学意义，阐明重离子诱发辐射抗拒性癌细胞的细胞凋亡及分子机制，对重离子诱发DNA集簇损伤的修复机制研究有新的突破。针对导致癌组织抗辐射的主要分子生物学特性，阐明重离子克服癌细胞辐射抗性和治癌有效性的生物学基础与分子机制，为进一步扩展重离子治癌适用范围及提高疗效的方案或措施研究提供科学依据。

（二）边界润滑聚合物—金属界面纳米结构摩擦膜生长及其减摩抗磨作用

项目由中国科学院兰州化学物理研究所承担，在前期工作中深入研究了边界润滑聚合物—金属配副界面摩擦膜的形成与作用机理，发展了基于摩擦物理与化学作用的摩擦膜原位构筑原理，指导设计制备了关键聚合物自润滑材料，两种聚合物自润滑材料正在进行台架测试。引入先进的表征技术手段，定量阐明了边界润滑聚合物—金属界面原位生长摩擦膜的纳米结构与性能，深入揭示了摩擦膜的生长与作用机制，发展了基于摩擦物理与化学作用的摩擦膜原位构筑原理，深化了对摩擦学共性科学问题的理解，揭示了导致聚合物—金属摩擦副失效的多因素耦合机理，发展了解决运动机构可靠性问题的新方法，指导设计制备了关键聚合物自润滑材料。

（三）丝绸之路经济带沿线国家流沙固定及植被恢复关键技术研发与示范

项目由中国科学院西北生态环境资源研究院承担，在基础研究方面，初步建立了丝绸之路经济带沿线国家沙区植被承载力指标评价数据集；阐明了丝绸之路经济带沿线国家沙区近30年间植被生长变化及其对气候环境变化响应的时空格局，揭示了丝绸之路经济带沿线国家沙区持续增温干化及植被生长衰退的区域特点。在固沙技术研发方面，开展了抗逆性植物引进、筛选及人工促进试验研究，包括沙区先锋植物沙蓬野生资源的收集、EMS诱导突变和栽培筛选，沙区常见优势植物梭梭、柠条、花棒等的筛选和引种；同时，为了达到进一步快速固沙的效果，发了地衣、藓类的快速繁殖和培育技术，微生物固沙技术以及有机混合物沙丘快速治理技术。项目组研发微生物制剂4种，流动沙丘快速固定与植被恢复技术4项，构建荒漠化高效治理综合技术模式1套，筛选关键固沙植物5种，在蒙古国、哈萨克斯坦、以色列建立了12公顷流沙固定和植被恢复示范区，并在丝绸之路经济带沿线国家流沙危害区示范及应用推广。项目组针研发出了适合不同类型流沙的快速固定技术和植被快速恢复技术，确定了3套适用于不同区域的流沙治理及植被恢复模式，并已经分别在蒙古国的戈壁沙漠、哈萨克斯坦城市周边活化沙丘和以色列绿洲边缘沙漠进行了示范应用。

（四）藏羊改良与培育技术研究、冷季牦牛专用微量元素舔砖研制

项目由中国农业科学院兰州畜牧与兽药研究所

承担，课题开展了盘羊杂交复壮藏羊，并对杂交后代开展屠宰试验，结果表明，盘羊欧拉型杂交F1在屠宰性能、肉品质、脂肪酸成分及构成比例等方面都表现出良好的肉品品质。课题开展了放牧牦牛微量元素舔砖的饲喂效果研究，结果表明，研发的微量元素添砖饲喂牦牛，能显著提高放牧牦牛的日增重，能够提高放牧牦牛血液中红细胞数以及抗氧化能力；矿物质营养舔砖适口性好，能够提高动物对牧草和农作物秸秆中粗纤维的利用率，促进动物的生长发育，提高生长性能和生产性能，增强抵抗力，促进动物的健康发展，预防一些营养代谢病的发生。项目在执行过程中，推广了藏羊本品种选育技术、盘羊复壮欧拉羊技术及牦牛微量元素添砖技术，在示范的基础上，向周围藏羊合作社和牧民辐射推广，使技术成果为农民增收和企业发展发挥了有效作用。

（五）严重危害畜禽的寄生虫病诊断、检测与防控新技术

项目由中国农业科学院兰州兽医研究所承担，项目针对畜禽寄生虫病防控亟待解决新问题，研发畜禽寄生虫病新型防控制剂，研制简便快速高通量的诊断检测技术，制定防控标准和规范，以满足目前“减抗限抗”条件下国家重大需求，提升我国畜禽寄生虫病防控的水。成功研制出“鸡球虫病四价活疫苗”“兔球虫病三价活疫苗”等4种球虫病活疫苗。成功研制捕食性真菌生防制剂、真菌—驱虫药联合制剂、杀蜱白僵菌生防制剂、抗捻转血矛线虫纳米疫苗、抗球虫和捻转血矛线虫微生态制剂及杀螨驱虫制剂等9种新型生物和绿色环保药物防治制剂，部分制剂在牧区推广示范16000头。

（六）水肥资源高效利用

甘肃省农业科学院依托子课题“作物专用水溶肥在甘蒙青地区的肥效评价”，进行了作物营养需求规律和土壤养分供应特征研究，获得目标作物的营养需求规律和各区域主要土壤的养分供应特征，探明了土壤磷水平、土壤盐分与磷一铵、聚磷酸铵肥效的关系，提出了河西走廊制种玉米膜下滴灌节水节肥综合技术方案，集成水肥一体化、减免冬灌、种植密度调控、匹配适宜农机等关键技术，实现节水25%，节肥20%～30%，使制种玉米增产10%～15%；研制出以聚磷酸铵为主要磷原料的玉米、马铃薯专用水溶肥系列产品，集成“测土配方技术/专用水溶肥系列产品+免底肥全程水肥一体化高效运筹技术模式”，较传统模式节肥20%以上，增产5%～30%，肥料利用率提高5%以上，有效解决了水溶肥中磷素的沉淀和土壤中速效磷的固定问题，显著提高了肥料的利用效率，为水肥一体化技术的大田推广应用提供了技术支撑。同时，依托子课题“甜瓜养分推荐方法与限量标准”研发微信版甜瓜养分专家系统1套，依据土壤肥力、上季种植、施肥习惯等复合因子，基于产量反应和农学利用效率的关系，设定不同甜瓜主产区目标产量推荐施肥量，为施肥中盲目施肥、过量施肥、肥料搭配不合理等弊端划清了指标界限，做到有章可循。

（七）青藏高原退化草地恢复的主要物源制约因子及其应用技术研发

项目由兰州大学承担，针对青藏高原高寒草地退化现状及治理恢复过程中存在的问题，提出了对青藏高原高寒草地实施近自然恢复的理念，从生物多样性、生态系统多功能性和多服务性、生态系统稳定性的理论出发，结合青藏高原高寒生态系统的特点，论述了近自然恢复是退化高寒草地生态恢复的必然选择。该理论提出优良乡土草种扩繁、组配及其补播技术是高寒草地近自然恢复技术亟须解决的瓶颈，土壤养分及微生物调控相结合是“近自然恢复”技术的重要辅助措施。该理论与技术途径为青藏高原退化高寒草地生态系统恢复提供了一个基于自然的解决方案。获取研究区自2000年以来的遥感影像数据、气象观测资料，构建研究区草地盖度、生物量和承载力遥感反演模型，初步构建了研究区域不同类型草地生物量、盖度和承载力数据库；分离筛选出具有研究和应用潜力的低温型促生菌株954株，基于Python和Mysql开发了“青藏高原天然草地功能微生物管理数据库”。

（八）有色冶金产业集聚区域网络协同制造集成技术研究与应用示范项目

项目由兰州理工大学作为牵头单位，联合东北大学、北京科技大学、贵阳铝镁设计研究院有限公司、金川集团、酒钢东兴集团等9家单位共同承担。项目针对有色冶金产业集聚区域企业内和企业间信息传递与共享不畅、制造全流程数据关联感知方法

及数据驱动的企业智能决策集成度低、智能生产管控与供应链管理系统协同实时性差、网络协同制造第三方服务平台支持度不够等挑战性问题开展了相关研究。结合金川集团有限公司、酒泉钢铁集团有限责任公司、甘肃东兴铝业有限公司等企业在节能降耗与协同制造等方面面临的技术性难题，研究了制造全流程数据关联感知技术和突出资源循环利用的数据驱动企业智能决策技术，提出了有色冶金企业群内共生耦合工艺跨域优化方法，提出基于“端—边—云”架构研发包含智能协同选矿（镍）、智能镍成品协同管控、关键设备故障诊断与健康评价、资源循环智能决策在内的有色冶金网络协同制造集成平台，实现全流程数据的高端集成，生产管理过程的智能协同，达到全链动态可控、工序精准协同、企业效益最优，最终实现供应链、营销链和服务链上企业群之间的协同制造等目标。项目通过研发出智能设备管理、质量管理、生产管控、供应链管理等应用系统和第三方服务平台，建设形成系统、技术服务、人才培训等网络协同制造技术服务支撑体系，在甘肃区域有色冶金行业产业集群中开展应用示范。

（九）西北寒旱区农村饮用水与污水处理一体化技术研究与示范

项目利用西北寒旱地区丰富的太阳能、风能、地热等新能源，采用实验室模拟、动态中试和现场示范相结合的方法，研究太阳能驱动的苦咸水脱盐、超滤／UV组合技术、形成以苦咸水、窖水为水源的供水安全保障技术体系；研究太阳能、风能、地热驱动的农村地区的联户生活污水净化槽和新农村社区强化混凝／生物膜法污水处理和资源化利用技术、强化寒冷季节人工湿地适应性的三能深层人工湿地污水处理技术，并进行技术应用示范。针对寒旱区农村苦咸水、窖水等饮水安全开展供水技术就绪度评价，对农村污水资源化开展排水技术就绪度评价，集成旱寒区农村饮用水及污水一体化技术，形成旱寒区供排水策略和管理模式。

（十）复杂铜基多金属固废绿色协同冶炼技术与成套装备

项目由金川集团股份有限公司承担，针对铜生产和消费后产生大量的含铜固废，废料毒害组分含量高无法有效利用，贵金属回收率低的现状，开展铜基多金属固废绿色协同冶炼技术和成套装备研究。项目以减量化、无害化及多金属组分协同提取为目标，基于铜基固废物相结构特征，借鉴地球化学成矿原理，通过选冶联合、湿法与火法冶金结合，实现铜组分分离与纯化、稀贵金属定向富集、毒害组分安全解离固化和复杂铜基固废协同熔炼回收。项目以铜烟灰、黑铜泥、阳极泥、铅冰铜、多金属冰铜、含铜污泥、漆包线和线路板中的铜等为研究对象，重点解决铜基多元素溶液选择性分离的溶液化学机制和基于熔融萃取的稀贵金属强化富集两个关键科学问题；完善选择性矿化原理的铜砷分离技术与砷渣固化、贵金属强化富集、冰铜高效分离、铜冶炼渣强化浮选回收、再生铜原料选冶联合有机物源头脱除和复杂铜基多金属固废协同冶炼六项关键技术。

（省科技厅　荣良骥）

# 奋进新时代甘肃交通运输发展成就

党的十八大以来，全省交通运输行业坚持以习近平新时代中国特色社会主义思想为指导，认真贯彻落实党中央和省委、省政府决策部署，坚持“陆水空邮并举、建管养运并重”，深入推进交通运输业供给侧结构性改革，着力调整运输结构、提高运输效率，交通运输基础设施建设投入加快，装备技术水平与服务保障能力显著提升，路衍经济、互联网出行等新业态发展迅速。甘肃交通运输发展为全省构建“一核三带”区域发展格局提供了交通硬支撑。

**十年来，全省交通运输发展取得重大成效，交通运输战略地位显著提升。**十八大以来，省委、省政府认真贯彻落实习近平总书记“八个着力”指示精神，以全面建成小康社会目标为指引，把交通运输放在重要位置来抓。从2013年起，举全省之力加快交通基础设施建设，开启了全省交通运输发展的新征程。省委、省政府先后印发《甘肃省省道网规划（2013—2030年）》《关于加快全省公路建设的意见》《交通强国甘肃方案》《甘肃省综合立体交通网规划纲要》，为全省交通运输发展提供了强有力的规划和政策保障。同时，交通运输部对甘肃省交通运输发展给予了大力支持，签署部省扶贫共建协议等，为全省交通运输发展提供了政策、资金和项目支持；交通运输成为稳增长的重要支撑、促改革的前沿阵地、惠民生的重要保障。武都至罐子沟高速公路、十堰至天水高速公路相继建成通车，打通了甘肃省南下川渝的高速通道，使昔日“蜀道难”的陇南从此变通途。平凉至天水、甜水堡至永和等高速公路通车，助推纵贯陕甘宁革命老区和陇东南经济带的综合交通运输通道基本形成。连云港至霍尔果斯、青岛至兰州、福州至银川、定边至武威、十堰至天水、北京至乌鲁木齐等国家高速公路甘肃境内路段全线贯通，全省东进西出、南拓北展的公路主骨架基本建成，综合立体交通网络更加完善，昔日的“丝路古道”，逐渐变成“黄金通道”。

固定资产投资持续高位运行。认真贯彻落实中央关于稳增长的重大决策，主动适应经济发展新常态，不断创新筹资方式，通过加大招商引资力度、PPP项目推介等撬动社会资本，为全省交通运输基础设施建设加速发展提供了有力保障。十年累计完成固定资产投资8045亿元，年平均增长率为12.8%。其中，2022年全省完成交通运输固定资产投资1099.2亿元，较2012年增长137%。

**十年来，交通基础设施建设得到较快发展，基础设施条件得到显著改善。**抢抓“一带一路”建设等国家发展战略机遇，加大交通基础设施建设，交通运输方式和城乡运输结构进一步优化，人民群众出行更加便利。截至2022年底，全省公路总里程达到15.72万千米，较2013年底增加了2.36万千米，增长17.7%，公路密度从2013年底的29.40千米/百平方千米提升到2022年底的36.92千米/百平方千米，等级公路比例达97.6%，提高了17.7个百分点。

十年来，全省建成高速及一级公路4241千米，新增28个县通高速公路，实现通高速的县达到72个，高速（一级）公路通车总里程从2013年底的3159千米，达到了2022年底的7400千米，增长了134.3%；二级及以上公路通车里程达到1.83万千米，比2013年底的1.04万千米增加了7880千米，增长75.3%；农村公路里程达到12.56万千米，其中沥青（水泥）里达到9.41万千米，比2013年底的2.86万千米增加了6.55万千米。2017年底实现了具备条件的建制村通沥青（水泥）路，2019年底实现了具备条件的建制村通客车；累计建成综合客运枢纽5个、综合货运枢纽2个、地市级客运站16个、县级客运站51个、乡镇汽车站（运输服务站）1070个、建制村停靠站点11541个；金昌、张掖、夏河、成县、张掖丹霞通用机场等5个机场相继建成通航，全省民航机场达到9个、通用机场1个，民航市州覆盖率、县级城市单元覆盖率分别达到79%、63%。

**十年来，综合运输服务保障能力大幅提升，交通运输服务水平显著提高。**将农村公路建设和农村运输发展与精准扶贫、富民产业发展等紧密结合，加大农村公路危桥改造和安保工程建设力度，提前实现具备条件的建制村通硬化路、通客车的“两通”兜底性目标，成为全国首个在所有乡镇设立农村公路管养机构的省份。“交通+特色产业”“交通+生态旅游”“交通+就业”蓬勃发展。农村“出行难”成为历史，助推75个贫困县全部脱贫摘帽，兑现了“小康路上决不让任何一个地方因交通而掉队”的庄严承诺。县乡村三级农村物流网络体系进一步完善，2020年底，全省快递企业乡镇网点覆盖率达100%，实现100%建制村通邮。

公路品质工程创建成效显著，刘家峡黄河大桥、十天高速、兰州南绕城高速等一批项目荣获“鲁班奖”“李春奖”“飞天奖”。公路养护水平稳步提高，高速公路优等路率（MQI）达到88.7%，普通国道优良路率（MQI）达到84.5%。客运服务持续优化，调整与高铁并行的城际公路客运班线，组建道路运输客运企业联盟开展联程运输，入选交通运输部定制客运试点省份，兰州市公交都市示范工程完成验收。运输结构调整有序推进，兰州国际港务区、兰州新区空铁海公多式联运项目入选全国示范工程，甘肃（兰州）国际陆港被命名为“陆港型国家物流枢纽”。严格落实鲜活农产品“绿色通道”和重大节假日小客车免费通行等惠民政策，十年来共减免车辆通行费约150亿元。开通了黄河兰州段水上公交和依水旅游景点水上客运路线，积极开展航道养护，实现了航道安全畅通。兰州中川机场2016年旅客吞吐量突破千万人次，跻身全国千万级大型繁忙机场行列，实现了甘肃民航史上具有里程碑意义的重大跨越。全省民航机场旅客吞吐量从2012年底的524万人次增至2021年底的1498万人次；货邮吞吐量也从3.7万吨增至7.9万吨，分别增长185%、114%。全省邮政快递行业发展迎来新的发展机遇，发展能力显著增强。2021年完成邮政业务总量50.6亿元，快递业务量达到1.8亿件，是2012年4400万件的4.1倍，邮政普遍服务和快递服务社会满意度稳步提升。

2022年，全省公路货物周转量完成1690.3亿吨千米，比2013年811.2亿吨千米增长108.4%。货运转型升级步伐加快，多式联运、甩挂运输、城乡物流配送集约化等取得积极进展，极大方便群众出行和货物流通。

**十年来，交通运输发展方式显著转变，进一步推动交通运输高质量发展。**以现代交通运输发展战略需求为导向，以科技进步和信息化为引领，以发展绿色低碳交通运输体系为重点，强化科技创新，转变发展方式，交通运输现代化水平和融合发展进程不断提高。启动“互联网+交通”工程，推进互联网与交通运输业的深度融合。建立科研与生产紧密结合、成果有效转化的推广应用体系，探索实践了湿陷性黄土筑路技术、旧油皮全再生利用等一批关键性技术。开展交通运输信息化建设，建成了资金监管、计划统计、应急处置和北斗物流云等重大信息化项目。实现了全省道路客运联网售票。清洁能源公交、CNG出租汽车应用、公路隧道绿色照明等得到大力推广，兰州市成功入围交通运输部绿色交通城市建设。兰州南绕城高速科技示范工程通过交通运输部绿色公路验收，武都至九寨沟高速纳入交通运输部第二批绿色公路典型示范工程；积极推进交通污染防治，全面淘汰营运黄标车。智慧交通加快建设，建成省级交通运输大数据中心等一批信息化项目，实现数据交换共享；14个市州及兰州新区实现交通“一卡通”互联互通，“5G+智慧公路”项目顺利推进。省政府印发《甘肃省路衍经济千亿级产业集群行动计划》，交通与相关产业融合发展的路衍经济新业态蓬勃发展，成为引领行业转型发展的新引擎。

**十年来，“四好农村路”建设扎实推进，交通扶贫脱贫攻坚成效明显。**2013年以来，甘肃省始终铭记习近平总书记“在一些贫困地区，改一条溜索、修一段公路，就能给群众打开一扇脱贫致富的大门”的指示精神，按照中央一号文件、《“十三五”交通扶贫规划》和省委、省政府脱贫攻坚总体部署，将农村公路建设作为脱贫攻坚的“先手棋”，紧紧围绕秦巴山区、六盘山区、涉藏州县等集中连片特困地区，聚焦交通脱贫攻坚，精准发力、精准施策，全力推进交通扶贫和“四好农村路”建设，全省农村地区特别是贫困地区交通运输条件从根本上发生了改变。十八大以来，全省累计投资约929亿元，新改建农村公路约14万千米（含自然村道路），至2022年底，全省农村公路总里程达12.56万千米，其中，沥青（水泥）路达到9.41万千米，比2012年底增加了7.36万千米，具备条件的建制村100%通了硬化路和客车，自然村（组）通硬化路84%，基本建成内通外联、通村畅乡、客车到村、安全便捷的农村交通运输网络，农村地区出行难、运输难问题成为了历史。整治乡镇建制村“畅返不畅”路段6418千米，实施旅游路资源路产业路1890千米，广泛推行“交通+特色产业”“交通+生态旅游”“交通+电商快递”等模式，助力全省75个贫困县如期脱贫摘帽。

示范县创建成效显著，典型引领作用充分发挥。安定等10个县区被交通运输部、财政部、国务院扶贫办、国家乡村振兴局联合命名为“四好农村路”全国示范县，占全省86个县市区总数的11.6%，29个县市区被4厅局命名为“四好农村路”省级示范县，占全省的33.7%。陇原乡村振兴“四好农村路”建设入选交通强国试点，清水等4县入选深化农村公路管理养护体制改革试点，清水县县道307线获选2020年度全国“十大最美农村路”。皋兰县成功创建“全国城乡交通运输一体化示范县”，临泽县、榆中县、合水县入选“第二批城乡交通运输一体化示范创建县”。省级积极组织开展农村公路“十县百路”示范创建，陇原“最美农村路、最美路长、最美护路员”评选等示范创建活动，形成了以点带面、竞相发展的良好态势。

**十年来，交通运输重点领域改革持续深化，行业综合治理能力显著提高。**坚持把改革作为主要动力，大力推进行业综合治理，蹄疾步稳推进全面深化改革，努力破除各方面体制机制弊端。制定或修订养护、运输、路政等地方性交通法规，构建了具有甘肃特色的交通运输地方性法规制度体系。推进建立省、市、县三级公路建设管理体制，推广公路建设项目设计施工总承包等建设模式，交通工程建设管理水平不断提高。开展深化投融资体制机制创新交通强国试点项目，探索提出了建养一体化、公路投资基金、路衍经济等投融资模式，吸引各类社会资本参与交通建设。交通运输“放管服”改革、综合行政执法改革、财政事权与支出责任划分改革等取得积极进展。交通运输安全体系不断健全，安全应急保障能力显著提升，应急救援处置能力不断提升，有效应对各类风险挑战。

**十年来，交通文化建设成果丰硕，行业文化软实力得到有效提升。**大力弘扬“两路”精神，积极传递行业声音和正能量，培树扎根戈壁、无私奉献、艰苦奋斗、甘当路石的“八棵树精神”。强化交通新闻宣传，“甘肃交通运输”微信公众号在2021年和2022年连续两年获交通运输部“十佳”政务微信公众号。甘肃高速官方微博荣登全国交通微博服务效果排名榜首，“甘肃高速”头条号被今日头条评为全国“最具影响力民生头条号”。在甘肃公路博物馆举办了改革开放40周年交通成就展，开展了“四好农村路”建设等重大主题宣传活动。史志编撰工作取得新成果，《甘肃高速公路建设实录》正式出版，《甘肃省志·公路交通志（1991—2010）》出版发行，并在2021年获交通运输部首届交通史志与文化读物优秀成果史志年鉴类三等奖。积极排查化解各类矛盾和信访问题，离退休人员工作不断加强，工青团妇工作有序开展，后勤服务保障坚实有力。交通队伍建设不断夯实。领导班子建设、干部队伍建设和人才队伍建设不断加强，党组织战斗堡垒作用和党员先锋模范作用充分发挥，涌现出一大批先进集体和个人。行业精神文明创建和交通文化建设不断深化，“八棵树精神”和甘肃公路博物馆入选全国交通运输优秀文化品牌。

回首党的十九大以来的五年，全省交通运输行业以习近平新时代中国特色社会主义思想为指导，紧紧围绕共建“一带一路”和新时代西部大开发的有利契机，深入实施交通提升建设，全力推进交通脱贫攻坚，实现了从“瓶颈制约”到“基本适应”再到部分“适度超前”的重大跃升。

**五年来，全省交通战略地位更加重要。**认真贯彻落实习近平总书记“八个着力”重要指示精神，先后规划了“十三五”期的“两横七纵”“十四五”期的“两廊六轴十直连”和中远期的“三廊六通道”综合立体交通网主骨架，突出以交通规划先行牵引区域经济和产业的科学合理布局，有效支撑了甘肃发展格局从“中心带动、两翼齐飞”向“一核三带”区域协同联动发展科学演进，为省域发展格局构建提供了甘肃交通方案。省委、省政府印发《交通强国甘肃方案》《甘肃省综合立体交通网规划纲要》等规划，省长担任领导小组组长高位推进甘肃交通强国建设。交通运输部给予一系列政策、资金和项目支持，并将大敦煌交旅融合、车路协同等5个项目列入交通强国试点项目，推动甘肃交通运输加快发展。五年累计完成固定资产投资4561亿元，年均增长5.5%，占全省固定资产投资比重超过12%。甘肃作为丝绸之路经济带建设的黄金段，“联结欧亚大陆桥的战略通道和沟通西南、西北的交通枢纽，西北乃至全国的重要生态安全屏障”“构建我国向西开放的重要门户和次区域合作战略基地”的重要定位日益突显。

**五年来，全省立体交通网络加速成型。**认真贯彻落实习近平总书记关于“加快构建覆盖城乡、功能完备、支撑有力的基础设施体系”的重要指示要求，不断加快交通基础设施建设步伐。公路密度从2017年底的33.40千米/百平方千米，提升至2022年底的36.92千米/百平方千米。全省14个市州政府驻地全部以高速公路贯通、86个县市区政府驻地以二级及以上公路贯通。宝兰高铁、兰渝铁路、银西高铁等建成通车，以兰州中川国际机场为中心的机场群基本形成，船舶航行条件持续改善，以干线铁路、高速公路为骨架，民航、普通公路、内河水运为补充的综合交通网络初步形成。

**五年来，全省交通扶贫脱贫攻坚成效显著。**认真贯彻落实习近平总书记关于“四好农村路”重要指示精神，省政府连续多年召开现场会，动员各方力量建设“四好农村路”，全省建成农村公路12.5万千米，所有乡镇和行政村实现通硬化路、通客车、通邮路；建成自然村（组）通硬化路8.9万千米，全省自然村（组）通硬化路率达到82%；县乡村三级农村物流网络体系进一步完善。基本建成内通外联、通村畅乡、客车到村、安全便捷的农村交通运输网络，助力75个贫困县如期脱贫摘帽。

**五年来，全省交通运输发展方式加快转变。**认真贯彻落实习近平总书记关于“着力转变经济发展方式”的重要指示精神，加快推进交通投融资、农村公路养护、道路运输转型等重点领域改革，行业综合治理成效显著，天定高速公路质量问题彻底完成整改，全省公路质量管理水平全面提升。深化体制机制改革，完成政企分离、事企分离改革，成立省高速公路路政执法总队、省邮政业安全中心、省交通运行（路网）监测与应急处置中心。持续深化交通运输“放管服”改革，推动取消、下放审批和证明事项，政务服务事项全部实现“一网通办、全程网办”，高频事项实现跨省通办。交通运输行业营商环境持续改善。积极发展智慧交通，交通运输与互联网、大数据、云计算、人工智能等信息技术加快融合。

**五年来，全省交通运输服务水平显著提高。**认真贯彻落实习近平总书记关于“甘肃发展的关键落脚点是保障和改善民生”的重要指示，努力建设人民满意交通。公路养护管理不断加强，高速公路和普通国省干线公路优良路率持续提升。取消高速公路省界收费站11处，路网运行更加畅通高效。环兰高速公路收费站“撤五建二”，兰州轨道交通1号线、天水市有轨电车示范线开通运营，极大改善了兰州主城区周围道路通行状况。路衍经济、“开口子”工程开创全国交通领域先河，“高速医联体”、车货无忧责任险解决了司乘人员的急难愁盼问题。交通旅游“智联”融合稳步推进，网约车、共享单车等新出行方式规范发展，交通运输的效率、品质和经济性不断提升，公众出行的获得感、幸福感、安全感持续增强。

（省交通运输厅　胡俊璐）

# 兰州新区获批国家级新区10周年发展成就

2012年8月20日，在党中央亲切关怀下，国务院批复设立兰州新区，赋予“西北地区重要的经济增长极、国家重要的产业基地、向西开放的重要战略平台和承接产业转移示范区”的战略使命，开启了全国第五个、西北第一个、胡焕庸线以西唯一国家级新区的开发建设征程。

十年来，兰州新区始终坚持以习近平新时代中国特色社会主义思想为指导，将习近平总书记对甘肃、对国家级新区的亲切关怀和重要指示精神融入改革发展全局，充分发挥先行先试的政策优势，坚定不移以系统改革破冰攻坚、以产业集聚壮大实体，以创新开放提升能级、以生态治理优化环境、以城乡融合拓展格局。2011—2022年，地区生产总值从不足5亿元增长到342亿元、增长近70倍；固定资产投资从不足5亿元增长到543亿元、增长109倍；一般公共预算收入从不足0.5亿元增长到35亿元、增长70倍；常住人口增长5.5倍，市场主体增长近35倍，进出口总额增长186倍，城乡居民人均可支配收入分别从8232元、3605元增长到39361元和15505元，分别增长4.8倍、4.3倍，成为全省乃至西北经济最活跃的地区之一，有效发挥了经济增长新引擎、改革创新新高地、高质量发展新样板作用。

**十年开拓进取，科学规划打造魅力新区。**新区开发建设之初，始终坚持规划先行，对标“全国一流新区”，从大处着眼、细处着手，高位推动、统筹开发、一体推进，确保城市发展的可持续性。短短十年，核心区300平方千米基础设施全覆盖，“三环八射”公路路网、“一环两横两纵”铁路骨网、国际航空客货运双枢纽立体化交通体系全面构建。以超前的胆识和魄力抢抓国土空间规划修编机遇，2850平方千米范围内城镇、农业、生态三大空间得到全面拓展，“三城五区多园”空间布局初步形成，为打造千万人口、万亿GDP的兰州现代化区域中心城市拓展了发展空间，城市功能日臻完善，生产、生活、生态相融共生，园区、城镇、乡村各尽其美、美美与共。

**十年脚踏实地，引新聚优建设产业新区。**从一片荒滩成长为西北地区现代化产业新城，兰州新区始终坚持“产业兴区”。绿色化工园区新姿勃发、蒸蒸日上；城市矿产与表面处理产业园建设快速推进、热火朝天；光气产业园蓝图绘就、呼之欲出……近年来，我们坚持把产业园区建设作为产业发展和城市建设的重要载体和依托，以“335+X”战略为牵引，加速构建绿色化工、新材料、商贸物流3个千亿级产业，先进装备、新能源、循环产业3个五百亿级产业，数据信息、生物医药、现代农业、文化旅游、现代服务5个百亿级产业，航空、食品加工、应急救援等多个特色产业；快速建设最具核心竞争力新能源电池材料产业基地，海亮铜箔及化工园区多个项目半年内建成投产、创出全国最快的“新区速度”；万元GDP能耗、污染物排放强度等“减碳成绩”全国领先，累计引进产业项目1080个，总投资5280亿元，产业投资、工业增加值年均增长50%以上，全省实体经济发展主战场和区域发展增长极地位日益凸显、区域竞争优势加速提升，产业新城加速崛起，已成为全省乃至西部地区经济发展最具活力的地区。

**十年敢闯勇创，厚积薄发成就创新新区。**新区之“新”在于“以新破局”，始终把创新驱动作为引领新区发展的第一动力，重视科创能力提升、科技成果转化、创新环境升级，坚持在创新中注入新动能，以产业带创新、以创新促发展、以发展提能级，推动质量变革、效率变革、动力变革，为高质量跨越式发展提供源源不断的“动力源”，形成了集院士工作站、各类创新平台、创新型企业和人才为一体的创新矩阵，建成各类创新平台168个，全社会研发投入占GDP比重达到3.8%，科技进步贡献率达到61%，人均劳动生产率是全国平均水平的2倍多，百余种产品填补国内空白、替代进口，医用重离子加速器、12000米海洋钻机、双零铝箔、四合一加氢反应器、核电板式换热器等世界一流，高端仪表、生物疫苗、超薄铜箔等国内领先，获评“国家装备制造高新技术产业化基地”、第二批“科创中国”试点城市，兰白科技创新“第三极”作用初步彰显，已成为西部地区创新创业创造的热土。

**十年先行先试，系统集成塑造改革新区。**先行先试是新区发展的最大优势和潜力所在，我们始终锚定全面深化改革，不断激发发展活力，构建了精简高效的管理体制和灵活顺畅的用人机制，实行全员聘用和绩效工资制度，以不足市州三分之一的管理机构和人员力量创造了更优业绩。高标准建设国家绿色金融改革创新试验区，实行全方位普惠制持续性产业发展扶持奖励政策，企业土地、用能、运输、融资、社保等要素成本大幅降低，企业项目前期费用下降70%，生产经营成本降幅达20%，行政审批、商事制度、要素市场化配置等一批改革经验在全国全省复制推广，投资项目审批时间压缩至国务院目标的1/4，打造了“事项最少、流程最简、时限最短、服务最优”的营商环境新样板，市场主体增长28倍；国有企业在城市基础设施建设、产业发展、民生保障方面的作用充分发挥，商投集团入列中国“500强”。获评“中国最具投资营商价值新区”。一流营商环境已成为招商引资的“强磁场”和新区发展的新标识。

**十年蹄疾步稳，多向发力构建开放新区。**作为“一带一路”黄金节点，我们积极抢抓“一带一路”最大机遇，不断拓展发展格局，建成综合保税区、国际航空港、铁路口岸、国际互联网数据专用通道等综合性开放平台，东西南北开放通道顺达高效，粮食、肉类、跨境电商等8大指定监管场地建成投运，中欧、中亚国际班列常态化运行，区港联动发展迈出实质性步伐，累计到发国际货运班列662列次，与60多个国家和地区实现贸易往来，货物吞吐量、进出口贸易额倍数增长。西北地区第一个有色金属期货交割库落地新区。中川机场三期工程引领带动临空经济加速发展。入选“国家陆港型物流枢纽”，获批“国家跨境电商综合试验区”“国家外贸转型升级基地”，对外开放迈向更宽领域、更深层次、更高水平。

**十年久久为功，生态建设托起绿色新区。**从黄土荒丘到修复治理，再到绿色宜人。兰州新区始终践行“绿水青山就是金山银山”发展理念，统筹推进生态修复、造林绿化等工作，不断蓄积生态底蕴，城市绿化率由不足5%提高到36%，人均绿地面积达到全国平均水平的3倍，环境空气质量优良率达93%以上，防风林带、生态水系、绿廊花海、湿地公园相得益彰，积极推进“陇中生态平原”重大战略工程，构建起与现代化建设相适应的生态廊道、城市空间、乡村蓝图和治理格局，为黄河中上游生态治理闯出“兰州新区路径”，成功创建“国家可持续发展实验区”，获评“绿色发展优秀城市”。走出了一条生态优、环境美、城市亮、产业兴的高质量绿色发展新路子。

**十年初心不改，以人为本造就幸福新区。**发展最终的目的是增进民生福祉，让老百姓过上安居乐业的生活。兰州新区始终树牢以人民为中心的发展思想，高标准打赢脱贫攻坚战，示范化推进乡村振兴，城镇就业人数增长近50倍，城镇化率超过70%，社会保障不断完善，住房供给稳健多元，城乡居民人均可支配收入实现翻番，社会治理能力和水平迈向现代化。承接舟曲等地生态和地质灾害避险搬迁群众1.6万人，有效保障群众生命安全和后续发展，取得共同富裕先行区建设标志性成果。高质量完成首个入境航班集中留观“国家任务”，创出“甘肃防疫方案”。高品质增加公共服务供给，建成各类学校100余所，科教园区入驻师生超过10万人，成为全国最大规模的“工匠摇篮”，医疗机构达到120多家，群众“15分钟就医圈”全面形成，人均体育场地面积达到全国平均水平的3倍，幼有善育、学有优教、病有良医、老有颐养、住有宜居成为现实，人民群众的获得感幸福感安全感更加充实、更有保障、更可持续。

**十年培根铸魂，党建引领铸就信仰新区。**从支部创建到先锋引领，兰州新区始终坚持从政治上考量全局、引领发展，打造了区域统筹、资源整合、优势互补、共建共享的“全域党建共同体”，党旗在田间地头、社区网格、项目工地和抗疫一线高高飘扬，树起以实干论英雄的鲜明导向，清廉政府建设凝聚人心，“三严三实”专题教育、“两学一做”学习教育、“不忘初心、牢记使命”主题教育和党史学习教育使广大党员干部信念更坚、定力更强、初心更红、作风更硬。今天的兰州新区，党建引领效应更加凸显，政治生态风清气正，勇创实干蔚然成风，内涵式发展在自我净化、自我革新、自我提高中走深走实。

（新区党办政策研究室　杨莉）

# 大事记

## 一月

**1月1日** 《甘肃省社会信用条例》《甘肃省标准化条例》《甘肃省技术市场条例》《甘肃省禁毒条例》《甘肃省动物防疫条例》《甘肃省固体废物污染环境防治条例》《甘肃省涉案财物价格认定条例》《甘肃省各级人民代表大会常务委员会规范性文件备案审查规定》《甘肃省实施〈中华人民共和国土地管理法〉办法》《甘肃省实施〈中华人民共和国未成年人保护法〉办法》实施。由第十三届人民代表大会常务委员会第27次会议于2021年11月26日通过。

△ 兰州海关所属酒泉海关为康博食品有限公司出口的一批27.2吨脱水洋葱粒签发RCEP原产地证书，是甘肃省首份RCEP原产地证书。

**1月3日** 本土电影《八步沙》在2021年中国金鸡百花电影节暨第34届中国电影金鸡奖评选中获得最佳中小成本故事片和最佳男配角两项提名，并在电影节开幕式暨提名者表彰仪式上受到表彰。

**1月6日** 甘肃省首个海外保税仓——中国武威保税物流中心海外保税仓储配送中心在格鲁吉亚波季港正式投入使用。

△ 舞剧《丝路花雨》《大梦敦煌》《彩虹之路》、陇剧《官鹅情歌》、小品《你笑起来真好看》入选“庆祝中国共产党成立100周年舞台艺术精品创作工程”。

**1月7日** 全省党史学习教育总结会议在兰州召开。省委书记、省委党史学习教育领导小组组长尹弘出席会议并讲话，党史学习教育中央第九指导组组长于晓明出席会议并讲话，省委副书记、省长任振鹤主持会议。

**1月17日至20日** 甘肃省十三届人大六次会议在兰州举行。会议表决通过关于甘肃省人民政府工作报告的决议；表决通过关于甘肃省2021年国民经济和社会发展计划执行情况与2022年国民经济和社会发展计划的决议；表决通过关于2021年全省财政预算执行情况和2022年全省及省级财政预算的决议；表决通过甘肃省人民代表大会议事规则；表决通过关于甘肃省人民代表大会常务委员会工作报告的决议；表决通过关于甘肃省高级人民法院工作报告的决议；表决通过关于甘肃省人民检察院工作报告的决议。

**1月20日** 甘肃省十三届人大六次会议举行宪法宣誓仪式，新当选人员进行宪法宣誓。大会主席团常务主席尹弘主持宪法宣誓仪式并监誓，出席省十三届人大六次会议第三次全体会议的代表见证宣誓。

**1月21日** 2021年度“感动甘肃·陇人骄子”发布仪式在兰州举行，10位陇人骄子和甘肃省医疗抗疫先进群体获奖。

△ 第一届甘肃省农民合作社产品云展云销会在兰州启动。全省100家农民合作社的百余款各具地方特色的优质农产品参展。全省14个市州邮政分公司、邮储分行与100家农民合作社代表在各自分会场举行签约仪式。

**1月26日** 甘肃卫视高清信号正式上星传输，实现对国内及周边国家和地区全覆盖，标志着甘肃卫视进入卫星覆盖高、标清同播新时代。

**1月27日至28日** 春节前夕，中共中央政治局常委、国务院总理李克强在金昌、武威考察，看望基层干部群众。国务委员兼国务院秘书长肖捷，省委书记、省人大常委会主任尹弘，省委副书记、省长任振鹤陪同考察。

**1月31日** 省委书记、省人大常委会主任尹弘在兰州市调研检查应急执勤、保供稳价、运力保障、疫情防控等工作，看望慰问坚守岗位的广大干部职工，向全省人民致以诚挚问候和新春祝福。

**同月** 从2022年1月起，甘肃省对工伤职工伤残津贴、生活护理费和因工死亡职工供养亲属抚恤金有关待遇标准进行调整。

## 二月

**2月1日** 《甘肃省无线电管理办法》实施。由十三届省政府第150次常务会议于2021年10月25日审议通过。

**2月9日** 全省经济运行调度视频会议在兰州召开，省委副书记、省长任振鹤出席会议并讲话。

**2月10日** 省委副书记、省长任振鹤在兰州新区看望慰问舟曲县地质灾害避险搬迁安置群众并调研。

**2月17日** 省委副书记、省长任振鹤主持召开省委人才工作会议。省委书记、省人大常委会主任尹弘出席会议并讲话。

△ 甘肃省酒泉枸杞产业示范园区玉门枸杞小镇获批第二批国家林业产业示范园区，是全省首家被认定的林业产业示范园区，也是目前全国仅有的2个国家枸杞产业示范园区之一。

## 三月

**3月1日** 《甘肃省政务服务事项告知承诺制实施办法》实施。由第十三届省政府第159次常务会议于2022年1月4日审议通过。

△ 《甘肃省人民代表大会议事规则》实施。由甘肃省第十三届人民代表大会第6次会议于2022年1月20日通过。

△ “武威—阿拉木图”TIR跨境国际公路卡车运输车辆在武威保税物流中心发车，是甘肃省首次以公路卡车运输方式执行国际货物运输任务。

**3月3日** 定西市融媒体中心揭牌成立，是全省首个完成建设并入驻“新甘肃云”省级技术平台的市级融媒体中心。

**3月4日** 全省新增24所“甘肃省示范性幼儿园”。

**3月8日** 煤层气首次作为锅炉燃料，在窑煤集团海石湾煤矿燃气锅炉点火成功，成为可代替天然气的燃料，煤层气综合利用在甘肃实现重大突破。

**3月9日** 兰州大学惠新平为带头人的有机化学（含实验）课程虚拟教研室，沈禹颖为带头人的草地培育学课程虚拟教研室，西北民族大学李琦为带头人的敦煌舞课程虚拟教研室，入选课程（群）教学类全国首批虚拟教研室建设试点名单。

△ 兰州文理学院非物质文化遗产保护本科专业获批设立，是甘肃省首个非遗保护本科专业。该专业将于2022年开始招生，名额配置30人左右，开设中国文化史、美学、文化遗产理论与方法、非遗概论、非遗保护理论与实务、非遗保护政策与法规、文化遗产田野调查方法与实践等多门课程。

△ 兰州市七里河区、山丹县、高台县、陇西县、天祝县、灵台县、岷县7个县区被命名为全国基

层中医药工作先进单位。

**3月11日** 全省新冠肺炎疫情防控工作调度会在兰州召开，省委副书记、省长、省疫情联防联控领导小组组长任振鹤出席会议并讲话。

△ 甘肃省首列单一品名跨境电商国际货运专列“天马号”中欧班列从武威南站发往德国汉堡。本次班列由甘肃中欧国际物流有限公司负责承运，共搭载50个40英尺集装箱，装载单一货物品牌鞋，货运总量约393吨，货运总值约1929万元。

**3月17日** 黄河流域兰西城市群甘肃片区生态建设专题会议在兰州召开。省委书记、省人大常委会主任尹弘主持会议并讲话。省委副书记、省长任振鹤出席会议。会议审议了《黄河流域兰西城市群甘肃片区生态建设行动方案》。

**3月20日** 兰州金川科技园自主研发成功高纯铁。经第三方专业检测，高纯铁的气体含量和化学纯度等主要指标完全符合国际相同产品标准，纯度达到“5N7”，高于国际“4N”最高标准。

**3月22日** 甘肃省文旅厅与腾讯云联合建设的“甘肃非物质文化遗产大数据平台”上线。首批次共630项国家、省、市、县四级“非遗”档案数据“上云”，是西北地区首个以数字化方式记录、保存和展示非物质文化遗产的大数据平台。

△ 甘肃省30万以上人口的县区特殊教育学校建设实现全覆盖。

**3月24日** 由广东省博物馆（广州鲁迅纪念馆）与甘肃省博物馆联合主办的“丝路光华：粤陇文物精品联展”在广东省博物馆开展，甘肃省博物馆154件（组）馆藏文物亮相展览。

**3月25日** 甘肃省明确新冠病毒抗原检测推广应用医保政策，新增新型冠状病毒抗原检测医疗服务项目服务费5元/人次，抗原检测试剂和采样器具按照零差率规定单独销售。

**3月27日** 经兰州海关审核认定，方大炭素新材料科技股份有限公司成为甘肃省首家RCEP经核准出口商。

**3月28日** 甘肃省57种书刊入选国家新闻出版署公布的《2022年农家书屋重点出版物推荐目录》，其中图书52种、期刊2种、音像制品3种，入选数量创历史新高。

**3月29日** 甘肃省疫情联防联控领导小组会议在兰州召开。省委书记、省人大常委会主任、省疫情联防联控领导小组组长尹弘出席会议并讲话，省委副书记、省长、省疫情联防联控领导小组组长任振鹤讲话。

△ 甘肃省推进“一带一路”建设工作领导小组会议在兰州召开。省委书记、省人大常委会主任、省推进“一带一路”建设工作领导小组组长尹弘出席会议并讲话，强调，要培育壮大外贸产业，深化人文交流合作，画好“一带一路”建设甘肃“工笔画”。省委副书记、省长、省推进“一带一路”建设工作领导小组组长任振鹤出席并讲话。

## 四月

**4月1日** 甘肃省退役军人“补充医药报销蓝卡”激活通道于零时起面向全省退役军人、退役军人家属（退役军人配偶、子女、双方父母）、“三属”（烈士遗属、因公牺牲军人遗属、病故军人遗属）开放。

**4月2日** 读者出版传媒股份有限公司《佐格移山》《清平乐·村居》《狐假虎威》《黄河边的翰墨书香》4个剧本入选“金画眉”全国优秀儿童剧本。

**4月4日** 甘肃省文旅厅与世界银行、联合国教科文组织就世行贷款甘肃丝绸之路经济带文化传承与创新项目与联合国教科文组织技术援助合作协议签约。世界银行贷款1.8亿美元实施甘肃丝绸之路经济带文化传承与创新项目，支持甘肃发展文化和旅游业。

**4月5日** 兰州新区首列南亚国际公铁联运货运班列，从兰州新区中川北站铁路口岸开出，是2022年首列“兰州号”南亚国际班列，也是兰州新区继开通中亚、中欧、陆海贸易新通道班列后首条与南亚国家间开通的国际联运货运列车。该货运班列共装载17个40英尺国际标准通用集装箱，420吨机械设备，经兰青线和青藏线铁路运输至格尔木，再转公路汽运通过吉隆口岸报关出境，陆运至尼泊尔首都加德满都，全程3200千米。

**4月6日** 金昌紫金云数据中心被工业和信息化

部、国家发展和改革委员会、商务部、国家机关事务管理局、中国银行保险监督管理委员会、国家能源局确定为2021年度国家绿色数据中心。

**4月8日** 甘肃省首批退役军人、其他优抚对象优待证发放仪式在陇南市、张掖市、白银市、天水市、庆阳市、甘南州和兰州新区举行，退役军人在当地退役军人事务部门领到“优待证”。

△ 甘肃省启动2022年黄河禁渔专项执法行动。

△ 《草种研究动态报告》(2022)由兰州大学草地农业科技学院王彦荣团队及国家林业和草原局草原研究中心相关人员提交，是全国草业学界第一份草种研究动态报告。

**4月11日** 甘肃第一所体育职业学院——甘肃体育职业学院落户临洮。

△ 西北首个国家新型工业化产业示范基地数据中心——甘肃移动“数据中心·甘肃兰州新区丝绸之路西北大数据产业园”落户兰州新区。

**4月13日** 民进甘肃省第九次代表大会在兰州召开。全国政协副主席、民进中央常务副主席刘新成代表民进中央以视频方式致贺词。

△ 张掖市甘州区国家储备林一期项目8.97亿元贷款发放到位5亿元，是甘肃省首笔国家储备林项目政策性贷款，也是甘肃林业草原多元化投融资机制创新的有益实践。

△ 白银有色集团股份有限公司入选中国海关AEO国际互认观摩企业名录。

**4月14日** 甘肃省全面依法治省工作专网——“法治甘肃网”上线运行。

**4月15日** 甘肃首家烈士纪念设施保护中心在武威市凉州区设立，为公益一类事业单位。

**4月17日** 民革甘肃省第十三次代表大会在兰州召开。全国人大常委会副委员长、民革中央主席万鄂湘发来贺信，全国人大常委会委员、民革中央副主席张伯军代表民革中央以视频方式致贺词。

△ 九三学社甘肃省第九次代表大会在兰州召开。全国政协副主席、九三学社中央常务副主席邵鸿出席大会并代表九三学社中央致贺词。

△ 中甘国际首批跨境电商B2B出口货物成功通关，约150立方米胶合板由青岛发往加纳特马港中甘国际加纳海外仓。

**4月19日** 《甘肃省河流健康蓝皮书——甘肃省河流健康评价报告》在兰州发布。

**4月20日** 省委书记、省人大常委会主任尹弘在兰州市调研国有土地上已售城镇住宅历史遗留“登记难”问题化解工作。

**4月21日** 正宁县核桃峪煤矿完成联合试运转，正式投产。核桃峪煤矿设计生产能力800万吨/年，是陇东能源基地建设的核心项目，也是甘肃年生产能力最大的井工煤矿。

△ 甘肃首趟中老铁路国际货运列车从敦煌西铁路货场开出。专列满载20个集装箱530吨石棉，经由中老铁路云南磨憨口岸出境，到达老挝万象后，再转运至泰国曼谷。

**4月22日** 甘肃省首条中长距离输氢管道在玉门油田开工建设。

△ 天水科技企业孵化器入选2021年度国家级科技企业孵化器名单。截至目前，全省国家级科技企业孵化器达到13家。

**4月24日** 全省法治政府建设工作会议在兰州召开。省委副书记、省长任振鹤出席会议并讲话。

**4月25日** 甘肃首家媒体版权服务平台正式上线运行。

**4月26日** 甘肃省与白俄罗斯格罗德诺州2022—2023合作推进视频会在兰州举行。省委副书记、省长任振鹤与格罗德诺州执委会主席卡拉尼克分别代表双方政府签署《甘肃省与格罗德诺州2022—2023合作计划》。

△ 甘肃省商务厅与泰国商业部国际贸易促进厅贸易合作谅解备忘录线上签订仪式在兰州举行。省委副书记、省长任振鹤与泰国副总理兼商业部部长朱林出席。

△ 甘肃省认定中国石油天然气股份有限公司兰州石化分公司等13户企业为用户满意标杆企业(AAA)；甘肃智通科技工程检测咨询有限公司的“第三方检测服务”为用户满意标杆服务(AAA)；兰州金川新材料科技股份有限公司等22户企业为用户满意企业(AA)；甘肃宏达铝型材有限公司的“宏达精益”牌铝合金型材为用户满意产品(AA)；兰州佳士特检测科技有限责任公司的“第三方检测

服务”为用户满意服务（AA）；平凉新世纪柳湖春酒业有限责任公司等7家企业为用户满意企业（A）。

**4月28日** 甘肃省中核兰州铀浓缩有限公司等3个集体获全国五一劳动奖状，董兵天等13人获全国五一劳动奖章，兰州铭帝铝业有限公司喷涂车间等18个集体获全国工人先锋号称号。

△ 省内首条旅游串飞航线正式开通。该线路为兰州—张掖—敦煌旅游往返航线，每天一班；兰州—庆阳往返旅游航线，周一、三、五、七执行。

**4月29日** 农工党甘肃省第八次代表大会在兰州召开。全国人大常委会副委员长、农工党中央主席陈竺代表农工党中央以视频方式致贺词。

△ 甘肃省人社厅、省发展改革委、省财政厅、省农业农村厅和省乡村振兴局联合印发《关于做好2022年脱贫人口稳岗就业工作的通知》，出台一系列支持政策推动脱贫人口稳岗就业，确保全省脱贫劳动力务工规模不低于190万人，持续稳定增加农民群众收入。

△ 敦煌至当金山口高速公路全线通车运营，成为甘肃省第一条通车运营的经营性国高网高速公路。敦当高速公路是连霍高速和京藏高速的重要联络线，路线全长196.35千米、总投资121.78亿元，起于敦煌市吕家堡杨家梁村，与柳格国家高速瓜州至敦煌段终点顺接，经敦煌北、敦煌西、七里镇、沙枣园、阿克塞、当金山，止于当金山南，与青海省已建成的当金山至大柴旦段高速公路起点顺接。

## 五月

**5月1日** 《甘肃省草原条例》《甘肃省防震减灾条例》《甘肃省道路运输条例》《甘肃省实施〈中华人民共和国渔业法〉办法》《甘肃省计量监督管理条例》《甘肃省烟草专卖若干规定》施行。由甘肃省第十三届人民代表大会常务委员会第30次会议于2022年3月31日修订通过。

**5月5日** 酒钢集团自主研发的陶瓷耐磨堆焊技术达到国际先进水平。该技术能够有效提高设备在线服役寿命和生产线生产效率。

**5月6日** 平安甘肃建设表彰大会在兰州举行。省委副书记、省长任振鹤出席并讲话。

**5月7日** 省委书记、省人大常委会主任尹弘在兰州市、白银市开展巡河检查并调研生态文明建设。

△ 2022年省安委会第二次全体（扩大）会议暨全省自建房安全专项整治工作会议在兰州召开，省委副书记、省长、省安委会主任任振鹤讲话。

△ “甘味”特色农产品品牌荣登第五届中国品牌消费者喜爱的中国品牌TOP100。

**5月10日至11日** 国务委员、国务院抗震救灾指挥部指挥长王勇在甘肃调研防灾减灾工作并出席“应急使命·2022”高原高寒地区抗震救灾实战化演习。应急管理部党委书记、部长黄明参加调研并主持演习。省委书记、省人大常委会主任尹弘观摩演习并致辞，省委副书记、省长任振鹤参加调研并汇报演习有关情况。

**5月15日** 甘肃省李秀萍家庭等23户家庭获十三届全国五好家庭、卢媛龙家庭等24户家庭获十三届全国最美家庭。

**5月18日** 兰铁2022年首趟“环西部火车游”中国旅游日主题专列——Y664次列车从兰州车站开行。本次列车途经白银西、中卫，终点站为平凉，载有216名游客。

△ 由甘肃省肿瘤医院和中山大学附属肿瘤医院合作共建的中山大学附属肿瘤医院甘肃医院（国家肿瘤区域医疗中心）正式获批，成为甘肃省首家获批建设的国家区域医疗中心。

**5月17日** 支援青海省核酸检测队伍完成工作任务。省卫生健康委抽调6台移动方舱检测实验室和146名专业技术人员，组建核酸检测队支援青海省核酸检测工作。在青海省工作期间，累计完成174887管、约175万人次的检测任务，单日检测量维持在3万管左右。

**5月19日** 全国首条大规模输送新能源的外送通道——±800千伏祁韶特高压直流输电工程，自2017年6月23日投运以来，累计向华中地区输送电量突破1000亿千瓦时。该工程是西电东送的大动脉，西起甘肃祁连换流站，东至湖南韶山换流站，直流输电线路全长2383千米，是首次将大规模风电、太阳能等新能源与火电打捆输送的特高压直流工程。投运5年间，相当于减少燃烧标煤3200万吨，减排二氧化碳8640万吨。

**5月20日** 甘肃高质量发展论坛（2022年第一期）在兰州举行。本次论坛由省委宣传部主办，省社科联、省委党校（甘肃行政学院）承办，来自全省不同领域的专家学者为推动甘肃省经济社会高质量发展建言献策。

**5月21日** 甘肃省工商业联合会第十三次代表大会在兰州召开。会前，省委书记、省人大常委会主任尹弘，省委副书记、省长任振鹤，省政协主席、党组书记欧阳坚会见参会代表。

△ 2022年甘肃省科技活动周暨甘肃省科技创新成果展启动仪式在嘉峪关举行。科技活动周由省委宣传部、省科技厅、省科协和嘉峪关市政府共同主办，以“走进科技 你我同行”为主题，全省协同联动，开展科普惠民活动。在嘉峪关主场举办甘肃省科技成果展、科普展览互动体验、科学之夜、科普进基层等一系列活动。各市州和兰州新区同步启动科技活动周。

**5月23日至25日** 中共中央政治局常委、全国政协主席汪洋在甘南州调研。汪洋深入到农村、牧区、学校、宗教活动场所，与各族群众、宗教界人士深入交流，了解涉藏州县经济社会发展、民族宗教工作等情况，并主持召开座谈会，听取有关方面意见建议。强调，要全面贯彻党的民族宗教政策，推进涉藏州县高质量发展和长治久安。

**5月24日** 甘肃电网全天风电发电量达到2.27亿千瓦时，创历史最高水平。当日，甘肃电网总发电量5.51亿千瓦时，其中新能源发电量2.83亿千瓦时，占全天总发电量的51.36%，创历史新高。

**5月25日** 全国公安系统英雄模范立功集体表彰大会在北京人民大会堂举行，对五年来公安系统涌现出的先进集体和个人进行表彰。甘肃省公安系统27个集体、38名个人受到表彰，其中，全国优秀公安局3个，全国优秀公安基层单位16个，全国公安机关爱民模范集体8个，全国特级优秀人民警察4名，全国优秀人民警察26名，全国公安机关爱民模范8名。

**5月27日** 中国共产党甘肃省第十四次代表大会在兰州召开。尹弘代表中国共产党甘肃省第十三届委员会向大会作题为《继往开来奋进伟大新时代，富民兴陇谱写发展新篇章，为全面建设社会主义现代化幸福美好新甘肃努力奋斗》的报告。

**5月29日至31日** 甘肃省参加沙特国际绿化技术论坛暨展会。展会期间，甘肃馆通过文字、视频、图片及发放宣传册等形式展示甘肃在生态保护、防沙治沙、节水灌溉、可持续发展等方面的先进技术和科研成果。沙特环境与防止荒漠化协会，沙特环境、水和农业部相关负责人先后到甘肃馆参观交流。

**5月30日** 中国共产党甘肃省第十四次代表大会完成各项议程。大会选举产生了甘肃省出席党的二十大代表，党中央提名的代表候选人李克强同志当选。大会选举产生了中国共产党甘肃省第十四届委员会、中国共产党甘肃省第十四届纪律检查委员会。会议通过《中国共产党甘肃省第十四次代表大会关于中国共产党甘肃省第十三届委员会报告的决议》《中国共产党甘肃省第十四次代表大会关于中国共产党甘肃省第十三届纪律检查委员会工作报告的决议》。

△ 中国共产党甘肃省第十四届委员会第一次全体会议在兰州举行。尹弘受省第十四次党代会主席团委托主持会议。十四届省委委员、省委候补委员出席会议，十四届省纪委委员列席会议。全会通过《中国共产党甘肃省第十四届委员会第一次全体会议选举办法》。全会选出中国共产党甘肃省第十四届委员会常务委员会委员、书记、副书记。尹弘、任振鹤、王嘉毅、王赋、石谋军、朱天舒、程晓波、孙雪涛、刘长根、张锦刚、张永霞、周伟当选为省委常委，尹弘当选为省委书记，任振鹤、王嘉毅当选为省委副书记。全会通过中国共产党甘肃省第十四届纪律检查委员会第一次全体会议选举结果；通过中国共产党甘肃省第十四届委员会第一次全体会议决议。

△ 北京大学新农村发展研究院联合阿里研究院以线上方式举行《县域数字乡村指数报告》发布会。在2020年县域数字乡村指数增长最快的100个县中，甘肃省跻身数字乡村发展最快的5个省份。

**5月31日** 省委书记、省人大常委会主任尹弘在兰州市华侨实验学校参加庆祝六一国际儿童节暨“喜迎二十大、争做好队员”主题示范活动。

△ 由甘肃省农业科学院发起的“农科专家陇上行”首站在舟曲县启动。

**同月** “甘肃方剂”预防方“扶正避瘟丸”通过备案并在全省调剂使用，除推荐用于新冠肺炎的预防外，对于普通感冒、体虚感冒有显著疗效。

## 六月

**6月1日** 甘肃省民政厅等13个部门联合印发《甘肃省未成年人保护强制报告制度实施办法》正式施行。

△ 2022年“一带一路”百校结好云端艺术节启动仪式在西北民族大学举行。启动仪式上，来自英国、法国、瑞士、比利时、白俄罗斯、智利、波兰、巴基斯坦、泰国、马尔代夫、乌兹别克斯坦，以及中国台湾的诸多院校和机构通过视频方式对本次云端艺术节送上祝福。

**6月2日** 省委书记尹弘带领新一届省委常委任振鹤、王嘉毅、王赋、石谋军、朱天舒、程晓波、孙雪涛、刘长根、张锦刚、张永霞、周伟在红军会宁会师旧址，缅怀革命先烈、重温入党誓词，郑重宣示新一届省委常委班子对党绝对忠诚，矢志不渝奋斗，走好新时代长征路的坚定决心。

△ 甘肃省妇联联合省人社厅、省教育厅举办“春风送岗位·巾帼建新功”甘肃省女性人才专场招聘会，并同步开展“直播带岗”活动。

**6月5日** 兰石集团铸锻分公司采用自炼钢锭生产出首批N08810耐蚀合金锻件，标志着兰石集团初步具备为光伏多晶硅领域核心设备提供配套锻件的能力。

**6月7日** 甘浙两省2022年城乡建设用地增减挂钩节余指标跨省域调剂合作协议在兰州签约。经友好协商，2022年甘肃拟向浙江调出节余指标1.67万亩。

**6月8日** 全省稳经济暨强工业促发展大会在兰州召开。省委副书记、省长任振鹤主持会议并讲话，强调以更高站位“稳经济”、以更大力度“强工业”、以更强动能“促发展”、奋力推动经济在高质量发展轨道上阔步前行。会议通报表扬了2021年和2022年1—5月全省工业和信息化先进企业。

**6月9日** 甘肃省政府出台《关于进一步稳定和扩大就业的若干措施》，从加大援企稳岗力度、扩大就业岗位供给、鼓励创业带动就业、大力开展职业技能培训、强化就业帮扶保障、优化公共就业服务6个方面提出18项举措，确保全省就业大局稳定。同时通过“免申即享”发放稳岗返还资金3.28亿元，受益企业达1.5万户。

**6月10日** 一批货重20吨、货值2.4万美元的冷冻法式薯条经兰州海关所属金城海关监管合格通关放行，运往菲律宾马尼拉。甘肃冷冻薯条首次出口东南亚国家。

**6月11日** 2022年文化和自然遗产日主场城市活动在兰州开幕。省委副书记、省长任振鹤，文化和旅游部副部长、国家文物局局长李群出席并致辞。省委常委、兰州市委书记朱天舒主持。国家文物局副局长陆进与副省长何伟代表双方签署《国家文物局甘肃省人民政府共建敦煌研究院协议》。

**6月13日** 全国关心下一代党史国史教育基地揭牌仪式在金川集团科技馆举行。第十届全国人大常委会副委员长、中国关心下一代工作委员会主任顾秀莲，省关工委主任刘立军共同为金川科技馆“全国关心下一代党史国史教育基地”揭牌。

△ 甘肃省人民政府和乌兹别克斯坦投资与对外贸易部举行经贸物流合作视频会议。省委常委、副省长张锦刚，乌兹别克斯坦投资与对外贸易部副部长巴赫季约尔·拉赫莫夫、乌兹别克斯坦驻华大使法霍德·阿尔济耶夫出席会议并致辞。

△ 甘肃省第三次土壤普查试点启动会在榆中县夏官营镇高墩营村举行。榆中县为甘肃省土壤“三普”工作唯一试点县。

**6月14日** 甘肃省2022年河湖长制工作会议暨全省河长制湖长制工作先进集体和先进个人表彰大会在兰州召开。省委书记、省人大常委会主任、省总河长尹弘在会上讲话。省委副书记、省长、省总河长任振鹤主持会议并宣读全省河长制湖长制工作先进集体和先进个人表彰决定。

**6月15日** 由敦煌研究院和腾讯携手打造的敦煌莫高窟官方虚拟人伽瑶，作为首位数字敦煌文化大使亮相。伽瑶原型来自敦煌莫高窟壁画中声音婉转如歌的神鸟“迦陵频伽”，其服装纹饰及配色等设计灵感则来自《都督夫人礼佛图》中的供养人和莫高窟第217窟《观无量寿经变》中的菩萨，展现出古典气韵的形象。

**6月16日** 甘肃省政府与浙商银行签署全面战略合作协议。省委常委、副省长张锦刚出席签约仪式。浙商银行“十四五”期间将为甘肃省重点领域、重点产业、重大项目建设提供不低于2000亿元的意向性融资支持。签约仪式上，浙商银行兰州分行与金川集团、酒钢集团、白银集团、甘肃电投集团、甘肃国投集团、甘肃建投集团6家甘肃省属国有企业签署战略合作协议。

△ 兰州新区秦川镇保家窑滨农科技有限公司污水处理车间发生爆炸，致8人受伤，6名厂区人员失联。事故发生后，省委书记、省人大常委会主任尹弘第一时间赶赴现场指导救援工作，并到医院看望伤员。省应急管理厅、省消防救援总队等相关救援力量在现场开展事故救援和应急处置工作。省卫生健康委开辟伤员救治绿色通道，并组织医疗专家现场指导救治伤员。

**6月18日** 330千伏刘家峡—天水—关中输电线路安全投运50年，累计输送电量740亿千瓦时。“刘天关”输电线路是中国自行设计、施工、建造的第一条330千伏超高压输电工程，线路起自甘肃省刘家峡水电站，经天水秦安变电站，至陕西宝鸡眉县330千伏汤峪变电站，实现了中国电网从220千伏到330千伏的升级跨越。

**6月22日** 2022（壬寅）年公祭中华人文始祖伏羲大典在羲皇故里天水举行。十二届全国政协副主席、民革中央原常务副主席齐续春，省委副书记、省长任振鹤，省政协主席欧阳坚，省委副书记王嘉毅，国务院港澳事务办公室副主任王灵桂等到伏羲庙广场，出席公祭大典。欧阳坚主持公祭大典。

**6月27日** 甘肃省财政厅发行2022年第二批政府专项债券378亿元、一般债券10亿元。至此，全省已累计发行政府债券860.3亿元，其中专项债券693亿元、一般债券167.3亿元。

**6月28日** 全省强县域行动工作推进会在兰州召开。省委书记、省人大常委会主任尹弘在会上讲话。省委副书记、省长任振鹤主持会议。会议通报了2021年度全省县域经济评价情况，为县域经济发展十强县、先进县代表颁奖。

**6月28日至7月1日** 中共中央政治局委员、中宣部部长黄坤明先后在兰州市、武威市、张掖市、嘉峪关市等地调研，省委书记、省人大常委会主任尹弘陪同调研。

**6月30日** 甘肃省直属机关“两优一先”表彰大会在兰州举行。省直机关100名优秀共产党员、100名优秀党务工作者和100个先进基层党组织受到表彰。

△ “天马号”首列“武威—莫斯科”中欧班列从武威南站发运，经霍尔果斯口岸出境，目的地莫斯科别雷拉斯特物流中心场站，是“天马号”中欧班列新开辟的中欧货运线路。至此，“天马号”中欧班列完成中欧、中亚、“两海”通道运输线路全覆盖。本次班列搭载92个集装箱，主要装载机械设备、医疗物资、装饰材料等，货重956吨，货值约5075万元。

## 七月

**7月1日** 甘肃省再次调整提高全省失业保险金发放标准。调整后，全省失业保险金月人均增加180元，平均标准达到1571元，增幅13%。

**7月3日** 2022年下半年全省重大项目开工活动在金昌市举行，省委副书记、省长任振鹤出席并宣布开工。

**7月4日** 兰洽会“民企陇南行”主体活动在康县举行。全国工商联党组副书记、副主席樊友山以视频方式致辞。省委常委、省委统战部部长孙雪涛出席并宣布“民企陇南行”主体活动启动。此次活动共达成招商引资项目97项，投资总额425亿元；现场签约消费帮扶项目1.11亿元；省内外201家民营企业及慈善机构向陇南捐款捐物、捐建项目，款物价值6926万元。同时，发布了2022甘肃省民营企业“50强”榜单。

**7月5日** 山东·甘肃东西部协作第三次联席会

议在兰州举行。山东省委副书记、省长周乃翔，甘肃省委副书记、省长任振鹤出席并讲话。王嘉毅主持。山东省副省长孙继业，甘肃省副省长程晓波分别介绍两省经济社会发展和东西部协作工作情况。

△ 甘肃省乡村振兴投资基金投资签约仪式在兰州举行。省委副书记、省长任振鹤为甘肃省乡村振兴发展投资基金公司揭牌并见证签约。

**7月6日** 三个“500强”企业座谈会在兰州召开，世界500强、中国500强、民营500强及其他行业龙头企业代表共话投资合作、共谋未来发展。省委书记、省人大常委会主任尹弘出席会议并讲话。

△ 2022第19届浙商（投融资）大会在兰州举行。省委副书记、省长任振鹤出席第一阶段大会并致辞。浙江省副省长高兴夫及省政府副秘书长梁群，甘肃省副省长李沛兴及省政府秘书长李志勋出席第一阶段大会。与会领导为“甘肃省招商大使”授牌，并见证陇浙两省招商引资合作重点项目签约。

**7月7日** 第28届兰洽会开幕式暨丝绸之路合作发展高端论坛在兰州举行。本届兰洽会以“深化务实合作、共创丝路繁荣”为主题，采取线上线下融合方式举办。全国政协副主席、中华全国工商业联合会主席、中国民间商会会长高云龙出席并宣布第28届中国兰州投资贸易洽谈会开幕。省委书记、省人大常委会主任尹弘致欢迎辞。省委副书记、省长任振鹤主持开幕式暨高端论坛。商务部党组成员、部长助理郭婷婷，主宾省山东省委副书记、省长周乃翔，主宾省江苏省人大常委会副主任、党组副书记樊金龙先后致辞。在丝绸之路合作发展高端论坛上，主宾国马来西亚国际贸易及工业部副部长拿督林万锋，主宾国阿联酋外贸国务部长萨尼·本·艾哈迈德·宰尤迪，新加坡丰益国际集团董事局主席兼首席执行官、益海嘉里金龙鱼粮油食品股份有限公司董事长郭孔丰发表视频演讲；山东能源集团董事长李伟、广药集团董事长李楚源、正泰集团董事长南存辉现场发表演讲。

△ 2022年央地合作发展座谈会在兰州举行。省委副书记、省长任振鹤出席并讲话。中国华电集团总经理叶向东、国家能源集团总经理刘国跃、东方电气集团总经理徐鹏、中广核集团董事长杨长利就深化央地合作发展作发言；兰州市和酒钢集团负责同志就服务保障央地合作项目落地实施、共同深化发展合作作表态发言。

△ 第28届兰洽会苏陇经贸合作洽谈会在兰州举行。省委副书记、省长任振鹤出席。江苏省人大常委会副主任、党组副书记樊金龙，甘肃省人大常委会党组副书记、副主任马廷礼致辞。

**7月8日** “甘味”特色农产品走向“一带一路”高峰论坛在兰州举办。来自农业农村部、世界粮食计划署和中国农业大学等单位、机构和高校的专家学者为甘肃特色农产品走向“一带一路”献策献计。

△ 2022“甘味”特色农产品贸易洽谈会在榆中县定远镇兰州农产品交易中心举行。洽谈会现场设立“甘味”特色农产品现场展示展销区，共有高原夏菜、马铃薯、苹果、中药材、牛羊肉、洋葱、瓜果等20多个大类2500多个品种的农产品参展。14个市州、86个县区和兰州新区、省农垦集团的300多家企业参与展示展销，500余名经销商洽谈对接。

**7月10日** 甘肃省与国务院联防联控机制综合组甘肃工作组工作对接会在兰州举行。国务院联防联控机制综合组甘肃工作组组长、国家卫生健康委副主任雷海潮，省委副书记、省长、省疫情联防联控领导小组组长任振鹤出席并讲话。要求遵从快采样、快送样、快检测、快追阳、快流调、快排查、快转运、快隔离、快诊断、快报告“十快”要求，用早、快、灵的措施，尽快实现社会面阳性清零。

**7月11日** 第28届兰洽会共签约合同项目898个、总金额5311.13亿元，项目涉及新能源、新材料、装备制造、数据信息等，签约项目数量、金额比上届分别增长28.84%和35.86%。大会首次设立双主宾国、双主宾省和双主题市，邀请马来西亚、阿联酋为主宾国，山东、江苏为主宾省，兰州、酒泉为主题市。主办单位和省区市21位省部级领导，17位两院院士参会；2个国家驻华大使，2个国际组织、31个驻华使领馆、商协会组织参会参展；10家央企和54家三个“500强”企业高管参会。参会宾客总计3万余人。大会期间，举办“双碳”目标下绿色能源与产业创新发展论坛、“强科技”支撑高质量发展论坛、“甘味”特色农产品走向“一带一路”高峰论坛等7场论坛活动；围绕新能源、氢能源、新材料、装备制造、生物医药、现代农业、陇酒优势产业，设置7个专业展馆；首次举办全球招商大会、“三个500强”企业座谈会、浙商（投融资）大会、陇商座谈会，同时举办马来西亚产业对接会、甘肃网货品牌推介暨2022采购商大会等15项投资贸易促进活动。本届兰洽会“三个500强”企业投资项目119个，签约金额1298.15亿元，占总签约额的24.4%，较上届增长305.7%；央地合作项目88个，投资额1427.05亿元，签约外资项目4个，合同外资额4004万美元。三大产业签约占比为4.39%、67.39%和28.22%，其中第二产业占比较上届提升16.46个百分点，新能源、新材料、装备制造等战略性新兴产业签约额占总签约额的46.6%。

**7月12日至13日** 甘肃省自然资源厅对崇信县周寨南勘查区等5宗煤炭探矿权进行网上公开挂牌出让。经过省内外13家企业13个小时的竞拍，最终出让3宗，成交额高达105.17亿元，创甘肃省近十年矿业权单次拍卖历史新高。

**7月14日** 甘肃省印发《关于贯彻落实加力帮扶中小微企业纾困解难若干措施的通知》，提出包括加强纾困资金支持、实施新的组合式税费支持政策、加大普惠小微贷款支持力度等共20条“硬核”措施。△ 世界钢铁协会发布2021年全球主要钢铁公司产量50强名单，酒钢集团产量875万吨，位列全球第49位。

**7月15日** 新剂型—颗粒剂“岐黄避瘟颗粒”通过甘肃省药监局备案，具有益气固表、润燥解毒的功效，适用于体虚易感人群服用。

**7月18日** 甘肃2022年退休人员基本养老金调整方案出台，从2022年1月1日起，为2021年12月31日前企业和机关事业单位已按规定办理退休（职）手续并按月领取基本养老金的退休人员调整基本养老金，总体增幅为4%左右，将惠及全省168.27万名退休人员。

**7月19日** 甘肃省人社厅、省财政厅联合印发《关于调整提高失业保险金发放标准的通知》，决定从2022年7月1日起，再次调整全省失业保险金发放标准，失业保险金标准达到最低工资标准的90%，月人均增加180元，平均增幅13%。全省失业补助金、农民工一次性生活补助等失业保险待遇同步提高。

**7月20日** 第四届国医大师和第二届全国名中医表彰大会主会场在北京召开。甘肃省中医院主任医师王自立入选国医大师；甘肃中医药大学教授李应东，省中医院主任医师张志明、廖志峰入选全国名中医。至此，全省已获评国医大师2人，全国名中医6人。

**7月21日** 酒泉热电厂1号机恢复并网，完成火电机组日内启停调峰工作。启停调峰期间增加河西地区新能源消纳能力19.8万千瓦，增发新能源电量435.6万千瓦时，提高电网保供能力33万千瓦。

**7月23日** 景泰县边坡坍塌事故造成10人死亡、7人轻伤。23日晚，省委副书记、省长任振鹤赶赴景泰县，看望受伤人员，了解救治情况，听取救援工作汇报，传达省委书记、省人大常委会主任尹弘批示要求，现场指导事故处置工作。

**7月25日** 中共甘肃省委原书记宋照肃同志因病在上海逝世，享年81岁。

**7月31日** 甘肃省财政厅筹措下达一次性财力补助资金10亿元，支持各地应对疫情，兜住兜牢“三保”底线。2020年以来，全省各级财政共筹措安排疫情防控资金累计超过110亿元。

△ 甘肃作家叶舟新长篇著作《凉州十八拍》入选第一批“新时代文学攀登计划”计划。

**同月** 自2022年7月起，甘肃省高血压、糖尿病、透析、恶性肿瘤门诊治疗、器官移植抗排异治疗5种门诊慢特病实现跨省直接结算。

## 八月

**8月1日** 中共甘肃省委在兰州召开专题协商座谈会。会议通报全省上半年经济工作情况，听取各民主党派、省工商联和无党派人士代表对实施强科技、强工业、强省会、强县域行动的意见和建议。省委书记、省人大常委会主任尹弘主持会议并讲话。中共甘肃省委副书记、省长任振鹤通报全省上半年经济工作情况。

△ 《甘肃省消费者权益保护条例》《甘肃省残疾人保障条例》《甘肃省公共文化服务保障条例》《甘肃省非物质文化遗产条例》施行。由甘肃省第十

三届人民代表大会常务委员会第31次会议于2022年6月2日修订通过。

△ 《中国民间文学大系·甘肃卷·陇东分卷（一）》出版发行。“中国民间文学大系出版工程”是中华优秀传统文化传承发展工程“十四五”规划的重点项目之一。《甘肃卷》由史诗、神话、传说、故事、歌谣、长诗、说唱、小戏、谚语、俗语10个系列组成。陇东分卷包括庆阳和平凉两卷，《陇东分卷（一）》170万字，共收录流传在庆阳市具有代表性的民间故事344篇。

**8月3日** 《财富》杂志全球同步发布2022年世界500强排行榜。金川集团股份有限公司以营业收入409.578亿美元、利润9.649亿美元，居2022年世界500强第339位。

**8月8日** 甘肃省普通高校招生完成本科层次的录取工作，共录取考生118587人。其中，本科提前批共录取考生16545人，比2021年增加677人；本科一批共录取考生31512人，本科二批共录取考生59055人。体育艺术类本科一批共录取考生10535人，体育艺术类本科二批共录取考生1762人。

△ “兰大211”小麦试种成功，小麦产量增幅达32.15%。“兰大211”是兰州大学李凤民团队历时14年培育的冬小麦新品种，具有丰产性突出、抗病性好、适应性广、越冬性强等特点，适合山区等高海拔地区推广种植。

**8月10日** 省委书记、省人大常委会主任尹弘主持召开乡村振兴“岗位大练兵、业务大比武”活动座谈会，与县乡村干部一起深入学习习近平总书记关于全面推进乡村振兴的重要论述，分析研究如何持续巩固拓展脱贫成果、加快推进乡村振兴工作。

**8月10日至13日** 全省党外代表人士暑期谈心会在陇南举行，凝聚思想共识，听取意见建议。

**8月12日** 甘肃电网将连接四川省的220千伏输电线路（220千伏枣阳—广元线）从备用转入运行，将陇南水电通过这条线路输送到四川电网，增加支援电力21万千瓦，日增送电量约215万千瓦时。

△ 山东省临沂市举行的2022年全国武术套路锦标赛第四个比赛日，甘肃运动员常志昭日进两金，获男子刀术和棍术两块金牌。

**8月15日** 2022年首趟动车组避险搬迁专列从哈达铺车站开出，共有720名舟曲县村民乘坐此趟列车前往兰州新区，开启新生活。这批搬迁群众来自舟曲县东山镇、江盘镇、曲告纳镇、峰迭镇、拱坝镇、武坪镇、立节镇、曲瓦乡、憨班镇、城关镇10个乡镇29个村组，共计250户群众。

**8月16日至18日** 甘肃省政协围绕健全完善祁连山生态保护与治理长效化机制，由省政协主席、党组书记欧阳坚带队赴青海省祁连县和甘肃省肃南县、山丹县开展专题调研。青海省委书记、省人大常委会主任信长星会见调研组一行。青海省政协主席公保扎西、副主席马吉孝参加有关调研活动。

**8月19日** 甘肃省“乐享消费·惠购陇原”重点消费促进季活动在兰州启动，省委副书记、省长任振鹤出席并宣布活动启动。

**8月20日** 中共甘肃省委“中国这十年·甘肃”主题新闻发布会在兰州举行。省委书记、省人大常委会主任尹弘作主题发布并回答记者提问，省委副书记、省长任振鹤回答记者提问。

△ 兰州新区获批国家级新区10周年改革发展座谈会举行。省委书记、省人大常委会主任尹弘出席并讲话，省委副书记、省长任振鹤主持座谈会，省政协主席欧阳坚出席。座谈会上，中国工程院院士彭寿及上海浦东新区、天津滨海新区、中国能源建设集团有限公司负责同志现场发言；国家发展改革委地区经济司负责同志视频讲话。尹弘代表省委、省政府向兰州新区获批国家级新区10周年表示热烈祝贺。

**8月23日** 根据国务院联防联控机制部署安排，由288名医护人员组成的甘肃援藏医疗队支援西藏新冠肺炎患者救治工作。

△ 2022年全国射击锦标赛（手枪项目）比赛中，甘肃运动员李雪摘得女子10米气手枪项目金牌。

**8月24日** 按照国务院第九次大督查统一安排部署，第十七督查组进驻甘肃省开展实地督查。当晚，督查组与甘肃省政府见面会在兰州举行。国务院大督查第十七督查组组长、住建部副部长姜万荣出席会议并讲话，省委副书记、省长任振鹤主持会议并讲话。省委常委、常务副省长程晓波汇报有关工作。

**8月25日** 甘肃省国际物流集团有限公司揭牌成立。省委副书记、省长任振鹤出席揭牌仪式并为甘肃省国际物流集团有限公司揭牌。

**8月26日** 由甘肃省文旅厅主办的“甘肃人游甘肃”2022甘肃乡村旅游乐享金秋推广发布活动以线上线下结合的形式，在全省各地同步举行。活动同时发布61条乐享金秋精品旅游线路。

**8月26日至28日** 中共中央政治局常委、全国人大常委会委员长栗战书在甘肃就黄河保护法立法进行调研。栗战书先后赴庆阳、兰州等地，考察黄河兰州段生态环境治理、湿地保护、水资源集约节约利用、黄河文化传承保护等情况，并召开黄河保护法立法座谈会，听取甘肃省有关负责同志、人大代表、专家学者、基层干部群众的意见建议。

**8月29日** 甘肃国际传播中心正式揭牌。甘肃国际传播中心由甘肃省委宣传部主管、甘肃日报报业集团主办，依托甘肃新媒体集团组建，是甘肃探索地方主流媒体参与国际传播路径方法的创新实践。

**8月30日** 2022年“津陇共振兴”合作交流洽谈会举行。国家乡村振兴局党组成员、副局长洪天云，甘肃省委副书记王嘉毅，天津市委常委、统战部部长冀国强，甘肃省委常委、副省长张锦刚，甘肃省人大常委会副主任、甘南州委书记俞成辉出席会议并讲话。天津市人大常委会副主任、市东西部协作和支援合作工作领导小组副组长张庆恩主持会议。会议采用线上线下相结合的方式进行，并举行合作项目签约仪式。

△ “甘谷辣椒”“甘谷花椒”地理标志入选2022年国家地理标志产品保护示范区筹建名单。

**8月31日** “秦文化与中华文明探源”学术会议在兰州召开，省政协主席欧阳坚出席会议并讲话，省委副书记王嘉毅主持会议并讲话。

**同月** 由省政协承担的国家社会科学基金重点委托项目“秦文化对中华文化发展繁荣的重要贡献研究”课题成果通过评审。项目成果《秦统一六国的文化原因》正式出版。

## 九月

**9月5日** 省委书记、省人大常委会主任尹弘同甘肃省获全国“人民满意的公务员”和“人民满意的公务员集体”称号受表彰代表座谈。省委副书记、省长任振鹤参加座谈。

**9月6日** 金川集团股份有限公司、甘肃省公路航空旅游投资集团有限公司、酒泉钢铁（集团）有限责任公司、兰州新区商贸物流投资集团有限公司、甘肃省建设投资（控股）集团有限公司、白银有色集团股份有限公司6家企业入围中国企业500强榜单。金川集团、甘肃公航旅集团、酒钢集团、甘肃建投集团和白银集团连续多年进入中国企业500强，兰州新区商投集团连续两年进入中国企业500强。

**9月9日** 省委副书记、省长任振鹤到兰州新区舟曲中学和兰州市第三十三中学，代表省委、省政府看望慰问教职工代表，并通过他们向全省教育工作者致以节日的祝福。

△ “喜迎二十大 奋进新征程”文艺汇演暨第三届黄河之滨艺术节线上展演在黄河剧院开幕。

**9月10日** 甘肃省第十五届运动会火炬传递兰州市起跑仪式在兰州市烈士陵园举行。

**9月13日** 甘肃省新能源单日发电量首次突破3亿千瓦时，达到3.06亿千瓦时，占当日全网总发电量的53%。

**9月15日** 共青团甘肃省第十四次代表大会在兰州开幕。省委书记、省人大常委会主任尹弘出席开幕式并讲话。共青团中央书记处书记徐晓讲话。

△ 以“创新增动能，创业促就业”为主题的2022年全国大众创业万众创新活动周甘肃分会场活动在兰州启动。省委副书记、省长任振鹤致辞并宣布启动。

△ 由甘肃省民协组织报送的民间广场鼓舞《凉州攻鼓子》、哈萨克族民歌《牧羊马》获第十五届中国民间文艺“山花奖·优秀民间艺术表演作品”奖，是甘肃省民间表演艺术近年来在“山花奖”评选活动中取得的最好成绩。

**9月16日** 由省委宣传部、省委网信办、省教育厅、省科技厅、省科协等15家单位联合主办的2022年全国科普日甘肃主场活动暨甘肃科协“科普大讲堂”百场报告会在甘肃科技馆启动，启动仪式通过视频连线方式举行。本次科普日主题为“喜迎二十大 科普向未来”，甘肃省科协联合14个省直部门单位和张掖市，共同策划“科普大讲堂”百场报告会、科普短视频大赛、全省公民科学素质建设网络答题等一系列集主题性、全民性、群众性为一体的科普活动。各市州全国科普日活动同步启动。

**9月17日** 甘肃省第十五届运动会开幕式在兰州奥体中心体育场举行。省委书记、省人大常委会主任尹弘宣布开幕。省委副书记、省长任振鹤，国家体育总局副局长刘国永致辞。

△ 全国政协农业和农村委员会调研组在甘肃就“全面巩固拓展脱贫攻坚成果”开展专题调研，并在兰州举行座谈会听取情况介绍。

**9月18** 红色题材电影故事片《浴血誓言》在CCTV-6黄金档播出。影片由省委宣传部、省委组织部、张掖市委市政府等联合摄制出品，由国家一级导演宋业明执导，以红西路军梨园口战役为背景，真实再现了红西路军坚守梨园口阵地，与敌人血战到底的历史。

**9月19日** 十四届省委全面深化改革委员会第一次会议在兰州召开，省委书记、省人大常委会主任、省委全面深化改革委员会主任尹弘主持会议并讲话。会议审议了《甘肃省第十四次党代会部署重要改革举措实施规划（2022—2027年）》《中共甘肃省委全面深化改革委员会2022年度动态工作台账》《甘肃省全面深化改革督察工作办法》《甘肃省全面深化改革考评工作办法》《甘肃省全面深化改革评估工作办法》《甘肃省全面深化改革信息工作办法》，听取全省开发区改革创新发展、构建就业服务体系和创新就业服务机制等情况汇报。

**9月19日至20日** 全国人大常委会副委员长曹建明率全国人大常委会调研组在甘肃开展铸牢中华民族共同体意识工作情况专题调研。其间，调研组在兰州召开座谈会，全国人大民族委员会主任委员白春礼、全国人大民族委员会副主任委员王志民参加座谈会和调研。

**9月20日** 中共甘肃省委召开“碳达峰碳中和进程中甘肃经济发展”专题协商座谈会，听取省级各民主党派、工商联和无党派人士代表对推进甘肃省“双碳”工作的意见建议，共同研究办法措施，推动“双碳”工作取得更多实质性进展和成效。省委书记、省人大常委会主任尹弘主持并讲话。

△ 第85届全国药品交易会在上海国家会展中心举行。甘肃省商务厅牵头搭建“甘肃陇药馆”，组织省内知名药企组团参展。其中，甘肃药业集团携甘肃道地药材、甘肃方剂及公司旗下元胡止痛滴丸、宣肺止嗽合剂、黄芪当归胶囊、克霉唑药膜等多款产品参与展出。

△ 甘肃省5条乡村旅游线路入选文化和旅游部联合共青团中央推出的128条“稻花香里说丰年”全国乡村旅游精品线路。入选的5条乡村旅游线路分别是：甘肃省星辰沙海·生态绿洲体验之旅、如画甘州·桑麻之地度假之旅、梨园诗画·耕读传家研学之旅、诗意村落·赏秋胜地养生之旅、平凉沃土·农耕硕果寻访之旅。至此，全省共打造乡村旅游示范村310个，创建乡村旅游示范县14个，文旅振兴乡村样板村120个，培育乡村旅游合作社470个，38个村入选全国乡村旅游重点村，3个乡镇入选全国首批乡村旅游重点乡镇，6个村入选第三批全国乡村旅游重点村名录，2家民宿创建为首批全国甲级旅游民宿。

△ 历时3年建设的G215线马鬃山至桥湾一级公路正式通车运营。这条公路是甘肃省境内唯一一条G7高速与G30高速的连接线，也是甘肃省公路建设史上首次采用“委托—建设—运营”EBO模式实施的交旅融合项目。公路起点位于G7京新高速马鬃山立交北出口，途经马鬃山、音凹峡、窑洞沟，终点位于酒泉市瓜州县桥湾故城北侧，与G312线顺接。路线全长157.24千米，设计速度80千米／小时。

**9月23日** 中国电信甘肃公司、中国银行甘肃省分行和贵州茅台甘肃经销商联谊会共向省退役军人关爱基金会捐款121万元。捐赠发布仪式上，省退役军人关爱基金会网上募集平台和融媒体号正式上线，省退役军人关爱基金会会标、会歌正式发布。

**9月24日** 甘肃省第十五届运动会闭幕，本届运动会共有8000多名运动员参赛，18人打破19项省运会纪录，共产生奖牌1790枚。

**9月27日** “奋进新时代”主题成就展开幕式在北京展览馆举行。甘肃单元位于北京展览馆5号馆，面积200余平方米，由“苦贫褪尽甘味来”“黄河之滨添壮美”“富民兴陇谱新篇”“丝路古道文脉兴”“陇原儿女多奇志”5部分组成，共展出代表性图片50张、视频5段、实物25件、模型4组。

△ 由兰州财经大学、丝绸之路国际知识产权港有限责任公司、兰州科技大市场有限责任公司共建的“一带一路”知识产权保护与数据运用产业研究院在兰州揭牌成立。

**9月28日** “庆丰收·迎盛会”2022全国农产品产销对接助力乡村振兴（甘肃）——“甘味”农产品线上对接活动在天水市举行，活动现场线上达成农产品销售协议及合作意向5.36亿元。全省50多家供应商，筛选苹果、蔬菜、百合、牛羊肉、中药材、小杂粮等13大类100多个品种的“甘味”农产品进行线上推介展示。

△ 甘肃省人力资源市场巾帼就业分市场启动。线上，省人力资源市场网站“甘肃人才网”开辟女性就业专栏，设有巾帼就业岗位专区、巾帼人才推荐专区和巾帼创业风采展示板块，同时将招聘会直播预告和链接嵌入网页，求职人员可在线浏览相关岗位。线下依托兰州市妇联巾帼创业就业示范基地，打造共享直播间、巾帼创业馆、就业培训室、“金城大姐”家政实训基地和“陇原巧手”手工体验基地。同时，开设法律维权服务区和心理咨询服务区，提供就业指导、心理辅导、法律援助和政策解答等，为女性创业就业提供全面实用的技能培训和优质服务。

△ 甘肃省交通运输厅和省总工会在G30连霍高速定西服务区举行新就业形态劳动者驿站“司机之家”建设运营暨“车货无忧”续保授牌仪式。列入2022年省委、省政府10件为民实事的15个高速公路新就业形态劳动者驿站全面建成投运。

**9月29日** 2022年黄河流域兰西城市群甘肃片区生态建设重点项目集中开工活动在兰州举行，省委副书记、省长任振鹤出席开工活动。

△ 甘肃省人民政府决定，授予王惠仁（马来西亚）、米哈伊尔·热哈雅兹尼亚克（俄罗斯）、乔治·丹尼尔·辛卡（罗马尼亚）、海瑟·安·威尔斯（英国）、黎家（美国）、刘志毅（加拿大）、乌力（德国）、钟月欢（澳大利亚）、乔恩·西科福德（新西兰）、加汉（土库曼斯坦）、迈克尔·奈利希（德国）、米凯伊拉·格特拉乌德·伊姆加德·麦斯克（德国）、洪本福（马来西亚）、帕布罗·赛瑟·卡纳玛萨斯（阿根廷）、塞缪尔·亨利·克帕克波·阿洛泰（加纳）15名外国专家2022年甘肃省外国专家“敦煌奖”荣誉称号并颁发荣誉证书。

△ 世界知识产权组织发布的《2022年全球创新指数报告》显示，在中国进入全球百强的21个科技集群中，兰州首次跻身百强行列，排名第100位。兰州作为国家重要的科研教育基地，集聚全省70%以上的科技资源，在核物理、冰川冻土、石油化工、航空航天、旱作农业、防沙治沙等方面形成了一批在国际国内具有重要影响力的优势学科群。至此，兰州拥有以兰州大学为代表的高等院校30所，独立科学研究与技术服务业事业单位66家。有国家级重点实验室7个、省部共建国家重点实验室2个；国家级工程技术研究中心3个；省级重点实验室92个、省级工程技术研究中心69个、甘肃省技术创新中心9个、甘肃省科技创新服务平台12个，有国家大学科技园3个，新型研发机构13个，“两院”院士39名，科技活动人员7403人。先后获批建设“兰白科技创新改革试验区”“兰白国家自主创新示范区”，连续3年成为全国15个创新策源地城市之一。

**9月30日** 省城各界在兰州市烈士陵园举行向人民英雄敬献花篮仪式，缅怀革命先烈，致敬人民英雄，省委书记、省人大常委会主任尹弘，省委副书记、省长任振鹤，省政协主席欧阳坚，西部战区中将副政治委员兼西部战区陆军政治委员汪志斌，省委副书记王嘉毅，省委常委王赋、程晓波、孙雪涛、刘长根、张锦刚、张永霞、王文清出席敬献花篮仪式。

△ 2022年黄河流域兰西城市群甘肃片区生态建设重点项目集中开工。兰州—西宁城市群甘肃片区涉及兰州、白银、定西、临夏4个市州和兰州新区的20个县（市、区），是甘肃省黄河流域人口最集中、经济总量占比最大、同时也是生态环境最为脆弱的区域。此次集中开工的项目中，有46个亿元以上重点生态建设项目，总投资283.8亿元。2022年度计划完成投资量为61.39亿元。

# 十月

**10月2日** 2021年全省研究与试验发展（R&D）经费投入为129.5亿元，达到历史最高水平，R&D经费投入强度达到1.26%，在西部12个地区中排名第五。

**10月3日** 由伊朗阿巴斯港发往兰州新区的海铁联运回程货运班列驶入兰州新区中川北站铁路口岸。本次班列的开行首次打通了“伊朗—连云港—兰州新区”海铁联运国际物流新通道。

**10月9日** 兰张三四线铁路项目最长的桥梁——全长11682.92米的永登特大桥成功合龙。

**10月11日** 定西马铃薯、平凉红牛、兰州百合、静宁苹果、岷县当归5个农产品品牌入选农业农村部2022年农业品牌精品培育计划。

**10月12日** 甘肃省与蒙古国巴彦洪戈尔省视频会议召开，甘肃省政协副主席王锐，巴彦洪戈尔省省长孟赫赛罕、巴彦洪戈尔省议会议长恩赫巴特出席并讲话。这次会议推进了两省更大范围、更宽领域、更深层次的交流合作。

**10月15日** 甘肃省组织12个市州的101家企业参展第132届中国进出口商品交易会（广交会）。其中，脱贫地区企业34家，线上数字展位228个，分布在医药保健品、食品、通用机械、新能源、服饰配件、鞋、乡村振兴特色产品等展区。

**10月16日** 甘肃运动员李雪在开罗举行的2022年射击世锦赛女团比赛女子10米气手枪团体比赛决赛中，与队友姜冉馨、卢恺曼夺得女团冠军，是甘肃省射击运动员在世锦赛首次摘金。

**10月17日** 李克强同志到党的二十大甘肃省代表团参加讨论并讲话。

△ 党的二十大代表、省委书记尹弘参加甘肃省代表团讨论党的二十大报告。强调，要始终沿着习近平总书记指引的方向和党中央确定的路线前进，奋力推进甘肃现代化事业发展书写更加美好的时代画卷。

△ 党的二十大代表、省长任振鹤参加甘肃省代表团讨论党的二十大报告。强调，要从伟大变革中深刻领悟“两个确立”的决定性意义，坚定不移沿着习近平总书记指引的方向奋勇前进。

△ 党的二十大代表、省政协主席欧阳坚参加甘肃省代表团讨论党的二十大报告。强调，要凝心聚力，团结奋斗，在新征程上作出更大贡献。

**10月20日** 新冠肺炎普通型患者的治疗方新剂型——浓缩丸“宣肺化浊丸”通过省药监局备案并推广使用。该制剂是甘肃省中医院承担研制的院内制剂，主要适用于新冠肺炎普通和轻症患者。

**10月25日** 省委书记、省人大常委会主任、省疫情联防联控领导小组组长尹弘在兰州主持召开全省新冠肺炎疫情联防联控领导小组会议。会议分析当前全省疫情防控形势，安排部署近期疫情防控工作。省委副书记、省长、省疫情联防联控领导小组组长任振鹤讲话。

△ 在甘南州碌曲县开展±800千伏青豫特高压直流线路停电检修作业中，国网甘肃省电力公司超高压公司成功实施无人机验电、装拆接地线作业，代替人工作业，属国内首创。

**10月26日** 通渭县陇山镇川口村和襄南镇隔里沟村列入第六批中国传统村落名录。

**10月26日、31日** 100箱静宁苹果，作为补给物资分别搭乘“雪龙2”号和“雪龙”号极地科考船，与中国第39次南极科考队员出征南极。

**10月27日** 张掖盘道山、肃南皇城2个抽水蓄能项目集中开工活动在张掖市举行。省委副书记、省长任振鹤出席并讲话。中国三峡集团党组副书记李富民、中国电建集团党委副书记李燕明讲话。

**10月30日** 第三届甘肃儿童文学八骏评选结果揭晓：赵剑云、轩辕小胖、曹雪纯、张佳羽、刘海云、禄永峰、杨胡平、费晓莉8名作家当选第三届甘肃儿童文学八骏。甘肃儿童文学八骏是甘肃文学八骏之一，2005年由省文联、省文学院策划组织实施，并由中国作家协会、省委宣传部等持续或阶段性主办推动的系列文学人才创意推介工程。

**10月31日** 全省季度经济运行调度会议在兰州召开。省委副书记、省长任振鹤出席会议并讲话。

**同月** “数字敦煌”入选2022年世界互联网大

会“携手构建网络空间命运共同体精品案例”。

## 十一月

**11月1日** 《甘肃省农村饮用水供水管理条例》《甘肃省地震安全性评价管理条例》《甘肃省电信设施建设和保护条例》《甘肃省兰州白银国家自主创新示范区条例》《甘肃省专业技术人员继续教育条例》《甘肃省循环经济促进条例》施行。由省十三届人大常委会第32次会议于2022年7月29日通过。

**11月3日** 2022年全省央地合作项目协调推进会在兰州召开。省委副书记、省长任振鹤出席并讲话。

△ 全国增设29个国家进口贸易促进创新示范区，兰州新区成为甘肃省第一个获批的国家进口贸易促进创新示范区。

△ 平凉市荣获“国家森林城市”称号，是甘肃省首个创建成功的城市。

**11月5日** 第五届中国国际进口博览会召开，甘肃省组织521家企业参会，拟签约项目34个，签约金额近30亿美元，商品涉及铜锌镍精矿、铁矿石、集成电路封装设备、板材、农产品及食品等。本届进博会上，甘肃省首次在上海市国家会展中心6.2H馆搭建了216平方米的“中国这十年”对外开放成就展甘肃展馆，设8大板块，分别为对外开放总体成就展、兰州新区成就展、对外贸易成就展、对外投资合作成就展、利用外资成就展、开放平台成就展、招商引资成就展和国际交流成就展。以“交响丝路·如意甘肃”为主题，在国家会展中心（上海）8米层南登录厅步道中国旅游展区S4搭建甘肃文化旅游展示区，融合敦煌飞天、莫高窟、九色鹿等元素，展区设14个市州和兰州新区文旅部门接待台、数字敦煌展示区、非遗传承人展示区和专业洽谈区。

△ 在新华网主办的第八届绿色发展论坛上，陇南市荣膺中国“2022年乡村振兴绿色实践优秀城市”；“三个转化之生态助推乡村振兴的陇南实践”案例入围“第八届绿色发展论坛暨2022年乡村振兴绿色实践典型案例”。

△ 甘肃省新生儿多种遗传代谢病检测项目在甘肃省妇幼保健院（甘肃省中心医院）启动。全省新增的1万名新生儿将享受多种遗传代谢病免费检测，该项目覆盖全省14个市州28个县区100余家助产机构。

**11月6日** 省委副书记、省长、省疫情联防联控领导小组组长任振鹤在兰州出席疫情防控工作会议，强调要以更加科学精准高效的防控保障群众正常生产生活秩序，用更加务实扎实踏实的工作全力推动社会面清零。

△ 历时1226天建设，新建兰张三四线铁路兰武段新乌鞘岭隧道全断面贯通。新乌鞘岭隧道是兰张三四线铁路的控制性工程，位于兰武二线既有乌鞘岭特长隧道东侧，双隧基本呈并行之势，全长17.125千米，设计时速250千米，是全线最长的特长隧道，是中国第三代穿越乌鞘岭的隧道，也是第一座利用既有斜井施工并利用既有线通风的隧道。

**11月7日** 省委书记、省人大常委会主任、省疫情联防联控领导小组组长尹弘在兰州市出席疫情防控工作会议。强调要处理好管和放、封与解的关系，科学精准持续推进“动态清零”。

△ 甘肃省新增22项跨省通办政务服务事项。分别是临时居民身份证办理，子女投靠父母户口迁移，城乡居民养老保险参保登记，城乡居民养老保险待遇申请，住房公积金汇缴，住房公积金补缴，提前部分偿还住房公积金贷款，租房提取住房公积金，提前退休提取住房公积金，航运公司符合证明查询、核验，船舶安全管理证书查询、核验，异地电子缴税，开具税收完税证明，单位社会保险费申报，灵活就业人员社会保险费申报，城乡居民社会保险费申报，社会保险费特殊缴费申报，工程项目工伤保险费申报，开具社会保险费缴费证明，退还误收多缴保险费申请，水利水电工程施工企业主要负责人、项目负责人和专职安全生产管理人员安全生产考核变更，高血压、糖尿病、恶性肿瘤门诊放化疗、尿毒症透析、器官移植术后抗排异治疗等五种门诊慢特病治疗费用跨省结算。

**11月8日** 玉门油田红色旅游景区、徽县金徽矿业旅游景区入选国家工业旅游示范基地。

**11月9日** 敦煌研究院文化弘扬部、甘肃省民航机场集团有限公司金昌机场公司、白银市消防救援支队西区特勤站被授予“第六届全国119消防先进集体”称号；兰州东方友谊置业有限公司总经理魏兴毅、张掖市甘州区大满镇新华村村委会副主任杨国、兰州新区消防救援支队中川特勤站站长刘学法、康乐县消防救援大队政府专职消防队队长枣成被授予“第六届全国119消防先进个人”称号。

**11月11日** 《华羚牦牛乳产业助力牧民脱贫增收——公私伙伴关系助力甘肃牧区产业升级案例》入选第三届全球减贫案例。

**11月12日** 兰州大学研制的高能中子探测器应用于天舟五号货运飞船装载的空间宽能谱高能粒子探测载荷等试验项目。该探测器是探测宇宙射线中高能质子轰击航天器材料产生的中子，服务于航天器的安全稳定运行，实现了中国首次在航天器上对空间环境中质子、中子效应的联合探测。

△ 兰州大学教授张东菊荣获第十七届中国青年科技奖，是甘肃省唯一获奖学者。

△ 夏河县获评“2022美丽中国·深呼吸小城”。

**11月13日** 甘肃电网首次实施特高压线路直升机吊篮法带电作业。在甘谷县境内，仅用时30分钟，消除±800千伏祁韶线（酒泉至湖南）导线侧开口销补装作业，保障“西电东送”特高压输电通道的安全稳定运行。

**11月14日** 农业农村部发布255个乡村为2022年中国美丽休闲乡村，甘肃省6个乡村上榜，分别是皋兰县什川镇上车村（农家乐特色村）、康乐县八松乡纳沟村（农家乐特色村）、碌曲县尕海镇尕秀村、两当县杨店镇灵官店村、东乡县高山乡布楞沟村、瓜州县三道沟镇三道沟村。

**11月15日** 省委书记、省人大常委会主任尹弘，省委副书记、省长任振鹤在兰州会见甘肃省森林消防总队援渝扑火“九战九捷”指战员代表，欢迎救火英雄凯旋。

**11月16日** 甘肃省首个进口亚麻籽分拨中心项目在兰州新区综合保税区内投入运营。该项目由甘肃米良国际贸易有限公司投资，主要开展哈萨克斯坦、俄罗斯亚麻籽等油料作物进口、仓储分拨及国际贸易业务。

**11月17日** 甘肃省人民政府认定酒泉经济技术开发区为甘肃省酒泉高新技术产业开发区。

△ 甘肃省21个劳务品牌代言人上榜“全国劳务品牌形象代言人”。“兰州拉面师”代言人梁顺俭入选“20个全国最具特色劳务品牌形象代言人”并在全国进行云展示，“陇原巧手”代言人解娟、“红色通渭建筑哥”代言人常海增2人入选“50个全国特色劳务品牌形象代言人”，“庆阳香包绣女”代言人刘兰芳等8人入选“98个全国新星劳务品牌形象代言人”，“裕固绣娘”代言人杨海燕等10人入选“156个全国劳务品牌形象代言人征集展示活动参与项目”。

**11月18日** 国家发展改革委印发《关于做好2022年国家物流枢纽建设工作的通知》，将天津商贸服务型等25个国家物流枢纽纳入2022年度建设名单，酒泉陆港型国家物流枢纽名列其中，是甘肃省唯一入选该建设名单的城市。

**11月19日** 省委书记、省人大常委会主任、省疫情联防联控领导小组组长尹弘在兰州市调研检查疫情防控工作。强调，要保持清醒头脑，坚持科学精准防控，确保思想不动摇，行动上不走样。

△ 清水县荣获第六批国家生态文明建设示范区称号，两当县荣获“绿水青山就是金山银山”实践创新基地称号，通渭县榜罗镇“刚强兄弟”荣获第三届中国生态文明奖先进个人称号，平凉市赵向阳荣获2020—2021绿色中国年度人物提名奖。

**11月20日** 甘肃省人民政府认定12个全省代表性园区。其中，代表性开发区（工业园区）：兰州高新技术产业开发区（生物医药）、金昌经济技术开发区（有色金属及新能源电池材料深加工制造）、天水经济技术开发区（电子科技）、酒泉经济技术开发区（新能源装备制造）、西峰工业园区（数字经济）、陇西经济开发区（中医药循环经济）；代表性现代物流园区：兰州陆港型国家物流枢纽（“一带一路”物流中转中心）、陇南东盛国际商贸物流港（商贸物流标准化）、甘肃巨龙农业物流港（农产品物流示范区）；代表性现代农业园区：凉州区国家现代农业产业园（养殖业和农产品加工）、安定区国家现代农业产业园（种薯繁育和农产品精深加工）；代表性化工园区：兰州新区化工园区（精细化工）。

**11月22日** 甘肃省3所高校和1家研究机构的7个课题入围2022年度国家社科基金重大项目。分别为：兰州大学何文盛为首席专家的《新时代财政政策效能提升的测度理论、方法与中国实践研究》、张景平为首席专家的《明清以来河西走廊水利文献集成整理与研究》、李捷为首席专家的《基于美国国会上世纪40年代涉疆档案的美国新疆政策起始研究》，西北民族大学马忠才为首席专家的《铸牢中华民族共同体意识的理论逻辑和实践路径研究》、更登三木旦为首席专家的《西藏边境汉藏文史料整理、翻译及研究》，西北师范大学韩高年为首席专家的《早期书写与商周秦汉文学关系史》，敦煌研究院李国为首席专家的《敦煌河西石窟多语言壁题考古资料抢救性调查整理与研究》。

**11月23日** 甘肃省陇剧院移植复排的陇剧《司文郎·闯狱》、省文化艺术研究院和定西铁堂演艺有限公司联合复排的秦腔《潞安州》亮相2022年全国地方戏精粹展演。此次展演，从全国100多个剧目中精选48个剧目进行10场展演，涉及全国21个省的43个艺术院团，涵盖40多个地方戏曲剧种。甘肃省两剧目入选，是西北五省入选作品最多的省份。

**11月24日** 甘肃制定首席科学家负责制，支持由首席科学家引领科研团队在重大基础研究、应用研究、关键共性技术攻关等方面取得突破性进展。

**11月27日** 甘肃运动员张新艳获第26届上海马拉松女子全马亚军，取得2023年世锦赛马拉松国内选拔资质。

△ “靖远枸杞”“靖远文冠果油”“兰州百合”“甘加羊”入选由国家知识产权局知识产权运用促进司主编的《地理标志助力乡村振兴典型案例汇编》。

△ 兰州交大科技园获批国家小型微型企业创业创新示范基地。

△ 省属企业累计实现工业总产值3677.24亿元，同比增长22.63%；累计实现营业总收入8463.33亿元，同比增长13.85%；累计实现利润总额185.32亿元，同比增长11.64%。省属企业前11个月经营指标实现历史最好水平。

△ 全省交通运输行业2022年累计完成交通运输固定资产投资1018亿元，首次突破千亿元。截至11月底，全省建成自然村（组）通硬化路1.1万千米，征收高速公路通行费122.33亿元。

△ 甘肃省实现科技创新厅市会商制度市（州）全覆盖，协同联动推进区域科技创新。

△ 甘肃省完成2022年生源地信用助学贷款发放工作，共计发放贷款28.34亿元，惠及全省35.63万大学生，贷款发放金额、惠及人数较去年同期分别增长20.22%、3.06%。

**同月** “数字敦煌”入选2022年世界互联网大会“携手构建网络空间命运共同体精品案例”。

## 十二月

**12月1日** 《甘肃省奖励和保护见义勇为人员条例》《甘肃省会计管理条例》《甘肃省档案条例》《甘肃省农业机械管理条例》《甘肃省职工代表大会条例》《甘肃省公众参与制定地方性法规办法》《甘肃省实施〈中华人民共和国体育法〉办法》《甘肃省实施〈中华人民共和国工会法〉办法》施行。由甘肃省第十三届人民代表大会常务委员会第33次会议于2022年9月23日通过。

△ 《甘肃省义务教育条例》《甘肃省乡村振兴促进条例》《甘肃省边境管理条例》《甘肃省专利条例》《甘肃省安全生产条例》《甘肃省预算审查监督条例》《甘肃省邮政条例》《甘肃省人民代表大会常务委员会关于加强经济工作监督的决定》实施。由甘肃省第十三届人民代表大会常务委员会第34次会议于2022年11月25日通过。

**12月2日** 省委宣传部、省文明办、省总工会、团省委、省妇联、省军区政治工作局6部门启动第八届甘肃省道德模范评表彰活动。30人入选。其中，助人为乐模范6人，见义勇为模范5人，诚实守信模范2人，敬业奉献模范11人，孝老爱亲模范6人。

**12月4日** 省委宣传部、省委全面依法治省委员会办公室、省司法厅开展2022年国家宪法日暨宪法宣传周活动，宣传周以“学习宣传贯彻党的二十大精神，推动全面贯彻实施宪法”为主题。同日，共青团甘肃省委联合省教育厅、省司法厅等单位主办的“法治护航，平安成长”——甘肃省中小学生

“同上一堂法治课”主题活动以线上直播方式举行，全省268万余名中小学生通过多个网络平台“同上一堂法治课”。

△ 玉门麻黄滩200兆瓦风电项目并网发电。玉门麻黄滩200兆瓦风电项目总投资约12亿元，采用50台单机容量4.0兆瓦、塔筒高度100米、叶轮直径173米的智能半直驱风力发电机组。每年可发绿电约6亿千瓦时，节约标准煤约20.60万吨，减少二氧化碳排放量约61.96万吨。

**12月8日** 甘肃省新认定28家省级非遗工坊。至此，文化和旅游部、国家乡村振兴局支持全省建成2家非遗工坊，甘肃省先后认定两批共119家省级非遗工坊，全省省级及以上非遗工坊达到121家。

**12月9日** 甘肃省重点工程——陇西至漳县高速公路全线建成通车。线路起自陇西县文峰镇、止于漳县武阳镇的陇漳高速公路，是连霍高速和兰海高速的连接线，是联通西北五省区与西南四省市的关键线路，途经4个乡镇、20个自然村，全长38.8千米，双向4车道、设计时速80千米。全线设置互通式立交5处，大中桥梁21座、隧道5座、涵洞及通道31道，收费站2个，养护工区、服务区、管理所各1个。

△ 甘肃省交通运输厅发布2022年度陇原“最美农村路”“最美路长”“最美护路员”名单，确定秦安县X523线莲花至四十里墩湾公路等12条路为2022年陇原“最美农村路”，王永宏等78名路长为陇原“最美路长”，贺海艳等73名护路员为陇原“最美护路员”。

**12月10日** 副省长李沛兴主持召开全省工业复工复产稳增长调度会。

**12月12日** 庆阳香包绣制、裕固族服饰、临夏砖雕3家非遗工坊入围全国66个“非遗工坊典型案例”。

**12月13日** 兰州大学文化行者团队、青年敦煌之友协会“乐遗计划——丝绸之路青少年文化培育服务行动”获全球世界遗产教育创新案例“未来之星奖”。该项目于2015年启动，先后组织和支持包括兰州大学在内的12所高校志愿者参与，累计服务游客近300万人次，6个世界遗产景区和11所中小学校、周边社区受益，形成融景区服务、社区影响、青少年教育、深度研学于一体的世界遗产可持续旅游志愿服务模式。

**12月14日** 天水市秦州区、泾川县、两当县和庆阳市西峰区清水沟小流域入选2022年度国家水土保持示范名单和示范工程。其中，庆阳市西峰区清水沟小流域被评为2022年度国家水土保持示范工程（生态清洁小流域）。

**12月15日** 甘肃景电水利风景区、民勤红崖山水库水利风景区、迭部白龙江腊子口水利风景区入选水利部公布的红色基因水利风景区名录。

**12月17日** “甘肃艺术名家百人陇上行”乡村振兴艺术创作工程采风活动在甘肃画院正启动，2月18日至25日在甘南和陇南两地举办。

**12月20日** 长庆油田陇东油区2022年生产油气当量突破1000万吨；是继2021年底长庆油田在庆阳建成千万吨油气生产基地后，陇东油区油气产量再次跨越千万吨大关。

**12月21日** 兰州重离子加速器科普基地、甘肃省农业科学院农业科技科普基地、甘肃公路交通科普基地等60家科普基地获批建设。其中，“科技+”智能融媒创作与传播科普基地作为唯一一家传媒类科普基地，将依托甘肃省科学技术情报研究所建设。

△ 孟买—钦州港—兰州新区西部陆海新通道班列开行。1至11月，兰州新区到发国际货运班列200列，同比增长33.33%，新增到发货物品类8种，新开国际货运班列线路7条，通达哈萨克斯坦、俄罗斯、伊朗、老挝、印度等20余个国家。

△ 甘肃省检察院和省生态环境厅会签印发《省级生态环境保护督察公益诉讼案件线索移送交办督办工作办法（试行）》，标志着甘肃省公益诉讼检察与省级生态环保督察工作正式建立协作配合机制。

**12月22日** 甘肃省组团参加在成都举办的第十九届中国国际农产品交易会，14个市州共设28个展位，75家企业的230多种产品亮相本届农交会。甘肃“甘味”特色农产品展厅位于5号展馆和6号展馆连接区，占地612平方米，以“厚道甘肃 地道甘味”为主题，展品以全省“牛羊菜果薯药”六大特色产业为主导，地方特色产品为补充，涵盖粮油制品、饮料、干果、肉蛋奶、蔬菜、水果等11大类。

**12月23日** 2022年省委、省政府10件为民实事全面完成，共完成投资约128.6亿元，其中省级财政下达资金51.84亿元，占年初预算的117.9%。

**12月24日** 甘肃移动联合兰州大学第一医院申报的“数字医院区块链便民服务平台”项目获第五届全国智慧医疗创新大赛业务创新方向一等奖，是甘肃省首个区块链在医疗数据可信共享领域的实际应用。

**12月26日** 以“甘味臻选·合作共赢”为主题的2022甘肃特色农产品国际推介洽谈会在庆阳市举办，印度尼西亚和尼泊尔分别设立分会场，集中宣传推介甘肃苹果、洋葱、马铃薯、花椒产业系列产品以及庆阳特色农产品。现场签订贸易订单8个、签订金额7320万元。同时，通过线上线下广泛对接，参会企业与国内外相关企业达成供销农产品协议逾1.3亿元。

△ “甘味”品牌荣获2022中国区域农业形象品牌影响力指数100强榜首。酒泉市“酒泉味道”、兰州市“兰州味道”两个地市级区域农业形象品牌分别位居榜单11位、72位；平凉市崆峒区“养生崆峒”县市级区域农业形象品牌位居榜单74位。甘肃小宗特产、果品两个类别的“兰州百合”“花牛苹果”“阳关葡萄”三个产业品牌分别居榜单46位、75位、86位。

**12月27日** 中共甘肃省委召开专题协商座谈会，就2023年全省经济工作听取省级各民主党派、省工商联和无党派人士的意见建议。省委书记胡昌升主持会议并讲话。省委副书记、省长任振鹤通报2022年全省经济工作情况。

△ 肃南裕固族自治县、舟曲县被认定为2022年全国休闲农业重点县。

△ 甘肃省文化和旅游厅政策法规处等5个集体获评为“全国行政执法先进集体”，邹哲等8人获评为“全国行政执法先进个人”。

△ 甘肃省联合科研基金项目启动。首批项目由中国农科院兰州兽医研究所等9家单位联合实施，筹集经费5800万元，重点围绕能源装备、有色新材料、有色冶金、生物医药和人口与健康等领域开展基础研究、应用研究和关键核心技术攻关。9家联合资助方负责人签署了《甘肃省联合科研基金项目协议书》。

△ 由中国甘肃网出品的《行走甘肃·读懂文化》宣传片上线。

△ 长庆油田建成中国首个年产500亿立方米特大型产气区。

△ 兰州银行荣获“金融业数字化转型突出贡献奖”。

**12月28日** 中国共产党甘肃省第十四届委员会第二次全体会议在兰州举行。全会深入学习领会党的二十大精神，听取和讨论了胡昌升受省委常委会委托所作的工作报告，审议通过《中共甘肃省委关于深入学习宣传贯彻党的二十大精神全面建设社会主义现代化幸福美好新甘肃的决定》《中国共产党甘肃省第十四届委员会第二次全体会议决议》。

△ 以“如意新甘肃 铸就新辉煌”为主题的甘肃馆亮相第十八届深圳文博会。

△ 全省乡村旅游冬春季精品线路发布暨定西市冰雪温泉旅游活动在渭源县启动，推出12个冰雪旅游项目、15项冰雪旅游主题活动和6条冰雪旅游精品线路。

**12月29日** 省委经济工作会议在兰州召开。省委书记胡昌升出席并讲话，省委副书记、省长任振鹤主持会议并安排部署明年经济工作。

△ 银兰高铁全线贯通运营，银川至兰州最快2小时56分可达。银兰高铁是“八纵八横”高铁网北京至兰州通道的重要组成部分。线路全长431千米，分两段建设，银川至中卫段2019年12月29日开通运营。此次开通运营的中卫至兰州段起自中卫南站，经宁夏回族自治区中卫市，甘肃省白银市、兰州市，接入兰新高铁兰州西站，线路全长219千米，设计时速250千米。全线共设中卫南、北滩、平川西、靖远北、白银南、秦王川、兰州西7座车站。

△ 2022年度“甘肃好人榜”云发布仪式在兰州举行，12名“助人为乐”、6名“孝老爱亲”、6名“诚实守信”、9名“敬业奉献”、7名“见义勇为”类甘肃好人光荣上榜。

**同月** 黄河甘南州玛曲县段防洪工程通过竣工验收。至此，黄河甘肃段防洪工程全面竣工验收投入运行。黄河甘肃段防洪工程是国务院明确的172项节水供水重大水利工程之一，涉及甘南、临夏、兰州、白银4个市（州）15个县区，共治理黄河干流岸线327千米，概算总投资33.97亿元。工程投入运行后，沿岸农防、城防分别达到10年一遇至100年一遇设防标准，将有效保护兰州市和靖远县、永靖县，以及沿岸317万城乡群众和53万亩耕地、草地防洪安全。

**同月** 全省105个人社为民服务“直通车”全部完成电子地图信息标注。办事群众登录百度地图、腾讯地图或高德地图等电子地图平台，即可搜索到全省各级各地人社为民服务“直通车”，获取详细办公地址、联系电话等基本信息。

**同月** 在“2022绿色亚太环保成就奖”评选中，祁连山国家级自然保护区、白水江国家级自然保护区获得“杰出自然保护区奖”，是甘肃省首次荣获该奖项的自然保护区。

**同月** 甘肃省文物局公开发布全省第二批不可移动革命文物名录，公布不可移动革命文物共146处，其中省级文物保护单位6处，市级文物保护单位3处，县级文物保护单位68处，尚未核定公布为文物保护单位的不可移动文物69处。包括会议旧址、战斗战役遗址、部队驻地、重要机构、故居旧居和烈士墓地等多种类型，分布于全省13个市州33个县区，具有时间跨度长、文物品类多、价值意义大等特点。

**同年** 省十三届人大六次会议期间，代表们共向大会提出建议575件。所有建议均已按期办结，并向代表进行答复。其中，省政府共办理559件代表建议，占总数的97.2%；省委有关部门、省法检两院、相关群团组织等其他单位办理16件，占总数的2.8%。

**同年** 甘肃省在春耕、高标准农田建设、“三夏”、秋收等关键农时茬茬压实，全省粮播面积4049.7万亩、较上年增加34.5万亩，粮食总产量1265万吨，增加33.5万吨，实现面积产量双增长。作为全国夏粮生产贡献突出的15个省份之一和全年粮食油料生产工作成绩突出的21个省份之一，两次荣获农业农村部通报表扬。

**同年** 2022年，兰州新区新增市场主体5647户，创历史新高。至年底，兰州新区实有市场主体34150户，同比增长24%。

**同年** 至年底，3089家民营企业参与“万企兴万村”甘肃行动，在1263个村实施投资经营类项目1163个，投资总额179.79亿元，到位资金97.17亿元，在1482个村实施公益项目2566个，捐款捐物15.7亿元。

**同年** 全省对共建“一带一路”国家和地区进出口增长23.8%。全年组织企业参加进博会、服贸会、广交会、中国—RCEP成员国贸易博览会、（亳州）国际中医药博览会，与马来西亚、新加坡、韩国、泰国、乌拉圭、新西兰、孟加拉开展线上对接。甘肃中医药大学附属医院和兰州新区被认定为国家级中医药服务出口基地和进口贸易促进创新示范区。认定静宁红牛等4个省级外贸转型升级基地，甘肃玉米种子、半夏、豆制品实现首次出口，兰州生物研究所出口了4.6亿元的新冠疫苗。

**同年** 兰州中川国际机场三期扩建工程机场工程完成投资85.6亿元，占年度投资计划85亿元的100.7%。兰州中川国际机场三期扩建工程总投资334.38亿元，被列入国家交通基础设施重大工程建设三年行动计划、民航“十三五”发展规划和甘肃省“十三五”综合交通发展规划的民航重点建设项目。

## 自然地理

【境域】 甘肃地处°11′～42°57′、东经92°13′～108°46′之间，位于黄河中上游。东接陕西，南邻四川，西连青海、新疆，北靠内蒙古、宁夏并与蒙古国接壤。整体西北—东南走向，呈如意状，东西长1600多千米，南北宽530千米，总面积42.58万平方千米，占中国陆地总面积的4.44%，居全国各省区面积第7位。

【地貌】甘肃地处中国黄土高原、内蒙古高原与青藏高原的交会地带，位于第一、二、三级阶梯的过渡区域，海拔大部分在1000米以上。地貌复杂多样，以山地、高原为主，平川、河谷、沙漠、戈壁交错分布，主要有走廊北山、河西走廊、祁连山地和阿尔金山、黄土高原、甘南高原、西秦岭山地六个地貌单元。

**走廊北山** 包括合黎龙首中低山区与北山（马鬃山）剥蚀残山区。前者为准平原的岛状山，海拔高度在2000米左右，主峰是张掖东北东大山，最高峰3616米，山地南陡北缓，矿产丰富。中国镇都金昌市就坐落龙首山东北麓。后者包括金塔北山、大马鬃山与小马鬃山，大部海拔高度在1800～2500米间，相对高差一般低于300米。

**河西走廊** 南侧祁连山和北部马鬃山、合黎山、龙首山之间的狭长地带，因位于黄河以西而得名。走廊东起黄河，西止汉玉门关，与罗布泊洼地相通，介于东经90°10′～104°30′，东西长900～1100千米，南北宽5～50千米。海拔在1100～1500米间，大部为祁连山的山前缓倾斜平原，自祁连山北麓至河流下游盆地中心，依次出现山前倾斜平原、冲积平原、湖积平原。由于酒泉—嘉峪关黑山与山丹大黄山（又名焉支山）的横向断块隆起，河西走廊被分隔成疏勒河、党河流域盆地、黑河流域盆地和石羊河流域盆地三个内陆盆地。河西走廊自然条件较好，光热和水、土资源充足，形成若干绿洲。

**祁连山地和阿尔金山** 祁连山与阿尔金山呈弧形绵亘于青藏高原东北边缘，是甘肃省与青海省的自然分界线。广义的祁连山西起当金山口，东至乌鞘岭，北界河西走廊，南邻柴达木盆地、茶卡—共和盆地和黄河谷地。东西长900～1000千米，南北宽250～300千米，面积约2060×10$^4$公顷。由一系列平行山脉和谷地组成。祁连山地纵谷和山间盆地广泛发育，适于生命繁衍的河谷地带占总面积的二分之一以上，为中国冰川集中分布的地区之一，成为众多河流的发源地。狭义的祁连山仅指最北一列，即祁连山系北部诸山脉，自东至西，可分为东、中、西三段。阿尔金山是青藏高原北部的一个边缘山系，由数列雁形状山脉和谷地组成。长度750千米，平均海拔4000米，最高峰在6200米以上。主体在青海和新疆两省区境内，仅其最东段的安南坝山归甘肃省管辖。

**黄土高原** 位居甘肃中部，是晋、陕、甘黄土高原的一部分，海拔高度在1000～2600米间，主要分布在北秦岭以北，祁连山东延部分的乌鞘岭、毛毛山、寿鹿山、哈思山一线之南，以纵峙其中的六盘山（陇山）为界分为两个地貌单元。陇东黄土高原位于六盘山和子午岭之间，北起长城，南面以渭河北山与渭河平原相接，地貌以黄土塬、梁峁、河谷、平川、山峦为主要特征。陇西黄土高原位于六盘山和祁连山东麓南为西秦岭山系，北抵靖远、景泰一带的半荒漠地区南缘。甘肃黄土堆积范围很广，厚度巨大。乌鞘岭以东、六盘山以西地区黄土分布最为集中，厚度大多为100～300米，是中国乃至世界黄土堆积最厚的地区。

**甘南高原** 达里加山至康乐县南的白石山一线之南（约在东经103°附近），与西秦岭相接。海拔高度在3000米以上，是甘肃省地势最高的高山、高原交错区，也是昆仑、秦岭两个地槽褶皱带的连接区。整体上虽为高原，但山坡浑圆和缓，谷底盆地浅宽，致地表呈波状起伏，有“甘南山原”之称，呈现为山原区、高山峡谷区与中低山区三个地貌类型区。甘南高原是青藏高原的东缘部分，除少数河谷外绝大部分地区高于陇中黄土高原和河西走廊。高原面地表起伏小，切割微弱，相对高度由东至西，从300～400米降至100～200米，多为宽阔草滩牧场与典型高原，为甘肃省重要的天然牧场。

**西秦岭山地** 太子山南至光盖山西麓直抵省界一线（约在东经103°附近），邻接甘南高原，北与陇中黄土高原以露骨山至火炎山间的渭河、西汉水分水岭为界，东南止于甘、陕及甘、川省界。西秦岭以石质山地为主，是全省平地最少区。地势西北高，东南低，是中国北亚热带和暖温带的分界线，长江流域和黄河流域的分水岭。西秦岭山体大小、高低及地质、地貌的差别很大。无论水平或垂直各方面，都有“十里不同天”，或“高一丈，不一样”的急遽变化。习惯上，以徽成盆地和西汉水上游的宕昌县中部为界，分为南秦岭、徽成盆地和北秦岭三个次级地貌单元。

（《甘肃省志·自然地理志》）

【气候】 甘肃省气候类型复杂多样，地域差别显著，包含西风带气候区、东部季风区和青藏高原区三大气候区，属于典型大陆性气候，四季分明，干旱少雨，多风沙。

**气温** 全省年平均气温8.1℃（全国平均9.4℃）。分布趋势自东南向西北，由盆地、河谷向高原、高山逐渐递减。河西走廊和陇中北部年平均气温4℃～10℃，祁连山、河西走廊北山和甘南高原0℃～7℃，陇东南7℃～15℃。年平均气温乌鞘岭最低0.3℃，文县最高15.1℃。气温年较差最大34℃，昼夜温差最大16℃。极端最高气温在河西走廊大部、陇中、陇东、陇南一般为35℃～39℃，敦煌最高曾达43.6℃，祁连山区和甘南高原在30℃以下。极端最低气温南北差异大，最北端的马鬃山曾出现过-37.1℃，最南端的文县最低值为-7.4℃，相差29.7℃。

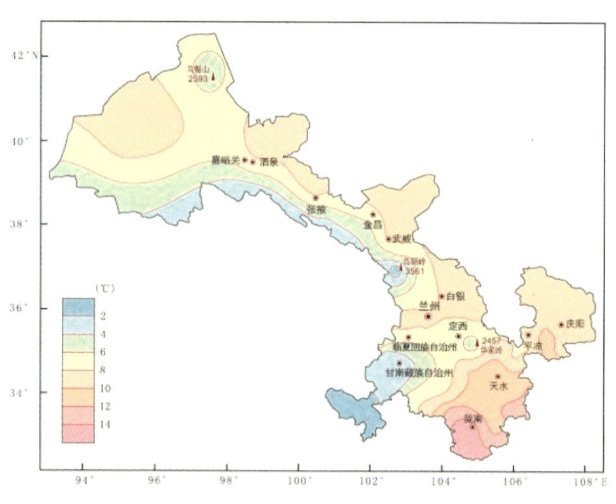

甘肃省30年平均气温分布

2022年全省平均气温9.5℃，较常年同期偏高1℃。全省各地年平均气温与常年同期相比，武威市局部偏低0.5℃以内，酒泉市北部、张掖市、武威市中北部、白银市、兰州市、临夏州、定西市东部和天水市西北部偏高1～1.6℃，省内其余地方偏高0.5～1℃。气温最高中心在武都和文县，均为16.3℃；最低中心在乌鞘岭，为0.9℃。

**降水** 全省年平均降水量少、区域分布不均、东西部差异大，且降水季节性强、年际波动大。全省30年年平均降水量398.5毫米（全国平均632毫米），降水量从东南向西北递减，河西西部年降水量在50毫米左右，河西中东部和陇中北部为100～300毫米，陇中南部、陇东南和甘南高原为300～750毫米。有观测记录以来，夏半年（4—9月）集中年降水量的80%～90%。年平均降水量最多为533.7毫米（1964年），最少仅为279.4毫米（1956年）。近5年平均降水量为441.7毫米，较30年平均增加10.8%。境内的秦岭山区、祁连山区、青藏高原边坡地带降水较多，是长江和黄河主要支流的发源地和水源涵养区。

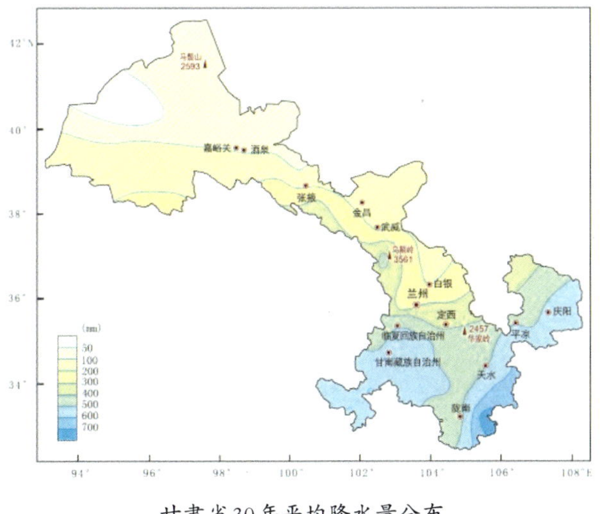


甘肃省30年平均降水量分布

2022年全省平均降水量363.7毫米，较常年同期偏少11.3%，为近10年最少。2022年全省各地年降水量，酒泉市和张掖市北部为10～100毫米，张掖市中部、武威市北部和白银市北部为100～200毫米，省内其余地方为200～600毫米，陇南市东部为600～831.1毫米（康县）；与常年同期相比，酒泉市东部、武威市北部、兰州市局部和庆阳市局部偏多2～9成，酒泉市西部、嘉峪关市、张掖市中部、兰州市北部、白银市大部、定西市东部、天水市西部、甘南州局部和陇南市北部偏少2～7成，其余地方接近常年同期。

**日照** 全省平均年日照时数为2500小时（全国平均2200小时）。河西走廊和甘南高原太阳能最为丰富，其中马鬃山最多为3300小时。全省年太阳总辐射达4700～6350MJ／m2，如果利用太阳能丰富区面积1%估算，发电量可达3000亿千瓦时，相当于3座三峡水电站发电量。全省风能总储量居全国第3位，尤其是河西地区风能储量丰富。全省风功率密度大于300瓦／平方米的技术可开发量为2.37亿千瓦，可开发面积占全省总面积的1／5。

（省气象局　王　建）

**【资源】** **土地资源** 甘肃省土地广袤，类型多样，未利用土地占比高。土地类型包括沙漠、戈壁、高寒石山、裸岩、低洼盐碱、沼泽等，为全国土地类型丰富之最。根据2021年度国土变更调查成果统计，截至2021年12月31日，全省主要地类及面积构成情况：耕地520.53万公顷（7807.98万亩）；种植园用地42.61万公顷（639.21万亩）；林地806.84万公顷（12102.56万亩）；草地1418.59万公顷（21278.79万亩）；湿地118.43万公顷（1776.41万亩）；城镇村及工矿用地87.08万公顷（1306.14万亩）；交通运输用地12.88万公顷（193.21万亩）；水域及水利设施用地41.1万公顷（616.53万亩）；其他土地（不含裸岩石砾地）293.47万公顷（4402.11万亩）。

**矿产资源** 甘肃是全国矿产资源较为丰富的省份之一，境内成矿地质环境和条件优越，矿产资源较为丰富。截至2021年底，全省已发现各类矿产190种（含亚矿种，下同），其中，已查明资源储量的134种，占全省已发现矿种的71%，未查明资源储量的56种。已查明矿产资源中，能源矿产7种、金属矿产36种、非金属矿产89种、水气矿产2种；未明查明矿产资源中，能源矿产3种、金属矿产20种、非金属矿产33种。

截至2021年底，列入《甘肃省查明矿产资源储量汇总表（按储量规模分列）》《甘肃省查明资源储量勘查程度表》的固体矿产共125种、矿区数1848个（含共伴生矿产，下同），按照矿种分，固体能源矿区225个，黑色金属矿区169个，有色金属矿区317个，贵重金属矿区439个，稀有稀土金属矿区41个，冶金辅助原料非金属矿区113个，化工原料非金属矿区132个，建材及其他非金属矿区412个；按照规模分，大型规模矿床148个、中型339个、小型1361个；按照勘查程度分，普查阶段955个、详查阶段697个、勘探阶段240个。

**矿产资源储量** 据《2021年全国矿产资源储量

占比排名》统计，在已查明的矿产中，全省资源储量名列全国第1位的矿产有12种，分别是镍矿、钴矿、铂矿、钯矿、铱矿、铑矿、锇矿、钌矿、硒矿、铸型用黏土、凹凸棒石黏土、建筑用闪长岩；居前5位的有53种；居前10位的有87种。根据《甘肃省矿产资源储量变化情况统计表》，截至2021年底，有81个矿种的资源量发生了变化，其中资源量增加的有53个矿种（占比为65.43%），减少的有28个矿种。变化幅度主要在-6%～5%之间。

全省主要优势矿产为：煤、铁、铜、铅、锌、镍、钴、铂族、金、钨、锑、凹凸棒石、石膏、熔剂用灰岩、水泥用灰岩等，具有储量较为丰富、矿石质量好、分布较集中、地质工作程度较高、技术经济和外部建设条件好等特点。

（省自然资源厅）

**水资源**　甘肃是全国水资源缺乏和最为干旱的省份之一。水资源主要分属黄河、长江、内陆河3个流域、12个水系。黄河流域包括黄河干流、洮河、湟水、泾河、渭河、北洛河6个水系。长江流域包括嘉陵江、汉江2个水系。内陆河流域包括疏勒河、黑河、石羊河、苏干湖4个水系。全省河流年总径流量大于1亿立方米的河流有71条。全省多年平均自产水资源量270.92亿立方米，其中地表水259.4亿立方米，地下水11.52亿立方米。全省多年平均入境水资源量307.8亿立方米，出境水资源量460.5亿立方米。

2022年，全省地表水资源量238.3亿立方米，人均水资源量956.1立方米。年末全省大中型水库蓄水总量48.0亿立方米。全年总用水量112.9亿立方米，其中，生活用水量10.3亿立方米，工业用水量6.3亿立方米，农业用水量82.3亿立方米，生态用水量11.3亿立方米。人均用水量452.9立方米。

（省水利厅　解　瑞）

**动物资源**　甘肃境内共有野生陆生脊椎动物822种。其中两栖动物32种，爬行动物63种，鸟类572种，哺乳动物163种。主要分布在文县、武都、康县、成县、天水、两当等地。文县让水河、丹堡一带的白水江自然保护区，分布有大熊猫、金丝猴、麝、猞猁、扫雪鼬等世界珍贵动物，并对梅花鹿、马鹿、麝进行人工饲养。有鱼类资源102种，其中大鲵、山溪鲵等十分珍贵。主要畜种有马、驴、骡、牛、羊、骆驼等。

**植物资源**　甘肃境内野生植物的种类繁多，分布广泛，主要有7大类：油料植物，有100多种，如文冠果（木瓜）、苍耳、沙蒿、水柏、野核桃、油桐等；纤维和造纸原料植物，有近百种，如罗布麻、浪麻、龙须草、马莲、芨芨草等；淀粉及酿造类植物，有20多种，如橡子、沙枣、蕨根、魔芋、沙米、土茯苓等；野生化工原料类植物，有20多种，如栓皮栎、五倍子、槐、猫屎瓜等；野生果类，有100多种，如中华猕猴桃、樱桃、山葡萄、枇杷、板栗、沙棘等；野生药材，有951种，如大黄、当归、甘草、红黄芪、锁阳、肉苁蓉、天麻等；特种食用植物，有10多种，其中比较名贵的野生植物如发菜、蕨菜、木耳、蕨麻、黄花菜、地软、羊肚菌、蘑菇、鹿角菜等。

**药材资源**　甘肃是全国药材主要产区之一。有药材品种9500多种（包括野生），居全国第二位。其中药用植物951种，动物87种。经营的主要药用植物有450种，如当归、大黄、党参、甘草、红芪、黄芪、红花、贝母、天麻、杜仲、灵芝、羌活、冬虫夏草等。特产“岷归”“纹党”产量大、质量好，闻名中外。

（《甘肃省志·动植物志》）

**旅游资源**　2022年底，全省共有不可移动文物16895处，其中世界文化遗产地7处，全国重点文物保护单位152处；全省博物馆226家、公共图书馆104个、文化馆102个、乡镇（街道）综合文化站1348个、村（社区）综合性文化服务中心17114个。各级非遗项目8161项，传承人12436人；省级文化生态保护区8家，省级及以上非遗工坊121家。国有文艺院团72家（省级9家）。A级旅游景区444家（5A级7家、4A级134家）；星级饭店343家，旅行社949家，导游人员11736人。全域旅游示范区31家（国家级3家），省级旅游度假区11个，旅游休闲街区14个（国家级2个）。全国乡村旅游重点村（镇）50个；全国甲级旅游民宿4家、乙级2家、丙级13家。国家体育旅游示范基地1家、国家工业旅游示范基地2家、国家级文化和旅游消费试点城市3家、国家级夜间文化和旅游消费集聚区5家。已建成运营自驾车房车营地28个。

（省文旅厅　张萌）

## 历史文化沿革

【历史溯源】甘肃古属“雍凉之地”，以古甘州（今张掖）、肃州（今酒泉）二地首字而得名，简称甘。又因省境大部分在陇山（六盘山）以西，唐代曾在此设置陇右道，故又简称为陇。

甘肃是中华民族和华夏文明的发祥地之一。在距今20多万年的旧石器时代早期，陇东地区的华池、泾川县就有人类活动。到旧石器时代中期，甘肃人类活动分布地域从陇东扩展到陇右。新石器时代先民的足迹遍及各地，距今约8000—7000年的大地湾文化是中华文明悠久、博大和先进的典型代表。仰韶文化所发现的5200多处遗址中，甘肃分布有1040处。金石并用时代的马家窑文化、齐家文化，分布范围更加广泛、稠密，马家窑遗址出土的陪葬陶器中彩陶占80%。分布在洮河流域和黄河流域的辛店文化、寺洼文化以及分布于河西地区的火烧沟文化、沙井文化，在甘肃境内都有丰富遗存。青铜时代的氐羌、西戎文化在华夏民族形成和早期中华文化发展中发挥重要作用。商周之际，周秦部族先后在今甘肃东部崛起并向关陕地区发展，先后建立周王朝和秦王朝，对国家政治生活产生重大影响。

秦汉时期的甘肃是中国历史上的重要地区。西汉前期，河东地区纳入西汉王朝管辖，河西地区成为匈奴驻牧地。元狩二年（前121），霍去病两次征战河西，随后西汉王朝“列四郡、据两关”，大规模移民实边，掀起甘肃历史上第一次农业开发高潮。张骞两次出使西域，开辟丝绸之路。东汉建立后，在镇压羌人暴动的过程中，造就以皇甫嵩和董卓为代表的凉州军事集团，对全国政局产生重大影响。

魏晋南北朝，甘肃地区先后出现十余个割据政权。频繁的战乱给河东地区的社会生产带来巨大破坏；河西地区由于战乱波及较少，经济、文化得以较快发展。众多民族迁居甘肃，形成多民族融合发展的新格局。

隋唐时期，隋炀帝于大业五年（609）西巡河西，在山丹焉支山主持召开“万国博览会”，会见西域27国使者，促进中西经济文化交流。唐前期，甘肃农业的快速发展、丝绸之路的兴盛和商业贸易的繁荣，造就“自安远门西尽唐境万二千里，闾阎相望，桑麻翳野，天下称富庶者无如陇右”。“安史之乱”，驻防河陇的边兵东调平叛，吐蕃乘机进占河陇地区，以其原有的部落制取代唐朝的郡县制，甘肃经济社会迅速由盛转衰。大中二年（848），张议潮领导沙州人民起义，收复河湟11州之地，并献图籍于唐，甘肃部分地区重归唐朝管辖。

宋朝，甘肃境内甘州回鹘、曹氏归义军、沙州回鹘、西凉府吐蕃和陇右吐蕃等政权并立，宋仅控制环庆、泾原、秦凤诸路。各政权因地制宜，发展经济，回鹘的畜牧业、西夏的农牧业、宋代的屯田等各具特色。在各个政权此消彼长中，党项夏州政权进入甘肃，统一河西地区，建立西夏。元统一后，定宗二年（1247）阔端与萨迦班智达举行凉州会谈，此后，元朝中央政府对西藏地方正式直接行使行政管辖。明前期，甘肃官民筑边墙、兴屯田、倡文教，经济社会得到恢复发展。明中期以后，迫于吐鲁番贵族势力侵扰，明王朝实行划关而治的政策，放弃嘉峪关以西地区，裁撤关西七卫，迁居民至嘉峪关以东，中断关外民间贸易，大幅压缩贡使贸易，贡使人员只允许十分之一或十分之二入关，朝贡时间由一年一贡减为五年一贡，丝绸之路趋于衰落。明代末期，政治腐败，土地兼并严重，自然灾害、民族冲突、战乱频繁，生产遭到极大破坏，经济停滞不前。清前期和中期，由于实行积极的经济政策和大规模移民屯田，甘肃人口发展、农业开发达到历史高峰。清后期，近代工业、金融、邮电和学校教育在全省兴起。

抗战时期，国民政府加强西北大后方建设，在甘肃兴办现代工业、交通、科技、文化、教育。大规模的公路建设和甘肃西北地区交通运输枢纽的形成，玉门油矿的开发建设，为抗战胜利做出重大贡献。敦煌藏经洞的发现与敦煌学的兴起，引起世界关注。

中华人民共和国成立后，中国共产党在甘肃的领导机构和各级政权机构快速建立，成功进行社会主义改造，经济社会得到恢复发展。随后进行全面建设社会主义的艰辛探索，国民经济和社会事业在调整中曲折发展。改革开放新时期，甘肃经济建设、政治建设、文化建设、社会建设、生态文明建设取得巨大成就，人民生活水平显著提高。

【建制沿革】夏、商、西周时期，今甘肃的东部和中部属“九州”之一的雍州，陇南部分地区属梁州。

春秋战国时期，甘肃东部逐渐被秦国控制，境内陆续设立郡县。秦昭襄王二十七年（前280）设置的“陇西郡”，是甘肃境内最早的郡级政区。河西地区为月氏、乌孙的游牧区。秦汉之际月氏、乌孙西迁后，河西地区成为匈奴的驻牧地。西汉前期，河东地区归汉王朝管辖，河西地区仍为匈奴占有。西汉元狩二年（前121），汉武帝派霍去病收复河西后，甘肃全境基本上纳入中央王朝管辖。三国时期，甘肃省境大部分地方属魏国，南部一小部分属蜀国。

东晋十六国时期，甘肃地区先后出现前凉、前秦、后秦、西秦、后凉、南凉、西凉、北凉、前后仇池国等十余个割据政权。南北朝时期，今甘肃地区先后被北魏、西魏、北周统治。

隋唐时期，甘肃省境大部分属陇右道及河西道，陇东地区属关内道，陇南部分州县属山南西道及剑南道。西夏占有河西地区后，取甘州、肃州第一个字，建立甘肃监军司，“甘肃”地名首次出现。

元世祖至元十八年（1281），从陕西行中书省分置甘肃行中书省，甘肃首次出现省级行政建制，但统辖范围限于河西走廊、青海的海东地区、宁夏的大部和内蒙古西部地区。兰州以东地区仍归陕西行中书省管辖，今临夏和甘南地区归中央政府特设的宣政院管理。明代废除元朝的中书省，改称行中书省为承宣布政使司。甘肃东部属陕西布政使司，河西地区归陕西行都指挥使司管辖。清初分陕西布政使司为左右两司，甘肃地区属陕西右布政使司，治巩昌（今陇西县境），后改称为巩昌布政使司。康熙七年（1668）正式定名为甘肃布政使司，并移治所于兰州，设置巡抚，甘肃自此成为一个独立的省级政区，辖域还包括今新疆以及青海、宁夏的一部分。光绪十年（1884），新疆分置建省。

1929年1月，甘肃分置青海、宁夏二省。1949年中华人民共和国成立后，甘肃省管辖今甘肃及内蒙古西部。1954年，宁夏省并入甘肃省，1958年又分设成立宁夏回族自治区；1969年，内蒙古西部额济纳旗、阿拉善右旗划归甘肃省；1979年，又复归内蒙古自治区管辖。此后，甘肃省的基本政区稳定至今。

（《甘肃简史》）

【地域文化】甘肃汇聚始祖文化、丝路文化、黄河文化、长城文化和红色革命等多元文化。发端于甘肃的敦煌学、简牍学、彩陶学已经成为世界闻名的显学。甘肃境内较好保存的秦、汉、明三代长城长达3000余千米。甘肃是文物大省、文化大省、旅游资源大省，莫高壁画、嘉峪雄关、魏晋砖画，武威天马、西夏古碑、麦积雕塑均是顶尖级国宝。42.58万平方千米的土地上，大漠戈壁、森林草原、冰川雪峰、丹霞砂林、峡谷溶洞等各类景观千姿百态。有汉、回、藏、裕固、东乡、保安、土、满等56个民族，其中裕固族、东乡族、保安族是甘肃独有的少数民族，各民族文化特色鲜明，民俗风情浓郁。

（省文旅厅　张萌）

## 行政区划

【行政区划统计】2022年，全省有14个市（州），包括12个地级市、2个自治州；86个县（市、区），包括5个县级市、17个市辖区、57个县、7个自治县；1229个乡镇、127个街道。

【区划地名与边界管理】2022年，变更兰州市城关区、安宁区、皋兰县部分行政区域界线。新修订《地名管理条例》，建立甘肃省地名管理工作联席会议制度，完成住宅区、楼宇命名、更名审批职能划转。开展“中国·国家地名信息库”数据质量建设行动和“深化乡村地名服务 点亮美好家园”试点工作，编辑出版《甘肃省标准地名志》。完成甘新省界和省内42条县级行政区域界线联检工作，至2022年底，甘蒙、甘川、甘陕、甘青、甘宁、甘新6条省界和省内202条县界第四轮联合检查工作全面完成。

（省民政厅）

## 人口

【人口总量】截至2022年12月底，全省常住人口2492.42万人，比上年末增加2.40万人。全年出生人口21.10万人，出生率为8.47‰；死亡人口21.20万人，死亡率为8.51‰；人口自然增长率为-0.04‰年末全省常住人口2492.42万人，比上年末增加2.40万人。其中，城镇人口1350.64万人，占常住人口比重（常住人口城镇化率）为54.19%，比上年末提高0.86个百分点。全年出生人口21.10万人，出生率为8.47‰；死亡人口21.20万人，死亡率为8.51‰；人口自然增长率为-0.04‰。

【人口城镇化水平】2022年，城镇人口1350.64万人，占常住人口比重（常住人口城镇化率）为54.19%，比上年末提高0.86个百分点。

表1 2022年甘肃省年末人口数及其构成

| 指标 | 年末数(万人) | 比重(%) |
| --- | --- | --- |
| 常住人口 | 2492.42 | 100 |
| 其中:城镇 | 1 350.64 | 54.19 |
| 乡村 | 1141.78 | 45.81 |
| 其中:男性 | 1266.15 | 50.80 |
| 女性 | 1226.27 | 49.20 |
| 其中:0—14岁 | 466.33 | 18.71 |
| 15—64岁 | 1691.11 | 67.85 |
| 65岁及以上 | 334.98 | 13.44 |

（《国民经济统计公报》）

## 经济社会发展

【综合指标】2022年，全省地区生产总值11201.6亿元，比上年增长4.5%。其中，第一产业增加值1515.3亿元，增长5.7%；第二产业增加值3945.0亿元，增长4.2%；第三产业增加值5741.3亿元，增长4.4%。第一产业增加值占地区生产总值比重为13.5%，第二产业增加值比重为35.2%，第三产业增加值比重为51.3%。按常住人口计算，全年人均地区生产总值44968元，比上年增长4.7%。

全年全省十大生态产业增加值3278.77亿元，占全省地区生产总值的29.3%。

全年城镇新增就业32.02万人，其中失业人员再就业13.91万人。全年输转城乡富余劳动力527.3万人，其中，省外输转230.7万人，省内输转296.6万人。

全年居民消费价格比上年上涨1.9%。商品零售价格上涨3.7%。农产品生产者价格上涨0.3%。工业生产者出厂价格上涨10.9%。工业生产者购进价格上涨13.5%。

表2 2022年甘肃省居民消费价格比上年涨跌幅度

单位:%

| 指 标 | 全省 | 城市 | 农村 |
| --- | --- | --- | --- |
| 居民消费价格 | 1.9 | 1.9 | 1.8 |
| 其中:食品烟酒 | 2.8 | 3.0 | 2.2 |
| 衣着 | 0.4 | 0.3 | 0.6 |
| 居住 | 0.8 | 0.7 | 1.2 |
| 生活用品及服务 | 0.9 | 1.0 | 0.7 |
| 交通和通信 | 5.0 | 5.0 | 4.8 |
| 教育文化和娱乐 | 0.9 | 0.9 | 0.9 |
| 医疗保健 | 0.5 | 0.5 | 0.4 |
| 其他用品和服务 | 1.2 | 1.0 | 1.7 |

【农业】2022年，全省粮食种植面积270.0万公顷，比上年增加2.3万公顷。其中，小麦种植面积73.9万公顷，增加2.8万公顷；玉米种植面积107.4万公顷，增加2.3万公顷；马铃薯种植面积57.6万公顷，减少1.0万公顷。蔬菜种植面积45.4万公顷，增加1.9万公顷。中药材种植面积29.9万公顷，增加0.7万公顷。果园面积33.2万公顷，增加0.4万公顷。油料种植面积27.0万公顷，增加0.7万公顷。

表3 2022年甘肃省主要农产品产量及其增长速度

| 产品名称 | 产量(万吨) | 比上年增长(%) |
| --- | --- | --- |
| 粮食 | 1265.0 | 2.7 |
| 夏粮 | 342.3 | 3.8 |
| 秋粮 | 922. 7 | 2.4 |
| #小麦 | 296. 9 | 6.1 |
| 玉米 | 664. 2 | 3.3 |
| 薯类 | 222. 6 | -0.9 |
| 油料 | 61.3 | 4.3 |
| #油菜籽 | 36. 5 | 8.2 |
| 棉花 | 4.0 | 30.4 |
| 甜菜 | 15.8 | -0.3 |
| 烟叶 | 0.5 | 0.2 |
| 中药材 | 137. 5 | 4.6 |
| 园林水果 | 575.4 | 6.7 |
| 蔬菜 | 1736. 6 | 4.9 |
| 猪牛羊禽肉 | 141. 5 | 5.6 |
| #猪肉 | 67.9 | 6.0 |
| 牛肉 | 27.2 | 0.6 |
| 羊肉 | 36.5 | 9.0 |
| 禽肉 | 9.9 | 5.0 |
| 牛奶 | 91.8 | 37.8 |
| 禽蛋 | 21.6 | -3.0 |

全年粮食产量1265.0万吨，比上年增产2.7%。其中，夏粮产量342.3万吨，增产3.8%；秋粮产量922.7万吨，增产2.4%。

全年蔬菜产量1736.6万吨，比上年增产4.9%。中药材产量137.5万吨，增产4.6%。园林水果产量575.4万吨，增产6.7%。

全年猪牛羊禽肉产量141.5万吨，比上年增长5.6%。牛奶产量91.8万吨，增长37.8%。年末牛存栏531.8万头，增长3.7%；牛出栏247.8万头，增长0.4%。羊存栏2595.6万只，增长6.4%；羊出栏2278.0万只，增长8.2%。生猪存栏699.5万头，增长2.1%；生猪出栏895.7万头，增长6.0%。

【工业和建筑业】2022年，全省全部工业增加值3297.2亿元。规模以上工业增加值增长6.0%。在规模以上工业中，分经济类型看，国有及国有控股企业增加值增长5.3%；集体企业增长34.5%，股份制企业增长5.8%，外商及港澳台投资企业增长2.2%；私营企业增长12.9%。分隶属关系看，中央企业增长1.5%，省属企业增长13.3%，省以下地方企业增长8.4%。分轻重工业看，轻工业下降2.2%，重工业增长7.4%。分门类看，采矿业增长8.9%，制造业增长5.3%，电力、热力、燃气及水生产和供应业增长4.3%。

表4 2022年甘肃省规模以上工业分行业增加值增长速度及其比重

| 行业 | 比上年增长(%) | 占规模以上工业增加值比重(%) |
|---|---|---|
| 全　省 | 6.0 | 100.0 |
| 煤炭工业 | 21.9 | 9.4 |
| 电力工业 | 3.2 | 10.4 |
| 冶金工业 | 5.6 | 4.2 |
| 有色工业 | 15.2 | 16.8 |
| 石化工业 | 3.3 | 35.1 |
| 机械工业 | 12.0 | 3.3 |
| 电子工业 | 2.5 | 2.2 |
| 食品工业 | 6.9 | 8.4 |
| 建材工业 | -5.9 | 5.4 |
| 纺织工业 | 9.7 | 0.2 |
| 医药工业 | -21.7 | 2.9 |
| 其他工业 | 11.0 | 1.6 |

表5 2022年甘肃省主要工业产品产量及其增长速度

| 产品名称 | 单位 | 产量 | 比上年增长(%) |
|---|---|---|---|
| 原煤 | 万吨 | 5414.4 | 23.9 |
| 原油 | 万吨 | 1092. 2 | 6.1 |
| 天然气 | 亿立方米 | 5.4 | 30. 1 |
| 原油加工量 | 万吨 | 1454. 3 | -1. 1 |
| 发电量 | 亿千瓦时 | 1954. 1 | 3.0 |
| #火力发电量 | 亿千瓦时 | 1051.3 | 4.4 |
| 水力发电量 | 亿千瓦时 | 374.6 | -17.1 |
| 铁矿石原矿 | 万吨 | 1178. 1 | 12.1 |
| 电石 | 万吨 | 98. 8 | 0.6 |
| 水泥 | 万吨 | 4008.2 | -10. 7 |
| 生铁 | 万吨 | 810.7 | 2.7 |
| 粗钢 | 万吨 | 1084. 9 | 2.4 |
| 钢材 | 万吨 | 1091.6 | 1. 0 |
| 十种有色金属 | 万吨 | 417.5 | 15.0 |
| #铜 | 万吨 | 93.3 | 38. 5 |
| 铅 | 万吨 | 2.0 | 4.7 |
| 锌 | 万吨 | 44.3 | 5.0 |
| 铝 | 万吨 | 261.1 | 10.5 |

截至2022年12月底，全省发电装机容量6780.8万千瓦，比上年末增长10.2%。其中，火电装机容量2312.6万千瓦，增长0.2%；水电装机容量971.8万千瓦，增长0.5%；风电装机容量2073.0万千瓦，增长20.2%；太阳能发电装机容量1417.4万千瓦，增长23.7%。

2022年，规模以上工业企业利润594.6亿元，比上年增长15.3%，其中国有及国有控股企业利润474.1亿元，增长24.2%。分门类看，采矿业利润263.6亿元，比上年增长1.1倍；制造业298.6亿元，下降21.9%；电力、热力、燃气及水生产和供应业32.4亿元，增长2.7倍。规模以上工业企业每百元营业收入中的成本为85.2元，比上年增加1.1元；营业收入利润率为5.4%，提高0.2个百分点。年末规模以上工业企业资产负债率为58.1%，比上年末下降0.2个百分点。

2022年，建筑业增加值657.6亿元，比上年增长4.6%。年末具有资质的总承包和专业承包建筑业企业2670个，比上年末增加296个。

【服务业】全年全省批发和零售业增加值795.6亿元，比上年下降0.5%；交通运输、仓储和邮政业增加值555.6亿元，增长17.7%；住宿和餐饮业增加值155.0亿元，下降7.5%；金融业增加值925.1亿元，增长2.9%；房地产业增加值573.2亿元，下降3.2%；其他服务业增加值2681.0亿元，增长6.5%。全年规模以上服务业企业营业收入比上年增长4.4%，利润总额增长6.3%。

全年货物运输总量72945.1万吨，比上年下降4.2%；货物运输周转量3680.6亿吨千米，增长27.5%。旅客运输总量8096.9万人次，下降48.2%；旅客运输周转量220.7亿人千米，下降37.9%。甘肃省民航机场集团完成旅客吞吐量740.4万人次，比上年下降49.7%；货邮吞吐量5.8万吨，下降26.2 %。年末全省铁路营业里程4860.3千米，增长3.9 %；公路里程15.7万千米，增长0.4%，其中等级公路15.4万千米，增长0.7%。

表6 2022年甘肃省主要运输方式完成货物、旅客运输量及其增长速度

| 指标 | 单位 | 绝对数 | 比上年增长(%) |
|---|---|---|---|
| 货物运输总量 | 万吨 | 72945. 1 | -4. 2 |
| #铁路 | 万吨 | 8860.7 | 37.5 |
| 公路 | 万吨 | 64083.8 | -8.0. |
| 货物运输周转量 | 亿吨千米 | 3680.6 | 27.5. |
| #铁路 | 亿吨千米 | 1990.2 | 17.8 |
| 公路 | 亿吨千米 | 1690.3 | 41.2 |
| 旅客运输总量 | 万人次 | 8096.9 | -48.2 |
| #铁路 | 万人次 | 2444.0 | -46.9 |
| 公路 | 万人次 | 5543.8 | -48.7 |
| 旅客运输周转量 | 亿人千米 | 220.7 | -37.9 |
| #铁路 | 亿人千米 | 176.7 | -34.4 |
| 公路 | 亿人千米 | 32.2 | -51.7 |

截至2022年12月底，全省民用汽车保有量439.5万辆，比上年末增长4.4%，其中私人汽车保有量378.9万辆，增长4.6%。民用轿车保有量197.1万辆，增长5.1%，其中私人轿车保有量177.0万辆，增长5.4%。全年完成邮政行业业务总量49.5亿元，比上年下降0.7%。邮政业全年完成邮政函件业务678.1万件；包裹业务28.3万件；快递业务量2.0亿件，增长6.1%；快递业务收入38.2亿元，增长3.2%。全年完成电信业务总量296.5亿元，增长21.5%。年末移动电话基站数21.5万个，其中4G基站11.0万个，5G基站3.7万个。全省年末电话用户总数3084.2万户，其中移动电话用户2784.3万户，移动电话用户中4G移动电话用户1636.4万户，5G移动电话用户894.6万户。移动电话普及率111.8部/百人，比上年增加2.1部/百人。固定互联网宽带接用户1092.7万户，比上年末增加67.5万户。其中，固定互联网光纤宽带接入用户1067.7万户，比上年末增加73.9万户。全年移动互联网用户接入流量47.8亿GB，比上年增长13.6%。年末互联网宽带接入端口1754.3万个，增长8.1%。固定宽带接入用户普及率43.9部/百人。

【国内贸易和对外经济】2022年，全省社会消费品零售总额3922.2亿元，比上年下降2.8%。按经营地统计，城镇消费品零售额3216.2亿元，下降2.8%；乡村消费品零售额706.0亿元，下降3.0%。按消费形态统计，商品零售额3515.9亿元，下降1.4%；餐饮收入额406.3亿元，下降13.5%。全年限额以上单位商品零售额中，粮油、食品类零售额比上年增长10.1%，烟酒类下降1.5%，化妆品类下降18.9%，金银珠宝类下降2.3%，日用品类下降13.7%，中西药品类增长9.9%，汽车类下降12.8%，服装、鞋帽、针纺织品类下降27.0%，家用电器和音像器材类下降22.6%，石油及制品类增长4.1%。限额以上批零住餐企业通过公共网络实现零售额增长5.9%。全年外贸进出口总值584.2亿元，比上年增长18.8%。其中，出口127.3亿元，增长31.4%；进口456.9亿元，增长15.7%。对与共建“一带一路”国家进出口278.3亿元，比上年增长23.8%，占全省外贸总值的47.6%。其中，出口45.3亿元，增长70.4%；进口233亿元，增长17.6%。全年外商直接投资合同项目29个，外商直接投资实际使用金额12481万美元，比上年增长15.0%。对外承包工程完成营业额34554万美元，增长1.58%。对外承包工程新签合同金额57783万美元，增长31.68%。

【固定资产投资】2022年，全省固定资产投资比上年增长10.1%。按三次产业分，第一产业投资下

降4.6%；第二产业投资增长56.9%，其中工业投资增长57.0%；第三产业投资下降1.7%。基础设施投资下降0.5%。民间固定资产投资增长6.0%。社会领域投资增长7.1%。

全年项目投资比上年增长15.6%。其中，制造业投资增长46.9%，电力、热力、燃气及水生产和供应业投资增长77.3%，交通运输、仓储和邮政业投资下降9.5%，水利、环境和公共设施管理业投资增长19.0%。

表7 2022年甘肃省分行业项目投资增长速度及其比重

| 行业 | 比上年增长(%) | 占项目投资比重(%) |
|---|---|---|
| 项目投资 | 15.6 | 100.0 |
| 农林牧渔业 | -4.6 | 5.0 |
| 采矿业 | 1.4 | 2.7 |
| 制造业 | 46.9 | 14.8 |
| 电力、热力、燃气及水生产和供应业 | 77.3 | 21.8 |
| 建筑业 | 11.9 | 0.1 |
| 批发和零售业 | 4.7 | 0.7 |
| 交通运输、仓储和邮政业 | -9.5 | 22.4 |
| 住宿和餐饮业 | -16.2 | 0.3 |
| 信息传输、软件和信息技术服务业 | 19.3 | 1.3 |
| 金融业 | -23.7 | 0.0 |
| 房地产业 | -9.3 | 7.1 |
| 租赁和商务服务业 | -11.9 | 1.5 |
| 科学研究和技术服务业 | -32.1 | 0.3 |
| 水利、环境和公共设施管理业 | 19.0 | 13.0 |
| 居民服务和其他服务业 | 36.8 | 0.4 |
| 教育 | 5.9 | 3.6 |
| 卫生、社会保障和社会福利业 | 27.8 | 3.1 |
| 文化、体育和娱乐业 | -19.7 | 1.4 |
| 公共管理和社会组织 | -10.3 | 0.4 |

全年房地产开发投资比上年下降2.9%，其中住宅投资增长0.1%。房屋施工面积12268.4万平方米，下降7.0%，其中住宅施工面积8953.6万平方米，下降4.1%。在房屋施工面积中，房屋新开工面积2105.3万平方米，下降37.5%，其中住宅新开工面积1660.8万平方米，下降35.0%。房屋竣工面积917.8万平方米，下降37.3%，其中住宅竣工面积727.9万平方米，下降32.3%。商品房销售面积1470.4万平方米，下降33.9%，其中住宅销售面积1388.2万平方米，下降34.5%。

【财政金融】2022年，全省一般公共预算收入907.6亿元，按自然口径下降9.4%，扣除增值税留抵退税和上年一次性收入因素，同口径增长4.9%。其中，税收收入582.7亿元，同口径增长4.9%；非税收入324.8亿元，同口径增长5.0%。从主体税种看，国内增值税207.6亿元，同口径增长6.9%；企业所得税84.7亿元，增长5.8%；个人所得税23.6亿元，下降1.4%。一般公共预算支出4263.5亿元，增长5.7%。其中，民生支出3338.8亿元。

表8 2022年甘肃省金融机构本外币各项存贷款余额及其增长速度

| 指标 | 年末数(亿元) | 比上年末增长(%) |
|---|---|---|
| 金融机构本外币各项存款余额 | 24896.4 | 10.1 |
| #境内存款 | 24883.8 | 10.1 |
| #住户存款 | 1 5453.1 | 13.8 |
| 非金融企业存款 | 4671.6 | -2.2 |
| 机关团体存款 | 3725.9 | 17. 9 |
| 财政性存款 | 490.9 | 11.0 |
| 金融机构本外币各项贷款余额 | 25389.8 | 6.2 |
| #境内贷款 | 25309.0 | 6.4 |
| #住户贷款 | 6577.7 | 0.8 |
| 企事业单位贷款 | 18716.3 | 8.6 |

截至2022年12月底，全省金融机构本外币各项存款余额24896.4亿元，比上年末增长10.1%，其中人民币各项存款余额24826.5亿元，增长10.1%。金融机构本外币各项贷款余额25389.8亿元，增长6.2%，其中人民币各项贷款余额25281.0亿元，增长6.5%。

截至2022年12月底，全省境内上市公司37家，比上年末增加3家。其中，A股上市公司36家，H股上市公司1家。A股上市公司总市值3197.5亿元，比上年增长1.6%。

全年保险公司原保险保费收入490.9亿元，比上年增长0.1%；支付各类赔款及给付158.0亿元，下降9.5%。

表9  2022年甘肃省保险业务情况

| 指标 | 绝对数（亿元） | 比上年增长(%) |
|---|---|---|
| 原保险保费收入 | 490.9 | 0.1 |
| 财产险 | 139.6 | 6.6 |
| 人身险 | 351.3 | -2.2 |
| 支付各类赔款及给付 | 158.0 | -9.5 |
| 财产险 | 86.3 | -9.2 |
| 人身险 | 71. 8 | -10.1 |

【居民收入消费和社会保障】2022年，全省居民人均可支配收入23273.1元，比上年增长5.5%。按常住地分，城镇居民人均可支配收入37572.4元，增长3.8%；农村居民人均可支配收入12165.2元，增长6.4%。城乡居民人均可支配收入比值为3.09，比上年缩小0.08。

全年全省居民人均消费支出17489.4元，比上年增长0.2%。按常住地分，城镇居民人均消费支出25207.0元，下降2.1%；农村居民人均消费支出11494.2元，增长2.6%。全省居民恩格尔系数为30.7%，其中城镇为29.9%，农村为32%。

表10  2022年甘肃省城乡居民家庭人均收支情况

| 指标 | 全体居民 | | 城镇 | | 农村 | |
|---|---|---|---|---|---|---|
| | 绝对数（元） | 比上年增长（%） | 绝对数（元） | 比上年增长（%） | 绝对数（元） | 比上年增长（%） |
| 人均可支配收入 | 23273.1 | 5.5 | 37572.4 | 3.8 | 12165.2 | 6.4 |
| 工资性收入 | 12996.0 | 4.7 | 25222.7 | 3.1 | 3498.1 | 4.8 |
| 经营净收入 | 4256. 3 | 4.2 | 2738.6 | 1.4 | 5435.4 | 6.1 |
| 财产净收入 | 1380. 5 | 6.1 | 2950.4. | 4.2 | 160.9 | 7.5 |
| 转移净收入 | 4640. 3 | 8.7 | 6660.7 | 7.6 | 3070.8 | 8.8 |
| 人均消费支出 | 17489.4 | 0.2. | 25207.0 | -2.1 | 11494.2 | 2.6 |
| 食品烟酒 | 5364. 2 | 2.8 | 7530.3 | -0.2 | 3681.6 | 6.2 |
| 衣着 | 1137. 6 | -6.6 | 1759.4 | -9.3 | 654.5 | -2.9 |
| 居住 | 3918. 5 | 5.7 | 6006.0 | 4.8 | 2296.9 | 5.3 |
| 生活用品及服务 | 1000. 1 | -6.4 | 1523.9 | -7. 6 | 593.2 | -6.0 |
| 交通通信 | 2322. 2 | 4.8 | 3334.8 | 1.2 | 1535.6 | 9.5 |
| 教育文化娱乐 | 1775. 7 | -6.2 | 2470.5 | -8.2 | 1235.9 | -4. 4 |
| 医疗保健 | 1612. 6 | -8.4 | 2005.1 | -12. 5 | 1307.8 | -4.0 |
| 其他用品和服务 | 358. 5 | -4.8 | 577.1 | -6.2 | 188.6 | -4.2 |

截至2022年12月底，全省参加城镇职工基本养老保险人数517.55万人，比上年末增加15.05万人。参加城乡居民基本养老保险人数1386.55万人，减少1.34万人。参加基本医疗保险人数2555.2万人，减少31.9万人。其中，参加职工基本医疗保险人数381万人，参加城乡居民基本医疗保险人数2174.2万人。参加失业保险人数202.76万人，增加6.68万人。年末全省领取失业保险金人数1.9万人。参加工伤保险人数287.22万人，增加8.48万人，其中参加工伤保险的农民工38.78万人，减少4.87万人。参加生育保险人数256.9万人，增加6.2万人。年末全省共有31.62万人享受城市居民最低生活保障，149.54万人享受农村居民最低生活保障，9.51万人享受农村特困人员救助供养。

截至2022年12月底，全省共有各类社区服务机构和设施5684个。其中，社区服务指导中心7个，社区服务中心561个，社区服务站4705个，社区专项服务机构和设施411个。共有社区养老服务机构和设施9468个。其中，未登记的特困人员救助供养机构117个，全托服务社区养老服务机构和设施412个，日间照料社区养老服务机构和设施2941个，互助型社区养老设施5900个，其他社区服务机构和设施98个。

【科学技术和教育】2022年，全省共有国家工程技术研究中心5个，国家级企业技术中心19家。全年登记省级科技成果1851项，其中，基础理论618项，应用技术类成果1188项，软科学45项。专利授权量22490件，下降13.69%，其中发明专利授权量2472件，增长9.72%。有效发明专利12000件，每万人口发明专利拥有量4.82件。共签订技术合同13241项，增长30.11%；技术合同成交金额338.57亿元，增长20.73%。

【文化旅游、卫生健康和体育】截至2022年12月底，全省广播节目综合人口覆盖率99.46%，比上年末提高0.03个百分点；电视节目综合人口覆盖率99.52%，提高0.03个百分点。

全年共接待国内游客1.35亿人次，比上年下降51.2%；实现国内旅游综合收入665亿元，下降63.9%。旅游人均花费493元，比上年减少174元。

截至2022年12月底，全省共有医疗卫生机构

25267个。其中医院706个，医院中有综合医院355个，中医医院120个，专科医院180个；基层医疗卫生机构24072个，其中，社区卫生服务中心（站）701个，卫生院1357个，村卫生室16265个；专业公共卫生机构463个，其中，疾病预防控制中心104个，妇幼保健院（所、站）99个，卫生监督所（中心）95个，计划生育技术服务机构119个。年末卫生技术人员20.73万人。其中，执业医师和执业助理医师7.23万人，注册护士9.47万人。医疗卫生机构床位18.90万张。其中，医院14.46万张，卫生院2.97万张。全年总诊疗人次10076.70万人次，出院人数408.22万人。

全省共有体育场地82581个，体育场地面积5180.3万平方米，人均体育场地面积2.07平方米。全年体育获得各类奖牌33枚，其中金牌15枚。

【资源、环境和应急管理】2022年，全省地表水资源量238.3亿立方米。人均水资源量956.1立方米，比上年下降11.2%。年末全省大中型水库蓄水总量48.0亿立方米，比上年末增长1.8%。全年总用水量112.9亿立方米，比上年增长2.5%，其中，生活用水量10.3亿立方米，增长6.2%，工业用水量6.3亿立方米，下降2.6%，农业用水量82.3亿立方米，下降0.3%，生态用水量11.3亿立方米，增长23.0%。人均用水量452.9立方米，增长2.4%。

全省共有自然保护区56个，其中国家级自然保护区21个。国家地质公园12个，省级地质公园24个。

全年全省规模以上工业能源消费量5344.4万吨标准煤，比上年增长3.7%。六大高耗能行业能源消费量4825.7万吨标准煤，增长4.1%。

甘肃省74个地表水监测断面中，达到或优于Ⅲ类断面比例为95.9%。全年全省14个市州空气质量优良天数比率为90.2%，与上年持平。省内监测的14个城市中，城市区域声环境评价（昼间）总体较好，14个城市区域声环境质量等级均为二级。

全年全省平均气温为9.5℃，比上年增长0.3℃。年日照小时数2322.6小时，比上年增加53.4小时。年降水量363.7毫米，比上年减少69.5毫米。全省气象雷达观测站点8个，卫星云图接收站点2个。

全省共有地震台站（点）1808个，其中，有人值守的地震监测台站14个，无人值守的地震监测台站（点）1794个。

全年农作物受灾面积31.24万公顷，比上年下降35.03%；农作物成灾面积17.04万公顷，下降43.36%。全年实际发生地质灾害65起，造成直接经济损失9102.8万元，下降18.83%。全年共发生各类生产安全事故602起，比上年下降12.37%；死亡487人，下降17.74%；受伤368人，下降23.65%；直接经济损失1.74亿元，下降0.76%。亿元地区生产总值生产安全事故死亡人数为0.043人，下降24.56%；工矿商贸企业就业人员10万人生产安全事故死亡人数2.33人，下降12.73%；煤矿百万吨死亡人数0.111人，下降18.52%；十二类营运车辆道路交通事故万车死亡人数9.088人，下降9.18%。

（《国民经济统计公报》）

## 重要会议

【省委农村工作会议】2月22日在张掖召开。会议强调，要深入学习贯彻习近平总书记关于“三农”工作重要论述，准确把握面临的形势和任务，努力掌握科学方法和有效路径，细化措施，狠抓落实，确保农业稳产增产、农民稳步增收、农村稳定安宁。

【省市党政主要领导干部学习贯彻党的十九届六中全会精神专题研讨班】2月23日—24日在兰州召开。会议强调，要深入学习贯彻党的十九届六中全会精神，认真学习领会习近平总书记在省部级主要领导干部专题研讨班上的重要讲话精神，从党的百年奋斗史中汲取智慧和力量，弘扬伟大建党精神，坚定信心、勇毅前行，把甘肃全面建设社会主义现代化事业不断推向前进。

【省委十三届十六次全会】5月20日，省委十三届十六次全会在兰州召开，会议决定省第十四次党代会于5月27日至30日在兰州召开。会议审议通过了《中国共产党甘肃省第十三届委员会第十六次全体会议关于投票确定甘肃省出席党的二十大代表候选人预备人选的办法》和监票人名单，投票确定了甘肃省出席党的二十大代表候选人预备人选；审议通过了中国共产党甘肃省第十三届委员会向中国共产党甘肃省第十四次代表大会的报告，通过了中国共产党甘肃省第十三届纪律检查委员会向中国共产党甘肃省第十四次代表大会的工作报告，决定将这两个报告提请中国共产党甘肃省第十四次代表大会审查；审议通过了《中国共产党甘肃省第十三届委员会第十六次全体会议决议》。

【中国共产党甘肃省第十四次代表大会】5月27日至30日在兰州召开。大会选举产生了甘肃省出席党的二十大代表，党中央提名的代表候选人李克强同志当选。大会听取并审议通过尹弘同志代表中共甘肃省第十三届委员会所作的报告，审议通过《中国共产党甘肃省第十四次代表大会关于中国共产党甘肃省第十三届纪律检查委员会工作报告的决议》，选举产生了中国共产党甘肃省第十四届委员会、中国共产党甘肃省第十四届纪律检查委员会。

【中国共产党甘肃省第十四届委员会第一次全体会议】5月30日在兰州举行。全会通过了《中国共产党甘肃省第十四届委员会第一次全体会议选举办法》，选出了中国共产党甘肃省第十四届委员会常务委员会委员、书记、副书记。尹弘、任振鹤、王嘉毅、王赋、石谋军、朱天舒、程晓波、孙雪涛、刘长根、张锦刚、张永霞、周伟当选为省委常委，尹弘当选为省委书记，任振鹤、王嘉毅当选为省委副书记。全会通过了中国共产党甘肃省第十四届纪律检查委员会第一次全体会议选举结果；通过了中国共产党甘肃省第十四届委员会第一次全体会议决议。

【全省强县域行动工作推进会】5月30日在兰州召开。会议强调，要深入贯彻习近平总书记对甘肃重要指示要求，全面落实省第十四次党代会决策部署，深刻认识强县域行动的现实意义，立足功能定位，选择最擅长“赛道”，聚焦重点，各展所长，有力有效推动强县域行动落到实处，以县域高质量突破助力全省发展突围进位。

【全省党政主要领导干部会议】6月28日在兰州召开。会议总结了上半年经济社会发展情况，安排部署下半年工作。会议强调，要深入学习贯彻习近平总书记在省部级主要领导干部专题研讨班上的重要讲话精神，全面落实党中央一系列重大决策部署，聚焦省第十四次党代会确定的目标任务，坚持“三新一高”导向，积极构建“一核三带”区域发展格局，加快实施“四强”行动，稳住基本盘、挖掘新潜力、攻坚下半年，保持一定增速，争取最好结果，努力实现年度目标，以实际行动迎接党的二十大胜利召开。

10月24日，全省党政主要领导干部会议在兰州召开。会议传达学习党的二十大精神，安排部署全省学习宣传贯彻工作。会议强调，要在全省迅速掀起学习宣传贯彻党的二十大精神的热潮，在学习贯彻中引导广大党员干部群众深刻领悟“两个确立”的决定性意义，以实际行动坚决做到“两个维护”，更加信心饱满、斗志昂扬地紧跟习近平总书记和党中央砥砺前行。

【全省领导干部会议】12月7日在兰州召开。中央组织部副部长彭金辉出席会议并宣布中央决定：胡昌升同志任甘肃省委委员、常委、书记，尹弘同志不再担任甘肃省委书记、常委、委员职务。

【甘肃省科学技术（专利）奖励大会暨强科技行动工作推进电视电话会议】12月24日在兰州召开。会议强调，要认真学习贯彻党的二十大精神，深入落实习近平总书记关于科技创新的重要论述和对甘肃重要指示批示精神，牢固树立“抓科技就是抓发展，谋创新就是谋未来”的理念，抓主抓重、精准突破，深入实施强科技行动，担当作为、躬身实干，奋力建设创新型甘肃。

## 省委综合事务

【政治建设】坚持以习近平新时代中国特色社会主义思想为指导，深入学习贯彻党的二十大精神，深刻领悟“两个确立”的决定性意义，不断增强“四个意识”、坚定“四个自信”、做到“两个维护”，始终在思想上政治上行动上同以习近平同志为核心的党中央保持高度一致。深入学习宣传贯彻党的二十大精神，把学习宣传贯彻党的二十大精神作为首要政治任务，起草印发《中共甘肃省委关于深入学习宣传贯彻党的二十大精神的意见》，围绕全省学习宣传贯彻情况开展专项督查，利用党委信息、《甘肃工作》等刊物及时反映各地各部门各单位学习贯彻情况，引导全省上下自觉把智慧和力量凝聚到党的二十大确定的各项目标任务上来。严守政治纪律和政治规矩，全面落实意识形态工作责任制，以敢于斗争、善于斗争的精神，不断提高政治敏锐性和政治鉴别力。

【决策部署落实】把贯彻习近平总书记对甘肃重要讲话重要指示批示精神作为抓落实的首要任务，组织开展“回头看”督查调研，总结经验、查找不足，推动各地各部门再学习再对标再落实。完善政治要件闭环办理工作机制，办结中央领导同志涉甘批示件32件，其中习近平总书记重要指示批示9件。分解省委常委会2022年度工作要点，制定省第十四次党代会目标任务落实方案，围绕农民工工作、信访问题化解等开展专项督查51次，督办省委常委会决定事项59项，全年办理省委领导批示615件。修订完善《网民留言办理工作实施办法》，盯办网民留言8000多条，省委办公厅被人民网评为网上群众工作民心汇聚单位。

紧盯牵头职责任务抓落实。认真履行为基层减负专项机制牵头单位职责，发挥督查“利剑”作用推动地方和部门精文减会，全年省级党政机关印发文件、召开会议数量同比分别减少16%、16.5%，

## 中共甘肃省委2022年常委会会议一览表

| 序号 | 时间 | 主要内容 |
| --- | --- | --- |
| 1 | 1月5日 | 省委常委会利用一天时间召开党史学习教育和宋亮严重违纪违法案以案促改专题民主生活会。会议通报了本次民主生活会征求意见情况以及省委常委会2020年度民主生活会与中央巡视甘肃反馈意见整改专题民主生活会整改措施落实情况。尹弘代表常委会班子作了对照检查,带头作个人剖析,主动接受批评。常委同志逐个发言,开展批评和自我批评。 |
| 2 | 1月7日 | 省委常委会召开会议,传达学习习近平总书记重要讲话和指示精神,研究全省贯彻落实意见,安排部署有关工作。会议传达学习了习近平总书记二〇二二年新年贺词和在全国政协新年茶话会上的重要讲话、习近平总书记对党史学习教育作出的重要指示、党史学习教育总结会议精神、全国宣传部部长会议精神、平安中国建设表彰大会精神。会议听取了省政府党组2021年工作情况汇报,充分肯定了过去一年的成绩。会议还研究了其他事项。 |
| 3 | 1月21日 | 省委常委会召开会议,传达学习习近平总书记有关重要讲话和指示精神,研究部署全面从严治党及政法、老干部等工作。会议传达学习了习近平总书记在十九届中央纪委六次全会上的重要讲话、习近平总书记关于政法工作的重要指示、习近平总书记对全国老干部工作作出的重要指示以及全国统战部长会议精神。会议研究部署了全省公安工作及其他事项。 |
| 4 | 1月29日 | 省委常委会召开会议,传达学习习近平总书记有关重要讲话和指示精神,研究部署加强党的建设、实施黄河国家战略以及组织、信访等工作。会议传达学习了1月24日中央政治局会议精神、习近平总书记对信访工作的重要指示、推动黄河流域生态保护和高质量发展领导小组全体会议精神。 |
| 5 | 2月11日 | 省委常委会召开会议,传达学习习近平总书记在十九届中央政治局第三十六次集体学习时的重要讲话,研究部署推进碳达峰碳中和、乡村振兴、农业农村现代化等工作。会议还研究了其他事项。 |
| 6 | 2月18日 | 省委常委会召开会议,传达学习2022年对台工作会议精神,研究全省贯彻落实意见;审议《中共甘肃省委常委会2022年工作要点》。会议还研究了其他事项。 |
| 7 | 3月14日 | 省委常委会下午召开扩大会议,会议传达学习了习近平总书记在全国两会期间的重要讲话和全国两会精神,安排部署全省贯彻落实工作。传达学习习近平总书记关于做好疫情防控工作的重要批示精神,研究部署疫情防控重点工作。 |
| 8 | 3月18日 | 省委常委会召开会议,传达学习习近平总书记有关重要讲话和指示精神,研究部署疫情防控、巡视巡察、人权事业发展、党建研究等工作。会议传达学习了3月17日中央政治局常委会会议精神、2月25日中央政治局会议精神、习近平总书记在中央政治局第三十七次集体学习时的重要讲话、《习近平关于尊重和保障人权论述摘编》、习近平总书记对党的建设研究工作作出的重要指示、全国党的建设研究会第七次会员代表大会精神。会议还研究了其他事项。 |
| 9 | 3月25日 | 省委常委会召开会议,传达学习习近平总书记在2022年春季学期中央党校(国家行政学院)中青年干部培训班开班式上的重要讲话精神,研究全省贯彻落实意见;会议传达学习了全国巡视工作会议暨十九届中央第九轮巡视动员部署会精神,听取省委巡视工作情况汇报,部署巡视、强工业行动等工作。 |
| 10 | 4月1日 | 省委常委会召开会议,传达学习习近平总书记对安全生产工作的重要指示精神和李克强总理批示要求,学习贯彻全国安全生产电视电话会议精神,研究全省贯彻落实意见,部署安全生产、国土绿化、强县域行动等工作。会议传达学习习近平总书记参加首都义务植树活动时的重要指示精神,会议审议了《甘肃省强县域行动实施方案(2022—2025)》。 |
| 11 | 4月15日 | 省委常委会召开会议,传达学习习近平总书记有关重要讲话精神及全国巩固拓展脱贫攻坚成果同乡村振兴有效衔接暨乡村振兴重点帮扶县工作推进会议精神,研究全省贯彻落实意见;审议《2021年度甘肃省实施乡村振兴战略考核结果》等文件;部署安全生产、强科技行动等工作。会议还研究了其他事项。 |
| 12 | 4月22日 | 省委常委会召开会议,传达学习习近平总书记在北京冬奥会、冬残奥会总结表彰大会上的重要讲话,研究全省贯彻落实意见,安排部署经济发展、信访等工作。会议还研究了其他事项。 |
| 13 | 4月29日 | 省委常委会召开会议,传达学习习近平总书记在中央财经委员会第十一次会议上的重要讲话精神,研究全省贯彻意见,安排部署构建现代化基础设施体系等工作。会议还研究了其他事项。 |
| 14 | 5月9日 | 省委常委会召开扩大会议,传达学习习近平总书记在5月5日中央政治局常委会会议上的重要讲话精神,研究全省贯彻落实意见,部署疫情防控等工作。会议还研究了其他事项。 |

| 序号 | 时间 | 主要内容 |
| --- | --- | --- |
| 15 | 5月13日 | 省委常委会召开会议，传达学习习近平总书记有关重要讲话和指示精神，研究全省贯彻落实意见，安排部署有关工作。会议传达学习了4月29日习近平总书记在中央政治局会议上的重要讲话精神、习近平总书记在中央财经委员会第十一次会议上的重要讲话、习近平总书记在庆祝中国共产主义青年团成立100周年大会上的重要讲话、习近平总书记对湖南长沙居民自建房倒塌事故作出的重要指示和李克强总理批示。会议还研究了其他事项。 |
| 16 | 5月19日 | 省委常委会召开会议，传达学习习近平总书记在中央政治局第三十八次集体学习时的重要讲话精神，研究全省贯彻落实意见，安排部署有关工作。会议传达学习了中共中央办公厅《关于推动党史学习教育常态化长效化的意见》，审议了《关于推动全省党史学习教育常态化长效化的若干措施》。会议还研究了其他事项。 |
| 17 | 6月7日 | 省委常委会召开会议，传达学习5月27日中央政治局会议精神，研究全省贯彻落实意见；传达学习全国稳住经济大盘电视电话会议精神，审议《甘肃省贯彻落实稳住经济一揽子政策措施实施方案》。会议还研究了其他事项。 |
| 18 | 6月10日 | 省委常委会召开会议，传达学习习近平总书记在中央政治局第三十九次集体学习时的重要讲话和第九次全国信访工作会议精神，研究全省贯彻落实意见，安排部署有关工作。会议审议了《中共甘肃省委巡视工作规划（2022—2026年）》《甘肃省巡视整改和成果运用办法》。 |
| 19 | 6月17日 | 省委常委会召开会议，传达学习全国东西部协作和中央单位定点帮扶工作推进电视电话会议精神，研究全省贯彻落实意见，部署安全生产等工作。会议审议了《关于加强和改进新时代人才工作的实施意见》。会议还研究了其他事项。 |
| 20 | 6月24日 | 省委常委会召开会议，传达学习习近平总书记在6月17日中央政治局会议上的重要讲话精神，研究全省贯彻落实意见，安排部署有关工作。会议传达学习了《中共中央办公厅 国务院办公厅印发〈关于更加有效发挥统计监督职能作用的意见〉的通知》。会议还审议了《中国共产党甘肃省第十四次代表大会报告主要工作任务分解方案》，研究了其他事项。 |
| 21 | 7月8日 | 省委常委会召开会议，传达学习习近平总书记在中央政治局第四十次集体学习时的重要讲话，研究全省贯彻落实意见，安排部署有关工作。会议传达学习了《中共中央　国务院关于优化生育政策促进人口长期均衡发展的决定》，审议全省《关于优化生育政策促进人口长期均衡发展实施方案》。会议传达学习了《中共中央　国务院关于加强新时代老龄工作的意见》，审议全省《关于加强新时代老龄工作的实施意见》。会议还研究了其他事项。 |
| 22 | 7月15日 | 省委常委会召开会议，传达学习政法领导干部加强政治建设专题研讨班和全面深化政法改革推进会精神，研究全省贯彻落实意见，部署疫情防控等工作。会议审议了《关于加强新时代检察机关法律监督工作的实施意见》《关于推进以县城为重要载体的城镇化建设大力实施强县域行动的若干措施》。会议还研究了其他事项。 |
| 23 | 7月22日 | 省委常委会召开会议，深入贯彻习近平总书记关于疫情防控工作的重要指示精神，安排部署疫情防控重点工作；传达学习习近平同志《论"三农"工作》专题文集及全国乡村产业发展工作推进会议精神，研究全省贯彻落实意见；分析研究当前经济形势，安排部署下一阶段工作。会议还审议了《2021年省级财政决算草案和2022年上半年全省财政预算执行情况的报告》。 |
| 24 | 7月29日 | 省委常委会召开会议，学习贯彻习近平总书记在省部级主要领导干部"学习习近平总书记重要讲话精神，迎接党的二十大"专题研讨班上的重要讲话精神。 |
| 25 | 8月5日 | 省委常委会召开会议，传达学习习近平总书记在中央统战工作会议上的重要讲话精神，传达学习7月28日中央政治局会议精神、7月25日习近平总书记在党外人士座谈会上的重要讲话精神，研究全省贯彻落实意见，安排部署统战和经济发展等工作。会议还研究了其他事项。 |
| 26 | 8月19日 | 省委常委会召开会议，学习《习近平谈治国理政》第四卷，研究全省学习宣传及贯彻落实意见，安排部署经济发展、防汛减灾等工作。会议传达学习了习近平总书记在中央政治局会议上关于上半年经济形势的重要讲话、第三次对口支援西藏工作会议精神，研究部署了防汛减灾工作。会议安排部署了机关事务工作，研究了其他事项。 |

| 序号 | 时间 | 主要内容 |
| --- | --- | --- |
| 27 | 9月2日 | 省委常委会召开会议，传达学习习近平总书记在中央政治局第四十一次集体学习时的重要讲话精神，研究全省贯彻落实意见，安排部署有关工作。会议传达了《中共中央 国务院关于加快建设全国统一大市场的意见》，审议《甘肃省贯彻落实加快建设全国统一大市场意见的若干措施》。会议还研究了其他事项。 |
| 28 | 9月16日 | 省委常委会下午召开会议，传达学习9月9日中央政治局会议精神，研究全省贯彻落实意见，安排部署有关工作。会议审议了《关于推进全省开发区高质量发展的实施方案》。会议还研究了其他事项。 |
| 29 | 9月23日 | 省委常委会下午召开会议，传达学习习近平总书记关于安全生产的重要指示批示精神，及全国安全生产电视电话会议精神，研究全省贯彻落实意见。会议安排部署了当前重点工作、知识产权强省工作。会议还研究了其他事项。 |
| 30 | 9月29日 | 省委常委会召开会议，听取今年以来全省贯彻执行中央八项规定精神情况汇报，研究部署进一步严格贯彻落实中央八项规定精神等工作。 |
| 31 | 10月24日 | 省委常委会召开会议，会议传达学习党的二十大精神和习近平总书记在二十届一中全会上的重要讲话，对学习宣传贯彻工作进行安排部署。 |
| 32 | 10月28日 | 省委常委会召开会议，传达学习10月25日中央政治局会议精神和习近平总书记在中央政治局常委瞻仰延安革命纪念地时的重要讲话精神，研究全省贯彻落实意见；听取省政府党组关于前三季度全省经济运行情况汇报，分析研究当前经济形势，安排部署下一阶段重点工作。会议听取了关于修订《中共甘肃省委常委会进一步完善密切联系群众工作的规定》和调整省委常委联系事项的报告。 |
| 33 | 11月4日 | 省委常委会召开会议，认真学习习近平总书记在中央政治局第一次集体学习时的重要讲话精神，学习《中共中央关于认真学习宣传贯彻党的二十大精神的决定》，研究全省贯彻落实意见，安排部署污染防治等工作。会议还研究了其他事项。 |
| 34 | 11月11日 | 省委常委会下午召开会议，传达学习11月10日中央政治局常委会会议精神、国务院联防联控机制电视电话会议精神，贯彻落实进一步优化防控工作的二十条措施。会议传达学习了《中共中央政治局关于加强和维护党中央集中统一领导的若干规定》《中共中央政治局贯彻落实中央八项规定实施细则》，审议了《中共甘肃省委常委会贯彻中央八项规定实施细则的实施办法》、会议审议了《甘肃省国土空间规划(2021—2035年)》。会议还研究了其他事项。 |
| 35 | 11月18日 | 省委常委会下午召开会议，传达学习习近平总书记重要指示精神，研究部署当前疫情防控重点工作。会议审议了《甘肃省黄河流域生态保护条例(草案)》《甘肃省民族团结进步模范集体和模范个人评选表彰办法》《甘肃省人民代表大会常务委员会关于加强经济工作监督的决定(草案)》。会议还研究了其他事项。 |
| 36 | 12月2日 | 省委常委会召开会议，传达学习习近平总书记对安全生产工作作出的重要指示精神，研究全省贯彻落实意见，部署安全生产等工作。会议还研究了其他事项。 |
| 37 | 12月9日 | 省委常委会下午召开会议，传达学习12月6日中央政治局会议精神和习近平总书记在党外人士座谈会上的讲话精神，研究全省贯彻落实意见，安排部署经济、党风廉政建设和反腐败等工作。会议还研究了其他事项。 |
| 38 | 12月23日 | 省委常委会下午召开(扩大)会议，传达学习习近平总书记在中央经济工作会议上的重要讲话精神，研究做好明年全省经济工作，同时套开省委财经委员会第二次会议。会议决定12月28日召开省委十四届二次全体会议。会议审议了《甘肃省“十四五”期间人才发展规划》。会议还研究了其他事项。 |
| 39 | 12月30日 | 省委常委会召开会议，传达学习习近平总书记在中央农村工作会议上的重要讲话精神，研究全省贯彻落实意见，安排部署生态环境保护等工作。会议审议了《关于2021年度祁连山生态环境保护考核情况的通报》。会议听取了省人大常委会、省政府、省政协、省法院、省检察院党组2022年工作情况汇报。会议部署了全省食品药品安全工作，研究了其他事项。 |

省委文件同比减少45件，撤销省级及以下“某长制”13个。制定出台《甘肃省议事协调机构管理办法（试行）》，两次组织开展省级议事协调机构清理调整工作，撤销议事协调机构9个。主动承接省委常委会民主生活会查摆问题整改任务，牵头负责的6个问题已整改到位。对党的十九大以来全省贯彻中央八项规定精神情况开展专项督查，按规定向中办和省委报告有关情况。坚决扛起帮扶组长单位职责，协调各帮扶单位统筹资源力量，进一步完善帮扶举措，助力东乡县、积石山县乡村振兴顺利起步。

紧盯档案行政管理职能抓落实。始终牢记档案工作为党管档、为国守史、为民服务职责使命，深入推进档案法和档案事业发展“十四五”规划落实，制定印发《全省档案法治建设工作方案》等文件，完成《甘肃省档案条例》修订，围绕全省档案工作会议明确的10项重点任务抓进度、求实效，有效促进档案事业转型发展和高质量发展。督促省直机关及时移交到期档案，全面完成2001至2007年永久期限文书档案纸质和数字化“双套”进馆工作，移交档案7751件。规范在甘中央文物管理工作，加大档案执法监督检查力度，加快疫情防控等档案收集整理，以评促改提升档案馆建设水平，稳步推进数字档案馆（室）建设，加强档案专业人才培训，档案管理信息化水平和档案工作现代化水平进一步提高。

【综合协调】省委办公厅立足“四最一中枢”的职能定位，强化上下联系、左右沟通，注重创新机制、优化流程，不断构建同心协力、密切配合的工作格局。精准周全服务政务活动。坚持安全、务实、简朴、精细、周到原则，顺利完成党和国家领导同志来甘视察，以及各类中央工作组在甘考察督导保障任务，协调公祭伏羲大典、兰洽会、“中国这十年·甘肃”主题新闻发布会等节会活动顺利举办。主动加强与省委常委所在部门的沟通联系，提早介入、精心谋划，每月安排省委重要活动，每周预告省委领导一周活动和重要事项，确保省委政务活动周密有序。认真做好全省出席党的二十大代表服务工作，为参会代表履行使命提供精细化保障。注重以“四不两直”、随访暗访等方式谋划省委书记、省委专职副书记、省委秘书长等领导同志调研活动，服务省委深入基层一线察民情、听民意、解民忧。

严谨细致强化会务保障。实行全省性会议计划管理，严格落实会务规程，确保会议高质量召开，全年服务保障省委常委会会议50次、省委书记专题会议22次。以高度政治责任感缜密筹备省第十四次党代会，精心制定方案，明确责任主体，优化操作规程，确保大会各项议程严谨规范。坚持在细节中体现服务能力，成立12个工作小组全程负责会议活动统筹协调、简报编印、疫情防控、值班值守和后勤保障等工作，为党代会顺利召开提供全链条保障。服务省级“四大家”秘书长联席会议7次，促进各方面工作与省委中心任务同频共振。

着力增强文电办理质效。坚持文电即收即办、急件急办，根据来文事项和轻重缓急优化办理流程、压减流转时限，加强沟通衔接，精准提出拟办意见，全程跟踪盯办，对办文不及时的提醒督促，对报送不规范的予以退回，公文报送、办理、阅读、管理准确规范、精准高效，全年办理各类文电5000多件。严把省委文件质量关，优化审核办理方式，强化处室协作配合，公文质量不断提升，全年审核办理省委文件213件、省委电报156件。

【发挥参谋助手作用】省委办公厅紧盯省委工作阶段性重点、经济社会发展热点和群众关心关注焦点，坚持全局站位、抓主抓重，不断提升参谋辅政能力水平，努力为省委决策出思路、出观点、出真招。精益求精以文辅政。大力倡导“短实新”文风，在学深悟透中央精神和省委决策部署基础上，精心起草关于认真学习宣传贯彻省第十四次党代会精神的通知、省委1号文件，以及疫情防控、安全生产等方面的报告、意见、通知等省委重要紧急文稿50余件。大兴调查研究之风，谋划提出省委常委年度调研课题建议，对照方案统筹做好协调服务，牵头完成党的政治建设专题调研子课题。围绕重点领域、重点任务确定厅务会成员调研课题，坚持实事求是深入开展调查研究，形成营商环境建设、黄河流域生态保护治理、高标准农田建设等多篇调研报告，为省委决策提供参考。紧扣会议主题、决策所需，严把省委会议发言材料政治关、政策关、内容关、文字关，确保发言言之有物、规范严谨，全年审核材料500多篇近100万字。

不断完善党内法规体系。组织召开全省党内法规工作会议，对全省党内法规制度建设作出全面安排。坚持高水平立规，修订《中共甘肃省委全会工作规则》《中共甘肃省委常委会工作规则》《中共甘肃省委书记专题会议工作规则》，制定《中共甘肃省委常委会及其成员职责清单》，为进一步完善省委运行机制提供法规保证。及时开展涉及计划生育方面的省委党内法规和规范性文件专项清理，废止6件、失效4件省委文件。坚持政治审查先行，合法合规性、合理性、规范性审查并重，前置审核提请省委常委会审议的省委党内法规和规范性文件稿100多件，向中央报备省委党内法规和规范性文件67件，备案审查各地各部门党委党组规范性文件735件，切实维护党中央政令统一。

着力优化信息服务。着眼当好省委“耳朵”和“眼睛”，总结全省经济社会发展亮点，挖掘反映基层有益做法，高效转化智库和专家研究成果，创办《重要信息摘报》刊物，及时摘编党中央、国务院和国家部委政策动态以及各省区市工作动态，党委信息的全面性、准确性、参阅性不断增强；时刻保持高度警惕和高度敏锐，快速有效做好突发公共事件信息报送和应急保障工作。严肃约谈和通报信息漏报迟报问题，倒逼各地各部门严格落实应急值守、信息报送等工作制度，确保党委信息“主渠道”畅通高效。

【提升运行保障水平】省委办公厅着眼夯实工作运行基础，扎实推进重点项目实施和业务能力建设，在保障精细化、提升满意度、务求高效率上持续用力，不断提升服务保障效能。着力巩固安全保密基础。大力推进全省电子政务内网横纵向延伸，国家、省、市（州）、县四级网络全面覆盖联通，实现机密级（含）以下文件在线传输。坚持高标准严要求，完成中央领导来甘视察、中央各类督察检查组在甘工作等通讯保障任务71次，顺利完成各类电视电话会议服务保障工作。举行全省党政专用通信应急保障联合演习，加快推进党政专用通信网络红网二级网向县（市、区）延伸，实施横向到省直单位视频会议、纵向到市（州）涉密会商系统建设，全省党政专用通信网络安全、运行稳定，服务保障能力不断增强。不断增强机关服务能力。着眼重要时段安保维稳，全面落实安全保卫工作机制，深入细致排查风险隐患，常态化开展消防安全、群访处突等应急演练，确保省委机关和省委领导驻地绝对安全。着力营造良好办公环境，强化大院物业管理，精打细算实施文印信息楼原址重建、省委会议室功能完善、机关附属楼和食堂餐厅改造等项目，开设省委洗衣房，后勤服务满意度不断提升。统筹推进文印中心改革后续工作，解决50名职工养老保险历史遗留问题。根据疫情防控政策调整，不断优化省委机关出入管理、核酸检测、食堂供餐等工作机制，最大限度降低疫情对正常办公秩序的影响。

（省委办公厅　郭宏民）

## 组织工作

【概况】2022年，在中组部精心指导和省委坚强领导下，省委组织部深入学习习近平新时代中国特色社会主义思想和党的二十大精神，认真贯彻新时代党的建设总要求和新时代党的组织路线，全面落实全国组织部长会议部署，紧紧围绕服务全省工作大局，主动担当、真抓实干、攻坚克难，扎实推进教育培训、选人用人、基层党建、人才工作、公务员管理等各项任务落实，有力发挥了组织保障职能。

【党的创新理论武装】以学习贯彻习近平新时代中国特色社会主义思想为主线，组织广大党员干部深入系统学、联系实际学。部务会及时跟进学习习近平总书记重要讲话重要指示批示，研究部署贯彻落实的具体措施。扎实开展党员干部教育培训，举办习近平总书记对甘肃重要讲话重要指示批示精神专题培训13期、培训6081人；全面完成党的十九届六中全会精神轮训，培训县处级以上领导干部3.8万人，指导市县培训基层党员干部80.4万人；认真实施新时代基层干部主题培训行动计划，聚焦乡村振兴和基层治理等培训基层干部38.6万人次，完成1.7万名乡村党组织书记省级轮训；指导制定党的二十大精神教育培训计划，以县处级以上党员领导干部为重点开展集中轮训，引导广大党员干部切实增强坚定拥护“两个确立”、坚决做到“两个维护”的政治自觉、思想自觉和行动自觉。

【党的二十大代表推选】坚持标准、严格程序、从严把关，组织全省9.02万个基层党组织、190多万名党员参与代表推选工作，统筹省市县乡村各个层级，选举产生40名甘肃省出席党的二十大代表，代表结构比例符合中央要求，代表选举工作得到中组部充分肯定。党的二十大召开前后，认真组织开展代表履职培训，协调省内媒体开设“二十大代表风采”专栏，遴选基层代表参加中央电视台“党代表通道”采访，集中宣传基层一线代表先进事迹，积极做好代表参会服务保障工作。

【省级领导班子换届】认真落实中央关于省委换届的政策要求，严格标准程序，精心组织实施，高质量筹备召开省第十四次党代会，着眼“十四五”发展需要和领导班子建设实际，选拔一批政治过硬、对党忠诚、实绩突出、群众公认的优秀干部进入“两委”班子。全力筹备省人大、政府、政协换届，从严从实做好人大代表、政协委员选举工作。紧盯提名推荐、组织考察、会议选举等重点环节，加强换届纪律教育和风气监督，营造了风清气正的换届环境。

【组织工作难题破解】按照全国组织部长会议部署，紧盯组织工作存在的重点难点问题，成立5个工作专班，制定专项工作方案，由部务会成员牵头进行深入调研、集中攻坚，取得了显著成效。考准考实干部政治素质方面，修订政治素质考察办法，完善考察内容和正反向测评指标，新增负面清单情形，确保把政治素质考准考实。培养选拔年轻干部方面，部署开展年轻干部专项调研，掌握一批素质优良、实绩突出、各方面公认的厅处级优秀年轻干部，储备不足问题得到有效解决。新业态新就业群体党建方面，新成立快递、物业、交通行业党委，专门设立组织三处，指导市县成立行业党建工作机构，进一步理顺工作机制。激励干部担当作为、推进干部能上能下方面，在深入实地调研基础上，结合实际提出破解难题的具体对策和工作措施。

【干部工作】坚持把政治标准放在首位，对2021年度政治素质考核未达到“好”和“优良”等次的省管班子和省管干部取消评优资格。完善干部选任制度，研究制定部务会讨论干部、任职谈话、宣布到任、兼职审批等制度规定，推动干部工作规范运行。坚持事业为上、以事择人，改进推动高质量发展政绩考核，加强换届后市县领导班子建设，注重在重大任务、重大斗争一线考察识别干部，选人用人导向更加鲜明。从严从实抓好干部管理监督，结合十四届省委第一轮巡视，对30家单位选人用人工作开展全面检查，指导31家省属企业专项整治选人用人突出问题。充分运用年轻干部专项调研成果，举办中青年干部培训班，省委选拔任用一批70后优秀年轻干部。改进完善选调方式，将211高校和省内重点高校全部纳入选调范围，选调一批优秀大学毕业生。

【基层党组织建设】持续用力做好抓基层、强基础、固基本工作，不断增强基层党组织政治功能和组织功能，使之成为有效实现党的领导的坚强战斗堡垒。扎实推进抓党建促乡村振兴，衔接做好教育、医疗人才和科技特派团“组团式”帮扶工作，通过选派挂职、调整轮换配强一线力量，统筹资金扶持发展村级集体经济，2022年全省村均收入11.42万元，增长20.46%。提请省委成立基层党建引领基层治理领导协调机制，指导全省所有村（社区）建立网格党组织体系，围绕党建引领乡村治理确定一批县区和乡镇开展试点，不断提升党建引领基层治理水平。积极破解新兴领域党建难题，统筹抓好国企、机关、高校、公立医院、中小学校等各领域基层党组织建设。深入开展农村党员队伍分类管理试点，探索提出5种分类标准，初步建立科学分类、量化考评、精准管理的制度办法，试点经验被中组部《组工通讯》刊登并在有关会议作了交流发言。

【人才队伍建设】认真贯彻中央人才工作会议精神，召开省委人才工作会议，制定出台加强和改进新时代人才工作的《实施意见》，编制《甘肃省“十四五”期间人才发展规划》。研究制定院士住房保障政策，采取分配公寓的方式，改善院士住房待遇，解决人才长期关心的难点问题。优化人才评价指标和培养体系，在全省开展“唯帽子”问题治理，将10项省级人才计划优化整合为2项，人才创新创造活力进一步激发。全方位培养、引进、用好人才，遴选第三批省拔尖领军人才38名，连续三年每人每年资助50万~100万元进行重点扶持；全年省属企事业单位引进人才6000余名，新引进一批海外优秀人才，全省高层次人才队伍持续扩大；持续推行“陇原人才服务卡”制度，在子女入学、配偶安置等9个方面开辟绿色通道，持卡人才达到1万余名，人才政策吸引力不断增强。

【公务员管理】认真贯彻实施公务员法及配套法规，统筹做好招录遴选、考核登记、调任转任、职级和参公管理、津补贴清理规范等工作。全省“四级联考”及专项招录公务员2638名，举办公务员各类培训班116期、培训2236人，网络培训近15万人。建立全省辞去公职人员台账，建立多部门协调合作机制，加强公务员辞去公职后从业行为监管。全省10名个人、5个集体被党中央、国务院表彰为全国人民满意的公务员和集体，对395名个人、39个集体开展及时奖励。

【服务保障疫情防控】2022年，从省管党费中划拨1300万元，支持有关市州和省级医疗机构、省属高校开展疫情防控。先后3次从部机关抽调20名干部参加全省疫情防控督导和明察暗访工作，组织动员省直和中央在兰单位选派4000余名干部下沉社区，指导各地动员30.6万多名党员参与疫情防控。指导兰州市科学合理划分社区网格，将主城四区网格由1771个调整为2791个，更好适应疫情防控工作需要。

（省委组织部　管良剑）

## 宣传工作

【概况】2022年，在省委的坚强领导和中宣部的精心指导下，全省宣传思想文化战线坚持以习近平新时代中国特色社会主义思想为指导，深入学习宣传贯彻党的二十大和省第十四次党代会精神，全面落实习近平总书记关于宣传思想工作的重要思想和对甘肃重要讲话重要指示批示精神，围绕举旗帜、聚民心、育新人、兴文化、展形象的使命任务，坚持稳中求进、守正创新、敢于斗争，党对宣传思想工作的领导持续加强、理论武装不断深化、服务大局有力有效、文化发展步伐加快、守正创新稳步推进、维护安全坚决有力，宣传思想工作取得显著成效，为全面建设社会主义现代化幸福美好新甘肃提供了有力思想支撑、精神支撑和文化支撑。

【思想政治引领】坚持把学习宣传贯彻习近平新时代中国特色社会主义思想和党的二十大精神作为首要政治任务，深入学习贯彻习近平总书记对甘肃重要讲话重要指示批示精神，推动各级各部门全面系统学、及时跟进学、深入研讨学。坚持省委中心组示范引领，对全省理论学习中心组学习作出总体安排，有效落实中宣部安排的重点学习内容和省委确定的各项学习任务。《甘肃日报》刊登学习贯彻习近平总书记考察甘肃重要指示要求理论文章5篇。组织省委理论学习中心组学习8次，开展集体研讨交流4次。指导各地各部门各单位学好用好《习近平经济思想学习纲要》等习近平新时代中国特色社会主义思想分领域学习纲要。加强和改进中心组学习巡学旁听和季度通报。深入开展《甘肃省贯彻落实习近平新时代中国特色社会主义思想的生动实践与经验启示》重大课题研究，完成3万字调研报告并提交中宣部“马工程”办公室，中央“四报一刊”刊发理论文章24篇。开展习近平总书记在学校思想政治理论课教师座谈会重要讲话发表三周年系列活动，会同17个部门共同推出并落实青年群体思想引领35条举措。督促指导全省各级党委（党组）理论学习中心组学好用好《党委中心组学习参考》《学习活页文选》等学习辅导资料。

【理论宣传研究】加强党报党刊党网理论版（理论频道）建设，把“学习强国”学习平台作为党委（党组）中心组学习指定平台，开设“党委（党组）中心组学习”专栏，刊发系列稿件410多篇，阅读量超800万人次。推出90余篇“辛理瑄”署名文章。制定印发《甘肃省“十四五”时期哲学社会科学发展规划》《甘肃省贯彻落实〈中共中央关于加强新时代马克思主义学院建设的意见〉的若干措施》《甘肃省贯彻落实〈新时代深入实施马克思主义理论研究和建设工程规划纲要〉工作方案》，推动全省哲学社会科学实现高质量发展。择优编印《咨政建言》16期，呈送省委、省政府领导同志参阅。2022年我省共获国家社科基金立项130项，争取科研经费3000万元，连续四年保持增长，省社科规划项目立项210项。召开省第十七次哲学社会科学优秀成果评奖专家咨询会和评奖动员大会。

【新闻舆论引导】坚决贯彻中央决策部署，坚持稳中求进工作总基调，高效统筹疫情防控和经济社会发展，依据权威信息全面准确、客观辩证解读我省经济数据，反映物价总体平稳、结构持续优化升级市场运转回稳向好、市场预期有所改善等方面向好态势，讲清楚全年成绩的来之不易，进一步稳预期、强信心，为巩固经济恢复基础、保持经济稳定发展提供有力舆论支持。进一步优化疫情防控宣传报道工作，建立涉疫重点新闻线索推送机制。坚持科学把握时度效要求，因事因时因势，稳妥做好重大案事件等新闻报道和舆论调控。

【重大主题宣传】紧紧围绕党的二十大胜利召开，组织开展“在习近平新时代中国特色社会主义思想指引下——新时代新作为新篇章”“奋进新征程 建功新时代”“新时代新征程新伟业”等重大主题宣传，开展“喜迎二十大”“我们这十年”“大河奔腾看甘肃”“市长说亮点”等系列专题报道和“大美中国”“老区新貌”“奋斗者·正青春”等专题宣传，中央媒体刊播我省稿件40.3万余篇（条），举办“中国这十年·甘肃”主题新闻发布会，全年举办新闻发布会461场，形成主流媒体正面宣传舆论强势。推出《信仰的力量》等系列短视频，甘肃日报、甘肃日报报业集团推出全媒体综合报道《再访祁连山》和《元古堆纪事》，被全国60余家媒体转发，全网阅读量超过2300万。组织省属媒体统一开设“喜迎省第十四次党代会”专题专栏，开展大型全媒体集中采访活动，持续采写刊发各地各领域发展成就综述性报道，刊发稿件11.2万余篇（条），全网累计阅读量达5.1亿次。

【精神文明建设】统筹推进精神文明建设，扎实开展五大文明创建，组织实施“做文明有礼甘肃人”十大文明行动。组织开展第八届甘肃省道德模范评选活动。制定《“甘肃好人”管理办法》，成功举办2022年度“甘肃好人”“新时代甘肃好少年”事迹发布活动。打造文明实践乡村示范点和全省“甘肃好人”文明实践品牌工作室。创新开展“我们的节日”主题活动，深化“童心向党”“向国旗敬礼”等主题教育实践活动。持续推进文明城市、非公单位创建工作。举办文明校园“竞晒”“圆梦工程”培训活动。全面启动复兴少年宫项目建设，用好1127所已建成乡村学校少年宫。在全国率先推进“两中心”全面融合并建立省级技术平台，全面深化拓展文明实践。强化典型引领，大力弘扬莫高精神、八步沙精神，全社会向上向善的正能量更加充沛。

【文艺精品创作】2022年，实施陇原文艺高峰攀登

“喜迎二十大·文明耀陇原”（省委宣传部供图）

工程，策划培育6类题材53部重点作品。纪录片《我们的村庄·甘肃篇》《瞬间中国·布楞沟的春天》《文明的交响——莫高窟》在央视播出。广场舞《凉州攻鼓子》和歌曲《牧羊马》荣获第十五届中国民间文艺山花奖。话剧《八步沙》获第十七届文华奖提名剧目。陇剧《大禹治水》入选文化和旅游部“2022年首届黄河流域戏曲演出季”展演剧目，陇剧《司文郎》、秦腔《潞安州》入选全国地方戏精粹展演，杂技《生命礼赞》入选第十一届全国杂技展演。电视剧《英雄的旗帜》完成拍摄进入后期制作。创排复排歌剧《呼尔嘿哟》《不遥远的胡麻岭》，秦腔《蔡文姬》，民族器乐剧《玄奘西行》等一批重点文艺作品。网络文学作品《敦煌：千年飞天舞》《万里敦煌道》《穿越星河热爱你》被纳入中国作协网络文学重点扶持项目。《敦煌：千年飞天舞》《扎西德勒》分别获咪咕天玄宇宙年度作品奖、第三届泛华文网络文学金键盘奖，同时两部作品还荣获第四届网络文学“金桅杆”奖。

【文化高质量发展】编制《甘肃省“十四五”文化发展规划》，引领文化高质量发展。推动省属国有文化企业改革，加快筹建甘肃广电传媒集团，发展壮大国有文化经济市场主体。天水新华印刷厂混合所有制改革等重点改革取得突破性进展。推动媒体深度融合，成立13个市级融媒体中心，推进县级融媒体中心提质增效。打造全球首个基于区块链的数字文化遗产开放共享平台“数字敦煌·开放素材库”，探索敦煌文化与旅游高质量融合发展新模式。落实国家文化数字化战略，加快构建甘肃特色的数字化文化产品和服务供给体系。

【新闻出版】2022年，持续深化“放管服”改革，政务服务窗口累计受理出版、版权、印刷和电影相关行政审批（备案）事项6053件，办结6053件，办结率100%，“零跑腿”（不见面审批）事项达到100%。审批使用书号1976个，音像电子专用号36个，核批图书选题6359种、音像电子类选题42种。新申请《西部文艺研究》《寒旱农业科学》两个新刊。组织出版专家对55种期刊单位进行现场检查，历时3年全面完成全省133种期刊现场检查“三年全覆盖计划”。共争取国家出版资助项目23项，67个项目入选国家重点出版项目。全省通过年度报告印刷企业1900家，其中出版物印刷企业139家、包装装潢印刷企业164家、出版物专项排版制版装订企业5家、专营数字印刷企业192家、其他印刷品印刷企业1400家，从业人员1.7万人。通过年度核验出版物发行企业2425家，其中批发单位284家、零售单位2141家，从业人员1.79万人。全省共有发行网点4416个，网上书店128家。印制发行春季中小学教材教辅4410万册、秋季中小学教材教辅5940万册，圆满完成“课前到书，人手一册”政治任务。制定印发重点行业领域推进使用正版软件工作三年行动计划，软件正版化工作不断向纵深发展。全年查办版权案件31件，完成作品登记50321件，较上年度增长67.5%。甘肃媒体版权服务平台正式上线，创建命名2个“全省版权示范单位”。为全省16375家农家书屋、6093家农村幼儿园、266家寺庙书屋补充更新价值1713万元的出版物。为“百草园”公共文化服务平台注入电子图书9900册、有声读物31万分钟、农业科技类视频10万分钟、小学同步课堂6.5万分钟，平台手机端APP及网络矩阵下载和关注人数达350万人，使用和浏览次数突破1.5亿次。承办首届全国全民阅读大会·乡村阅读推进论坛暨2022“新时代乡村阅读季”，举办甘肃省2022年“我的书屋·我的梦”农村少年儿童阅读实践活动，农牧民参与人数达200多万。组建护苗联盟，持续打造“陇原护苗”品牌。

【“学习强国”甘肃学习平台】2022年“学习强国”甘肃学习平台总浏览量超24.1亿人次，省、市平台总订阅人数达9632.1万，播发各类稿件12.4万余篇，主平台采用4685篇。通报表扬60个先进学习组织、194名先进学习个人和40个优秀短视频，“勤学、乐学、好学”蔚然成风。举办“金徽杯”党的二十大精神线上知识大赛、理论宣讲微视频“双月赛”，参赛人数超50万。

（省委宣传部　张云）

## 统一战线工作

【概况】甘肃省共有民革、民盟、民建、民进、农工党、九三学社6个民主党派。截至2022年底，全省共有民主党派成员29874人。其中民革4022人、民盟9839人、民建3555人、民进4195人、农工党3550人、九三学社4713人，他们在全省各个岗位上奋发有为、建功立业，为推进全省高质量发展作出积极贡献。

【民主党派工作】坚持以迎接、学习、宣传、贯彻党的二十大为主线，持续加强统一战线思想政治引领，切实把牢统战工作正确政治方向。开展“理论学习周”活动，编印学习资料汇编14册，完成《习仲勋关于统一战线的实践和论述对新时代统战工作的启示》等重点研究课题22项。在《甘肃日报》专版刊发省级各民主党派、无党派人士和省工商联学习贯彻党的二十大精神体会文章，唱响统一战线共同团结奋斗的主旋律。出台《关于加强新时代统一战线工作的实施意见》，印发重点任务落实举措和分工方案，全面部署新时代全省统战工作。在省级主流媒体等设置“市州书记谈统战”“部长说统战”“党外人士贯彻落实会议精神”等专栏，编印《学习贯彻中央统战工作会议精神》等学习读本，推动学习贯彻走深走实、入脑入心、见行见效。

11月2日至11月4日，省委统战部同志在甘南宣传党的二十大精神　（统战部供图）

【多党合作】制定落实政党协商计划，支持民主党派、工商联和无党派人士围绕国家重大战略部署和甘肃经济社会发展重大问题深度调研，召开“四强”行动、“碳达峰碳中和”等10次政党协商会议，畅通“直通车”渠道，提出高质量意见建议140余条，开展“黄河国家战略”实施专项民主监督，提出意见建议47条，形成监督报告6份。协助各民主党派省级组织完成换届工作，创新开展“矢志不渝跟党走、携手奋进新时代”政治交接主题活动，举办党外人士暑期谈心会，推动多党合作事业健康发展。

【民族宗教工作】制定《关于贯彻落实新时代党的宗教工作理论和方针政策切实做好我省党的宗教工作的实施意见》和重点任务分工方案，分层分类开展学习宣讲解读和政策理论培训。深化“党亲　国好　法大”教育实践活动，有序推进新型宗教活动场所试点建设，支持宗教界全面从严治教，开展崇俭戒奢教育活动，不断夯实拥党爱国守法文明的思想根基。出台《甘肃省互联网宗教信息服务管理细则》，推进宗教活动场所财务管理、税收试点等工作，宗教事务依法管理水平进一步提升。

【民营经济统战工作】统筹做好定点帮扶和对口帮扶，组织驻村干部观摩交流学习，2次召开文县巩固拓展脱贫攻坚成果同乡村振兴有效衔接协调推进会，会同帮扶文县成员单位在灾后重建、产业发展、公共服务、乡村文明、困难救助等方面兴办了一批实事好事，助推文县“五大振兴”。持续开展“大走访大宣讲”活动和陇企大讲堂，发布2022年甘肃省民营企业“50强”榜单，帮助民营企业解决现实困难，推动惠企纾困政策落实。成立省总商会党委，全国首家完成省工商联换届，支持培育和发展中国特色商会组织，全国“四好”商会达到38家，省级“四好”商会达到138家，商会工作水平进一步提升。

7月4日，“民企陇南行”主题活动在康县举行　（统战部供图）

【其他领域统战工作】做好党外知识分子统战工作，加强无党派代表人士培养使用，开展无党派人士政治面貌首次认定工作，落实“双走访”“双报告”制度，进一步做实思想政治引领工作。召开

## 甘肃省民主（党派）2022年组织情况统计表

| 项目 单位 | 高等教育 | | | | 基础教育 | | | | 科学技术 | | | | 医药卫生 | | | |
|---|---|---|---|---|---|---|---|---|---|---|---|---|---|---|---|---|
| | 重点分工 | | 非重点分工 | | 重点分工 | | 非重点分工 | | 重点分工 | | 非重点分工 | | 重点分工 | | 非重点分工 | |
| | 人数 | 比例(%) | 人数 | 比例(%) | 人数 | 比例(%) | 人数 | 比例(%) | 人数 | 比例(%) | 人数 | 比例(%) | 人数 | 比例(%) | 人数 | 比例(%) |
| 合计 | 2904 | 9.7 | 502 | 1.7 | 6254 | 20.9 | 1449 | 4.9 | 2140 | 7.2 | 616 | 2.1 | 2982 | 10.0 | 1311 | 4.4 |
| 民革 | 77 | 1.9 | 194 | 4.8 | 202 | 5.0 | 589 | 14.6 | 60 | 1.5 | 119 | 3.0 | 101 | 2.5 | 302 | 7.5 |
| 民盟 | 1463 | 14.9 | | | 4170 | 42.4 | | | 163 | 1.7 | 387 | 3.9 | 74 | 0.8 | 706 | 7.2 |
| 民建 | 52 | 1.5 | 112 | 3.2 | | | 205 | 5.8 | 1 | 0.0 | 38 | 1.1 | 3 | 0.1 | 144 | 4.1 |
| 民进 | 503 | 12.0 | | | 1870 | 44.6 | | | 48 | 1.1 | | | 105 | 2.5 | 108 | 2.6 |
| 农工党 | 120 | 3.4 | 190 | 5.4 | 12 | 0.3 | 318 | 9.0 | 117 | 3.3 | 72 | 2.0 | 1840 | 51.8 | 45 | 1.3 |
| 九三学社 | 689 | 14.6 | 6 | 0.1 | | | 337 | 7.2 | 1751 | 37.2 | | | 859 | 18.2 | 6 | 0.1 |

| 项目 单位 | 文化艺术 | | 出版传媒 | | 经济 | | 新的社会阶层人士 | | 人大政协机关 | | 政府机关 | | 司法机关 | | 社会团体 | | 党派机关 | | 其他 | | 本党派界别特色 | |
|---|---|---|---|---|---|---|---|---|---|---|---|---|---|---|---|---|---|---|---|---|---|---|
| | 人数 | 比例(%) | 人数 | 比例(%) | 人数 | 比例(%) | 人数 | 比例(%) | 人数 | 比例(%) | 人数 | 比例(%) | 人数 | 比例(%) | 人数 | 比例(%) | 人数 | 比例(%) | 人数 | 比例(%) | 人数 | 比例(%) |
| 合计 | 1054 | 3.5 | 208 | 0.7 | 4307 | 14.4 | 1373 | 4.6 | 181 | 0.6 | 3298 | 11.0 | 124 | 0.4 | 161 | 0.5 | 408 | 1.4 | 533 | 1.8 | 19122 | 64.0 |
| 民革 | 171 | 4.3 | 35 | 0.9 | 963 | 23.9 | 327 | 8.1 | 6 | 0.1 | 618 | 15.4 | 31 | 0.8 | 23 | 0.6 | 70 | 1.7 | 130 | 3.2 | 1330 | 33.1 |
| 民盟 | 384 | 3.9 | 55 | 0.6 | 766 | 7.8 | 335 | 3.4 | 91 | 0.9 | 995 | 10.1 | 38 | 0.4 | 75 | 0.8 | 104 | 1.1 | 32 | 0.3 | 6534 | 66.4 |
| 民建 | 53 | 1.5 | 26 | 0.7 | 1691 | 47.6 | 287 | 8.1 | 21 | 0.6 | 684 | 19.2 | 16 | 0.5 | 33 | 0.9 | 74 | 2.1 | 115 | 3.2 | 2499 | 70.3 |
| 民进 | 252 | 6.0 | 43 | 1.0 | 378 | 9.0 | 197 | 4.7 | 29 | 0.7 | 428 | 10.2 | 21 | 0.5 | 10 | 0.2 | 78 | 1.9 | 128 | 3.1 | 2821 | 67.2 |
| 农工党 | 84 | 2.4 | 3 | 0.1 | 120 | 3.4 | 122 | 3.4 | 12 | 0.3 | 311 | 8.8 | 6 | 0.2 | 5 | 0.1 | 28 | 0.8 | 78 | 2.2 | 2498 | 70.4 |
| 九三学社 | 110 | 2.3 | 46 | 1.0 | 389 | 8.3 | 105 | 2.2 | 22 | 0.5 | 262 | 5.6 | 12 | 0.3 | 15 | 0.3 | 54 | 1.1 | 50 | 1.1 | 3440 | 73.0 |

注：农工党发展人口资源、生态环境界别的人士67人，占1.9%。

全省新的社会阶层人士统战工作推进会，命名第二批7家省级实践创新基地，持续开展“寻美甘肃”活动，进一步加强网络人士统战工作。

【港澳台统战工作】支持香港、澳门甘肃联谊会发挥作用，协助省政协开展“港澳委员看甘肃”等活动，指导省台联完成换届工作，不断壮大友我力量，扩大团结面。加强新时代基层侨联组织建设，规范海外侨胞代表人士授荣工作，开办8期海外华文教育“云课堂”，实施甘肃海创梧桐港人才项目建设，推进欧美同学会西北（兰州）海创中心建设，支持海外侨胞和归国留学人员发挥作用。

（省委统战部）

## 政策研究

【文稿起草】大力弘扬“短、实、新”文风，以极端认真的态度和严谨细致的作风起草每篇文稿。按照领导负责、处室为主、分工协作的原则，对所有文稿层层把关，逐级把好政治关、政策关、质量关，文稿的质量和数量实现了双提升。2022年以来，以服务保障党的二十大和省第十四次党代会为重点，起草各类文稿680余篇，审改新闻稿220余篇。

【决策服务】把起草好省第十四次党代会报告作为重中之重，按照省委安排部署，围绕事关全省未来发展的重大问题深度研究谋划，有针对性地提出了构建“一核三带”区域发展格局、深入实施“四强”行动等一系列新的重大举措。在前期调研的基础上，集中一个月时间形成报告初稿，通过各种方式分层次、分领域、分行业广泛征求意见建议，修改完善，完成报告起草工作。

【调查研究】2022年，组织完成中央政研室委托的习近平新时代中国特色社会主义思想研究、党的十九大以来我国主要建设成就等10个课题研究。配合省委办公厅开展加强党的建设专题调研，完成相关调研报告。发挥省委政研室22家智库单位的“外脑”作用，确定重点课题开展委托调研。把内部刊物作为间接调研渠道，全年编印《调查与研究》12期、《改革动态》125期、《智库专呈》12期。

【改革协调】2022年，筹备召开2次省委深改委会议，制定省委深改委2022年度《工作要点》和《工作台账》《动态台账》，谋划8个领域115项改革任务，省级层面全年出台改革方案89个。落实省第十四次党代会确定的改革部署，明确今后5年需要推进落实的72项重点改革任务。牵头组织推进全省深化国防动员体制改革，开展农口三个部门机构设置和运行情况调研、扶贫项目资产监管调研，提出建议方案供决策参考。开展全省黄河流域生态环境保护情况专题督察、“证照分离”改革政策落实情况督察，对14个市州及兰州新区、72个省直部门改革工作进行考核。委托兰州大学开展关于建立区域协调发展新机制、全面深化新时代教师队伍建设改革等4项改革评估。

【财经服务】制定省委财经委员会《工作要点》，全年共报请省委财经委员会召开2次会议。组织开展2022年上半年重大项目建设、工业经济运行、农业农村经济运行等调研，联合有关单位开展全省迎峰度夏能源保供情况分析研判，完成相关调研报告12篇。每周汇总整理国家部委和外省最新政策、全省各市州和兰州新区经济动态，每月以图表形式跟踪监测全省主要经济指标变化，每季度分析研判全省经济形势和下一步重点任务。针对工业园区发展现状组织开展全省财经工作督查，向省委财经委提供有价值的决策建议。

（省委政研室　赵斌）

## 巡视工作

【十三届省委巡视整改“回头看”和督查自查评估】十三届省委巡视整改“回头看”和督查自查评估于2022年3月初启动，4月底结束，十三届省委前八轮巡视的213个党组织开展了巡视整改自查评估；5个省委巡视组对14个市州、兰州新区和省发展改革委、省教育厅、省工业和信息化厅、省财政厅、省自然资源厅、省生态环境厅、省交通运输厅、省水利厅、省农业农村厅、省林业和草原局等10个省直综合部门进行了巡视整改“回头看”；省纪委监委派出8个督查评估组，在自查评估基础上，分系统、分板块按10%比例，对玉门市等9个县市、省委网信办和省住建厅等7个省直部门单位、甘肃农业大学等2所省属高校、酒钢集团等2家省属企业共20个地区（单位）党组织巡视整改情况开展了实地督查评估。省委各巡视组和督查评估组对照省委巡视反馈意见，聚焦整改责任落实、具体问题整改、问题线索处置、长效机制建立等重点，分别听取了被巡视党组织巡视整改情况汇报和纪检监察机关（机构）、组织人事部门专题汇报，发放问卷测评表7234份，个别谈话1076人，查阅资料31303份，下沉215个基层单位实地走访核查，全面了解整改情况，深入发现整改中存在的问题。省委各巡视组和督查评估组按照整改评估指标进行了赋分评估，综合“回头看”和督查自查评估情况，十三届省委前八轮巡视的213个党组织平均整改完成率94.2%。

【十四届省委第一轮巡视】十四届省委第一轮巡视于2022年8月中旬启动，10月底结束。省委10个巡视组采取“一托三”方式，巡视了 共21个省直部门单位和省属国有企业，发现问题905个、问题线索56件。2022年8月18日至10月31日，省委10个巡视组采取“一托三”方式，分科技、文化、群团、国有企业等板块，对30个省直部门单位党组织开展了常规巡视。其中，省政府组成部门4个（省科学技术厅、省民政厅、省文化和旅游厅、省政府外事办公室），省政府直属或部门管理机构4个（省广播电视局、省人民防空办公室、省文物局、省政府参事室），群团组织6个（省总工会、团省委、省妇女联合会、省残疾人联合会、省文学艺术界联合会、省社会科学界联合会），省属事业单位12个（甘肃日报社、省政府文史研究馆、省供销合作联社、省广播电视总台、省科学院、甘肃自然能源研究所、敦煌研究院、省经济研究院、省博物馆、省图书馆、甘肃画院、兰州新区职教园区服务保障中心），省属国有企业4个（读者出版集团有限公司、甘肃文旅产业集团有限公司、甘肃演艺集团有限责任公司、丝绸之路信息港股份有限公司）。同时，开展了选人用人和落实意识形态工作责任制专项检查。巡视期间，省委各巡视组共开展个别谈话1618人次，受理来电来信来访764件次，召开各类座谈会28场次，调阅文件资料57560份，下沉调研基层单位和项目现场218个，发现问题978个、问题线索32个，形成巡视报告30份和专题报告2份。

【全省巡视巡察工作会议】2022年8月18日，全省巡视巡察工作会议暨十四届省委第一轮巡视动员部署会在兰州召开。会议深入贯彻习近平总书记关于巡视工作重要论述，认真落实全国巡视工作会议精神及省第十四次党代会精神，安排部署全省巡视巡察工作和十四届省委第一轮巡视工作。省委常委、省纪委书记、省监委主任、省委巡视工作领导小组组长王赋同志出席会议并讲话；省委常委、省委组织部部长、省委巡视工作领导小组副组长石谋军主持会议并宣布各巡视组组长授权任职和任务分工决定；省委巡视办主要负责同志解读《中共甘肃省委巡视工作规划（2022—2026年）（试行）》。

【巡视整改和成果运用】根据中央《关于加强巡视整改和成果运用的意见》精神，系统梳理总结我省巡视整改和成果运用的经验，结合实际研究制定并提请省委出台《甘肃省巡视整改和成果运用办法》，注重与已有制度规定相衔接，对巡视整改和成果运用的相关责任、任务、机制、时限等作出全面系统的规定，进一步明确了被巡视党组织巡视整改主体责任、省纪委监委整改监督责任、省委组织部整改监督责任、有关职能部门对巡视成果的运用、省委巡视机构统筹督促责任，并对巡视整改评估和实施保障等事项作出具体规定，为加强巡视整改和成果运用提供了制度依据。认真履行统筹协调、跟踪督促、汇总分析职责，通过印发整改材料模板、督办省委书记专题会议点人点事、规范整改情况公开、健全完善协作机制等方式，有力压实巡视整改责任，增强巡视整改监督合力。结合十三届省委第九轮巡视和涉粮问题专项巡视整改工作，研究制定集中会审方案，协同省纪委监委机关、省委组织部共同会审被巡视单位整改方案，书面反馈审核意见，增强巡视整改实效。按要求集中公开十三届省委第八轮、第九轮巡视的48家单位巡视整改进展情况，接受党员干部和人民群众监督。坚持整改从反馈抓起，十四届省委第一轮巡视实行“统分式”反馈，向省委汇报后，省委巡视工作领导小组召开集中反馈会议，统一通报共性问题，统一提出整改要求，提级压实整改责任，提高了巡视反馈的权威性；省委各巡视组“一对一”向被巡视党组织领导班子和主要负责人反馈巡视情况，督促扛牢整改责任。分别向省委、省政府分管领导呈送联系单位巡视情况报告，向有关职能部门通报巡视有关情况、提供巡视专题报告，合力督促整改、系统施治，推进改革、促进发展。

【市县巡察】认真落实党中央《关于加强巡视巡察上下联动的意见》和省委《若干措施》，坚持巡视巡察上下联动、上下贯通，发挥系统作用、组织优势，整体提升监督质效。针对市县换届后巡察工作领导小组人员变动较大的实际，组建调研督导组先后深入14个市州和部分县区，对包括党委书记在内的巡察工作领导小组组长、副组长及成员面对面辅导培训，现场传导压力，促进责任落实，推动中央、省委部署要求一贯到底。先后召开市州巡察办主任集体谈话会、交流研讨会，掌握工作进展，分析问题不足，交流推广经验，督促落实工作责任、提高履职水平。对标中央巡视指导督导做法，组建2个指导督导组，分别对兰州、白银、天水、陇南4市巡察工作开展为期1个月的现场指导督导，“嵌入式”跟进1轮巡察工作，召开见面沟通会、座谈会35场，个别访谈157人次，查阅资料2100余份，提供制度模板12个，发现问题306个，提出工作建议187条，指导督导情况进行书面反馈、督促整改落实，提炼总结巡察工作特色做法及存在的共性问题并通报各级巡察机构，督促举一反三补齐短板、锻造长板，不断提升巡察工作质效。结合十四届省委第一轮巡视，采取三级联动方式，统筹12个市州、70个县区组建232个巡察组，对相应板块的653个党组织同步开展巡察，其间巡视组通报涉及巡察对象的39个方面问题，巡察组及时报告涉及巡视对象的重点问题，上下印证、双向追溯，有效拓宽了发现问题的渠道。

【省级机关单位巡察】2022年共有25个省级国家机关部门、8所省管高校、19家省属企业组织开展巡察。省委巡视办建立联系服务机制，畅通工作渠道，及时掌握情况，进一步强化沟通联络和日常指导。按照省直部门单位不同职能特点开展分类指导，先后对省司法厅、电投集团、省农信社、西北师范大学等部门单位开展调研指导，不断提升省直部门单位巡察工作规范化水平。结合十四届省委第一轮巡视，采取巡视带巡察方式，统筹省文化和旅游厅、省广播电视局、省广播电视总台、省供销合作联社等4个省直部门，对其8个下属单位开展巡察，有力推动提升了省直单位巡察质效。

【巡视巡察信息化建设】加强信息化建设，全面推广应用中央巡视巡察统建系统。完成安可项目验收，推动平台迭代升级，保障网络稳定运行，不断提高巡视工作信息化和数字化水平。依托纪检监察信息化平台和资源，建立完善巡视巡察系统信息网络平台、现场巡视巡察管理平台。加强对市县巡察信息化针对性指导、常态化应用，加快全省巡视巡察信息管理系统建设。

【制度建设】立足新时代巡视巡察工作的新实践新要求，与时俱进完善制度机制，对标中央巡视制度框架做好立改废工作。落实《关于进一步发挥改革效能有力推进纪检监察监督巡视巡察监督与审计监督贯通协同高效的指导意见》的通知精神，召开“三类监督”贯通协同会商协调会，协助出台纪检监察、巡视巡察、审计“三类监督”贯通协同实施办法。配合省纪委、省委依法治省办制定印发《关于法治督察和纪检监察监督协作配合的工作办法》，从工作协同、统筹推进、成果共享、线索移交等方面，明确协作配合的具体内容，促进全面依法治国和全面从严治党在党和国家监督工作中协调衔接、相互促进。

【制定省委巡视工作规划】对十三届省委巡视工作进行全面总结，梳理具有甘肃特色且经过实践检验的成熟做法，针对短板弱项提出改进举措和创新目标，形成以六大做法、五大成效、十大体会为主要内容的总结报告，专题报送中央巡视办和省委。省委主要领导审阅后作出批示，充分肯定巡视工作成效。在全面总结工作、深入调查研究、广泛征求意见基础上，紧密结合中央要求和我省实际，从八个方面科学布局，明确巡视工作的根本任务、监督重点、上下联动、贯通融合等要求，首次将省纪委监委机关、省委组织部及有关开发区管委会纳入巡视范围，有效覆盖党章、条例、规定、办法等有关党内法规要求巡视的26个方面工作。省委换届后第一时间征求中央巡视办和省委各常委意见，6月中旬经省委常委会会议审议通过，以省委办公厅文件印发施行。

（省委巡视办　赫莉　张显　何生文）

## 台湾事务

【陇台经贸合作】2022年，全省新增台资企业1家，陇台进出口贸易总额30.5亿元。持续推动中央各项惠台措施的贯彻落实，加大对台商台企政策支持和便利化服务保障力度，吸引台商台企参与甘肃“十四五”规划实施和“一核三带”区域发展格局建设。搭建陇台经贸合作平台，邀请外省市台商台协来甘考察交流和开展商务合作的台胞台商近300人。在28届兰洽会期间，举办了第九届“台商陇上行”活动，召开“西南西北片台协会长会议”，全国台企联和23个城市的台协会长、台商代表等130余人参加。组织5家省内台资企业参加海峡两岸云上博览会，开展宣传推介；全国台企联和广州台协、深圳台协、珠海台协等数十家台资企业在甘开展教育培训、产业合作、劳务协作、扶贫捐赠、助力疫情防控、乡村振兴，全年共吸收台胞台企捐赠1160余万元。

【陇台交流交往】以“弘扬伏羲文化、传承中华文明”为宗旨，在2022（壬寅）年公祭中华人文始祖伏羲大典期间，指导天水市与台湾台北市共同举办第九届海峡两岸共祭中华人文始祖伏羲典礼，江启臣、郝龙斌、王金平等多名台湾上层人士参加祭祀活动，海内外华人纷纷送上祝福视频。举办“漫步羲皇故里·溯源始祖文化——2022年陇台大学生文化研习营”，组织15名来自西北民族大学、兰州大学、西北师范大学等省内高校的台湾籍和大陆籍师生进行文化艺术研习交流。举办“两岸一家亲·花儿庆丰年”陇台音乐人民族文化传承交流活动，来自陇台两地的80余名民族艺人在广河县同台演出，共同展现陇台民族特色魅力，广河县各民族群众300余人观看演出，中国国民党前主席洪秀柱出席活动。协助广东省台办举办“台湾青年边疆行系列活动——民族团结一家亲广东台青陇域行活动”，台湾优秀青年代表34人，在兰州、临夏、酒泉、张掖等地研习历史文化、考察乡村振兴事业、开展公益助学活动，为广河县庄窠集镇乡村振兴巾

5月25日，在临夏回族自治州广河县民族会堂举办“两岸一家亲·花儿庆丰年”第一季陇台音乐人民族文化传承交流活动（台湾工作办公室供图）

6月16日，会同省总工会与武威市总工会共同举办“喜迎二十大　共筑中国梦”送文化进台企活动（台湾工作办公室供图）

帼行动培训项目和泾川县关爱农村留守儿童“微心愿”行动项目捐款34.5万元。

【服务台湾事务】认真做好台胞台企服务，全年共办理涉台婚姻登记14对，签发大陆居民往来台湾通行证47本；会同省总工会在古浪县举办“喜迎二十大　共筑中国梦”送文化进台企活动，为当地台企赠送100套涉台法律法规资料汇编；协调落实台胞白中琪捐赠岷县籍抗战远征军周道军烈士遗物事宜；疫情防控期间协调各地和有关部门解决在甘台胞健康码认证，提供出行、就医、生活便利化服务。推荐1名台胞参加全国妇联“五好家庭”评选，被授予全国“五好家庭”荣誉称号；帮助台胞解决居住、就业、高考、户籍、身份证等事宜，解决康师傅、统一、旺旺等台资企业运输问题，为台胞台企纾困解难。

【共筑两岸深情】传统佳节组织全省涉台系统举办座谈会、书画展、羽毛球联谊赛等慰问联谊活动，共筑两岸深情，促进心灵契合。白银市组织台胞台属开展“包粽子、迎端午、促团结”活动。兰州市先后开展以“两岸一家亲　抗疫见真情”为主题的传统文化进社区入台企活动、学习传达省第十四次党代会精神促进两岸牛肉面产业发展研讨会暨台胞台属端午联谊活动，举办“喜迎二十大　奋进新征程”——第二届海峡两岸杯台胞台企·李宁羽你合拍羽毛球联谊赛和“兰州市台胞台属台商名家字画非遗作品收藏展暨兰州百里黄河风情城市山水长卷创作展”活动。

（台湾工作办公室　李杰）

## 机构编制工作

【重点领域改革】2022年，持续深化机构改革成果。启动省委宣传部、省文物局等部门“三定”规定修订工作；优化省委办公厅、省委组织部、省发展改革委、省公安厅、省财政厅等部门机构设置和职能配置；动态调整省级政府部门权责清单，指导市县落实权责清单制度；梳理文化市场领域行政执法事项，统一移交文旅部门承担。加强重点领域体制机制改革。组建国防动员办公室，调整职能配置、优化组织架构；协同推进行政复议体制改革，完善各级司法行政部门内设机构设置；规范市州大数据管理局和大数据中心设置；推进疾控体系改革，完成机构编制调研摸底和省疾控局报批，拟定大熊猫国家公园甘肃片区管理机构设置方案。稳步推进事业单位改革。调整优化部分领域事业单位布局结构，出台《关于规范全省高等学校机构编制管理的意见》，对省属高校内设机构设置、职能运行、职数核定、编制使用进行全面规范；做好省引洮工程水资源利用中心机构撤销及人员编制划转、事业单位法人基本信息公示工作；建立部门联动监管工作机制，推进登记服务事项“网上办”“简化办”，提升监管效能。

【机构编制管理】加强机构编制保障。制定印发《关于加强全省党委国家安全机构编制队伍建设的具体措施》。做好公务员（参公人员）招录、优秀大学毕业生选调、军转干部安置及事业单位招聘等编制审核工作。统筹优化编制资源配置。核定全省中小学教职工编制24.9万名，以县为单位实现全面达标；在县（市、区）编制总量内为宣传部门调剂增加编制237名；下达专项编制280名，用于省属高校和科研院所引进高层次和急需紧缺人才；指导平凉、金昌等部分市州开展事业编制周转使用试点工作。提升机构编制管理质效。开展机构编制执行情况和使用效益评估试点工作，完成全省机构编制核查工作，完成中央编办交办的区域行政编制测算、地级市职能定位、规范编外人员管理、公立医院标准等课题研究。持续推进机构编制数字化建设，优化升级实名制和电子编制管理证系统，推行电子签章技术，基本实现实名制业务“不见面”办理。

【机构编制法定化】健全完善配套法规制度。按照《中国共产党机构编制工作条例》《中共甘肃省委机构编制管理规定（试行）》及配套法规制度，有序推进机构编制法治建设“三年行动”计划；起草统筹使用各类编制资源保障全省经济社会发展的意见，拟定《机构编制规范性文件前置审核和备案审查办法》《专家库管理办法》《机构编制管理协作配合运行办法》《机构编制信息公开办法》等配套制度。严格法规制度执行。坚持事前审批与事后监管并重，规范机构编制事项动议、论证、审议决定和组织实施等各环节工作，形成从受理审核到追踪问效的完整链条，规范市州机构编制事项请示上报和领导职数备案。强化机构编制刚性约束。贯彻编制就是法制要求，开展机构编制违规问题排查、信访积案化解工作，对10起机构编制信访举报案件进行处理，构建预防教育、查处与整改一体发力的工作体系。

（省委编办　张鑫磊）

## 省直机关党建

【省直机关党组织概况】截至2022年12月31日，省委直属机关工委管理的部门（单位）机关党组织共114个，其中省直部门（单位）机关党委78个，行业党委1个，省属企事业单位党委11个，中央在甘单位党委或机关党委23个。党的基层组织6032个，其中党委471个，党总支210个，支部5351个。共有党员69982人，其中预备党员2056人，女党员21788人，少数民族党员2788人，台湾省籍党员1名。2022年新发展党员1699名。

【机关党的政治建设】始终把党的政治建设摆在首位，深入开展“喜迎二十大，深化模范机关创建”活动，教育引导省直机关党员干部以实际行动践行“三个表率”，努力创建讲政治、守纪律、负责任、有效率的模范机关。开展“喜迎二十大、永远跟党走、奋进新征程”主题实践活动，组织举办“奋进新征程”征文比赛。制定《省委直属机关工委2022年重点工作任务分解及责任清单》，细化分解重点任务179项。根据省委统一部署，酝酿推荐省直机关党的二十大代表候选人推荐人选48名（当选党的二十大代表12名），推选省直机关出席省第十四次党代会代表111名、省直机关党代表会议代表216名，圆满召开省直机关党代表会议。召开省直机关团代表会议，选举产生出席共青团甘肃省第十四次代表大会代表13名。

【机关党的思想建设】扎实推动党的二十大精神走深走实。制定下发《关于认真学习宣传贯彻党的二十大精神的通知》，督促指导5351个党支部通过“三会一课”、主题党日、专题党课等方式深入学习研讨，开设宣传专栏推介交流，利用媒体平台展播推广，广泛宣传省直部门学习贯彻党的二十大精神的典型做法和学习成果。制定印发政治理论学习安排意见、《深化省直机关年轻干部学习研究小组工作推进计划》，指导701个学习研究小组常态化开展读书、演讲、征文等活动。拓展“线下+线上”“主会场+分会场”培训模式，举办处级党员干部学习习近平新时代中国特色社会主义思想进修班等各类培训班8期，培训1301人。在甘肃日报刊登《省直机关2021年党建工作综述》，专版刊登省直部门（单位）学习宣传贯彻省第十四次党代会精神的经验做法，省级主流媒体宣传报道机关党建工作30篇（条），机关党建微信公众号发布新闻稿61篇，机关党建网刊登信息2600多篇。完成中央和国家机关工委安排的七个单项书面调研任务，向全国党建研究会机关专委会报送2022年度课题报告。开展2022年全省机关党建课题研究，评审一等奖20个、二等奖30个、三等奖40个。征集机关党建（党支部工作法）创新案例68篇，参加黄河重大国家战略党建工作协作交流会，工委报送案例荣获金奖。

【机关党的组织建设】深入实施基层党组织建设提质增效行动。持续开展党支部标准化建设，选树命名第四批196个“省直机关标准化建设示范党支部”；采取“一组织一方案”，整顿软弱涣散基层党组织4个；举办省直机关基层党组织书记示范培训班，线上线下培训14567名党员干部；督促指导7个部门机关党委如期完成换届选举，推动党内组织生活制度从严落实。做好考核评价和评选表彰工作，年底对111家省直部门、单位2021年度机关党

6月，甘肃省直属机关第十二届运动会开幕（省委直属机关工委供图）

建工作进行差异化、精细化督查考核，同步开展省直机关党支部建设标准化交叉观摩。召开省直机关“两优一先”表彰大会，对乡村振兴、疫情防控等工作中涌现出的100名优秀共产党员、100名优秀党务工作者、100个先进基层党组织进行表彰奖励。指导省直各部门发放“光荣在党50年”纪念章412枚。新命名65家“省直机关文明单位”，评选推荐21家“省级文明单位”。实施“乡村振兴、青年建功”行动，举办省直机关学习贯彻习近平总书记在庆祝中国共产主义青年团成立100周年大会上的重要讲话精神座谈会暨2022年“两红两优”表彰大会。开展“喜迎二十大、奋进新征程”省直机关年轻干部学习研究小组短视频比赛，76万多人次参加投票选出最佳人气奖10部。开展“冬送温暖”慰问活动，春节期间对36个省直部门的77个困难干部职工家庭进行慰问，发放慰问金30.4万元。会同省体育局、省总工会联合举办省直机关第十二届运动会，组织113个省直部门单位4600多人参赛；选拔59名优秀运动员代表，代表省直机关参加省第十五届运动会6个项目比赛。

【纪律作风建设】 从严从实推进机关党的作风建设和纪律建设，推动风清气正政治机关建设。持续加强党章党规党纪教育。举办廉政教育大讲堂，开展“纪律教育月”“作风建设年”活动。加强政治监督和日常专项监督。紧盯“三重一大”决策事项等内容做实做细日常监督，对“一把手”和班子成员贯彻执行民主集中制等方面出具党风廉政意见196人次。督促指导61个省直部门整改落实省委巡视反馈的338项机关党建具体问题。强化案件审理和执纪问责。形成《关于加强纪律审查安全工作情况的报告》并上报省纪委监委，完成省纪委监委指定的4件省管干部问题线索初核工作；依规依纪依法处置信访举报7件。规范机关纪委建设。制定出台《省直部门机关纪委工作规范（试行）》，从领导体制、职能定位、组织设置、职责任务等8个方面提出55条具体内容，推动机关纪委监督实起来、执纪硬起来、作用发挥强起来。

【党员管理】 加强党员干部日常教育，提升履职尽责担当的能力素质。2022年召开34次工委委员会议和23次理论学习中心组学习会议，举办2期读书研讨班，不断夯实机关党建工作基础。召开工委机关全面从严治党专题会议、警示教育大会，通报违纪违法典型案例，观看警示教育专题片，对工委年度新任职晋级和新调入干部进行集体廉政谈话和理论测试。制定印发《工委关于加强年轻干部教育管理监督督促扣好廉洁从政“第一粒扣子”相关措施》等制度，落实《工委机关从严管理党员干部18条》以及加强工委机关内部监督十条措施，确保党员干部做到“八小时”内外一个样，着力加强党员干部教育管理监督。推进“年轻干部培养工程”，抓好工委3个学习研究小组工作，开展的“加强领导班子民主集中制建设研究”荣获全省组织调研成果一等奖。组织年轻干部编写《甘肃机关党建工作学习参考（2022卷）》，对机关党建工作理论和实践问题进行梳理总结和宣传推广。参与学习研究小组短视频大赛，3部作品分别获一、二、三等奖。分期分批选派年轻干部到乡村振兴帮扶一线挂职，参与省委重点工作任务，参加各类专题培训。组织党员干部到张一悟纪念馆等红色教育基地开展主题党日活动、接受革命传统教育，持续深化年轻干部培养锻炼。

【服务中心大局】坚持机关党建服务中心工作，在脱贫攻坚、疫情防控等省委工作大局中发挥作用。制定下发《关于破解“两张皮”问题推动省直机关党建和业务工作深度融合的具体措施》，促进机关党建和业务工作同频共振、融合互促。面对兰州市多轮大规模新冠疫情，多次与省委组织部联合下发通知，先后选派3300多名党员干部下沉街道社区，及时划拨160.2万元专项党费，组织4800多

2022年春节，省委直属机关工委赴康乐县开展“我为群众办实事 佳节尚文明 志愿关爱行”公益活动（省委直属机关工委供图）

个基层党组织和4.8万多名在职党员到社区“双报到”，助力疫情防控。牵头做好130个部门巩固拓展脱贫攻坚成果同乡村振兴有效衔接帮扶工作，召开归口管理帮扶工作推进会、工会组织助推乡村振兴消费帮扶座谈会，130家单位全年消费帮扶1.1亿多元。落实省委关于平安甘肃建设的部署要求和《2022年平安甘肃建设重点任务》，会同省乡村振兴局对116个省直部门、17个中央在甘行政事业单位、40个省属企业和25个中央在甘企业，平安甘肃建设“对服务对象和联系对象的帮扶解困工作”指标进行评价打分。加强机关党员干部安全教育，落实常态化值周检查制，纵深推进平安甘肃建设。

2022年，省直机关开展志愿服务活动（省委直属机关工委供图）

【甘肃党建信息化平台】发挥“甘肃党建”信息化平台各项功能作用，进一步提升“甘肃党建”信息化平台上线率、使用率。省直5351个党支部依托“甘肃党建”开展组织生活，“三会一课”、主题党日、组织生活会，平均使用率达到95%以上，督促有关部门（单位）党组织用好“甘肃党建”信息化平台督办达标、统计分析等功能，及时、真实地在“甘肃党建”信息化平台上传相关活动资料，确保党的组织生活经常、认真、严肃。确定专人负责“甘肃党建”信息化平台日常维护使用和督促提醒工作。通过“甘肃党建”信息化平台“学习中心”“专题培训”“口袋书”“党内法规”等栏目，不断加强理论学习，以机关党建质量的全面提高促进机关业务工作全面提升。

（省委直属机关工委　丁胜）

## 网信工作

【概况】2022年，全省网信系统坚持以习近平新时代中国特色社会主义思想特别是习近平总书记关于网络强国的重要思想为指导，全面贯彻党的十九大和十九届历次全会精神，按照“政治机关、技术单位、业务部门”定位，坚持稳中求进总基调，立足新发展阶段、贯彻新发展理念、构建新发展格局、推动高质量发展，深入学习宣传贯彻党的二十大精神，全面贯彻落实省第十四届党代会精神，踔厉奋发、锐意进取、埋头苦干，全省网络安全和信息化工作水平稳步提升，为全面建设社会主义现代化幸福美好新甘肃提供了有力服务、支撑和保障。

【网络传播】高标准做好党的二十大网上宣传和服务保障工作，印发工作实施方案，围绕“党的二十大”主题开设专题专栏300余个，率先推出《H5|二十大报告学习手册来了，快来学习》，受到中央宣传部和中央网信办表扬。树立传播平台矩阵化、传播内容具象化、传播受众巨量化“三化”理念，定期发布全省网络传播指数，合力充沛网上正能量。创新主题宣传策划，统筹办好“‘简’述中国‘陇’懂丝路”等8项中央网信办主题活动和“丝路人·丝路情”等12个自主策划主题宣传活动，组织开设“省第十四次党代会”等专题专栏670余个，累计发布稿件22万余篇，总阅读量63亿人次，让陇原声音持续澎湃正能量。持续打造“甘快看”网络传播品牌，抖音话题阅读量达3.4亿人次。

【网络管理】开展113家互联网新闻单位年审年检和总编辑述职，为全省86家县级融媒体中心颁发互联网新闻信息服务许可证。纵深开展“清朗”系列专项行动37个，联合执法276次，关停违规网站625个、处置违规账号360个，落地查人717次，依法约谈和警示1178人。督促整改不规范表述及错误标注16166处。加大网络普法力度，组织参加全国互联网法律法规云大赛并获奖，先后向中央网信办推选网络普法优秀案例11个。深化全省网络举报一体化建设，14个市州网络举报中心全部设立。推动网络文明建设，举办2022年网络文明推进大会暨网络文明宣传月启动仪式、全省高校网络新青年视频培训及新媒体云招聘系列活动，广泛汇聚向上向善力量，共同营造网上精神家园。

【网络安全】依法依规对关键信息基础设施等关键业务系统进行全面网络安全自查评估，累计排查622家单位1536个系统，发现问题2426个，加大问题整改督促力度并确保问题隐患台账清零，全年未发生大的网络安全事件。如期完成年度技术建设任务，有序向80个县区延伸实现技术系统全覆盖。成功举办2022年网络安全宣传周活动，全省覆盖人群近2000万。在全国率先创设省级网信部门网络安全评选表彰项目，表彰15个先进集体和30名先进个人。

6月，表彰授予15个集体“甘肃省网络安全先进集体”称号，30名个人“甘肃省网络安全先进个人”称号（省委网信办供图）

【网络信息化】编制出台《“十四五”时期甘肃省信息化发展规划》，连续三年编制《甘肃省互联网发展报告》，牵引构建信息化发展惠民利民新格局。开展全省北斗卫星导航系统应用情况摸底统计，推动197家重点领域门户网站支持IPv6访问。出台数字乡村发展行动实施意见，相关推广试点项目获得中国互联网发展基金专项资助200万元。开展“网信新农人行动”“I@甘肃2022网络富民博览会”网络主播培训活动，对近千名学员进行集中培训。“我为群众办实事”网络帮扶案例被评为甘肃省宣传思想文化工作优秀创新案例，对口帮扶建设的文县中庙镇“互联网扶智工作室”被推选为典型案例予以报道，实现网络帮扶与乡村振兴有机融合。

（省委网信办　周芮竹）

## 信访工作

【概况】2022年，全省信访机构信访登记量55210件人次，同比下降12.2%；来省走访395批次1102人次（含集体访42批次517人次），同比分别下降23.7%、44.8%（集体访批次、人次分别下降46.2%、57.5%）；省市县党政领导信箱总量25168件，其中省委书记、省长信箱总量10520件，占比41.8%。信访登记量、来省走访、进京越级走访持续下降。全省网上信访46297件次，占省市县三级信访机构信访登记量的83.9%，主渠道作用进一步凸显。全省信访形势平稳有序、结构向好，呈现出“三降四无一凸显”的良好局面。

【信访工作法治化】学习贯彻《信访工作条例》，确保各项工作依法规范运行。统筹组织开展条例学习宣传贯彻工作，将条例纳入各级党校（行政学院）教学培训内容，通过中心组理论学习等多种方式作条例辅导报告20余场次。完善配套制度。参照《国务院信访条例》停止执行情况，报请省人大常委会废止《甘肃省信访条例》。成立工作专班，对信访工作流程进行全面梳理，清理、废止、修改省级层面信访工作制度10余件，明确规范各级各部门在信访事项登记、转送、交办、告知等环节的工作程序、具体内容和时间节点，确保各项业务工作平稳过渡。强化宣传引领。组织开展条例宣传月活动，省市县三级同步集中行动，依托各类媒体平台和宣传册、宣传栏、微视频等多种载体，广泛开展深度宣传，推动条例进乡村、进社区、进学校、进企业、进单位，在全省营造了学条例、用条例、守条例的浓厚氛围。

【化解信访积案】坚持以“事心双解”为目标，组织开展信访积案和进京越级走访两类突出问题“双攻坚”行动，截至2022年底，中央交办的4291件重复信访事项，化解率超98%，专项工作取得明显成效。省委、省政府主要领导对涉众型信访事项进行现场接访、会商研究，面对面解决群众诉求；实地回访2批2021年接待的信访群众，对是否解决到位扭住不放。省级领导包案化解94件政策性强、涉及面广的重复信访事项，推动积案化解工作提质增效，传导带动全省各级领导干部接待来访群众7014批24907人次，化解率超过90%。发挥信访工作联席会议机制作用，推行“到地、到人、到家、到头、到底，研判解剖、问症解事、帮助解难、宣传解惑、交心解结”的“五到五解”方法，有效控制和降低了倒流率，巩固了化解成效。

【信访工作高质量发展】坚持向改革要动力、向创新要活力，不断推动信访制度优势转化为治理效能。注重科技赋能，完成省市两级党政领导信箱与信访信息系统对接融合。健全信访事项网上受理办理机制，加强信访大数据的整合应用，全省网上信访事项及时受理率、按期答复率均在99%以上，群众满意率在95%以上。突出规划引领，研究制定全省《重点任务责任分工》，分解细化8个方面、40项具体任务，明确全省信访制度改革年度任务和工作路线图。夯实基础支撑，召开信访工作基层基础现场推进会，以全国信访工作示范县创建和街道乡镇建立信访工作联席会议机制建设为重点，创新方式方法，提升工作质量，切实发挥基层在化解矛盾问题的第一道防线作用。

（省信访局）

## 保密工作

【保密行政管理】2022年，按照国家统一部署和省委工作要求，认真做好党委巡视巡察、党政领导班子和领导干部年度考核、平安甘肃建设考核中保密工作内容的落实，指导各级不断加强保密委员会及其办公室建设，不断强化党管保密根本政治原则。依法规范涉密信息系统集成资质、国家秘密载体印制资质及军工保密资格审查审批，积极推进“放管服”改革，全力承接国家下放的甲级资质审查职责，推动乙级资质事权下放，简化保密资质（资格）审查程序，提高审查效率，注重利用“双随机”抽查检查，加强对资质单位的管理监督，有效履行保密行政管理职能。

【保密监督检查】充分发挥省保密检查大队作用，常态化开展自查自评、交叉检查、进驻式检查，初步形成了完备的监督检查工作体系，持续推动保密监督检查工作专业化、规范化、科学化发展。以确保国家秘密安全为首要目标，开展微信泄密专项整治行动，对机关、单位使用微信工作群、微信图文识别小程序情况进行全面排查，严禁各级各类工作人员通过微信、QQ等社交媒体传递涉密敏感信息，有效遏制微信泄密的安全隐患。坚持有案必查、程序合法、处置到位，以“零容忍”态度严肃查处失泄密案件线索，加强事前、事中、事后监督，发挥案件查办的震慑警示作用，以查促改、以查促教成效明显。

【保密宣传教育】分层次、有重点地对领导干部、涉密人员、机关干部、普通群众开展保密宣传教育，做到因人施教、因岗施教、因时施教、因事施教，形成多系统联动的保密宣传教育培训体系，搭建起保密“大宣教”格局。利用“政信通”平台向全省各级领导干部、重要涉密人员和保密系统干部及资质单位定向发送保密提醒短信，在中国保密在线网站面向全省征集“保密故事大家讲”微视频，同时将优秀作品在《今日头条》《兰州日报》等媒体平台连载发布，宣传保密知识，讲述保密故事。持续开展保密法治宣传月活动，向市州、省直机关单位、各大高校发放《保密法》知识普及宣传彩页，在机场、公交、地铁、市民广场等公共场所循环播放保密宣传视频，在甘肃卫视、甘肃少儿频道连续15天多时段滚动播放保密宣传教育片，最大限度地向重点人群和普通群众普及《保密法》基础知识。充分发挥省保密教育实训平台作用，克服疫情影响，结合“保密观”和中国保密在线网站培训系统，对省委组织部、省委宣传部等单位开展培训116场次，共计完成4000余人的保密教育培训。

【保密科学技术】采购分级保护测评检查辅助

设备和专用车辆，建成测评实验网络，保密科技测评能力明显提升。加强对重要涉密单位互联网接入口、机关单位门户网站、社会网站和涉密计算机违规外联等保密监管，建成省级电子政务内网保密监管平台，实现政务内网使用单位自监管和保密行政管理部门行政监管的两级监管，充分发挥保密科技支撑作用，切实筑牢保密防线。

【保密技术服务保障】强化保密技术服务保障能力建设，采购大型电磁介质销毁分选一体机、全制式移动通信干扰器、5G手机屏蔽柜等设备，加强人员培训，不断提升涉密载体销毁、涉密设备维修、涉密数据恢复和涉密会议保障能力。全年保障重大涉密会议活动140余场次，销毁各类涉密载体200余吨、磁介质7500余台块。

（省保密局　王立鸿）

## 档案工作

【档案资源建设】2022年，加强对省直机关、企事业单位的业务指导，重点做好45家应移交单位文书档案以及红色档案资料的接收、征集工作。持续推进口述史料采集项目，完成8期抗美援朝老兵专题的采集制作播放，打造档案资源建设工作特色亮点。加强对征集进馆的明清、民国时期珍贵历史文献资料和部分红色档案资料的裱糊、修复等抢救保护工作。全年接收文书档案、专业档案4.74万卷件，照片档案1.98万张，声像档案数据量43.1G、3781分钟，档案数字化成果39.11万画幅。全年接收文书档案4525卷、39097件，专业档案5772卷，进馆照片档案19759张，录像档案3781分钟，实物档案90件，省党史学习教育领导小组办公室移交的重大活动档案608件。

【档案开发利用】依托馆藏资料，积极推进《甘肃省馆藏祁连山及黄河生态环境档案调查与叙录》国家项目；参与编撰《河西走廊水利史文献类编·疏勒河卷》并出版；编撰抗日战争档案文献史料，《甘肃省档案馆藏抗战档案选编四·空袭调查与救济》已报国家档案局进行复审；启动《甘肃省档案馆藏抗战档案选编五·援华通道》的编撰工作；采取线上服务、电话查档、全国档案查询利用服务平台等方式方法，接待查档约1700人次；发挥爱国主义教育基地、社会科学普及教育基地的作用，开展档案展览讲解和数字展厅的宣传、展播，有效发挥档案在社会科学领域认识世界、传承文明、创新理论、资政育人、服务社会的作用。

【档案信息化建设】建成甘肃省档案信息资源共享服务系统平台，实现省馆与省内十四个市州档案馆互联互通和档案信息资源共享，扩大“一网查档、异地出证”惠民服务覆盖面。推进省直单位OA系统协调对接和接口测试，试点电子文件归档接收，结合省馆OA综合协同办公系统实施，建设电子文件归档管理和电子档案接收利用系统，使省档案馆具备接收省直立档单位电子档案的能力，推进档案资源建设“增量电子化”的步伐。截至2022年底，“双套”进馆已接收90多家省直机关单位纸质档案38万件、数字化副本553万页。初步建成全省国家重点档案目录数据库、存储目录数据239万余条。累计完成文书、专题、照片等类型档案目录460万条、2880万画幅，馆藏文书档案数字化率达75%，实现了档案资源的安全存储和高效利用。

【档案安全】以总体国家安全观为指导，深入推进档案安全体系建设，统筹抓好档案安全、网络信息安全工作。安装电子巡更系统，完成消防设备升级改造，实施OA综合协调办公系统、电子文件归档和电子档案接收利用系统等保测评，开展网络安全应急演练，消除各类安全风险隐患。对60个全宗30余万卷件档案进行倒库清查，定期开展杀虫消毒、除尘等工作，提高档案库房管护水平。签订《档案安全责任书》《保密工作承诺书》，压紧压实责任体系，把档案安全落实到档案工作全流程管理中。

【档案治理】认真落实依法治档管档要求，贯彻实施新修订的《档案法》《国家档案馆档案开放办法》，完成《甘肃省档案条例》起草、评估和立法调研工作。制发《甘肃省档案馆“八五”法治宣传教育工作方案（2021—2025年）》，将《档案法》《甘肃省档案条例》纳入普法学习重点，举办形式多样的档案法规宣传活动，提高全社会依法治档意识。推进档案分类方案、文件材料归档范围和档案保管期限表“三合一”编制工作和数字档案室建设，档案工作走向依法治理、走向开放、走向现代化。

（省档案馆　郭潇月）

## 党史工作

【党史研究与资料征编】编辑出版《中国共产党甘肃一百年大事记（1921—2021）》《全面建成小康社会甘肃全景录》《甘肃红色印记》。修订再版《陕甘边革命根据地史》。修订完成《中国共产党甘肃历史》第二卷，已纳入《中国共产党历史（地方卷）集成·社会主义革命和建设时期》丛书，待出版发行。完成研究课题《百年党史的甘肃贡献》，专题《奋进新时代 谱写富民兴陇新篇章——从党的十八大到二十大》。内部出版《甘肃新冠肺炎疫情防控工作文献选编》《甘肃新冠肺炎疫情防控工作大事记》《中国共产党甘肃大事纪实（2020）》《甘肃省脱贫攻坚工作文献选编（2020）》。编辑完成《甘肃红色资源概览》一书，即将出版发行。

2022年，编写的《中国共产党甘肃一百年大事记（1921—2021）》由中共党史出版社出版发行（省委党史研究室供图）

【指导服务与审读审看】参与“迎接党的二十大胜利召开主题成就展”甘肃展区的策划、展览大纲的审读等工作。按照省委安排配合有关单位开展中央在甘文物的审核鉴定工作，提供有力有据的鉴定意见。配合省委宣传部、省文物局开展全省不可移动革命文物资源调查，参与认定，复核史实及其价值意义，为保护、管理、研究、利用奠定基础。审读审看《甘肃历史》《南梁精神概论》《中国共产党天水历史（1949—1978）》《人文甘肃（十）》《王学礼传》《红色岁月》《祁连壮歌》《初心如炬——南梁红色故事》等图书12本，《甘肃省庆祝中国共产党成立100周年理论研讨会论文集》1本，《中国共产党甘肃历史展览大纲》《武威市共产党员党性教育基地展览大纲》等展览大纲3个，《烈焰西风》《向南梁》《培黎之光》《安贯布什嘉》电影剧本4部。

【党史宣传教育】参与全省党史学习教育“三个一百”宣传推广工作，深入挖掘史料，编写、报送“百年陇原红色记忆”稿件57篇，服务全省学党史、开新局工作大局。利用《甘肃党史》期刊、“甘肃党史”网站、微信公众号、微博等阵地平台，在甘肃党史网开设“热烈庆祝党的二十大胜利召开深入宣传贯彻党的二十大精神”专栏。联合甘肃日报推出《红色记忆》专版，持续推出《用心用情讲好陇原红故事》《新中国工业的发展历程》等党史宣传文章12期。联合甘肃日报新甘肃客户端推出《陇原红故事》（第二辑）音频节目，在喜马拉雅播出《陇原红故事》（第一辑）音频节目。联合兰州电视台拍摄8集电视文献纪录片《铁流汇陇原——红军长征在甘肃》。在《甘肃日报》《炎黄春秋》《甘肃党史》等发表文章24篇。完成中央党史和文献研究宣传专项引导资金2021年项目“甘肃省党史和文献资料数据库”建设工作。与陇南市委联合

5月19日，联合金昌市委党史研究室开展“党史进校园”暨党史图书捐赠活动（省委党史研究室供图）

举办“两当兵变90周年学术研讨会”。持续开展“党史进校园”暨党史图书捐赠活动。班子成员以《中国共产党成功的政治秘诀》《红西路军英勇决战的革命精神》等为题，为机关、高校、军营等宣讲党的历史6次。

【意识形态管控】严格落实意识形态工作责任制，精准指导开展涉甘肃党史作品的审读审看等工作。审读《甘肃日报》“红色记忆”专版稿件，严把政治关、史实关，维护党史的严肃性和党报党刊的权威性。坚持主办主管的网站、刊物、公众号等媒体内容发布审查制度，管好意识形态阵地。根据有关法律法规和内部资料管理要求，对加强党史内部资料管理工作作出严格规定。持续深入开展清理整治网上历史虚无主义的斗争，参与编写甘肃省反对历史虚无主义手册，及时研判涉党史舆情信息，维护清朗的网上舆论环境。

（省委党史研究室　王瑶）

## 老干部工作

【离退休干部思想政治建设】坚持以政治建设为统领，把深入学习贯彻习近平新时代中国特色社会主义思想和党的二十大精神作为首要政治任务，组织引导离退休干部深刻领悟“两个确立”的决定性意义，坚决做到“两个维护”，坚定不移听党话、跟党走。举办全省离退休干部党支部书记示范培训班，党的二十大精神专题报告会和宣讲会达2000多场次，覆盖和辐射全省离退休干部8万多人次。开展“建言二十大”“我看中国特色社会主义新时代”专题调研，“老少同迎二十大”短视频展播；

11月9日，全省老干部系统学习贯彻党的二十大精神宣讲报告会（省委老干部局供图）

6月15日，全省离退休干部学习贯彻省第十四次党代会精神宣讲报告会（省委老干部局供图）

推出“学习二十大·礼赞新时代·奋进新征程”网络主题活动；拍摄“牢记使命跟党走·银发生辉映陇原”专题宣传片，开设“学习二十大·老干部谈·工作者谈”网上专栏，形成了一心跟党走、奋进新时代的生动局面。

【离退休干部政治生活待遇落实】全面落实离退休干部阅读文件、参加重要会议和重大活动、情况通报、走访慰问、参观考察等各项政治待遇。组织省级老同志参加全省党政主要领导干部会议、学习贯彻党的二十大精神中央宣讲团报告会，赴临夏州参观考察脱贫攻坚成果及乡村振兴发展情况。春节、国庆和重阳节等重大节日，对省直部门和省属企业享受省级医疗待遇的离休干部、百岁以上离休干部、安置在省外的离休干部及离休干部遗孀，采取线上线下的方式开展全覆盖慰问；全年协调落实省属困难企业离休干部两项经费、无固定收入遗属生活困难补助费和兰外省属困难企业离休干部医药费财政补助资金、代缴统筹金等共计资金1377余万元。

【离退休干部作用发挥】紧紧围绕党中央和省委中心大局，聚焦统筹疫情防控和经济社会发展、构建“一核三带”区域发展格局、深入实施“四强”行动等中心任务，组织引导老同志围绕坚持党的全面领导、弘扬伟大建党精神、推动高质量发展、参与疫情防控、助力乡村振兴、加强基层治理、践行社会主义核心价值观等方面发光发热。组织各级关工委“五老”宣讲团、报告团，深入学校、社区、农村、企业和基层，广泛开展“喜迎二十大，奋进新时代”专题巡讲，开展各类教育活动3562场次，参与“五老”5000多人，教育青少年

61.6万人次。

【离退休干部工作信息化建设】积极适应信息技术加速迭代发展大势，持续优化升级全省离退休干部服务管理系统，丰富“养老服务包”，进一步完善老同志在居家养老、医疗保健、生活服务、心理关爱、法律援助等方面的功能应用，提升信息化助老水平。运用“甘肃老干部”APP“网上支部”版块功能，破解因年龄偏大、居住分散、行动不便带来的离退休干部党员难集中、组织生活难开展等问题，让党旗在“云端”高高飘扬。逐步扩大网上学习阵地覆盖面，加大“智慧助老”工作力度，推动“云上老年大学”等网络教学活动，构建“手机课堂”掌上学、“网络课堂”就近学、“直播课堂”互动学等线上学习体系。2022年底，“离退休干部工作”“甘肃老干部”微信公众号关注率分别达到74.37%和78%，稳居全国前列。

（省委老干部局　赵瑗）

## 关心下一代工作

【青少年思想政治教育】以迎接学习宣传贯彻党的“二十大”为主线，组织开展“老少同声颂党恩、喜迎党的二十大”主题教育实践活动、“喜迎二十大、奋进新时代”主题宣讲教育活动和“老少同迎二十大”短视频展播活动，积极开展“系好人生第一粒扣子”“中华民族一家亲·同心共筑中国梦”等教育实践活动。组织省关工委“五老”宣讲报告团及市州宣讲、报告等教育团（组），通过进校园、进社区、进农村、进企业等渠道在青少年中开展形势政策、理想信念、思想品德、法治观念、心理辅导以及党史、新中国史、改革开放史、社会主义发展史等宣讲教育，进一步筑牢青少年思想根基。2022年，全省各级关工组织共开展主题教育活动2100多场次，举办宣讲报告会1500多场次，4800多名“五老”参与活动，受教青少年达62万人次。

5月26日，省关工委、省关心下一代基金会在武威师范学校附属小学举办“传递爱心 书道育人——中国书法数字化暨优秀传统文化教学系统”捐赠启动仪式（省关工委供图）

【红色基因传承】组织实施全省首届“青少年游基地、学党史”教育活动，在全国关心下一代党史国史教育基地——红军会宁会师旧址，举行全省关工委“青少年党史学习月”暨“青少年游基地、学党史”教育活动启动仪式。指导全省7个教育基地完成全国关心下一代党史国史教育基地网络地图搭建工作。组织各市州中小学生参观红色基地、革命纪念馆、博物馆，采取云游打卡、留影纪念、推送转发等多种方式游基地、学党史，激发青少年爱党、爱国、爱社会主义的真挚情怀，不断巩固提升党史学习教育成果，全省通过网络地图参观教育场馆，接受红色基因教育的青少年达30万人次。

【青少年关爱帮扶】筹资100万元，在全省开展“千人扶助”行动，资助困难中小学生1000名；争取中国关工委项目资金50万元，为定西市临洮县万纪小学争建成“中国关心下一代教育示范基地”1个；为100所中小学校争取爱心民营企业捐赠价值260万元的中国书法数字化教学系统软件100套，建成30所教学示范基地；为基金会争取国有企业爱心捐助60万元，不断扩大青少年关爱帮扶资金池；在临夏、永靖、合水等三县启动实施“关爱农村留守儿童暨助力乡村振兴”示范点项目。2022年，全省各级关工委组织协调实施的青少年关爱行动涉及项目资金4600多万元，受助青少年30多万人次；3500多名“五老”与4600多名困境青少年结成帮扶对子。

【“五老”作用发挥】持续加强“五老”队伍建设，在巩固原有“五老”队伍的基础上，建立健全报告团、关爱团等“五老”组织，壮大“十大员”队伍。筛选吸收省直部门、市（州）、县（市区）和高校的“五老”200多名，调整组建省关工委“五老”宣讲报告团和关爱团。充分发挥“五老”优势力量，实施“关爱明天、普法先行”“‘五老’弘扬好家教好家风”“孝老敬贤月”活动，全年举办家风家训宣讲活动2000多场次，受教育家长120.6万人次。走访慰问“五老”2.05万人，选树推出“五老”先进典型636名，杨隆骞、李磊两位老同志被评为“全国关心下一代最美五老”。全省9个单位被中国关工委评为第四届“关爱明天普法先行”全国青少年普法教育先进集体、15名同志被评为全国青少年普法教育先进工作者、20名同志评为全国青少年普法教育优秀辅导员。截至年底，全省共有“五老”报告团（宣讲团）398个、“五老”关爱团377个、“五老”工作室505个，“五老”骨干达到8049人，网吧义务监督员800人，选配“五老”法律辅导员和法治副校长1623名，举办法治宣讲报告会3870多场次，教育青少年130.6万人次。

（省关工委　脱颖）

## 党校（行政学院）教育

【概况】中共甘肃省委党校（甘肃行政学院）实行校（院）务委员会领导体制，常务副校（院）长主持日常工作。校（院）委会设委员9名，由6名副校（院）长和3名相关内设机构主要负责人组成。校（院）内设29个正处级单位，其中，教研教辅部门14个，行政管理部门15个，下设所属事业单位4个。设有全省党校（行政学院）系统中国特色社会主义理论体系研究中心等学术与智库研究中心20个，甘肃省行政管理学会等驻校学会5个。截至2022年12月，共有在编教职工514人，其中，专业技术人员237人，正高职称70人，副高职称81人，博士研究生45人，享受国务院政府特殊津贴专家4人，国家高层次人才特殊支持计划领军人才1人，全国文化名家暨“四个一批”人才1人，甘肃省领军人才等省部级称号专家50人。

校（院）设东、西两个校区，西校区位于兰州市安宁区，占地500亩；东校区位于兰州市城关区，占地50亩。目前，拥有较为完备的教学楼、读书楼、大礼堂、报告厅、学员公寓、图书和文化馆、学员餐厅等教学培训基础设施，可同时容纳1400余人培训学习。教学、科研、咨询等工作迈入智能化、数据化发展新阶段。校（院）先后荣获全国文明单位、全国园林化单位、国家级公共机构节能示范单位、全国教科文卫体系统模范职工之家、中宣部基层理论宣传先进集体、全省脱贫攻坚帮扶工作先进单位、全省民族团结进步示范单位等荣誉称号。

【干部培训】2022年，省委党校（甘肃行政学院）举办各类主体班次51个，培训学员5282人；举办各类委培训班次37个，培训学员3267人。组织完成“富民兴陇”讲座11期、主体班次各类外请报告129次，其中，省部级领导干部授课10人次，正厅级领导干部授课61人次，副厅级领导干部授课36人次，领导干部讲课课时占比超过20%。习近平新时代中国特色社会主义思想课时量达到主体班次总课时的70%以上，理论教育和党性教育课时占比达到82%。综合运用讲授式、案例式、模拟式和体验式等互动式教学方法，主体班次互动式教学课程比重达到总课时的30%以上。新开发2个以“甘肃改革与发展”为主题的教学基地。

【思想引领】2022年，省委党校（甘肃行政学院）以研究阐释和宣传解读习近平新时代中国特色社会主义思想为首要任务，在深入学习宣传贯彻党的二十大及十九届六中全会精神、宣传宣讲省第十四次党代会和省委十四届二中全会精神等方面走在前做示范。利用教学科研咨询等阵地和校（院）报刊、系列要报、甘肃日报·智库建言、甘肃电视台、校园网、微信公众号等平台，主动发声亮剑，开展有声势、有深度、有特色的宣传活动。组织教研人员围绕学习贯彻习近平新时代中国特色社会主义思想开展宣传宣讲活动600余场次，接受媒体采访30余次。

【理论建设】2022年，校（院）先后获立各类纵向、横向科研项目25项，其中，国家社科基金项目2项，全国党校（行政学院）重点调研课题3项，甘肃省社科规划项目12项、专项项目1项，甘肃省科技计划项目2项，甘肃省人文社科项目2项，兰州市社科规划项目3项。5项科研成果在全国党校（行政学院）系统科研评奖活动中取得复评资格。教研人员公开发表理论文章256篇，其中，在C刊以上级别期刊发表文章7篇。在中央“四报一刊”发表理论文章10篇，连续5年位居全省第一。其他公开发行的理论文章229篇。公开出版学术著作8部。成功举办“共谋‘四强’战略行动，助力甘肃赶超进位高层论坛”和“甘肃高质量发展论坛（第一期）”。《甘肃理论学刊》出版5期，复合影响因子有所提升；《甘肃行政学院学报》出版5期，有2篇文章被中国人民大学《报刊复印资料》全文转载，多篇文章被多家微信公众号转载，影响力稳定向上，持续保持在C刊队列；《甘肃党校》编印15期，校报质量明显提升。

【决策咨询】重点围绕党的二十大、十九届六中全会、省第十四次党代会精神等研究选题，积极组织专家学者、主体班学员撰写咨政建言稿件。27篇决策咨询成果获得省部级以上领导肯定性批示，其中，中央领导批示1篇，省上主要领导批示12篇，省委常委批示9篇，其他副省级领导批示5篇，省级以上主要领导批示比例达到50%。《甘肃日报·智库建言》编发12期，刊载稿件60篇；《中共甘肃省委党校（甘肃行政学院）要报》编发67期，刊载稿件236篇。举办“安宁（第六届）智库论坛”“学习贯彻党的二十大精神、全面建设社会主义现代化幸福美好新甘肃”等高层论坛，积极服务省委、省政府中心工作。

【师资培养】认真开展人才推选，2人入选甘肃省宣传文化系统“四个一批”人才，1人入选甘肃省陇原青年英才，2人入选甘肃省优秀青年文化人才，4人入选省委网信办特约网络评论员，20人获得C类“陇原人才服务卡”。扎实开展岗位竞聘工作，有187名专业技术人员晋升至高一级岗位。以实施创新工程为抓手，不断强化正向激励，全年立项创新项目204项。

【开放办学】2022年，举办各类计划外培训班次37期，培训学员3267人。积极开拓“线上”学术交流平台，成功举办“提高治理能力，增强治理效能”中国—乌兹别克斯坦线上学术交流活动，组织教职工以视频方式参加国际行政院校联合会（IASIA）在摩纳哥首都拉巴特举办的年会和学术研讨会。

【在职研究生教育】2022年，组织完成3个年级、181个班次，24批次100余门课程、22074课时的教学任务。顺利完成2022年在职研究生招生工作。组织2022届学员通过毕业论文答辩顺利毕业。

【系统建设】2022年，省委党校（甘肃行政学院）组织系统理论研讨会1次，举办系统师资培训班3期、案例教学专题培训班2期、培训学员251人。组织系统调研课题立项132项，组织系统教师通过职称评聘晋升高级职称30人，组织选调基层教师进修学习10人。联合省委组织部向各市（州）反馈办学质量评估意见，切实把评估工作成效转化为推进市级党校（行政学院）建设的有力举措，进一步凝聚了系统合力。

【信息化建设】2022年，中共甘肃省委党校（甘肃行政学院）建设完成安宁校区危机管理与媒体沟通情景模拟实训室。完成万兆网升级改造、安全视频监控系统、多屏信息发布系统、校园广播机房、视频编辑室、学员公寓云桌面、图书馆综合会议室无纸化会议系统、两校区数据专线带宽扩容等智慧校园建设项目，信息化建设在全国省级党校（行政学院）中处于领先水平。

〔中共甘肃省委党校（甘肃行政学院）刘文祥 刘婧〕

## 社会主义学院

【概况】社会主义学院是中国共产党领导的统一战线性质的政治学院，是民主党派和无党派人士联合的联合党校，是统一战线人才教育培养的主阵地，是开展党的统一战线工作的重要部门，是党和国家干部教育培训体系的重要组成部分。学院主要培训民主党派和无党派人士、统一战线其他领域代表人士，培训统战干部，培养统一战线理论研究人才，承办党委和政府举办的有关专题研讨班；组织开展马克思列宁主义、毛泽东思想、邓小平理论、“三个代表”重要思想、科学发展观、习近平新时代中国特色社会主义思想，以及党的统一战线理论和方针政策的研究和宣传，推进理论创新；组织开展决策咨询工作，为党委和政府决策服务；组织开展中华文化的教育、研究和对外交流；开展联谊交友。

7月6日上午，校（院）在安宁校区学术报告厅隆重举行第二十八届兰洽会安宁（第六届）智库论坛（供图 高艳萍）

【教学培训】2022年，共举办各类培训班32期，参训人员2374人次，培训范围覆盖民主党派和无党派人士、党外知识分子、民族宗教人士、非公有制经济人士、新的社会阶层人士、统战干部等统战领域各方面。丰富完善课程库，形成2022年课程菜单目录，开发《紧扣“十个新”学习贯彻党的二十大精神，做好新时代统一战线工作》《党的二十大报告解读》《中国共产党统一战线工作条例解读》《中央统战工作会议精神解读》等专题课程，及时准确全面将中央精神和重大决策部署进讲义、进课堂、进头脑。打造了“政治共识”“文化认同”“能力素质”“案例教学”“访谈教学”“实践教学”等6大板块的课程累计97门，并根据不同培训班次和培训对象，开设学员讲堂、经典诵读，促进教学相长、学学相长。

【科研和智库】全年在期刊公开发表论文10篇，提交甘肃省高质量论坛参会论文30篇；申报院外各类课题32项，其中3项立项省部级课题，5项立项市厅级课题；完成2021年度和3项中长期课题结项工作，9项学院招标课题立项工作，14项2022年基层统战工作问题调研课题立项工作。修订完善学院《科研工作促进办法》和《科研课题经费管理办法》，编印《学院科研管理制度汇编》，做到科研工作有制可依、有章可遵。

【文化交流】举办“弘扬黄河文化·坚定文化自信，助推甘肃高质量发展”研讨会，邀请省内外致力于黄河文化研究的专家学者解读黄河文化深刻内涵，探索黄河文化时代价值，讲好黄河文化的故事，献计黄河流域生态保护和高质量发展，收集100篇论文编印成册，呈送相关部门参阅。参与举办“中国天水2022年伏羲文化与铸牢中华民族共同体意识研讨会”，为广泛宣传弘扬甘肃优秀传统文化发挥了积极作用，论文《永远跟党走，奋进新征程——铸牢中华民族共同体意识》被中宣部评为优秀理论宣讲报告。

【师资培养】聘请68名省内知名专家学者和领导干部担任客座教授，充实兼职教师师资库。发挥联合党校优势，邀请具有丰富统战理论和工作经验的省委统战部领导、民主党派省委会领导来院授课36人次。引进高层次人才2名。组织省市两级社院41人次参加全国社院系统教师线上培训班3期，进一步提升了学院教学水平和教学能力。

（甘肃社院　张蓉蓉）

## 综述

【概况】2022年，省人大常委会始终以习近平新时代中国特色社会主义思想为指导，坚决贯彻落实中央决策部署和省委工作要求，把坚持党的领导贯穿人大工作全过程各环节，围绕中心、服务大局，全面担负起宪法和法律赋予的各项职责，不断丰富和发展全过程人民民主的甘肃实践，扎实推动人大工作与时俱进、完善发展，为全面建设社会主义现代化幸福美好新甘肃贡献人大力量。

【保障立法】省人大常委会始终把立法作为履职的重中之重，深入推进科学立法、民主立法、依法立法，充分发挥人大在立法工作中的主导作用，立足“小切口”，做足“小快灵”，突出重点领域立法、新兴领域立法，坚持针对问题立法、与时俱进修法，实现立改废有机统一。着力提高立法质量和效率，调整优化立法工作程序，进一步健全完善立法机制，以良法促进发展，保障善治。

【人大监督】省人大常委会把监督作为履职的重头戏，紧扣全省中心工作，回应民生关切，始终把满足人民美好生活需要作为监督工作的出发点和落脚点。坚持问题导向，创新监督方式，切实加强对“一府一委两院”的监督，开展综合式、链条式、跟进式监督，开展正确监督、有效监督、依法监督。寓支持于监督之中，推动和帮助解决问题、改进工作。

【代表服务】省人大常委会把加强和改进代表工作作为地方人大创新发展的基础，始终牢固树立服务代表的理念，加强人大代表工作能力建设，密切人大代表同人民群众的联系，改进代表建议督办方式，充分发挥代表主体作用，以高质量代表工作践行全过程人民民主，保障代表为民用权、为民履职、为民服务。

## 重要会议

【省第十三届人民代表大会第六次会议】 1月17日至20日，甘肃省第十三届人民代表大会第六次会议在兰州召开。会议听取和审议甘肃省省长任振鹤作的甘肃省人民政府工作报告，甘肃省十三届人大常委会副主任马青林作的甘肃省人民代表大会常务委员会工作报告，甘肃省十三届人大常委会副主任陈克恭作的关于甘肃省人民代表大会议事规则的说明，甘肃省高级人民法院院长张海波作的甘肃省高级人民法院工作报告和甘肃省人民检察院检察长朱玉作的甘肃省人民检察院工作报告；审查甘肃省2021年国民经济和社会发展计划执行情况与2022年国民经济和社会发展计划草案的报告、2021年全省财政预算执行情况和2022年全省及省级财政预算草案的报告。

会议表决通过关于甘肃省人民政府工作报告的决议、关于甘肃省2021年国民经济和社会发展计划执行情况与2022年国民经济和社会发展计划的决议、关于2021年全省财政预算执行情况和2022年全省及省级财政预算的决议、甘肃省人民代表大会议事规则、关于甘肃省人民代表大会常务委员会工作报告的决议、关于甘肃省高级人民法院工作报告的决议、关于甘肃省人民检察院工作报告的决议。

会议表决通过甘肃省第十三届人民代表大会第六次会议关于接受有关辞职请求的决定、甘肃省第十三届人民代表大会第六次会议选举办法、甘肃省第十三届人民代表大会第六次会议关于甘肃省第十三届人民代表大会部分专门委员会主任委员人选表决办法。会议选举马廷礼、胡焯为甘肃省第十三届人民代表大会常务委员会副主任、王赋为甘肃省监察委员会主任、李忠科、杨伟军、杨维俊、吴仰东、高志凌、唐晓明、梁蓉兰、董安宁为甘肃省第十三届人民代表大会常务委员会委员。会议表决通过甘肃省第十三届人民代表大会部分专门委员会主任委员名单。

**【参加十三届全国人大五次会议】**十三届全国人大五次会议于3月5日至11日在北京隆重召开。甘肃代表团按照大会日程，共举行了3次全体会议、1次代表团全体会议、9次代表小组会议、4次主席团会议。3月3日，甘肃代表团举行全体会议，推选全国人大代表、省委书记、省人大常委会主任尹弘为甘肃代表团团长，推选全国人大代表、省委副书记、省长任振鹤，全国人大代表、省委常委、省纪委书记、省监委主任王赋为代表团副团长。会议审议十三届全国人大五次会议主席团和秘书长名单草案；审议十三届全国人大五次会议议程草案等；讨论以甘肃代表团名义提交大会的重点建议；传达大会秘书处有关会议精神。

这次大会甘肃代表团共有51名代表出席。代表团全体代表坚持以习近平新时代中国特色社会主义思想为指导，以饱满的政治热情和高度负责的精神，认真行使代表权利，积极履行代表义务。聚焦新能

3月5日至11日，甘肃代表团出席十三届全国人大五次会议（省人大常委会办公厅供图）

源建设、战略平台打造、省级通道建设、生态保护修复、产业转型升级、技能甘肃建设和保障改善民生等方面，共提出议案3件、建议143件，其中以全团名义提出的重点建议10件。这些意见建议紧扣全省经济社会发展的大事要事和人民群众反映强烈的热点难点问题，反映了事关我省长远发展、迫切需要国家予以支持的重大事项。

会议期间，中央媒体、行业媒体、香港媒体和省属媒体通过网络、视频、电话、书面等方式，对甘肃代表团各位代表进行采访报道，86家县级融媒体中心与省级媒体连线互动参与报道，各级各类新闻媒体刊播涉甘稿件2900余篇，各类网站和新媒体以多种形式刊载转发并进行二次推送，举行2场甘肃代表团新闻发布活动，充分展示了甘肃代表依法履职的精神风貌和甘肃代表团的良好形象。

**【省第十三届人民代表大会常务委员会会议】** **第二十八次会议** 1月14日在兰州召开。会议听取省人大常委会秘书长关于甘肃省第十三届人民代表大会第六次会议筹备情况的报告；审议省人大常委会工作报告（稿），将提交省十三届人大六次会议审议；审议通过了省人大常委会2022年度工作要点；听取和审议甘肃省第十三届人民代表大会常务委员会代表资格审查委员会关于个别代表的代表资格的报告；审议通过甘肃省第十三届人民代表大会第六次会议列席范围；审议甘肃省第十三届人民代表大会第六次会议主席团和秘书长名单（草案）、主席团常务主席名单（草案）、全体会议执行主席分组名单（草案）、副秘书长名单（草案），甘肃省第十三届人民代表大会第六次会议议程（草案）、日程（草案），甘肃省第十三届人民代表大会第六次会议选举办法（草案），甘肃省第十三届人民代表大会第六次会议关于甘肃省第十三届人民代表大会部分专门委员会主任委员人选表决办法（草案）；通过甘肃省人民代表大会常务委员会关于接受刘昌林辞去甘肃省监察委员会主任职务的请求的决定，关于接受甘肃省第十三届人民代表大会部门专门委员会副主任委员辞职请求的决定，关于接受甘肃省第十三届人民代表大会常务委员会部分委员辞职请求的决定。

会议任命董彦明为甘肃省第十三届人民代表大会财政经济委员会副主任委员，王春江为甘肃省第十三届人民代表大会农业与农村委员会副主任委员、甘肃省人民代表大会常务委员会农业与农村工作委员会主任，高志凌为甘肃省第十三届人民代表大会教育科学文化卫生委员会副主任委员、甘肃省人民代表大会常务委员会教育科学文化卫生工作委员会主任，梁蓉兰为甘肃省第十三届人民代表大会环境与资源保护委员会副主任委员、甘肃省人民代表大会常务委员会环境资源保护工作委员会主任，董安宁为甘肃省第十三届人民代表大会法制委员会委员，李忠科为甘肃省第十三届人民代表大会社会建设委员会委员，胡红斌为甘肃省人民代表大会常务委员会财经预算工作委员会副主任，高世铭为甘肃省人民代表大会常务委员会农业与农村工作委员会副主任，王晓岚为甘肃省人民代表大会常务委员会教育科学文化卫生工作委员会副主任；免去范鹏的甘肃省人民代表大会常务委员会教育科学文化卫生工作委员会主任职务，马平的甘肃省人民代表大会常务委员会环境资源保护工作委员会主任职务；决定任命赵凌云为甘肃省民族事务委员会主任，谢又生为甘肃省司法厅厅长；决定免去马虎成的甘肃省民族事务委员会主任职务，牛纪南的甘肃省司法厅厅长职务。通过省高级人民法院和省人民检察院提请的有关人事任免事项。

**第二十九次会议** 1月21日在兰州召开。会议通过甘肃省第十三届人民代表大会常务委员会关于接受石谋军辞去甘肃省副省长职务的请求的决定。

**第三十次会议** 3月29日至31日在兰州举行。会议传达十三届全国人大五次会议精神，审议通过《甘肃省草原条例（修订）》《甘肃省防震减灾条例（修订）》《甘肃省道路运输条例（修订）》《甘肃省计量监督管理条例（修订）》《甘肃省烟草专卖若干规定（修订）》《甘肃省实施〈中华人民共和国渔业法〉办法（修订）》，作出甘肃省人民代表大会常务委员会关于废止《甘肃省人民代表大会常务委员会视察办法》《甘肃省人民代表大会常务委员会关于新设置行政区召开人民代表大会若干问题的规定》《甘肃省酒类商品管理条例》的决定；作出甘肃省人民代表大会常务委员会关于批准《兰州市轨道交通条例》《嘉峪关市制止餐饮浪费行为条例》《金昌市城市市容和环境卫生管理条例》《天水市文明行为促进条例》《平凉市饮用水水源地保护条例》的决定；审议《甘肃省残疾人保障条例（修订草案）》《甘肃省单用途预付消费卡管理条例（草案）》《甘肃省消费者权益保护条例（修订草案）》《甘肃省水利工程设施管理保护条例（修订草案）》《甘肃省农村能源条例（修订草案）》《甘肃省公共文化服务保障条例（草案）》《甘肃省非物质文化遗产条例（修订草案）》《甘肃省气象条例（修订草案）》《甘肃省气象灾害防御条例（修订草案）》。

会议听取和审议省人民政府2021年度法治政府建设情况报告、省人大常委会法制工作委员会关于2021年规范性文件备案审查工作情况的报告。

会议决定免去邹通祥的甘肃省人民代表大会常务委员会副秘书长职务、朱玉兰的甘肃省第十三届人民代表大会教育科学文化卫生委员会副主任委员职务。通过甘肃省人民代表大会常务委员会关于接受朱玉兰辞去甘肃省人大常委会委员职务请求的决定。通过省高级人民法院和省人民检察院提请的有关人事任免事项。

**第三十一次会议** 5月31日至6月2日在兰州举行。会议传达学习甘肃省第十四次党代会精神，审议通过《甘肃省农村能源条例（修订）》《甘肃省单用途预付消费卡管理条例》《甘肃省消费者权益保护条例（修订）》《甘肃省残疾人保障条例（修订）》《甘肃省气象条例（修订）》《甘肃省气象灾害防御条例（修订）》《甘肃省水利工程设施管理保护条例（修订）》《甘肃省公共文化服务保障条例》《甘肃省非物质文化遗产条例（修订）》，作出甘肃省人民代表大会常务委员会关于废止《甘肃省政府非税收入管理条例》《甘肃省促进个体私营经济发展条例》《甘肃省农业技术推广条例》《甘肃省娱乐场所管理条例》《甘肃省村务公开条例》《甘肃省湿地保护条例》《甘肃省信访条例》的决定。作出甘肃省人民代表大会常务委员会关于批准《庆阳市燃气管理条例》《庆阳市人大常委会关于修改〈庆阳市物业管理条例〉的决定》《武威市人大常委会关于修改〈武威市防沙治沙条例〉的决定》《甘南藏族自治州人大常委会关于修改〈甘南藏族自治州城乡饮用水安全管理条例〉的决定》《肃南裕固族自治县人民代表大会关于废止〈甘肃省肃南裕固族自治县家畜家禽防疫条例〉的决定》的决定。审议《甘肃省电信设施建设和保护条例（草案）》《甘肃省城市房地产管理条例（修订草案）》《甘肃省循环经济促进条例（修订草案）》《甘肃省农民教育培训条例（修订草案）》《甘肃省农村饮用水供水管理条例（修订草案）》《甘肃兰州白银国家自主创新示范区条例（草案）》《甘肃省地震安全性评价管理条例（修订草案）》《甘肃省老年人权益保障条例（修订草案）》《甘肃省专业技术人员继续教育条例（修订草案）》。

会议听取和审议省人民政府关于2022年第二批新增政府债务限额分配计划和省级财政预算调整方案的报告，作出关于批准2022年第二批新增政府债务限额分配计划和省级财政预算调整方案的决议，听取和审议省人民政府关于2021年度全省环境状况和环境保护目标完成情况的报告、省高级人民法院关于全省知识产权审判工作情况的报告、省人民检察院关于全省公益诉讼检察工作情况的报告。

会议通过甘肃省人民代表大会常务委员会关于接受余建、孙雪涛、刘长根辞去甘肃省人民政府副省长职务的请求的决定；决定免去余建的甘肃省公安厅厅长职务，决定任命黄瑞雪为甘肃省公安厅厅长；免去王锡明的甘肃省人民代表大会常务委员会教育科学文化卫生工作委员会副主任职务；免去张云生的甘肃省监察委员会副主任职务，免去蒋昱程的甘肃省监察委员会委员职务，任命龚昌明为甘肃省监察委员会副主任，任命郝觉民、王佳谊、李晓光、张龙为甘肃省监察委员会委员；通过省高级人民法院和省人民检察院提请的有关人事任免事项。

**第三十二次会议** 7月26日至7月29日在兰州举行。会议审议通过《甘肃省兰州白银国家自主创新示范区条例》《甘肃省电信设施建设和保护条例》《甘肃省城市房地产管理条例（修订）》《甘肃省老年人权益保障条例（修订）》《甘肃省循环经济促进条例（修订）》《甘肃省农民教育培训条例（修订）》《甘肃省农村饮用水供水管理条例（修订）》《甘肃省专业技术人员继续教育条例（修订）》《甘肃省地震安全性评价管理条例（修订）》。作出甘肃省人民代表大会常务委员会关于批准《白银市农作物秸秆露天禁烧和利用条例》《白银市爱国卫生条例》《张掖七彩丹霞保护条例》《平凉市古树名木保护条例》《甘南藏族自治州人民代表大会关于废止〈甘肃省甘南藏族自治州矿产资源管理条例〉的决定》《甘南藏族自治州人民代表大会关于废止〈甘肃省甘南藏族自治州土地管理办法〉的决定》的决定。审议《甘肃省公众参与制定地方性法规办法（修订草案）》《甘肃省奖励和保护见义勇为人员条例（修订草案）》《甘肃省档案条例（修订草案）》《甘肃省实施〈中华人民共和国工会法〉办法（修订草案）》《甘肃省职工代表大会条例（修订草案）》《甘肃省乡村振兴促进条例（草案）》《甘肃省农业机械管理条例（修订草案）》《甘肃省会计管理条例（修订草案）》。

会议听取和审议甘肃省人民政府关于甘肃省2022年上半年国民经济和社会发展计划执行情况的报告、关于2021年省级财政决算草案和2022年上半年全省财政预算执行情况的报告、关于2021年度省级预算执行和其他财政收支的审计工作报告，审议甘肃省第十三届人民代表大会财政经济委员会关于2021年省级财政决算草案的审查结果报告，作出甘肃省人民代表大会常务委员会关于批准2021年省级财政决算的决议。听取和审议甘肃省人民政府关于2022年支持化解中小银行风险专项债券额度分配计划和省级财政预算调整方案的报告，作出甘肃省人民代表大会常务委员会关于批准2022年支持化解中小银行风险专项债券额度分配计划和省级财政预算调整方案的决议。听取和审议甘肃省人民政府关于贯彻实施监狱法加强执法队伍教育整顿情况的报告。听取和审议甘肃省人民代表大会常务委员会执法检查组关于检查《甘肃省中小学校安全条例》《中华人民共和国环境保护法》《甘肃省环境保护条例》实施情况的报告。

会议免去刘惠芳的甘肃省人民代表大会常务委员会教育科学文化卫生工作委员会副主任职务；任命张国珍为甘肃省教育厅厅长、盛云峰为甘肃省工业和信息化厅厅长、郝文杰为甘肃省审计厅厅长；免去王海燕的甘肃省教育厅厅长职务、臧秋华的甘肃省工业和信息化厅厅长职务、马自学的甘肃省审计厅厅长职务；通过省高级人民法院和省人民检察院提请的有关人事任免事项。

**第三十三次会议**　9月20日至9月23日在兰州举行。会议传达学习省委人大工作会议精神，审议通过《甘肃省奖励和保护见义勇为人员条例（修订）》《甘肃省会计管理条例（修订）》《甘肃省农业机械管理条例（修订）》《甘肃省档案条例（修订）》《甘肃省实施〈中华人民共和国工会法〉办法（修订）》《甘肃省职工代表大会条例（修订）》《甘肃省实施〈中华人民共和国体育法〉办法（修订）》《甘肃省公众参与制定地方性法规办法（修订）》。作出甘肃省人民代表大会常务委员会关于批准《张掖市文明行为促进条例》《武威市文明行为促进条例》《平凉市养犬管理条例》《陇南市养犬管理条例》《定西市城镇供热用热条例》《甘南藏族自治州住宅物业管理条例》的决定。审议《甘肃省预算审批监督条例（修订草案）》《甘肃省边境管理条例（修订草案）》《甘肃省邮政条例（修订草案）》《甘肃省专利条例（修订草案）》《甘肃省义务教育条例（修订草案）》《甘肃省安全生产条例（修订草案）》。

听取和审议省人民政府关于全省金融工作情况的报告、关于全省政府债务管理情况的报告、关于专项债务结存限额安排计划和省级财政预算调整方案的报告、关于加强和推进老龄工作进展情况的报告，作出甘肃省人民代表大会常务委员会关于批准专项债务结存限额安排计划和省级财政预算调整方案的决议。听取和审议省人大常委会执法检查组关于检查《中华人民共和国人民调解法》实施情况的报告，审议省人大常委会调研组关于全省归侨侨眷权益保护情况的调研报告、关于全省文物保护工作情况的调研报告。听取和审议省人民政府关于省十三届人大六次会议代表建议办理情况的报告，省水利厅、省住房和城乡建设厅关于省十三届人大六次会议代表建议办理情况的报告并进行了满意度测评。作出甘肃省人民代表大会常务委员会关于重新确定全省设区的市、自治州人民代表大会常务委员会组成人员名额的决定，关于甘肃省第十四届人民代表大会代表名额分配和选举问题的决定。

会议任命惠瑞英为甘肃省人民代表大会常务委员会办公厅副主任，程林为甘肃省人民代表大会常务委员会代表人事工作委员会副主任，徐润莉为甘肃省人民代表大会常务委员会法制工作委员会副主任，任峪凭为甘肃省人民代表大会常务委员会农业与农村工作委员会副主任，殷悦贤为甘肃省人民代表大会常务委员会教育科学文化卫生工作委员会副主任；会议免去了高勇的甘肃省人民代表大会常务委员会研究室副主任职务，殷悦贤的甘肃省人民代表大会常务委员会法制工作委员会副主任职务，张勇民的甘肃省人民代表大会常务委员会财经预算工作委员会副主任职务。会议决定免去杨建武的甘肃省生态环境厅厅长职务，决定任命葛建团为甘肃省生态环境厅厅长。会议还通过了省高级人民法院和省人民检察院提请的有关人事任免事项。

**第三十四次会议** 11月22日至11月25日在兰州举行。会议传达学习中国共产党第二十次全国代表大会精神。审议通过《甘肃省乡村振兴促进条例》《甘肃省义务教育条例（修订）》《甘肃省安全生产条例（修订）》《甘肃省预算审查监督条例（修订）》《甘肃省边境管理条例（修订）》《甘肃省专利条例（修订）》《甘肃省邮政条例（修订）》。作出甘肃省人民代表大会常务委员会关于加强经济工作监督的决定、关于批准《酒泉市城市绿化管理条例》《酒泉市扬尘污染防治条例》《天水市海绵城市建设管理条例》《甘南藏族自治州人民代表大会关于废止〈甘肃省甘南藏族自治州实施《甘肃省计划生育条例》的变通规定〉的决定》《临夏回族自治州人民代表大会关于废止〈甘肃省临夏回族自治州非公有制经济保护条例〉的决定》的决定。会议审议《甘肃省黄河流域生态保护条例（草案）》《甘肃省红色资源保护传承条例（草案）》《甘肃省公路条例（草案）》《甘肃省法律援助条例（修订草案）》《甘肃省产品质量监督管理条例（修订草案）》《甘肃省建设工程造价管理条例（修订草案）》《甘肃省供用电条例（修订草案）》《甘肃省电网建设与保护条例（修订草案）》《甘肃省水土保持条例（修订草案）》《甘肃省石羊河流域水资源管理条例（修订草案）》《甘肃省全民健身条例（修订草案）》。

听取省人民政府关于《甘肃省国土空间规划（2021—2035年）》编制情况的说明，关于2021年度省级预算执行和其他财政收支审计查出问题整改情况的报告、关于全省乡村振兴促进工作情况的报告、关于2021年度国有资产管理情况的综合报告、关于检查《中华人民共和国乡村振兴促进法》实施情况的报告。审议省人大常委会调研组关于全省碳达峰碳中和情况的调研报告、关于全省新就业形态劳动者权益保障情况的调研报告和省人大常委会代表人事工作委员会关于省十三届人大六次会议代表建议办理情况的报告、《甘肃省国土空间规划（2021—2035年）》。

审议通过甘肃省第十三届人民代表大会常务委员会代表资格审查委员会关于个别代表的代表资格的报告，作出甘肃省人民代表大会常务委员会关于召开甘肃省第十四届人民代表大会第一次会议的决定。

会议任命马森为甘肃省第十三届人民代表大会民族侨务委员会副主任委员、甘肃省人民代表大会常务委员会民族侨务工作委员会主任，张怀仁为甘肃省第十三届人民代表大会监察和司法委员会副主任委员，胡秉俊为甘肃省第十三届人民代表大会社会建设委员会副主任委员，黄爱菊为甘肃省第十三届人民代表大会社会建设委员会副主任委员；会议免去马森的甘肃省人民代表大会常务委员会副秘书长、办公厅主任职务，邵建斌的甘肃省人民代表大会常务委员会办公厅副主任职务，陆燕宁的甘肃省人民代表大会常务委员会法制工作委员会副主任职务，杜正喜的甘肃省人民代表大会常务委员会社会建设工作委员会副主任职务。会议决定免去李旺泽的甘肃省农业农村厅厅长职务，决定任命杨金泉为甘肃省农业农村厅厅长。通过省高级人民法院和省人民检察院提请的有关人事任免事项。

## 立法工作

【高质量发展立法】 围绕推动区域经济高质量发展，制定兰州白银国家自主创新示范区条例，修改循环经济促进条例、专利条例、产品质量监督管理条例、城市房地产管理条例。围绕加快基础设施建设，制定电信设施建设和保护条例，修改供用电条例、电网建设与保护条例、水利工程设施管理保护条例、高速公路管理条例、公路路政管理条例、公路建设工程质量安全监督管理条例、建设工程造价管理条例。围绕加强经济管理监督，修改预算审批监督条例、会计管理条例。统筹经济发展和安全生产，修改安全生产条例。

【生态环保领域立法】 着眼妥善处理环境保护和经济发展，统筹谋划和推进生态环保、绿色发展立法工作。聚焦流域生态环境保护，制定黄河流域生态保护条例，修改石羊河流域水资源管理条例。围绕有效预防和治理水土流失，严格保护和合理利用自然资源，修改水土保持条例、湿地保护条例。

【乡村振兴领域立法】 围绕巩固脱贫攻坚成果同乡村振兴有效衔接，制定乡村振兴促进条例，修改农村公路条例、农村饮用水供水管理条例、农村能源条例、农业机械管理条例、农民教育培训条例。

【民生保障领域立法】 围绕保护消费者合法权益，维护市场公平竞争秩序，制定单用途预付消费卡管理条例，修改消费者权益保护条例。修改义务教育条例、法律援助条例、全民健身条例、老年人权益保障条例、残疾人保障条例、奖励和保护见义勇为人员条例。围绕构建现代公共文化服务体系，保障人民群众基本文化权益，制定公共文化服务保障条例。围绕弘扬社会主义核心价值观，保护传承优秀历史文化资源，制定红色资源保护传承条例，修改非物质文化遗产条例。

【社会治理领域立法】 围绕推进社会治安综合治理，确保社会和谐稳定，制定平安建设条例。围绕推进社会事业发展，修改邮政条例、档案条例、边境管理条例、专业技术人员继续教育条例。围绕充分发挥工会组织作用，维护职工合法权益，修改实施工会法办法、职工代表大会条例。围绕加强灾害防御，保障人民群众生命财产安全，修改地震安全性评价管理条例、气象条例、气象灾害防御条例。

【健全完善立法体制机制】 加强人大对立法工作的组织协调，严把立法选题、评估、论证、立项、协调、起草、征求意见、审议等各环节，健全各专门委员会、常委会工作机构牵头起草重要法规草案机制，对有关方面起草的法规草案提前介入，对重大争议事项和内容，深入研究论证，广泛凝聚共识，更好发挥立法机关在有效表达、平衡、调整社会利益方面的作用。进一步加强和改进立法调研，深入开展立法论证工作，积极开展立法协商，完善法规通过前评估机制，适时开展立法后评估工作，提高立法的精细化、精准度、针对性。

## 监督工作

【重点领域监督】 围绕推动乡村振兴，听取和审议省人民政府关于乡村振兴促进工作情况的报告，开展乡村振兴促进法实施情况执法检查。围绕防范化解风险，听取和审议省人民政府关于全省金融工作情况的报告、关于全省政府债务管理情况的报告。围绕生态环境保护，听取和审议省人民政府关于年度环境状况和环境保护目标完成情况的报告，开展环境保护法实施情况执法检查，开展碳达峰碳中和工作情况专题调研。围绕保障和改善民生，听取和审议省人民政府关于加强和推进老龄工作进展情况的报告，开展中小学校安全条例实施情况执法检查，开展新业态就业群体权益保障、文物保护工作、红色文化资源保护利用和发展、归侨侨眷权益保护专题调研。

【国有资产管理监督】 听取和审议省人民政府关于2022年上半年国民经济和社会发展计划执行情况的报告、2021年省级财政决算草案和2022年上半年全省财政预算执行情况的报告、2021年度省级预算执行和其他财政收支的审计工作报告、2021年度省级预算执行和其他财政收支审计查出问题整改情况的报告，审查批准2021年省级财政决算。听取和审议省人民政府关于2021年度国有资产管理情况的综合报告，结合审议情况以常委会联组会议形式开展专题询问。

【司法工作监督】 听取和审议省人民政府关于法治政府建设情况的报告、贯彻实施监狱法加强执法队伍教育整顿情况的报告，省高级人民法院关于知识产权审判工作情况的报告，省人民检察院关于全省检察公益诉讼工作情况的报告。开展人民调解法实施情况执法检查。围绕推进监察监督全覆盖情况开展专题调研。

【增强监督实效】 依照法定职责、限于法定范围、遵守法定程序开展监督工作。完善执法检查工作机制，改进方式方法，寓支持于监督之中，增强监督工作的针对性和实效性。坚持问题导向，灵活运用常规检查、随机抽查、网络调研、问卷调查、委托第三方评估等方式开展监督。紧扣法律规定逐条对照检查，持续发力、跟踪监督，推动各地区各部门认真落实法律责任，推进法律法规全面有效实施。完善专题询问工作机制，进一步提高专题询问的针对性、实效性。

## 代表履职工作

【代表依法履职】紧跟履职需要，优化培训内容，认真做好代表培训工作，有关专委会和工作部门举办培训班时根据实际情况邀请人大代表参加。利用多种方式和渠道，向代表通报重要情况、提供资料信息，保证代表知情知政。围绕全省中心工作和人民群众高度关注的热点难点问题，组织好代表视察、专题调研和考察活动，切实提高代表参与度。指导“人大代表之家”规范化、常态化运行，加强对代表小组活动的指导，丰富代表小组活动形式，增强活动实效。

【常委会联系代表】发挥省人大常委会领导联系代表的示范作用，健全完善各专委会、各工作部门对口联系代表工作机制，常态化加强与代表联系。扩大代表参与常委会工作的深度和广度，完善代表列席常委会会议、召开列席代表座谈会等工作制度，邀请代表参与立法调研、起草、论证、审议、评估等工作，重要地方性法规草案征求相关领域或具有相关专业背景代表的意见。持续深化代表参与常委会执法检查、专题调研等活动机制，探索预算审查监督联系代表机制。

【代表联系群众】充分发挥代表来自人民、扎根人民的特点和优势，健全完善人大代表联系人民群众的制度机制和工作平台，丰富和拓展代表联系群众的渠道、方式和内容，支持代表通过多种形式多个平台，参加接待人民群众和各类主题实践活动，健全代表反映人民群众意见和诉求的处理反馈机制，推进代表联系群众规范化常态化制度化。

【代表议案建议工作】按照“内容高质量、办理高质量”和“既要重结果、也要重过程”的要求，高质量办理代表议案建议。完善省委、省政府主要领导、省人大常委会领导、各专门委员会督办建议机制，加强跟踪问效。结合实际情况，选择2个承办单位在省人大常委会会议上作代表建议办理情况报告并进行满意度测评。充分利用代表履职网络平台，做好代表建议网上交办、办理、答复、测评等工作。

（省人大常委会办公厅　马小晶）

## 综述

【概况】2022年，面对严峻复杂的外部环境和多轮疫情冲击，在以习近平同志为核心的党中央坚强领导下，甘肃深入学习宣传贯彻党的二十大精神，贯彻习近平总书记对甘肃重要讲话重要指示批示精神，落实党中央“疫情要防住、经济要稳住、发展要安全”要求，细化落实全国稳住经济大盘电视电话会议精神，按照省第十四次党代会部署，统筹疫情防控和经济社会发展，统筹发展和安全，着力实施强科技、强工业、强省会、强县域行动，盘活存量、引入增量、提高质量、增强能量、做大总量，全省经济运行总体平稳、稳中有进。

【落实重大部署】坚持党的全面领导，持续提升政治能力，始终在政治立场、政治方向、政治原则、政治道路上同以习近平同志为核心的党中央保持高度一致。及时跟进学习习近平总书记最新重要讲话精神，结合一、二、三卷系统学习《习近平谈治国理政（第四卷）》，全年召开党组（扩大）会议暨党组理论学习中心组学习会议38次，自觉对标习近平总书记重要指示，及时校准思想行动，坚定信仰信念信心，深刻领悟“两个确立”的决定性意义，增强“四个意识”、坚定“四个自信”、做到“两个维护”。认真学习宣传贯彻党的二十大精神，制定出台《中共甘肃省人民政府党组学习宣传贯彻党的二十大精神的实施意见》，部署政府系统学习宣传贯彻工作。班子成员都到各自分管部门和联系的市县、企业、高校等宣讲党的二十大精神。对中央出台的重要政策、作出的重大决策、部署的重点工作、明确的重要任务，及时研究制定贯彻落实的具体方案和措施，深入贯彻全国稳住经济大盘电视电话会议精神，针对性出台国务院稳经济一揽子政策措施的53条落实举措和24条接续措施，召开全省稳经济暨强工业促发展大会，建立考核调度督查工作机制，推动政策快速有效落实。

【项目发展】紧密对接国家政策导向，积极争取并使用好中央预算内投资214.7亿元，连续三年创历史新高。争取专项债券额度780亿元，全部发行完毕，涉及项目1284个，总投资6073亿元；金融工具项目36个，投放基金229.5亿元；设备购置贴息贷款国家反馈项目331个、贷款需求249亿元，已签约27个项目、贷款55.5亿元；中长期贷款国家反馈项目369个、贷款需求982.6亿元，已签约28个项目、贷款81.5亿元。连续举办4次重大项目集中开工活动，营造大抓项目、大干快上的浓厚氛围。西成铁路甘肃段、兰合铁路、中川机场三期、兰永临高速公路、红沙梁矿井、肃南皇城和张掖盘道山抽水蓄能电站、生态及地质灾害避险搬迁、兰西城市群甘肃片区生态建设重点项目、省公共卫生医学中心等一批重大项目进展顺利。

【产业发展】 围绕强龙头、补链条、聚集群，大力实施强工业行动，全面推行产业链链长制，加快传统产业“三化”改造，积极应对大宗商品价格震荡、重点企业设备检修等因素影响，加强调度、多措并举促进工业经济平稳运行。全省新入规工业企业463户，坚持把新能源产业作为转变发展方式的重要方向，加快实施特高压直流输电工程，推进新型储能和抽水蓄能建设，新能源并网装机3800万千瓦，装机规模占比达到53.8%，单日发电量首次突破3亿千瓦时，成为省内第一大电源，排名全国第2位，我省新能源已输送到全国21个省份。全面启动全国一体化算力网络甘肃枢纽节点建设，新建成5G基站3.1万个，兰州国家级互联网骨干直联点获批建设，新材料、电子信息、高端装备制造、生物医药等新兴产业加快培育。大力推进矿业权公开出让，出让矿业权45宗，成交价款244.18亿元。大力推进国有资本布局结构优化调整，推动省属企业发挥顶梁柱作用。

【科技创新】 深入实施强科技行动，集中力量开展关键核心技术攻关，在新能源、新材料、石油化工、装备制造等领域实施省级科技重大专项71项、中央引导地方科技发展专项43项，新组建集成电路制造材料、中医药、化工新材料等3家企业创新联合体，3家国家重点实验室成功重组为全国重点实验室。实施高新技术企业倍增计划，启动实施科技专员制度，从高校院所选派首批100名科技专员服务企业科技创新。持续深化同中国科学院、中国工程院战略合作，与上海张江签订“1+8”合作协议，推动“陇粤大湾区·兰白自创区中医药创新发展示范区”建设。

【乡村振兴】 聚焦守底线、抓发展、促振兴，持续巩固拓展脱贫攻坚成果，健全完善防止返贫监测帮扶机制，全省搬迁脱贫家庭实现户均1人以上就业，7.4万户监测对象脱离返贫风险，风险消除率（户占比）68.5%。成功举办“津陇共振兴”和“鲁企走进甘肃”活动，签约项目107个、金额170.8亿元。认真落实粮食安全和耕地保护党政同责，完成高标准农田建设276.6万亩、撂荒地复耕复垦123万亩，全省粮食播种面积达4049.6万亩，超额完成国家下达的3986万亩目标任务，粮食产量达1265万吨、连续三年保持在1200万吨以上。乡村特色产业、制种业成为亮点，养殖业、设施农业牵引农业结构调整，“甘味”品牌荣获2022中国区域农业形象品牌影响力指数100强榜首。

【生态保护】 深入实施黄河国家战略，加快实施黄河首曲湿地保护修复和退化草原治理改良、祁连山北麓水源涵养与生态保护修复、陇中陇东黄土高原区水土流失治理等重大生态项目。在全国率先开展省级层面黄河流域生态保护地方立法与污染现状调查。支持兰州市城区雨污管道分流工程、渭河生态综合治理工程二期等19个重点项目建设。抢抓国家“十四五”能耗总量弹性管理等政策机遇，一企一策、点对点解决甘肃宝丰多晶硅上下游协同等一批重大项目能耗指标约束难题，全省能耗双控压力明显缓解，用能效率不断提高。积极推进生态修复治理，完成营造林309.9万亩、沙化土地治理243.1万亩、草地改良402.7万亩。大熊猫国家公园正式获批，祁连山国家公园列入设立范围，若尔盖国家公园积极创建。深入打好污染防治攻坚战，持续抓好生态环境质量改善。

【深化改革】 持续深化投资建设领域审批制度和“证照分离”改革，不断优化营商环境。数字政府建设一期项目上线运行，全省政务服务全程网办率提升至98%。深化财税体制改革，调整优化财政支出结构，财政预算执行总体平稳，如期完成国企改革三年行动目标任务，省属企业全面完成公司制改革，混改户数占比达57.8%，国有企业活力动力显著增强。精准实施服务业纾困扶持措施，投放3020亿元中小微企业专项贷款。

【对外开放】 深度挖掘“一带一路”最大机遇，积极推进内外兼顾、陆海联动、向西为主、多向并进的开放新格局，对外开放的大平台、大通道、大通关体系不断完善，实现了外贸外资逆势增长。整合组建国际物流集团有限公司，加快构建“一体两翼多联”产业空间布局，搭建起做大物流贸易、做强枢纽经济的重大平台。国际货运班列稳定运营，对开兰州至连云港铁海联运班列，首开中老铁路国际货运班列。甘肃中医药大学附属医院获批全省首家“国家中医药服务出口基地”。在35个国家和地区设立121个境外营销网点，助力企业拓市场、保订单。

【民生改善】 聚焦群众急难愁盼问题，持续加大民生投入，11类民生支出占总支出的近八成。省委、省政府10件为民实事全面完成，特别是抢抓国家关心支持的重大机遇，系统谋划全省生态及地质灾害避险搬迁工作，搬迁安置4.6万户、17.06万人，超额完成年度任务。加大就业工作力度，开展高校毕业生等青年群体就业“百日攻坚”和“百名人社局局长直播带岗”暖心行动，多措并举应对保就业压力，支持新建改扩建城镇公办幼儿园60所，预计新增公办园位1.6万个。顺利推进国有土地已售城镇住宅历史遗留“登记难”问题，总体登记率80.2%。加强粮油肉蛋菜等重要民生商品供应调度和市场监管，适时调整价格补贴联动机制，有效保障市场供应和价格稳定。

【统筹发展】 落实迎峰度夏、度冬能源保供工作方案，核桃峪、甜水堡二号井等一批大中型煤矿建成投产，压紧压实主体责任，加强金融、房地产、政府债务等重点领域风险管控。认真贯彻国务院安委会15条硬措施，推动全省35条具体措施落细落地，持续开展安全生产大检查和“四不两直”督导检查，紧盯交通运输、建筑施工、矿山危化品、消防安全、文化旅游、防汛减灾等领域，强弱项、补短板、堵漏洞，坚决遏制重特大事故发生，以重点行业领域安全支撑全省安全生产大局稳定。

【完善工作机制】 探索创新抓落实、促发展的机制办法，完善经济运行分析调度机制，坚持每月研究分析经济运行情况，每季度向省委财经领导小组报告经济运行情况，每季度在市州现场召开全省经济运行调度推进会，在一线表彰先进、鞭策后进、传导压力；完善重大项目谋划储备和选取、要素协调保障、部门协同服务、主体责任落实、督察考核等协同推进机制，使抓项目稳投资的措施更加务实具体；完善督查问效机制，对企业反映、调研发现的营商环境、政策落实、税费减免等问题，盯住不放、督促整改；完善考核激励机制，坚持“大干大支持、多干多支持、不干不支持”的鲜明导向，制定市州重点工作完成情况评价办法及县域经济发展分类考核评价办法，加大奖励激励力度，推动全省经济社会高质量发展迈出新步伐。

## 重要会议

【省政府全体会议】**十三届省政府第十次全体会议** 1月20日下午在兰州召开，对省十三届人大六次会议审议通过的政府工作报告确定的目标任务进行安排部署，动员全省政府系统着眼于早、着力于快，领指标、扛任务、担责任，壮士气、强担当、抓落实，在新的起点上趁热打铁、乘势而上，厚植根基、汇聚动能，锐意进取、攻坚克难，不断开创各项事业发展新局面，以优异成绩迎接党的二十大及省第十四次党代会胜利召开。

会议指出，2022年经济社会发展的目标要求和工作任务已经明确，一分部署、九分落实，关键在于实干。全省政府系统要始终把习近平总书记对甘肃重要讲话和指示精神作为全部工作的统揽和主线，深入贯彻落实省两会精神，坚持以经济建设为中心，坚持稳中求进工作总基调，紧紧围绕“三新一高”要求，认清主要矛盾不断增强加快发展的紧迫感，聚焦中心任务不断增强加压奋进的主动性，对标战略策略不断增强贯彻落实的执行力，提振精气神、跑出“加速度”，真抓实干、埋头苦干、紧张快干、创新巧干，以发展促富民、以发展破难题、以发展求跨越，努力在拔节孕穗、蓄力起跳、后发赶超的新阶段交出新答卷、书写新荣光。

会议强调，要干出快马加鞭的高效率，第一时间行动起来，“链条化”明责任、“清单化”压任务、“节点化”督进度，能快则快、能早则早。要干出千帆竞发的新热潮，拼进度、拼闯劲、拼服务、拼能力，把良好态势变为比较优势，把比较优势变为出彩胜势，让今年发展更加体现“撸起袖子加油干”的拼劲。要干出十指弹琴的统筹力，坚持系统观念、底线思维，守牢底线任务、用情保障民生、抓实安全稳定。要干出冲刺起步的开门红，项目建设要先行快动、工业生产要开足马力、春耕备耕要争时赶早，拿出开局决定全局、起势决定胜势的状态，下好先手棋、打好主动仗。

会议强调，岁末年初，各项任务十分繁重。各级各部门要切实抓好疫情防控、安全生产、应急值守、稳价保供、帮扶救助、农民工薪资支付等工作，确保社会大局和谐稳定，让全省人民过一个安全、温暖、幸福的虎年春节。

**十三届省政府第十一次全体会议** 省政府第十一次全体会议暨全省经济运行调度电视电话会议8月1日在兰州召开，总结上半年经济运行情况，分析当前形势，部署下半年重点任务。

会议指出，上半年面对多重困难叠加的复杂形势，全省上下深入贯彻落实习近平总书记对甘肃重要指示要求和党中央决策部署，坚持稳中求进工作总基调，完整准确全面贯彻新发展理念，有效统筹疫情防控和经济社会发展工作，巩固发展了下行压力之下的上行态势，经济运行结构改善、韧性增强、效速兼取、量质齐升，交出了一份极为不易的经济"半年报"。

会议强调，做好下半年经济工作，要全面落实党中央疫情要防住、经济要稳住、发展要安全的重要要求，始终保持对困难问题的高度清醒，坚决把思想和行动统一到党中央对经济形势的分析判断和对经济工作的决策部署上来，深入实施"四强"行动，全力做好"五量"文章，坚定不移锚定全年目标，奋力交出经济社会发展优异答卷。要全力以赴保目标、稳态势，前赶优势指标、补齐欠账短板，发挥政策效应，各市州都要勇挑重担、争先进位，为全省经济发展多作贡献。要坚持不懈抓项目、扩投资，落实重大项目建设协同推进机制，推动项目早竣工早投运早达产早见效。要坚定不移调结构、强产业，加快传统产业改造升级，促进新能源产业高质量发展，大力培育新兴产业，大力发展县域富民产业。要竭尽所能提消费、促外贸，抢抓旅游和消费旺季挖掘释放潜力，加快生态及地灾搬迁拉动消费增长，通过平台支撑带动培育新的外贸增长点，跟踪落地兰洽会签约项目。要倾心倾力稳就业、惠民生，千方百计稳住就业，保障好困难群众基本生活，办好民生实事。要从严从实守底线、保安全，抓好粮食生产，抓严安全生产，抓实防汛减灾，稳定房地产市场，防范化解金融风险，坚决筑牢疫情防控屏障。

会议强调，为政之要、贵在落实，要扛牢守责尽责的硬担子，下足敢为善为的硬功夫，营造干事成事的硬环境，真抓实干、埋头苦干，以实际行动迎接党的二十大胜利召开。

**【省政府常务会议】** 2022年，甘肃省人民政府共召开常务会议37次。

**十三届省政府第159次** 1月4日召开。会议审议《政府工作报告（审议稿）》《关于甘肃省2021年国民经济和社会发展计划执行情况与2022年国民经济和社会发展计划草案的报告（审议稿）》《关于甘肃省2021年预算执行情况和2022年预算草案的报告（审议稿）》，研究部署碳达峰碳中和工作，通过《甘肃省政务服务事项告知承诺制实施办法（草案）》，传达学习全国政府秘书长和办公厅主任会议精神，安排部署贯彻落实事宜。

**十三届省政府第160次** 1月24日召开。会议审议通过2022年省委、省政府承诺10件为民实事实施方案，安排部署全省粮食安全工作。

**十三届省政府第161次** 1月30日召开。会议研究全面推进乡村振兴重点工作和普通高等教育高质量发展工作，审议通过《甘肃省第三轮草原生态保护补助奖励政策实施方案》《甘肃省实施企业职工基本养老保险全国统筹制度工作方案》。

**十三届省政府第162次** 2月7日召开。会议研究加快建设综合立体交通网络等工作，审议通过《甘肃省危险化学品生产安全事故应急预案》《甘肃省矿山生产安全事故应急预案》《甘肃省普通公路管理养护事权移交接养工作实施方案》《甘肃省定价目录》和《甘肃省"十四五"时期深化电价形成机制改革推进经济社会高质量发展的实施意见》。

**十三届省政府第163次** 2月14日召开。会议传达学习习近平总书记对审计工作的重要指示批示精神，研究加强全省审计监督工作，审议通过了《关于推动矿产资源勘查开发高质量发展的意见》《关于健全重特大疾病医疗保险和救助制度的实施意见》

和2021年度甘肃省专利奖评审结果。

**十三届省政府第164次** 2月28日召开。会议研究强工业行动“1+10”实施方案和行动计划，审议通过了《进一步加大对中小微企业纾困帮扶力度若干措施》《甘肃省贯彻落实促进服务业领域困难行业恢复发展若干政策的实施方案》《甘肃省加快农村寄递物流体系建设行动方案》。

**十三届省政府第165次** 3月21日召开。会议研究分析全省1—2月经济运行形势，安排部署农村人居环境整治提升、黄河流域兰西城市群甘肃片区生态建设、东西部协作财政援助资金使用等工作，审议通过《兰州新区高质量发展评价办法》；决定调整甘肃省煤炭矿业权出让收益市场基准价，提高2022年城乡低保、特困供养、孤儿和事实无人抚养儿童保障标准。

**十三届省政府第166次** 3月28日召开。会议研究强县域行动实施方案，审议通过《甘肃省推进新建商品房“交房即交证”改革实施方案》。

**十三届省政府第167次** 4月6日召开。会议研究了甘肃省青藏高原生态环境保护和可持续发展、坚持和完善新时代政府参事制度和文史馆员制度工作，听取了甘肃省第十五届运动会筹备工作情况汇报。

**十三届省政府第168次** 4月11日召开。会议研究了强科技行动实施方案和全面落实安全生产十五条措施的实施意见，审议通过了《甘肃省推动生活性服务业补短板上水平提高人民生活品质行动方案（2022—2025年）》。

**十三届省政府第169次** 4月21日召开。会议研究分析了全省一季度经济运行形势，安排部署了下一步工作。

**十三届省政府第170次** 4月25日召开。会议安排部署了进一步做好信访和食品药品安全等工作，审议通过了《甘肃省强化危险废物监管和利用处置能力改革工作方案》。

**十三届省政府第171次** 5月9日召开。会议审议通过了《关于推进企业投资工业项目“标准地”改革的指导意见》《甘肃省进一步加强生物多样性保护的实施意见》，研究了推进兰西城市群要素市场化配置综合改革工作。

**十三届省政府第172次** 5月16日召开。会议研究了生态及地质灾害避险搬迁工作，审议通过了《甘肃省工业项目土地使用标准》《甘肃省风力发电项目建设用地标准》《甘肃省加油站、加气站、加油加气合建站建设用地标准》《甘肃省国家公园管理办法（暂行）》和2021年度省长金融奖评审结果。

**十三届省政府第173次** 6月1日召开。会议研究稳住经济一揽子政策措施，审议通过《关于进一步稳定和扩大就业的若干措施》，安排部署加强统计工作。会议之前，传达学习了省第十四次党代会精神。

**十三届省政府第174次** 6月6日召开。会议研究优化生育政策促进人口长期均衡发展、加强新时代老龄工作、整合体育资源推动体育产业高质量发展等工作，批准2021年度省科学技术奖评审结果。

**十三届省政府第175次** 6月13日召开。会议传达学习全国东西部协作和中央单位定点帮扶工作推进会议精神，研究贯彻落实措施；审议通过《甘肃省“十四五”节能减排综合工作方案》《甘肃省“十四五”节能目标责任评价考核工作方案》《甘肃省防范和化解拖欠中小企业账款专项行动实施方案》《关于鼓励和支持社会资本参与生态保护修复的实施意见》《甘肃省青藏高原生态环境保护暂行办法》。

**十三届省政府第176次** 6月20日召开。会议研究分析全省1—5月经济运行形势，审议通过《甘肃省迎峰度夏能源保供工作方案》，安排部署进一步做好信访、审计工作和省公共卫生医学中心项目建设事宜。

**十三届省政府第177次** 6月27日召开。会议安排部署第二十八届兰洽会筹备事宜，研究加强省政府决策咨询工作。

**十三届省政府第178次** 7月4日召开。会议研究推进以县城为重要载体的城镇化建设、大力实施强县域行动工作，审议通过了《甘肃省“十四五”生物医药产业发展规划》《甘肃省促进残疾人就业三年行动实施方案（2022—2024年）》。

**十三届省政府第179次** 7月18日召开。会议传达学习李克强总理7月12日在经济形势专家和企业家座谈会上的重要讲话精神和全国乡村产业发展工作推进电视电话会议精神，研究分析全省上半年经济运行形势，安排部署乡村产业发展工作，决定调整退休人员基本养老金和失业保险金发放标准。

**十三届省政府第180次** 7月25日召开。会议安排部署疫情防控和安全生产等工作，研究贯彻落实扩大内需战略、大力提升监管能力和水平促进对外开放等事宜，审议通过《甘肃省“十四五”冷链物流高质量发展实施方案》《甘肃省“十四五”卫生健康服务体系规划》。

**十三届省政府第181次** 8月8日召开。会议安排部署了推动落实全国统一大市场建设重点任务，研究高风险金融机构化险工作。

**十三届省政府第182次** 8月22日召开。会议研究分析了全省1—7月经济运行情况，安排部署了下一步工作；审议通过了《甘肃省进一步强化金融支持中小微企业纾困发展的实施方案》《关于推进企业投资建设项目信用承诺制改革的若干意见》《关于支持全国一体化算力网络国家枢纽节点（甘肃）建设运营的若干措施》。

**十三届省政府第183次** 9月5日召开。会议审议通过了《甘肃省进一步释放消费潜力促进消费增长的若干措施》《关于厉行勤俭节约过紧日子确保财政平稳运行的实施方案》《甘肃省省级高新技术产业开发区认定管理办法》《甘肃省激励大学生等参军入伍的政策措施》，研究了全省开发区高质量发展、实施乡村建设行动和消防救援队伍装备建设等工作。

**十三届省政府第184次** 9月13日召开。会议审议通过了《甘肃省贯彻落实稳住经济一揽子政策接续政策措施实施方案》《关于科学绿化的实施意见》和甘肃省“三区三线”划定成果，研究了加强战略和应急物资储备安全管理等工作。

**十三届省政府第185次** 9月19日召开。会议研究分析了全省1—8月经济运行情况，安排部署了加快建设知识产权强省和加强矿山安全监管工作，审议通过了《关于统筹推进全省算力资源统一调度的指导意见》。

**十三届省政府第186次** 9月26日召开。会议审议通过了修订后的《甘肃省道路交通事故社会救助基金管理办法》，批准了2022年甘肃省外国专家“敦煌奖”评审结果。

**十三届省政府第187次** 10月25日召开。会议研究分析了全省前三季度经济运行情况，审议通过了《甘肃省贯彻落实国家新型城镇化规划（2021—2035年）“十四五”实施方案》。

**十三届省政府第188次** 10月31日召开。会议审议通过了《甘肃省“十四五”新型基础设施建设实施方案》《授权和委托用地审批事项实施方案》。

**十三届省政府第189次** 11月7日召开。会议研究部署了全省国土空间规划编制和加强食品安全等工作。

**十三届省政府第190次** 11月14日召开。会议研究部署了全省老龄事业发展和养老服务体系建设等工作，决定设立酒泉高新技术产业开发区。

**十三届省政府第191次** 11月21日召开。会议安排部署当前疫情防控、进一步加强耕地保护和秋冬“三农”重点工作等，研究分析全省1—10月经济运行情况。

**十三届省政府第192次** 11月28日召开。会议对全省安全生产工作再次作出安排部署，研究全省风景名胜区整合优化工作，审议通过了《甘肃省失业保险省级统筹实施方案》。

**十三届省政府第193次** 12月12日召开。会议安排部署岁末年初安全生产重大隐患专项整治和督导检查工作，研究全省先进企业和优秀企业家表彰事宜。

**十三届省政府第194次** 12月20日召开。会议听取2022年全省经济运行情况和2023年经济工作安排建议，研究分析全省1—11月经济运行情况，审议2023年省预算内基建资金建议计划。

**十三届省政府第195次** 12月29日召开。会议审议《政府工作报告（审议稿）》《关于甘肃省2022年国民经济和社会发展计划执行情况与2023年国民经济和社会发展计划草案的报告（审议稿）》《关于2022年甘肃省财政预算执行情况和2023年甘肃省及省级预算草案的报告（审议稿）》。

## 省政府综合事务

【政治建设】 把旗帜鲜明讲政治摆在首要位置，深刻领悟“两个确立”的决定性意义，增强“四个意识”、坚定“四个自信”、做到“两个维护”。加强政治历练，事事从政治上看待问题、分析问题、解决问题，处处都坚持政治标准、考虑政治因素、注重政治效果，不断提升政治判断力、政治领悟力、政治执行力，切实当好“风向标、催化剂、把关人、监督员”，始终在思想上政治上行动上同以习近平同志为核心的党中央保持高度一致。把学习贯彻习近平新时代中国特色社会主义思想作为党组理论学习中心组学习的“第一议题”，第一时间学习领会习近平总书记发表的重要讲话、提出的重要论述、作出的重要指示批示，认真领悟贯穿其中的立场观点方法，力求学思用贯通、知信行统一。党的二十大闭幕后，迅速召开办公厅党组（扩大）会议，传达学习会议精神和习近平总书记在大会期间的重要讲话精神，制定贯彻落实方案，通过个人自学、理论学习中心组集体学习、专题辅导等形式，特别是党组成员带头研讨交流学习体会，引导干部职工深入学习、深刻领悟，真正用党的二十大精神统一思想、统一意志、统一行动。坚持把落实意识形态工作责任制作为重要政治任务，认真执行《党委（党组）意识形态工作责任制实施办法》，党组书记履行第一责任人责任，班子成员落实“一岗双责”，确保意识形态阵地安全牢固。

【决策服务工作】深入细致调查研究。立足国家所需、甘肃所能、群众所盼、未来所向，围绕“一核三带”区域发展格局、“四强”行动、“五量”文章、黄河流域生态保护和高质量发展、乡村振兴、产业培育、生态地灾搬迁、财政金融、医疗民生等全局性、长期性、战略性重大问题及领导关心、社会关注、群众关切的重点难点热点问题，联合省政府研究室、省政府参事室、省属高校、科研院所及有关行业部门，坚持问题导向，深入开展专题调研，着力提升调研质量，为制定和完善政策献计出力。提高以文辅政能力。严把文件政治、法律、政策、内容、文字、程序“六道关口”，做到不成熟不提交、不成熟不上会、不成熟不发文，全年审核印发省政府及办公厅文件590份，收办各类文件6733份、电报4007份。围绕党中央、国务院重大决策部署，紧贴省委、省政府工作安排，研究协调起草会议讲话、政策文件、会议纪要等综合性文稿，聚焦经济社会发展、深化改革开放、保障基本民生等方面，前瞻性研提政策举措。服务统筹疫情防控和经济社会发展。认真贯彻落实党中央、国务院决策部署，按照省委、省政府安排要求，积极协调有关方面因时因势优化调整防控措施，推动出台和实施第九版防控方案，进一步优化防控工作二十条、新十条等措施，协助做好疫情综合研判、现场处置、资源调度和信息报告等工作，协调加大检测试剂、疫苗和新冠治疗药物等医疗物资生产供应保障力度。对全省12345便民服务热线运行情况持续进行通报，督促各地推动解决人民群众反映的问题特别是疫情防控期间物资保障、看病就医等方面的问题，最大程度保护人民生命安全和身体健康。在积极协助省政府领导抓好全省层面疫情防控工作的同时，率先制定《省政府办公厅疫情防控管理措施》等制度，严格人员、车辆、场所等管理，严格门禁、消毒、检测等制度，认真细致抓好省政府大院及办公厅机关的疫情防控工作。

【服务保障工作】强化统筹。研究制定《省政府秘书长和办公厅主任工作碰头会议制度（试行）》，定期研究调度党中央国务院及省委、省政府重大决策部署落实、领导批示办理、省第十四次党代会报告、省政府工作报告、省政府和省政府办公厅文件会议的细化实化、督查考核等工作。按月提出省政府领导重要政务活动安排清单，每周动态完善，把省政府领导工作安排具体细化到日，做到参谋服务想在前、综合协调做在前、推动落实干在前。落实为基层减负要求。加强计划管理，全年以省政府名义召开的全省性会议控制在年度目标之内，3类重点精简类文件同比减少17.7%，督查检查和考核工作按年度计划完成。加强值班值守。坚持7×24小时全天候值班值守和文件运转，紧盯重大突发事件和热点敏感问题，及时做好信息报告工作，省政府领导同志在值班信息上作出批示148件次，国务院领导同志作出批示2件次。协助省政府妥善处理了“6·16”兰州新区滨农科技有限公司爆炸事故、“7·23”白银景泰重大边坡坍塌事故等重大突发事件。全力做好重要时间节点的值班值守工作，完成了总值班室显示系统的升级改造，建成了横向到边、纵向到底的应急视频会商调度保障平台，国务院总值班室在通报相关情况时，给予我省充分肯定和表扬激励。

四是加强机关事务管理。严格落实过“紧日子”要求，勤俭节约办事，“三公”经费持续压减。严格食品原料采购，保证干部职工用餐安全。

【督查检查工作】聚焦中心工作抓落实。全年组织开展疫情防控、稳经济一揽子政策措施落实、省委、省政府为民实事、安全生产防范等专项督查，推动党中央国务院决策部署及省委、省政府工作要求落地见效。分解国务院及省政府工作报告指标任务，逐项明确牵头领导、牵头单位、时限要求，每月报送进展，每季度协调调度，半年年终实地督查，推动了全省重点工作任务落实。做好国务院第九次大督查服务保障工作。组成工作专班全力保障国务院第九次大督查，每日汇总形成《督查工作动态》报省政府领导同志审阅。组织专门力量对各地各部门的典型经验进行筛选提炼总结，并及时将20件典型经验做法和发展成效明显的市县，以省政府名义向国务院进行了推荐，其中“东数西算”大数据产业集群、“五式工作法”稳市场主体助经济增长、全产业链推进新能源装备制造业基地建设等3项工作受到了国务院办公厅的通报表扬。对国务院第九督查组反馈的23个问题进行梳理分解，制定整改方案，逐项明确责任单位，采取一事一策、挂账督战、逐一销号等措施，立行立改的已全部完成，其他问题按照整改方案推进并取得了阶段性成效。紧盯指示批示抓落实。始终把习近平总书记重要讲话重要指示批示的盯办作为重中之重的任务，与此同时健全完善领导批示转办制度，不断提高收办分送、全程跟踪、督办提醒、梳理汇总、台账管理的实效性。加大要件督办力度，台账化管理，定期总结梳理督办落实工作情况，分类、分项、分行业盯住落实。全年共办理中央领导同志批示66件、省委领导同志批示233件、省政府主要领导同志批示3100件。

【“放管服”改革工作】全面实行行政许可清单管理，加快推进全省行政许可实施规范和办事指南的编制工作。着力提高政府全方位、多层次、立体化监管体系，典型经验被国务院办公厅在全国复制推广。深入推进政务服务标准化规范化便利化，139项高频政务服务事项实现“跨省通办”，“一件事一次办”主体集成服务达538个，政务服务事项平均跑动次数由0.36次减少到0.07次，降幅达81%。持续深化投资建设领域审批制度改革和“证照分离”改革，在全国率先推行投资项目信用承诺制改革，公共资源交易实现全流程电子化和网上异地评标，全省企业开办时间压缩至3个工作日以内，新设立企业登记注册2天办结率达99.34%，工程建设项目审批压缩至90个工作日内，企业投资备案类新开工项目审批时间缩短到50天。数字政府建设一期项目上线运行，甘肃政务服务网个人用户注册人数达2149万人，企业用户注册202万户。全省政务服务事项全程网办率提升至98%以上，“最多跑一次”事项占比达到99.98%，汇聚政务数据达1050亿条以上，累计归集电子证照6206万个，制作电子印章3.3万枚。我省一体化政务服务能力水平等级在国务院办公厅组织的调查评估中由“中”组别跃升至“高”组别。

【政务信息工作】选择部分高校、科研院所、省属国有企业、民营企业、中央在甘单位、金融机构、县市区、乡镇等共118家单位为省级信息直报点，实现了省级信息直报点从无到有、从弱到强的跨越。开发建成甘肃省政务信息报送系统，解决了全省没有统一政务信息报送系统渠道的问题，提升了全省信息报送效率。国务院办公厅采用信息42条，全国排名较去年同期上升6位，办公厅被国务院办公厅秘书局通报表扬。甘肃省《发展壮大乡村产业，促进脱贫群众持续稳定增收》的典型经验被国务院办公厅《政务情况交流》采用。制定全省政务公开工作考核办法、社会评议办法、责任追究办法，出台政务新媒体管理办法、政务公开保密审查办法，初步形成了公开、发布、解读、考核、评议、责任追究全链条制度规范。在国务院办公厅对全国2021年度政务公开工作评估中，甘肃省得分82.38分，较上年高出4.98分。围绕省政府安排的重大政策宣传，组织各级各类新闻媒体发布新闻5000余条。进一步加强和改进网民留言办理工作，一日一筛选、一周一摘报、一月一办结，同时加大疑难复杂问题的直查直办和实地复核力度，门户网站办理“领导留言板”群众留言成效明显，被人民网评为“2022年度人民网网上群众工作民心汇聚单位”。

【巩固帮扶工作】扎实履行组长单位职责，先后3次组织召开宕昌县巩固拓展脱贫攻坚成果同乡村振兴有效衔接帮扶工作推进会，研究分析帮扶过程中存在的困难和问题，提出工作要求。组织联合督查考核组，对宕昌县防返贫动态监测、“3+1”脱贫成果巩固、特色优势产业培育等重点工作，以及省直各帮扶单位帮扶情况、驻村帮扶工作队履职情况进行实地督查，有效保障政策落实、责任落实、工作落实。帮助宕昌县农特产品广开销路，积极协调县域跨江便民桥立项批复，帮助办理两河口镇滨河湿地公园项目公路用地建设项目行政许可。牵线中国三峡新能源甘肃分公司为宕昌县捐赠帮扶资金500万元。联络各方社会力量助力琦昆农业发展有限公司、锶畅饮用水等本土龙头企业拓展市场、扩大销路，增加群众收入。

（省政府办公厅　韩正宾　李振宸）

## 外事管理与交流

【外事服务管理】全面统筹推进全省涉外疫情防控工作，线上举办全省涉外疫情防控工作培训会，完善在甘外籍健康新甘肃小程序，推送解除医学隔离境外返甘人员信息1000余人次。执行外事管理政策规定，审核审批和办理各类因公临时出国团组36批95人次，办理出境证明41批190人次。服务打造“海外平安中国”，建立海外甘肃机构和人员及在甘外国人数据库，指导甘肃在海外企业、人员、机构提升风险防范意识，协调处置甘肃公民在境外因疫受困及突发意外等领事保护案件23起。贯彻《陆地国界法》，做好中蒙边界甘肃段管理。召开全省翻译工作者座谈会，编印《甘肃省公共服务领域英文译写参考规范》，印发《外事礼宾礼仪知识汇编》，联合开发“甘肃省公共场所外语标识纠错”小程序。发挥外事港澳资源优势，多渠道筹措资金70万元支持乡村振兴，发展养殖产业，联合韩中文化友好协会和爱心企业在帮扶村开展“送温暖·送爱心”“中韩情缘、幸福同行”慰问帮扶活动，先后筹措资金102.7万余元实施产业培育、爱心助学、紧急救助等帮扶项目。

【配合国家总体外交】打造“敦煌文化全球连线活动”对外宣介品牌，开展8场“敦煌文化环球连线”线上国际专题讲座，传播“丝绸之路精神”，推动敦煌文化服务共建“一带一路”。持续做好白俄罗斯俄罗斯友好工作，与格罗德诺州共同庆祝两省州结好15周年并制定合作计划，白俄罗斯驻华大使先后两次向甘肃发来庆祝两国建交30周年和节日祝福视频；支持省农科院与白俄罗斯国家科学院签署科技合作协议，助推武威保税物流中心与白俄罗斯海关服务公司建立合作关系，向白俄罗斯捐赠防疫中药“甘肃方剂”1.5万剂，白俄罗斯第一副总理专门致信甘肃省委书记表示感谢。参与并组织纪念中新（新西兰）建交50周年暨路易·艾黎诞辰125周年系列活动，支持省话剧院排演大型历史话剧《路易·艾黎》，开展“您好！路易·艾黎”网络媒体主题采访，为深化中新友好、弘扬艾黎精神发挥重要作用。持续抓好常态化涉外疫情防控和国际抗疫交流合作，与肯尼亚、亚美尼亚、匈牙利等国家线上分享联防联控、医疗救治做法，累计完成37架撤侨、留学生、国企驻外人员、维和部队轮换等各类包机和商业航班7457名中外人员兰州入境接收隔离转运任务。参与国家援外项目，实施援马达加斯加“中医中心”项目和“妇幼健康”项目，开办“中国—东盟国家能源规划和能源国际合作研修班”，举办线上中医培训班等。

【服务甘肃经济发展】举办线上经贸、旅游、文化等重要线上交流活动，创新推动云外事提质增效。邀请马来西亚、阿联酋担任第28届兰洽会主宾国，15国80余位外国驻华使节、国际机构代表等参会访甘，推出《甘肃，我来了（Together in Gansu）》多语种系列微访谈“国际范儿”创新报道，进一步提升兰洽会国际化水平。推动国际务实交流合作，联合举办甘肃2022全球招商大会，参与组织甘肃省与乌拉圭佛罗里达省、白俄罗斯格罗德诺州线上经贸对接洽谈会及中医药线上合作交流推进会，召开武威保税物流中心与白俄罗斯海关服务公司合作对接会；协调省农科院和部分省内农业企业参加中俄农业合作交流会，促成省农科院分别与巴基斯坦巴哈瓦尔伊斯兰大学和白俄罗斯国家科学院共同组建科研团队开展国际科研合作达成初步意向；召开甘肃省与白俄罗斯格罗德诺州推进格罗德诺酒店和餐厅综合体重建项目视频会议，就甘肃民企投资格罗德诺州酒店项目所遇困难进行会商谈判并取得可视性成果。筹备外交部甘肃全球推介活动，争取将马鬃山口岸复通议题纳入中蒙边界联委会第四次会议，通过视频会议等形式深化与蒙古国戈壁阿尔泰省和巴彦洪格尔省友好交往，多渠道推动马鬃山口岸复通。用好外交部“快捷通道”和外交信息等政策资源优势，签发办理外国人来华签证邀请函和外国来华留学人员签证185人次。

6月13日，甘肃省人民政府和乌兹别克斯坦投资与对外贸易部经贸物流合作视频会议在兰举行（省政府外事办 文昌吉供图）

【对外友好交往】线上参加第二十三届中日韩友好城市大会和第十三届中国伊朗友协年会暨中伊友好省市对话会，组织开展庆祝省友城工作40周年系列活动，积极与日本、白俄罗斯、俄罗斯等10多个国家友城开展交流合作；联合日本秋田县在兰州理工大学建成“甘肃—秋田友谊园”纪念结好40周年，与墨西哥阿维拉州共同开展中墨建交50周年暨友城结好15周年亮灯活动，联合兰州理工大学举办阿富汗巴米扬大学汉语研修班，推荐友好人士罗马尼亚阿尔巴省省长助理乔治·辛卡获“敦煌奖”表彰；筹备举办“甘肃省开展友城工作40周年图片展”，打造“百校结好”民间交往品牌，策划推出“甘肃省‘百校结好’倡议助力‘一带一路’”专题报道；组织省内5所中小学与国外学校结好，举办6场次线上交流活动，全省19所中小学与国外52所学校结好。推动甘肃智库和有关科研机构与丝路沿线国家开展人文领域合作，支持甘肃政法大学完成中亚五国涉及“一带一路”重要法律法规编译工作，省社科院实施的编写《中国与“一带一路”国家友好关系史丛书》项目被列入2022年中国对外传播工作十大优秀案例，促成省社科院与西班牙、马来西亚达成合作编写双边友好关系发展史协议。发挥甘促会桥梁纽带作用，组织甘肃民间组织线上参加“2022年金砖国家民间组织论坛”和中国——埃及民间合作研讨会，协调25个国家和地区的53家民间组织、智库、院校和企业签署《国际民间社会共同落实全球发展倡议联合宣言》，举办“美丽甘肃·青春行动”共植国际青年友好林活动，传播甘肃声音，讲好甘肃故事，扩大甘肃国际朋友圈。

（省政府外事办　焦前刚）

## 港澳事务

【重点活动】全方位拓展陇港澳各领域合作，与香港特区政府驻京办联合举办“香港回归25周年——砥砺奋进廿五载，携手再上新征程”巡回展首展，敦煌研究院专家团赴港开展“敦煌与故宫对话：飞越文化二千年”音乐会暨文化讲座，支持筹备甘肃文化旅游（澳门）周和2022敦煌澳门双城青少年文化交流与服务学习活动，开展“港澳青少年民族文化研习计划”。香港慈恩基金会、香港惩教社等慈善机构先后捐款182.37万元开展节日慰问、大病救助和贫困生资助，支持全省巩固拓展脱贫攻坚成果同乡村振兴有效衔接。

【交流交往】邀请国务院港澳办、香港特区政府驻京办、澳门特区政府驻京办领导以及在甘港澳企业家代表参加2022年公祭伏羲大典、兰洽会等重大节会。支持港澳甘肃联谊会、同乡会和甘肃驻港企业充分发挥桥梁纽带作用，助力陇港陇澳合作取得新成效。支持民营企业参加第十五届海峡两岸和香港、澳门经贸合作研讨会暨助推粤港澳大湾区建设工商峰会，寻找合作机会。

（省政府外事办　焦前刚）

## 政策研究

【文稿服务】 2022年，完成省政府各类文稿480多篇、210多万字，与上年相比篇数持平、字数减半。参与修改《甘肃省循环经济条例》等各类文件57份，参与编制《甘肃省强科技行动实施方案》等政策文件，起草省政府关于国务院第九次大督查综合汇报材料22份、市州落实稳增长措施督查、“争

5月29日至31日，甘肃省代表参加沙特国际绿化技术论坛暨展会（省政府外事办供图）

取国家出台支持甘肃建设‘双碳’战略先行示范区”“甘肃省2020年民生调查”等有关工作报告和信函，完成“全省高质量发展十个突破口”专题报告；成立工作专班，克服疫情影响，连续加班加点，数易几十稿，反复修改完善，高质量完成《政府工作报告》等各项文稿任务。

【调查研究】紧盯构建“一核三带”区域发展格局、实施“四强”行动、做好“五量”文章等工作部署，深入研究全省发展不平衡不充分的主要症结，撰写呈阅件30篇，比上年增加8篇、增幅26%，领导批示7期。其中，《把兰州牛肉面做成强省富民大产业》《关于我省对接融入RCEP的10条建议》《关于构建兰州牛肉面全产业链发展模式的思考与建议》《浆水产业发展引发的思考》《庆阳国家级数据中心集群建设需要重视的几个问题》《对破解中小微企业融资难的建议》《努力把甘肃供销这块“金字招牌”越擦越亮》《关于筹建甘肃省产业技术研究院的建议》《关于我省今年地区生产总值能否达到预期目标的初步分析》等得到省委、省政府领导批示肯定；特别是重要调研课题《甘肃生物医药产业发展调研报告》得到省委胡昌升书记批示；撰写的《争取国家出台支持甘肃新时代总体国家安全观先行示范区的研究报告》得到任振鹤省长批示，较好发挥了参谋助手和助推发展的作用。

【智库咨询】发挥办公室联络服务核心职能，推动省政府决策咨询委员会人员调整，递补和增补3名顾问委员、2名委员。健全“专家专业+部门专长+研究室专责”决策咨询机制，实施课题全周期调度评估，把准选题征集、招标委托、开题培训、中期评估、结题评审、成果转化“六个关键”，完成14个年度重点课题，谋划《核工业产值计入甘肃地方GDP的必要性和可行性研究》等5个小而美、小切口的“短平快”精品力作。智库研究成果突出战略性、前瞻性、专业性、可读性和实操性鲜明特质，精心提炼编写22个课题，全年编发《决策咨询》17期，领导批示11期、批示率65%，其中“打造大兰州研究”“推进工业园区高质量发展”等对策建议得到省委、省政府主要领导批示肯定，并转化为工作指导和决策部署，较好发挥了政策研究、资政辅治的智库作用。

【提升服务效能】全面提高“三办”“三服务”质效，对交办事项采取清单化逐项跟进、台账式督办落实，全年起草印发文件48份、向省委上报各类工作报告26个、处理文件2200多份，组织会议70余场次，办结省委、省政府转办、领导交办事项226件。编撰出版《甘肃农村观察2021》，全景式反映全省各地“三农”发展亮点动态。全年编印12期《信息动态》，提炼编写调查分析、动态观察、村情分析文稿51篇、短平快信息24条，相关经验材料被全国《农村观察点工作动态》刊发推介。

【帮扶工作】助推产业振兴，推进以马铃薯产业基地、两口农用机井、青贮饲草加工为主打的“121”产业振兴项目建设，联系田园美公司低价提供20亩原种，启动张家川村200亩马铃薯良种繁育基地建设，联系水利、农业部门筹资100多万元打造2口农用机井，落实50万元资金建设25个塑料蔬菜大棚。协调兰州和盛堂公司开展公益捐赠，为帮扶群众赠送35箱价值10万元医疗物资。送理论进乡村，入户宣讲党的二十大和省第十四次党代会精神，用鲜活案例说农事、用致富典型谈政策、用真实数字话振兴，让党的声音传入千家万户，把好政策带到田间地头。

（省政府研究室　陈风雷）

## 机关事务管理

【国有资产管理】加快推进公物仓建设，获批全国“公物仓创新试点建设单位”。做好省级培疗机构改革摸底统计、方案审批及推进落实工作，指导8家培疗机构完成改革。推进经营性国有资产集中统一

6月13日上午，由省机关事务管理局主办，张掖市人民政府、河西学院承办的甘肃省2022年公共机构节能宣传周暨节能宣传进校园活动启动仪式在河西学院举行（省机关事务管理局供图）

监管，审核12家企业工作方案。督促省级行政事业单位为2907户小微企业和个体工商户减免2022年房租6051.05万元。做好67家部门固定资产处置、出租、划转、账务核销等业务，会同相关部门开展国有资产管理专项整治检查和可开发利用资产资源情况摸底，实现国有资产从“入口”到“出口”的全生命周期管理。

【办公用房管理】加强办公用房统一调配、租用，挖掘存量房源，回收办公用房3800平方米，调剂使用10335平方米，做好办公用房租用、维修改造审批等工作。加强省级党政机关事业单位土地资产管理，完成217.5万平方米土地资产调配、处置等工作。

【公务用车管理】严格执行公务用车编制管理、购置审批、处置更新等工作程序，积极推进省级党政机关公务用车统购统配，审批省级党政机关更新243辆、处置199辆、调剂51辆，核增特专车编制207辆、核销事业单位车改取消车辆资产账务61辆；审批市州更新越野车160辆。在基本实现公务用车“全省一张网”的基础上，推动公务用车全省跨区域异地联动保障及异地结算，保障省级部门用车1953台次、8912人次。

【公共机构节能】开展示范创建活动，完成70%以上的县级及以上党政机关建成节约型机关、50%以上的省属事业单位建成节水型单位目标，“县县有示范”覆盖率达98.8%。下达节能专项资金720万元、节约用水资金100万元推动节能项目实施，完成2021年度公共机构能源资源消费统计报告，全省8家单位编制的典型经验入选2021—2022年度公共机构能源资源节约示范案例，2项技术入选公共机构绿色低碳技术。

【服务保障】完成中组部换届考察、国务院新冠肺炎联防联控机制综合组甘肃工作组等重要接待保障任务，参与省第十四次党代会、“应急使命·2022”高原高寒地区抗震救灾实战化演习等10余项全省重大活动服务保障工作。打造统办楼集中办公区样板，为66家驻楼单位打造安全、整洁、温馨的办公环境。不断改进统管26个住宅小区服务质量，加快老旧小区改造进度，完善小区基础设施和配套功能，加强统管小区物业管理社会化监督。发挥邓园爱国主义教育基地作用，多角度挖掘红色资源，整理保护现有馆藏，优化展览布局，提升改造绿化景观。打造幼教品牌，大教梁幼儿园顺利通过省级一类示范园初审。推进省委大教梁住宅区、雁滩安居小区房产证办理等急难愁盼问题，完成登记1965户。

（省机关事务管理局　朱悦）

## 综述

【概况】2022年，十二届省政协及其常委会在省委坚强领导下，在省政府大力支持下，在全国政协指导下，坚持以习近平新时代中国特色社会主义思想为指导，深入学习宣传贯彻党的二十大精神，落实省第十四次党代会部署，以高度的政治自觉、强烈的使命担当、真挚的为民情怀、务实的工作作风，认真履行政治协商、民主监督、参政议政职能，更好凝聚共识，坚持发扬民主和增进团结相互贯通、建言资政和凝聚共识双向发力，在服务中心大局中展现新作为、开创新局面，为全面建设社会主义现代化幸福美好新甘肃作出了积极贡献。

【政治引领】坚持把迎接党的二十大、学习宣传贯彻党的二十大精神作为贯穿全年的重大政治任务，坚持用习近平新时代中国特色社会主义思想凝心铸魂，扎实做好思想引导、汇聚力量、议政建言、服务大局各项工作。党的二十大召开之前，以党的百年历程、航天精神、文化自信等为主题，举办理论大讲堂5次、学习研讨班2次、书画摄影展2次，为党的二十大胜利召开广泛凝心聚力。党的二十大召开以后，第一时间部署开展学习宣传贯彻工作，召开常委会会议作出学习贯彻的决议，召开主题研讨会30多次，主席会议成员带头到机关、党派、联系界别、县区开展宣讲辅导，邀请党的二十大代表和专家为政协委员和机关干部作辅导报告，发表学习文章 100多篇，推动学习活动走深走实。加强政协理论研究，完成了1个国家重大社科项目、1个全国政协理论研究会课题、1个省级社科项目，15个省政协理论研究会和智库课题。其中，8项成果被全国政协采用。

【协商建言】全年举办重要协商活动26次，报送建议案、调研视察报告19份，省委、省政府领导作出批示62次，做到了建言有效管用，服务了决策施策。围绕强县域行动、科学利用水资源，召开2次常委会会议协商讨论，提出的建议得到了国家相关部委和省委、省政府的重视。针对祁连山生态整治、黄河玛曲段荒漠化治理、外向型经济发展、“一带一路”民心相通等开展区域协商，推动了相关问题的解决。围绕优化营商环境、招商引资项目落实、融资平台风险化解、民族团结进步创建等议题，开展专题民主监督，推动省委决策有效落实。紧扣民生关切，就黄河风情线改造提升、促进居民消费、社会力量参与乡村振兴、防范打击新型违法犯罪等协商座谈，推动老百姓和基层关心的问题逐步得以解决。高度重视提案的立案和办理，邀请省级领导牵头，对工业发展、乡村旅游、校园餐安全等61件重点提案进行现场协商办理，把委员的关注点变成了各方面的获得感。

【凝聚共识】持续用文化的力量凝聚共识，组织编撰《人文甘肃》第十、十一辑，接续介绍和展示甘肃的优秀文化特质。完成国家重大社科项目秦历史文化研究，召开“秦文化与中华文明探源”学术会议，出版的《秦统一六国的文化原因》等成果在政协系统和学术界、文化界引起了较大反响，国务院领导同志对有关建议作出批示。开展了为期4个月的全国政协网上书院读书活动，为参加此类活动时间最长、频次最多的省份。承担的学习贯彻党的十九届六中全会精神、政协工作创新等主题读书活动，全国政协主要领导在读书群内给予肯定。在全省政协系统开展“学身边党史、聚广泛共识”等活动，评选了一批优秀论文，并在庆祝建党101周年时进行了研讨表彰。邀请各民主党派、工商联和无党派人士参与政协履职活动30多次，为他们发表意见提供了平台。开展民族地区凝聚共识专题研究，加强了与民族宗教界人士的沟通联系。鼓励和支持港澳委员积极建言献策、协商议政，借助今日头条等媒体，开展“港澳委员看甘肃”活动，点击量超过1500万人次，有力提升了甘肃的美誉度。

【制度化建设】组织住甘全国政协委员赴贵州云南考察，学习文化旅游、乡村振兴有益做法。制定兰外委员履职服务、联系界别委员等办法，举办委员培训班2期，委员履职培训、管理和服务进一步规范。加强专委会班子建设，配强工作力量，完善工作考核评价机制，专委会工作更有活力和成效。加强理论研究会和智库工作，围绕全过程人民民主、人口战略等开展25项课题研究，提出了一批专业意见和建议。受邀参加全国政协《民主监督读本》编写和《凝聚共识读本》审改工作。省政协党组2次专题研究全面从严治党工作，压实全面从严治党主体责任。以政治建设统领机关党的建设，驰而不息转会风、改文风、强作风，坚持用制度管人管事，制修订完善各类规章制度90多项，完善办文办会办事机制，大幅减少会议和文件，发短文、开短会、说短话蔚然成风。加大机关信息化建设，成立政协书院，改造提升省政协文史馆，书香政协的氛围越来越浓。对十二届省政协优秀政协委员、优秀建议案、优秀提案、优秀政协工作者通报表扬，政协机关的履职水平、服务保障、精神面貌进一步提升。

## 重要会议

【全体委员会议】**政协甘肃省第十二届委员会第五次会议** 1月16日至19日在兰州市举行。会议应出席委员507名，实到委员436名。会议期间委员以“贯彻中共十九届六中全会精神、省委十三届十四次全会精神，加快甘肃全面建设社会主义现代化步伐”为主题作了大会发言。会议审议通过了欧阳坚主席代表省政协常务委员会所作的工作报告、康国玺副主席代表省政协常务委员会所作的关于提案工作情况的报告。与会委员列席甘肃省第十三届人民代表大会第六次会议，讨论并赞同任振鹤省长所作的政府工作报告，讨论并赞同省高级人民法院工作报告、省人民检察院工作报告及其他有关报告。会议审议通过了政协甘肃省第十二届委员会第五次会议关于常务委员会工作报告的决议、政协甘肃省第十二届委员会提案委员会关于政协甘肃省十二届五次会议提案审查情况的报告、政协甘肃省第十二届委员会第五次会议政治决议。会议补选马相忠、朱永裁、李宏亚、张云生、张文学、崔景瑜为省政协常务委员。会议期间，共收到提案814件，经审查立案589件，占提案总数的72.3%。

1月16日上午，中国人民政治协商会议甘肃省第十二届委员会第五次会议在兰州隆重开幕（师向东 摄）

【常务委员会议】**政协甘肃省委员会常委委员会第十七次会议** 1月14日在兰州召开。会议审议通过政协甘肃省第十二届委员会第五次会议议程（草案）和日程，决定政协甘肃省第十二届委员会第五次会议于1月16日在兰州召开；听取省委、省政府关于省政协十二届四次会议以来提案及2021年省委、省政府领导批示的省政协建议案、调研视察报告等办理情况的通报，审议通过政协甘肃省第十二届委员会常务委员会工作报告及报告人，审议通过政协甘肃省第十二届委员会常务委员会关于十二届四次会议以来提案工作情况的报告及报告人，审议通过人事事项，听取部分省政协常委2021年履职情况报告。

**政协甘肃省委员会常委委员会第十八次会议** 1月18日在兰州召开。会议通过政协甘肃省十二届十八次常委会议议程，省委组织部有关负责同志到会作了中共甘肃省委关于人事事项的说明。审议通过政协甘肃省十二届五次会议选举办法（草案）和总监票人、副总监票人、监票人名单（草案）；审议通过政协甘肃省十二届五次会议补选常务委员候选人名单（草案）；审议通过政协甘肃省十二届第五次会议关于常务委员会工作报告的决议（草案）；审议通过政协甘肃省第十二届委员会提案委员会关于政协甘肃省十二届五次会议提案审查情况的报告（草案）；审议通过政协甘肃省第十二届委员会第五次会议政治决议（草案）。

**政协甘肃省委员会常委委员会第十九次会议** 6月28日在兰州召开。会议通过省政协十二届十九次常委会议议程。传达学习《中国共产党政治协商工作条例》、省第十四次党代会精神，听取省政府关于1—5月份全省经济运行情况的通报，10位委员作了大会发言，审议通过省政协《关于“科学利用水资源，解决我省水资源匮乏问题”的建议案》。审议通过了人事事项。

**政协甘肃省委员会常委委员会第二十次会议** 9月14日在兰州召开。省政协党组书记、主席欧阳坚主持开幕会，省委副书记王嘉毅出席会议。省政协党组副书记、副主席陈青主持闭幕会。会议通过省政协十二届二十次常委会会议议程。会议审议通过了省政协《关于“大力实施强县域行动，激发县域经济发展活力”的建议案》，8位委员围绕强县域主题作了大会发言。通报表扬了十二届省政协优秀委员、优秀提案、优秀建议案（调研视察报告）、优秀社情民意信息和优秀政协工作者。审议通过了人事事项。

**政协甘肃省委员会常委委员会第二十一次会议** 11月22日在兰州召开。会议通过省政协十二届二十一次常委会议议程，传达学习全国政协十三届二十四次常委会议和全省党政主要领导干部会议精神。会议审议通过《政协甘肃省十二届委员会常务委员会关于学习贯彻中国共产党第二十次全国代表大会精神的决议》；8位同志围绕学习贯彻中共二十大精神进行大会发言；审议通过了人事事项。

**政协甘肃省委员会常委委员会第二十二次会议** 12月30日在兰州召开。会议审议通过《关于召开政协甘肃省第十三届委员会第一次会议的决定》，决定政协甘肃省第十三届委员会第一次会议于2023年1月中旬在兰州召开。审议通过《政协甘肃省第十二届委员会常务委员会工作报告》及报告人、《政协甘肃省第十二届委员会常务委员会关于提案工作情况的报告》及报告人、《关于政协甘肃省第十三届委员会委员规模和界别设置的决定》《政协甘肃省第十三届委员会委员名单》《关于授权主席会议审议政协甘肃省第十二届委员会常务委员会第二十二次会议未尽事宜的决定》；听取省委、省政府关于省政协十二届五次会议提案及2022年省委、省政府领导批示的省政协建议案、调研视察报告、甘肃政协信息等办理情况的通报；审议通过了人事事项及其他事项。

## 协商议政

【参政议政】完善政协会议、提案、界别等协商，创新开展远程协商、网络议政，持续推进政协协商向基层延伸，使政协协商更加广泛和便捷。围绕省委、省政府中心工作和我省改革发展的重点问题议政建言，报送建议案、调研视察报告19份，省委、省政府领导作出批示62次。围绕选定的12个重点调研协商议题，深入协商议政、广泛凝聚共识，充分发挥专门协商机构作用，竭力助推全省经济社会高质量发展。

【提案办理】省政协立案的589件提案全部办

结；在全国政协十三届五次会议期间，住甘委员共提交提案111件，立案89件，立案率超过80%，提案工作的数量、质量、效果同步提升。

**【重大战略协商】** 始终紧盯中央决策部署开展协商议政，携手西北五省区政协就助推丝绸之路经济带建设进行协商，形成《西北五省区丝绸之路经济带建设推进情况及意见建议》和《关于共同推进建设丝绸之路国家文化公园的提案》《关于加强西北地区寒旱农业合作，提升食物安全保障能力的提案》《关于协同推进亚欧陆海贸易大通道高质量发展的提案》等成果。联合沿黄九省区政协就黄河流域生态保护和高质量发展协商研讨，省政协党组书记、主席欧阳坚在甘肃分会场出席会议，省政协副主席贠建民代表甘肃省政协发言，建议加快推进甘肃白龙江饮水工程审批进度。

**【推动政协协商向基层延伸】** 政协协商的触角延伸到了乡镇（街道）、村（社区），乡镇、街道委员工作站覆盖面达到96%，使得基层政协协商有了新平台、发挥委员主体作用有了新载体、群众参与基层治理有了新渠道。全省累计开展基协商活动3万多次，为群众解决难事2.6万余件，使协商民主理念浸润陇原群众之心、协商民主之花盛开陇原大地，打造了开展全过程人民民主的“甘肃样板”，在全国范围内产生了广泛影响。

**【秦文化研究】** 由十二届省政协主席欧阳坚主持的国家社会科学基金特别委托项目“秦文化对中华文化发展繁荣的重要贡献”，经全国哲学社会科学工作办公室审核准予结项，结题鉴定为“良好”等次。最终研究成果《秦统一六国的文化原因》已由人民出版社正式出版。课题组在《人民日报》《光明日报》《新华文摘》《甘肃社会科学》等报刊发表了原创性论文20余篇，极大地提升了成果的分量。同时，向省委、省政府报送了《关于加强我省秦文化研究和遗产保护的建议》《关于进一步加大对礼县四角坪秦代国家祭祀遗址考古保护力度的建议》，引起了国家文物局、甘肃省委、省政府等方面高度重视。

8月31日，“秦文化与中华文明探源”学术会议在兰州召开（李梁 摄）

**【发挥智库作用】** 省政协智库组织专家学者，开展了《新形势下中国人口战略研究》《我省经济发展被周边省份超越的原因分析》《国家战略与“双碳”目标相衔接的政策路径研究》《金融机构和融资平台风险化解问题研究》《新形势下抢抓黄河流域生态保护和高质量发展战略与西部大开发战略实施的机遇研究》等五项重点研究，为全省“十四五”经济社会发展建务实之言、献管用之策。

## 重要活动

**【党史学习教育】** 1月10日在兰州召开。会议强调要及时跟进学习习近平总书记最新重要讲话和重要指示批示精神、党史学习教育总结会议精神，巩固拓展党史学习教育成果，弘扬伟大建党精神，传承好南梁精神，常态化、长效化开展党史学习教育，把党史学习教育成果进一步转化为推动政协事业发展的实际成效，以优异成绩迎接党的二十大和省十四次党代会胜利召开。

**【贯彻全国两会精神】** 3月16日，省政协召开全省政协系统传达全国两会精神大会，传达学习习近平总书记在全国两会期间重要讲话精神、全国两会精神及省委常委会（扩大）会议精神，安排部署全省政协系统学习贯彻工作。

**【委员读书活动】** 开展了为期4个月的全国政协网上书院读书活动，承担了学习贯彻党的十九届六中全会精神、政协工作创新等主题读书活动，全国政协主要领导在读书群内给予肯定。

**【全国政协“政协工作创新群”学习交流活动】** 5月30日，全国政协“政协工作创新群”第三阶段线上学习交流活动启动。全国政协委员、中国人民政协理论研究会副会长、省政协党组书记、主席欧阳坚在线发表开栏语，并主持首场学习交流活动。5月30日至6月19日，每晚8点到9点，住甘全国政协委员与其他全国政协委员一起重点围绕学习贯彻习近平总书记关于加强和改进人民政协工作的重要思想、中央政协工作会议精神等，交流全国政协、地方政协相关工作的理论探索和创新实践。

【庆祝建党101周年暨“两优一先”表彰活动】6月27日，举行庆祝建党101周年暨“两优一先”表彰活动，向“光荣在党50年”的老同志颁发纪念章，表彰优秀共产党员、优秀党务工作者和先进基层党组织，激励各级党组织和全体党员干部牢记初心使命，传承党的优良传统，践行党的宗旨，推动省政协工作高质量发展。

【“港澳委员看甘肃”活动】由省政协全体港澳委员共同发起，活动启动后，引起社会广泛关注，广大网友纷纷留言，众多网络媒体大量转载相关文章，点击率达1500多万人次，扩大了甘肃影响力，提升了甘肃美誉度，进一步凝聚起助推甘肃高质量发展的精神力量。

【“喜迎二十大、奋进新征程——甘肃、海南政协书画联展”】共展出两省政协书画院画家、书法家精品力作139幅。展出作品内容丰富、形式多样，时代气息浓郁，艺术格调高雅，政协特色鲜明，以生动的笔触和丰富的艺术形式展现了中国共产党的光辉历史和新时代陇、琼两地的新变化、新成就，展现了甘肃、海南的历史文化、红色资源和独特风貌，展现了人民政协奋进新征程的良好姿态和履职成效。

【学习党的二十大精神】10月25日，省政协召开机关干部会议，传达学习党的二十大精神，安排部署学习宣传贯彻工作。迅速掀起学习贯彻党的二十大精神的热潮，围绕党的二十大确定的重大战略部署，深入协商议政，广泛凝聚共识，为推动党的二十大精神落地见效贡献智慧和力量。

## 民主监督

【界别委员监督】根据2022年民主监督工作计划，组织界别委员以监督性考察、会议等形式认真开展监督。围绕“优化营商环境政策执行、推动民营经济发展情况”“金融机构、融资平台化解风险情况”“招商引资重大项目和与央企合作项目落实中存在的问题及解决情况”“民族团结进步创建工作开展情况”开展民主监督，提高民主监督质量、实效，推动省委决策有效落实。

【决策报告】形成《优化营商环境政策执行、推动民营经济发展几个问题的建议》《关于我省地方金融机构和融资平台风险化解民主监督性调研情况的报告》《关于促进我省外向型优势产业发展的调研报告》《全省民族团结进步创建工作监督性调研报告》等报告，为省委、省政府决策提供参考。

## 调研报告

【开展“稳定粮食播种面积，推进撂荒地利用”和“引导农户科学储粮，促进农民增产增收”专题调研】贯彻落实3月6日下午习近平总书记在看望参加全国政协会议的农业界社会福利和社会保障界委员时的重要讲话精神，组织由政协委员、专家学者以及相关部门组成的调研组，会同部分市州政协，深入田间地头，走访种粮大户，形成并向省委、省政府报送了《关于稳定粮食播种面积推进撂荒地利用的调研报告》，省政府主要领导批示有关部门参考落实。

【开展“科学利用水资源 解决甘肃省水资源匮乏问题”专题视察调研】4月至5月，组成4个视察组，深入9个市州和重大水利工程现场开展视察。6月28日，召开政协甘肃省第十二届委员会常务委员会第十九次会议，审议通过并向省委、省政府报送了《关于“科学利用水资源 解决我省水资源匮乏问题”的建议案》。

【开展“抢抓‘一带一路’建设最大机遇，加快甘肃省外向型优势产业发展”调研协商】4月以来，围绕“加快我省外向型优势产业发展”开展调研，形成《关于促进我省外向型优势产业发展的调研报告》，向省委、省政府报送《关于促进外向型优势产业发展的建议》，得到省委、省政府主要领导的肯定和批示。

【围绕“大力实施强县域行动、激发县域经济发展活力”调研】7月份以来，省政协主要领导和相关领导分别带队，省级各民主党派、省工商联协同，省市县三级政协联动，深入14个市州和兰州新区进行调研，广泛听取各方面意见建议，形成了专题调研报告，于9月14日召开政协甘肃省委员会常委委员会第二十次会议，审议通过并向省委、省政府报送了《关于“大力实施强县域行动，激发县域经济发展活力”的建议案》。

**【开展“促进居民消费，推动经济增长”专题调研】**深入贯彻落实7月22日省委常委会会议精神，省政协就“促进居民消费，推动经济增长”组织开展专题调研，8月11日召开“促进居民消费、推动经济增长”专题协商座谈会，进行了协商讨论，形成并向省委、省政府报送《关于促进居民消费推动经济增长的建议》。

**【开展“健全完善祁连山生态保护与治理长效化机制”专题调研】**8月16日至18日，省政协调研组先后来到祁连山国家公园冰沟科研基地、沙龙滩管护站、黑河源头、肃南县生态移民安置点、山丹马场等地，了解祁连山生态保护与治理、国家公园建设、文化和旅游融合发展等情况，9月22日，省政协召开“开展常态化整治建立长效化机制不断修复祁连山生态环境”月协商座谈会，形成并向省委、省政府报送《关于开展常态化整治建立长效化机制 不断修复祁连山生态环境的调研报告》。

**【智库专家调研】**省政协智库组织专家对经济发展、兰州水资源、防范化解金融风险、“双碳”政策路径等重大问题开展研究，形成系列专题调研报告，并向省委、省政府报送《关于推动甘肃经济发展追赶进位的建议案》《关于推动全省实现“双碳”目标的建议案》《关于防范化解我省法人银行机构风险的建议案》《关于提高兰州市强省会战略水资源支撑能力的建议案》。

## 专门委员会工作

**【提案委员会】** 2022年，省政协立案的589件提案全部办结。对省政协十二届五次会议大会提案严格按照程序遴选重点提案，其中省委、省政府主要领导阅批督办4件重点提案，省政协主席会议成员、各专门委员会督办重点提案30件，省政府各部门督办27件，合计61件。全国政协十三届五次会议期间，住甘委员共提交提案111件，立案89件，占总数的80.2%，重点提案达到6件，成为历年来最多的一次。组织提案委、委员委、老干处前往西和县，就强化委员履职、提高提案质量、乡村振兴工作开展调研，在帮扶联系点西和县洛峪镇关坝村实地调研、交流座谈、宣讲省第十四次党代会精神；提请20次常务委员会会议本届政协10件优秀提案进行了评选表彰，推荐李张发等10名同志为优秀委员，增强提案者、承办单位及负责提案办理工作人员的荣誉感和责任感。

**【社会和法制委员会】** 组织委员就优化营商环境政策执行、推动民营经济发展、建立健全防范打击新型违法犯罪综合机制、大力实施强县域行动，激发县域经济发展活力等课题，开展调研视察并形成相关建议，报省委、省政府决策参考。开展立法协商工作，对最高法、检两院工作报告提出12条建议；对省上共计38项条例、法规、细则、办法等征求意见稿，提出建议62条，多数意见和建议被吸纳，有力推动了全省立法协商工作。两会期间，社法委提交7份提案，全年报送社情民意信息15篇。其中，《关于强化公共财政扶持农村客运发展的建议》等2份上报中办。《关于依托兰州大学建设中国-中亚大数据研究院的建议》被全国政协采用。《抢抓RCEP全面实施机遇打好实施“四强行动”组合拳建议》等2份，省委办公厅《甘肃信息·决策参考》予以刊发。

**【文化文史资料和学习委员会】** 高质量筹备第六届（敦煌）国际文化博览会“一带一路”文化交流与合作论坛。高效实施省政协文史馆改造提升项目。制定出台《政协甘肃省委员会关于加强和改进新时代文史资料工作的实施意见》。常态化组织好政协理论大讲堂。开展“甘肃长征文化遗址申报世界文化遗产前期研究”。组织编纂《甘肃当代艺术家名录》。组织开展“推进甘肃中华文明探源工作”专题调研，形成《推进甘肃省中华文明探源工作的建议》。筹备“加强文化交流，推动‘一带一路’民心相通”远程协商会议。积极做好巩固脱贫攻坚成果同乡村振兴有效衔接。开展委员界别活动和督办重点提案工作。

**【经济委员会】**认真完成省政协十二届五次全委会专题议政会、十二届二十次常委会的组织筹备工作；重点开展“大力实施强县域行动 激发县域经济活力”“金融机构、融资平台化解风险情况”“促进居民消费推动经济增长”等4项专题调研和月协商座谈；参与完成“甘肃经济发展追赶进位”“充分发挥涉农金融机构作用更好服务保障农业产业高质量发展”2项课题研究；配合全国政协和山西政协进行2项协同调研；抓实提案、社情民意信息等经常性工作，全年共形成调研报告建议9篇，提交提案3件，报送社情民意信息15份。组织开展以“大力实施‘四强’行动，推动构建‘一核三带’区域发展格局”为主题的界别暨凝聚共识活动，帮助委员更好地知情明政，凝聚发展共识。协调庄浪县乡村振兴工作，制定《西和县洛峪镇康河村2022年度乡村振兴帮扶计划》，持续抓好脱贫攻坚和乡村振兴有效衔接。

【人口资源环境委员会】完成“‘黄河战略’下甘肃加快发展的路径选择”专题协商议政会、“开展常态化整治，建立长效化机制，不断修复祁连山生态环境”专项调研、“新形势下中国人口战略研究”重点课题调研、“科学利用水资源解决我省水资源匮乏问题”专题视察。参加全国暨地方政协人口资源环境委员会办公室视频会议、沿黄九省区政协黄河流域生态保护和高质量发展协商研讨第五次会议、“六省一市”政协环秦岭会议，提交发言材料。完成全国政协网上读书、“关注森林”“六五”环境日等活动及相关工作，协助黑龙江省政协完成农村“建设用地耕作层土壤剥离及利用”等调研工作。向省政协十二届五次会议提交3篇委员会集体提案，组织界别委员做好提案和社情民意信息工作，遴选重点督办提案2件，办理《关于全国政协十三届五次会议第04968号（资源环境类378号）提案答复函》，确保重点提案办理落实。做好巩固拓展脱贫攻坚成果同乡村振兴有效衔接，赴徽县开展实地调研，赴西和县调研地质灾害防治工作和联系村帮扶工作，协调十里镇张集村滑坡治理省级资金1300万元。

【教科卫体委员会】就“推动五链融合，促进科技成果就地转化”“加强食品药品安全监管，稳步推进‘食安甘肃’建设”“促进有效消费，确保经济发展”开展调研，并形成相关建议案和调研报告。6月上旬，组织界别党员委员赴甘肃中医药大学，开展“发展中医药产业，助力乡村振兴”主题党日活动，宣讲省第十四次党代会精神，为全省中医药产业发展凝聚共识、凝聚力量。积极推进《人文甘肃》系列丛书第十辑和精编版的编纂工作。

【民族和宗教委员会】完成“甘肃黄河流域荒漠化治理”问题专题调研协商活动，完成“民族团结进步创建工作”监督性调研协商、提案办理和信息报送工作，组织召开重点提案督办会，报送政协信息5篇，3篇被甘肃政协信息采纳。邀请28位民族宗教界委员参与委员会调研考察和界别活动，组织民族宗教界委员赴河西开展红色主题教育界别活动。坚持在疫情防控中凝聚共识，向宗教界委员发出倡议，捐款捐物、献计出力。配合全国政协做好“加强少数民族优秀文化艺术保护传承”远程视频协商会组织工作，配合全国政协民宗委做好贯彻落实中央民族工作会议、全国宗教工作会议精神民主监督性调研，向全国政协民宗委报送2篇调研报告。

【港澳台侨和外事委员会】港澳台侨和外事委员会组织开展“港澳委员看甘肃”活动，扩大甘肃影响力，提升甘肃美誉度。组织开展“抢抓‘一带一路’建设最大机遇，加快甘肃省外向型优势产业发展”调研协商和“招商引资重大项目和与央企合作项目落实中存在的问题及解决情况”民主监督，形成《关于促进我省外向型优势产业发展的调研报告》被评为十二届省政协优秀调研报告。组织参加西北五省区政协助推服务丝绸之路经济带建设第三次联席会议。在省政协媒体举办“香港回归25周年”和“推进陇港澳合作”两次专栏，组织港澳委员线上参加省政协十二届五次会议，拓展了思想政治引领和委员履职渠道。遴选5名海外侨胞列席省政协十二届五次会议，增强海外侨胞的归属感和向心力。建立每名港澳委员联系10名港澳地区企业家和有关人士的“1+10”工作机制，促进港澳委员工作和委员联系界别群众工作经常化、规范化。

【农业和农村工作委员会】围绕“科学利用水资源，解决全省水资源匮乏问题”“稳定粮食播种面积，推进撂荒地利用”“促进居民消费，推动经济增长”“引导农户科学储粮，促进农民增产增收”等事关全省“三农”领域重大问题，组织有关委员和专家学者，开展各类调研视察6次，向省委、省政府报送调研视察报告和建议案6份，社情民意信息和提案9篇，省委、省政府领导作出批示6次，《科学利用水资源，解决我省水资源匮乏问题的建议案》被评为十二届省政协优秀建议案。

（省政协　孟庆丽）

## 纪检监察

【概况】2022年，在党中央、中央纪委国家监委和省委坚强领导下，甘肃省各级纪检监察机关以习近平新时代中国特色社会主义思想为指导，深入学习贯彻党的二十大精神，认真落实中央纪委六次全会精神，坚决贯彻省第十四次党代会精神，围绕中心、服务大局，坚守初心使命，忠诚履职尽责，围绕落实省纪委六次全会部署要求，系统谋划推进全省纪检监察工作，坚定不移推进党风廉政建设和反腐败斗争，充分发挥监督保障执行、促进完善发展作用，不断推动形成政治生态新气象，为全省经济社会发展提供了有力保障。

【用党的创新理论凝心铸魂】始终把习近平新时代中国特色社会主义思想作为根本遵循，着力在学懂弄通做实上下功夫。严格落实常委会会议"第一议题"、理论学习中心组集体学习等制度，26次跟进学习习近平总书记重要讲话和指示批示精神，重温学习习近平总书记对甘肃重要讲话和指示要求，并与《习近平谈治国理政》贯通起来，把握好这一重要思想的世界观和方法论，坚持好、运用好贯穿其中的立场观点方法，切实用以武装头脑、指导实践、推动工作。

【在大局引领下谋划推进工作】坚持围绕中心、服务大局，紧扣党中央重大决策部署和省委重点工作安排，系统谋划推进纪检监察工作。坚决贯彻中央纪委六次全会和省委部署，制定《指导意见》和《分工方案》，细化分解86项任务，清单化推动落实。认真落实全国两会和省第十四次党代会精神，及时制定《分工方案》，纳入全年工作一体推进。党的二十大胜利召开后，严格对标对表，精心谋划思路举措，全力推动党的二十大精神落地见效。

## 重要会议

【党史学习教育专题民主生活会】1月7日上午，省纪委监委召开领导班子党史学习教育专题民主生活会。省委常委、省纪委书记王赋主持会议并作总结讲话。省委党史学习教育第一巡回指导组组长王锡明及成员到会指导。省纪委监委高度重视开好本次专题民主生活会。会上，王赋代表省纪委监委领导班子作对照检查发言，检视存在的问题，剖析原因并提出整改落实措施。班子成员逐一作对照检查，查摆存在问题，开展批评和自我批评。会议书面通报了本次民主生活会征求意见情况和省纪委监委领导班子2020年度民主生活会、中央巡视甘肃反馈意见整改专题民主生活会整改措施落实情况。

【中国共产党甘肃省第十三届纪律检查委员会第六次全体会议】1月26日在兰州召开。中共甘肃省委书记尹弘出席全会并发表讲话，强调要认真学习贯彻习近平总书记在十九届中央纪委六次全会上的重要讲话精神，深入落实习近平总书记对甘肃重要指示要求，忠诚拥护“两个确立”、坚决做到“两个维护”，保持政治定力，勇于自我革命，纵深推进全面从严治党，持续深化党风廉政建设和反腐败斗争，以优异成绩迎接党的二十大胜利召开。全会以习近平新时代中国特色社会主义思想为指导，深入贯彻党的十九大和十九届历次全会精神，全面贯彻十九届中央纪委六次全会和省委十三届十五次全会部署，总结2021年工作，部署2022年任务，审议通过了中共甘肃省委常委、省纪委书记、省监委主任王赋代表省纪委常委会所作的《运用党的百年奋斗历史经验，纵深推进纪检监察工作高质量发展》工作报告。

【检举举报平台深化应用工作会议】2月24日上午，省纪委监委召开检举举报平台深化应用工作会议。省委常委、省纪委书记、省监委主任王赋出席会议并讲话。会议传达学习了全国纪检监察系统检举举报平台建设成果总结暨深化应用工作会议精神，审议了《全省纪检监察系统检举举报平台深化应用工作分工方案》。省纪委副书记、省监委副主任李寿伟主持会议，省纪委监委机关各应用部门负责同志参加会议。信访室、信息技术管理室、案件监督管理室和第一监督检查室负责同志结合深化应用检举举报平台受理、办理、处置子平台以及平台安全、运维保障等情况作交流发言。

【十三届省委反腐败协调小组第六次会议】4月18日上午，十三届省委反腐败协调小组召开第六次会议，研究部署全省反腐败国际追逃追赃和有关专项工作。省委常委、省纪委书记、省委反腐败协调小组组长王赋主持会议并讲话。省委常委、省委政法委书记胡焯，省委常委、省委秘书长、省委组织部部长石谋军，副省长、省公安厅党委书记、厅长余建，省高级人民法院党组书记、院长张海波，省人民检察院党组书记、检察长朱玉结合工作实际，作交流讲话。会议传达了十九届中央纪委六次全会上习近平总书记关于追逃追赃工作的重要讲话精神、赵乐际同志有关工作要求，并报告我省近期反腐败国际追逃追赃工作情况，全省领导干部“一人多证”专项清理整治工作情况和省管国有企业境外腐败治理工作情况。会议审议通过了《省委反腐败协调小组追逃追赃工作协调机制2022年工作要点》，研究修订支持监察体制改革试点工作“1+6”制度有关事项。

【甘肃省化解敦煌市重大项目历史遗留问题专项工作协调小组会议】4月24日，省委常委、省纪委书记、省监委主任王赋在敦煌市主持召开甘肃省化解敦煌市重大项目历史遗留问题专项工作协调小组会议。协调会上，省纪委副书记、省监委副主任邓海涛宣读了《关于推动化解敦煌市重大项目历史遗留问题的专项工作方案》及任务分工。会前，王赋先后到敦煌“三大场馆”及相关重大项目现场调研，详细了解重大项目历史遗留问题和纾困赋能情况。5月31日上午，王赋同志主持召开协调小组第二次会议，逐一听取16个项目遗留问题化解工作进展情况，分析研究困难和问题，厘清思路和措施，对进一步做好化解工作提出明确要求。会上，省纪委副书记、省监委副主任邓海涛通报了专项工作进展情况，协调小组副组长、成员和部分成员单位主要负责同志参加会议。6月28日下午，王赋同志主持召开协调小组第三次会议，再次逐一听取重大项目遗留问题化解进展情况，对专项工作再研判、再加压、再推进，对做好下一步化解工作提出具体要求。会上，省纪委副书记、省监委副主任邓海涛通报了一个月来专项工作进展情况，协调小组副组长、成员和部分成员单位主要负责同志参加会议。8月11日，王赋同志在敦煌市实地调研查看重大项目问题化解工作，主持召开专项工作会议，逐一听取15个项目问题化解工作情况，并对做好后续工作提出明确要求。省纪委副书记、省监委副主任邓海涛参加会议，敦煌市工作专班成员汇报了问题化解工作情况。

**【中国共产党甘肃省第十三届纪律检查委员会第七次全体会议】**5月19日，中国共产党甘肃省第十三届纪律检查委员会第七次全体会议在兰州举行。省纪律检查委员会常务委员会主持会议。省纪委委员出席会议。省委常委、省纪委书记王赋代表省纪委常委会就省纪委向省第十四次党代会的工作报告起草情况作说明。全会审议通过了中国共产党甘肃省第十三届纪律检查委员会向省第十四次党代会的工作报告，同意提请省第十四次党代会审查；审议通过了十三届省纪委第七次全会决议。

**【中国共产党甘肃省第十四届纪律检查委员会第一次全体会议】**5月30日下午，中国共产党甘肃省第十四届纪律检查委员会第一次全体会议在兰州举行。中国共产党甘肃省第十四届纪律检查委员会委员45人出席会议。受中国共产党甘肃省第十四次代表大会主席团委托，王赋同志主持省纪委十四届一次全会。石谋军同志宣读有关候选人预备人选名单，并就人事安排有关情况作说明。全会选举并经省委十四届一次全会通过，产生了新一届省纪委常委和书记、副书记，并经中国共产党甘肃省第十四届委员会第一次全体会议通过。王赋当选为中共甘肃省第十四届纪律检查委员会书记，张伟、李寿伟、邓海涛、龚昌明当选为副书记。全会审议通过了《中国共产党甘肃省第十四届纪律检查委员会第一次全体会议决议》。王赋同志代表新当选的省纪委常委会讲话。与会同志列席了中国共产党甘肃省第十四届委员会第一次全体会议。

**【省纪委监委机关青年干部座谈交流会】**6月16日下午，省纪委监委机关召开青年干部座谈交流会。省委常委、省纪委书记、省监委主任王赋出席座谈会并讲话。省纪委副书记、省监委副主任张伟出席座谈会，省纪委副书记、省监委副主任、机关党委书记龚昌明主持。座谈会上，省纪委监委机关、巡视机构、派驻机构的6名青年干部代表，作了交流发言。省纪委监委机关、省委巡视机构、省纪委监委派驻（出）机构青年干部代表共67人参加座谈会。

**【全省巡视巡察工作会议暨十四届省委第一轮巡视动员部署会】**8月18日，全省巡视巡察工作会议暨十四届省委第一轮巡视动员部署会在兰州召开，会议深入贯彻习近平总书记关于巡视工作重要论述，认真落实全国巡视工作会议精神及省第十四次党代会精神，安排部署全省巡视巡察工作和十四届省委第一轮巡视工作。省委常委、省纪委书记、省委巡视工作领导小组组长王赋讲话；省委常委、省委组织部部长、省委巡视工作领导小组副组长石谋军主持并宣布各巡视组组长授权任职和任务分工决定；省委巡视办主要负责同志解读《中共甘肃省委巡视工作规划（2022—2026）（试行）》。会议以视频形式开至县一级。

**【新任省管领导干部廉政谈话会】**8月26日下午，新任省管领导干部廉政谈话会在兰州举行。省委常委、省纪委书记、省监委主任王赋出席谈话会并讲话。2021年4月份以来新任省管领导干部参加集体廉政谈话，并观看警示教育片。廉政谈话会在市州设立视频分会场。

**【全省纪检监察系统表彰大会】**9月26日上午，全省纪检监察系统表彰大会在兰州隆重召开，省委常委、省纪委书记、省监委主任王赋出席并讲话。大会表彰了评选出的全省纪检监察系统33个先进集体、50名先进工作者、100名嘉奖对象。省纪委常务副书记、省监委副主任张伟主持表彰大会，省委组织部副部长、省人力资源和社会保障厅党组书记、厅长周丽宁和省纪委监委班子成员出席大会，全省纪检监察系统先进集体代表和先进工作者参加大会。大会向受表彰代表颁奖，受表彰先进集体和先进工作者代表作了发言。

**【全省疫情防控及复工复产督查工作动员部署会】**12月13日上午，全省疫情防控及复工复产督查工作动员部署会召开。省委常委、省纪委书记、省监委主任王赋出席动员部署会并讲话。会议传达学习了全国和全省疫情防控工作电视电话会议精神。省纪委副书记、省监委副主任李寿伟解读了《全省新冠疫情防控及复工复产督查工作方案》。

## 重要活动

【开展“作风建设年”活动】2022年2月中旬至12月底，省纪委监委在全省纪检监察系统部署开展“作风建设年”活动。活动主要在省纪委监委机关和派驻（出）机构开展，并督促全省各级纪检监察机关及时跟进，参照省纪委监委机关做法加强作风建设。重点任务是着力解决纪检监察机关和干部中存在的精神懈怠、效率低下、推诿扯皮、质量不高、方法欠缺、高高在上等6个方面的突出问题，切实以过硬作风提质效、促落实、树形象。活动分3个阶段推进：第一阶段是安排部署（2月份），2月14日，省纪委办公厅印发《关于开展“作风建设年”活动的通知》，周密做出安排部署；机关各部门和各级纪检监察机关按照省纪委监委机关统一要求，分别做出具体安排，制定工作措施，深入宣传发动，教育引导纪检监察干部以高度的思想自觉加强作风建设。第二阶段是集中推进（3月至11月），机关各部门和各级纪检监察机关坚持严字当头，认真抓好强化理论武装、树立大局意识、实行清单管理等16项具体措施落实，多措并举提升效率效能。特别是坚持问题导向，深入查找短板弱项，逐条逐项列出清单，即知即改、边查边改，全力推动作风改进。省纪委监委机关各部门共整改作风方面问题252个。第三阶段是总结提高（12月份），对“作风建设年”活动全面进行盘点，总结经验、查漏补缺、巩固提升，特别是把行之有效的经验做法长期坚持下去，实现常态长效。随着“作风建设年”活动的深入开展，全省纪检监察机关和干部的作风顽疾得到有效治理，精神状态更加提振，效率效能不断提高，工作质量明显提升，为全省纪检监察工作高质量发展提供了坚强的作风保障。

【学习宣传贯彻党的二十大精神】把学习宣传贯彻党的二十大精神作为首要政治任务，省纪委常委会专题传达学习，研究制定贯彻措施。及时印发通知，对全系统学习宣传贯彻工作周密作出安排。全方位加强宣传报道，班子成员集中开展宣讲，迅速掀起学习宣传贯彻热潮。2022年11月14日上午，党的二十大代表、甘肃省委宣讲团成员，省委常委、省纪委书记、省监委主任王赋在省纪委监委宣讲党的二十大精神，并通过视频向全省纪检监察系统宣讲。王赋重点围绕党的二十大报告起草过程、大会主题和主要成果、过去5年的工作和新时代10年的伟大变革、马克思主义中国化时代化、中国式现代化、全面建设社会主义现代化国家的目标任务、坚持党的全面领导和全面从严治党等方面，对党的二十大精神进行了全面、深入、系统的解读。省纪委常务副书记、省监委副主任张伟主持会议。各市州、县市区纪委监委设分会场。

## 政治监督

【强化对党忠诚监督】聚焦“两个维护”，加强对贯彻落实习近平新时代中国特色社会主义思想、习近平总书记重要指示批示精神和执行党章党规党纪情况的监督检查，确保不折不扣落实到位。对十八大以来习近平总书记重要指示要求，特别是对甘肃重要讲话重要指示批示精神落实情况进行“回头看”，发现并纠正贯彻落实不结合实际、调门高行动少落实差等典型问题19个，处理43人，处分20人。严明政治纪律和政治规矩，及时查纠“七个有之”问题，坚决清除表里不一、阳奉阴违的“两面人”，保证党的团结统一。全省纪检监察机关查处违反政治纪律和政治规矩案件94件，处分115人。

【强化重点任务监督】推进政治监督具体化、精准化、常态化，聚焦党的二十大战略部署，聚焦“三新一高”、促进共同富裕、统筹疫情防控和经济社会发展、防范化解重大风险等重大工作，聚焦“一核三带”“四强”行动等重点任务，加强监督检查，及时纠正偏差。召开黄河流域生态保护和高质量发展及“强县域”行动监督工作座谈会，深入部分市县开展明察暗访，推动整改问题63个。牵头开展疫情防控及复工复产督查，会同省委办公厅、省委组织部等部门组建工作专班，成立督查组，先后两轮对市县及兰州新区全覆盖开展督查，推动国家“新十条”等防控措施落实，督促解决问题688个。牵头治理敦煌市重大项目历史遗留问题，主要领导亲自推动，15个项目治理任务圆满完成。抓好国家统计督察反馈问题整改监督，处理7人，处分2人。跟进监督化解国有土地上已售城镇住宅历史遗留“登记难”问题，首次登记化解房屋86.9万余套。开展全省生态及地质灾害避险搬迁监督，搬迁安置4.6万户。加强耕地保护监督，推动整改落实国家自然资源督察反馈问题216个。清理整治“落马”领导干部在农村圈地建豪宅问题，处理8人。

【强化“关键少数”监督】认真落实关于加强对“一把手”和领导班子监督的部署要求，建立落实举措、职责分工、保障机制“三张清单”，印发进一步做好有关工作的通知，着力增强监督实效。专题分析“一把手”信访举报情况，处置省管“一把手”和领导班子成员问题线索312件。制定平时考核评分细则，每季度对省管领导班子落实党风廉政建设情况进行综合评价。加强换届纪律和风气监督，驻会监督省党代会会风会纪，开展省人大、省政府、省政协领导班子换届监督，确保换届风清气正。及时建立、动态更新领导干部廉政档案。严把党风廉政意见回复关，共回复意见55.3万人次，提出暂缓或否定性意见3677人次。对425名新任省管干部开展集体廉政谈话，督促担当尽责、廉洁自律。

## 反腐败斗争

【保持高压态势】始终以零容忍的态度，严查各类腐败问题，更加有力遏制增量、有效清除存量。全省纪检监察机关共接收信访举报4.1万件次，其中检举控告类18351件次；处置问题线索21136件，立案9099件，处分9360人，移送检察机关336人；69人主动投案。深挖彻查国企领域腐败问题，严查国企“蛀虫”，全省立案361件，处分415人。持续推进粮食购销领域腐败问题专项整治，严查粮仓“硕鼠”，全省立案254件，处分248人。深入推进供销社系统腐败和作风问题专项整治，严查社企“腐蠹”，全省立案104件，处分68人。扎实开展金融领域腐败和作风问题专项整治，严查金融“内鬼”，全省立案142件，处分177人。加大对重点人重点事的查处力度，省纪委监委立案查处省管干部32人，严肃查处领导干部严重违纪违法案件。持续深化“天网行动”和“一人多证”专项清理，追回外逃人员4人，其中国外2人。严查年轻干部违纪违法问题，全省查处3058件，处分3362人，移送检察机关45人。坚持受贿行贿一起查，制定若干措施，动态更新行贿人员信息库，严肃查处行贿行为，全省立案175件，移送检察机关88人。

【深化以案促改】坚持“三不腐”同时发力、同向发力、综合发力，做实以案促改，推动标本兼治。全省纪检监察机关发出纪检监察建议书3468份，推动整改问题、健全制度、完善治理，并对十九大以来以案促改工作开展评查。持续推进宋亮案以案促改任务落实，督促整改金融领域问题921个，完善制度233项。强化警示教育，注重同级同类，制作《在搭天线中沉沦》《变质的“一线总指挥”》《国企反腐警示录》等警示教育片，通报曝光典型案件，多形式开展警示教育活动。推进政治生态治理，督促有关市州和省属国企持续修复政治生态。加强廉洁文化建设，制定实施方案，打造“清风”专栏，营造廉洁清风。

【用好政策策略】全省运用“四种形态”批评教育帮助和处理30245人次，第一、二、三、四种形态分别占67.9%、24.2%、4.2%和3.7%。坚持惩戒与教育相结合，全省回访教育受处分干部5370人次。精准规范追责问责，对监管不力导致发生重大安全生产事故事件、履责不力致使管党治党宽松软等问题，严格责任追究，全省问责党组织101个、领导干部2018人。认真落实“三个区分开来”，修订《甘肃省鼓励改革创新干事创业容错纠错实施办法》，积极容错纠错。大力整治诬告陷害行为，在庆阳等地开展专项行动。坚持把思想政治工作贯穿审查调查全过程，认真落实留置案件领导首次谈话制度，做到执纪问责有力度、治病救人有温度。

## 正风肃纪

【强化压力传导】督促各级党组织扛牢作风建设主体责任，强化示范带动，拧紧责任链条，一级抓一级，推动党风政风持续好转。切实担负起协助省委抓党风、抓纪律的重要职责，对305个部门、单位作风建设情况进行考核评价，推动有针对性地补短板、堵漏洞。组织开展隐形变异“四风”问题治理专题调研督导，掌握问题表现，靶向开展治理。

【严查突出问题】锲而不舍落实中央八项规定精神，既查老问题，又盯新动向，持续发力、久久为功。坚决整治形式主义官僚主义，组织开展专项检查，推动基层减负常态化，持续深化营商环境专项整治，严肃查处落实党中央决策部署不力、不担当不作为乱作为、加重基层负担等问题2018件，批评教育帮助和处理3764人，处分1185人。坚决纠治享乐主义奢靡之风，督促省直部门自查整改违反中央八项规定精神问题，严肃整治“酒杯中的奢靡之风”，严肃查处违规收送礼品礼金、“吃公函”等问题600件，批评教育帮助和处理908人，处分527人。坚决纠治特权行为，开展违规配备使用公务用车问题和党政机关公务租车领域问题专项检查，督促解决问题365个。

【推动常治长效】制定《关于贯彻党的二十大部署要求锲而不舍落实中央八项规定精神深化纠治“四风”工作的实施意见》，持续释放严的信号。坚持党性党风党纪一起抓，加强纪律作风宣传教育，刊发各类报道9210多篇（条），公开通报违反中央八项规定精神典型案例22批68起，教育引导广大党员严格遵规守纪，弘扬新风正气。

## 整治群众身边腐败

【开展专项监督】制定巩固拓展脱贫攻坚成果同乡村振兴有效衔接过渡期专项监督若干措施、资金监督工作意见，完善“1+1+5”监督体系，全力推动任务落实。健全调度推进机制，召开片区调度会，对9个市州及部分县区实地督导，组织开展考核评价。持续推进“一排二清三查四治”行动，严查违纪违法案件。深入开展村（社区）集体“三资”领域腐败和作风问题专项治理，推动实现强村富民。全省纪检监察机关查处乡村振兴领域腐败和作风问题1453件，批评教育帮助和处理2501人，处分1080人。

【强化民生领域整治】紧盯教育、医疗、养老社保、住房、就业、安全生产、食药安全、生态环保等重点领域，扎实开展专项整治，切实解决群众急难愁盼。全面推进停车设施建设管理“一难两乱”专项整治，推动新增、改造、开放停车泊位24万余个。持续推进“三资”提级监督试点，开展专项治理，全省查处问题299件，处理480人。全省纪检监察机关查处民生领域腐败和作风问题1510件，批评教育帮助和处理2825人，处分981人。

【常态推进“惩腐打伞”】建立健全定期研判调度、协同督导检查、行业联动整治、案件调度攻坚4项机制，制定防范和整治“村霸”问题的监督意见，常态化推进扫黑除恶监督和“惩腐打伞”。紧盯全国扫黑办特派督导反馈问题，扎实推进整改。开展攻坚行动，严查“腐伞渎”问题。全省纪检监察机关共立案54件，处理164人，移送检察机关10人。

## 巡视巡察

【做实巡视工作】全面总结十三届省委巡视工作，专题报告省委。认真落实全国巡视工作会议精神，精心谋划十四届省委巡视工作，制定《省委巡视工作规划（2022—2026年）》，形成“任务书”，推动全覆盖。坚守政治巡视定位，开展十四届省委首轮巡视，对科技、文化、群团、国企4个领域30个省直部门单位党组织开展常规巡视，发现问题978个、问题线索32件。

【强化巡视巡察联动】制定《关于统筹巡视巡察联动的意见》，推动巡视巡察同频共振。对换届后市县两级巡察工作领导小组人员进行全覆盖专题培训。对4个市州党委巡察工作跟进指导督导，发现问题306个，提出建议187条。坚持巡视巡察系统联动，十四届省委首轮巡视期间，推动12个市州、70个县区组建232个巡察组同步开展巡察。

【抓好成果运用】研究制定《甘肃省巡视整改和成果运用办法》，推动巡视整改往深里走、实里落。深入开展十三届省委巡视整改“回头看”和督查自查评估工作，对前8轮巡视的213个党组织整改情况进行全面检视，对20个地区（单位）党组织整改情况实地督查评估，对14个市州和10个省直综合部门进行整改“回头看”，推动问题整改“清仓见底”。抓实十三届省委第九轮巡视和涉粮问题专项巡视整改，建立整改台账，加强跟踪督促，确保全面整改到位。

## 纪检监察体制改革

【深化任务落实】加强上级纪委监委对下级纪委监委、派出机关对派驻机构的领导指导，进一步推进双重领导体制具体化程序化制度化。分类施策深化派驻机构改革，指导市县纪委监委建立健全派驻机构工作细则等制度规定，规范派驻监督工作，全省派驻机构处置问题线索5222件，立案1176人，处分1058人。推进机关纪委规范化建设，制定《省直部门机关纪委工作规范（试行）》，加强对履职情况的监督指导。稳妥有序推进监察官等级确定工作，省级任务全面完成。

【推动贯通融合】贯通考虑督和查、条和块、上和下，组织开展以党内监督为主导推动九项监督贯通协调等6项重点课题调研，推动各类监督贯通协同。制定“四项监督”统筹衔接实施方案、纪巡审“三类监督”贯通协同实施办法、“室组地”联合办案工作办法，推进联动监督、联合办案。会同有关部门制定法治督察与纪检监察监督协作配合办法、党纪政务处分与团纪处分贯通衔接办法等制度，促进纪法贯通、法法衔接。

【完善制度体系】认真贯彻《纪律检查委员会工作条例》《派驻机构工作规则》等上位法规，紧密结合实际，制定修订《甘肃省纪检监察机关监督执纪执法工作办法》《甘肃省各级监察委员会与人民检察院办理职务犯罪案件衔接办法》《党纪政务处分决定执行工作办法》等制度30多项，进一步细化职责、权限、内容、程序，提高规范化法治化正规化水平。

## 纪检监察队伍建设

【加强班子建设】根据换届工作统一部署，圆满完成省纪委换届。及时修订省纪委常委会、书记专题会议工作规则，优化班子成员分工，促进工作运行更加协调高效。加强领导班子政治建设，认真贯彻《关于新形势下党内政治生活的若干准则》。加强调查研究，班子成员集中开展45项课题调研，发现问题，提出对策，推动纪检监察工作高质量发展。

【加强干部培养】深化全员培训，全省举办培训班567期，培训干部4.9万人次。强化以干代训，先后抽调852名纪检监察干部参与有关专案或专项工作。加强基层历练，选派30名干部到兰州新区、基层帮扶点、县区、省属企业任职和挂职锻炼，选派47干部下沉一线参与疫情防控。开展扣好廉洁从政“第一粒扣子”主题活动，引导青年干部健康成长。加强干部考核，评选表彰全国、全省纪检监察系统先进，激励干部担当作为。

【加强作风建设】及时修订委机关贯彻落实中央八项规定精神的办法，以上率下严格执行。在全系统部署开展“作风建设年”活动，聚焦效率效能，抓实清单管理、改进方法等16项措施，着力解决突出问题。强化内部正风肃纪，深入开展内部督察及“回头看”，严查纪检监察干部违纪违法问题，全省立案纪检监察干部30人，处分31人次，坚决防止“灯下黑”。

（省纪委监委　张杰）

## 中国国民党革命委员会甘肃省委员会

【提案建言】 省委会主委霍卫平在全国政协十三届五次会议上提交立案提案4件，其中《关于推进“引哈济党”工程尽快启动实施，遏制库姆塔格沙漠东扩，保护莫高窟生态安全的提案》，经《人民日报》专题采访后形成的信息，报送国家有关部门，得到中央领导同志的批示。2022年，省委会向中共甘肃省委、省政府报送“直通车”建议3件，得到省级领导批示8次。《关于在我省全面推行耕地保护“田长制”改革的建议》，得到中共甘肃省委常委、省委统战部部长孙雪涛和时任中共甘肃省委副书记、宣传部部长王嘉毅的批示。《关于我省及早介入南水北调西线工程前期研究工作的建议》得到时任中共甘肃省委书记尹弘和省长任振鹤，中共甘肃省委统战部部长孙雪涛、副省长张锦刚的批示。《关于研究解决兰州高铁网“一无五不通”问题的建议》得到省长任振鹤、副省长程晓波的批示。

【政党协商】 围绕中共甘肃省委政党协商议题和民革中央工作安排，省委会完成调研报告4篇，参加由中共甘肃省委召开的政党协商会议6次。“推动储能产业规模化发展应用”的建议，省发改委在研究制定《甘肃省“十四五”新型储能发展方案》时予以采纳。关于“推进形成储能市场化价格机制”的建议，国网甘肃省电力公司在印发《甘肃电网电化学储能电站调度运行管理规定（试行）》，配合相关省直部门完成《甘肃省“十四五”新型储能发展方案》，修订《甘肃省电力辅助服务市场运营暂行规则》《现货市场运营规则》等相关文件中予以吸纳。

【政协协商】 在政协甘肃省十二届五次会议上，省委会及民革党员中政协委员的5篇建议被列为大会书面发言，省委会提交立案集体提案共12件。全年共向省政协常委会会议、专题协商和月协商座谈会提交发言7篇。在省政协十二届二十次常委会会议上，民革党员、西北师范大学经济学院院长杨立勋被评为十二届甘肃省政协优秀委员，省委会1件提案被评为十二届甘肃省政协优秀提案，1篇信息被评为十二届甘肃省政协优秀社情民意信息。

【社情民意】 全年共编报社情民意信息109篇，其中，全国政协采用2篇，民革中央采用15篇；省政协采用12篇，省委办公厅采用20篇，省委统战部采用19篇，得到省上领导批示的信息5篇。全国政协委员、省政协副主席、省委会主委霍卫平撰写的《加强团结 发扬民主 形成心往一处想、劲往一处使的局面——对全国政协会议开幕会和常委会工作报告的反映和建议》和《完善能耗统计制度，推动碳排放总量“双控”》，全国人大代表、民革党员马晖玲撰写的《人民选我当代表，我当代表为人民》被《零讯》采用。省委会获民革中央参政议政先进单位，获中共甘肃省委统战部信息工作二等奖。

【民主监督】对口兰州市和省农业农村厅开展黄河流域生态保护和高质量发展战略实施专项民主监督，全年开展现场监督性调研4次，书面调研1次，召开工作对接会2次，座谈会5次，形成专题报告并提出意见建议13条。

【社会服务】全年为积石山县小关乡唐藏村引进项目及各类帮扶资金107.68万元，捐赠价值4000元的洋姜种苗、价值22万元的生物菌肥、价值40425元的取暖用炭、价值3万元的医疗防疫药品、价值2359元的慰问物资。联合高途公益基金会开展“高途公益基金——助力教育信息化”捐赠活动，向积石山县捐赠价值75万元的一体化、3D打印机等教学设备。为全省4名困难民革党员向民革中央争取“博爱·牵手”捐赠慰问金10万元。

（民革甘肃省委员会　张莹　范佳昕）

## 中国民主同盟甘肃省委员会

【调查研究】2022年，中国民主同盟甘肃省委员会落实重点调研制度，先后开展钢铁有色金属产业发展、“双碳”目标下绿色高载能产业发展、加速城市更新、加快农村教师队伍建设、专精特新产业发展、加快以黄河文化为核心的甘肃文旅产业发展等调研。承接民盟中央“在双碳目标下煤炭的绿色化利用与经济社会协调发展政策研究”课题，并完成调研报告。

【提案建言】向全国政协十三届五次会议提交提案10件，向民盟中央推荐提案6件，向省政协十二届五次会议提交大会发言3篇，报送集体提案20件，专题议政会发言4篇。向省政协常委会提交构建生态环境保护长效机制、发展县域经济、加强消费领域执法监管保护消费者权益等建议10余篇。

【政党协商】参加政党协商会议5次，围绕政府工作报告、党代会报告、实施“四强”行动、加快“双碳”战略实施及全年经济工作会议议政建言。其中培育壮大全省专精特新企业建议在《甘肃省提升中小企业竞争力若干措施》《甘肃省为“专精特新”中小企业办实事清单》等文件中予以吸纳。加快风光煤多能互补新能源基地有关建议在《甘肃省强科技行动实施方案（2022—2025年）》中采用。

【社情民意】向民盟中央报送信息166篇，向省政协、省委统战部报送建议97篇。“支持西北地区集成电路产业发展的建议”“禁止‘群租’落地还需加大低收入人群生活保障”“中欧班列运行中存在的问题及建议”“警惕‘伪民意’操控舆论破坏网络环境”被省委办公厅单篇采用。“共同富裕背景下应进一步加强社会公益慈善组织的规范管理”“关于及时破解护士紧缺难题的建议”“打造陇中立体有机农业区助推黄土高原乡村振兴和高质量发展”等被省政协单篇采用。

【社会服务】向古浪县帮扶镇中学捐赠价值6.7万元的LED显示大屏1套，为5户困难户捐助1500元生活物资，为村民赠写春联500余副。协调资金9025元开展“情暖童心”专项关爱行动，为帮扶村幼儿园捐赠园服95套。开展“暖冬行动”捐赠活动，向帮扶镇中学捐赠价值9.9万元雪地靴330双。协调民盟中央每年投入200万元在定西市开展“烛光行动数字支教”公益活动；依托盟内文化院团和首席专家工作室开展“烛光行动·艺术启航”乡村学校美育同行活动，培训师生1000余名。协调民盟苏州市委会向天祝县天堂学校捐赠价值3万元图书；对接民盟天津市委会向西峰区什社中学贫困生发放助学金2.6万元，向华池县五蛟初级中学捐赠价值20万元计算机40台，向宁县早胜镇清华小学、大庄小学捐赠价值14.5万元LED护眼灯。启动陇沪《民盟省级组织助力乡村振兴东西协作框架协议书》，实施帮扶、医疗、产业帮扶计划，向平凉市三所小学捐赠价值20余万元的图书。

（民盟甘肃省委员会　李守礼）

## 中国民主建国会甘肃省委员会

【参政议政】2022年，中国民主建国会甘肃省委员会形成关于省政府工作报告（征求意见稿）的建议材料，部分具体建议被省政府工作报告吸纳。

提出的“加强地方金融监督管理体系建设”“推进乡村振兴人才队伍建设”等建议被写入省第十四次党代会报告。2022年9月，省政协印发《关于通报表扬十二届省政协优秀委员、优秀提案、优秀建议案、优秀社情民意信息和优秀政协工作者的决定》，省委会副主委、张掖市委会主委高云虹被评为十二届省政协优秀政协委员，省委会专职副主委张建平被评为十二届省政协优秀政协工作者，省委会副主委、兰州大学经济学院汪晓文同志撰写的《关于以现代服务业催生全省经济发展新动能的提案》被评为优秀提案。兰州大学基层委副主委贾洪文领衔的研究课题《新形势下中国人口战略研究》荣获省政协智库年度评审特等奖。省委会副主委汪晓文荣获2022年度民建全国参政议政先进个人，参政议政部副部长刘永亮荣获2022年度民建全国参政议政先进工作者和民建中央2022年度反映社情民意信息工作先进工作者两项荣誉。在省委统战部年度通报中，民建省委会被评为全省统战信息工作一等奖。高云虹、彭会萍荣获2022年度优秀党外特邀信息员，刘永亮荣获2022年度全省统战信息工作先进个人。

【调查研究】组织调研组赴兰州、兰州新区、白银、天水等地开展“强科技”专题调研，实地查看一批科技型企业。赴兰州新区、兰州环境能源交易中心开展“大力发展绿色金融助推双碳目标”专题调研；9月中旬，省委会领导率领科创支部、企业支部会员及会内专家学者组成调研组赴平凉市静宁县开展“强县域”专题调研并召开座谈会，就静宁县区位优势、产业发展、营商环境做深入了解。

【提案建言】向省政协十二届五次全会提交集体提案20件，获立案18件，提交大会书面发言3篇，其中，两篇提案被列为主席重点督办提案。向全国政协十三届五次会议提交提案5件，其中1件被全国政协评为年度好提案。省委会副主委高云虹撰写的《关于深化我省疾控体系改革提升公共卫生应急能力的建议》、兰州市委会主委高永健撰写的《关于压实小区物业公司责任认真落实疫情防控要求的建议》、省直机关三支部主委李学端撰写的《关于优化完善兰州城区交通路网建设的建议》，得到省委副书记、省长任振鹤批示。以“直通车”渠道向省委报送《关于将兰州新区建成“一带一路”中国（兰州）上海合作组织国际创新示范区的建议》，得到时任省委书记尹弘批示。省委会副主委汪晓文承担的专项课题《我省经济发展被周边省份超越的原因分析》获得省政协智库年度评审一等奖，在此基础上形成的《关于推动甘肃经济发展追赶进位的建议案》得到省委书记胡昌升、省长任振鹤共同批示。

【政党协商】围绕助力“四强”行动、“碳达峰碳中和进程中甘肃经济发展”等重点课题深入调研，先后在中共甘肃省委召开的“强科技、强工业、强省会、强县域”行动暨半年经济工作专题协商座谈会上作以《关于实施强科技行动及下半年全省经济工作的建议》为题的主要发言，在省委召开的“碳达峰碳中和进程中甘肃经济发展”专题协商座谈会上，作以《大力发展绿色金融，助推我省“双碳”目标实现》为题的主要发言，受到省委主要领导肯定。

【民主监督】根据省委黄河国家战略启动实施专项民主监督协商会安排，制定《民建甘肃省委会2022年度黄河国家战略专项民主监督工作方案》。6月底，组织调研组赴省工信厅就实施“黄河战略”产业发展规划、支持国家重大项目落地、新能源储能和火电调峰、加大绿电就地消纳、打开甘肃“能耗双控”发展空间等方面深入交换意见。9月下旬，组织调研组赴白银市白银区、刘川工业园、会宁县等地开展专项民主监督调研，深入了解白银市在黄河流域水资源利用、生态保护、污染治理、产业发展等方面的实际做法与成效，并就产业转型升级、规划编制实施、重点项目建设等具体问题与职能部门进行交流探讨。12月初，如期提交民主监督专项调研报告，为新时期甘肃黄河流域生态保护和高质量发展献计出力。

【社会服务】省委会积极争取“甘肃新星公益”组织每年资助19400元，帮助和政县三十里铺镇祁家沟村15名中学女生完成学业。春节前夕，省委会领导带队赴和政县祁家沟村开展送温暖活动，为50户困难群众送去价值一万元的面粉和大米，以及由一名会员捐助的360盒价值10万元的医用N95口罩。一名会员在文县铁楼藏族乡捐建游客接待中心，目前投入450万元，现已完成基础工程，项目建成后直接带动当地旅游产业的发展，加快推进乡村振兴，受益人数658人，有效带动当地群众就业增收。一名会员在康乐一中设立“明清奖学金”，每年出资5万元奖励优秀学生50名，连续奖励6年，合计30万元。一名会员联系国内知名医药企业，向张掖市人民医院捐助价值1157.5万元医疗设备。一名会员向静宁县中果汇峰农业科技有限公司苹果苗木培育基地捐款10万元，用于扶持静宁县苹果产业发展。在疫情防控方面，2022年度民建各级组织共有500多名会员参与疫情防控，一名会员减免商户租金1293万元，各级组织累计捐款29.88万元，捐助物资126.26万元，款物合计156.14万元。

（民建甘肃省委员会　魏琬琳）

## 中国民主促进会甘肃省委员会

【参政议政】2022年，共收集到社情民意信息447篇，省委会筛选上报民进中央、省政协、省委统战部共计284篇次，民进中央采用14篇，中共甘肃省委采用9篇，省政协采用10篇，省委统战部采用4篇。其中《新冠肺炎疫情防控工作的几点思考》《关于发挥甘肃农垦优势发展工业大麻产业的建议》被省委主要领导批示；2篇信息被民进中央评为参政议政成果二等奖，2篇被评为三等奖。2022年，省委会被民进中央评为“民进省级组织参政议政工作先进单位”。省委会共向中共甘肃省委政党协商会议提交发言材料5篇，利用“直通车”形式上报省委、省政府建议2件，其中《以特色花卉产业促文旅融合》《关于双碳背景下推动河西走廊经济带电力行业发展的几点建议》为省上实施“四强”战略提供决策参考。向省政协十二届五次会议提交大会发言、联组会议发言3篇，集体提案13件，其中2件提案被列为政协主席重点督办提案，《关于加强中药材生产基地现代化建设促进中药产业高质量发展的提案》被评为十二届省政协优秀提案；向省政协专题议政会提交发言2篇，常委会会议提交发言材料2篇，月协商座谈会提交发言材料7篇，其中《做大做强“甘味”农产品关键在市场》意见被省政府出台的《甘肃省进一步释放消费潜力促进消费增长若干措施》采纳，《优化营商环境 推动民营经济发展》建议被省政府出台的《贯彻落实全省优化营商环境大会精神若干措施》采纳。

【联合调研】围绕“教育‘双减’政策下中小学高质量发展”，联合民进宁夏区委会在定西、兰州、白银开展专题调研，形成的成果《教育“双减”政策下中小学高质量发展》运用到民进中央重点课题中；与天津市委会、上海市委会、湖南省委会开展“坚持制造业立市，推动天津信创产业链高质量发展”联合调研；联合首都师范大学通过线上问卷和线下走访的形式开展“三孩”政策实施情况调研，形成的成果《关于对三孩生育政策背景下我省育龄人群生育意愿、影响因素与诉求的几点建议》报送民进中央并被采纳。

【民主监督】2022年，省委会召开3次民主监督工作会议，先后对临夏州3县市涉及农业产业、生态环境、垃圾处理、文化保护等方面进行监督调研；对省水利厅涉及农村饮水、水土保持、水利发展资金使用、重大水利工程推进等方面进行监督，赴甘南州、庆阳市、武威市、白银市进行延伸监督。《关于立项建设现代农业园区根本解决黑方台地质灾害实现乡村振兴的建议》得到中共甘肃省委主要领导批示。

【社会服务】为甘南州临潭县拉布村专业合作社引进价值6000元优质梯牧草（猫尾草）种子；邀请中国农业科学研究院兰州畜牧与兽药研究所所长张永光一行赴拉布村现场指导肉牛养殖，向拉布村集体合作社捐赠价值0.3万元的兽药；帮助拉布村完成“那斜路沟小流域治理工程”立项审批。赴拉布村开展共建活动，为拉布村党员们送去慰问品。赴定西市漳县开展“童心同行”先心病普查活动，对1700余名儿童进行筛查。联合甘肃省中医院打造社会服务新品牌“小白杨行动”，面向省内偏远地区开展青少年脊柱侧弯筛查公益活动，在临夏州永靖县、广河县，甘南州合作市、夏河县累计筛查中小学生2.2万余名，为发现的脊柱侧弯患者提供治疗建议。联合省中医院、省红十字会成立“小白杨行动——青少年脊柱侧弯筛查专项基金”，为青少年脊柱侧弯患者减轻治疗负担。

（民进甘肃省委员会　杲立森）

## 中国农工民主党甘肃省委员会

【参政议政】农工党省委会共参加中共甘肃省委召开的专题协商座谈会6次，提出《以县域经济高质量发展支撑经济社会发展目标高质量实现》《抢抓“双碳”战略机遇推动绿色低碳高质量发展》《深入推进廉洁文化建设和治理基层“微腐败”》等14条建议。

向省政协常委会提交《大力发展节水产业和技术 推进我省农业节水集约利用》《坚持改革创新 破解短板制约 推动我省县域经济高质量发展》等发言材料。在省政协月协商座谈上作《推动我省优势农产品跨境电商新业态高质量发展》的发言，提交《关于充分挖掘县乡消费潜力的建议》《关于助企纾困保市场主体的建议》等2篇发言材料。

【调查研究】先后开展推进“食安甘肃”建设、“强县域”等专题调研，形成《关于我省食品安全发展的调研报告》《关于推动我省民营经济进一步高质量发展的调研报告》《关于我省县域经济高质量发展的调研报告》《关于推动黄河流域生态保护和高质量发展的调研报告》等4篇调研报告上报农工党中央和中共甘肃省委。《充分利用国家中医药产业综合试验区平台，促进甘肃省中医药产业发展》被农工党中央评为医药卫生类优秀调研报告。

【提案建言】农工党省委会向省两会提交集体提案30件全部立案，其中1件被确定为重点提案并由省政协主席领衔督办。作现场发言2篇，提交书面发言4篇。作专题协商议政会上现场发言1篇，提交书面发言5篇。农工党20名政协委员5名人大代表提交议案、提案50余件。《关于促进产业扶贫良性发展的提案》被评为十二届省政协优秀提案。

【社情民意】全年征集到社情民意信息305篇，上报中央统战部、农工党中央、省委、省政协107篇，荣获全省统战信息工作第二名。上报的信息被采用35篇41次，其中，中央统战部《零讯》1篇，全国政协采用1篇，省委、省政府主要领导批示1篇，农工党中央采用10篇，省委、省政协采用32篇。《关于成立甘肃省突发公共卫生事件专家咨询委员会的建议》被评为十二届省政协优秀社情民意信息。

【社会服务】申报定西市陇西县获批全国首批农工党中央社会服务基地之一。持续对口联系临潭县业仁村推进乡村振兴工作，为全村群众发放2万余元的暖冬物资，捐赠价值6万余元的办公设备和防疫用品。开展“环境与健康宣传周”送医送药下乡、文化进社区、健康知识讲座等活动20余场次。

（农工党甘肃省委员会　全凯）

## 九三学社甘肃省委员会

【参政议政】2022年，共报送社情民意信息200余件，其中《关于加大我省石窟寺保护，打造“石窟艺术走廊”的建议》和《建议把石化产业做成兰西城市群甘青合作核心产业》被中央办公厅采用；《关于建设兰西城市群湟黄生态走廊的建议》《关于提升城市固体废弃物低碳管理的建议》等14件被省委办公厅采用；《关于甘肃黄河流域荒漠化治理的建议》得到省长任振鹤的批示，《加快我省装备制造产业体系建设》得到副省长李沛兴批示。《关于加快我省氢能产业链发展的建议》被评为十二届政协优秀社情民意信息，省政府印发《关于氢能产业发展的指导意见》，列入全省发展规划。

【调查研究】向“九三论坛”提交《关于科技创新助力新能源产业优化发展》《西部地方高校教师队伍建设的现状与对策建议》的调研报告，完成《巩固拓展脱贫攻坚成果、大力开展乡村振兴推进脱贫地区高质量快速发展》专题调研报告。赴省生态环境厅、兰州新区和有关环保部门座谈调研，实地走访环保项目点11个，召开座谈会6场，听取9个相关单位的工作汇报，完成《2022年黄河流域生态保护和高质量发展战略专项民主监督报告》。

【提案建言】在政协十二届五次会议上提交集体提案19件，其中，《关于加强我省良种基地建设的提案》等3件提案被列为主席督办提案。《关于进一步完善制度机制发挥好民主监督作用》的提案被评为十二届省政协优秀提案。在2022年政党协商会上提出《促进我省科技成果转化助力“强科技”行动的建议》和《“双碳”背景下促进我省装配式建筑产业发展的建议》。省第十四次党代会报告、政府工作报告通过政党协商会的形式，听取吸纳社省委的意见建议。

【社会服务】为庆城县马岭镇纸房村争取到太阳能路灯50盏，争取基层政权维修项目资金80万元。为马岭镇捐款2.73万元。为马岭小学、马岭中学和明德小学捐赠2000多册、价值5万元的课外图书，为纸房村捐赠“巾帼暖心包”50个。为临夏市乡村学校捐赠价值百万元的电子教学设备和15台价值4.5万元的智能机器人。

（九三学社甘肃省委员会　朱建文）

## 甘肃省工商业联合会（总商会）

【“民企陇南行”活动】在陇南开展主题为“相约美丽陇南·合作共赢发展”的“民企陇上行”活动，达成招商引资项目97项，组织省内外民营企业向陇南捐赠资金和公益项目6926万元。截至去年底，已开工项目95个，到位资金84.27亿元，公益捐赠资金全部拨付到位。“民企陇南行”活动被《全国工商联改革情况》选编为助推地方经济社会发展典型案例。

【“千企调研纾困”行动】联合省委统战部、省工信厅开展“千企调研纾困”行动，将征集到的1311件问题线索分类分解到省直责任单位、各市州政府、各市州中小企业和民营经济发展工作领导小组协调解决。《2022年“千企调研纾困”行动报告》获省政府主要领导同志批示。会同省税务局实施“春雨润苗”行动，联合省人社厅、中国银行甘肃省分行开展“陇原惠岗贷”金融业务，着力解决中小微企业融资问题，支持企业减负稳岗发展。

【“万企兴万村”甘肃行动】截至2022年底，3089家民营企业在1263个村实施投资经营类项目1163个，投资总额179.79亿元，到位资金97.17亿元；在1482个村实施公益项目2566个，捐款捐物15.7亿元。开展“民企高校携手促就业”行动，动员2007家民营企业提供就业岗位13341个。

【调查研究和参政议政】紧贴构建“一核三带”区域发展格局、实施“四强”行动等内容开展调研，完成甘肃民营经济发展状况调研、全省上规模民营企业调研、培育和发展中国特色商会组织实践探索等重点课题调研，通过政党协商、政协协商等平台建言献策，多篇建议转化为优化营商环境、促进中小企业发展的政策措施。其中：《甘肃民营经济发展现状及对策建议》获2022年度全省统战理论政策研究创新成果一等奖；《白银市平川区优化营商环境的做法与启示》得到省委领导批示；《关于加快推进城市更新改造进程促进城市高质量发展的建议》被评为省十二届政协优秀提案；《关于支持教培行业转型升级的建议》提交全国两会。在全省2731家民营企业建立日常运行监测调查点，发布全省民营企业50强榜单，配合全国工商联开展“万家民营企业评营商环境”调查。

【民企法律维权服务】与省司法厅联合印发《甘肃省法治民企建设实施办法（2021—2025年）》。联合省法院、省司法厅、省人社厅等开展“商会调解培育培优行动”，在全省各级工商联和商会建立调解组织72个，培养调解员255名，调解案件1416件；联合省检察院开展“维护民企权益 优化营商环境”专项行动拓展年活动；联合省检察院等9家厅局开展涉案企业合规第三方监督评估机制工作，启动企业合规程序办理案件56件。

【商会组织建设】成立省总商会党委，省工商联直属商会党组织覆盖率达78%。建立《甘肃省工商联商会管理办法（试行）》等五项工作制度。开展“四好”商会创建，全省1115家商会组织中，50家被评为全国“四好”商会，138家被评为省级“四好”商会。《甘肃省工商联党组对所属商会党建履行全面从严治党主体责任情况》获全国工商联深化工商联所属商会党建工作课题调研报告优秀奖，《培育和发展中国特色商会组织实践探索》获全省统战工作实践创新成果奖。

（省工商业联合会　代娇）

## 甘肃省总工会

【工会组织概况】全省共有市（州）总工会14个及兰州新区工会，县级地方工会86个，乡镇（街道）工会1356个。省级产业工会11个，省级系统工会15个，省直机关工会工委1个，省总直属基层工会29个。全省基层工会组织3.65万个，涵盖独立法人单位7.62万个，职工374.49万人，会员364.62万人，其中，企业工会1.78万个，涵盖单位4.22万个，会员174.73万人（公有制企业工会1816个，涵盖单位2255个，会员53.95万人；非公有制企业工会1.60万个，涵盖单位3.99万个，会员120.78万人）；机关事业单位工会1.40万个，涵盖单位2.35万个，会员132.54万人；其他会员57.35万人。有专职工会干部10035人，兼职工会工作人员12.95万人。

【加强职工思想政治引领】举办全省职工学习党的二十大精神主题读书分享等活动，引导广大职工更加紧密地团结在以习近平同志为核心的党中央周围，听党话、感党恩、跟党走。召开全省工会宣传教育工作会议。注重丰富职工文化生活，联合开展全省企（行）业歌曲、舞蹈、曲艺小品征集展演活动，组织全省职工参加“中国梦·劳动美——喜迎二十大 建功新时代”全国职工线上健身运动主题活动。牢牢掌握意识形态主动权，建立舆情监测处置机制，协调省委网信办及时处置有关网络舆情。

【弘扬劳模精神劳动精神工匠精神】推荐3个单位、12名职工、17个集体分别获全国五一劳动奖状、奖章和工人先锋号，评选表彰省五一劳动奖状51个、奖章162个、工人先锋号140个，省“五一巾帼奖”先进集体50个、先进个人100名。突出正面宣传引导，多维度、大角度宣传劳模工匠典型事迹。联合开展五一劳动节亮灯宣传行动，组织劳模工匠植树种绿、建设“劳模工匠林”。在甘肃卫视经

6月30日，甘肃省总工会“两优一先”表彰大会在兰州召开（张小芳摄／省总工会供图）

济频道播放《榜样的力量》劳模先进事迹，在《甘肃日报》开设“劳动者风采”专栏，举办劳模事迹宣讲报告会。

【开展劳动和技能竞赛】围绕国家和省重大战略、重大工程、重大项目、重点产业，组织开展“建功‘十四五’、奋进新征程”主题劳动和技能竞赛，指导长庆油田公司工会开展全国引领性劳动和技能竞赛，组队参加全国职工数字化应用技术技能大赛，筛选16个竞赛项目纳入省级引领性劳动和技能竞赛。深化百万职工职业技能素质提升活动，印发《2022年甘肃省百万职工职业技能素质提升活动工作要点》，全省各级工会组织开展竞赛450余项。完成首届大国工匠创新交流大会参展工作。

【群众性经济技术创新活动】加大职工技术创新支持力度，省总本级专项安排职工技术创新补助资金300万元，申报全国总工会职工创新补助资金项目5项；评选命名甘肃省劳模创新工作室44个，新建创新型班组100个。联合省科技厅、省人社厅开展全省职工优秀技术创新成果评选活动，设置奖励资金105万元，评选出职工创新成果120项、职工先进技术操作法30项。推荐9项专利、2名职工、5个项目申报全国和甘肃专利奖、专利发明人奖、全国职工创新补助资金项目评选。

【维护职工合法权益】加强12351职工维权热线制度化管理，注重农民工维权服务，持续开展“尊法守法·携手筑梦”服务农民工公益法律服务行动。对408个民营企业开展“法治体检”，指导帮助企业规范劳动用工，办理法律决策咨询249件，帮助企业开展用工法律风险评估48起。健全“法院+工会”劳动争议诉调对接工作机制，线上流转案件2366件，调解成功1896件。配合修订《甘肃省职工代表大会条例》。持续开展集体协商“要约季”活动，全省4家企业被认定为“全国和谐劳动关系创建示范企业”，1个工业园区被认定为“全国和谐劳动关系创建示范工业园区”。注重劳动保护工作，积极参与生产安全事故调查处理。广泛开展“安康杯”知识竞赛，参与企业8067个、班组57633个、职工111.5万人；联合省应急管理厅命名全省“安康杯”竞赛示范单位10个、示范班组13个。关注职工职业病防治，联合省卫健委印发《甘肃省“十四五”职业病防治规划》，举办全省首届“职业健康达人”竞赛系列活动。

【服务职工群众】实施省政府为民办实事项目共投入资金1850万元。15个示范型驿站（司机之家）、85个标准型驿站全部建成并投入使用。新建标准化职工子女托管班10家、标准化母婴休息室80家。为4924名新就业形态劳动者免费体检、建立健康档案。落实新就业形态劳动者专项综合互助保障，为3737人理赔互助金633.9余万元。出台援企稳岗举措17条，争取全国总工会疫情补助资金400万元，返还4225家小微企业工会经费6629.63万元；各级工会拨付专项资金2.5565亿元，促进企业纾困、产业复苏。下拨专项资金2600余万元，为坚守疫情防控和保障岗位的工作人员购买紧缺物资，走访慰问一线抗疫人员。

【困难职工帮扶】进一步健全完善困难职工群体帮扶救助工作协同机制，加强困难职工帮扶和社会救助政策衔接。落实困难职工渐退机制，实时监测预警，预防返贫返困，切实兜住兜牢困难职工基本生活保障底线。拨付中央财政专项帮扶资金5735.3695万元、省财政专项帮扶资金1509.321万元，“两节”期间，各级工会筹集慰问款物总额6677.0956万元，慰问职工（农民工）206286人次，走访慰问企业1608家。

【工会基层组织建设】深化职工之家建设，开展模范职工之家“结对共建”试点活动，246个省级模范职工之家、全国模范职工之家结对。持续开展机关干部“下基层 察实情 解难题 促提升”蹲点活动。突出新就业形态劳动者入会工作，发展新就业形态劳动者会员14.46万名；探索“商会+工会”新模式，协调甘肃省川渝商会、甘肃城市建设商会会员企业建立工会组织，一次性推动以农民工为主的11家劳务派遣企业、1200余名职工建会入会。全省新聘工会组织员、集体协商指导员1018名，省总安排补助下级经费同比增长19.63%，直接用于服务职工、补助基层的经费支出占本级总支出的82.32%。

【推进产业工人队伍建设改革】履行工会牵头职责，协调召开省推进产业工人队伍建设改革领导小组会议。指导企业提高思想认识、强化组织领导、健全制度机制，将产业工人队伍建设改革引向深入。

组织人员参加首届黄河流域生态保护和高质量发展产业工人创新交流大会，探索产业工人创新交流合作举措。修订《“陇原工匠”“提名陇原工匠”学习宣传选树命名办法》。命名首批“甘肃省工匠学院”12家。

（省总工会　张子乔）

## 共青团甘肃省委

【组织概况】2022年，全省共有团组织78141个，其中团的领导机关100个，基层团组织78041个。学校领域基层团组织40364个，机关事业单位领域基层团组织6631个，国有企业领域基层团组织2556个，非公企业领域基层团组织5900个，新社会组织领域基层团组织4243个，城市社区领域基层团组织2172个，农村领域基层团组织15955个。

全省共有团员1248971人，其中，学校领域团员总数为665374人，机关事业单位领域团员总数82613人，基层国有企业领域团员总数为27359人，非公企业领域团员总数为20032人，新社会组织领域团员总数为21298人，城市社区领域团员总数为74016个，农村领域团员总数为356999个。

全省共有团干部18813人，其中，领导机关团干部712人，基层团干部18101人。学校领域基层团干部总数9034个，机关事业单位领域基层团干部总数6526个，国有企业领域基层团干部总数1303个，非公企业领域基层团干部总数393个，新社会组织领域基层团干部总数198个，城市社区领域基层团干部总数209个，农村领域基层团干部总数255个。

【思想政治引领】推进“学习二十大 永远跟党走 奋进新征程”主题教育实践活动，举办“青春心向党 奋进新时代”群众性文艺汇演，举办“百年青春路 永远跟党走——青春奋斗故事分享”活动，举办主题视频、摄影、征文大赛和青少年经典诵读征集活动。全省共青团组织开展主题实践活动19047场次，组织化学习位列全团第1名。持续强化党的创新理论“青年化”阐释实效，“青年大学习”网上主题团课累计参与2875.95万人次，覆盖率长期位居全团前列。青年宣讲团开展学习宣讲18178场次。联合13家厅局制定印发《关于实施“青春兴陇”育人工程 深入推进青年人才工作的实施意见》。开展“五四奖章获得者”“向上向善好青年”等先进集体和个人的宣传报道工作。推动网上共青团建设，全面升级甘肃共青团官网，推出青春甘肃APP，甘肃共青团新媒体矩阵粉丝数达462.5万人。运用海报、H5、长图、短视频、MV等形式，录制发布各类文化产品10320部。

【服务中心大局】推进“乡村振兴 青年建功”行动，开展“青春助农”原产地公益直播活动208场次，助销农产品2087.84万元。举办“乡村振兴·青春助农”青年创新创业项目大赛，挖掘优秀青年创业项目218个。培训农村创业青年和青年致富带头人12141人次，争取农村青年创业专项扶持资金448万元，向创业青年发放无担保贴息贷款809笔，金额7787.9万元。聚焦“一老一小一困”群体，开展集中性走访慰问和关爱物资发放活动82场次，捐赠生产生活物资价值668.9万元。履行省直组长单位职责，为合水县落实各类项目资金220万元。实施东西部团组织协作项目86个，涉及资金1035万元。推进“美丽甘肃 青春行动”，持续扩大甘肃青年生态修复林规模，组织3000多名团员青年持续开展义务植树。开展绿植领养、低碳出行、青春减塑、“河小青”巡河护河等绿色生活创建活动2292场次，参与17.6万余人次。组建绿色青年志愿服务队550支。巩固和扩大青年爱国统一战线，以铸牢中华民族共同体意识为主线，开展民族团结进步宣传教育活动100余场次，组建民族团结宣讲“轻骑兵”8支，线上线下宣讲158场次。推进“援疆援藏”工作，组织内地新疆籍大学生1268名、内地西藏籍大学生744名参加“民族团结我践行”社会实践活动。开展“石榴籽一家亲”民族团结主题团课、队课，覆盖团员青年24.7万人次、少先队员490万人次。推进平安甘肃建设，开展“青年志愿服务进乡村”活动，组建新时代文明实践中心青年志愿服务队79支，参与青年超过15万人次，服务时长超过46万小时。组建疫情防控重点领域青年突击队1540支，招募各类青年志愿者4.5万余名，募集、调配价值913万余元抗疫、生活物资，下拨30万元专项团费支持基层团组织开展疫情防控工作。推进青春建功“四强行动”，推进“小平科技创新实验室”规范建设运行，甘肃10所中学被团中央授予“小平实验室”建设学校称号；深化“青年文明号”创建和评选工作，广泛选树“青年岗位能手”“青年安全生产示范岗”；推动兰州市建设全国青年发展型城市试点工作，为兰州高质量发展凝聚青春力量；开展全省乡村振兴青年人才“领头雁”网络培训，823人参与网络学习，持续加强青年之家、青年社团、网络社群、青年社会组织建设。

【服务青少年成长发展】完善优化青年发展政策体系，推动出台服务青年发展政策，其中省级出台26项，市、县出台125项。开展规划实施中期评估，形成《甘肃省中长期青年发展规划（2018—2025年）中期评估报告》。完善全省青年发展统计监测指标体系，形成《2021年度〈甘肃省中长期青年发展规划（2018年—2025年）〉统计监测主要数据》。开展试点县评估验收工作，推进全国青年发展型城市建设和县域试点申报工作，确定兰州市为全国青年发展型城市建设试点，甘州区、玉门市、临夏市为全国青年发展型县域试点。全年资助学生6099名，发放资助金5643.4万元。举办第五届青春招聘会，提供就业岗位6.7万个；实施大学生实习“扬帆计划”，提供岗位3815个；结对帮扶一般院校低收入家庭高校毕业生3887名，各项就业指标均达到100%；举办甘肃省第三期青年创业训练营，培训青年1640人；举办“百千万”全省青年创新创业大赛；开展“大学生乡村创业帮扶计划”，资助项目150个。服务青年婚恋交友方面，举办婚恋交友活动159场次，引导广大青年破除“高价彩礼”等婚俗陋习，培育良好社会风尚。维护青少年发展权益，组织开展甘肃省中小学生法治教育“五个一”系列普法宣传教育活动上千场次。持续开展“中高考减压”“益路同心·爱护青春”“青春自护·有你有我”青少年自护教育等系列活动2510余场次，覆盖青少年131.28万人。推进青少年零犯罪零受害社区（村）创建工作，优化青少年成长环境。在甘肃文化卫视录制播出“法治护航 平安成长”——甘肃省中小学生“同上一堂法治课”，全省268万名中小学生观看。深化“共青团与人大代表、政协委员面对面”活动，征集青少年“模拟政协提案”3816件。加强12355青少年服务台建设，形成“省级统一接入咨询，市县线下承接项目”的工作格局。

6月8日晚，《青春心向党　奋进新时代》文艺汇演在兰州大学城关校区西区体育馆举行（共青团省委供图）

【团的自身建设】制定印发《共青团甘肃省委深化改革方案》，推进下属单位改革，指导出台《甘肃省团校改革方案》，全面启动团属单位的规范管理和改革工作。2022年9月，召开共青团甘肃省第十四次代表大会，选举产生新一届领导班子。推进县域共青团基层组织深化改革，完成全省16个县域共青团基层组织改革试点总结评估，5个县区被团中央评定为优秀等次。出台《甘肃省推进县域共青团基层组织改革实施方案》，细化落实团中央4个方面9条改革举措，制定20条政策措施，提升基层组织整体活力。出台《新时代深化甘肃省青联改革实施方案》，加强组织建设，优化委员结构，拓宽联系青年渠道载体，推进青联改革；召开省学联第十届主席团会议、第十届委员会全体会议，深化全省学联学生会“每月一学”制度和骨干培训制度，推进学联学生会改革；履行全团带队政治责任，不断完善党团队建设相衔接的工作链条，深入实施少先队员光荣感增强计划和辅导员政治素养提升计划，进一步加强校外少先队组织建设，推进少先队改革。

（共青团甘肃省委）

## 甘肃省妇女联合会

【纲要规划实施】1月5日，省妇联联合省政府新闻办公室召开《2021—2030年甘肃省妇女发展规划》《2021—2030年甘肃省儿童发展规划》新闻发布会，近25万人收看并转载。指导市、县两级颁布实施本级规划，推进男女平等基本国策教育培训进党校（行政学院），联合省发改委成功申报兰州市为第一批国家儿童友好城市。

【妇联改革】落实“十四五”时期妇联系统改革实施方案，实施组织建设改革“破难”及妇女基层组织建设改革实践调研，总结、推广“破难行动”经验成效。指导各地在社会组织、商圈园区、农家乐、文化场馆、妇女专业合作社、广场舞队伍、全职妈妈等女性集中领域和阶层新建妇女组织340个、妇女微家1275个。定西推进“组织+网格+执委”模式，以单独组建、区域联建、行业统建等方式建立妇联组织126个。在全省建立100个省级示范“妇女之家”“妇女微家”。在全省培树100名优秀村（社区）妇联执委，利用妇联系统全媒体阵地，线上线下广泛宣传优秀事迹，提振基层妇联执委干事创业的精气神。推进“基层妇联领头雁培训计划”，省妇联举办全省基层妇联主席、执委示范培训班8期培训913人，举办全省妇联主席、执委示范培训班（网络班）1期培训1029人，示范带动全省各级妇联累计面向妇联主席、执委和妇联干部培训4.4万余人次。与省委组织部联合举办全省女村党组织书记示范培训班培训170人，举办全省女干部培训班培训50人，省妇联主要负责人在省委党校为5个主体班次300名学员宣讲男女平等基本国策。创新开展“妇联执委领办实事”“我是执委 我在服务”活动，组织10万名执委领办实事8.6万件，基层妇联引领服务联系妇女的针对性、精准性和实效性有效提升。

【妇女思想引领】开展“巾帼大宣讲”“巾帼大学习”等宣传教育活动1.39万场次，覆盖295.3万妇女群众。评选表彰2022年全省三八红旗手149名、红旗集体75个。进一步发挥先进妇女典型示范作用，组建省妇联先进典型宣讲团，围绕“跟党奋进新征程、巾帼建功新时代”主题，开展宣讲活动40余场。全年在甘肃妇女公众号平台开展先进妇女及家庭事迹展示。持续推进巾帼志愿服务规范化、专业化、常态化，为各地妇联配发4.91万套志愿者服装。打造巾帼志愿服务“阳光站”，在全省范围内优选15家站点，给予资金扶持、理论指导。指导发动各级巾帼志愿服务队围绕疫情防控、矛盾调解、移风易俗、尊老爱幼、环境整治、文化传承、文明建设等常态化开展巾帼志愿服务活动。巾帼志愿服务领域不断拓展，活动内容深受广大妇女群众的喜爱。

【妇女就业创业】扶持特色产业，争取财政专项资金800万元，分区类分档次奖补“巾帼乡村就业工厂”137家，培训工厂技能骨干1000人。落实项目资金99万元，争取“全国巾帼现代农业科技示范基地”3家，扶持创建“全省乡村振兴巾帼示范基地”30家，带动妇女增收就业近4万人。天水、陇南、金昌大力培育“村花”主播，助力农村妇女实现“指尖创业”梦想。争取@她创业计划—母亲创业循环项目600万元，支持妇字号企业和基地吸纳8.48万妇女就业增收。统筹争取东西部协作项目资金2800余万元，协调推进跨省输转—技能培训—安置就业—组织跟进“一站式”服务，新增输转就业近2万人。

加强技能培训，提升创业创新能力。开展家政、养老、烹饪、刺绣等12种职业技能劳务品牌项目培训，培训妇女3万人。举办全省农家巧娘、巾帼合作社带头人、创业创新、家政等培训7期，帮助334名农家乐、巾帼合作社、家政、手工等领域女带头人明确市场定位，提升经营管理和技艺水平。带动市州妇联开展各类农村妇女素质提升培训班908次，受益7.56万人次。举办全省巾帼创业创新训练营2期，对全省100名优秀巧手骨干、女性创业者等行业优秀女性代表提升创业创新能力。建成省级科技助农女专家库，组建10个市州女科技工作者协会和巾帼助农服务团，推动“巾帼科技助农直通车”活动突破千场，26万群众受益。白银、张掖、兰州新区广泛开展巾帼科技助企服务，酒泉支持女性科技工作者争取省级以上科技引导资金2.5亿元。推动开

6月21日至23日，省妇联在兰州市举办全省“农家巧娘”第一期培训班（刘嘉安摄／省妇联供图）

展“易地搬迁巾帼讲堂”98场次，覆盖近万人。

搭建就业平台，帮助妇女实现就业。联合省人社厅等部门开设“省人力资源市场巾帼就业分市场”。线上线下同步举办“春风送岗位·巾帼建新功”甘肃省女性人才专场招聘会，精选企业120家，岗位4000个，创新开展网络视频招聘和直播带岗，现场达成意向性就业协议616份，专题网站及直播间求职访问量达17.7万人次。

【妇女儿童合法权益维护】推动反家暴地方立法列入省人大2023年立法计划。联合多部门下发破解婚姻家庭矛盾纠纷排查化解难题、打击拐卖妇女儿童犯罪专项行动、推进婚姻家庭纠纷在线诉调对接等文件，持续推动维权“五项机制”在基层落地见效，天水组建“秦姐姐”家事调解团，嘉峪关设立社区妇女儿童维权点，建立四级维权网格。实施妇联系统“八五”普法规划，在妇联微信、抖音、快手等多平台同步设立“陇姐心语”“陇姐学法”专栏，推送“微课堂”134期，浏览量超过2000万人次，“陇姐”系列普法品牌入选2022年度全国妇联十大巾帼好网民案例、全省首批普法依法治理十大创新案例。全系统接待群众来信来访来电4211件，办结率98%以上。

推进“妇联执委+基层综治网格员”双向任职模式创新发展，6月初在张掖市举办全省基层综治网格员中妇联执委维权暨信访能力提升培训班；12月在线上举办“学习宣传贯彻党的二十大精神 把维护妇女权益工作做在平常抓在经常落到基层妇联干部维权能力提升班”，带动市县举办相应培训40多场次，1000多名基层网格员中的妇联执委得到培训，“双向任职”入选甘肃省市域治理创新实践十大精品案例。持续开展“一月一主题”普法宣传。各级妇联组织开展宪法、妇女权益保障法、反家暴法、未成年人保护“两法”、反拐、安全、禁毒、防疫防艾防邪等普法宣传活动600多场次，覆盖人群1800多万人次。与省禁毒办在天水甘谷县联办的“不让毒品进我家”集中宣传活动列入全省十大禁毒宣传活动。

【家庭家教家风建设】开展“最美家庭”寻找活动，在天水市举办“巾帼喜迎二十大 陇原共建幸福家”甘肃省2022年度“最美家庭”揭晓晚会，揭晓省级最美家庭1010户，表扬全省家庭工作先进集体100个和先进个人100人。全省23户家庭入选“全国五好家庭”，24户家庭入选“全国最美家庭”，18户“最美家庭”入选第四届省级文明家庭。开展“家风润陇原”家庭教育公益巡讲省级示范活动122场次，惠及507万人次。联合多部门出台甘肃省家庭教育五年规划（2021—2025年）和涉未成年人案件中开展家庭教育指导工作的实施意见。举办家庭教育促进法宣传月活动，开通省级家庭教育网络平台，培训家庭教育师资骨干，力促家庭教育促进法和“双减”政策落地落实。推动巾帼家美积分超市工作，联合省农业农村厅、乡村振兴局下发《关于在全省乡村建设示范行动省级示范村中推进建设“巾帼家美积分超市”工作的通知》。各级妇联争取各类资金3286.72万元，新建“积分超市”2979个，累计建成村（社区）超市8700个，累计投入资金9979余万元。与读者出版集团联合开展“书香飘万家·星星点灯”陇原家庭亲子阅读行动9期。举办2022年“甘肃省家庭亲子阅读视频大赛”。命名31个全省首批省级家庭亲子阅读体验基地，指导各基地，开展家庭亲子阅读活动，建设“书香家庭”。

【妇女“两癌”检查与救助】深入实施为民实事妇女“两癌”免费检查项目，连续五年将妇女“两癌”免费检查列入省委、省政府为民实事项目。2022年，20.59万适龄妇女参检，确诊乳腺癌患者109人，宫颈癌患者81人，疑似、异常、癌前病变3万余人。4月，全国妇联党组书记、副主席、书记处第一书记黄晓薇赴甘肃省考察调研，对“两癌”免费检查工作给予充分肯定。12月24日，省政府第9期《甘肃政务督查》对妇女“两癌”免费检查工作提出表扬。

加大对“两癌”患病妇女的救助力度，争取全国妇联、中国妇基会“低收入妇女两癌救助专项基金”1165万元，专项救助基金累计达到1.19亿元，救助11881名符合条件的“两癌”妇女。推动各地政府出资为适龄妇女购买“两癌”保险，全省7个市州和23个县市区政府出台相关配套政策。全省各级妇联发放“两癌”救助金473.74万元，捐赠爱心物资价值19.8万元，购买“两癌”保险1816.47万元，受益妇女59.82万名。

（省妇联　郭永杰）

## 甘肃省残疾人联合会

【组织概况】全省有16个市级残联，86个县级残联，1378个乡级残联，17012个村社区残协组织，实现了市县乡残联和村社区残协及残疾人集中单位残疾人组织全覆盖。全省有各类残疾人187万人，占总人口的7.2%，涉及654万家庭人口。

【组织建设】召开省残联第七届主席团第四次全体会议，增选主席团副主席2名，调换主席团委员6名。兰州新区建立残工委、成立残联，83个县级、14个市州残联完成改革任务。各市州组织部选配市级残联理事长和党组书记6人、副理事长11人，14个市州残联全部配备残疾人理事长或专职副理事长，全省县级残联残疾人干部配备率达100%，64%的县级残联配备了专职残疾人领导干部。省残联系统有省人大代表1名、省政协委员2名，全省各级共有残疾人及亲友和残疾人工作者人大代表69人、政协委员91人，较上届明显增加。

【康复服务】省政府办公厅印发《甘肃省残疾预防行动计划（2021—2025年）》。2022年度下达资金约1.02亿元，为16.5万名有康复需求的残疾人提供基本康复服务，为5.2万名残疾人提供辅助器具适配服务，残疾人基本康复服务覆盖率达95.36%，基本辅具适配率达93.9%；推进残疾儿童康复救助工作，为8540名残疾儿童开展康复服务，其中，0~6岁残疾儿童康复救助6734名，7~17岁残疾儿童康复救助1806名。对23个国家帮扶县和16个省级重点帮扶县有康复需求的持证残疾人给予残疾人精准康复服务资金补贴。培训残疾人康复专业技术人员180余人。省康复中心医院兰州新区院区建成投入试运营，持续打造康复研究、辅具适配、听力训练三大国家西北区域中心品牌。

【教育就业】省政府办公厅印发《甘肃省促进残疾人就业三年行动实施方案（2022—2024年）》，全省城镇残疾人新增就业1636人，完成率116.9%；全省农村残疾人新增就业9720人，完成率138.9%；全省城乡残疾人培训11779人，完成率130.9%。在39个乡村振兴重点帮扶县投入413.25万元，培训农村困难残疾人2755人；投入项目资金800万元，扶持63个省级残疾人就业帮扶基地，带动2000多名困难残疾人就业；投入资金350万元，实施残疾人辅助性就业机构扶持项目，帮助1200多名智力、精神和重度肢体残疾人就业增收；实施100名残疾大学生就业补贴项目，连续三年给予每人每年2万元资金补助。对接落实东西部帮扶资金3735万元，开展实用技术培训、种养、加工、电商、盲人按摩等项目扶持，帮扶1.4万困难残疾人。举办甘肃省“百千万”创业引领工程残疾人“创业达人”选拔活动暨首届残疾人创业创新大赛。配合开展控辍保学工作，落实“一人一案”助学措施，为235名残疾人考生提供中高考服务。

【社会保障】全省农村纳入政策兜底的残疾人20.62万人，其中特困供养3.65万人、一类低保4.46万人、二类低保12.51万人。全省落实“两项补贴”政策为47.47万残疾人，其中重度残疾人护理补贴37.24万人，困难残疾人生活补贴27.43万人，叠加享受两项补贴人数17.2万人。落实“阳光家园计划”项目资金1590万元，为1.04万名智力、精神和重度肢体残疾人接受寄宿、日间照料和居家服务给予补助。组织开展残疾人日间照料服务工作，投入资金3924万元，解决5450名重度肢体、智力和精神残疾人的照护困难。全年发放残疾人机动轮椅车燃油补贴资金105.04万元。开展各项志愿助残活动，张掖市山丹县温馨日间照料中心被中国助残志愿者协会认定为10家首批阳光助残志愿服务基地之一。

【权益维权】配合省人大常委会完成《甘肃省残疾人保障条例》修订工作，制定落实省残联系统“八五”普法规划。贯彻落实《信访工作条例》，健全完善信访制度机制，依法依规及时接待办理各类残疾人信访事项，办结率和满意度均达100%。为9450户困难重度残疾人家庭进行无障碍改造，完成年度任务的131.2%，相关做法经验连续三个季度受到中国残联通报表扬。

【证件办理】畅通残疾人证线上线下办理和“跨省通办”“省内通办”渠道，持续强化残疾人证核发管理，全省办理有关残疾人证服务事项9.69万件，全省持证残疾人达到87.76万人（发放三代证34.96万本）。建立常态化走访探视机制，完成全省持证残疾人基本状况调查，全面掌握残疾人基本信息和需求状况，入户采集率和APP使用比率达到93.67%和96.85%。

【文化体育活动】投入150万元，实施残疾人文化进家庭、进社区“五个一”项目3000户；投入资金116万元，建设29个全省残健融合文化服务中心（站、点），配置建设“阳光无障碍”影院系统等；支持4市州开设电视智能手语播报系统。组织开展第32次全国助残日系列助残宣传活动、第二届全省残疾人读书达人“云演讲”活动、全省残疾人文化季等活动，选树、宣传一批“残疾人陇人骄子”等残疾人先进典型和助残典型。举办全省第十一届残运会暨第五届特奥会，特奥会共有12个代表队、195名运动员参赛，产生金牌278枚、银牌179枚、铜牌116枚；残运会共有11个代表团、516名运动员参赛，产生金牌281枚、银牌246枚、铜牌179枚，打破32项全省残疾人纪录。

（省残联　张多有）

## 甘肃省文学艺术界联合会

【重大主题活动】省文联组织举办喜庆二十大·讴歌新时代——甘肃省第七届“张芝奖”书法大展、“党的二十大报告金句”书法作品网络展、“喜迎党的二十大——优秀曲艺、诗歌朗诵线上展播”“喜迎二十大·讴歌新时代·歌唱新甘肃”歌曲创作征集、“喜迎二十大·奋进新征程”甘肃省魔术展演、《飞天》文学月刊“喜迎二十大”报告文学专号编辑出版等活动。5月20日，省文联组织召开纪念《在延安文艺座谈会上的讲话》发表80周年座谈会。5月23日至6月21日，省文联在武威、金昌、天水、陇南和兰州开展“崇德尚艺，做有信仰有情怀有担当的新时代文艺工作者”巡回宣讲活动，18位德艺双馨文艺家深入基层宣讲，涉及多个艺术门类，2400余名基层文艺工作者参加。

甘肃省文艺赋能乡村振兴“十百千万”工程由中共甘肃省委宣传部、甘肃省乡村振兴局、甘肃省文联共同实施，计划在2022年—2027年开展乡村振兴主题文艺系列实践活动，主要包括创作孵化10部优秀剧本，拍摄100部微电影，创作1000幅美术作品、10000幅书法作品和摄影作品，开展与之相关文艺创作培训等活动。5月，省文联在兰州召开电视连续剧《马莲村的故事》剧本研讨会。5月22日，“文艺赋能乡村振兴十百千万工程·百部微电影创作项目”启动仪式在西和县包集村举行。5月24日，在成县举行助力乡村振兴万幅书法作品创作工程启动仪式暨现场创作活动。6月25日，组织喜迎二十大主题展系列活动——文艺赋能乡村振兴书法创作笔会，为和政县赠送书法作品100余件。10月，启动文艺赋能乡村振兴“十百千万”工程戏剧剧本孵化征稿活动，对10部相关主题戏剧剧本进行重点扶持。与敦煌市委、市政府联合实施“敦煌楹联匾额书法作品创作工程”，邀请全省知名书法家向临潭县各乡镇赠送书法作品。

【“文艺两新”的团结引领工作】2022年，省文联召开新文艺组织新文艺群体联盟执行委员会全体会议，统筹谋划新艺联全年工作。贯彻落实省文联班子成员联系“文艺两新”制度，通过调研、座谈等方式加强对“文艺两新”代表组织、代表人士的联系。将新艺联执委会成员纳入省文联政治理论、意识形态和业务能力培训范围。支持“文艺两新”在各自领域开展培训、创作、交流、展示、展演及合作。5月，申报2家单位为中国文联“文艺两新”实践基地。8月，印发《“强国复兴有我——甘肃省‘文艺两新’文艺展演活动”的通知》，组织各市州文联“文艺两新”开展“喜迎二十大”文艺展演活动。开展《全国文联文艺两新工作信息调查问卷》调研，做好“中国文联2022年度文艺两新骨干培训班”前期联络协调工作。策划开设甘肃“文艺两新”宣传推介专栏，加强对优秀“文艺两新”的宣传推介。

【创作与获奖】3月28日，第五届全国中青年德艺双馨文艺工作者表彰大会在京召开。中共中央宣传部、人力资源和社会保障部、中国文联决定，授予马赛等44名同志“全国中青年德艺双馨文艺工作者”称号。西北民族大学教授牛乐成为甘肃省第3位获此称号的文艺工作者。甘肃省甘南藏族自治州、嘉峪关市、庆阳市三地蝉联“中国摄影创作基地”称号，入选数量与江苏、贵州并列全国省市区第一名。多部文学作品获国家级奖项，娜夜的组诗《栽种玫瑰的人》、阿信的诗集《裸原：阿信诗选

（1988—2021）》获第二届“屈原诗歌奖”。李满强的长诗《长调：斑斓之虎——谨以此诗献给中国诗歌之父屈原》获第二届“屈原诗歌奖”征文奖。阿信诗集《裸原》获中国作协主办的第八届鲁迅文学奖提名奖。甘肃导演秦川获第十二届“光影纪年”中国纪录片学院奖“特别贡献奖”。

【文艺志愿活动】印发《甘肃省文联文艺志愿服务管理办法（试行）》。9月，由中央文明办二局、中国文艺志愿者协会举办的第二届宣传推选学雷锋文艺志愿服务“时代风尚”先进典型活动中，“圆梦工程”文艺志愿服务培训活动被推选为“最美文艺志愿服务项目”。

1月7日—9日、21日，甘肃省文联分别在陇南市文县石鸡坝镇、兰州市城关区东岗西路街道开展“送温暖献爱心·送万福进万家”为民办实事文明实践文艺志愿服务、“我们的中国梦”——文化进万家甘肃省文联‘送万福进万家’文艺志愿活动，现场书写赠送春联“福”字1600余幅，向在党50年的老党员、优秀家庭和诚信商户赠送装裱中堂字画80幅，拍摄全家福30余套。1月24日，组织文艺志愿者赴静宁县、会宁县参加2022年甘肃省文化科技卫生“三下乡”集中示范暨“我们的中国梦”——文化进万家活动启动仪式，义写春联“福”字2300幅、拍全家福80套，赠送书画作品40幅。3月5日，组织兰州市100名文艺志愿者在甘肃省“弘扬雷锋精神·聚力文明实践·共享美好生活”学雷锋主题志愿服务活动启动仪式上演唱《领航》等歌曲。4月22日，在漳县参加2022年全国文化科技卫生“三下乡”甘肃分会场集中示范活动启动仪式，现场创作书画作品300余幅，拍摄全家福50套，捐赠书法作品50幅。5月21日—26日，组织全省各县区中小学美育教师、乡村学校少年宫艺术辅导员参加中国文联“圆梦工程”文艺培训志愿服务行动——“名家名师话美育”网络公开课12期。6月13日，组织首届甘肃省文艺志愿服务先进典型宣传推选活动，推选出甘肃省优秀文艺志愿服务组织5个、甘肃省优秀文艺志愿服务项目5个、甘肃省优秀文艺志愿者20名。6月25，在古浪县开展中国文联、中国文艺志愿者协会、甘肃省文联主办的“送欢乐下基层”学雷锋文艺志愿慰问演出。6月27日—29日、9月24日—26日，分别开展中国文联“圆梦工程”文艺培训志愿服务行动——甘肃省舟曲县、张家川县线下培训活动，对150余名乡村学校少年宫专兼职教师开展书法舞蹈美术培训。7月1日，在兰州市城关区东岗西路街道开展中国文联、中国文艺志愿者协会、甘肃省文联主办的“送欢乐下基层”学雷锋文艺志愿慰问演出。9月16日—18日，开展中国文联、中国文艺志愿者协会、甘肃省文联主办的“送欢乐下基层”学雷锋文艺志愿服务培训活动，走进兰州慈爱学校，对15名舞蹈教师进行3天培训。10月—12月，组织参加2022年度学雷锋志愿服务全国“四个100”和甘肃“四个十佳”暨疫情防控志愿服务先进典型宣传推选活动，录制“时代风尚”——中国文艺志愿者致敬大国重器特别节目。

1月24日，省文联在平凉市静宁县开展甘肃省“三下乡”集中师范暨“我们的中国梦——文化进万家”活动启动仪式（省文联供图）

【《西部文艺研究》创刊】《西部文艺研究》杂志（双月刊）经国家新闻出版署批准，于2022年6月在兰州创刊。该刊由甘肃省文联主管主办，是甘肃省唯一一本综合性文艺理论研究型杂志，主要刊发文学、美术、书法、舞蹈、音乐、影视、戏曲、摄影、民间文艺、非遗等方面的文艺理论文章。每期30余万字，全彩印刷。4月底，国家新闻出版署批复《西部文艺研究》杂志关于变更主管主办单位和出版单位的申请，6月20日，省文联召开《西部文艺研究》杂志创刊座谈会，6月底国家新闻出版署颁发期刊出办许可证。7月初，《西部文艺研究》杂志封面设计征集活动面向全国进行征集，经过1个多月的征集，收到来自全国各地的参评作品200余件，最终评选出获奖作品一等奖1件、二等奖3件、三等奖10件、优秀奖18件。8月《西部文艺研究》杂志创刊号正式出刊。

【甘肃文联网改版升级】经中国文联资助、中国文联网络文艺传播中心协调支持，4月20日，甘肃文联网完成升级改版工作，正式上线。新版网站在整体架构、功能模块、图片展示等方面全面优化调整，新开发手机端页面，链接甘肃文艺微信公众号功能菜单和甘肃省文联会员管理系统，完善优化各协会页面，新增文艺两新、网上展厅、甘肃文艺资源库等版块，加强“互联网+文联”“互联网+文艺”工作基础，推进省文联“一网五号”协同发展和全省文联系统网信平台矩阵建设。

（省文联　牛和清）

## 甘肃省归国华侨联合会

【组织概况】2022年，全省共有11个市（州）侨联，31个县区侨联，46个“侨胞之家”，15个涉侨社团组织。

【公益事业】2022年，全省各级侨联组织通过东西协作、牵线搭桥，开展教育、卫生、文体、乡村振兴等领域的侨界公益事业，捐赠金额达1547.09万元。连续3年累计为100名家庭困难的应届高中毕业生发放助学金100万元，向平凉市泾川县王村镇上塬小学资助校舍维修项目款30万元，在白银市景泰县和临夏州分别捐助1个“树人班”项目，共资助105名学生45万元。通过浙江省新华爱心教育基金会在全省新增“珍珠班”18个，资助“珍珠生”746名，共捐资559.5万元。协调美国欣欣教育基金会在全省开展教师培训、图书捐赠等项目，投入资金约23万元。协调应善良基金会向西北师范大学2021级、2022级60名学生捐赠84万元助学金。在张掖市肃南县开展“侨爱心·乡村学生眼视光工程”，举办预防近视讲座3场，对1488名学生全覆盖筛查视力，为104名近视学生免费配发眼镜。同时举办义诊，为600余名农牧民免费诊疗并发放价值1万元药品。在平凉市举办困难归侨侨眷技能培训，对82名参训学员进行家政服务员和果树工2个主体培训。对18名患有重大疾病的困难归侨侨眷给予专项救助，争取中国侨联资金5万元对全省散居困难归侨侨眷开展慰问工作。

【工作平台拓展】成立“一带一路”国际技术转移中心中德（欧）技术合作委员会，深化与德国及欧洲的技术合作交流和转移转化，助力省内企业实现产业升级与技术创新。工信部中小企业发展促进中心和中国中小企业国际合作协会向中德（欧）技术合作委员会发来感谢信，对委员会助推中德中小企业发展所作的工作给予充分肯定。成立新侨创新创业联盟，深度聚合全省创新创业资源，服务新侨人才创新发展，激发创新创业活力，为全省高质量发展汇集侨智、发挥侨力。成立甘肃省侨联“一带一路”法律研究与服务中心，聘请13名研究员，进一步提高侨联的参政议政能力和法律研究水平。

【基层组织建设】制定《甘肃省关于新时代加强基层侨联建设的指导意见》，推动全省基层侨联组织建设。全年新增县级侨联组织8个，乡镇侨联组织4个，村级侨联组织1个，地方高校侨联组织1个。临夏州侨联实现全州县级侨联组织全覆盖，并率先在乡镇、村组和地方高校中成立侨联组织，为推动全省基层侨联组织建设提供借鉴。利用省侨联华侨事务专项经费，投入资金39万元，在全省新建“侨胞之家”22个，在5个“侨胞之家”开展“侨心书苑进侨家”项目，各地“侨胞之家”活跃度不断提升。甘肃省基层侨联组织建设工作取得的成效得到中国侨联党组书记、主席万立骏同志批示肯定，被中国侨联基层建设部作为典型信息转发全国各级侨联组织参考。

【举办“创业中华·筑梦陇原”侨领侨商走进甘肃（武威）活动】7月3日至5日，围绕第28届“兰洽会”主题活动，省侨联与武威市委、市政府共同举办“创业中华·筑梦陇原”侨领侨商走进甘肃（武威）活动。中国侨联党组成员、副主席候选人连小敏代表中国侨联出席第28届“兰洽会”开幕式及相关活动并调研指导甘肃省侨联工作。其间，邀请中国侨商联合会代表团赴武威参加活动，组织侨界企业家赴武威考察，联合江西、广东省侨联和马来西亚中国商业交流协会召开云招商推介会。本次活动共促成97个项目签约金额300.5亿元，实施公益捐赠项目356项，捐款捐物3243万元。得到中国侨联党组书记、主席万立骏批示肯定。

【中国侨联“侨爱心·乡村学生眼视光工程”在甘肃张掖肃南启动】7月1日下午，中国侨联“侨爱心·乡村学生眼视光工程”走进甘肃张掖肃南启动仪式在肃南县第二中学举行。医疗志愿服务队为肃南二中443名学生开展视力检查、验光、矫正等服务，建立视光档案，为现场300余名群众进行义诊。对肃南县符合条件的1488名学生进行视力筛查，为近视的中小学生免费配发眼镜。

（省侨联　周康宁）

## 甘肃省科学技术协会

【组织概况】至2022年底，全省共有市级科协14家，县级科协86家，高校科协17家，医院科协2家，企业科协46个，园区科协4个，省级科普教育基地85个。所属省级学会共计106家，其中业务主管学会55家，团体会员学会51家。院士工作站19家，协同创新基地56家，2022年新建院士专家工作站1个、协同创新基地10个，柔性引进院士4名、专家7名，引导院士专家团队与进驻单位开展深度合作，签约合作项目14项。新成立兰州新区科协、中国电信甘肃公司科协、中国石油兰州石化公司科协和兰州手足外科医院科协4个基层科协组织；组建26个高校反邪教协会，并成立甘肃省高校反邪教联盟。

【科普基础设施及场馆】2022年落实中央财政专项补助2119万元，支持甘肃科技馆和14个市县科技馆免费开放，推动6个市县启动建设科技馆；完成10个县区的“全国科普示范县”创建，5个城市和77个科普场馆入选全国“科创筑梦”助力“双减”科普行动试点城市和单位；命名32家“全国科普教育基地”，认定省级科普教育基地85家，新建科普小院10个；投入175万元在13个市县实施科普信息化项目，新建“智慧科普”样板间3个。新争取总投资2069万元的2个中国流动科技馆区域常态化巡展试点项目分别落地酒泉、天水；争取配发科普大篷车2辆，全省科普大篷车总量达100辆。积极推进科普宣传向网络新媒体转移，加强甘肃大众科普网数字资源库建设，投入60.62万元定制主题科普资源包3个，发布科普文章1.1万余篇、视频2000余部；进一步拓展网上科普服务阵地，持续加强“科普中国”和“科普甘肃”等应用终端的推广使用，科普服务供给水平不断提升。

【科技推广普及】编印《甘肃省全民科学素质行动规划纲要实施方案（2022—2025年）》，推动各市州出台本级全民科学素质建设方案，实施五大人群科学素质提升行动和五项科普重点工程。2022年，全省科协系统开展各类线上线下科普宣传活动1.2万余场次，受益人数近1000万人次。建立科技志愿者服务组织213个，发展科技志愿者1.5万余名，开展各类活动362场次。

甘肃省科协联合省委宣传部等15家单位举办2022年全国科普日甘肃主场活动，组织65名专家作科普报告80余场次，参与人数约300万人次；举办4期公民科学素质建设网络答题活动，参与人数46万人次；举办科普短视频大赛，征集作品627部，99部作品获奖；组织1600余所学校，观看了“天宫课堂”授课活动，参与中小学生约105万人，发放“天宫课堂”科普资源包335个；开展“中国流动科技馆”巡展35站，参与人数61.3万人次；向平凉、酒泉配置“中国流动科技馆”展品11套，参观人数40.3万人次。全省14个市州开展了形式多样，亮点纷呈的线下线上活动。甘肃科技馆线上举办2022年全国科普日“科普大讲堂”张掖行活动，中国科协青少年科技中心、甘肃省科协举办的“科技教育乡村行，喜迎党的二十大”主题线上活动同步启动，13名科普专家开展了线上科普讲座。兰州市科协组织举办“金城科普云讲堂”网上直播，累计观看300余万人次。武威市科技馆开展科普展品线上直播、青少年科技创新大赛作品线上展示、科普知识线上竞答等活动，参与人数近12万人次。甘肃省农技协在崇信县、凉州区、白银区、安定区分别搭建分会场，通过线上线下农特产品展销、农业技术推广、科技志愿服务、实地参观的方式，开展了甘肃农技协助力全国科普日暨中国农民丰收节联合行动。

甘肃科技馆累计接待公众约8万人次，接待团队33个，特效影院共计放映91场次。举办第36届甘肃省青少年科技创新大赛、第八届全国青年科普创新实验暨作品大赛（甘肃赛区）、第三届甘肃省青少年创意编程展评与智能设计大赛。

【科技创新发展】2022年，落实“科创中国”试点园区、城市建设。推动兰州新区和天水市组建3个科技服务团入驻“科创中国”平台，组织3个院士专家工作站和协同创新基地、244家高新技术企业、3735名科技工作者入驻试点样板间，征集发布科技成果631项、创新需求226项。兰州新区石化产业投资有限公司院士专家工作站建成投产全球首套规模化液态太阳燃料合成示范工程，取得3项完全知识产权的国际领先技术；兰州大学第二医院院士专家工作站获批国家神经系统疾病临床医学研究中心分中心，脑卒中防治在国内达到领先水平；敦煌种业院士专家工作站组建国家和省级创新平台14个，承担重点科研项目34项；甘肃西部凹凸棒石应用研究院协同创新基地建成投运年产5000吨凹凸棒石纳米材料中试生产线。

【服务科技工作者】持续改进联系服务科技工作者方式手段，制定出台《全省科协系统干部联系科技工作者制度》，组织各级科协干部与科技工作者结成对子，开展常态化联系服务。提名中国工程院院士候选人7名、有1名当选，提名人数和当选人数均实现历史性突破；为2021年新增选院士专用车辆和院士变更车辆办理尾号免限行业务。实施青年科技人才托举工程，对20名青年科技人才主持的项目给予立项资助；推荐18名优秀科技工作者参评中国青年女科学家奖等国家级奖项；推选提名15人为第十七届中国青年科技奖甘肃候选人，其中兰州大学教授张东菊荣获中国青年科技奖。完成第十八届中国青年女科学家奖和2021年度未来女科学家计划候选人提名工作；开展第十届甘肃青年科技奖的评选，30名青年科技工作者获奖。

在第六个“全国科技工作者日”到来之际，举办“众心向党 自立自强——党领导下的科学家主题展”全国巡展（甘肃站）；开展“最美科技工作者”学习宣传、科学道德与学风建设宣讲等活动。组织开展走访慰问科技工作者代表、陇原最美科技工作者走基层主题宣讲等系列主题活动。组织全省11家调查站点参加“科技工作者知识产权保护情况调查问卷”活动、“中国科技创新能力评价调查问卷”活动、“科学技术普及法实施情况问卷调查”活动、“地方科协和学会干部职工队伍状况与诉求调查”等专项问卷调查工作。组织新增选院士、甘肃科技奖获奖者、未来女科学家计划候选人等优秀科技工作者参与制作“全国科技工作者日”宣传片，传播科技工作者先进事迹，浏览量达10万余次；在《甘肃日报》专版刊发了《建一流平台 助科技腾飞——甘肃省科协服务科技人才工作综述》《勇攀高峰 星耀陇原——第十届甘肃青年科技奖优秀群体扫描》《陇原科技界的铿锵玫瑰》等宣传报道。

【文化科技卫生“三下乡”】2022年全省文化科技卫生“三下乡”集中示范活动中，甘肃省科协共捐赠项目资金60万元，协调出动科普大篷车6辆，展出电子宣传屏10块、车载科普展品16件、“机器狗”“机器人”等高科技展品10余件、科普展板100块，发放健康安全知识手册、食品安全知识手册、疫情防控、防灾减灾、消防安全、科普知识手册等科普资料4600册、宣传彩页2800份。同时现场发放《识别邪教 抵制邪教 反对邪教》《火眼金睛识邪教》《小无邪反邪记》等反邪教书籍2500余册，并现场解答反邪教咨询100余人次。

【科技助力乡村振兴】投入1585万元奖补97个农技协等基层组织，投入120万元实施农技协转型升级和品牌建设项目，新建1个智慧农技协和10个科普小院，打造农技协品牌9个，联合高校共建“科技小院”28个，推广农业新技术新品种10项，研发推出“甘农百萃”新产品8个。定西市科协助力巩固拓展脱贫攻坚成果同乡村振兴有效衔接，实施各类项目12个投入经费167万元，开展农业实用技术、健康教育等培训59场6400余人次，推广新品种3项，带动990户农户人均增收3485元；在“科普中国”注册量、传播量、月活量均居全省第一。平凉市科协整合全市农技协（联合会）137个，以静宁县农村果蔬专业技术服务联合会为龙头，组建成立平凉市农技联合会，走出了一条“以会带户、带基地、带合作社、带企业、带产业”的农技协发展新路子，创新探索出“科普在线、创新在会、生产在户、服务在社”模式，打造出农技协发展的“平凉模式”。甘南州科协组织“科普进寺院”主题活动，拓宽科普“七进”活动覆盖面。

【学术交流】举办第二十八届兰洽会“强科技 支撑高质量发展”论坛。邀请中国工程院卢春房院士、中国科学院刘维民院士、中国工程院康绍忠院士、中国工程院郭剑波院士分别以“丝绸之路经济带甘肃段公铁航多式联运联接发展战略”“高性能润滑材料技术助力现代化强国建设”“藏粮于水 藏水于技——发展高水效农业，保障国家食物安全”“碳达峰碳中和背景下甘肃新能源产业协同发展思考与建议”为题作了主旨演讲。论坛发布了中科院上海药物所、兰州大学、上海中医药大学等五家单位的科技创新成果。举办第十二届兰州生命科学论坛。邀请中国工程院院士徐建国、中国工程院院士王锐、中国工程院院士仝小林、中国科学院院士苏国辉、国际欧亚科学院院士段金廒分别以“依靠科学，应对新冠”“靶向核药驱动肿瘤放疗新范式——趋势与展望”“态靶辨治——中医药战略机遇与传承创新”“宁夏枸杞糖肽研究与应用”“充分发挥甘肃资源禀赋，做大做强做优中药产业”为主题作了学术报告，为甘肃中医药产业发展指明方向。省内高校和医疗卫生行业的14名专家学者作分论坛讲座。

与福建省科协、海南省科协、台湾省科学月刊杂志社等两岸13家单位共同主办的第十五届海峡两岸科普论坛在海南省海口市举办。兰州空间技术物理研究所科技委秘书长雷占许在航空航天发展与技术应用及产业化分论坛作“讲好航天故事、打造精品课堂”主题航天科普报告。甘肃省科协推荐科普论文21篇，入选优秀论文14篇。其中，一等奖1篇、二等奖3篇、三等奖5篇。

省细胞生物学学会聚焦现代农业与粮食安全、单细胞测序技术、细胞分裂与命运决定等生命科学重点热点领域，开展2022年度生命科学前沿进展论坛；省科技教育促进会举办乡村振兴与基层治理专业化视野下社工站建设学术研讨，学术论文获中国社会工作学会2022年社工站建设专项课题；省环境科学学会开展“生态环境科技讲堂”——黄河流域（甘肃段）绿色低碳发展学术研讨会；省营养学会举办第一届老年营养学术论坛；甘肃中科生命科学研究院围绕“中医药与慢性疾病防治”主题举办国家2022年专业技术人才知识更新工程高级研修班。

（省科协　李晓伟　聂中民　龚明）

## 甘肃省红十字会

【群团改革】持续推进群团改革，2022年，《省红十字会改革方案》落实率达到86%，各级红十字会及时召开会员代表大会，选举产生新一届理事会、监事会。6个市和25个县（市、区）印发改革后“三定方案”，部分县（市、区）实现乡镇（街道）、村（社区）、学校等基层组织100%全覆盖。完善省红十字会机关干部联系包抓基层工作制度，通过目标考核、绩效评价等机制，促进基层红十字会改革向纵深发展。

【人道公益助力乡村振兴】推进东西部协作，助力巩固脱贫攻坚成果同乡村振兴有效衔接，省、市红十字会共接收天津、山东红十字系统对口帮扶援助款物443万元，实施红十字救护站等人道公益项目8个。接受山东爱心企业捐赠东西部协作资金100万元，用于医疗骨干人才到山东进修学习。2021年元旦春节期间，全省红十字系统筹措“博爱送万家”款物275.84万元，慰问城乡困难群众15233户。人道公益周和“99公益日”活动期间，联动中国红十字基金会和全省40余家基层红十字组织在腾讯公益平台开展线上筹款活动，累计筹款118.46万元。争取中国红十字基金会支持，实施“魔豆妈妈”就业技能扶持项目，组织960余名困境女性参加线上培训。启动实施“红十字爱眼护眼工程”，投入231万余元，共有106所乡村小学的5万余名儿童受益。实施“益阅读”“益口好牙”项目，服务乡村儿童3800余名，发放价值45.07万元的阅读书籍和护牙用品。协调爱心企业捐赠300万元，设立“华亘甘肃省关爱医师专项基金”，用于全省医师队伍培训、维权和援助等。会同定点救治医院开展“天使之旅”先心病儿童筛查活动，筛查患儿573名，对符合手术指征145名患儿进行手术治疗，对部分医疗费用给予资助。继续实施中国红十字基金会中央专项彩票公益金大病儿童救助项目，救助先心病、白血病患儿455人，资助金额848万元。

【应急救援】加强红十字应急体系建设，建立7个省级备灾物资代储点，指导市县备灾仓库评级争标建设。提升红十字应急救援水平，在国务院抗震救灾指挥部办公室、应急管理部和省人民政府在张掖联合举行的“应急使命·2022”高原高寒地区抗震救灾实战化演习活动中，派出5支应急救援队、120余名队员全程参与，完成全部演练科目。组织省红十字方舟应急救援队参与省第十五届运动会应急保障工作。青海门源6.9级地震发生后，协调中国红十字会总会紧急下拨价值34万元救灾物资，同时调拨价值13.18万元应急储备物资驰援张掖抗震救灾。向青海泥石流灾区运送赈济家庭箱1000个，向四川泸定地震灾区捐赠20万元支援抗震救灾。

【红十字应急救护培训】打造“博爱陇原·救在身边”品牌，全省累计开展应急救护普及公益性活动112场次，普及性培训29.97万人次，培训救护员50222人次，培训心肺复苏及心电除颤操作学员2409人次。参加第六届全国红十字应急救护大赛，举办全省应急救护师资培训班2期。参加中国红十字会总会线上应急救护师资提高培训班10期，120余人受训。

【造血干细胞捐献、遗体和器官捐献、无偿献血宣传动员】无偿献血、捐献造血干细胞、捐献遗体和人体器官及志愿服务工作写入《甘肃省文明行为促进条例》，从政策层面推动“三献”工作健康和可持续发展。完成6例造血干细胞捐献，中华骨髓库甘肃省分库志愿捐献者累计库容达到4.5万余人，成功捐献53例。全省公民2022年新增器官捐献志愿登记1.83万人，实现公民逝世后器官捐献15例，捐献大器官42个，捐献角膜11对；实现公民逝世后遗体捐献11例。联合省红十字血液中心，动员91名新冠肺炎康复患者捐献恢复期血浆。

6月28日，甘肃省天水市秦州区红十字会深入平南镇中心小学开展应急救护培训进校园活动（省红十字会供图）

【疫情防控】2022年，省红十字会接受疫情防控捐赠资金591.58万元、物资价值1.91亿元，全省接受社会捐赠疫情防控款物2.83亿元。发动爱心企业、甘肃驻外机构和陇籍省外工作人士捐款捐物，省红十字会直属各应急救援队、志愿服务队组织志愿者深入社区、学校开展环境消杀、心理咨询、生活物资配送等志愿服务。10月以来，协调争取中国红十字会总会紧急调拨价值37.79万元的急需物资，支援全省疫情防控工作。先后向机场集团、在兰部分高校、社区、医疗机构等调拨防疫物资36批次、价值216.3万元。10月下旬，组织45名志愿者组成甘肃省红十字会疫情防控志愿服务队核酸采样突击队，深入高风险区开展核酸采样工作，累计完成采样任务91万人次。动员爱心企业捐赠价值689.54万元的防疫物资，支援天津、香港、上海、新疆四地打赢疫情防控阻击战。

（省红十字会　周茜茜）

## 甘肃省法学会

【概况】2022年，甘肃省注册登记团体会员单位累计843个，个人会员17990人。甘肃省法学会被中央政法委、司法部、中国法学会、中国关工委和共青团中央联合授予“全国青少年普法教育先进集体”荣誉称号。

【法学研究】推荐确立“一带一路”建设、黄河流域保护与高质量发展、优化营商环境等“法治甘肃”三大课题，鼓励支持各政法单位、科研院所、高等院校累计申报课题100余项，发表论文500余篇，在第十七届西部法治论坛上甘肃省16篇论文荣获一、二、三等奖。省哲学社科规划办发布的法学课题中，“敦煌法文化资源传承研究”等3个推荐课题被纳入省级课题；西北师范大学申报的“甘青宁民族地区涉法涉诉信访”课题，被纳入国家社科基金项目；兰州大学法学院申报的“习近平法治思想对马克思主义法治理论的原创性贡献研究”，被纳入中国法学会2022年度部级重大课题。表扬资助39项重点课题研究成果，资助经费16.7万元。2022年，经省委、省政府批准同意，“甘肃省优秀法学家和优秀法学成果评选表彰”成为省委、省政府表彰项目，首次评选优秀法学家20名、优秀法学成果奖30项。

【学术交流】组织法学法律工作者参与中国法学会及其他省（区、市）法学会举办的“习近平法治思想论坛”、第十七届“西部法治论坛”、第十届“关中—天水经济区法治论坛”等论文征集活动及“第五届中国法学成果奖”申报工作。举办“丝绸之路沿线国家法治合作高端论坛”、全国“涉外法治人才培养高端论坛”，俄罗斯、意大利、哈萨克斯坦马来西亚等8个国家、地区和省内外80多家单位代表线上、线下参会，获中国法学会通报表扬。

【法治宣传】推荐省内20余名法学法律专家参与《甘肃日报》、甘肃卫视《法治伴你行》等媒体组织的习近平法治思想法治宣传活动。推动“双名法学家、百场报告会”进各级党委理论学习中心组、专场报告会等共103场次，辐射人员70万人次；开展法律进企业、社区、学校和广大农牧区等活动，全省共开展“基层行”各类活动约4700余场次，参加活动人数达40余万人次。

【法律服务】制定印发《关于探索建立首席法律咨询专家制度的通知》，选定兰州、天水、酒泉作为试点率先开展首席咨询专家工作，引领全省法学法律工作者主动自愿参与城乡社会治理、矛盾纠纷排查调处、涉法涉诉信访、重大风险防控等工作。组织专家参与《甘肃省残疾人保障条例》《甘肃省乡村振兴促进条例》等19个地方立法和条例的论证修改。

（省法学会　刘志峰）

## 甘肃省黄埔军校同学会

【开展爱国主义教育活动】5月31日，省黄埔军校同学会联合兰州资源环境职业技术大学，在该校团委、军士学院合作开展爱国主义教育活动。以展示加拿大爱国华侨华人为庆祝新中国成立70周年向省黄埔同学会捐赠的960平方米超大国旗为主题，宣传弘扬“爱国、革命”的黄埔精神，庆祝中国共产主义青年团成立100周年。参加此次活动的军士学员和青年学生约有500人。

5月31日，省黄埔军校同学会联合兰州资源环境职业技术大学开展爱国主义教育活动（省黄埔军校同学会供图）

【交流合作】2022年6月，省黄埔同学会接洽的旅美黄埔二代、上海新源启能风力技术有限公司董事长田林芝投资的风光电新能源项目在金昌开建，总投20多亿元。跟踪服务陇籍客商在吉尔吉斯斯坦发展投资项目，2022年矿产开采机械设备、基础设施建设、办公设备等各项投资已达数百万美元。为黄埔后代、知投安能控股集团（北京）有限公司西北分公司董事长纵华阳在民乐县承建精神病院、戒毒所等项目招聘工作人员牵线，支持其在广州设立甘肃中药材销售中心、宣传推介“甘味”农特产品，牵线协调其与陇南文县等地的合作。

【摄制“黄埔情缘”短视频】参加“奋进新征程 建功新时代 喜迎二十大”“中铁二十一局杯”全省短视频大赛，用“举办‘黄埔情缘’庆祝建党百年书画展”“关爱黄埔老人，送去党的温暖”“两岸交流不停步，台胞喜作陇上行”“主动牵线搭桥，助力脱贫攻坚”“发挥黄埔优势，加强经贸协作”“疫情突来袭，援助献爱心”和“黄埔情谊深，国旗表同心”7个版块体现省黄埔同学会“发扬黄埔精神，联络同学感情，促进祖国统一，致力振兴中华”的宗旨。

（省黄埔军校同学会　王德川）

## 人大立法

【地方性法规】 2022年，甘肃省人民代表大会常务委员会制定地方性法规7项。分别是《甘肃省人民代表大会议事规则》《甘肃省单用途预付消费卡管理条例》《甘肃省公共文化服务保障条例》《甘肃省兰州白银国家自主创新示范区条例》《甘肃省电信设施建设和保护条例》《甘肃省乡村振兴促进条例》《甘肃省人民代表大会常务委员会关于加强经济工作监督的决定》。

修改地方性法规34项，分别是《甘肃省草原条例》《甘肃省防震减灾条例》《甘肃省道路运输条例》《甘肃省计量监督管理条例》《甘肃省烟草专卖若干规定》《甘肃省实施〈中华人民共和国渔业法〉办法》《甘肃省农村能源条例》《甘肃省消费者权益保护条例》《甘肃省残疾人保障条例》《甘肃省气象条例》《甘肃省气象灾害防御条例》《甘肃省水利工程设施管理保护条例》《甘肃省非物质文化遗产条例》《甘肃省城市房地产管理条例》《甘肃省老年人权益保障条例》《甘肃省循环经济促进条例》《甘肃省农民教育培训条例》《甘肃省农村饮用水供水管理条例》《甘肃省专业技术人员继续教育条例》《甘肃省地震安全性评价管理条例》《甘肃省奖励和保护见义勇为人员条例》《甘肃省会计管理条例》《甘肃省农业机械管理条例》《甘肃省档案条例》《甘肃省实施〈中华人民共和国工会法〉办法》《甘肃省职工代表大会条例》《甘肃省实施〈中华人民共和国体育法〉办法》《甘肃省公众参与制定地方性法规办法》《甘肃省义务教育条例》《甘肃省安全生产条例》《甘肃省预算审查监督条例》《甘肃省边境管理条例》《甘肃省专利条例》《甘肃省邮政条例》。

废止地方性法规12项，分别是《甘肃省各级人民代表大会议事规则》《甘肃省人民代表大会常务委员会视察办法》《甘肃省人民代表大会常务委员会关于新设置行政区召开人民代表大会若干问题的规定》《甘肃省酒类商品管理条例》《甘肃省政府非税收入管理条例》《甘肃省促进个体私营经济发展条例》《甘肃省农业技术推广条例》《甘肃省娱乐场所管理条例》《甘肃省村务公开条例》《甘肃省湿地保护条例》《甘肃省信访条例》《甘肃省预算审批监督条例》。

【设区市地方性法规】 2022年，甘肃省人民代表大会常务委员会批准设区市地方性法规共20项。其中，制定《兰州市轨道交通条例》《嘉峪关市制止餐饮浪费行为条例》《金昌市城市市容和环境卫生管理条例》《天水市文明行为促进条例》《平凉市饮用水水源地保护条例》《白银市农作物秸秆露天禁烧和利用条例》《白银市爱国卫生条例》《张掖七彩丹霞保护条例》《平凉市古树名木保护条例》《张掖市文明行为促进条例》《武威市文明行为促进条例》《平凉市养犬管理条例》《陇南市养犬管理条例》《定西市城镇供热用热条例》《酒泉市城市绿化管理条例》《酒泉市扬尘污染防治条例》《天水市海绵城市建设管理条例》；修改《庆阳市燃气管理条例》《武威市防沙治沙条例》《庆阳市物业管理条例》。

【民族自治地方单行条例】2022年，甘肃省人民代表大会常务委员会批准民族自治地方单行条例7项。其中，制定《甘南藏族自治州住宅物业管理条例》；修改《甘南藏族自治州城乡饮用水安全管理条例》；废止《甘肃省肃南裕固族自治县家畜家禽防疫条例》《甘肃省甘南藏族自治州土地管理办法》《甘肃省甘南藏族自治州矿产资源管理条例》《甘肃省甘南藏族自治州实施〈甘肃省计划生育条例〉的变通规定》《甘肃省临夏回族自治州公有制经济保护条例》。

（省人大常委会办公厅　马小晶）

## 政法

【概况】2022年，甘肃省刑事、治安案件同比分别下降18.4%和18.8%，没有发生暴力恐怖事件和大规模群体性事件，为服务保障改革发展稳定大局做出贡献。

【制度建设】完善落实《中国共产党政法工作条例》及“1+20+N”系列配套制度，制定政治督察方案和工作手册，明确谁来督、督什么、如何督等25条措施，以省委名义派出督察组对定西市开展政治督察试点，探索形成一套机制措施。制定《全省政法干警政治轮训工作计划》，举办全省政法领导干部加强政治建设专题研讨班，开办政法干警“政治教育大讲堂”，确保政治教育培训全覆盖。严格执行重大事项请示报告制度，向省委、中央政法委分别请示报告38项和13项。省委政法委派员列席省级政法单位党组（党委）民主生活会，不断强化政治监督。甘肃省贯彻《条例》做法在全国新时代政法工作创新交流会上介绍经验。

【维稳安保】2022年，省委先后召开全省维稳安保工作推进会、省委防范化解重大风险领导小组会、省委常委会会议等专题研究部署，推动任务措施落实落地。省政府多次召开不同层面的会议，研究安排重点行业领域维护稳定和安全生产等工作。成立全省党的二十大维稳安保指挥部，制定一整套维稳安保工作方案、重点风险及责任清单、战时机制措施。省委政法委加强牵头抓总、前置协调、指挥调度，在谋划部署、形势研判、方案编制、措施落实、力量配置、督查督导等各环节各方面全方位全周期开展工作，统筹各种资源手段，统一各方思想行动。完善专群结合、反应灵敏、报送及时、研判精准的信息机制，严格落实“日研判、日分析、日报告”制度，组织专门机关、行业部门、基层组织和社会力量全面搜集信息。省维稳安保指挥部每周召开一次专项或综合工作视频调度会，推动各地各部门及时防范化解苗头性、倾向性矛盾问题。聚焦重点地区、重点领域、重点群体，建立“八项工作机制”，对矛盾风险隐患开展全覆盖、滚动式排查起底，建立问题及责任清单，实行清单化管理，早防范、早管控、早处置；围绕重点部位安全检查、重点目标警戒值守、重点场所联勤联控、社会面整体防控等，制定“十项机制”；紧盯人、地、物、网、天上、地下，健全“六项机制”，维稳安保指挥部24小时不间断调度指挥，全警全员一线值守，全域全时备勤演练，努力做到不漏掉一个问题、不放过一个隐患、不留存一个盲点，确保绝对安全、万无一失。成立8个省级督导组和14个厅级督查组实地督查督导，建立“六查五访”和专题、巡回、蹲点等督查机制措施，“过筛式”排查，“清单式”交办。

【平安甘肃建设】2022年，起草《新形势下平安甘肃建设面临的突出问题及对策研究》，编制完成《甘肃省贯彻落实“十四五”平安中国建设规划的实施方案》《关于贯彻落实〈甘肃省“十四五”平安建设（政法）规划的〉分工实施方案》，从完善政策措施、健全体制机制、项目资金支持等方面，为高质量推进平安建设提供有力保障。强化网格管理，集中开展基层社会治理调研，坚持党建引领与基层治理、社区管理和网格管理相融合，紧扣城镇和农村实际划分网格，制定《甘肃省网格化服务管理办法（试行）》，推行社区（村组）干部与网格员职责任务“一肩挑”。制定《甘肃省全国市域社会治理现代化试点区域特色指引（第二版）》，明确3个板块18项“底线任务”和6项“负面清单”，指导10个第一期全国市域社会治理现代化试点市州开展自查评估，完成省第二届市域社会治理创新实践案例征集。推进平安建设大数据平台建设，搭建纵向联通省市县乡村五级、横向覆盖200余家单位的数据交换对接和共享应用通道，加快推进群众诉求、网格管理、案件办理、重点人员管理、“雪亮工程”等数据收集汇总整合，推广白银“码上反映·马上办理”、兰州“小兰帮办”等在线服务平台，畅通和规范群众诉求表达、利益协调、权益保障通道。出台《关于全面推行“一体化”运行“一站式”办理矛盾纠纷多元预防调处化解机制的指导意见》，充分发挥综治中心统筹协调、联动共治、信息收集、研判预警等作用，全面推行“中心吹哨、部门报到”工作机制和“一体化运行、一站式办理”矛盾纠纷多元预防调处化解机制，落实“马上办、网上办、就近办、一次办、预约办”“只跑一趟路、只进一个门”和委托代办服务措施，各级综治中心累计化解矛盾纠纷12万余件，排查处置公共安全隐患11万余起，办理便民服务事项55余万件。开展打击整治养老诈骗专项行动，立案1128起，打掉养老诈骗犯罪团伙105个，追赃挽损6.7亿元。开展夏季治安打击整治“百日行动”、命案攻坚、打击电信网络诈骗等多个专项行动，依法妥善办理永昌“7·30”、通渭“9·25”案件，命案积案下降率居全国第三，刑事案件破案率为近十年最高水平。开展依法打击侵害农村妇女儿童人身权利的违法行为专项行动，对全省4310个村组来历不明的妇女儿童中是否受拐卖、侵害等情况开展全面摸排，救助578名。开展矛盾纠纷和风险隐患大排查、大起底、大调处行动，发现各类问题或关注人员10万余个，调解各类矛盾纠纷16.3万余件。深化涉法涉诉信访积案治理，化解重复信访事项4275件、化解率99.6%，信访工作受到中央信访联席会议通报表扬。

【法治甘肃建设】2022年，制定《甘肃省全面深化政法改革重点攻坚任务（2023—2025年）》，确定健全重大事项请示报告制度、执法司法权力运行机制、案件办理会商制度等10项重点事项集中攻坚，纵深推进政法领域全面深化改革，着力解决制约执法司法工作的体制机制性问题。制定《中共甘肃省委关于加强新时代检察机关法律监督工作的实施意见》《省委政法委统筹指导政法机关支持配合深化纪检监察体制改革工作办法》《省委政法委机关依法处理信访事项工作规程（试行）》，修订《法官检察官惩戒委员会公正规则》，司法执法制度机制更加健全。组织开展第七批次入额遴选工作，遴选法官检察官381名，在全国率先将法院警务辅助人员纳入《甘肃省公安机关警务辅助人员管理条例》统一保障。推进四级法院审级职能定位改革试点，将提级管辖案件纳入“四类案件”监管。在全国率先出台检察机关入额院领导办案“正负面清单”，实施铁路、林区、矿区检察院改革试点。推进公安机关“情指行”一体化运行机制改革，建成省强制医疗所，有效解决重性精神障碍收治难题。推进“12345”公共法律服务体系建设，人民群众对公共法律服务满意率达99.42%。推动省市县三级确定实施1000余项法治为民办实事项目，组织开展打击整治侵犯公民个人信息违法犯罪行为专项行动，侦破侵犯公民个人信息类刑事案件94起、治安案件73起。部署开展司法救助信息系统建设应用试点，落实中央和省级国家司法救助资金2234万；加快推进政法跨部门大数据协同办案平台建设，累计流转案件2.4万件，实现办理全过程智能化监督；深入实施“八五”普法，推动完善现代公共法律服务体系，举办“马锡五审判方式”理论研讨会，促进甘肃司法品牌走向全国。

【扫黑除恶斗争】2022年，召开三次省领导小组会议暨全省常态化扫黑除恶斗争推进会，出台《甘肃省常态化开展扫黑除恶斗争巩固专项斗争成果重点任务分解方案》和《2022年全省常态化开展扫黑除恶斗争工作要点》，推动常态化扫黑除恶工作走深走实。省扫黑除恶斗争领导小组建立全省常态化开展扫黑除恶斗争工作运行、线索管理、协作配合、专家库组建管理和省级督导专员队伍组建管理等

"五项制度"。省委、省政府出台《甘肃省常态化开展扫黑除恶斗争巩固专项斗争成果的实施意见》，省纪委监委出台《关于做好常态化扫黑除恶监督工作的意见》，为常态化开展扫黑除恶斗争提供基础制度保障。把《反有组织犯罪法》纳入全省"八五"普法责任体系，落实各地各部门普法宣传责任。制定印发《甘肃省贯彻实施〈反有组织犯罪法〉暨开展常态化扫黑除恶斗争宣传工作实施方案》，召开全省《反有组织犯罪法》宣传贯彻启动仪式专题部署推动，组织开展《反有组织犯罪法》宣传月、"八进"、领导干部学法用法专题培训、"扫黑除恶法治同行"主题知识竞赛、全省《反有组织犯罪法》网络有奖知识竞答等系列活动，省市县三级同步举办"全民同心反有组织犯罪 携手共建平安幸福家园"主题大型宣传活动。在《甘肃法制报》开设专栏，《甘肃日报》、甘肃电视台、甘肃广播电台在重要版面、时段进行宣传报道。以线索排查"清仓见底"、线索核查"全部清零"为目标，部署开展线索排查核查攻坚行动。加强线索管理中心规范化建设，抽调省级政法机关、部分成员单位业务骨干常态化负责线索办理工作。对2021年以来受理的线索进行"过筛"复核，对千余件不符合办结标准的线索逐一跟踪督办，对2022年受理线索逐一分析研判落实追逃防逃措施，实现逃犯"清零"、新增为"零"的目标。省扫黑办与省委党的建设工作领导小组办公室联合印发《坚持党建引领深入开展黑恶霸痞势力及行业领域突出问题专项整治行动的实施方案》，部署开展九个系列打击整治行动，会同全省组织、公安、教育、卫健、自然资源、水利、生态环境、文旅、市场监管、金融监管、银保监、人行等部门持续推进村（社区）党组织标准化建设，严厉打击整治"村霸""砂霸""矿霸"，涉网黑恶犯罪以及"黄赌毒"等突出违法犯罪，开展市场流通领域、金融放贷领域、医疗领域、教育领域乱点乱象专项整治。采取重点案件（线索）挂牌督办、举报线索循线深挖等一系列措施，保持对黑恶势力深挖严打高压态势，打掉恶势力团伙30个、铲除"村霸"13个，侦破刑事案件244起，抓获犯罪嫌疑人277人；开展打击整治养老诈骗专项行动，排查受理涉养老诈骗问题线索1124件，立案1128起、破获1018起，打掉养老诈骗犯罪团伙105个，追赃挽损6.7亿元。

（省委政法委　李万俊）

## 公安

【概况】2022年，全省打掉恶势力团伙33个，现行命案全破，刑事破案率达近10年最高。全省刑事发案数同比下降18.4%，治安案件受理数同比下降18.8%。健全完善应急方案预案，完成系列维稳演练，严打严防各类敌对势力颠覆渗透捣乱破坏活动。

【安保维稳】2022年，全省公安系统把党的二十大安保维稳工作作为全年工作的主题主线，部署开展风险大排查、矛盾大起底、隐患大整治，以最高等级戒备、最严措施防控，强化重点时段、重点部位、重点场所安保维稳，实现"五个严防、三个确保"工作目标，甘肃省成为全国两个没有发生影响政治安全案事件的省份之一。

【公安便民服务】2022年，深化公安"放管服"改革，150个公安政务服务事项实现"网上办"，户口迁移等7项业务实现"跨省通办"，推出居民身份证48小时送达服务等便民举措，最大限度方便群众办证办事。

【平安建设】2022年，紧盯人民群众反映强烈的突出社会治安问题，统筹推进破案打击和防范治理工作，2022年全省刑事案件立案和受理治安案件近五年最低，打掉恶势力团伙33个，命案现案全

8月19日，兰州市公安局城关分局酒泉路派出所民警在南关民族风情夜市向市民宣传反诈知识（省公安厅供图）

破。开展的打击电信诈骗、文物犯罪专项行动等战果显著，破获诈骗老年人案件1223起，公安部就本省打击破案重大战果11次发来贺电。全省道路交通事故四项指数同比全面下降，较大以上交通事故同比下降40%，“减量控大”工作排名由上年全国倒数第一上升至22名。

【净网专项行动】 全年累计侦办涉网案件3426起，抓获犯罪嫌疑人5189名，较2021年分别上升177%、186%。特别是针对侵犯公民个人信息、黑客攻击、网络赌博等突出涉网犯罪，先后组织开展4次集中收网行动，挂牌督办重大疑难案件64起。

【交通安全管理】2022年，实施安全生产专项整治三年行动计划，道路交通事故“四项指数”全面下降。部署开展“三查一控”道路交通安全专项行动、夏季酒驾醉驾暨公路易肇事肇祸违法行为专项整治百日行动、冬季公路交通安全区域整治和西部五省区及兵团联合整治货车交通安全风险隐患等专项行动。以高速公路“控速度、治疲劳”、国省道路“防超速、防超载”、城市道路“查违法、疏拥堵”、农村道路“查无证、禁载人”为重点，全覆盖、零容忍严查严惩“三超一疲劳”、涉牌涉证、酒驾醉驾和非法营运等10类重点违法行为233.6万起。组织开展农村公路临水临崖、急弯陡坡隐患路段专项排查治理。查处逾期未检验未报废仍上路行驶车辆142辆，推动淘汰“营转非”、57座以上大客车和卧铺客车84辆。全省“两客一危”车辆检验率、报废率分别达到96.75%和99.86%，其中大型公路客车、大型旅游客车报废率保持在100%。推进公安交管“放管服”改革措施落地落实。全省优化设置“一窗式”交管业务办理窗口570个、机动车登记综合服务站72家、4S代办点677家、邮政保险代办点281家、体检医院563家，10大类167项业务实现就近办理、网上办理、一次办结，全年办理各类交管业务2992万笔。突出重点物资运输保障，对接卫健、应急、交通运输等相关部门，通过开辟“绿色通道”、简化检查流程等措施，提高通行效率，确保防疫物资、生产生活物资运输通行顺畅。优化疫情防控新十条措施后，迅速配合调整防控措施，全力保障路网畅通。

（省公安厅）

## 检察

【概况】 2022年，全省检察机关共受理各类案件782件，包括刑事案件650件、民事案件92件、行政案件26件、公益诉讼案件14件。其中案件管理中心受理分流374件，各业务部门自行受理各类案件406件，其中刑事申诉审查案件经第十检察部审查后分流业务部门第二次受理29件。深化检务公开，邀请人民监督员监督检察办案7303人次。依法惩治故意杀人、“两抢一盗”等严重刑事犯罪、多发性侵财犯罪，起诉2067人。依法惩治侵犯企业合法权益犯罪，起诉1638人，监督立案161件。组建知识产权检察办公室，办理侵犯知识产权案件191件。依法打击涉农刑事犯罪、职务犯罪，起诉10822人。办理损害“三农”利益的公益诉讼案件3451件，发出诉前检察建议3225件，提起公益诉讼206件。起诉破坏生态环境资源犯罪450人，办理相关公益诉讼案件3101件。联合黄河上中游管理局等4部门建立检行协作机制，以“流域管理+行政执法+检察监督”方式依法治河管水。排查省环保督察通报线索，以公益诉讼立案149件。起诉制售有毒有害食品、假药劣药等犯罪205人。办理食药安全领域公益诉讼案件494件。严惩性侵、虐待等侵害未成年人犯罪，最大限度教育感化挽救涉罪未成年人，向严重失职家长发出督促监护令1372份。参与打击整治养老诈骗专项行动，追赃挽损6146万元。受理各级监委移送职务犯罪467人，已起诉292人，其中厅级8人、处级33人。立案侦查司法工作人员利用职权实施的侵犯公民权利、损害司法公正犯罪22人。结合办案发出社会治理类检察建议1601份。全面推行检查听证。省院12319共接收群众信访3210件次，其中来信件2307次，接待来访391件次，网上信访195件次，来电317件次，其中最高检转办信件499件次，省院接收群众信访占全省总量的26.2%。

【刑事检察】 2022年，共批准逮捕6556人、提起公诉21389人。联合公安厅出台实施意见，共建118个侦查监督与协作配合办公室。监督立案288件、监督撤案324件。会同省法院制定常见犯罪量刑指导意见实施细则。对认为确有错误的刑事裁判提出抗诉110件，法院已改判、发回重审45件。加强刑事执行监督。对15个监狱、45个看守所、58个社区矫正机构开展巡回检察。监督纠正减刑、假释、暂予监外执行不当712人度。

【民事检察】2022年，共办理各类民事检察监督案件5435件。提出民事抗诉68件。提出再审检察建议采纳率93.9%。以检察建议监督纠正违法情形1322件。办理支持起诉案件2416件。常态化开展虚假诉讼监督，监督纠正虚假诉讼67件。

【行政检察】2022年，共办理各类行政检察监督案件2806件。综合运用公开听证、检察建议、司法救助等措施，化解行政争议654件。聚焦土地非诉执行，监督法院未及时受理、不规范执行及行政机关怠于申请强制执行等案件92件。依职权启动监督程序1670件。对司法行政强制戒毒检察监督实现全覆盖。

【公益诉讼检察】2022年，立案办理民事公益诉讼594件、行政公益诉讼4607件，发出诉前检察建议4210件，提起公益诉讼436件。对虚假整改、问题反弹回潮的47件案件，依法提起公益诉讼，以诉促改。完善机制凝聚公益保护合力。联合生态环境厅建立衔接协作机制，制定案件线索交办督办工作办法。出台新时代甘肃军地检察机关协作实施办法，共同保护红色资源。

【未成年人刑事检察】2022年，依法办案，用心用情办好涉未成年人“小案”，全省涉罪未成年人不捕率、不诉率同比分别上升12.44%和17.29%，社会调查适用率位居全国第1位。坚持预防犯罪，加强未成年人法治教育，玉门市院开展家庭教育指导的案例在央视法治节目《守护明天》播出，城关区院制作的《未成年人保护法之网络保护动漫篇》，荣获全国检察机关“法治进校园”精品网课一等奖。推动省未保办出台《甘肃省未成年人保护强制报告制度实施办法》。“加强未成年人检察司法保护”被确定为2022年甘肃省十件法治为民实事之一。

【司法救助】 2022年，全省检察机关共受理司法救助案件529件，同比上升83%。决定司法救助案件481件648人，同比分别上升48%和42.9%，发放救助金额1322.75万元，同比上升9.57%；案均救助金额2.75万元；其中救助“三类重点”（脱贫不稳定户、边缘易致贫户和突发严重困难户）人群445件605人，发放救助金1217.25万元，占总救助金额的92.02%。救助困难妇女282人，发放救助金624.88万元，分别占全省救助人数和救助金额的43.5%和47.2%。

（省人民检察院　王文婷）

## 法院

【概况】 2022年，全省法院受理案件56.61万件，审（执）结47.09万件，同比分别下降8.26%、13.39%，法定审限内结案率99.80%。省法院及铁路、林区、矿区3个直属法院受理案件1.06万件，审（执）结7786件，法定审限内结案率99.65%。

【刑事审判】2022年，审结各类刑事案件2.09万件。审理涉国家安全犯罪案件5件。审结严重暴力犯罪案件199件。常态化推进扫黑除恶，审结涉黑涉恶案件21件151人。从严打击毒品犯罪，审结毒品犯罪案件233件。助力构建良好政治生态，审结职务犯罪案件239件。

【民商事审判】2022年，审结民商事案件28.65万件。审结婚姻家庭、继承纠纷案件4.54万件。审结人格权、物权、侵权纠纷案件2.03万件。审结合同纠纷案件17.18万件。发挥司法裁判对市场规则的引领作用，审结公司、证券、保险、票据等商事纠纷案件4783件。

【行政审判】2022年，审理行政案件6013件。促进矛盾纠纷实质性化解，宋某等24人诉定西市安定区人民政府征地补偿案入选最高院第二批行政协议诉讼典型案例。强化府院联动，发布行政审判白皮书，发出司法建议30余条，与行政机关召开联席会议，落实行政负责人出庭应诉制度，行政机关负责人出庭率为90%。

【环境资源审判】2022年，审结环境资源类案件464件。举办第二届黄河流域甘肃段生态环境司法保护协作论坛，与黄河流域九省区高院签订环境资源审判协作框架协议，探索跨区域一体化保护机制。省法院环资庭荣获“全国法院环境资源审判工作先进集体”。

【案件执行】2022年，全省法院共执结各类案件

19.36万件，执行到位金额322.47亿元，有财产可供执行案件法定审限内执结率为93.9%。部署全省执行案款专项清理活动，清理发放超期执行案款13.68亿元。

【服务“四强”行动】2022年，对服务保障“强科技、强工业、强省会、强县域”的“四强”行动作出安排部署。审结知识产权纠纷案件1402件，在兰州新区设立知识产权司法保护示范基地、巡回审判点，在知识产权保护中心建立知识产权纠纷诉调对接工作站，调整、新增15个基层法院审理知产一审案件。天水中院对涉企案件采取“稳、缓、保”措施，白银法院主动服务“一区六园”建设。兰州中院出台服务保障“强省会”行动意见。平凉法院设立“苹果法庭”等7个产业巡回法庭、张掖市甘州区法院设立“种子法庭”、甘谷县法院设立“蔬菜法庭”，化解纠纷9989件，“苹果法庭”“种子法庭”入选最高人民法院新时代人民法庭典型案例，做法被《人民日报》等媒体刊发。

2022年，张掖市肃南县利用各类节庆日开展法治宣传教育活动（省司法厅供图）

【法治化营商环境】2022年，召开全省法院优化营商环境推进会，部署“破产审判专项整改”“立案诉服领域突出问题集中整治”“优化营商环境专项督查”。提升企业破产案件办理质效，受理企业破产案件154件，恒康医疗破产重整案得到最高人民法院和省委、省政府、省委政法委的充分肯定。开设“涉企案件绿色通道”，涉企执行案件结案平均用时缩短至55.78天，法定期限内结案率提升至93.18%。

【防范化解金融风险】2022年，开展全省涉金融不良资产案件专项清理和“陇原执行之百日清收攻坚行动”，审结案件867件，办结省清收专班交办执行案件1136件，执行到位金额81.83亿元。

【智慧法院建设】2022年，建成智慧法院3.0信息系统，智慧法院建设及应用跃升至全国前5位。推进智慧法院4.0版建设，参与最高法院数据中台和智慧大脑甘肃节点建设。实现省政府“甘快办”小程序无缝跳转“人民法院在线服务”。疫情防控期间，网上立案5.1万件，网上开庭6.38万件，做到在线运行“不打烊”、线下服务“不打折”。

【特殊群体权益保障】2022年，开展打击整治养老诈骗专项行动，审结案件13件，守护好百姓“养老钱”。加强未成年人司法保护，成立少年法庭43个，615名法官担任法治副校长，审结未成年人犯罪案件305件，省法院少年法庭荣获全国青少年普法教育先进集体。审结国家赔偿案件345件，为困难当事人发放救助金1358.86万元，依法减免缓诉讼费942万元。参与化解历史遗留“登记难”问题，化解案件673件，对8383套涉案房屋依法解除抵押和查封。

（省高级人民法院　王香蕊）

## 司法行政

【政府立法】2022年，推动《甘肃省黄河流域生态保护条例》《甘肃省乡村振兴促进条例》等一大批地方立法项目取得重大进展。推动制定、修改、废止地方性法规46件、省政府规章9件。出台省政府规章立法后评估制度，建立立法专题会议审查和动态清理工作机制，开展涉规章设立罚款事项、水能资源开发利用等领域清理工作，修改废止法规规章和规范性文件369件。完成230余件政府重大行政决策、战略合作协议、政策文件的合法性审核，审核省直部门权责清单、政务服务事项1000余条。备案审查各市州政府及省政府各部门规章规范性文件170余件，组织省市县三级公布规范性文件制定主体4204个。

【文明执法】2022年，指导各地各部门健全完善行政裁量权基准制度，推动全省所有县区完成乡镇街道赋权任务。在全国率先出台规范涉企行政执法行为意见，累计办理行政柔性执法案件66.17万件。编印行政处罚典型案例选编，一个案例荣获全国行政执法指导案例优秀奖。联合省市场监管局在全国率先完成执法文书修订工作，牵头组织对群众反映强烈的物业服务突出问题开展执法监督检查。

【行政复议】2022年，实现行政复议案件“统一受理、统一审理、统一决定”，全省共有承担行政复议与应诉工作的职能处（科、股、室）154个，专项编制530名。省级层面建立6类19项制度规范，创新建立“1+3”领导体制和运行机制、“三级办案”模式、“行政复议员制度”，在全国率先对行政复议外观标识作出省级规范，统一行政复议工作法律文书，形成行政复议改革“甘肃样板”，中央依法治国办专题刊发甘肃省改革经验做法。

【法律服务】2022年，制定司法行政助力“四强”行动指导意见，提出20项具体措施，完成《兰州白银国家自主创新示范区条例》立法工作；组织法律服务团队为重大产业项目等提供法律服务；推进兰州市、城关区、红古区为法治建设联系点；创建民主法治示范村（社区）186个，培养乡村“法律明白人”5.8万余名。

【法治化营商环境】2022年，召开全省司法行政系统打造法治化营商环境助力高质量发展推进会，出台打造法治化营商环境20条措施。在全国率先以政府规章形式出台政务服务事项告知承诺制实施办法。组织律师和基层法律服务工作者一体开展“万所联万会”“法治体检”“法律三进”活动，全力护航高质量发展。

【化解热点问题】2022年，围绕登记政策、申请程序等100个群众关心关注的热点问题，梳理编印《化解国有土地上已售城镇住宅历史遗留“登记难”政策问答》，组织全省律师办理相关案件1000余件，为“登记难”群众提供法律援助服务4000余人次，开通8席12348法律服务专线，共接听来电4万余通。

【场所安全监管】2022年，贯彻落实国家安全生产15条硬措施和甘肃省35条具体举措，召开厅系统安全生产工作会议，落实年度任务清单。排查监管场所安全隐患，建立问题台账114项，排查隐患389个。修订安全风险分级管控、隐患排查治理双重预防等制度机制。

【重点人群服务管理】2022年，制定全省三级社区矫正机构及受委托司法所权责清单，出台社区矫正行业标准，在全国率先推行社区矫正持证执法。制定重点人群组党的二十大维稳安保工作方案，全省1.98万人民调解组织、9.7万人民调解员共排查化解各类矛盾纠纷10.16万件，调解成功率97.7%。

【公共法律服务】2022年，编印全省“十四五”公共法律服务体系建设规划，促进“三大平台”深度融合。建立四级联动、覆盖全省的军人军属法律援助中心，开展“法律援助质量提升年”活动，为1.2万余名农民工挽回经济损失6800余万元，办理法律援助案件2.5万件。实施司法鉴定资质认定能力提升三年行动，办理司法鉴定案件2.9万件。开展停止执业公证机构集中整治工作，累计办理公证事项8.1万件。

【律师行业管理】2022年，在全国率先制定律师行业网络自媒体管理规定，首次开展不低于20%抽查比例的全省律所检查考核，制定法检离任人员违规从事律师职业分类处置计划。出台全省公职律师发展计划，组织开展民营企业公司律师试点，全年两公律师增长比例居全国前列，全省“无律师县”问题实现摘帽清零。

【基层司法建设】2022年，印发甘肃省司法所规范化建设三年行动实施方案（2022—2024年），推动1358个司法所理顺管理体制，成为县区司法局直管所。出台甘肃省人民监督员选任管理实施办法，全省6429名人民陪审员参加基层法院陪审案件3.7万余件。完成3105人法律职业资格授予工作。

（省司法厅）

## 甘肃省军区

【思想政治建设】 2022年，甘肃省军区（以下简称“省军区”）持续深化党的创新理论武装，完成4个专题党委理论学习中心组学习，组织中校以上军官理论培训。接受军委巡视、审计和军委国防动员部巡察工作，全覆盖开展政治建设情况专项督查，严肃抓好反馈移交问题整改。聚焦“忠诚维护核心、矢志奋斗强军”深化主题教育，推进党史学习教育常态化长效化，开展“学思想、铸忠诚、担使命”主题实践活动。

【战备训练】 2022年，省军区组织实战化开训动员，狠抓首长机关训练和民兵成建制轮训备勤，组织“甘南集训”规范民兵应急分队战备拉动，完成清单式训练大纲编修，推进民兵教练员“选训用管保”试点，开展文职人员参谋技能集训，参加国家“应急使命·2022”抗震救灾等演习，组织军地指挥演练，先后出动民兵多人次多样化的军事任务。出台《甘肃省民兵建设“十四五”计划》。

【国防动员】 2022年，省军区稳步推进深化国防动员体制改革落地，组织“信动—2022”实战化演练。推进省国防领域重大工程“绿色通道”建设，建成全军武器装备采购信息网兰州分中心。推进基层武装工作、基础性工作的落实力度，协调省委编办完成乡镇（街道）专武干部编制单列，组织新任职基层武装部长资格认证，国防动员质效提升。

【后装保障】 2022年，省军区紧贴遂行应战应急任务现实需求，推进国防后备力量后勤和装备“四个保障区”建设，深化民兵装备仓库调整改革，按期为部队足额配发各类武器装备及器材，完成21式军服换发。深化后勤重点行业领域整肃治理攻坚，严密组织计划外工程和“三超”项目清查、历史采购合同专项清理、武器装备管理问题清查等整治活动，推进资金集中收付和资产可视化建设，完成24个行业领域存量问题整改。

【征兵工作】2022年，省军区严密组织兵役征集，出台《甘肃省激励大学生等参军入伍政策措施》，开展精准征兵、战时征召、预征预储试点。

【双拥共建】 2022年，省军区建立军地互办实事“双清单、三助力”长效机制，推进解决多项军事急需项目，军地联合慰问部队官兵家庭，

9月15日，金昌市永昌县人武部召开欢送新兵大会（省军区供图）

协调解决官兵家属落户就业和子女入学入托。军地联合组织全民国防教育军营开放日省级示范活动，评选83所全省国防教育示范学校，为地方党政领导干部和企事业单位开展国防知识宣讲，完成200余所院校学生军训任务。

【民兵建设“十四五”计划】 2021年12月底前，省军区牵头会同军地有关单位，梳理总结“十三五”时期深化民兵调整改革情况，研提“十四五”时期民兵编组规模、结构布局和2025年前重点建设项目、政策法规，开展调研论证，汇总研究成果，形成《甘肃省民兵建设“十四五”计划》（草拟稿）。经2次集中组织会审，汇总军地45家单位意见建议进行修改完善后，上报中央军委国防动员部初步审查，会同省司法厅进行合法性审查。3月29日，经省军区党委常委会会议研究审定，提交省政府审查通过。4月14日，甘肃省人民政府、甘肃省军区联合印发《甘肃省民兵建设“十四五”计划》。

【政策措施】 2022年4月—6月，甘肃省征兵办公室多次组织人员到基层一线和作战部队调研，反复组织研究论证，会同省上12个部门研究形成涵盖升学复学、优抚优待、就业创业等10项政策措施。8月，向省政府分管领导进行专题汇报。9月，经省政府常务会议审议通过并出台《甘肃省激励大学生等参军入伍政策措施》。

【国防动员和后备力量基础建设】 2022年，省军区会同省委、省政府相关部门制定新一轮国防动员和后备力量基础建设方案、工作台账，明确以2022至2024年为任务周期，重点完成40项具体任务，主要包括布建新域新质力量和红色民兵分队，建设省市两级国民经济动员中心，齐装满配国防动员分队，完善逐年动态考评、军地应急联动响应机制；出台加强专武干部队伍建设意见、民兵干部选配办法、文职人员管理制度，组织专武干部编制核定、民兵干部选配核查、文职人员典型培育，开展三类队伍比武竞赛；布局建设县级民兵训练基地，组织团以上机关和直属单位营

5月14日，白银军分区举行“大会师民兵连”成立暨授旗仪式（省军区供图）

区设施达标建设，规范基层武装部和民兵营连部建设管理、整治维护战备设施和指挥系统等。

（甘肃省军区　张雷　郭丽莉）

## 人民防空

【战备建设】 2022年，甘肃省国防动员办公室完成省本级《人民防空方案计划》评审、指挥部编成等工作，研究制定省人防办机关《应急组织指挥预案》《应急通信保障预案》《应急物资储备预案》。《省级人民防空方案计划》制定任务已完成，在全国率先建设完成人民防空方案数字化系统，并顺利通过评审验收。印发《关于进一步推进人防战备建设任务落实的督办通知》，制定下发督查《实施方案》、督查指标和测评标准，督促市州完成人防建设“十四五”规划编制。印发《关于进一步推进人民防空方案计划编修工作的通知》，督促各市州完成方案编修工作。制定《2022年度甘肃省人民防空训练工作实施方案》和省办机关训练计划，组织召开人民防空训练领导小组会议，联合沿黄九省区组织开展了近年最大规模的人防协同训练演练，促进了战备训练全面升级转型。年内2次组织进行以增强国防观念和人防意识为目的的全员战备形势教育。

【信息化建设】 2022年，编制完成重点工程信息化系统建设可行性研究报告，计划2023年2月前完成全部前期工作，全部项目计划2024年4月建成并投入使用。优化整合人防资源，全面完成战备数据更新，启动重点项目信息化建设前期工作，形成人防工程、信息、设施、数据建设一体化推进格局。加快人民防空信息化建设步伐，省本级指挥所视频会议系统升级改造于4月18日完成竣工验收，5月完成对全省现有人防信息化系统的联网调试。

印发《甘肃省人民防空信息系统训练方案》和《甘肃省人民防空机动指挥所训练方案》，明确了信息化建设使用管理和训练演练的方向及要点。八九月间，邀请专家成立调研组，对10市及县区2020年以来人民防空信息化建设、使用、管理和训练演练情况进行调研督查，签订整改承诺书。

【国防动员体制改革】 2022年，整合经济动员、人民防空、交通战备等方面的综合协调职能，组建省国防动员办公室，为省政府直属机构。省人防办分成5个责任领导小组，统筹推进机构改革、机构编制、职责范围、职能划分、军地协调等重大任务。12月22日，“甘肃省国防动员办公室”正式挂牌成立。全省市、县两级国防动员体制改革主体任务于12月底前基本完成。

【法规宣传】 2022年，全面收集近20年人民防空创新发展史料，从收集的178万文字材料、12000幅图片中甄选出具有史料价值的重要资料，编纂形成《甘肃省人民防空史料汇编（2001—2020）》。组织行政执法人员学习培训，省人防办50岁以下的16名执法人员全部通过了考试。持续强化《甘肃人防》杂志和甘肃人防网站管理，充分发挥宣传阵地作用。突出抓好“5·12”防灾减灾日“9·18”警报试鸣日、“12·4”国家宪法日主题宣传，宣传人防建设成就，提升人防形象，扩大人防影响。

【化解历史遗留问题】 2022年，调研化解历史遗留“登记难”问题工作，持续推进化解工作落实。各市州人防办加强工作调度，加快化解力度。

6月9日，省人防办组织开展机关室内研究性演练培训（省国动办　闫丽梅／摄）

截至12月底，全省人防系统共涉及747个项目22.25万套房屋，其中已化解743个项目22.19万套房屋，化解率为99.76%；未化解的4个项目正在积极推进化解。

（省国防动员办公室　王瑶）

## 退役军人事务

【服务保障】2022年，实施“阳光安置”“直通车”安置，推进“一站式”服务，完善“省级调剂、市级统筹、县区安置”工作体系，完成转业军官、退役士兵档案审核、考核考试等工作，着力提高安置的精准度、透明度和满意度。对自主就业人员，举办专场招聘会173场次，提供就业岗位1.7万多个；开展百名退役军人局局长“直播带岗·服务老兵”专场活动，全省130余万人观看直播，帮助退役军人达成就业意向；加强定向输送就业，帮助退役军人到新疆、西藏和东南沿海地区就业，探索“五个强化”促就业的做法被省政府推广。对军队退休人员，完善“随交随审、即交即接”工作机制，全面落实“两个待遇”，完成“三年移交”任务，接收安置逐月领取退役金退役军人，圆满完成国家下达的任务。对优抚优待人员，在西北五省率先启动退役军人优待证申领工作，发放退役军人优待证，联合甘肃电信、甘肃移动推出现役军人和困难退役军人专属优惠“天翼拥军卡”，协调有关部门出台意向优待政策12项。启动退役军人名录和事迹载入地方志工作，常态化开展为立功受奖现役军人家庭送喜报工作，落实优待政策。

【帮扶老兵】2022年，联合多部门印发《甘肃省困难退役军人帮扶援助实施办法》，深入开展“情暖老兵”和“喜迎二十大——为退役军人排忧解难”专项行动，用好退役军人事务部专项帮扶资金，及时解决66名特困人员的难题。为困难退役军人申办了“防癌抗癌专属保险”，为困难退役军人协调公益性岗位2321个，落实城乡低保政策，发放慰问金。积极发挥省退役军人关爱基金会作用，推出“天翼援军卡”活动，深入开展“烈士为国尽忠、我为烈士尽孝”活动。持续做好法律服务工作，累计为退役军人和各类优抚对象提供法律咨询2000人次，提供法律援助100余次，调处化解矛盾纠纷450件。

【退役军人志愿服务】2022年，突出抓好“兵支书”队伍建设，与省委组织部联合举办“兵支书”培训班，与省农业农村厅共同开展高素质农民（“兵支书”）培训试点。加强“志愿者”队伍建设，与省文明办、省民政厅、团省委联合印发《关于开展退役军人“陇原先锋”志愿服务的实施意见》，全省登记注册退役军人志愿服务组织5253个，招募志愿者11万余名，在2022年的三轮疫情防控中，5253个退役军人志愿服务队投身疫情一线。遴选27名网评员参加退役军人事务部组织的第二期在线训练营培训。

9月23日 甘肃省退役军人关爱基金会为困难退役军人提供帮扶援助　（省退役军人事务厅供图）

【双拥共建宣传】2022年，宣传展示退役军人永葆本色、奋发图强的优秀品质和良好精神风貌，在全社会营造参军受尊崇、退役受尊重的浓厚氛围。全面加强思想引领，深入开展“老兵永远跟党走”系列活动，在厅门户网站开设“老兵永远跟党走”栏目，突出宣传党的创新理论和全省退役军人先进典型，引导退役军人始终听党话跟党走。连续4年举办“陇原最美退役军人”选树活动，先后有76名个人、4个集体荣获该称号，兰州市七里河区公安局敦煌路派出所民警王琼荣获2022年全国“最美退役军人”称号。加强退役军人思想政治工作志愿服务队伍建设。弘扬英烈精神，举办“9·30大型公祭”“2022·奋进·网上祭英烈”等活动，全省网上祭扫超过1000万人次。投入1088万元改造提升烈士纪念设施，县级及以下英烈纪念设施整修工程有序推进。持续开展“为烈士寻亲”活动，累计为147位烈士找到亲属。持续深化双拥共建，在全国率先建立拥军支前应急应战响应机制，印发全省“双清单、三助力”工作实施方案（“双清单、三助力”即互提需求、互办实事和拓宽“后路”、巩固“后院”、扶持“后代”），积极协调解决部队官兵诉求。完成双拥模范城（县）届中检查。走访慰问部队400余次、发放价值1193.6万元的慰问品。打造“网站+微信+抖音+头条+微博”等一体化、多层次、全媒体政务公开渠道，主动公开发布信息2844条。《解放军报》刊登原创文章《“全国最美退役军人”李文强——“愿做一朵炽热的焊花”》；在退役军人事务部网站刊发信息58篇；与中国工商银行甘肃省分行和甘肃卫视联合出品的“工行杯”《老兵记忆》系列短视频在甘肃卫视陆续开播；在抖音直播甘肃省百名退役军人局局长“直播带岗·服务”老兵专场活动增长“粉丝”12万人；微信“粉丝”数超过6万人。

兰州市退役军人事务部门开展为立功受奖军人家庭送喜报活动（省退役军人事务厅供图）

（省退役军人事务厅　刘聪）

## 发展和改革工作

【经济运行调度】贯彻落实国家明确的宏观政策导向，出台实施稳经济一揽子政策措施及接续政策，通过政策吹风会、专家解读等多种方式加大宣传、引导预期，开展月调度、季通报和督导调研，加快释放政策组合效应。针对特殊困难行业，出台实施促进服务业领域困难行业恢复发展、强化金融支持中小微企业纾困发展政策举措。2022年，全省地区生产总值11201.6亿元，同比增长4.5%，居全国第3位。

【规划制定】印发实施14个省级重点专项规划、24个省级一般专项规划、3个省级区域规划，全省“十四五”规划编制任务全面完成。印发《建立健全甘肃省“十四五”规划纲要实施机制工作方案》，建立健全规划重大项目组织推进、目录清单管理、综合管理信息平台应用以及实施监督、考核评价等机制，为“十四五”规划顺利实施提供有力支撑。立足甘肃发展的阶段性特征，细化党的二十大和省第十四次党代会提出的各项目标任务，研究起草未来五年全省经济社会发展重大指标重大产业重大项目重大政策。出台实施“十四五”生物医药产业发展规划，编制印发“十四五”时期贯彻落实国家新型城镇化规划（2021—2035年）的实施方案、推进以县城为重要载体的城镇化建设若干措施（2022—2025年）、强县域行动实施方案（2022—2025年）和推进开发区高质量发展的实施方案（2022—2025年）。

【产业结构调整】推进新能源、新材料、高端装备制造、电子信息、生物医药等产业发展，金昌新能源锂电、张掖智能制造、天水集成电路封装等产业发展势头良好，产业体系扩容提质取得进展。全省新能源装机规模达到3800万千瓦，同比增长31.2%；新能源装机占比达到53.8%，居全国第2位，成为省内第一大电源；新能源发电量557亿千瓦时、占比达到28%。发展生物医药产业，着力打造西部领先、全国一流的中医药产业创新高地和国家生物医药产业基地。数字经济发展动能持续壮大，全国一体化算力网络甘肃枢纽节点建设全面启动，兰州国家级互联网骨干直连点获批建设。

【资金争取和投资管理】争取中央预算内投资214.9亿元，连续三年创历史新高。用于项目建设专项债券额度780亿元，较2021年增加106亿元；争取国家政策性开发性金融工具投放项目36个、229.5亿元。持续落实省级领导包抓机制，编制重点投资项目、省列重大项目、重大前期项目三个清单，组织上下半年重大项目开工活动，234个省列重大项目完成年度计划投资的119%，较2021年同期提高9个百分点；固定资产投资同比增长10.1%，居全国第4位。

【农业生态建设】落实黄河国家战略，争取国家黄河专项12.8亿元，资金争取额度连续两年位居全国首位，支持兰州市城区雨污水管道分流工程、渭河生态综合治理工程（陇西段）二期等项目建设。出台《黄河流域兰西城市群甘肃片区生态建设行动方案》，谋划凝练项目48个、总投资约1079亿元。大熊猫国家公园正式设立，祁连山国家公园列入设立范围，与四川省共同推进若尔盖国家公园创建工作。出台青藏高原生态环境保护和可持续发展实施方案，实施陇中、祁连山等重点区域生态保护修复项目。积极争取将夏河、肃南2县纳入全国15个草原畜牧业转型升级试点范围。推进祖厉河国家重点流域水环境综合治理试点任务，实施项目44个，累计完成投资26.5亿元。积极推进黄河流域生态保护补偿工作，甘肃省典型做法被国家发改委介绍推广。

【交通项目建设】全年完成交通领域固定资产投资1276.2亿元。西成、兰合、兰张三四线中武段等5条795千米铁路加快建设，平庆、兰张三四线武张段项目前期工作加快推进，银兰高铁全线开通运营，新增高铁运营里程184千米。G1816乌玛高速合作至赛尔龙段、兰永临、S42漳县至三岔等高速开工建设，国省道提升改造有序推进，王夏、陇漳等700千米高速（一级）建成通车，新增文县通高速。兰州中川机场三期扩建工程加快建设，嘉峪关机场改扩建项目开工建设，天水、平凉等机场项目前期工作有序推进，华池通用机场建成。

【能源项目建设】推进沙漠、戈壁、荒漠大型风电光伏基地和“十四五”第一批风光电项目建设，陇电入鲁调峰电源工程开工建设，线路工程具备核准条件，陇电入浙工程纳入国家规划，预可研编制工作已经启动。张掖盘道山、肃南皇城抽水蓄能电站开工建设，玉门昌马、武威黄羊抽水蓄能电站完成核准。核桃峪、甜水堡二号井、邵寨等3处中大型煤矿建成投产，红沙梁露天矿进入试生产，红沙梁矿井开工建设；西气东输三线中段、四线甘肃段及古浪至河口天然气联络管道开工建设。原油、天然气产量分别达到1090万吨、5.2亿立方米。

【“双碳”战略部署】发挥碳达峰碳中和省级工作机制，制定印发《完整准确全面贯彻新发展理念做好碳达峰碳中和工作的实施意见》《碳达峰实施方案》和能源、工业、交通、城乡、科技等5个专项行动方案。积极参与全国碳排放权交易市场建设，完成了第一个履约周期发电行业企业的碳排放配额发放和清缴工作。抢抓国家“十四五”能耗总量弹性管理、原料和可再生能源用能扣减等政策机遇，一企一策，统筹解决一批重大工业项目能耗难题，从源头上提高用能效率，全省能耗需求压力得到明显缓解。

【重点领域改革】组织召开全省优化营商环境大会，完成2021年度全省营商环境评价。开展涉企违规收费专项整治行动，对违法违规收费行为“零容忍”。印发实施贯彻落实加快建设全国统一大市场意见的若干措施，在全国率先推行投资项目信用承诺制改革，企业投资项目审批实现“秒批秒办”“掌上办”，出让标准地32宗、3811亩。

【保障改善民生】制定出台推动生活性服务业补短板上水平提高人民生活品质行动方案（2022—2025年），中山大学附属肿瘤医院甘肃医院、省疾控公共卫生中心、西北师范大学综合实验训练中心、莫高窟数字展示中心（二期）、省博物馆扩建等一批社会事业项目加快实施，现代教育发展持续推进，文化旅游加快融合发展，公共卫生体系更加完善。举办2022年全国双创活动周甘肃分会场活动。加强猪肉市场价格调控，及时开展储备吞吐调节，中秋、国庆期间全省联动组织投放冻肉储备1480多吨，有效遏制猪肉价格过快上涨势头。紧盯物价上涨情况，及时启动价格补贴联动机制，坚决兜住困难群众生活“底线”。

【价格调控监管】组织完成2022年省内年度电力中长期交易，持续开展“月度+周+连日滚动”电力交易。完成第三监管周期输配电成本监审，有效核减社会用能成本。研究制定省内煤炭出矿环节中长期交易价格合理区间方案，实现“下限保煤、上限保电”目标，促进煤、电上下游产业链协同发展。加强粮油肉蛋菜等重要民生商品供应调度和市场监管，有效保障市场供应和价格稳定。全省居民消费价格同比上涨1.9%。

（省发改委　周凯）

## 国有资产监管

【优化产业布局】整合省市国有港口物流企业组建甘肃物流集团，打造面向“一带一路”的港口物流龙头企业，全年物流收入、货物吞吐量、货运班列数均实现两位数增长，实现“1+1>2”的效果。组建国家管网甘肃天然气管网公司，推动“地方管网融入国家管网”，保障国家能源供输安全。完成窑煤集团主业资产证券化，实现省属煤电板块主业资产整体上市。推动陇神戎发重组普安制药，实现甘肃药业集团优质资产整体上市。指导新盛公司、中金实业统筹推进内部资源整合和解决历史遗留问题。

【传统产业改造提升】2022年省属企业实施“三化”改造项目396个，完成投资142.16亿元，较2021年增长1.77倍，企业上云率达到70%，重点企业生产设备联网率达40%以上。白银集团阴阳极板产品实现全流程自主生产，兰石集团石油装备智能制造示范工厂等应用场景获工信部表彰，甘肃药业集团普安制药、甘肃公交建集团博睿重装、甘肃建投集团装工科技等6户企业被认定为省级绿色工厂，甘肃科技集团兰州助剂厂化工一车间等8个车间被认定为省级数字化车间，甘肃能化集团煤炭交易系统全年完成线上交易3500多万吨。

【特色优势产业和新兴产业培育】制定省属企业国有资本布局优化和结构调整“6+1”行动方案，推动新材料、煤基、新能源及装备制造、文旅、中医药、现代农业等特色优势产业率先发展。2022年，省属企业实施161个重点项目，完成投资215.5亿元，与有关市州及县区对接形成56个地企合作项目，总投资592.1亿元，全年开工45个，完成投资81亿元。国投集团、金川集团与金昌市联合设立首期规模10亿元的产业投资基金。

【产业链供应链提升】带头落实产业基础高级化产业链现代化攻坚战“1+N+X”政策体系，推动15户省市链主企业带动25条产业链延链补链强链，与上下游6600多户企业融通发展，巩固提升石油炼化、有色冶金2个2000亿级产业集群，强链升级数字智能、新材料、农产品加工及食品等5个1000亿级产业集群，培育壮大兰州新区精细化工园等8个百亿级产业园区。2022年，省属企业实施产业链重点项目90个，完成投资110亿元，带动960户重点链辅企业实现产值800亿元。

【国有企业科技创新】2022年省属企业投入研发经费105.6亿元，同比增长15.58%，新产品产值、“三新”业务收入同比分别增长18.38%、45.99%，省属工业企业研发投入强度达到2.62%，其中8户企业达到3%以上。实施“专精特新”中小企业和高新技术企业倍增行动，省属企业全年新增省级“专精特新”中小企业6户、省级高新技术企业16户，总数分别达到23户、117户。持续加大创新平台建设，省属企业建成国家级研发平台23个、省部级研发平台171个，牵头组建5个企业创新联合体。深入推进产学研用协同创新，近三年实施科研合作项目400多个，对99项重大科研项目、35项“卡脖子”技术联合攻关，兰石集团商用高温气冷堆核电站新燃料运输容器等3项技术攻关取得初步成效，金川集团高品质镍钴基高温合金开发及生产示范技术等19项重大科研项目取得明显进展。

【国资国企改革】两级国资监管机构和省市国有企业如期完成全省实施方案确定的110项改革任务。2022年底，省属企业累计引入各类投资者900多家，引进社会资本530多亿元，省属国有控股混合所有制企业户数占比为57.8%，较2019年末提高15.9个百分点。省属企业60%以上的营业收入、80%的利润来自混合所有制企业。省级经营性国有资产集中统一监管率达到99%以上，市州层面达到97%以上。2022年，省属企业实现工业总产值4025.39亿元、营业收入8950.53亿元、利润总额194.37亿元、净利润131.86亿元，分别同比增长14.38%、25.4%、7.15%、4.42%，再创历史新高。金川集团、窑煤集团、电投集团、水电工程局等8户省属企业利润总额增幅超过30%，白银集团、国投集团、农垦集团等9户企业工业总产值增速超过20%。

【履行社会责任】落实国家和全省稳经济一揽子政策措施，研究制定稳定省属企业经济运行和助力中小企业纾困解难的26条措施，督促省属企业通过房租减免、投资带动、账款支付、供应链融资等方式，支持中小企业协同发展。省属企业全年为6561户小微企业和个体工商户减免房租2.86亿元，创新供应链金融服务模式，助力500余户供应链上下游中小企业融资205亿元。指导省能化集团、省电投集团等省属企业主动承担能源成本上涨压力，做好迎峰度夏、迎峰度冬能源保供。指导相关省属企业全力做好疫情防控期间公共交通、供水供电供气等公共服务保障，协调11户省属企业腾出1000多套房间保障医护和隔离人员，督促省建投集团、药业集团仅用15天时间完成对防疫药品宣肺止嗽合剂产线的紧急扩能改造。

【安全环保和防范风险】督促省属企业严格落实能耗“双控”制度，做好节能减排、污染防治、“三废”治理等工作，全年“三废”全部实现达标排放，未发生重大环境污染事件。始终把职工群众生命安全摆在首位，以落实国务院安委会关于加强安全生产工作15条硬措施和省上35条具体措施为抓手，履行“指导、督促、参与”三项职责，督促指导省属企业切实履行安全生产主体责任，压实企业主体责任，防风险、固基础、堵漏洞，有效降低省属企业生产安全风险。一年来，省属企业未发生重特大安全生产事故，安全生产事故起数、死亡人数、受伤人数全面下降，安全生产形势总体平稳向好。2022年，省属企业未发生较大以上安全生产事故，累计发生一般安全生产事故13起，造成15人死亡，6人受伤，其中一般事故12起，造成12人死亡，较大事故1起，造成3人死亡。

（省政府国资委　魏代虎）

## 财政管理

【财政预决算收支概况】2022年，全省一般公共预算收入907.6亿元，扣除增值税留抵退税等因素，同口径增长4.9%。加上中央补助、政府一般债券收入等，收入总计5015.7亿元。全省一般公共预算支出4257.2亿元，增长5.6%。加上政府债券还本、补充预算稳定调节基金、上解中央支出等，支出总计4669.8亿元。

【争取中央财政支持】2022年中央财政下达甘肃省各类转移支付3193.4亿元，增加213.9亿元，增长7.2%。均衡性转移支付963.2亿元，增长8.2%；重点生态功能区转移支付80.3亿元，总量居全国第一位；按照甘肃省上报财政部的生态及地质灾害避险搬迁规划，采取“先预拨、后清算”的方式，当年预拨补助资金19.7亿元。财政部主导分配的竞争性项目中，甘肃省申报的冬季清洁取暖、海绵城市建设示范、国土绿化试点示范、公立医院改革与高质量发展示范、公共就业服务能力提升示范等7个项目入围获批，建设期内中央财政共补助46亿元，2022年已下达15.2亿元。

【落实财税政策】加快财政预算执行进度，集中力量支持省列重大项目，投入374.1亿元支持公路建设养护，安排25.3亿元用于铁路建设运营，支持中川机场三期改扩建工程等民航机场建设运营。统筹资金落实省政府“建设1万公里自然村通硬化路”为民办实事项目，加快推动“四好农村路”建设，全年配合省发改委争取并及时下达中央和省级基本建设资金232.25亿元，比上年增长8.32%。加快政府债券发行使用，全年发行项目建设专项债券780亿元，较上年增加106亿元，支持交通、水利等领域1284个重点项目建设，支出进度达98%。从2020年起连续三年每年安排省级制造业高质量发展专项资金1.85亿元，数据信息产业发展资金1亿元，支持制造业技术改造投资。全省科技支出47.4亿元，增长35.6%，安排奖补资金5亿元。新增发放创业担保贷款45.69亿元，吸纳带动就业6万余人。下达中央就业补助资金21.25亿元。省级下达就业补助资金2.8亿元，用于3.5万个省级乡村公益性岗位发放岗位补贴和落实创业带动就业政策。全年为7.8万户企业减负失业保险费8.8亿元，为7490户（次）企业缓缴养老、工伤、失业社会保险费12.8亿元，为1.3万户企业减负工伤保险费2.1亿元。落实失业保险稳岗返还政策，补贴支出6亿元。按照国家政策顶格执行技能培训补贴、一次性留工培训和扩岗补助三项政策，共发放补助5.7亿元。招募“三支一扶”人员1850名，下达财政补助资金1.74亿元。

【支持农林水事业发展】2022年全省实现“农林水”支出752.7亿元，较上年增加15.6亿元、增长2.1%。安排水利发展资金2.37亿元（中央1.94亿元，省级0.43亿元），支持16处中型灌区节水配套改造。安排省级重大水利工程补助4亿元、省级水利建设基金3.94亿元，支持引洮供水二期骨干工程、甘肃中部生态移民扶贫开发供水等工程建设。安排水利项目前期费1亿元，支持推进白龙江引水等重大水利工程前期工作。省级财政安排现代丝路寒旱农业发展专项资金4.5亿元，全年全省用于农业产业发展包括衔接资金在内的涉农整合资金总额达153.23亿元，占比达到58.3%。配合省农业农村厅，争取中央农业产业融合项目资金2.78亿元，支持新创建特色优势产业集群1个、国家现代农业产业园2个、农业产业强镇6个；争取中央农产品仓储保鲜冷链建设资金1.2亿元，支持县区农产品保鲜库建设。落实中央保费补助和业务奖补9026万元支持省农担公司。筹措安排农田建设补助31.67亿元（中央26.87亿元、省级4.8亿元），支持全省建设256.1万亩高标准农田。下达中央耕地地力保护补贴26.13亿元。安排农机购置与应用补贴5.53亿元（中央4.98亿元、省级0.55亿元），下达中央实际种粮农民一次性补贴7.94亿元，较上年增长3.89亿元。

【支持乡村振兴】全省共投入衔接资金243.49亿元，较上年增加5亿元，增长2.1%。安排县级一般债券额度69.29亿元，其中58个片区脱贫县47.29亿元，占下达县级额度的68.25%。安排甘肃省东西部协作资金32.22亿元。延续财政贴息小额信贷政策，截至12月底，全省累计发放脱贫人口小额信贷821.9亿元，累计回收596.2亿元，贷款余额225.7亿元，省级风险补偿金累计支出7321.63万元。加大农业保险保费补贴资金投入，安排保费补贴资金11.15亿元（中央补贴5.15亿元，省级补贴6亿元），较上年增长5.2%，引导全省开展农业保险中央补贴品种12个，省级补贴品种10个以及“一县一（多）品”的地方特色品种82个。创新财政投入方式，设立乡村振兴投资基金。资金分配使用上向重点地区倾斜，采取定额补助方式对国家和省级乡村振兴重点帮扶县分档予以倾斜支持。启动实施第三轮草原生态保护补助奖励政策，落实中央财政奖补资金10.22亿元，保护面积2.24亿亩。安排农村公益事业财政奖补资金8.9亿元（中央5.2亿元，省级3.7亿元），全年全省完成危房改造206户，争取落实补助资金6.98亿元（中央财政补助6.48亿元，省级补助0.5亿元），落实农村厕所革命奖补资金8.49亿元（中央6.99亿元，省级1.5亿元），支持40万户农村卫生户厕所改建新建整村推进和后续管护设施建设。

【促进消费升级】落实省政府关于加大财税政策支持力度优化营商环境的意见，省级预算安排招商引资奖励资金6000万元，支持承接产业转移和培育经济发展新动能，安排专项资金4250万元支持以线上线下融合方式举办“兰洽会”、开展招商引资及省外展会参展。安排外经贸发展专项资金1.84亿元，支持甘肃省承接加工贸易梯度转移、提升中小企业国际化经营能力、企业开展对外投资合作、进口贴息、促进外贸转型升级和创新发展；安排航空及国际货运补贴资金1.5亿元，支持甘肃省国际货运物流运营平台发运国际货运班列、保障国际货运班列的稳定运营，引导民航客货运和综合运输可持续发展。安排中央服务业资金和省级电子商务资金6000万元，加快全省农村电商发展；统筹使用省级服务业资金7000万元，支持县域商业体系建设、农产品冷链物流改造升级、产地批发市场和城乡农贸市场、中央厨房建设项目、牛肉面产业发展等；筹措促消费专项资金1000万元，开展全省促销活动及汽车家电促销活动；落实供销社综合改革发展专项资金2500万元，用于供销社社有企业实施农业社会化服务、发展经营服务网络体系建设。

【落实黄河流域生态保护规划】积极争取中央黄河专项资金及奖补资金，支持水源涵养、水土保持、污染防治等领域项目建设。截至2022年底，兰州、白银、临夏3市州已签订黄河流域横向生态补偿协议，省财政下达中央引导资金1.4亿元和省级奖补资金0.95亿元。打造“10+‘5’+N”资金政策“支持包”，落实生态及地灾避险搬迁政策实施。按照搬迁4万户、户均10万元的标准，省级统筹中央转移支付、政府一般债券以及盘活存量资金等方式给予支持。省市县按照8：1：1比例，对每户5年期5万元贷款给予财政贴息。全年下达林业改革发展、林业草原生态保护恢复和资源保护资金58.09亿元，持续加大林业草原生态保护投入。

【提升基本保障】落实各级保障责任，增强基层财政保障能力。2022年省对市县转移支付2902.5亿元，增加313亿元，增长12.1%，其中税收返还及一般性转移支付2533.1亿元，占省对市县转移支付总量的87.3%。落实常态化资金直达机制。扩大审核覆盖面，选取52个重点县区开展“三保”支出预算审核，完善工资专户管理，加强地方财政运行监测，加强普惠性基础性兜底性民生建设，努力让群众生活越来越好。2022年教育等11类民生支出3339亿元，增加126.9亿元，占财政总支出的近八成。保障困难群众生活，推动社会救助和福利事业发展。下达中央和省级困难群众救助补助资金128.24亿元。全省筹措一般公共预算和彩票公益金资金3.73亿元，支持甘肃省养老服务中心、儿童福利、残疾人福利等公益类项目发展。省级补助资金1.8亿元，落实“建设120个乡镇（街道）综合养老服务中心”省政府为民办实事项目。下达残疾人事业发展补助资金2.88亿元，用于支持残疾人康复托养服务、残疾人实用技术培训等项目。筹集彩票销售资金支持社会公益事业发展。2022年共筹集福利彩票公益金6.74亿元(地方留成3.42亿元)，体育彩票公益金10.11亿元（地方留成5.05亿元）。

【保障公共健康安全】全年下达基本公共卫生服务补助资金20.23亿元，下达公立医院综合改革类补助资金8.18亿元，下达中央重大传染病防治补助资金2.95亿元，下达中央和省级补助资金4.53亿元。健全常态化疫情防控保障机制，2020—2022年三年疫情防控全省各级财政共筹集拨付防疫资金129.95亿元，其中：2020年48.6亿元，2021年31.19亿元，2022年55.48亿元，三年未因资金问题影响全省患者救治、疫情防控和防疫物资保供。

【财政管理改革】印发《关于厉行勤俭节约过紧日子确保财政平稳运行实施方案》，出台省级部门财政结转结余资金管理办法，规范公务员收入分配秩序，组织开展全省规范公务员工资津贴补贴实施情况专项检查。全面实施预算绩效管理，持续推进事前绩效评估，重视对新增事项的绩效评估，2022年核减资金4372万元。督促指导部门和市县全面梳理预期产出和效益，将绩效目标与预算同步批复下达，全年省级部门共编报预算项目绩效目标910个，涉及资金927.3亿元。

（省财政厅　王生国）

## 国家税务

【退减缓降税费】依托地方党政，联手财政人行，快准稳好落实政策，创推人防+技防“防得准”、督审+稽查“打得狠”、线上+线下“退得快”缓退税法，全年办理新增减税降费及退税缓税缓费超381.4亿元。

【税费收入】全年组织税费收入2547.9亿元，其中税收1299.8亿元，同比下降13.1%，扣除留抵退税还原后增长2.6%，与主要经济指标有效匹配。

【社保非税征管】完成国有土地使用权出让收入、矿产资源专项收入征管职责划转，编制城乡居民养老保险和医疗保险征缴规程，社保非税征管服务进一步规范。全年征收社保费829.5亿元；非税收入405.3亿元；工会经费13.3亿元。

【征管改革】持续优化“指导基层、把握基点、夯实基础、理顺基本”“四基”改革路径，创新系列改革举措。精确执法，风险分析应对8782户次、入库税款16.15亿元。“全员帮办优普法、陇税雷锋助企行”获评甘肃首批普法依法治理十大创新案例。精细服务，推出5大类20项121条便民办税春风行动措施。万名干部加入千个“陇税雷锋”帮办群，为40万户企业点对点个性化服务，获国务院督导组肯定。521项业务网上办、103项新功能接入“甘快办”、51项全省现场通办，政务服务“好差评”好评率100%。精准监管，深化税收违法打击机制，稽查查补收入14.7亿元。严打骗取留抵退税违法行为，立案检查企业122户，追缴退税及挽回税额3.37亿元。精诚共治，依托省政务数据共享平台，与财政等19个部门共享政务数据2600万条，申请获取22个部门第三方涉税数据3200万条，加快推进征管数字化转型。推进区域协同共治，联合青海省局统一税务行政处罚裁量基准，联合内蒙古、广西等12省区

税务局发布《西部大开发区域办税缴费事项“最多跑一次”清单》

【服务“四强”行动】争取省人大废止甘肃《非税收入管理条例》，加快修订《甘肃省税费保障办法》，提升税收治理体系和治理能力。创推的“贷款与税收比率分析”“实现税收与投资比率分析”等六种产品入围国家税务总局第一批分析产品目录。聚焦全省“一核三带”“四强”行动，强科技，严格落实研发费用加计扣除政策；强工业，对甘肃唯一世界500强金川集团，量身定制涉税风险报告；强省会，深入分析省会兰州发展优势与短板；强县域，联动银保监局及金融机构创新“贷税比”分析，探讨经济金融供给新途径。省局作为乡村振兴组长单位，指导实施乡村振兴帮扶项目453个，投入资金1800万元。

【助企发展】 量身打造应享政策“幸福菜单”和已享政策“幸福账单”，直达企业高管，针对性提升企业对政策知悉度和兑现响应度。党的二十大期间，主动向在甘党代表解读税费政策并推送“幸福两单”，总理在听取甘肃代表团汇报时给予肯定。联动“税务和银行互动”与工商联“助力小微企业计划”，为2.92万户中小微企业发放贷款651亿元。

【税收安全】开展微信泄密专项整治、信访积案专项治理及信息化专项整治，清理微信群等346个、信访办结率89.86%、整改信息化问题126个。制定全省税收领域重大风险防范化解方案，细化92条措施，保障国家税费安全和系统安全稳定。

（省税务局　何旻）

## 地方审计监督

【审计成果】2022年，全省审计机关共实施审计项目4096个，查出违规问题资金101.32亿元。通过审计处理，促进增收节支39.18亿元，其中上缴财政资金22.92亿元，向各级党委政府上报审计报告、审计专报、审计信息等7226篇。

【财政审计】开展19家省级一级预算单位预算执行情况及3个市财政收支情况审计，重点关注预算收支、决算草案编制、财政支出结构优化等方面的问题。聚焦政府债务和政府投资基金风险防范，组织实施省级预算执行审计和白银等7个市（州）专项债券管理使用情况审计调查。受省政府委托，向省十三届人大常委会第三十二次会议作《关于2021年度省级预算执行和其他财政收支的审计工作报告》。

【民生审计】组织全省审计机关65名业务骨干组成5个审计组，开展全省就业补助资金和失业保险基金审计，对省本级和兰州市、天水市等4个市（州）进行重点审计。组织实施武威市等4个市（州）及所属的12个县区困难群众救助补助资金分配管理使用及相关政策落实情况审计，查出的120个问题被纳入中央审计办全国综合报告呈报中央审计委员会，获得了习近平总书记、李克强总理等8位中央领导同志的指示批示，要求在全国开展专项治理。至2022年底，专项治理工作已完成。

【乡村振兴审计】统筹省市县三级审计力量240余人，分2批推进23个国家乡村振兴重点帮扶县审计全覆盖。抽审资金145.65亿元，涉及项目1041个，延伸审计261个乡镇、889个行政村，入户走访农户2312户，提出审计建议80多条，向省委、省政府上报《县区巩固拓展脱贫攻坚成果同乡村振兴有效衔接中应高度重视研究解决的突出问题及对策建议》审计专报。审计工作得到中央审计办和审计署的充分肯定，审计署先后2次安排甘肃省审计厅在全国农业农村审计工作会议上交流发言。全省报送审计发现问题311个，审计署将其中168个问题纳入综合报告，习近平总书记和李强、李希等中央领导同志对综合报告作出了重要批示。

【经济责任审计】对张掖市等10个市县20名党政主要领导干部、省水利厅等10个省直部门单位12名领导干部以及靖远煤业集团有限责任公司等3户企业6名领导人员开展经济责任审计。将审计关口前移，分类制定地方党政主要领导干部履行经济责任正面清单和负面清单，促进审计向“治已病”和“防未病”并重转变。

【自然资源资产审计】围绕生态文明建设和高质量发展，开展陇南市等10个市县党政主要领导干部自然资源资产离任审计、全省耕地保护政策措施落实及资金管理使用情况专项审计调查。结合近年来审计查出问题情况，梳理印发《资环审计常见违法违规行为问题清单》《甘肃省党政主要领导干部自然资源资产离任审计评价指标体系（试行）》等，促进自然资源资产节约集约和合法利用。在沿黄9省区中率先开展黄河流域甘肃段生态保护和高质量发展专项审计调查，甘肃的经验做法被中央审计办予以推广。

【网络安全和信息化建设审计】组织市（州）审计机关参与审计署统一组织的网络安全和信息化建设情况审计项目，向审计署及时报送审计报告和审计整改情况。其中2个案例被审计署采用，审计署形成的2篇综合报告和整改工作情况报告分别报送中央网信委和中央安可工作领导小组，得到了王沪宁、丁薛祥等中央领导同志的肯定性批示。审计署办公厅专门向省审计厅发函给予肯定。胡昌升书记、任振鹤省长分别在《关于省审计厅网络安全和信息化建设审计成果获中央领导同志批示情况的报告》上作出批示要求。

【金融审计和企业审计】全面贯彻落实省委、省政府关于高风险机构化险工作的决策部署，制定印发《推动防范化解金融风险加强金融机构经济责任审计工作方案》，并纳入省委、省政府地方金融风险化解“1+N”责任和政策体系。开展了省水务投资有限责任公司等4户企业资产负债损益以及其他财务收支情况审计、兰州兰石集团有限公司经营管理及绩效情况专项审计调查，揭示经营管理中的风险隐患，推动激发市场主体活力。

【投资审计】开展丝绸之路（敦煌）国际文化博览会“三大场馆”项目资产情况、兰州中川国际机场三期扩建工程建设情况等重大项目审计，及时揭示项目建设管理过程中存在的问题，进一步规范投资项目建设管理，推动提高投资绩效。完成10个国外贷援款项目审计，促进合理有效利用外资，防范化解外债风险。

（省审计厅　刘春瑾）

## 国家审计监督

【审计成果】2022年，审计署驻兰州特派员办事处完成审计项目17个，查出违规金额16.27亿元、管理不规范金额3682.05亿元，促进整改落实金额581.2亿元，移送司法、纪检监察及有关部门问题线索34起，提交的审计信息被中办、国办采用及国家领导人批示41篇次。参与实施的审计项目荣获全国审计机关优秀审计项目一、二、三等奖各1个。

【财政审计】围绕加快建立现代财政制度，落实积极的财政政策总体要求，开展地方财政收支审计、中央直达资金、政府和社会资本合作项目专项审计调查等项目，关注重点专项转移支付资金管理使用、落实政府过紧日子要求等情况。

【税收审计】针对税收征管情况，开展海关履行监管职责和税收征管情况审计、税收和非税收入征管及税务部门预算执行审计项目，重点揭示优化口岸营商环境、促进贸易便利化等各项重大政策措施贯彻落实、税收征管和实货监管等方面存在的突出问题。

【农业农村审计】开展促进惠农政策贯彻落实、提高财政补贴资金绩效、保障重要农产品安全，实施大中型灌区续建配套节水改造相关资金审计和目标价格补贴专项审计调查等项目，推动乡村振兴战略落实落地。

【民生资金（项目）审计】开展住房租赁相关资金审计、医疗保险基金审计和“三医联动”改革专项审计调查等项目，查处各类损害群众切身利益的突出问题和不正之风，推动社会保障体系更好惠及人民。

【资源环境审计】围绕碳达峰碳中和重大战略决策，实施节能减排相关资金审计，以可再生能源电价附加补助资金和新能源汽车推广补助资金为重点，抽查可再生能源项目。

【投资审计】围绕电网领域重大政策措施贯彻落实，开展特高压电网工程建设及运营情况审计，重点揭示规划和政策落实、工程建设管理、工程投资绩效、安全管控和运营管理等方面问题。

【金融审计】开展地方国有信托公司风险情况专项审计调查，关注重点金融机构服务实体经济、支持小微企业发展、支持科技创新、风险防控等情况。

（审计署驻兰办　王芸）

## 统计调查与监测

【统计调查成果】2022年，国家统计局甘肃调查总队强化对疫情影响下经济社会领域的调查研究，准确反映经济运行状况。全年确定81项重点课题，组织各类专题调研，完成国家局和省政府专题约稿38次，上报经济社会信息220篇，国家统计局《每日调查》采用17篇，省“两办”采用53篇次。编印《甘肃调查报告》103期，21篇获省领导批示。在国家统计局工作信息网采用分析报告360篇、同比增长128%。监测预判经济社会运行情况，与有关部门联合举办全省经济运行新闻发布会，及时提供和发布统计调查数据，反映全省经济社会发展成果和改善民生成效，合理引导预期，坚定发展信心。举办统计开放日活动，加强统计新闻宣传，“甘肃统计调查”微信公众号累计推送稿件496篇，《中国信息报》采用稿件82篇、同比增长55%。

【调查工作】全年完成居民收支、粮食产量、月度劳动力、价格调查等常规调查工作和新设立小微企业跟踪调查、全面从严治党民意调查等专项调查任务。完成住户调查两轮抽样框信息核实和10650户样本量测算；各地努力克服疫情防控期间入户困难，做好摸底调查。局队联合成立全省农作物对地抽样调查样本轮换工作领导小组，借助无人机、遥感测量等信息化手段，全面完成省级1800个、县级1020个样本村的样方核查，实地核查率达100%。全省制造业采购经理样本数量由原来的22家扩充至277余家，涉及全省28个制造业行业大类，为测算全省重点行业制造业采购经理指数奠定基础。

【统计法治建设】甘肃省《关于更加有效发挥统计监督职能作用的若干措施》印发。总队成立依法行政工作领导小组，制定《内部监督工作贯通协同机制办法（试行）》，开展全面清理纠正违反统计法律法规文件和做法专项自查和整改工作。对5个市（州）的12个市县队进行统计执法检查，实现对全省44个市县队执法检查三年全覆盖的目标。落实统计普法责任制，制定印发甘肃国家调查队系统各级负责人和统计调查人员防范和惩治统计造假弄虚作假责任制实施办法等制度，落实领导干部违规干预统计工作“零报告”制度。

（国统甘肃调查总队　张雪）

【落实重大决策部署】贯彻落实中办、国办《关于深化统计管理体制改革提高统计数据真实性的意见》《统计违纪违法责任人处分处理建议办法》《防范和惩治统计造假、弄虚作假督察工作规定》，贯彻落实中央《关于更加有效发挥统计监督职能作用的意见》，省委常委会、省政府常务会专题传达学习并作出安排部署，结合甘肃省实际，省委办公厅、省政府办公厅印发《关于更加有效发挥统计监督职能作用的若干措施》，各市州印发《关于更加有效发挥统计监督职能作用的实施方案》，省统计局印发贯彻落实27项具体措施。

【统计现代化改革】落实国家统计现代化改革任务。推进地区生产总值统一核算改革，规范统一核算方法制度，建立完善统一核算方法，制定2022年季度市州地区生产总值统一核算方案，核算结果实现市州汇总数与全省数在总量、速度、结构三方面的基本衔接。探索自然资源资产负债表编制和生态产品价值核算工作，推进2019年、2020年甘肃省自然资源资产负债表编制工作，做好省级生态产品价值实现机制前期准备工作。强化科技创新统计监测，拓展科技创新统计调查范围，加强对数据质量过程评估和综合评估，开展数据质量核查工作。做好贸经统计改革，推进月度“金样本”调查和限额以下抽样调查改革，做好分季度累计服务零售额试算工作。稳步推进劳动工资统计改革，做好服务业生产指数试编试算工作，完成投资历史数据修订，推进主营业务结构化和行业智能编码专项试点，持续推动“准四上”单位库建设更新等。开展高质量发展和县域经济发展综合绩效评价改革，健全完善《十大生态产业统计监测实施方案汇编（2022）》，完成2021年及2022年各季度全省及市州十大生态产业增加值测算工作。修订完善2020年全省及市州民营经济增加值试算数据，完成2021年全省及市州民营经济增加值的试算工作。探索数字经济核算工作，组织开展数字经济核心产业增加值核算方法学习研究，制定2022年全省数字经济统计监测与增加值核算工作计划。深入开展“三新”经济增加值核算研究，完善全省“三新”统计监测制度，做好全省“三新”

经济发展的分析研究。开展国家碳排放调查试点任务，做好国家“双碳”目标重点课题调查研究，与住建等部门研究制定“双碳”工作实施方案，与生态等部门协商开展季度碳排放预测等工作。

【第五次全国经济普查筹备工作】印发《省统计局关于组建省第五次全国经济普查筹备领导小组及办公室的通知》，组建甘肃省第五次全国经济普查筹备领导小组及办公室，省市县三级统计局均已成立五经普筹备机构。召开筹备研讨视频会议，开展调查、督导，总结第四次全国经济普查经验做法，推进地理信息系统建设，为普查后续工作打好基础。加大基本单位名录库维护审核，做好第五次全国经济普查经费预算编制。

【统计服务保障】针对工业、贸易、服务业、投资等重点领域加强监测分析研判。联合省发改委、甘肃调查总队共同研判经济形势，针对疫情影响、要素短缺、大宗商品价格持续高位运行、中小微企业困难等问题加强分析研判。组织全省统计系统开展经济形势和专题调研，联合省委组织部、省发改委制定印发《甘肃省县域经济发展综合评价细则》，做好高质量发展和县域经济发展综合绩效评价等工作，按季度开展市州重点工作完成情况有关测算等工作。在全国首创《甘肃省研究和实验发展（R&D）投入统计工作管理办法》，不断扩大社情民意调查范围，两会期间为代表和委员编印各类统计资料。加强网站、微信等新媒体平台管理，协调相关部门举行年度、季度全省经济运行情况新闻发布会，充分利用统计官方网站和微信、微博等政务新媒体平台加大统计宣传力度，合理引导社会预期、提振发展信心。协调做好数字政府建设相关工作，及时在网站公布统计年鉴、统计公报、月度统计资料。

【依法统计依法治统】按照国家局关于开展统计造假不收手不收敛问题专项纠治工作要求，与纪检监察机关共同成立专项纠治领导小组，召开工作推进会、制定实施方案，建立整改台账、强化督促检查，为期5个月在全省开展专项纠治工作，确保整改实效。组建5个专项纠治工作组共检查全省企业（项目）30家，对1236家企业开展现场统计执法检查。推进执法检查工作，制定《2022年度统计执法检查工作方案》《2022年度入库退库专项检查方案》，安排部署各市州、县区“双随机”执法检查和入库退库专项检查工作，省统计局抽调全省执法骨干组成3个检查组对75户企业进行“双随机”执法检查，并以“四不两直”形式对企业和乡镇进行检查，向相关政府部门和企业发放了统计法律法规宣传资料160余册。推动各级党校（行政学院）将统计法律法规列入培训课程，充分利用“八五”普法、统计开放日、宪法宣传日等重要时间节点开展统计法律法规宣传。做好2022年度全省统计执法证考试培训工作，编印《统计法律法规规章及规范性文件汇编》《统计违纪违法案例汇编》。

【统计信息化建设】探索云计算保障大型普查、省级联网直报调查等大型统计调查工作，强化网络信息安全管理，加强网络安全项目建设，强化疫情防控期间统计网络安全保障工作，开展网络安全技术培训，提升基层统计网络安全的防治能力和网络安全风险事件应急处理能力。加强统计信息化基础工作，提高统计网络运行效率，做好国家联网直报平台数据处理技术支持、系统维护等工作，完成第七次全国人口普查数据资料处理开发，做好人口变动调查系统数据运维保障工作，优化完善2022年全省高质量发展考核测评程序，采用“线上+线下”模式加大基层信息化技术培训力度，分步骤开展重大信息化项目实施工作。自主研发“统计库”，推进统计信息资料快速高效共享，助力统计工作数字化升级。

（省统计局）

## 金融监管

【金融宏观调控】综合运用存款准备金、再贷款、再贴现等货币政策工具，引导地方法人金融机构扩大对乡村振兴、民营和小微企业的信贷投放。推动新型结构性货币政策工具加速落地，到2022年末，政策工具共撬动全省碳减排、煤炭清洁高效利用、科技创新贷款、交通物流贷款超过330亿元。金融支持受疫情影响较重行业、企业、群体，组织开展“贷动陇原 惠企利民”“金融活水润百业”“科创企业主办行对接”系列活动，督导金融机构积极宣传政策、纾困解难。2022年，全省金融机构通过展期、续贷、调整还款计划等方式，累计对998.42

亿元到期贷款本金实施了延期，惠及2.83万户中小微企业、个体工商户等经营主体。

【外汇管理】外汇局甘肃省分局落实“金融23条”等外汇领域稳外资稳外贸系列帮扶政策，制定出台《甘肃外汇金融助企纾困稳外资稳外贸八条措施》，为甘肃涉外经济保稳提质提供政策支持。采用“特事特办”“急事速办”外汇便利化政策应对疫情影响，保障跨境资金结算通道畅通。疫情防控期间，指导省内各外汇银行累计办理跨境收付业务2931笔，涉及金额32.48亿美元。推进“多笔外债共用一个外债账户”便利化政策落地甘肃，帮助企业境外融入资金3.96亿美元。深化跨境金融区块链服务平台试点推广应用，累计帮助企业融资超2亿元人民币。拓面增效贸易外汇收支便利化试点，指导3家试点银行累计为13家企业办理试点业务1167笔、金额5.2亿美元。深化企业汇率风险管理服务，实施“企业汇率风险管理服务提质年”专项行动，累计举办专题培训逾100场次，参训企业500余家千余人，实地走访、专题辅导企业占省内外贸企业的90%，21家银行分支机构完成衍生品业务备案。引导市场主体通过外汇局政务服务网上办理系统“在线办、远程办”外汇领域行政许可事项，好评率达100%。2022年甘肃省外汇市场保持平稳运行态势。跨境收付总额147.3亿美元，为2015年以来最高水平，较2021年增长18.52%，收入39.19亿美元，增长25.70%，支付108.11亿美元，增长16.11%，净流出68.92亿美元，增长11.28%；全省银行结售汇总额115.08亿美元，结汇21.46亿美元，售汇93.62亿美元，结售汇逆差72.16亿美元。

【防范化解金融风险】发挥金融委办公室地方协调机制作用，推动建立党政主要领导负责的金融风险化解委员会，配合制定金融风险化解“1+N”责任和政策体系，出台风险化解党政同责意见、问责办法等14项制度文件，明确各单位各部门工作职责和问责措施。强化重点领域风险防控，建立全省法人银行流动性监测工作机制，分类监测各机构流动性、市场业务、舆情及其他可能出险的情况，严防流动性风险；配合建立房地产市场与房地产金融运行情况监测分析机制，密切关注省内重点房企化险进展，督促金融机构做好房地产金融风险防范化解工作；完善金融风险早期监测预警机制，有效整合运用日常监测、银行预警、压力测试、重大事项报告等措施，加强对央行评级1—7级机构的监测预警，对重点关注指标异常变动的机构及时预警提示并督促整改，实现银行预警名单机构阶段性清零。贯彻落实全国中小银行风险防控会议精神，制定印发《关于进一步做好中小银行风险防范化解工作的通知》，组织专题会议安排部署二十大前后金融维稳工作。围绕股东及关联方融资、大额授信、异地授信、房地产企业和城投公司融资等方面潜在风险，对109家法人银行全覆盖开展风险摸排，组织实施半年度资产质量真实性评估和重点领域风险压力测试。

（人民银行兰州中心支行　董雅丽）

【地方金融组织监管】加强对全省7类地方金融组织的监管，促进行业健康有序发展，修订《甘肃省小额贷款公司管理办法》，制定《关于促进全省小额贷款公司高质量发展的意见》《甘肃省小额贷款公司监管分类评级指引》《甘肃省融资担保行业发展规划（2022—2025年）》。加大行业整顿力度，认真做好现场和非现场检查，加强“穿透式”监管，加快“空壳”“失联”企业出清，对公司经营困难、难以为继的加大劝退力度，持续推动地方金融组织“减量增质”“做精做强”和规范健康发展。2022年全省共清理退出非正常经营小额贷款公司27家、融资担保公司17家、典当行16家，受理企业审批、变更、备案等事项72项。

【金融安全稳定】建立防范化解金融风险“1+N”责任和政策体系，加大不良资产清收处置，推进地方法人银行风险化解。积极应对资本市场风险，加强债券市场风险监测预警，对存在兑付风险的到期债券，第一时间进行预警并介入处置，确保兰州建投公开市场债券刚性兑付。做好私募投资基金风险防范，持续开展交易场所清理整顿，推动“伪金交所”风险处置。加大非法集资风险排查整治，防非处非工作入选第二届甘肃省市域社会治理创新实践“百强案例”，继续保持了全国非法集资少发地区的良好态势。

（省地方金融监管局　王荣）

## 市场监督管理

【登记注册】2022年，全省新设立市场主体27.67万户，累计达到217.06万户，注册资本达到5.36万亿元，同比分别增长-10.7%、6.78%、10.35%。全省个体工商户达到148.73万户，资金数额0.18万亿元；私营企业54.73万户，注册资本（金）3.17万亿元；农民专业合作社9.91万户，出资总额0.26万亿元，成员总数80.35万个。非公经济市场主体累计达到213.37万户，占市场主体总数的98.3%。全省累计登记注册外商及港、澳、台商投资企业2037户，注册资本333.2亿美元。

【行政许可】完成市场监管部门行政许可事项梳理确认，全省市场监管系统共有27项行政许可事项。梳理全省“食品小作坊小经营店小摊点登记”许可事项，打造食品经营（餐饮店）经营许可“一件事一次办”。协调住建部门、消防总队将食品经营许可、户外广告宣传审批、公共场所营业前消防安全检查许可审批通过系统数据共享、一次提交申请、集成办理，实现一件事一次办好。制作“证照联办”动漫视频，广泛宣传“证照联办”操作方法，方便企业和群众学习掌握。积极引导各类办事企业通过甘肃政务服务网提交相关申请。全年办理食品生产许可14件、工业产品生产许可73件、食品相关产品生产许可39件、计量标准器具核准等计量类许可440件、特种设备类许可175件、检验检测机构资质认定538件、“三品一械”广告5715件。

【信用监管】印发《甘肃省部门联合“双随机、一公开”监管实施细则》，细化完善“一单两库一细则”，建立“双随机、一公开”监管事项清单72892条，汇聚监管对象442.6万户，建立监管执法人员库10.12万人。全年制定单部门抽查计划抽查任务7127个、抽出检查对象71136户，制定跨部门联合抽查任务6570个、抽出检查对象59632户，通过双随机抽查发现问题立案578件。2021年度全省492939户企业报送了年报，公示率达到94.26%。优化完善全省“互联网+监管”系统相关功能。系统共接入省市县三级监管部门4336个，注册用户76277个，全省共梳理监管事项1638项、编制检查实施清单72034条。2022年共归集各监管部门行政许可信息41148条、行政处罚信息7442条、抽查检查信息130770条。通过企业信用风险分类监管开展信用分类“双随机、一公开”监管抽查任务789个，检查市场主体5167户。2022年，全年全省市场监管部门共列入经营异常名录企业37386户、标记异常状态个体工商户78197户、列入严重违法失信名单企业165户，鼓励引导失信当事人申请信用修复，为5.2万户市场主体重塑信用。

【法治建设】《甘肃省计量监督管理条例》已由甘肃省第十三届人民代表大会常务委员会第三十次会议于2022年3月31日修订通过，并于2022年5月1日起施行。完成《甘肃省消费者权益保护条例》《甘肃省专利条例》的修订。就《庆阳市燃气条例》进行协调研究，对《甘肃省节约用水条例》《甘肃省湿地保护条例》等55部地方性法规规章立法草案组织研究，提出修改意见建议。制定《甘肃省市场监督管理行政执法能力三年提升行动2022年重点任务实施方案》，联合省司法厅印发《甘肃省市场监督管理行政处罚文书格式范本（2022版）》，与青海省局签署合作协议共同印发文件，统一两省市场监管系统行政处罚文书格式；完成整改权责清单事项435项，对266项进行修改和补充完善。审理上年度结转行政复议案件1件，新收4件；应对国家总局行政复议案件2件；应对行政诉讼案件18件（其中上期结转5件，本年度13件）；应对民事诉讼案件10件。完成合法性审查45件、各类涉法类征求意见84件，审核各类合同103份。

【综合行政执法】2022年，全省市场监管系统共查办各类经济违法案件9239件，案件总值2648万元，罚没金额12095.79万元。查办民生领域“铁拳”行动案件630件，罚没款978.22万元，移送公安部门73件。市（州）局向省局上报典型案例277件，省局向总局报送典型案例91件，全省系统曝光典型案例38批次304件。开展打击整治养老诈骗专项行动，排查问题线索319条，完成整治276条，整治完成率86.52%。发现苗头性问题89个，完成整治81个，整治完成率91%。立案查处涉养老案件96起，办结62起，移送司法机关38起。持续开展打击整治非法制售口罩等防护用品专项行动，共查办案件14

件，罚没金额29.735万元，查获涉案口罩0.79万只，查获其他防护用品334件。开展打击市场销售长江流域非法捕捞渔获物专项行动，出动执法人员29.53万人次，检查批发市场、农贸市场、商超6.38万家，餐饮单位18.49万余家，水产及其制品生产企业、加工小作坊4771家次，监测电商平台5182个次，对电商平台开展行政指导1138次。组织开展“整治商品过度包装、天价月饼和蟹卡蟹券”专项行动，全省市场监管部门共出动执法人员9763人次，检查经营户8795户，责令整改19次，上报总局典型案件3起。全省系统组织《反有组织犯罪法》、养老诈骗等宣传活动2.5万余次，发放各类普法宣传资料50万余份。全省各级市场监管部门共查办各类知识产权案件253件，罚没金额372.7万元，有力打击了知识产权违法行为。组织参加了全国双打办2022年侵权假冒伪劣商品全国统一销毁行动，销毁物品共计38.71万余件，58.03吨，货值502.68万元。

【反垄断工作】全年为省直部门和市州政府提供有关竞争政策咨询意见97件次，全省共上报审查增量政策措施4644件，其中调整修改95件；清理存量政策措施4652件，其中修订废止1383件。完成对省级10个成员单位、8个市州政府公平竞争审查工作的第三方综合评估，共提取文件1万多份，抽样政策措施980份，经评估论证发现问题政策文件共计159份。组织对11起涉嫌垄断行为依法进行调查，办结滥用行政权力排除、限制竞争案件2起。继续推进有关涉嫌滥用市场支配地位案的后续处理。核查总局转办的有关省属企业涉嫌垄断行为线索，调查取证总局委托的涉及知网垄断案的7个单位。开展制止滥用行政权力排除限制竞争执法专项行动，两次发布公告征集违法线索，收集到涉嫌滥用行政权力排除、限制竞争线索6件。组织对9起涉嫌滥用行政权力排除、限制竞争行为依法进行调查，完成总局委托调查2起；办结案件2起；5件线索经调查不构成违法，2件线索正在核查中。运用考核机制，推动各地各部门落实公平竞争审查制度。组织对2021年度全省公平竞争审查工作督查和交叉检查中发现的20条涉嫌违法违规的线索进行分析甄别，并委托第三方机构进行评估。

【价格监督检查】对疫情防控期间发生的价格违法行为，全省各级市场监管部门从严从快从重处理。共出动价格监督检查执法人员13万人次，检查各类市场经营主体24万户次，现场责令整改问题911起，依法办理价格违法案件311件，曝光典型案例131件。全省共检查各类粮食经营主体6584个，立案处理违法案件31件，罚没款10.03万元。以中介机构、行业协会商会、交通物流、水电气暖、商业银行5个领域为重点，组织开展2022年治理涉企违规收费“纾困减负”专项行动，推动各项减费降费政策落地落实，全省共检查各类收费单位4217家，查处违规收费案件84件，责令退还违规收费822.02万元，没收违法所得146.31万元，罚款360.60万元，引导收费主体主动退还多收费用5041.78万元。联合省发展改革委、省教育厅组织开展全省教育收费专项检查，检查各级各类学校和教育培训机构3646个，查处违规收费案件15件，责令退还违规收费163.31万元，没收599.64万元，罚款68.32万元。继续做好城区机动车停放“收费乱”问题专项整治，组织检查各类停车场5339个，立案处理违规收费案件26件，责令退还违规收费23.86万元，没收违法所得1.06万元，罚款28.71万元。

【反不正当竞争】经省政府批准，建立17个部门组成的甘肃省反不正当竞争部门联席会议制度。经评估论证，确定兰州新区、白银市高新技术产业开发区为省级商业秘密保护创新基地。全省打击传销领导小组各成员单位和各市州打击传销领导小组办公室进一步完善部门间信息共享和协作查处工作机制，全力做好案件查办和协同处置，积极规范直销企业和直销员行为，维护市场秩序和社会稳定。在全省组织开展2022年“保公平、促发展”反不正当竞争专项执法行动，严厉打击扰乱市场秩序的不正当竞争行为。全省共立案处理不正当竞争案件69件，实施经济制裁216.95万元。

【网络交易监管】开展全省“百家电商平台点亮”行动，全省14个市州及兰州新区共40家电商平台，6871户经营主体参与自查，查验亮照7260个，亮证6464个，电商平台规则50项，全省共清理平台内过期证照62个，增加完善平台规则15项，全省40家电商平台全部实现“亮照、亮证、亮规则”。落实《2022年甘肃省“个体工商户服务月”活动方案》，召开“个体工商户服务月”电商平台对接会。全省共收集报送全省网络交易平台44个，平台内经营者身份信息1030户，数据项53560项，其中包含企业539户、个体工商户441户、农民专业合作社6户，自然人42户，其他2户。全省系统网络交易监测监管五级贯通系统设置用户900人，分发线索109条，处置率100%，全省入库市场主体13.59万户。开展“元旦春节市场整治”“央视3·15晚会曝光相关问题的省内网上主体”等网上专项监测，共监测甘肃省国内主流交易平台、辖区内网站总计24851家；甘肃省美团平台店铺21051家。监测到各类核查线索415条。配合相关部门开展“2022清风行动”“2022清朗行动”、网络传销专项行动的专项监测。

9月11日，玛曲县开展以“推动质量变革创新 促进质量强国建设”“共创食安新发展 共享美好新生活”为主题的宣传活动（省市场监督管理局供图）

**【消费者权益保护】**在临夏州组织召开全省市场监管系统放心消费环境建设工作现场推进会。发布《2021年全省消费维权典型事例》《甘肃省消协组织2021年全年消费者投诉情况分析》。消协网站、微信公众号、“今日头条”号围绕投诉热点发布消费警示提示，累计发布各类消费警示提示36条。全年12315平台接收登记群众反映问题共计484874件，同比上升8.11%。其中咨询349444件，同比上升4.65%；投诉100245件，同比上升14.08%；举报35142件，同比上升31.61%；表扬43件，为消费者挽回经济损失共计8461.79万元。电梯应急服务平台处置电梯困人4813件，解救人数11293人，电梯故障2006件。2022年全年，全省消协组织共接到消费者投诉9659件，调解处理8927件，解诉率92.42%，为消费者挽回经济损失8870578.50元；接待来访、咨询27112人次；加倍赔偿案件72件，赔偿金额32963.28元；支持消费者起诉案件54件。

**【广告监管】**制定《2022年广告监督管理工作要点》，召开2022年度全省市场监管部门广告监管工作会议，制定下发《关于开展整治借重大活动进行违法违规商业广告宣传活动工作的通知》，发布《关于严禁借重大活动进行违法违规商业广告宣传的提示》，下发《关于进一步做好整治借党的二十大进行商业炒作工作的通知》《甘肃省市场监督管理局关于加强广告导向监管的通知》，组织开展广告重点监测和专项监测，查处借党的二十大等名义违规从事商业广告宣传等案件12件，罚没款9.18万元。印发《甘肃省市场监督管理局关于加强广告监测工作的通知》，制定《广告监测工作制度》《广告监测工作规则》。加强广告监测，省局全媒体广告监测系统上线运行，共监测广告315.29万条次，发现涉嫌违法广告线索315条，向省局综合执法局移交案源线索10起，下发责令改正通知书64份。召开2022年整治虚假违法广告省际联席会议，审议通过《整治虚假违法广告省际联席会议协调配合联动机制》，召集省级8家新闻媒体单位主要负责人约谈会，通报媒体广告审查、发布等方面存在的突出问题。

**【质量发展】**报请省政府同意，将省质量发展领导小组更名为省质量强省建设协调推进领导小组，组成人员由27个增加到33个。制定《甘肃省深入推进质量强省建设行动方案（2022—2025年）》。协调相关部门研究制定《甘肃省公共服务提质增效实施方案》，编制完成2021年度《甘肃省质量状况分析报告》。开展“质量月”宣传活动，全省共开展50多项质量专题活动、591场次宣传活动，制作宣传音视频225个。全省共有412家各级政府质量奖企业及大中型企业建立首席质量官制度。制定《甘肃省人民政府质量奖评审实施细则》，印发《关于开展“陇字号”品牌评价认证工作的指导意见》，公开有奖征集“陇字号”品牌标识设计方案和宣传语，11件品牌标识设计方案和11条宣传语进入公众投票环节。制定《2022年度省缺陷产品召回技术中心工作计划》，督促各地落实消费品召回工作职责，指导各地按工作流程做好消费品召回管理工作。指导省缺陷产品召回技术中心对收集的44.5万余条各类消费品信息进行分析研究，编制缺陷消费品信息分析报告3期，发现消费品缺陷56批次，均及时进行办理。

【产品质量安全监管】推进“护苗助老”、道路交通安全防治等12项专项监督抽查行动，完成监督抽查2666批次，2548批次合格，监督抽查合格率95.57%，同期相比提升4.58%。制定《甘肃省重点工业产品质量安全监管目录（2022年版）》，将164种工业产品纳入监管目录进行重点监管。在全省范围内统一开展危险化学品、消防产品等11类重点产品风险隐患集中治理攻坚，检查生产领域生产企业332家，发现整改问题企业23家；流通领域排查企业11843家，发现整改问题企业311家；查处案件40件，罚没金额18.23万元。监督抽查危险化学品及其包装物65批次，未发现不合格产品；检查危化品及其包装物生产经营企业591家，发现并责令改正问题企业22家；排查化工产业转入甘肃省项目165个，26个项目需要取得工业产品生产许可证，发现1家涉嫌无证生产，已移交执法机构办理。完成国务院第九督导组反馈的燃气具及相关产品的问题整改工作，排查流通领域企业2477家，发现并责令整改问题企业65家，约谈企业22家。推进塑料污染治理工作，全系统内共组织专项检查270余次，共出动执法人员1.2万人次，共检查各类塑料制品生产企业112家次，检查流通环节各类塑料制品销售店面4.9万家次，共对全省40家生产销售企业发放责令整改通知书，查办案件50件，罚没款20.11万元，依法没收销毁各类“禁限塑”塑料制品近1.98万个。全年部署34大类242个食品细类的101384批次抽检监测任务，食品抽检计划数量高于国家规定4批次/千人。全系统已完成抽检任务85199批次，完成率为84.04%，合格82527批次，合格率为96.86%，与去年同期相比提升0.38%；检出不合格/问题样品2672批次，不合格/问题率为3.14%。处置完成各类不合格食品案件3124件，立案1766件，作出行政处罚1721件，移送司法机关85件，责令停产停业89户，吊销许可证9个，下架、封存、召回不合格食品4.65万公斤，罚没金额达到1066.12万元。

【特种设备安全监察】全省在册燃气压力管道5799.44千米，法定检验覆盖率达到91.21%；累计检查移动式压力容器充装站98个，发现违法违规充装行为11起，检查移动式压力容器使用单位137家，发现并督促整改违法违规使用行为3起，检查发现不符安全技术规范要求移动式压力容器8台，均已完成整改。全省6个化工转移企业承接市州共有化工转移企业158户，在册特种设备6162台，压力管道109.9千米，移装特种设备使用单位47家，移装特种设备共计565台，企业自查发现安全隐患419处，各级检查发现安全隐患110处，均已完成整改。全省在用桥式、门式起重机械15330台，已加装“双限位”装置14995台。2022年既有住宅加装电梯625台，减免监督检验费用26.81万元，完成老旧电梯安全评估47台。全省特种设备年平均检验率由年初的98.1%提升至98.24%，年平均隐患设备率由年初的2.19%降低至1.97%。全系统累计检查特种设备相关单位16859家，下达安全监察指令书2314份，立案240件，责令停产停业18家，查封扣押设备384台套，实施经济处罚853.6万元，受理并办结投诉713件。检查特种设备获证单位43家，发现并督促整改安全隐患157项，对涉嫌存在违法违规的4家单位均已移交当地监管部门进行调查处理。

【计量工作】编制出台甘肃省贯彻落实国务院《计量发展规划（2021—2035年）》实施方案。印发《关于开展全省社会公用计量标准建设工作督查的通知》，全省建立涉及长度、力学等十大类社会公用计量标准1261项，较2020底（1132项）新增129项，增长率达10.2%。2022年实施强制管理计量器具检定（校准）841154台件，检定合格率89%。检查全省国有粮食企业、基层粮库、粮食加工企业5499家，燃气企业1571家，燃气使用单位8542家，共计检查在用计量器具302765台件。组织市州对20家生产、销售企业的100批次定量包装商品开展计量监督专项检查，其中，净含量检验合格率为100%，净含量标注合格率为98%，对抽查不合格商品及时处理，切实维护消费者的合法权益。全省组成计量技术服务队288个，帮扶中小企业2508家，开展计量培训3071人次，提供能源计量和碳计量服务542次，帮助企业解决计量技术问题979个，发放宣传资料52489册。

【标准化工作】印发实施《甘肃省贯彻落实〈国家标准化发展纲要〉的实施意见》，印发《关于征求2022年地方标准制修订计划的通知》。全年征集地方标准立项建议318项，下达地方标准制修订计划72项，制定修订地方标准218项。启动地方标准集中复审工作，组织相关行业主管部门对1490项地方标准和189项地方标准制修订计划集中复审。支持省内企业事业单位参与国际国家标准化活动，主导或参与制定修订国际标准2项、国家标准51项、行业标准94项、军民融合标准1项。持续开展企业标准自我声明公开工作，全省有3486家企业公开15058项标准，涵盖29153种产品和服务种类。新获批国家级智能制造标准应用试点项目1项，国家级社会管理和公共服务综合标准化试点项目2项，国家级服务业标准化试点项目1项。下达各领域省级标准化示范试点项目13项。

【认证认可与检验检测监管】全省共有各类有效认证证书18643张，涉及6060个组织，认证证书同比增长17%。自愿性证书16298张（其中、食品农产品证书2004张，工业产品证书2013张，有机产品证书358张，服务认证证书431张）。强制性证书2345张（含自我声明），比上年增长17%。检验检测机构1286家，比上年增长12.9%。全年发放3C免办证明11张。与山东、内蒙古、河南、宁夏和青海市场监管部门开展沿黄河流域纺织品、电线电缆领域检验机构能力验证。各市县市场监管部门加强日常执法检查，全年检查认证活动1549次，涉及认证机构276家，获证检测机构742家，作出责令改正处理158家，对30家机构立案查处，罚款金额70.52万元。对钢材和室内环境2类机构开展能力验证，约谈37家能力验证存在问题机构。2021年度各类检验营业收入为43.05亿元，比上年增长3.3%；出具检验报告705.7万份，比上年增长9.9%，平均每天出报告1.93万份。

【食品安全协调工作】推进基层食安办规范化建设，全省1372个乡镇，有1213个乡镇食安办达到规范化建设标准。推进食品安全示范城市创建工作，7个市州、72个县（市、区）命名为省级食品安全示范城市，酒泉市、平凉市和金昌市、张掖市分别列入第四批、第五批国家食品安全示范城市创建名单。全省举办各类现场咨询和专题讲座活动6150余场次，制作投放宣传展板1.8万多块。强化社会监督，聘任社会监督员3455人，落实食品安全举报奖励43件，奖励经费26.36万元。全省共检查食品生产经营主体67.4万户次，检查覆盖率100%；排查发现风险隐患问题5.41万个，完成处置5.38万个，处置率99.36%。依托“陇上食安”一体化智慧监管平台，自主研发建设“包保责任制”信息化应用模块，全省包保主体分级率、干部分层率、层级对应率全部达到100%，已上传56万余条“包保责任制”数据，向国家市场监管总局信息平台数据归集校验通过率达到97.73%。全省市、县区、乡镇（街道）、村（社区）5.2万名党政领导包保干部完成25万家食品生产

9月14日，甘谷县食品安全委员会办公室组织开展2022年食品安全宣传周集中宣传活动（省市场监督管理局供图）

经营企业包保任务。

【食品生产安全监管】全省现有食品生产企业2884家，特殊食品生产企业22家，食品小作坊1.15万家。全系统共检查食品生产企业7953家次，食品小作坊26380户次；共组织食品生产飞行检查9721户次；食品生产体系检查368家次；责令停产整改企业和小作坊205家；立案查处违法违规食品生产企业和小作坊421户，注销食品生产许可（登记）证1530张，吊销食品生产许可（登记）证6张，查处黑作坊67个，有7起案件向公安机关进行移交。全省共有1.1万家食品生产企业和食品小作坊应用甘肃省“陇上食安”一体化智慧监管平台，9009家食品生产主体实施“互联网+透明车间”，在产食品生产企业“互联网+透明车间”实施率达100%。全省网上巡查各类食品生产加工单位82111余户次，发现各类问题6181条，依法整改处置。实施乳制品、肉制品质量安全提升行动，全年全省抽检熟肉制品1279批次，合格1272批次，合格率99.45%；抽检乳制品1545批次，合格1540批次，合格率99.68%。召开全省食醋、酱油生产企业落实食品安全“两方责任”约谈会，组织对302家食醋生产加工单位进行全覆盖监督检查，发现并处置各类问题103条；吊销食醋生产许可（登记）证3家，注销不符合生产条件的醋生产许可（登记）证53家。对全省122个食用豆芽生产加工单位摸底排查；组织对符合食品生产许可条件的6家豆芽生产企业和90家豆芽小作坊发放食品生产许可证和食品小作坊登记证。通过购买第三方服务的方式对食品生产企业进行质量安全体系评估检查，覆盖4家婴幼儿配方乳粉、5家保健食品以及乳制品、肉制品、食用植物油、调味品、蜜饯等36家重点食品生产企业，投入经费48万元。

【食品流通领域监管】全年检查食品流通企业465462家次，立案查处违法行为1702起，收缴罚没款818.82万元。持续开展食品安全电子追溯、记分管理、网上巡查等网上行权工作，全年食品销售企业加入并运用“陇上食安”一体化智慧监管平台18062家。开展网上巡查534215次，记分管理55551次。积极推进“互联网+阳光仓储”智慧管理，全省大中型超市、食品（含食盐）批发企业、第三方仓储、物流电商等食品仓储场所11520家，已完成并接入综合监管平台安装应用10229家，接入率达到89%。全省完成销售预包装食品备案21466件，受理食品类证照联办申请1121件，已办结783件。全省完成食用农产品快速检测1262614批次，合格率98.9%，其中基层监管机构完成快检320943批次、六大批发市场完成快检156329批次、食品快检车完成快检62647批次、食用农产品快检室完成快检722696批次。开展“你点我检”“你送我检”960余场次，完成食品快检72569批次，合格率达98.7%。开展“放心食品超市自我承诺”活动，全省共有260家食品经营企业挂牌向社会进行公开承诺。开展养老诈骗暨“陇原护老”专项行动，检查保健食品经营主体100743家次，开展“五进”科普宣传活动827场次，发放宣传资料58000余份，立案查处养老诈骗和保健食品类违法案件179件，移交公安机关85件。完成农村假冒伪劣食品三年整治行动，共查处假冒伪劣食品行政处罚案件2437件，移送公安机关案件146件。排查食用植物油销售单位6398家次，对发现一般性问题的165家经营户，整改完成率100%。强化进口冷链食品监管，将全省86个总仓优化整合为2个进口冷链食品集中监管仓，如期完成提升改造，累计入仓进口冷链食品72473吨，出仓72383吨，核酸检测采样约610208份，赋码进口冷链食品约281.6万件。对全省12个县区检出的57份进口水果阳性样本，及外省1起涉疫食品流入（流出）的信息通报问题，均已按照疫情防控相关规定妥善处置完毕。

【餐饮服务食品监管】2022年，全省持证餐饮服务单位91155家（大型2850家，中型10297家，小型67830家，集体用餐配送单位38家，中央厨房31家；单位食堂10109家，其中学校食堂7366家，建筑工地食堂123家，养老机构食堂320家，其他2300家），小餐饮38648家，网络订餐第三方平台（含分支机构）206家，入网餐饮服务单位43159家。全年餐饮环节监督检查数354991户次，下达责令改正通知书8251份，立案1313起，罚没款659.9万余元，吊销许可证2家，取缔无证经营29家，移送公安机关案件数8起，刑事立案数1起。全省餐饮环节检查发现风险问题23486个，下达责令整改书9562

## 2022年甘肃省各市州知识产权主要指标情况统计表

| 序号 | 市州 | 专利(1-12) | | | | | | | | | | 商 标(2021.12.16-2022.12.15) | | | | | | | | | | 地理标志保护 | | 备注 |
|---|---|---|---|---|---|---|---|---|---|---|---|---|---|---|---|---|---|---|---|---|---|---|---|---|
| | | 授权量 | | | | | 每万人口发明专利拥有量 | | | | PCT国际专利申请量 | 申请量 | 同比增长 | 注册量 | 同比增长 | 有效注册量 | 同比增长 | 驰名商标 | | 地理标志商标 | | | | |
| | | 发明专利 | 实用新型专利 | 外观设计专利 | 合计 | 同比增长 | 有效发明专利拥有量 | 同比增长 | 每万人口发明专利拥有量 | 同比增长 | | | | | | | | 新增 | 累计 | 新增 | 累计 | 新增 | 累计 | |
| 1 | 兰州市 | 1904 | 7503 | 713 | 10120 | -11. 43 | -11. 43 | 20.33 | 19.44 | 19. 62 | 25 | 11830 | -17.22 | 9314 | -16. 56 | 62140 | -16.56 | 0 | 17 | 2 | 6 | 0 | 2 | 15.54 |
| 2 | 嘉峪关市 | 44 | 810 | 28 | 1882 | -4.34 | -4.34 | 14.19 | 10.97 | 13.26 | 0 | 371 | -31.42 | 381 | 54.25 | 2014 | 54.25 | 0 | 2 | 0 | 0 | 0 | 0 | 20.89 |
| 3 | 金昌市 | 53 | 1057 | 21 | 1131 | 16.96 | 16.96 | 11.01 | 11.12 | 11.75 | 0 | 530 | 2. 12 | 370 | -11.90 | 2707 | -11. 90 | 0 | 1 | 1 | 1 | 0 | 0 | 13.74 |
| 4 | 白银市 | 91 | 1031 | 86 | 1208 | -5.85 | -5.85 | 13.88 | 3.71 | 14.58 | 2 | 2189 | -7.25 | 1747 | -15. 73 | 11326 | -15. 73 | 0 | 6 | 4 | 28 | 0 | 6 | 16.10 |
| 5 | 天水市 | 64 | 1000 | 138 | 1202 | 7.03 | 7.03 | 19. 88 | 1.31 | 20. 89 | 0 | 2823 | -0. 84 | 2118 | -22. 81 | 13302 | -22.81 | 0 | 17 | 1 | 17 | 0 | 5 | 17.76 |
| 6 | 酒泉市 | 45 | 1179 | 53 | 1277 | -6.79 | -6.79 | 12.03 | 2.56 | 12.43 | 3 | 2469 | -19. 76 | 1610 | -24.38 | 10233 | -24. 38 | 0 | 2 | 0 | 5 | 0 | 6 | 16.64 |
| 7 | 张掖市 | 66 | 1216 | 240 | 1522 | -32. 48 | -32. 48 | 6.49 | 3.51 | 7.43 | 1 | 2036 | 0.99 | 1446 | -11. 18 | 9284 | -11.18 | 0 | 4 | 2 | 10 | 0 | 2 | 17.36 |
| 8 | 武威市 | 39 | 1025 | 72 | 1136 | -35.16 | -35.16 | 10.43 | 2.13 | 11.95 | 0 | 1729 | -20. 32 | 1527 | -14. 55 | 9816 | -14. 55 | 0 | 4 | 1 | 14 | 0 | 5 | 16.17 |
| 9 | 定西市 | 26 | 1079 | 77 | 1182 | -11. 33 | -11. 33 | 0.00 | 0.84 | 0.16 | 1 | 2524 | 10.65 | 2098 | -8. 90 | 12109 | -8.90 | 0 | 6 | 0 | 13 | 0 | 11 | 19.69 |
| 10 | 陇南市 | 16 | 336 | 60 | 412 | -29.81 | -29.81 | 12.73 | 0.52 | 12.92 | 0 | 2961 | -1.89 | 2217 | -24. 67 | 13515 | -24. 67 | 0 | 3 | 0 | 7 | 0 | 15 | 18.62 |
| 11 | 平凉市 | 30 | 923 | 84 | 1037 | -25.07 | -25.07 | 13.64 | 0.69 | 14.17 | 4 | 2557 | 13.44 | 1649 | -3.40 | 9898 | -3. 40 | 0 | 4 | 1 | 35 | 0 | 2 | 18.45 |
| 12 | 庆阳市 | 69 | 605 | 143 | 817 | -24.70 | -24.70 | 42. 40 | 0.82 | 44.61 | 0 | 2690 | -7.88 | 2096 | -11.00 | 12751 | -11.00 | 0 | 6 | 2 | 9 | 0 | 7 | 18.87 |
| 13 | 临夏州 | 20 | 292 | 55 | 367 | -17.90 | -17.90 | 13.33 | 0.32 | 14.74 | 0 | 3087 | -6. 77 | 2558 | 11.27 | 10575 | 11.27 | 0 | 2 | 0 | 7 | 0 | 1 | 30.94 |
| 14 | 甘南州 | 5 | 178 | 14 | 197 | 60. 16 | 60. 16 | 3.85 | 0.39 | 2. 83 | 0 | 1170 | 26.08 | 634 | -23. 24 | 4539 | -23.24 | 0 | 1 | 6 | 17 | 0 | 4 | 14.94 |
| 15 | 合计 | 2472 | 18234 | 1784 | 22490 | -13. 69 | -13. 69 | 18.06 | 4.82 | 18. 70 | 36 | 39544 | -9. 08 | 30104 | -13. 85 | 185375 | -13. 85 | 0 | 75 | 20 | 169 | 0 | 67 | 17.73 |

(注:1.商标数据按季度公开，申请量、注册量统计截止时间为2022年12月15日。2人口数据为2022年常住人口，由省统计局提供)。

说明:1.专利方面。2022年1—12月，甘肃省专利授权22490件，同比增长-13.69%，低于同期全国-5.95%的平均增长水平;发明专利授权2472件，同比增长9.72%，低于同期全国18.72%的平均增长水平;有效发明专利1200件，每万人口发明专利拥有量为4.82件;FCT国际专利申请36件，兰州市25件、平凉4件、酒泉3件、白银2件、张掖1件、定西1件。

2.商标方面。2021年12月16日—2022年12月15日，商标申请量39544件，同比增长-9.08%，高于同期全国-20.54%的平均增长水平;商标注册量30104件，同比增长-13.85%，高于同期全国-20.45%的平均增长水平;截至2022年12月15日商标有效注册量185375件，同比增长17.73%，高于同期全15.06%的平均增长水平。2022年1—12月，新增地理标志商标20件，甘肃省累计有效地理标志商标169件。

3.地理标志保护产品方面。国家知识产权局无地理标志保护产品最新公开数据。

份，立案查处575起。规范推进“互联网+明厨亮灶”建设，全省“互联网+明厨亮灶”实施单位已达到7.9万余家，完成年度7.5万家任务目标，全省学校食堂“互联网+明厨亮灶”实施率达100%。开展开学季校园及周边食品安全专项检查，全省累计出动执法人员59076人次，检查校园及周边食品经营单位30792家次，下发责令整改通知书1316份，立案99起，罚没款28.92万元，查扣、没收不合格食品和食品添加剂710公斤。全省出动执法人员6538人次，检查农家乐4110家次，检查校外托管机构（小饭桌）5900家次，下发责令整改通知书290份，立案查处违法案件12起，罚没款3.25万元。

【商标专利监管】2022年，全省发明专利授权2472件，同比增长9.72%；有效发明专利累计12000件，万人口高价值发明专利拥有量达到1.6件。全省商标注册量30104件；商标有效注册累计185375件，同比增长17.73%；新增地理标志证明商标19件，地理标志证明商标累计169件，地理标志保护产品累计67个；新增地理标志专用标志使用企业339家，地理标志专用标志使用企业累计574家（其中地理标志商标许可企业454家，地理标志保护产品生产企业120家）。完成《甘肃省专利条例》修订工作，出台《甘肃省关于规范专利申请提高专利质量的若干措施》。组织开展2022年冬奥会和冬残奥会奥林匹克标志知识产权保护专项行动，完成“甘味GANWEI及图”商标注册；“陇字号”图形商标已核准注册，文字商标注册进入复审阶段；指导完成“兰州牛肉面”商标注册申请。完成甘肃省地理标志专家库建设和地理标志资源整理，“靖远枸杞”“靖远文冠果油”“兰州百合”“甘加羊”入选国家知识产权局《地理标志助力乡村振兴典型案例汇编》。试点审核批准5个产品的15家企业使用地理标志专用标志。“国家地理标志产品保护示范区（甘肃甘谷）”获批筹建，全省国家级地理标志产品保护示范区达到4家。

【知识产权保护运用】全年受理专利侵权纠纷586件。省市场监管局、省法院、省司法厅印发《关于加强知识产权纠纷调解工作的实施意见》，通过知识产权纠纷诉调对接机制快速化解知识产权纠纷35起。省市场监管局、省商务厅、省贸促会制定《加强海外知识产权纠纷应对工作实施方案》，在全国范围内选任50人的海外知识产权纠纷应对指导专家，组织企业参加“区域全面经济伙伴关系协定（RCEP）知识产权内容解读”“商标国际注册马德里体系与企业国际化经营”和举办“海外知识产权保护”线上培训。制定《加强知识产权鉴定工作的实施方案》。与青海、宁夏、国家知识产权局专利局北京审协中心及沿黄九省区知识产权部门签订知识产权保护战略合作协议。召开《甘肃省知识产权强省建设纲要（2021—2025年）》新闻发布会，制定《〈纲要〉任务分工台账》《甘肃省知识产权强省建设纲要和“十四五”规划实施2022年度推进计划》。修订《甘肃省知识产权计划项目管理办法》《甘肃省知识产权计划项目公开公示办法》《甘肃省知识产权计划项目评审监督办法》。全省新增知识产权质押融资4.04亿元。落实企业专利权质押融资奖补和专利保险补贴政策，18家企业享受奖补资金189.94万元。累计培育国家知识产权优势企业112家，示范企业23家，省级知识产权优势企业214家；通过《企业知识产权管理规范》国家标准认证的企业达到544家。

## 药品监督管理

【药品安全专项整治】2022年，甘肃省药品监督管理局在全国率先成立集中打击整治药品安全违法犯罪工作领导小组，部署集中打击整治危害药品安全违法犯罪工作，推进药品安全专项整治行动。会同公安、卫生健康、医保等部门建立要案协调办理、刑事司法衔接和特药监管协同、新闻联合发布等工作机制，定期召开部门联席会议，开展疫苗药品风险会商。围绕国家药监局明确的22项重点任务，排查风险隐患问题9749个；查办违法违规案件1584件，处罚没款1308万元，案件数较去年同期增长101.8%。向公安机关出具认定意见10件，移送公安机关涉刑案件20件，同比增长5.7倍；公安机关立案侦办药品领域刑事案件179起，同比增长28.8倍，捣毁制假窝点18个，打掉犯罪团伙25个，抓获犯罪嫌疑人210余人，审查起诉48人，涉案价值7600余万元。

【质量安全风险管理】完成疫苗、麻醉药品、精神药品、蛋肽类药品、四级监管医疗器械、装饰性彩色隐形眼镜等重点品种生产企业全覆盖性监督检查，完成对100余家药品批发企业和零售连锁总部的符合性检查，对75191家次药品经营企业和医疗机构的日常监督检查。完善疫苗检查机制，将驻厂检查工作延伸到血液制品和生物制品，实行派驻检查工作周总结、月汇报、季汇总制度，梳理疫苗生产质量风险点102个，按照出现频率、风险大小等因素划分为5级31个要点并严格执行。完成国家药品、医疗器械、化妆品抽样251、16、651批次；完成省级抽样分别为3222、650、400个批次。省不良反应监测中心更名为省药物警戒中心，推动甘肃药品不良反应、医疗器械不良事件和药物滥用监测工作逐步走向法制化、规范化、科学化。建立国家级监测哨点15个，省级监测哨点95个，初步确定94家省外医美产品不良反应（事件）监测哨点，弥补了医美行业药物警戒工作的空白。收集、分析、评价药品不良反应监测报告12766例，同比增长36.8%。

【科技支撑】审定发布61个甘肃省中药炮制规范、110个中药配方颗粒质量地方标准、3个中药材标准和18个中药材产地生产加工地方标准。指导建立武威碳离子治疗系统使用和运行维护2个质量管理体系文件，为碳离子治疗系统注册上市后监管工作提供了标准支撑。建设总投资2.25亿元的甘肃省生物制品批签发中心（药物安全评价中心），建成总投资约2.23亿元的甘肃省医疗器械检验检测能力实验室，结束甘肃28年来没有固定的专业化医疗器械检验检测场所的历史。联合甘肃中医药大学举办中药炮制大赛，组织开展药品监管科研项目81项，先后与兰州大学、中国药科大学、甘肃中医药大学签订《战略合作框架协议》，挂牌成立监管科学研究中心，在科技、人才、管理等方面开展战略合作。完善省、市、县三级药品监管部门在药品全生命周期的监管协同、工作对接机制。

【中药材产地加工】从全省遴选20家产地加工龙头药品生产企业，启动大宗地产中药材加工工作。20家龙头企业改建或新建产地加工车间29个，带动合作社315个，覆盖种植户3万余户，自有或签约种植基地17多万亩。推动定西与亳州两地政府建立合作机制，引导鼓励省内中药企业对接安徽亳州专业市场，签约合作项目12个，金额15.6亿元。引导龙头企业通过签订契约，与产地加工企业、合作社、农户之间形成长期稳定、利益联结机制，建立龙头企业全面负责的风险控制体系。强化源头管控，查处中药饮片案件47件，责令改正36家，罚款32万元，注销药品生产许可证9家。完善和升级追溯系统，16家龙头企业基本建成追溯体系。组织实施当归等7种道地中药材质量监测，开展农药残留、重金属及有害元素、指标成分等安全性、有效性的检验。

（省市场监督管理局　金光元　陈广宏）

## 能源监管

【市场监管】建立调峰容量市场和辅助服务费用向电力用户分摊机制，通过市场化手段形成新能源增发、火电增收、污染减排多方共赢局面，确保全省新能源在装机同比增长21%、占比达到53.8%的情况下，利用率保持在95%以上。扎实开展甘肃可再生能源发电补贴核查，完成“建档立卡”任务427项，查出问题187项。全年向华东、华中等21个省市外送电量560亿千瓦时，同比增长8%，促进甘肃跨区跨省输电能力提升至3200万千瓦。持续深化“碳达峰、碳中和”重点难点问题应对研究，组织召开第二次领导小组会议推进研究工作和成果应用，为省委、省政府和国家能源局科学决策提供监管政策建议。

【行业监管】开展“十四五”能源规划重点任务落实情况、重点煤电气电规划建设、清洁取暖等专项监管，推动陇东—山东±800千伏直流输电工程及配套电源、河西新能源基地等重大能源项目有序建设。及时应对涩宁兰天然气管道泄漏突发事件，协调解决民营城燃企业气源问题，有效保障甘南、临夏等民族地区15万居民和高台县1.7万居民民生用气。

【电力安全监管】科学研判能源供需形势，全程监管迎峰度夏、度冬和电煤中长协履约情况等，持续加强煤电机组非计划停运和出力受阻监管，力保甘肃连续2年未发生“拉闸限电”。统筹电力安全监管“一行动”“一检查”“三专项”，督导电力企业整治问题隐患4528项，处置网络安全风险问题699项，确保甘肃电力系统安全稳定、可靠运行。首次开展特高压直流国产首台套设备事故调查，初步查明事故原因，督导有关单位全面排查相关隐患，有效预防同种设备同类事故。开展电煤中长期合同履约情况监管，确保甘肃无存煤低于20天的电厂，无缺煤停机电厂。

【资质管理】深入推进简化许可、深化信用、强化监管、优化服务，发布监管公告11期，涉及组建工作群、打击非法中介、提醒许可续期、疫情线上办公、提醒信用修复、助企纾困解困等；深化信源管理，在能源行业信用信息平台归集行政处罚不良信息9条，归集行政检查信息31条；规范信用修复机制，依法依规指导3家市场主体开展信用修复工作；开展电网企业和发电企业工作人员违规兼职挂证专项整治，确保依法合规生产经营。2022年，累计通过告知承诺制申请许可业务事项291项，告知承诺占比近88.5%，全面实现资质许可办理“一次不用跑”。许可证新申请100项、许可事项变更56项、登记事项变更106项、续期24项、注销42项、许可撤销4项、许可降级1项、补换证2项。

【电力稽查】2022年开展现场、非现场检查143次，综合施策印发《整改通知书》等监管文书75份，开展监管约谈63次，督促问题整改185项，立案查处违法违规案件17起，罚没金额307.8万元、同比增长106%。发挥12398热线民生通道作用，依法依规解决停电抢修不及时等人民群众用能方面急难愁盼问题213件。疫情防控期间督导供电企业采取居民和中、高风险区其他电力用户欠费不停供措施，为全省抗击疫情提供坚强电力保障。

（甘肃能源监管办　孔德玮）

## 国家矿山安全监察

【煤矿安全生产概况】2022年，辖区共发生矿山死亡事故17起，死亡27人，受伤11人，与上年同期19起、21人相比减少2起，下降10.53%，多死亡6人，上升28.57%。其中，煤矿死亡事故9起、19人，与上年同期6起、6人相比增加3起、13人，分别上升50%和216.67%；增加受伤人员11人。

【安全巡查】制定印发4个重要文件，研究提出超常规过硬措施百余条。成立5个督查组和7个执法组，下沉一线巡回监察，确保每个时段都有人下沉矿区监察巡查。将相关市县和每处矿山、尾矿库“头顶库”纳入局领导、执法处和监察人员联系督导的范围。推动市县级政府领导落实联系包保煤矿、非煤地下矿山和尾矿库制度，督促监管部门落实驻矿盯守和安全巡查责任，确保每一处矿山企业都有一名政府领导、一名相关部门领导、一名上级企业领导和至少2名直接监管人员构成的“四位一体”联系包保团队。推动庆阳市政府常务会议专题研究煤矿安全生产工作，向省委专题报告煤矿井下减人保安有关情况。

【风险监测预警】高效统筹疫情防控和监察执法，执法一处、二处提前在重点矿区预置执法力量，驻扎在平川、华亭、崇信等县区连续作战，驻守最长时间超过2个月。常态化开展风险监测预警系统远程监察，借助信息化手段防范化解煤矿重大安全风险，针对1处煤矿瓦斯超限罚款160万元。统计中心全力保障监测预警系统的正常运行，督促落实超限报警的闭环处置，瓦斯超限报警由一季度的203次减至四季度的128次，减幅36.9%；一氧化碳超限报警由一季度的3253次减至四季度的1645次，减幅49.4%。

【监督检查】与省应急厅完善重大专项工作协同联动机制，与省自然资源厅建立超层越界违法违规行为联动打击机制，与省气象局建立灾害性天气预警预报机制，与省地震局共同推动地震灾害风险评估结果服务矿山安全发展，超前预判潜在风险、有效化解日常风险、严格管控重大风险。煤矿安全监察处牵头对辖区85处煤矿逐矿分析研判重大风险176条，提出管控措施287条，聘请专家对新庄煤矿和核桃峪煤矿开展检查和技术服务。非煤矿山处牵头完成对13个市（州）、21个县区政府及非煤矿山安全监管部门的监督检查，聘请专家对陇南市嘉陵江上游16处尾矿库“头顶库”全覆盖监督抽查。全年监察煤矿317矿次，查处一般事故隐患1982项、重大隐患24项，责令立即停止生产10矿次、停止作业17矿次、停止采掘工作面38矿次、停止使用相关设施设备251台套、撤出作业人员1矿次；抽查检查各类非煤矿山61座，查处一般事故隐患341条、重大隐患12条，督促地方政府监管部门停产停建整顿4座次、停止采掘工作面13个、停止设施设备使用3台套。

【专项监察】深化矿山专项整治三年行动，全年完成全系统各环节“回头看”评估式监察34矿次，推进防治水、煤矿安全监管责任落实、煤矿采掘接续紧张、煤矿顶板管理、矿山安全培训、非煤矿山建设项目“三同时”专项监察和火工品专项整治，开展瓦斯抽采利用、煤矿复工复产、盗采煤炭资源等抽查检查和突击暗查。印发事故通报和《关于深化矿山生产安全事故警示教育的通知》，翻印“行刑衔接”法律规定及警示案例汇编3000册，分发给市州、县区矿山安全监管部门和所有矿山企业，警示震慑矿山企业依法办矿、依法管矿。

（国家矿山安全监察局甘肃局　李晓旋）

## 海关监管

【监管成果】2022年，兰州海关深化全风险要素防控，实现涉关风险与涉检风险的同步防控，关区人工分析查获率15.71%。推进省级口岸安全风险联合防控机制建设，先后开展联合研判6次，接收处置移交线索17起。强化风险、稽查、缉私部门的联系配合，风险移交后续监管处置有效率75%，向缉私部门提供虚假贸易、离岛免税“套代购”案件线索2起。全年办结稽查作业13起，查发率100%，追补税2413.34万元。优化核查作业模式，应用“线上核查”系统，克服疫情防控人员流动限制对工作影响，全年办结核查作业251起，核查有效率60.56%，核查补税4.41亿元。稽核查追补税共计4.65亿元，同比增长97.9%。加强与地方市场监督管理部门的联系协调，确定联合抽查事项清单，优化更新5张联合监管作业表单。强化失联企业监控处置，对市场监督管理部门定期发送的异常企业名录比照分析，制定全年企业注册信息核对工作计划，完成37家企业注册信息核对，发现“双失联”企业15家，依法依规及时调整1家企业为失信企业。指导1家企业失信企业及时开展信用修复，提升信用水平，重新恢复正常状态。规范货运渠道口岸检查作业记录，指导业务现场强化即决查验，开展口岸检查作业规范性督查。积极应对疫情导致航班航线运力不足问题，指导企业运用进口种子“卡车航班”转关模式，保障进境种子物流通畅。防范化解贸易碎片化风险，调研跨境电商企业，开展跨境电商监管政策宣贯活动4次。组织召开跨境电商联合研判工作会议，开展全省跨境电商发展现状专项研究，持续巩固打击跨境电商进口走私“断链刨根”专项整治行动成果，及时开展关区跨境电商业务运行状态评估。开展“口岸危险品综合治理”百日专项行动，检验出口危化品683批次，包装鉴定882批次，不合格检出19批次。

【进出口商品检验】2022年共检验监管进出口商品1058批，货值40777.4万美元，商品种类主要包括机电仪器、汽车整车、铜精矿、稀土、化工产品等。其中，进口156批，货值23256.14万美元，商品种类主要包括机电仪器、汽车整车、铜精矿等；出口902批，货值17521.26万美元，商品种类主要包括稀土、危化品、化肥等。检验鉴定出口危险货物包装882批，416429件（含危险货物包装性能检验和使用鉴定）。

【口岸卫生检疫】推进智慧口岸建设，强化科技

6月30日，金城海关关员深入企业生产一线开展政策宣讲（李芊漩摄／兰州海关供图）

设施配备，优化卫生检疫流程，旅客通关时间、人力资源同步压缩1/3，全年共监管入境客运航班16架次，监管入境人员3138人。在规定时限内完成22批次特殊物品卫生检疫审批。在1个边境口岸（未开放）、2个航空口岸开展病媒生物监测，捕获并送检病媒生物2842只。在出入境人员中开展艾滋病、传染性肺结核、病毒性肝炎和性病等监测体检工作，检出传染病7例。开展口岸卫生监督抽检、口岸食品安全抽检工作，检测合格率为100%，实现监督全覆盖。

【进出境动植物检疫】至2022年底，关区在册进出境动植物及其产品生产、加工、存放企业共302家。全年完成进出境动植物及其产品检验检疫5772批，货值2.72亿美元。检疫监管供港澳活牛1539头，全年无疫病检出。检疫监管进出境种子3009批，检出检疫性有害生物5种类15种次。

【进出口食品安全监管】2022年共完成进出口食品检验检疫3130批次，货值1.69亿美元。其中出口2926批次，货值1.59亿美元，产品主要为浓缩苹果汁、脱水蔬菜、肠衣、杂粮杂豆、中药材等；转关进口亚麻籽、葵花籽等32批次，货值632万美元；通关一体化保税入区监管方式进口亚麻籽172批次，货值403万美元。2022年度关区进出口食品未发生任何质量安全事故。

【打击走私犯罪】开展"国门利剑2022"联合行动，持续深化全员打私、综合治理，全年刑事立案3起，抓获犯罪嫌疑人2名，案值149万元，涉税75万元，移送审查起诉案件1起2人，其中立案侦办的海南离岛免税"套代购"案件系关区内首次查获。新立行政案件4起，案值8104.87万元，涉税78.64万元，罚没入库266.3万元。全年办理协查案件34起，接收情报线索17起，核查相关企业、人员百余次，分析各类数据4TB，线索10条。

【综合治税】2022年，兰州海关税收入库26.45亿元，同比增长45.4%，其中关税入库4865.59万元，消费税入库1.19亿元，增值税入库24.77亿元，主要税源商品为大宗矿产品；估价征补税4904.6万元，其中，公式定价商品延续性征税4502.7万元，稽查补税328.2万元，特许权使用费申报纳税56.8万元，特殊经济关系影响成交价格估价补税17万元。落实税收优惠政策，签发《进出口货物征免税确认通知书》543份、同比增长6.5倍，减免税款4763.1万元、同比增长1.4倍，主要享惠商品为进口科研仪器、成套生产设备等。推进原产地签证管理，签发各类原产地证书4622份，签证金额3.9亿美元，同比增长16.5%，原产地证书自助打印率达74.38%，帮助企业享受进口国关税优惠约700万美元；其中签发RCEP原产地证书133份，签证金额1103万美元。引导甘肃外贸企业应用汇总征税担保本地税款16.9亿元，占同期关区入库税额的63.7%；其中应用企业集团财务公司担保本地税款12.4亿元，占同期担保总税额的73.7%，全年为企业节省直接担保成本约200万元。

【优化口岸营商环境】深化落实"多证合一""注销便利化"改革。海关报关单位全面实现备案管理，全年报关单位备案4491家，同比增长10%，全部通过网上"无接触"渠道办理，平均办理时长不超过半天。对海关涉企经营许可事项持续推行"证照分离"改革全覆盖，编制兰州海关行政许可事项清单并对外公开。按照海关总署相关规定持续压缩出口食品生产企业备案办理时限，从原来的5个工作日压缩到3个工作日内完成，对企业提出的申请进行审核，如企业提交资料齐全、符合法定条件，最快可当场办结合法出口食品生产企业备案证明。有效解决企业问题45个。组织关区内外贸企业开展"促进外贸保稳提质措施实施效果评价及企业需求问卷调查"。通过"线上+线下"方式，主动联合商务、税务部门共同举办促进外贸保稳提质惠企政策宣贯培训会，积极发挥政策组合叠加优势。优化特定资质企业备案流程，取消进口肉类收货人、进口化妆品收货人备案，取消出口食品原料种植场备案第三方检测证明要求。持续推进加工贸易监管改革，落实总署精简和规范加工贸易作业要求，取消13个加工贸易作业单证审核环节，企业办理加工贸易业务的时效大幅提高。落实内销便利化措施，允许符合条件的企业按月集中办理内销申报和纳税手续，支持企业统筹国际国内市场，对无法复出口的剩余料件、边角料、副产品，按照实际状态办理内销申报和纳税手续。结合属地查检、稽核查等业务开展，上门开展主动披露政策宣贯，提升企业对政策的知

金城海关、平凉海关开展入境口岸外来有害生物监测（张莉摄／兰州海关供图）

悉度，引导企业自觉遵纪守法、规范管理，营建良好的执法环境。

【服务经济发展】畅通关企沟通交流渠道，建立关领导联系企业机制，以“纾困解难、助力发展”为主题，围绕进出口企业复工复产面临的困难和需求，聚焦进出口企业在疫情冲击下的痛点、难点问题，开展调查研究，对高级认证企业和关区重点进出口企业实施“一企一策”个性化服务。发挥关企桥梁纽带优势，将惠企政策落实作为服务企业的重点内容，通过“中国海关信用管理”微信平台、12360海关服务热线、门户网站、问卷调查、实地走访、宣传手册等多种方式，帮助企业知晓政策、理解政策、享受政策，提高政策知晓率和惠及面。完善“问题清零”机制，通过“线上+线下”多种途径为企业解决各类通关问题100余个，“中国海关信用管理”微信平台企业提问满意度100%。推动《海关认证企业管理措施目录》在关区落地实施，省内AEO高级认证企业数量扩展到8家，推荐1家企业为全国首批AEO互认观摩对象名录企业。全年高级认证企业进出口额、纳税额分别占到全关区的56.76%和63.73%。开展RCEP全方位政策宣介，建立RCEP专项联络员制度，全年对RCEP成员国进出口137.8亿元，增长49.3%。深化区域关际合作，推进黄河流域关际合作，细化28个方面195项具体措施，为黄河流域特色优势产业“靶向”开展关税减让政策推介和原产地技术服务。强化西部陆海新通道区域海关协作，共同研究制定6个方面16项重点工作，参与“共同推动区域海关税收征管一体化”等12项具体工作事项。与南京海关、乌鲁木齐等海关签订合作协议，共建“一带一路”，促进“双循环”新发展格局。助推特色产业蓬勃发展，实施“报核前申报单耗”监管模式，支持金属矿加工产业发展，保障产业链供应链稳定。全力保障种子、粮油等重要资源产品转关进口，检疫监管转进口油籽类产品1.3万吨，货值782万美元。推动20多个特色农产品首次出口，出口农产品批次、货值同比分别增长13.19%、21.21%。促进贸易新业态健康发展。落地9610、9710、9810、1210等海关监管跨境电商业务模式。实现甘肃省“跨境电商+中欧班列”业务零的突破。全年跨境电商贸易额14.4亿元，同比增长84.4%。

【通关模式试点】探索优化进口铁路运输铜精矿监管通关模式试点。聚焦甘肃省支柱产业有色金属产业链供应链安全，深入金川集团股份有限公司等关区重点企业开展专题调研，开展全国首个进口铁路运输铜精矿监管通关模式试点，入选全国海关促进外贸保稳提质典型案例。试点实施以来，货物通关时间由5~10天缩短为25小时，为企业节约费用6000万元。扩大应用真空包装高新技术货物一体化布控查验模式试点。针对甘肃省集成电路封装测试企业原料进口面临的实际困难，联系协调总署相关部门，将省内相关企业纳入真空包装高新技术货物一体化布控查验模式试点范围内，封装芯片交货周期缩短40%。

（兰州海关　刘雅冰）

## 互联互通

【通道经济】2022年，甘肃省持续推进战略通道项目实施，银兰高铁中兰段建成通车，兰张三四线中川机场至武威段、兰合铁路、西成铁路加快建设，以兰州为中心的放射型快速铁路网趋于完善，贯通东西、连接南北的通道能力显著增强。制定出台《保障国际班列稳定畅通运行的若干措施》，巩固提升中欧班列、中亚班列、西部陆海新通道班列，成功对开兰州—连云港铁海联运班列，新开行“武威—汉堡”跨境电商国际货运专列、“敦煌—万象—曼谷”中老铁路石棉班列、“天水—青岛—开普敦”铁海联运果汁班列、“酒泉—钦州港—鹿特丹”种子班列和中亚玉米回程班列、中欧泥炭回程班列，“中吉乌”国际多式联运项目被交通运输部列入多式联运示范工程，全年国际货运班列共发运440列、1.6万多车，累计货运23.3万吨。

【平台建设】2022年，节会平台方面，成功举办第28届兰洽会，签约项目、金额比上届分别增长28.8%、35.9%，组织企业参加进博会、服贸会、广交会、中国—RCEP成员国贸易博览会，全年招商引资到位资金4301亿元、增长22.6%。物流平台方面，整合陆港、空港和物流资源，组建甘肃国际物流集团，打造行业龙头企业。产业平台方面，大力招商引进企业入驻综保区、保税物流中心等平台载体，兰州新区综保区全省首个进口亚麻籽分拨中心建成投运，西北首批“国六”排放标准整车进口入区，在全国137个参评综保区中排名71位，较上年提升15位。贸易平台方面，兰州新区获批国家进口贸易促进创新示范区，甘肃省中医药大学附属医院被认定为国家级中医药服务出口基地。全省外贸进出口总额达到584.2亿元，同比增长18.8%，增速居全国第11位，对共建“一带一路”国家和地区进出口增长23.8%，跨境电商交易额14.4亿元、增长66.6%。

（省发改委）

【特色班列】2022年，成功开行“武威—汉堡”跨境电商国际货运专列、中老铁路“敦煌—万象—曼谷”石棉班列、长城果汁铁海联运“天水—青岛—开普敦”班列、西部陆海新通道铁海国际联运“酒泉—钦州港—鹿特丹”种子班列、“哈萨克斯坦—定西”亚麻籽回程专列，“中吉乌”国际多式联运项目被交通运输部列入多式联运示范工程，全省国际货运班列共发运440列，货值2.91亿美元。

（省商务厅）

【国际运输】2022年，响应国家“一带一路”倡议，配合地方政府“丝绸之路经济带”建设，集团公司开行经阿拉山口（霍尔果斯）口岸出入境，在中国与亚洲、欧洲国家间开行按快运货物班列模式组织的集装箱国际联运货物列车，全年安全有序组织始发中欧班列4列、中亚班列4列，途经兰州局中欧班列5727列、中亚班列2699列。

国际联运发送情况统计表

| 年份 | 列 | 辆 | TEU | 吨 | 收入(万元) |
|---|---|---|---|---|---|
| 2021年 | 23 | 1144 | 2288 | 30348 | 965.1 |
| 2022年 | 8 | 384 | 768 | 10138 | 345.9 |
| 比较 | -15 | -760 | -1520 | -20210 | -619.2 |

（中国铁路兰州局集团有限公司　杨雍梅）

【国际产能合作】2022年，召开全省外资工作暨推进国家级经开区高质量发展现场会，发挥外资企业“一对一”联系机制，跟进服务重点外资项目，全年新设立外资企业29家，实际利用外资1.24亿美元，同比增长15%。举办2022年“中白地方合作年”暨“走出去”系列活动，甘肃省企业对外直接投资1.74亿美元，增长1.3倍；对外承包工程新签合同5.78亿美元，增长31.7%。积极上报争取国家肿瘤区域医疗中心（二期）等利用国外优惠贷款项目，拟利用外贷资金约3亿美元。成功推动省公航旅集团等企业借用外债项目取得国家登记备案，共募集资金9亿美元。持续推动甘肃省制造业“一带一路”拓展平台培育提升工作，评定甘肃省制造业“一带一路”拓展平台企业4户。

【人文交流合作】2022年，筹备“一带一路”高校联盟2022年度论坛活动，成立甘肃国际职教师资交流培训基地，在兰州财经大学挂牌成立甘肃省境外就业培训基地。安排丝绸之路专项奖学金510万元，支持2476人来甘留学。获批教育部中美千校携手项目学校15所。组织全省5所中小学与国外学校开展“百校结好”，举办“一带一路”百校结好艺术展。出台“一带一路”国际科技创新合作工作指引，以项目形式支持兰州肽谷生物发展有限公司在瑞典建设北欧离岸创新中心，推动西北师范大学、甘肃省水利科学研究院、中科院西北院等高校院所，与德国、英国、挪威等国家科研单位联合共建研究平台，开展科技交流合作。深入推进荒漠化防治国际合作，商务部主办的“荒漠化防治和生态安全国际培训班”在兰州开班。深入开展与重点友城交流交往，兰州市与白俄罗斯格罗德诺市建立友好交流合作关系，酒泉市与蒙古国巴彦洪格尔市就建立友好关系达成共识。在奥地利举办“大美中国 如意甘肃”民族文化海外主题展。实施“中国与丝绸之路沿线国家友好关系史”编撰项目，荣获“2022年度全国对外传播十大优秀案例”，省社科院参与编写《中国——白俄罗斯友好关系发展史》。

（省发改委）

## 经贸交流

【国际经贸交流】截至2022年，省贸促会与区共建“一带一路”的22个国家和地区的75个商协会、贸易投资促进组织建立合作机制。2022年，完成中国国际商会关于授权设立中国—哈萨克斯坦企业家委员会甘肃联络办公室申请事项；邀请14家使领馆和境外商协会机构近30人出席第28届兰洽会；专程拜访了韩国、泰国等7个国家和地区驻西安总领事馆和对外贸易代表处，进一步深化联系合作。全年共组织省内110余家企业，与白俄罗斯驻华大使馆举办线上经贸分享会、与乌拉圭佛罗里达省政府合作举办经贸对接洽谈视频会议、与马来西亚对外贸易发展局联合举办特色产业发展论坛，共签署5份合作协议。

【国际经贸展览】2022年，省贸促会组织甘肃省150余家企业线下参加第20届中国国际运输与物流博览会、2022国际（亳州）中医药博览会（意向订单2374万元）、2022年阿布扎比石油天然气展览会（签订意向合作金额达300多万美元），线上参加由中国国际商会举办的中韩经贸视频洽谈会、由中国贸促会主办的中国—中东北非国际贸易数字展以及2022年中国—RCEP成员国（日本）贸易博览会。与新西兰、马来西亚等16个国家商协会组织和贸易促进机构，联合举办2022甘肃特色农产品国际推介洽谈会。

【商事法律服务】2022年，省贸促会加强仲裁、调解、知识产权等国际商事法律服务工作，联合中国贸促会法律部，积极化解甘肃省企业国际商事法律纠纷。签发各类证书2663份，涉及金额19亿元人民币。组织省内120余家企业，邀请日韩等10个境外商协会代表、12家省区市贸促机构代表共约260余人，举办第三届“一带一路”商事法律（黄河）论坛。组织企业线上参加中国贸促会、商务部RCEP政策系列培训；联合中国贸促会、省市场监管局等单位先后举办四期有关知识产权保护线上培训，引导企业利用政策拓展市场；利用“贸法通”线上法律服务平台和商法服务热线等开展法律咨询，发布预警信息52期，为企业提供咨询460余次，帮助企业提高合规经营管理水平和风险防控能力。按照中国贸促会统一部署，全省设立兰州、庆阳等15个营商环境监测站，选取方大炭素等136家企业为监测点，建立健全贸促系统营商环境监测体系；与中国贸促会研究院合作，在全省范围内开展营商环境调查工作。

【投资贸易促进】2022年，完成甘肃省国际会第二届商务理事会换届。根据国务院统一安排部署和中国贸促会《关于做好外资企业服务工作有关事项的通知》要求，第一时间成立服务外资企业工作专班，明确工作任务、责任分工、工作要求，制定下发工作方案，建立健全工作机制。开展实地调研，摸清全省外资企业底数，汇总梳理企业诉求和建议，每周召开一次工作协调会，听取工作进展汇报、研究部署阶段性工作。向中国贸促会报送项目招商信息，在“投资中国”平台上进行宣传推介。开展中国地理标志产品宣介工作，向中国贸促会报送兰州百合、金塔番茄、辣椒、敦煌李广杏、瓜州蜜瓜、枸杞、永昌肉羊、东湾绿萝卜等16个中国地理标志产品。

（省贸促会　吴觉天）

## 口岸建设

【口岸发展】2022年，甘肃省丰富口岸业态，打造一流的有色金属、化工、木材、肉类、冰鲜等仓储物流和进出口中心，进出口贸易额突破100亿元。铝期货指定交割库现货交易规模持续提升。加强与共建“一带一路”国家和地区互联互通，持续做好中欧、中亚、南亚、陆海新通道国际货运班列发运，谋划开通中吉乌、中塔、中老班列等多式联运新线路，全年到发国际货运班列240列以上。开通至俄罗斯及中亚国家新航线，执飞国际货运包机30班次以上。

（兰州新区党工委办公室　杨莉）

【甘肃（兰州）国际陆港】2022年，甘肃（兰州）国际陆港完成固定年资产投资7.05亿元，完成规模以上工业增加值3.78亿元。新入驻企业18家。完成贸易额60.3亿元，实现外贸进出口总值3.05亿元，同比增长12.96%。完成跨境电商贸易额约3950.66万元。实现货运吞吐量836.45万吨，同比增长55.3%。与京东智能产业发展集团、宁波铁大大、甘肃华源集团、普洛斯召开项目合作视频会，推进项目落地和园区合作相关事宜。积极组织赴北京、杭州、济南、青岛、厦门等地进行招商，借助重大节会、专题推介等省市活动，对接有意向投资企业13家，形成线索项目6个。辖区企业甘肃省国际物流集团兰州国际港务区投资开发有限公司获评2022年全国供应链创新与应用示范企业。甘肃（兰州）国际陆港—普洛斯管理物流园、中白工业园姊妹园、上合组织（连云港）国际物流园友好园等三个园区在兰州陆港挂牌成立。

2022年，甘肃（兰州）国际陆港共开行班列207列，12860标箱，货值约15.02亿元，总重约25.47万吨。回程班列65列，去程班列142列。其中，西部陆海新通道开行118列，5844标箱，货值8.75亿元，货重14.27万吨；中亚通道开行75列，6184标箱，货值4.22亿元，货重9.42万吨；中欧通道开行3列，244标箱，货值4099万元，货重5786吨；中吉乌通道开行6列，320标箱，货值1.13亿元，货重0.5万吨；陇海大通道铁海联运班列开行5列，268标箱，货值5100万元，货重6998.4吨。重庆汽车内贸班列256列，6.6万台；完成整车进口300辆。东川铁路物流中心的货运量达到101.93万吨，汽车年吞吐量达到42.4万台。

2022年续建项目共有19个，总投资64.07亿元，年度计划投资5.41亿元。截至目前，多式联运物流园项目已建成；保税物流中心（B型）信息化项目（海关智能化监控）硬件设施已全部完成；2022年新建项目共有9个，总投资18.86亿元，年度计划投资5.22亿元。中国智能骨干网（甘肃）申通枢纽中心项目综合楼主体建成；西部陆海新通道（甘肃）兰州冷链物流园项目已完成可研编制工作；物流信息中心项目（陆港联检中心）正在编制可研报告。

（兰州市地方志办公室）

**【兰州新区综合保税区】**2022年，兰州新区综合保税区巩固木材、粮油、电子产品等优势产业，新落地保税加工项目7个，首个亚麻籽加工项目点火投产，首批哈萨克斯坦亚麻籽保税加工及首单粮食保税仓储业务落地。拓展新兴业态，西北地区首批300辆“国六”排放标准进口整车入区仓储，保税维修业务落地，前三季度跨境电商“9710”落地并实现贸易额7亿元，“1210”完成27万单、增长54%，跨境电商贸易额占省市比重达到61%和75%。创新“区内合格评定”“海关远程视频查验模式”等监管模式，跨境贸易指标在2021年全省优化营商环境评估中排名第一。综保区全国绩效评估综合排名71位，较上年度提升15位，连续三年赶超进位。支持企业拓市场，兰石重装开拓巴基斯坦市场并承接其国家炼油厂炼化装备项目，建投重工巴基斯坦环卫一体化项目正式投运，大宏设备与哈萨克斯坦、老挝再签矿热炉新设备订单，普安康新签印度订单，广通新能源与德国卡梅拜尔签订纯电动公交车采购合同，新签外贸订单15亿元；新区现代农业双创基地食用菌首次出口日本市场，箱天下乌兹别克斯坦海外仓常态化运营，经贸合作基础更加牢靠。开辟贸易新通道，支持中亚、陆海新通道国际货运班列常态化发行，在全国率先打通中亚（哈萨克斯坦）玉米进口通道，首开出口南亚公铁联运班列，成功首发全省首趟中老多式联运回程班列打通“万象南—磨憨—中川北”线路，首次发运“白俄罗斯—兰州新区”中欧泥炭班列、“印度尼西亚—钦州港—兰州新区”陆海新通道进口起酥油班列、“伊朗—连云港—兰州新区”铁海联运班列，首次采用全过程公路运输经阿拉山口出关入俄开展跨境贸易，新增到发货物品类7种，预计全年到发国际货运班列200列、增长30%。培育通道新业态，对接巴航工业、瑞丽航空签订《战略合作备忘录》，推进客改货项目落地，预计全年执飞国内全货机600班、完成货量14000多吨；推动京东“亚洲一号”智能电商产业基地、公航旅金融仓储基地二期项目建设，支持顺丰一级分拨中心建成运营。

（兰州新区党工委办公室　杨莉）

**【甘肃（武威）国际陆港】**2022年，甘肃（武威）国际陆港开通甘肃省首列单一品名跨境电商国际货运专列和武威—莫斯科国际货运班列，已累计发运21列，货运总值约2.3亿元，班列数量和货运总值实现双提升，同比增长110%、37.6%。武威铁路国际集装箱场站项目一期工程总投资约3.8亿元，于2020年8月开工建设，2022年8月通过中铁兰州局集团公司验收并发布开通电报，陆港口岸功能不断完善，形成“两中心两口岸一场站”五大外向型平台架构。武威铁路国际集装箱场站是如期竣工并开通，打通陆港进出口货物“铁路运输最后一公里”。同时，依托干武铁路增建二线与兰新线贯通、依托兰渝铁路与西部陆海新通道互联互通，形成以铁路、公路、海运为骨架的陆海联运物流体系，将成为国际贸易通道的中转枢纽。

2022年，甘肃（武威）国际陆港开拓哈萨克斯坦—格鲁吉亚—土耳其—欧洲的跨里海、黑海新线路（“两海”通道），开辟甘肃省跨境海铁联运新通道。开展甘肃省首次新能源汽车搭乘中欧班列出口业务，货物总值约2060万元。在第比利斯、布达佩斯等地设立启用甘肃省首批保税海外仓，共建“武威—布达佩斯”数字供应链服务体系，搭建中国—格鲁吉亚—土耳其—匈牙利的快速国际保税仓储和物流通道。

2022年，甘肃（武威）国际陆港与武威市招商局共同举办武威市绿色生态产业暨国际陆港外向型经济云招商推介会，引进了一批国际贸易、国际物流、跨境电商、木材加工方面的产业项目，签约金额达20亿元。组织赴外招商4批次，对接项目22个，达成合作意向6项。充分发挥木材口岸全省独一无二的资源优势，引进临沂凤凰国际贸易公司作为木材产业链“链主”企业，投资建设陆港进境木材加工贸易项目。

2022年，甘肃（武威）国际陆港举办全省重大项目开工活动，加快建设木材加工产业园，建成标准化厂房1.5万平方米，完成投资8000万元。铁路集装箱场站二期综合货运工程完成招投标，正在开展施工准备工作。全力解决污水处理厂投运各项问题并启动运行，省环保督察反馈问题得到有效解决。谋划中心区基础设施、集中供热供蒸汽、110KV变电站、公铁多式联运物流中心等4项重大项目，总投资约8亿元，完成可研编制。

（武威市委党史和地方志研究中心）

## 信息建设

【丝绸之路经济带信息港】2022年，丝绸之路信息港股份有限公司实现营业收入3.12亿元、增长14.37%，账面利润总额588.19万元、增长16.67 %，科研投入1815万元、增长413.84%、占营业收入的5.8%，其中新增研发费用支出1034.55万元，按照省政府国资委企业绩效考核管理办法，完成考核利润共计1622.73万元，完成年度考核任务的292.38%。

2022年，公司业务以项目集成为主向项目集成和做平台、产品、产业两手抓转变，信息集成业务收入占比降低10个百分点，信息技术及平台服务收入占比提升11个百分点。“陇明公”、保市场主体公共服务平台成为新的效益增长点，实现信息技术及平台服务收入4898.66万元，同比增长283.32%，占营业总收入的15.71%。主动联系省直部门、事业单位和相关企业开展业务对接，新签信息化项目合同额3.14亿元，同比增长45.5%。积极争取各类政策支持，全省算力统一调度服务平台、网络安全运营中心、甘肃“一码通”、产业大脑4个项目获批专项资金1510万元。

2022年，公司加快建设工业互联网。发布工业互联网平台2.0版本，实现供需平台、工业品商城、政策推送、软件超市、金融服务等功能，提供500多万种类的工业通用品货源，联合兰州新区科文旅集团、德福新材料等企业开展业务推广，面向产业链企业提供资源高效协同。加快省属国企和中小企业数字化改造进程，实施省属企业“三化”改造项目11个。发展数字农业，组建云上乡村（甘肃）公司，研发上线“云上乡村”数字农业服务平台，利用互联网新技术对农业产业进行全方位、全链条的改造，已在武威、张掖、临夏等地投入试运营，平台注册用户数量超过24万，登记养殖总数达到518.21万只，种植面积达到148.51万亩，在线交易结算支付业务上线运行。开展网络安全检测服，形成集安全监测、应急处置、安全研究和人才培养于一体的网络安全运营体系，为全省各级政府部门和企业提供优质服务，免费为全省门户网站及重要信息系统提供网站安全监测和漏洞评估工作，守护全省网络安全防线。接入监测网站4017个，向所有客户提供检测周报，日均监测分析安全威胁告警3000余条。推动政企数据上云，加强“如意·云”平台建设和运维管理，云平台政务区域平台系统集成项目建设正在优化，完成国资监管及三重一大项目合同续签，加快建设国资云，积极承接全省政务数据上云，新增上云单位11家，运行虚拟云主机801台，运维客户业务系统167套，同比增长29%，所有设备均处于正常平稳运行状态。推进全省算力资源调度，得到省政府《关于统筹推进全省算力资源统一调度的指导意见》的明确支持，完成一期项目建议书、实施计划、可行性研究报告、调研报告编制，初步完成算力资源门户开发，积极探索“超算+仿真”业务场景，完成工业云仿真调度平台建设，推进东部超算业务在甘肃落地。持续完善产业园区功能，打造全省党政干部数字化培训、大学生双创、中小学生科普“三基地”，积极申报全国全民数字素养与技能培训基地、高科技企业孵化器，先后被确定为省委党校现场教学基地和兰州大学管理学院教学实训基地，举办现场教学活动10多场次，为党政机关、企事业单位提供培训服务2000多人次。

2022年，公司争取2022年省级科技重大项目1项。推动高精北斗+数字孪生平台建设，实现基于北斗定位模拟数字化施工过程展现，已在兰州新区红乐变电站、土门变电站、卓尼变电站落地。巡检机器人已完成操控平台、同时定位与建图系统的搭建，实现园区等场景巡检功能。

2022年，信息港公司被评为甘肃省先进企业、甘肃省工业和信息化先进企业，公司党委书记、董事长被评为甘肃省优秀企业家，公司办公室被评为“全省党委办公系统先进集体”。

（丝绸之路信息港股份有限公司　王馨康）

【大数据产业园】2022年，新区大数据产业园获得“数据中心场地基础设施认证”，中国移动“丝绸之路西北大数据产业园”入选国家新型工业化产业示范基地数据中心，中科曙光先进计算中心联通全国主要超算中心算力资源。在建机架规模25000架，已建成1600架；政务云具备7.3P存储能力和2300台虚拟机服务能力。同时，全面启动兰州国家级互联网骨干直联点项目监测系统建设。

（兰州新区党工委办公室　杨莉）

【紫金云大数据中心】2022年，甘肃紫金云大数据开发有限责任公司完成投资31756.42万元，完成年度计划30604.12万元的103.77%，其中数据中心1.1期完成投资705.45万元，1.2期工程完成投资29487.97万元，北斗导航甘肃分中心项目完成投资1563万元。完成营业收入6938.38万元，利润总额-5760.23万元。PUE值1.39。公司未发生轻伤及以上人身事故，未发生设备损坏事故，未发生火灾事故，未发生负同等及以上责任的一般交通事故，未发网络安全事件，未发生各类环保处罚事件。

2022年，公司按照“云、储、算、智”一体化、先存后算的发展思路，积极推进数据信息产业建设培育。完成紫金云数据中心1.2期项目建筑主体施工任务，机电设备安装按计划推进。北斗导航位置服务数据中心甘肃分中心项目及相关示范应用系统建成投运，将为全省智慧城市建设、工业互联网建设提供北斗定位、授时、北斗空间赋码等多种应用服务。搭建以紫金云高性能计算中心为主的多元算力平台，“东数西算”算力基地初步建成，与北京计算中心、上海超算中心、甘肃省计算中心达成战略合作，与并行科技、南方测绘等商业公司签订算力服务协议，由其为公司商业引流，率先推动“东数西算”落地见效。搭建EDA系统平台，提供芯片仿真设计算力服务。重点抓好基础运维和平台运维安全管控，开展运行班组和维护班组安全标准化建设，生产设备消缺率93.8%，隐患整改率97.3%。建立信息系统安全机制，优化网络安全策略和管理体系，完成信息安全等保复测，提高数据中心和信息系统安全建设的整体水平。

（金昌市地方志编纂委员会办公室　杨献文）

## 产业示范区

【兰白国家自主创新示范区和科技创新改革试验区】2022年，兰白试验区地区生产总值较2018年增长415.79亿元（2022年预计达到1225亿元，兰州新区342亿元、兰州高新区354.4亿元、白银高新区158亿元、兰州经开区370.9亿元），年均增速10.92%，占全省比重提高0.95个百分点、达10.94%；兰白自创区地区生产总值增长139亿元（2022年预计达到512亿元），年均增速8.24%，占全省比重4.57%。兰州、白银高新区全国排名分别提升4位、7位（2018年60位、129位，2022年56位、122位）；兰州经开区全国排名提升12位（2018年176位，2022年164位）；兰州新区经济增速保持在15%以上，连续5年领跑国家级新区。

2022年，出台《甘肃省兰州白银国家自主创新示范区条例》（2022年11月1日实施），从管理体制、人才支撑、资金保障等8个方面，以法规形式规范、服务和保障兰白两区建设。出台《关于支持兰州白银国家自主创新示范区建设的若干意见》（甘发〔2019〕16号）、《甘肃省强科技行动实施方案（2022—2025年）》（甘办发〔2022〕12号）等重大政策措施，对兰白两区科技创新的支持力度持续加码。兰白两市分别围绕科技金融、土地利用、人才激励、招商引资等领域，建立完善配套创新政策体系。

兰白试验区推动建成国内最大动物P3实验室、甘肃省同位素实验室、超高温钍基熔盐泵试验平台、兰州大学白银产业技术研究院等一批重大创新平台。区内现有国家重点实验室9家（全省11家），有两家（草种创新与草地农业生态系统、动物重大疫病防控）成功重组为全国重点实验室。截至12月底，区内集聚全省近42%的高新技术企业、29%的战略性新型骨干企业和41%的上市企业。聚焦装备制造、生物医药、新能源、新材料等优势领域，累计向建设主体支持省级以上科技项目超过1100项，投入经费超过11亿元，加快关键核心技术攻关，区内24项科技成果荣获国家科学技术进步奖。参与研制暗物质粒子探测卫星“悟空”号关键部件，离子电推进系统、微重力开关等43台（套）产品为我国航天事业作出贡献。羊小反刍兽疫病毒抗体检测试纸条获得国家一类新兽药注册证书，碳离子治疗、超高温钍基熔盐泵、注射用A型肉毒毒素、口服轮状病毒减毒活疫苗等重大成果不断涌现，并成功实现产业化。

兰白张江科技合作被科技部等9部门纳入国家“十四五”东西部科技合作实施方案。平台共建方面，围绕新能源、中医药、信息技术等领域，与上海药物所、上海中医药大学等单位签订“1+8”合作协议，推动“上中医中药经典名方研究院”“先进能源技术创新平台”和“科创企业服务中心”3大平台建设。项目合作方面，与上海张江联合制定贯彻东西部科技合作实施方案，在航空航天、先进制造等领域，筛选出81项合作项目。交流对接方面，通过甘沪领导加强会晤、互派管理人员挂职交流，以及联合举办“兰州科博会”“项目推介会”等活动，促成兰州兰泵、申联生物、佛慈制药等区内企业与上海关联单位开展务实合作，国内首台套标准熔盐泵测试装置、低温纤膏应用等科技成果在区内落地应用。拓展合作方面，组织区内企业参加北京、西安等省市相关论坛和展会等活动，促成宝武碳业、雅本化学等16家企业机构到区内投资。支持兰州高新区推动“大湾区·兰白自创区中医药创新发展示范区”建设，中医药孵化育成中心建成运行并入驻企业21家，全省首家国家肿瘤区域医疗中心“中山大学附属肿瘤医院甘肃医院”落地兰州高新区。深度参与“一带一路”科技创新行动计划，支持中科院兰州化物所、兰州交大与德、俄等国家，共建实验室，开展关键技术攻关。

（省科技厅）

【绿色金融改革创新示范区】2022年，承办全国绿色金融改革创新试验区第五次联席会议，绿色金融改革创新经验获国家高度肯定，新增绿色债券发行规模占比超60%，获批国家普惠金融发展示范区。“绿金通”累计注册企业1222家、上架产品171种，平台用户超1万户，实现融资235.47亿元。落实减税降费政策，初步构建碳核算体系，稳步推进零碳园区建设，全省率先推行公共资源交易服务“零收费”。

（兰州新区党工委办公室　杨莉）

## 重要展会

【第二十八届兰州投资贸易洽谈会】2022年7月7日至11日，甘肃省成功举办第二十八届兰洽会。本届兰洽会参会宾客达3万余人。国际方面，2个国家驻华大使、2个国家驻华使领馆临时代办、2个国际组织、31个驻华使领馆、商协会组织参会参展。国内方面，全国政协副主席、全国工商联主席高云龙出席盛会，21位主办单位和省区市省部级领导，17位两院院士参会。企业方面，10家央企和54家“三个500强”企业高管参会。首次设立双主宾国、双主宾省和双主题市。邀请马来西亚、阿联酋为主宾国，山东、江苏为主宾省，兰州、酒泉为主题市。在展馆设置和布展设计上做重大创新，在主展馆设置丝绸之路国际合作等5个展区，围绕新能源、氢能源、新材料、装备制造、生物医药、现代农业、陇酒等优势产业，整合全省资源，设置7个专业展馆，

首次举办2022全球招商大会、三个500强企业座谈会、浙商（投融资）大会、陇商座谈会，举办马来西亚产业对接会等15项投资贸易促进活动。共签约合同项目898个、总额5311亿元，签约项目数量、金额比上届分别增长28.84%、35.86%。签订央地合作项目88个，投资额1427亿元；利用外资项目4个，外资合同额4004万美元。

（省经济合作中心）

【甘肃省（中国）—佛罗里达省（乌拉圭）举行经贸对接洽谈视频会】2022年5月10日，由甘肃省贸促会、乌拉圭佛罗里达省和甘肃省国际商会共同主办，乌拉圭驻华大使馆、乌拉圭总统府国际合作署、乌拉圭驻重庆总领事馆、甘肃省农业农村厅、甘肃省商务厅、甘肃省政府外事办公室联合支持的甘肃省（中国）—佛罗里达省（乌拉圭）经贸对接洽谈视频会举行。会上，甘肃省贸促会与乌拉圭佛罗里达省政府签署合作协议，双方在经济、贸易、技术、文化、教育和旅游等全方位、宽领域的交流合作达成共识。中乌相关部门和企业100多人参加线上线下会议。

【2022甘肃特色农产品国际推介洽谈会】

第28届兰洽会开幕式暨丝绸之路合作发展高端论坛（省经济合作中心供图）

2022年，由甘肃省贸促会、庆阳市人民政府主办，新西兰—中国贸易促进委员会、孟加拉工商会、马来西亚对外贸易促进中心成都代表处、大韩贸易投资振兴公社西安代表处、甘肃省政府外事办公室、山东甘鲁招商服务有限公司支持的“2022甘肃特色农产品国际推介洽谈会”，于2022年12月26日在甘肃庆阳举行。此次推介洽谈会在印度尼西亚和尼泊尔设置分会场，采取线上线下相结合的形式，共有印度尼西亚、尼泊尔、泰国、奥地利、新西兰、马来西亚、日本、韩国、柬埔寨、巴基斯坦、也门、土库曼斯坦、布加纳法索、埃塞俄比亚、黎巴嫩、刚果、赤道几内亚等13个国别的使领馆及商协会代表，15个国家和地区的企业家代表、甘肃省国际商会理事单位代表以及国内北京、上海、山东、天津、陕西、青海、吉林、西藏等16个省市的企业家代表，约210人参会。

以“甘味臻选·合作共赢”为主题，设置甘味产品展厅，来自甘肃省11个市州68家企业集中展示200多种农特产品。13家境内外商协会、贸易促进机构及省外大宗农产品采购商与甘肃省苹果、马铃薯、花椒、洋葱及庆阳小杂粮等特色农产品企业，围绕产销对接采购进行现场推介洽谈。

会议期间，甘肃圣越农牧发展有限公司、庆阳中庆农产品有限公司等省内企业与绿叶世界有限公司、浙江金泉湾控股集团有限公司等国内外企业现场签约项目8个，签约金额达7320万元。

（省贸促会　吴觉天）

## 农业发展

【粮食生产】制定贯彻落实《地方党委和政府领导班子及其成员粮食安全责任制规定》重点工作清单，报请省政府印发《2022年全省稳定粮食生产行动方案》，逐级签订稳定粮食生产目标责任书，先后召开全省春季农业生产视频会议、“三夏”生产工作推进会议、冬春农业重点工作电视电话会议等系列会议。新建高标准农田面积370.8万亩，复耕复垦撂荒地123万亩，其中复垦种植粮食作物50.2万亩；推广全膜双垄沟播技术1525.5万亩、水肥一体化高效节水技术391万亩，全省小麦机械化率首次突破90%，小麦玉米机收减损1.35亿斤。深入实施种业振兴行动，全省玉米制种面积157.6万亩、产种6.5亿公斤，生产马铃薯原原种13亿粒。国家安排的6.66万亩生物玉米制种试点任务在张掖市圆满完成，得到胡春华副总理批示肯定。落实中央和省级支持粮食生产的财政资金55亿元、比上年增加5亿元，市县财政投入春小麦扩种等补助资金7564万元。主要粮食作物农业保险承保覆盖率达到38%，同比提高6个百分点。制定落实《甘肃省生猪产能调控实施方案》，新增生猪存栏144万头，全省肉、蛋、奶产量分别增长11.19%、9.87%和35.05%，蔬菜播种面积980万亩、产量2940万吨。

【产业扶贫】2022年前三季度，脱贫县农村居民人均可支配收入达到7929元，同比增长6.8%，高于全省0.6个百分点。脱贫县衔接资金用于产业发展的资金达到128.69亿元，占总支出资金的58.47%。全省52.1%的农业生产发展资金倾斜支持39个重点帮扶县。抓好到户入股资金保底分红，采取以奖代补、达标奖补等方式，为6.7万户28.7万脱贫群众落实产业帮扶措施，推动监测对象和脱贫人口通过发展产业增收。脱贫县新引培龙头企业162家，脱贫县合作社达到8.8万个，新型经营主体通过订单种养、入股分红、打工就业、提供服务等形式，与脱贫户建立联农带农利益联结机制，龙头企业共带动脱贫户41.5万户、脱贫人口136.2万人，农民合作社带动脱贫户86.7万户。持续实施农业保险“增品扩面提标”工作，脱贫县实现签单保费18.25亿元，参保脱贫户93.9万户，落实脱贫户农业保险赔款2.13亿元、受益脱贫户22.90万户次。

【特色农业】推进优势特色产业三年倍增行动，制定实施《以养殖业为牵引带动农业产业结构优化升级实施方案》，推进“甘味”肉羊、平凉红牛产业集群和肉牛增量提质等重点项目，加快建设3个百万头肉牛产业带、3个千万只肉羊产业带和河西走廊50万头荷斯坦奶牛产业带，畜牧业产值达到680亿元，同比增长10%。全省畜牧业产值在农业总产值中的占比提高到27%以上。加快实施龙头企业“2512”引培提升行动、现代农业产业园创建行动，全省新引培农业龙头企业188家，新增营业收入亿元以上的龙头企业46家，新创建县级以上示范性家庭农场399家，“五有”合作社达到5.13万家，获批创建国家级现代农业产业园2个、产业集群1个、农业现代化示范区3个、乡村振兴示范县3个，16个省级现代农业产业园通过认定并给予奖补，农产品加工业产值与农业总产值之比达到1.8∶1。“甘味”品牌实现商标注册，250个企业商标品牌认定纳入“甘味”系列品牌目录，5个“甘味”区域公用品牌入选农业农村部精品品牌培育计划，结合“兰洽会”举办2022年“甘味”特色农产品贸易洽谈会和走向“一带一路”高峰论坛，持续在央视、新华网等投放宣传广告，“甘味”获新时代农业品牌十年·卓越影响力品牌，蝉联中国区域农业形象品牌影响力指数100强榜首。

【农业绿色发展】推进农业科技创新与推广应用，建设农机装备研发“一中心六基地”平台，组织研制制种玉米去雄机、低损收获机等短板农机装备49种，联合攻关选育优质专用玉米和马铃薯新品种9个，全省牛、羊良种化率分别达到79%、81%，农业科技进步贡献率达到58%以上。加快推进绿色标准化种养基地建设，持续开展绿色标准化基地抓点示范，先后召开全省马铃薯、苹果等产业绿色标准化种植基地建设抓点示范现场推进会，推荐发布农业地方标准150项，全省建设绿色标准化种植基地面积达到1799万亩、万头（万只）以上标准化养殖场383个，有效期内的绿色、有机、地标农产品达到2140个。持续加强农业资源保护和利用，落实黄河流域生态保护和高质量发展战略部署，实施农业面源污染治理、畜禽粪污资源化利用、绿色种养循环等重点项目，完成粮改饲收贮971.21万吨，全省畜禽粪污综合利用率、废旧农膜回收率和尾菜处理利用率分别达到80%、84.68%、52.03%。新建戈壁生态农业6万亩，累计建成40万亩。扎实开展长江“十年禁渔”，放流淡水经济鱼种约1200万尾，有力维护黄河、长江甘肃段水生生物多样性和生态平衡。

【乡村建设示范行动】完善乡村建设实施机制，制定《甘肃省乡村建设行动实施方案》，全力推进以8大行动和7大工程为重点的乡村建设。深化“5155”乡村建设示范行动，建成50个省级示范乡（镇）、新建500个省级示范村。推进农村人居环境整治提升五年行动，制定实施《甘肃省农村人居环境整治提升五年行动实施方案（2021—2025年）》，常态化开展村庄清洁行动，建成农村卫生厕所40.66万座、普及率达到66.1%，开展三轮次问题厕所摸排整改，农村生活垃圾收运处置实现行政村全覆盖。健全乡村治理体系，乡村治理国家级试点任务稳步推进，成功创建15个省级试点县。持续开展移风易俗专项行动，全省村规民约实现全覆盖、96.7%的村镇成立红白理事会，全省95%以上的行政村建立了红白理事会、村民议事会等群众组织。在全省乡村深入开展“听党话、感党恩、跟党走”宣传教育活动，开展宣讲活动1.4万多场次，引导基层干部群众坚定信念跟党走。农村集体产权制度改革阶段性任务如期完成。积极稳妥推进农村改革，巩固提升农村集体产权制度改革成果，累计组建乡村股份经济合作社16239个、发放农户股权证书531万本。农村承包地“三权分置”改革和3个县国家级农村宅基地“三权分置”改革试点有序推进，开通全省农村“三资”监管信息平台，推开115个新型农村集体经济组织规范化发展试验示范和26个县级农村产权交易试点。

（省农业农村厅　闫涛）

## 农业机械化推广

【农业机械化概况】2022年，全省农业机械化（以下简称农机化）发展态势良好。全省农机总动力达到2510万千瓦，拖拉机达到86.57万台，小麦、玉米收获机达到1.6万台。农作物耕种收综合机械化率达到65%，较上年增长1.5个百分点。小麦机械化率首次突破90%。

【农机购置与应用补贴】落实中央农机购置补贴资金4.98亿元，全年补贴各类农业机械8.49万台套，受益农户及经营主体6.22万户，拉动农户投资21.14亿元。全年报废各类农业机械2062台，补贴资金1373万元。

【农机社会化服务体系建设】持续培育壮大新型农机经营服务主体，扶持各类农机服务主体512个，购置补贴各类机具2709台套，新增农机作业服务面积105万亩。全省各类农机服务组织和农机专业户达到19.3万个，其中农机合作社达到2874个，乡镇农机合作社覆盖率达到78%。12个农机合作社入选全省百强合作社。全年完成农机社会化服务面积3500万亩，已成为农业生产的主力军。

【农机装备补短板行动】以甘肃农业大学机电工程学院为引领，以旱作农机具、种业装备、饲草机械、粪污处理利用机械等省内6家农机企业为主体，挂牌成立省级农机装备研发“一中心六基地”平台，协同推进我省农机装备研发制造推广应用一体化发展。组织研制制种玉米去雄机、低损收获机等短板农机装备49种，部分机具已投入批量生产，解决了生产急需、农民急用的装备问题，取得一批具有自主知识产权的科技成果。

【农机化技术示范推广】投入中央补助资金9780万开展深松整地技术推广，投入深松整地机具6396台，全省完成深松整地作业面积670万亩，作业信息监测率达到90%以上。组织实施示范推广项目40个，建立马铃薯、中药材、蔬菜、林果、畜禽粪污综合利用等农机抓点示范基地91个，引进关键薄弱环节新机具621台，示范面积64123亩，举办现场演示会114场次。全年投放大豆玉米复合种植专用播种机1485台，大豆收获机583台，2行玉米收获机224台，为全省完成32万亩任务发挥了支撑和保障作用。开展小麦机收开镰仪式暨机收减损大宣传大培训大比武活动，全省小麦玉米机收减少损失1.35亿斤。在宁县举办以小麦智能化收获为主题的中国农机田间日活动。

【农机鉴定和质量监管】全年发布通报4批，发放鉴定证书283个。认真开展农机质量调查工作，以部省联动的方式开展了在用小麦联合收割机质量调查和收获损失率调查。

【农机安全生产】全省创建国家级“平安农机”示范县1个，省级“平安农机”示范县2个，“平安农机”合作社39个。全年组织农机事故演练19场次，举办农机安全业务培训164场次。全年未发生重大及以上农机安全事故。

（省农业农村厅　赵之爱）

## 林草业发展

【林长制推行】省林草局组织召开省全面推行林长制工作领导小组会议，提请省总林长签发第2号总林长令《甘肃省林长制工作考核办法（试行）》、第3号总林长令《关于全面做好今冬明春森林草原防火工作的令》。省市县乡村五级林长责任体系全面建立，设立各级林长62288名，设置林长制公示牌17493块，省市县三级都设立林长制办公室。制定印发《甘肃省2022年度林长制工作考核评分细则》，会同省检察院、省公安厅联合制定《关于加强司法协作推进林长制工作落实的意见》，制定印发《全面推行林长制督查激励措施实施方案》。争取省财政落实项目资金723万元，加快建设林长制信息化管理平台。贯彻落实国务院《关于科学绿化的指导意见》，超额完成年度造林计划，全年造林393.19万亩；完成草原种草改良552.69万亩，占计划任务的100.2%。

【国土绿化】组织开展省党政军领导义务植树，省委、省政府主要领导带头参加。报请省政府召开全省国土绿化工作会议，印发《关于科学绿化的实施意见》，结合省情提出科学绿化、以水定绿、适地适绿的具体要求，开展造林绿化空间评估，科学谋划国土绿化。全年完成造林26.2万公顷，占年度计划的151%；义务植树8895万株；人工种草15.73万公顷、草原改良21.1万公顷，分别占年度任务的118%和158%；沙化土地综合治理16.2万公顷，占年度任务的145%。争取落实森林抚育5.6万公顷。平凉市入选国家森林城市，10个市县和67个乡镇开展省级森林城市、森林小镇创建。张掖市完成全省首笔碳汇交易2.34万公顷，收益400多万元。指导甘南州开发碳汇项目，试点县迭部县已与广州市国碳资产有限公司签约，开展碳汇调查前期工作。巩固拓展退耕还林成果，制定印发《关于认真贯彻落实国家五部委巩固退耕还林还草成果若干措施的通知》，完成新一轮退耕还林270万个图斑、47.33万公顷矢量数据库建设。

【防沙治沙】嘉峪关、酒泉、张掖、金昌、武威、白银、庆阳、甘南8个沙区市（州）完成沙化土地综合治理任务16.2万公顷，占全年计划任务的145%，超额完成任务。完成人工造林3.23万公顷，封育1.84万公顷，退化林修复0.99万公顷，沙化草原治理7.75万公顷，机械压沙、光伏治沙等其他治沙造林2.39万公顷。实施北方防沙带河西走廊生态保护和修复工程——石羊河中下游生态保护和修复防沙治沙林草综合治理项目；加强国家沙化土地封禁保护区的建设管理，完成全省20个国家沙化土地封禁保护区补偿补助工作；完成3个国家沙化土地封禁保护区项目建设验收和2个续建项目工作；新申报甘肃肃州天镠城国家沙漠公园建设项目获国家林草局批准；高标准推进武威市和临泽县、金塔县、环县全国防沙治沙综合示范区建设；全面完成中国绿化基金会公益造林任务2万多公顷；举办荒漠化治理国际培训班2期。

【森林资源管理】全面完成2022年林草生态综合监测评价工作，共完成林草湿荒样地调查3148个、变化图斑监测28755个，形成新的林草资源管理“一张图”。严格执行使用林地审核审批、限时办结和林地使用定额制度，对重大建设项目提前介入、主动服务，依法保障各类建设项目林地需求，全年办理使用林地许可手续376宗，永久使用林地887.8875公顷，收缴森林植被恢复费2.4282亿元。2022年森林督查共发现违法违规占用林地项目396起、面积68.8266公顷，违法采伐（毁坏）林木蓄积25立方米。与2021年相比，违法占用林地面积下降68.2%，违法采伐林木蓄积下降91%，森林资源保护形势明显好转。推动2个国家森林经营试点单位积极探索森林经营模式，特别是小陇山林业保护中心在次生林经营培育、森林质量精准提升等方面为全国森林经营提供了重要借鉴。2个国家森林经营试点单位建成不同类型、不同经营技术模式示范林0.26万公顷。

【草原保护修复】采取围栏封育、人工种草、草原改良、黑土滩毒害草治理、有害生物防治等综合措施，推进草原免耕补播，完成草原种草改良36.846万公顷，全省草原植被盖度为53.02%。编制《甘肃省“十四五”草原生态保护修复利用规划》，确定“十四五”期间全省草原生态保护发展目标，明确具体重点任务和工作措施。印发《关于加快现代草产业高质量发展的意见》，完成《甘肃省草原条例》修订，新修订的《甘肃省草原条例》自2022年5月1日起施行。加强草原资源保护，落实第三轮草原补奖政策禁牧和草畜平衡监管面积，持续推进草原国家自然公园建设，创建“肃南县红石窝红色草原”，开展基本草原划定试点和国有草场试点。开展草原调查监测，完成全省1771个固定监测样地外业调查和草原类型界限划分、矢量图斑制作等，初步建立草原监测数据库。开展草原有害生物普查，修订《甘肃省草原虫灾应急预案》，加大草原绿色防控技术示范区建设。强化草原生态保护工程项目管理，完成草原生态修复治理补助资金重点绩效评价，推进资金使用监管和绩效目标考核。

【野生动植物和湿地保护】加强赛加羚羊、普氏野马、蒙原羚、秦岭冷杉等珍稀濒危野生动植物、旗舰物种保护管理，实施“朱鹮回家”工程等珍稀濒危物种拯救，开展全省雪豹专项调查监测。加强野生动物疫源疫病监测，确保野生动物疫病防控措施落实落细。建立省市县三级打击野生动植物非法贸易联席会议长效机制，联合开展“清风行动”，配合开展“网剑行动”，斩断违法犯罪链条。推进野猪危害防控，组织开展外来入侵物种普查。开展《湿地保护法》宣传活动，确保湿地保护法贯彻落实到位。实施玛曲湿地保护修复，退化湿地生态系统功能得到恢复。敦煌西湖湿地成功申报为国际重要湿地。实施湿地生态效益补偿和湿地保护修复项目，开展全省湿地调查监测，完成全省347个湿地样地调查和663个湿地图斑识别工作。

【自然保护地管理】编制完成风景名胜区整合优化预案，对全省自然保护地整合优化预案进行“再完善”，拟保留自然保护地164个，保护面积991.99万公顷，占国土面积的23.3%。召开国家级自然保护区建设管理暨生态环境问题整改推进工作座谈会，力促两轮中央环保督察反馈的9个问题和国家黄河流域生态警示片反馈的3个问题全面完成整改。推进解决15个省级自然保护区批建程序不规范和未明确范围功能区划等历史遗留问题，目前已报请省政府批复5个。建立《关于加强祁连山生态环境保护的意见主要任务落实措施清单》，构建祁连山保护长效机制。在黄河流域8省82处自然保护区管理评估中，甘肃省名列第二，6个保护区被评为优秀。提升临夏世界地质公园创建水平，加快建设新批建的天锣城国家沙漠公园，倾斜安排资金400万元用于美仁、阿万仓国家草原自然公园建设试点。

【国家公园建设】加快推进大熊猫、祁连山、若尔盖3个国家公园甘肃片区建设。报请省政府办公厅印发《甘肃省国家公园管理办法（暂行）》。与上海大学签订国家公园建设战略合作协议，编制《甘肃省国家公园建设发展报告（绿皮书）》，委托兰州大学开展国家公园入口社区建设发展模式研究。制定《甘肃省贯彻落实〈国务院关于同意设立大熊猫国家公园的批复〉的意见》，编制完成《大熊猫国家公园总体规划（2022—2030年）》，与四川省联合制定《2022年大熊猫国家公园岷山区域行动方案》，建立甘川两省四县16家单位常态化联合巡护机制。推动稳妥处置祁连山国家公园矛盾冲突问题，12月30日甘肃、青海两省政府向国务院报送《关于申请设立祁连山国家公园的报告》。拍摄《祁连山国家公园》专题片。4月25日国家林草局批复同意甘川两省共同开展若尔盖国家公园创建工作后，制定《若尔盖国家公园（甘肃）创建方案》。

【林草综合改革】启动“全省林权综合管理信息系统”建设，加强集体林权流转监测管理，规范草原承包经营权流转。新认定省级林草产业化重点龙头企业17家，全省登记注册家庭林场1302个，建设林业合作社3725个。完成全省253个国有林场矢量边界数据收集，摸清面积家底。落实欠发达林场巩固提升补助资金5325万元，建成种苗产业基地68.6万公顷，维修建设管护用房7802平方米、林区道路34.38千米。康南阳坝林场等3个国有林场被中国林场协会评为2022年度全国十佳林场。深化“放管服”改革，6项国家林草局委托行政许可事项和30项省级林草政务服务事项全面实现“一网通办”“全程网办”，办结行政许可787件，群众满意度和好评率均100%。

【森林草原防火】2022年接报、核查火情数量相比上年下降16.6%，全年未发生重特大及以上森林草原火灾。组织开展森林草原火灾隐患排查等专项治理行动，全省共排查出林牧区输配电隐患线路1708千米，完成隐患线路治理514千米。加强物防技防工作，深化应用“国家林草生态感知平台森林草原防火子系统”和“互联网+防火督查系统”平台，全省设置防火码卡口2765个，地域覆盖率、启用率均达到100%，累计扫码量超过80万次。2022年争取中央预算内投资防火项目4个，涉及金额1.2392亿元，其中森林防火项目2个，总投资6221万元，草原防火项目2个总投资6171万元。2022年共安排中央林改资金森林防火补助项目23个，涉及资金426万元，省级财政森林草原防火补助项目65个，涉及资金1050万元。组织编制《甘肃省林火阻隔系统建设规划（2022—2025年）》。全面开展森林草原火灾风险普查工作，完成全省2515个可燃物样地的数据采集，以及野外火源调查、承灾体调查、重点隐患调查及减灾能力调查等工作。

【林草科技建设】全省组建100多个“1+N”科技服务团队，选派300余名科技特派员，50余名省级“三区”人才，30多名乡土专家，全年开展各类科技培训400多场次，培训基层技术人员和林农50万人，发放资料60万份，工具3000套。聚焦林草领域重大科学问题和核心技术，获得立项项目70项，经费3000余万元；取得林草科技成果70项，登记省级科技成果20项，50项林草科技成果得到转化应用。获得2021年度甘肃省科技进步奖一等奖2项、三等奖2项；获得第十三届梁希科学技术奖二等奖1项、三等奖1项。1名科技工作者被评为最美林草科技工作者，9名农民技术骨干被评为国家林草局乡土专家，1名科技工作者入选甘肃省青年拔尖人才。组织对“甘肃民勤荒漠生态系统野外定位观测研究站能力提升项目初步设计”进行评审论证，列入2023年中央部门预算投资计划。组织参加2022年全国林业和草原科普讲解大赛，获得二等奖1项。

【林草金融服务平台】省林草局积极衔接省农发行、省农村信用联社为全省林草发展授信450亿元，推进林权抵押贷款，落实财政贴息3%，建设金融创新平台，利用金融机构贷款推进林草生态建设。省林草局与省农发行、省农村信用联社签订合作协议，“十四五”期间分别为全省林草发展授信300亿元、

150亿元。省农发行、省农村信用联社对省林草局推荐符合条件的项目，按政策提供项目流动资金贷款和中长期贷款，支持以国家储备林建设为主的林草建设项目。对储备林建设项目和其他林业生态建设项目给予20~30年贷款期限、5~8年宽限期、贷款利率为基准利率、实行最低资本金率（20%）、中央预算内投资作为项目资本金等多项优惠政策支持。

【林草监测体系】开展祁连山国家公园自然资源调查监测和生态系统定位监测体系建设。报请省委编办批复设立省国家公园监测中心，实施智慧祁连国家公园自然资源调查监测项目，总投资4110万元。搭建完成无人值守无人机平台、卫星通信及北斗数据传输网络、智慧林草指挥中心等硬件平台，实现祁连山国家公园甘肃片区“天空地”一体化生态网络感知监测。申请中央财政国家公园建设专项资金7595万元，建立健全祁连山国家公园生态系统定位监测体系，包括16个森林生态系统定位监测站、18个草原生态系统定位监测站、2个冰川冻土生态系统定位监测站、5个水文监测站以及9个坡面径流场。

（省林草局　甘在福）

## 畜牧业发展

【畜牧业生产】2022年，全省牛、羊、猪、禽存栏分别为531.8万头、2595.6万只、699.5万头和6130万只，同比分别增长3.7%、6.4%、2.1%和5.5%，出栏分别为247.8万头、2278万只、895.7万头和7561.2万只，同比分别增长0.4%、8.2%、6%和4.9%。羊存栏量位居全国第三，牛存栏量位居全国第九，畜牧业产值达到658亿元，同比增长6.3%，在农业总产值中占比提高到27%。2022年已备案养殖场（合作社）9198家，比上年增长6.5%，其中牛、羊、猪、鸡分别为1766家、3210家、2906家和1185家，分别增加了132家、117家、246家和28家，肉牛、奶牛、肉羊、生猪、家禽规模化比重分别达到53%、78%、53%、55%和82%。组织开展畜禽养殖标准化示范创建活动，有6家养殖场创建为农业农村部畜禽养殖标准化示范场，已累计创建部级标准化示范场21个。在古浪县、甘州区实施奶业生产能力提升整县推进项目，初步形成河西走廊黄金奶源优势区、中东部种养循环奶业优势区、高原牧区牦牛乳产业优势区等三个优势产区和永昌奶绵羊、庆阳奶山羊两个特色羊奶产业基地。全省百头以上奶牛养殖场87家，规模化程度同比提升4个百分点，奶牛年平均单产8.5吨，同比提高0.2吨。乳品加工能力持续提升，日处理生鲜乳能力达到4000吨以上。2022年底，全省奶牛存栏35.9万头，牛奶产量91.8万吨，位居全国第13位。

【畜禽种业】制定印发《甘肃省种业振兴行动实施方案》《甘肃省牛种业振兴行动实施方案》和《甘肃省羊种业振兴行动实施方案》。深入实施全国畜禽遗传改良计划，兰州正大食品有限公司入选全国核心种公猪站，省绵羊繁育技术推广站和民勤县农业发展有限责任公司入选国家羊核心育种场。稳步推进“河西肉牛”“平凉红牛”“天华肉用美利奴羊”“中环肉羊”和“圣泽901肉用型禽”等新品种（品系）培育，在武威市凉州区启动实施现代种业提升工程（生猪育种创新能力提升）。全年核发种畜禽生产经营许可证35个，审批引进种畜禽活体9595头（只）。积极构建以原种场和资源场为核心、扩繁场为支撑、改良站（点）为补充的现代畜禽种业体系，种畜禽场数量不断增加，供种能力不断提升，全省牛、羊、猪、鸡良种化率分别达到79%、81%、91%和97%。

【生猪生产】2022年，全省猪存栏、出栏、猪肉产量分别为699.5万头、895.7万头和67.9万吨，同比分别增长2.1%、6%和6%，全年净调出生猪89.9万头。生猪存栏、出栏和猪肉产量分别位居全国第20位、23位、23位，初步形成以武威、张掖为核心的河西走廊生猪产业带，以兰州、白银为核心的中部地区生猪产业带，以庆阳、天水为核心的陇东南生猪产业带。全省存栏生猪10万头以上的县有26个，生猪定点屠宰加工企业75家，设计年屠宰能力1084万头。生产猪肉产品的省级以上农业产业化龙头企业20家，认定“甘味”农产品企业商标品牌2个。全力落实生猪等重要畜禽产品稳产保供目标任务，会同省发改委等六部门制定印发《甘肃省完善政府猪肉储备调节机制做好猪肉市场保供稳价工作预案》，出台《甘肃省生猪产能调控实施方案》，将保能繁母猪存栏量底线、保规模猪场数量底线任务分解到各市州，加强部门协调联动，逐级压实保供责任，全面保障猪肉市场供给。积极推进生猪产能调控基地建设，挂牌生猪产能调控基地231家，将年出栏500头以上规模养殖场（户）纳入全国和全省生猪养殖场备案系统。

【肉牛肉羊生产】2022年，全省牛存栏、出栏、牛肉产量分别为531.8万头、247.8万头和27.2万吨，全产业链产值705亿元。肉羊存栏、出栏、羊肉产量分别为2595.6万只、2278万只、36.5万吨，全产业链产值779亿元。新改扩建肉牛人工授精站点175个，建设万头肉牛绿色标准化养殖示范基地15个。全省现有肉牛产业化龙头企业277家，其中国家级龙头企业3家、省级龙头企业48家、市级龙头企业226家。创建了“天祝白牦牛”“平凉红牛”“河西肉牛”“甘南牦牛”“庆阳早胜牛”5个“甘味”肉牛区域公用品牌，“康美农庄”“八坊清河源”“祁连牧歌”“旭康”等企业商标品牌，品牌效应进一步显现。健全完善肉羊良种繁育体系，新改扩建肉羊人工授精站点93个、扩繁场30个。实施玉门市肉羊生态产业园、庆城县驿马镇10万只肉羊养殖基地、张掖市5万只肉羊数字化育繁推一体化示范等重大项目。全省现有肉羊养殖企业3336家，其中国家级龙头企业3家，省级龙头企业48家、市级龙头企业226家。肉羊规模化比重达到51%。全省有肉羊屠宰企业72家，肉羊年屠宰能力900万只，甘肃祁连牧场、中天羊业、中盛羊业、临夏清和源等屠宰企业已进入羊肉的精深加工领域。创建“民勤肉羊”“山丹羊肉”“环县羔羊肉”“东乡贡羊”“甘南藏羊”等5个“甘味”肉羊区域公用品牌；“陇原中天”“中盛环有”等5个企业商标品牌；“东乡手抓”“靖远羊羔肉”等知名食品品牌；“环县滩羊”“金塔肉羊”等12个产品获得地理标志农产品认证。

【奶业生产】2022年，全省奶牛存栏35.9万头、奶产量91.8万吨，同比分别增长11.2%、37.8%，奶产量居全国第13位，全产业链产值近150亿元。有百头以上荷斯坦奶牛规模养殖场87家，其中存栏千头以上奶牛养殖企业48家、存栏万头以上奶牛养殖企业7家，规模化程度达到78%。乳制品加工企业43家，日处理生鲜乳能力达到4000吨以上，年生产乳制品53.9万吨，奶牛年平均单产8.5吨以上。新改扩建奶山（绵）羊良种场4个，创建国家级奶牛养殖标准化示范场2个，全年推广使用奶牛性控冻精3.94万支，组织开展奶牛生产性能测定2.2万头。在古浪县和甘州区实施奶业生产能力提升整县推进项目，开展草畜配套和智慧化牧场建设，培育5万头以上奶牛标准化养殖园区2个，持续建设省级奶业产业园3个（甘州区奶牛养殖生态农业产业园、金川区奶牛产业园和合水县奶山羊产业园）。扶持奶业合作社和家庭牧场45家。开展奶业振兴苜蓿发展行动，在9市17个县（区、市）和兰州新区等组织实施高产优质苜蓿示范基地建设项目，种植更新高产优质苜蓿面积10.8万亩。全省形成以甘州、凉州、古浪等10个县区为主的河西走廊优质奶源优势产区，以临夏县、临洮县、白银区等8个县区为主的中东部种养循环奶业优势产区，以夏河县、合作市、玛曲等7个县（市）为主的高原牧区牦牛奶业优势产区，以永昌县、合水县和环县养殖奶山（绵）羊为主的特色奶业优势产区。

【饲草产业】以高产优质苜蓿示范基地建设项目为抓手，大力发展以全株青贮玉米、苜蓿、燕麦草为主的优质饲草产业。2022年，全省紫花苜蓿留床面积1207万亩，列全国第一。全省人工种草总面积2271.50万亩，干草总产量1329.50万吨，鲜草青贮量1890.31万吨。商品草种植面积496.06万亩，干草产量180.87万吨，鲜草青贮量412.91万吨。草种田面积33.26万亩，草种子产量2.03万吨。全省现有饲草企业（合作社）481家，以苜蓿为主的草产品加工企业发展到260多家，草产品加工能力达到623万吨。

【粮改饲】2022年，共落实粮改饲项目资金29593万元，其中，中央财政资金19593万元，在58个县区实施粮改饲试点，完成收贮面积14.97万公顷，完成收贮量720.98万吨，其中：青贮玉米收贮面积11.56万公顷、收贮量645.41万吨，青贮苜蓿收贮面积0.79万公顷、收贮量15.08万吨，其他收贮面积2.64万公顷、收贮量60.49万吨。省级财政安排衔接推进乡村振兴饲草产业资金10000万元，在27个县区实施粮改饲试点任务，完成收贮面积5.61万公顷，完成收贮量261.38万吨，其中：青贮玉米收贮面积3.85万公顷、收贮量219.46万吨，青贮苜蓿收贮面积0.18万公顷、收贮量4.02万吨，其他收贮面积1.58万公顷、收贮量37.90万吨。项目县区每公顷青贮玉米增加纯收入6000～9000元，经济效益十分显著。

【饲料工业】2022年，全省现有各类饲料生产企业102家，生产许可证122个，比2021年增加10家。将企业按生产产品类别划分，配合饲料、浓缩饲料、精料补充料企业74家，添加剂预混合饲料生产企业23家，饲料添加剂企业6家，混合型饲料添加剂企业5家，单一饲料生产企业14家。饲料总产量230万吨，比2021年增长10%。其中：配合饲料196万吨，同比增长10.7%；浓缩饲料32.4万吨，同比增长4%；添加剂预混合饲料1.6万吨，同比增长60%；饲料总产值达90亿元，同比增长10%；饲料生产能力达到600万吨，饲料工业发展持续向好。

【科技与推广】联合省内院所高校，组建政产学研推用平台，累计常温人工授精授配母羊45.87万只以上，授配率达到82%以上，受胎率82.7%，产羔率191.3%，羔羊成活率96.0%以上。改造提升或新建肉牛冻配改良站点35个，引进优质肉牛冻精29.66万支，冻配改良肉牛21.11万头，产活犊牛15.30万头。养殖基地能繁母牛产犊间隔缩短至380~400天，总受胎率达到95.67%，犊牛断奶成活率达到96.8%以上。扶持金川区天牧乳业建立胚胎实验室，提高奶牛活体采卵等关键技术。在白银、陇南、兰州市部分规模养鸡场开展鸡疫病减抗防治技术研究，制修订地方标准3个，完成以减抗鸡疫病防控技术为主的《规模养殖鸡疫病减抗防治技术》1套。在环县、麦积区开展动物布鲁氏菌病净化技术研究应用，环县羊布病个体阳性率由2019年的3.44%下降到2022年的0.58%，麦积区羊布病阳性率从2019年的0.45%下降到2022年的0.06%。加强与兰州兽医研究所协作，开展牛羊衣原体病综合防控技术研究应用。

【畜禽遗传资源普查和保护】贯彻落实国务院办公厅《关于加强农业种质资源保护与利用的意见》，制定印发《甘肃省农业种质资源保护与利用发展规划（2021—2030年）》。组织开展第三次畜禽遗传资源普查数据审核，全省现存畜禽遗传资源27个畜种296个品种，新发现资源9个畜种23个品种，省级种畜禽场130家，种畜禽存栏64.1万头（只），牛、羊、猪、鸡良种化率分别达到80%、82%、92%和98%。加强天祝白牦牛、甘南牦牛等8个地方品种保护，4个地方品种国家级遗传资源保种场和国家级保护区顺利通过国家验收。玛曲县阿孜畜牧科技示范园区被认定为甘南牦牛国家级遗传资源保种场。静宁绿洲生态农业科技发展有限公司被认定为国家级静原鸡保种场。在静宁县和岷县启动现代种业提升工程（静原鸡和岷县黑裘皮羊种质资源保护利用）建设项目，新（改、扩）建静原鸡和岷县黑裘皮羊2个国家级畜禽种质资源保种场。

## 兽医

【动物防疫体系建设】《甘肃省动物防疫条例》经省人大常委会审查批准自2022年1月1日起施行，报请省政府审查批准《甘肃省突发重大动物疫情应急预案》，为依法防疫提供法律保障。继续在甘州区、凉州区、会宁县等3个生猪养殖大县开展特聘动物防疫专员试点工作，每个实施县招聘动物防疫专员20人，甘州区农业农村局评定2名动物防疫专员为“先进工作者”，1名动物防疫专员为“学习宣传标兵”。认真落实农业农村部、中央编办《关于加强基层动植物疫病防控体系建设的意见》，持续开展基层人员培训，推进兽医社会化服务规范发展，不断完善基层动物疫病防控体系建设。

【重大动物疫病防控】对各地2018—2021年动物防疫责任制落实情况进行综合考评，对优秀市、县指挥部和优秀动物防疫工作者进行通报表扬。4月份省指挥长、副省长孙雪涛同志与各市州指挥长分别签订了《2022—2024年动物防疫目标管理责任书》，进一步压实政府属地管理责任、部门监管责任，健全完善了动物防疫责任体系。制定全省强制免疫计划，扎实组织开展口蹄疫、高致病性禽流感、小反刍兽疫等重大动物疫病全覆盖强制免疫工作，全省春秋两季共免疫畜禽2.1亿头（只、羽），应免畜禽免疫密度达到了100%，免疫抗体合格率常年均维持在70%以上，有效构建了重大动物疫病免疫屏障。开展非洲猪瘟常态化防控，落实疫情举报核查制度，推行规模猪场全覆盖入场检测。全省共完成非洲猪瘟实验室病原学检测6.45万份，未检出阳性。开展非洲猪瘟无疫小区创建工作，1家企业通过国家级评估认证。组织开展重大动物疫病集中监测、日常监测和定点监测及流行病学调查等工作，全省共完成血清学检测370万份，病原学检测9万份，为疫情监测预警提供支持。全年未发生口蹄疫、高致病性禽流感、小反刍兽疫、非洲猪瘟等重大动物疫情。

【人畜共患病防控】组织实施《畜间布鲁氏菌病防控五年行动方案（2022—2026年）》，在会宁县召开全省动物布病现场推进会，在7市27个县区推进羊布病区域强制免疫，免疫羊689万只。在夏河等9个牧区县开展包虫病免疫，免疫羊78.15万只。加大监测净化力度，检测猪牛羊非免疫样品326.65万份，阳性率0.49%，阳性率持续呈下降态势，对检出布病阳性畜只全部进行了扑杀和无害化处理，从源头上减少了传染风险。开展布病无疫小区和省级疫病净化场创建工作，5家企业通过省级疫病净化场评估，2家企业分获农业农村部非洲猪瘟或布病无疫小区认证。组织全省40个县区的131家养殖企业开展“先打后补”工作。统筹做好狂犬病、炭疽等人畜共患病防控，组织开展家畜炭疽防控评估，对老疫源地、疫病流行高发区的易感动物实施炭疽预防免疫，降低了疫情发生风险。

【畜禽粪污资源化利用】2022年，全省畜禽养殖粪污产生量1.03亿吨，资源化利用总量8263万吨，其中粪污肥料化利用7356万吨，能源化利用736万吨，垫料化、饲料化和燃料化等方式利用165万吨，畜禽粪污综合利用率达到80%，全省4393个规模养殖场粪污处理设施装备配套率达到97%。2018—2020年甘州区等7个畜禽粪污资源化利用整县推进项目674个子项目，已完工672个，完工率99.7%，项目县畜禽粪污综合利用率均达到90%以上、规模养殖场粪污处理设施装备配套率均达到100%，年新增处理畜禽粪污量540万吨。2022年临洮县等8个项目县635个子项目，已开工591个，开工率93.07%。印发《甘肃省畜禽养殖场（户）粪污处理设施建设技术指南》，配合省生态环境厅制定《甘肃省“十四五”畜禽养殖污染防治规划》，督促各地建立粪污资源化利用台账，台账建立率达到80%以上。组织开展畜禽粪便土地承载力测算工作。编印畜禽粪污处理设施安全标志标准图册、利用模式等宣传材料，发放全省各地重点推介，加强安全生产管理。全省各地累计培训2万人次以上。“酒泉市玉门市家庭农场贮存发酵全量还田利用模式”入选全国规模以下养殖场（户）畜禽粪污资源化利用典型案例。

【病死畜禽无害化处理】2022年，全省养殖环节处理病死畜禽42.18万头只，其中集中处理31万头，占总量的73.51%，同比增长7个百分点。大力支持社会力量共同参与病死畜禽无害化处理体系建设，争取中央预算内投资农业项目，在临泽县和甘州区实施病死畜禽无害化收集处理场建设项目，病死畜禽无害化日处理量日增加6吨。甘州区、临泽县、山丹县、凉州区、古浪县、金川区等6个处理中心正常运行；环县、靖远县集中处理场正在建设中。

【动物检疫监督】2022年，全省产地检疫各类动物1.24亿头，其中猪636.08万头，牛92.75万头，羊959.71万只，禽类1.05亿羽。屠宰检疫动物产品74.54万吨，其中猪产品40.51万吨，牛产品10.06万吨，羊产品7.09万吨，禽产品16.84万吨。加快动物检疫监督信息化建设，强化“四个结合”信息化监管工作机制，开展无纸化出具动物检疫合格证明（动物B证）试点工作，实现从畜禽出栏到屠宰全过程信息化监管。在武威市举办首届全省农业行业职业（动物检疫检验员）技能大赛，14个市州和兰州新区共15个代表队参赛，对前十五名优秀选手授予“甘肃省技术标兵”“甘肃省优秀选手”荣誉称号。

【兽药产业】全省共有兽药生产企业12家（其中兽用生物制品生产企业4家）、兽药经营企业987家（其中兽用生物制品经营企业147家）。2022年兽药生产、经营产值达到14.2亿元，其中兽药生产企业产值达13.1亿元。全面推进兽药追溯管理，强化兽药风险管控，形成覆盖兽药生产、经营、使用等环节的全链条监管体系。全省有1148家规模养殖场开展兽药减抗行动，有8家养殖场被确定为省级兽药减抗行动达标养殖场。兽药质量监督抽检、畜产品兽药残留监测合格率均为100%。

（省畜牧兽医局　陈绍博）

## 水资源利用

【综述】 2022年，全省完成水利固定资产投资205.37亿元，超额完成省委、省政府确定的180亿元年度目标任务。白龙江引水工程可行性研究报告通过水利部审查，黄河甘肃段防洪工程全面竣工投入运行，省列重点项目甘肃中部生态移民供水工程等12项完成年度建设任务。新修订的《甘肃省水利工程设施管理保护条例》《甘肃省农村饮用水供水管理条例》颁布实施。开展“三超两无一拖欠”集中整治行动，取水许可全面实行“一网通办”，全省取水许可电子证照保有量达到5.14万套。全省全口径用水总量112.88亿立方米，扣除河湖补水量后的经济社会用水量101.84亿立方米非常规水源利用量3.43亿立方米，万元地区生产总值用水量101.45立方米（按2020年可比价计算）、万元工业增加值用水量25.04立方米（按2020年可比价计算），较2020年分别下降11%和9.1%，农田灌溉水有效利用系数达到0.5782，重要江河湖泊水功能区水质达标率98.6%。持续推动河湖长制“有责有能有效”，创建美丽幸福河湖41条（段），甘肃首次被水利部列为2022年国务院河长制湖长制拟督查激励省份。成功应对庆阳马莲河1956年以来最大洪水。全年共完成小流域综合治理与保护面积1170平方千米，天水市秦州区、平凉市泾川县、陇南市两当县（1区2县）被水利部认定为“国家水土保持示范县”，庆阳市西峰区清水沟小流域（1流域）被认定为“国家水土保持示范工程”。

【水资源分配】印发《甘肃省盘活水指标工作方案》，对365个重点取水工程、近5万个一般取水工程的取水许可水量和实际取用水量进行调查摸底，全省水指标“点线面”一套账基本建立，起草《甘肃省水指标盘活指导意见》，为下一步动态调剂闲置水指标做好准备。生态流量（水量）管理从目标确定向“目标确定+全方位监管”加快转变，印发西汉水、永宁河生态流量保障实施方案，25条重点河流44处主要控制断面生态流量（水量）保障目标已确定，对20条重点河流35处控制断面生态流量（水量）达标情况实行季度通报，2022年，全省26处生态流量断面25处达标，达标率96%，9处生态水量断面全部完成年度下泄水量目标。江河流域水量分配稳步推进，配合黄委持续推进大通河水量分配工作，石羊河、讨赖河、庄浪河、西汉水等跨市（州）河流水量分配方案起草完成，持续加强与利益相关方的行政沟通。县级以上行政区地下水水位水量管控指标初步确定。

**【取用水监管】**2022年，全省25808个问题取水项目整改完成率达97%，大中型灌区无证取水问题整改完成率99%。组织开展“三超两无一拖欠”集中整治行动，下发《关于进一步规范水资源费征收工作的通知》，制作播放甘肃省省级水资源费征收动漫系列宣传片、深入重点取用水单位开展现场走访催缴等方式，宣传取水许可和水资源有偿使用制度，督促取用水单位履行法定义务。省水利厅全年受理取水许可（延续、变更）申请550件，审查水资源论证52件，批复取水许可50件，批准延续或变更（含石羊河流域旧井更新、名称变更）378件，吊销注销取水许可证24套。在疫情影响缓征的情况下，全年征收省级水资源费2.4亿元。

**【水资源调度】**重大项目水资源配置持续优化，白龙江引水工程沿线天水、平凉、庆阳3市完成用水总量指标优化调整，积极协调黄委增加应急耗水指标6000万立方米，解决白银、武威、定西3市旱情用水需求。指导酒泉市解决玉门（昌马）抽水蓄能电站用水指标，协调解决肃南皇城抽水蓄能电站用水需求，协调配合做好临夏供水保障生态保护水源置换项目、阿克塞生态保护及城乡供水工程等水指标问题，山丹马场生态保护和高质量发展“一方案一规划”（《甘肃省山丹河及西大河流域水资源优化配置方案》《甘肃省山丹河及西大河流域以水定地、以水定产、量水而行示范区建设规划》）完成技术审查。水资源调度连年达标。

**【水生态保护】**黄河流域地表水超载限批制度持续落实，《白银市黄河流域地表水资源超载治理方案》通过技术审查，印发实施《甘肃省水利厅贯彻落实〈地下水管理条例〉重点工作方案（2022—2023）》，建立全省地下水超采区水位变化季通报机制。印发实施《甘肃省母亲河复苏行动方案（2022—2025年）》，排查确定全省断流河流、萎缩干涸湖泊修复名录和2022—2025年母亲河复苏行动河湖名单，组织编制祖厉河、宛川河、庄浪河等母亲河复苏行动“一河（湖）一策”方案。争取中央财政水利发展资金2500万元支持取水监测计量设施建设体系建设，全省5万亩以上的大中型灌区实现取水计量全覆盖，在线计量率达到98%。11个全国重要饮用水水源地安全保障建设全部达标，组织开展国家重要饮用水水源地名录复核调整及饮用水水源保护相关工作调查。

**【水资源管理】**推进水资源重点领域改革，取水许可作为水利系统首个实现电子证照管理的行政许可事项全面实行“一网通办”。2022年对2.17万套疑似存在数据质量问题的证照进行治理，全省取水许可证保有量5.06万套，许可水量共计2500亿立方米。“统一登录门户、四大业务系统、三类用户端口”的智慧水资源建设总体框架基本成型，数字水资源综合服务系统上线试运行，《取用水管理信息系统整合共享与应用推广实施方案》通过水利部技术审查。与水利部水资源管理中心、兰州大学、甘肃农业大学、省院等合作开展甘肃省取水许可与水资源有偿使用制度建设、盘活水指标和黄河流域水资源承载能力、取用水管理实践与对策方案、“双碳”目标下渭河流域水资源保护与低碳发展策略等专项研究。

## 重大水利工程

**【在建重点水利项目】**引洮供水二期骨干工程进入工程收尾期，全年完成投资2.13亿元，占年度投资计划2.14亿元的99.53%。甘肃中部生态移民扶贫开发供水工程全年完成投资11.13亿元，占年度投资计划10亿元的111.3%。引洮供水二期配套城乡供水工程全年完成投资5.15亿元，占年度投资计划5.18亿元的99.42%。酒泉肃州区洪水河水库工程全年完成投资2.5亿元，占年度投资计划2亿元的125%。平凉市新集水库工程全年完成投资1.7亿元，占年度投资计划1亿元的170%。盐环定扬黄甘肃专用工程甜水堡调蓄引水工程全年完成投资2亿元，占年度投资计划2亿元的100%。南阳渠提质增效及水系连通工程全年完成投资0.57亿元，占年度投资计划0.81亿元的70.37%。讨赖河嘉峪关安远沟至嘉酒分界线段水系生态环境综合治理工程重大设计变更后，年度投资计划由2亿元调整为1.6亿元，全年完成投资1.53亿元，完成初设批复的全部建设任务。武威市凉州区西营五干片区调蓄水池工程于2023年4月底工程全面建成，累计完成投资4.91亿元，2022年完成投资1.91亿元，年度计划完成率100%。引洮二期庄浪应急供水工程全年完成投资3.46亿元，占年度投资计划3.8亿元的91.05%。武威市凉州区调蓄工程全年完成投资5.3亿元，占年度投资计划3亿元的176.7%。天水曲溪城乡供水工程全年完成投资3.5亿元，占年度投资计划3.5亿元的100%。

【已建重点水利工程验收】引洮天水城区供水工程于2021年3月完成环保专项验收，2021年5月完成水保专项验收，2021年12月完成档案专项验收；2021年8月完成通水阶段验收；2022年10月底完成安全评价报告编制。古浪黄花滩1号调蓄水池工程于2020年6月完成下闸蓄水验收；2020年8月完成环保专项验收，2022年5月完成水保专项验收，2022年12月完成合同工程完工验收。引洮二期配套城乡供水工程于2021年9月完成通渭黑燕、静宁县城调蓄水池蓄水安全鉴定，2021年12月完成秦安好地梁、魏店及县城调蓄水池蓄水安全鉴定，2022年1月完成甘谷大庄下闸蓄水阶段验收，2022年9月完成通渭王家河调蓄水池蓄水安全鉴定工作；2022年9月完成甘谷大庄库底清理验收。小盘河水库工程于2022年12月完成环保、水保和档案验收。莲花寺水库工程于2022年5月完成水库下闸蓄水验收；2022年8月完成水土保持工程、环境保护验收，2022年9月完成移民安置、档案验收，2022年10月完成竣工验收。五台山水库工程于2019年9月21日完成水库下闸蓄水验收；2022年8月完成水土保持、环境保护工程验收，2022年9月完成移民安置、档案验收，2022年10月完成竣工验收。黄河甘肃段防洪工程，白银段于2021年12月完成竣工验收；兰州段于2022年9月完成竣工验收；临夏段于2021年1月完成水保、环保专项验收，2022年2月完成档案验收，12月完成竣工验收；甘南段于2021年1月完成水土保持、环境保护专项验收，2022年2月完成专项档案验收，12月完成竣工验收。引洮入潭工程于2020年3月完成档案验收，2021年7月完成环保验收，2022年4月完成水保验收。

【民生水利工程】2022年，省委、省政府将实施“打通最后一公里”农村水利惠民工程纳入省政府10件为民实事之一。在全省14个市州、兰州新区、65个县区和3个省级单位实施调蓄设施、灌区改造和农村供水三类199个项目。全年建设水库（池）25座，其中年内主体完工5座，续建14座，新开工6座。新（改）建淤地坝100座。实施6处大型灌区续建配套与现代化改造项目，完成16处中型灌区续建配套与节水改造项目。实施52处农村供水改造提升工程。截至11月底，超额完成年度目标任务，共计实施项目241个，较年度目标任务199个项目多实施42个项目，范围扩大至全省14个市州、兰州新区、68个县区和省景电中心、省疏勒河中心、省引大中心3个省级单位。全年累计落实资金44.95亿元，完成投资46.06亿元，完工194个项目。当年建成的13座新建水库（池）新增供水能力7667万立方米，解决150万人饮用水源不稳定问题，改善灌溉面积40万亩；16处中型灌区续建配套与节水改造项目有效改善灌溉面积81万亩；65处农村供水改造提升工程进一步改善当地约172万人供水保障水平；100处改建淤地坝对下游防洪保安、泥沙拦蓄、淤地造田等发挥重要作用。

大中型泵站标准化规范化管理。全省共有泵站4246座，总装机流量1503.23立方米每秒，总装机功率107.63万千瓦，泵站供水受益区总面积约1万平方千米，保障灌溉面积约370多万亩，覆盖人口约187万人。按照水利部明确的装机功率及流量标准，全省共有36处大中型泵站纳入标准化管理台账，主要分布在黄河流域的黄河干流以及一、二级支流，在西北诸河内陆河流域、长江流域极少分布且规模极小。截至2022年底，按照《甘肃省大中型泵站标准化规范化管理试点方案》先行先试实施标准化规范化创建的省景电、兰州三电、白银兴电、庆阳巴家咀等4处泵站管理单位已完成自检，其中兰州三电泵站已完成考核，其他3处泵站后续将按程序和管理权限开展考核。

水库移民安置及后期扶持。加强移民安置全

过程管理，保障大中型水利水电工程顺利建设。省政府发布临夏州供水保障生态保护水源置换工程、黄河甘肃段河道防洪治理工程和玉门抽水蓄能电站、皇城抽水蓄能电站、张掖抽水蓄能电站、黄羊抽水蓄能电站、永昌抽水蓄能电站、黄龙抽水蓄能电站等8项大中型水利水电工程占地和淹没区范围内禁止新增建设项目及迁入人口的通告。印发《甘肃省水库移民后期扶持资金使用管理实施细则》，全年下达后扶资金64644万元，实施项目239个。强化移民项目建设管理，严格核定大中型水库移民后期扶持人口。

## 农村水利水电

【规模化供水建设】推进农村供水“工程规模化、城乡一体化、管理智慧化、运行标准化”建设，推广第一批星级水厂遴选经验，组织开展第二批遴选，示范带动其他水厂规范化建设管理。会同省发展改革委、财政、乡村振兴等部门印发《关于加快推进农村规模化供水工程建设的实施意见》，指导各地以水库、大型骨干调水工程为稳定水源，推进规模化供水建设。选取古浪县作为农村供水工程规模化发展省级试点，推进县域规模化供水建设，通过管网延伸、连通等措施，将县内5座水厂管网连通，形成7.68万吨/天的规模化供水保障体系。

【供水工程提升改造】将52处农村供水工程建设纳入省政府为民实事“打通最后一公里”农村水利惠民工程，同步调度其他22处效益明显的农村供水工程。全年74处为民实事农村供水工程全部完成年度建设任务，完成投资11.16亿元，受益人口达218万人。强化农村供水工程维修养护，全年共落实维修养护资金1.58亿元，完成3743处工程维修，服务人口达970万人。

【供水水质】联合省总工会、天津市水务局举行全省县级水质检测人员培训暨技能竞赛。抽选42个县级农村供水水质检测中心开展规范化评估建设。与省生态环境、省卫生健康等部门协作，强化农村供水水质监测，加强信息共享。会同省生态环境厅、省卫健委、省乡村振兴局制定印发《关于开展农村供水水质提升三年专项行动实施方案》，启动农村供水水质提升专项行动。

【供水运行管护】《甘肃省农村饮用水供水管理条例》于11月1日起正式颁布施行。评选出16个五星级和25个四星级水厂。制定《2022年全省乡村级管水员骨干师资人员培训方案》。截至2022年底，全省农村集中工程已全部完成定价，水费收缴率达到95%以上。

【基层水利服务】截至2022年，全省共发展基层水利服务机构795个，其中独立设置的水利站550个，具有水利管理及其他行业管理职能的服务中心151个，基层水利服务机构在岗人员12280人。组建农民用水户协会4131个。全省有2个农民用水合作组织成功申报国家示范合作组织。

【黄河流域水电站清理】按照国家统一安排部署，启动黄河流域水电站清理整改，省级层面落实专项资金，逐站现场核查综合评估，以河流为单元，编制完成《甘肃省黄河流域水电站综合评估报告》及黄河干流、洮河、湟水、大夏河四条重要河流分报告，明确215座水电站分类处置意见，其中保留类14座、整改类153座、退出类48座。同步推进长江、内陆河流域水电站清理整改，审定下发392座自然保护区外水电站综合评估分类处置意见。

## 水旱灾害防御

【预报预警】2022年，省水利厅累计发布强降雨防范预警通知27次、河流洪水预警34期、河流枯水预警1期、山洪气象风险预警58期、处置各类暴雨洪水预警信息70期，累计启动洪水防御应急响应5次、干旱防御应急响应1次；武威、天水、白银等地及时启动应急响应，强化防御措施，及时发布预警。全省受影响的79个县区累计发布预警5227余次，向各级责任人及社会公众累计发送预警信息1360万余条。

【预演预案】修订印发《甘肃省水利厅水旱灾害防御应急预案（试行）》和《甘肃省水利厅暴雨洪水预报预警信息处置规程》，指导市县各级逐级修订完善应急响应预案，组织对全省340座有防洪任务的水库汛期调度计划复核审查，组织开展昌马、双塔水库2022年防洪联合调度演练，配合省防办开展

2022年防汛抗洪应急指挥协调桌面推演，参加“应急使命·2022”高原高寒地区抗震救灾实战化演习。安排各地修订完善水库汛期调度、河流超标洪水、山洪灾害防御、抗旱应急供水等预案并开展演练。天水市编制（修订）完成城市、河流超标洪水防御预案，兰州、嘉峪关等地组织开展洪水防御应急演练。

【隐患排查】印发《关于开展2022年度水旱灾害防御汛前大检查的通知》，安排省市县三级开展汛前检查。在全省范围内持续指导开展隐患排查，赴文县碧口镇、康县周家坝镇等重点地段检查指导防洪和堰塞湖等隐患排查工作。主汛期，组织开展山洪风险隐患再排查，累计排查山洪灾害监测预警平台87个、自动雨量站4732个、自动水位站115个、无线预警广播5766套，整改隐患问题253个。印发《关于开展涉河建设项目施工度汛监督检查工作的通知》《关于抓紧开展河道堤防防洪风险隐患排查整改的通知》，对黄河干流及中小河流范围内汛期在建工程开展安全度汛监督检查，组织清除河道行洪障碍，排查堤防风险隐患。

【中小河流洪水防御】全年全省大中型水库共拦蓄洪水1.23亿立方米，减淹城镇2个，减淹耕地0.4万亩，避免转移人口2406人。庆阳、张掖、兰州市水务局组织加强巡查防守、警戒管理和防洪调度，严禁私自加大流量泄洪或拉沙，有序组织八盘峡、柴家峡等水电站预泄腾库，确保洪水平稳下泄，确保下游河段流量安全平稳。

【防旱抗旱】3月，印发《关于做好春季抗旱工作的通知》部署春季抗旱工作。旱情高峰期，省水利厅及时启动干旱防御Ⅳ级应急响应，派出工作组赴白银、兰州、武威等一线检查指导抗旱工作。安排景电、引大、引洮等骨干引提调水工程多供多灌。全省累计出动拉运送水车辆1309台次、抗旱设备88台套、启动应急水源42处、开动机井1600眼，保障群众饮水、工农业生产用水。

【救灾资金】2022年，水利部下达甘肃省水利救灾资金3920万元，省级财政下达水旱灾害防御经费和水利救灾资金3000万元，共支持各地开展水毁修复项目29处、抗旱项目37处。

## 水域治理

【黄河流域生态保护和高质量发展】省水利厅组织召开2022年水利专责组会议，系统安排部署全年工作。细化梳理“十四五”期间9个重大专项行动、5类重点工程和6项重要管理举措。加快推进中办调研反馈及国家黄河流域生态警示片7个涉水问题整改，各级水利部门积极争取2022年度黄河专项资金，中央财政下达黄河专项奖补资金涉水项目6.61亿元，占全省的68%；国家发改委重大区域发展战略建设黄河专项资金涉水项目5.86亿元，占全省的46%。配合水利部和黄委会全力做好黄河黑山峡河段开发和南水北调西线工程前期论证相关工作。

【重点流域治理】黑河通过下游正义峡断面面向内蒙古额济纳旗下泄水量13.71亿立方米，周边旱区湿地面积达到106平方千米，东居延海实现连续18年不干涸。石羊河蔡旗断面过水量为3.31亿立方米，连续13年超额完成年度调水任务，下游青土湖水面面积扩大到26.7平方千米。讨赖河全年渠首来水量6.48亿立方米。疏勒河全年泄放生态水量5.19亿立方米，自2017年“哈拉奇”逐渐恢复开始，干涸消失300余年的终端湖“哈拉奇”重现。

【水土保持】2022年组织实施中央预算内投资坡耕地水土流失综合治理工程，中央水利发展资金国家水土保持重点工程、黄土高原塬面保护、病险淤地坝除险加固和新建淤地坝等五类项目共236个，下达中央资金9.20亿元，全年共完成小流域综合治理与保护面积1170平方千米，实施坡改梯24.9万亩，除险加固淤地坝79座，新建淤地坝67座。发布甘肃省地方标准《机修梯田技术规范》，推进淤地坝“四变”改革，完成100座淤地坝“四变”改革建设任务。完成秦州流水、舟曲狼岔坝、永昌南坝等高标准示范小流域建设。水利部确定天水市秦州区、平凉市泾川县、陇南市两当县为“国家水土保持示范县”，庆阳市西峰区清水沟小流域为“国家水土保持示范工程”。完成51项省级生产建设项目水保方案审查批复和市县审批的186个水保方案质量抽查；开展年度水土保持卫星遥感监管。全省2022年征收水土保持补偿费6.39亿元。

## 河湖长制

【河湖长规模】全省河湖长制工作责任体系建立健全，河长湖长社会公布，河湖警长、检察长体系全面建立，巡河员、护河员、监督员体系构建到位。截至2022年底，全省设置五级河长21934名，其中：省级河长13名，市级河长130名，县级河长1030名，乡级河长7042名，村级河长13719名；设置五级湖长1065名，其中：省级湖长3名、市级湖长44名、县级湖长193名、乡级湖长288名、村级湖长394名、业主湖长143名；巡（护）河员24307名。

【河湖长履职】4月14日，签发省总河长5号令《甘肃省2022年河湖长制工作要点》，签发省总河长6号令《关于开展美丽幸福河湖创建工作的决定》。4月24日，签发省总河长7号令《关于加快推进妨碍河道行洪突出问题集中清理整治的通知》。6月14日，全省河湖长制工作会议暨全省河长制湖长制工作先进集体和先进个人表彰大会在兰州召开。全年省总河长、各省级河湖长开展巡查调研16次，地方各级河湖长累计巡河117万人次，推动解决河湖问题1150个。坚持省级生态环境保护督察和河湖长制专项督察同步开展，全覆盖完成首轮河湖长制进驻式督察。探索建立黄河流域生态保护多部门检行协作机制。出台办法，将河湖长制考核激励奖补政策制度化、常态化，每年对考核优秀市州各奖励100万元。完成河湖长制五周年来首次表彰，对95个先进集体、189名先进个人进行表彰。

【河湖搬迁】出台《河湖管理搬迁范围和对象认定指导意见》，组织完成2022年河湖管理范围搬迁对象县级认定、市级审核，涉及陇南108户421人、定西6户23人。

【河湖整治】完善河湖“四乱”整治分层责任体系，全年累计排查解决“四乱”问题694个；强化公众监督，累计受理核查群众举报、信访舆情160件。签发总河长7号令《关于加快推进妨碍河道行洪突出问题集中清理整治的通知》，组织各地对有行洪任务的河道进行全面排查，整改突出问题226个。规范采砂秩序，公告全省84条河流重点河段、敏感水域“四个责任人”。严格采砂许可，全面推行河道采砂许可证线上申领。开展专项整治，累计巡查河道23万千米，查处非法采砂行为39起，移交刑事案件5起。引入社会资本，推行与省情、河情相契合的河湖视频监控服务新模式，累计安装视频监控设备3998台，改造提升视频设备500台，推动河湖监管由“人防”向“人防＋技防”结合，由“事后被动应对”向“事前主动防御”转变。完成170条流域面积50平方千米以下河流划界。编制完成省级河湖“一河一策”2018—2021评估报告和2022—2025方案。发布首期《甘肃省河流健康蓝皮书——甘肃省河流健康评价报告（2017—2021）》。

## 水利改革

【水利投融资改革】完善奖补激励政策，修订印发《甘肃省水利厅贯彻落实“四抓一打通”实施方案推动水利高质量发展奖补激励办法（试行）》，搭建金融合作平台，组织召开全省“四抓一打通”重大水利工程建设“政银企”协商座谈会，邀请中国农业发展银行等14家银行和南水北调集团等9家企业，商讨甘肃水利改革发展。与农发行甘肃分行等6家银行签订战略合作协议，会同省金融监管局与国开行、农发行、农行甘肃分行联合印发《关于利用政策性金融支持推进水利基础设施融资模式扩大水利有效投资的指导意见》。2022年全省共落实到位水利建设资金201.24亿元，同比去年增加37.59亿元，其中争取公共财政投入101.73亿元，同比去年增加7.38亿元；指导市县落实金融贷款、债券资金、引入社会资本等99.51亿元，同比去年增加30.21亿元，尤其落实发行专项债券59亿元，较去年增加18亿元，同比增长43%，落实规模全国排名第13名。

【农业水价综合改革】联合省发改委、财政厅、农业农村厅等部门制定印发《甘肃省农业水价综合改革2022年度工作计划》，分解安排140.05万亩改革任务面积。会同省发改委、财政厅、农业农村厅印发《关于稳步推进甘肃省农业水价综合改革的通知》，指导市县统筹推进2022年度改革任务、改革验收、成本监审、奖补机制落实等重点工作。印发《关于健全完善农业水价综合改革精准补贴和节水奖励机制的指导意见》，全省累计实施改革面积1758万亩，占计划改革任务总面积1880万亩的93.5%。

## 节约用水

【黄河流域深度节水控水行动】印发《甘肃省“十四五”节水型社会建设规划》，印发《甘肃省黄河流域深度节水控水行动实施方案》，确定32项具体措施以及年度重点任务清单。发布《甘肃省高校节水专项行动实施方案》，完成《甘肃省行业用水定额（2017版）》修订。

【节水载体示范创建】推进县域节水型社会达标建设，55个县被水利部命名为县域节水型社会达标县；11个县区县域节水型社会建设水利部达标命名。16个县区县域节水型社会达标建设和9所节水型高校的通过省级技术评估和验收。评定省级节水型企业10家，建成水利行业节水型单位169个。完成省保育院和兰州接驾嘴高速公路服务区省级节水示范载体试点建设。

【节水评价与监管】落实规划和建设项目节水评价制度，组织对24个规划和233个建设项目开展节水评价。推进合同节水管理，签约项目10个。全面落实年用水量1万立方米及以上的工业和服务业用水单位计划用水监管全覆盖，完成全省符合条件的4109家用水单位台账建立和用水计划下达。完成黄河流域15个火力发电行业水效对标达标行动。印发《甘肃省节约用水监督检查办法》《甘肃省节约用水奖励办法》，开展2022年节约用水监督检查，对确定的369家国家、省、市三级重点监控用水单位开展取用水跟踪监管。

## 水利建设管理

【规范水利建设市场】制定《水利企业信用信息管理办法》和《企业信用评价管理办法》，建设并上线试运行“甘肃省水利工程建设管理服务系统”。完成招标登记和中标备案等14件，做好根治拖欠农民工工资工作，查处拖欠工资案件3起。

【水利建设质量管理】出台《工程质量终身责任追究管理办法实施细则》，印发《水利工程质量检测管理实施细则》，针对部分在甘从业质量检测机构有资质无实验室、有实验室无设备、有设备无人员等问题，细化规范质量检测机构从业行为。全年共新申请（延续）质量检测企业资质18家。

## 水政

【水利依法行政】新修订的《甘肃省水利工程设施管理保护条例》已由省十三届人大常委会第三十一次会议审议通过于2022年8月1日起正式施行。新修订的《甘肃省农村饮用水供水管理条例》已由省十三届人大常委会第三十二次会议审议通过于2022年11月1日起正式施行。制定印发《全省水利系统法治政府建设实施方案（2021—2025年）》，细化实化25项重点工作任务。累计审核《甘肃省水利工程责任单位责任人质量终身责任追究管理办法实施细则》《甘肃省中小河流整河治理总体方案编制项目招标代理服务合同》等规范性文件、合同制度等21余部，6部向省司法厅予以申请报备。

【政务服务环境】依法深化水利“放管服”改革，召开“放管服”政务服务事项专题推进会，37项政务服务事项实现全程网办。全程网办率由54%提升至100%。强化政务数据共享，发布政务数据目录33条，挂接资源329条，挂接资源比例达100%，推进政务服务便利化，涉河建设项目审批推行“线上审”，质量检测单位乙级资质认定和部分水土保持方案审批实行告知承诺制，水土保持设施自主验收备案压缩为即办件，“三类人员”实现“跨省通办”，政务服务办事效率大幅提高。

【水行政执法】全年累计摸排移交整改各类问题线索183个。全省防汛保安和地下水超采治理专项执法行动开展全覆盖抽查，全力推动两大专项执法行动落地落实。累计摸排影响行洪线索83个，其中14个线索已立案处罚，69个问题线索已全部整改到位。摸排地下水超采违法行为线索23个，已全部立案处罚并全部结案。

（省水利厅　解瑞）

## 引大入秦水资源管理

【供水运营】全面落实“四水四定”原则，主动适应用水需求变化，统筹保障各类生产生活用水，积极应对入夏以来持续的高温旱情，全力开展抗旱保供工作，为缓解供水区旱情提供可靠水资源基础支撑。拓展供水市场，提高综合效益，水量水费均超额完成年度目标任务。2022年全年供水运行历时259天，累计向灌区调配各类用水4.26亿立方米，较去年增加5626万立方米，增幅15.22%；完成灌溉面积227.54万亩次，较去年增加49.91万亩次，增幅28.10%；完成供水运营水费收益7312.16万元，较去年增加621.73万元，增幅9.3%。

【项目规划建设】建立“四抓一打通”项目库，编制《“四抓一打通”实施意见》，启动实施《引大入秦工程封闭改造项目》和《引大入秦工程古山电灌改造项目》前期工作。按期完成引大入秦灌区“一张图”的外边界绘制和“十四五”大型灌区续建配套与现代化改造任务上图工作。至2022年底，引大入秦大型灌区“十四五”续建配套与现代化改造2022年度项目总体进度达到预期目标，完成实物工程量折合投资9962.60万元，占下达投资10999万元的90.6%，结算总计6251.37万元，占中央下达投资8799万元的71.1%；基本完成总投资1833万元的2021年维修改造项目（三期）主体工程；总投资541万元的天王沟明渠边坡应急治理项目完成进度约85%。

【安全生产】持续推进安全生产专项整治三年行动，扎实开展“安全生产月”活动和“防风险、保稳定”专项行动，建立问题隐患和制度措施“两个清单”，提高应急处置和防灾减灾救灾能力。开展工程安全大检查，对水库、水闸、隧洞、渡槽、倒虹吸、排洪建筑物等重点工程和关键部位开展隐患排查和整治，筑牢安全生产第一防线。以巡视反馈问题整改为契机，建立、完善各项安全生产管理制度，在工程沿线增设507块安全警示牌，坚决守住不发生重特大事故的安全底线。

（省引大入秦水资源利用中心　张倩）

## 疏勒河流域水资源利用

【综述】疏勒河是甘肃省三大内陆河之一，发源于祁连山脉西段托勒南山与疏勒南山之间，疏勒河干流全长670千米，流经青海省天峻、甘肃省肃北、玉门、瓜州、敦煌等县市，流域面积17万平方千米，多年平均径流量10.31亿立方米。疏勒河灌区由昌马、双塔、花海三个相对独立的子灌区组成，包括玉门市、瓜州县22个乡镇和甘肃农垦6个国营农场，总灌溉面积134.42万亩，是甘肃省最大的自流灌区。灌区内建有昌马、双塔、赤金峡三座水库，总库容4.72亿立方米，配套建设1100多千米干支渠和4050千米末级渠系，渠道总衬砌率97%以上。

【水资源管理】加强水资源调度服务保障，国控取水点监测设施运行完好，全面督查包抓县市河湖长制落实情况，定期对“四乱”清理整治工作进行巡查检查，每月对疏勒河36条291千米干支流及大、小苏干湖开展一轮督导检查，发现并督促清理整治河湖“四乱”问题105项。推进疏勒河昌马灌区水利工程管理与保护范围划定项目，按标准划定217.242千米渠道及建筑物的管理和保护范围，做好流域内37眼地下水长观井日常监测，开展流域环保专项检查和治理，利用春冬作物非生育期，向灌区100多万亩的农田限采区、超采区进行地下水补给超过8000万立方米以上。清理整治水库大坝、单位驻地和周边环境的卫生垃圾1200余立方米。

【项目建设】2022年4月，省疏勒河中心被水利部列为全国首批“数字孪生流域建设先行先试”试点，协调争取项目资金1.19亿元，采用无人机倾斜摄影、GIS、BIM建模等技术，初步完成了覆盖疏勒河干流重点河段、水库、枢纽、重点干渠等范围的地理三维数据底板。初步建立符合疏勒河流域实际的流域基础模型、流域防洪管理模型、水资源调配模型等水利模型和视频识别、语音识别等智能模型，打造与实际疏勒河一样的“数字孪生流域”，2022年完成数字孪生疏勒河总体进度的75%。完成总投资2.28亿元的昌马灌区现代化改造项目2021—2022年度实施工程、中心所属电站维修改造项目等省列重点项目4项，完成投资552.35万元的中心重点项目2项、投资522.5万元的限额以下工程项目59项。

【灌区管理】落实水权水量控制指标，编制落实灌溉用水计划。全年向玉门、瓜州县市8个城市景观、68个风沙口、11万亩农田防护林网供给生态用水2800万立方米，有效保护流域156万亩农田的安全生产。在确保农业灌溉均衡受益的前提下，将水资源向民族乡镇适度倾斜，确保玉门、瓜州两县市6

个民族乡镇、4.5万名少数民族群众特色产业增收。配合地方政府、农垦团场实施好田间高效节水和高标准农田建设项目，全年完成高效节水灌溉面积10万亩以上。推进运用“阳光水务”系统，建成的698个（套）信息化计量点运行正常，实时发布水情、水费信息，高效管理田间灌溉，群众满意率达到98%以上。

【生态文明建设】全面督查包抓县市河湖长制落实情况，定期对“四乱”清理整治工作进行巡查检查，每月对疏勒河36条291千米干支流及大、小苏干湖开展一轮督导检查，发现并督促落实清理整治河湖“四乱”问题105项，河湖管理保护力度持续加大。做好流域内37眼地下水长观井日常监测，利用春冬作物非生育期，向灌区内玉门市、瓜州县100多万亩的农田限采区、超采区进行地下水补给超过8000万立方米以上。通过水利工程向三道沟输水渠和南阳镇泄水渠、瓜州县三道沟河、玉门市西城河、瓜州县桥子河等支流、湿地生态补水2.62亿立方米以上，通过疏花干渠向石油河补水1.1亿立方米，向敦煌西湖国家级自然保护区下泄生态水量1.38亿立方米，全面完成《敦煌规划》确定的下泄生态水量0.78亿立方米的目标要求，疏勒河尾闾哈拉诺尔、艾山湖、哈拉奇三湖呈现碧波荡漾、候鸟飞翔的盛景。

【统筹协调发展】加大与酒泉市、玉门市、瓜州县以及农垦团场的协调沟通力度，建立联席会商机制，保障好灌区上下游之间灌溉水量的适时供给和均衡受益。全力保障好中核四〇四厂、803电厂、金塔核工业园区、常乐电厂、瓜州柳沟物流园等工业企业供水，积极配合酒泉市、肃北县做好马鬃山工业园区供水的前期准备工作，配合玉门市政府做好玉门市疏勒河综合引水工程（一、二、三期）、玉门昌马抽水蓄能等项目前期服务工作。全年中心所属8座水电站发电2.26亿度，为地方经济社会发展提供优质高效的清洁能源。

（省疏勒河流域水资源利用中心　王亚虎）

## 景泰川电力提灌水资源管理

【项目建设】2022年，景电大型灌区“十四五”续建配套与现代化改造2021年度项目全部完成，完成投资1.08亿元，改造泵站4座、渠道30.5千米；2022年度项目开工实施，下达投资1.5亿，落实投资1.41亿元，完成投资1.3亿元，完成率86.7%。景电二期提质增效暨加大向民勤生态调水工程、景电三期（引黄济石）工程已申报省水利厅、省发改委，景电调蓄水库（池）等3个项目进入省重大项目库。

【灌区管理】2022年景电工程取用水许可指标（含临时指标）达到6.4亿，同比增长11.90%，提水量达到6.39亿立方米，同比增长12.05%。向民勤调水近1.30亿立方米，同比增长23.73%；向古浪黄花滩供水3498.61万立方米，同比增长28.02%；完成灌溉面积426.78万亩·次，同比增长8.96%；水费收入1.95亿元，同比增长11.38%。工程、设备完好率保持在98%以上，安全运行率达到100%。

【灌区改革】加强与地方政府协同联动，推进景泰灌区农业水价综合改革，新增改革实施面积52万亩，建立县、乡、村、组、户5级水权制度，发放第一批水权证。改革灌区水管体制，在灌区成立9个乡镇水资源管理办公室和107个农民用水者协会，形成水管单位、地方政府和灌区群众共同管水模式。向村级农民用水者协会颁发末级渠系产权证，建立精准补贴和节水奖励机制，推进节水型灌区建设，首次将节水量纳入年度主要生产经济指标考核。对计量不准、不稳定的量水设施进行改造，安装自动计量设备21套。

【灌区运行管护】在景电大型灌区“十四五”续建配套与现代化改造2022年度项目中同步开展标准化规范化建设。编制完成省级验收报告，制定国家级水利工程管理单位创建方案。启动实施制度建设“废改立”工作，对现有制度进行全面梳理评估。为有效防止渠道溺亡事故发生，协调景泰县落实资金882万元，安装安全防护栏33.5千米、安全警示牌186个。南干片区泵站“无人值守，少人值班”管理模式运行稳定。中心申报的《大型渠道刚柔耦合防冻胀衬护结构创新及示范》《高扬程梯级泵站无人值班智能远程测控技术集成应用与示范》两个课题分别荣获2021年度省科技进步二、三等奖。财政专网全面覆盖水管所，农户可足不出户缴纳水费。

（省景电中心　李英）

## 工业经济运行

【概况】2022年，甘肃省全年规上工业增加值同比增长6%，增速高于全国2.4个百分点，居全国第13位，位次比上年度前移4位；工业固定资产投资增长57.0%，制造业投资增长46.9%。全省工业占生产总值比重提高1.9个百分点；工业固定资产投资增长57.0%、制造业投资增长46.9%。其中，制造业技改投资、装备制造业投资和高技术制造业投资分别同比增长54.4%、68.9%和14.7%，工业投资增速连续两年保持全国第1位。金昌（25.7%）等4个市州实现两位数增长，武威（9.7%）等5个市州增速高于全省平均水平。50户重点调度企业实现工业总产值6735.44亿元，同比增长21%，对规模以上工业增长贡献率达到43%。全省工业固定资产投资同期增长57.0%，14个市州工业固定资产投资全部实现正增长；全年全省制造业投资增长46.9%，其中，制造业技改投资、装备制造业投资和高技术制造业投资分别同比增长54.4%、68.9%和14.7%。科技创新持续活跃，全年共登记科技成果1851项，技术市场成交合同金额比上年增长20.7%；新认定“专精特新”中小企业60户，规模以上企业新入库463户。2022年，制定《甘肃省贯彻落实稳住经济一揽子政策措施实施方案》工业措施。建立重点产业链供应链“白名单”服务保障机制，发放《重点物资运输车辆通行证》2.8万余个，保障原材料及产品运输通畅。

（省工信厅　张雨田　李梦龙　孙晓东　梁顺）

【工业结构优化】2022年，规模以上工业增加值增速提升到全国第13位。工业投资成效显著。以投资带动发展，工业投资持续高速增长。2022年全省工业固定资产投资增长57.0%、制造业投资增长46.9%，14个市州工业固定资产投资全部实现正增长。其中，制造业技改投资、装备制造业投资和高技术制造业投资分别同比增长54.4%、68.9%和14.7%。创新能力快速提升。甘肃深入实施创新驱动发展战略，2022年综合科技创新水平指数较位居全国第23位，水平指数比2017年提升4.29分。2022年，登记科技成果1851项；技术市场成交合同金额比2021年增长20.7%。数字赋能工业显著提升。抢抓数字经济发展机遇，促进数字经济与实体经济深度融合。新基建扩面增效，已建成3.15万个5G基站、66个数据中心、15个工业互联网平台，5G网络已实现市（州）主城区及县区城区、重点工业园区5G网络覆盖。金川集团5G+合成炉精矿上料皮带智能巡检系统的开发与应用项目等一批“5G+工业互联网”典型应用场景建成运营。

【技术创新】2022年，加强省级企业技术中心、行业技术中心、省级工业设计中心（企业）、产业技术创新联盟等技术创新平台的培育认定和考核评价，修订完善《甘肃省工业设计中心认定管理办法》。支持中科院近代物理研究所（甘肃省同位素实验室）为牵头组建甘肃省同位素制造业创新中心；推进甘肃省镍钴新材料、饲草机械设备、重离子、羰基金属材料、表面功能材料和矿物功能材料、兽用生物制品、光化特种新材料创新中心建设。组织开展2022年工业优秀新产品评选，支持金川公司镍钴新材料新能源产业链、核孔膜污水处理系统和物料分离系统等项目加快产业化进度。全年新认定省级企业技术中心20家、省级行业技术中心14家、省级工业设计中心21家、省级技术创新示范企业8家、新培育省级制造业创新中心1家，重要产品和关键核心技术攻关成效明显，产品结构得到优化。新认定甘肃省羰基金属材料、人工智能产业技术创新联盟等4家技术创新联盟。

【产业链建设】2022年，构建产业链推进工作机制，履行7条产业链执行链长职责，坚持“一链一策、分链管理”，分三批培育认定53户链主企业，谋划65条细分产业链，印发《产业链“一链一策”工作推进手册》，通过多种形式，加强对产业链工作的指导推进。依托兰州新区、白银、酒泉、张掖等地化工园区，以医药、农药、染料等精细化工中间体和专用化学品为代表的精细化工产业异军突起，能提供高端聚烯烃等3000多种特色精细化工产品。12户省属链主企业充分发挥引领带动作用，与6614户上下游企业形成股权合作、业务协同、资源共享等合作关系，实施溢出效益大、带动能力强的90个延链补链强链项目，累计投资达到154.35亿元，为下游释放订单需求，带动960户重点企业形成产值374亿元。兰州石化3.5万吨特种丁腈橡胶、华煤集团20万吨聚丙烯等项目建成投产；金川集团铜电解Ⅱ系统工艺装备升级改造项目（南区）等技改项目建成投产；兰州生物所新建多糖蛋白结合疫苗生产车间、中国生物西北地区科技健康产业园等年度产业链重大项目顺利推进。

【传统产业】2022年，围绕制造业技术改造投资增速12%、组织实施“三化”改造重点项目270项、年度计划投资166亿元的目标，在降低运营成本、提高生产效率、促进安全生产等方面统筹推进。高端化方面，坚持用高新技术和先进使用技术改造传统产业，利用工业互联网等新一代信息技术赋能新制造、催生新服务，着力提升企业创新和转化能力，新培育认定省级企业技术中心、行业技术中心等各类创新主体64家，完成工业新产品备案105个、新工艺新技术300余项。全年新产品销售收入占全部工业销售收入的比重达到7.6%，占比排名从全国第31位提升到26位。智能化方面，培育认定全省第二批智能工厂1户、数字化车间22个，启动第四批智能化诊断咨询工作。新一代信息基础设施建设基本完成，重点企业生产设备联网率过半，“上云用数赋智”率提高到90%以上，智能工厂和数字化车间增加23个。绿色化方面，推进减排降碳以及冶金、建材、石化行业企业节能降碳技术改造实施方案，新认定省级绿色工厂26户、绿色设计产品4种、绿色园区1个、绿色供应链1家、工业节水型企业10户。

【中小企业】2022年，甘肃省先后制定出台《甘肃省优质中小企业梯度培育管理实施细则》《甘肃省中小企业公共服务示范平台认定管理办法》《甘肃省小型微型企业创业创新示范基地认定管理办法》《甘肃省促进中小企业特色产业集群发展实施细则》4个政策文件，制定《甘肃省提升中小企业竞争力若干措施》《甘肃省为“专精特新”中小企业办实事清单》等政策措施。召开《进一步加大对中小微企业纾困帮扶力度若干措施》等“1+2”政策文件新闻发布会，宣传解读惠企纾困政策。加强市场主体培育力度，2022年底，全省工业和信息化企业数量达到6万户，比2021年增加4163户。着力提升中小企业发展质量，完善“专精特新”中小企业培育库，入库培育企业606户，健全优质企业梯度培育体系。新培育认定省级“专精特新”中小企业60户，累计达到329户。酒泉奥凯种子机械股份有限公司被工信部认定为单项冠军企业，海林中科“圆锥滚子轴承”产品被认定为单项冠军产品。持续开展防范和化解拖欠中小企业账款专项行动，截至12月31日，甘肃省22.52亿元无分歧欠款已全部化解，单笔50万元以下无分歧欠款全部清偿，按期完成国家清欠专项行动确定的目标任务。

2022年，全省现有规模以上工业中小微企业2341户，复工率达到95%以上，增加值同比增长9.8%，增速高于全省规上工业3.8个百分点，增加值占全部规上工业33%，拉动工业增长3.3个百分点。全省市场主体达到216.24万户，同比增长7.32%。其中，企业达到58.14万户，同比增长8.87%，工业和信息化企业数量达到5.97万户，比2021年增长7%。已培育认定国家级专精特新“小巨人”企业45户；国家级制造业单项冠军企业1家、单项冠军产品1个；省级“专精特新”中小企业329户；中小企业公共服务示范平台121个；小型微型企业创业创新示范基地39个，新建入规企业101户，实现产值135.9亿元。全年围绕65条细分产业链，向省内专精特新“小巨人”企业和“专精特新”中小企业征集120项产品和服务，其中12户省属链主企业发挥引领带动作用，与6614户上下游中小企业形成股权合作、业务协同、资源共享等合作关系，实施90个延链补链强链项目，累计投资达到154.35亿元，带动960户重点中小企业形成产值374亿元。争取国家小微企业融资担保降费奖补资金6932万元，引导政府性融资担保机构加大支持小微企业力度。全省担保机构对1.3万户小微企业132.49亿元贷款提供担保服务，平均担保费率达到1.36%。

（省工信厅　秦小银　陈晓蓉）

【轻纺工业】2022年，全省轻工业规模以上企业工业增加值下降2.2%，低于全省规模以上工业企业工业增加值增速8.2个百分点；实现工业销售产值910.6亿元，同比增长4.46%；工业产品产销率92.9%，同比下降2.1%。其中，食品行业规模以上企业工业增加值增速6.9%，实现利润总额33.3亿元，同比增长5.38%；医药行业工业增加值下降21.7%，实现利润总额32.5亿元，同比下降48.33%。实现工业增加值增速9.7%，高于全省规模以上工业企业工业增加值增速3.7个百分点，规模以上纺织企业实现利润总额0.7亿元，同比增长75%。

（省工信厅　秦小银　谷亚梅）

【产业融合发展】2022年，围绕年度全省电子信息产业同比增长20%以上的目标，紧盯重点企业经营管理数字化普及率、企业数字化研发设计工具普及率、工业企业关键工序数字化率分别达到59.3%、56.2%、55.1%任务，加强信息基础设施建设，全省累计建成5G基站3.15万个，提前完成2.8万个年度目标，已实现市（州）主城区及县区城区、重点工业园区5G网络覆盖。兰州国家级互联网骨干直联点获工信部批复，配合省发展改革委、指导庆阳市工信局做好全国一体化算力网络国家枢纽节点及“东数西算”产业园建设。加快工业互联网、5G和实体经济深度融合，聚焦智慧矿山、智能制造、无人搬运仓储物流（AGV）等多个5G+工业互联网重点应用场景，赋能制造业数字化转型作用日益凸显。甘肃银光化学工业集团有限公司基于工业互联网的危化行业安全生产创新应用、中国石油集团西北地质研究所有限公司基于物联网的油气田生产运行管理创新应用入选2022年工业互联网平台创新领航应用案例，酒钢集团西沟矿“5G+智慧矿山”荣获由工信部主办的第三届“绽放杯”5G应用征集大赛一等奖，永诚恒易网络科技股份有限公司“化工产业数字化智慧供应链服务平台”项目入选“工业互联网平台+供应链协同解决方案”试点示范。兰州兰石集团有限公司重型装备焊接大数据应用项目入选2022年大数据产业发展试点示范，甘肃博睿交通重型装备制造有限公司基于5G+工业互联网的钢结构桥梁全流程智能工厂创新应用入选2022年工业互联网平台创新领航应用案例。

【医疗物资保供】2022年，及时研判医疗物资保供形势，建立工作专班，健全生产保供机制。争取工信部调配指夹式血氧仪、呼吸机等医疗设备。建立“白名单”制度，对省内24家药品生产企业进行日监测日调度，解热镇痛、抗病毒类、止咳化痰类、治疗感冒类以及部分原料等药品生产企业共16家，产品67个，最大日产能5462万片（粒、丸、袋、盒）；N95（KN95）生产企业8家，最大日产能94万个。解决企业生产中的问题和困难，协调生产原料，保障企业稳产达产、增产扩产。做好特效药品调配，协调呼吸机货源，做好全省“爱心药包”发放工作，人民群众基本用药需求得到有力保障，医疗器械紧缺得到有效缓解。

【安全生产监管】2022年，制定《省工信厅安全生产职责清单和责任清单》，完善《甘肃省民爆行业生产安全事故应急预案》，4月至12月底开展工信系统安全生产大检查3次，整改512个隐患。扎实开展民爆行业安全生产监管工作，开展民爆行业安全生产专项整治，支持专项资金350万元提升企业技术改造和安全水平，实现全年无安全生产责任事故目标。

（省工信厅　张雨田　李梦龙　孙晓东　梁顺）

## 有色金属工业

【概况】2022年，全省有色金属产业以结构调整、绿色发展为主线，全行业经济效益持续向好。镍钴产业方面，金川集团依托金川镍钴资源优势和电池材料产业基础，大力发展锂离子电池材料及镍氢电池材料，打造全国重要的电池材料生产基地。铜产业方面，白银公司推进白银炉技术创新升级项目等重点项目，建成后新增阴极铜产能20万吨、产值120亿元；甘肃德福3万吨电解铜箔达产达标，20万吨电解铜箔三期4万吨项目2022年10月投入试生产。铝产业方面。酒钢集团以电解铝为核心开展延链补链强链工作，招引下游铝合金深加工企业，分别打造嘉峪关本部500亿级的产业集群和陇西新型铝材精深加工产业园，铝液就地转化率基本达到88%以上。铅锌产业。白银集团以自身锌渣资源与兰石中科技术优势互补，5000吨纳米氧化锌生产线拟于下年度上半年建成投产；10万吨纳米氧化锌项目正推进规划设计，建成达产后年带动区域产值30亿元；首信秘鲁综合利用扩建项目于2022年12月底建成投运，形成铅锌金属量10万吨的生产能力。稀土产业。甘肃稀土1.2万吨高纯稀土金属及合金材料项目建设顺利，建成后将延伸稀土深加工产业链。金银产业。白银公司投资3.3亿美元推进范特斯堡、摘戴克斯等资源开发项目，其中，摘戴克斯项目建成投产后，形成700公斤/年黄金产能。“十四五”末南非黄金产能提升到7吨。2022年1—12月，全省规模以上有色金属企业工业增加值同比增长15.2%，拉动工业增速2.4个百分点。

（省工信厅　冯耀华　莫四芳　罗松）

【金川集团股份有限公司】2022年，金川集团实现营业收入3315亿元，工业总产值2199亿元，全面完成年度生产经营任务和甘肃省稳增长目标。利税总额突破188亿元，其中利润105亿元。生产有色金属及深加工产品229万吨。生产化工产品566万吨。2022年，位列世界500强339位，中国500强100位，中国制造业500强39位。

金川集团股份有限公司鸟瞰图（张俊成摄/金川集团供图）

项目建设。资源项目金川地质找矿和矿山建设有序推进，东部贫矿开采工程达产达标，西二采区1430水平以下开拓工程、二矿区深部开采工程按计划实施。沙鹭嘴石英岩矿完成矿权整合。夏日哈木镍矿选矿系统建成投产。非洲区资源项目加快建设，穆松尼矿建工程超计划完成，金森达铜矿采选扩能20%，如瓦西60万吨选矿建成投产，鲁班巴铜矿完成选矿试验。启动Ⅳ矿区贫矿和巴霍拉齐铜矿开发工作。贵金属、铜、镍、废旧电池等二次资源回收利用逐步形成体系。传统产业镍火法集成创新改造全面完成，镍精炼加压系统提升改造形成产能，5000吨钴盐生产线完成扩能改造。金川和防城港各30万吨铜冶炼项目开工建设，铜电解永久阴极和铂族金属升级改造项目全线投产。新兴产业镍钴加速向新能源电池材料转型，3万吨高镍三元前驱体、8000吨正极材料生产线建成投产，10万吨硫酸镍单体试车，28万吨硫酸镍、20万吨磷酸铁锂开工建设。镍铜全面向精深加工升级，2万吨高精铜带一期工程达产达标，5000吨铜箔全线投产，25万吨铜杆铜线、3万吨铜箔和半导体封装新材料项目开工建设。新能源产业东大滩300兆瓦光伏电站项目顺利推进，3.6兆瓦分布式光伏项目具备并网条件。成立数字中心，数字化治理体系逐步健全。矿山运输无人驾驶、选矿碎矿无人值守、数字化成品库、铜精矿智能配矿等数字化示范项目迭代升级。

科技创新。集团召开第24次金川科技攻关大会，12个重大项目“揭榜挂帅”。完成镍钴及共伴生资源综合利用全国重点实验室重组，启动镍钴新材料工程技术研究中心转建国家级技术创新中心。2022年，研发投入11.3亿元，同比增长22.8%。开展科技攻关80项，承担国家和省市重大科研课题15项。产出6N级高纯镍、高纯钴，批量产销负载型贵金属脱氧催化剂。科研成果转化率75%，科技创新发展贡献率65%。获省部级科技进步奖12项。取得授权专利736项，专利成果转化率68%。职工技术创新成果2175项。制修订国家、行业和企业标准95项。

（金川集团股份有限公司　谢冬梅）

**【白银有色集团股份有限公司】** 2022年，白银有色集团股份有限公司完成铜铅锌产品产量64.5万吨;营业收入878.35亿元；工业总产值338亿元；利润总额10.80亿元；净利润5.56亿元，生产经营保持平稳运行。2022年在中国企业500强排名第323位。荣获甘肃省先进企业突出贡献奖。

项目建设。2022年，全年完成固定资产投资13.9亿元，同比增长15%。固投项目上，首信秘鲁680万吨／年尾矿综合利用扩建项目建成投产形成多金属选矿1500万吨、年产铜金属量4万吨、铅锌金属量8万吨的生产能力。新材料产业上，锂电铜箔三期4万吨项目建成试生产，形成7万吨产能规模，成为全国最大的单体电池级铜箔负极材料生产基地；超微细电磁线扩能项目建成投产，形成2万吨产能规模，成为行业内产能最大、竞争力最强的国资企业。新能源产业上，“白银深部铜矿废石场10万千瓦光伏发电项目”建成。“三化”改造上，长通公司跻身国家级绿色工厂行列；物流大数据及中欧班列枢纽项目进入国家中长期规划；铅锌厂老熔铸等3个车间建成省级数字化车间。

技术创新。2022年，集团全年研发投入10.36亿元，同比增长49.9%。申请专利276件、授权专利139件，同比分别增长27.2%、4.5%；净化除钴渣工艺创新等146项揭榜挂帅科研成果实现产业化应用，复杂含锌危废渣技术开发应用等7项成果达到国际先进或国内领先水平。铜铅锌主导产品“原字号”向“新字号”就地转化率从10%提高到21%、附加值从15%提高到38%。下属全资子公司恒诚机械公司、新大孚公司被认定为省级科技创新型企业。14人入选国家和全省人才专家候选人。

安全环保。2022年，安全生产专项整治三年行动取得阶段性成效，标准化提质升级全面启动，安全生产“五大体系”持续完善、有效运行；深化安全大检查和定点包抓，整改完成率100%；组织应急演练787次，应急救援能力得到实战锤炼。落实“黄河战略”，淘汰高耗能设备216台（套），建成投运绿色环保项目8个，万元产值能耗同比降低17.21%，二氧化硫排放量同比减少19%；废水、废气排放源实现有效收集和达标处理，绿色低碳发展水平不断提升。

（白银有色集团股份有限公司　张涛）

**【中国铝业股份有限公司连城分公司】** 2022年，中国铝业股份有限公司连城分公司全年累计生产铝产品29.24万吨，较上年同期增加14.11万吨，增幅93.28%，其中500kA生产线全年新增铝产品产量14.14万吨。全年累计上缴税收1.08亿元。

2022年，连城分公司实施500kA电解复产项目，项目总投资11亿元。该项目对连城分公司原有500kA电解铝生产线实施技术改造，通过优化阴极母线配置、优化电解槽内衬结构、优化槽上部结构、应用无炭渣阳极技术、阳极导杆组全截面焊接技术、阳极抗氧化涂层技术、改善电解质体系及智能化建设，实现铝液生产综合交流电耗优于国内先进值，达到行业一流水平。9月3日建成投产，投产后每年约新增消纳氧化铝74.4万吨、预焙阳极18.6万吨、氟化盐6.6万吨和交流电50.3亿度。初级中间合金产品及铝加工材产量预期可达到45万吨的规模，可带动新增投资约10亿元，新增铝加工产品产值约55亿元。

连城分公司在降碳节能、余热利用等方面推进多项实验项目，其中铝电解节能技术集成工业试验项目，运用全石墨化阴极结构、FHEST技术、磷生铁浇铸等节能新技术，实现原铝液直流电耗低于12300千瓦时／吨铝。铝电解槽余热利用工业试验项目实现铝电解槽侧部余热回收系统的安全性、稳定性、高效性的工业应用。无炭渣阳极铝电解生产技术示范项目通过原料混配实现原料微量元素精准控制。500kA电解复产启动项目，全系列应用磷铁浇铸、槽底母线优化、网络母线自均衡、内衬结构优化、电解槽上部结构优化、高导电型钢钢爪等13项先进技术，288台电解槽全部采用全石墨化阴极，建成国内首条全系列全石墨化阴极生产线。2022年公司获得甘肃省冶金有色工业协会科技进步奖14项，其中一等奖3项、二等奖3项、三等奖8项。

（中国铝业股份有限公司连城分公司　康会林　王冬生）

【兰州铝业有限公司】 2022年，兰州铝业有限公司全年生产铝产品42.85万吨，同比增加3.2%；实现利润8.67亿元；实现工业总产值78亿元，同比增加9.6%，被授予中铝股份总裁特别奖，被甘肃省委、省政府授予“甘肃省先进企业贡献奖”。

节能减排。2022年，兰州铝业践行“双碳”行动部署，持续开展节能减排降本增效工作，加强用能管理，开展生产辅助系统节电、现场跑冒滴漏治理等专项工作。累计开展新能源替代发电50亿千瓦时，减少标煤消耗165万吨。辅助系统年节约用电1018万千瓦时。2022年兰州铝业累计开展新能源替代发电50亿千瓦时，减少标煤消耗165万吨。辅助系统年节约用电1018万千瓦时。

项目建设。加快35兆瓦分布式光伏项目建设，合作推进源网荷储示范项目；高标准推进中央环保督察组问题整改，完成初期雨水收集项目建设，推进煤场封闭改造项目，着力防控环境风险。

科技创新。组织开展全石墨化阴极磷生铁浇铸技术的实施工作。石墨化阴极+磷生铁浇铸技术电解槽炉底压降低至210毫伏左右。用足用好科技创新政策，争取省、市、区科技项目立项。增强推动“三化”改造，推进智能工厂建设，实现“一脸（卡）一库一网”，统一数据接入、数据存储和数据服务。

（兰州铝业公司　于姝雅）

兰州铝业350kA电解生产系列（兰州铝业公司供图）

## 石油化工

【概况】 2022年，全省石化产业紧紧围绕石油勘探与开发、化肥农药研制、化工新材料等子行业，发挥石油和化工产业体系作用，加强科研开发、生产建设和经营管理，产业稳步发展，工业增速和效益大幅度提升。兰州石化全年营业收入较同期增长179.49亿元，创历史新高。茂金属聚乙烯生产技术获得“集团公司十大科技进展”，化工新材料产量创历史新高，合成树脂、合成橡胶、催化剂三个特色产品集群优势显著，聚烯烃领域持续抢占高端市场，氯化聚乙烯粉料创效能力突出，合成橡胶领域形成新的需求增量，催化剂品种多元化步伐加快。2022年1—12月，全省规模以上石化企业工业增加值同比增长3.3%，拉动工业增速1.0个百分点。

（省工信厅　冯耀华　刘少鹏）

【兰州石化公司】 2022年，兰州石化公司全年加工原油947万吨、同比增加32万吨，生产汽煤柴650.6万吨、乙烯144.6万吨、合成树脂187.6万吨、合成橡胶19.7万吨、炼油催化剂7.5万吨。全年实现营业收入773亿元、税费143亿元，分别增长30.2%、4.6%，上市业务持续保持盈利态势，未上市业务扭转多年亏损局面。公司连续14年成为甘肃省纳税超百亿元企业。2022年，兰州石化公司紧密对接甘肃省石化产业集群战略，主动融入中国石油“陕甘宁青蒙”区域规划部署，推动炼化业务转型升级。利用自主技术建成投产国内外单线生产能力最大的特种丁腈橡胶装置，完成氯化聚乙烯基料包装改造，西罐区裂解汽油储罐按期投用，电容膜聚丙烯项目主体装置基本建成，炼油、化工集中控制室项目顺利推

300万吨重催装置（兰州石化公司供图）

实现自由现金流由负转正，运费支出同比下降1.4%。西北销售分公司常态化落实国务院安全生产“十五条硬措施”，安全生产专项整治三年行动圆满收官。实施绿色企业行动计划，建成公司VOCs检测中心和西固油库分布式光伏发电项目，被评定为中国石油绿色企业。开展质量百日提升专项行动，完成西部炼厂油品质量普查、集采油品质量抽查和管道库存油品盘点，兰州等3个质检中心通过国家实验室复审，开展各类演练472次，6座油库通过治安反恐防范国家重点目标认定。

（中石油西北销售分公司　李青桓）

进，300万吨/年重催装置MIP二期改造、注塑专用料等5项技改项目落地实施。优化总图布置，化工园区设立有序推进。加强工程建设项目集中统一管理，实施项目58项，建成中交24项。公司争取高性价比原油资源和榆林上古液化气、轻烃原料，紧跟市场及时“减汽增柴”、柴油增量51.4万吨，100LL航汽首次出厂，榆林公司生产的己烯-1产品出口欧洲，氯化聚乙烯基料L5200实现工业化生产，丁腈橡胶产量创历史新高，炼油催化剂产销均创历史峰值，甲乙酮、丙烯酸、正己烷等精细化工产品实现增产增销增效。开展27项产品质量攻关，全面完成成品油及液体小产品火车装车自动化计量贸易交接，获评“甘肃省质量AAA级企业”。2022年，公司被授予“甘肃省先进企业突出贡献奖”，第三次荣膺“甘肃省用户满意标杆企业”。

（兰州石化公司　王宏亮）

【中石油西北销售分公司】2022年，中石油西北销售分公司销售油品4986.86万吨，调运油品9066.6万吨，营业收入4009亿元，首次突破4000亿元大关，利润总额13.62亿元，位列中国石油销售企业第一。全年在甘结算油品2432.7万吨、同比增16.4%，销售额2196.38亿元、同比增18.5%，缴纳税费6.23亿元、同比减0.25亿元。公司荣获甘肃省先进企业“突出贡献奖”。

西北销售分公司加大高标号汽油、低凝点柴油、航煤等高效产品生产供应，实现创效19.19亿元。利用效益模型精准开展事前算赢，专题分析流向效益，

【中石化甘肃石油分公司】2022年，中国石化甘肃石油分公司油气经营总量53.4万吨，易捷服务全口径营业额近2亿元。

全年实现销售收入45.11亿元，缴纳税费3456万元，完成投资2.83亿元。建成33座光伏发电项目累计发电50.6万度，减排二氧化碳504吨。完成重大危险源双重预防机制数智化平台建设，实现与省应急厅数据联通。全年抽检油品3675批次，100%合格，提前完成汽油国VIB升级置换。2022年废水废气达标排放率、危废处置合规率、环保手续合规率、排污许可证持证率均达到100%。在东乡建成藜麦产业园，2022年溢价收购藜麦原粮698吨。协助省商务厅开发甘肃人民自己的电商平台“臻品甘肃”，打造“陇谷传说”自有品牌，采取“1+87+N”模式，2022年带动甘肃省县域市场线上线下消费突破5亿元。

（中石化甘肃石油分公司）

## 钢铁工业

【概况】2022年，全省钢铁企业全力保障各项经营生产活动有序开展，行业运行总体平稳。节能降耗方面。酒钢集团严格落实能耗指标要求，全年吨钢综合能耗同比降29.66kgce/t；榆钢公司同比降低22.21kgce/t，各主要工序能耗均完成国家能耗

限额标准。兰鑫钢铁集团公司能源消费总量比2021年度减少2.82万吨标准煤，能源消耗强度同比降低15.32kgce／t，其中，高炉、转炉等各工序单位产品能耗水平均优于国标限定值水平，电炉工序单位产品能耗水平达到国标先进值。科技创新方面。酒钢集团开展科技项目165项，其中科技重大专项13项、研究项目42项、新产品研究开发项目23项、新产品扩大实验项目33项、技术改进项目54项。28项主要技术经济指标同比进步24项，选矿厂全选比、不锈钢冷轧2B卷耗达到行业先进水平。兰鑫钢铁集团完善采购仓储自动化水平，研制采购仓储自动化系统，极大程度降低备品备件、通用物资、耐耗材等库存水平，提高使用效率和效益，有效降本增效。产业结构调整方面。酒钢集团推进高品质碳钢产业链、不锈钢产业链建设，启动实施碳钢薄板厂镀锌2#机组产品结构调整改造、炼轧厂1#加热炉升级改造等一批强链项目，2022年高品质碳钢产业链的9个项目，完成投资21.09亿元；不锈钢产业链的4个项目，完成投资6517万元。兰鑫钢铁集团以钢焦融合、钢化联产为核心，做精做强“钢铁+焦化+氢能”产业链，推进年产120万吨焦化及焦炉煤气高附加值利用项目、精品特钢项目和板材生产项目，构建具有钢铁流程特色的节能、减排、增值新的发展模式。2022年，规模以上工业生铁产量810.7万吨，同比增长2.7%；粗钢产量1084.9万吨，同比增长2.4%；钢材产量1091.6万吨，同比增长1%。铁合金产量89.5万吨，同比下降13.7%。2022年1—12月，全省规模以上冶金企业工业增加值同比增长5.6%，拉动工业增速0.3个百分点。

（省工信厅　莫四芳　罗松）

【酒钢集团】2022年，酒钢集团实现工业总产值1002.7亿元，营业收入1204亿元，实现利税49.9亿元（其中利润23.7亿元）。工业总产值同比增长7.2%。主要产品产量实现钢材888.1万吨、电解铝165.6万吨、发电量226.8亿千瓦时，依次同比增长2%、1.2%、4.9%。形成钢铁、有色、电力能源、装备制造、生产性服务业、现代农业“六大产业”板块协同发展的联合格局。宏兴股份公司为主体的钢铁产业，具备年产粗钢1105万吨（其中本部825万吨、榆钢280万吨），不锈钢120万吨／年的生产能力；东兴铝业公司为主体的有色产业，形成年产电解铝170万吨、铝板带铸轧材60万吨的生产能力；宏晟电热公司为主体的电力能源产业，形成3553MW自备发电机组装机容量；生产服务业中物流运输系统拥有自备铁路782千米（嘉策铁路全长459千米）、自备铁路敞车1500辆；宏源实业公司为主体的现代农业，形成种植、养殖、乳业及葡萄酒酿造多元并举的联合结构，葡萄酒年发酵能力1万吨、贮存能力1.8万吨，原乳产能3.4万吨。

钢铁业中形成铁料性价比测算体系，“对标对表”覆盖7座焦炉、5台烧结机、8座高炉、10座转炉和11条轧线；有色产业中电解槽开启率平均达到98.4%，铝液就地转化率达到84.9%，“对标对表”覆盖1400台电解槽；能源电力产业中提高长周期、满负荷安全稳定运行能力为导向挖潜增加发电量6.8亿千瓦时，“对标对表”覆盖28台发电机组；装备制造产业中开展全流程成本压降控制，实现利润同比增长12%。集团公司资产负债率同比降低0.6个百分点。生产设备事故同比降低12.7%。非生产性费用同比下降20%；消纳新能源20.6亿千瓦时，降低用电成本3.4亿元。吨钢综合能耗545kgce／t，铝液综合交流电耗13585千瓦时／吨，供电煤耗310g／千瓦时。投入7亿元实施290个安措项目、221个建成投运，消除各类隐患800余项。整合全公司营销体系“一体化”，将23个钢、铝销售网点优化整合为11个区域销售平台；加大对国家重大战略项目和省内重大工程的客户服务与保供，甘肃省销量同比增长9.3%。

2022年，集团启动实施固定资产投资项目102项，投资52.1亿元，同比增长80.8%，其中“三化”改造投资49.1亿元，同比增长123.2%。本部1#2#焦炉优化升级建设项目开始烘炉。嘉东料场绿色智能化改造项目完成基础施工。热轧酸洗板（2.5～6.0毫米）镀锌铝镁机组项目主厂房钢结构完成安装。东兴嘉宇新材料公司填平补齐一期项目建成投产。陇西年产11万吨高端铝合金棒材生产线开工建设。476台500kA铝电解槽完成全石墨化阴极低碳节能技术改造。煤炭分质利用项目一期工程完成技改。酒钢数字孪生基础平台及应用系统项目落地实施。酒钢物资量计量智能化改造等17个“三化”改造项目建成投运。通过有标底招标等措施，优化投资

11.5亿元。增资汇丰公司推进综合性金属产业园区建设，金属产品加工量同比增长146%。与浙江甬金合资的22万吨／年精密不锈钢板带项目主体设备完成安装。引资江苏国强合建15万吨／年锌铝镁光伏支架项目已建成6条C型钢生产线。与索通公司合资建设陇西30万吨／年阳极碳素项目开工。酒钢集团—酒泉市肃州区热电联产清洁降碳集中供热项目一期工程启动建设。与嘉峪关市、河北文丰签署战略合作协议，计划建设600万吨／年氧化铝及新材料生产项目。与宝武铝业达成合建30万吨／年热轧用铝合金大扁锭项目。与祁连山水泥达成合建300万吨／年钢矿渣微粉生产线。240万千瓦智慧电网及新能源就地消纳示范项目金塔白水泉200MW光伏项目顺利推进，玉门红柳泉200MW风电和配套工程开工建设。酒钢华润马鬃山200MW风电项目实现全容量并网。启动铁合金厂区12MW分布式光伏项目。

2022年，集团推进企业运营生态转型升级，编制形成《酒钢集团碳达峰碳中和行动方案》和《酒钢集团绿色发展体系建设方案》，明确各产业碳达峰碳中和时间表、路线图。投资11.8亿元实施22个生态环保项目。钢铁产业超低排放改造15个项目有序推进，7个项目建成投运。实施铝灰资源就地利用项目，电解铝危险废物实现“动态清零”。不锈钢除尘灰、含铬污泥合规处置。主要污染物达标排放，未发生突发环境事件及核与辐射污染事故。高端餐厨具用马氏体不锈钢、蒸压加气混凝土砌块获得甘肃省第三批绿色产品认证。宏联自控、西部重工酒泉天成公司获批甘肃省第三批绿色工厂。

（酒钢集团　张会源）

## 煤炭工业

【概况】2022年，全省煤炭产量5875.81万吨，较上年同期增加1728.51万吨，拉动全省工业增长1.8个百分点，增长贡献率达到30%。其中，华亭煤业、靖远煤业、窑街煤电三大煤业总计生产3820.18万吨，占全省产量65.02%。甘肃能化集团全面推进金昌低阶煤高效利用制氢及50万吨／年高浓度尿基复合肥项目、酒泉玉门100万吨煤炭储配中心项目、景泰白岩子90万吨／年煤矿项目、白银清洁高效气化气综合利用（搬迁改造）项目、甘肃煤炭交易中心项目建设，累计完成项目投资46.04亿元，同比增长20%以上，“十四五”规划重点项目开工率70%以上。兰石研究院和中科院工程热物理研究所合作开发循环流化床加压煤气化技术，技术达到国内领先水平，入选工信部《首台（套）重大技术装备目录》并获首台套保险补偿，获得中国生产力促进中心“中国好技术”、中国机械工程学会“中国好设计”“甘肃省工业优秀新产品”等荣誉称号。2022年，甘肃能化集团全年累计生产原煤1494.02万吨，实现营业收入170.87亿元，同比增长15.89%；完成工业总产值138.17亿元，同比增长16.15%；实现利润34.56亿元，同比增长151.87%；上缴税金23.18亿元，同比增长28%，以201的位次再次进入中国能源企业（集团）500强。2022年，甘肃能化集团百亿重大资产重组项目获中国证监会无条件审核通过，于12月30日完成资产交割，成为省属国有企业近年来在资本市场重组涉及金额最大的项目。甘肃煤炭交易中心形成了集电子商务、智慧物流、智能仓储、供应链金融服务、信息资讯服务、大数据分析、阳光采购、碳排放智能分析“八大平台”于一身的区域性大宗商品交易服务中心。甘肃深入分析陇东煤炭资源出让遗留问题症结，完成5宗涉及陇东地区煤炭资源出让历史遗留问题井田的公开出让，成交总价合计110.68亿元，长达10年的陇东煤炭出让历史遗留问题得到解决。

（省工信厅　张雨田　许鸿善　兰苑）

【煤田勘探】2022年，完成灵台县百里东南部煤炭普查项目，查明资源量2.2亿吨，出让收益42亿

平凉市灵台县百里东南部煤炭普查项目勘查区施工现场（省煤田地质局供图）

元。实施省内第一口超大孔径地面瓦斯排放井（开孔孔径1.5米，终孔孔径1.25米，孔深849米），孔径和孔深综合规模居全国首位。完成煤矿隐蔽灾害治理项目30余个。年度检测各类样品5万多组，提交报告3900余份。完成煤炭、泥炭、油页岩三个矿种的矿产资源国情调查。地质找矿成果转化年度出让煤炭矿权23宗（探矿权14宗、采矿权9宗），出让煤炭资源量60多亿吨，实现出让收益322亿元，占全省矿权出让总收益的84.74%。传统工程地质、地灾防治、生态修复、土地整治等方面累计承揽项目200余个，合同额超4亿元。

（省煤田地质局　肖李娜）

【靖远煤业集团有限责任公司】2022年，靖远煤业集团完成原煤产量886万吨，较计划增产26万吨；尿素产量34.81万吨；发电量35.4亿度，较计划增发5.4亿度。实现工业总产值78.06亿元，较计划增加8.06亿元，同比增加11.06亿元，增幅16.51%。集团被省委、省政府授予甘肃省先进企业，获得“突出贡献奖”。

生产经营。集团推进财务管理体系和管理能力建设，加强经营成本、预算和资产管控。通过调整资金存款结构，获得收益8500万元；降低银行贷款利率，节约融资成本368.15万元；利用税收优惠政策，减免税费近1.98亿元；回收报废资产1580.38吨；盘活闲置土地面积84.3万平方米。集团全年实现利润总额6.19亿元，较计划增盈1.59亿元，完成年度计划的134.57%，同比增盈8692.93万元，增幅16.34%。能源保障全年完成售电量32.72亿度，供热量530.33万吉焦，发运电煤433.06万吨。

项目建设。王家山矿安全改造项目获得中央财政补助资金413万元。清洁高效气化气综合利用项目全年完成投资8.19亿元，投资计划完成率145%，累计完成投资13.94亿元。景泰白岩子矿井及选煤厂项目全年完成投资近1.15亿元，投资计划完成率46.09%，累计完成投资11.43亿元。王家山矿洗煤厂项目进入试运行阶段，完成入洗原煤37.23万吨。28MW光伏自发自用工程项目于2022年底开工建设。全年完成固定投资19.5亿元，投资计划完成率100.84%，同比增长20.65%。

科技创新。完成“三化”改造投资1.77亿元，建成智能化工作面7个，主煤流系统集控5套、选运系统集控4套，单轨吊机车4套，智能主排水系统3套，智能供电系统4套，机房硐室实现集控42个，智能开采产量占比超60%，掘进工作面生产效率提高28.5%，引进安装永磁电滚筒18台套。全年实施科研项目32项，投资1.35亿元，研发投入强度达到2.5%以上，其中煤层倾角剧变区冲击地压防治研究项目获甘肃省科技进步三等奖。

（靖远煤业集团有限责任公司　丁法义）

## 电力工业

【电力工业运行】2022年，甘肃建立政企联动保供机制，省政府出台《甘肃省能源保供工作方案》。市场价格信号引导用户按价用电，用电高峰由18时转移至11时，削峰填谷负荷200万千瓦。研发全国首家电化学储能协调控制系统，最大化发挥储能短时顶峰能力20万千瓦。祁韶直流输送功率首次达到600万千瓦，最大外送电力1422万千瓦，最大日外送电量2.52亿千瓦时，实时累计支援全国电力保供13.65亿千瓦时，优化南部电网运行方式向川渝地区最大支援电力21万千瓦。服务新能源发展。全年投产超650万千瓦，新能源装机占比超过50%，发电占比28%，新能源逐步迈向主力电源。落实“18+14”项促消纳措施，新能源利用率超95%。基本建

1月11日，±800千伏祁韶特高压直流配套500万千瓦风电送出工程历时3年全部建成投运（国网甘肃省电力公司供图）

成适应新能源高占比特点、市场主体广泛参与的双边现货市场，新能源参与范围、市场电量占比全国第一。建设调峰容量市场，由“调峰效果付费”改为“调峰能力付费”，激励火电提高灵活性。技术引领，初步建成具备机电、电磁、硬件在环等仿真能力的新型电力系统仿真中心，实现分析资源和分析人才的同享共育。建成国内首套新能源全景监控系统和首条自同步电压源风机馈线。110千伏线路保护带开关传动覆盖率达到50%，全网220及以上变电站全部实现保护硬压板图像识别。首次实现网厂交互业务云端流转和移动互联，13家单位配网I区主站系统建设实现全覆盖，基本解决配网调度“盲调”问题。建立“三横、三纵、三同步”通信安全督查体系，建成国内首个5G电力无线专网。探索甘肃新能源供给消纳体系送端系统建设路径，成功参与申报3项国家重点研发计划项目和1项国网示范工程。安全管控三级及以上作业风险1271项，六级及以上电网风险378项。密集输电通道累计安全运行2013天。及时发现并正确处置750千伏武胜变2号主变和郭武三线高抗色谱异常。实现密集输电通道21处隐患动态清零。生产管控体系持续优化。省市两级指挥中心实体化运作。管控保电、节假日等时期作业现场269个，跟踪管控设备危急严重缺陷188条。完善制度规范（流程）21项，基于电网一张图上线“场景式、全景化”生产管控平台。作业模式持续升级。推进“两个替代”建设，完成93座变电站智能巡检建设、58座变电站一键顺控接入。完成8家地市集控系统建设，打造甘肃特色数字化集控站。输电集中监控业务100%覆盖，落实输电检修“三个规模化”应用。技术监督成效显著。发现750千伏武胜变330千伏间隔扩建工程CT海拔校正等问题。开展金属检测2416项，实现防腐专项监督零突破。实施刘家峡电厂2号机整机改造等技改大修项目1507项。班组建设扎实推进。建成全业务核心班组230个，核心业务自主实施率81%，实施330千伏和平变主变更换等自主实施项目105项，占主网14.7%。完成老旧变电站标准化整治55座。制定班组建设三年提升评价标准545项。数字化建设有序落地。发布电网资源业务中台共享服务973项，实现同源维护全省单轨运行。完成检修计划管理等11个作业类微应用部署。750千伏及以上自主巡检率达89.03%，试点打造3个无人机综合示范区。完成5类80台仪器数字化改造。防灾应急处置。精准绘制甘肃电网降水危险性等级区划图，整治防汛隐患1112项。编制完成刘家峡水库防洪抢险应急预案。完成省内10次3级及以上、周边5次5级及以上地震电网设备应急排查。完成国家级“应急使命·2022”及省内3次大型应急演练。完成110千伏陇武线融冰演练。

【电力供应保障】 2022年，国网甘肃省电力公司推动甘谷、连城电厂66万千瓦煤电复产，省内电力供应保持平稳局面。成立省市电力负荷管理中心，需求侧响应能力达265万千瓦、占最大负荷的15%。支援湖南、四川等省份保供电量128亿千瓦时。全年投资超百亿，市场化交易降低用电成本7亿元，减少市场结算偏差考核2.9亿元，减免小微企业房租2600万元，提供就业岗位5000余个，“电e金服”帮助上下游企业获得普惠金融服务18.9亿元。线上办电率99%，客户服务满意度99.8%。

【电网规划】2022年，成立跨省区输电工程项目省级联合工作组；推动与14家市政府签订发展合作协议，出台投资支持政策，明确新能源接网工程由电源企业建设，节约投资20.97亿元。完成“十四五”电网规划滚动修编，完成西北电网中长期发展格局研究。2项750千伏工程纳入国家规划，32项调增项目纳入省级电力规划。陇电入鲁取得可研评审意见，年内核准开工。陇电入浙纳入国家“十四五”电力规划。酒泉第二条直流规划研究已形成“1+5”成果体系。重点项目2项750千伏工程取得核准批复，5项330千伏输变电工程取得核准。推动构建新能源多元并网消纳机制，建立分市场主体可再生能源电力消纳监测预警机制。国网系统内首家成立省级电源服务中心，省市两级电源接网服务柔性团队协同联动，建立“管理集约、服务融合、规范标准”的一口对外接网服务新模式，服务465.5万千瓦新能源项目并网。玉门昌马抽蓄项目完成核准，张掖盘道山、皇城抽蓄项目开工建设。“新能源+煤电+特高压”的发展模式得到省政府高度肯定并报送国务院办公厅，配合省发改委等6部门联合印发甘肃省促进绿色消费实施方案。印发甘肃省“十四五”新能源发展事宜备忘录。促成平凉市成为西北首个碳普惠试点城市，创建西北首家“碳服务”营业厅、“零碳”绿色供电所，打造西北首座碳中和认证变电站。争取投资调增4.49亿元，争取农网中央预算内投资1.53亿元，共投资103.2亿元。

【电网建设】2022年，甘电外送工程取得重大进展，祁韶直流、河西三通道等重大工程建成投运，跨省区输电能力提升至3390万千瓦、占国家电网的13%，年均停电时间缩短16小时。售电量突破千亿大关，甘电外送21个省市，综合线损率由6.56%降至4.9%，获国网提质增效特殊贡献奖。电网基建现场全过程风险管控率提升至96%。安全高效管控三级及以上风险7378项，高风险作业总体压降30%以上，线路作业综合机械化率83%。景泰东变、秦川变及其线路列入国网智能化试点工程。作为组长单位完成750千伏线路杆塔通用设计，完成“新型压力注浆接地”等三项补充定额研究，填补电力行业计价依据空白。吉泉特高压工程获中国电力优质工程金奖，兰临工程获国网公司级智慧标杆工地。特高压及配套工程前期管理延伸，可研阶段创新开展创优前置，全力推动陇东等工程及早开工。750千伏沙洲变扩建、郭武工程投运，兰临工程按节点计划有序推进。330千伏武中线路等6项工程提前投运。组织750千伏“三站一线”设计策划，提炼“胡杨风骨”等三大建设主题。发布并应用装配式预制件等40项工艺措施，依托产业单位建成全省首条装配式围墙生产线。研发铁塔光感验收仪，深化应用“无人机+三维激光雷达”智能验收工具，代替人工验收，提升工程验收智能化水平。管理成效实现“五大提升”（决策效率、执行力、协调效率、安全质量管理、创新管理显著提升）。陇东直流配套及全部330千伏工程打捆纳入省列重大新建能源项目。

【安全生产】2022年，国网甘肃省电力公司安全稳定运行超12000天。收官安全生产专项整治三年行动，累计整改问题隐患2241项。开展“零容忍”反违章专项行动。整治煤矿、危化品等高危客户用电隐患，重要客户自备电源合格率提升至99.5%。省市两级指挥中心实体化运作。打造甘肃特色数字化集控站，完成8家单位新一代集控系统建设和58座变电站一键顺控接入。建成全省配网自动化系统，配网“盲调”问题基本解决，跳闸同比降低71.8%。大电网安全水平持续提升。密集输电通道安全管控实现“两个纳入”，警电联合巡视执法。及时处置祁连换流站突发设备故障、武胜变2号主变异常，完成刘家峡电厂2号机组整机改造。策划组织“1+3”大型政企协同联动实战应急演练，完成国家“应急使命·2022”演习。13个反恐一级重点目标通过达标验收。“零失分”完成“护网2022”国家级网络安全演习。产业单位取得公安部网络安全等保测评认证资质。完成警电合作年度8方面22项重点任务，出台重要输配电通道警企联合巡护等3份支持性文件。推动政府出台密集输电通道安全管控“1+8”联合管控机制，联合执法整治21处隐患。省、市、县三级与属地消防部门全覆盖签订深化合作协议。

【供电服务】2022年，全省11家县区公司、10项工程分别申报国网公司施工转型升级验收、优质工程评价，质量评价进入A段。10千伏线路故障、供电服务投诉、故障报修工单，同比压降73.58%、27.35%、34.18%，全省实现“零投诉”186天，全省2个市（州）、27个县区公司实现年度“零投诉”。主动工单驱动业务覆盖率100%。实现存量重过载、低电压台区“见底清零”。2.89亿元成本治理2494个台区“最后100米”供电顽疾。可靠性停电时户数预算式管控和不停电作业减少停电5.29小时／户。完成30265台配网智能终端技术监督检测，首次开展配电箱技术监督。成立457支营销应急服务保障队伍，全力确保重点时段供电服务形势平稳。

2022年，促请省市两级政府出台加强电力设施保护及供用电安全等53项支持政策。零差错服务保障在甘全国人大代表调研、审计署领导调研、参演国家“应急使命·2022”演习等重大会议活动组织。获批成立甘肃省电力负荷管理中心，构建395户共265万千瓦可调节资源库。开展优化营商环境“深化提升年”活动，打造“6543”阳光服务体系。推行“双格共建、双网融合”，全省22个县公司、328个供电所实现全口径零投诉。开展深化乡村产业“八要素”富民强村行动，建成123个乡村电气化项目、21个“电力爱心超市”。开展需求响应市场建设，推进直购电用户全量进入现货市场。探索打造西北首个“零碳”绿色供电所。建成16个智慧档案保管中心和档案资源共享中心，实现全省8000余名台区（客户）经理“手机+背夹”全覆盖。搭建电费回收风险预警平台，完成高低压用户预付费模式全覆盖，电费自然回收率达到70%。建立“十项重点关注问题”销存扼增责任追究机制，制定强基提质措施135项。累计完成营销基础数据治理986万条，销号问题26项2.37万条。

【电力市场交易】2022年，甘肃电力交易中心组织成交省内直购电量640.46亿千瓦时；代理购电电量154.59亿千瓦时；自备电厂置换电量22.84亿千瓦时。全年外送电量560.65亿千瓦时，同比增长8.33%。督办及任务管控重点工作172项，办结率92%。实现发电侧合同电量转让D+3日滚动交易上线运行。全年外购电量33亿千瓦时。盘活省内电力资源，7—8月支援西南、华中、华东等省份电力供应128亿千瓦时，应急增供电量5.26亿千瓦时，迎峰度夏期外送创甘肃历史最高。首批成交绿证1.2万张，为国网首家超额完成绿证交易指标的单位。推动修订甘肃电力中长期交易实施细则出台，研究建立电力市场中长期连续运营方案、绿电交易要点等14项市场运行机制和7项管控机制。上线400热线电话和交易服务热线工单流转系统，市场满意度94.45%。现货日数据交互量达2671万条，日访问量达到1.2万人次。推动互联网出口安全设备由千兆升级至万兆，更替上架6台安全隔离设备和2台负载均衡设备，大幅提升内外网数据交换能。甘肃华为云平台和交易性能提升专项工作入选国网对标典型经验。实现发电企业交易电量线上结算，数据交互及结算准确率100%。市场主体结算单领取“零见面”和“一趟不用跑”。全年协调受入新能源9.37亿千瓦时，推动全省可再生能源消纳指标提升约0.63%。

（国网甘肃省电力公司　柳晓萌　张民）

【国网甘肃刘家峡水电厂】2022年，国网甘肃刘家峡水电厂精准开停机操作4643次，年发电量55.71亿千瓦时，上网电量55.11亿千瓦时，累计增发电量3.35亿千瓦时。实现安全生产7830天，完成安全生产专项整治三年行动。2022年6月24日完成2号机组整机改造，实现一次性启动成功且零缺陷高质量投产发电，创造该机型整机改造最短工期记录。全年完成3号机组B级检修，1号机、4-8号机C级检修。机组成功经受75天低水位运行的严峻考验，最低运行水位降至1715.75米，均创历史纪录。

甘肃电投常乐电厂4台100万千瓦火电调峰项目3#4#机组建设按期实现重要节点（甘肃省电力投资集团有限责任公司）

（国网甘肃刘家峡水电厂　罗世靖）

【甘肃电投集团】2022年，甘肃电投集团全年完成发电量329.26亿千瓦时，同比增长3.64%；完成供热量1990万吉焦，同比增长4.49%；工业总产值111.53亿元，同比增长28.74%；完成营业收入117.10亿元，同比增长26.35%；完成利润总额2.29亿元，同比增加6.33亿元。集团全年工业总产值和营业收入创历史新高，首次双双突破百亿大关，全面超额完成既定目标任务，荣获“甘肃省先进企业突出贡献奖”荣誉称号。

项目建设。全年开工和续建项目14个，完成固定资产投资58.5亿元，完成年度计划的107.24%。其中，省列重大项目3个，完成投资42.95亿元，完成年度计划的111.53%。常乐3、4号机组按期实现重要节点目标，6个新能源项目建设高效推进，紫金云数据中心1.2期建筑主体完工，国家北斗导航数据服务甘肃分中心建成投运。

产业发展。抢抓打造国家级“河西走廊清洁能源基地”政策机遇，成功落地常乐和张掖电厂各200万千瓦支撑调节煤电扩建项目和3个百万吨中央煤炭储备基地项目，总投资216亿元，新增年发电能力200亿千瓦时，增加年产值60亿元以上。牵头8家省属企业编制《腾格里和巴丹吉林沙漠基地本地消纳项目建设方案》，已报省发改委待批。抢抓国家第三批大基地项目建设机遇，争取武威民勤100万千瓦大型风光基地项目。张掖龙首70万千瓦、卓尼九甸峡120万千瓦抽水蓄能电站项目前期工作启动。竞得宁县中部煤炭资源区块矿业权，取得九龙川煤矿采矿权以及春荣井田和早胜井田勘探探矿权，盘活煤炭资源储量32.07亿吨。

社会责任。全力统筹电煤、天然气采购与运输，电煤采购量同比增加51万吨；外输应急保供天然气2148万立方米，比年度计划增长209%。连续71天单日发电量超过1亿千瓦时。新增供热面积500万平方米。

截至2022年底，甘肃电投集团资产总额835亿元，下辖子公司65家（上市公司1家）；控股建成和在建"水火风光"电力项目54个，总装机容量1036万千瓦（清洁能源占比35%）；用工规模6600余人。

（省电力投资集团有限责任公司　颜荣）

【华能甘肃能源开发有限公司】2022年，华能甘肃能源开发有限公司完成发电量455.31亿千瓦时、同比增长4.08%，完成供热量4375万吉焦，主营业务收入完成170.32亿元、同比增长34.87亿元，创历史最好水平。

项目建设。全国首个千万千瓦级综合能源基地——华能陇东能源基地200万千瓦调峰煤电项目和600万千瓦新能源项目全部核准，并加快建设。停产5年之久的甘谷电厂、连城电厂实现重启，分别于10月14日和12月6日实现投产。投资甘肃首批平价风电项目——酒泉安北20万千瓦风电、投产兰州首个风电项目——永登坪城5万千瓦风电、建成甘肃首个风光储一体化项目——华能安北风光储一体化项目等。

能源保供。2022年在煤价持续高位运行、供热成本严重倒挂情况下，全年采购燃煤2435万吨，发电量超455亿千瓦时、供热量超4375万吉焦。

绿色转型。坚决贯彻"碳达峰、碳中和"目标要求，谋划推动绿色转型发展。陇东能源基地多能互补源网荷储一体化关键技术成为全国大型能源基地开发建设的标杆，百万吨级CCUS将成为实现双碳目标的有效途径，煤矿疏干水除硬技术将成为推动黄河流域生态保护的典范。2022年完成基建投资58.85亿元。

产业落地。依托陇东能源基地，扎实推动多能互补源网荷储一体化、百万吨级CCUS技术、高效异质结发电、重力压缩空气储能、疏干水高效除硬、电解水制氢等科技创新项目应用示范，推动甘肃"强科技"战略落地。落地项目酒钢西部重工风机塔筒生产建成投产，总投资超过30亿元的远景零碳产业园及三一重能智能制造园完成规划，每年可为地方创造产值28亿元、税收2.2亿元。携手行业头部企业在张掖布局氢能产业园，在金昌落地磷酸铁锂电池生产线，在武威、张掖引进光伏支架、储能电池产业，加速推进产业落地。

投资产值。华能在甘电厂各类型发电机组全年发电量占甘肃省全社会用电量的30%。2019年以来，在甘投资分别增长109%、24%、31%，尤其2022年投资同比增长4倍。2021年以来，签约央地合作项目20个，签约投资额547.76亿元，签约项目数量及投资额度在央企中均排名前列。

（华能甘肃能源开发有限公司　张云让　王龙）

华亭发电有限责任公司全景图（华能甘肃能源开发有限公司供图）

【中国电建集团甘肃能源投资有限公司】2022年，中国电建集团甘肃能源投资有限公司全年完成发电量69.08亿千瓦时；全年实现营业收入29.52亿元。

战略转型。统筹推进抽水蓄能、新能源、清洁高效煤电项目开发。甘肃皇城抽水蓄能项目年内完成预可研、可研阶段三大专题研究，2022年10月取得甘肃省发改委核准，成为甘肃省第一个核准的抽蓄项目、电建集团在西北地区开发的首个抽蓄项目。贵州野龙拢抽水蓄能项目完成项目公司注册、预可行性研究等前期工作。河南灵宝抽水蓄能项目已确定项目投资开发权。2022年新签新能源投资开发协议1250万千瓦，其中甘肃古浪县600万千瓦光伏基地项目、内蒙古敖汉旗244万千瓦风力发电项目完成可研报告、接入系统方案编报工作；新增的建设指标25万千瓦，分别是武威凉州区20万千瓦光伏治沙项目和秦安王铺5万千瓦风电项目。在建新能源项目装机40万千瓦。六盘水综合能源基地煤电项目获得核准。

能源保供。全力开展保安全、保电煤、保供电、保供暖工作。开展电力行业危化品集中治理、除尘器等设备隐患排查整治等专项行动，安全生产专项整治三年行动收官。制定电煤保供工作方案，千方百计开拓电煤采购渠道，不计成本采购电煤，确保崇信电厂、华亭电厂达到国家要求的存煤水平。

海外运维业务。完成津巴布韦旺吉项目、孟加拉巴瑞萨项目运维团队的组建、生产准备和试运行工作任务。高质量完成卡西姆电站#2机组首次A级检修工作，实现“零缺陷”启动并网，各主辅设备运转正常，主要技术指标均优于修前值和标准值。加强市场开拓，确定卡西姆项目的长期合作关系，完成第二个5年期运维合同的谈判工作。先后参与巴基斯坦Lucky电站项目运维磋商谈判，以市场化竞标方式参加孟加拉国博杜阿卡利 2×660兆瓦燃煤电站运维服务全球公开招标。通过加强对海外运营人才的培训培养和公司本部介入式服务，海外项目结算管理、成本管控、物资保障、合规管理以及汇率和税务风险防范能力有效提升。

（中国电建集团甘肃能源公司）

## 建材工业

【概况】2022年，甘肃省规模以上企业主要建材产品产量：水泥熟料3222.35万吨，同比增长-7.6%；水泥4008.21万吨，同比增长-10.7%；商砼3553.39万立方米，同比增长-15.6%；平板玻璃500.58万重量箱，同比增长-15.3%，石灰石1312.74万吨，同比增长15.7%；陶瓷砖912.62万平方米，同比增长-12.1%；石膏板4644.38万平方米，同比增长-18.5%。全国累计水泥熟料产量13.7亿吨，同比-10.6%；全国累计水泥产量21.2亿吨，同比增加-10.8%。2022年1—12月，全省规模以上建材企业工业增加值同比下降5.9%，利润总额50.1亿元，同比增长52.2%，净增17.2亿元。

【技术改造】2022年，海螺（平凉、临夏）、兰州红狮、兰州永固、酒钢宏达等水泥企业利用水泥窑已建成生活垃圾处理或危废处理线5条，并投入运营。甘肃寿鹿山、永登祁连山和金昌水泥正在建设生活垃圾协同处置或危废协同处置生产线。临夏海螺利用厂区闲置空地与车棚、宿舍楼、机（电）修、供应库房等建筑物屋顶建设分布式光伏发电项目，开发绿色电力。兰州蓝天浮法玻璃公司采用节能新技术对熔窑实施全保温及区域密封改造。

【资产重组】2022年，全省建材行业发生重大资产重组。上市公司祁连山水泥公司全部资产及负债与中国交建、中国城乡进行资产置换。另外，金川集团收购金昌市国资委持有金泥集团51.83%股权于12月完成股权交割，金川集团实现对金泥的控股。

（省工信厅　莫四芳　罗松）

## 生物制药

【甘肃药业投资集团有限公司】2022年，甘肃药业集团实现工业生产总值7.08亿元，同比增长21.01%，完成考核任务的109.61%，“三扛”任务的101.19%；实现营业收入9.24亿元，同比增长55.82%，完成“三扛”任务的102.68%；实现利润总额3380万元，增长277.30%，完成考核任务的269.53%，“三扛”任务的225.33%；实现净利润2419万元，增长198.83%，完成考核任务的257.36%，“三扛”任务的215.04%；净资产收益率2.40%，同比增长3.58个百分点；经济增加值同比增值5547万元，增长75.74%；全员劳动生产率31.04万元／人，同比增长55.51%，完成考核指标的138.20%；营业收入利润率3.83%，同比增长4.43个百分点；研发投入占比3.22%，超考核比例0.22个

普安制药宣肺止嗽合剂生产车间（甘肃药业投资集团有限公司）

百分点。被省政府表彰为2021年和2022年1—5月全省工业和信息化先进企业。

【产品销售】推动营销中心实体化运营，拓展优化全国销售网络，开辟实体药店、网络电商等新销售渠道，仅用18天时间将宣肺止嗽合剂日产能从9万盒提升到21.6万盒，年产能增长3倍以上。宣肺止嗽合剂覆盖全国31个省、区市场，三级、二级和基层医院开发数同比分别增长86.08%、98.99%和123.36%；年销量同比增长51.54%，从2019年的850万盒增长到2022年的2061万盒，增长了142.5%，成为全省唯一年销售额突破4亿元的中成药大品种；元胡止痛滴丸年销量达到1093万盒，同比增长22.51%，销售额突破3亿元大关，是陇神戎发上市后历史最好水平。新组建企业年营业额近1.3亿元，其中2家实现盈利。

【优化产业布局】构建"链主企业+产地企业+合作社+农户+专家团队"的产业联合体，与10户中药材种植企业共建标准化绿色药源基地10万亩、种子种苗基地7300亩，在榆中县、宕昌县等地建设甘肃药业集团中药材GAP基地。完成固定资产投资项目6个4642.64万元，完成率111.69%。加快中药制药板块资产重组，即将完成资产交割，实现集团中药板块整体上市。开启地企共建新模式，全年累计实现销售收入3788万元。发挥"链主"企业作用，牵头制定《省属企业中医药产业培育带动发展行动方案》《甘肃省中医药产业链发展实施方案》，牵头组建中药材种植购销联盟和专家团队，与联盟企业合作产出的陇原艾叶及其系列产品在疫情防控中发挥重要作用，带动榆中6个乡镇、54个村巩固脱贫成果。

（甘肃药业投资集团有限公司　朱永付）

## 装备制造业

【概况】2022年，石油化工装备产业链链主企业兰石集团完成工业总产值57.21亿元，同比增长25.44%，创近年来最好水平；电工电气装备产业链链主企业省电气装备集团2完成工业总产值52.03亿元，同比增长22.08%。2022年1—12月，装备制造业规上工业企业累计增速7.4%，拉动全省工业增长0.4个百分点。

【产业发展】2022年，甘肃省制定《装备制造产业链"一链一策"工作推进手册》，印发《甘肃省新能源汽车产业发展实施意见》。推进石化装备产业链智能化升级，支持石油化工装备链主企业兰石集团建成兰石换热公司智能工厂、兰石重装公司重型压力容器专业焊接车间建成数字化车间，"兰石云"工业互联网平台逐步完善，形成具有离散型制造行业特色的新模式，实现从传统装备制造到"智能制造+服务"的转型；培育成立兰石爱特工业互联网科技公司输出兰石数字化、智能化技术和成熟做法，为全省7个行业32户企业开展智能化诊断咨询服务。指导协调企业申报2022年度智能制造试点示范行动，酒钢宏兴钢铁股份公司的焦炉建设新技术融合标准应用试点、兰州海红技术公司的电气设备数字化车间标准应用试点和大禹节水公司的农业精量灌溉装备智能工厂标准应用试点三个项目获批工信部2022年度智能制造标准应用试点。加快推进新能源产业链供应链融合互促，积极督促重点市州引进布局风电光装备制造延链补链项目，督促酒钢西部重工年产1万吨风电法兰的补链能力改造等44个正在建设的装备项目投产。

（省工信厅　刘晓峰）

## 电子信息产业

【电子制造业】2022年，《甘肃省“十四五”电子信息产业发展规划》《电子产业链“一链一策”工作推进手册》出台，全省电子信息产业链项目管理平台建成，确定年度电子产业链重大项目39个，年度累计完成投资50.28亿元，其中4个项目已建成，31个项目在建，4个项目正在进行前期工作。全年电子信息制造业实现主营业务收入278.62亿元，同比增长10.8%。

【软件和信息技术】2022年，全省软件和信息技术服务业务收入63.56亿元，同比增长1.15%。软件产品收入30.36亿元，其中，工业软件产品收入2.13亿元。信息技术服务收入31.87亿元，其中，云计算、大数据服务共实现收入4.13亿元，同比增长54%。行业9户重点企业（行业占比73%）完成主营业收入262.69亿元，同比增长6.62%。其中，华天电子集团完成营业收入145.84亿元，同比增长1.08%；天水天光完成主营业收入5.52亿元，同比增长27.2%；天水华洋完成主营业收入1.98亿元，同比下降25.8%；甘肃紫光智能交通与控制技术有限公司主营业务收入4.97亿元，同比下降34.4%；兰州雨思电子科技有限公司主营业务收入1.87亿元，同比增长12.09%；甘肃同兴智能科技发展有限责任公司主营业收入6.98亿元，同比增长16.8%；甘肃新网通科技信息有限公司主营业收入2.4亿元，同比增长24.31%。

（省工信厅　齐婕）

## 新材料产业

【概况】2022年，全省新材料产业产值由2017年的300亿元增长到2022年的770亿元（未建立统计口径，由重点企业报送数据统计），年均增速为20.74%，与全国新材料年均增速持平。产业链上下游协同、大中小企业协作配套的产业发展格局已基本形成，产业集聚发展态势突显。

【产业发展】2022年，甘肃省制定《甘肃省新材料产业链水平提升行动实施方案（2021—2025）》《新材料产业链“一链一策”工作推进手册》等一系列政策文件。全省新材料产业集群发展趋势明显，其中兰州市重点发展高分子材料、电子信息和光电材料、功能性材料等；白银市重点发展有色金属新材料、稀土功能材料、先进化工材料、动力电池材料和碳纤维材料等；嘉峪关市重点发展铝基新材料和钢铁材料；酒泉市重点发展硅基新材料、精细化工、钒冶炼及深加工、玻璃纤维及新型复合材料；张掖市重点发展凹凸棒新材料，钨合金、钼铁合金、特种钢为主的钨钼新材料以及铁合金、铝镁合金和锶镁合金等；金昌市重点发展有色金属新材料、化工新材料、高端金属结构材料、新型功能材料和结构材料；兰州新区重点发展新型能源材料、先进半导体、3D打印前沿新材料等。2022年重点实施新材料产业链项目28个，年度计划完成投资56.9亿元，全年实际完成投资67.8亿元，完成计划投资的119.15%。

（省工信厅　王艳军）

# 商贸业

## 商贸发展

【国内贸易概况】2022年，甘肃省社会消费品零售总额3922.2亿元，比上年的4037.1亿元下降2.8%。按经营地统计，城镇消费品零售总额3216.2亿元，乡村消费品零售总额706亿元。按消费类型统计，商品零售额3515.9亿元，餐饮收入额406.3亿元。全省限额以上批发零售业、住宿餐饮业法人单位3403个，其中批发零售业2453个，住宿餐饮业950个。

【市场体系建设】支持35个农产品冷链仓储、产地市场和农贸市场项目完成提升改造，完善“甘味”农产品营销新架构，支持省内农产品流通企业在北京、上海、广州、天津、重庆5个国际消费中心城市挂牌运营8个“甘味”农产品省外展示展销中心。

【流通业发展】兰州市成功申报城市一刻钟便民生活圈建设试点，提升改造3条省级示范步行街，认定首批26个甘肃老字号。推动县域商业体系建设，组织26个县区实施县域商业建设行动。制定《甘肃省商贸物流高质量发展专项行动计划（2022—2025）》，推动商贸物流企业加快转型升级，2家企业被确定为全国供应链创新与应用示范企业，5家企业被确定为全国商贸物流重点联系企业。促进拍卖行业发展，核准设立15家拍卖企业，全省拍卖行业拍卖成交场次887场，拍卖成交额119.18亿元，佣金8549万元，从业人员597人。

【市场运行和消费促进】组织省市县商务部门及限额以上企业开展重点促销活动1300多场次，带动社会消费增长95亿元以上。联合省直16个部门制发《搞活汽车流通扩大汽车消费若干措施》，细化19条促进措施。组织17家企业300余款消费精品和农特产品参加第二届“消博会”，实现现场销售16.5万元，合同金额400万元，意向协议1069.45万元，签约项目18个金额1.96亿元。制作甘肃美食地图“一书一网一程序”，健全中央厨房应急保供体系，扩大餐饮消费。组织陇酒促销季暨陇酒好品牌八城巡展系列活动。充分利用东西协作消费帮扶机制，对口帮扶省市帮销甘肃省农产品66.37亿元。成立省电商龙头企业联盟，72个县实现电商同城配送对接运营，全省网络零售额增长9%。

## 对外贸易

【进出口总额】全年进出口总额584.2亿元人民币（下同），比上年的490.9亿元增长18.8%。出口总额127.3亿元，比上年的96.6亿元增长31.4%。进口总额456.9亿元，比上年的394亿元增长15.7%。

## 甘肃省2022年出口额亿元以上商品情况表

（单位：亿人民币）

| 商品名称 | 出口金额 | 占出口总额比重(%) |
| --- | --- | --- |
| 其他集成电路 | 11.4219 | 8.97 |
| 其他用作处理器及控制器的集成电路 | 3.8232 | 3.00 |
| 炉用碳电极 | 9.0330 | 7.10 |
| 其他用作存储器的集成电路 | 4.3560 | 3.42 |
| 新型冠状病毒(COVID-19)疫苗，已配定剂量或制成零售包装 | 4.6132 | 3.62 |
| 鲜苹果 | 4.5015 | 3.54 |
| 其他用作处理器及控制器的多元件集成电路 | 1.3071 | 1.03 |
| 蔬菜种子 | 4.0435 | 3.18 |
| 其他自动调节或控制仪器及装置 | 3.2713 | 2.57 |
| 85章其他编号未列名的电气零件 | 1.5326 | 1.20 |
| 其他含氮基化合物 | 2.3993 | 1.88 |
| 锥形滚子轴承 | 2.2893 | 1.80 |
| 其他已录制的固态非易失性存储器件(闪速存储器) | 1.7789 | 1.40 |
| 白利糖浓度超过20的苹果汁 | 2.0333 | 1.60 |
| 品目8537货品用的其他盘、板等 | 1.8728 | 1.47 |
| 发光二极管 | 1.7055 | 1.34 |
| 罂粟子 | 1.5515 | 1.22 |
| 机床用可编程序控制器(PLC) | 1.2241 | 0.96 |
| 其他圣诞节用品 | 1.1563 | 0.91 |
| 焦炭或半焦炭 | 1.1381 | 0.89 |
| 非合金镍粉及片状粉末 | 1.1029 | 0.87 |
| 白铜或德银管 | 1.1022 | 0.87 |
| 纯度达99.99%及以上未锻造银 | 1.0957 | 0.86 |
| 合 计 | 68.3532 | |

【出口商品结构】2022年，甘肃机电产品出口值62.3亿元，同比增长23%。其中，电子元件出口值23.4亿元；电工器材出口值12亿元，同比增长21%。同期，甘肃农产品出口值24.6亿元，同比增长29.7%。其中，种子、鲜苹果、苹果汁出口值分别为5.9亿元、4.5亿元、2亿元，增幅分别为34.7%、12.4%、18.9%。劳动密集型产品出口值6.1亿元，同比增长51.3%。

【进口商品结构】2022年，甘肃金属矿及矿砂进口值236.8亿元，同比增长15.4%。其中，铜矿砂及其精矿进口值164.1亿元，同比增长3.1%；镍矿砂及其精矿进口值52.3亿元，同比增长50.4%。同期，甘肃镍钴新材料进口值67.2亿元，同比增长102.7%。

## 甘肃省2022年进口额亿元以上商品情况表

（单位：亿人民币）

| 商品名称 | 进口金额 | 占进口总额比重(%) |
| --- | --- | --- |
| 铜矿砂及其精矿 | 152.1142 | 38.61 |
| 镍矿砂及其精矿 | 52.3060 | 13.28 |
| 钴湿法冶炼中间品 | 41.2263 | 10.46 |
| 镍锍 | 34.2930 | 8.70 |
| 镍湿法冶炼中间品 | 25.9322 | 6.58 |
| 其他集成电路 | 11.0740 | 2.81 |
| 其他锌矿砂及其精矿 | 20.3312 | 5.16 |
| 铜矿砂及其精矿 | 11.9969 | 3.04 |
| 未精炼铜、电解精炼用铜阳极 | 10.0608 | 2.55 |
| 其他用作处理器及控制器的集成电路 | 5.6068 | 1.42 |
| 已烧结铁矿砂及其精矿 | 9.1636 | 2.33 |
| 其他用作存储器的集成电路 | 4.3563 | 1.11 |
| 品目8471所列其他机器零附件 | 6.7493 | 1.71 |
| 其他未锻轧非合金镍 | 4.2966 | 1.09 |
| 其他用作处理器及控制器的多元件集成电路 | 2.7782 | 0.71 |
| 引线键合装置 | 3.4137 | 0.87 |
| 镍铁 | 3.3606 | 0.85 |
| 未录制的固态非易失性存储器件(闪速存储器) | 3.1456 | 0.80 |
| 85章其他编号未列名的电气零件 | 1.5300 | 0.39 |
| 多元件集成电路中的自动数据处理设备机器及组件、电讯设备用的具有变流功能的半导体模块 | 2.6617 | 0.68 |
| 其他可变电阻器 | 2.4602 | 0.62 |
| 以天然沥青(地沥青)、石油沥青、矿物焦油或矿物焦油沥青为基本成分 | 2.3243 | 0.59 |
| 其他精炼铜的阴极 | 2.2368 | 0.57 |
| 高纯阴极铜(99.9999%>铜含量>99.9935%) | 2.1239 | 0.54 |
| 其他干豌豆 | 1.9742 | 0.50 |
| 其他经掺杂用于工业的晶体切片 | 1.5902 | 0.40 |
| 其他主要或专用于装配封装半导体器件和集成电路的设备 | 1.5372 | 0.39 |
| 仅装有排气量>4升的点燃往复式活塞内燃发动机越野车 | 1.5002 | 0.38 |
| 额定功率≤20瓦片式固定电阻器 | 1.3304 | 0.34 |
| 品目8541所列货品零件 | 1.3364 | 0.34 |
| 其他亚麻子(种用除外) | 1.2578 | 0.32 |
| 品目8535、8536、8537装置的零件 | 1.1364 | 0.29 |
| 镍的硫酸盐 | 1.0479 | 0.27 |
| 合 计 | 428.26 | |

【进出口商品市场】全年出口商品销往153个国家（地区）。进口商品来自77个国家（地区）。对“RCEP”国家进出口额137.8亿元，比上年的92.1亿元增长49.3%。

### 甘肃省2022年主要销售市场情况表

（单位：亿人民币）

| 国家(地区) | 销售金额 | 占出口总额比重(%) |
|---|---|---|
| 中国香港 | 29.6234 | 23.27 |
| 美国 | 11.7013 | 9.19 |
| 韩国 | 5.9224 | 4.65 |
| 阿联酋 | 5.3728 | 4.22 |
| 越南 | 4.9243 | 3.87 |
| 中国台湾 | 4.5837 | 3.60 |
| 印度 | 4.1425 | 3.25 |
| 俄罗斯联邦 | 4.1225 | 3.24 |
| 印度尼西亚 | 3.8084 | 2.99 |
| 日本 | 2.9474 | 2.32 |
| 合　计 | 77.15 | |

### 甘肃省2022年主要进口市场情况表

（单位：亿人民币）

| 国家(地区) | 进口金额 | 占进口总额比重(%) |
|---|---|---|
| 哈萨克斯坦 | 132.8032 | 42.83 |
| 刚果(金) | 42.9436 | 13.85 |
| 澳大利亚 | 41.5976 | 13.41 |
| 印度尼西亚 | 32.5159 | 10.49 |
| 蒙古国 | 26.7997 | 8.64 |
| 俄罗斯联邦 | 21.3963 | 6.89 |
| 芬兰 | 20.8507 | 6.72 |
| 韩国 | 18.6314 | 6.09 |
| 智利 | 14.2047 | 4.58 |
| 合　计 | 310.1005 | |

【服务贸易】服务进出口总额76198.5万美元，比上年的70688.2万美元增长7.8%。其中，服务出口额30764.4万美元，比上年的31458万美元下降2.2%；服务进口额45434万美元，比上年的39230万美元增长15.8%。

### 2022年甘肃省服务进出口情况

（金额单位：万美元）

| 服务类别 | 进出口 | | 出口 | | 进口 | |
|---|---|---|---|---|---|---|
| | 金额 | 增长率(%) | 金额 | 增长率(%) | 金额 | 增长率(%) |
| 运输服务 | 2,771.3 | 27.9 | 2,073.9 | 27.3 | 697.4 | 29.5 |
| 旅行 | 41,561.1 | 19.5 | 2,095.9 | -10.3 | 39,465.2 | 21.7 |
| 建筑服务 | 15,722.8 | -10.8 | 14,694.7 | -9.6 | 1,028.0 | -24.9 |
| 保险服务 | 275.0 | 3.9 | 109.9 | -21.7 | 165.1 | 32.9 |
| 金融服务 | 1,684.9 | -22.6 | 0.0 | 2.6 | 1,684.8 | -22.6 |
| 电信、计算机和信息服务 | 106.6 | -30.0 | 47.3 | 2.3 | 59.3 | -44.1 |
| 知识产权使用费 | 850.9 | -10.1 | 5.1 | 5.9 | 845.8 | -10.2 |
| 个人、文化和娱乐服务 | 60.4 | -14.8 | 44.9 | -12.1 | 15.5 | -21.8 |
| 维护和维修服务 | 762.9 | -0.7 | 752.4 | -0.8 | 10.4 | 9.9 |
| 加工服务 | 9,350.5 | 8.0 | 9,347.6 | 8.0 | 3.0 | -18.6 |
| 其他商业服务 | 3,052.2 | -1.1 | 1,592.7 | 0.9 | 1,459.5 | -3.2 |
| 合计 | 76,198.5 | 7.8 | 30,764.4 | -2.2 | 45,434 | 15.8 |

## 境外投资

【利用外资】新设境外投资企业29家，比上年下降19.4%；合同外资金额13.8亿美元，增长19.98%；实际使用外资金额1.25亿美元，增长15.01%。截至2022年底，累计批准设立境外投资企业2281家，合同外资金额231.1亿美元，实际使用外资金额24.16亿美元。

甘肃省2022年境外直接投资行业情况表

| 行业 | 企业个数 | 实际使用外资金额（万美元） |
|---|---|---|
| 总 计 | 29 | 12481 |
| 农、林、牧、渔业 | 2 | 0 |
| 制造业 | 4 | 392 |
| 电力、热力、燃气及水生产和供应业 | 5 | 10745 |
| 批发和零售业 | 9 | 578 |
| 交通运输、仓储和邮政业 | 1 | 0 |
| 住宿和餐饮业 | 1 | 0 |
| 信息传输、软件和信息技术服务业 | 2 | 0 |
| 房地产业 | 1 | 0 |
| 租赁和商务服务业 | 2 | 0 |
| 科学研究和技术服务业 | 2 | 0 |
| 水利、环境和公共设施管理业 | 0 | 766 |

甘肃省2022年吸收境外直接投资来源情况表

| 国家（地区） | 企业个数 | 实际使用外资金额（万美元） |
|---|---|---|
| 总 计 | 29 | 12481 |
| 文莱 | 0 | 240 |
| 缅甸 | 1 | 0 |
| 中国香港 | 7 | 11619 |
| 印度 | 1 | 0 |
| 马来西亚 | 1 | 0 |
| 巴基斯坦 | 1 | 0 |
| 新加坡 | 0 | 551 |
| 中国台湾 | 3 | 0 |
| 哈萨克斯坦 | 1 | 0 |
| 乌兹别克斯坦 | 2 | 0 |
| 马达加斯加 | 1 | 0 |
| 苏丹 | 1 | 0 |
| 开曼群岛 | 1 | 0 |
| 加拿大 | 1 | 0 |
| 美国 | 0 | 71 |

【境外直接投资企业】截至2021年底，甘肃省参报境外直接投资企业304家，销售收入515.89亿元人民币，利润总额7.75亿元人民币，进出口总额8614万美元，其中出口额1899万美元，进口额6715万美元。就业人数2.9万人。

## 对外投资和经济合作

【对外投资概况】2022年，全省新备案境外企业5家，中方协议投资额921.4万美元；实际开展对外直接投资的境外企业10家，当年实际投资额1.74亿美元，同比上涨130%，投资涉及有色金属矿采选业、房屋建筑、汽车制造、水泥制造、城市固废回收管理、进出口贸易、农业等行业，主要分布在南非、白俄罗斯、加纳、塞尔维亚、乌兹别克斯坦、巴基斯坦等国家。重点项目有金川集团南非思威铂业项目，2022年度对外直接投资1亿美元。

【承包工程】2022年，对外承包工程新签合同额5.78亿美元，同比增长31.68%；完成营业额3.45亿美元，同比增长1.58%。主要分布在加纳、津巴布韦、马拉维、印度尼西亚、沙特阿拉伯、巴基斯坦等国家。主要项目有，中国电建集团甘肃能源公司津巴布韦旺吉电站三期扩建运营维护项目，中铁二十一局塞尔维亚尼什—季米特洛夫格勒铁路现代化改造项目，中甘国际承建援塞拉利昂国家体育场大修项目、援纳米比亚4所学校项目等。

【劳务合作】2022年，当年派出各类劳务人员1515人，年末在外各类劳务人员2623人，主要派往巴基斯坦、玻利维亚、伊拉克、印度尼西亚、几内亚、孟加拉国等国家，劳务人员实际收入总额1500万美元。

（省商务厅　陈永兵）

## 经济合作

【概况】2022年全省共实施新建、续建省外招商引资项目2745个，到位资金4301.06亿元，同比增长22.55%。其中，第一产业到位资金310.74亿元，占7.22%；第二产业到位资金2259.75亿元，占52.54%；第三产业到位资金1730.56亿元，占

40.24%。

【招商引资】在强科技方面，重点招引科技创新企业联合开展技术攻关、技术协作，2022年全省新引进23个高新技术项目，投资总额167亿元，推动更多科技成果在本地转化。在强工业方面，立足甘肃资源禀赋和工业基础优势开展招商推介，全年引进工业产业项目1549个，占比48.5%，宝武碳业10万吨负极材料、海亮集团15万吨高性能铜箔材料等重大工业产业项目开工形成新的投资产能增长点。在强省会方面，出台支持兰州招商引资政策措施，充分发挥兰州中心城市作用，1—12月兰州市共实施招商引资项目421个，到位资金917.25亿元。在强县域方面，围绕县区选型定位精准招商，引导投资企业参与县域特色优势主导产业培育。8月份，省政府分管领导带队赴山东招商，在济南举行“招商引资项目现场签约仪式”，签订18个合同项目，投资额51.17亿元。9月份在厦门成功举办甘肃省重点产业招商推介会，兰州、酒泉、金昌、天水、张掖等市州就重点产业和项目进行了推介，与多家企业达成合作意向。

1月21日，省商务厅、省经济合作中心组织召开甘肃驻外商务代表处工作座谈会（省经济合作中心供图）

【强招商行动】制定并实施《2022年甘肃省招商引资工作方案》，为全年全省招商引资工作做好顶层设计。制定招商引资指南，突出推介全省9大类优势资源优势产业、8类83项优惠政策。编制重点招商项目册，聚焦6个千亿级产业集群和14条重点产业链，推出522个投资总额达7026.5亿元的全省重点招商项目。编制产业招商地图，结合全省产业布局和未来发展方向，绘制电子产业地图，为客商提供可视化、直观便捷的投资指引。建立招商信息库，汇集投资客商库、招商项目库、优惠政策查询库，利用大数据提高招商引资的精准度。建立工作流程，包括招商引资工作流程、省级重大招商引资项目认定流程和招商项目代办流程，促进招商引资工作规范化。

【优化营商环境】省委、省政府召开优化营商环境大会，建立领导包抓机制，实行省市县三级领导包抓、行业主管部门牵头组成推进专班，对招商项目和责任主体全流程跟进。建立兰洽会签约项目包抓台账，第二十七届兰洽会签约项目697个，签约金额3909.26亿元。截至2022年12月，开工627个，开工率89.96%，到位资金1478.06亿元，到位率37.81%。第二十八届兰洽会签约项目898个，签约金额5311.13亿元。截至2022年12月，开工837个，开工率93.21%，到位资金1495.98亿元，到位率28.17%。拓展招商服务渠道，与37家省区市甘肃商会、27家在甘商协会建立日常工作协调机制。设立甘肃驻白俄罗斯、法国等13家驻境外务代表处。依托中国金融信息中心、江苏省苏商发展促进会、浙江日报报业集团、山东省浙江商会设立4个招商引资合作基地，依托江苏、浙江、山东、深圳、济南甘肃商会设立5个招商引资联络中心。出台《甘肃省招商引资项目投诉受理办法》，依法依规受理、解决招商引资企业投诉问题，切实为招商引资企业纾困解难。

（省经济合作中心　郭勇军）

## 供销合作

【概况】2022年，全省供销系统实现销售总额835.8亿元，同比增长10.5%，其中，农产品销售额426.4亿元，增长16.2%。全系统供应各类化肥354.2

万吨，农膜6.7万吨、增长27.3%。绿色农资实现销售59万吨，同比增长56.3%，农资经营结构不断调整优化。

【综合改革】省供销联社分别与省商务厅、省乡村振兴局联合下发《关于充分发挥优势共同服务乡村全面振兴的实施意见》《关于发挥供销合作社网络体系功能服务乡村全面振兴的实施意见》，与兰州市政府、省农信社签署战略合作协议。加强指导调度，制定下发《2022年工作要点》《综合改革任务书》，推行"台账式""清单式"管理，建立健全省供销联社领导联系市州、处室包抓基层、重点工作季度调度、进展情况定期通报等落实机制，推动各项改革任务落地见效。完善体制机制，省市县三级供销社全部完成理事会、监事会机构设置，省市两级供销社全部召开了社员代表大会，85个县级社召开了社员代表大会。制定《甘肃省供销合作社综合业绩考核办法》，省市县三级供销社全部建立了联合社对成员社考核机制。

【县域流通服务网络建设】推进网络体系建设，制定《关于推动全省供销系统县域流通服务网络建设提升行动的指导意见》，在兰州榆中、陇南西和、定西岷县开展总社级县域流通服务网络强县试点，分别打造"农资统一配送+农业社会化服务+农产品收购""农资+日用品统一配送""农资+寄递物流配送"一体化流通体系。全系统新建改造乡镇综合超市73个。统筹推进流通基础工作，完善再生资源回收利用体系，全系统实现再生资源回收额62.3亿元、同比增长7.8%。与27个成员单位联合开展全省食品安全宣传周活动，联动推进食品安全、农资打假专项整治，打造"放心供销"形象。县及县以下经营服务主体实现商品销售额741.7亿元，同比增长11.7%。

【农资综合服务】健全应急保供体系，制定《甘肃省供销合作社系统农资应急保供体系及工作预案》，不断完善省市县三级农资联动保供"一张网"机制，全系统建成农资经营企业155家、农资配送中心139个、农资经营服务网点2014个。优化营销服务方式，春耕期间成立省级保供专班，强化调度预警监测，加大采购储备力度，向社会公布120家春耕农资供应重点企业，开展线上预约、线下配送服务，确保质优价稳底线。夯实农资主渠道作用，省农资公司争取到中央、省级化肥淡储任务31万吨，落实中央淡储贴息702万元、省级农资储备贴息770万元。

【农产品产销对接】在第28届"兰洽会"上，举办甘肃供销"甘味"农产品展销中心开业仪式和甘肃供销农特优品产销对接活动，达成购销意向订单2.1亿元。邀请江苏、重庆等省市供销社来甘开展产地对接，促进产销双方建立长期稳定合作关系。组织近1000余种农产品参加广州博览会等展会，开展各类产销对接活动7场次，签订农产品销售合同176份，达成意向性成交额14.8亿元。各级供销社组织"喜迎二十大·甘肃供销金秋消费季"、庆丰收促消费、农特产品展示展销、网络直播带货等节庆宣传促销活动。与省商务厅联合主办全国农产品产销对接助力乡村振兴（甘肃）——"甘味"农产品线上对接活动，1个主会场、5个省内分会场、9个省外分会场"云端连线"，达成农产品销售协议及合作意向5.36亿元。全系统组织440家供应商入驻脱贫地区农副产品网络销售平台，上架产品7580余种，完成政府采购6246万元，实现销售1.5亿元，共开设

9月28日，省商务厅、省供销联社联合主办2022全国农产品产销对接助力乡村振兴（甘肃）——"甘味"农产品线上对接活动（省供销社供图）

线上消费帮扶专区173个，电商销售额达到30.5亿元，同比增长42.2%。

【基层组织规范化创建】全年创建基层社示范社46个，改造提升薄弱基层社83个，基层社总数达到1057个，乡镇覆盖率达到86%；新增村级综合服务社481个，总数9485个，行政村覆盖率达到59%；新领办创办农民专业合作社82个，获评国家级示范社10个。打造惠农服务平台，实施全省庄稼医院服务体系提升项目，加快培育多元服务主体，累计建成县级惠农服务中心61个、乡镇惠农服务平台629个、新型庄稼医院1135个。拓展农业社会化服务，全系统223个基层社、120个专业合作社、39个社有企业，为小农户、集体经济组织和专业合作社等提供土地托管服务142万亩，开展农业社会化服务面积529万亩次。

【龙头企业培育】推进省供销集团及所属企业改革转型，培育发展县域骨干企业，80%的县级社组建全资或控股企业，初步建立起以省供销集团及所属27家企业、106个市级、511个县级企业为支撑的社有企业经营服务体系。制定《甘肃省供销合作社联合社数字供销建设指导意见》，亚行项目累计完成12个合同的招标采购工作，酒泉智能配肥站、临洮农产品综合物流产业园开工建设，省级农业社会化服务大数据中心顺利推进，甘肃供销张掖智慧农批市场建设启动实施。

（省供销社　姚建平）

## 粮食和物资储备

【粮食收购】2022年，全省粮食总收购296.4万吨，同比增长0.6%；总销售356.4万吨，同比下降0.9%。全省食用油总收购17.9万吨，同比增长2.5倍；总销售28.3万吨，同比增长1.5倍。全省共签订粮油收购订单4548个，订单收购数量26.9万吨，有5户企业与贫困户签订扶贫收购订单74个，订单收购数量3163吨。

【地方粮食储备建设和管理】完成粮食储备安全管理体制机制改革，13个市（州）建立社会责任储备5.2万吨。制定出台地方储备管理、成品管理、轮换管理、财务管理、仓储管理、质量安全管理等制度。省级储备菜籽油3955吨，同数量调换为大豆油。全省地方储备粮263.8万吨，占国家规定规模的135.3%，保障能力达到全省7个月；地方储备油3.9万吨，占国家规定规模102.6%，保障能力达到全省45天；14个市（州）确定“十四五”增加市、县级储备粮43.9万吨。修订印发《甘肃省省级储备粮竞价销售交易细则》，制定印发《关于加快推进政府储备粮轮换第三方交易的通知》，健全地方储备轮换交易机制，提高专业化、信息化水平，防范轮换环节风险隐患。安排省级储备小麦轮换计划27.4万吨，分期分批通过省粮油批发市场竞价拍卖，精准调控省内粮食市场，保障面粉、饲料等用粮企业需求。

【物资储备管理】《甘肃省改革完善体制机制加强战略和应急物资储备安全管理的实施方案》出台，省粮食和物资储备局承接省级食盐、防汛抗旱物资管理等新职能，管理的储备物资达到7类。加强储备物资收储轮换日常管理和投放效能建设，全省组织调运省级救灾物资5类3.77万件套、市县级救灾物资17类182万件套；分3批次投放省、市级储备肉1416吨，收储临时储备冻猪肉744吨；投放冬春蔬菜2万多吨。提前谋划成品油储备建设，完成国家下达的储备任务。

【粮食产业发展】完成优质粮食工程一期任务，建立质检体系、产后服务体系、“陇上好粮油”新零售体系。组织47家“陇上好粮油”企业、近300种产品参加第28届“兰洽会”。贯彻落实财政部、国家粮储局《关于深入推进优质粮食工程的意见》，围绕粮食绿色仓储、品种品质品牌、质量追溯、机械装备、应急保障能力和节约减损健康消费“六大提升行动”，推进建设优质粮食工程“升级版”，总投资1.7亿元的5个提升行动均已实施。

【粮食市场供给】巩固拓展与河南、黑龙江等粮食主产省、周边省份的产销协作关系，邀请新疆维吾尔自治区粮食和物资储备局参加第28届“兰洽会”相关活动，签订产销区粮食安全合作保障协议，与甘肃建立产销合作关系的省份达到10个。持续“引粮入甘”，全省从省外购进粮食163.3万吨、食用油17.4万吨。做好重大节日和疫情防控期间粮油保供稳市工作，抓好粮源组织筹措，发挥“粮超对接、粮批对接、粮企对接”等直采直供优势，畅通粮油产品供应。发挥覆盖全省14个市（州）、86个县（市、区）信息监测网络作用，及时准确掌握粮油价格动态，合理引导预期，确保全省粮食市场平稳运行。

【粮食安全责任制】提请省委办公厅、省政府办公厅印发贯彻落实《地方党委和政府领导班子及其成员粮食安全责任制规定》重点工作清单，梳理明确24项工作任务。向省委农村工作领导小组第二次全体会议汇报落实粮食安全责任制工作情况，建立《甘肃省粮食安全责任制考核工作简报》，上报国家粮安考核办35期，整理编发20期，被国家采纳4期。

【保粮爱粮节粮】实施粮食节约行动，指导64个粮食产后服务中心发挥好“五代”功能，加强农户科学储粮技术培训服务，减少粮食损失。开展粮油科技周宣传活动，推动科普宣传进家庭1007次、进社区152次、进学校83次、进企业132次、进军营12次。开展线上2022年世界粮食日和全省粮食安全宣传周活动，累计创建国家级2个、省级21个粮食安全宣传教育基地。指导12家直属企业完成安全生产标准化三级达标创建，组织市（州）及直属单位2400人完成全国粮食和物资储备系统安全生产线上注册培训学习。

【粮食应急体系建设】制定印发《甘肃省粮食应急保障中心建设实施意见》，全省粮油应急供应网点达到1828个、配送中心125个、加工企业106个、储运企业137个、保障中心79个。修订三级粮食应急预案79个，做好应急演练、预案衔接，增强粮食应急保供能力。

【粮食购销领域专项整治工作】专项巡视反馈的16项35个问题，整改完成31个，取得阶段性成效并长期坚持4个。组织开展政策性粮油库存检查，全省交叉检查库存粮食107.1万吨、是上年检查数量的2倍，扦取样品178份、是上年的3.8倍。在19家直属企业开展“四清四查”财务检查活动。全省开展粮食流通执法督查1683次，查处案件12起，查办12325监管热线11起。《甘肃省粮食储备安全管理办法》出台实施，2022年9月底前完成国家要求的实现省级储备粮监管全覆盖任务。

（省粮食和物资储备局　张静）

## 公共资源交易

【交易概况】2022年全省公共资源交易平台共完成工程建设项目招标投标、土地使用权和矿业权出让、国有产权交易、政府采购项目25037个，同比增加3847个，增长18.15%，成交金额4314.2亿元，同比增加1076.14亿元，增长33.23%。从项目类型看，全年共完成工程建设项目10051个，成交金额3350.98亿元，同比增长31.94%，占全省总交易额的77.67%;政府采购项目13665个，成交金额403.17亿元，同比增长27.39%；矿业权项目102个，成交金额366.94亿元，增长61倍；国有产权项目213个，成交金额36.81亿元，同比增长5.41%；国有土地项目1006个，成交金额156.3亿元，同比下降54.15%；医药采购165.58亿元，同比增长7%。其中药品成交103.29亿元，同比增长5.16%；耗材成交62.29亿元，同比增长8.65%。从交易规模看，完成省重大项目234个，交易额占地区生产总值的39%左右。

7月8日，“陇上好粮油”区域公用品牌战略发布上线仪式在兰州举行（省粮食和物资储备局供图）

通过阳光招标采购平台完成国家标准限额400万以下工程、200万以下货物、100万以下服务的小型项目（非必须招标项目）64944个，成交金额171.10亿元，同比增长17.98%。从交易方式看，2022年全省公共资源交易实现“不见面”开标，网上开标成为常态，2022年全省交易项目数（不含涉密项目）网上开标比例达到100%。

【政府集中采购】组织实施政府集中采购项目449批次，同比增长0.7%，委托金额19.3亿元，成交金额18.3亿元。完成涉密项目41批次，其中安可项目6批次。自2022年7月1日起，全省政府采购项目不再收取投标保证金，每年减少占用资金约15亿元。自2022年9月1日起，对项目实施地在兰州新区或受兰州新区行政监管部门监督管理的项目，取消公共资源交易服务费，每年为市场主体减负约330万元。

【药品集中采购】推动国家联盟集中带量采购在甘落地，如期完成3批次110个药品、10批次1179个注册证、25000个耗材中选结果申报，药品和耗材带量采购已累计节资超45亿元。顺利完成省级药品带量采购，开展2批次药品省级带量采购，中选药品83个，节资1.73亿元。

【交易电子化】推动平台数字化转型，依托数字政府建设，组织实施“公共资源交易全流程电子化”和“全省远程异地评标评审系统”建设两个项目，研发全省公共资源交易“一网通办”系统、全省远程异地评标评审系统、交易平台场地设施智能化总控管理系统、权益类交易系统及政府采购、交通、水利电子交易系统等12个软件系统，与省数字政府大数据基座对接，进入试运行阶段。发挥远程异地评标“非接触式”“同框”评标、共享优质专家资源的优势，在全省范围内调配专家资源，开展远程异地评标，实现交易成本和时间“双降低”、交易质量和效率“双提升”。

【黄河流域交易一体化发展】2022年与陕西、河南、山东、青海、宁夏、内蒙古等六省区签订工程建设项目远程异地评标协作框架协议，建立多方交流协作机制，探索跨省远程异地评标，实现公共资源交易协同发展、资源共享，共同推动黄河流域公共资源交易高质量发展。

【优化升级平台服务】将全省注册认证的18.5万余户交易主体信息、各类数字证书和电子印章，与省数字政府用户体系和证书印章整合互认，全省每年可节约交易主体重复办理数字证书和电子印章费用约7700万元。对接“保市场主体公共服务平台”电子投标保函系统，推动保函在公共资源交易领域广泛应用，有效减轻了企业资金压力。全年全省各级公共资源交易平台代收投标保证金93.43亿元，电子保函40437笔，替代投标保证金37.44亿元，占投标保证金总额的28.55%；其中省级平台代收投标保证金8.37亿元，电子保函3749笔，替代投标保证金5.31亿元，占投标保证金总额38.80%。省综合评标评审专家库现有省级专家21313人，新增专家1631人，调整清退受行政处罚、超龄等专家23人，自2022年7月1日起，全省政府采购项目不再收取投标保证金，每年减少占用资金约15亿元。自2022年9月1日起，对项目实施地在兰州新区或受兰州新区行政监管部门监督管理的项目，取消公共资源交易服务费，每年为市场主体减负约330万元。

【交易见证服务】推进公共资源交易见证服务标准化智能化，全量记录服务、交易、监管过程产生的数据，形成交易见证档案，将交易信息与公共资源交易大数据平台共享，确保场内所有交易行为动态留痕、数据真实、流程可溯、责任可究，为行政监督部门和纪委监委、审计、公检法查证取证提供有效支撑。

（省公共资源交易中心　张倩）

## 烟草专卖

【烟叶生产】2022年，全省种植烟叶2.15万亩，收购3.95万担。全省签订烟叶种植收购合同1400份，户均种烟面积15.36亩，同比增加0.92亩。推进烟区生产力布局优化调整，种植计划分配重点烟区1.775万亩，占比82.5%，普通烟区0.375万亩，占比17.5%。加大新品种试验与示范推广力度，全省开展新品种试验“云烟87”10亩、“云烟301”100亩，推广“秦烟99”2700亩、“云烟99”4200亩。总结“水肥一体化”技术应用成效，提升水肥资源精确利用水平。探索烟叶绿色生物防治体系建设，推广紫苏间作套种、黄板生物驱虫等绿色防控技术，提升烟叶生产质量和生态安全水平。全省开展“水肥一体化”试验研究20亩，“有机无机肥”试验1000亩。全省推广落实烟叶精益生产面积2.15万亩，实现亩均降本57元，同比提升3个百分点。推动烟叶主业与多元化产业融合发展，全省烟叶生产多元化收入实现产值2196万元，烟农实现净收入1315万元，同比分别增长9.8%和9.58%，实现烟农户均收入5.15万元。依托地方乡村产业发展，利用闲置育苗大棚（1.6万平方米）种植蔬菜、发展养殖业。以合作社为载体，组织代购化肥、燃煤及烤房零部件，为烟农节省开支13.8万元。农闲时节组织烟农就近务工，全年累计参与社会务工3.9万人次，烟农实现净收入423.06万元。

【卷烟经营】加大适销货源组织力度，做好市场细分，科学定位目标群体，探索创新营销方式，统筹高中低各价位卷烟供需匹配和协调发展，加大结构提升引导力度，妥善解决供需区域性、结构性、季节性矛盾，发挥河东、河中、河西三大区域市场联动调控机制作用，保证供需动态平衡。加大社会库存、市场价格、客户毛利等关键指标的监控监测，科学布局不同价位卷烟销量，平衡落实不同时段供货策略。落实三级品牌共育机制，严格执行品牌评价规则，完善品规市场化淘汰机制。优化品牌发展布局，支持地产一、二类卷烟发展，加强工商零营销组织链接，提升品牌培育精准度和成效。落实终端资源管理办法，利用营销渠道使优质终端资源面向所有工业企业合理分配。

【销售网络建设】深化“陇之情便利”流通品牌建设，发挥品牌作用，加大硬件投入，优化运维服务，做好品牌门店形象塑造、标准陈列，提高流通品牌含金量。推动直营终端建立市场化运营模式，发挥加盟终端示范引领作用，提升一般现代终端运营质量，提升普通终端规范化经营水平。引导全省终端向便利店、小超市等多业态发展转变，加快推动城乡网络一体化协调发展。全省累计建成现代终端3.12万户，比重达到25%，其中加盟终端2759户，比重达到2.17%。新商通使用客户4万户，“陇之情”活跃会员43.6万人。建立线上线下零售客户融合服务机制，完善客户卷烟经营盈利保障机制，完善诚信互助小组长效机制，搭建工商零共育品牌平台，推广应用零售客户诚信体系。深化物流创新和精益改善，利用物联网、大数据、人工智能等现代技术，推动物流智能化转型。提升“3+8”区域物流运营水平，加强供应链上下游工商协作，扩大工商同城共库规模，发挥小批量集散中心作用，打通工商零物流信息联通渠道，提升物流渠道控制力和服务竞争力。

【打假打私】深化协作机制建设，推动形成多部门情报互通、信息共享的打击合力，加大涉烟不法分子惩处力度，全年移送公安机关刑事立案189起，侦办百万元以上国标网络案件25起，其中千万元以上案件10起，超亿元案件3起；累计逮捕95人，判刑87人；10起案件获得国家烟草专卖局表彰奖励，1起案件收到公安部、国家烟草专卖局打网办贺信。

【市场监管】开展“春雷2022”专项行动，全省查处各类涉烟违法案件7450起，查获各类违法卷烟1.23万件，同比增长29.8%，案（标）值1.02亿元，同比增长68.1%，卷烟市场管控率保持在95%以上。全面完成随机检查任务，建立市管模型4324个，分析命中率达到42.4%，同比提高8.7个百分点。强化真烟异常流动综合治理，查处5万元或20万支以上大要案262起，同比增加46起。持续加大铁路沿线监管力度，健全联合协作机制，铁路卷烟违法贩运行为得到有效遏制。

（省烟草专卖局　毕耜栋）

## 旅游发展

**【行业规模】** 截至2022年底，全省有A级旅游景区444家（5A级7家、4A级134家）；星级饭店343家，旅行社949家，导游人员11736人。全域旅游示范区31家（国家级3家），省级旅游度假区11个，旅游休闲街区14个（国家级2个）。全国乡村旅游重点村（镇）50个；全国甲级旅游民宿4家、乙级2家、丙级13家。国家体育旅游示范基地1家、国家工业旅游示范基地2家、国家级文化和旅游消费试点城市3家、国家级夜间文化和旅游消费集聚区5家。已建成运营自驾车房车营地28个。

**【旅游景区】** 指导陇南市官鹅沟景区成功创建为国家5A级旅游景区，兰州河口古镇创建为国家级旅游休闲街区。指导金辉矿业和玉门油田创建成为全国首批工业旅游示范基地。新评定4A级景区14个、省级全域旅游示范区6个，省级旅游休闲街区6个、省级度假区3个、省级体育旅游示范基地6个、丙级民宿9家。动员全省339家A级旅游景区在2022年12月至2023年5月期间开展景区门票减免优惠活动，策划推出冰雪旅游活动41项。督导旅游景区严格落实“限量、预约、错峰”的开放要求。联合省民委、省发改委印发《甘肃省开展民族团结进步创建“进景区”指导意见》《甘肃省关于实施旅游促进各民族交往交流交融计划的指导意见》，指导20个4A级、5A级旅游景区开展民族团结进步创建“进景区”试点工作。

**【重大项目概况】** 2022年全省共实施文旅重大项目10个，总投资29.95亿元，已完成投资23.2亿元。其中武威雷台景区文化旅游综合体项目经过4年建设，累计完成投资54亿元，创建国家5A级旅游景区；天水白鹿仓国际旅游度假区自2019年启动以来，累计完成投资16亿元，景区项目完成80%的工程体量；武威历史文化街区保护建设项目2022年完成投资7亿元，累计完成投资28亿元；兰州市“读者印象”精品街区项目、甘肃简牍博物馆、迭部县扎尕那生态旅游养生特色小镇建设等7个文旅重大项目继续推进。世行贷款实施的甘肃文化传承创新项目已签约子项目7个，签订23个合同，签约金额3.8亿元，项目已全部开工。2022年全省建设文旅产业发展项目464个，总投资246.8亿元；市州重点续建项目261个，总投资164.9亿元；市州重点新建项目141个，总投资30.78亿元。

## 旅游业态

【乡村旅游和文旅扶贫】推动全省乡村旅游产品创新、基础提升、品牌创建。全年创建乡村旅游示范县6个、文旅振兴乡村样板村60个，乡村旅游合作社89个，创建全国乡村旅游重点村6个、重点镇3个。先后举办甘肃乡村旅游发展指数发布、春季乡村旅游精品线路产品推广、“陇上乡遇”甘肃省乡村旅游品牌发布、“我从陇上跑过”乡村旅游欢乐跑、冬春季乡村旅游线路和景区冬春季产品发布等活动，推出2022年甘肃乡村旅游乐享金秋精品线路产品61条，推动乡村旅游率先复苏，持续升温。省内5条乡村线路入选文化和旅游部推出的“乡村四时好风光——瑞雪红梅、欢喜过年”全国乡村旅游精品线路。全年组织乡村旅游带头人和从业人员骨干培训班52期，培训8000多人次。联合公安、资源、环保等十部门印发《关于促进乡村民宿高质量发展的指导意见》。创建国家甲乙级民宿各2家，数量位居全国第二。

### 2022全国乡村旅游精品线路甘肃入选名单

**1.星辰沙海·生态绿洲体验之旅**

线路：兰州—天梯山石窟—凉州区张义镇灯山村—红旗谷生态旅游村—瑞安堡（三雷镇三陶村）—乡村记忆博物馆—沙羊美食街—民勤沙漠雕塑国际创作营—摘星小镇

**2.如画甘州·桑麻之地度假之旅**

线路：张掖—张掖国家湿地公园—甘州区甘浚镇速展村—平山湖大峡谷—屋兰古镇（九曲黄河灯阵）

**3.梨园诗画·耕读传家研学之旅**

线路：兰州—金城关文化博览园—皋兰什川古梨园—皋兰县什川镇上车村—青城古镇

**4.诗意村落·赏秋胜地养生之旅**

线路：陇南—康县阳坝景区—康县长坝镇花桥村—康县王坝镇何家庄村—五福临门民宿（康县岸门口镇朱家沟村）

武威市民勤县摘星小镇（省文旅厅供图）

**5.平凉沃土·农耕硕果寻访之旅**

线路：平凉—大云寺·王母宫景区—泾川县城关镇凤凰村—王村镇知青记忆园—完颜民俗村—白家民俗文化村

陇南市康县长坝镇花桥村（省文旅厅供图）

## 甘肃省全国乡村旅游重点村镇名录

（截至2022年12月31日）

### 一、全国乡村旅游重点村

第一批（2019年，12个）

酒泉市敦煌市月牙泉镇月牙泉村

庆阳市华池县南梁镇荔园堡村

甘南州卓尼县木耳镇博峪村

武威市天祝县天堂镇天堂村

临夏州临夏市折桥镇折桥村

甘南州碌曲县尕海乡尕秀村

酒泉市敦煌市阳关镇龙勒村

陇南市康县长坝镇花桥村

张掖市民乐县民联镇东寨村

甘南州夏河县曲奥乡香告村

庆阳市西峰区显胜乡毛寺村

张掖市临泽县板桥镇红沟村

**第二批（2020年，20个）**

临夏回族自治州临夏市南龙镇马家庄村

陇南市康县王坝镇何家庄村

平凉市泾川县汭丰镇郑家沟村

陇南市康县岸门口镇街道村（朱家沟）

兰州市皋兰县什川镇上车村

张掖市肃南裕固族自治县康乐镇榆木庄村

临夏回族自治州临夏县北塬镇钱家村

敦煌市月牙泉镇杨家桥村

张掖市甘州区长安镇前进村

酒泉市肃州区泉湖镇永久村

天水市秦州区玉泉镇李官湾村

庆阳市宁县瓦斜乡永吉村

嘉峪关市峪泉镇黄草营村

甘南藏族自治州迭部县达拉乡高吉村

武威市天祝藏族自治县大红沟镇大红沟村

金昌市金川区宁远堡镇龙景村

陇南市西当县杨店镇灵官村

甘南藏族自治州迭部县电尕镇谢协村

张掖市山丹县李桥乡高庙村

白银市景泰县喜泉镇大水磅村

**第三批（2021年，6个）**

兰州市榆中县小康营乡浪街村

定西市渭源县田家河乡元古堆村

武威市凉州区高坝镇蜻蜓村

白银市白银区水川镇顾家善村

临夏州康乐县八松乡纳沟村

庆阳市庆城县庆城镇药王洞村

第四批（2022年，6个）

兰州市西固区河口镇河口村

武威市凉州区张义镇灯山村

天水市秦州区平南镇孙集村

临夏回族自治州和政县城关镇咀头村

甘南藏族自治州临潭县冶力关镇池沟村

甘南藏族自治州迭部县益哇镇扎尕那村

景泰县喜泉镇大水磅村（省文旅厅供图）

## 二、全国乡村旅游重点镇

**第一批（2021年，3个）**

酒泉市敦煌市月牙泉镇

陇南市康县长坝镇

庆阳市华池县南梁镇

**第二批（2021年，3个）**

甘肃省武威市天祝县天堂镇

甘肃省临夏回族自治州临夏市折桥镇

甘肃省白银市白银区水川镇

甘肃省乡村旅游示范县、

【红色旅游】启动《甘肃省红色资源保护传承条例》立法工作，通过地方立法推进红色资源保护传承工作规范化、法治化。省文旅厅联合省教育厅、团省委开展“赓续红色血脉 培育时代新人”红色讲解员进校园活动，选拔优秀红色讲解员赴省内大、中、小学开展宣讲活动1000多场次。策划发布“红色陇原行 甘肃人游甘肃”7大主题35条红色旅游精品线路。庆阳市环县河连湾陕甘宁省委、省政府旧址、华池县南梁革命纪念馆、白银市会宁县红军长征会师旧址、武威市古浪县红军西路军古浪战役遗址、高台县中国工农红军西路军纪念馆等红色景区进入文化和旅游部发布的“长城红色精神传承之旅”国家级旅游线路。

### “红色陇原行·甘肃人游甘肃”<br>7大主题35条甘肃红色旅游精品线路

**主题一：“三区三州”红色旅游专列**

“三区三州”红色旅游专列从省会兰州发车，开往红军三大主力途经地、“三区三州”脱贫攻坚主战场——甘南和陇南，再到红军西路军浴血奋战的河西走廊，形成全省红色旅游大环线。

线路1：兰州—宕昌县哈达铺镇—迭部县腊子口、茨日那、俄界—古浪县红军西路军古浪战役纪念馆、八步沙林场—高台县中国工农红军西路军纪念馆（高台烈士陵园）、红军营、高台干部学院—兰州（3日）

“三区三州”红色旅游专列（省文旅厅供图）

**主题二：长征丰碑　彪炳史册**

甘肃省是红军长征时期红一、二、四方面军和红二十五军都曾经过的省，也是红军长征活动时间较长的省区之一。红军长征从1935年8月进入甘肃，到1936年10月红军三大主力在会宁会师，在甘肃留下了红军光辉的战斗足迹。“长征丰碑、彪炳史册”主题推出4条线路。

线路2：会宁县红军会宁会师旧址、红军长征胜利景园、红军村（1日）

线路3：岷县岷州会议纪念馆、二郎山战斗遗址—通渭县榜罗镇革命遗址（2日）

线路4：宕昌县哈达铺红军长征纪念馆、红军街—迭部县腊子口战役遗址、俄界会议旧址、茨日那毛泽东旧居（2日）

线路5：会宁县红军会宁会师旧址—静宁县界石铺红军长征毛泽东旧居纪念馆—崆峒区平东工委纪念馆—泾川县吴焕先烈士纪念馆（2日）

**主题三：红色沃土　滋养初心**

甘肃是一片红色土地，在中国革命历史进程中发挥了不可替代的作用。散布在两当、华池、迭部、会宁、静宁、古浪、高台、兰州等地的红色遗迹，涵盖了土地革命、抗日战争、解放战争时期，特别是长征路上具有代表性的红色故事。“红色沃土、滋养初心”主题推出3条线路，驻足这片土地，追忆峥嵘岁月，滋养初心使命。

线路6：八路军兰州办事处纪念馆、兰州战役纪念馆、中共甘肃工委纪念馆—榆中县张一悟纪念馆（1日）

线路7：环县山城堡战役纪念馆、陕甘宁省委、省政府旧址纪念馆—华池县南梁革命纪念馆、南梁镇荔园堡村、抗大七分校旧址、大凤川大生产运动纪念馆（3日）

线路8：礼县龙池湾战役纪念馆—徽县徽成两康战役纪念馆—两当县两当兵变纪念馆（3日）

**主题四：巍巍祁连　浴血河西**

回望绵延千里的河西走廊，瞩目巍峨耸立的祁连山脉。红军西路军将士在这片土地上经历了80多次浴血战斗，用鲜血和生命谱写了可歌可泣的壮丽诗篇。“巍巍祁连、浴血河西”主题推出3条线路，一件件实物、一张张图片，再现了当年西路军英勇奋战、浴血祁连的悲壮历程。

线路9：靖远县虎豹口渡河战役旧址—景泰县一条山战役纪念馆、红西路军兵工厂遗址（2日）

线路10：古浪县红军西路军古浪战役纪念馆—临泽县梨园口战役旧址—高台县中国工农红军西路军纪念馆（高台烈士陵园）（2日）

线路11：永昌县红西路军永昌战役纪念馆、红军西路军总指挥部旧址、大沽政治部旧址—金川区火星1号基地（2日）

**主题五：时代楷模　赤子丹心**

在轰轰烈烈的中共党史、新中国史、改革开放史、社会主义发展史上，一代又一代的甘肃建设者披荆斩棘，孕育出了“为国分忧、为民族争气”的铁人精神、“誓把荒漠变绿洲”的八步沙精神、“坚守大漠、甘于奉献、勇于担当、开拓进取”的莫高精神。这些精神渗透在陇原儿女的血液里、基因中，已成为甘肃的宝贵财富。“时代楷模、赤子丹心”主题推出5条线路，礼敬时代楷模，学习时代精神，走好新时代的长征路。

线路12：古浪县八步沙林场、八步沙六老汉治沙纪念馆、红军西路军古浪战役纪念馆（1日）

线路13：敦煌莫高窟、莫高里工匠村、敦煌博物馆（2日）

线路14：酒泉卫星发射基地、酒泉市博物馆、西汉酒泉胜迹（2日）

线路15：庄浪县中国梯田化模范县纪念馆、梯田纪念碑广场（1日）

线路16：玉门市铁人王进喜纪念馆、玉门油田老一井、玉门红色文化博物馆（2日）

**主题六：生态文明　春绿陇原**

近年来，甘肃在生态环境问题的治理和建设中取得了显著成效。今天的甘肃，从黄河之滨到祁连之麓，从雪域高原到黄土大塬，一幅山川秀美的画卷正在徐徐展开。“生态文明、春绿陇原”主题推出10条线路，一览“绿水青山就是金山银山”的辉煌成就。

线路17：民勤县沙漠公园—天祝县冰沟河景区—古浪县八步沙林场（2日）

线路18：兰州黄河风情线大景区—永靖县炳灵寺世界文化遗产旅游景区（1日）

线路19：夏河县桑科草原—碌曲县郭莽湿地公园、白龙江大峡谷（3日）

线路21：玛曲县黄河第一弯—碌曲县尕海—迭部扎尕那（3日）

线路22：山丹县艾黎纪念馆、焉支山森林公园、山丹军马场（2日）

线路23：和政县松鸣岩景区、古生物化石博物馆（1日）

线路24：麦积区麦积山景区—秦州区青鹃山景区（2日）

线路25：榆中县兴隆山景区、官滩沟景区（1日）

线路26：武都区万象洞风景名胜区—文县天池、白马河景区（2日）

庆阳市华池县南梁景区（省文旅厅供图）

**主题七：脱贫攻坚　苦尽甘来**

甘肃曾是全国脱贫攻坚任务最重的省份之一。在党的领导下，陇原儿女苦干实干，谱写了创造美好生活、实现全面小康的甘肃篇章，体现了“上下同心、尽锐出战、精准务实、开拓创新、攻坚克难、不负人民”的脱贫攻坚精神。“脱贫攻坚、苦尽甘来”主题推出9条线路，回望脱贫攻坚奋斗路，开启乡村振兴新征程。

线路27：静宁县界石铺镇继红村—泾川县汭丰镇郑家沟村红军村—泾川县王村镇红军楼（2日）

线路28：渭源县渭河源景区、田家河乡元古堆村（1日）

线路29：临夏市折桥镇折桥村、八坊十三巷—东乡县布楞沟村（1日）

甘肃省全国红色旅游经典景区名录（截至2022年12月31日）

| 序号 | 景区名称 | 景区详细地址 |
|---|---|---|
| 1 | 白银市会宁县红军长征会师旧址 | 白银市会宁县会师镇会师南路7号 |
| 2 | 甘南州迭部腊子口战役遗址 | 甘南州迭部县腊子口镇 |
| 3 | 陇南市宕昌县哈达铺红军长征纪念馆 | 甘肃省陇南市宕昌县哈达铺镇上街村001号 |
| 4 | 定西市岷县岷州会议纪念馆 | 定西市岷县十里镇三十里铺村五社103号 |
| 5 | 定西市通渭县榜罗镇革命遗址 | 定西市通渭县榜罗镇文峰村大背组15号 |
| 6 | 武威市古浪县红军西路军古浪战役遗址 | 武威市古浪县城公园路4号 |
| 7 | 俄界会议旧址和茨日那毛主席旧居 | 甘南州迭部县达拉乡高吉村 |
| 8 | 兰州市城关区八路军兰州办事处旧址 | 兰州市城关区酒泉路314号 |
| 9 | 庆阳市华池县陕甘边区苏维埃政府旧址 | 庆阳市华池县南梁镇荔园堡村 |
| 10 | 张掖市高台县高台烈士陵园 | 张掖市高台县城关镇人民东路47号 |
| 11 | 庆阳市环县山城堡战役遗址 | 庆阳市环县山城堡凯旋岭 |
| 12 | 平凉市中国工农红军长征界石铺纪念园 | 平凉市静宁县界石铺镇继红村125号 |
| 13 | 陇南市两当县两当兵变旧址 | 陇南市两当县城关镇广香东路 |
| 14 | 酒泉市玉门油田 | 酒泉市玉门市老市区解放路 |
| 15 | 张掖市山丹艾黎纪念馆 | 张掖市山丹县艾黎大道732号 |
| 16 | 甘南州舟曲特大山洪泥石流地质灾害纪念公园 | 甘南州舟曲县城关镇88号 |

线路30：康县长坝镇花桥村、王坝镇何家庄村、五福临门民宿、阳坝景区（2日）

线路31：麦积区伯阳镇红崖村、街子温泉度假村（1日）

线路32：白银区大坪凤园花海景区、水川镇顾家善村—云客小镇（2日）

线路33：榆中县城关镇李家庄村、小康营乡浪街村（1日）

线路34：金塔县胡杨林景区、金塔镇王子庄田园文化旅游产业园、金塔县航天镇航天村（2日）

线路35：临潭县冶海天池、冶力关镇池沟村、庙沟村（2日）

【节日主题旅游】省文旅厅以“喜迎冬奥·乐享陇原”为主题主线，在持续开展“冬奥过大年·春绿玉门关”百日千场冬奥文化活动、“丰收了·游甘肃”冬春文化旅游惠民活动、“文化进万家——视频直播家乡年”活动、海外“欢乐春节”线上展播交流活动、“春绿陇原·云端盛宴”迎新春百部百场网络文艺展播活动等系列迎冬奥、贺新春主题文化旅游活动，集中推出“山河锦绣·多彩民俗体验之旅”“银装素裹·乐享梦幻冰雪之旅”等“丰收了·游甘肃”五大冬春旅游主题产品、“如意甘肃·陇上乡遇”15条冬春季乡村旅游产品线路、A级旅游景区“免费游”“半价游”等五大冬春旅游惠民政策的基础上，特别发布“2022年春节假期主题旅游精品线路”。在中国农民丰收节和国庆假期到来之际，举办“甘肃人游甘肃”2022甘肃乡村旅游乐享金秋推广发布活动，推出2022年甘肃乡村旅游乐享金秋精品线路产品61条，推动乡村旅游复苏。

## 旅游规划建设

【旅游市场开发】克服疫情影响，政企合力推动“兰州—张掖—敦煌、兰州—庆阳”旅游串飞航线落地实施。合作开通“环西部火车游·崆峒号”品牌列车，完成“交响丝路·如意甘肃”品牌列车冠名宣传项目。与兰州文理学院签订战略合作协议，开创政校深度合作新局面，创新教育赋能文旅新模式。组织召开全省“文化进万家　旅游迎新春”百日攻坚行动动员会和全省旅行社行业复工复产动员大会，号召全省文化旅游系统及以旅行社为代表的文旅经营企业，积极顺应国务院“新十条”和省“新二十条”防控政策导向，推动全省文旅行业全面复工复产、复苏振兴。围绕“文化惠民活动、文旅消费活动、旅游产品开发、文旅宣传推广、助企纾困惠企、乡村旅游活动、文旅项目谋划、智慧文旅活动、规

"环西部火车游·崆峒号"品牌列车（省文旅厅供图）

范文旅市场、文旅队伍提升"十大重点任务，全省各地共计谋划实施千余项冬春文化旅游惠民惠企活动和措施。

【旅游宣传推介】开展整合宣传和媒体宣传工作，先后在浙江义乌、江西南昌及上海等重点客源地合作开展"探寻交响丝路·畅游如意甘肃"系列文旅展览活动，组织开展"无问东西一家亲·甘肃人游甘肃"等系列宣传推广活动。遴选甘肃卫视、《中国旅游报》、兰州高铁站、中川机场、兰州公交移动电视等9家广告平台开展整合宣传，在北京、上海、广州等9个重点客源地投放甘肃文旅宣传广告。联合人民网甘肃频道共同推出"交响丝路·如意甘肃"文旅形象及品牌活动线上专题展示宣传活动，累计采编刊发23期图文并茂的系列精品宣传报道。协调星球研究所拍摄推出《河西走廊——中国最伟大的走廊》《河西走廊——你身边的博物馆》纪录片，策划推出《唱游甘肃》《交响丝路·如意甘肃——发现你的千百度》等文旅宣传片。围绕"丰收了·游甘肃"系列惠民活动、"欢乐春节·如意甘肃"等系列活动，全力抓好乡村旅游宣传推介工作，与省广电总台联合推出"如意甘肃·陇上乡遇"乡村旅游特别节目，开发全省乡村旅游电子地图，开通"陇上乡遇"乡村旅游视频号，全方位展示甘肃乡村旅游资源和文化，提升乡村旅游产业影响力、社会认知度和品牌知名度。

【文旅产业项目建设】印发《甘肃省2022年省级旅游发展专项资金文化和旅游产业项目补助申报指南》，按程序支持具有引领示范效应文旅产业项目44个。编印完善《全省文化和旅游康养产业重点招商引资项目册》，2022年储备文旅产业发展项目457个，举办"强省会·最美黄河故事"主题活动，评选8个优秀文旅产业项目和7名产业带头人进行表彰，谋划上报2023年文旅产业重大项目13个。用活纾困助企各项政策，策划开展"一核三带"发展格局促进文旅融合发展暨文旅企业服务月活动，审核申报文旅领域设备购置与更新改造贷款贴息项目60多个。全面落实《营商条例》和"放管服""不来即享"改革政策。

【大敦煌文化旅游经济圈建设】2022年，酒泉市肃州区西汉胜迹历史文化街区、六分湿地景区、莫高窟数字展示中心（二期）、金塔航天小镇、玉门关外关文旅康养小镇、瓜州城北专业旅游村、金塔航天小镇等7个项目当年完成投资超过5000万元，肃州区博物馆、金塔县游泳馆、玉门水上世界、乐动敦煌-文旅综合体、海联国际饭店等5个项目当年完成投资1亿元以上，酒泉卫星发射基地研学项目、玉门之光工业体验馆、敦煌书局等14个项目建成运营，敦煌市莫高窟游客中心二期、悬泉置遗址保护利用、鸣沙山月牙泉景区提升、肃北石包城遗址保护利用等项目开始投建，酒泉市全年完成文旅项目投资20亿元。

【省属企业重点项目建设】省公航旅集团与武威市一起推进雷台景区建设，与天水市推进白鹿仓国际旅游度假区、武威市历史文化街区保护项目建设。省城乡发展集团作为文旅康养产业省级链主企业，投资1.2亿元建成运营泾川橙香瑶池温泉谷项目。省文旅集团启动建设兰州石佛沟生态旅游示范区项目，完成2.25亿元形象投资，统筹运营平山湖大峡谷、渭河源大景区等景区。兰州黄河生态旅游开发集团2022年完成"读者印象"文化生态精品街区项目投资4.7亿元，推动项目基础改造、建筑提升。

【市州旅游项目建设】兰州市2022年重点推进水墨丹霞景区一期工程，完成投资7200万，累计完成投资13亿元，水墨丹霞成为省会兰州旅游新热点。天水市以招商引资为牵引，麦积山景区二期工程、秦州区花舞南山文旅小镇等重点项目有序推进，市图书、文化、博物"三馆"新建项目进展良好。临夏州将脱贫攻坚优势转化为乡村振兴动能，沿太子山旅游大通道打造交旅融合"金丝带"，带动华谊兄弟星剧场美好生活综合体、普乐方五色谷文旅康养度假区、和政滨河东区文旅开发综合体等大项目落地开工。平凉市围绕强龙头、补链条、聚集群，实施文旅康养产业项目55个，已开工51个，开工率92.7%，完成投资14.39亿元。武威市明确“5+N”文旅产业链发展重点，实施重点文旅产业项目22项，成立凉州会盟纪念地等5个专班，全年完成投资20.96亿元。白银市重点实施会宁南川·红军村建设、靖远县水岸三合景区开发建设等13个项目，文旅项目投资逐年增加。张掖市重点推进奥体中心建设项目、平山湖景区综合开发项目、七彩丹霞景区夜游项目、沙漠体育公园建设运营项目等项目，着力串点连线、丰富业态，提升全域旅游质量。嘉峪关市重点实施文化旅游项目4个，其中关城景区改造项目争取中央资金8000万元，着力打造全国长城文化文旅融合发展典范。

【精品景区建设】敦煌研究院实施的莫高窟数字展示中心二期开工建设，打造“总量控制、线上预约、数字展示、洞窟参观”旅游开放新模式，成为延续提升世界文化遗产地旅游管理的重要载体。甘肃演艺集团与敦煌市联手打造“乐动敦煌——文旅产业综合体”项目，2022年完成投资3亿元，主体工程完工，以全新沉浸式演艺为敦煌文化增添魅力。金昌市火星1号基地采取生存场景模拟、实体建筑仿制、科幻造景等手段，开发火星模拟生存、星际探索、数字互动等体验业态，是全国首个火星主题沉浸式实景体验基地。张家川县启动建设马家塬出土战国马车文化展览馆，打造独具特色、主题鲜明的西戎历史文化展示平台。

【夜间文旅消费集聚区建设】2021年，文化和旅游部组织开展创建国家级夜间文化和旅游消费集聚区，省文化和旅游厅统筹推动全省夜间文旅消费集聚区建设工作，培育优质夜间文旅项目，推进夜间文旅业态高质量发展，促进夜间文旅市场繁荣，驱动文旅消费升级，实施夜间文旅消费拓展行动，开发夜游黄河、夜游敦煌、夜赏文创、夜品佳肴、夜购陇货、夜习科普、夜健体魄、夜间演艺等多样化消费产品。支持博物馆、图书馆、美术馆、文化馆、乡镇（社区）综合文化中心等公共文化场馆夜间开放，鼓励文化旅游企业举办夜间活动，催生文化沙龙、深夜影院、音乐俱乐部、24小时阅读空间等时尚文化业态，丰富夜间文化艺术沉浸式体验，创新文化旅游消费模式。2022年8月25日，文化和旅游部为首批、第二批国家级夜间文化和旅游消费集聚区代表授牌，甘肃省临夏回族自治州八坊十三巷街区、兰州市兰州创意文化产业园商业区2个夜间文旅消费街区入选第二批国家级夜间文化和旅游消费集聚区并授牌。自此，加上2021年入选第一批国家级夜间文旅消费集聚区的兰州市兰州老街、嘉峪关市嘉峪关·关城里景区、酒泉市敦煌夜市特色商业街，全省列入国家级夜间文化和旅游消费集聚区的街区达到5个。张掖市甘泉文化街区、庆阳市药王洞养生小镇、酒泉市汉唐街区等3个文旅消费街区项目被文化和旅游部产业发展司列为夜间文化和旅游消费集聚区重点辅导培育对象，培育期限2年。

8月25日，文化和旅游部为首批、第二批国家级夜间文化和旅游消费集聚区代表授牌（省文旅厅供图）

## 旅游服务与管理

【智慧文旅】持续提升“一部手机游甘肃”智慧文旅公共服务功能，开发上线“周边游”和“自驾游”小程序，加载业态数量超170个，攻略游记内容超510条，发布视频路书、图文路书200余条；新增“数字阅读”文化产品版块，提供图书、期刊、报纸、音频、视频等数字化资源，内容涵盖高清期刊1500种以上、图书7万册以上、听书资源8000集以上。“一部手机游甘肃”综合服务平台入选由新华网主办的第九届文化和旅游融合创新论坛“2022公共文旅服务创优推荐案例”，累计服务游客和网民1500万人次。联合人民网、新华网等网络平台，立体化、多角度、深层次推广甘肃文旅资源，年度搭建线上宣传专题专栏63个、发布图文稿件7916篇，浏览量超4.55亿次；制作发布短视频（含话题参与）2.76万条，播放量8.6亿次；组织直播110场次，观看人数1.17亿次；累计发布海报、短信、邮件、朋友圈及开屏、通栏、焦点图、暂停页面等广告资源112条，曝光量8.95亿次。联合腾讯举办王者荣耀全国大赛西北赛区决赛、“如意甘肃·一面之缘”数字化赋能文创产品展示会，联合马蜂窝举办第二届“蜂游丝路·自驾甘肃”自驾露营新玩法挑战活动，联合同程旅行举办“有态度的甘肃”户外线下活动，联合携程、时差岛推出《边走边唱2》甘肃相关视频，取得良好宣传效果。配合全省“文化进万家旅游迎新春”百日攻坚行动，组织开展“如意甘肃·如约而至”网络媒体宣传活动等10余项系列活动，为甘肃冬春旅游种草。矩阵账号2022年以来先后45次入围全国省级文旅新媒体传播力指数榜单、政务文旅榜等，12次位居榜首，品牌宣传效应日益凸显。

【文化旅游市场执法】充分利用文化市场管理工作领导小组协调机制，强化高风险旅游项目安全监管，督促企业履行主体责任，全年累计排查整治安全隐患5800余条。贯彻落实“二十条”“新十条”“新二十条”等工作要求，守住文旅行业疫情防控底线。以“雷霆行动2022”为统揽，依法规范文化市场秩序，全年共出动执法人员8.67万人次，检查各类经营场所3.19万家次，办结案件287件。深化“清源”“固边”“护苗”“净网”“秋风”五大行动，严厉打击非法有害出版传播，有力维护意识形态安全和文化安全。加强新兴业态监管，全面开展剧本娱乐经营场所备案、审查工作。与省气象局联合加强灾害性天气旅游安全应急联动机制，发布旅游气象风险提示54期。建立信用分级分类监管机制，对严重违法企业列入“黑名单”管理。

### 2022年“甘味”旅游产品发布推荐名单

| 序号 | 产业 | 产品 | 厂家 |
|---|---|---|---|
| 1 | 旅游休闲食品类 | 临夏安多手撕牦牛肉／牦牛肉酱系列产品 | 甘肃安多清真绿色食品有限公司 |
| 2 | | 兰州牛肉面／手撕牛肉／牛肉酱／手抓羊肉／清水羊排系列产品 | 甘肃康美现代农牧产业集团有限公司 |
| 3 | | 平凉旭康牛肉干／牛肉酱系列产品 | 泾川县旭康食品有限责任公司 |
| 4 | | 庆阳芳心之恋苹果脆片系列产品 | 正宁县金牛实业有限责任公司 |
| 5 | | 定西薯杳杳马铃薯曲奇系列产品 | 甘肃爱兰马铃薯种业有限责任公司 |
| 6 | | 兰州爽口源百合干／百合饼干系列产品 | 甘肃爽口源生态科技股份有限公司 |
| 7 | | 婵乡源即食百合系列产品 | 临洮恒德源农业发展有限公司 |
| 8 | | 庆阳子午岭葵花子／南瓜子系列产品 | 庆阳中庆农产品有限公司 |
| 9 | | 枣老板临泽小枣系列产品 | 甘肃自强生态农林科技有限公司 |
| 10 | | 好食邦敦煌骏枣系列产品 | 甘肃亚盛实业(集团)股份有限公司 |
| 11 | | 镇原新一代甘草杏 | 甘肃新一代食品有限公司 |
| 12 | | 条山杏脯系列产品 | 甘肃农垦条山集团有限公司 |
| 13 | | 天祝藜麦纤维饼干／啤酒系列产品 | 甘肃纯洁高原农业科技有限公司 |
| 14 | | 天祝藜麦锅巴(海苔味、香辣味) | 甘肃格𬳵丰农牧科技有限公司 |
| 15 | | 民乐燕麦脆系列产品 | 民乐县藏燕麦生态农业科技有限公司 |
| 16 | 旅游方便食品类 | 定西闲星人酸辣粉／红油面皮系列方便食品 | 甘肃田地农业科技有限公司 |
| 17 | | 聚春园花甲粉丝／酸辣粉丝／金汤肥牛粉丝系列方便食品 | 甘肃聚春园福定产业发展有限公司 |

| 序号 | 产业 | 产品 | 厂家 |
| --- | --- | --- | --- |
| 18 | 旅游调味品类 | 祥宇橄榄油系列产品 | 甘肃祥宇油橄榄开发有限公司 |
| 19 | | 武都花椒系列产品 | 陇南市瑞达花椒专业合作社 |
| 20 | | 陇南天泽香花椒油系列产品 | 陇南市武都区天泽农林产品研发有限公司 |
| 21 | | 成县核桃／核桃油 | 成县九源农林产品开发有限公司 |
| 22 | | 甘谷辣椒面系列产品 | 甘肃陇上椒农业科技(集团)有限公司 |
| 23 | 旅游茶品类 | 帝王春大麦茶／黑麦醋系列产品 | 永昌县震藩高原富硒农产品农民专业合作社 |
| 24 | | 兰州昊业九香三泡台／玫瑰花系列产品 | 兰州九香玫瑰生物科技有限公司 |
| 25 | | 会宁万里缘苦荞茶系列产品 | 甘肃万里缘食品有限公司 |
| 26 | | 张掖泽园杏皮茶系列产品 | 甘肃泽园农业科技有限公司 |
| 27 | | 陇西保和堂黄芪／党参／当归切片系列产品 | 陇西保和堂药业有限责任公司 |
| 28 | | 瓜州杞老大冻干枸杞／枸杞原浆 | 瓜州昊泰生物科技有限公司 |
| 29 | | 景泰黄河石林枸杞系列产品 | 景泰县玉杰农贸有限公司 |
| 30 | 旅游冲调品和水饮品类 | 庄园酸奶／牛奶系列产品 | 兰州庄园牧场股份有限公司 |
| 31 | | 天水花牛苹果汁系列产品 | 天水长城果汁集团股份有限公司 |
| 32 | | 皋兰软儿梨汁系列产品 | 皋兰百璐通瓜果专业合作社 |
| 33 | | 两当狼牙蜂蜜 | 两当县土产公司 |
| 34 | | 沙棘汁系列产品 | 华池县甘农生物科技有限公司 |
| 35 | | 甘南华羚奶茶／奶粉系列产品 | 甘肃华羚乳品股份有限公司 |
| 36 | | 甘南燎原奶粉／酸奶系列产品 | 甘南藏族自治州燎原乳业有限责任公司 |
| 37 | 甘味有礼农特产品类 | 康源即食冻干蔬菜系列产品 | 甘肃康源现代农业有限公司 |
| 38 | | 静宁苹果／苹果汁 | 甘肃德美地缘现代农业集团有限公司 |
| 39 | | 花牛苹果／富士苹果 | 秦安雪原果品有限责任公司 |
| 40 | | 祁连雪马铃薯淀粉／粉条系列产品 | 甘肃祁连雪淀粉有限公司 |
| 41 | | 兰州鲜百合／百合干 | 兰州米家山百合有限责任公司 |
| 42 | | 兰州鲜百合 | 兰州金德百合商贸有限公司 |
| 43 | | 康县黑木耳 | 甘肃省康县兴源土特产商贸有限责任公司 |
| 44 | | 万佳欣禾荞麦醋系列产品 | 甘肃万佳现代农牧业发展服务有限公司 |
| 45 | | 银河粉丝系列产品 | 甘肃银河食品集团有限公司 |
| 46 | | 张掖小米 | 张掖市花寨小米种植专业合作社 |
| 47 | | 会宁小杂粮系列产品 | 会宁县祥泽小杂粮农民专业合作社 |
| 48 | | 天祝藜麦 | 甘肃地道甘味品牌运营管理有限公司 |
| 49 | | 古浪拉面 | 古浪伊禧堂伟业生物科技有限公司 |
| 50 | | 庆阳亚麻籽油 | 甘肃裕泰隆生态农业有限公司 |

（省文旅厅　张萌）

## 综述

【金融业发展】2022年，全省金融业实现增加值925.06亿元，同比增长2.9%，占地区生产总值的8.26%，占服务业增加值的16.11%，已成为甘肃第三大支柱产业。至2022年末，全省有银行业金融机构142家。其中：省级分行（公司）22家，包括5家国有大型银行、2家政策性银行及国家开发银行、9家股份制银行、1家邮政储蓄银行、4家资产管理公司；法人机构122家，包括2家城市商业银行、43家农村信用社、37家农村商业银行、5家农村合作银行、24家村镇银行、3家农村资金互助社、1家信托公司、2家金融租赁公司、2家地方资产管理公司、3家企业集团财务公司。全省有法人证券公司1家，证券分公司24家，证券营业部87家。全省有法人保险公司1家，省级保险分公司32家。全省有7类地方金融组织704家，其中：小贷公司366家、融资担保公司166家、典当行162家、融资租赁公司7家、商业保理公司0家、地方资产管理公司2家、区域性股权交易市场1家。

至2022年末，全省金融机构本外币各项贷款余额2.54万亿元，同比增长6.21%，当年新增1484.47亿元，同比少增261.45亿元；全省金融机构本外币各项存款余额2.49万亿元，同比增长10.09%，当年新增2281.78亿元，同比多增659.87亿元。剔除3家政策性银行后，全省金融机构存贷比79.22%。

2022年，全省完成直接融资574.50亿元，同比下降34.20%，其中，股权市场融资175.99亿元，债权市场融资398.51亿元。截至12月末，全省上市公司37家，其中，沪市主板16家，深市主板16家，创业板4家，H股1家。2022年全省新增上市企业3家，兰州银行于1月17日在深圳证券交易所上市，金徽股份于2月22日在上海证券交易所上市，广东金刚玻璃科技股份有限公司（现更名为金刚光伏）迁入甘肃。拟上市公司9家，分别为华邦建投、扶正药业、宇恒镍网、华龙证券、甘肃银行、华建新材、定西高强、交设股份和华洋电子。“新三板”挂牌企业27家，甘肃股权交易中心累计挂牌展示企业2495家。

2022年，全省保险业累计实现原保险保费收入490.90亿元，同比增长0.12%。全省赔付支出158.04亿元，同比下降9.47%。新增险资入甘落地资金38.95亿元，涉及城市建设、医疗卫生、中小企业发展等。

（省地方金融监管局　王荣）

【金融改革创新】指导“陇信通”平台顺利完成2.0版升级改造，全面优化产品推介、统计和智能匹配等功能，新增企业服务、专精特新服务、绿色金融服务、金融助力乡村振兴和抗击疫情金融服务等5大专区。截至2022年末，平台累计采集全省68.53万户企业、19大类1.5亿条信息，注册企业2万多户，入驻金融机构137家，累计发布512款信贷产品，4500余户企业获得融资535.78亿元，其中，首贷企业1200余户，融资163.91亿元。打造“数据+金融+科技”服务模式，陆续推出企业信用报告简版、详版、招投标版、“金税保”和“挂牌担”等5款信用报告及风险预警增值产品，提供企业信用信息查询5.2万次，下载信用报告1.3万份，为金融机构累计推送近2600家企业逾6.5万条风险预警信息。推动全省各级人民银行和金融机构强化联动，宣传引导符合条件的核心企业对接中征平台。2022年，全省通过中征平台共计新增融资101亿元。新增8家核心企业以数字证书模式与平台对接，全年核心企业对接模式新增融资额4.23亿元，新增对接核心企业数和融资额同比分别增长100%和307%。指导天水市中支向地方党委和政府汇报，争取政策支持，推动天水市财政、公共资源交易中心与中征平台对接，促成天水市中支与市财政、公共资源交易中心联合印发《天水市政府采购合同线上融资管理暂行办法》。9月份，实现全省首笔“政采贷”业务突破，中征平台所有业务类型在甘肃全面落地。截至2022年末，全省累计开展“政采贷”业务5笔、融资265万元。推动优质企业贸易外汇收支便利化试点拓面提质，修订完善优质企业贸易外汇收支便利化试点指导意见，制定试点拓面提质行动方案，指导银行新增10家试点企业。全年3家银行为13家企业累计办理试点业务1131笔，金额3.12亿美元。引导资本项目数字化服务试点稳步推进，通过业务流程“无纸化”和“线上化”再造，提升业务办理效率，实现银企双向提质增效。

【绿色金融】把绿色金融有机融入地方发展规划、产业政策中，推进甘肃省省碳达峰碳中和“1+N”政策体系构建。在全省组织2022年推进绿色金融专项行动，通过政策支持、创新推动、优化服务等方式，加强全省绿色金融工作的整体协调、有序推进。至2022年末，全省绿色贷款余额3020.09亿元，同比增长19.41%，增速高于全省各项贷款余额增速13.20个百分点，占各项贷款余额的11.89%，高于全国1.6个百分点。组织举行2022年甘肃省绿色项目信贷签约仪式暨绿色金融工作推进会，实现绿色项目信贷签约585亿元。绿色金融改革创新试验区第五次联席会议在兰州新区试验区召开，指导兰州新区绿色金融改革创新试验区深化绿色金融标准应用，拓展“绿金通”综合服务平台功能。截至2022年末，“绿金通”平台用户量累计10016户，上线各类金融产品163种，服务企业1323家，实现融资238.55亿元。支持兰州市成功获批国家首批气候投融资试点城市，指导天水、张掖等地探索开展碳核算和碳金融实践。指导兰州新区试验区组织4家金融机构开展碳核算试点，探索建立包含碳排放数据采集、计算、评估的全流程方法和模板，为全省金融机构开展环境信息披露奠定基础。

6月16日，2022年全省绿色项目信贷签约仪式暨绿色金融工作推进会在兰州召开（人民银行兰州中心支行供图）

【金融服务】制定《人民银行兰州中心支行支付结算新冠肺炎疫情突发事件应急预案》，搭建兰州市中央银行会计核算业务办理防疫异地备用环境，非接办理会计核算业务，紧急处理疫情防控期间再贷款业务1.78亿元。分级分类“云上”办理3.5万笔账户业务，大力推广网上银行、手机银行等线上服务。全年辖内清算系统运行安全稳定，未发生支付结算风险性事件。持续落实支付手续费降费政策，组织辖内银行、支付机构通过张贴价目表、微信公众号等方式同步推进价格公示，接受社会监督。截至12月末，累计减免支付手续费14.09亿元，惠及市场主体90.73万户。指导银行机构优化线下办理流程，为老年客户群体提供“一站式”支付服务，创建509家“适老金融服务示范网点”。组织银行机构与地方老龄委开展座谈调研，引导银行机构加快适老化科技应用，推出大字版、民族版、电子化存折等特色支付产品，截至12月底，90%以上的银行网点完成无障碍基础服务建设。巩固移动支付便民工作建设成果，持续优化“支付APP+”服务体系，实现社保缴费、税款缴纳、征信查询等10项政务服务“云”办理，百姓衣食住行旅学医娱等17类便民生活服务“云”支持，“甘味陇货”“陇南电商”等千余种甘肃特色产品“云”销售。加强银政企对接力度，指导银行机构、甘肃银联和支付机构与地方政府及业务主管部门合作开展各类消费券发放工作。全年发放各类消费券3000万元，覆盖商户近6000家，撬动市场消费约1亿元。建立跨部门退税办理协作机制、信息共享机制和应急处置机制，实现退税业务“即来、即审、即退”，全年办理新增留抵退税3.95万笔、金额264亿元，惠及市场主体3.85万户。推行“7×24”小时值守服务和全链条“非接触式”办理业务，开通国库紧急拨款“绿色通道”，全年拨付疫情防控资金1.7万笔、28.44亿元。省内86个县区全部开通跨省异地电子缴税业务，缴税时间由原来的1周多缩短为1天。加大对基层国库库款余额和异常波动情况的监测、预警力度，推进“国债下乡”，全省挂牌1794个“国债惠农服务站”，县域乡村地区国债销售占比提升到26.1%。建立到期应兑未兑储蓄国债提醒兑付长效机制，督促指导国债承销机构为投资者兑付“沉睡”资金894笔、金额7853.91万元。

（人民银行兰州中心支行　董雅丽）

【货币政策落实】2022年，人民银行兰州中心支行全面落实4月、12月两次降低0.25个百分点准备金政策，释放地方法人金融机构长期资金约45亿元。持续加大支农支小再贷款、再贴现支持力度，法人机构央行资金覆盖面达98%，同比提升15个百分点，全年累计发放再贷款189亿元。

发挥普惠小微贷款支持工具正向激励作用，从2022年第二季度开始，对符合条件的地方法人金融机构，按照普惠小微企业贷款季度新增量的2%给予激励资金，鼓励其持续加大民营和小微企业信贷投放，全年累计为符合条件的法人机构发放激励资金2267.6万元。2022年末，全省小微企业、个体工商户贷款增速分别为12.06%、9.21%，同比分别提升6.7和3.8个百分点。

加快推动新型结构性货币政策工具落地见效，协调行业主管部门加大信息交流和数据共享，向金融机构推送碳减排项目、交通物流“两企两个”、专精特新企业等名单，全省碳减排、煤炭清洁高效利用、科技创新贷款、交通物流贷款超过330亿元。快速建立设备更新改造贷款协调对接机制，到2022年末，已对接重点清单项目292个，与其中76个项目签订设备更新改造贷款合同83.58亿元，投放金额49.09亿元（2022年甘肃省金融运行情况新闻发布会发布）。

【金融支持乡村振兴】引导金融机构持续做好特色产业贷款、脱贫人口小额信贷投放工作，为全面推进乡村振兴提供金融支持。2022年发放特色产业贷款514亿元，推动特色产业和县域经济发展。做好脱贫人口小额信贷投放工作，发放贷款104.29亿元，累计发放贷款821.93亿元，贷款余额224.61亿元，发放总量、新增贷款、贷款余额均居全国第一位。同时，充分发挥政策性农业保险保障作用，围绕防范自然灾害风险和市场风险，持续推动农业保险模式创新、制度创新和品种创新，为农业增效、农民增收保驾护航。全省实现签单保费20.63亿元，参保农户194.99万户，已支付保险赔款15.55亿元，受益农户115.73万户次。

【金融支持经济社会发展】2022年，全省签约政策性开发性金融工具项目36个、229.48亿元，已全部完成投放。抢抓政策性金融支持水利基础设施建设窗口，联合召开全省“四抓一打通”重大水利工程建设“政银企”协商座谈会，一批“十四五”重大水利建设融资项目签约。全省金融机构单位中长期贷款余额13246.88亿元，同比增长10.44%，增速高于各项贷款增速4.23个百分点，单位中长期贷款的持续稳定增长。持续加大中小微企业专项贷款投放力度，至2022年末，专项贷款余额9710.7亿元，较2020年初新增1881.84亿元（计划三年新增1000亿元），超额完成目标任务。出台《甘肃省政府性融资担保机构尽职免责工作指引》，鼓励加大“担保+”

产品创新，推动政府性融资担保机构在可持续经营的前提下持续降费让利，提升“小农创新”企业融资担保贷款获得率。全省融资担保机构为13173户小微企业、12530户涉农主体提供融资担保服务132.49亿元、124.69亿元。省农业融资担保公司“数字化转型助力农村金融担保服务”案例入选全国融资担保行业18个优秀案例之一。

（省地方金融监管局 王荣）

【新市民金融服务】2022年，甘肃银保监局印发《关于加快推进新市民金融服务工作实施方案》，对辖内银行保险机构实施督导督查、行业通报、统计监测、定期报告。截至2022年末，指导全省银行保险机构发放新市民贷款411.92亿元，提供赔付支出2.52亿元。召开加快推进新市民金融服务工作（电视电话）会议，构建“情系陇原新市民 金融服务伴你行”工作平台，引导银行保险机构依托平台，结合各自职责，创新产品，履行好社会职责。指导全省银行机构利用“情系陇原”工作平台，主动对接省人社厅“陇明公”——甘肃省农民工工资支付管理公共服务平台，累计向新市民发放“陇明公”卡84.06万张。指导建行投资建设“清水县智慧劳务输转平台”，助力劳务中介、用工单位和农民工三方有效对接。指导邮储银行庆阳分行和天水分行相继成立“新市民服务中心”，提供“一站式”服务平台。指导辖内银行机构推出“兴陇卡贷通”“兴陇e贷”等信贷产品，满足新市民融资需求。指导辖内保险机构为无本地户籍和医保的新市民提供“金城惠医保”，累计为53.11万余人提供风险保障10622万元。指导辖内银行机构为符合扶持条件的创业农民工、高校毕业生等新市民群体，提供10万元以内“贴息免担保”惠民政策，降低新市民创业融资成本。截至2022年底，累计向新市民发放创业担保贷款35.5亿元，涉及6310户。指导辖内银行机构加强保障住房租赁市场信贷投入，缓解新市民住房压力。截至年末，国开行和建设银行分别为甘肃省保障性租赁住房项目提供融资支持6.1亿元、2.91亿元。截至年末，指导辖内银行保险机构累计发放生源地助学贷款28.3亿元，惠及35.6万贫困学生，发放金额与惠及贫困学生数均创历史新高。

（省银保监局 李志远）

## 银行业

【银行业运行情况】截至2022年末，全省银行业金融机构142家，其中政策性银行3家，大型商业银行6家，股份制商业银行9家，城市商业银行2家（甘肃银行和兰州银行），农村合作金融机构85家，新型农村金融机构27家，非银行金融机构10家，银行从业人员6.77万人。银行业资产总额3.65万亿元，较上年同期增长8.98%。负债总额3.49万亿元，较上年同期增长9.24%。各项存款余额2.40万亿元，较上年同期增长10.75%。各项贷款余额2.54万亿元，较上年同期增长6.32%。

截至2022年底，全省银行业金融机构绿色信贷余额3618.57亿元，较年初新增948.09亿元，增速35.5%，超各类贷款平均增速29.18个百分点。绿色贷款占各项贷款比重为14.26%，较年初上升3.07个百分点。从贷款投向看，绿色贷款主要投向基础设施绿色升级、清洁能源产业、生态环境产业三大领域，占比合计88.97%。

【服务实体经济】全年组织印发、联合印发支持实体经济、中小微企业发展等政策文件17份。支持适度超前开展基础设施建设，调增政策性银行基础设施建设贷款计划170亿元，全省基础设施建设贷款余额7487.99亿元，同比增长9.29%，高出各项贷款增速2.97个百分点。加大区域经济发展战略金融支持力度，出台系列配套政策支持甘肃实施“四强行动”。推动政策性开发性金融工具支持重大项目建设，截至2022年末，全省36个签约项目229.48亿元全部实现投放，发放额度占全国基金总额的3.82%，预计拉动全省项目总投资约2246.72亿元。加大新市民专属金融产品和服务供给，推出“新市民贷”“创业贷”等特色金融产品。助力能源保供、供应链稳定和绿色低碳转型，支持兰州新区绿色金融改革创新试验区建设，积极推动黄河流域生态保护和高质量发展，稳步推进安责险、环责险试点工作。截至2022年末，全省银行业金融机构绿色信贷余额3618.57亿元，较年初增长35.5%。

【小微企业金融服务】印发《关于转发2022年进一步强化金融支持小微企业发展工作的通知》，结合甘肃实际提出13条举措。牵头召开“金融支持制造业和科技发展工作情况督导座谈会”“小微金融、三农金融工作督导推进会”和“金融支持中小微企业纾困发展新闻发布会”，联合人民银行开展“贷动陇原 惠企利民”专项行动，积极推进“银税互动”“信易贷”等信用信息平台建设。截至2022年末，全省小微企业贷款余额7141.64亿元，较年初增长12.82%。其中个体工商户、银税合作、信用贷款、中长期贷款实现“四个提升”。普惠型小微企业贷款余额1428.19亿元，较年初增长11.32%；有贷款余额的户数29.42万户，较年初增加4.07万户，实现“两增”目标。持续推动降低小微企业融资成本，普惠型小微企业贷款平均利率5.4%。

【助力乡村振兴】印发《关于2022年银行业保险业服务全面推进乡村振兴重点工作的通知》，联合人行兰州中支印发《关于做好2022年金融支持全面推进乡村振兴重点工作的通知》稳步加大信贷资金投入。截至2022年末，全省涉农贷款余额7494.4亿元，较年初增速6.71%，高于各项贷款0.39个百分点。普惠型涉农贷款余额1840.96亿元，较年初增速9.09%，高于各项贷款增速2.77个百分点；普惠型涉农贷款利率6.09%。聚焦全省六大农业产业和各县区优势特色农业，持续推进“甘农贷”金融助力乡村振兴示范工程，“甘农贷”贷款余额375.89亿元，惠及新型农业经营主体10.71万户次。推动乡村振兴重点帮扶县、革命老区、藏区、乡村振兴示范区等特色区域优势产业强链补链延链，39个乡村振兴重点帮扶县各项贷款余额6114.42亿元，同比增长7.77%。持续推动脱贫人口小额信贷，截至2022年末，脱贫人口小额信贷累放贷款821.93亿元，181.44万户；贷款余额225.73亿元，48.19万户；当年新发放104.46亿元，22.29万户，累放数、余额数、新发放数实现三个全国第一。

【防范化解金融风险】制定《甘肃银保监局处置中小法人金融机构集中办理业务事件应急预案（试行）》，加强地方中小法人金融机构流动性风险管理。密切监测地方中小法人金融机构投资、异地业务等，及时采取监管纠偏措施，推动农村中小银行机构风险处置，制定高风险农合机构三年（2021年—2023年）处置规划，指导配合地方政府牵头制定“一行一策”化险方案，多轮次开展不良清收行动。持续推动银行业保险业深化改革，推进农村中小金融机构改革，推进有条件的村镇银行整顿重组、减量提质，提请省政府将3家农村资金互助社风险化解纳入全省防范化解金融风险“1+3+N”责任政策体系。开展保险中介机构“多散乱”问题整治工作，对“三无”劣质保险兼业代理机构进行专项清理。

【脱贫人口小额信贷】2022年，甘肃省当年脱贫人口小额信贷累放贷款821.93亿元，181.44万户；贷款余额225.73亿元，48.19万户；当年新发放104.46亿元，22.29万户，累放数、余额数、新发放数实现三个全国第一。加大窗口指导力度，联合省乡村振兴局召开全省脱贫人口小额信贷视频调度会，组织承贷银行召开时序推进工作督导座谈会，协同省乡村振兴局，对不良率较高的市州下发提示函，督促庆阳、武威、定西等市州的县区政府严控逾期不良风险。积极争取财政风险补偿基金，全年财政风险补偿资金0.82亿元2593户。约谈不良率较高的承贷银行，要求加快贷款清收力度，逾期率从峰值3.54%压降至0.53%；不良率从峰值1.03%压降至0.42%，稳定度过脱贫人口小额信贷风险“波冲”。指导10家承贷银行对全省87个县区实行分片包干责任制，统筹推进脱贫人口小额信贷回收和发放工作，确保存量贷款回收和信贷投放有效衔接，当年全省脱贫人口小额贷款余额和户数占全省脱贫户、边缘易致贫户数的比重达到33.54%。

【金融支持房地产发展】2022年，全省房地产风险开始向金融领域传导，房地产不良贷款持续上升。甘肃银保监局贯彻落实“金融16条”措施，与人民银行兰州中支、省住建厅等部门配合做好“一城一策”差别化住房信贷政策，引导辖内金融机构支持保障性租赁住房发展、优化“新市民”住房金融服务。做好房地产贷款集中度监测，对房地产贷款集中度管理及时优化调整，放宽地方法人机构房地产融资的限制；将保障性租赁住房贷款从房地产贷款集中度中剔除，提升银行投放保障性租赁住房贷款的积极性。贯彻落实党中央国务院“保交楼、稳民生”工作部署，积极妥善应对相关受困房企风险化解工作。参与甘肃省房地产“保交楼、稳民生”专项借款专班工作，共同妥善解决全省已售逾期难交付住宅项目资金缺口问题。

（省银保监局　李志远）

【国家开发银行甘肃省分行】2022年，国家开发银行甘肃省分行累计投放信贷资金696亿元，包括表内贷款558亿元、基础设施投资基金88.5亿元、转贷款49亿元。至2022年末，分行表内贷款余额3682亿元，占全省的14.5%，其中人民币非个人中长期贷款余额3457亿元，占全省的26.2%。推动实现甘肃省首笔0.17亿元基金发放，累计完成10个项目签约投放88.5亿元。扩大制造业中长期、设备更新改造专项贷款工作，实现4个制造业中长期项目签约27.1亿元，其中金川3万吨电子铜箔项目是甘肃省首笔投放的清单内项目。落实减免公路行业利息政策，全年减免利息1.2亿元。支持重大基础设施建设，促进区域交通一体化和城市群交通网络化，全年累计发放贷款180亿元，牵头组建银团引导同业资金39亿元，承销省公交建集团一期中票5亿元。支持提升市政交通承载力，累计发放贷款32亿元，推进兰州轨道交通、天水有轨电车等项目建设。助力完善城市基础设施体系，累计发放贷款38亿元。累计投放保障性租赁住房等领域贷款6.1亿元，融资支持的兰州老旧小区改造、保障性租赁住房项目分别纳入住建部《金融支持市场力量参与城镇老旧小区改造典型案例》和《发展保障性租赁住房可复制可推广经验清单》。累计发放能源项目贷款109亿元，支持“陇电入鲁”工程配套调峰煤电项目，推动肃北、山丹、环县等地风电、光伏发电项目，支持河西、陇东两大能源基地建设。主动对接《甘肃省强工业行动实施方案（2022—2025）》，全程参与有色冶金、航空航天、核产业等产业链实施方案规划论证，累计发放贷款96亿元。年末全省外汇贷款份额75.5%。累计发放贷款36亿元，服务国药甘肃、天水华天、中核四〇四、兰州助剂厂、兰州万里等科技型企业和“专精特新”中小企业。聚焦23个国家重点帮扶县，编制完成《开发性金融支持甘肃省乡村振兴重点帮扶县融资规划》《开发性金融支持静宁县乡村振兴融资规划》。做好乡村振兴融资保障，累计发放贷款217亿元，支持各地改善农业农村基础设施、发展特色产业，实现涉农贷款新增71亿元。全年完成甘肃银行、兰州银行49亿元转贷款发放，平均利率低至2.54%，累计支持6238户次小微企业、个体工商户、种植养殖大户。发放2022年度生源地助学贷款28.3亿元，同比增长20.2%，惠及35.6万学生，增长3.1%，全年免除利息0.9亿元，办理本金延期0.2亿元。推进生态保护和绿色发展，累计发放黄河流域生态保护和高质量发展领域贷款172亿元。与兰州、白银、定西、临夏四市州深入对接，“一项目一方案”跟进48个省级重点项目包和46个集中开工项目。推动城乡垃圾污水处理设施改造提升，累计发放贷款8.7亿元，覆盖兰州、临夏、酒泉等市州。

（国家开发银行甘肃省分行　刘东鑫）

【中国农业发展银行甘肃省分行】2022年，农发行甘肃省分行累放贷款563.64亿元，同比多投133亿元；贷款余额1919.61亿元，同比净增378.40亿元，增幅24.55%。积极支持储备粮增储和轮换，投放贷款20.01亿元，收储粮油63.52万吨。支持夏秋粮收购，累放市场化收购贷款15.98亿元，支持收购、加工各类粮油45.56万吨、棉花1.9万吨，生产马铃薯原原种1.37亿粒，原种1.83万吨，粮食收购市场份额达到59.79%。满足糖、肉、化肥等专项储备资金供应，累放贷款4.56亿元，支持购进储备肉8900吨，收储化肥11万吨，增储食糖3000吨。投放全省首笔成品油储备贷款3.13亿元。

巩固拓展脱贫成果。落实“四个不减”“四个坚持”“五个衔接”要求，投放精准帮扶贷款234.09亿元，同比多投72.21亿元。向58个脱贫县、23个国家乡村振兴重点帮扶县投放贷款304.3亿元、104.69亿元，重点帮扶县贷款余额379.63亿元，较年初增幅20.57%。支持易地搬迁后续扶持，投放贷款25.19亿元，支持全省800人以上大中型安置点43个，覆盖率58.11%，带动服务脱贫人口7.83万人次。投放东西部协作贷款9.26亿元，带动脱贫人口6.59万人。

助力陇原乡村振兴。围绕“黄河”战略，投放黄河流域生态保护和高质量发展贷款154亿元，贷款余额622亿元，较年初增长23%。围绕“双碳”战略，累放绿色贷款194.1亿元，绿贷增速56%，投放全省金融机构首笔5亿元国储林贷款。围绕“藏粮于地”战略，发放农地贷款87.6亿元，服务耕地保护与质量提升总面积126.4万亩，其中直接支持建设高标准农田118万亩。围绕新型城镇化战略和乡村建设行动，累放城乡一体化贷款171.2亿元，有效支持改善县域基础设施和公共服务条件。围绕农业现代化，累放产业贷款113.5亿元，其中投放产业带动贷款102.6亿元。

服务稳住经济大盘。落实稳经济大盘一揽子政策，分两批投放农发基础设施基金107.18亿元，支持项目26个。向兰永临等8个高速公路项目投放基金73.38亿元，审批贷款100.8亿元。取得全省“保交楼、稳民生”专项借款主办行资格，在规定时限内完成专项借款投放任务。稳妥推进制造业中长期和设备更新改造专项贷款报审投放，审批项目10个、贷款30.84亿元。

强化风控合规管理。深入开展不良及风险贷款清降“百日攻坚行动”“常态化攻坚行动”，“一企一策”推进清降工作。全年现金清收不良贷款0.43亿元，批转核销2.06亿元，年末不良率0.24%，拨备覆盖率543%。

（中国农业发展银行甘肃省分行　王彦兵）

【中国进出口银行甘肃省分行】中国进出口银行甘肃省分行成立于2016年10月18日。2022年，进出口银行甘肃省分行累计投放各类贷款338亿元，人民币贷款新增94亿元，分行各项贷款余额达586.27亿元，较成立时增长近4倍。全年各项贷款增速达18%，疫情防控期间累计发放贷款76.21亿元。落实甘肃省政府与进出口银行稳外贸方案，制定21条措施，提供“融资+融智”服务，支持白银集团、华天科技等外贸企业克服疫情影响，抢抓发展机遇，累计发放外贸产业贷款243亿元，占全省外贸进出口70%以上的10家实体企业均已支持。为海亮、宝方、德福等在甘项目提供支持，服务金川、酒钢、白银等改造升级，累计发放制造业贷款174亿元，贷款余额占各项贷款比重达42%。发挥信贷、贸金等多元化业务协同优势，以进口信贷、出口卖方信贷、信用证等产品为抓手，累计发放“一带一路”贷款95亿元，支持省内优势企业与沿线国家开展产能合作。充分利用政策性开发性金融工具，为天陇铁路提供33.8亿元基金，投放基础设施贷款近40亿元，积极支持全省重大项目建设，服务基础设施互联互通。聚焦定点帮扶的岷县特色产业精准发力，分行在岷县特色产业贷款余额近1亿元，信贷支持的当地中药材龙头企业年销售额从最初的1000万元提升至1.6亿元，带动就业逾千人。向凤合高速岷县段放款6200万元，补齐短板，改善发展环境。制定2022年—2023年风控规划，建立正常类客户分层风险管理机制，前移风控关口，加强潜在风险分类处置，有效提升风控水平。建立并完善信贷业务全流程调度、项目库全流程管理、定期督办机制等。

1月18日，进出口银行甘肃省分行与嘉峪关市人民政府、酒泉钢铁（集团）有限责任公司签订战略合作框架协议（进出口银行甘肃省分行供图）

（进出口银行甘肃省分行　刘乐）

【中国工商银行甘肃省分行】至2022年末，工行甘肃分行全部存款余额突破2200亿元，各项贷款余额突破2100亿元，全年实现拨备前利润38.51亿元，同比增长4.21%；缴纳各项税款9.52亿元。助力疫情防控，全年累计为1178户企业办理延期还本付息11.83亿元；小微企业续贷累放16.51亿元，较上年同期净增8.14亿元。畅通金融服务绿色通道，加大信贷定向支持力度，创新金融产品和服务模式，支持市场主体复工复产。

全年投放公司贷款425.4亿元，其中交通、能源、建筑等基础性行业贷款余额占比超70%；项目贷款累放114.13亿元，同比多增41.38亿元；制造业贷款净增115.27亿元；全年向新能源领域公司贷款投放同比增加21.04亿元，碳减排支持工具领域贷款投放23.9亿元。支持地方政府发债，承销地方债券346亿元。

全年累计发放普惠贷款119.58亿元，同比多投17.94亿元。小微企业信用贷款余额104.15亿元，较

1月21日，由中共甘肃省委宣传部主办、工商银行甘肃省分行独家支持的“感动甘肃·陇人骄子”发布活动在兰州举行（工商银行甘肃省分行供图）

年初净增9.52亿元；小微企业制造业贷款25.49亿元，较年初净增2.14亿元。严格执行减费让利相关举措，平均贷款利率低至4.18%，较上年同期下降0.36个百分点，提升网点普惠金融服务效能，完成全省227家“网点+普惠”建设工作，完成改造网点占比达81.36%。线上普惠业务占比达75.15%，“经营快贷”余额34.17亿元，“e抵快贷”余额8.62亿元。

加大涉农领域融资支持，2022年末涉农贷款余额345.08亿元，较年初净增20.12亿元；23个国家级重点帮扶县贷款余额199.4亿元，较年初净增18.2亿元；脱贫地区贷款余额457亿元，较年初净增31.6亿元。在全省重点村镇设立130余家“农村普惠金融服务点”，通过移动金融服务工银“兴农通”APP，为130余户村委会、近400余户小微企业及农村集体经济组织成员、4.6万户乡村居民提供村务服务、兴农撮合、查询缴费等民生服务。联合甘肃省乡村振兴局共同签署《金融支持乡村振兴暨服务乡村建设“示范村”合作协议》，围绕全省500家乡村信用“示范村”建设，联合开展“融资工程”“强基工程”“惠农工程”“融智工程”“便民工程”5大工程，共同开启示范村信用建设新模式。

2022年末，个人客户总量1049万户，全年新增41万户；个人住房贷款全年投放48.97亿元。发布手机银行8.0版，为全省客户做好个性化定制。通过个人手机银行、企业手机银行，为730万个人客户、11万对公客户提供线上金融服务。加强消费者权益保护，受理公安机关电信诈骗资金返还案件153笔，累计为受害人挽回直接经济损失1883.83万元。

（工商银行甘肃省分行　王英茹）

【中国农业银行甘肃省分行】至2022年末，中国农业银行甘肃省分行总资产达到2862亿元。各项存款余额2712亿元，较年初增加295亿元，四行存量占比31.6%、增量占比35.8%。贷款增量创历史新高，各项贷款余额突破2000亿元，达到2039亿元，较年初增加201亿元，四行增量份额41.7%。坚持服务“三农”定位，深化服务乡村振兴，县域贷款净增143亿元；涉农贷款净增59亿元；58个脱贫县贷款余额较年初增加122亿元，增速高于各项贷款增速4.27百分点；惠农e贷较年初增加32亿元。绿色信贷、制造业贷款、战略新兴产业贷款分别净增38亿元、53亿元、47亿元，同比多增34亿元、58亿元、6亿元；普惠贷款净增18亿元，同比多增17亿元，完成年计划的139%。投放设备更新改造贷款5.8亿元。“两户”建设取得新进展。对公业务方面，净增对公存款折效客户5961户，完成年计划的213%；新增机构折效核心客户125户，完成年计划的138%；新增5个市州级医保基金独家统筹资格，取得26家电力单位公积金归缴资格；退役军人优待证市场份额50%，同业排名第1；普惠型小微企业法人贷款客户净增571户，计划完成率居系统内第1位。个人业务方面，个人贵宾客户突破60万户，折效贵宾客户净增13.4万户，完成年计划的134%；代发工资同比多增37.3亿元，第三方支付绑定账户新增236万户；净增信用卡有效客户4.15万户，位居四行首位。制定“1+4”工作方案，组建数字化转型专职团队，推动数字化转型从探索实践向纵深发展转变。掌银月活客户净增38.2万户，增幅14.2%；互联网高频场景数626户，净增225户。研发对公账户明细实时数据平台等一批平台系统，金融机构中首批与省人社厅新版“社银直连”平台实现全面对接。上线银医通项目15个，新增医保电子凭证激活量55万户、累计达141万户，同业排名第1。“三资”平台带动有效村集体经济组织账户3051个，留存资金日均余额3.7亿元。加强信贷全流程管理，从严管贷治贷，不良率1%，拨备覆盖率161.94%。成功化解恒康医疗、航天新能源等大额信用风险，多起陈年积案经过不懈努力均取得胜诉。深入开展“合规教育年”活动，从严查处违规违纪行为，对多名责任人给予党纪行规处分。组建柔性工作团队，构建“五位一体”消保考评体系，各类投诉降幅19.2%。

（农业银行甘肃省分行　常鸣强）

**【中国建设银行甘肃省分行】**2022年，建设银行甘肃省分行一般性存款日均余额突破2400亿元，日均新增231.8亿元。各项贷款当年新增145.7亿元，其中基础设施贷款新增71.75亿元，制造业贷款新增8.45亿元，战略新兴产业贷款新增47.43亿元。实现主营业务收入70.16亿元，中间业务净收入8.52亿元。不良贷款额55亿元，不良贷款率2.87%；逾期贷款额19.41亿元，逾期贷款率1.01%。疫情防控期间，为社会提供24小时线上不间断业务服务，疫情防控相关行业小微企业贷款利率降至3.85%，对小微企业的34项服务收费项目进行减免或优惠。全年累计为7062户普惠小微企业办理延期续贷业务，涉及贷款金额21.03亿元。至12月末，基础设施贷款余额741.54亿元，新增71.75亿元；制造业贷款余额131.25亿元，新增8.45亿元；战略新兴产业贷款余额126.58亿元，新增47.43亿元。民营企业贷款余额170.87亿元，新增22.8亿元。发展绿色金融业务，绿色贷款余额302.33亿元，新增54.96亿元，增速22.22%，贷款占比15.76%。先后为兰州城投、酒钢集团、甘肃公交建公司、省公航旅集团、金川集团等企业提供债券承销、理财融资、市场化债转股等多元化融资服务80亿元。参与省会城市基础设施建设，支持老旧小区改造项目、新型城镇化建设，累计向兰内投放贷款225.76亿元。推出农担直通车、农担加油贷、产融贷增信模式，创新“裕农快贷——陇担贷”“小微甘味贷”等特色产品，涉农贷款余额245.63亿元，新增42.08亿元，增速20.67%，高出各项贷款增速12.45个百分点。为蓝天马铃薯产业发展有限公司建设数字化农业产业链平台，向蓝天集团授信2亿元，投放1.1亿元。推进“酒泉春光市场”“前进牧业”“众兴菌业”“敦煌种业”等众多数字平台建设，构建“数字平台+管理模式+产品货架”产业链服务新模式。在全省10943个行政村布放“裕农通”服务点12788个，服务农户10.6万户。搭建农村“三资”平台、智慧村务综合服务平台，智慧村务实现全省14个市州签约全覆盖，上线平台1340个，服务客户9.7万人。至2022年末，全行银保监口径普惠金融贷款余额120.88亿元，较年初新增24.59亿元，普惠贷款增速高于全省平均值14.8个百分点。为3480户“留抵退税”小微企业发放6.2亿元信用贷款。推广“互联网+监管”系统和“互联网+不动产抵押登记”数据共享系统应用，参与省级政府“互联网+监管”企业经营行为风险监测数字力赋能样板间建设工作。拓展“网点办政务”服务功能，在全省275个网点1083台智慧柜员机部署上线政务服务事项，累计上线“跨省通办”政务服务155项，累计服务用户15万人。保租房信息管理系统在全省7个市州完成搭建并上线，通过系统管理保租房房源1.16万套；公租房APP在全省完成上线，线上累计发布房源41.3万套。公租房平台实现线上租赁补贴发放3.04万笔、金额2027万元；平台金融总量新增10.11亿元。为全省小微企业主、消费者、创业者、扶贫干部开展“金智惠民”培训1.3万人次；利用261家营业网点劳动者港湾，持续为环卫工人、出租车司机等户外工作者提供便民服务。

10月10日，中国建设银行甘肃省分行与昆仑燃气甘肃分公司签署战略合作协议（王怡中摄／建设银行甘肃省分行供图）

（建设银行甘肃省分行　王敦生）

**【中国银行甘肃省分行】**2022年，中国银行甘肃省分行先后为天水华天、酒钢“三化改造”技改项目、陇神戎发、普安制药提供授信支持；服务战略新兴产业贷款较上年新增50多亿元；拓展华能、中核、中电建等重点企业在甘新能源项目，实现投放36亿元；充分利用政策窗口，获批碳减排支持项目392亿元。重点支持科近泰基、兰石重装、东方钛业、靖远高能环境等科技型企业融资需求，全行科技金融贷款余额新增3.1亿元。助力小微企业“稳

8月18日，"陇原惠岗贷"融资业务在兰州市人力资源产业园正式启动（郝婷婷摄／中国银行甘肃省分行供图）

岗、扩岗、促就业"，累计支持2925户小微企业，实现投放40多亿元，积极落实国家特殊时期"延期还本付息"政策，累计延期还本付息金额达到5亿元，涉及50多户中小微企业和1500多名个人客户。建立疫情绿色保障通道，推广贸易便利化服务和"中银跨境汇款直通车"产品，全年累计办理贸易便利化业务1000多笔，金额合计达到5亿美元，有效降低疫情对省内外贸企业经营活动的影响；按照"特事特办、急事急办"原则，办理支付业务62笔，划拨资金4亿多元，保障疫情防控期间对公账户及支付业务平稳运行。聚焦普惠金融，梳理23个国家级、16个省级乡村振兴重点帮扶县特色产业并制定"一县一策"支持措施，其中国家级扶贫县农特产品实现"公益中国"平台线上销售，覆盖率达100%；与省农担集团合作，提升涉农贷款领域风险缓释手段，全行涉农贷款余额达到105.75亿元，同比新增5亿元，其中普惠型涉农贷款余额7.73亿元。提升重点地区市场竞争力，建立兰州市政府"四级营销"体系、省行部门与省级党政机关及中央在甘企业对接工作机制。

（中国银行甘肃省分行　马向东）

**【交通银行甘肃省分行】**至2022年末，分行本外币资产总额554.04亿元，较年初增加60.98亿元，增幅12.37%；人民币各项存款时点余额516.67亿元，较年初净增50.02亿元，增幅10.72%，存款市场占比4.68%；实现经营利润9.49亿元，增幅5.21%；实现净经营收入14.20亿元，增幅4.57%。围绕甘肃省重点发展战略，梳理、排摸、细化11类23批次重点项目，至2022年末，分行人民币各项贷款余额较年初净增55.89亿元，增幅13.4%。至2022年末，绿色信贷增幅21.23%、制造业贷款增幅23.54%、制造业中长期贷款增幅70.54%、战略新兴产业贷款增幅119.66%，均超过各项贷款平均增幅。通过普惠e贷3.0等线上产品，持续加强与各级政府部门、央企、各类商会协会三方平台合作，将普惠金融"标准化线上产品+项目定制方案"嵌入三方平台，搭建"甘肃省保市场主体公共服务平台""甘肃省银税互动平台""兰州市中小企业公共服务平台""甘肃信易贷平台"等，落地兰州市财政局"政采e贷""金徽酒经销商快贷""冷链e贷"等集群项目，提升线上金融服务替代率。线下通过"集团客户+核心企业"批量获客，提升产业链和集团小微业务贡献。至2022年末，普惠"两增"贷款增量任务完成率126.31%；普惠"两增"贷款客户数净增任务完成率130.41%；普惠"两增"贷款不良率1.41%，较年初下降1.31%；逾期率1.73%，较年初下降1.12%。加大对农业龙头企业及链属企业信贷支持力度；与甘肃省农担、农发行签订全面战略合作协议，对符合条件的涉农客群发行"乡村振兴主题卡"，至2022年末，分行全口径涉农贷款较年初净增7.11亿元，任务完成率157.91%；普惠型涉农贷款较年初净增2.84亿元，任务完成率236.93%；累计发放乡村振兴主题卡2.78万户，总行任务完成率396.69%。

开展"新人好礼""福利季""健步走""绑卡有礼"等线上活动49项，至2022年年末，分行零售支付结算新增客户33329户，线上渠道获客占比26.89%；储蓄存款时点余额较年初净增49.71亿元，增幅24.27%，市场占比4.38%。借助数字化技术，在停车缴费、宗教、物业缴费等多种场景实现业务覆盖，至2022年年末，对公支付结算场景达标客户822户，较年初净增468户，增幅130%，结算量15.25亿元，增幅301%。建成分行首个跨行资金管理平台，为甘肃建投打造票据支付、资金支付、票据+资金组合支付的全套在线支付结算体系。为城关区人民医院上线核酸检测收费项目，有序推进省市医保局"惠民就医"业务合作，落地甘肃省第二人民医院"智慧医院"项目。积极参与人民币跨境支付体系建设和CIPS业务营销，实现企业版CIPS标准收发器系统上线、交易量双破零，CIPS间参业务市场占比位居全省第一，CIPS业务交易量达到4501万元，较年初净增4440万元，增幅7305%。借助交通银行银银平台，为兰州银行开立跨境人民币清算专户，实现跨境清算代理业务市场全覆盖；与甘肃省农信社签署全面战略合作协议，完成8家农商行同业账户开户工作，吸收同业存款11.7亿元。提升代销能力，落地首笔同业代销基金业务5亿元；分销交通银行各类金融债，实现交通银行总行发债在省内法人城商行的全覆盖落地。建立票据业务专班，运用“直贴+转贴”模式，围绕汽车、电力、煤炭、钢铁、有色等重点产业链核心企业及上下游企业客户加快票据交易流转，实现票据直转贴业务量11.81亿元，较年初净增11.21亿元，增幅1868%。

至2022年年末，减退加固名单内客户4户，压降金额1.48亿元；高风险资产余额6.8亿元，较年初减少7.25亿元；高风险率1.4%。处置不良资产11.8亿元，实质性清收3.76亿元，现金清收已核销表外资产0.62亿元，实质性清收回补经济利润超2.8亿元。不良贷款余额6.6亿元，不良率1.40%。个贷不良诉讼余额0.46亿元，非不良诉讼余额0.12亿元；甘肃地区信用卡诉讼目标量438户，实际完成诉讼683户，完成率156.62%。

（交通银行甘肃省分行　曹馨予）

【中国邮政储蓄银行甘肃省分行】2022年，中国邮政储蓄银行甘肃省分行资产总额1317.62亿元，年增117.79亿元，增速9.82%；负债总额1309.94亿元，年增117.84亿元，增速9.89%；各项贷款结余667.43亿元，年增61.58亿元；各项存款结余1286.78亿元，年增194.8亿元。新建信用村2419个，累计建成6718个，本年评定信用户3.59万户，累计评定8.55万户，发放信用村贷款26.93亿元，净增10.55亿元。邮储银行甘肃省分行三农金融事业部获评甘肃省委、省政府“全省脱贫攻坚先进集体”。全行涉农贷款净增35.7亿元，监管目标完成率630%。累计对345户有融资需求的新市民发放创业担保贷款4041.30万元。普惠型小微企业贷款结余完成监管计划目标136%，普惠型小微企业贷款增速高于各项贷款（剔除票据）增速0.78个百分点，普惠小微“两增”监管指标如期完成。绿色贷款余额占各项贷款比重8.02%，年提高3.18个百分点，高于邮储银行全行绿色贷款平均占比1.20个百分点，增速居邮储银行第3位；清洁能源产业贷款余额占各项贷款比重5.15%，年提高2.89个百分点，高于邮储银行清洁能源产业贷款平均占比2.50个百分点，清洁能源产业贷款增速居邮储银行第3位。服务实体经济，实体贷款净增56.62亿元，聚焦制造强国战略，向国家级、省级“专精特新”企业发放贷款1.41亿元；支持制造业、能源、基建项目，公司贷款净增50.1亿元。提升贷中审查审批速效，审查审批通过笔数同比提高24.47%。小企业贷款提高20.94%，批发授信提高92.59%，一手房项目提高11.86%。

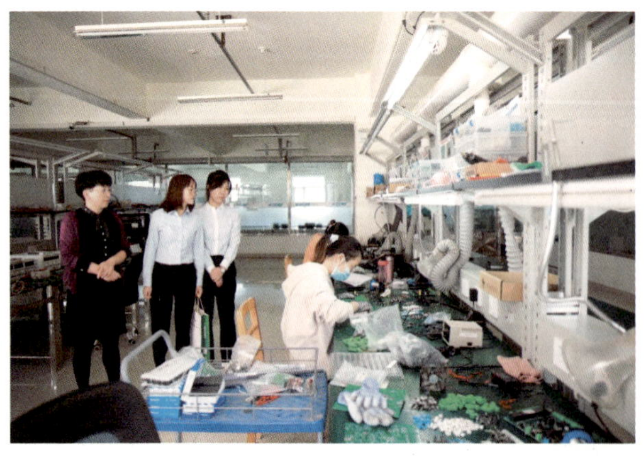

9月8日，邮储银行兰州市分行客户经理走访国家级“专精特新”小巨人科技型企业——兰州海红技术股份有限公司（中国邮政储蓄银行甘肃省分行供图）

（中国邮政储蓄银行甘肃省分行　王文峰）

【甘肃省农村信用社联合社】2022年末，甘肃省农村信用社联合社各项存款余额5519.68亿元、各项贷款余额3769.69亿元，分别占全省银行机构的22.18%和14.85%。实现各项收入298.77亿元、净利润6.77亿元。全年缴纳各项税金11.6亿元，同比增加0.9亿元，增幅8.1%。将巩固脱贫攻坚成效和服务乡村振兴作为首要任务，累计发放脱贫人口小额贷款84.6亿元，占全省银行机构的84.1%，投放额和余额均居全省首位，余额和新增额均排名全国第一，被写入《政府工作报告》。制定8方面26条金融支持稳经济政策措施，以更有质效的金融服务保市场主体。2022年末，普惠型小微企业贷款户数56265户、余额476.94亿元，新增7811户39.6亿元，增幅9.06%，全面完成“两增”任务。实施延期还本付息10701户443.4亿元，累计减费让利1.7亿元，惠及20.7万户企业。新一代信息工程项目上线投产，运用现代金融

8月30日，甘肃农信与甘肃农垦集团签订战略合作协议（省农村信用社联合社供图）

科技服务“三农”发展、服务地方经济社会建设。建立防范化解金融风险“1+N”方案及制度体系，构建“包抓包挂”清收考核机制，甘肃省农村信用社联合社领导班子成员和各部门负责人分别将25%和20%的绩效工资与清收处置不良资产挂钩考核。“一行一策”制定高风险机构风险化解方案，成功发行300亿元专项债补充行社资本。采取现金清收、转贷盘活、诉讼保全、债权转让、以资抵债等方式加大风险化解处置力度，完成省政府下达风险资产压降计划的103%。坚持资产负债联动，持续压降高成本存款，年末各项存款付息率较年初下降11个BP。探索推行“1+N”资金营运模式，指导麦积农合银行等6家行社加入银行间市场，首次开办债券借贷业务。

（甘肃省农村信用社联合社　李成）

【甘肃银行】至2022年末，甘肃银行资产总额3769亿元，较年初增加184亿元；各项贷款总额2143亿元，增加129亿元；负债总额3443亿元，增加178亿元；各项存款2790亿元，增加158亿元；实现营业收入65.3亿元；净利润6亿元，增加0.3亿元；不良贷款率2%，下降0.04个百分点；资本充足率12.3%；拨备覆盖率134.73%，增加2.69个百分点。推出支持疫情防控和经济社会发展22条金融服务措施，不断加大信贷投放力度，各项贷款余额较年初增加129亿元。推动全省重大战略落地实施，全省234个省列重大项目中，已开展业务合作74个，授信项目26个，授信金额132.54亿元，贷款余额82.84亿元；2022年授信项目15个，授信金额94.6亿元，投放贷款36.1亿元，主要有打庆高速、定临高速、五举煤矿等省列重大项目。全年累计投放十大生态产业贷款106.2亿元，余额285亿元，新增37.5亿元；投放绿色贷款49亿元，余额164.1亿元；投放制造业贷款94.2亿元，余额268.1亿元。全年投资全省地方债180.6亿元。持续加大乡村振兴“千亿工程”信贷投放，重点支持粮食生产和重要农产品保供，加大甘肃银行“支种贷”“农担加油贷”“药材贷”“文旅贷”等信贷产品推广力度，全年投放涉农贷款170.6亿元，贷款余额524.75亿元。至2022年末，全行普惠小微贷款余额119.8亿元，较年初净增16.3亿元，增速达到15.75%。普惠小微首贷户新增691户，普惠小微贷款客户数1.4万户，较年初净增5745户，完成“两增”监管指标。做好受疫情影响市场主体的差别化金融服务，采用续贷、展期以及重组等方式缓解企业还款压力，累计为706户企业办理贷款延期还本付息20.21亿元，对1.7万笔105.6亿元小微贷款实施3个月利息减免利息支出2686.8万元。进一步优化“抗疫贷”产品，为50户抗疫企业发放贷款1.89亿元。

至2022年末，甘肃银行个人客户806.33万户，当年新增20.92万户。信用卡有效客户46.72万户，新增10.27万户，增幅28.16%。个人电子渠道签约客户412.5万户，新增38.83万户，企业网银客户6.57万户，新增1.18万户。有效收单商户4.97万户，累计交易额493亿元，较上年增幅52.7%。全年上线达标场景业务185个，增幅33%，全行累计金融场景已达469个，覆盖用户超百万，年交易金额近300亿元。同业福费廷买入、医保电子凭证、黄金积存、同业存款质押等23项创新产品完成投产及推广，智慧营销服务平台、虚拟营业厅、智能客服项目、数字人民币、企业手机银行等17个项目完成系统投产及功能优化。全年共新建项目37个，投产各类优化需求730项。全年实现14项新产品线上投放，全行产品线上化率提升至65.67%，较年初提升了4.51个百分点。围绕智慧零售、智能风控等重点领域，谋划数字化项目20项，完成投产17项。完成反向保理、三方存管和电子发票等线上产品对接和企业手机银行、“三方支付一点通”、收单业务统一管理平台等渠道项目建设。全年投产智能客服项目人工外呼平台、智能外呼、智能语音导航等数字化转型项目17项，企业手机银行、数字人民币、陇银通、小甘微厅、统一监管报送平台、风控决策平台、零售

CRM、票据三期按计划完成平台投产。全年完成238项数据治理项目，以监管报送数据要求为抓手，以反洗钱、EAST5.0数据报送为契机，完成单位贷款、传统个贷、网贷、同业客户信息等数据优化需求76项。

（甘肃银行　张博文）

## 保险业

【保险业运行情况】截至2022年末，全省保险公司127家，包括法人保险主体1家，省级保险主体32家（财产保险公司20家，人身保险公司12家），保险专业中介机构94家，保险兼业代理机构5111家，保险从业人员9.04万人。保险业资产总额1456.05亿元，较上年同期增长11.07%；累计实现原保险保费收入492.76亿元，较上年同期增长0.09%；累计赔付支出159.02亿元，较上年同期下降9.66%。全省保险深度4.40%，保险密度1971元。全省环境污染责任险实现签674.83万元，投保企业424家，提供风险保障8.35亿元

【保险服务乡村振兴】引导农业保险承保机构严格落实《甘肃省2021—2023年农业保险助推乡村振兴实施方案》，持续支持各地开展地方优势特色农产品保险，筑牢防返贫底线。2022年全年，农业保险实现原保险保费收入24.84亿元，同比增长8.91%，为全省269万户次农户提供了960.79亿元的农业风险保障，赔付支出18.95亿元，146.80万户次。结合和政、临洮及平凉崆峒区实际，印发《甘肃银保监局2022年定点帮扶工作重点任务》，深入做好定点帮扶。

【绿色保险发展】推动辖区绿色金融发展，助力实现“双碳”目标。引导辖区各银行保险机构通过加强绿色金融制度机制建设、强化顶层设计、出台中长期发展规划、制定专项计划方案等有效措施，以制度建设引领业务发展。推动辖内银行保险机构将低碳要求嵌入授信审批、产品创新、考核评价、业务培训、运营管理等流程，提升工作质效。联合省生态环境厅、省地方金融监管局印发《甘肃省环境污染强制责任保险试点工作实施方案》，指导省保险行业协会起草全省环境污染责任保险示范性条款，推进环境污染强制责任保险试点工作。2022年全省环境污染责任险实现签订674.83万元，投保企业424家，提供风险保障8.35亿元。支持兰州新区加速推进绿色金融创新试验区建设，鼓励保险公司创新性开发林业碳汇指数保险、林业碳汇价格保险产品，为兰州新区11742亩森林提供碳汇损失风险保障，有效助力甘肃省实现“碳达峰，碳中和”双碳目标。指导辖内财险机构做好新能源汽车保险专属条款上线工作，做好新能源汽车保险条款和保险费率备案工作。引导行业进一步转变观念，丰富新能源汽车保险专属产品，服务国家新能源汽车发展战略。落实《绿色保险业务统计制度》，建立绿色保险数据月度统计机制。

（省银保监局　李志远）

【财产险】加大涉农金融服务力度，持续做好农业保险，全省农业保险赔付支出19.53亿元，受益农户146.8万户次。在监管部门指导下，甘肃省保险行业协会完成菌类保险条款框架起草及35款农险示范条款的修订。在中国银保信技术支持下完成张掖市农险电子保单系统试点上线。截至12月末，张掖市共出具农险电子保单3514笔，实现保费收入1.34亿元。电子保单占农险出单总量90%以上。在助力稳住全省经济方面，甘肃保险业助力能源保供、供应链稳定和绿色低碳转型，稳步推进安责险、环责险试点工作。在2022年开展的警保联动便民服务中，全省累计派出保险理赔查勘服务人员1320人次、查勘事故车辆523次，处理各类快处快赔案件919起。

【人身险】截至12月末，全省保险销售从业人员完成电子执业证注册71644人，覆盖率达98.81%。甘肃保险业加快推进新市民金融服务，围绕新市民创业、就业、住房、教育、医疗、养老等方面的金融需求，发挥保险经济补偿、资金融通和风险管理功能，不断丰富产品供给，优化保险基础服务，助力畅通国民经济循环，持续提升保险服务新市民的深度和广度。

（省保险学会　吴琼）

【中国人民财产保险公司甘肃省分公司】2022年，中国人民财产保险公司甘肃省分公司全险种累计保费64.74亿元，同比增长4.72%，高于全省生产总值增速0.62个百分点，全年共落地百万级项目

兰州市2022年度“金城惠医保”项目启动（马文辉摄/省银保监局供图）

125个。车险保费28.1亿元，占比43.4%；非车险保费36.64亿元，占比56.6%，开发科技系统平台8个，累计承担风险保障13.82万亿元，占全省财险市场43.65%；全年在司客户数量达199.27万个，理赔服务客户96.43万人次，大病社保服务客户856.83万人次；农业保险为农民提供风险保障443.51亿。助力实施强科技行动，首单落地全省科技成果转化保险，为5家企业提供风险保障1050万元；实现兰石等首台套、新材料等“大国重器”保费1240万元。助力实施强工业行动，推动全省50个省级重点调度企业扩大排产及新建的136个项目达产见效。助力实施强省会行动，助力培育“专精特新”企业、“兰州设计”产业；积极参与“兰白两区”赋能升级行动；精准对接“一带一路”国际经济走廊建设。助力实施强县域行动，以天水、平凉国家海绵城市建设示范工程和高质量推进榆中、敦煌国家级县城补短板示范建设，推动县域园区基础项目保障。

服务乡村振兴，拓宽“保险+期货”模式，实现保费1.45亿元，其中商业生猪期货实现保费8131万元；与建行联合推进农险“信贷直通车”创新服务；在18个县区落地政策性农房保险，提供风险保障100.36亿元；首单落地全省高标准农田IDI项目，实现保费17.17万元；选派驻村乡村振兴干部57人。服务新市民需求，持续推进“金城·惠医保”项目，实现保费4443万元，为53.50万人提供风险保障；在8个市州落地农民工工资履约保证保险，提供风险保障5198万元；为1088家餐饮企业提供食品安全责任保障11.73亿元；为251家小微企业提供企业财产保障1.22亿元。服务社会治理，大力发展安责险、综治、政府救助保险，首单落地全省“食品安全责任保险+安全生产责任险”，安责险和政府救助保险提供风险保障402亿元；成功中标农村公路灾毁项目，实现86个县区全覆盖，试点国、省道公路灾毁项目达6个市州。服务稳投资建设，承担工程风险保障249亿元；推动实现“低保障、广覆盖”农房保险县域全覆盖。服务绿色发展，推广“环责险+环境风险管理”模式，为102家企业提供环境污染责任险保障2.37亿元；为森林生态提供风险保障182亿元，投入199万元对祁连山森林开展病虫害飞防；承保新能源汽车2.17万辆，实现保费8067万元，提供风险保障565.34亿元。服务科技创新，加强与省科技厅工作衔接，加大对科创企业科技研发风险保障，抢占服务全省科创高地。建立省对地客服“一对一”包点机制，集中开展“理赔投诉治理专项行动”。强化疫情防控期间线上化服务能力，优化渠道资源配置，畅通客户直接联系；加大“线上+线下”工作力度，家用车客户线上理赔办理率64.85%；制定专项政策，打通互联网销售模式；积极应对“次生灾害”，风险提醒推送量达5457万条。

（中国人民财产保险公司甘肃省分公司）

**【中国大地财产保险公司甘肃分公司】**2022年，中国大地财产保险公司甘肃分公司实现保费收入106395万元，同比增速1.32%。非车险保费收入28173万元，占比36.64%，较上年提升3.69%。车险保费收入67409万元，占比63.36%。财产险保费收入26326万元，占比24.74%，同比增速17%，优于行业1.6%。意外险保费收入9431万元，占比8.86%。健康险保费收入3230万元，占比3%，同比增速54.77%，优于行业48%。全年综合赔付率62.53%，优于市场5.47%。综合成本率95.76%，优于市场0.38%。推进“大地防返贫保”项目，防返贫保险实现保费收入1330万元，分别为会宁县28个乡镇建档立卡的3.9万户贫困户17万人，静宁县4633户1.81万人累计提供家庭财产、罹患疾病、人身意外、自然灾害、传染病、因学返贫等百亿元的保险保障，为临夏县11.06万户44.26万人累计提供居民财产损失、政府救助费用、见义勇为抚恤金、应急救援抢救救灾人员、居民、流动人员人身伤亡，庄浪县1.65万户6.85万人提供家庭财产、见义勇为、社会公众、罹患疾病、突发公共

中国大地保险甘肃分公司为投保“防返贫综合保险”的农户送去保险赔款（吴刚摄／省银保监局供图）

事件救助等保险保障。“保险+期货”项目不断创新，先后在会宁、静宁、庄浪、合水、定西落地苹果、玉米、牛羊猪鸡饲料、生猪等产品，累计提供5.16亿元的风险保障。车险经营方面，2022年车险实现保费收入67409万元，市场份额7.8%，综合成本率98.77%。非车险方面，发展意外险，全年实现保费收入9431.44万元，市场份额12.56%。优化发展农险，全年实现保费收入4039万元，期货业务1616.55万元，综合成本率120.96%。

（中国大地财产保险公司甘肃分公司　康映山）

【黄河财产保险公司甘肃省分公司】黄河财险是经甘肃省委、省政府同意，由甘肃省公路航空旅游投资集团有限公司作为主发起人，联合省内外8家优秀企业，共同设立的甘肃省首家全国性法人保险公司。黄河财险甘肃省分公司是黄河财险设立的全国首家省级分公司，已在省内设立14家中心支公司、49家支公司。公司保费收入由2019年的3.58亿元增长到2022年的7.74亿元，累计实现保费收入22.75亿元，市场份额由2019年的2.50%上升至2022年的4.67%。助力乡村振兴战略实施，为全省778.57万亩农作物、640.82万头／只牲畜、921.1万亩森林，提供风险保障162.91亿元，覆盖全省46个县区、239个乡镇、1987个行政村，支付赔款1.24亿元，同比增长32.9%。推动非车险服务提质扩面，为全省经济民生提供风险保障2399亿元，同比增长4.69%，支付保险赔款4772万元。助力疫情防控，为1005名抗疫一线人员赠送各类疾病、医疗、意外保险保障超过1206万元。服务“一带一路”倡议，立足打造工程险发展特色，先后为武九高速、兰永临高速、引洮供水工程、中兰客专等重大基础建设项目保驾护航，提供901.04亿元的保险保障，支付赔款7555.14万元。稳步提升理赔效率，全年车险件数结案率97.78%，非车险件数结案率97.21%，农险件数结案率99.32%。创新服务方式，提高服务质量，改善客户体验，积极推行事故无忧、人伤无忧、黄河关爱、出院护送4项特色增值服务。

（黄河财产保险公司甘肃省分公司　雷小锦）

【中国人寿保险公司甘肃省分公司】2022年，中国人寿保险公司甘肃省分公司实现保费收入89.5亿元，实现新单保费21亿元，续期保费68.5亿元；给付赔付支出总额19.55亿元。参与社会保障体系建设，经办白银市大病保险业务，规模1.26亿元，覆盖人数140万；与白银市、兰州市42家重点医疗机构签署“一站式结算”服务协议，大病保险理赔3.5万人次，累计报销金额8035万元。与武威重离子医院联合推进“百万医疗+重离子就医绿色生命通道”项目，承保客户7.1万人，累计赔付1868万元，实现现代保险服务与重离子治疗肿瘤尖端医疗技术深度融合。加快老龄保险发展步伐，累计承保127.8万人，理赔支出609.7万元。个人养老险在试点区域（庆阳）出单282件、保费48.4万元。推广专属商业养老保险，累计出单920件、保费1783.4万元。推进普惠保险业务，加强与建筑企业沟通合作，实现建工险1738.7万元。为快递骑手、网约车司机等提供团体健康保险产品，保费收入693.3万元。拓展公益性岗位人员保险，承保人数2.35万人。承办“金城·惠医保”普惠型商业补充医疗保险。服务战略性新兴产业发展，为战略新兴产业提供保险服务，风险保额达到15.8亿元。主动服务绿色产业，承保人数37301人，风险保额44.2亿元。助力乡村振兴建设，开展“保险示范（村／乡／县）三级联建”工作，承保农村人口32.6万人，达标“保险示范村”近300个。落地“助推乡村振兴”公益项目，向省内43个行政村5.5万人捐赠国寿乡村振兴团体保险组合产品，风险保额19.8亿元。提升客户服务数字化水平，个、团无纸化投保率100%，契约智能审核通过率、非柜面自助核销率分别提升12%、43.6%，理赔申请支付时效1.14天，出险支付时效47.67天，临柜客户等候时长缩短至3.49分。增强金融服务实体经济质效，落实“险资入甘”战略部署，至2022年末，中国人寿在甘肃省内存量投资金额达338亿元，涉及高速公路、电力能源、企业债券等多个项目。先后10次荣获甘肃“省长金融奖”。

（中国人寿甘肃省分公司　周旸）

【中国平安人寿保险公司甘肃分公司】中国平安人寿保险公司甘肃分公司成立于1999年1月18日，截至2022年末，辖内共有1家省级分公司、13家中心支公司、48家支公司（2022年12月30日华池支公司获得监管开业批复）及16家营销服务部。2022年，平安人寿甘肃分公司实现原保险保费收入58.1亿元，市场份额18.1%。截至2022年末，平安人寿甘肃分公司有效保单件数182.5万件，为客户提供保险保障20099.9亿；赔付支出9亿元，为8.17万人次提供理赔服务，平均理赔时效1.19天。截至2022年末，平安人寿甘肃分公司有效客户存量142万，积极推动智慧客服、AI回访等便捷的保单服务渠道，实现95%以上的业务线上自助办理，客户满意度99%。推动健康管理等增值服务，对不同的客群提供在线问诊、就医绿通、院后护理、导医导诊、慢病管理等增值服务权益，服务29.4万客户。全年为3.11万余名客户提供保单贷款，涉及保单8.4万余件，贷款金额14.35亿元；及时解决消费者合理诉求，协议解约金1158.76万元。截至2022年末，及时足额缴纳各项税金合计4100万元，其中企业所得税595万元，个人所得税1385万元，增值税及附加2120万元。在疫情防控期间，第一时间开通绿色服务通道、开展空中客服，为群众提供理赔服务。全年采购各类扶贫

5月27日，平安人寿甘肃分公司在七里河花寨子小学举办公益捐赠活动（彭晰媛摄／平安人寿甘肃分公司供图）

农产品25.93万元，组织公益活动6次，向社区、学校捐赠价值5万余元桌椅。重大理赔项包括被保险人于2012年9月14日投保“智胜人生”／9万元，“智胜重疾”／3.75万元，“无忧意外”／6万；2016年6月24日投保“百万任我行”／10万元；2016年8月27日投保“平安福”／21万元，“平安福重疾”／20万元，“长期意外”／15万元，2021年9月被保险人驾驶小轿车发生交通事故当场身故。其车辆性质、事故性质均符合平安人寿赔付标准，2022年经核算后赔付163万元。重大承保“颐享世家”，被保险人女性，51岁，基本保险金额800万，本次人身险保额1600万，年交保费36.6万，缴费年期10年。

（平安人寿甘肃分公司　彭晰媛）

【新华人寿甘肃分公司】2022年实现原保险保费收入11.9亿元，同比下降14.32%，市场份额3.69%，服务客户数量超1.64万人次。全年赔付支出1.9亿元，同比下降18.46%，其中赔款支出1023.36万元，同比下降45.52%；死伤医疗给付支出4719.98万元，同比下降0.29%；满期给付支出9059.45万元，同比下降25.14%；年金给付支出4350.24万元，同比下降8.89%。退保金支出10650.14万元，同比增长7.38%。税金支出206.30万元，同比下降75.39%。在“乡村振兴”重点支持县白银市会宁县和景泰县分别设立支公司，为当地提供金融服务和就业机会。至年底，会宁支公司、景泰支公司有营销人员262人，实现期交保费44万元。联合读者杂志社推出《读者》保险增刊，向社会公众宣传金融专业知识。全力推动智慧服务项目，推广理赔E化，缩短理赔服务时效，提升客户服务感受度，分公司理赔实现100%线上受理，其中客户自助理赔占比超35%。探索校企合作新模式，分别与兰州大学、兰州理工大学签署战略合作协议，建立实习基地，加强人才队伍建设，优化人才结构。持续推进“城市因你而美，新华伴你而行”关爱环卫工人项目，为兰州、酒泉、天水、张掖、武威、临夏、庆阳等地3.04万名环卫工人捐赠总保额超30.42亿元的人身意外伤害保险保障，累计赔付案件3例，赔付金额30万元。推进“支持乡村教育，传承爱与责任”支持乡村教育项目，向和政县狼土泉村及狼土泉小学捐赠总价值9.1万余元的办公电脑、校服和书籍等物资。在临潭县

5月20日，新华人寿甘肃分公司在临夏州和政县狼土泉小学开展“支持乡村教育·传承爱与责任”公益捐赠活动（郭文文摄／新华人寿甘肃分公司供图）

陈庄村小学、高台县金果果幼儿园、白银市同馨医养院等单位开展系列公益活动。

（新华人寿甘肃分公司　郭文文）

## 证券期货业

【市场培育】“资本市场市州行”活动已在5个市州和兰州新区开展，调研拟上市企业9家。动态调整全省拟上市企业后备资源库，已有企业119家，其中，重点培育企业39家、长期跟进企业20家、适时关注企业60家。2022年全省上市企业、辅导企业数量实现较大突破，新增首发上市公司2家，新迁入上市公司1家，新增上交所主板在审企业1家，新增科创板辅导备案企业1家，新增新三板挂牌公司1家。

【支持企业直接融资】2022年，全省企业实现直接融资76.62亿元，其中，企业首发融资30.91亿元，上市公司再融资3亿元，公司债券融资42.71亿元。重点推动省公路交通建设集团有限公司发行全国首单交通类企业可持续发展公司债券，方大炭素发行全球存托凭证在瑞士交易所上市已获核准（西部首家）。联合政府相关部门建立REITs（不动产投资信托基金）项目储备、申报工作机制，在市场培育、项目遴选推荐等方面进一步凝聚合力，支持全省符合条件的优质项目发行基础设施REITs，促进盘活存量资产。

【风险防控】推动2家高风险上市公司顺利完成破产重整，一揽子出清公司各类重大风险；针对2家退市风险公司，及时向省政府报告风险情况，推动地方政府“一司一策”制定化险方案，压实公司主体责任；全省高风险上市公司较年初净化解2家，占比由12.12%压降至8.33%，实现数量和占比“双降”。“拉网式”排查公司债券违约风险、私募基金风险，稳妥处置1只城投债兑付风险，有效应对华龙期货资管产品涉众风险。联动化解地方交易场所违规经营风险，及时向地方金融监管局通报“伪金交所”线索、提示甘肃股权交易中心发行可转债风险。

（甘肃证监局　张红军）

【华龙证券股份有限公司】华龙证券股份有限公司是由甘肃省人民政府组织筹建，经中国证监会批准于2001年设立的综合类证券公司，是甘肃省唯一地方法人券商，注册资本63.35亿元，第一大股东为甘肃金融控股集团。2022年实现股票交易6793亿元，期货交易4730亿元，收入13.44亿元，利润5.37亿元。截至年末，总资产287.66亿元，总负债129.68亿元，净资产157.98亿元，净资本110.36亿元，各项风险监管指标持续符合规定。2022年6月16日取得中国证监会机构部关于公司首发上市“无异议函”，并以6月30日为基准日全力推进申报工作。会同券商、会所、律所等中介机构，解决公司第三大股东股权转让，取得省财政厅出具国有股权设置方案批复，顺利完成甘肃证监局辅导验收，12月正式向中国证监会提交IPO申报材料并获受理，公司首发上市工作取得重大进展。

2022年服务省内外各类企业融资274亿元，加快企业培育上市。成功推动国家级绿色矿山金徽矿

2月，金徽矿业股份有限公司在上海证券交易所上市（华龙证券股份有限公司供图）

业上市，成为全省第35家上市公司；保荐影视龙头博纳影业登陆主板，承销金额13.83亿元，成为近五年全国首个A股上市影视公司。加大直接融资比重。完成甘肃电投再融资项目，募集资金12亿元；推动巨鹏股份、皇隆制药新三板定向发行，通过股票质押融资支持兰石集团、南京欧陶等企业7.26亿元，逐步构建覆盖全生命周期、多融资需求的金融服务体系。加强产业支持力度。完成靖远煤电重大资产重组，赋能传统能源产业结构升级；运作甘肃科技发展、养老产业等11只基金，已为生物医药、现代农业等重点企业支持超百亿元，全力服务中小微企业健康发展。公司全面完成国企改革三年行动63项重点任务，各级经理层全部实现任期制契约化管理，建立分类分层绩效考核体系，推动国家级投教基地建设，开展投资理念培养、防范非法投资等活动80场、宣传点击量达到1028万人次。全年多次召开合规风控警示大会，开展合规培训15期，新增修订业务开展、合规风控、薪酬管理等各类制度360余项。成立质控部和投行立项委员会，召集内核会议18次，完成立项质控审查36次。加大与监管部门沟通，通过司法保全拍卖、处置质押标的等形式，推动前期风险稳步化解。完善4.0监测、并表管理等信息系统建设，形成对各业务条线及子公司的风险管理全覆盖。

（华龙证券股份有限公司）

**【华龙期货股份有限公司】**成立于1992年11月，是经中国证监会批准设立的期货经营机构，注册资本5亿元，是上海期货交易所、大连商品交易所、郑州商品交易所、上海国际能源交易中心和广州期货交易所会员，中国金融期货交易所交易会员。公司于2015年11月13日在新三板挂牌上市。华龙期货由华龙证券股份有限公司控股，旗下设立风险管理子公司华龙新瑞资本管理有限公司。2022年公司实现营业收入3225.73万元，通过开展铝锭期现结合业务，服务铝产业链上下游客户群体，扩大公司业务规模、提高企业盈利能力。搭建政企平台，相继与甘肃省农业农村厅及甘肃秦安、皋兰、张掖、玉门、宁夏平罗等当地政府、农业农村局签署《战略合作协议》，在期货专业帮扶、产业帮扶、人才帮扶等各方面与县市展开全方位合作，2022年公司获大连商品交易所“优秀会员进步奖”和“优秀乡村振兴奖”。公司连续四年开展“兰州大学高校人才培育项目”，强化产教融合，推动金融知识纳入国民教育体系，在“young”帆期海——大商所首届大学生衍生品实践大赛中，同兰州大学合作，以第九名成绩顺利晋级全国决赛。公司联合多所高校开展郑商所杯“期货知识进校园”，获第五届“郑商所杯”大学生金融模拟交易大赛优秀组织奖。

（华龙期货股份有限公司　惠小明）

## 公路

【概况】截至2022年12月底，甘肃公路总里程达到15.72万千米，公路密度36.92千米/百平方千米。其中，二级及以上公路1.83万千米，高速公路5783千米。按照行政等级分，国道1.42万千米（国家高速4743千米）、占比9.0%，省道1.74万千米、占比11.1%，农村公路12.56万千米（县道2.39万千米、乡道2.73万千米、村道7.43万千米、专用公路28千米）、占比79.9%。按技术等级分，等级公路15.35万千米、占比97.6%，其中，高速5783千米、一级1617千米、二级1.09万千米、三级1.50万千米、四级12.02万千米；等外公路3700千米，占比2.4%。全省共有桥梁18128座、186.6万延米。其中，特大桥270座、44.5万延米，大桥3576座、95.2万延米，中桥5194座、30.0万延米，小桥9088座、16.9万延米。全省共有隧道817道、110.0万延米。其中：特长隧道80道、39.0万延米，长隧道272道、48.7万延米；中、短隧道465道、22.3万延米。

【高速公路】2022年，甘肃高速公路（含一级）通车里程达到7400千米，隧道307处/612座，隧道总里程达到953.584千米，开通运营268个收费站（含独立运营路段的65个收费站）。甘肃省联网收费公路共征收通行费138.69亿元（含政策性减免40.51亿元，实收98.18亿元），同比增长18.5%，创历史新高。4条差异化收费路段（临合、雷西、景中、武威南至玉门）共减免通行费11.87亿元，占减免总额的29.3%；货车交通量同比增长90.9%，货车通行费收入同比增长63%，增收8.87亿元。

【农村公路】2022年，甘肃建成自然村（组）通硬化路1.1万千米，实现8753个自然村（组）通硬化路，完成投资62.39亿元。建成村道安全生命防护工程3645千米，改造完成农村公路危桥153座，新增32个乡镇通三级路。成县、金川区、通渭县、会宁县成功入选“四好农村路”全国示范县，张家川县等10个县创建为“四好农村路”省级示范县。农村公路技术状况检测加快推进，路面自动化检测率达到46.7%，兰州市“人工+自动化”低成本路况检测模式受到交通运输部肯定。“路长制”运行机制进一步完善，清水县入选全国“路长制”典型案例。制定《推动农村客运高质量发展的实施意见》，下达农村客运补贴资金3.07亿元、城乡交通运输一体化示范县奖励资金800万元。创建2个客货邮融合示范县，建成53个客货邮综合服务站，开通21条客货邮合作线路。

【项目建设】2022年，建成武都至九寨沟、王格尔塘至夏河、二十里沟口至车路腰岘等15条高速（一级）公路707千米，二级公路9条153千米，全省高速（一级）公路通车总里程达到7400多千米。新增文县通高速，全省通高速县（市、区）达到72个。中川机场三期扩建工程航站楼主体工程封顶；嘉峪关机场改扩建开工；华池通用机场建成。白银市综合物流园区、陇南市武都区东盛物流园基本完工。

【公路养护】2022年，总结推广《利用冬春枯水期处置临河公路病害及防排水设施主要做法》《“三维三向”油路顺接修补法》等9期典型做法，推广养护“四新技术”45项，编印公路养护技术指南5套，并将2021—2022年“四新技术”应用成果汇编成册。全年实施路面灌缝（裂缝处治）404万延米，油路修补157万平方米，集中日常养护资金实施预防性养护1242千米。全省路况质量整体呈上升之势，省养高速公路、普通国道、普通省道路面评价指数PQI平均值分别为93.87、87.33、86，较2021年分别提高0.78、0.24、0.67。完成国省干线公路桥梁养护工程74座2387万元，实施高速公路隧道养护工程21座484万元；完成高速公路养护工程11项6.12亿元，省养普通干线公路养护工程59项10.67亿元；完成高速公路水毁恢复重建项目2817万元、普通干线公路水毁恢复重建项目2.92亿元、干线公路灾害防治工程9724万元；实施村道安全生命防护工程3645千米、改造农村公路危桥153座、建成乡镇通三级公路589千米。处治农村公路路面病害1.37万千米，创建养护示范路段8201千米、养护示范村837个，完成46.7%的路面自动化检测任务，农村公路优良路率59.4%。

【高速公路安全管理】2022年，印发《安全生产专项整治三年行动集中攻坚工作方案》，编制《甘肃省高速公路安全运营服务清单化管理指南》，推动“两抓一推”工作做实做细，动态更新“一汇总四清单”。累计排查各类安全隐患1473项，整改率100%。开展疫情防控等应急演练和体验活动305次。完成交通运输部开展的高速公路联网收费系统运行和运维专项治理工作，完成国干网（甘肃段）备用链路建设工作，试行清单化养护模式，保障机电系统安全稳定、可靠运行。

【科技创新】2022年，甘肃首座“5G智慧桥梁”清傅公路桑园子黄河大桥主塔封顶。兰州南绕城高速“金城南”收费站实现收费业务上云，成为西北首个“智慧云收费站”。完成兰州新区城市开放道路的认定和公布，西北首个智能网联汽车开放道路测试区投运。推进省级综合交通数据中心建设，建成专有云支撑平台和数据大脑，路网综合监测、运输监管、出行信息服务和应急协同等4大场景成功应用。建成10个农村公路示范县信息化平台，完成10个停车场ETC拓展应用。全国交通运输行业首个科技创新“揭榜挂帅”项目——“高震区分幅联塔钢混组合梁斜拉桥关键技术及产业化应用研究”攻克一系列技术难题，并成功在项目应用。“甘肃交通与新能源融合发展关键技术与路径机制研究”项目，成为国内公路建设领域首创。18项科技项目纳入省部级科技项目清单，为历年最高。绿色发展路径更加明晰。强化上下游协作，联合沿黄9省区交通运输主管部门签订黄河交通运输保护宣言1份，签订战略合作协议1份。加强顶层设计，持续推动国家“黄河战略”、“双碳”战略在行业落地，G1816合作至赛尔龙段绿色生态高速公路开工建设，河西走廊绿色能源与公路运输融合大通道示范项目有序推进。联合发改、电力等部门印发方案，公路沿线充电基础设施建设进一步加快推进。

（省交通运输厅　胡俊璐）

## 铁路

【概况】截至2022年12月底，中国铁路兰州局集团有限公司营业里程6520.20千米，其中高铁1857.2千米（含高铁联络线）。职工总数76690人。机关职能机构26个，生产机构2个，附属机构25个，派出机构2个，运输站段40个、直属单位4个、非运输企业4个、工程建设指挥部2个、控股合资公司5个。管辖车站（线路所）333个，配属机车1342台（电力机车1163台、内燃机车179台）、客车1924辆、动力分散动车组71组、

4月21日，甘肃省首趟中老铁路国际货运列车驶出敦煌西铁路货场（中国铁路兰州局集团融媒体中心供图）

CR200J动力集中动车组16组。管内开行旅客列车291对，其中高铁36对、动车102.5对、城际45对、直达25.5对、特快16对、快速48对、旅游1对、普快1对、普客16对。担当图定客车183对，其中管内102对、跨局81对。管内有宝兰高铁、兰新客专、银西高铁、银兰高铁、陇海、兰新、兰渝、兰青、包兰、宝中、干武、太中银、中川、天平（天华）、西平、敦煌、酒额17条干线和平汝、红会、嘉镜、玉门南4条支线，接轨地方铁路4条，连接甘、宁、青、新、蒙、陕、川7省区，是西北交通运输和经济建设的大动脉。

【管辖范围】兰州局集团公司管内陇海线于社棠车站、天水车站间K1392+530千米处与西安局集团公司分界；兰新线于柳沟车站、安北车站间K985+500千米处与乌鲁木齐局集团公司分界，兰青线于水车湾车站、海石湾车站间K60+000千米处与青藏集团公司分界；包兰线于乌海西车站、惠农车站间K423+000千米处与呼和浩特局集团公司分界；宝中线于安口窑车站、崇信车站间K136+100千米处与西安局集团公司分界；太中线于安边镇车站、定边车站间K1461+280千米处与西安局集团公司分界；西平线于长武车站、长庆桥车站间K172+740千米处与西安局集团公司分界；兰新客专于陈家湾西车站、民和南车站间K1726+500千米处，于浩门车站、山丹马场车站间K1944+926千米处与青藏集团公司分界，于柳沟南车站、石板墩南车站间K2580+236处与乌鲁木齐局集团公司分界；天华线于青林车站、华亭车站间K113+864处与西安局集团公司分界；兰渝线于羊木车站、广元车站间K497+443千米处与成都局集团公司分界；徐兰高速（宝兰高铁）于宝鸡南车站、东岔车站间K1305+110千米处与西安局集团公司分界；敦煌线于苏干湖车站、塞什腾山车站间K412+835处与青藏集团公司分界；银西高铁（西银客专）于彬县东车站、宁县车站间K192+909处与西安局集团公司分界。

【基础设施】2022年，兰州局集团公司管辖线路延长总计13197.31千米，其中正线延长10757.12千米，站特线延长2440.19千米，道岔总计7723组，其中正线道岔3167组、站特线道岔4556组。受委托管理的太中银铁路太中线、定银线，兰渝铁路兰州北环线，敦煌线，西平线，中川城际线，天平（天华）线，酒额线等普速合资铁路延长3161.34千米，其中正线2535.70千米、站特岔线625.65千米；道岔总计1715组，其中正线601组、站特线1114组。受委托管理的徐兰高速、兰新高铁、银兰高铁、银西高铁线路延长3925.31千米，其中正线3680.88千米、站特岔线244.44千米；道岔总计757组，其中正线431组、站特线326组。全局运营铁路桥梁1828座10.88万米，隧道166座15.12万米，涵渠7102座15.79万横延米，桥隧涵合计32.81万换算米。路基设备长度总计5790.74千米，其中正线长度4232.86千米、站线长度1557.88千米。合资铁路桥梁总数为1595座92.25万米，隧道258座95.53万米，涵渠4870座11.89万横延米，桥隧涵合计127.73万换算米；路基本体长度3621.43千米，其中正线长度2844.88千米、站线长度776.55千米。接触网运营总里程6174.90千米（15420条千米），其中高铁接触网运营里程1838.70千米（5143.20条千米）。电力线路2.43万千米（高铁1.04万千米），其中电力贯通线1.17万千米、电力自闭线8699.95千米；接轨专用线、专用铁路222条，其中专用线198条、专用铁路24条。货运营业线路23条，营业里程4580千米（国铁2775千米、合资铁路1805千米）。

【运输安全】2022年，落实国铁集团党组1号文件精神，推进平安兰铁建设，抓实安全生产责任制修订、标准化规范化建设等11项基础工作，完善干部月度履职考评、安全红线管理等制度，安全治

## 甘肃省铁路运输主要指标统计表

| 基础设施投资(亿元) | 铁路投资 | | 2022年 | 2021年 | 备注 |
|---|---|---|---|---|---|
| 铁路 | 通车里程(千米) | 国家铁路 | 2006.3 | 2006.3 | 营业里程 |
| | | 合资铁路 | 2854.0 | 2673.7 | 营业里程 |
| | 运输情况 | 旅客发送量(万人)/货物发送量(万吨) | 2443.98/6468.02 | 4601.36/6444.10 | 不含地方铁路 |
| | | 旅客周转量(亿人千米)/货物周转送量(亿吨千米) | 176.66/1990.22 | 269.11/1689.89 | |

理能力持续提升。深化安全生产大检查和“守底线、补缺陷、除隐患、防风险”安全专项整治行动，成立8个督导组贯穿全年包保检查，细化落实14条防范遏制重特大事故措施，高质量完成兰新客专地震灾害复旧等26个工程化整治项目，研判96条“灰犀牛”、33条“黑天鹅”事件项点，开展防火、油气管线、公跨铁桥梁等安全专项检查整治，有效管控高铁客车、防洪防汛、施工维修、调车防溜、外部环境等安全关键，实现安全年目标。

【运输主要指标】 2022年，全年完成旅客发送量2839.3万人，日均7.8万人，超年度计划104.3万人，完成年度计划2735万人的103.8%，与2021年同比减少2405.2万人，下降45.9%。落实国铁集团“以货补客”决策部署，综合运用稳大宗、公转铁、调结构、提效率等策略，强化目标任务管理和经营过程管控，推动增运创效工作，货运任务指标完成实现新突破。全年日均发送4509车，同比增加848车、增长23.1%，增幅排全路第二，较全路平均增幅5.5%高出17.6个百分点，刷新集团公司建局以来最高记录。完成货发量9915.8万吨，是年度目标的119.3%，超1605.8万吨，任务兑现率排全路第一，同比增加1729.5万吨，增长21.1%，增幅排全路第二，取得集团公司近十年来最好成绩。完成集装箱运量1729万吨，是年度计划的102.9%，超49万吨，同比增加210万吨、增幅13.8%，创集团公司历史最高记录。

【列车运行图编制】2022年，受地震、山体滑坡等地质灾害影响，动态调整兰新客专、兰新线客车开行方案，3次编制并组织实施兰新客专分号图，组织开行临客，弥补河西地区运能损失，保障进出疆客运能力。围绕兰新线运输畅通和货运增量，组织哈密东（瓜州）至兰州北间11对煤炭直达货物列车迂回运输，释放兰新线运输能力。为确保疆煤外运，组织实施分号运行图，安北口新增18对货物列车，满足兰新线运输需求。自6月16日18时起，敦煌线货物列车，以及集团公司管内客、货单机运行速度提高至90千米/时。自7月15日18时起，敦煌线及苏干湖口货物列车牵引定数普超至5000T（吨），实现兰新、敦煌、格库、青藏线西格段（上行）、兰青线牵引定数统一。10月11日起，银西高铁首开银川—杭州西G1943/6/3 G1944/5/4次动车组列车。12月29日，银兰高铁中兰段开通运营，安排开行动车组列车16对，徐兰、银西、银兰高铁及中川铁路连通形成高铁环状路网。

【编组计划】2022年，结合运输实际需求，根据各组号范围车次运用情况，为部分货物列车安排预留车次，方便运输调度指挥。取消兰州北至郑州北及其以远车流组号，将车流纳入兰州北至宝鸡东车流组号，减轻兰州北站作业压力，为兰新线畅通创造条件。对兰州北至武汉北、新丰镇，武威南至新丰镇、兰州北，格尔木至兰州北等组号范围进行优化调整，更好地适应运输组织需求。结合峨广铁路开通和车流径路调整，增加兰州北至昆明东及其以远车流组号，对兰州北、颖川堡至成都北及其以远车流组号范围进行调整，更好地利用新线能力。

【铁路建设】2022年，完成投资141.99亿元，是年计划的101.26%，超计划完成1.76亿元。其中，包银高铁惠农至银川段完成投资22.00亿元、包头至惠农段（宁夏境内，含银川至巴彦浩特支线）完成投资6.00亿元；中卫至兰州铁路宁夏段完成投资5.40亿元、甘肃段完成投资17.00亿元；兰州至张掖三四线铁路中川机场至武威段完成投资

51.00亿元；酒泉至额济纳铁路酒泉至东风段升级改造工程完成投资4.78亿元；平凉南铁路综合性货场完成投资0.47亿元；兰新客专地震灾害复旧西宁至张掖段整治工程（青海省境内）完成投资5.88亿元，兰新客专地震灾害复旧及兰州至西宁段达速提质工程（青海省境内）完成投资6.20亿元，兰新客专兰州至西宁段达速提质工程（甘肃省境内）完成投资995万元；新建兰州至合作铁路完成投资23.16亿元。

【中卫至兰州铁路】2022年，中兰铁路总投资289.89亿元，截至12月底，累计完成投资236.95亿元，完成总投资的81.74%。其中，甘肃段建设单位为中兰铁路公司，由兰州局集团公司代建，兰州指挥部负责建设管理，投资249.62亿元，截至年底，开工累计完成投资200亿元，完成甘肃段投资的80.12%；宁夏段建设单位为宁夏城际公司，由兰州局集团公司代建，银川指挥部负责建设管理，投资40.27亿元，截至年底，开工累计完成投资36.95亿元；完成宁夏段投资的91.76%，12月29日开通运营。

【中川机场至武威铁路】2022年，兰州至张掖三四线铁路中川机场至武威段项目总投资243.36亿元（初设批复投资242.90亿元，调整初设批复投资243.36亿元），2019年6月30日新乌鞘岭隧道先期段开工建设，2020年5月10日全线开工建设，建设工期5年，项目建设单位为中川铁路公司，由兰州局集团公司代建，兰州指挥部建设管理。截至12月底，开工累计完成投资158.50亿元，完成总投资的65.13%。

【机场环线】2022年，兰州中川国际机场综合交通枢纽环线铁路项目总投资37.19亿元，2021年8月18日全线开工建设，计划2024年6月30日建成，项目建设单位为甘肃铁投地方铁路有限公司，由兰州局集团公司代建，兰州指挥部建设管理。截至年底，开工累计完成投资16.20亿元，占总投资的43.56%。

【兰新客专地震灾害复旧整治】2022年，兰新客专受地震灾害影响范围为浩门至张掖西区段，浩门、山丹马场、民乐、张掖西3个区间，起讫里程为K1944+926～K2124+939，线路全长180.01千米，地震受损主要病害集中在浩门至山丹马场间，该区间线路长61.89千米。受损区段桥梁17座／14.87千米，隧道7座／34.72千米，路基30段／12.09千米，涵渠24座。地震灾害受损段整治工程项目总投资1.71亿元，9月1日恢复运营。

【机车、乘务交路】2022年，为充分发挥和谐型大功率机车的效能，集团公司对机车交路进一步优化调整，客运机车交路通至北京、太原、集宁南、武昌、上海、成都、重庆、苏干湖、乌鲁木齐、西宁、东风南；客运乘务交路担当至太原、包头、西安（北）、宝鸡、广元、嘉峪关（南）、马海、西宁、东风南。货运机车交路通至榆次、包头西、新丰镇（临口）、宝鸡东、千河、成都北、兴隆场、肃北、乌鲁木齐西、东风南；货运乘务交路担当至惠农、靖边、新丰镇、宝鸡东、彬州西、广元南、马海、柳园、西宁货、东风南。主要客运机车交路实现HXD1D、HXD3D型160千米／时客运机车牵引，兰渝线货运交路牵引定数实现4500吨贯通，兰新线货运交路牵引定数实现5000吨贯通。兰新、陇海、敦煌线实现普通货物列车达速90千米／时运行。

【列车扫码服务】2022年，按照国铁集团整体部署，在集团公司配属的71组动车组列车上全面推广“铁路畅行”列车扫码服务，为旅客提供餐饮服务、补票升席、问题反馈、商务座和重点旅客服务等10余项服务功能，提高旅客列车服务质量，提升旅客出行体验。

【临客及旅游列车开行】2022年，全年组织开行临客2017列，其中春运期间加开临客344列、暑运期间加开临客114列、非春暑运期间加开临客424列、长期临客1135列。全年开行旅游列车8列，其中跨局旅游专列1列、“环西部火车游”旅游专列7列。

【站车竞赛评比】2022年，在全路进京、进沪、进穗直通旅客列车和较大车站客运工作竞赛评比中，兰州、银川、兰州西站分别获得全路“文明车站”称号；集团公司担当的G438／7、G846／3 G844／5、Z275／8 Z277／6、Z130／29、Z56／5、K1178／7、K360／1 K359／62次等13对列车分别获得全路“红旗列车”称号。

【公益性“慢火车”】2022年，根据国铁集团要求，陇西、银川、嘉峪关等6个车务段在桥湾、大坝、龙泉寺、玉泉营、磐安镇、黄羊镇、打柴沟、六盘山、三营等23个车站建立“双站长制”，并颁发“地方站长”聘任证书，共同负责站内外环境及基础设备设施的改善维护。同时对管内7503／4次、7505／6次、7507／8次、7535／8 7537／6次、7511／4 7513／2次共5对列车配置“慢火车”牌匾，提升公益性“慢火车”品牌形象。截至12月底，集团公司管内共开行公益性“慢火车”14对。

（中国铁路兰州局集团有限公司　杨雍梅）

## 航空

【航空运输概况】2022年，甘肃省民航机场集团完成运输起降7.41万架次、旅客吞吐量740.39万人次、货邮吞吐量5.81万吨，同比分别下降41.14%、49.72%、22.94%。集团全年新增客运航线34条，加密客运航线29条，新增货运航线2条，新增通航城市3座；累计通航城市101座，执行客运航线218条，货运航线5条；累计执飞航空公司36家（含2家货运航空公司）。其中，2022年，兰州中川国际机场完成运输起降5.68万架次，旅客吞吐量594.24万人次，货邮吞吐量5.55万吨，同比分别增长-43.90%、-51.18%和-24.08%，旅客吞吐量全国机场排名第30位。这是自2016年以来，兰州机场受疫情影响旅客吞吐量首次跌破1000万人次。全年，兰州中川国际机场运力规模最高达到42架，累计通航城市98座，执行客运航线184条，货运航线4条，累计执飞航空公司35家（含2家货运航空公司）。

1月18日，兰州至上海MU6804航班提前32分钟抵达上海虹桥机场，顺利完成人体捐献器官运输保障（东航甘肃分公司供图）

【安全管理】2022年，甘肃省民航机场集团严格落实安全生产“十五条”硬措施。开展“安全生产月”“我是安全吹哨人”“问题隐患大清零”等专项活动和安全大检查工作，全年开展各类安全检查160余次，排查问题隐患1018项、完成整改1010项、未关闭项均已制定等效管控措施，安全风险大幅降低。有序推动机场风害、甚高频设备、电信人员岗位资质专项治理，不断加强安全从业人员作风建设，安全运行裕度显著提高。全年未发生生产安全事故及航空安全征候事件，其他不正常事件、责任不正常事件同比下降。

【兰州机场三期扩建工程】2022年，兰州机场三期扩建工程航站楼主体结构提前33天封顶。飞行区工程土方及跑道、滑行道道面混凝土基本完成，滑行道桥和下穿通道完成，航站楼工程指廊钢结构顺利封顶，综合交通中心工程中庭及东西停车楼主体结构、钢结构全部完成，航站区总图工程及附属工程等按进度全面推进。综合交通中心工程中庭及东西停车楼主体结构已经建成，附属房屋工程相关单体建筑基础工程按期完工，落客平台工程有序实施，航站区总图土方、综合管沟工程全面展开，全年完成投资85.60亿元、累计完成投资232.36亿元，分别完成年度投资和总投资任务的100.71%、69.49%。

【机场建设】9月29日，甘肃省民航机场集团嘉峪关机场改扩建工程正式开工。作为甘肃省“十四五”期间省列重大项目和2022年省列重大项目，此次嘉峪关机场改扩建工程本期按满足2030年旅客吞吐量160万人次、货邮吞吐量10000吨、飞机起降量15181架次需求设计。主要建设内容包括：对现跑道进行改造，新建并改造现有机坪，新建14000平方米的航站楼，改造现航站楼，新建塔台与航管楼，扩建航站区，配套建设助航灯光、空管、供电、供冷供热、通信等相关设施。工程概算为12.1亿元，工期3年。新建临夏民用机场工程前期工作稳步推进；敦煌、庆阳、陇南、金昌、张掖、夏河6个机场总规修编完成报审稿；全域ACDM系统及应急救援等一批中小项目按计划进行。

【试飞保障】2022年，敦煌机场与商飞试飞中心在同圆中华民族百年“大飞机梦”和推动民航强国建设新征程中，迈出坚实的步伐。自2020年8月至今年8月，共有5架C919飞机在敦煌机场执行功能验证和航线可靠性试飞任务，累计完成各类试飞起降1900余架次。C919在敦煌机场一连创造了大强度试飞以来的5项记录（即单月在一个机场最高试飞65架次、单月单架机最高试飞41架次、单日在一个机场最高飞行5架次、单日在一个机场最高飞行时长达11小时53分钟、单架次最高试飞时长达7小时3分钟），完成首次靠桥试验，实现双机同场试飞。整体试飞效率超过国际民用飞机试飞平均水平。

【疫情防控与保障】2022年，甘肃省民航机场集团完善防控管理机制，细化防控网格责任，保障进出港货物消杀无死角，创建“无疫货运区”。全年累计排查外省来甘人员170.5万人次、移交属地分类管控2.06万人。深入开展疫情防控督导检查，排查整改问题隐患210项。圆满完成俄罗斯商业航班入境兰州4班1156人、白俄罗斯国际客运航班入境兰州9班1063人及乌克兰包机2班484人的保障工作。

【甘肃省民航机场集团】2022年，甘肃省民航机场集团保障首乘旅客5844人次。健全完善服务质量标准和制度体系，积极开展民航旅客服务投诉管理线上培训，务短板，全年投诉率同比降低17.81%，收到表扬信229封、锦旗11面、电话口头表扬等4388余次。开展载重平衡、危险品航空运输、货物运输等专项检查，防范和化解运输服务风险隐患，圆满完成春运、北京冬奥（残）会等重要运输服务保障任务。

（省民航机场集团　张立生）

【中国东方航空股份有限公司甘肃分公司】2022年，中国东方航空股份有限公司甘肃分公司共安全飞行18292小时，8626架次，较2021年飞行时间下降34.4%，飞行架次减少35.3%。东上联出港航班正常率96.14%，始发航班正常率96.39%，均高于属地机场；出港关舱门正常率97.49%，高于去年1.76%。整体安全态势良好，未发生人为原因一般差错及以上事件。东上联在甘肃辖区运力份额22.13%，较2019年同比下降3.95%；市场份额22.25%，较2019年下降3.4%；辖区两总两率三大航竞比占优，客座率高于国南航平均值。全力争取航班时刻增量100个／周；加密浦东、青岛、昆明、武汉等“四梁八柱”航班；优化干支航线网络，实现兰州往返敦煌、嘉峪关航班早中晚时刻覆盖。截至2022年，东航甘肃分公司连续保持29年无人为原因事故征候的良好安全记录，东航甘肃飞机维修队伍具备对A320飞机国内最高级别的维修能力。分公司地面满意度96.17，空中95.44，总体95.81，均高于股份平均，位居前列。分公司执管空客A320型飞机12架（驻场运力19架），经营45余条航线。在甘肃省内通航7个机场，直达北京、上海、广州等30余个大中城市。东航兰州T3基地综合保障楼项目顺利获批，航食区项目获得集团立项批复，机务维修区子项目及民航专用设备用房子项目可研报告合并编制有序推进。

（中国东方航空股份有限公司甘肃分公司　杨文婷）

## 运输服务

【概况】2022年，全省营运客车累计完成公路客运量5543.8万人，旅客周转量32.2亿人千米，同比分别下降48.7%和51.7%；累计完成水路客运量25.7万人，旅客周转量255.2万人千米，同比分别下降67.5%和70.7%。邮政快递业完成寄递业务量6.14亿件，同比增长17.18%，增速全国第一。修订后的《甘肃省道路运输条例》颁布实施，《甘肃省公路条例（草案）》通过省人大常委会一审。2022年全国综合执法检查考核结果，排名较上年提升21个名次。

【路网规划】2022年，《国家公路网规划（2022—2035年）》调增甘肃省8条国家公路（2条国高、6条国道），里程增加1461千米，甘肃省境内国家公路达到49条，规划里程达到16249千米，占全国（46.1万千米）的3.52%。编制完成《甘肃省省道网规划》《甘肃省内河航道网发展规划》《甘肃省民航机场发展规划》，全省公、水、航交通线网和枢纽点位空间布局进一步细化。

【综合运输服务】2022年，圆满完成13件交通运输更贴近民生实事，全省26个新就业形态劳动者驿站“司机之家”建成运营，4万余名“两客一危一货”重点监管车辆驾驶员完成线上应急技能培训；改造新增高速公路服务区货车停车位535个，收费公路和客运车辆票据实现电子化；创建敬老爱老城市公交线路71条；网约车平台企业抽成“阳光行动”顺利推进，省内19家企业公开计价规则。推进“不来即享”和网上办事、“不见面审批”，“甘快办”APP新增15项道路运输便民服务查询事项，启用道路运输、公路水运工程监理企业资质电子证照。全年网上办理政务服务事项36635件，好评率99%以上。采取联学联建、上门服务等措施，指导省属国有交通企业。落实货运行业高质量发展联席会议制度，印发货车司机权益保障行动计划，建立政银企对接机制，协调金融机构为409家货运物流企业及个人提供贷款4.4亿元。免征客运等公共交通运输服务增值税791.42万元。

【高速公路收费】2022年，甘肃征收高速公路通行费138.69亿元（含政策性减免40.51亿元）。大力实施高速公路差异化收费政策，区域路网“引流”作用显著，公路货运周转量增长41.2%，增速全国第1。

【多式联运】2022年，持续推进多式联运示范工程创建，白银大宗物资数字化多式联运示范工程、兰州国内国际双循环多式联运示范工程成功进入交通运输部第四批示范名单。累计完成74家网络货运企业线上服务能力认定，整合社会车辆25.1万辆。持续推动运用电子运单，全省注册电子运单系统危货运输企业使用率达到87.9%。

【路衍经济】路衍经济扩容成势。坚持行业统筹、企业推动、地方联动，路衍经济在建项目达到44个、总投资157.45亿元。渭源至武都、武都至九寨沟、马鬃山至桥湾至瓜州等高速（一级）公路，以EBO形式委托企业建设运营和路衍经济开发。打造了100条农村特色示范路，增设完善农村公路停车场、观景台等附属设施，助力乡村旅游发展。

【区域合作】2022年，甘肃在项目规划、建设、推进等方面与四川、陕西、宁夏、青海开展合作交流，与张掖、平凉等11个市州签订“十四五”交通基础设施省市共建协议，形成省市共建合力。

【依法行政】2022年，修订后的《甘肃省道路运输条例》颁布实施，《甘肃省公路条例（草案）》通过省人大常委会一审，交通运输法规制度体系不断完善。2022年全国综合执法检查考核结果，排名较上年提升21个名次。

【平安交通建设】2022年，认真贯彻国务院安委会15条硬措施及省35条具体措施，制定出台厅26条措施，强责任、防风险、除隐患、补短板、建机制，安全生产监管措施不断强化，事故起数、死亡人数、受伤人数同比分别下降30.4%、42.4%、66.7%。基础设施安全水平稳步提升，持续推进“平安百年品质工程”示范创建，康略、清傅公路项目入选“交通运输部平安百年品质工程”首批示范清单。实施普通国道安全设施精细化提升工程18项、村道安全生命防护工程3645千米。自然灾害综合风险公路承灾体普查工作名列全国第一。实施提速疏堵工程，完成全省201个收费站683台ETC特情终端设备及配套设施的安装工作，降低了因拥堵诱发的交通事故风险。行业风险隐患逐步化解，梳理行业7个领域15个重大风险清单，逐项制定措施，持续跟踪整改。提请省政府批复延长15条收费公路收费期限，通过置换、偿还、展期等多种渠道，有效化解到期的公路存量债务。圆满完成“应急使命·2022”演习任务，演习成果被交通运输部在全国范围内印发借鉴。强化应急能力建设，公路系统33支应急抢险救援队伍和上百家社会救援机构均配备了卫星遥感、破拆等救援设备、救援车辆各类应急抢险物资。信访积案有效化解，扫黑除恶常态化推进，隐患排查治理深入开展，行业发展和谐稳定。

（省交通运输厅　胡俊璐）

## 通信

【通信发展概况】2022年，甘肃省通信管理局落实“十四五”信息通信发展纲要，着力5G网络建设、应急通信保障、疫情防控、通信立法施行等重点工作，《甘肃省电信设施建设和保护条例》通过省人大常委会第三十二次会议审议。全年，电信业务总量完成296.5亿元，同比增长21.5%；电信业务收入累计完成221.4亿元，同比增加7.3%；完成固定资产投资73.2亿元（其中5G投资29.9亿元），同比增长6.7%。全省移动电话用户数2784.4万户，同比增长1.4%；固定电话用户数299.9万户，同比下降0.4%。固定互联网宽带接入用户数1092.7万户，同比增长6.6%，其中，FTTH／O用户占比达到97.7%。1000Mbps以上用户占比达到20.4%。全行业运行总体平稳。

【信息通信网络设施建设】2022年，新建成5G基站1.83万个，提前完成年初目标任务，累计建成5G基站3.68万个。省5G网络建设协调推进领导小组推进解决“三难两高”问题196件，三年来累计解决6800多个问题，为基础电信企业节约建设成本约8700万元。部署5G网络精准覆盖及融合创新应用、保障网络健康发展专项行动。完成2022年电信普遍服务试点部署，组织市（州）申报实施第九批试点项目，获批建设96个基站。推进千兆光网建设，累计建成10GPON端口33万个，实现县域城区及部分重点乡镇千兆光网覆盖，组织兰州、嘉峪关、酒泉全面推进双千兆城市申建。加快建设兰州国家级互联网骨干直联点，推动全国一体化算力国家枢纽节点（庆阳）网络升级改造，研究论证庆阳建设新型互联网交换中心可行性问题。推动甘肃广电5G网络互联互通落实落地，试商用阶段网间通信畅通。

【5G创新融合应用】2022年，构建5G创新融合应用生态，聚焦5G+融合创新应用项目库，滚动选择成熟项目纳入年度清单，发挥省5G网络规划建设协调推进领导小组的协调作用，督促有关省直部门、市（州）政府重点推进。全年，在库项目87个，联合省工信厅选取29个项目重点推进，推动5G网络在全省大型企业渗透率达到25%。渭源大景区首阳山景区智慧旅游开发项目、陇南宕昌5G+智慧农业、西沟矿5G智慧矿山、敦煌月牙泉景区AR+数字化文旅新型消费应用4个项目荣获2022年全国第五届“绽放杯”5G应用征集大赛、2022年全国首届“光华杯”千兆光网应用创新大赛奖项。

【应急通信保障】2022年，以省政府办公厅名义修订印发《甘肃省通信保障应急预案》，建立各成员单位和各市州应急办联络机制。配置100多部“天通一号”卫星电话给市州通信企业、抢修单位进行拨测演练，参与国家“应急使命——2022演习”，关注各类突发事件预警信息，全年发送各类自然灾害预警信息175条以上，涉及我省及周边地区地震信息24次。开展网络安全应急演练，圆满完成冬奥会、残奥会、神舟十五号载人飞行等重大任务通信保障任务。实现全省核心通信网络“零中断”、重要信息基础设施“零故障”、重大网络与数据安全事件“零发生”、突发事件应急处置“零失误”。

【行业监管与优化服务】2022年，严管业务营销宣传、“携号转网”服务等重点环节，依法查处违规问题，强化行业自律，保障“携号转网”服务质量，切实做到“处理一件投诉，解决一类问题”，持续改善消费环境，优化用户体验。新办“携号转网”服务共计41.3万户，1小时转网成功率99.82%，共受理用户各类咨询申诉问题1.06万人次，结案率和满意率均为100%。开展信息通信服务感知提升行动，持续推进适老化服务改造和面向中小微企业、特殊群体的精准降费。新增受惠用户118.17万户，受惠让利1999.2万元。

【“反诈”与“断卡”行动】2022年，开展行业“反诈”和“打猫”行动，推进“断卡”行动2.0，全省涉案电话卡风险防控取得初步成效，同比下降41.84%。落实电话实名制管理，开展涉案电话卡问题倒查和整改，加强物联网安全全链条管理，从严规范管理语音专线、互联网专线、端口类短消息等重点业务，加强骚扰电话、垃圾短信治理，加大防诈反诈宣传，全方位降低群众被诈骗风险。组织实施全省信安系统升级改造，开展网络数据安全合规性评估，强化数据分类分级管理。

【安全生产责任】2022年，坚决贯彻落实习近平总书记关于安全生产工作批示精神，筑牢安全生产责任底线，按照“三牵头三必管”责任要求，强化安全监管职责落实，组织开展安全生产风险隐患大排查，建立风险隐患排查清单，立查立改，全力防范化解安全风险。指导基础电信企业妥善处置甘肃健康码系统运行异常等安全问题。

（省通信管理局　田卫国）

**【中国电信股份有限公司甘肃分公司】**2022年，中国电信甘肃公司加快新基建，“东数西算”庆阳大数据中心一期主体封顶，新区大数据中心A楼投产、一城一池市州全部署、行政村光网全覆盖、完成首次“碳排查”。5G新建基站5947台，室内重点场所覆盖大幅提升70个百分点，在金昌建成全省“5G+工业互联网”示范区。推进乡村振兴与脱贫攻坚有效衔接，建成数字乡村示范村6780个，推出乡村振兴优惠产品10款。生态环保方面，支撑完善省环保大数据平台，接入省市县生态环境管理部门和相关企业3.2万余家，召开“2022年全省生态环境行业展会”，建成3个市县环保监测平台。落实中小企业纾困解难政策，为467家中小微企业及个体工商户减免房租845万元，账款“零拖欠”，宽带与专线完成提速降费目标。履行重保使命，完成党的二十大、国家级“应急使命·2022”高原高寒地区抗震救灾实战化演习、神舟飞船、防汛等重要通信保障71次。

新组建5G智慧商业、工业互联网产业研究中心，实现10大行业领域产研中心全覆盖。推进成都医健运营，成立集团科协甘肃分会、微创委员会。全面推进以天翼云技术为底座的研发转型，开展存量业务平台适配改造，推动市州原子能力调用和界面型二次开发。全年新增40件专利，产业数字化平台自研率达到63%，列集团A类省份第一，“医疗大数据应用平台”荣获WSIS2022电子健康领域冠军奖，天翼云图荣获全国第四届“绽放杯”标杆赛金奖，“互联网+教育”荣获通信世界2022年度ICT优秀解决方案。

2022年，中国电信甘肃公司通过“爱心翼站”品牌，积极推广助老服务，全年服务老年用户68万余人次（汤浩摄/中国电信甘肃公司供图）

实施满意度提升等“五大工程”，在“清风行动”和“好服务更随心”中解决用户急难愁盼问题。强化“事前”“事中”“事后”全周期服务管控，授权一线“降退赔拆换”，完善“先行赔付”。全省开展“总经理讲服务”82场次，管理人员一线倾听客户之声2059人次，“服务进万家”33.5万户，质差修复5.3万户，全业务投诉量压降12.9%，客户满意度保持行业第一，并逐季改善。

（中国电信甘肃公司　张莉萍）

**【中国移动通信集团甘肃有限公司】**2022年，中国移动通信集团甘肃有限公司通信基站总数行业占比超57%、5G基站行业占比超55%，实现了5G网络乡镇以上100%覆盖、产业园区和特种养殖区100%覆盖。基础设施方面，构建了7（七大省级核心数据中心）+20（各地市数据中心）+N的布局（N个边缘节点）的数据中心布局，总装机能力超3万架。甘肃省围绕“一核三带”发展格局，建成省内互联网三级架构，地市汇聚节点达到28个，形成以兰州和兰州新区为核心的“125超低时延圈”（兰州和兰州新区时延1毫秒，到白银、定西、临夏、武威2毫秒，到全省其他地市5毫秒）。在兰州已建成中国移动互联网骨干节点的基础上，超前打造兰州—庆阳“双中心”布局，骨干节点已与国内19个重点省会城市实现链路直达，出口带宽达到13TB，出口带宽资源占比超过行业的50%。建成运营的“甘肃兰州丝绸之路西北大数据产业园”是甘肃省最大的5星级数据中心，2022年被工信部授予国家新型工业化产业示范基地（西北唯一）、国家新型数据中心典型案例名单（甘肃唯一）、国家绿色数据中心（甘肃唯一）等国家级荣誉。完成北京冬奥会、党的二十大等重大活动保障任务，实现“六个零”目标，全年无重大网络故障。打造网络安全“飞天队”，公司在“全国一体化政府服务平台攻防演习”综合排名第一。被省委、省政府授予甘肃省“先进企业突出贡献奖”荣誉称号。

神舟十五号通信保障现场（孙啸摄/中国移动甘肃公司供图）

推动产业数字化，与酒钢集团、金川集团等省内龙头企业在露天矿、井工矿、有色冶金、油田、电力、园区等多领域积极推进传统产业“三化改造”，落地5G工业互联网应用，重点聚焦“智慧矿山”“智慧冶金”“智慧电力”“智慧园区”“智慧工厂”，在甘肃建成50余个5G应用标杆项目，嘉峪关西沟矿智慧矿山项目获得第五届“绽放杯”（2022年）智慧矿山全国一等奖。建设数字化转型生态体系，产业生态合作伙伴、省内高校、科研院所达到81家，初步形成涵盖网、云、应用、终端、安全等方面的整体产业链条。推动数字化治理，以打造数字家庭为基点，新建成1475个智慧社区，满足安防、综治、便民、疫情防控等功能需求。联合兰州市政府，利用5G+北斗高精度定位技术实现桥梁的数字化管理、智能化检测，属于国内首创。建设多个市县的智慧停车等项目，提升道路交通的运行效率。提升科技创新能力，在省工业和信息化厅的指导下创建甘肃省工业互联网产业研究院“5G创新产业分院”，组建甘肃省智慧矿山服务产业联盟、“5G+北斗应用示范基地”、人工智能产业创新联盟，建成全省首个5G联合创新中心，成立5G联合开放实验室，与兰州财经大学、西北师范大学等院校5G+物联网实验室、在校及毕业生实践基地等方面紧密合作。

（中国移动甘肃公司　王秀伟）

【中国联通甘肃省分公司】2022年，中国联通甘肃省分公司与甘肃省政府签订战略合作协议，圆满完成党的二十大、神舟系列载人飞船、疫情防控、抗洪抢险等重大网络保障，加快赋能经济社会数字化转型，全年累计出动应急保障人员4000余人次，发送公益短信6.8亿条，被甘肃省委、省政府授予2022年度甘肃省“先进企业”荣誉称号。

2022年，主营收入累计完成21.9亿元，同比增长6.3%，均完成集团考核目标，经营发展取得近年最好成绩。在公众市场方面，坚持5G化，持续推进自营厅终端连锁化运营；坚持千兆化，推动宽带发展规模突破；坚持融合化，强维系、提价值、控降收，实现存量稳盘目标。在政企市场方面，为多个行业量身打造5G整体解决方案，促进社会服务数字化、多元化、协同化。加快5G、宽带、政企、算力建设，携手电信共享开通5G基站1.7万站，5G网络基站规模居西部省份前列，实现全省市区、县城、乡镇及业务热点农村区域连续覆盖，口碑场景全部实现深度覆盖，5G人口覆盖率提升至65%，4G人口覆盖率达到94%。根据国家“东数西算”战略部署和中国联通“5+4+31+X”的发展布局，甘肃联通已规划建设兰州新区和庆阳数据中心园区，满足省会城市千架资源布局和庆阳节点资源储备需求。其中，庆阳数据中心一期项目规划建设数据中心1栋，部署建设8千瓦机柜1920个，20千瓦液冷机柜144个。落实网络提速降费行动，中小企业宽带资费下降18%、专线资费下降11%，超标准完成下降10%的目标。开展银龄课堂300余场次，推出孝心卡、银龄卡、爱心卡专属套餐配套提供防诈提醒、实时定位查询等安全服务。同时携手甘肃省乡村振兴局，加快推进城乡结合的数字化转型发展，打造甘肃省农产品直播带货示范性基地，带动农民增收致富。

（中国联通甘肃省分公司　李静）

## 邮政

【经营概况】2022年，甘肃省邮政快递业寄递业务量完成6.14亿件，同比增长17.18%，增速位居全国第一；其中，快递业务量完成1.96亿件，同比增长6.12%，邮政寄递服务业务量累计完成4.18亿件，同比增长23.03%；快递业务收入完成38.16亿元，同比增长3.23%。建立惠企纾困服务专班，89家寄递企业享受减免税费6140万元，39家寄递企业申请物流专项贷款。《甘肃省邮政条例》由甘肃省十三届人民代表大会常务委员会第三十四次会议修订通过，自2023年1月1日起实施。12305云客服完成建设投入运行。全面完成末端派费核算试点任务。

【寄递物流体系建设】2022年，出台《甘肃省加快农村寄递物流体系建设行动方案》，14个市州59个县区政府出台落实文件，组织现场观摩，召开推进会。与定西市政府、团省委分别就大物流建设、助力乡村振兴签订战略合作框架协议；与省商务、邮储、邮政企业签订合作协议。申报国家县域商业体系建设项目394个，落地11个。邮政企业打造农村寄递物流体系建设示范县16个、标准化建设重点县50个。打造客货邮融合发展样板县3个、示范线路38条。快递进村率达95%以上。“邮快合作”覆盖率达74%，代投量达2018.8万件，增长了4倍。协调顺丰全货机落地敦煌。培育申报5个农村电商快递协同发展示范区和20个快递服务现代农业示范项目，寄递农特产品3092.6万件，助力农产品销售额达52.7亿元。

【快递员关爱工程】2022年，推进快递职业技能提升行动，联合省人社厅印发《关于贯彻落实〈邮政快递职业技能提升工程实施方案〉的通知》，对全省“十四五”期间补贴性培训做出总体安排，并就开展人才评价和等级认定工作提出要求。2022年全省开展行业培训12270人次、争取补贴351.02万元；全年共有643名快递从人员获评技术职称。广泛开展“暖蜂行动”，全年共落实323.38万元专项资金及物资慰问快递员，全年新增“快递员之家”“劳动者驿站”等327家。联合省人社厅印发《甘肃省推进基层快递网点优先参加工伤保险实施方案》《关于进一步推动我省基层快递网点优先参加工伤保险工作的通知》，对于缴费基数、费率等进行明确，2022年10月18日，全省14个市州24610名基层从业人员实现参保全覆盖，快递员社会保险水平进一步提升。与省委组织部联合完成全省快递行业党建工作调研，甘肃省快递行业党委于2022年7月1日举行揭牌仪式，成为全国已成立的快递行业党委中首个由省委批复成立的行业党委。14个市州快递行业党委均批复成立。

【监管体系建设】2022年，省、市州（含兰州新区）1+15邮政业安全中心格局正式确立。11个市州的县级监管机构55个成立，其中8个市州实现全覆盖。

【行业治理】2022年，四级联动排查整治风险隐患3612个，33个大型邮件快件处理场所“传输带堵缝、人车分流”目标任务基本完成。全面落实“七号检察建议”。完成机要通信两轮全覆盖检查。“扫黄打非”工作站实现基层网点全覆盖。组织“双随机”专项督导检查，立案处罚181起。推进“9917”工程，生态环保类行政处罚9起。邮政业安全中心有效发挥“绿盾”工程“千里眼”作用，发现、督促整改违规情况349起。12305云客服完成建设投入运行。完成22家僵尸企业注销工作。

（省邮政管理局）

## 城镇基础设施建设

【城市基础设施建设】2022年，启动实施“十四五”城市燃气管道等老化更新行动，新开工改造项目15个，争取中央补助资金7.41亿元。推进城市、县城排水防涝设施建设，新开工建设项目23个，争取中央补助资金2.13亿元。印发《甘肃省“十四五”城市基础设施建设方案》，部署推进“八项提升行动”，系统开展污水处理及生活垃圾分类等工作。下拨3000万元省级专项奖补资金，支持推进生活垃圾处理及分类，投放分类设施2.7万余个，建成投运焚烧发电设施10座，建成厨余垃圾资源化处置设施7座。因地制宜推进城市综合管廊建设。

【城镇老旧小区改造】2022年，全面完成新开工改造城镇老旧小区1599个、15.72万户的年度目标任务，累计完成投资29.4亿元；全省756个社区达到绿色社区创建要求，达标率61.31%；58个社区启动完整社区试点建设；新开工建设“口袋公园”40个。

【海绵示范城市建设】2022年，继庆阳之后，天水市、平凉市获批全国海绵示范城市建设试点，三年内将各获得中央财政11亿元专项资金支持，天水市开工项目57个，完成投资11.5亿元；平凉市开工项目93个，完成投资5.58亿元。

【城市黑臭水体治理】2022年，全省地级城市18条黑臭水体完成整治，张掖市、平凉市黑臭水体治理示范项目全部完成。5个县级城市启动并完成黑臭水体排查工作。张掖市、白银市被评选为国家区域再生水循环利用试点城市，嘉峪关、金昌、酒泉、张掖、庆阳、定西等6个缺水城市再生水利用率达到22%以上。

【燃气安全排查整治】2022年，全面开展城镇燃气安全排查整治工作，建立工作调度、整治销号、入户检查、线索移交等工作机制，共发现问题隐患19930个、已完成整改19920个。

【城市更新行动】2022年，在兰州、白银两个国家级样本城市和平凉、庆阳两个省级样本城市开展城市体检，创新特色指标，提升体检成效。谋划“十四五”期间城市更新改造项目550个，计划投资635亿元，已完成项目入库。

【文化建筑保护】2022年，启动规划期限为2035年的保护规划编制工作，当年新增历史文化街区1片、历史建筑18处，完成2片历史文化街区和49处历史建筑的挂牌工作，完成70处历史建筑测绘建档。

【绿色社区创建】2022年，累计有803个社区开展“绿色社区”创建工作，参与创建比例达到了65.13%，其中达到绿色社区创建要求的城市社区为756个、达标率为61.31%，全面完成了“到2022年底，力争全省60%以上的城市社区参与创建行动并达到创建要求”的目标。

【城市排水防涝】2022年，开展排水设施汛前专项检查，加快积水点整治、加强重点风险点监测，积极做好风险应对，有力保障了各城市安全度汛。会同省发展改革委实施建设排水防涝项目23个，争取落实中央预算内投资补助资金2.1259亿元，所有项目已全部开工建设。

【无障碍设施建设】2022年，全省建立完善无障碍标识30284处，建设无障碍公共厕所2343座，已建成城市道路盲道长度6804.67千米，配建无障碍设施人行天桥67座，配建无障碍设施人行地下通道68座，主干路、主要商业区人行道缘石坡道33676处，无障碍车位数10123个，水、气热等低位服务数窗口1460个，建筑物出入口无障碍设施31019座。

【城市防灾减灾能力】2022年，扎实开展全国第一次自然灾害综合风险普查房屋建筑和市政设施调查，全省共调查房屋建筑1580.8725万栋、市政道路4591条、市政桥梁1108座、供水厂站242座、供水管网2213条，调查进度位于全国前列，取得了丰硕宝贵的数据成果。统筹推进地震易发区房屋设施加固工程，结合棚户区改造、农房抗震改造等重点项目利用原有项目资金渠道，统筹推进“加固工程”实施，城乡建设工程抗震能力持续提升。

【城市管理智慧化建设】2022年，全省13个市州和兰州新区已完成市级综合管理服务平台建设，市县综合管理服务平台建设完成率83.7%。推动城市基础设施安全运行监测试点建设，全省城市智慧化建设管理水平逐步提高。

（省住建厅　张斌）

【城市居民购房办证专项治理】2022年，甘肃省委主要领导将化解历史遗留“登记难”问题纳入党史学习教育“我为群众办实事”一把手包抓项目和重点民生项目，先后多次接访群众、实地走访小区、召开推进会议，对重大问题亲自谋划研究、亲自部署推进，持续跟进、盯紧抓实，直到取得实效。成立了由省委常委、省委政法委书记和省政府分管副省长任双组长，省委宣传部、信访、自然资源、住建、市场监管、税务等16个部门主要负责同志为成员的领导小组；各市州均成立由党委、政府主要负责同志牵头的领导小组，建立问题台账和领导干部联系包抓台账，部分市州将问题化解工作纳入党政一体督考内容，倒逼问题解决。构建“政府主导、部门联动”的工作机制，省自然资源厅作为牵头部门，起草实施方案，建立信息联络、学习、调度、督导制度。制定出台《甘肃省化解国有土地上已售城镇住宅历史遗留“登记难”问题工作方案》，规范登记要件，以“证缴分离”“并行办理”为基础，确立“国家利益不受损、群众无过错”原则，梳理出10类“登记难”问题，厘清政府部门、开发建设主体和购房人责任，简化办理程序，提出20条处理意见，明确任务时限。

截至2022年12月底，全省累计发现涉及“登记难”问题房屋86.91万套，完成首次登记84.76万套，完成转移登记（已发证）71.62万套，总体登记率82.41%，首次登记化解率95.36%，总体化解率86.35%，有75.05万户群众拿到房产证。同时，推动实施新建商品房“交房即交证”改革并形成长效机制，从源头上防范“登记难”问题的发生。

（省自然资源厅　鲁悦）

## 乡村建设

【概况】2022年，全省农村居民人均可支配收入达到12165元，同比增长6.4%；脱贫人口人均纯收入达到11766元，同比增长13.5%，增速持续跑赢全省农民平均水平。

【返贫动态监测】2022年，按照“不少一村、不漏一户、不留死角”的要求，在全省范围内3次开展防止返贫集中排查、专项排查和督查调研，遍访所有农村居民，对重点人群“六必访”“六必查”，消除死角盲区。对存在返贫致贫风险的农户，自风险发现之日起15个工作日内纳入监测范围，10天内制定“一户一策”帮扶计划。坚持“七不消”原则，对标注风险消除的监测对象全面“回头看”“回头帮”，确保返贫致贫风险稳定消除。监测对象户均落实帮扶措施3.9项，帮扶措施的针对性和风险消除的稳定性不断提高。制定印发《甘肃省健全防止返贫动态监测和帮扶机制工作指南（试行）》，明确防止返贫监测的对象、范围、标准、时效、程序、主体、方法、政策、责任等内容，规范监测对象发现响应、评估核查、精准帮扶、风险消除等环节，织密织牢防止返贫动态监测和帮扶防护网。形成“3517”工作法，即：聚焦三个重点、用好五个渠道、落实“一户一策”、坚持“七个不消”，为做好防贫监测帮扶工作提供了政策遵循。同时，将全省2022年防止返贫监测范围的收入标准由2021年的6000元调整为6500元。适时进行工作调度，每周通报工作进展，通过编发《甘肃省乡村振兴专报》《防贫动态》周报，推动防止返贫动态监测和帮扶机制落实落地。

深入落实国家应对疫情影响持续巩固拓展脱贫成果的《若干措施》，结合省情，省乡村振兴局在前期制定9条措施基础上，又制定防范化解风险隐患多30条具体措施。认真开展灾情分析应对工作，实施灾情日报、周报制度，了解掌握疫情影响情况。全年全省因灾新识别监测对象1329户4289人，占2022年新识别监测对象的11.2%。其中，因地震灾害纳入1209户3852人，因洪涝灾害纳入79户279人，因地质灾害纳入17户72人，因气象灾害纳入16户55人，因生物灾害纳入1户3人，因其他灾害纳入9户35人，遭受两种以上灾害的2户7人。全省经乡村摸排、县级审核，没有出现因灾因疫返贫致贫情况，未发现规模性返贫问题和隐患。对全省所有农户和八类重点人群开展集中排查；以疫情、灾情影响为重点，对全省所有享受一类、二类低保的农户和2021年度人均纯收入低于6500元的脱贫户等重点对象进行专项排查；有针对性地组织开展第二轮排查，统筹部署巩固脱贫攻坚成果信息采集工作。截至12月底，全省2022年新识别监测对象9007户38684人，防止返贫监测对象累计达到10.9万户44.7万人，其中，脱贫不稳定户3.8万户15.9万人，边缘易致贫户6.3万户25.7万人，突发严重困难户0.8万户3.1万人。

指导各地对新识别的监测对象，分析家庭现状和返贫致贫风险，10天内制定好“一户一策”帮扶计划，督促落实帮扶措施。定期不定期开展排摸核实，全面评估帮扶措施落实情况和效果。全省10.9万户监测对象全部制定并实施“一户一策”帮扶计划，监测对象户均安排帮扶措施3.89项。对全省已消除风险的监测对象进行全覆盖“回头看”，逐户评估帮扶成效和收支、“两不愁三保障”及饮水安全状况，对稳定落实半年以上针对性帮扶措施，家中有劳动力且收入持续稳定增长，大额刚性支出问题得到稳定解决，家庭人均纯收入稳定超过当年监测范围的，按照程序开展风险消除标注；对没有达到要求的，调整“一户一策”，加大“回头帮”力度，直至风险稳定消除。全省监测对象共有7.6万户31.4万人消除风险，风险消除率（户占比）69.7%。

**【产业帮扶】**2022年，全省衔接资金的55%以上用于产业发展，制定健全完善帮扶项目联农带农机制的实施意见，脱贫地区的2231家龙头企业带动脱贫户35万户，7.1万个农民合作社带动脱贫户80.4万户。持续巩固提升光伏帮扶项目成效，累计收益37亿元，带动9.7万个困难家庭就业增收。加强与16个劳务输入大省协作，全省输转脱贫劳动力200.3万人，完成年度计划的105.4%。引导劳动力在省内有序流动，促进陇东南地区劳动力资源和河西地区岗位潜力优势互补。推进2541个乡村就业工厂（帮扶车间）转型升级，吸纳就业9.76万人，其中脱贫劳动力3.74万人。细化完善应对疫情灾情措施，通过开展就业援助和托底安置，返乡回流的1.4万人已登记再就业1.1万人。

**【重点区域帮扶】**2022年，坚持“抓两头、带中间”，集中支持23个国家和16个省定乡村振兴重点帮扶县，带动其他脱贫县加快发展。全省安排财政衔接补助资金243.49亿元，支出进度

99.53%，倾斜安排23个国家重点帮扶县103.91亿元、占中省两级资金的52.17%。积极承接国家科技教育医疗帮扶资源，实现23个国家重点帮扶县每县1个科技特派团和教育、医疗人才“组团式”帮扶全覆盖，动员东部和省内368家民营企业、167家社会组织倾斜支持。编制实施省级和39个重点帮扶县有效衔接方案，分年度谋划实施10大类1.5万个补短板促发展项目，已完成投资327.1亿元。强化易地扶贫搬迁后续扶持，组织70个有搬迁任务的县区逐一编制后续扶持任务清单，到点到户完善搬迁群众产业就业扶持台账，谋划实施产业项目175个、基础设施和公共服务配套项目184个，有劳动能力且有就业意愿的搬迁脱贫家庭实现户均1人以上就业。

【社会帮扶】2022年，持续深化东西部协作和定点帮扶，天津市、山东省援助我省财政资金32.22亿元，启动实施协作项目1545个。接续推进“一县一园”和“百村振兴”计划，共建产业园区78个，协力打造乡村振兴示范村181个。打造“津甘技工”“鲁甘人力”品牌，帮助15.91万名农村劳动力实现就业。通过“走出去、请进来”方式，向东部协作省市选派挂职干部242名、专技人才2397名，东部向我省选派挂职干部270名、专技人才2030名。36家中央单位直接投入43个定点帮扶县帮扶资金5.97亿元，选派挂职干部107人，东部协作省市和中央单位消费帮扶72.82亿元。深化“万企兴万村”甘肃行动，引导民营企业支持发展产业、助力乡村建设，举办“民企陇南行”活动，签约招商引资项目97个425亿元、消费帮扶项目1.11亿元。制定有效衔接帮扶工作责任清单，继续选派2.24万人开展驻村帮扶，7.19万名县乡干部全覆盖结对帮扶所有监测对象。优化升级驻村工作队管理平台，编印有效衔接《帮扶工作100问》，分层分类培训驻村干部、乡村干部等44万人次，加快推动驻村干部由“选优配强”向“管训促用”转变。

【乡村发展】2022年，启动全省乡村建设行动实施方案，全力开展以8大行动和7大工程为重点的乡村建设。充分发挥规划引领作用，优化调整确定发展类村庄8027个，累计编制完成6750个多规合一实用性村庄规划。大力实施农村人居环境整治提升五年行动，40.66万户农村卫生厕所年度改造任务全部完成。持续开展问题户厕摸排整改“回头看”，摸排出问题厕所8.83万座，整改完成率94.1%。持续开展村庄清洁行动，农村生活污水和清单内黑臭水体治理率分别达到24.15%、73.17%，农村生活垃圾收运处置实现行政村全覆盖。深化“5155”乡村建设示范行动，完成投资183.87亿元，全年完成50个省级示范乡（镇）、新建500个省级示范村创建工作，示范带动全省乡村建设行动。

推动3个国家级试点县和15个省级试点市、县按期完成乡村治理体系建设试点示范任务。大力推广积分制、清单制等创新经验，持续开展移风易俗专项行动，全省村规民约实现全覆盖、96.7%的村镇成立红白理事会，乡村文明焕发新气象。深入宣传《乡村振兴促进法》，出台甘肃省《乡村振兴促进条例》，累计创建国家和省级民主法治示范村（社区）130个、1545个，为乡村振兴营造了良好的法治氛围。

【中央单位定点帮扶】2022年，36家中央单位精心选派想干事、肯吃苦、能力强107名干部到甘肃省挂职，其中46人挂职担任县级领导、45人担任帮扶村第一书记、11人在县级乡村振兴、发改、人社等部门挂职，实现43个定点帮扶县选派挂职干部全覆盖，同时中央地方协作及时完成16名中央单位定点帮扶挂职干部期满轮换。36家中央定点帮扶单位向甘肃省43个定点帮扶县直接投入资金和物资折款近59736.3万元，累计实施基础建设、产业发展、文化帮扶、稳岗就业等各类帮扶项目421个。中央定点帮扶单位引进各类资金6.3亿元，引进帮扶项目204个。

中央定点帮扶单位从政策、资金、技术等方面给予脱贫不稳定户、边缘易致贫户和突发严重困难户给予重点支持，帮助定点帮扶县坚决守住不发生规模性返贫的底线。聚焦“一老一少一困”以及残疾人等特殊群体，中央定点帮扶单位积极参与全省关爱服务行动，全省各类帮扶力量累计筹集爱心资金1626万元，开展走访探视42.9万次，帮办事实106.7万件，把关怀和温暖送到群众

## 2022年东西部协作年度统计表

（数据统计截止日期:2022年11月30日）

| 指标 | 单位 | 合计 | 天津市<br>甘肃省 | 山东省<br>甘肃省 |
|---|---|---|---|---|
| 一、组织领导 | | | | |
| (一)召开会议部署工作情况 | | | | |
| 1.省级党委常委会会议 | 次 | 1 | 1 | |
| 2.省级政府常务会议 | 次 | 3 | 2 | 1 |
| 3.省级领导小组会议 | 次 | 2 | 2 | |
| 4.出台东西部协作政策文件(发文时间、主体和文件名称) | | 2022年3月10日,中共甘肃省委农村工作领导小组办公室关于印发《甘肃省2022年东西部协作和中央单位定点帮扶工作要点》的通知(甘农领办发〔2022〕3号),省直相关部门印发14个专项工作方案;10月17日,中共甘肃省委农村工作领导小组办公室《关于进一步健全完善帮扶项目联农带农机制的实施意见》(甘农领办发〔2022〕32号);10月19日,甘肃省乡村振兴局《关于做好联农带农机制健全完善工作的通知》(甘乡振局发〔2022〕137号);11月1日,甘肃省乡村振兴局关于转发天津市和山东省进一步健全完善东西部协作帮扶项目联农带农机制的《实施细则》《实施意见》的通知(甘乡振局发〔2022〕137号);11月7日,甘肃省乡村振兴局甘肃省农业农村厅《关于鼓励引导脱贫地区高质量发展庭院经济的实施意见》(甘乡振局发〔2022〕137号)。 | 2022年3月10日,中共甘肃省委农村工作领导小组办公室关于印发《甘肃省2022年东西部协作和中央单位定点帮扶工作要点》的通知(甘农领办发〔2022〕3号),省直相关部门印发14个专项工作方案;10月17日,中共甘肃省委农村工作领导小组办公室《关于进一步健全完善帮扶项目联农带农机制的实施意见》(甘农领办发〔2022〕32号);10月19日,甘肃省乡村振兴局《关于做好联农带农机制健全完善工作的通知》(甘乡振局发〔2022〕137号);11月1日,甘肃省乡村振兴局关于转发天津市和山东省进一步健全完善东西部协作帮扶项目联农带农机制的《实施细则》《实施意见》的通知(甘乡振局发〔2022〕137号);11月7日,甘肃省乡村振兴局甘肃省农业农村厅《关于鼓励引导脱贫地区高质量发展庭院经济的实施意见》(甘乡振局发〔2022〕137号)。 | 2022年3月10日,中共甘肃省委农村工作领导小组办公室关于印发《甘肃省2022年东西部协作和中央单位定点帮扶工作要点》的通知(甘农领办发〔2022〕3号),省直相关部门印发14个专项工作方案;10月17日,中共甘肃省委农村工作领导小组办公室《关于进一步健全完善帮扶项目联农带农机制的实施意见》(甘农领办发〔2022〕32号);10月19日,甘肃省乡村振兴局《关于做好联农带农机制健全完善工作的通知》(甘乡振局发〔2022〕137号);11月1日,甘肃省乡村振兴局关于转发天津市和山东省进一步健全完善东西部协作帮扶项目联农带农机制的《实施细则》《实施意见》的通知(甘乡振局发〔2022〕137号);11月7日,甘肃省乡村振兴局甘肃省农业农村厅《关于鼓励引导脱贫地区高质量发展庭院经济的实施意见》(甘乡振局发〔2022〕137号)。 |
| (二)调研对接情况 | | | | |
| 1.东部地区到西部地区调研对接 | 人次 | 1078 | 670 | 408 |
| 其中:省部级领导同志调研对接人次 | 人次 | 6 | 1 | 5 |
| 厅局级领导同志调研对接人次 | 人次 | 162 | 89 | 73 |

| 指标 | 单位 | 合计 | 天津市 | 山东省 |
| --- | --- | --- | --- | --- |
| | | | 甘肃省 | 甘肃省 |
| 省级党委政府主要负责同志调研对接情况 | | —— | —— | 7月5日—6日,周乃翔,山东省委副书记、省长 |
| 省级党委政府分管负责同志调研对接情况 | | —— | 7月6-8日,李树起,天津市副市长 | 7月5日-6日,孙继业,山东省副省长 |
| 2.西部地区到东部地区调研对接 | | 947 | 534 | 413 |
| 其中:省部级领导同志调研对接人次 | | 2 | 1 | 1 |
| 厅局级领导同志调研对接人次 | | 28 | 12 | 16 |
| 省级党委政府主要负责同志调研对接情况 | | —— | 省级主要负责同志拟于中央经济工作会议期间赴天津互访 | —— |
| 省级党委政府分管负责同志调研对接情况 | | —— | 11月21日,张锦刚,甘肃省委常委、省政府副省长 | 6月21日,张锦刚,甘肃省委常委、省政府副省长 |
| 3.召开高层联席会议 | 次 | 3 | 2 | 1 |
| (三)结对帮扶情况 | | | | |
| 1.参与结对的东部县(市、区)数 | 个 | 35 | 16 | 19 |
| 帮扶西部县数 | 个 | 58 | 34 | 24 |
| 其中:脱贫县数 | 个 | 58 | 34 | 24 |
| 国家乡村振兴重点帮县数 | 个 | 23 | 12 | 11 |
| 党政主要负责同志已完成到西部结对县调研对接任务的东部县(市、区)数 | 个 | 33 | 16 | 17 |
| 党政主要负责同志已完成到东部结对县调研对接任务的西部县(市、区)数 | 个 | 58 | 34 | 24 |
| 2.参与结对的东部学校数 | 所 | 1416 | 914 | 502 |
| 帮扶西部学校数 | 所 | 2161 | 1538 | 623 |
| 其中:参与中组部"组团式"教育帮扶工作的东部学校数 | 所 | 39 | 23 | 16 |
| 帮扶协作地区国家乡村振兴重点帮扶县学校数 | 所 | 39 | 23 | 16 |
| 3.参与结对的东部医院数 | 家 | 232 | 76 | 156 |
| 帮扶西部医院数 | 家 | 307 | 72 | 235 |
| 其中:参与中组部"组团式"医疗帮扶工作的东部医院数 | 家 | 31 | 22 | 9 |
| 帮扶协作地区国家乡村振兴重点帮扶县医院数 | 家 | 13 | 8 | 5 |
| 4.参与结对的东部经济强镇(街道)数 | 个 | 488 | 204 | 284 |
| 帮扶西部乡镇数 | 个 | 535 | 207 | 328 |
| 5.参与结对的东部强村(社区)数 | 个 | 1142 | 185 | 957 |
| 帮扶西部村数 | 个 | 1169 | 177 | 992 |
| 6.参与结对的东部企业数 | 个 | 1354 | 1116 | 238 |
| 帮扶西部村数 | 个 | 379 | 129 | 250 |
| 7.参与结对的东部社会组织数 | 个 | 176 | 56 | 120 |
| 帮扶西部村数 | 个 | 204 | 80 | 124 |

| 指标 | 单位 | 合计 | 天津市 | 山东省 |
|---|---|---|---|---|
| | | | 甘肃省 | 甘肃省 |
| 二、助力巩固拓展脱贫攻坚成果 | | | | |
| (一)就业帮扶情况 | | | | |
| 1.举办劳务协作培训班 | 期 | 394 | 258 | 136 |
| 培训农村劳动力人数 | 人次 | 18222 | 10521 | 7701 |
| 其中:脱贫劳动力数 | 人次 | 14821 | 8125 | 6696 |
| 2.截至目前,在东部结对省份就业的农村劳动力数 | 人 | 12354 | 5414 | 6940 |
| 其中:脱贫劳动力数 | 人 | 6884 | 3304 | 3580 |
| 截至目前,在省内就近就业的农村劳动力数 | 人 | 72139 | 36854 | 35285 |
| 其中:脱贫劳动力数 | 人 | 60336 | 29993 | 30343 |
| 截至目前,在其他地区就业的农村劳动力数 | 人 | 74593 | 56678 | 17915 |
| 其中:脱贫劳动力数 | 人 | 66410 | 48781 | 17629 |
| 3.新增帮助农村劳动力到东部结对省份就业数 | 人 | 4281 | 1520 | 2761 |
| 其中:脱贫劳动力数 | 人 | 2597 | 1018 | 1579 |
| 新增帮助农村劳动力省内就近就业数 | 人 | 26079 | 14090 | 11989 |
| 其中:脱贫劳动力数 | 人 | 22137 | 11836 | 10301 |
| 新增帮助农村劳动力到其他地区就业数 | 人 | 28128 | 22248 | 5880 |
| 其中:脱贫劳动力数 | 人 | 24627 | 18869 | 5758 |
| 4.截至目前已在东部省份稳定就业的中西部22个省份农村劳动力数 | 人 | 105566 | 53809 | 51757 |
| 其中:脱贫劳动力数 | 人 | 42037 | 20337 | 21700 |
| 5.到东部就读职业学校农村学生数 | 人 | 3286 | 3025 | 261 |
| 其中:毕业学生实现就业数 | 人 | 327 | 307 | 20 |
| (二)对国家乡村振兴重点帮扶县倾斜支持情况 | | | | |
| 1.已拨付到国家乡村振兴重点帮扶县的财政援助资金数 | 万元 | 151699 | 69791 | 81908 |
| 已启动实施帮扶项目数 | 个 | 618 | 341 | 277 |
| 2.向国家乡村振兴重点帮扶县选派挂职干部 | 人 | 84 | 60 | 24 |
| 向国家乡村振兴重点帮扶县选派专业技术人才 | 人 | 830 | 443 | 387 |
| 其中:选派教育类专业技术人才 | 人 | 389 | 233 | 156 |
| 选派医疗类专业技术人才 | 人 | 236 | 125 | 111 |
| 选派科技类专业技术人才 | 人 | 146 | 26 | 120 |
| 3.新增引导落地投产企业数 | 个 | 94 | 53 | 41 |
| 实际到位投资额 | 万元 | 101161.55 | 54017.68 | 47143.87 |
| (三)对易地扶贫搬迁集中安置区倾斜支持情况 | | | | |

| 指标 | 单位 | 合计 | 天津市 | 山东省 |
| --- | --- | --- | --- | --- |
| | | | 甘肃省 | 甘肃省 |
| 1.在易地扶贫搬迁集中安置区投入帮扶资金数 | 万元 | 24440.66 | 14249.78 | 10190.88 |
| 已启动实施帮扶项目数 | 个 | 117 | 71 | 46 |
| 2.在易地扶贫搬迁集中安置区援建帮扶车间数 | 个 | 135 | 63 | 72 |
| 3.帮助易地扶贫搬迁集中安置区劳动力实现就业数 | 人 | 6110 | 2725 | 3385 |
| (四)消费帮扶情况 | | | | |
| 东部省份采购、帮助销售西部结对省份农畜牧产品和特色手工艺产品金额 | 亿元 | 66.37 | 39.11 | 27.26 |
| 三、加强区域协作 | | | | |
| 1.新增引导落地投产企业数 | 个 | 223 | 127 | 96 |
| 实际到位投资额 | 亿元 | 22.83 | 12.58 | 10.25 |
| 实施产业项目 | 个 | 202 | 114 | 88 |
| 吸纳农村劳动力就业数 | 人 | 7244 | 4548 | 2696 |
| 其中:脱贫劳动力数 | 人 | 2738 | 1856 | 882 |
| 2.共建产业园区数 | 个 | 78 | 46 | 32 |
| 其中:农业产业园数 | 个 | 63 | 38 | 25 |
| 引导入驻园区企业数 | 个 | 159 | 95 | 64 |
| 入园企业实际到位投资额 | 亿元 | 15.13 | 8.32 | 6.81 |
| 吸纳农村劳动力就业数 | 人 | 6208 | 4066 | 2142 |
| 其中:脱贫劳动力数 | 人 | 2302 | 1679 | 623 |
| 3.援建帮扶车间数 | 个 | 1346 | 715 | 631 |
| 吸纳农村劳动力就业数 | 人 | 43841 | 22990 | 20851 |
| 其中:脱贫劳动力数 | 人 | 20424 | 10573 | 9851 |
| 四、促进(推进)乡村振兴 | | | | |
| (一)干部人才交流情况 | | | | |
| 1.党政干部交流 | | | | |
| 东部实际向西部选派挂职干部 | 人 | 270 | 200 | 70 |
| 其中:厅局级 | 人 | 7 | 3 | 4 |
| 县处级 | 人 | 119 | 76 | 43 |
| 其他 | 人 | 144 | 121 | 23 |
| 西部实际向东部选派挂职交流干部 | 人 | 242 | 192 | 50 |
| 其中:厅局级 | 人 | 1 | 0 | 1 |
| 县处级 | 人 | 61 | 36 | 25 |
| 其他 | 人 | 180 | 156 | 24 |
| 2.东部挂职干部分管(协管)东西部协作工作人数 | 人 | 270 | 200 | 70 |
| 3.受表彰奖励挂职干部数 | 人次 | 99 | 77 | 22 |
| 提拔重用挂职干部数 | 人 | 48 | 40 | 8 |
| 4.专业技术人才交流(含教师、医生等) | | | | |
| 东部实际向西部选派专业技术人才 | 人 | 2030 | 1287 | 743 |
| ①帮扶1-6个月 | 人 | 860 | 461 | 399 |
| ②帮扶7-12个月 | 人 | 361 | 171 | 190 |

| 指标 | 单位 | 合计 | 天津市 | 山东省 |
| --- | --- | --- | --- | --- |
| | | | 甘肃省 | 甘肃省 |
| ③帮扶12个月以上 | 人 | 809 | 655 | 154 |
| 西部实际向东部选派专业技术人才 | 人 | 2397 | 1375 | 1022 |
| 5.乡村振兴干部培训 | | | | |
| 举办培训班 | 期 | 242 | 97 | 145 |
| 培训干部人次 | 人次 | 27148 | 8183 | 18965 |
| 6.乡村振兴专业技术人才培训(含教师、医生等) | | | | |
| 举办培训班 | 期 | 1167 | 435 | 732 |
| 培训专业技术人才人次 | 人次 | 62724 | 21605 | 41119 |
| (二)资金和项目情况 | | | | |
| 1.已拨付到位财政援助资金数 | 万元 | 322235.85 | 161117.85 | 161118 |
| 已使用财政援助资金数 | 万元 | 308056.69 | 153779.25 | 154277.44 |
| 资金使用比例 | % | 96% | 95% | 96% |
| 其中:用于产业帮扶 | 万元 | 163491.17 | 89706.18 | 73785.00 |
| 用于就业帮扶 | 万元 | 21272.76 | 9704.94 | 11567.82 |
| 用于干部和人才培训 | 万元 | 6075.23 | 3819.75 | 2255.49 |
| 用于打造乡村振兴示范典型 | 万元 | 48673.11 | 24533.12 | 24139.99 |
| 用于加强乡村公共基础设施建设 | 万元 | 21326.16 | 7159.09 | 14167.07 |
| ①用于仓储保鲜、冷链物流等农产品流通基础设施建设 | 万元 | 250.00 | 180.00 | 70.00 |
| ②用于乡村资源路、产业路建设 | 万元 | 6968.11 | 1722.43 | 5245.68 |
| 用于提升教育、医疗等乡村基本公共服务水平 | 万元 | 28377.06 | 13651.87 | 14725.19 |
| ①建设学校、幼儿园 | 所 | 38 | 17 | 21 |
| ②建设医院、卫生室 | 所 | 160 | 54 | 106 |
| ③建设养老院 | 所 | 17 | 3 | 14 |
| ④资助农村学生 | 人 | 4570 | 398 | 4172 |
| 用于改善乡村人居环境 | 万元 | 22398.38 | 6732.93 | 15665.45 |
| ①用于农村改厕 | 万元 | 3185.81 | 14.80 | 3171.01 |
| ②用于农村污水处理 | 万元 | 2903.31 | 373.40 | 2529.91 |
| ③用于农村生活垃圾处置 | 万元 | 1187.18 | 77.18 | 1110.00 |
| ④用于村容村貌改善 | 万元 | 11971.09 | 3658.93 | 8312.16 |
| 用于脱贫残疾人帮扶 | 万元 | 2918.62 | 1286.01 | 1632.61 |
| 带动脱贫残疾人 | 人 | 20815 | 17351 | 3464 |
| 2.动员社会力量投入帮扶资金数 | 万元 | 23786.25 | 13692.98 | 10093.27 |
| 动员社会力量捐物折款 | 万元 | 23332.50 | 14843.02 | 8489.48 |
| 3.2022年计划实施帮扶项目数 | 项 | 1545 | 901 | 644 |
| 目前已启动实施项目数 | 项 | 1545 | 901 | 644 |
| 实际完工项目数 | 项 | 1346 | 792 | 554 |
| (三)打造乡村振兴示范村情况 | | | | |
| 计划帮助西部地区打造乡村振兴示范典型个数 | 个 | 181 | 91 | 90 |
| 已启动打造乡村振兴示范典型个数 | 个 | 181 | 91 | 90 |

心坎上。特别是面对新冠疫情，中央定点帮扶单位主动援助定点帮扶县。中央定点帮扶单位累计购买和帮助销售农产品6.4亿元。

【东西部协作】2022年，在“津陇共振兴”、连续两年举办“鲁企走进甘肃”合作交流洽谈活动中，签约新能源、装备制造、生物医药、生态农业、消费帮扶等领域项目107个，合同金额170.8亿元。建立签约项目调度机制，先后促成榆中盛阳200兆瓦光伏发电、嘉立荷牧业甘肃武威奶源基地、青岛海尔日日顺物流园、陇南利和生物萃取项目等一批大项目好项目落地。严格落实《东西部协作产业合作专项奖补资金管理办法》，全年引导落地东部企业223家、投资额22.83亿元，累计奖补东部落地企业43家、3058万元，产业园区12家、600万元。会同协作省市多渠道多形式开展产销对接，持续拓展“甘味”农产品销售渠道，临夏农特产品成为山东航空飞机餐食，进入济南政府储备肉菜名录，签订日供蔬菜300吨保供协议。全年，东部协作地区共直接采购和帮助销售脱贫地区农畜牧产品和特色手工艺产品金额66.37亿元，是协议数的5.1倍，其中天津市帮助销售39.11亿元、山东省帮助销售27.26亿元，分别是协议数的5.6倍、4.5倍。

会同协作省市打造“津甘技工”“鲁甘人力”和“鲁甘工匠联盟”劳务协作品牌，组织开展系列推介活动。成立甘肃省劳务办驻山东劳务处，市县在东部协作地区设立劳务工作站65个，积极为外出务工群众提供岗位对接、创业指导、技能培训、权益维护、政策咨询“五位一体”的服务。津甘搭建直播带岗等云端途径，组织专场招聘活动105场；鲁甘组织务工人员搭乘返岗专列、专机返岗，提供“出家门、上车门、进厂门”服务，共帮助15.91万名农村劳动力实现转移就业，其中脱贫劳动力13.36万名，分别是协议数的5.1倍、6.4倍。谋划开展“甘味”品牌职业（工种）培训，将兰州牛肉拉面、临夏砖雕、东乡手抓等职业（工种）纳入东部协作省市有关职业（技工）院校、实训基地、行业企业培训内容，举办“海河工匠涵养班”和“实习+就业”院校专场招聘，打造东西部劳务协作样板。举办技能培训班394期，培训农村劳动力1.82万人次，其中脱贫劳动力1.48万人次。引导东部资源援建乡村就业工厂（帮扶车间）1346家，吸纳农村劳动力就业4.38万人，其中脱贫劳动力2.04万人。

2022年，天津市、山东省继续保持对甘肃省资金帮扶力度不减，投入财政援助资金32.22亿元、实施帮扶项目1545个，其中投入23个重点帮扶县15.17亿元，县均6596万元，是全省县均资金的1.2倍。甘肃省按照资金用于产业比例50%以上、建立联农带农机制等要求，严把资金投向关和项目立项关，统筹谋划和精准建立项目库，提出9大类资金项目计划，并指导做好项目前期工作。先后3次开展资金安全高效使用联合督导，已支出资金30.81亿元、支出率达到96%。选派242名挂职干部、2397名专技人才到协作省市开眼界、学经验、强本领。协作省市选派挂职干部270名、专技人才2030名来甘肃省帮发展、促振兴、受锻炼。积极引导东部和省内368家民营企业、115家社会组织、21家社会工作服务机构全覆盖结对23个国家乡村振兴重点帮扶县。深化“万企兴万村”甘肃行动，引导民营企业支持发展产业、助力乡村建设，实施项目1065个，投入资金80.02亿元，聚焦乡村振兴重点领域，引导社会组织开展公益资源对接，积极参与“活水计划”等行动，对接项目153个，项目资金和捐物折价1100余万元。开展社会工作服务机构“牵手计划”，组织重点帮扶县及时提出产业发展、示范村建设、消费帮扶等方面需求179个。

依托天津市现代农业产业园加工集群化、科技集成化和山东省农产品加工出口大省优势，深化结对区县“一县一园”产业园区共建机制，引导东部资金、技术、人才、市场向园区集中，通过解决公共配套、邀请参与规划设计和运营管理等方式，加快园区建设进展，目前已共建产业园区78个，其中国家级示范园4个、省级12个、市级4个，引导东部昊康牧业、青陇兄弟啤酒等159家企业入驻，入园企业实际投资15.13亿元。

引导各类帮扶资源下沉帮扶重心，强化到村帮扶，引导东部1354个企业帮扶甘肃省379个脱贫村，176个社会组织帮扶甘肃省204个脱贫村，真正做到“扶在根上，扶在点上”。成功举办“民企陇南行”活动，签约招商引资项目97个425亿元、消费帮扶项目1.11亿元，积极动员东部和省内外社会组织捐款捐物1.08亿元。组织参加“强协作促振兴—社会帮扶在行动”活动，签约50.6亿元。指导市县对接京东集团、阿里巴巴等14家电商平台企业，积极开展消费帮扶。引导民营企业和社会组织参与帮扶。组织开展“光彩事业”“光明行动”“幸福工程”“希望计划”“春蕾计划”“美丽庭院”等公益品牌对接，引导天津、山东群团机构、社团组织、志愿者服务团队和社会爱心人士等社会力量捐款捐物4.71亿元，多层次多形式开展“一老一小一困”关爱服务行动，全省累计开展走访探视42.9万人次，帮办实事106.7万件次。

【金融支持乡村振兴】2022年，在全国首创组织21家金融机构和省直部门举办有效衔接项目推介会，推荐项目216个，估算投资334.6亿元，项目建成后将使3460个村、179万脱贫人口直接受益。与11家金融机构签署战略合作协议，引导和推动金融机构在信贷资源配置、产品和服务创新等方面向重点帮扶县倾斜。小额信贷2022年新增贷款104.29亿元，贷款余额225.73亿元，历年累计贷款821.93亿元，3项指标均居全国第一。

【项目资产管理】2022年，强化部门协同，采取“实施意见+专项通知”的方式全面安排，“工作指南+工作提示函+定期通报”的方式指导督导，全省统一标准、统一流程、统一口径全面推进摸底确权。2021年度形成并登记入账帮扶项目资产213.05亿元，已确权210.57亿元、占98.8%；2022年度形成并登记入账帮扶项目资产167.35亿元，已确权121.28亿元、占72.47%。甘肃省经验在全国加强扶贫项目资产后续管理会议上作典型发言。

【就业促进行动】2022年，加强脱贫家庭新成长劳动力职业教育和就业帮扶，累计资助27.2万人次，发放补贴4.1亿元。在全国率先采取“现场招聘+线上招聘+直播带岗”方式组织专场招聘活动，现场达成意向就业协议1000多份，吸引10.2万名学生在线观看互动，人民日报客户端、快手、抖音等网络媒体广泛宣传报道，国家乡村振兴局《简报》刊登。

（省乡村振兴局）

## 住房建设与房地产市场

【房地产开发】2022年，全省房地产投资和土地供应量同比下降。房地产完成投资1481.63亿元，同比下降2.9%，降幅比全国低7.1个百分点，居全国第6位、西北五省第1位，其中住宅投资1160.74亿元，同比增长0.14%，增速高于全国9.6个百分点，居全国第5位、西北五省第1位。金昌、嘉峪关、酒泉、兰州市降幅较大，分别为60%、24.9%、19.8%、19%。全省供应房地产用地2.18万亩，同比下降42%。其中，供应住宅用地1.38万亩、同比下降49%，供应商业服务用地0.8万亩、同比下降24%。新建商品住宅价格下降城市增多。4个市州新建商品住宅价格上涨，其中张掖、白银市涨幅较大，分别为7.8%、6.0%；9个市州同比下降，其中武威、酒泉市降幅较大，分别为10.6%、5.4%；甘南州持平。商品房销售面积呈下降趋势。全省商品房销售面积1470.4万平方米，同比下降33.9%，降幅比全国高9.6个百分点，其中金昌、兰州市降幅较大，分别为66.1%、64.9%。全省商品住宅销售面积1388.2万平方米，同比下降34.5%，降幅比全国高7.7个百分点。房地产新开工面积下降。全省房地产新开工面积2105.4万平方米，同比下降37.5%，降幅比全国低1.8个百分点，居全国第15位、西北五省第3位。其中嘉峪关、兰州、金昌市降幅较大，分别为82.6%、60.5%、60.2%。全省商品住宅新开工面积1660.8万平方米，同比下降34.9%，降幅比全国低4.8个百分点。

【保交楼】2022年，抢抓国家“保交楼”专项借款政策机遇，争取国家首批专项借款64亿元，涉及59个项目、63459套，已支付资金61.61亿元，完成住房交付8316套。获得第二批专项借款预额度18亿元，涉及33个项目、17826套住房，各地“保交楼”项目建设进展顺利。

**【排查化解风险】**2022年，对全省房地产在建项目进行三轮次排查，共查出风险项目91个，实行台账式管理和包案负责制，制定保交楼工作方案和资金平衡计划，坚持“一企一策、一楼一策”，化解处置风险项目67个。

**【房地产市场】**2022年，坚持“房住不炒”定位，从降首付比例、降贷款利率、提高公积金贷款额度、发放购房补贴、加大税费优惠、多孩家庭住房支持、孝老等多方面支持刚性和改善性住房需求，促进住房消费，对冲个别房企暴雷、经济下行等影响，全省房地产市场基本保持平稳运行。全年完成房地产投资1481.6亿元，同比下降2.9%，降幅比全国低7.1个百分点，居全国第6位、西北五省第1位；其中住宅投资1160.7亿元，同比增长0.1%，增速高于全国9.6个百分点，居全国第5位。

**【房地产市场法律法规】**2022年，修订《甘肃省城市房地产管理条例》，明确商品房预售资金监管模式、监管账户设立、监管额度确定等管理内容，制定商品住宅交付使用标准，房地产市场管理制度进一步完善。

**【棚改和保障房建设】**2022年，争取棚改中央财政补助资金11.34亿元，中央预算内配套资金16.03亿元，落实省级财政配套资金1.72亿元，发行专项债券82.1亿元，全年新开工棚改6.89万套，基本建成3.64万套；新开工保障房0.8万套，发放租赁补贴3.97万户，完成投资143.92亿元。

**【住房公积金监管】**2022年，调整优化公积金提取使用政策。落实公积金阶段性支持政策，已为190家企业、4.74万名职工办理公积金缓缴业务，累计缓缴4.55亿元，对6533笔受疫情影响、无法正常偿还的公积金贷款不作逾期处理，涉及应还未还贷款本金3901.73万元；为2.03万名缴存人办理租房提取业务，累计提取2.93亿元。开展了公积金政策制定执行检查和风险隐患排查、提升服务效能水平和行业社会形象行动。取消预售商品房项目备案准入流程，拓展全省公积金区域一体化共享协同平台功能应用，推进智慧公积金项目建设。截至11月底，全省住房公积金缴存余额达1379.58亿元，同比增长9.53%；个人贷款余额为943.1亿元，同比增长0.22%；个贷率为68.36%。

**【甘肃省建设投资（控股）集团有限公司地产开发概况】**2022年，甘肃省建设投资（控股）集团有限公司运用“自销+代理+分销+顶账”组合模式，着力提高去化率，天水百郦东方、静宁御品名居、庆阳金建名居、庆阳智晟润泽园、会宁金城翰林茗苑、杭州百郦玲珑府、无锡百郦华庭等项目尽力回笼资金，房地产销售实现38.08亿元。推进临夏百郦天香、天水上尚宅二期、上河郡三期、天水中心等项目建设，争取“保交楼”政策性贷款1.68亿元。参与城市更新住房投资建设，投资开发白银理想城、陇南陇泽园、定西关川壹号等项目。

（省建设投资集团　班展昭）

## 村镇建设

**【住房安全保障】**2022年，持续做好农村低收入群体等重点对象住房安全动态监测，统筹推进地震高烈度地区农房抗震改造，争取中央财政补助资金6.48亿元（全国排名第三）、省级补助资金5000万元，完成危房改造216户，实施农房抗震改造4.72万户，成功探索出农房连片抗震改造新路径。

**【农村垃圾治理】**2022年，新建无害化垃圾处理设施23座，配置农村垃圾收运车辆3.3万辆，清理垃圾151万吨，收运处置实现行政村全覆盖。无人机航拍排查垃圾堆积点6.71万处，已全部完成清理整治，农村环境面貌持续改善。

**【传统村落保护】**2022年，景泰县入选中国传统村落保护利用示范县，下达中央补助资金5000万元。对已列入中国传统村落名录的54个村实施挂牌保护，推动7个传统村落入驻中国传统村落数字博物馆，新增54个村入选第六批中国传统村落名录。

**【重点镇污水收集处理】**2022年，加快完善142个重点镇收集管网和处理设施建设，推进管网覆盖区域向镇区周边延伸，全省重点镇污水收集处理能力进一步提升。

## 建筑业

【政策法规】2022年，制定出台《关于支持建筑业企业发展的若干措施》，促进建筑业健康发展，支持建筑业企业做大做强，不断提升核心竞争力。

【建筑业产值】2022年，完成建筑业产值2477.68亿元，增速9.1%（全国平均增速6.4%），排名全国第6位；完成建筑业增加值657.6亿元，增速4.6%，超额完成省政府4%的目标任务，临夏州、定西市、陇南市位居全省前三，尤其是临夏州增速连续两年保持全省第一。

【建筑市场】2022年，出台资质改革空档期过渡政策，助力市场主体做大做强，全省建筑业企业12720家，同比增长18.05%，当年新增建筑业总承包特级资质企业1家、总承包一级资质企业19家。

【绿色低碳转型】2022年，印发《甘肃省城乡建设领域碳达峰实施方案》，明确全省城乡建设领域碳达峰目标、任务及保障措施。城镇新建建筑节能全部执行强制性标准，绿色建筑竣工面积占比大幅提升。装配式建筑稳步推进，累计建成国家级产业基地4个、省级产业基地19个，省级装配式建筑示范项目8个。

【工程质量管理】2022年，全面落实建设单位工程质量首要责任，推行住宅工程质量信息公开，开展监测机构及预拌砼企业质量提升专项行动，加强商品住宅及装饰装修工程质量安全管理，房屋市政工程质量稳步提升。

【房屋市政工程安全生产专项治理】2022年，实行安责险制度，强化装饰装修工程安全管理，制定安全事故专项预案，编制安全监督导则，推行起重机械“一体化”管理，多措并举推进长效机制建设。检查工程项目1.13万项次，发现并整改一般隐患2.3万个、重大隐患343个，责令限期整改项目4113个，实施行政处罚197起。事故起数和死亡人数同比下降30%、16%。

【自建房安全专项整治】2022年，建立省级协调机制，组建工作专班，开展“百日行动”和“回头看”，排查自建房1034.33万栋，其中经营性自建房32.53万栋，对存在安全隐患的2166栋经营性自建房采取了管控措施。

【城镇燃气安全排查整治】2022年，启动实施城镇燃气安全管理专项整治和“百日行动”，全面完成124处违规占压燃气管道（设施）隐患整改。

【房屋建筑和市政设施调查】2022年，调查房屋建筑1580.9万栋、市政道路4591条、市政桥梁1108座、供水厂站242座、供水管网2213条，系统建立了全省房屋建筑和市政设施身份档案信息。

【建设工程消防审验程序排查】2022年，全省共排查既有建筑1031个、在建工程754个，查出未审先建项目98个、未验先用项目248个，共计罚款586.2万元。

（省住建厅　张斌）

## 生态环境监管

【概况】2022年，国家级生态文明示范创建工作取得新突破。天水市清水县荣获国家生态文明建设示范区称号，陇南市两当县荣获“绿水青山就是金山银山”实践创新基地称号。截至目前，全省已有2市5县（平凉市、张掖市、两当县、崇信县、迭部县、合作市、清水县）获评国家生态文明建设示范区，4地（古浪县“八步沙林场”、华池县南梁镇、临泽县、两当县）命名为全国“两山”实践创新基地。

【生态环境执法】2022年，组织开展全省生态环境问题排查整治，发现的178个问题完成整治167个。立案查处生态环境违法案件776件，执行“五类案件”（按日计罚案件、查封扣押案件、限产停产案件、移送拘留案件、环境污染犯罪案件）45件。优化生态环保执法方式，纳入正面清单企业1273家，从轻、减轻行政处罚案件96件，免予行政处罚案件44件。

【生态环境安全】2022年，守牢生态环境安全底线。建立生态安全预警监测制度机制，开展生态安全问题及风险隐患排查整治，开展全省生态环境系统安全生产省级督导检查，加强尾矿库污染防治和环保设施安全管理，压紧压实企业安全生产和生态环境保护主体责任，严密防控生态环境安全风险。围绕两个100%，抓紧抓实抓细疫情防控相关环保工作。妥善处置15起突发事件，其中认定为一般突发环境事件3起（无较大及以上突发环境事件），未对生态环境造成明显影响。

【生态环境监测】2022年，推进覆盖气、水、土、声、生态等要素的生态环境监测网络建设。与生态环境部卫星环境应用中心签署《生态环境遥感与应用合作协议》，建成省级遥感实验室和环境遥感监测业务系统，强化卫星遥感监测、无人机及地面核查等应用，推动建立祁连山区域监测评估长效机制，建设祁连山、大熊猫国家公园生态地面观测站，组织开展省市县及重点生态功能区生态环境状况、县域生态环境质量监测评价及甘南藏族自治州草地生态系统监测评估。建成黄河流域、长江流域5个水质自动预警站，进一步提升突发环境事件水污染预警监测能力。

【环境影响评价】2022年，深化环评“放管服”改革。探索温室气体纳入规划环评，严格“两高”项目环境准入，主动介入服务重大项目，红沙梁等15个增产保供煤矿、西成铁路等项目环评获生态环境部批复。2022年全省审批（备案）环评项目12609个、涉及投资14478.567亿元，省列重大项目、重大招商引资项目审批完成率分别达到86.8%、89.8%，同步指导其他项目编制环评报告。

【生态环境分区管控】2022年，强化全省“三线一单”生态环境分区管控。共划定环境管控单元842个，其中优先保护单元491个、重点管控单元263个和一般管控单元88个，确定全省“三线一单”生态环境总体管控要求暨省级及以上工业园区生态环境准入清单，形成“1+5+15+N”四级清单管控体系，从源头引导优化产业布局。

【生态环境损害赔偿】2022年，稳步推进生态环境损害赔偿制度落地应用。2022年共办理生态环境损害赔偿案件38件，已确定涉案金额1.25千万元，开展鉴定评估12起，开展赔偿磋商17起，实施生态环境修复10起，评估修复效果3起，涉案行为主要为水、大气、土壤污染29起，占比76.3%；自然资源破坏9起，占比23.7%。

【生态环境保护督察】2022年，扎实推进两轮督察反馈问题整改。两轮中央生态环境保护督察113项整改任务完成110项。白银市东大沟重金属污染治理被确定为集中宣传的督察整改看成效正面典型案例。2021年度国家黄河流域生态环境警示片18个问题完成整改14个，其中12个污染防治类问题完成整改8个。组织完成第二轮省级生态环境保护督察，实现14个市（州）全覆盖和省属国有企业（白银公司）督察试点。先行开展生态环境保护派驻监察，完成了对4个县、1个重点行业的派驻监察。

（省生态环境厅　章雯雯）

## 自然资源监管

【自然资源调查与监测】开展全省2021年度国土变更调查，完成90个调查单元21.1万个图斑变更。启动日常变更调查，围绕全省过渡期内城乡建设用地增减挂钩节余指标跨省域调剂工作，完成29个县2.67万个增减挂图斑日常变更省级检查。对国务院审批总体规划的兰州市、兰州新区以及省政府审批总体规划的其他13个市州的市辖区和县级市共27个单元开展城市国土空间监测，为“三区三线”划定成果中城镇开发边界线监测提供依据。完成2022年度28眼新建地下水监测井建设，开展已建成地下水监测井运行维护。与省林业和草原局共同开展2022年度全省林草湿调查监测。

【自然资源确权登记】完成省级自然资源确权登记涉及的68个登记单元、699处矿产地底图制作和内外业地籍调查。启动大熊猫国家公园甘肃片区自然资源统一确权登记数据更新。截至2022年底，全省共梳理历史林权登记资料267.37万宗、面积1018.02万公顷，其中国有林权登记资料0.67万宗、面积297.07万公顷。已有65个县区完成历史林权登记资料移交。酒泉市完成清理规范林权确权登记历史遗留问题试点，移交林权登记档案5.8万宗（涉及土地面积443.03万公顷）；排查问题10.8万个，已化解7.3万个，化解率67.5%；完成林权空间数据图形入库3426宗，入库率100%；办理林权类不动产登记3201本，占入库数量的93.4%。

【国土空间规划】“三区三线”划定。印发《甘肃省“三区三线”划定工作实施方案》《甘肃省“三区三线”划定技术细则（试行）》，成立全省“三区三线”工作专责组。2022年11月，“三区三线”划定成果经自然资源部审核通过并正式启用。以“三区三线”划定成果为基础，持续完善省级规划。《甘肃省国土空间规划（2021—2035年）》经第十三届省政府第189次常务会议、省委常委会议和省人大常委会第34次会议审议通过，报国务院审批。省级国土空间规划“一张图”通过自然资源部初验审查，全省6个市州、60个县区完成“一张图”系统建设，省级系统已完成兰州市“一张图”系统接入。

【市县国土空间总体规划编制】印发《关于进一步加强国土空间规划编制工作的通知》，指导市县落实上位规划，加快推动规划审查报批。《兰州市国土空间总体规划（2021—2035年）》已完成市委、市政府审议，其余市县已基本完成规划成果编制。

【村庄规划编制】印发《关于加快推进2022年村庄规划编制工作的通知》《甘肃省村容村貌提升导则》，制定《甘肃省村庄规划编制导则（试行）》《甘肃省村庄规划优秀案例评选实施方案》。核实调整2022年500个乡村建设示范村，全部完成示范村村庄规划编制任务。协调下达村庄规划编制和测绘专项补助资金1.37亿元，优化调整村庄分类，累计完成6536个村庄规划编制（其中1305个城郊融合类村庄纳入城镇详细规划），其他发展类村庄规划编制有序推进。

【国土空间用途管制】建设项目用地预审与选址。全年共完成建设项目用地预选96个，计划总投资2638.34亿元。拟用地总面积9185.8公顷，其中农用地4833.94公顷（含耕地2501.43公顷），未利用地3550.34公顷，原有建设用地801.52公顷。省政府共审查审批建设用地299个，总面积为7827.76公顷（含报国务院审批建设用地7个，面积2003公顷），其中农用地4518.49公顷（含耕地3085.05公顷），未利用地2571.21公顷，原有建设用地738.06公顷。按用地类型分，审查审批单独选址建设项目用地4054.07公顷，城市（城镇）批次建设用地3773.69公顷。按用途分，审查审批住宅用地529.11公顷、商服用地254.46公顷、工矿仓储用地1471.5公顷、公共管理与公共服务用地828.43公顷、交通运输用地3653.11公顷、其他用地1091.15公顷。2022年，全省耕地开垦费入库13028.11万元，新增建设用地有偿使用费入库77023.56万元。

【国土空间生态修复】黄河流域重大生态保护修复。联合省生态环境厅、省林业和草原局开展黄河流域历史遗留矿山生态破坏和污染调查评价，外业调查完成率73.57%。持续推进甘南黄河上游水源涵养区山水林田湖草沙一体化保护和修复，中央财政已下达资金19亿元，其中2022年投入7亿元、提前下达2023年实施资金8亿元，2022年度200个子工程已开工建设188个。

【国土空间生态修复政策出台与规划编制】构建生态保护修复长效机制，甘肃省人民政府办公厅印发《关于鼓励和支持社会资本参与生态保护修复的实施意见》，从规划管控、产权激励、资源利用、财税支持、金融支持等方面出台16条支持政策，以政策红利激发市场主体活力。印发《甘肃省国土空间生态修复规划（2021—2035年）》。

【国土综合整治和生态修复】2022年，共安排省级国土综合整治和生态修复资金36704万元。其中实施国土综合整治项目17个，安排资金11011万元，建设规模2363.46公顷，预计新增耕地520.90公顷，提升耕地质量0.5~1级；安排历史遗留废弃矿山生态修复项目22个，安排资金25693万元，预计复垦土地1888.7公顷，封堵采洞167个。

【耕地保护】全面压实各级党委、政府耕地保护责任。截至2021年底，全省耕地总面积520.53万公顷（7807.98万亩）。开展“三区三线”耕地红线划定工作，划定全省耕地和永久基本农田保护任务。2022年11月，划定成果数据通过国家审核并启用，全省耕地和永久基本农田全面带位置“上图落地”。

【耕地占补平衡】严格落实“先补后占、占一补一、占优补优”制度，2022年省级审查审批非农建设占用耕地面积3085.05公顷，全面落实耕地占补平衡。会同省财政厅印发《关于明确全省耕地占补平衡指标调剂指导价格的通知》，按照补充耕地质量等别高低确定每亩指标调剂指导价格，规范补充耕地指标调剂管理。省级核实认定新增耕地11600公顷，通过国家审核产生新增耕地指标4333.33公顷。下拨省级耕地开垦费1.08亿元，安排2022年省级补充耕地项目5个，预计可增加有效耕地面积1233公顷。

【耕地“进出平衡”】会同省农业农村厅、省林业和草原局印发《关于严格耕地用途管制有关问题的通知》，建立和规范耕地转为园地、林地、草地等其他农用地和农业设施建设用地管控机制，耕地与园地、林地、草地等其他农用地之间的转换必须落实“进出平衡”。

【矿产资源节约集约】金川区、徽县、合作市和夏河县被自然资源部认定为首批自然资源（矿产类）节约集约示范县区。8项技术入选为自然资源部矿产资源节约和综合利用先进适用技术目录，其中勘查类技术1项，黑色金属类高效选矿技术1项，有色金属类综合利用技术1项、绿色低碳技术1项、数字化智能化技术1项，非金属类数字化智能化技术3项。

【地质勘查】2022年，全省共投入地质勘查资金10.35亿元，其中中央财政资金1.06亿元，地方财政资金7.11亿元，社会资金2.18亿元。全年开展基础地质调查项目105个，投入资金1.56亿元。开展水工环地质调查类项目82个，投入资金1.44亿元。开展自然资源综合调查类项目14个，投入资金3264.24万元；开展其他项目5个，投入资金543.70万元。开展地质科学研究与技术方法创新类项目80

个，投入资金9510.26万元。开展“甘肃省张掖—民乐盆地地温场特征研究”等地质科学研究类项目38个，开展“甘肃省西成矿田典型矿床三维建模及成矿预测”等技术方法创新项目18个，编制各类报告24份。全年开展矿产勘查项目180个，投入资金6.02亿元。其中勘探类项目8个，详查类项目27个，普查类项目95个，调查评价类项目41个，储量核实类项目9个。全年完成钻探33.38万米，坑探3621米，槽探18.01万立方米。涉及主要矿种为煤炭、金、铜、铁、铅锌、钒、萤石、石英岩。全年新发现矿产地7个，其中大型5个，中型2个。全年评审新增备案资源量主要矿种有煤炭、金、铜、铁、铅、锌、钒、萤石、石英岩。2022年，全省安排省级地勘基金项目93个，投入资金5亿元。

【矿业权管理】截至2022年12月底，全省共设置非油气探矿权690宗，全省各类非油气采矿权1561宗。全年省级办理矿业权审批事项144宗，办理探矿权审批事项107宗，其中探矿权延续事项57宗、变更事项2宗、新立事项18宗、分立事项2宗、申请注销事项28宗；办理采矿权审批事项37宗，其中采矿权延续事项18宗、变更事项10宗、新立事项3宗、注销事项4宗、划定矿区范围2宗。

【矿政管理】2022年，全面梳理基金项目成果、矿产地清理等项目，分批次公开出让矿业权，配合自然资源部实施6宗部级发证矿业权公开出让，成交价款1.33亿元；完成59宗省级发证矿业权公开出让转让，出让收益357.13亿元；指导市州开展204宗市县级发证矿业权公开出让，出让收益21.66亿元；全年实现出让收益达380.12亿元。陇东煤炭历史遗留问题处理，及时向省政府汇报请示，加强与企业沟通协调，按照先易后难原则，成功出让5个井田，成交金额110.68亿元。加强对部省级发证的83个露天矿山监管，提取283个疑似问题图斑下发各市州核查，对存在疑似图斑的14宗露天煤矿开展实地核查并移交相关线索。印发《全省生产矿山开发利用矿产资源及履行矿山地质环境恢复治理义务情况排查行动方案》，对全省生产矿山落实“三合一”方案开展排查整治，排查生产矿山343个，提出整改问题39个，督促生产矿山企业合理开发矿产资源。

【矿业权登记和清理】印发《甘肃省自然资源厅矿业权审查工作办法》，省级矿业权综合管理系统建成并实现联网和带图审批，审批程序和权限公开透明，审批效率大幅提升。全年完成探矿权登记107宗，采矿权登记37宗，采矿权抵押备案11宗，涉及金额80.19亿元。开展过期矿业权清理处置，对686宗过期矿业权提出办理意见经厅务会审议同意后，已完成534宗过期探矿权中498宗的处置；完成152宗过期采矿权中95宗的处置。加强保护地内矿业权清理，全省其他各级各类保护地内536宗矿业权已清理退出527宗；祁连山国家公园115宗矿业权已清理退出112宗；大熊猫国家公园范围内13宗矿业权已清理退出12宗。

【矿山企业复工复产】印发《助力矿山企业纾难解困加速推进复工复产工作方案》，对部省发证的130宗矿山 “一矿一策”提出工作措施，助力矿山企业纾困解难。截至年底，部省级发证复工复产46家，市县发证复工复产72家。完成15个应急保供煤矿手续办理。

【地质灾害防治与避险搬迁】地质灾害防治。2022年，全省共发生地质灾害65起，未造成人员伤亡，直接经济损失9102.8万元。其中滑坡53起，崩塌9起，泥石流3起。按灾情等级划分，特大型地质灾害1起、中型11起、小型53起。与前五年均值相比，地质灾害发生数量减少86.7%，死亡人数减少100%，直接经济损失减少82.85%。

截至2022年底，全省已查明地质灾害隐患点20662处，威胁人口243.27万人，威胁财产1162.06亿元。地质灾害易发区面积25.25万平方千米，尤其是中东南部9个市（州）、30个县（市、区）、268个乡（镇）、1万3千多个村（社区）受地质灾害威胁严重。全年投入地质灾害防治资金5.92亿元（中央财政资金4.72亿元、项目96个，省级财政资金1.20亿元、项目24个）。其中调查评价类项目47个，资金5431万元；监测预警类项目28个，资金10702万元；综合治理项目32个（工程治理+避险搬迁+排危除险），资金39992万元；能力建设项目14个，资金3075万元。印发《甘肃省2022年度地质灾害防治方案》，对兰州、天水、甘南、庆阳等9市（州）61个重要乡（镇、街道）开展1∶1万地质灾害精细调查评价，调查面积4917.15平方千米。全省各级自然资源部门共发布地质灾害气象风险预警产品3294期，其中红色预警348期，橙色预警483期，黄色预警1977期，蓝色预警486期。通过气象风险预警，成功避让地质灾害13起，紧急转移人员1866人，涉及可能伤亡人员1788人，避免经济损失2.34亿元。全省共开展地质灾害避险演练1375场次，67245人参加；培训1697场次，100979人参加；宣传2382场次，185700人参加。在“5·12”防灾减灾日、“4·22”地球日等重要节点，开展省、市（州）、县三级地质灾害避险演练活动3场，参与人员1712人次。

【生态及地质灾害避险搬迁】编制《甘肃省生态及地质灾害避险搬迁实施方案（2022—2026年）》，计划5年内搬迁地质灾害威胁区、河湖管理范围及暴雨山洪灾害受灾区、地震灾害危险区、生态敏感区、自然保护地核心保护区、饮用水水源一级保护区6大类范围内群众12.98万户、51.14万人。制定《甘肃省生态及地质灾害避险搬迁2022年度实施方案》《搬迁范围及对象认定办法（暂行）》《2022年度甘肃省生态及地质灾害避险搬迁工作验收方案》，推动生态及地质灾害避险搬迁，落实中央和省级财政补助40亿元，发放贷款8.76亿元，各县区整合资金73.09亿元，建成集中安置点141个，搬迁安置群众45785户、170452人，完成年度搬迁任务的1.14倍。省政府确定的地质灾害避险搬迁4400户为民实事全部完成，舟曲县地质灾害避险搬迁一期三年任务两年完成。

（省自然资源厅　刘志广）

## 土地利用

【不动产登记】2022年，完成全省统一的不动产登记服务信息平台建设，加快推进电子证照应用与共享，实现纸质证书和电子证照同步制发，累计生成电子证照668.5万张。通过甘肃省政务信息共享网站，实现不动产证书、证明信息与住建、公安、民政、市场监管、银保监部门间数据共享。全面推行业务办理“一证一码”服务及“甘快办”移动端热点应用。全年累计办理不动权证书349.78万本，不动产证明56.18万本，办理抵押业务22.38万件，涉及抵押金额1906亿元。

【农村不动产登记】2022年，持续推进农村宅基地房地一体登记颁证，全省累计颁发宅基地证书383.68万宗，登记率99.47%（其中，发放房地一体不动产权证351.50万宗，房地一体登记率91.13%）。启动集体土地所有权确权登记成果更新汇交，完成22个单元的数据汇交（含第一批汇交任务19个）。完成未纳入集中发证范围易地扶贫搬迁安置住房不动产登记。

【林权类不动产登记】截至2022年底，全省共梳理历史林权登记资料267.37万宗、面积1018.02万公顷，其中国有林权登记资料0.67万宗、面积297.07万公顷。已有65个县区完成历史林权登记资料移交。酒泉市完成清理规范林权确权登记历史遗留问题试点，移交林权登记档案5.8万宗（涉及土地面积443.03万公顷）；排查问题10.8万个，已化解7.3万个，化解率67.5%；完成林权空间数据图形入库3426宗，入库率100%；办理林权类不动产登记3201本，占入库数量的93.4%。

【土地供应与市场】2022年，全省供应国有建设用地3205宗，面积16219.57公顷。其中，以招标拍卖挂牌出让方式供地1343宗、面积4648.55公顷；以协议出让方式供地289宗、面积1519.48公顷；以划拨方式供地1564宗、面积10023.92公顷；以租赁方式供地9宗、面积27.62公顷。从供应土地用途看，工矿仓储用地4610.19公顷、商服用地531.85公顷、住宅用地918.95公顷、公共管理与公共服务用地2403.83公顷、交通运输用地7397.26公顷、其他用地（特殊用地、水域及水利设施用地、其他土地）357.49公顷。

全省土地出让成交价款242.19亿元，其中，以招标拍卖挂牌方式出让土地成交价款194.64亿元；以协议方式出让土地成交价款47.55亿元。严格落实建设用地“增存挂钩”机制，加大批而未供和闲置土地清理处置力度，全年处置批而未供土地3474公顷（5.21万亩）、闲置土地1810公顷（2.71万亩），处置率分别为29.33%和47.9%，完成自然资源部下达的处置任务。推进建设用地使用权转让出租抵押二级市场，指导市州制定出台实施办法和配套制度。深化农村集体经营性建设用地入市试点，经省委、省政府同意，确定9个县区为试点地区并上报自然资源部。金川区、敦煌市、徽县、合作市、夏河县被自然资源部认定为自然资源节约集约示范县（市）。有序推进甘肃省建设用地使用标准体系建设，制定《甘肃省工业项目土地使用标准》《甘肃省风力发电项目建设用地标准》《甘肃省加油站、加气站、加油加气合建站建设用地标准》，由省政府办公厅印发实施。

（省住建厅　张斌）

## 污染防治

【概况】2022年，甘肃省组织谋划并申报102个项目纳入中央污染防治项目储备库，涉及总投资26.83亿元。2022年下达中央资金预算26.3231亿元，同比增长62%，2023年已提前下达中央生态环境专项资金20亿元，同比增加40%。指导嘉峪关市入围生态环境领域真抓实干成效明显地方激励城市名单，获奖励资金3000万元；3个项目成功纳入第二批全国生态环境导向的开发（EOD）模式试点；5个项目纳入生态环保金融支持项目库。

【环境质量】2022年，全省生态环境质量总体趋稳向好。细颗粒物（$PM_{2.5}$）浓度均值为26微克/立方米，完成国家下达目标；空气质量优良天数比率为90.2%，同比持平。74个地表水国控断面水质优良（达到或优于Ⅲ类）比例为95.9%，劣Ⅴ类水体比例为2.7%，完成国家年度目标任务。全省土壤环境质量总体保持稳定，核与辐射环境质量稳定可控，环境风险有效防控。4项主要污染物均完成国家下达的年度目标任务。

【大气污染防治】2022年，深入打赢蓝天保卫战。组织召开2022年全省大气污染防治“冬防”工作推进视频会和2022年全省大气污染防治工作部署会，分阶段、分重点全面部署各项大气污染防治工作。健全完善研判、调度、通报、帮扶、预警、约谈等管理机制。充分利用卫星遥感图片、激光雷达走航监测、无人机航拍等科技手段，科学分析查找空气质量反弹原因。金昌、武威、临夏3地纳入北方地区冬季清洁取暖支持范围，给予27亿元资金支持。

【水污染防治】2022年，深入打好碧水保卫战。对渭河、散渡河等水环境质量恶化及不达标市州和部分污水处理设施未达标市州启动预警通报。协调推进水源地环境保护和规范化建设工作，完成128个已批准县级及以上集中式饮用水水源保护区矢量信息审核和数据更新。启动“十四五”城市黑臭水体攻坚和环境保护行动，全面完成城市黑臭水体排查。水污染防治项目成效明显，获调整增加资金6150万元；张掖、白银2市入选全国首批区域再生水循环利用试点城市。

【土壤污染防治】2022年，深入打好净土保卫战。印发实施“十四五”土壤、地下水和农村生态环境保护等3个规划。加强重点建设用地准入管理和农用地重金属污染源头防治，全省重点建设用地安全利用率100%、受污染耕地安全利用率94.67%，完成国家年度目标任务。完成17个省级化工园区、6个危废填埋场、4个垃圾填埋场地下水污染状况调查。超额完成我省农村环境整治任务，超额完成国家农村黑臭水体治理年度目标任务，助力建设生态宜居美丽乡村。

【固体废物污染防治】2022年，推进重金属、尾矿库和新污染物治理。印发《强化危险废物监管和利用处置能力改革工作方案》，危废监管体制机制更加顺畅。联合宁夏建立危险废物“白名单”制度，制定《危险废物集中利用处置设施建设规划（2021—2025年）》，全省危废利用处置能力比2020年增加446万吨/年，医疗废物处置能力达到163.65吨/日，筑牢疫情防控后防线。印发实施《新污染物治理工作方案》，推动黄河流域9座尾矿库、长江流域22座尾矿库污染治理，对嘉陵江16座尾矿库进行环保设施提升改造。兰州、金昌、天水、兰州新区等4地纳入“无废城市”建设名单，为西北地区获批最多的省份。

【核与辐射监管】2022年，加强核与辐射安全监管。推动核安全工作协调机制顺畅运行，持续推进并完成核与辐射安全隐患排查三年行动，开展以闲置、废旧放射源及零散放射性废物核查为主的核与辐射领域安全排查专项行动，先后排查出13家企业零散废物15瓶，废旧密封放射源130枚。发布《甘肃省伴生放射性矿开发利用企业名录（2022年）》，加强放射性废物入甘的监督检查和监测工作。积极协调争取国家区域核与辐射应急监测物资储备库项目落地，筑牢核与辐射安全监管根基。

## 绿色发展

【碳达峰碳中和】2022年，深入推进碳达峰碳中和工作。配合制定省级“1+N”政策体系方案，编制《甘肃省减污降碳协同增效实施方案》。积极参与全国碳市场建设，对7大行业重点控排单位开展碳排放核查，形成包括181家8类重点行业及特色行业的《甘肃省2021年度碳核查企业名单》。全面完成第一个履约周期碳排放配额分配和清缴工作，碳排放累计交易455万吨，累计成交额1.98亿元。组织开展全省“十四五”温室气体清单编制工作，启动编制2019—2021年省级温室气体排放清单。开展碳汇项目开发，推动兰州、金昌、敦煌3个国家低碳试点城市和白银、庆阳（西峰区）2个气候适应型试点城市建设，兰州市入选国家首批气候投融资试点城市，助力全省打造绿色低碳发展“新引擎”。

【祁连山生态保护】2022年，强化祁连山生态环境保护常态化监管。实施《自然保护地生态环境监管工作暂行办法》，编制完成《祁连山生态环境保护综述》，统筹推进美丽祁连建设。常态化实施祁连山生态环境监测、评估及考核，监测结果显示，75.36万公顷林地森林蓄积量持续增加，75.27万公顷草原生态稳定性不断增强，5.21万公顷水域面积更加稳定。连续6年开展绿盾自然保护地强化监督，压实党委政府主体责任和部门监管责任。祁连山问题整改成为“督察整改看成效”第一批全国正面典型案例。生物多样性得到有效保护，印发《进一步加强生物多样性保护的实施意见》，祁连山保护区内旗舰物种雪豹增加到350至500只，不同种群野生动物数量较2014年提高15%~20%。组织拍摄的《多姿多彩生态甘肃》宣传片，受到COP15执委办肯定，在北京“奋进新时代”主题成就展甘肃单元展出。

【黄河流域污染防治】2022年，在全国率先启动黄河流域生态保护地方立法，《甘肃省黄河流域生态保护条例》已通过省人大常委会一审。谋划推动兰西城市群生态建设，明确生态廊道建设等6大专项行动，形成48个总投资约1079亿元的省级重点项目库。围绕尾水湿地建设、区域再生水循环利用、河湖缓冲带建设等，指导谋划44个项目纳入中央储备库，推动实施黄河上游山水林田湖草沙一体化保护和修复工程。与四川建立黄河流域横向生态补偿机制，获中央水污染防治奖励资金2000万元。与上下游4省份建立水污染联防联控机制。黄河流域甘肃段污染防治工作成效良好，黄河流域甘肃段出境断面水质连续7年达到Ⅱ类，武威市石羊河成功入选全国首批18个美丽河湖优秀案例名单。

【生态环境宣传教育】2022年，围绕深入学习宣传贯彻习近平生态文明思想，联合省委宣传部、酒泉市人民政府共同举办2022年甘肃省“六五”环境日主场宣传活动，联合省文联开展“行走陇上 用心记录你的美”主题文艺作品征集活动；“奋进新时代”主题成就展甘肃生态环保布展工作，展示陇原儿女建功新时代、建设美丽甘肃的精神风貌，得到各界高度好评；“甘肃生态环境”微信公众号被评为甘肃省政府系统优质政务新媒体账号；“甘肃省生态环保取得新成效”被《甘肃日报》评选为“2022年甘肃十大新闻”之一；建成甘肃省生态环境教育展馆，提升甘肃特色生态环境文化品牌；推进环保设施向公众开放，2022年全省62家设施单位线下开放223次，参与19617人次；线上开放93次，参与4698人次。全年刊发稿件1095篇，组织8场新闻发布会，制作新媒体产品122件；为深入打好污染防治攻坚战营造了良好舆论氛围。

【乡村生态振兴】2022年，印发《乡村生态振兴工作专班工作规则》和年度工作方案，年度目标任务全面完成。编制完成6536个“多规合一”实用性村庄规划、500个乡村建设示范村村庄规划；新建改建农村卫生厕所40.48万座，卫生厕所普及率53%；畜禽粪污综合利用率80%，废旧农膜回收率83%，尾菜处理利用率50%。落实生态环境建设专责组职责，将农村生态建设项目与“5155”乡村建设示范行动有机衔接，会同相关部门有序推进国土绿化试点示范、重要生态系统保护和修复等工程项目。安排各类专项资金1524万元，支持帮扶西和县农村环境整治和尾矿库污染治理。

（省生态环境厅　章雯雯）

## 综述

【概况】2022年，甘肃省科技进步对经济增长的贡献率达到58.2%，全省累计认定登记技术合同13241项，技术合同成交额达到338.57亿元，较上年增幅分别为30.1%和20.73%。科技型中小企业突破2510家、较上年增长37%，高新技术企业达到1683家、较上年增长22.8%。申报国家各类科研项目，获项目经费13.17亿元、同比增长15.93%。《中国区域科技创新评价报告2022》显示，较2017年，全省综合科技创新指数提高4.29个百分点、达到54.92%，科技综合实力保持在全国第二梯队。获批省部共建干旱生境作物学国家重点实验室等一批国家级创新平台，全省国家重点实验室数量达到11家。建成甘肃省同位素实验室，组建中国工程科技发展战略甘肃研究院，形成覆盖多学科方向和产业技术领域的创新基地体系。区域创新高地能级不断提升，兰白试验区、兰白自创区创新引擎作用更加彰显，2家国家高新区、10家国家农业科技园区和10家省级高新区、56家省级农业科技园区加快提质增效，形成主体功能明显、优势互补、高质量发展的区域创新布局。29项科技成果荣获国家奖。在重离子物理、化学、大气、草业、冰川冻土、文物保护等领域形成一批优势学科，在石油化工、有色冶金、核技术、装备制造、生物医药、寒旱农业等领域具有较强的工程化技术优势。

【创新驱动发展战略】面向各市（州）全覆盖签署厅市科技工作会商议定书，会同省财政厅在均衡性转移支付中安排5亿元强科技奖补资金，支持市（州）县科技创新。建立强科技行动年度评估和督查机制。会同省财政厅制定省基础学科研究中心建设工作指引，启动建设省基础学科研究中心。会同省财政厅出台省联合科研基金管理办法，与9家单位签约实施省联合科研基金项目，申报实施国家区域创新发展联合基金项目。制定加强科技伦理治理的实施意见，促进科技向善。持续推进省级创新型县（市、区）建设试点，大力推动大众创业万众创新，培育发展新动能。加强对科技企业孵化器、众创空间的分类指导，1家企业获批国家级科技企业孵化器。修订省级高新区认定和管理办法，出台促进高新区高质量发展的若干措施，新设立酒泉省级高新区。

【重大科技成果】结合国家重大战略需求，聚焦全省重点产业发展方向，统筹资源在新能源、新材料、石油化工、生物医药、电子信息、装备制造、文物保护、生态环保、现代农业等比较优势领域布局一批省级重大科研项目，开展关键技术攻关，取得一系列重要成果。重离子加速器小型化、智能化、可视化关键零部件制造技术取得新进展，核用316H不锈钢成功应用于霞浦核电快堆示范项目，Ni70比例的单晶正极材料开发技术国际领先，羊小反刍兽疫病毒抗体检测试纸条获得国家一类新兽药注册证书，新审定玉米新品种49个。陇西高新区获国家火炬中医药特色产业基地。面向人民生命健康，申报获批国家重点专项“小型化重离子治疗装置研发”揭榜挂帅项目，立项实施“‘甘肃方剂’防治新冠肺炎系列研究”省级重大专项。持续加大环境保护、自然灾害防范等领域研发部署，组织实施黄河上游水源涵养、高寒干旱区矿山生态修复等关键技术研发与示范。深化科技协作定点帮扶，选派555名东西部“双地”科技特派员服务乡村振兴。争取科技部重点研发经费5700余万元，支持科技特派团面向23个国家重点帮扶县开展技术攻关与集成示范。

【科技创新与成果转化】 突出市场应用导向，制定促进成果转化的若干措施，常态化开展成果对接沙龙活动，推动成果向现实生产力转化。实施高新技术企业倍增计划，培育科技创新型企业集群。实施企业技术创新能力提升行动，扩大科技型中小企业技术创新基金规模，支持规上企业建设研发机构，从高校院所向企业选派首批100名科技专员，实施“银龄计划”引导退休科研人员服务企业创新。省级科技重大专项中由企业牵头承担的超过70%。会同省工信厅新组建集成电路制造材料、中医药、化工新材料3家创新联合体，全省创新联合体达到10家，集聚省内外220余家单位科研人员联合开展技术攻关。

【科技创新环境】 通过“一室一策”制订重组方案、定向支持重大科技项目，高标准推进国家重点实验室建设与重组，3家实验室成功重组为全国重点实验室。出台兰白自创区条例，深化兰白张江结对合作，推动兰白两区赋能升级，兰州高新区跻身“2022中国生物医药百强产业园”，兰白两区生产总值再创新高、预计达到1233亿元。突出“强核心、大协作”，优化整合省级科技创新基地，在核技术、基因编辑、玉米种业、航空机电等方向新建一批科技创新平台。成功举办第七届中国创新挑战赛（甘肃），签订产学研合作协议48项、金额3810万元。承办第十一届中国创新创业大赛（甘肃赛区），推荐19家企业参加全国行业赛，4家企业在全国赛决赛中获“优秀企业奖”。依托各类科技计划项目（平台）开发1272个科研助理岗位，吸引大学毕业生就业，实现创新与创业“双赢”。深入开展科技活动周系列活动，成功举办甘肃省第七届科普讲解大赛，推动文化科技卫生“三下乡”，提升全民科学素养。

2022年7月6日，中国工程院甘肃院士行（省科技厅供图）

**【科技合作与交流】**与中国科学院签订新一轮战略合作协议，与中国工程院联合实施战略研究与咨询项目9项，会同省委组织部邀请30名院士专家来甘开展“陇上行”活动。

以兰白张江合作为重点持续深化东西部科技协作，促成兰白两区与上海张江签订“1+8”合作协议，联合举办“兰白张江服务企业直通车线上推介会”“兰白企业张江行”等系列活动，兰白张江结对合作被科技部等9部委纳入“十四五”东西部科技合作实施方案。举办“强科技支撑高质量发展”论坛，通过线上线下方式参加各类科技交流活动。出台甘肃省“一带一路”国际科技创新合作工作指引，深度参与“一带一路”科技创新行动计划，支持共建3家国际科技创新合作平台。

（省科技厅　荣良骥）

## 测绘地理信息

**【基础测绘】**完成省级北斗地基增强系统改造，实现现有基准站基础设施北斗化改造和新增19座北斗卫星导航定位基准站建设，融入全国基准站服务一张网建设。甘肃省北斗卫星导航定位基准站网已有注册单位380家、注册用户数1968个。全年为200家单位、803个用户提供导航定位基准信息公共服务69402小时，为全省100多家单位提供450批次6万余点坐标转换及静态数据处理服务，为国防、交通、能源、水利、农林、城市建设、自然资源、生态保护等领域提供高精度测绘基准保障服务。省自然资源卫星应用技术中心全年累计获取卫星遥感影像数据17750景，其中2米级10220景，覆盖率100%；亚米级7530景，覆盖率95.2%。完成2米级影像处理两版，亚米级影像处理一版，面向政府部门、企事业单位、高校、科研院所和社会公众提供国产卫星遥感影像共计24722景，数据量约90TB，累计覆盖面积约1347万平方千米。完成酒泉市和甘南州6.87万平方千米1∶1万数字地形图测绘，首次实现1∶1万数字地形图省域全覆盖。开展实景三维甘肃（地形级）场景构建、服务发布管理系统、可视化为应用系统，初步形成覆盖全省的三维基础地理信息数据底板和三维工作底图。开展甘肃省新型基础测绘体系试点建设，形成《基础地理实体分类与代码标准》《基础地理实体数据采集规范》《基础地理实体数据转换生产规范》《基础地理实体数据质量检查规范》《基础地理实体数据库建设规范》，完成不同类型地理实体统筹分级、粒度和精度研究。

**【测绘地理信息服务】**出台《甘肃省地理信息公共服务平台管理细则》，制定《市级地理信息公共服务平台2022年综合评估指标体系》。更新“天地图·甘肃”地图数据91.9万余条，平台年访问量突破5605万余次。正式上线“天地图·甘肃”移动端APP和微信小程序。实现“天地图·甘肃”基于政务外网环境运行和向甘肃移动数字政府政务云迁移。全年向社会审批提供涉密基础测绘成果5.5万件，影像、地理国情普查等成果125TB。核销涉密测绘成果10.5万件。接收测绘地理信息成果汇交27批次，数据量150TB。在全国地理信息资源目录服务系统中更新省级基础测绘成果目录7959条，编制发布《甘肃省省级基础测绘成果目录》（2022版）。通过全国测绘成果目录汇交系统，完成84家测绘资质单位840批次5641条成果目录审核，发放汇交凭证534个。为省委、省政府等有关部门、单位提供定制化政务地图服务保障405次，地图3323幅／册。发布标准地图80幅，免费向社会公众提供公益性地图下载、自助制图等服务。通过省市县各级媒体平台开展国家版图意识宣传活动，发送公益短信1000余万条，发放宣传资料2.5万余份。

**【测绘地理信息监管】**印发《关于进一步加强和规范测绘资质管理工作的通知》。开展省级测绘资质单位测绘资质测绘质量“双随机、一公开”监督检查，省级测绘成果质量监督检查合格率96%。开展全省测绘地理信息领域涉密数据安全监督检查，限期完成问题整改。处理涉密地理信息数据违规联网预警信息，遏制涉密计算机违规联网问题。组织71家单位1344人通过地理信息安全在线培训，规范测绘行业涉密人员持证上岗。审查各类图集图册112幅，核发地图审图号4个。组织开展全省地图市场监管专项检查，督促问题单位及时整改。对全省623家网站开展常态化互联网地图监管，检定地图5214幅，判定“问题地图”211幅，相关“问题地图”均被及时撤换。

（省自然资源厅）

## 气象预报

【概况】2022年全省平均气温9.5℃，较常年同期偏高1℃；降水量363.7毫米，较常年同期偏少11.3%，为近10年最少。年内高温日数多、范围广，多地最高气温破历史极值；气象干旱严重，旱情多次反复，气象干旱日数和影响范围均为近10年最大；暴雨日数和范围略偏多；冰雹日数偏少；寒潮天气偏多，范围广，11月下旬出现大范围强寒潮天气过程；大风日数偏多，沙尘暴日数偏少。全省各地年平均气温与常年同期相比，武威市局部偏低0.5℃以内，酒泉市北部、张掖市、武威市中北部、白银市、兰州市、临夏州、定西市东部和天水市西北部偏高1℃～1.6℃，省内其余地方偏高0.5℃～1℃。气温最高中心在武都和文县，均为16.3℃；最低中心在乌鞘岭，为0.9℃，2022年总体气候条件一般。

【降水】2022年全省平均降水量363.7毫米，较常年同期偏少11.3%，为近10年最少。2022年全省各地年降水量，酒泉市和张掖市北部为10～100毫米，张掖市中部、武威市北部和白银市北部为100～200毫米，省内其余地方为200～600毫米，陇南市东部为600～831.1毫米（康县）；与常年同期相比，酒泉市东部、武威市北部、兰州市局部和庆阳市局部偏多2～9成，酒泉市西部、嘉峪关市、张掖市中部、兰州市北部、白银市大部、定西市东部、天水市西部、甘南州局部和陇南市北部偏少2～7成，其余地方接近常年同期。

【暴雨洪涝】2022年全省22县（市、区）出现暴雨，暴雨日数和范围均较常年偏多。暴雨主要出现在7月中下旬和8月的陇中南部和陇东南中东部地区。年内15县（市、区）出现极端日降水事件，较常年同期偏多，其中3县日降水量突破历史极值。暴雨引发陇东南部分地区山洪、滑坡等灾害，农经作物及基础设施受灾。

【冰雹】2022年全省19县（市、区）出现冰雹天气，较常年同期偏少，冰雹日数和范围均为1961年以来第二少，主要出现在白银市、平凉市、庆阳市和甘南高原等地，导致局部地区农作物和林果业受灾。其中，5月出现一次区域性冰雹，农经作物和基础设施受损。

【高温】2022年全省共45县（市、区）出现35℃以上高温天气，范围为近5年最大，出现站次为1961年以来第一多。年内共16县（市、区）出现极端高温事件，较常年同期偏多；年内共有10次35℃以上区域性高温天气，主要出现在6月中旬—8月下旬，其中7月6日高温影响范围最广，占全省面积的44%。

【大风沙尘】2022年全省62县（市、区）出现大风天气，大风日数较常年同期偏多。年内共出现29次区域性大风天气过程。1月、3月、7月、11—12月大风天气偏多，主要出现在河西地区、陇中北部、庆阳市和甘南州等地。年内3县（市、区）出现沙尘暴，较常年同期偏少，出现范围和日数均为近5年次少（2020年最少）；29县（市、区）出现扬沙天气，41县（市、区）出现浮尘天气，均较常年同期偏少。年内共出现8次区域性扬沙天气，主要出现在3—5月；共出现5次区域性浮尘天气过程，主要出现在4月中旬—5月下旬，对空气质量、交通运输和生产生活等造成影响。

【寒潮、强降温】2022年全省共74县（市、区）出现寒潮天气，较常年同期偏多，为近10年次多。年内共出现15次区域性寒潮过程，主要出现在1月上旬至5月中旬、10月上旬至12月下旬。其中，11月27—30日为大范围强寒潮过程，共43县（市、区）出现寒潮，其中20县（市、区）强寒潮，10县（市、区）特强寒潮，马鬃山和乌鞘岭的日最低气温突破11月历史极值，此次寒潮过程的影响范围和强度为历史同期第三；12月16—18日，47县（市、区）出现寒潮，其中16县（市、区）强寒潮，5县（市、区）特强寒潮。年内全省强降温次数较常年同期偏少，共有49县（市、区）出现强降温天气，主要出现在1月上旬、4月中下旬、5月中旬、10月上旬、11月中旬至12月中旬，其中5月13日和11月28—30日出现区域性强降温天气过程，11月28—30日〔44县（市、区）〕为大范围强降温过程。

【年景评价】2022年气候条件整体一般，干旱、暴雨洪涝、冰雹、大风沙尘和霜冻等灾害，对农业、生态环境、旅游业和水资源造成一定影响。根据灾害影响分析和定量化评估，干旱、暴雨、冰雹和低温冻害等造成的损失较大。1、2月全省气温偏高，大部地区降水偏多，出现2次大范围降雪天气。3月以来全省大部地区气温持续偏高，降水偏少，对冬小麦产量形成和春播作物苗期生长有一定影响。5月受降温降水天气过程影响，造成经济林果及农作物不同程度受灾。6月至7月上旬，全省高温天气多，降水过程少，对冬小麦、玉米和春小麦生长造成不利影响。7月中下旬，大范围降水过程缓解部分地区干旱，旱区基本解除，但局地暴雨对夏粮作物收获晾晒略有影响。8月上中旬河东大部地区高温少雨，陇中北部和陇东南大部地区旱情持续或反弹，对玉米灌浆和马铃薯块茎膨大产生不利影响。8月下旬降水过程较多，河东大部地方旱情缓解，利于玉米灌浆和马铃薯块茎膨大，但不利于病虫害的防治和秋收作物晾晒。秋季气温偏高，降水偏少，整体有利于秋作物的成熟收获、晾晒以及秋种工作和越冬作物苗期生长。但冰雹和大风天气导致部分地区农林经果遭受不同程度的损失。冬季以来全省气温偏低、河东大部降水偏少，气象条件整体利于冬小麦安全越冬和设施农业生产。受夏季高温少雨影响，祁连山积雪和黄河刘家峡水库的水域面积较常年同期减少。据卫星遥感监测数据显示，2022年6—9月祁连山甘肃境内稳定性积雪的平均总面积为3529.62平方千米，较常年（1997—2021年）同期减少29.9%，比2021年同期增加25.8%；河西内陆河流域的双塔、昌马和红崖山水库的夏季平均水域面积较常年（2007—2021年）同期分别增加15.4%、10.1%和2.7%；黄河刘家峡水库的水域面积较常年同期减少1.9%。7月中旬至8月下旬，全省出现3次区域性连阴雨，7月11—16日和8月中下旬，全省出现的大范围强降水天气，暴雨导致当地发生罕见洪涝灾害。2022年植被生长季内甘肃省大部地区气象条件总体较为适宜，但夏季高温持续时间长、覆盖范围广，降水偏少、极端性强，河东部分地区旱情多次反复，对植被生长有所影响。全省植被生态质量指数为17.9，全省植被生态质量略高于常年平均，与常年（2000—2021年）相比生态质量处于较好和很好等级的面积比例达36%。全省气候舒适日数为117.2天，较常年同期偏少。

（省气象局　陆文铭）

## 地震预测

【概况】2022年甘肃共发生2.0级以上地震55次。其中，2.0~2.9级42次，3.0~3.9级12次，4.0~4.9级0次，5.0级以1次，最大地震为3月17日甘肃张掖市肃南县5.1级。2022年省内地震活动强度较弱，主要呈现西强东弱的特征，3级以上地震有6次集中分布于甘肃西部地区，3次在甘肃东南部地区。祁连山地震带3级以上地震主要集中分布在阿尔金断裂与祁连山地震带的交会区域，甘东南地区以中小震活动为主，主要分布在东昆仑断裂与西秦岭北缘断裂之间区域。时间上，第一、三季度发生2级以上地震相对较多，其中3月发生地震10次，可能与甘肃邻区门源6.9级、德令哈6.0级和省内肃南5.1级等地震活动有关；第二季度发生2级以上地震次数最少，共4次。

【监测预报】研究制定《甘肃省地震局党组关于进一步提升地震监测预报预警服务能力的实施意见》《甘肃省地震局2022年度震情监视跟踪和应急准备工作方案》，地震重点危险区涉及的8个市州地震局均制定本地区震情监视跟踪和应急准备工作方案。编制甘肃省和南北地震带北段《震情短临跟踪研判技术方案》，建立和完善甘肃和南北地震带北段年度地震危险区震情短临跟踪和会商研判技术方案。制定《甘肃省地震局前震自动识别告警信息处置工作方案》。制定印发省重大活动和特殊时段地震安全保障服务实施方案。建立辖区内地震异常核实、应急演练与响应处置、应急流动观测、地震灾害风险普查、房屋抗震设防信息的动态更新与维护等协同联动工作机制。制定印发《甘肃省地震宏观观测管理办法》和《甘肃省地震局地震群测群防工作方案》，健全完善中心站地震宏微观异常现场调查核实工作机制。制定印发《甘肃省地震局党组关于构建“1+3+N”地震预报业务工作机制实施方案》及落实措施。全年共印发《甘肃地震监测预报业务运行情况通报》12期。2022年，测震站网运行率99.02%，强震动站网运行率98.52%，地球物理观测数据连续率99.85%，地球物理观测数据有效率99.74%。根据《甘肃地震监测站网规划（2021—2030年）》，统筹省、市、县三级站网资料和观测力量，推动落实全省站网规划建设“一盘棋”，依托预警项目，基本实现甘肃省内“一县一站”。开展针对甘青川交界地区的东昆仑断裂东段流动地球化学观测、4G节点式地震仪加密观测、开展地电场加密观测，及东昆仑断裂东段重点段落的活断层探测等基础性研究工作，在甘肃及邻区开展强震综合概率预测技术的应用工作。完成2022年度甘肃省和南北地震带北段的地震重点危险区工作方案和技术方案，完成综合概率预测技术方法的改进工作。制定印发《甘肃省地震预报群测群防工作方案》《甘肃省地震宏观观测管理办法》，制定《甘肃省地震局震后应对处置会商优化工作方案》和《甘肃省地震局震后应对处置会商优化工作方案》，年内共处置甘肃省内12次3级以上地震。汇总梳理区域内甘肃、青海、四川、陕西、宁夏等地区测震学和地球物理场观测资料、跟踪异常和预测指标等，分区、分震级档提取会商研判策略。制定《甘肃省重大震情评估通报制度实施细则》。目前各中心站均与驻地市级地震部门建立合作机制。梳理统计市县观测点基础信息，开展市县观测质量评估工作，筛选观测质量较好的市县测点，探索数据共享和入网机制。优化调整《武威市活动断层探测与地震危险性评价项目实施方案》，全面完成武威市遥感影像处理与解译、目标区晚第四纪沉积环境及地层年代学研究、隐伏断层与深部构造地震勘探、武威市活动断层探测数据库建设等11个专题任务。完成全省1∶25万地震构造图和1∶5万活动断层分布图。印发《甘肃省地震局关于成立全国地震动参数区划图编制工作领导小组的通知》，组织开展分类数据的收集整理，并进行质检汇交。

【地震速报预警】国家预警工程甘肃子项目核心业务系统已于4月份通过台网中心检查评估，5月份正式进入内部测试运行。完成省级预警中心建设和定制软件的部署升级。依托国家预警项目及省预警配套项目，为刘家峡水库、中石油、甘肃电网、兰州轨道交通等行业试点用户安装部署地震预警信息专用终端，震后及时提供地震预警信息服务，初步形成本省地震烈度速报能力和预警区秒级地震预警能力。国家预警工程甘肃配套项目目前已建成161个多类型预警站点、3个市级地震紧急信息服务发布中心、100个紧急地震信息服务终端。青藏高原东北缘项目完成73个基本站、19个桥梁站点的土建工程、32个基本站的设备安装和管网公司到甘肃局的通信链路建设。制定出台包括《甘肃地震预警系统运维工作手册》和《甘肃省地震局地震预警中心业务操作手册》在内的18项预警业务管理制度，业务链条和责任链条一一对应，保障预警系统安全平稳运行。按照《甘肃省地震预警工作团队建设方案》，加强预警业务团队建设，强化业务交流、培训和岗位技能练兵。编制完成《甘肃台网地震编目业务专项自查工作》，制定出台《甘肃省地震局地震预警中心业务操作手册》，强化和规范地震速报预警业务体系。

【地震灾害预防】制定印发《甘肃省重大工程抗震设防要求审定行政许可实施细则（暂行）》《甘肃省重大工程场地地震安全性评价报告技术审查管理办法》《甘肃省重大工程抗震设防要求审定行政许可办事指南》，进一步规范全省重大工程的地震安全性评价工作。将重大工程抗设防要求审定纳入《甘肃省人民政府办公厅关于印发甘肃省行政许可事项清单（2022年版）的通知》，与省工改办联合印发《关于深入推进工程建设项目地震事项全流程在线审批工作的通知》，强化重大工程抗震设防要求监管，保障重大工程地震安全。印发《甘肃省地震局关于抗震设防参数查询接入市州信息公开平台的通知》，抗震设防参数查询列为省市两级政务服务平台。

【地震安全评价】甘肃省地震局印发《甘肃省重大工程抗震设防要求审定行政许可实施细则（暂行）》《甘肃省重大工程场地地震安全性评价报告技术审查管理办法》《甘肃省地震局关于规范重大工程场地地震安全性评价报告技术审查工作的通知》。组织开展2022年度重大工程地震安全性评价和区域性地震安全性评价技术审查19项，完成安评报告的技术审查。开展2022年全国地震重点危险区涉及甘肃地区地震灾害损失预评估实地调研，完成地震重点危险区地震灾害预评估与应急处置要点报告，并向甘肃省政府、重点危险区市（州）人民政府、省应急厅等省防震减灾工作领导小组成员单位报送预评估报告。

【地震应急保障】2022年，修订《甘肃省地震局地震应急响应服务等级》《震后12小时应急服务响应行动清单》。修订完善《甘肃省地震局地震应急处置联动支援预置力量方案》。参与5月11日在甘肃张掖举办的“应急使命·2022”高原高寒地区抗震救灾演习，派出地震现场工作队47人，组织人员完成指挥演习和综合演习各科目，组织完成抗震演习评估总结，会同开展地震应急处置桌面演练。高效处置青海门源6.9级地震和肃南5.1级地震等13次3.0级以上地震，及时收集灾情信息，准确发布震情。完成地震高烈度区重大基础设施基础数据分析、统计与制图。开展更新地震应急避难场所数据3425条，更新6800条学校数据，更新完成全省各乡镇的边界数据和驻地数据地震应急基础数据库中基础数据。

【地震科技创新】 组织完成2022年国家自然科学基金项目、中国地震局星火计划项目、甘肃省科技计划项目，以及基本科研业务费专项、局地震科技发展基金项目、野外站项目的申报和评审。获批星火计划项目6项、省自然科学基金项目13项、陇原青年创新创业项目1项、甘肃省重点人才计划项目1项，批准立项基本科研业务费专项7项、局地震科技发展基金项目24项，与中山大学联合申请国家自然科学基金重点项目1项（70万元），与敦煌研究院联合申请区域创新发展基金重点支持项目1项（100万元）。承担各类地震科技服务项目45项。建成刘家峡主动源实验室，完成甘肃省黄土地震工程重点实验室和甘肃省岩土防灾工程技术研究中心两个省级创新基地的整合，举办兰州野外站学术2022年年会暨西部地球科学与防灾工程论坛。完成5个创新团队和65名科技英才的中期考核，2022年2人入选中国地震局科技人才计划，1人评为陇原青年英才。制定印发《甘肃省地震科技发展规划（2021—2035）》，完成《中国地震局兰州岩土地震研究所中长期发展规划（2021—2035）》的起草。修订《甘肃省地震局科研项目经费管理办法》《甘肃省地震局地震科技发展基金管理办法》《甘肃省地震局促进科技成果转化实施细则》和《兰州所实验室管理办法》。

（甘肃省地震局　许丽萍）

## 部分科研单位

【中国科学院兰州分院】2022年，近物所承担的国家重大科技基础设施“加速器驱动嬗变研究装置”（CiADS）散裂靶热工样机及其测试平台研制成功，已开展二百小时以上连续运行实验；依托使用兰州重离子加速器（HIRFL）成功合成新核素锕-204和新核素钍-207；与兰州空间技术物理研究所联合研制的天问一号火星能量粒子分析仪发布首个科学成果，基于在地火转移轨道观测到的太阳高能粒子事件，为日冕物质抛射驱动粒子激波加速和输运过程的理解提供新视角，该成果被美国天文学会（AAS）选为亮点工作；重离子束诱变水稻新品种“东稻211”“东稻812”“东稻862”通过吉林省农作物品种审定，有力服务支撑“黑土粮仓”科技会战。兰州化学物理研究所研制的多种润滑及密封材料成功应用于“问天”“梦天”实验舱、“神舟”系列载人飞船、“天舟”系列货运飞船、“长征”系列运载火箭，有力保障中国空间站建设任务；发展多种先进润滑材料，成功应用于中国海洋一号卫星、大型运输机、超燃冲压发动机等；实现二氧化碳合成碳酸乙烯酯催化材料性能的显著提升，效率提高20%，完成10万吨/年装置建设；建成年产5000吨/年混维凹凸棒石干法转白生产线并实现连续化生产，作为第一起草单位制定的国家标准《凹凸棒石黏土分级及测试方法》获批发布。西北生态环境资源研究院研发系列新型耐久性工程材料与路基结构和适宜于戈壁特大风区的镁水泥固沙障等防沙新材料，并在青藏铁路试验示范路桥过渡段差异变形控制新技术；建成覆盖青藏高原和黄土高原的多圈层相互作用立体观测网络，发布多套青藏高原和北极冰冻圈高质量数据集，显著提升自主研发的寒旱区陆面过程模式对气候系统多圈层相互作用过程的模拟能力；勇担第二次青藏科考“巅峰使命”为珠峰冰川做“体检”，服务支撑极端环境下的生态文明建设；2022年，中科院兰州分院系统以第一完成单位获得8项甘肃省科学技术（专利）奖励，其中自然科学一等奖2项、二等奖1项，技术发明一等奖1项，科技进步一等奖1项、二等奖1项，专利发明人奖2项。

2022年，中科院兰州分院协助甘肃省有关方面持续推动兰州科学城培育建设。近代物理研究所医用重离子加速器武威示范装置正式投用后累计完成620余例（含临床实验46例）患者治疗，疗效良好。兰州碳离子治疗系统完成检测并启动临床试验；莆田项目装置安装结束，调试达标；武汉等4地的重离子治疗项目进展顺利。西北研究院创建全球灾害门户网站，基于数据资源和中心平台模型支持，为加勒万河谷顺利度过洪峰、青海玛多7.4级地震、四川泸定6.8级地震等灾害应急响应和救援发挥科技支撑作用。中科院兰州分院面向全省开展“爱科学，向未来”主题的第十八届公众科学日活动；兰州分院联合西北师范大学承办“2022年全国科学教育暑期学校（兰州分会场）”小学科学教师培训（下称“本次培训”）活动。兰州分院与甘肃省科学院加强合作，推动区域协同创新；近代物理研究所围绕新核素合成研究与该领域领先机构俄罗斯联合核研究所成立合作组，并与美国、日本等国的7家研究机构签订或续签合作协议。兰州化物所突破二氧化碳制DMF多相催化工艺和富二氧化碳煤层气综合利用技术，与中石油等协作推进工业化放大；与武汉岩土所围绕表面润滑、超疏水材料等相关科研任务攻关达成一致。西北研究院高分辨对地观测系统甘肃数据与应用中心庆阳分中心、海洋油气勘探国家工程研究中心—地球化学分析分中心揭牌；与河西学院等签订科技合作框架协议。

6月16日，国家电投四川公司等相关部门负责人一行来省科学院调研并洽谈合作（省科学院供图）

（中国科学院兰州分院　郭坚）

**【甘肃省科学院】**2022年，省科学院实现高技术产业园主体工程正式建成。完成创新孵化大厦南侧基坑回填工程等。年内组织申报各类科研课题（项目）86项，立项45项。编制完成《甘肃省科学院“十四五”创新发展规划》。成立“强科技”行动和“深化科技体制改革制度建设”工作专班，研究制订《甘肃省科学院“强科技”行动实施方案（2022—2025）》。完成《甘肃省科学院成果编纂》第四稿编印。在创新链条、创新要素、创新主体上开展科研攻关，科研创新和成果转化等取得一定突破。生物研究所围绕甘肃十大生态产业发展规划和产业链布局创新链，不断拓展新渠道，承担的“奶牛养殖废弃物生物处理与利用关键技术及装备研发”项目完成现场验收，科技成果技术成熟度达到13级，技术先进度达到6级。地质自然灾害防治研究所申报的省科技重大专项计划项目“甘肃省黄河流域高寒干旱区矿山生态修复技术集成开发与推广应用示范”首次获批，将通过适用于高寒干旱区高陡岩质边坡的生态修复方法的集成、示范和推广，从根本上提升甘肃省高寒干旱区的生态修复整体质量。磁性器件研究所实施的“双轴多级磁力液下搅拌喷射泵”已交付中核集团四〇四有限公司1台双轴多级磁力液下搅拌喷射泵工程样机，并进行工业应用考核，应用情况总体良好；承担的“乏燃料后处理混合澄清槽长轴搅拌器的研制”实现多项技术的首创。自然能源研究所投资4000万元的可再生能源中试车间已建成投产，为相关项目稳定提供产品，目前已经形成150MW光伏组件、10000套一体式太阳能路灯、10000套太阳能移动电源的中试生产能力。传感技术研究所围绕巨磁阻传感器新产品研发的同时，在器件的稳定性和良品率等方面取得较大突破。研制的“石油钻机井架承载能力安全评估检测系统”正式启动，实现该系统在钻机应力测试中的工程化应用。自动化研究所联合中科院深圳先进技术研究院、西安交通大学、甘肃省博物馆，申报国家级重点项目“文物数字资源快速高效采集关键技术和设备研发”。与国家电投集团西南能源研究院、国家电投集团四川公司四方共同签订《科技合作与能源开发协议》，向省发改委申请20万千瓦光伏发电指标，拓展“能源+”技术集成创新与新兴能源技术研究及应用，该项目已由甘肃省改革委向国家发改委上报。

（甘肃省科学院　李小波）

【甘肃省农业科学院】2022年，甘肃省农业科学院新上项目255项，承担实施各类项目350余项，其中国家重点研发计划课题（子课题）23项。新收集全省84个县市区种质资源3537份，抢救性收集11个县区种质资源1195份，保存地方特色黑裘皮羊保种群1333只、盘欧羊基础群2250只，鉴选优异资源800余份，创制育种材料2500余份；利用复合育种技术和方法，育成一批突破性的粮油、果菜、杂粮等作物新品种；示范一批绿色增产增效核心技术；研究筛选出一批生物安全关键技术与产品；紧盯农产品延链强链，推动农畜产品加工保鲜技术升级。2022年，甘肃省农业科学院有19项成果获2021年度省科技进步奖，其中一等奖1项、二等奖8项，5项成果获2022年度全国农牧渔业丰收一等奖和专业学会奖励；登记省级科技成果118项，获授权专利143项，省专利二等奖2项、三等奖2项；审定（登记、评价）农作物新品种39个，制修订标准55项，出版专著5部。2022年，以“三区”人才和科技专家为纽带，分别在舟曲县和永靖县实施“农科专家陇上行”活动，服务特色优势产业发展。在瓜州县布局设立农业试验站并成立全省首个产业技术研究院——蜜瓜产业技术研究院。由省发改委批复立项的“西北种质资源保存与创新利用中心”建设项目工程已进入种质资源库设备采购与安装施工招标阶段。该项目建成后可保存种质资源20万份次、离体材料保存3000份次，满足将来甘肃省乃至西北50年作物种质创新、重大品种选育等方面的科研需求。承担的6个农业农村部国家科学观测实验站项目、1个国家基地建设项目、3个省级科研平台项目通过阶段性验收。新获批2个省部共建重点实验室和国家农业科学白银观测实验站、甘肃省农业生物种质资源科学数据中心等一批科研平台项目。2022年，成功举办寒旱农业高质量发展论坛，先后与联合国粮农组织、白俄罗斯国家科学院等召开线上农业科技合作交流15次，签署科技合作备忘录4项。邀请美国路易斯安那州立大学教授做学术报告6场，完成“智慧农业关键技术”和“耐盐大豆品种鉴定与选育关键技术”出国（境）培训班线上培训任务。中-以友好现代农业合作项目“现代设施农业关键技术集成与示范”通过工程验收并进入正式运行阶段。省重大国际合作专项“中俄马铃薯种质资源创新利用及产业发展关键技术转移与示范”项目有序推进，共举行2次马铃薯品种选育及脱毒种薯繁育技术线上交流与培训。科技部“干旱灌区节水高效农业国际科技合作基地”和“甘肃省农业科技创新联盟”顺利通过第三方评估。甘肃省农业科学院被认定为“2021—2025年首批全国科普教育基地”，为甘肃省唯一入选的农业类科研单位。拥有60年办刊历史的《甘肃农业科技》成功更名为《寒旱农业科学》并隆重举行首发仪式。

（省农业科学院　方蕊）

## 综述

【概况】2022年，全省学校1.49万所，在校生和教职工合计592.1万人（在校生547.1万人、教职工45万人）。其中幼儿园8021所（幼儿94.7万人、专任教师6.3万人），小学4782所及教学点4721个（在校生202万人、专任教师15.2万人），初中1453所（在校生90.4万人、专任教师8.3万人），高中368所（在校生52.6万人、专任教师4.8万人），中职学校177所（在校生20.1万人、专任教师1.4万人），特教学校47所（在校生2.1万人、专任教师1152人）。高等学校49所（本专科在校生64.8万人、成人本专科8.9万人，研究生6万人，专任教师3.4万人），研究生培养机构15个（研究生136人，研究生指导教师107人），成人高校4所（本专科在校生2834人、专任教师245人）。2022届全省高校毕业生去向落实率为78.3%，"零就业"家庭等重点群体毕业生去向落实率达79.5%，高于全省平均水平。

【高考改革】出台全省普通高中学业水平选择性考试成绩计入考生总成绩实施办法和普通高校少数民族语言授课专业考试招生实施办法，建立"优化存量+竞争增量"的分配方式。完成第二轮高中后续分班走班模拟选课。指导各地上报教育评价改革试点项目320余项、典型案例230余项。

【教育科技创新】兰州理工大学西北低碳城镇支撑技术科研平台获批省部共建"2011协同创新中心"，天水师范学院集成电路研究中心获批教育部工程研究中心。高校立项国家自然和社科基金项目、省哲社项目分别占全省总数的67%、93.7%、84.8%。修订《甘肃省教育科技创新专项资金管理办法》，投入1.25亿元（同比增加25%）开展2022年教育科研创新项目，立项产业支撑计划、青年博士基金、优秀研究生"创新之星"项目等1971项。建设校企共生融合发展创新港和核产业研究院建设。联合省直有关部门印发《甘肃省高校产业研究院建设方案》，首批建设12个高校产业研究院。推动兰州交通大学、兰州理工大学建设科技成果转移转化试点。

【教育法治建设】建立年度学法和普法依法治理清单，创建中小学依法治校示范校，实现全省中小学法治副校长全覆盖目标，培训法治工作者和教师600余人。广泛开展"送法进校园""学宪法 讲宪法"系列活动，累计开展各类普法宣传8500余场次，获学讲宪法国家奖项5个，330余万学生线上参加"宪法卫士"活动。

【校园安全】制定全省年度教育安全工作方案、

加强国家安全教育基地建设、学校安全大检查工作方案等文件，召开11次全省教育系统校园安全稳定工作视频会议。以政治安全为重点，开展国家安全教育日、民族团结进步教育等宣传教育活动，扫黑除恶斗争教育行业乱点乱象排查整治，以及中小学生欺凌和暴力综合治理专项整治、高校消防安全专项整治共14个专项工作，及时防范化解各类校园安全风险。组建11个厅领导带队的学校安全稳定包抓工作组，对各地各高校学校安全稳定工作进行联系督导。

【“双减”工作】2022年，制定省级课后服务指导意见，已开展课后服务学校比例和服务时间达标率均为100%，学生参加率达99.34%，20个县（市、区）成为教育部第二批课后服务信息化试点。制定《甘肃省作业设计指南》和12个学科的作业设计与实施指导意见，全面建立作业公示制度、出台作业管理办法、作业时间控制达标的学校占比均达100%，制度化开展校本教研的学校占比100%。成立校外教育培训监管处，联合省直有关部门修订或出台民办教育培训机构和非学科类校外培训机构设置指导标准、校外培训材料管理实施细则等政策文件。省市县三级相关部门先后出动1.3万余人次开展校外培训机构寒暑假专项治理、培训材料和从业人员专项排查、“回头看”等多轮巡查检查，累计排查培训机构8000余家次，查处无证照、隐形变异培训500余家。全省线上、线下义务教育阶段学科类校外培训机构压减率分别达到100%、99.94%，校外培训预收费监管账户建立率、学科类培训政府指导价执行率均为100%，均高于全国平均水平。

## 基础教育

【学前教育】出台《甘肃省“十四五”学前教育发展提升行动计划》，制定、修订甘肃省幼儿园保育教育质量评估标准、示范性幼儿园评估标准。着力扩大普惠性学前教育资源、改善薄弱幼儿园办园条件、扶持普惠性民办园发展。开展城镇小区配套幼儿园治理“回头看”。实施城镇公办园扩容工程，支持各地新建、改扩建城镇公办幼儿园60所，增加公办园位1.6万个。核查整改幼儿园办园行为，对5个县（市、区）开展县域学前教育普及普惠督导评估工作。

【义务教育】修订《甘肃省义务教育条例》，强化义务教育法律保障。指导5个县做好国家义务教育优质均衡验收准备工作。印发规范民办义务教育发展、调整办学体制机制等有关工作方案，进一步规范和加强“公参民”学校管理。督促指导52个县（市、区）精简随迁子女义务教育入学证明材料65项。健全控辍保学长效机制，防止辍学反弹和新增。制定《贯彻落实〈关于建立中小学校党组织领导的校长负责制的意见（试行）〉工作方案》。制定《甘肃省义务教育质量监测实施方案（2022—2024年）》，对10个县开展义务教育质量监测。印发《关于制定义务教育阶段课后服务经费保障实施细则》，从2022年起每年设立义务教育学校课后服务奖补专项资金2500万元，全省所有县（市、区）全部建立义务教育课后服务经费保障机制。

【普通高中教育】出台《甘肃省“十四五”县域普通高中教育发展提升行动计划》。兰州大学等部属高校附属中学与5所县中开展托管帮扶。在全省46所省级示范性高中遴选227名学科骨干教师与省外管理团队组队，到23所县中开展“组团式”帮扶和结对帮扶。指导17所卓越高中培育学校制定工作规划与年度工作方案。修订《甘肃省示范性普通高中评估标准》，新创建4所省级示范性高中。全省建设义务教育集团化办学团体262个、城乡共同体办学183个，分别涉及学校2607所、1930所。推进普通高中育人方式改革，实施新课程、使用新教材，有序推进选课走班教学，开展普通高中办学质量评价。

## 高等教育与职业教育

【高等教育】举办新时代振兴中西部高等教育论坛高峰论坛。全省高校获批第三批国家级一流本科专业建设点54个。省级高等教育教学成果奖从上届的50项增加到120项，并增设特等奖。联合省直13个部门共同印发《甘肃省关于进一步支持大学生创新创业的若干措施》，获批建设国家级创新创业学院、教育实践基地各2个。培育“大创计划”国家级项目4412项。制定“十四五”全省本科教育教学审核评估计划、本科教育教学审核评估实施方案。制定全省《普通本科高校绩效考核管理办法》《甘肃省本科毕业论文（设计）抽检实施细则（试行）》。河西学院增列为硕士学位授予单位，全省11所高校新增42个博士硕士学位授权点。教育部批复在甘肃省设立新时代振兴中西部高等教育改革先行区，出台全省加快普通高等教育高质量发展若干措施、省属高校国家一流学科突破工程建设方案等政策文件。省属高校在全国第八届中国国际“互联网+”大学生创新创业大赛决赛中获得2金7银48铜的历史最好成绩。

【职业教育】 印发《甘肃省职业教育集群建设方案》，巩固“一园三群”发展模式。全省63个县（市、区）组建“一县一校一中心”，开展技能培训23.3万人次，全省职业院校培训10.9万人次。全面推行“1+X”证书制度试点，132所院校分6批申报1386个职业技能等级证书试点，1.5万多名学生取得相应证书。印发《甘肃省职业学校学生实习管理实施细则》《普通本科学校试办职业本科专业实施方案》，2所职业本科大学共设置职业本科专业42个。制定《甘肃省高中阶段职普融通工作方案（试行）》，备案29所普通高中试点中职班、43所中职学校试点高中班。制定《甘肃省“双高计划”中期绩效评价工作方案》，完成有关省级评价和学校自评。召开全省职业教育大会，全面学习宣传《中华人民共和国职业教育法》，首批评选表彰5个市、15个县（市、区）为全省职业教育改革成效明显的地方。在全国率先印发产教融合型试点城市遴选建设办法，遴选确定兰州、酒泉、天水等3个城市为全省首批产教融合试点建设城市，分两批遴选产教融合试点企业55家。9个虚拟仿真实训基地被认定为国家级实训基地，遴选省级职业教育名班主任、名师工作室共50个。

## 思政教育

【社会主义教育】制定全省教育系统党的二十大精神学习宣传工作方案，组织开展各类宣讲活动120余场次，受众师生40余万人次。召开全省教育系统贯彻落实学校思想政治理论课教师座谈会精神暨全国高校思政课平台建设启动会，将党的二十大精神、疫情防控、台海局势等热点难点问题融入思政课程，开展集体备课会70场次。指导各高校开设习近平新时代中国特色社会主义思想概论课程。建立舆情风险月研判及定期通报制度，预警和处置网络舆情。整改意识形态专项巡视问题，专项督查高校党委意识形态责任制落实情况。立项结项一批思政教育研究课题，设立“党的二十大精神”专题研究项目。全面排查整改大中小学教材教辅、课外读物。开展“青春献礼二十大 强国有我新征程”等系列主题作品征集和“三下乡”社会实践研学活动，评选优秀作品200余件，形成实践研学成果1万多个。制定《重点马克思主义学院建设评估指标体系》。成立教育融媒体中心，策划实施“教育这十年 喜迎二十大”等系列报道，厅门户网站、官方微信号共发布党的二十大相关报道和视频220篇，累计阅读量69万余次，《甘肃日报》等省级以上权威媒体宣传报道甘肃教育80余篇。

【“五育”并举】 积极培育创建100所左右“德育工作六星校”，开展“新时代好少年·强国有我”系列品牌活动。成功举办全省第五届中学生运动会。研制全面加强和改进新时代学校卫生与健康教育工作的若干措施。全省第七届中小学生艺术线上展演在甘肃电视台少儿频道及线上展演1000余件获奖作品。8所学校入选首批全省中小学美育工作坊。实施体育美育浸润行动计划，8所高校结对帮扶周边中小学开展体育美育浸润活动。创建13个省级中小学劳动实践基地，推动建设3个全国中小学劳动教育试验区。

## 继续教育与数字化教育

【继续教育】 制定《甘肃教育现代化继续教育五年行动计划》。开展学历继续教育校外教学点调研排查，研制《甘肃省高等学历继续教育校外教学点管理办法》，部署指导校外教学点信息管理系统填报工作。会同有关部门专项整治高等学历继续教育违法违规广告行动。完成高等学历继续教育专业设置系统填报及专业统筹。

【教育数字化】 研制《甘肃省关于推进“互联网+教育”高质量发展的实施方案》。调整成立厅网络安全和信息化领导小组、国家智慧教育平台试点工作领导小组，将教育信息化工作纳入对地方政府教育督导考核的重要内容，形成省市县校四级领导机构。召开2022年全省教育信息化现场会，甘肃省被确定为国家智慧教育平台第二批试点省份。承担国家中小学、职业教育、高等教育智慧教育平台分项试点任务。2地、8校分别入选教育部网络学习空间应用普及活动优秀区域和优秀学校。持续推进“互联网+支教”项目，组织师范类高校（专业）重点面向乡村振兴重点帮扶县学校开展音体美等12个科目授课，涉及班级938个，上课学生数达到29.58万人次。举行甘肃智慧教育平台（一期）发布仪式，为全省1.8万多所学校500.48万师生提供服务，累计访问量1.7亿次。

（省教育厅　崔坚）

## 招生招考

【普通高校招生】 2022年，甘肃省共有243248人报名参加普通高校招生考试，比2021年减少2669人。其中：理工类考生123340人，占报名总人数的50.7%；文史类考生93157人，占报名总人数的38.3%；中职升学考试26751人，占报名总人数的11%。男生120263人，女生122985人，性别比例约为1∶1。农村户籍考生179000人，占报名总人数的73.6%。少数民族考生18761人，占报名总人数的7.7%。全省共设15个考区，195个考点，6912个考场。在甘肃省招生的普通高校共1984所，计划招生263488名。除去高职院校综合评价已完成计划及保送生、残障生等单独招生计划外，向社会公布计划211957名。甘肃省普通高校招生共录取考生212023人，录取率87.16%，较2021年增加0.08个百分点。按层次分：本科共录取118631人，占录取人数的55.95%，录取率48.77%，较2021年增加0.17个百分点。高职（专科）共录取93392人，占录取人数的44.05%，录取率38.39%。公布本科计划119784名，占公布计划总数的56.51%，比2021年增加675名；公布高职（专科）计划92173名，占总计划的43.49%，比2021年减少15022名。按科类分：理工类112057名（本科81408名，专科30649名），占计划总数的52.87%；文史类59210名，占计划总数的27.93%；体育类2184名，艺术类13351名，中职升学计划25155。按科类分：理工类录取98532人，占录取人数的46.49%，较2021年增加0.73%，录取率81.33%；文史类录取52984人，占录取人数的25.00%，较2021年增加0.07%，录取率82.59%；体育类录取2166人；艺术类录取12816人；中职生录取24593人；高等职业教育综合评价录取20799人，其中录取原58个集中连片贫困县区考生18831人；残障生及职教师资单招录取133人。2022年，甘肃省各类“专项计划”在全省录取考生15102人，其中，本科录取12670人（包括高校专项275人），比2021年增加138人；高职（专科）录取2432人，比2021年减少358人。录取原58个集中连片贫困县（市、区）考生14393人，其中本科12258人，占专项计划本科录取总人数的96.75%，与2021年基本持平。

【研究生招生】 2022年在甘肃省报名并确认参加全国硕士研究生招生考试考生83801人（不含推免生2530人），报考人数较2021年增加15460人，增幅22.6%。全省共设9个考区、21个报考点。全省录取研究生21326人，比2021年增加1363人，增幅7.0%。其中硕士研究生19425人（含少数民族骨干79人，农村师资96人，推免生1455人，单考7人，退役大学生士兵计划95人），包括全日制硕士研究生16222名，非全日制硕士研究生1748名；博士研究生1901人（含少数民族骨干24人，思政教师后备14人，高校辅导员10人，两课教师4人），包括全日制博士研究生1886人，非全日制博士研究生15人。

【成人高校和专升本招生】 2022年，甘肃省成人高校招生全国统一考试报考92786人（含免试生759人），比2021年增加12190人。受新冠疫情影响，根据教育部统一安排，考试延期举行。2022年，在甘肃省招生的普通中等专业学校109所，报名43569人，录取34622人。甘肃省省教育厅下达19所省属本科院校控制计划数19000名，录取18858人，较2021年增加5185人，增幅37.92%。

【高等教育自学考试】 2022年，甘肃省高等教育自学考试开考55个专业（其中本科43个，专科12

个），上半年开考课程227门，报考29222人（其中社会长线18359人、应用型专业7370人、专接本3493人）。下半年开考课程247门，报考30447人（其中社会长线19478人、应用型专业7628人、专接本3341人），受疫情影响下半年考试延期至2023年4月举行。全年完成6620名社会助学学制内考生注册。全年培养高等教育自学考试毕业生2025人。

【非学历教育考试】 2022年，受疫情影响，甘肃省部分非学历考试停考延考，全年共开设5项非学历教育考试项目，组织考试8次，总计报考50.02万余人次。其中，全国中小学教师资格考试笔试报考123287人次，面试报考27703人；全国大学英语四、六级考试报考215909人；全国大学英语四、六级口语考试报考2390人；全国高校英语应用能力考试报考36353人；全国英语等级考试1155人次；全国计算机等级考试报考93444人。

3月12日，甘肃上半年中小学教师资格考试考生休息区（省教育考试院供图）

【普通高中学业水平考试】 2022年，甘肃省夏季普高中学业水平（合格性）考试实施实现新老学考两种模式无缝衔接。2022年甘肃省夏季普通高中学业水平考试两类考生共计报名约35万人，为历史最高。冬季普通高中学业水平（合格性）考试因疫情原因，延期至2023年3月组织实施。

【命题工作】 2022年，完成高等教育自学考试474门课程的命题制卷工作，分别为25个省（区、市）（含教育部教育考试院）提供260套试卷清样。完成甘肃省夏季普通高中学业水平考试35个科目次命题任务。命制甘肃省普通高校专升本考试试题27套。完成甘肃省全国中小学教师资格考试（面试）6类学科60套试题命题工作。

（甘肃省教育考试院　王爱平）

## 高校概览

【兰州大学】2022年，兰州大学编制实施《兰州大学“双一流”建设高校整体建设方案》和4个一流学科建设方案。组织开展2023年度“双一流”引导专项申报评审，连续五年实现教育部评审金额零核减，五大专项绩效目标审核结果4优1良。完成首轮“双一流”建设任务，2个案例入选《首轮“双一流”建设典型案例集》。化学、大气科学、生态学、草学继续入选一流学科建设名单。新增2个博士学位授权一级学科、1个博士专业学位类别授权点。制定《加强经济社会发展重点领域急需学科专业、交叉学科建设和人才培养的实施方案》，启动修订本科人才培养方案。新获批15个国家级、3个省级一流本科专业建设点，新增3个新专业、13个微专业，撤销7个专业。护理学专业通过专业认证，计算机科学与技术专业认证完成专家考察工作。新建通识教育、跨学科、在地国际化等课程69门，新增省级一流课程60门。建立校院两级教学顾问工作体系，新增省级教学名师3人、省级教学团队5支和省级教学成果培育项目20项。获得教学类比赛国家级奖励4项、省级奖励6项。推进精品自编教材建设，立项建设教材186部。制定《“十四五”期间学位授权工作规划》。新增法学、药学2个博士学位授权一级学科和能源动力博士专业学位类别授权点。落实专业学位研究生“双导师制”，完成2批次行业导师聘任。草种创新与草地农业生态系统全国重点实验室入选首批20家标杆实验室，共建的2个全国重点实验室获批。稀有同位素前沿科学中心通过教育部认证，稀土功能材料教育部工程研究中心、核与放射分析学科创新引智基地、甘肃省先进核能与核技术研究中心、甘肃省基因编辑育种重点实验室等获批立项建设。启动“丝绸之路经济带”甘肃段生态环境与气候变化野外科学观测研究网络Ⅱ期建设。获批千万级项目11项、国家自然科学基金项目223项、国家社科基金各类重大项目6项、教育部哲学社会科学研究重大课题攻关项目1项。1个项目入选“中国生态环境十大科技进展”，研制成功首颗极大规模全异步电路芯片。创刊Grassland Research。培育建设“草地生态绩效治理与管理大数据实验室”“循证社会科学交叉创新实验室”，推进中国—中亚大数据研究院等平台建设。获甘肃省科学技术奖22项（人），其中甘肃省科技功臣奖1人、甘肃省自然科学奖特等奖1项。获全国科技系统抗击新冠肺炎疫情先进集体2个、先进个人1名。获批甘肃省创新创业实践教育示范中心，获专业类和创新创业类国家级金奖3项、国际级金奖4项。实施“全球校园培养计划”，全年派出448名学生赴国（境）外交流学习。获批新增研究生招生计划23名。获批内地与港澳大中小学师生交流计划项目18项、港澳台学生国情教育项目1项、对台教育交流项目1项。实施“国际中文教育新起航计划”“暖心计划”。

（兰州大学　曲思宇）

【西北民族大学】学校加快一流专业建设，完成“3个100”课程思政建设任务。立项国家级“大创”项目30项，获得省部级教学成果奖4项，获批教育部虚拟教研室试点2个，立项甘肃省人才培养质量提高项目和各类教改项目33项。出台《研究生教育质量评价基本规范》，改革博士招生考试办法，制定《博士研究生“申请—考核”制招生实施办法》，构建“学校—学部（院）—导师—学生”全方位的招生宣传体系。获批甘肃省研究生创新之星项目40项；全年授予博士学位39人，硕士学位609人，获甘肃省优秀博士硕士学位论文11篇。学校完成中华民族共同体学一级学科论证方案和民族类学科研究方向、内容调整实施方案。对标新版学科专业目录，艺术类学位点调整为艺术学一级学科学位授权点和5个专业学位授权点，文物与博物馆学位点调整为博物馆和文物等2个专业学位授权点。工商管理一级学科授权点调整为工商管理学。推进民族学和中国语言文学博士点研究方向转型调整，优化兴边富民学博士点方向设置，打造民族学类学科博士点建设新体系。设立“铸牢中华民族共同体意识”研究专项，开展任务制的铸牢中华民族共同体意识科研攻关；学校首次获批“细胞基质疫苗关键技术与产业化”教育部工程研究中心，实现高层次科研平台建设新突破。“装配式建筑与节能建材产业研究院”获批甘肃省高校首批产业研究院。获批国家自然基金项目11项。学校6项科技成果荣获甘肃省科技进步奖。全年获批国家社科基金项目20项。获批2项国家社科基金重大项目。《西北民族研究》在学术期刊影响力指数排序中位列民族学与文化学类Q1区，综合影响因子、复合影响因子均名列31种期刊的首位。学校录制的专题宣传片《绽放》闪亮登场2022年维也纳联合国“中文日”活动，在国家民委系统及甘肃省高校范围内尚属首例。“漫步羲皇故里・溯源始祖文化—2022年陇台大学生文化研习营”分别获国务院台湾事务办公室和教育部批准成为甘肃省年度重点项目。承办“2022年‘一带一路’百校结好云端艺术节”。落实《关于全面加强新时代语言文字工作的意见》，同巴基斯坦“中巴教育文化中心”联合申报由教育部中外语言合作交流中心设立的“语合智慧教室”项目，服务“一带一路”建设语言文字需求。与新加坡南洋理工大学、俄罗斯列宾美术学院等合作开设近40门国际课程。举办“生物医学及生物材料国际学术研讨会”等6场高水平国际会议。出台《2022年度校地（企）合作联合资助项目实施方案》。

（西北民族大学　刘璇）

【西北师范大学】2022年，学校共招收本科学生4874人，博士研究生292人，硕士研究生3523人。推进一流专业、一流课程及教材建设，7个专业新增为国家一流本科专业建设点，4个专业新增为省级一流本科专业建设点，46门课程获批省级一流本科课程，评审立项建设9部重点教材。推动信息技术与教育教学深度融合，开设线上本科课程6873门。制定《关于修订研究生培养方案的指导意见》。评选6个校级专业学位研究生实践基地，立项建设研究生课改项目19项、一流课程项目17项、一流教材项目10项、案例库项目14项。学校获教育在线“2022年度高校就业创新奖”。2022届毕业生年终毕业去向落实率83.48%，其中本科生79.15%，研究生90.56%。制定实施《西北师范大学贯彻落实〈关于新时代振兴中西部高等教育的意见〉措施清单》，制定学校《“双一流”建设方案》，制定《西北师范大学国家一流学科突破工程学科建设管理办法》，创新实施学科特区政策。优化学科分类分层建设机制和学科建设经费配置，编发《2021年学科建设报告》。获批国家级和教育部科研项目111项，其中国家自然科学基金项目60项，国家社科基金项目37项；获批其他各级各类项目252项。立项学校重大科研项目培育计划项目14项，青年教师科研能力提升计划项目66项。制定《科研基地平台建设与运行管理办法》，获批甘肃省数学与统计学基础学科研究中心、甘肃省智能教育产业研究院。学校获全省征兵工作先进单位。学校入选首批国家级创新创业教育实践基地，创新创业学院获批甘肃省高校创新创业教育示范学院。2022年，学校与泰国易三仓大学、希腊雅典大学签订学生合作培养协议，开展“丝绸之路文明基础学科拔尖学生培养基地班”学生国际化培养项目。制定《西北师范大学港澳台本科学历生招生和培养管理办法》，完成招收港澳台地区学生教育部备案工作。召开第五届“中国与中亚人文交流与合作国际论坛”暨第六届东干语言文化国际学术研讨会、“河西走廊与中亚文明”国家社科重大招标项目开题报告暨学术研讨会、丝绸之路与文明互鉴国际论坛暨中国中外关系史学会2022年年会。参加首届“一带一路”霍尔果斯论坛，成为首届论坛理事单位。完成《哈萨克斯坦常用法律》出版工作，启动乌兹别克斯坦常用法律翻译项目。2022年共招收各类别国际学生400人，申请学历涵盖本科、硕士、博士3个层次。加强与北京师范大学、青海师范大学、伊犁师范学院等兄弟院校的沟通合作。招收学历继续教育学生17000余人，自学考试招生1500余人。

（西北师范大学　周建翔）

【兰州理工大学】2022年，兰州理工大学通过工程教育认证专业17个，位列全国高校前25位。经管学院通过BGA金牌认证，学校成为西北地区首个通过BGA单独认证的高校。获批国家级一流课程3门、教育部第一批产学合作协同育人项目27项、推荐申报国家级教学成果奖4项。学校入选首批国家级创新创业学院建设单位。成立国家一流学科突破工程工作专班，以材料科学与工程学科为龙头，推动多学科融合内涵建设，成功申报甘肃教育二期、四期项目。工程学、材料学、化学排名在ESI学科排名继续保持前1%，同比分别提升65名、57名、122名。优化师资队伍结构，专任教师中博士学位教师占比达到52.67%，1名教师入选“第七批国家高层次人才特殊支持计划教学名师”；3名青年教师入选首批“陇原青年英才”，9名教师入选第四批“飞天学者特聘计划”。1个教师团队在2022年外研社“教学之星”全国总决赛中获得一等奖，1名教师在第十一届全国高等学校测绘类专业青年教师讲课竞赛荣获一等奖。获批国家级科研项目103项。省部共建国家重点实验室首次获得国家自然科学基金区域创新发展联合基金项目，以第一单位发表论文391篇，其中TOP期刊论文16篇。推动共建重点科研平台和高水平产业技术研究院，签订成果转移转化项目63项。与美国阿克伦大学建立校际合作关系，开展高分子专业“3+2”联合培养硕士研究生项目。中外合作办学项目、国际协同创新平台和“金属表面防护与延寿学科创新”111引智基地建设成效显著。依托教育部2023年对口支援政策，成功争取大连理工大学、北京科技大学等“双一流”高校对口支援。

（兰州理工大学　周志强）

【兰州交通大学】2022年，兰州交通大学推动“甘肃省属高校国家一流学科突破工程”学科建设，推进24个学位点2020—2025年学位授权点周期性合格评估阶段性工作，完成5个学位点周期性合格评估的自评工作。修订《兰州交通大学学位评定委员会工作章程》，制定《兰州交通大学学位授予工作指导意见》《兰州交通大学学位服使用管理规定（试行）》《兰州交通大学“交通运输工程”国家一流学科突破工程全职引进高层次人才暂行办法》。制定《兰州交通大学高层次人才项目申报推进总体工作方案》，全年引进博士69人，其中双一流及海外高校博士占比72%。获批甘肃省委组织部人才项目6项。制定《兰州交通大学推进课程思政建设实施方案》，获批“首批国家级创新创业教育实践基地”。实施研究生学位论文“双盲”评阅制度，建立卓越研究生培养育人模式，制定《兰州交通大学研究生学位申请创新性成果认定细则（修订）》《兰州交通大学研究生学位论文作假行为处理办法》，对不同类别研究生创新性成果、培养质量进行分类评价。推动研究生综合改革，构建“普通招考”“硕博连读”“申请考核制”并行多元化博士研究生选拔模式。开展科教融合、产教融合、教育教学质量提升、导师指导能力提升“四个”专项行动。2022年共录取全国31个省（区、市）考生6109名，其中本科生5426名、高职生200名；录取硕士研究生2421人，博士研究生录取92人。2022届毕业生总数为7930人，就业人数7141人，去向落实率为90.05%。8个专业获批为国家级一流专业建设点、4个专业获批为省级一流专业建设点，5个专业首次通过工程教育认证，5门课程为国家一流课程，39门课程为省级一流课程，22门本科课程在国家智慧教育平台上线运行。学校结合重要时间节点、重大事件，展开爱国主义教育、理想信念教育、法律法规教育、校纪校规教育、各类安全教育，对学生加强人文关怀和心理疏导，促进学生健康成长，认真开展国防教育和武装工作，资助本专科生46332名人次。

5月31日下午，兰州交大2022年度网络电信诈骗案件防控工作推进会暨《网络电信诈骗案件防控目标责任书》签订仪式在国际会展中心举行（兰州交通大学供图）

新增国家铁路局“高原铁路运输智慧管控铁路行业重点实验室”和甘肃省教育厅“甘肃省微电子产业研究院”2个省部级科研平台。共签订各类科技服务项目192项；获批市级科技计划项目3项。开展国际中文教育推广工作，再次被教育部中外语言交流合作中心评为优秀考点。推进西班牙塞维利亚大学孔子学院建设。推进与美国依阿华州立大学2+2本科双学位联合培养项目，与美国内华达大学拉斯维加斯分校在机械设计制造及其自动化专业合作办学项目并签订合作协议，与菲律宾北达沃州立大学签订合作协议，与印度尼西亚泗水大学达成合作意向。

（兰州交通大学）

【甘肃农业大学】2022年，甘肃农业大学完成10个校级一流本科专业的总结验收，遴选立项建设5个专业，校级一流本科专业达到25个，占专业总数的38%。立项5个校级专业综合改革试点项目，并对2021年立项的5个校级专业综合改革项目进行总结检查。获批国家级一流本科专业3个，省级一流本科专业4个。申报智慧农业、智慧牧业科学与工程、农业智能装备工程3个新专业。立项建设30门校级一流课程，获批省级一流课程27门。2022年，组织申报各级各类科技计划项目1072项，获资助274项；组织申报各级各类科技奖励55项，其中获甘肃省科学技术奖16项、专利奖2项、全国农牧渔业丰收奖一等奖1项。制定《甘肃农业大学学科团队建设管理办法》，在全部一级学科开展学科团队组建申报工作。实施学科建设项目18项。按照《甘肃省属高校国家一流学科突破工程建设方案》，制定草学一流学科突破工程建设方案。全面修订《甘肃农业大学学位授予工作细则》，获批森林保护、土地整治工程、数据科学与大数据技术、生物制药、兽医公共卫生5个学士学位授权专业。遴选研究生导师125人，其中博导27人，硕导98人，考核研究生导师42人。完成青年导师扶持基金立项22项、中期考核14项、结题13项。招聘博士54人，硕士33人。2022年普通高考录取4330人，专升本录取328人；招收硕、博士研究生1745人。制定《甘肃农业大学关于进一步促进毕业生就业工作的实施意见（试行）》。制定《甘肃农业大学书记、校长访企拓岗促就业专项行动工作方案》，本科生初次就业率为79.98%，研究生初次就业率为77.62%。学校被省教育厅认定为“甘肃省大学生就业工作示范性高校”。与金昌市、河西学院、中国农业银行甘肃分行、甘肃农垦等10余家单位签署战略合作协议。与美国加州大学戴维斯分校就开展研究生线上学分课程项目达成初步合作意向，与韩国东明大学就师生互派、合作科研等事宜达成初步合作意向。组织18名教师参加美国普渡大学农商管理线上研修班。联合法国Cafa葡萄酒学院，组织教师参加《葡萄酒基础概论》线上师资培训。获批国家留学基金委高层次人才培养项目1项，科技部外国专家项目3项。组织申报国家引智引才基地1个。1名新西兰籍外国专家获得甘肃省人民政府“敦煌奖”荣誉称号。

（甘肃农业大学　闫述乾　马小军）

【兰州财经大学】2022年，兰州财经大学健全学科建设长效机制和组织管理体系，优化学科建设制度和机制保障。强化博士单位建设，推进一流学科建设和学科“攀登计划”。组织开展博士硕士学位点评估工作和新增博士硕士学位点申报工作。组织承办2022年全省“双一流”建设暨学位与研究生教育工作推进会。召开新增农业硕士（农业管理领域）专家论证会。完成省级虚拟仿真实验教学一流课程集成共享应用和虚拟仿真实验教学课程上线“智慧高教平台”建设。确立“一体四维度 一课四平台”的劳动教育体系，学校当选中国高等教育学会劳动教育专业委员会常务理事单位。创新创业学院获批全国第一批国家级创新创业学院和甘肃省高等学校创新创业教育示范学院。“创新创业教育课程群虚拟教研室”作为教育部首批虚拟教研室项目成功获批立项。2022年参加创新创业类学科竞赛获得国家级奖项25项，省级奖项30项。获批国家级一流专业2个，省级一流专业3个，省级一流课程23门。完成第三批一流课程申报工作，共确立35门校级一流课程。新增思想政治教育、翻译、人工智能等3个本科专业。获批省级教学团队2个，省级教学名师1人，高等学校青年教师成才奖2人，高等教育教学成果培育项目11项。组织修订完善学校《科研工作量核算及科研绩效管理办法》等多项科研管理制度。获准立项国家基金项目、教育部人文社科项目、省级科技重大专项、省社科规划项目、省自然科学基金项目、省软科学项目等各类项目合计114项。“甘肃省现代金融产业研究院”和“一带一路知识产权保护与数据运用产业研究院”等2个产业研究院获批甘肃省第一批高校产业研究院。新设立“西部舆情与传媒研究院”“生态产品价值实现研究院”2个校级科研平台。全年引进博士研究生25人，招聘硕士研究生30人，招聘急需紧缺专业硕士研究生20人。与俄罗斯圣彼得堡彼得大帝理工大学、英国肯特大学等国外高校达成初步合作协议。落实《中美人才培养计划》等国际项目，获批成为国际中文教师奖学金接收院校。参加白俄罗斯主办的国际会议、第十三届中国高等教育校长论坛等。与商务厅共同举办2022年“中白地方合作年”活动座谈会暨“甘肃省境外就业培训基地”揭牌仪式。与新加坡南洋理工大学国立教育学院联合举办“行政干部管理能力提升”培训班。深化与中央财经大学的交流合作，新增对外经济贸易大学、上海财经大学和中国社会科学院大学为学校对口支援高校。

（兰州财经大学　闫向忠　余茜）

【甘肃中医药大学】2022年，甘肃中医药大学录取本科生4237人，学术型研究生330人，专业型研究生854人，留学生32人。制定《“西医学中医”人才培养项目实施方案》。医学信息工程专业获批国家级一流本科专业建设点，医学影像学、中药资源与开发、医学检验技术三个专业获批省级一流专业建设点。实施部分本科专业分校区分阶段培养模式，将和平校区10个专科起点本科专业、6个本科专业一年级、2个新设专业及预科生新生调整至定西校区培养。定西校区增设中医康复学、汉语言文学、食品质量与安全等3个本科专业并招生，专科专业停招。获批省级一流课程22门，省级课程思政教学研究示范中心1个，课程思政示范专业（中医学专业）1个，课程思政示范课程2门，5门示范课在新华网课程思政平台上线运行。杏林百草园科普认知基地获批教育部首批“大思政课”实践教学基地。获得省级教学成果特等奖1项、一等奖1项、二等奖4项，获批甘肃省教育科学规划各类项目17项，省级教学团队2个、教学成果培育项目12项；立项校级教学研究与改革项目59项。主编各级各类教材5部，副主编各级各类教材17部，参编各级各类教材28部。编制发布《2021—2022学年本科教学质量报告》。对中医学等4个国家级一流本科专业建设点，针灸推拿学等10个省级一流本科专业建设点以及《中药鉴定学》等36门省级一流本科课程、奖励课程负责人，团队等进行奖励。修订《研究生培养方案》《研究生课程建设与管理办法（试行）》，评选16门研究生校级一流课程建设项。全年立项项目212项，发表SCI、CSCD、CSSCI等核心期刊论文537篇。加入中国工程院2023年中国工程科技发展战略甘肃研究院咨询项目。获甘肃省皇甫谧中医药科技奖13项、甘肃省药学发展奖4项。陇药产业创新研究院获批甘肃省第一批高校产业研究院，获批建设国家中药炮制技术传承基地。与省药监局联合建设甘肃省中药监管科学研究中心。完善敦煌医学与转化教育部重点实验室、甘肃省中医药研究中心、陇药产业创新研究院及中西医结合与公卫学科实验室建设。引进博士10人，聘任教授10人、副教授12人、校内副教授20人。获全省高校大学生就业创业能力提升工程重大项目立项1项、重点项目2项、一般项目2项；立项资助大学生科技学术创新基金项目32项；立项资助大学生创新创业训练计划78项，其中，15项获国家级立项，31项获省级立项。选派40余名研究生及本科生参加日本、新加坡医学、药学项目交流学习，选派150余名学生参加麦哲伦世界游学团。获批国家留学基金委面上项目一项，赴美国学习交流项目1人，选派1名教师参加教育部赴英国谢菲尔德大学英语培训项目，推荐7名教师加入甘肃省中医药国际交流合作人才库。完成甘肃省第22期援马达加斯加援外项目。获批教育部教育援外项目、"一带一路"教育国际合作交流专项等4个项目。

（甘肃中医药大学　陈晓强）

【甘肃政法大学】2022年下半年，甘肃政法大学成立兰州新区校区管理委员会，印发《甘肃政法大学兰州新区校区管理运行方案（试行）》，部分新生入驻新区校区，"一校两区"办学功能得以实现。学校印发《关于开展本科专业评估工作的通知》，按照本科专业评估计划和指标体系，对35个本科专业进行专业评估复评工作，形成《关于2022年本科专业评估报告》。学校具有高级职称教师占比59.74%，具有博士学位和硕士学位获得者占比达93.86%。享受国务院政府特殊津贴专家1人，全国优秀教师2人，中宣部宣传思想文化青年英才1人，入选教育部"新世纪优秀人才支持计划"3人，教育部高等学校教学指导委员会委员4人。2022年引进高层次人才12人，引进"双一流"高校急需紧缺专业硕士研究生9人。藏汉双语法学人才培养模式由原有"2+2"培养模式变为"1+2+1"模式，加强学生在省高级人民法院的实践学习环节。与中国政法大学、兰州财经大学进行学生交流培养，推动与山东政法学院交换生培养协议，双方累计互派交流生56人。2022级新生全部实行心理健康测评，并以学院为单位进行统计分析，转交各学院建档立卡，43名学生通过逐级检测审核光荣入伍。举办安宁区2022年就业服务"高校行"系列活动——甘肃政法大学站暨甘肃政法大学2022届毕业生校园双选会、2022届毕业生律师专场招聘会2场，参加"百名人社局长直播带岗暖心行动"1场、访企拓岗148家、拓展省外实习就业基地25个。2022年，共获批各类校外科研项目87项，49项各级各类科研项目结项；共发表C2类以上学术论文86篇，出版学术著作17部。2022年申报国家级（包含1项重点项目）15项、省级项目20项、校级项目30项，全年组织结项项目40项。组织申报2022年改革发展专项项目3批40项，落实学校2023—2025年改革发展专项项目编制申报工作，共计申报各类项目111项。

（甘肃政法大学　蔺亚辉　孙学朝）

【天水师范学院】2022年，学校成功获批教育部师范教育协同提质计划重点支持院校。获批3个国家级一流本科专业，4个省级一流本科专业。获批甘肃省基础教育教学成果省级特等奖、一等奖和二等奖共3项；获批省级一流本科课程25门，省级课程思政示范专业1个，示范课程、教学名师和教学团队1项，课程思政研究项目3项。首次开展10个专业免试认定中小学教师资格证试点，占师范专业2/3，居全省同类高校第一。获批省级教学成果培育项目10个、省级教学团队1个、教学名师1名、实验教学示范中心1个、青年教师成才奖2名。学校成功获批博士学位授予立项建设单位。获批校外各级各类项目120余项，其中国家自然基金、社科基金立项6项。成功获批集成电路封测教育部工程研究中心。编辑出版学报6期，首次入选中国学术期刊影响因子统计源刊。录取各类普通考生4552名（其中硕士研究生425名），授予学士学位4115人、硕士学位270人，毕业生就业率84.63%。加强国防教育，61名学生光荣应征入伍。深化与西安交通大学、兰州大学的合作交流，制定校际合作年度重点工作任务清单；先后赴天津师范大学、陕西师范大学沟通，推动师范教育协同提质计划。拓展校地、校企合作，校地共建天水师范学院附属学校，与东旭集团、甘肃海林中科科技股份有限公司等签署校企合作协议8份；加快甘肃省白俄罗斯研究院—中白生态环境研究所和"高加索地区研究中心"建设，策划"高加索地区研究译丛"和"高加索地区论丛"等栏目，开设《中外文化交流史》《中东史》等专业特色课程。

（天水师范学院　王晓辉）

【兰州城市学院】2022年，兰州城市学院落实《新文科建设方案》《新工科建设方案》，完成新时代语言文字示范校创建评估工作，制定学校《专业结构优化调整方案》，学前教育专业获评国家一流本科专业建设点，化学等4个专业入选省级一流本科专业建设点。获评省级教学名师1名、青年教师成才奖1人、创新创业教育教学名师1名、省级教学团队1个，荣获省级基础教育教学成果特等奖2项，高等教育教学成果培育项目8项，省级创新创业教育教学改革研究项目2项，获批省级实验教学示范中心1个，创新创业教育示范课程1门。学校制定《科研项目管理办法》《科研项目经费管理办法》《二级学院科研工作考核暂行办法》《校级科研平台建设管理办法》等4个制度文件。2022年批准立项各级各类科研项目143项，其中，纵向科研项目96项，横向科研合同47项。教师公开发表学术论文162篇，其中SCI、CSSCI、EI等高水平论文78篇；出版专著、教材7部，授权专利14项；荣获甘肃省专利发明人奖、第十届敦煌文艺奖等各级各类奖项7项。新引进博士6人，委托培养博士8人，引进急需紧缺硕士13人。修订完善《实验室安全管理暂行办法》《实验室突发事件应急预案》等规章制度，加强实验室安全管理和隐患排查工作，规范实验室危险废弃物处置程序，大力推进实验室建设工作，完成建设项目22项，投入资金1785万元。

通过访企拓岗与天水华天、昆山杰普软件、江苏艾展信息等企业开展深入合作。落实与兰州市安宁区签订战略合作协议，跟踪推进共建安宁区刘家堡小学、幼儿园等事宜，深化与华东师范大学对口支援，细化与天津城建大学结对帮扶，与甘肃农业大学签署战略合作协议，深化拓展与新西兰、俄罗斯等国家政府、高校、研究机构的合作交流。

6月10日，省教育厅专家组一行开展实验室危险化学品安全管理专项检查（兰州城市学院供图）

（兰州城市学院　张睿娟　王定君）

【河西学院】2022年，河西学院顺利通过硕士学位授予单位复核，首批计划招收教育、农业和旅游管理3个专业硕士学位研究生200人，与西北师范大学、甘肃农业大学建立联合招生培养机制，实现从本科教育到以本科教育为主、举办研究生教育的新跨越。2022年新申报预防医学、酿酒工程、文物与博物馆学等3个本科专业。2022年学校获批省级以上本科教学质量工程和能力提升项目、省级创新创业教育改革项目等各类项目20项，其中：计算机科学与技术专业获批国家级一流本科专业建设点；4个本科专业获批省级一流本科专业建设点，省级一流本科专业建设点达到20个；完成2022年招生任务，计划招生6260人，实际招生录取6238人，录取分数线较往年持续上升，理工类招生位次较上年度提升4000多个位次，文史类提升2000多个位次。组织申报各级各类项目，获准立项项目共计263项，其中国家级项目6项、省部级项目64项，农业农村部批准立项“制种玉米全程机械化科研基地建设项目”。新增“河西走廊历史文化与旅游产业研究院”“制种玉米全程机械化科研基地”2个省级科研平台。制定《深入实施新时代人才强校战略推进学校高质量发展的实施意见》《河西学院高层次人才引进办法》等，全年引进博士研究生11名、急需紧缺专业硕士研究生22名，新晋升教授23人、副教授27人。学校选派20人攻读博士学位、10人攻读硕士学位、21人进修、15人访学。完成2022年度征兵工作任务，建立就业状况动态监控机制，2022届毕业生去向落实率为95.6%，名列全省本科院校前列，学校被省教育厅确定为“第二批甘肃省大学生就业工作示范性高校”。本年度共选派10名学生享受国家留学基金委资助赴俄罗斯、白俄罗斯、乌克兰、亚美尼亚、阿塞拜疆等国高校攻读硕士学位，11名学生申报2022年中俄政府奖学金项目。与白俄罗斯国立经济大学、美国布莱恩特大学、福特海斯州立大学继续合作，与新西兰惠灵顿／维特利亚理工学院签署合作框架协议，与阿塞拜疆苏姆盖特大学签署合作框架协议，筹划创办孔子学院（学堂）。

（河西学院）

【陇东学院】2022年，陇东学院引进高层次人才35人，6名教师晋升教授，8名教师晋升副教授。3个教学团队分别入选省级教学团队、省级创新创业教学团队。2022届毕业生就业去向落实率79.84%。学生考研上线491人，录取329人。155名学生获省级三好学生和优秀毕业生，526名学生获省级以上奖学金。“陇东学院学生社区”建设试点通过教育部审批。制定《陇东学院关于加快高水平应用型大学建设的若干措施（2022—2025）》。完成申硕第一轮数据填报，农业、土木水利、材料与化工等3个学位点均已达标。获批省级基础教育教学成果特等奖1项，获得省级创新创业示范中心、省级实验教学示范中心各1项。1个专业获批省级创新创业示范专业，4个专业获批省级一流本科专业建设点，16门课程被确定为省级一流本科课程。组织编撰《陕甘宁革命老区乡村振兴》丛书5册。获准各级各类科研项目468项；获批国家自然科学基金4项，国家社科基金项目1项，省部级项目33项。获得各级各类科研成果奖励32项，获得两项省级二等奖和省敦煌文艺奖。发表高水平论文126篇，出版著作27部，发明专利授权39件，完成科研项目268项。参编中国共产党革命精神谱系丛书4部。首次成功举办陇东学院博士论坛。成立高分辨率对地观测系统甘肃数据与应用中心庆阳分中心、全国一体化算力网络国家枢纽节点（甘肃）数字经济人才培养基地、未来技术学院。完成省委组织部2022年度庆阳、平凉两市乡村振兴人才培训基层技术人员240名。获批庆阳市能源化工与资源利用重点实验室。新增兼职硕导10人，全校兼职硕导达到87人，兼职博导2人。成立陇东学院乌鲁木齐校友联谊会。完成与中国石油庆阳石化公司、北京协合运维风电技术有限公司、庆阳瑞华能源有限公司校企合作协议的签署。获批教育部对口支援西部地区高等学校计划，华东理工大学、陕西师范大学对口支援，已制定对口支援2023年博士培养计划。

（陇东学院　付明英　文静茹）

【甘肃民族师范学院】2022年，出台《关于进一步深化教育教学改革全面提高人才培养质量的意见》，制定《2022版人才培养方案修订意见》，精简教学课时量，更新优化2022版课程设置，提升思政课教师教学能力。申报确定4个校级重点学科。引进尔雅通识网络课程。立项校级教学成果培育项目20个，8项省级教学成果培育项目结项。完成申请增列的人文地理与城乡规划等六个学士学位授予专业的审核工作。104名学生考取硕士研究生。组织开展语言文字推广基地建设工作。争取到省教育厅国培项目3项，培训经费199.47万元。实施国培计划骨干教师培训项目1项。获批各类科研项目81项，其中顺利结项40项。获全国民族工作优秀调研报告成果三等奖一项，获甘肃省法学会优秀法学课题成果三等奖一项，诗人阿信获第二届“屈原诗歌奖”。开展各类学术活动53次。完成《“甘南唐卡”百米长卷绘画工程——格萨尔王传》的版权申请和画册出版工作。2022年，学校修订完善《高层次人才引进管理暂行办法》《校级领导联系服务高层次人才实施办法》等制度。引进硕士研究生26人，博士研究生7名，聘请校外兼职教师22人。完成2022年教师系列评审正高级职称4人，副高级职称9人，中级职称4人，申报其他类职称3人。实施辅导员素质提升工程，落实专职辅导员“双线晋升”。完成学生军训工作，学校19名学生参军入伍。招录本科新生2920人、预科生160人、专升本551人，新生实际报到3505人，报到率为96.94%。学校大学生就业创业中心建成并投入使用。获准立项省级大学生就业能力提升项目5项。1名学生获“中国大学生自强之星”荣誉称号、2名学生获甘肃省大学生自强之星荣誉称号，物理系团总支获省“五四红旗团委”荣誉称号。学生作品在第十三届“挑战杯”甘肃省课外学术科技作品竞赛中获奖19项。与白俄罗斯国立师范大学签署校际合作交流协议。赴国（境）外交流学习师生共10人，举办三期雅思课程免费培训班。完成7名外籍教师的续聘工作。协助滞留在乌克兰的我校留学生回国。与天津师范大学签订合作办学协议，与广西师大达成初步合作办学意向。

（甘肃民族师范学院　敏兰　秦万祥）

【兰州工业学院】2022年，兰州工业学院新增国家级一流本科专业建设点1个、省级一流本科专业建设点3个，获批省级创新创业教育示范专业1个。获

7月6日，天津师范大学与甘肃民族师范学院教育协作框架签约仪式在兰州举行（甘肃民族师范学院供图）

批省级一流课程16门、创新创业教育示范课程1门，立项建设校级一流课程37门。获批省级教学成果培育项目、创新创业教育教学改革研究项目等16项，获省级教学成果特等奖1项、一、二等奖4项；立项建设校级新工科、新文科项目25项。获批省级教学团队、创新创业教育教学团队2个，立项培育校级教学团队2个。获省级教学名师、创新创业教育名师3人。完成6个新增学士学位授予专业校内自评和专家评审工作。编印发布《2021—2022学年本科教学质量报告》。发布教学质量简报11期。获批各级各类科研项目60余项，其中包括省级重大专项等省部级科研项目14项，获市厅级以上奖励8项。签订横向科研项目3项。发表三大检索学术论文15篇，其中SCI论文5篇，EI论文2篇；获授权专利和软件著作权55项，其中发明专利10项。修订"启智"人才培养计划实施办法和"开物"科研团队支持计划实施办法，启动第三批"启智"人才培养计划和第二批"开物"科研团队支持计划遴选工作。完成第二批校级重点（培育）学科建设中期检查，启动第三批校级重点学科遴选工作。全年共有75名大学生入伍服役，共录取普通本科生2722人，专升本学生800人，招录网络教育学生与成人函授生4353人。赴省内外多家单位开展访企拓岗专项行动70余次。2022届毕业生中，初次去向落实率为83.55%，有42.92%的毕业生在世界500强、中国500强企业就业，学校入选甘肃省大学生就业工作示范性高校。引进线上创新创业课程70门，开设线下创新创业课程69门。大学生创新创业项目国家级立项29项，省级立项55项，校级立项261项。派出2名教师赴美访学、赴德学习。2名学生获得2022年乌克兰等6国互换奖学金项目，组织118人次参加"德国职业教育4.0教师发展能力提升项目"线上培训。选派人员参加中国教育国际交流研修学院举办的第二期高校中青年干部国际化素养培训班。

（兰州工业学院 赵丹）

【兰州文理学院】2022年，兰州文理学院加大对旅游管理、新闻传媒、文创艺术三大专业集群的建设。申报《会展经济与管理》《音乐教育》2个新专业。立项建设文化旅游传媒投融资、数字IP设计与动画技术、云导游、影视传媒英语和数学模型与智能计算等5个微专业。新闻学、数字媒体技术、旅游管理、视觉传达设计4个专业被评定为国家级一流本科专业建设点，名列省属应用型本科院校前列。1个专业（应用化学）被评为省级创新创业示范专业，立项建设2个校级一流专业。获批非物质文化遗产本科专业。2022年，兰州文理学院共有毕业生3553人，其中本科毕业生2672人，专科毕业生881人。2022届毕业生初次就业率80.27%。"雁苑微林"众创空间共新增入驻大学生创新创业团队3支，开展创新创业项目9项，完成率80%。获省级及以上奖项350项，其中国家级23项，获省部级327项。开展"互联网+大赛"、电子商务三创赛、中华经典诵写讲大赛等21项校级竞赛。首次开展立体、动态、开放的"毕业季"系列活动，"夏花将灿——2022届美术与设计学院毕业生作品展暨就业推介会""数媒向未来"毕业设计展、"一起向未来"毕业季师生羽毛球比赛等毕业季活动全面展示各具特色的毕业作品（设计）。立项建设125个教学质量提高项目、创新创业教育改革项目、新文科研究与改革实践项目、课程思政建设项目、虚拟教研室立项校级项目。35门课程在国家高等教育智慧教育平台上线，53门课程在智慧树、学银在线平台运行。推进"体育课+俱乐部"改革，推进美育公共平台课程建设，启动学前教育和电子信息工程专业认证工作，完成本科教学基本状态数据申报、教学质量报告。全面落实学校《贯彻落实〈深化新时代教育评价改革总体方案〉工作方案》，申报深化新时代教育评价改革试点项目4项，持续推进教育综合评价改革。制定学校《横向科研项目及经费管理办法》，获立国家级项目2项，省部级项目13项，《"双碳"背景下乡村文化旅游产品体系与生态价值关联度及绩效评估体系研究》纳入全省首批发改委专家库试点项目。制定学校《省级大学科技园创建验收工作推进方案》，修订学校《科技成果转化办法》。与中国传媒大学共同向教育部申请对口支援博士招生指标，4名教师招录为中国传媒大学博士；设立中国传媒大学雁苑大讲堂。与省文旅厅、省演艺集团、兰州市城关区政府签署战略合作协议。选派毕业生到哈萨克斯坦、乌克兰、白俄罗斯等国家的高校攻读硕士研究生，教育引导在攻读硕士的学生继续攻读博士学位，引导支持首届毕业留学生到日本、国内名校攻读博士，持续推进服务“一带一路”人才培养。启动塔吉克斯坦中国文化交流中心线上交流工作。组织4名塔吉克斯坦籍留学生参与兰州文理学院两集人文纪录片《丝路印迹》的拍摄，该片已在中国教育电视台《发现中国》栏目播出。十集文献纪录片《南梁纪事》实现本校影视作品在中国教育电视台一、二、四卫星频道及网络台四个平台联机播出，成为本校及全省教育系统首个获批国家重大办立项、首个获颁国家广电总局《重大理论文献电视片播出许可证》、首个获国家广电总局推荐优秀国产纪录片的影视原创项目。主持编制《甘肃省“十四五”乡村旅游发展规划》，将品牌化建设写入全省乡村旅游发展战略，完成12个乡村振兴旅游样板村的学术和实践指导。与甘肃文旅集团合作，指导渭河源大景区和石佛沟景区创建国家级生态价值实践创新基地，已纳入省发改委第一批试点。

（兰州文理学院　张婷　马争朝）

【甘肃医学院】2022年，甘肃医学院预防医学本科专业获教育部审批并顺利招生，现有本科专业增加到9个。预防医学、康复治疗学新增为学士学位授予专业，临床医学本科专业新增为省级“一流专业”建设试点，6门课程被评为省级一流课程，康复治疗学实验教学示范中心被评为省级教学中心。2022届毕业生中有133名考取硕士研究生。组织实施大学生创新创业训练计划项目，获批立项国家级项目7项、省级13项。紧扣《普通高等学校本科专业教学质量国家标准》要求，加强学科专业建设、教育教学管理、教改科研创新。开展校级教学质量提高工程建设项目，立项33项。落实《深化新时代教育评价改革总体方案》，在不同年级、部分专业选择部分课程探索“教考分离”。优化临床医学、儿科学专业人才培养方案、教学大纲，强化实践能力培养。规范临床实习管理，协调7个本科和11个专科专业1741名学生进入全国62家实习基地实习。学院获批国家自然科学基金依托单位，举办甘肃医学院第一届产学研高峰论坛和5期博士论坛，论证建设学院分子生物医学中心，全年申报省市项目212项，立项128项，发表学术论文158篇，其中SCI8篇，北大核心16篇，获国家授权专利22项。主动联系省内外用人单位、实习基地和校友，分专业、分生源推送毕业生信息，全年举办线下专场招聘会50余场、线上宣讲会20余场、线上招聘会4场、线下大型校园招聘会2场，2022年总体毕业去向落实率达到90.02%。向全国400多所中学寄递招生指南，吸引省内外优质生源，2022年面向全国18个省市、自治区招收本、专科生3053人，全额招完成招生计划。

（甘肃医学院　练成　王坤）

【甘肃开放大学】截至2022年底，甘肃开放大学分校在全省各市（州）全部完成更名工作，并由同级人民政府配套印发市（州）开放大学综合改革方案；会宁、康乐、永靖、华池、庆城、环县、镇原、迭部、岷县等24个县级工作站完成更名。专业建设取得突破，学前教育、行政管理、工商管理3个成人本科专业获教育部审核批准；兰州航空职业技术学院“工学一体化技能人才培养工作重点任务”3个专业获人社部“技工教育‘十四五’规划重点任务”通过，参与人社部72个国家技能人才培养工学一体化课程标准和课程设置方案开发工作。完成两学期用户注册、课程迁移、课程注册、教务教学、考试组织等各项任务。完成甘肃省终身教育学分银行管理信息系统部署及试运行，研究制定学分银行标准课程及学习成果1500个，制定相关转换规则260个。提炼形成“12355”思政育人模式、“线上线下融合、导学自学助学一体化”教学模式，并在全省体系应用推广。2022年，全省开放教育在籍生90880人，毕业生18405人，招生24213人；其中，开放教育本科在籍生30026人，毕业生6556人，招生9870人；开放教育专科在籍生60854人，毕业生11849人，招生14343人。省校成人专科（高职）在校生2834人，毕业生1962人，招生927人；省校与其他院校合作办学的网络本、专科在校生258人，毕业112人，招生0人；省校与其他院校合作办学的成人本、专科在校生421人，毕业222人，招生38人。省校中专（中职）在校生3135人，毕业生1159人，招生809人；其中甘肃省广播电视中等学校在校生2665人，毕业生1071人，招生566人；其中甘肃信息工程技术中等专业学校在校生470人，毕业生88人，招生243人。省校开展非学历教育培训项目98个，培训学时276165学时，培训规模48288人次，其中培训39726人次，社会化考试8562人次。推进县区级社区教育体系建设，实现全省86个县区社区教育机构全覆盖；注重强化教育属性，全年老年教育开设14个项目，34个班级，在校生规模近1500人次。全年共确立各级各类科研项目28项，其中资助项目21项，自筹项目7项。18项科研项目结项，其中教育厅创新基金项目2项、国家开放大学科研项目1项、校级科研项目15项。《甘肃开放大学学报》全年共编辑刊发论文104篇，其中基金项目论文61篇，国家和省部级基金论文14篇，省部级及以下基金论文47篇。全年共完成编校字数96万字，刊发具有正高级职称作者的文章7篇，具有博士学历作者的文章21篇。完成“国家开放大学首届优秀青年教师候选人培养项目”、甘肃开放大学关于全面深化新时代教师队伍建设第三方评估、教师思想政治和师德师风建设工作体制机制建立运行情况总结评估报告。完成全省办学体系英语专业教师信息统计工作。

（甘肃开放大学　常秀芝　张小平）

**【兰州石化职业技术大学】**2022年，兰州石化职业技术大学新开设现代精细化工技术、汽车工程技术、电气工程及自动化、测绘工程技术、人工智能工程技术、数字媒体技术、大数据与会计、数字印刷工程等12个职业教育本科专业，电子信息工程技术、摄影测量与遥感技术等2个高职专业，停招应用电子技术、环境工程技术、市场营销等3个专科老旧专业，2022年注册报到新生9326人。验收通过12门校级在线精品课程；6门课程被评为省级职业教育在线开放课程、1门课程被评为甘肃省创新创业慕课，《煤化工技术》等3门课程获得全国职业院校在线精品课程遴选资格；18门在线课程入选国家职业

4月11日，兰州石化职业技术大学实训教学场景（一）（张皓东摄／兰州石化职业技术大学供图）

教育智慧教育平台，17门在线课程入选国家高等教育智慧教育平台；“煤化工技术”专业职业教学资源库顺利通过教育部验收；“石油化工过程虚拟仿真中心”被教育部遴选为国家级职业教育示范性虚拟仿真实训基地培育项目。新建“石油炼制与工业催化创新实践基地、聚丙烯及材料工程实训基地”等9个项目，“物联网虚拟仿真综合实训基地”被认定为省级虚拟仿真实训基地，“电子商务综合实训基地”被认定为省级共享型实训基地，“现代制造技术生产性实训基地”被认定为省级生产性实训基地。

获批甘肃省创新创业教育改革项目7项，获批甘肃省职业教育教学改革研究项目8项。高分子合成技术、电气自动化技术、电子商务等3个专业获批甘肃省职业教育“课程思政”示范专业立项。兰州石化职业技术大学境外办学（文莱）项目成功入围“全国鲁班工坊有条件运营单位”，这是在甘肃省设立建设的第一个“鲁班工坊”。完善“创新平台+先导基金+孵化服务+创业培训”的创新创业生态服务体系。

4月11日，兰州石化职业技术大学实训教学场景（二）（张皓东摄／兰州石化职业技术大学供图）

"实·化"众创空间获评为2022年甘肃省高校创新创业实践教育示范中心。与烟台泰和新材料有限公司、宁东能源化工基地管理委员会等企业和政府部门合作，共建产业学院。推进与连云港徐圩新区、宁东能源化工基地等地政府的深度合作，打造"校政企合作共建平台"。组织申报的案例《波纹法兰产品开发引领的装备制造类专业技术技能型人才培养》和《大工业领域现代学徒制实践路径与难点突破——以兰州石化职业技术大学石油化工技术专业现代学徒制试点为例》成功入选教育部产教融合校企合作典型案例。与万华化学、大连恒力等19家优质企业开展现代学徒制联合培养招生，前置招生录取581人，后置招生计划584人。开展"互联网+就业"，建成就业大数据中心，全年提供就业岗位5万余个。2022届毕业生8025人，一次性签约率和派遣率同步达到96.88%，其中规模以上企业就业比例为70.60%、500强企业录用比例达53.72%，66.47%的毕业生进入行业百强企业；截至2022年底，2023届毕业生签约率84.06%。学校被评为全国就业竞争力示范校20强、首批甘肃省就业工作示范校，2个项目获批教育部就业育人项目，重点群体就业案例和就业工作案例入选教育部工作专班案例，《兰州石化职业大学打造"五高"就业质量品牌——超92%一次签约率这样达成》在《中国教育报》发表。

（兰州石化职业技术大学　刘博扬）

【兰州资源环境职业技术大学】2022年，兰州资源环境职业技术大学新增14个职业本科专业，研制22个4年制和8个专升本职业本科专业人才培养方案。2022年本科生授课教师214人，其中高级职称教师127人，具有硕士及以上学位教师114人，两者兼具的教师76人。参编《职业本科教育发展之道》"专业建设"部分内容。招录博士研究生8人、副高职称1人。立项甘肃省职业教育教学改革研究项目8项、煤炭行业教育研究课题10项、教育部高等学校科学研究发展中心专项课题1项，获省级职业教育教学成果奖13项。形成职业教育提质培优增值赋能典型案例《梦开始的地方!》，被中国教育电视台宣传报道，制定67个专业的《学生岗位实习大纲》和《学生岗位实习方案》，建立学生实习企业遴选标准和实习基地信息库，实习基地总数达86家。研制100个专业人才培养方案和49个五年一贯制专业人才培养方案。新扩建实训室项目17个、虚拟仿真实训中心6个，入选省级职业教育示范性实训基地培育项目3项。新建教学资源库12个、在线开放课程13门。获评国家级在线精品课程1项、省级在线精品课程6项。立项校本教材14部，与甘肃省应急管理厅共同编著3部教材。立项纵向及校级科研项目142项，同比增长65.12%，纵向及校级科研项目结项68项。开展横向课题研究4项，结项横向科研项目6项。招生计划达到7835人，同比增长585人，报到率94.85%，其中本科录取3486人，报到率为93.72%。2022届毕业生总数6224人，截至12月31日就业去向落实率为98.51%，其中重点群体就业去向落实率为99.28%。在读专科学历继续教育学生496人、本科学历继续教育学生326人，完成3427名专业技术人员继续教育培训。学校科普基地被认定为2021—2025年第一批全国科普教育基地、2021—2025年全国测绘地理信息科普教育基地及2022—2026年"甘肃省科普教育基地"。成功申报甘肃省数字创意产教融合联盟。与西班牙公立大学联盟签订合作意向书，开展"专升硕"学生培养计划；与陕西省"一带一路"职教联盟签署职教联盟合作备忘录。塔中职业技术培训中心以独立法人身份完成税务注册，取得法人登记证书和法人税务识别号，获得外事审批权，取得营业执照和办学许可。选派2名教师赴塔吉克斯坦冶金学院孔子学院任教。成立"1+X"职业技能等级证书塔吉克斯坦考核评价中心。

获批6个教育部国际交流合作项目，其中"汉语桥"线上团组交流项目为甘肃省2022年唯一获批此类项目、"中文+冶金技术"教学实践创新融合发展项目，全国仅有2所高职院校获批。

（兰州资源环境职业技术大学　陈涛　张雪）

【甘肃警察职业学院】2022年，学院研究制定《教学质量提升计划（2022—2025年）》，全院开展教师教学技能竞赛。选派45名教师到公安机关和基层跟班实践，启动建设10门有效对接实战能力需求的精品课程，开发技能等级培训教材等新型教材6大类20种。获批2项省级职业教育示范性实训基地重点培养项目。2个部门被评为“全国公安教育工作成绩突出集体”，刑事侦查专业被认定为甘肃省职业教育骨干专业。申报社会工作、社会福利事业管理、司法鉴定技术、消防工程技术、运动训练等5个非国控专业，并获批招生。学院获批1个教师教学创新团队，获批3门省级在线精品课程，获批1个甘肃省职业教育工作室，1项成果获得甘肃省职业教育教学成果奖二等奖。在中国高校计算机程序设计天梯赛、全省职业院校技能大赛信息安全管理与评估赛项中39名师生获得11项奖项。国家社科基金项目获批1项，省哲学社会科学规划项目1项、省级科技计划项目2项、省高等学校创新基金项目12项、省“十四五”高校安全规划项目1项、省教工委高校党建项目1项、省公安厅执法理论与实务研究课题25项、兰州市社科规划项目3项，院级科研项目获批8项，院外各级各类申报项目数比2021年增长217%，立项率达到61%。招录硕士研究生学历专任教师19人，招聘聘用工作人员1人。选派15名教师参加省教育厅2022年职业教育教师素质提高计划培训项目。2名同志获个人三等功，8名同志获个人嘉奖，1名同志被省公安厅评为“成绩突出青年民警”。选派24名教师参与市州公安机关警务辅助人员招录和公安民警体质健康监测，选派47名教师赴兰州、平凉、武威等实战基层公安机关开展送教上门活动。全年共举办各类培训班25期，培训各类学员共计3010人。其中警衔晋升班3期640人，新警班2期530人，公安业务培训班20期1840人。2022年与中国人民公安大学和甘肃政法大学合作招收“专接本”新生80人，全年设置课程26门，为学生授课405课时。2022年通过综合评价、中职升学、普通高考三个层次的考试招生录取，共录取新生2600名，招生计划完成率100%。2022届毕业生中，已有1543人就业，初次就业率达到70.23%。

（甘肃警察职业学院　陈裕　焦杰）

【兰州职业技术学院】2022年，兰州职业技术学院建成数控技术、学前教育2个省级“双高”特色专业群，建成7个校级高水平专业群。获评甘肃省创新创业教育示范专业1个。在全国职业院校技能大赛等23项国家级竞赛中获奖，在国家级标志性教育教学项目中获奖6项。在各类省级技能大赛中获奖224项，在省级标志性教育教学项目中获奖30项。建成36个1+X证书试点项目，实现9个院系全涵盖。“中高本一体化”6个人才培养专业初具规模。完成33个专业的特色学徒制人才培养方案，制定6个专业产教融合人才培养方案。学院新增省级职业院校课程思政微课147门。获评甘肃省职业教育思想政治教育骨干教师1人，甘肃省职业教育“课程思政”示范专业2个。“思想道德与法治”“中华传统文化导论”建成省级在线精品课程。出版《中国传统优秀文化十六讲》。《基于甘肃红色文化虚拟现实平台的高职院校思政课教学改革探索与实践》获评省级教学成果二等奖。《“16242”模式创建民族团结文化特色校园》等15项校园文化项目被甘肃省教育厅认定为甘肃省职业院校特色文化品牌。与兰州大方、甘肃普锐特、瑞远柳工等3家知名企业建成“甘肃省产教融合型企业”。52人在鲲鹏产业学院取得华为HCIA-5G认证，197人次通过鲲鹏ECS搭建免费个人书库。入选教育部第一批职业院校数字校园建设试点校。《数字校园助力双高建设 诊改体系保障人才培养》被中央电化教育馆收录为全国职业院校信息化建设与应用成果典型案例。获批工信部工艺美术产业人才岗位能力评测中心，获得甘肃省图书馆国家级古籍修复技艺传习中心——甘肃传习所人才培养基地。获批甘肃省非遗传承人研修培训计划参与院校，加入全国非遗文化传承职教联盟。2022年，通过综合评价、中高职一体化联合培养等5种类型，共招生录取4579人。帮助3546名毕业生取得就业岗位3428个，毕业去向落实率96.67%。为1331名困难群体毕业生落实毕业去向1316人，毕业去向落实率98.87%。951名毕业生升入本科。获批各级各类项目150余项，立项校级科研项目38项，先导基金项目22项，按期结项32项，立项2023年校级科研项目52项。获批工信部“工艺美术产业人才岗位能力评测中心”，获得甘肃省图书馆“国家级古籍修复技艺传习中心—甘肃传习所人才培养基地”。获批省级非遗研培院校。成功加入“全国非遗文化传承职教联盟”和窟寺保护技术专业国家教学标准制定，承办2022年文化和自然遗产日“甘肃省非物质文化遗产影像展”。承办2022年全国职业院校技能大赛（中职组）工业产品设计与创客实践赛项，承办2022年甘肃省职业院校技能大赛15个赛项。全年完成29个培训项目。完成保育员等职业技能等级认定387人，完成普通话水平测试4356人。与天水职校、甘谷职专等44所中职学校在学前教育、汽车检测与维修技术等39个专业联合培养中达成合作意向，签订中高职一体化联合培养协议。选派教师援助培黎职业学院大学英语课程建设。通过省教育厅项目完成马来西亚国立师范大学教育博士报考项目，2名教师被录取。

（兰州职业技术学院　苏文力　宋贤钧）

【培黎职业学院】2022年，培黎职业学院内设党政管理机构11个，二级教学科研单位10个，教辅机构3个，开设专业16个，申请并获批专业5个，并与河西学院合作共建现代农业技术、旅游管理2个“3+2”高本贯通试点专业。在校全日制专科生2274人，扩招1027人。教职工135人，其中专任教师120人。建有校内实训室39个，校外实训基地9个。学院组建学术委员会1个、专业建设指导委员会16个、教材建设工作委员会1个，对专业建设规划、人才培养方案、课程标准和管理机制进行优化，并修订完善教学管理和教科研管理等制度33项。申报获批并开设种子生产与经营、光伏发电技术等5个新专业，打造文化旅游、智慧农业、集成电路、光伏发电、信息技术5个专业群。组织教师申报市级以上教育科研课题22项，结项市级以上科研项目8项。在机电一体化技术、旅游管理等2个专业探索使用工作手册式教材，开发完成国学文化体验、心肺复苏急救知识等研学课程23门。成功申报省、市级名师工作室等5个。全年完成招生1625人。与南京工业职业技术大学签订协议，规划帮建集成电路和光伏发电两个

12月12日，培黎职业学院采取线下与线上相结合的方式，举办“中新职业教育论坛”（培黎职业学院供图）

特色专业群；与甘肃天润薯业合作建成马铃薯脱毒种薯繁育技术创新中心和现代智能种薯繁育温室；与前进牧业签订战略合作协议，实现人才培养与企业岗位、职业标准的“零距离”对接；与北京求知百创、青软晶尊等公司合作，打造农作物种子繁推、光伏发电集维等6个生产实践工坊。启动运行新西兰培黎工坊中华美食技术体验工坊；启动实施与新西兰惠灵顿／维特里亚理工学院合作申报的“老年照护人才培养国际交流合作地方创新子项目”；启动实施与巴基斯坦费撒拉巴德大学合作的中巴现代化双学历教育联合培养人才项目，首批20名巴基斯坦留学生将于3月注册学籍；与韩国又石大学签署合作备忘录，成功加入“一带一路”高校联盟职教分盟和陆海新通道职业教育国际合作联盟，并被推选为理事单位和副理事长单位。举办山丹培黎学校80周年庆祝活动和中新职业教育论坛。

（培黎职业学院　林萍　赵锋）

## 公共文化

【概况】截至2022年12月底，全省博物馆226家、公共图书馆104个、文化馆102个、乡镇（街道）综合文化站1348个、村（社区）综合性文化服务中心17114个。全省共有不可移动文物16895处，其中世界文化遗产地7处，全国重点文物保护单位152处；各级非遗项目8161项，传承人12436人；省级文化生态保护区8家，省级及以上非遗工坊121家。国有文艺院团72家（省级9家）。

（省文旅厅　张萌）

【文化领域改革】2022年，编制《甘肃省“十四五”文化发展规划》，推动省属国有文化企业改革，加快筹建甘肃广电传媒集团。天水新华印刷厂混合所有制改革等重点改革取得突破性进展。推动媒体深度融合，成立13个市级融媒体中心。打造全球首个基于区块链的数字文化遗产开放共享平台“数字敦煌·开放素材库”，探索敦煌文化与旅游高质量融合发展新模式。落实国家文化数字化战略，加快构建甘肃特色的数字化文化产品和服务供给体系。

（省委宣传部　张云）

【公共文化服务体系建设】2022年，《甘肃省公共文化服务保障条例》经省人大常委会审议通过。全省投入87.38亿，实施16个文化馆新建、改扩建项目；投入20.4亿元，实施6个公共图书馆的改建或新建项目；投入后期建设资金13.2亿元，完成3个文化馆、2个公共图书馆新建任务。推动建成1137个乡镇（街道）文化馆分馆、1243个乡镇（街道）图书馆分馆，建成城乡新型公共文化空间200多个。加强对金昌市、张掖市国家公共文化服务体系示范区的指导支持。联合省委宣传部、省发改委在全省培育筛选6个县区公共文化服务高质量发展典型案例，为推动全省公共文化服务高质量发展提供可复制的经验模式。印发《甘肃省古籍保护工作方案（2022—2025年）》，确立全省古籍保护工作目标任务、推进措施和责任时限。实施《四库全书》文献数字化工作，建成700多个TB的重大古籍文献数字资源库。完成全国古籍重点保护单位复核验收，开展第七次公共图书馆评估定级工作。推进智慧图书馆、公共文化云数字文化项目，建成“陇上飞阅”数字文化服务平台，制作《甘肃省基本公共文化服务实施标准》动漫宣传片，在全省建成3个基础资源库、26万条知识细颗粒度，开展群众文化活动直录播180场，全民艺术普及课程线上服务及预订课程700多次，线上展示文创产品3000多个，新媒体宣传与服务推广活动100多场。

【群众文化活动】2022年，举办“喜迎二十大·奋进新甘肃”——“交响丝路·如意甘肃”短视频云上展播季、“赞颂党的二十大·我的悦读生活”经典诵读、第二届“陇韵书香季”全民阅读、全省群文优秀书法美术作品展、送戏曲进乡村、“群星艺术节”“黄河大合唱”群众艺术普及等活动，举办“冬奥过大年·春绿玉门关”百日千场演出活动。组织开展“春绿陇原·云端盛宴”网络展演活动，组织主流网络平台展播优秀剧目和文艺演出140部，总播放量达6788万人次；组织甘肃交响乐团在张掖七彩丹霞举办“春绿陇原·永远的绿洲”实景云展播交响音乐会，单场网络收看达500多万人次，成为文旅融合发展的新亮点。全省各地共举办1500多场文艺活动，惠及3600多万观众。肃南裕固族自治县民族歌舞团、肃北蒙古族自治县乌兰牧骑被中宣部、文旅部、国家广播电视总局授予“第九届全国服务农民、服务基层文化建设县级基层文艺院团先进集体”称号。

（省文旅厅　张萌）

【广播电视公共服务】2022年，实施“如意甘肃·智慧广电”建设工程，制定印发《甘肃省智慧广电乡村工程实施方案》，全省2个智慧广电案例获总局表彰。酒泉市打造以“新闻+政务+服务”为核心的综合性移动客户端，为广大市民提供更加智能、便捷的服务。在省发改委和省财政厅的大力支持下，全省广电领域IPv6升级改造、25个县应急广播体系建设、肃北县智慧广电固边工程等重点项目顺利推进。省、市两级17家播出机构29个电视频道全部实现高清播出，完成民族地区3.92万户高清机顶盒升级改造任务。中国广电甘肃网络公司“甘小果”智能终端累计发展用户4.35万户，市场口碑良好。甘肃矿区完成无线调频广播系统升级改造。

（省广播电视局　豆红玉）

【书香社会建设】2022年4月23日，以“奋进新征程 阅读再出发”为主题的第二届“陇韵书香季”全民阅读系列活动正式启动。活动启动仪式通过奔流新闻客户端、中国知网等网络平台全程直播，吸引近30万观众在线观看。“书香社区”“书香之家”“阅读之星”评选、“百馆荐书 陇原共读”“陇原儿女读甘肃”等活动共吸引参与人员近110万人次。

（省图书馆　祁自顺）

## 文学艺术

【文学】2022年，曹雪纯《向阳的彩花》入选中国作协2022年度定点深入生活项目；刘金龙《穿越星河热爱你》、王熠《千年飞天舞》和屈琪《万里敦煌道》入选中国作协2022年网络文学重点作品扶持项目；陈玉福《路易·艾黎》入选中国作协2022年重点作品扶持项目“奋进新征程、书写新史诗”主题专项；叶舟《凉州十八拍》入选中宣部指导、中国作家协会牵头实施的“新时代文学攀登计划”首批名单，全书134万字，为上中下三卷本，由浙江文艺出版社出版。省文联、省作家协会推出长篇小说《嫁果记》等一系列作品。省文联、甘肃文学院策划组织实施的第三届甘肃儿童文学八骏评选结果出炉。赵剑云、轩辕小胖、曹雪纯、张佳羽、刘海云、禄永峰、杨胡平、费晓莉8人入选。《飞天》·名刊名家（平凉）改稿会暨文学骨干研修班平凉市举办。

【美术】2022年，举办华彩陇原·喜迎党的二十大——第四届甘肃省美术“金驼奖”作品展，235幅作品入选，40幅获奖作品，其中金奖作品10幅、银奖作品14幅、铜奖作品16幅。由省美术家协会、陇南市文广局、陇南市文联、兰州画院主办的“心怀人民·情系陇原”——甘肃美术家基层行陇南采风写生创作活动写生作品网络展开展，展出22位画家的83幅写生作品，集中呈现多姿多彩的陇南金秋美景。举办知识产权宣传周“强化知识产权保护 凝聚文艺创新力”招贴设计作品网络展在甘肃文联网、甘肃文艺微信公众号、甘肃省美协公众号开展，先后推出5期展出102名作者的164幅作品。由甘肃省文联、中共白银市委宣传部、甘肃省美术家协会、白银市文旅局、白银市文联主办的喜迎二十大·风骨——甘肃省第七届版画作品展在白银美术馆开展，评出入选作品124件，包括木版、铜版、丝网版、数码版画、综合版画等版种；主办的“喜迎二十大·黄河之滨也很美——中国山水画展”在金城画院开展，展出90幅以黄河文化为主题的山水画作品；承办的“喜庆党的二十大——甘肃美术国展作品网络展”开展，展出自2019年1月以来甘肃省美术家参加国家级展览作品129幅，分两期展出；省人民政府文史研究馆、省文联主办的“喜迎二十大·建功新时代”暨纪念毛泽东同志逝世46周年书画展在甘肃艺术馆展出，展出美术作品100余幅。

【书法】2022年，举办喜庆二十大·讴歌新时代——甘肃省第七届“张芝奖”书法大展，大展在甘肃艺术馆和雁儿湾美术馆同时展出。评选出获奖作品29件、入展作品155件；同时，评选出获奖论文6篇、入选论文24篇。在《法治日报》主办的“书·法”系列活动之书写民法典活动中，被授予优秀组织奖。省书法家协会被中国书协评为“伟业：庆祝中国共产党成立100周年书法大展”地方系列展优秀组织单位和2022年“送万福进万家下基层公益活动”先进单位。

【戏剧】2022年，甘肃省选手在第五届中国（黄河流域）戏剧红梅大赛获奖，参赛的晁花兰、雷小均、李娟、安拓4位选手荣获金奖，郭普君、徐小丹、权燕婷、王景平4位选手荣获银奖，杨平、王成林荣获铜奖。推选的5部大型秦腔剧目参（展）演，其中，《火焰驹》《许铁堂》获第九届中国秦腔艺术节的最高奖“特别推荐剧目（古典类）”。青年演员李晓晨（《火焰驹》饰芸香）荣获“表演艺术传承新星”称号。省戏剧家协会选送的少年戏曲演员参评第26届中国少儿戏曲“小梅花”，其中，刘怡麟、李开旋2名少年戏曲演员荣获“小梅花”称号。

【音乐】2022年，省文联、省音乐家协会举办第四届甘肃音乐黄钟奖（音乐论文）评奖活动，《多元文化背景下我国高等师范院校传统音乐教育发展研究》等4部专著、《西北民歌“花儿”艺术魅力探究及其文化阐释》等13篇论文荣获“第四届甘肃音乐黄钟奖”，《皋兰曲子戏》等2部专著、《探讨长号演奏的呼吸技巧》等2篇论文荣获提名奖。省音乐家协会与天水市文联共同主办天水市第四届“伏羲杯”原创歌曲征集评选活动，评选出一等奖空缺、二等奖2首、三等奖3首、优秀奖5首。省文联、省音乐家协会组织全省知名词曲作家组成创作采风团，赴环县开展“赓续红色血脉，讴歌奋进陇原”主题歌曲创作暨采风活动，并在环州故城景区举行“甘肃省音乐家协会创作基地”挂牌仪式，创作16首歌曲作品并部分进行制作、录音。参加第十五届山东国际大众艺术节暨2022沿黄九省区新时代民歌艺术展演，其中，酒泉蒙古族歌手道玛曹获原生态组最佳演唱奖，庆阳歌手李卓垠、翟相杰分获民族组最佳演唱奖和最佳风采奖。省词曲作家创作的7首优秀作品入选由上海音乐出版社、上海音乐家协会策划出版的《放歌新时代——喜迎二十大优秀歌曲100首》；晏晓东作曲的合唱作品《敦煌曲子词·浣溪沙》荣获第十六届中国国际合唱节一等奖；甘肃民族文化海外主题展活动主题曲《我画个甘肃给你看下》由甘肃省人民政府新闻办公室、中国外文局国际传播发展中心出品。

【曲艺】2022年，兰州鼓子《时代楷模治沙六老汉》荣获第十二届中国曲艺牡丹奖全国曲艺大赛表演奖入围、文学奖提名；相声《热心肠》荣获第十二届中国曲艺牡丹奖全国曲艺大赛文学奖入围、表演奖入围；相声《热心肠》、秦安小曲《秦安·赛江南》入选中国曲协“喜迎二十大 说唱新时代”全国优秀曲艺作品网络展播。

【舞蹈】2022年，省文联、省舞协主办“甘肃少儿舞蹈创编与表演线上公益讲堂”，活动覆盖全省14个市州，收看直播人数超1万人次。舞蹈作品《灵羽之路》入选中国文联青年文艺创作扶持资助项目省文联推荐申报的西北民族大学舞蹈学院的舞蹈作品，《灵羽之路》入选中国文联青年文艺创作扶持计划资助项目。

【摄影】2022年，举办第六届甘肃摄影“奔马奖”和甘肃省第二十一届摄影艺术展评审，白发明《绿洲魂——石羊河（组照）》等16名作者的16幅（组）作品获评本届“奔马奖”，师永红《烈火雄心》等158件作品入选本届摄影艺术届展。此外，经省文联、省摄影家协会推荐，任世琛、孙杰、张永鑫、郑耀德等多人作品入选中国第18届国际摄影艺术展览、第十三届中国艺术节全国优秀摄影作品展。

【民间文艺】2022年，甘肃省民间广场鼓舞《凉州攻鼓子》、哈萨克族民歌《牧羊马》获第十五届山花奖·优秀民间艺术表演作品奖。甘肃省的学术著作《洮岷花儿》《从仪式过程到信仰圈——黄河流域伏羲祭祀仪式考察研究》《中国唐卡文化档案·甘南卷》，民间文学作品《陇南羊皮扇鼓》《平凉民间歌曲集萃》，民间工艺美术《母亲的味道》《河州秧歌系列》《珐琅敦煌藻井系列》《百鸟朝凤壁挂系列》等9部件作品荣获第十五届中国民间文艺山花奖入围奖。《中国民间文学大系·故事·甘肃卷·陇东分卷（一）》由中国文联出版社2022年8月出版发行。举办第五届甘肃民间文艺“百合花奖·学术著作奖”，获奖作品20部（篇），包括《河洮岷民俗志》等16部专著、《“夸父逐日”神话的历史文化内涵》等4篇论文。举办“花儿文化与乡村振兴”论坛，来自省内外多所高校和研究机构的专家学者及甘肃、青海、宁夏等地的“花儿”研究者、非遗保护工作者30余人，探讨西北地区代表性民间文化“花儿”助力乡村振兴的学理依据和实践路径与方法。举办“乡村振兴 民艺赋能”——陇南市武都区民艺精品晋京展。《中国历史文化名城·名镇·名村丛书》之《中国历史文化名村·甘肃张坝》由知识产权出版社出版发行。

（省文联）

**【电影】**2022年，在省文联、省电影家协会举办的“第五届甘肃电影锦鸡奖”中，《浴血誓言》等7部影片获奖。《八步沙》因获第34届中国电影金鸡奖最佳中小成本故事片提名，授予特别奖。举办“迎接党的二十大甘肃省电影评论征文大赛暨第36届大众电影百花奖观众评委选拔活动”，评出8篇优秀影评文章，遴选两名甘肃地区观众评委赴武汉参加百花奖现场投票。

2022年，受疫情影响，全省185家经营性城市数字影院经营状况较上年有明显下降，全年累计票房2.84亿元，共排映115.6万场次，720万人次观影。推进《浴血誓言》《高铁作证》等多部庆祝党的二十大重点电影宣发工作，《高铁作证》院线票房253万元，《浴血誓言》举办路演活动56场，院线票房达543万元，受邀参加第35届中国电影金鸡奖民族电影展映活动。《天盖勒》《两连叶》等电影完成拍摄。开展2021年度优秀电影剧本征集评审工作，评选优秀剧本15部。全年农村电影公益放映198235场，放映完成率100%，放映场次达标率为99.22%，较上年达标率提高2.04%。全年放映故事片165623部次，放映科教片97837部次，473万人次观影。在重点监测的满意度指标中，群众满意度等各项指数均超过95%。

（省委宣传部　省文联）

**【广播电视节目】**2022年，实施“新时代精品”工程和陇原文艺高峰攀登工程，广播剧《陇原星火·胡廷珍》《青春敦煌》在央广播出；电视剧《英雄的旗帜》开拍，《红果果 金担担》获得总局电视剧剧本扶持，成片通过央视初审。网络纪录片《幸福中国·奋斗甘肃（第一季）》被总局“中国视听”平台向全国推送，《放羊的画家》《祁连山国家公园》等获评全国年度优秀纪录片。网络动画片《敦煌仙子和她的朋友们》入围总局2022年度“弘扬社会主义核心价值观 共筑中国梦”主题原创网络视听节目征集活动100部优秀作品、入选2022年度全国55部网络视听精品节目。广播剧《芳华永韶》、电视剧《陇原英雄传》、动画片《灵草小战士（第一季）》、纪录片《莫高窟与吴哥窟的对话》和网络电影《沙莽围城》等17部广播电视和网络视听文艺作品获第十届敦煌文艺奖。组织开展公益广告创作生产，甘肃省荣获公益广告电视作品类、传播机构类、组织单位类等六项扶持奖励。

（省广播电视局　豆红玉）

**【纪录片】**2022年，协调星球研究所拍摄推出《河西走廊——中国最伟大的走廊》《河西走廊——你身边的博物馆》纪录片，策划推出《唱游甘肃》《交响丝路·如意甘肃——发现你的千百度》等文旅宣传片，以丰厚的人文底蕴、丰富的画面效果、强烈的视觉冲击全方位宣传推介甘肃。纪录片《我们的村庄·甘肃篇》《瞬间中国·布楞沟的春天》《文明的交响——莫高窟》在央视播出。《我心归处是敦煌》微纪录片在央视上线。网络纪录片《幸福中国·奋斗甘肃（第一季）》被总局“中国视听”平台向全国推送，《放羊的画家》《祁连山国家公园》等获评全国年度优秀纪录片。纪录片《莫高窟与吴哥窟的对话》获第十届敦煌文艺奖。

（省委宣传部　张云、省文旅厅　张萌）

**【文艺精品创作】**2022年，实施陇原文艺高峰攀登工程，策划培育6类题材53部重点作品。纪录片《我们的村庄·甘肃篇》《瞬间中国·布楞沟的春天》

《文明的交响——莫高窟》在央视播出。广场舞《凉州攻鼓子》和歌曲《牧羊马》荣获第十五届中国民间文艺山花奖。话剧《八步沙》获第十七届文华奖提名剧目。陇剧《大禹治水》入选文化和旅游部“2022年首届黄河流域戏曲演出季”展演剧目，陇剧《司文郎》、秦腔《潞安州》入选全国地方戏精粹展演，杂技《生命礼赞》入选第十一届全国杂技展演。电视剧《英雄的旗帜》完成拍摄进入后期制作。创排复排歌剧《呼尔嘿哟》《不遥远的胡麻岭》、秦腔《蔡文姬》、民族器乐剧《玄奘西行》等一批重点文艺作品。网络文学作品《敦煌：千年飞天舞》《万里敦煌道》《穿越星河热爱你》被纳入中国作协网络文学重点扶持项目。《敦煌：千年飞天舞》《扎西德勒》分别获咪咕天玄宇宙年度作品奖、第三届泛华文网络文学金键盘奖，同时两部作品还荣获第四届网络文学“金桅杆”奖。

（省委宣传部　张云）

【文艺演出】2002年，省直文艺院团开展线下公益性演出211场，线上展播68场，观演人次达5800多万人次。持续开展“深入生活、扎根人民——新时代陇原巨变文学创作计划”，部分作家作品已出版发行。推出1元看经典舞剧《丝路花雨》线上直播活动，超22万人在线观看。设立省委宣传部影视作品审读专家库。出台《甘肃省乡村文化振兴规划（2022—2025年）》，制定《甘肃省文艺工作者职业道德准则》。统筹推进华夏文明传承创新区建设，大力建设河西走廊国家文化遗产线路和长城、长征、黄河国家文化公园，重点实施10个国家项目、23个省级项目，精心打造甘肃特色文化地标。城乡公共文化服务体系一体化建设取得重大突破，政府主导、社会参与的文化供给机制更加成熟、供给方式更加多元，公共文化服务群众满意度明显提高。实施智慧广电固边工程，推进应急广播体系和省级广播电视融媒体平台建设，建成“陇上飞阅”数字文化服务平台，公共文化服务体系更加完善。优化全省博物馆体系布局，全省博物馆纪念馆总数达到238个。加快文化旅游康养产业发展，实施大敦煌文化旅游经济圈等一批重大项目，推动文化产业高质量发展。

（省委宣传部　张云）

## 文物保护与非物质文化遗产保护

【文化遗址保护】2022年，加快长城、长征、黄河国家文化公园（甘肃段）建设。黄河国家文化公园中林家遗址、半山遗址等史前遗址公园建设启动实施，夏河拉卜楞寺、临夏东公馆、兰州五泉山古建筑群等代表性古建筑保护项目接近尾声，40余项综合保护利用和数字化保护项目完成年度任务。瓜州锁阳城遗址、敦煌悬泉置遗址、瓜州榆林窟、武威文庙等河西走廊国家文化遗产线路重点保护利用项目持续推进。秦安大地湾F901遗址展厅提升和环境整治工程、礼县大堡子山遗址展示设施主体工程完成。

【文物保护】2022年，遴选推荐第九批省级文物保护单位，各地公布一批市县级文保单位。完成全省石窟寺、碑铭石刻和革命文物资源等专项调查。开展第二次全省馆藏革命文物鉴定定级工作，建立全省革命文物数据库，公布第二批革命文物名录（不可移动146处、可移动468件套）。实施南梁革命旧址、岷州会议旧址等43项革命文物保护利用工程。编制印发《甘肃省石窟寺考古中长期实施方案（2021—2035年）》，加快推进仙人崖、石拱寺等10余项石窟寺保护维修利用和数字化保护展示工程。建设文物安全监管平台，加快建设麦积山石窟消防工程、五个庙石窟安防工程等“三防”项目20项，开展文物安全隐患整治和安全能力提升、打击文物犯罪、国有文物保护检察公益诉讼三大攻坚战，确保文物安全。

张家川圪垯川遗址考古现场（省文物局供图）

【文物考古和历史研究】2022年，实施中华文明探源工程和“考古中国”重大项目，庆阳南佐、张家川圪垯川、宁县石家及遇村、灵台桥村、礼县四角坪遗址等考古研究项目取得新的发现。武威唐代吐谷浑王族墓葬群入选年度全国十大考古新发现和中国六大考古新发现，庆阳南佐遗址发现5000年前大型宫殿遗址入选2022年度国内十大考古新闻，礼县四角坪遗址考古发掘项目纳入考古中国重大项目。持续推进简牍学、长城学、考古学、文献学、民族学等特色人文社科领域研究，出版《甘肃藏敦煌藏文文献》等学术著作、通俗读物、译著以及《甘肃灵台桥村遗址Ⅰ区发掘简报》等考古成果10余部，发表学术论文49篇。

（省文物局　朱茜）

【敦煌文化研究】2022年，省政府和国家文物局签订共建敦煌研究院协议，省委、省政府出台传承弘扬敦煌文化《实施意见》。集中开工建设莫高窟数字展示中心（二期）等重大项目，实施石窟和壁画保护修复及数字化保护、安消防工程21项。拓展提升多场耦合实验室等国家级科研平台功能，推进国家自然科学和省部级课题任务40多项。编制行业、地方标准13项。持续拓展敦煌学研究领域，加快推进在研国家社科基金重大项目和省部级重点课题62项，创刊《石窟与土遗址保护研究》，上线运行“敦煌遗书数据库”和“数字敦煌·开放素材库”，敦煌研究院与腾讯公司联合成立文化遗产数字创意技术联合实验室，用数字技术再现当年藏经洞万卷藏书的盛况。

【非物质文化遗产保护】2022年，修订颁布《甘肃省非物质文化遗产条例》。创建8家省级文化生态保护区，为申报国家级文化生态保护区奠定工作基础。与省人力资源和社会保障厅、省乡村振兴局新认定28家省级非遗工坊。上线《甘肃非遗》宣传片；统筹组织80余个非遗官方账号、700多个优质非遗年俗视频全面参与文化和旅游部“2022视频直播家乡年”活动，同步开展直播活动30余场；6月8日至11日期间，在张掖市举办2022年“文化和自然遗产日”全省非遗宣传展示主会场系列活动，呈现甘肃省非遗系统性保护的丰硕成果。

（省文旅厅　张萌）

## 大众传媒

【出版发行】2022年，审批使用书号1976个，音像电子专用号36个，核批图书选题6359种、音像电子类选题42种。新申请《西部文艺研究》《寒旱农业科学》两个新刊。组织出版专家对55种期刊单位进行现场检查，历时三年全面完成全省133种期刊现场检查“三年全覆盖计划”。共争取国家出版资助项目23项，67个项目入选国家重点出版项目。

【报业】2022年，通过年度核验且正常出版报纸54家，按报纸专业类型划分，其中党报16家、行业报9家、企业报12家、都市报5家、少儿类报1家、高校报11家。完成全省50家报纸出版单位55种报纸2021年度社会效益评价考核、全省报纸2021年度核验等，深入推进全省报纸出版单位媒体深度融合发展，13个市州党报社融入地市级融媒体中心，形成报纸、客户端、网站、微信公众号、微博等媒体资源为一体的矩阵化媒体平台，实现了机构融合、资源整合、平台聚合，报纸行业立足新平台实现转型拓展。全年，甘肃日报报业集团完成营业收入38484.21万元，利润总额577.06万元，净资产收益率0.62%，国有资产保值增值率101.39%。《甘肃日报》及报业集团所属的《兰州晨报》《甘肃农民报》《甘肃经济日报》《甘肃法制报》《少年文摘报》《兰州新区报》《读友报》发行工作稳中向好。报业集团所属媒体平台全年累计刊发各类新闻作品69.2万余篇（条），全网总阅读量达62.89亿人次。2022年，报业集团两篇作品分别荣获中国新闻奖二、三等奖，55件作品荣获甘肃新闻奖。甘肃客户端实现5.0改版升级，成功实现了平台迭代和优化，目前下载量达到650万。奔流新闻客户端完成2.0版升级，客户端下载量超过1000万，上线奔流社区云暨甘肃社区智融卫星链，将融媒服务、社区服务和运营服务融为一体，为各个社区提供强大的智媒体技术支撑。

（省委宣传部　张云、甘肃日报报业集团）

【有线广播电视】2022年，全省有线电视实际用户156.45万户，IPTV用户525.69万户，其中甘肃电信用户438.79万户，甘肃移动用户74.3万户，甘肃联通12.6万户；全省户户通用户549.7万户，设立乡镇服务网点308个、村级业务代办点409个；数字高清电视及交互用户68.4万户，有线网络宽带接入用户24.65万户，全省广播覆盖率达到99.46%，电视覆盖率达到99.52%。全省现有广播电视播出机构92家，广播电视频道频率68个（其中省台电视频道8个，广播频率6个，市州电视频道29个，广播频率25个，县级播出机构75个），开办广播节目90套，电视节目112套。卫星地球站1个，电视调频转播台5个，中、短波广播转播台29个，以中波、短波、调频广播和数字电视四种播出形式转播广播电视节目36套。微波传输台站87个，微波传送线路长度达3237.08千米，覆盖全省14个市州和56个县市区。

2022年，全省《信息网络传播视听节目许可证》持证网站82家，市州广播电视台备案网站7家。受理国产电视剧备案6部，其中通过总局备案公示4部；审查电视剧完成片1部；受理网络影视剧备案86部，其中22部通过总局规划备案，4部通过成片审查取得上线备案。卫星地球站1个，电视调频转播台585个，中、短波广播转播台29个，微波传输台站118个，微波传送线路长度达4349千米，覆盖全省14个市州和56个县市区。

实施“舆论引导能力提升”工程，大型微纪录片《我和我的新时代》（甘肃篇）在全国卫视频道和国内头部视听网站同步播出，策划的选题《瞬间中国·布楞沟的春天》在央视播出。

5月，甘肃省第十四次党代会召开期间，新甘肃客户端记者采访出席大会的党代表（田蹊摄／甘肃日报报业集团供图）

推动频道频率优化整合，对省台和8个市州台公共频道予以调整或撤销。全面完成75家县级广播电视播出机构频道频率建设，审批并颁发县级《广播电视频道许全省广播电视工作可证》134个，为9家新闻单位核发信息网络传播视听节目许可证。

2022年，全省户户通用户549.7万户，设立乡镇服务网点308个、村级业务代办点409个；全省有线电视实际用户156.45万户；全省IPTV用户共525.69万户，其中甘肃电信用户438.79万户，甘肃移动用户74.3万户，甘肃联通12.6万户；数字高清电视及交互用户68.4万户；有线网络宽带接入用户24.65万户；全省广播覆盖率达到99.46%，电视覆盖率达到99.52%；全省现有广播电视播出机构92家，开办广播节目90套，电视节目112套；全省广播电视节目制作经营许可证持证机构536家，全年新增45家。

（省委宣传部　张云、省广播电视局　豆红玉）

【新媒体平台运行】2022年，新甘肃客户端、视听甘肃客户端、奔流新闻、每日甘肃网、丝路明珠网等新媒体平台，全年累计刊发各类稿件64.8万余篇（条），全网总阅读量超51.57亿人次。《甘肃新闻》视听效果焕然一新，全年上推中央广播电视总台各平台播出甘肃报道4209条，彰显主流媒体“头雁”领航作用。甘肃国际传播中心、甘肃政务全媒体运维中心揭牌成立，兰州财经大学、兰州石化等机构融媒体中心相继建成。“新甘肃”5.0版正式上线，“新甘肃云”二期工程全面完成，西北地区首个全域性综合性移动新媒体平台——奔流新闻客户端一年时间下载量达1000万。启动建设奔流社区云暨甘肃社区智融卫星链，开辟集融媒服务、社区服务和运营服务三位一体的社区智慧服务新领域。“融媒飞天云”应用创新成果不断涌现，甘肃卫视频道高清信号实现上星传输并在北京上海等地落地覆盖，全国可接收达到10.16亿人次，视听甘肃汇聚省内62家融媒体中心入驻，甘肃IPTV覆盖省内

2000多万人群。13个市州市级融媒体中心挂牌成立。组织全省86个县级融媒体中心开展互评交流工作，加速媒体传播平台拓展升级、流程改造管理、内容生产等改革、深化体制机制改革等方面持续发力，持续提升县级融媒体中心传播力、影响力、公信力。

张掖、金昌、定西市级融媒体中心建设项目被确定为全国60个地市级融媒体中心试点。新甘肃客户端、视听甘肃客户端、奔流新闻、每日甘肃网、丝路明珠网等新媒体平台，全年累计刊发各类稿件64.8万余篇（条），全网总阅读量超51.57亿人次。《甘肃新闻》视听效果焕然一新，全年上推中央广播电视总台各平台播出甘肃报道4209条，彰显主流媒体“头雁”领航作用。甘肃国际传播中心、甘肃政务全媒体运维中心揭牌成立，兰州财经大学、兰州石化等机构融媒体中心相继建成。“新甘肃”5.0版正式上线，“新甘肃云”二期工程全面完成，西北地区首个全域性综合性移动新媒体平台——奔流新闻客户端一年时间下载量达1000万。启动建设奔流社区云暨甘肃社区智融卫星链，开辟集融媒服务、社区服务和运营服务三位一体的社区智慧服务新领域。“融媒飞天云”应用创新成果不断涌现，甘肃卫视频道高清信号实现上星传输并在北京上海等地落地覆盖，全国可接收达到10.16亿人次，视听甘肃汇聚省内62家融媒体中心入驻，甘肃IPTV覆盖省内2000多万人群。13个市州市级融媒体中心挂牌成立。

（省委宣传部　张云）

**【读者出版集团】** 2022年，读者出版集团连续2年入选中宣部“全国文化企业30强”提名企业，是甘肃省近年来唯一入选的文化企业。“读者”品牌连续19年入选世界品牌实验室评选的“中国500最具价值品牌”，品牌价值达422.57亿元，较2021年增长14.2%。《光明日报》《经济日报》等中央媒体先后撰文报道集团近年来的发展成效，其中《经济日报》在其公众号同步刊发的文章《你还是〈读者〉的读者吗?》当日点击量就达到2.18亿次。

出版主业。2022年集团出版图书3215种，总印数约7800多万册，同比增长7.4%，重印占比达52.3%。组织实施一批具有市场性、引导性和带动性的出版项目，全年共有137种出版项目入选各类国家级出版规划、重点工程和资助项目。其中，《月亮上的格桑花》等8种出版物入选2022年国家出版基金项目，《“纪录小康工程”丛书》等2种出版物入选2022年中宣部主题出版重点出版物，《凉州金石录》入选2022年国家古籍整理资助项目，34种图书和音像电子出版物获第十三届甘肃省优秀出版物奖等。

期刊出版。推进期刊集群提升改造和融合转型，12刊1报全部实现正常出版，全年累计发行7100多万册，同比增长约3.5%，继2017年之后，再次达到7000万册。其中，《读者》月均发行量达535万册（含数字版），连续4年实现增长。聚焦重大主题，策划出版《〈读者〉喜迎中国共产党第二十次全国代表大会特刊》，《读者》《读者》（原创版）、《读者欣赏》《故事作文》入选第二十九届北京国际图书博览会“2022中国精品期刊展”主题期刊推荐名单，2种期刊获第十三届甘肃省优秀出版物奖。

图书发行。2022年，全省新华书店发行党的二十大相关主题出版物110万册、《习近平谈治国理政（第四卷）》23万册。全年“两教”发货码洋达14.95亿元，同比增长8.38%，完成“课前到书，人手一册”政治任务。在馆配图书、图书团购及文创服务等方面多点发力，全年实现销售3000万元，同比增长45%。

媒体融合。创新推进“读者”品牌数字化，加快融合转型发展。数字出版方面，以特色地域文化资源为依托打造“敦煌书坊”，累计完成数字化加工敦煌学和丝绸之路研究学术专著2000余册、古籍500种、期刊500期、论文6000篇、图片5万幅、

读者版本馆（读者出版集团供图）

"书香飘万家·星星点灯"陇原亲子阅读行动走进甘南（读者集团供图）

音视频500多段，形成初具规模的敦煌学和丝绸之路学数据库。推进甘肃省重大文化工程"文溯阁四库全书数字化影印出版项目"建设，全面完成6141函、36315册的数字化采集和校对任务，成立读者古籍数字科技中心，加快推进古籍版本资源数字化，努力培育数字出版新增长点。融合发展项目建设。推进"第五批国家文化和科技融合示范基地"等重点项目申报，集团数字化项目《面向终身学习的数字化智能体技术研究与应用》入选2022年度甘肃省科技计划重大专项、"公共文化服务空间关键智能技术研发及人才基地建设"项目入选甘肃省2022年度重点人才项目等，联合国家新闻出版署融合出版智能服务技术与标准重点实验室等单位共同组建"中国新闻技术工作者联合会出版融媒体技术分会"。新媒体业务。读者微信公众号订阅用户达700多万，日均活跃粉丝数超180万；读者学习强国号订阅超4700万，同比增长14.6%，每日一读专栏文章累计阅读量达1.56亿次；读者人民号多次蝉联人民日报发布的人民号影响力总榜、媒体类双冠军；读者喜马拉雅频道粉丝600万，累计播放量达10.8亿次，位居人文国学榜第一名。开拓网上销售渠道，全年共计直播263场，场均观看人次达到1.2万，较2021年开播之初增长96%。2022年，集团新媒体业务同比增长18%，新业态快速发展，新动能势头强劲。上市公司读者传媒入选2022年度国家新闻出版署出版融合特色单位。

实施"点·线·端+全民阅读"的"读者方案"。发挥全省新华书店公共文化服务功能，开展全民阅读活动，全年组织"七进"流动售书1700余次、近5万人次参与；举办2022年甘肃省"书香陇原"阅读季暨"4·23"世界读书日、省妇联2022年"书香飘万家·星星点灯"陇原家庭亲子阅读等系列推广活动；西北书城在首届全民阅读大会上获评"年度最美书店"，天水市麦积区新华书店被评为"第九届全国服务农民、服务基层文化建设先进集体"。推进公共文化空间建设，建成南京锦创读者书房、天水读者竹外云书店，以及张掖市纪委监委、甘肃省文旅厅、甘肃省自然资源厅、兰州中信建投等企事业单位的读者书房；与西班牙甘肃商会签订合作协议，推动"读者小站·欧洲旗舰店"落地西班牙马德里，并达成开展国际研学和文化交流活动、在欧洲市场发行《读者》杂志等多个合作意向，用"读者"力量助推书香社会建设和文化"走出去"。"读者方案"成功入选中宣部2022年《宣传思想文化工作案例选编》，以案例教材形式向全国推广。

（读者出版集团　梁庆宗）

**【甘肃广播电视总台】** 2022年，省广播电视总台现有内设机构30个，下属事业单位1个，各类企业20家。现有人员1719人，其中内设机构1348人（核定事业编制587名）。目前开办甘肃卫视、经济、文化影视、公共应急、都市、少儿及证券服务、公交移动等8套电视频道，新闻综合、都市调频、交通、经济、青少、农村等6套广播频率，运营视听甘肃客户端、丝路明珠网、IPTV等新媒体平台。现开办广播电视栏目137个（自办栏目100个）。甘肃卫视全国落地覆盖人口10.16亿，其中IPTV覆盖用户3.7亿。总台下属单位业务涵盖广播电视及相关领域，涉及民族语译制、广告经营、影视剧生产、报纸出版发行、音像出版、电影发行放映、广播电视技术服务、艺术培训等。

（省广播电视总台　贺莉）

【中国甘肃网】2022年，中国甘肃网通过融媒产品策划，助力重大主题宣传，从全国、全省两会到冬奥会再到甘肃省第十四次党代会、12·4宪法宣传周、网络安全宣传周的报道，打造融媒产品，见证着今日中国、今日甘肃新成就。制作发布图解、系列海报、H5、MG动画／原创视频、手绘1197期融媒体产品；全网推送264篇，设计制作专题165个。《沿着总书记的足迹，看甘肃360°的温暖回响》阅读量超过244万；14期长图作品“我们这十年·甘肃”突出各市州的成绩和亮点；制作《手绘“云游”甘肃！山水有相逢 来日皆可期》阅读量突破100.8万；制作《共建网络文明，我宣言!》实现14个市州和兰州新区同时助力，向每一名网友发出“弘扬时代新风，建设网络文明”的倡议，在微博端阅读量突破54万。

讲好“甘肃故事”。2022年刊发稿件25.4万篇，短视频2847个，新媒体产品1104个，西北角客户端刊发稿件4万篇，被全网推送1264篇，其中中央网信办推送67篇、省委网信办推送1197篇。打造小陇画报、陇人相、飞阅甘肃、小陇主播说、甘政评等特色品牌栏目，聚焦时政重点、民生热点、人文地理。网站策划开展“新春走基层·奶业新篇章”全媒体走进甘肃省乳制品产业链企业、“小康路上看老乡”系列采访、“您好！路易·艾黎”网络媒体行、“四强链主企业”媒体行采访、鲁甘东西部奏响的崭新“协作曲”等活动。制作和播出《祁连山动物“出圈记”》《甘肃彩陶为什么美》《小陇黄河奇妙游》等20多期甘肃文化类融媒作品。2022甘肃两会阅读量1.2亿，讨论次数1.1万。中国甘肃网的微信公众号增粉12.9万人，阅读总数达2.58亿余次，转发8413万余次，网友留言约79.2万余条。

（中国甘肃网　亢兆宁）

## 文旅产业

【文旅项目】2022年，印发《甘肃省2022年省级旅游发展专项资金文化和旅游产业项目补助申报指南》，按程序支持具有引领示范效应文旅产业项目44个。编印完善《全省文化和旅游康养产业重点招商引资项目册》，2022年储备文旅产业发展项目457个，举办“强省会·最美黄河故事”主题活动，评选8个优秀文旅产业项目和7名产业带头人进行表彰，谋划上报2023年文旅产业重大项目13个。审核申报文旅领域设备购置与更新改造贷款贴息项目60多个。全面落实《营商条例》和“放管服”“不来即享”改革政策。持续提升“一部手机游甘肃”智慧文旅公共服务功能，发布视频路书、图文路书200余条；新增“数字阅读”文化产品版块，提供图书、期刊、报纸、音频、视频等数字化资源，内容涵盖高清期刊1500种以上、图书7万册以上、听书资源8000集以上。“一部手机游甘肃”综合服务平台入选由新华网主办的第九届文化和旅游融合创新论坛“2022公共文旅服务创优推荐案例”，累计服务游客和网民1500万人次。联合人民网、新华网等网络平台，立体化、多角度、深层次推广甘肃文旅资源，年度搭建线上宣传专题专栏63个、发布图文稿件7916篇，浏览量超4.55亿次；制作发布短视频（含话题参与）2.76万条，播放量8.6亿次；组织直播110场次，观看人数1.17亿次；累计发布海报、短信、邮件、朋友圈及开屏、通栏、焦点图、暂停页面等广告资源112条，曝光量8.95亿次。联合腾讯举办王者荣耀全国大赛西北赛区决赛、“如意甘肃·一面之缘”数字化赋能文创产品展示会。配合全省“文化进万家　旅游迎新春”百日攻坚行动，组织开展“如意甘肃·如约而至”网络媒体宣传活动等10余项系列活动。矩阵账号2022年以来先后45次入围全国省级文旅新媒体传播力指数榜单、政务文旅榜等，12次位居榜首。

【文创产品】2022年，省文旅厅实施文旅行业创新创业大赛，共评选丝路手信——敦煌文创IP品牌

张家川马家塬遗址战国戎人车舆复原展出仪式在兰州举行（省文旅厅供图）

项目、李海明陇派珐琅艺术项目等43个奖励项目，激活文创发展动能，精心打造甘肃文创盛宴。以甘肃秦文化和西戎文化考古成果“战国戎人车马”为主题，创意研发具备实用功能、展示展览功能的秦文化和西戎文化非遗文创产品，并将“战国戎人车马”复制品逐步引入大景区和游客集散场所，使其成为新的、吸引游客参与体验的特色娱乐消费项目。甘肃省博物馆积极投入文创产业探索之路，与文博信息产业公司先后推出蓝莲系列、彩陶系列、画像砖系列、铜奔马系列等文化创意产品500余种。2022年，省博物馆以“马踏飞燕”为原型打造的“绿马”玩偶受到市场热烈追捧。

## 文化市场监管

【文化市场执法】2002年，充分利用文化市场管理工作领导小组协调机制，强化高风险旅游项目安全监管，督促企业履行主体责任，全年累计排查整治安全隐患5800余条。贯彻落实“二十条”“新十条”“新二十条”等工作要求，守住文旅行业疫情防控底线。以“雷霆行动2022”为统揽，依法规范文化市场秩序，全年共出动执法人员8.67万人次，检查各类经营场所3.19万家次，办结案件287件。深化“清源”“固边”“护苗”“净网”“秋风”五大行动，严厉打击非法有害出版传播，有力维护意识形态安全和文化安全。加强新兴业态监管，全面开展剧本娱乐经营场所备案、审查工作。建立信用分级分类监管机制，对严重违法企业列入“黑名单”管理。

（省文旅厅　张萌）

【出版市场管理】2022年，深化“放管服”改革，政务服务窗口累计受理出版、版权、印刷和电影相关行政审批（备案）事项6053件，办结6053件，办结率100%，“零跑腿”（不见面审批）事项达到100%。开展全省打击新闻敲诈和假新闻专项行动。2022年全省通过年度报告印刷企业1900家，通过年度核验的出版物发行企业2425家，新增数字印刷企业51家。印制发行春季中小学教材教辅4410万册、秋季中小学教材教辅5940万册，圆满完成“课前到书，人手一册”政治任务。制定印发重点行业领域推进使用正版软件工作三年行动计划，软件正版化工作不断向纵深发展。全年查办版权案件31件，完成作品登记50321件，较上年度增长67.5%。甘肃媒体版权服务平台正式上线，创建命名2个“全省版权示范单位”。为全省16375家农家书屋、6093家农村幼儿园、266家寺庙书屋补充更新价值1713万元的出版物。为“百草园”公共文化服务平台注入电子图书9900册、有声读物31万分钟、农业科技类视频10万分钟、小学同步课堂6.5万分钟，平台手机端APP及网络矩阵下载和关注人数达350万人，使用和浏览次数突破1.5亿次。承办首届全国全民阅读大会·乡村阅读推进论坛暨2022“新时代乡村阅读季”，举办甘肃省2022年“我的书屋·我的梦”农村少年儿童阅读实践活动，农牧民参与人数达200多万。组建护苗联盟，持续打造“陇原护苗”品牌。

（省委宣传部　张云）

【广播电视监管】2022年，拓展“管理优化”工程和“安全播出”工程，督促全省各级播出机构落实节目播前三审和重播重审制度，监听监看广播电视节目113个。对全省20家国有广播电视节目制作机构开展社会效益评价考核。开展非法卫星地面接收设施专项整治和广播电视“两证一照”核查工作，白银、武威、陇南、甘南和兰州新区加大非法销售、安装使用卫星地面接收设施打击力度，维护政治安全和文化安全。组织播出机构开展非法医药、非法集资等违法违规广告专项治理，全力维护人民群众利益。平凉、临夏认真落实新闻出版总署和广电总局部署，开展广播电视机构规范使用汉字专项整治行动。开展全省安全播出大检查，集中排查消除各类风险隐患，完成北京冬奥会及冬残奥会、党的二十大、省第十四次党代会等重要保障期安全播出保障任务。完成700MHz频率迁移年度任务，移动多媒体广播电视播出效果良好。建成广播电视和网络视听省级监管平台，大幅提升全省广播电视和网络视听监测监管能力。完成IPTV集成播控平台与传输系统的规范对接及省级初验，进一步巩固意识形态阵地。完成“应急使命·2022”高原高寒地区抗震救灾实战化演习应急广播演练。兰州、天水、庆阳、金昌、张掖、嘉峪关排查整改风险隐患，安全播出保障能力稳步提升。

（省广播电视局　豆红玉）

## 文化场馆

**【甘肃省博物馆】** 2022年，甘肃省博物馆现藏珍贵历史文物、自然标本8.9万余件组。有5个基本陈列，展出文物近2000件，分别荣获“全国博物馆十大陈列展览”精品奖、优秀奖。2022年省博物馆被命名为“第八批全省民族团结进步示范单位”。

藏品管理。2022年新征藏文物、艺术品、重要印记物证100件，采集制作自然标本133件，收藏省第十五届运动会火种灯，接收兰州市公安局暂存5批次278件套涉案文物；完成1400余份文物和自然类藏品档案填写；对百余件套社会流散文物进行鉴定、甄别，配合完成全省新入藏革命文物鉴定和1.3万余件涉案文物司法鉴定工作。

藏品保护修复。完成“魏晋五号壁画墓抢救性保护”“馆藏珍贵文物防震预防性保护项目”“古籍修复（一期）”“金城览胜图活态展示数字化保护”等6个文物保护项目，完成国家版本馆借调560余件文物的复仿制工作；编制并部分实施文物保护修复方案9个，对地县博物馆文物保护修复工作提供技术支持；完成1个文物保护地方标准向市场监管局的报审和2个标准的草案编写；申请获得1项文物保护修复实用新型专利，1项纸质文物保护应用研究荣获第一届甘肃省文物保护科学与技术研究优秀成果三等奖。

学术科研。举办“万象涵容 共融共创”文创学术论坛，邀请知名专家学者举办学术讲座7场，组织业务人员参加专业培训和学术交流40余场100余人次；2022年申请立项各级项目课题5类11项，3项课题结项，专业技术人员承担或参与科研课题共30项，其中厅级及以上课题17项；编制《“甘肃省博物馆优秀学术成果”系列丛书出版管理暂行办法（试行）》，全年出版图书4部，专业技术人员在省级以上刊物发表文章近30篇。

展览展出。2022年举办“大道攸归——五凉文化展”“木本水源——黄河流域史前文明展”“万象涵容——博物馆文化创意产品展”等临时展览共11个；策划制作敦煌文博会“大道之简——简牍中的丝绸之路”展；持续打造“让文物活起来”“国宝省亲”系列展览品牌，输出“彩韵陶魂——甘肃出土彩陶文物精品展”“陇右通衢——文物精品交流展”“旗帜飘扬——长征精神在陇原”“古代丝绸之路文明”“丝绸之路上的交通与交流展”等精品原创展览9个，其中“车尘马迹——丝绸之路的交通与交流”以数字图片展的形式在波兰举办；遴选馆藏文物参与“何以中国”“斯文在兹——中华古代文明版本展”“黄土、黄河、黄帝——黄河流域生态文明与历史文化展”等国内文博单位举办的各类展览16个。2022年，“让文物活起来”系列之“落花·流水——甘肃彩陶艺术展”荣获甘肃博物馆陈列展览精品奖；与甘肃省文物考古研究所联合举办的“实证——甘肃百年考古展”、与广东省博物馆联合主办的“丝路光华：粤陇文物精品联展”入选2022年度“弘扬中华优秀传统文化、培育社会主义核心价值观”主题展览推介项目；“大道攸归——五凉文化展”入选由央视频、微博文博等8家单位联合发布的2022年度文博行业100个热门展览。

免费开放接待。展厅全年共计开放227天，累计接待观众26.9万人次，提供讲解服务1667场，志愿服务924人次3900小时，开展各类“四进”活动7场，累计服务观众1.2万人。围绕喜迎党的二十大召开主题，在“5·18”国际博物馆日、自然和文化遗产日、国庆节等重要节点策划举办大型宣传庆祝活动4场，辅助举办“绿马风筝节”“金石传拓”“国庆·红色历史知多少”“穿上汉服到甘博打卡”等特色文化体验活动，吸引观众参与，助力文旅融合。志愿服务项目“黄河少年的时代担当——甘博少年

“5·18”国际博物馆日，甘肃省博物馆在展览大楼前广场举办“金石传拓”活动（省博物馆供图）

志愿者‘我在岗’”入选中国博物馆协会推介的50个“喜迎二十大 强国复兴有我——青少年中华文物我来讲”博物馆志愿服务项目；“薪火相传·大手拉小手——甘博少年志愿者的时代担当”入围国家文物局、中央文明办联合推介的“首届全国博物馆志愿服务典型案例”。

社会教育。深化馆校共建模式，在酒泉路小学创设文博班。设计开发“丝绸之路上的衣食住行”“博物馆里的虎文物”“文物里的科学”和“红色故事”4个系列全新课程，将精品课程送进校园26次，参与学生1400余人。延展品牌社教活动，全年共举办少儿社教活动188场，参与人数1500余人。以实现教育均等化为目标，赴文县扶贫点中小学开展《人与自然》科普讲座2场，《红色甘肃》专题数字化流动巡展3场，社教活动2场，参与学生500余人；赴兰州市特殊学校开展定制课程1次。首次与香港胡兆炽中学联合开展“丝路甘情”线上博物馆游览活动，为香港地区中学生搭建了解祖国历史文化、增强文化认同的平台。

博物馆文创。集中精力打造高辨识度文创品牌。2022年重点深化以铜奔马为原型的“神马来了”系列文创，设计个性突出的“绿马”卡通形象，研发防疫口罩、背包、玩具等多款热销文创产品，“马踏飞燕”文创玩偶爆红被评为2022年度文博行业十大热点事件和甘肃省文物工作十大亮点。丰富文创美食系列品类，推出人头形器口彩陶瓶软儿梨文创雪糕，“礼馔·和月”文创月饼礼盒，创作发行36款馆藏文物数字藏品，广受消费者喜爱。坚持“文创+”理念，联合兰州中川国际机场在航站楼内开展“绿马保驾、健康出行”快闪活动，与兰州中心合作，国庆期间在商场打造“不用蕉绿”文化体验空间，以文创带动文物“活起来”。有序推进“数字艺术品交易与收藏（NFT）”文创发展模式，创作发行馆藏文物数字藏品36款。加强文物知识产权保护，完成4件馆藏文物的商标注册和560件文物在“甘肃版权服务平台”的版权登记。

文化传播。官方微博荣登2022年“全国十大博物馆微博”榜，并被省委网信办评为2022年度甘肃省微博文明账号；原创短视频和在线直播累计观看量达165万人次，较去年同比增加160%；建成线上数字展厅，对多个原创精品展览进行全景数据采集和网络虚拟漫游展出；抓住热点事件和重要时间节点，推出“甘肃文物上冬奥”、节气海报、“绿马”表情、《铜奔马》Rap风格音乐作品等多款喜闻乐见、个性突出的融媒体产品，受到网民热评和广泛体验。铜奔马相关数字媒体产品荣获光明网举办的“用数赋智 助推中华文化创造性转化创新性发展”优秀案例“文化脉动”赛道最佳创意案例。

博物馆建设。甘肃简牍博物馆、省博物馆扩建、天水市、靖远县等博物馆建设有序推进。2022年，甘肃省博物馆扩建工程于10月8日正式开工建设。全省博物馆纪念馆免费开放，改造提升陈列展览和新推出临时展览180多个，开展“四进”、研学等社教活动6500余场次，接待观众2100多万人次。统筹疫情防控，推出“云”逛博物馆、云展览、云课堂、云教育、文物抗疫海报等文化服务活动近千场次，在线参与1100多万人次。承办2022年全国文化和自然遗产日主场城市活动，全面展示甘肃省文物事业发展成就。盘活文物和文化遗产资源，以敦煌文物、张家川战国戎人马车等为蓝本，打造一批颇具知名度的文创产品，省博物馆绿马出圈火爆全国，成为2022年文博行业十大热点事件。沪剧《敦煌女儿》在上海成功首映，《我心归处是敦煌》微纪录片在央视上线。报请省委、省政府印发实施《关于让文物活起来扩大中华文化国际影响力的实施方案》，以敦煌文化、丝路文化为主加强多元文化交流合作，赴香港举办“再会敦煌：洞情的故事”丝绸之路专题展览，在台湾省东华大学等高校举行线上展览活动4场次，在丝路沿线国家和地区举办“敦煌文化环球连线”为主的线上研讨会、论坛、讲座等文化交流活动13场次，一体推进甘肃文物活起来与扩大中华文化影响力。

甘肃省博物馆“志愿者的时代担当”等2个案例入选首届全国博物馆志愿服务典型案例；“实证——甘肃百年考古展”等5个展览入选全国培育社会主义核心价值观推介项目；天水市博物馆“革命传统教育现场教学”等6个社教活动入选全国文博社教活动十佳案例；“甘肃彩陶艺术展”等10个展览被评为甘肃省博物馆精品陈列展览；中国工农红军西路军纪念馆入选全国服务党史学习教育精品案例，南梁革命纪念馆等4家革命场馆入选全国“大思政课”实践教学基地名单，红石窝草原入选全国第一批“红色草原”名单；金昌市等7家博物馆被命名为第一批全国科普教育基地；25个文博单位和60名个人分别获评全国和省级先进集体和先进个人等称号。

（省博物馆　何雅云）

**【甘肃省图书馆】** 2022年，入藏新书50015种120268册，入藏期刊3383种8572册、报纸189种2749册。截至2022年底，馆藏纸质文献总量为509万册。完成馆藏文献缩微胶卷拍摄27卷2.1万拍，采购商业数据库23个。根据疫情防控需要，全年实际开馆200天，累计接待读者256460人次，其中书刊文献外借155827人次233741册次，新增持证读者3245个。文溯阁《四库全书》藏书馆全年接待参观1363人次。馆藏数字资源年度访问量为1283.6万次，下载（使用）量330.8万篇次，其中电子书下载量26.4万册。全年组织各类阅读推广读者活动340场次，线上线下参与读者1367.2万人次。在省公安厅、省退役军人服务中心、兰州资源环境职业技术大学、凉州区图书馆等单位新建分馆、流通站、老兵书屋9个，合计配送图书14万册。累计在全省建立馆外服务点161个，其中分馆8个、流通站153个，流通图书总计883945册次。6月26日，甘肃省图书馆总馆西区（新馆区）正式开馆，总馆西区占地6600平方米，建筑面积2.5万平方米，阅览席位2000个，布设多个主题阅读服务空间，整体管理、服务、业务智慧化含量大幅提升，开馆15日内接待读者37130

中华古籍普查文化志愿行动·甘肃行活动（省图书馆供图）

人次，日均到馆读者2475人次，书刊借还22万余册次。

古籍保护。“中华古籍普查文化志愿行动·甘肃行”项目获甘肃省2022年度学雷锋志愿服务全国“四个100”和甘肃“四个十佳”暨疫情防控先进典型“最佳志愿服务项目”。启动馆藏善本古籍修复工作，全年完成古籍修复68部233册9800页。成功获批建立“何谋忠技能大师工作室（古籍修复师）”，“古籍修复技艺”获得“第五批省级非物质文化遗产代表性项目代表性传承人”称号。推出《阅微草堂札记》及“黄河文化、华夏文明”系列文创产品，完成《影印文溯阁〈四库全书〉》重印。启动实施馆藏珍贵古籍数字化工作，累计完成文溯阁本《四库全书》（6141函36315册）《古今图书集成》（520函5020册）等71部馆藏珍贵古籍数字化扫描工作。配合省社科联完成《陇右文库·著作库》底本扫描工作，累计扫描馆藏甘肃历代著述底本地方志241种。配合国家“二二工程”国家版本馆库展征集工作，提供60函344册文溯阁《四库全书》赴国家版本馆进行陈列展示。

完成2021年度全国智慧图书馆服务体系资源建设项目的拍摄制作以及80节图书馆公开课、5.5万条《甘肃省图书馆知识资源细颗粒度建设和标签标引项目》的建设任务。组织开展全省图书馆2021年度智慧图书馆服务体系建设项目和公共文化云建设项目验收工作，举办甘肃省公共文化服务云平台建设线上培训班1期。甘肃省图书馆学会组织全省各级各类图书馆参加各类线上培训交流活动17场，开展各类专业奖项的申报、评审工作，配合中图学会开展多场阅读推广活动，行业服务效能不断提升。

省社科项目《文溯阁〈四库全书〉入甘55年口述史》入选第八届中国口述历史国际周活动；出版专著2部、发表学术论文10余篇。馆办学术期刊《图书与情报》继续保持全国中文核心期刊和中国人文社会科学核心期刊地位，荣获“第十三届甘肃省优秀期刊”一等奖。在中国人民大学书报资料中心发布的“2021年度复印报刊资料重要转载来源期刊”报告“图书馆、情报与档案管理学科期刊”排名中，转载量、转载率、综合指数分别位列全国第5、第6、第7，期刊学术品质得到权威评价体系体现。完成第七次全国县级以上公共图书馆评估定级。抽调馆内专家配合省文旅厅开展全省101个参评图书馆的网报材料审核及初评工作。

（甘肃省图书馆　祁自顺）

【甘肃省美术馆】1月13日，甘肃美术馆举行“朝圣·敦煌——甘肃画院美术创作系列工程之二‘传承启新·潜心践行’甘肃画院美术作品汇报展”开幕式和“朝圣·敦煌——甘肃画院美术创作系列工程之三‘心路历程·赓续踔行’”启动仪式，展览共展出20余位画家的百余幅作品。1月21日至2月15日，举办“陇山·陇水·陇人”——第九届甘肃省专业画院作品展，展出国画、油画、书法作品100幅，该展览已连续开展18年。2月18日至28日，举办“心迹”甘肃画院国画院写生作品展。11月，举办为期1个月的“喜迎二十大·丝路丹青——2022年甘肃美术馆馆藏精品展”，展出作品80幅，以馆藏全国名家国画及书法作品为主，首次与观众见面。

（省美术馆）

朝圣·敦煌——甘肃画院美术创作系列工程之二“传承启新·潜心践行”甘肃画院美术作品汇报展（省美术馆供图）

## 文化交流

【文艺创作与活动】2022年，推进陇原文艺高峰攀登工程。围绕迎接党的二十大等重大时间节点，组织开展“春绿陇原·云端盛宴”网络展演活动，组织主流网络平台展播优秀剧目和文艺演出140部，总播放量达6788万人次；组织甘肃交响乐团在张掖七彩丹霞举办“春绿陇原·永远的绿洲”实景云展播交响音乐会，单场网络收看达500多万人次，成为文旅融合发展的新亮点。全省各地共举办1500多场文艺活动，惠及3600多万观众。肃南裕固族自治县民族歌舞团、肃北蒙古族自治县乌兰牧骑被中宣部、文旅部、国家广播电视总局授予“第九届全国服务农民、服务基层文化建设县级基层文艺院团先进集体”称号。围绕庆祝党的二十大胜利召开，组织创排完成组歌《“两弹一星”——江山民心》、歌剧《呼尔嘿哟》、歌剧《不遥远的胡麻岭》、秦腔《蔡文姬》等重点剧目创排工作；组织完成移植复排民族器乐剧《玄奘西行》，持续打磨提升话剧《八步沙》、陇剧《大禹治水》、儿童剧《大豆谣》等新创作优秀舞台艺术作品。话剧《八步沙》入选第十三届中国艺术节参演剧目暨第十七届文华大奖终评剧目，荣获第十七届文华大奖提名剧目；陇剧《大禹治水》入选文化和旅游部“2022年首届黄河流域戏曲演出季”；陇剧《司文郎》、秦腔《潞安州》入选全国地方戏精粹展演；杂技《生命礼赞》入选第十一届全国杂技展演。全省文旅系统创作的23部文艺作品获甘肃省第十届敦煌文艺奖，甘肃25幅优秀美术作品入选“第七届全国画院美术作品展览”。

（省文旅厅　张萌）

“春绿陇原·永远的绿洲”实景云展播交响音乐会在张掖七彩丹霞震撼奏响（省文旅厅供图）

【对外文化交流】2022年，策划制作2022“欢乐春节”线上海外交流项目，向五大洲30多个国家集中展示甘肃民俗、非遗、历史等文化旅游资源。以“线上+线下”形式举办2021“东亚文化之都”中国敦煌活动年闭幕式，为2021“东亚文化之都”中国敦煌活动年画上句号。与吉隆坡中国文化中心开展年度部省合作计划，以“丝路·连接·对话”为主题，举办敦煌数字文物展等文化体验及旅游资源展示活动；协助中国驻荷兰大使馆在荷兰著名的“陶瓷城”代尔夫特市举办“马家窑回声”陶瓷艺术作品展；接待乌拉圭驻华大使费尔南多·卢格里斯一行到文溯阁《四库全书》藏书馆参观考察；应中国驻蒙特利尔总领馆邀请，指导省歌剧院原创交响曲《永远的绿洲——河西走廊》以线上音乐会的形式为领区的华侨华人、留学生、中资企业、加拿大各界友人进行演出，共同庆祝新中国成立73周年。参与“2022中国—东盟博览会旅游展”，作为主题省开展专场推介、文艺展演、合作洽谈等活动，深化与东盟各国交流合作，持续推动陆上丝绸之路、海上丝绸之路文化旅游合作实现新突破；组织文旅企业进驻第20届香港国际授权展国际贸易平台，参加第十届澳门国际旅游（产业）博览会；再次成功入选“2022敦煌澳门双城青少年文化交流与服务学习行动”。在香港回归25周年纪念活动期间，敦煌研究院和故宫博物院、香港故宫文化博物馆联合举办《敦煌与故宫对话：飞越文化二千年》音乐会暨文化讲座活动；敦煌研究院推进流失海外敦煌文物数字化复原工作，与英国国家图书馆、日本京都市立艺术大学相继开展线上学术交流活动；联合省外办开展“敦煌文化环球连线”活动，先后向中国驻德国、亚美尼亚、马耳他、乌兹别克斯坦等国大使馆、总领馆开展关于敦煌文化的讲座；与东京艺术大学签署双方合作备忘录，与日本经济新闻社、日本大阪市阪急交通社签署三方合作意向书，为中日文化交流和敦煌文化的弘扬发挥积极作用。

加强甘肃省海外社交平台矩阵建设，2022年矩阵粉丝总量达到100万，覆盖全球50个国家和地区，发布帖文2110条，总阅读量累计达到1.97亿人次，总互动量约1043万人次。打造8个“网红”工作室，“网红”账号32个，涵养粉丝5万余人。组织开展2022范长江行动。在奥地利维也纳中国文化中心成功举办“大美中国 如意甘肃”民族文化海外主题展。重点外宣图书《从贫困到富饶甘肃美丽乡村蜕变记》（英文版）顺利出版，《解码中国美好生活：甘肃实践》案例集（中、英文版）在“南南合作对话”论坛发布。服务共建“一带一路”，打好敦煌文化、伏羲文化“特色牌”，深入实施“中国与丝绸之路沿线国家友好关系发展史丛书”等项目，举办公祭伏羲大典，实施敦煌文化翻译工程，开展敦煌文化环球连线等重大活动，推动中华文化更好走向世界。

（省委宣传部　张云、省文旅厅　张萌）

## 哲学社会科学

【社科研究】2022年，立项省人文社科项目年度课题104项、专项课题107项。修订省人文社科项目管理办法。推动项目成果转化应用，从63项结项成果中择优筛选16项。在《社科纵横》开设“乡村振兴战略研究”“黄河流域生态保护和高质量发展”“文旅融合”栏目，推进重大理论和现实问题研究。编辑《社科纵横》6期，刊发文章139篇。

【学术交流】2002年，与有关单位联合完成“秦文化与中华文明探源”“弘扬甘肃精神 奋力争先进位”等有较大影响力的论坛承办任务。依托主管社会组织举办“双碳目标下绿色金融与经济高质量发展论坛”“新时代古籍工作与华夏文明传承创新”等学术活动，产生了良好社会反响。其中“双碳目标下绿色金融与经济高质量发展论坛”采取线上直播形式，观看论坛直播人数达29万人次，线上互动5万人，点击量70多万次。加强与省外社科界的交流合作，向“第四届沿黄九省区黄河论坛”承办方山西省社科联推荐参会论文54篇，与陕西省社科联协调，推动宝鸡、天水、陇南“两省三地”共同筹备第二期“秦文化论坛”，持续推进与上海外语出版社和高等教育出版社合作项目——甘肃省高等院校外语教师发展研究项目研究工作，完成2020—2022年的结项工作和2022—2024年的立项工作。

【社科普及】2022年，以“奋进时代新征程 喜迎党的二十大”为主题，举办全省“社科宣传普及周”活动，各地社科联、各社科宣传普及示范基地广泛参与，形成宣传普及的强大声势。各地共举办理论宣讲

70多场，社科讲座43场，专题展览、文艺展演300多场，开展咨询服务300多次，发放宣传资料7万余份，有效推动党的创新理论传播、社会主义核心价值观传承弘扬和社会主义意识形态建设。加强对省社科普及示范基地的支持和管理，组织对各社科普及示范基地进行评估，根据评估情况补助经费52万元，激励保障社科普及示范基地切实发挥作用。推选5人参加全国各省（市、区）社科普及基地讲解员大赛，获一等奖1项、三等奖1项。

【社会组织管理】2022年，依规依章审核新成立社会组织2家。配合省民政厅开展主管社会组织第三方检查评估，深入8家社会组织走访调研。积极引导主管社会组织发挥作用服务全省工作大局，一山一水环境与社会发展中心赴平凉、白银等地开展心理疏导10余次，省企业创新发展研究院为基层社区捐赠价值80万元的防疫物资，省国学会、省民营经济研究会开展线上防疫知识宣传和辅导，助力全省统筹推进疫情防控和经济社会发展工作。

【重大项目】2022年，持续协调推进《陇右文库》重大项目编纂出版工作，《方志库（二）》《著作库》编纂完成，《民间宝卷库》编纂有序推进。依托《陇右文库》编纂工程，开展“传承保护甘肃历史文化 筑牢中华民族精神根脉”主题调研，总结编纂经验做法，研究解决相关问题。

（省社科联）

【省社会科学院】2022年，甘肃省社会科学院发布《甘肃蓝皮书》系列成果。蓝皮书形成5+1+8的格局，共计14本，于2023年1月8日在兰州宁卧庄宾馆召开西北蓝皮书、甘肃蓝皮书（2023）成果发布会。《甘肃舆情分析与预测（2021）》荣获第十三届“优秀皮书奖”一等奖，《甘肃经济发展分析与预测（2021）》中的《2020—2021年甘肃经济运行分析及对策建议》荣获第十三届“优秀皮书报告奖”三等奖。

出版发行《陇上学人文存》第九辑。该书被列入甘肃人民出版社重点图书选题和《甘肃省哲学社会科学研究与发展“十二五”规划纲要》全省学术积累优秀社科成果出版建设工程，成为“文化大省”建设的又一标志性品牌，涉及15个学科领域。

中国与丝绸之路沿线国家友好关系史项目取得新进展。“中国与丝绸之路沿线国家友好关系史丛书”项目进展顺利。省社会科学院先后与西班牙甘肃商会、马来西亚马中友好协会、塞浦路斯欧洲大学举行签署相关合作协议，阿联酋、吉尔吉斯斯坦、尼泊尔等国家有关智库正在与省社会科学院联系沟通，准备参与该项目。《中国—白俄罗斯友好关系发展史》《中国—西班牙友好关系发展史》被列入《2022年华夏文明传承创新区建设工作要点》以及《〈华夏文明传承创新区建设“十四五”规划〉重点任务责任清单》；《中国—西班牙友好关系发展史》被列为2022年甘肃省社科规划办一般项目；“中国与丝绸之路沿线国家友好关系史丛书”项目首批成果入选“甘肃外事这十年”；“中国与丝绸之路沿线国家友好关系史”项目入选中国外文局2022年度对外传播十大优秀案例。

数字智库建设取得新进展。甘肃社会科学在线暨专题数据库功能进一步提升，页面设计包括展示性9个、工作性栏目12个和功能性栏目及专题数据库10个，并与省内其他数字化平台进行对接和贯通，形成中华文化甘肃数据库。

发挥咨政建言作用。2022年，省社科院共报送《呈阅件》8期，《要报》14期，共计22期。其中，《要报》第1期《保障粮食安全端牢端稳国人饭碗》《甘肃保障粮食产销平衡的现状、挑战与对策》《新时代新征程——构建甘肃粮食安全新格局》《不断完善国家粮食安全政策》《深入实施“两藏”战略，夯实粮食安全基石》五篇文章被政府领导批示。《呈阅件》第6期《创新打造国与国智库合作〈中国与丝绸之路沿线国家友好关系史丛书〉项目，为助力“一带一路”建设发挥甘肃作用》被甘肃省委领导批示。

（省社会科学院）

## 地方史志

【地方志编纂】2022年，省级《扶贫志》《全面小康志》（以下简称两志）编纂进入初稿撰写阶段；14个市州中有9个正在编纂两志初稿，有3个已基本完成资料长编，有2个正在收集资料；86个县区中有29个正在编纂初稿，有14个已基本完成资料长编，其余43个正在收集资料。市县两级积极开展乡镇街道、村社区志编纂工作。全省已出版乡镇街道志65部、村社区志97部，正在编纂乡镇街道志128部、村社区志88部。启动《甘肃省药品监督管理志》《甘肃省政府研究室志》《甘肃烟草志》《甘肃酒业志》编纂工作。

**【省级两志编纂】**2022年，按照中国地方志指导小组《关于实施中国扶贫志编纂工程和中国全面小康志编纂工程的若干意见》提出：“扶贫志上限为1949年10月1日中华人民共和国成立，下限断至2021年2月25日，即习近平总书记在全国脱贫攻坚总结表彰大会上宣告脱贫攻坚战取得全面胜利”“全面小康志上限一般迄于1978年12月中共十一届三中全会召开，下限断至2021年7月1日，习近平总书记在庆祝中国共产党成立100周年大会上宣告在中华大地上全面建成小康社会”“各级扶贫志、全面小康志编纂任务应在2025年12月底前完成”编纂。

**【市县两志编纂】**2022年，省地方史志办公室紧紧围绕市县两志编纂工作，对白银、兰州、武威、金昌、定西、天水共6个市进行调研指导，并通过定期沟通和上报两志编纂进度表，全面督促指导市县两志编纂工作。2022年，全省市县两志编纂进度整体较好，有6个市州（酒泉、白银、兰州、平凉、张掖、嘉峪关），27个县区（金塔县、榆中县、永登县、庄浪县、泾川县、金川区、礼县、瓜州县、肃北县、阿克塞县、清水县、甘州区、山丹县、灵台县、肃南县、临泽县、玉门市、西峰区、镇原县、两当县、文县、城关区、七里河区、安宁区、西固区、红古区、崆峒区）已经完成资料长编并撰写初稿。

**【地方综合年鉴编纂】** 年初，制定《甘肃年鉴》计划工作表、全省市（州）县（区、市）阶段进度表、市（州）县（区、市）出版印刷责任分工表，协调各个环节，省市县三级101种地方综合年鉴全部按期出版。甘肃省三级地方综合年鉴启动编纂、公开出版率排名位列全国第一方阵。

**【史志信息化建设】** 甘肃地方史志网（甘肃数字方志馆）新开设“影像甘肃”“深入学习宣传贯彻党的二十大精神”两个栏目，累计实现数字转换6.8亿字，图照11.8万幅，上传各类志鉴、地情资料共903部，实现全文检索，免费下载应用，累计浏览量达135万人次，是目前全国省级地方志机构中内容容量最大网站，为社会提供方便快捷的读志用志平台。

（省地方史志办公室）

## 体育发展

**【体育基础设施建设】**2022年，全民健身重点项目七里河体育场建设项目、省临洮体育训练基地二期项目进展顺利。兰州体育馆提升改造项目完成建设任务。各级累计投入体育彩票公益金近1.1亿元，新建169个乡镇（街道）多功能运动场、4个体育公园、10条健身步道、2个可移动式冰场、20个笼式足球场、500套健身路径、15套智能健身路径、47套行政村农民体育健身工程，人均体育场地面积达到2.0平方米。

**【全民健身】**2022年，贯彻落实中央办公厅、国务院办公厅《关于构建更高水平的全民健身公共服务体系的意见》精神，制定印发本省贯彻落实《任务分工》，紧紧抓住“制度、活动、场地、组织、人才、文化”六个方面的工作，系统规划、有机结合、重点突出、整体推动，推进全民健身公共服务体系不断完善。努力克服疫情影响积极开展全民健身活动，坚持线上和线下相结合、集中和分散相结合、主管部门和社会组织相结合，成功举办甘肃省直属机关第十二届运动会，充分发挥省直机关在全民健身上的示范引领作用。配合甘肃省残联圆满举办甘肃省第十一届残疾人运动会暨第五届特殊奥林匹克运动会。全年举办全国新年登高大会甘肃主会场、大众冰雪普及系列活动、陇越骑联红色之路线上自行车赛等全民健身主题示范活动、规模性赛事活动710项，参与人数超86万人次，群众性冰雪活动广泛开展，冰雪运动已经成为全民健身的重要组成部分。省级体育社会组织，不断完善自身建设，克服疫情带来的不利影响，努力开展线上线下的群众健身活动，张掖市临泽县被体育总局命名为第一批全民运动健身模范县，体育在健康甘肃建设中发挥出更加重要的作用。积极开展线上培训活动，社会体育指导员队伍不断壮大，人数达到65885人，服务能力和服务水平进一步提高。

**【体育赛事】** 2022年9月17日至9月24日，甘肃省第十五届运动会在兰州举行。全会青少年组、群众组共计8008名运动健儿角逐赛场，18人3队31次打破19项省记录。兰州市等24个代表团荣获体育道德风尚奖。全省各运动队全年在世界大赛中夺得3金4

银2铜，在全国成年、青少年比赛中夺得12金6银6铜。射击运动员李雪在世界锦标赛上摘金，创造甘肃运动员在世界射击顶级赛事中金牌数、奖牌数新纪录；男子曲棍球队斩获全国男子曲棍球冠军杯冠军，创造16年来参加全国大赛的最佳成绩。

**【青少年体育】**2022年，会同省教育厅在全省范围评选出兰州市城关区等10个体教融合试点县区。持续开展"奔跑吧·少年"儿童青少年主题健身系列活动，全省各地全年开展各类线上线下青少年体育赛事活动500余场，超80万人次参与。配合省教育厅圆满举办省第五届中学生运动会。实施全省高水平体育后备人才基地（2022—2025年）认定，评选出新周期重点高水平体育后备人才基地10个、单项体育后备人才基地（俱乐部）22个、传统特色体育学校26个，对"三大球"和田径、自行车、曲棍球等本省优势项目进行重点布局。依托省体校和兰州市体校2所中专体校创建青少年体育训练中心，夯实体育后备人才培养根基。与定西市人民政府合作共同筹建甘肃体育职业学院，完成批筹手续，进入设计建设阶段。

**【体育产业】**2022年，印发《关于促进全民健身和体育消费推动体育产业高质量发展的实施意见》。贯彻落实省第十四次党代会"推动体育产业高质量发展"部署要求，提请省委常委会会议、省政府常务会议研究并同意筹建甘肃健陇体育产业集团有限公司，于11月正式登记成立。会同省文旅厅开展省级体育产业旅游示范基地评审工作，天水青鹃山体育旅游休闲公园等6家单位被命名为甘肃省体育旅游示范基地。陇越骑联国际山地自行车赛等6个项目入选中国体育旅游博览会精品项目。全省体育彩票市场克服疫情影响逆势上扬，全年总销量达到43.54亿元，市场份额达到68%，取得历史最高销量成绩。自2016年1月1日至今，全省体育彩票市场份额累计七年增长32.12%，涨幅全国排名第二；体育彩票销量累计七年增长43.04%，涨幅全国排名第六。

**【体育法制】**2002年，《甘肃省实施〈中华人民共和国体育法〉办法》在甘肃省第十三届人民代表大会常务委员会第三十三次会议上修订通过。围绕《体育法》和实施办法的贯彻实施，全面开展体育法规、规章、规范性文件立改废释，加快推动《甘肃省全民健身条例》等行政法规修订工作，做好体育系统第八个五年法治宣传教育工作，持续开展体育行政审批事项清理、"证照分离"、证明事项清理等"放管服"改革工作，提升依法治体水平。制定《甘肃省省级体育彩票公益金使用管理细则》，规范省级体育彩票公益金使用管理，提高资金使用效益。修订《甘肃省体育教练员系列职称评价条件标准》《甘肃省体育运动员教练员参加国际国内竞技体育比赛奖励办法》，进一步激发体育人才活力。提请省政府办公厅印发《关于加强近期体育赛事活动安全风险防范工作的通知》，督促指导各级各相关部门严格执行"谁审批（备案）、谁负责，谁主办、谁负责，谁主管、谁负责"的要求，确保体育赛事活动平稳安全有序开展。调整充实省全民健身工作委员会各成员单位职能，强化体育赛事活动安全监管服务，多部门协作联动的工作机制初步建成。举办全省经营高危险性体育项目场所管理工作培训班，进一步提升全省体育系统相关工作人员的业务能力和水平。

**【体育文化】**2022年，将体育文化助力乡村振兴列入年度重点工作任务，着力推动体育文化建设和全民健身意识持续向农民、农村地区、对口帮扶地区覆盖和倾斜。全年在民族地区、对口帮扶地区等安排资金1700余万元，进一步提升民族地区群众的现代体育文化的获得感。在庆阳、临夏等地开展26场助力乡村振兴健身气功志愿服务活动，为广大农民提供科学健身指导，惠及群众50余万人次，以健康体质助力乡村振兴。落实兰州—西宁城市群发展规划，会同青海省体育部门开展"庆百年 迎冬奥"甘青滑雪运动胜地评选活动。围绕加快建设文化强省，持续加大对全省体育文化资料的整理与研究，以体育赛事活动为平台大力弘扬丝路文化、黄河文化、红色文化、民俗文化等。加强少数民族传统体育项目的保护传承，临夏天启棍入选2022中华体育文化优秀民俗民间项目。以甘肃省全民健身志愿服务队为载体，以体育志愿服务、文明参赛观赛、科学健身指导等为抓手，弘扬北京冬奥精神，推动体育工作与精神文明建设有机融合。

（省体育局　刘志忠）

## 医疗卫生

【概况】2022年，全省卫生机构总数25267个（含村卫生室）。其中：医院706个（公立医院284个，民营医院422个），基层医疗卫生机构24072个〔社区卫生服务中心（站）701个，乡镇卫生院1357个，诊所、卫生所、医务室5635个，门诊部114个，村卫生室16265个〕，专业公共卫生机构462个，其他机构27个。

2022年，全省医疗机构床位188994张，每千人口床位7.58张。其中：医院床位144613张（占76.52%），卫生院床位29671张（占15.70%），社区卫生服务中心（站）床位4566张（占2.42%），妇幼保健院（所、站）床位7893张（占4.18%）。与2021年相比较，医疗机构床位增加5748张，其中：医院床位增加1987张，卫生院床位增加904张，社区卫生服务中心（站）床位增加411张，妇幼保健院（所、站）床位增加2107张。

2022年，全省卫生人员达254105人（包括乡村医生15817人）。2022年卫生人员中：卫生技术人员207303人，其中执业（助理）医师72325人（占卫生技术人员的34.89%），注册护士94720人（占卫生技术人员的45.69%），其他技术人员11478人，管理人员10683人，工勤技能人员13086人。与上年比较，卫生技术人员增加6204人，增长3.09%；执业（助理）医师增加1652人，增长2.34%；注册护士增加2997人，增长3.27%。2022年末，全省每千人口执业（助理）医师数2.90人，每千人口注册护士数3.80人。

2021年，全省卫生总费用为1110.71亿元，其中：政府卫生支出412.92亿元，社会卫生支出382.47亿元，居民个人现金卫生支出315.31亿元。人均卫生费用4460.63元，卫生总费用占GDP的10.84%。

2022年，全省医疗机构（含村卫生室，下同）总诊疗人次达10086.03万人次，人均门诊为4.05次。其中：医院总诊疗人次为4988.76万人次（占49.46%），基层医疗卫生机构总诊疗人次为4586.36万人次（占45.47%），专业公共卫生机构总诊疗人次为509.49万人次（占5.05%）。与上年比较，全省总诊疗人次减少1372.03万人次，医院总诊疗人次减少619.7万人次，社区卫生服务中心（站）总诊疗人次减少69.34万人次，卫生院总诊疗人次减少88.16万人次，妇幼保健院（所、站）总诊疗人次减少58.34万人次。

2022年，全省医疗机构出院人数408.22万人次，全省人均住院0.16次。其中：医院出院330.10万人次（占80.86%）；基层医疗卫生机构出院57.45万人次（占14.07%）；专业公共卫生机构出院20.48万人次（占5.02%）。与上年比较，全省出院人数减少35.96万人次，降低8.10%；医院出院人数减少30.47万人次，降低8.45%；卫生院出院人数减少6.19万人次，降低10.36%；社区卫生服务中心（站）出院人数减少0.63万人次，降低16.94%。

【疫情防控】2022年，甘肃省全力抓好疫情防控，有效处置聚集性疫情。完成15架次、2703名入境航班旅客闭环管控任务。调动全省近25万医疗卫生人员全员参与、全员作战、全员攻坚，跨市州调度医护人员6万余人次参与疫情处置。全面提升防控救治能力和科学战疫本领，核酸检测能力提升至单日242万管，专职流调队伍达4472人，启用定点医院20家、救治床位11607张，2600万付“甘肃方剂”全省全病程干预，形成中西医结合、专家分片包抓、“敲门行动”“走读式”采样、人人都是采样员和院感监督员等甘肃特色抗疫经验。推进新冠疫苗接种，完成国家新冠疫苗80岁以上人群第1剂次接种率、全程接种率和加强免疫接种率3个90%、60~79岁人群全程接种率和加强免疫接种率2个95%的目标要求，成为全国最先完成的11个省份之一；第一剂次累计接种2247.85万人、第二剂次2190.21万人，加强免疫接种1545.36万人。面对新形势下“保健康、防重症”的抗疫决战，省卫健委快速扩充医疗救治资源、分级分类管理和救治重点人员、强化药品和物资储备，全省扩充设置发热门诊及诊室1826个，定点医院29家、床位1.38万张，亚定点医院122家、床位5.78万张；标准化重症床位在完成国

5月11日，“应急使命·2022”高原高寒地区抗震救灾实战化演习（省卫生厅供图）

8月23日，援藏医疗队出征仪式（省卫生厅供图）

家要求的2个4%（4850张）基础上超额达到7985张；迅速扩充重症和亚重症床位至2.2万张，培训重症医护人员2.5万人，确保新冠患者特别是重症患者及时规范高效得到救治，实现平稳有序渡峰转段。

【健康乡村】2022年，对全省75个脱贫县的县乡村三级医疗机构和合格医生按国家综合评价办法监测预警，动态消除风险隐患。全面落实健康帮扶政策，持续落实“四个不摘”要求，“三类户”大病专项救治和慢病签约管理救治覆盖率99.96%，实现“零因病致贫返贫”目标。为3.73万名脱贫地区6~24月龄儿童发放营养包，发放率达91.33%，有效服用率达93.52%。开展健康科普宣传100余场862万人次，全民健康素养水平提高1个百分点达到22.1%。持续加强健康场所建设，建成国家级健康促进县10个、省级健康促进县4个。健全完善城乡卫生环境长效机制，共命名省级卫生乡镇（街道）799个、省级卫生村2425个。

【医疗卫生服务】2022年，省卫健委着力解决不同医院重复检查群众负担重的问题，持续巩固检查检验结果互认成果，依托省级医疗质控中心提升检查检验同质化水平，实现全省二级以上医疗机构7项检验、5项超声、7项放射影像结果互认，为患者节约费用超3.6亿元。着力提升医疗服务和医疗质量地域差异，62家省级医疗质量控制中心分专业举办培训班200余期，累计15万人次，市县级医疗机构参与率100%。全省各级医疗机构实现分级诊疗病种临床路径管理全覆盖，确保医疗质量安全。省内外107家三级医院帮扶122家县级医院，138家县级医院帮扶247家乡镇卫生院，通过帮扶不断提高自身医疗卫

生服务能力。县级医院服务能力排名提升到第19名，脱贫县县级医院服务能力排名提升到全国第14名，监测数据显示甘肃省门诊患者、住院患者、员工满意度评分持续上升至84.45、88.40、73.52。全省公立医疗机构药品使用监测实现全覆盖，成为全国率先实现的10个省份之一；持续规范基层医疗卫生机构基药配备使用管理，全省基层医疗卫生机构和村卫生室实施国家基本药物制度和药品零差率销售全覆盖。着力解决“新生儿出生一件事”跑路频办理繁的问题，建立出生医学证明、社保卡、医保卡、户口落地多证联办机制，实现“新生儿出生一件事”最多跑1次。

**【中医药事业发展】**2022年，甘肃省积极申报国家区域中医医疗中心和国家中西医结合旗舰医院建设单位。累计建设6个国家中医优势专科、11个省级区域中医医疗中心、3个中医康复中心和49个省级中医特色优势专科，稳步推进19个县级中医医院实施“两专科一中心”建设。三级中医医院绩效考核位列全国第18位。甘肃省中医院获批国家中医药传承创新中心建设培育单位，完成国家中医药管理局重点研究室验收，甘肃省中医院“西北地区中医骨伤药物疗法研究室”通过验收，甘肃中医药大学、甘肃中医药大学附属医院获批国家中医药管理局中医药炮制技术传承基地建设单位。完成103项民间传统中医药知识与技艺等中医药传统知识收集整理申报工作。新增省级中医药科研课题56项，评审皇甫谧中医药科技奖55项。

9月8日，甘肃—匈牙利岐黄中医药中心荣获“国民健康特别奖”和“价值与质量”奖（省卫生厅供图）

**【“一老一小”服务和妇幼保健工作】**2022年，甘肃省持续完善老年健康服务体系，印发《关于加强新时代老龄工作的实施意见》《甘肃省“十四五”健康老龄化规划实施办法》《甘肃省社区医养结合能力提升行动方案》。19个社区被命名为全国示范性城乡老年友好社区，新增161家单位创建老年友善医疗机构，酒泉市、庆阳市积极申报第三批国家安宁疗护试点；累计创建省级医养结合示范先行县24个、示范机构35个、示范基地14个；持续推进老年人居家医疗服务，家庭病床达8458张；推进综合医院规范化建设老年医学科45家；医养结合机构达到101家，从业人员8863人，床位总数22881张。甘肃省推进托育服务和特殊家庭服务发展，省委、省政府印发《关于优化生育政策促进人口长期均衡发展的实施方案》，依法依规主动清理和废止25件与国家优化生育政策改革精神不一致的文件，宣布失效文件2件，为三孩政策平稳实施做好政策衔接，提供法制支撑。现有托育服务机构297个，其中已备案托育机构137家，可提供托位数1.69万个，较上年增长8000个。评选命名省级示范托育机构13家。持续开展计划生育特殊家庭“三个全覆盖”专项行动，新增国家级计划生育特殊家庭帮扶项目点2个、省级项目点12个、市县级项目点75个，惠及计划生育特殊家庭1.34万人。甘肃省持续提升妇幼健康服务能力，新增产前诊断机构1家总数达到5家；新增2家二甲妇幼保健机构，二级以上妇幼保健机构总数增至30家；投入3100万元推进13家县级妇幼保健机构的能力建设和省级“云上妇幼”平台建设；3岁以下儿童健康管理率超过85%，0~6岁儿童眼保健和视力检查覆盖率93.28%；规范化培训基层儿童保健、儿科、产科医生420人；全省孕产妇、婴儿死亡率、5岁以下儿童死亡率分别为11.69／10万、2.89‰、3.94‰，优于全国平均水平。

**【互联网+医疗】**2022年，甘肃省拓展线上预约诊疗服务，提供分时段预约、智能导医分诊、候诊提醒等线上服务，预约诊疗时段精确到30分钟以内，专家门诊号源网上开放比例90%以上。截至12月底，累计线上预约挂号668.8万次，线上缴费5681.4万元。搭建完成基层智医助理系统，集智能问诊、病历规范质检、辅助诊断、合理用药、医学知识检索等于一体，覆盖门诊、住院、收费、药房、库房等多业务场景应用，仅乡镇卫生院日均门诊量从22人次提升至68人次。截至12月底，人工智能辅助诊疗患者434.99万次，完成电子病历204.47万份，病历规范率由36.9%提升至66.82%，医学检索1.63万次。持续完善省远程医学信息平台功能，全面提供远程会诊、远程影像、远程心电、远程病理、远程超声、远程检验、手术示教、远程教育等应用功能，平台整合专家资源15万人，累计通过远程平台会诊3.2万例、心电诊断19.9万例、影像诊断6.2万例、超声诊断1.99万例、检验诊断5.6万例、病理诊断4736例，培训2540场33万人次。建成13家互联网医院，提供线上健康咨询、线上复诊、慢病处方延展、网约护理等互联网+医疗服务，实现群众足不出户看病就医。部分省级医院率先启动5G智慧医疗应用，实现偏远地区患者不必转院就能实现远程手术。

**【慢性四病管理】**2022年，省委、省政府将提升老年人慢性“四病”健康管理水平纳入为民办实事项目，投入6000万元建成人工智能赋能老年人慢病管理平台和人工智能辅助诊疗系统，采用AI机器人模拟医生问诊、语音交互、智能采集和评估病情，形成智能就诊、随访、健康教育的“1对多”闭环管理，变“人工随访”为“智能外呼”。截至12月底，全省共管理高血压237.19万人，管理率47.04%；管理65岁以上老年人高血压患者143.58万人，管理率77.31%。管理糖尿病患者57.21万人，管理率29.47%；管理65岁及以上老年人糖尿病患者33.08万人，管理率55.31%。脑卒中干预人群规范随访率达到100%；慢阻肺高危人群筛查率93.59%，全面完成政府为民实事。严重精神障碍在册患者12.62万人，平均报告患病率为5.04‰，达到了国家4‰的考核目标。

**【环境卫生及传染病防治】**2022年，组织开展城乡生活饮用水水质卫生监测工作，城市和农村饮用水监测点覆盖率100%，城市和农村龙头水综合达标率分别为93.0%、87.9%。2022年学生常见病及健康危害因素监测项目覆盖全省14个市（州）和兰州新区，监测学校679所，监测教室环境2892间，监测学生177040人。儿童青少年总体近视率55.40%，较2021年下降1.77%，实现儿童青少年总体近视率每年下降1%以上的国家目标要求。不断增强传染病监测预警能力，2022年，全省无甲类传染病报告；报告乙类传染病16种35600例，死亡102例，报告发病率142.97／10万，死亡率0.41／10万；报告丙类传染病10种26176例，无死亡病例，报告发病率105.12／10万。2022年传染病疫情网络直报综合率维持在99.18%以上。完成《遏制艾滋病传播实施方案（2019—2022年）》终期评估工作，全年报告艾滋病病毒感染者／艾滋病病人1004例，与2021年相比减少18.9%，累计报告11310例，现存活9409例，累计报告死亡1901例。

**【地方病防控】**2022年，持续开展碘缺乏病、克山病、大骨节病、饮水型氟（砷）中毒、饮茶型地氟病等重点地方病和包虫病等寄生虫病、布鲁氏菌病、麻风病等防治项目工作。截至2022年12月底，重点地方病持续保持控制或消除状态，全省包虫病、麻风病患病率分别为0.01%、0.006／万，持续呈低流行态势。继续保持疟疾消除状态，严防输入性疟疾。

**【职业病防治体系建设】**2022年，制定《甘肃省“十四五”职业病防治规划》《职业病诊断医师培训考核办法》；制定《全省职业病危害专项治理工作方案（2022—2025年）》，启动为期四年的专项治理工作；印发《职业健康领域风险隐患排查化解工作制度》；开展全省职业健康监管分级评估检查，省级评估检查重点行业用人单位884家；制定《甘肃省尘肺病康复站规范管理工作方案》，对全省10个康复站1000余名尘肺病患者开展免费康复服务2.3万余人次；开展各类职业病宣讲和咨询6056次、印发宣传材料44.3万份，受益人群94.4万人次。

**【卫生应急保障】**2022年，修订完善《甘肃省自然灾害卫生应急预案》《甘肃省地震灾害医疗卫生救援应急预案》，印发《甘肃省疫情防控人员高温中暑应急预案》。抽调106名专业人员、21台卫生应急车辆组建3支省级卫生应急队，参加国务院抗震救灾指挥部办公室、应急管理部、甘肃省人民政府在张掖市等地联合举行的“应急使命·2022”高原高寒地区抗震救灾实战化演习。抽调35名省级医疗应急队员和8台专业车辆驰援青海省大通县“8·18”山洪灾害灾后防疫工作。组织召开全省卫生健康系统安全生产暨平安建设工作会议，与25个委属单位签订目标责任书，先后两次组织安全督查互查，查找问题隐患，建立台账，督促整改。推进常态化扫黑除恶斗争工作，落实落细平安甘肃和平安医院建设各项要求措施，定期开展安全生产督查，2022年全系统未发生重特大安全事故。对各鼠疫疫源地规范开展监测，加强分析研判，召开全省鼠疫防控工作会议，加强人间疫情处置应对准备。组织省级医院医务人员鼠防知识考试，赴嘉峪关、酒泉、张掖、武威4市开展鼠防督导工作，全年无人间鼠疫疫情发生。全力保障重要会议活动的疫情防控和医疗保障工作40余次，应急医疗救治117人。

【食品安全和营养健康工作】2022年，新制定2项甘肃省食品安全地方标准（当归和定西宽粉），立项《百合》《浆水酸菜》2项地方标准并完成二次评审；备案食品安全企业标准450项；全面完成党参、黄芪、肉苁蓉等食药物质生产经营试点工作；创建首批营养健康餐厅（食堂）11家，同时在全省医疗机构持续推广食疗药膳工作，委托省中医院、省肿瘤医院、省二院举办食疗药膳培训班，培训专业人员1100名；组织692人参加首次全国营养指导员考试。

【卫生人才队伍建设】2022年，甘肃省引进各类医学人才4747人，包含高层次人才126人，急需紧缺人才1794人，较2021年增长37.9%。深入实施全科医生特设岗位计划，招聘特岗全科医生50名，特岗全科医生总数增至565人。持续做好农村订单定向医学生免费培养，共招录订单定向医学生8002名，已毕业3021名，已到岗履约2623名。与上海瑞金医院、山东大学齐鲁医院、山东省立医院、北京大学第一人民医院建立人才培养基地，安排147名优秀青年人才和骨干医师等进行为期一年的培训培养。全省执业（助理）医师人数7.07万人，各类医疗技术人员达到24.78万人；每千人口注册护士达到3.68人，连续2年超过全国平均水平（3.56人）。甘肃省加快中医药人才建设，获评国医大师1名、全国名中医3名，全省国医大师和全国名中医分别累计达2名和6名。新增全国老中医药专家学术经验继承工作指导老师33名、继承人66名。8人获得第五批全国中医药临床优秀人才项目支持，2人确定为青年岐黄学者。

【卫生健康对外交流】2022年，建立首批70人的省级中医药国际交流合作人才库。持续深化甘肃—匈牙利岐黄中医药中心合作，全年开展中医药诊疗6000余人次，匈牙利国会授予岐黄中医药中心“国民健康特别奖”和“价值与质量”两项大奖。甘肃省妇幼保健院和马达加斯加共和国安多哈塔泊纳卡教学医院签署《妇幼健康项目合作协议》。获批“中非对口医院合作机制”项目，对接兰大一院在马达加斯加共和国阿努西亚拉医院建立独立的呼吸内科。

（省卫健委　杨飞）

## 医政管理

【医药卫生体制改革】2022年，持续推动公立医院综合改革，庆阳市成功入选全国公立医院改革与高质量发展示范市。梯度构建从“省市强”到“县区强”再到“县域强”的发展新格局，扎实推进“县乡一体化、乡村一体化”改革，落实“乡检查、县诊断、乡治疗”，促进落实基层首诊制度，提高基层医疗机构诊疗量占比度，县域内住院量占比87%，近5年全省县外转诊率从25.5%下降到10.8%，县外医保基金支出占比从52%下降到22.3%。4个国家试点和41个省级试点医院均建立了现代医院管理核心制度，176家二级医院制定了医院章程，公立医院管理费用占公立医院费用总额的比重降至10.17%，达到国家要求的10.49%以内。

【医疗卫生体系建设】2022年，中山大学附属肿瘤医院甘肃医院获批并开工建设，实现国家区域医疗中心零的突破；依托5家医院申报创伤、儿童、综合、中医等国家区域医疗中心；投资20.4亿元的省公共卫生医学中心和11.47亿元的兰大二院重大疫情救治基地开工建设，省妇女儿童医疗综合体项目正式建成投入运营；张掖、庆阳、天水等3个省级区域医疗中心加快建设，并与省级高水平输出医院签订合作协议；临夏、天水2个省级区域公共卫生医疗中心基本建成；国家三级公立医院绩效考核中，省中医院全国位次上升至39名，跃居全国上游；兰大二院连续3年位列前百名；省妇幼保健院持续保持在全国专科医院前十名。县域医疗服务能力持续增强，建成省级专科技术联盟130个，成员单位达3200家，帮助基层开展新技术新项目765项；全省县级三级医院达22家；87.2%的县域建成检验、病理、心电、影像、消毒供应5个县域医学中心，乡镇卫生院与县域检验、心电、影像中心连接使用覆盖率分别到达83.4%、89.3%和75.1%，“乡检查、县诊断、乡治疗”工作机制持续完善；建成胸痛、卒中、创伤、危重孕产妇、危重新生儿救治中心的县域分别达到44个、67个、39个、82个、82个，31个县实现县域5大急危重症救治中心全覆盖。推动乡村一体化改革、强化基层人才培育，投入9960万元帮助332家基层医疗机构分别建成1个特色科室，全省63.9%的乡镇卫生院和社区卫生服务中心达到国家基本标准、12.34%达到国家推荐标准，87家基层卫生机构积极创建社区医院；一体推进乡村行政、业务、人员、药械、财务、绩效考核“六统一”管理，18914名在岗村医全部实现“乡聘村用”，1550名基层专业技术人员落实同工同酬待遇，全省乡村一体化管理率达到100%；累计培训5.7万名基层医务人员，遴选1735名临床骨干到省级基地强化培训；全省所有乡镇卫生院全部建成中医馆，乡村两级分别能够开展10项、6项以上中医适宜技术。基本公共卫生服务项目考核全国排名第15位。2022年国家基层卫生健康发展主要指标评价结果显示，甘肃省2018—2020年三年平均进步程度排名全国第一，2020年评价结果排名全国第六。

（省卫健委　杨飞）

## 疾病预防控制

【传染病防控】2022年，省疾控中心截至12月31日，全省无甲类传染病报告；报告乙类传染病17种35935例，死亡105例，报告发病率143.63／10万，死亡率0.42／10万；报告丙类传染病10种26337例，无死亡病例，报告发病率105.26／10万。2022年1—12月全省每月传染病疫情网络直报综合率维持在99.80%—99.91%。

2022年1—12月，全省报告艾滋病病毒感染者／艾滋病病人1004例，与去年同期（1238例）相比减少18.9%。截至2022年12月底，全省累计报告艾滋病病毒感染者／艾滋病病人11310例，现存活艾滋病病毒感染者／艾滋病病人9409例，累计报告死亡1901例。

【鼠疫防控】2022年，省疾控中心开展疫情主动监测，血清学间接血凝试验（IHA）方法检测各种动物血清1981份，阳性32份；检测家犬血清197份，阳性21份；检测小型鼠585份，阳性1份。开展驻点蹲守和巡回现场技术指导，进一步夯实了鼠疫监测检测、健康教育、保护性灭獭灭蚤、交通检疫、联防联控、物资储备、队伍建设等防控措施，实现人间鼠疫零发生。

【预防接种服务与免疫规划】2022年，各类疫苗可预防传染病发病率控制在较低水平。连续28年维持无脊髓灰质炎状态，与2021年同期相比，甲肝、乙肝、流行性腮腺炎、风疹、水痘的报告发病数和报告发病率均呈下降趋势。持续升级免疫规划信息系统功能，截至12月31日，累计报告747.92万名儿童的接种信息，1974.9万名成人的接种信息。一类疫苗累计扫码入库1059.9万支，二类疫苗累计扫码入库435.7万支。

全力推动全省新冠疫苗接种工作，截至2022年12月31日，全省新冠病毒疫苗累计接种第一剂次2248.75万人，接种覆盖率为89.95%；接种第二剂次2191.26万人，全程（两剂次）接种率为87.65%。全省符合加强免疫接种条件的人数为1694.20万人，已完成加强免疫接种1549.34万人，加强免疫接种率为91.44%。全省60岁及以上人群第一剂次平均接种率为90.63%，全程（两剂次）接种率为85.39%。

【慢性病与精神卫生综合防控】2022年，省疾控中心积极推动省政府为民办实事项目——提升老年人慢性“四病”健康管理水平的落地初诊，认真开展全民健康生活方式行动、疾病监测、中国成人慢性病与营养监测、心血管病高危人群早期筛查与综合干预等慢病防控工作，完成对成县建设省级示范区的复评工作；组织全省各示范区积极申报国家示范区支持推广平台项目试点，全省4个县区申报的5个项目入选平台项目，慢病防控工作迈上新台阶。

深化精神卫生综合管理机制，积极开展严重精神障碍重点项目，截至12月底，全省共管理高血压

237.19万人，管理率47.02%；管理65岁以上老年人高血压患者143.58万人，管理率77.31%。管理糖尿病患者57.21万人，管理率29.47%；管理65岁及以上老年人糖尿病患者33.08万人，管理率55.31%。严重精神障碍平均报告患病率为5.04‰，规范管理率为90.12%，面访率为93.95%，服药率为80.22%，规律服药率为60.23%，均达到国家考核要求。各项关键指标较2021年有明显提升。

**【食源性疾病监测】** 2022年，甘肃省共报告食源性疾病病例21326份，比上年同期上升10.23%。指导并及时处置全省报告的食源性疾病暴发事件84起。指导兰州市、天水市、嘉峪关市开展营养健康餐厅（食堂）的创建，11所营养健康餐厅（食堂）通过省级评审。

**【饮用水水质卫生监测】** 2022年，在全省范围内对9.69万余名儿童开展窝沟封闭。组织实施甘肃省重点职业病监测及职业健康风险评估项目、职业性放射性疾病监测与职业健康风险评估项目、医疗机构医用辐射防护监测项目。加快推进职业病防治综合管理信息平台建设，优化扩展“职业病诊断医师考核管理”模块。参加中国CDC组织的放射卫生检验检测能力四个项目考核全部合格。兰州国际放射性核素台站安全平稳运行。

**【卫生应急工作】** 2022年，省疾控中心重新修订《甘肃省国家卫生应急队伍物资管理办法》。专业人员定期对供电照明、炊事餐饮、净水洗消以及宿营、装卸、温控等装备进行检查维护，车队负责对专业车辆定期维护。组织两支国家级卫生应急队伍赴甘南州夏河县开展常规队伍拉练和活动。抽调应急管理、病媒消杀、信息通讯等专业的14名队员参加“应急使命·2022”高原高寒地区抗震救灾实战化演习。全体参演队员克服戈壁滩气候高温炎热、风沙大、昼夜温差大等困难，连续17天坚持在演练现场，针对演习科目进行反复训练，圆满完成了此次演习任务，并受到了演习指挥部的充分肯定和高度评价。

科学开展青海省西宁市大通县山洪灾害后卫生应急工作，灾情发生后，35名队员和8台应急车辆携带应急物资火速奔赴青海灾区指导、支持当地卫生防疫工作。按照国家卫生健康委部署，选派11名流调队员、2名消杀队员驰援西藏支援疫情防控；选拔1名消杀人员赴新疆支援。

**【地方病防控工作】** 2022年，省疾控中心做好克山病、砷中毒、氟中毒、大骨节病、碘营养监测及地方病病人随访工作。实现麻风病防控目标，100%的县（市、区）麻风病患病率控制在1/10万以下。麻风现症病人规则治疗率、随访到位率、不良反应治疗率、药品及时发放到位率均达100%。包虫病、黑热病等寄生虫病发病逐年下降，继续保持消除疟疾状态，中心获评全国消除疟疾先进集体。土源性线虫病传播控制和阻断试点实施顺利。黑热病流行区犬感染率为1.63%，降至新中国成立以来历史最低水平。

**【疫情防控】** 2022年，省疾控中心面对多轮疫情，按照省委、省政府的要求以及省卫生健康委的安排部署，中心立即启动应急响应机制，迅速激活新冠肺炎疫情防控工作机制，流调溯源、风险人员排摸管控、重点场所管理、核酸检测等各项工作同步启动。中心广大党员干部职工大力弘扬伟大抗疫精神和甘肃疾控精神，坚决把思想和行动统一到以习近平同志为核心的党中央决策部署上来，坚决打好疫情防控整体战歼灭战。第一时间选派业务骨干前往兰州新区，兰州市及七里河、城关区、安宁区，白银、张掖、庆阳、临夏、甘南、定西、嘉峪关等市州指导流调和疫情防控工作。流调专班对新冠肺炎确诊病例流调报告逐一进行梳理核查，完善流调信息，绘制流行曲线、传播链图等，编制阳性人员生活轨迹图，全程指导各地现场流调、密接判定及管控等工作，及时分析各地疫情开展风险研判，科学提出防控建议和意见，撰写各类分析简报、疫情处置总结和专题报告110余份。

中心2022年新配置的病毒核酸实时荧光PCR仪可满足10000管/日检测量，2台移动核酸检测实验室可完成（5000~8000）管/日检测量。全年累计完成核酸检测25.84万管，病毒全基因测序55批541例，血清IgG/IgM抗体检测3000人份。先后选派实验室骨干6批60人次赴兰州新区、白银市景泰县、天水市、兰州气模方舱实验室、青海西宁市、庆阳市镇原县、临夏州积石山等地，参与当地核酸检测约70万管，指导当地实验室感染控制等工作。

（省疾病预防控制中心　邓煦）

## 部分医疗机构

**【甘肃省人民医院】**2022年，甘肃省人民医院健全完善医疗质量监测、分析、考核、评估及反馈体系，对各学科核心病种、疑难重症、关键诊疗技术、兰外患者比例等工作进行全方位、全流程动态监测和质量控制。强化院、科两级医疗质量责任制管理。结合医院质量管理目标和整体绩效考核方案，修订考核项目和考核标准，新增病案首页质量、DRG考核等单项考核，进一步完善临床医技科室医疗质量管理考核体系。国家级和省级限制性临床应用医疗技术、新技术新业务、手术质量安全指标体系、核心医疗技术、人体器官捐献等的管理流程，完成国家级、省级限制类医疗技术临床应用备案共15项。充分发挥达芬奇机器人手术系统、骨科手术机器人、速锋刀、术中放疗系统和PET／CT、SPECT／CT、PET／MR等高精尖设备优势，肛肠科、胸外科、泌尿外科、妇科、心外科、普外科、小儿外科7个专业开展达芬奇机器人手术，手术量累计达3500例。推进微创技术培训和发展，建立甘肃省机器人腹腔镜临床培训基地、微创图迈机器人临床试验基地，满足甘肃省及整个西北地区腹腔镜、机器人手术规范化培训任务。2022年，举办“丝路之光——甘肃省5G机器人远程动物手术演示活动”。

疫情防控期间，采取一切措施，为心脑血管疾病等急危重症患者、血液透析、肿瘤化疗、孕产妇、新生儿、外科手术等急需就医患者提供及时的医疗服务；在全院实行出、入院收费结算“一站式”服务，极大地方便了患者，减少人员聚集；落实发热病人留观制度，执行“一人一诊一室”，为患者提供充足、安全的医疗服务。开设甘肃省首家“护理云门诊”，搭建线上护理问诊平台。医院选派医务人员支援兰州市核酸采集、支援临夏州东乡县、甘南州开展全员核酸采集、参加兰州新区方舱医院疫情防控救治、支援定点救治医院共计1500余人，外派人员总数、承担的核酸采集、标本检验任务均居全省医院前列；医院兰州新区分院承担入境航班新冠肺炎患者定点救治工作，组建多层级多学科专家会诊，开展岗前风险排查和院感防控培训考核，顺利完成境外369例输入性新冠肺炎确诊患者救治工作。选派20名医务人员奔赴西藏抗疫第一线，并负责甘肃省援藏医疗队临床救治组和护理组管理工作，主动承担危重症患者的救治；选派院感、护理专家各1名支援新疆疫情防控工作。

卒中中心开展AIS介入再通25例，动脉瘤夹闭或栓塞术46例，均超过国家对高级卒中中心的数量要求；缺血性脑卒中再灌注率34.09%，较2021年明显提高；静脉溶栓治疗平均时间逐月下降，最快21分钟。胸痛中心共接诊急性ST段抬高型心肌梗死患者212例，十大认证目标中九项达标。创伤中心ISS评分≥16分的严重创伤患者救治量为336例，较2021年度增长一倍。医院成立慢病管理中心和老年

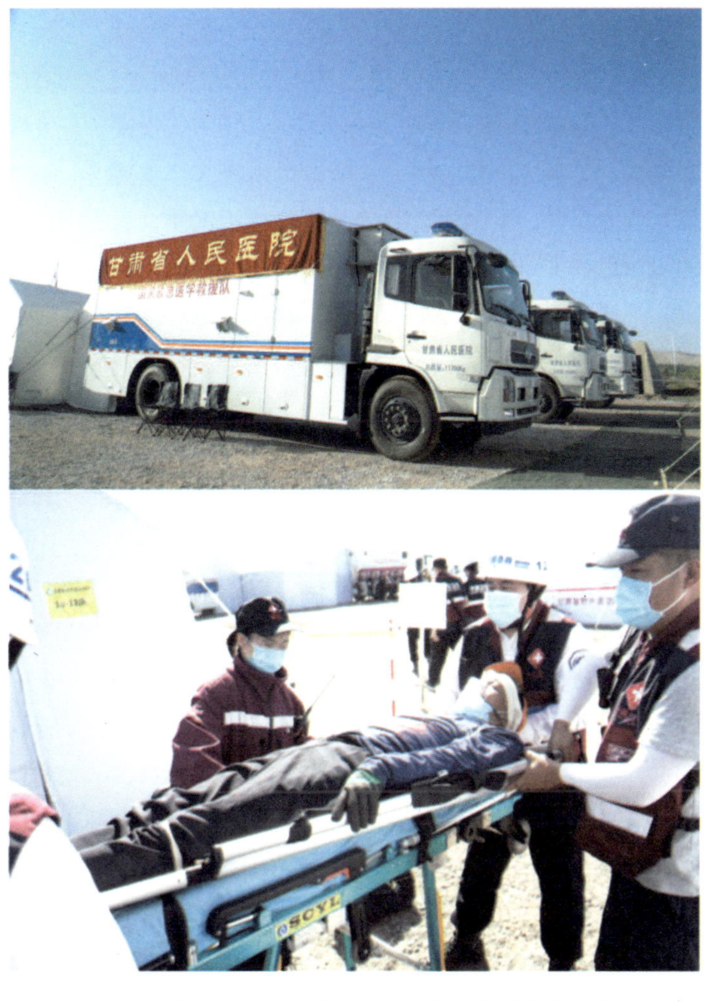


5月，省野外流动医院圆满完成应急管理部“应急使命·2022”联合演习任务（省人民医院供图）

医学科，推进老年人慢性“四病”和其他慢病患者健康管理水平。成立患者服务中心，提供“一站式”全程无缝隙优质服务。2022年，医院门诊患者中60岁以上患者就诊17万人次。进一步完善护理质量与安全管理体系，护理学科在2021年度中国医学院校/中国医院科技量值（STEM）中位列91名，跻身百强。

（甘肃省人民医院）

**【甘肃省第二人民医院】**2022年，医院门诊诊疗50.59万人次，同比增长35%。收治住院病人1.25万人次，手术4568台次同比增长8.5%，开展新技术新业务46项。急诊科荣获全省“优秀医师团队”“优秀护理团队”称号，1人荣获“第八届甘肃省道德模范”称号，2人荣获“全省优秀医师”称号。全年抽调263人次充实预检分诊、发热门诊；发热门诊共接诊2228人次，完成院内核酸检测58.67万人次，抗原检测8000人次。选派4名专家参与援藏、援疆和支援白银市医疗救治专家组工作，2人作为救治专家组组长。抽调413名医护人员支援兰州市、陇西县、东乡县等市县核酸采样工作，累计完成149万人次采样任务；抽调323名医护人员参与兰州新区、重离子、方舱医院、肺科医院等定点医院救治工作，累计收治患者4327人。作为唯一一家省级综合三甲医院，抽调101名工作人员组建“非绿码”定点医院，接诊367人次，收治住院患者43人，其中急危重症11人，手术8人，所有患者均得到了有效救治；同时完成省卫健委、省人社厅等9个省直机关单位的核酸采样工作，累计采样84843人次。受到了各级政府和人民群众的好评。充分发挥甘肃省中西医结合医院和甘肃省精生卫生中心特色优势，坚持中医药早期干预、深度参与、全程使用，推动中医药深度融入疫情防控各环节，持续优化“甘肃方剂”，累计配置“甘肃方剂”配方颗粒7227副，煎煮汤剂150648袋，配送至抗疫一线医务人员1428袋，受益238人次；开展一系列心理健康服务活动，借助平安甘肃心理危机干预与研究中心云平台——甘心爱聆小程序积极开展线上心理咨询服务，为人民群众开展心理科普减压技术培训，累计受益28.36万人次；针对新冠患者心理状态异常人员开展电话随访及进一步干预处理，累计918人次；在院内外开展疫情防控期间心理健康专题授课培训3场次、3690人参加；先后发表了32篇疫情防控期间心理健康科普文章，12个心理健康宣传视频。

2022年，医院开展动静脉内瘘切除重建术等46项新技术、新业务。成功举办了“甘肃省呼吸内镜紧密型技术联盟年会”，呼吸内镜在省内处于领先水平，支气管镜诊疗同比增长15.2%，借助呼吸专科门诊等9个亚专业门诊和呼吸护理专科门诊完成PCCM建立。精卫中心5个亚学科分化完成，以中西医结合心身疾病重点病种建设强化学科发展。眼科继续引领眼眶肿瘤技术水平的标杆地位，着力打造眼眶病专业特色。心内科完成第1台房颤射频消融术及冠状动脉光学相干断层成像检查（OCT）。新技术新业务成为医院核心竞争力的有力手段。在国家卫健委临检中心组织的36项室间质评活动中检验科34项成绩优秀；在甘肃省病理质控活动中病理科PR、Her-2、Ki67免疫组化染色质量及HE切片质控达到优秀；输血科参加国家、省级临检中心输血相容性实验室室间质评项目3次、75项，所有指标结果均达满分。甘肃省精神卫生专科联盟增加10家，甘肃省精神卫生临床医学研究中心增加至38家，与山东省精神卫生结盟黄河流域专科联盟，检验科成为甘肃省真菌耐药监测成员单位，急诊科牵头成立甘肃省中西医结合创疡再生医疗专科联盟，肾内科与广河县人民医院等县级医院建立专科联盟。开展省内三甲医院首家“互联网+居家护理”服务项目，服务量205人次，与和政西街社区签订医院融合项目，逐步创建具有温度和精度的省二院“护养”品牌。

（甘肃省第二人民医院　李鼎鹏）

**【甘肃省第三人民医院】**2022年，医院开展新技术、新业务20余项。如消化科开展内镜下黏膜剥离术（ESD）+逆行胰胆管造影（EPCP）术、内镜下食管静脉曲张套扎术（EVL）、内镜下消化道黏膜全层切除术（EFTR）等；普外三科（乳房肿瘤整形科）开展乳腺癌保乳+腋窝清扫联合胸大肌筋膜组织瓣乳房外形重塑术、乳晕唯一切口乳腺癌保乳+前哨淋巴结活检术等；介入肿瘤科开展鼻咽癌经导管超选择性肿瘤供血动脉栓塞术联合靶向治疗、晚期胰腺癌经导管超选择性肿瘤供血动脉化疗药物（健择）灌注术等；中医科利用“醒脑开窍法”治疗中风及中风后遗症；内分泌科开展共同照护门诊O+O新模式，获得“中国糖网筛防工程”筛防中心资格认证；神经内科开展颈内动脉球囊扩张成型术、颈内动脉支架植入术等；CCU开展冠脉腔内影超声像学IVUS术，指导复杂病变手术、冠状动脉内膜旋磨切除术治疗冠脉钙化病变等；普外二科开展腹腔镜下精准肝叶切除术、腹腔镜下肝部分切除术、显微镜下颅脑深部的血肿清除术和肿瘤切除术等；普外一科开展胸腔镜下肺癌根治术、肺癌扩大根治术、腹腔镜肾盂癌根治术、腹腔镜输尿管狭窄段切除断端吻合术等；骨科继续推进SuperPATH微创髋关节置换手术，开展首例假体周围骨折翻修术等；ICU进一步完善了床旁经纤支镜电子支气管镜检查、床旁肺泡灌洗等技术；中医科运用人参败毒散、真武汤等经典方治疗新型冠状病毒感染引起的发热、咳嗽等症状，效果良好。并开展穴位埋线技术治疗各种慢性、顽固性疾病；肾病科在血管通路方面开展自体动静脉内瘘术、B超引导下经颈内／股静脉血液透析临时置管术等。2022年，医院被授予“甘肃省五一劳动奖”荣誉称号。

医院先后派驻8名人员赴民乐县人民医院、甘谷县中医院、省紧急救援中心开展对口帮扶脱贫工作。开展临床诊疗、手术麻醉、教学查房、业务培训、带教下级医师、病历质量控制、学科建设献言献策等技术帮扶工作。同时加强受援医院导管室及介入学科的建设和管理，及介入学科医务人员的基本技能训练，提高外周介入疾病的治疗水平，充分发挥专科特长以及资源优势。其中，民乐县人民医院通过三级乙等医院的评审工作，为全国达标县级医院。2022年，医院医疗帮扶团队共开展医疗救治门诊患者5000人次，住院患者2000人次，义诊20次，健康讲座30次，开展新技术5项。

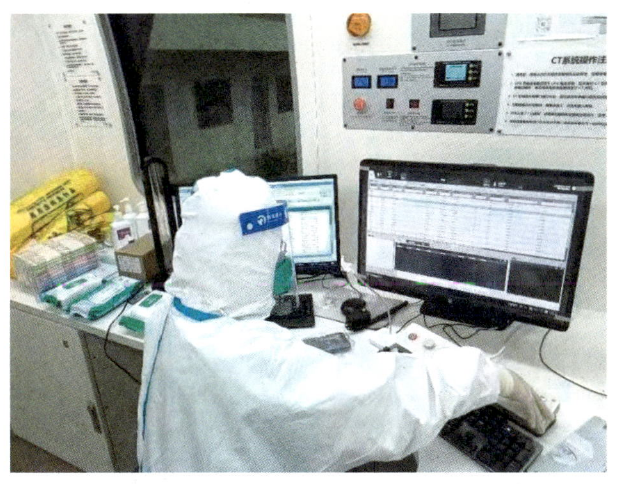

7月20日，省第三人民医院派出车载天眼CT奔赴甘南州人民医院进行医疗支援（省第三人民医院供图）

11月25日，按照疫情防控要求，医院迅速开设3个阳性病区，建立阳性患者分级处置机制，优化就诊流程，完善接诊转科制度，包含急诊接诊、办理入院等全流程步骤，保障患者的急救通道通畅；12月初，随着疫情防控形势的变化，在各病区设置阳性病床，成立重症患者救治专家组和协调组，建立救治梯队，收治阳性患者。按照《甘肃省医疗机构新冠肺炎疫情应对处置演练工作手册的通知》要求，完成规定10个脚本的应急演练。2022年，全院共开展各类防控演练47次，其中集中演练10次，26个科室参演达37次。对医护人员、实习生、后勤、保洁、保安等人员进行防控相关知识培训，依据岗位类别不同制定相应的培训内容，对防控工作相关业务知识、业务技能、个人防护等进行全方位、分层次地培训。疫情防控期间，医院先后选派抽调376名医护人员赴兰州市肺科医院、兰州市第二人民医院雁滩分院、临夏州广河县、陇南市武都区、甘南州人民医院、临夏州积石山县、兰州新区方舱医院、兰州新区后备医院等地开展疫情防控工作，调派天眼CT车到甘南定点医院做诊断，医院外派的三支队伍均已圆满完成抗疫任务。

（甘肃省第三人民医院）

**【兰州大学第一医院】**2022年，兰州大学第一医院运用ERAS／ERDS理念，打造以疾病、器官和系统为中心的综合诊疗模式。在全省遴选5家地区医院建立基地，开展ERAS／ERAD工作的交流、培训等。启动“结直肠EARS实践培训及数据质控科研”等工作。申报的“多学科团队及智能结构化数据平台助力加速康复外科（ERAS）全面推进”荣获第六届中国医院管理奖质量管理案例铜奖。新建西北一流的CCU，打造西北地区心血管疑难危重症救治基地、教学培训基地、科研创新平台。新成立手足外科（骨科三病区）、重症医学科二病区（呼吸和神经重症）。建成全国单体面积最大，国际一流，设备先进的兰州大学健康管理中心（兰大一院健康体检中心）。新开展特需门诊服务，增设便民门诊预约、夜间门诊、MDT门诊、特色门诊。与兰州铁路公安局签订警医联动健康保障合作协议。

积极进行甘肃省科技创新基地重组，将4个省级重点实验室转并为临床研究中心。获批甘肃省产业研究院1项、行业技术中心2项、科普基地2项和甘肃省科协金城科普专家团队2项。各类科研项目立项302项（其中国家自然科学基金项目16项）。荣获甘肃省科学技术奖3项，甘肃省医学科技奖7项，甘肃省黎秀芳护理科技奖1项。各类项目结题验收50项。发表各类论文612篇。出版专著3部。作为第一完成单位授权专利27项（发明专利5项、实用新型专利22项），作为第一单位完成著作权登记3项。作为甘肃省唯一入围单位，入选工信部、国家药监局人工智能医疗器械创新任务揭榜潜力单位。

医院根据疫情防控形势发展，及时修订完善防控应急预案、工作方案，第一时间组建临时党支部，成立疫情防控服务保障党员突击队。根据疫情防控形势变化，进行全院闭环管理，及时处置发现的阳性病例，保障正常诊疗秩序和患者安全。新建临时发热门诊全面投入使用。按照省市统一安排，医院先后选派679名医护人员进驻省人民医院新区分院、重离子医院、兰州市肺科医院、新区方舱医院等开展医疗救治和核酸检测；累计外派采核酸889人次。11月，整合全院医疗资源，设立18个涉疫病区，收治阳性病例。12月中旬以来，设立27个亚临床重症病区，集中做好重症患者救治。医院牵头负责的甘肃省应对新冠肺炎疫情科研攻关特别专项团队获得全国科技系统抗击新冠肺炎疫情先进集体，李汛教授获得先进个人称号。

（兰大一院）

【兰州大学第二医院】2022年，兰州大学第二医院连续四年在全国三级公立医院绩效考核结果位列A+等级，获评第82位。连续八年荣登艾力彼中国顶级医院百强排行榜，获评第87位。两项成果均持续位列甘肃首位；获得国家卫健委、国家中医药局“2020—2021年度公立医疗机构经济管理年活动优秀单位”；获得健康报社“2022年全国卫生健康行业新闻宣传先进单位”；获得省总工会“2022年甘肃省五一劳动奖状”；获得新甘肃、每日甘肃网“2022新甘肃最具满意度三甲医院”。

医院泌尿外科学、骨外科学、风湿病学与自体免疫病学、心血管外科学、普通外科学、消化病学、心血管病学、神经外科学、整形外科学进入2021年度中国医院科技量值全国100强；血液科、眼科、泌尿外科、急诊医学、风湿科、超声医学、整形外科、肾脏病、消化病进入2021年度复旦版《中国医院排行榜》（西北地区）专科声誉排行榜前五名；神经外科、高血压专业入选2022年研究型医院评价遴选“研究型学科”；泌尿外科入选2022年度“中国泌尿肿瘤百强榜”；健康管理中心位列国家卫健委医疗管理服务指导中心“2021年度各省级质控中心试评估”得分排行榜全国第12名。

医院重症医学获批甘肃省临床重点专科建设项目；心血管内科获批全国首批心脏收缩力调节器（CCM）植入中心；消化内科入选全国炎症性肠病区域质控中心；心理卫生科通过“高级心身医学整合诊疗中心”认证；PCCM咳喘药学服务门诊（CW-PC）获批“区域示范中心”；麻醉护理团队获批国际麻醉护理联盟（IFNA）培训基地认证资质，为全国第五家、西北地区首家；超声医学中心入选“中国甲状腺超声培训基地”，为甘青宁地区唯一；神经外科获批国家卫健委能力建设和继续教育神经外科进修与培训基地，为全省唯一。

医院烧伤整形与创面修复外科刘毅教授及团队在国内外率先提出并参与研发窦道镜；夏亚一教授团队在国际一流骨科期刊《Clinical Orthopaedics and Related Research》（英文简称CORR）发表原创性研究成果；心血管内科高血压团队多项研究在第29届国际高血压学会科学会议交流；放射影像科

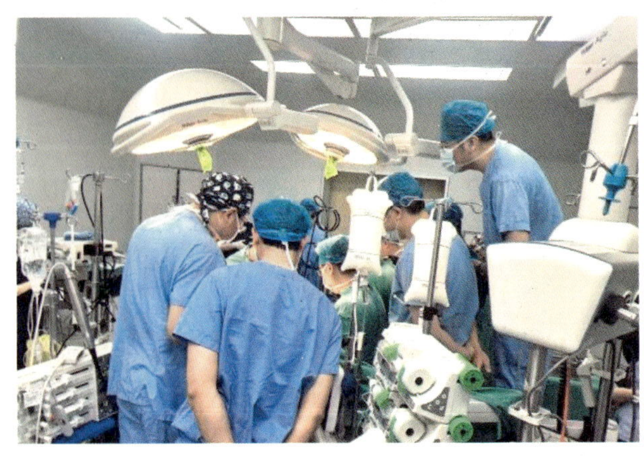

兰大二院成功抢救甘肃省首例急性心肌梗死合并严重并发症致循环崩溃患者（兰大二院供图）

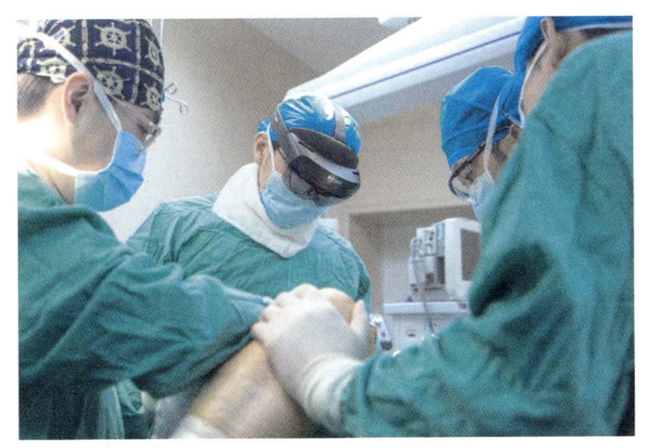

全国首例MR（混合现实技术）辅助下髋臼周围截骨术（PAO）（兰大二院供图）

14篇稿件被2022年北美放射大会（RSNA）论文收录；核磁共振科19篇稿件被2022年国际医学磁共振学会（ISMRM）收录；骨科运动医学团队在肩袖损伤领域提出创新性研究成果；2022《中国高血压临床实践指南》正式发布，余静教授团队全程参与制定；甘肃省骨科历史上第一部专家共识，也是我国第一部关于髌骨脱位诊疗的专家共识由骨科夏亚一教授团队主持编写发布。

医院获批14项国家自然科学基金，获批省级科研项目128项、纵向科研项目232项；发表高水平科研论文944篇，其中SCI 396篇、CSCD 228篇、统计源204篇；授权专利25件，著作14部，期刊任职25项；获得甘肃医学科技奖8项，其中一等奖2项、二等奖6项，甘肃省皇甫谧中医药科技奖三等奖2项。省科技进步奖获推项目8项，正在评审阶段；获得甘肃青年科技奖、兰州优秀科技工作者各1人，城关区科技精英8人；获批甘肃省介入超声装备应用行业技术中心；出版《生物医学转化》4期、《医院与医学》3期，基金论文占比量高。

（兰州大学第二医院　王梅）

**【甘肃省中医院】**2022年，甘肃省中医院实际开放床位2043张；开设专病门诊55个。年门诊挂号77.7万人次，门诊诊疗95.8万人次，收治住院病人4.4万人次，平均床位使用率63%，平均住院天数10.8天，开展手术1.8万台，受疫情影响，主要业务数据与上年度同比有所下降。以甘肃省新冠疫情医疗救治专家组组长、全国名中医、医院院长张志明教授为首的“甘肃方剂”团队进一步探索优化中医药在防治疫病方面的独特优势，精心研发岐黄避瘟颗粒、宣肺化浊丸和益肺健脾丸等系列方剂。连续三年在国家公立中医医院绩效考核被评为“A”级，在2022年全国585家中医类医院绩效评比中位列第33名，连续三年全省第一。

省中医院组织应急医疗队赴张掖市高原高寒地区抗震救灾实战化演练场地开展应急演练；完成“兰洽会”两会等大型赛事活动医疗卫生保障任务。作为基地开展“甘肃省中医护理联盟、甘肃省中医护理骨干”等4项专科培训，培训全省护理人员244人。加强中医药特色疗法、非药物疗法、院内制剂、中药饮片推广使用。引进配方颗粒自动发药系统，不断提高药事服务智能化水平。加强合理用药管理，上线门诊处方前置审核系统，开展个性化临方制剂加工、中药养生保健茶、烟熏剂等特色业务。设立“甘肃方剂”便民开药点。推动“智慧医院”建设，打造智慧病房，完善门诊电子病历，推行诊间支付功能。2022年，医院顺利通过国家医疗健康信息互联互通标准化成熟度测评四级甲等。

人力资源和社会保障部、国家卫生健康委、国家中医药管理局召开第四届国医大师和第二届全国名中医表彰大会，医院王自立教授荣获第四届“国医大师”荣誉称号，张志明、廖志峰教授荣获第二届“全国名中医”荣誉称号。医院新增国医大师传承工作室1个，全国名中医传承工作室2个，全国名老中医药专家传承工作室3个，甘肃省名中医传承工作室4个。1个工作室获批成为2022年“中华中医药学会名医名家科普工作室”。“全国名中医”、院长张志明教授荣获全省科技进步奖一等奖。新设中医经典医学科和乳腺科。2022年，骨伤科、老年病科、中医护理获批国家中医优势专科，中医痹病学、临床中药学获批中医药人才培养重点学科，普外科、血液病科获批甘肃省中医特色优势专科建设项目，骨伤科获批入选首批外科（骨科）基础技能提升项目基地医院。医院获批成为国家中医药传承创新中心项目培育单位。新增记忆门诊、小儿推拿专科门诊等7个专病门诊，医院专病门诊增至55个。相继成立甘肃省博士后创新实践基地及甘肃省科协甘肃省中医药教育科普基地。

（省中医院　裴学军）

【甘肃中医药大学附属医院】2022年，甘肃中医药大学附属医院门急诊53.24万人次，同比减少8.41%；出院2.58万人次，同比减少21.82%;年床位使用率53.74%，同比下降29.11%，年平均住院天数10.08天，同比减少1.1天;收治危重患者1317人，同比减少4.2%；完成三四级手术3305台次，同比减少9.1%，日间手术142例，同比增长22.41%；全年接待医保住院患者2.15万人次，同比减少29.28%；完成个人体检10110人次，同比下降20%；出院患者满意度99.5%。

医院持续推动MDT多学科会诊，开展讨论20余次，设置MDT专科门诊；设立院前急救科、神经康复科、神经介入科;聘任广州医科大学吕嘉春教授并建立专家工作室，填补了全省在慢阻肺疾病流调方面的空白；开展单侧入路双通道内镜下腰椎融合术等40余项医疗新技术、新业务；与城关区民政局签订协议，成为城关区养老机构看病就医定点医疗机构，并开通绿色通道。获得中国药学会药学服务专业委员会等“药学咳喘门诊”授牌；新备案“固本增骨颗粒”“柴芎疏肝调神胶囊”2个中药制剂；获批甘肃省中药材标准2项；增补利胆和胃胶囊等4个制剂纳入医保支付，医保支付品种达到43个。调配防疫用中药方剂2.99万付、61万元；煎药14.59万付，制作膏方126人次。医院获评首批全国消毒供应质量管理与控制平台哨点单位；北院、西院移动护理PDA和护理管理系统上线；开展床旁血液净化技术等6项护理新技术。

2022年，医院先后派出696名医护人员（1114人次）支援西藏疫情防控、省内定点医院患者救治、方舱医院管理和诊疗、社区核酸采集、临夏医疗救治指导等工作，北院、西固院区参与当地疫情防控。尤其是支援西藏的28名队员，在高原坚守长达55天。成立新冠医疗救治工作领导小组，加强发热门诊、急诊科、重症医学科及重症转化病房建设，12月份新成立1个过渡病区和6个综合病区（220张床位），收住患者550余人，抽调210名医护人员参与病区救治工作，应收尽收新冠感染患者和急危重症患者，全力保障老年及特殊人群救治。

2022年，医院针灸获批建设国家中医特色优势专科；为充分发挥甘肃省皇甫谧针灸医院的特色优势、推动针灸亚专业分化，将中心分化成郑氏针灸科、针灸推拿科、针灸疼痛科3个科室。康复医学科和脾胃病科获批甘肃省中医特色优势专科。骨伤科与兰州大学信息科学与工程学院合作申报国家中医药管理局“中医骨伤数字化”交叉创新学科。获批牵头建设中西医结合风湿病紧密型专科联盟、中风病中医康复（吞咽障碍）紧密型专科联盟，与秦安县人民政府共建区域中医医疗中心。医院与榆中县人民政府签订合作共建协议，依托易地迁建的榆中县第一人民医院共建甘肃中医药大学附属医院东院区，该项目占地132.61亩，总建筑面积13.17万平方米，批复床位1000张。

（甘肃中医药大学附属医院　杨文强　贾凌云）

【甘肃省妇幼保健院（甘肃省中心医院）】2022年，甘肃省妇幼保健院门急诊量242.41万人次，出院病人数近8.62万人次，手术量2.68万余台，年分娩量21534个。全年，医院门诊量达242.41万人次，同比上升26.5%；出院患者8.62万人次，同比增长8.6%。医院在2021年国家三级公立医院绩效考核中，位列全国84家三级妇产医院（含妇幼保健院）第10名，连续三年考核获评等级A；在全国首次妇幼保健机构绩效考核中，位居全国249家三级妇幼保健院第11位，获评最高A++等级，成为西北地区唯一入围第一梯队的妇幼保健院。拥有国家级儿童早期发展示范基地1个、国家级特色专科3个等。开设妊娠疑难合并症、儿童疑难病罕见病、母胎医学、妇科及生殖疑难病等11个学科门诊。建立多学科联合查房制度，开展MDT633例。强化医疗技术临床应用管理，严格落实产科危重症评审制度，严格落实检查检验结果互认。年内，日间手术占比8.59%，预约诊疗率72.33%，门诊患者分时预约就诊率达90.64%。急救体系建设日趋完善，以院前医疗急救为核心，全力推进胸痛、卒中、创伤、危重孕产妇、危重新生儿5大中心，搭建急诊急救网络体系，深化专病分级诊疗模式，全面提升急危重症患者救治效率，提升急诊急救医疗服务质量。全年，成功救治胸痛患者213人、卒中患者225人、创伤患者1600余人。2022年5月，甘肃省中心医院（安宁院区）全面试运行，当年门诊量达40.59万人次，出院患者3.1万人次。开展专家工作室在线咨询、在线复诊、

**2014—2022年甘肃省妇幼卫生年报主要指标数据**

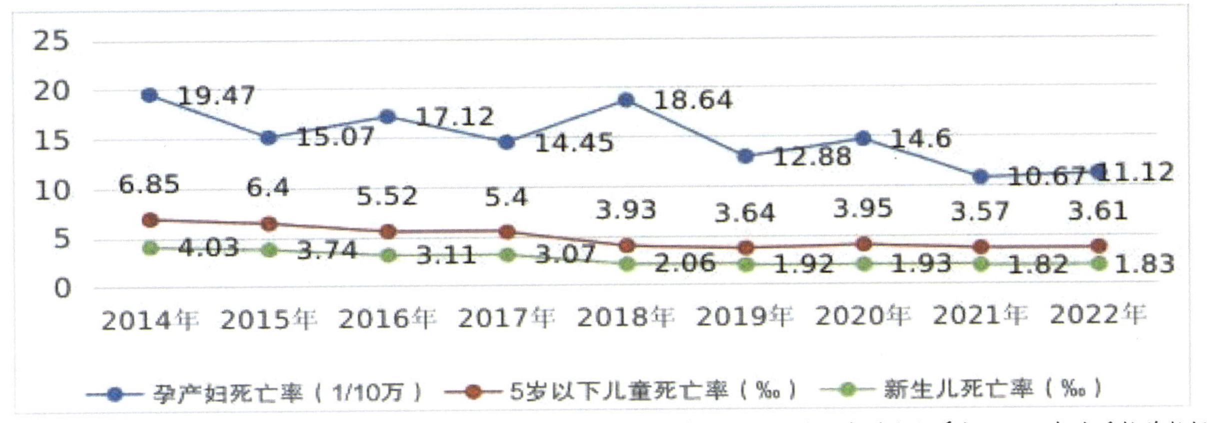


（数据来源为母婴安全相关数据季报，2022年为质控前数据）

处方开立、药品配送等服务。全年互联网医院接诊14670人次，开展药品邮寄服务2731人次。甘肃妇幼APP注册用户128.2万人次，运行专家工作室40个，线上咨询服务76194人次。

**2022年外派医疗队情况**

| 支援单位 | 0306 | | 0708 | | 0909 | | 合计 | |
|---|---|---|---|---|---|---|---|---|
| | 批次 | 人数 | 批次 | 人数 | 批次 | 人数 | 批次 | 人数 |
| 兰州市二院雁滩分院 | 0 | 0 | 4 | 16 | 3 | 125 | 7 | 141 |
| 兰州新区方舱医院 | 0 | 0 | 3 | 51 | 1 | 1 | 4 | 52 |
| 省人民医院新区分院 | 1 | 84 | 0 | 0 | 0 | 0 | 1 | 84 |
| 兰州新区入境隔离点 | 1 | 3 | 1 | 2 | 2 | 4 | 4 | 9 |
| 援疆医疗队 | 0 | 0 | 0 | 0 | 1 | 1 | 1 | 1 |
| “非绿码”应急病区 | 1 | 52 | 1 | 68 | 7 | 186 | 9 | 306 |
| 临夏州工作组 | 0 | 0 | 3 | 3 | 3 | 3 | 6 | 6 |
| 甘南州工作组 | 0 | 0 | 1 | 1 | 0 | 0 | 1 | 1 |
| 天水工作组 | 1 | 1 | 0 | 0 | 0 | 0 | 1 | 1 |
| 嘉峪关工作组 | 1 | 1 | 1 | 1 | 0 | 0 | 2 | 2 |
| 酒泉工作组 | 0 | 0 | 1 | 1 | 0 | 0 | 1 | 1 |
| 兰州工作组 | 1 | 1 | 2 | 2 | 0 | 0 | 3 | 3 |
| 庆阳工作组 | 0 | 0 | 2 | 2 | 0 | 0 | 2 | 2 |
| 定西工作组 | 0 | 0 | 0 | 0 | 1 | 2 | 1 | 2 |
| 核酸检测队 | 1 | 2 | 1 | 10 | 2 | 2 | 4 | 14 |
| 核酸采样队 | 4 | 85 | 10 | 598 | 6 | 190 | 20 | 873 |
| 合计 | 11 | 229 | 30 | 755 | 26 | 514 | 67 | 1498 |

疫情防控期间，第一时间调整院区服务功能，开辟“非绿码”应急病区收治封控区、管控区患者，开通互联网医院“抗击新冠肺炎实时问诊平台”。组织专家赴酒泉、庆阳、定西、天水、临夏、嘉峪关指导防疫防控工作；组派25批307人次医务人员支援兰州市第二人民医院雁滩分院、兰州市肺科医院、兰州新区方舱医院、兰州新区后备医院开展救治工作；派出805人次人员完成兰州城区及临夏东乡等地核酸采集工作。扩容重症医疗资源，强化紧急救治能力，设置危重症病区（综合ICU70张）、重症病区（专科ICU247张）和亚重症病区（各病区726张），收治各类危重患者1203人。

**2022年“非绿码”应急病区诊疗情况**

| 诊疗情况 | 0306 | 0708 | 0909 | 合计 |
|---|---|---|---|---|
| 门急诊人次 | 466 | 838 | 4418 | 5722 |
| 其中：妇产科 | 308 | 475 | 1918 | 2701 |
| 其中：儿科 | 79 | 312 | 2362 | 2753 |
| 其中：成人综合 | 79 | 51 | 138 | 268 |
| 出院人数 | 128 | 201 | 1573 | 1902 |
| 其中：妇产科 | 57 | 84 | 663 | 804 |
| 儿科 | 67 | 112 | 835 | 1014 |
| 成人综合 | 4 | 5 | 75 | 84 |
| 手术量 | 24 | 27 | 217 | 268 |
| 分娩人数 | 49 | 60 | 603 | 712 |

搭建高效妇幼健康远程网络服务系统，举办远程培训36期108讲，覆盖538家保健医疗机构，共计培训4380人次。借助基层转诊“一站式”服务平台，转诊患者296例。完成“两癌”筛查16万人次，新生儿遗传代谢病筛查3.6万人次；甘肃省先天性结构畸形救助项目累计救助170人，甘肃省遗传代谢病救助项目累计救助30人。

（省妇幼保健院　芦文嘉）

## 民政事务

**【社会救助】** 2022年，省民政厅会同省发改、财政等部门下发《甘肃省低收入人口认定及救助帮扶办法》等14个指导性文件，指导各地精准落实各项社会救助政策，全力保障困难群众基本生活。2022年中央共下达甘肃省困难群众救助补助资金108.8亿元。多次与省财政厅对接协调，当年城市低保、农村低保标准分别提高8%、10%，城乡特困人员基本生活标准分别提高到10500元、6852元。2022年，全省共保障城市低保对象31.58万人，农村低保对象149.06万人、城乡特困人员9.98万人；实施临时救助198.5万人次，发放资金21.5亿元；因疫情实施临时救助21.15万人次，支出资金1.82亿元。全面推进“资金+物资+服务”的救助模式，由第三方服务机构为分散供养特困人员提供“四个一”服务。全省各地累计在村级设立社会救助协理员7880名，建立社会救助服务站（点）723个。

**【城乡社区治理】** 2022年，甘肃省共完成16个省级城乡社区治理创新实验区结项验收，启动实施兰州市提升基层治理能力示范区创建，编制印发《甘肃省“十四五”城乡社区服务体系建设规划》，部署开展村民委员会规范化建设，组织村级议事协商创新实验试点，聘用1434名普通高校毕业生到城乡社区就业。

**【殡葬管理】** 2022年，出台《甘肃省“十四五”殡葬事业发展规划》，从6个方面提出了19项重点任务。会同省财政厅出台《甘肃省节地生态安葬奖补实施办法》。清明节期间，联合9部门发布《文明祭祀倡议书》，全省各地积极倡导防疫祭祀、文明祭祀、绿色祭祀、节俭祭祀，实现健康、文明、安全祭扫目标。召开全省调整优化火葬区安排部署视频会议，指导督促各地根据本地实际对火葬区开展新一轮调整优化。针对殡葬服务设施建设短板，下发

为分散供养特困人员提供“四个一服务”（省民政厅供图）

《关于下达应建未建殡葬服务设施任务清单的通知》并抄送各地人民政府。

【婚姻管理】2022年1月印发《关于平凉等五市州开展结婚登记“市内通办”的通知》，全省于2022年4月1日全面实现结婚登记“市内通办”。截至12月底，共办理市内跨区域结婚登记4504对。印发《关于开展全省婚俗改革工作的通知》，召开全省婚俗改革工作视频会进行安排部署。联合省委宣传部等7部门，发布以“婚事新办简办·真爱一生一世”为主题的《婚俗改革倡议书》，大力倡导反对高价彩礼、反对铺张浪费、反对低俗陋习、反对草率离婚。指导各地婚姻登记机关开展婚前辅导、婚内服务、离婚劝和2万多人次，举办集体婚礼和集体颁证135场次，参与新人3000多对。

【流浪乞讨救助管理】2022年，会同公安、城管等部门建立常态化巡查制度，持续做好“寒冬送温暖”“盛夏送清凉”专项救助工作，2022年以来全省共救助流浪乞讨和临时遇困人员8820人。会同公安部门采取DNA比对、指纹识别、人脸识别等方式甄别滞留人员身份信息，查明长期滞留人员身份信息66人；对滞留超过3个月仍无法查明身份信息的，协调公安部门办理户口登记手续，共落户安置75人。主动配合公安机关摸排拐卖妇女儿童犯罪线索、安置被解救妇女儿童。组织开展第十个救助管理机构“6·19”开放日活动，大力宣传救助管理工作政策规定。

【社会组织管理】2022年，动员引导1017家社会组织参与社区疫情防控工作，捐赠资金及物资折价2330万元，开设心理咨询服务热线75条，消杀面积累计约4100万平方米，服务群众25万人次。开展“我为企业减负担”专项行动，帮助企业解难纾困，为企业减负2733万元。开展社会组织助力乡村振兴“陇上行”专项行动，318家社会组织参与乡村振兴工作，对接实施帮扶项目530个，累计投入帮扶资金物资6773万元。

【区划地名与边界管理】2022年，甘肃省共有14个市（州）、86个县（市、区），1229个乡镇、127个街道。稳慎优化行政区划设置，变更兰州市城关区、安宁区、皋兰县部分行政区域界线。深入开展新修订的《地名管理条例》宣传贯彻工作，建立

乡镇（街道）综合养老服务中心服务老年人（省民政厅供图）

甘肃省地名管理工作联席会议制度，完成住宅区、楼宇命名、更名审批职能划转。开展“中国·国家地名信息库”数据质量建设行动和“深化乡村地名服务 点亮美好家园”试点工作，编辑出版《甘肃省标准地名志》。完成甘新省界和省内42条县级行政区域界线联检工作，至2022年底，甘蒙、甘川、甘陕、甘青、甘宁、甘新6条省界和省内202条县界第四轮联合检查工作全面完成。

全省行政区划统计：12个地级市、2个自治州，5个县级市、17个市辖区、57个县、7个自治县。

【行政区划变更】2022年，经甘肃省人民政府2022年2月15日批复同意，兰州市变更了城关区、安宁区、皋兰县部分行政区域界线，将皋兰县忠和镇罗官村、忠和村、水源村3个建制村划入城关区，其中罗官村、忠和村划入城关区盐场路街道管辖，水源村划入城关区青白石街道管辖。皋兰县九合镇及其所辖全部11个建制村，忠和镇及其所辖的盐池社区1个社区和崖川村、丰登村、平岘村、六合村、盐池村5个建制村划入安宁区。忠和镇、九和镇政府驻地、名称不变。

（省民政厅　张毅）

## 社会就业

【就业创业】2022年，甘肃省实现城镇新增就业32.02万人，全面完成年度目标任务；全省城镇调查失业率年平均为5.8%。全省共输转城乡富余劳动力527.3万人（脱贫劳动力200.3万人），创劳务收入

1483.3亿元，均超额完成年度目标任务。全省应届高校毕业生就业率达到90%以上，高于2021年同期水平。

**【就业服务和援助活动】**2022年，创新实施“援企稳岗·服务千企”行动，累计走访服务各类企业3259家；密集开展“百名人社局局长直播带岗”暖心行动，积极应对疫情冲击，聚焦重点群体就业，主动变线下为线上服务，全年累计15名厅局长、11名市州领导、25名县区领导和158名人社局局长走进直播间介绍政策、推介岗位，累计开展直播带岗招聘活动1610场，吸引5300余万人次在线观看，达成意向性就业协议5.7万份。“百名人社局局长直播带岗”暖心行动被人民日报、中央电视台、新华社等中央主流媒体相继跟踪报道，做法也被兄弟省市学习借鉴；全国第二家开展“陇原惠岗贷”融资业务，会同中国银行甘肃分行，对符合条件的530户中小微企业发放贷款10.4亿元，支持企业稳岗扩岗。“陇原惠岗贷”主要做法相继在省委办公厅《甘肃信息》和省政府办公厅《甘肃情况》刊发。

**【重点群体就业】**2022年，创新组织实施高校毕业生等青年群体就业“百日攻坚”行动，在全面创新开展就业服务基础上，高质量完成“1万名未就业普通高校毕业生到基层就业”民生实事项目和7080名各类基层服务项目招募工作，全年开发就业见习岗位1.3万个，累计为符合条件的717名高校毕业生提供创业担保贷款1.1亿元。全省共帮助13.91万名失业人员和4.7万名就业困难人员就业。推进失业保险扩围，强化失业人员生活保障，发放失业金1.56亿元，惠及1.9万人。

**【技能培训】**2022年，深化“津甘技工”“鲁甘人力”合作，持续做优“西部海员”职业技能培训品牌，加大甘肃省海上务工就业人员培训输转力度。开展政府补贴性职业技能培训50.85万人次，超额完成年度目标任务。

**【创业带动就业】**2022年，推进“百千万”创业引领工程，全省累计评选“创业达人”142名，“创业新秀”926名，“新锐创客”7340名；全省新增发放创业担保贷款45.69亿元，其中为2.37万名个人发放贷款33.03亿元，为586户小微企业发放贷款12.66亿元，吸纳带动就业6.01万人。

**【公共就业服务】**2022年，举办“百日千万”网络招聘专项行动271场，共发布用工岗位50万个，达成用人意向8万人。开展民营企业招聘月活动，共举办招聘活动257次，提供就业岗位9.5万个，签订意向性就业协议2万份。优化“12333”人社服务热线功能，累计提供咨询服务120万人次。

**【就业帮扶】**2022年，会同交通、卫健等部门，扎实组织开展“春风行动”“就业援助月”“春暖农民工”等专项行动，全省通过包车包专列包机等方式，“点对点”输转务工人员11万人。推进全省东西部劳务协作，天津、山东帮助全省58个受援县15.9万名农村劳动力实现转移就业，超目标任务的5倍之多。统筹用好各类乡村公益性岗位，全省人社系统牵头开发乡村公益性岗位安置8.98万人、市县额外自主开发安置5.12万人。因地制宜转型认定乡村就业工厂（帮扶车间）2541个，共吸纳就业9.76万人，其中脱贫劳动力3.74万人。加大“兰州拉面师”“静宁果农”“庆阳香包绣女”“礼贤妹”等著名劳务品牌宣传推介力度，甘肃省推荐的21个劳务品牌代言人上榜“全国劳务品牌形象代言人”。疫情发生后，加大返乡人员就业援助和托底安置力度，特别是针对目前河西地区新能源、装备制造等产业存在较大用工缺口的实际，组织举办省内东西部劳务协作招聘活动，破解河西部分地区“用工荒”难题。全省累计输转脱贫劳动力200.3万人，创劳务收入552.1亿元，培训脱贫劳动力9.31万人次，均超额完成国家下达目标任务。

**【城镇居民收入】**2022年，甘肃城镇居民人均可支配收入37572元，较上年增加1385元，同比增长3.8%。城镇居民人均工资性收入25223元，同比增长3.1%，占可支配收入的67.6%，比重最大。城镇居民人均经营净收入2739元，同比增长1.4%，占可支配收入的7.5%。城镇居民人均财产净收入2950元，同比增长4.2%，占可支配收入的7.8%。城镇居民人均转移净收入6661元，同比增长7.6%，占可支配收入的17.1%。

**【专业技术人才】**2022年，首次选拔培养陇原青年英才260名，每人给予10万~15万元的资金支持；完成省领军人才聘期考核，全省领军人才规模达到1038人；基本完成甘肃高层次专业技术人才津贴

2000人遴选工作；修订省属高校、科研院所和医疗卫生机构等单位急需紧缺专业目录；将省优秀专家一次性奖励标准由2万元提高到4万元；首次设立发放进站博士后每人每年15万元津补贴7545万元，首次向设站单位拨付每人1.5万元日常经费228万元。

【人才管理服务】2022年，健全技能人才评价体系，已备案50家企业、121家社会培训评价组织，职业技能等级评价工作加快推进。创新打造全国首家省级“技能大师之家”，全省建成35个国家级、107个省级技能大师工作室，14个国家级、22个省级高技能人才培训基地。全年发布事业单位招聘岗位2.4万个。加强表彰奖励规范化管理，完成国家及省部级表彰奖励项目48个。安全有序组织人事考试28项，服务考生36.9万人次。创新开展行业协会和民营企业职称社会化评价改革试点、在自然科学研究系列建立“代表作”清单制度。完成全省县以下事业单位管理岗位职员等级晋升工作，2.13万人实现职员等级晋升，晋升受益面21.4%。

【劳动保障】2022年，加强疫情防控期间用工指导，开展劳动关系风险隐患排查，实施维护新业态劳动者权益专项行动。4家企业、1个工业园区被命名为全国和谐劳动关系创建示范企业（园区）。在全国较早出台维护新就业形态劳动者劳动保障权益实施意见，实现全省2.5万名基层快递网点从业人员参加工伤保险全覆盖，做法被人社部在全国推广。

【劳动仲裁】2022年，加强仲裁办案指导，加大50人以上集体争议处理监测，全省共立案受理劳动人事争议案件9849件，调解成功率70%、仲裁结案率98.8%，分别超人社部计划指标10个百分点和8.8个百分点。

【欠薪根治工作】2022年，制定印发工程建设领域农民工工资保证金规定实施办法，升级完善“陇明公”平台功能，建立全省工程建设领域精准化监管网络体系，全省立案查处涉及农民工欠薪案件572件，共为1.3万名农民工追回工资9962万元，公布重大劳动保障违法行为121起，将34家企业和4名个人依规列入拖欠农民工工资失信联合惩戒名单。2022年“全国根治欠薪线索反映平台”涉及全省欠薪线索办结率达99.6%，全国排名第6位。

（省人社厅　马鹏飞）

## 社会保障

【社保费】2022年，积极推行失业保险稳岗返还和留工补助“免申即享”，实施缓缴社会保险费“即申即享”，推进就业补贴政策“直补快办”，全省累计为20.96万户次企业减负35.75亿元。全面完成2022年度企业、机关事业单位退休人员和城乡居民基本养老保险待遇调整及发放工作，惠及168.14万企业、机关事业单位退休人员和336万城乡待遇领取人员；提高失业保险金标准和工伤保险待遇水平。为全省258.6万名五类人员代缴养老保险费2.4亿元。

【保障制度】2022年，顺利完成全省企业养老保险全国统筹，上线运行时间较早；启动全省失业保险省级统筹，积极开展新就业形态就业人员职业伤害保障试点；推荐庆阳市为首批实施个人养老金先行城市，已参加16.4万人。

【社保基金监管】2022年，推进社保基金管理提升年行动及“警示教育月”活动，全省基金累计结余767.95亿元，运行总体平稳。全省参加基本养老、工伤、失业保险人数均超额完成人社部全年任务，分别达到1904万人、287万人、203万人。

（省人社厅　马鹏飞）

## 医疗保障

【医疗保障概况】截至2022年12月底，甘肃省基本医疗保险参保2555.2万人，其中，职工医疗保险参保381万人，居民医疗保险参保2174.2万人，参保率稳定在97%以上。基本医疗保险基金总收入402.1亿元，总支出282.7亿元，当期结存119.4亿元，累计结存491.2亿元。其中，职工医疗保险基金（含生育保险）总收入197.9亿元，总支出133.5亿元，当期结存64.4亿元，累计结存318.2亿元；居民医疗保险基金总收入204.2亿元，总支出149.2亿元，当期结存55亿元，累计结存173亿元。全省14个市州均已实现职工基本医疗保险和城乡居民基本医疗保险市级统筹制度。

【新冠疫情防控医疗保障】2022年，严格落实“两个确保”要求，全力做好新冠患者救治费用保障和疫情防控物资采购保障。先后三次向集中收治医疗机构紧急拨付新冠救治医保专项预付金合计5.49亿元，及时将《诊疗方案（试行第九版）》新增药品按甲类药品临时性纳入医保基金支付范围，同时，将宣肺化浊颗粒、岐黄避瘟颗粒等7种医院制剂纳入医保支付范围。新冠病毒抗原检测医疗服务费调整至2元／人次，检测项目价格+检测试剂（含采样器具）总费用不高于6元／人次。疫苗采购价格逐步下调至目前单剂16元，核酸检测价格下调至单检16元／人份、混检4元／人份，大规模检测价格限定为3.5元／人份。积极推进阶段性缓缴政策，2022年，享受缓缴政策企业累计2.79万户，涉及人数累计78.17万人，缓缴职工基本医疗保险费用累计4.79亿元。

**【重特大疾病医疗保险和救助制度】**2022年，省政府办公厅印发《关于健全重特大疾病医疗保险和救助制度的实施意见》，省医保局、省民政厅、省财政厅制定印发《甘肃省因病致贫重病患者认定办法（试行）》《重特大疾病医疗保险和救助制度有关问题的答复意见》，明确对7类医疗救助对象实行分层分类救助，并全面建立依申请救助机制，实现参保、参保资助、医疗救助等政策标准全省统一。自政策实施以来，全省已有80余万困难职工或城乡居民获得医疗救助，人均救助0.16万元，有效减轻大病、重病患者的医疗费用负担。

**【职工基本医保门诊共济保障改革】**2022年，开展《甘肃省职工基本医疗保险门诊共济保障实施办法》解读、培训工作，指导各地制定实施细则，健全互助共济、责任共担的职工基本医疗保险制度，为2023年1月起在全省范围内启动实施做好了准备。同时，全力做好城乡居民高血压糖尿病门诊用药保障工作，截至2022年底，全省“两病”待遇享受82万人次，医保基金支出2976.27万元，政策范围内费用报销比例达到52%。

**【医药服务管理】**2022年，严格落实国家医保药品目录，累计纳入507个新药好药，调出391个疗效不确切的药品，目录内的西药和中成药数量增至2860种。支持中医药传承创新发展，按照省级调整权限，将25个民族药、42个有地方标准的中药饮片和668种医疗机构制剂纳入基金支付范围。推进国家谈判药品落地，2022年1—12月，全省275种谈判药品共惠及179.4万人次，药品总费用为10.83亿元，医保基金报销7.28亿元，人均报销67%以上。全面启动DRG／DIP医保支付方式改革、实现全省14个市州DRG／DIP改革实际付费。积极配合省深化医药卫生体制改革领导小组办公室印发《甘肃省深入推广福建省三明市经验进一步深化医药卫生体制改革的若干措施》，研究探索紧密型县域医共体医保支付方式，助推三医联动改革。

**【药品耗材集中带量采购和医疗服务价格改革】**2022年，认真落实国家组织药品和高值医用耗材集中带量采购工作，完成2个批次国家集采药品和人工关节中选结果落地工作，价格平均降幅59.33%；自行组织完成了国家集采协议期满药品的接续集采，价格在国家首次集采降幅超过50%的基础上平均再降42.73%，预计年节约医药费用7000万元；组织完成2022年度全省药品集采工作，指导兰州、酒泉、平凉3个市州完成市际联盟药品集采，54个品种价格平均降幅35.76%，最高降幅92.34%，预计年节约医药费用1.18亿元；积极参加其他省际联盟1批次药品和14批次医用耗材集采工作。截至2022年底，共开展391种药品、16类医用耗材的集中带量采购，价格平均降幅超过50%，累计节约医药费用超过65亿元。

建立公立医疗机构医疗服务价格动态调整机制，及时将条件成熟的新增诊疗服务价格项目纳入甘肃省诊疗项目管理范围。初审通过省管各级和各市州新增医疗服务价格项目113项，统一全省器官移植和临床量表评估价格项目，动态调整人工关节集采中选产品支付标准，推进口腔种植医疗服务收费和耗材价格专项治理及种植牙集采工作。

**【医保基金监管工作】**2022年，全面落实《医疗保障基金使用监督管理条例》，制定印发《甘肃省医疗保障基金使用监督管理行政处罚裁量权适用规则》《甘肃省医疗保障部门向纪检监察机关移送医疗保障基金监管中发现问题线索工作规程》等文件。依托全省统一的医保信息平台，初步建成医保智能监管系统，通过大数据分析及运用，规范定点医疗机构的诊疗行为。持续开展“假病人”“假病情”“假票据”欺诈骗保违法行为、医保领域突出问题专项整治等工作。2022年，全省医保系统共检查定点医药机构11953家，查处6058家，追罚合计9471.49万元；处理违法违规人员534人，追罚合计80.54万元；向社会曝光打击欺诈骗保典型案例86例。

【医保公共服务】2022年，推行综合柜员制服务模式，70%以上的事项实现综合柜台即时办结。对群众高频经办服务事项实行“容缺受理”，减少群众“跑腿”。在推进跨省异地直接结算的基础上，自2022年1月1日起，取消临时外出省内异地就医备案手续，全面实现“省内无异地”。在全省开通5种门诊慢特病（高血压、糖尿病、恶性肿瘤门诊放化疗、尿毒症透析、器官移植术后抗排异治疗）跨省直接结算，为参保群众跨省门诊慢特病直接结算提供方便。2022年，全省异地就医共计469.19万人次、医保基金支出55.29亿元。其中，省内异地就医直接结算362.97万人次，统筹基金支出30.45亿元；跨省异地就医直接结算106.23万人，统筹基金支出24.84亿元。

【医保信息平台】2022年，全面建成覆盖全省的医保信息系统，接入全国统一医保信息平台，初步形成全省跨区域、跨层级、跨部门的医保信息业务“通用语言”。全面推进信息平台应用和运维保障工作，实现个人医保缴费、跨省转移接续等30余项业务“掌上办”“网上办”。持续推广应用医保电子凭证，截至2022年12月底，全省医保电子凭证累计激活1329.3万人，占全省参保人数的51.7%；累计发生结算业务2.44亿笔，通过电子凭证结算2682万笔，全省使用医保电子凭证开展医保结算工作排名全国前三。

（省医保局）

## 社会福利

【养老服务】2022年，甘肃省政府印发《甘肃省“十四五”老龄事业发展和养老服务体系规划》，省委办公厅、省政府办公厅印发《甘肃省推进基本养老服务体系建设实施方案》《甘肃省基本养老服务清单》，省民政厅制定《甘肃省“十四五”养老服务体系建设规划》。建成120个乡镇（街道）综合养老服务中心，新增养老服务设施用房面积14.79万平方米，增加床位2700张（其中护理型床位1800张）；城市街道服务实现全覆盖，乡镇（街道）整体建有率达到28%。打击整治养老诈骗专项行动成效显著，在全省开展“五个一”活动，即：发布一份倡议书、开设一个宣传栏、发送一张明白卡、签订一份承诺书、提供一份提醒函，得到民政部养老司致函表扬。

【儿童福利】2022年，甘肃省兰州市永登县、酒泉市肃州区被国务院未成年人保护工作领导小组办公室评为全国未成年人保护示范创建县区。联合13部门出台《甘肃省未成年人保护强制报告制度实施办法》，填补甘肃省制度空白。落实孤儿基本生活费动态调整机制，全省孤儿和事实无人抚养儿童基本生活保障标准提高8%，集中、分散标准分别达到1470、1080元，保障孤儿5249人、事实无人抚养儿童15527人，累计发放资金2.77亿元。全面推动儿童福利机构提质转型，安排福彩公益金1578万元用于支持10个儿童福利机构提质转型。

【残疾人福利】2022年，甘肃省持续开展残疾人两项补贴精准认定，全年发放残疾人两项补贴资金7.3亿元，保障困难残疾人27.6万人、重度残疾人37.2万人。于2022年5月15日实现了残疾人两项补贴申请“全程网办”，全年累计受理网办申请478例。积极实施公益助残，安排省级福彩公益金300万元，实施“福彩助残”公益项目，全年共完成假肢、辅具、矫形器配置648件。同时，联合省慈善总会、兰州手足外科医院联合募捐资金500万元，实施“巩固脱贫攻坚博爱助残”项目，为低保、特困供养家庭中的残疾人进行免费肢体畸形手术矫治。

（省民政厅　张毅）

【慈善与社工志愿服务】2022年，甘肃省累计认定慈善组织283家，较上年增长45%，实现市（州）、县（市区）慈善组织全覆盖。截至年底，累计完成慈善信托备案149单，总金额共计7.97亿元。备案数量领跑全国、备案规模位居全国第二。大力推进乡镇（街道）社工站建设，将乡镇（街道）社工站建设写入省委、省政府《关于改革完善社会救助制度的若干措施》和《关于加快推进乡村人才振兴的实施意见》。截至年底，全省建成乡镇（街道）社工站699个，全省覆盖率达到51%。

截至2022年12月31日，甘肃省慈善总会共募集资金、物资7947.43万元，其中：资金3881.09万元，物资价值4066.34万元。全年救助支出7427.33万元，其中资金支出3236.99万元，物资支出

4066.34万元，受惠群众1万多人次，资金救助支出占2022年资金收入的88%。2022年的行政支出124万元，占2022年捐赠支出总额的1.67%。中华慈善总会药品援助项目2022年度共计为甘肃省城乡家庭困难的大病患者发放救治药品价值2831.09万元，救治癌症患者382人次；美国“微笑列车”援助资金29.84万元，为甘肃省近百名唇腭裂患者免费做了矫治手术。甘肃省是中华慈善总会首批“幸福家园”试点地区。省慈善总会成立“幸福家园”工程领导小组，制定工作实施方案，建立省、市、县、乡、村（社区）联动机制，在全省有条件的村社逐步开展“幸福家园”工程试点工作。截至2022年12月底，全省已认领村社幸福家园29个，其中选定5个市、10个县区的20个村社作为首批试点单位，并在公益宝平台发起网络认筹项目12个。截至12月底，全省20个试点村社已完成任务的有18个，占90%，29个筹款项目线上募集资金65.67万元，线下筹募资金357.75万元，共计筹款423.42万元。

（省民政厅　张毅、省慈善总会　房超）

## 民族事务

**【民族团结进步创建】**2022年，打造民族团结进步创建“升级版”，制定实施《甘肃省民族团结进步模范集体和模范个人评选表彰办法》。印发《铸牢中华民族共同体意识专项资金管理暂行办法》，及时下达资金9000万元。推进民族团结进步示范区示范单位命名办法和测评指标的修订工作，编制民族团结进步创建工作指南。将民族团结进步创建同党的建设、乡村振兴、生态保护、精神文明建设、平安甘肃建设、双拥模范创建等深度融合，纵深推进“一廊一区一带”创建行动。深化创建工作“七+N进”活动，推动创建工作向社区、家庭、岗位延伸。在全省20个4A级以上旅游景区开展民族团结进步创建工作，推动将共同体理念融入景区文化展示、导游实地解说、文创产品开发、文艺节目创作、特色活动打造之中，在全国尚属首创。试点建设河西铸牢中华民族共同体意识示范走廊。积极推荐申报第十批全国民族团结进步示范区示范单位37个，配合国家民委赴嘉峪关、张掖、武威3市开展了调研验收工作。命名全省第八批民族团结进步示范区示范单位229个。截至12月底，甘肃省共命名省级民族团结进步示范区示范单位609个，成功创建全国民族团结进步示范区示范单位57个、教育基地8个。

**【民族共有精神家园宣传教育】**2022年，坚持把构筑各民族共有精神家园作为战略任务，开展铸牢中华民族共同体意识宣传教育，省社科规划项目、省人文社会科学项目和相关社科研究机构都把铸牢中华民族共同体意识列入重点研究专项。加强铸牢中华民族共同体意识研究基地等的管理，设立41项课题开展攻关，取得了阶段成效。举办铸牢中华民族共同体意识理论研讨会、伏羲文化与铸牢中华民族共同体意识研讨会，打造甘肃省法官学院中华民族共同体法治文化“四个基地”，启动《中华民族交往交流交融史料汇编·甘肃卷》编纂工作。创新开展全省第19个民族团结进步宣传月活动。省级层面开展的网络有奖知识竞答参与210万人次、影视作品展映覆盖1356个乡镇（街道）、“百场万人”大宣讲活动受众9100余人次，连续一个月在《甘肃新闻》前30秒投放民族团结进步主题宣传片，各级各类学校组织开展主题实践活动12万多场次，在《中国民族（甘肃增刊）》上省委主要领导刊发署名文章。选树长城、长征、黄河、敦煌、铜奔马、伏羲、女娲等一批中华文化符号和形象，在重大节庆活动和公共场所、旅游景区等方面广泛运用。举办“石榴杯”铸牢中华民族共同体意识主题征文活动，征集稿件6900多篇，颁评奖项150个。与文旅产业集团、省博物馆等7家单位签订战略合作协议，在《甘肃日报》和省电视台开设“同心筑梦”等专栏。以河西走廊为主题打造中华民族共同体体验馆第一期体验项目，创拍播出民族地区国家级非遗项目电视纪录片《丝路拾遗》18集，组织开展“陇原民族情”送文化下乡惠民演出活动17场次，现场和网络观看演出32万余人次。

**【民族地区现代化建设】**2022年，省民委指导民族地区主动融入黄河流域高质量发展、西部陆海新通道等国家战略，积极参与构建全省“一核三带”区域发展格局，编制实施《甘肃省“十四五”民族团结进步事业规划》，试点建设肃北县马鬃山镇“兴边富民行动中心城镇”。推进“三区”建设，谋划启动甘南州青藏高原生态环境保护和可持续发展先行区、临夏州巩固拓展脱贫攻坚成果同乡村振兴有效衔接示范区、河西走廊各民族共同富裕示范区建设，分别制定实施方案和指导意见。坚持和完善差别化区域支持政策，省级财政对民族地区均衡性转移支付补助系数高于其他地区平均水平，将21个民族县全部纳入生态功能区转移支付补助范围，落实高海拔民族自治州扶持政策等20余项特殊支持政策。及时下达中央财政衔接推进乡村振兴补助资金（少数民族发展任务）34174万元和省级衔接资金1700万元、民族乡发展资金3600万元。

【民族交往交流交融】2022年，创造各族群众共居共学、共建共享、共事共乐的社会结构和社会条件，推动各族群众互嵌式发展，促进各民族在空间、文化、经济、社会、心理等方面的全方位嵌入。全面推广普及国家通用语言文字。实施各族青少年交流计划，创新开展“陇原石榴籽”·同心共交流、同心共实践等系列活动。实施旅游促进各民族交往交流交融计划，通过注入新内涵、打造新线路、发展新业态、培育新主体、用好新基地，促进各民族相互理解尊重、相互包容欣赏、相互学习帮助。把少数民族流动人口服务管理工作纳入城市流动人口工作总体部署和规划，加强同17个兄弟省区市的协作配合，健全少数民族流动人口服务管理机制，帮助解决就学、就医、落户等方面的困难，推动少数民族流动人口市民化、公共服务均等化。

（省民委　王宇卫）

## 应急管理

【综述】2022年，全省共发生各类生产安全事故602起，死亡487人，受伤368人，直接经济损失17412.86万元，同比分别下降12.37%、17.74%、23.65%和0.76%。各类灾害共造成424万人受灾，因灾遇难15人，房屋倒塌、严重损坏1.39万间，一般损坏8.69万间，直接经济损失130.29亿元。

【应急规划体系建设】2022年，深入推进应急管理体系和能力现代化建设，推进《甘肃省“十四五”应急管理体系建设规划》《甘肃省“十四五”安全生产规划》《甘肃省“十四五”防灾减灾规划》实施，规划阶段性工作任务如期完成。国家西北区域应急救援中心项目如期开工建设，“十四五”规划的一批重大政策、重大项目、重要举措有效落地实施。建立完善应急管理省级项目库，将甘肃省航空护林站建设等5个项目纳入省发改委《2022年全省重大前期项目清单》。

【应急救援中心建设】2022年，国家西北区域应急救援中心选址于甘肃省兰州市兰州新区，主要担负地震、地质灾害和冰雪灾害等救援任务，救援范围辐射甘肃、陕西、青海、宁夏、新疆以及内蒙古西部。项目总用地面积约799.48亩，其中，建设用地面积约730.17亩，总建筑面积66517米。主要建设中心技术业务楼、队伍营房、中心备勤楼、综合生活服务楼、装备储运仓库、战备车库、综合训练教学楼、综合训练体育馆、实战模拟训练设施等建（构）筑物，以及相关附属工程、总图工程和仓储物流、航空保障等设施，并配备相关救援、指挥、训练、运行管理设备设施。项目概算总投资106309万元，其中，中央预算内投资93862万元，地方资金预算12447万元。项目于2022年12月20日正式开工，2024年12月计划建成。

【森林消防】2022年，完成庆阳“7·15”暴洪灾害抢险、黑河“8·23”孤岛救援、援渝扑火任务等各类应急救援任务34起；派驻310人，赴兰州连城、陕西延安、陕西黄陵、重庆巴南靠前驻防；派出1030人，参加国家抗震救灾“应急使命·2022”演习；举办“奋进新征程 建功新时代 喜迎二十大”森林消防杯全省理论宣讲大赛。

【应急演练】5月，国务院抗震救灾指挥部办公室、应急管理部、甘肃省政府联合在河西走廊地震带重点地区举行“应急使命·2022”高原高寒地区抗震救灾实战化演习。此次演习为部省联合演习，采取“1+4+4”模式，在张掖设主演习场，嘉峪关、酒泉、金昌、武威4个市设分演习场。此次演习达到提高应急指挥效能和救援合力、破解应对大震巨灾“断、慢、乱”难题、推动各地强化抗大震准备、促进抗震救灾能力提升的预期目的，实现安全零事故、人员零违纪、疫情零感染。演习活动得到国务院领导充分肯定，省应急厅被应急管理部记二等功。

【消防救援队伍建设】2022年，持续推进消防安全专项整治三年行动巩固提升阶段各项任务，部署开展消防安全大检查、自建房综合治理、高层建筑专项整治、城市消防安全、冬春消防安全专项整治等专项行动，推进打通消防生命通道、劳动密集型企业、危化品重大危险源企业、易燃可燃彩钢板建筑、燃气等专项排查整治。

## 防灾减灾

【应急救灾】1月8日，青海门源县6.9级地震发生后，省抗震救灾指挥部及时研会商研判，迅速启动省抗震救灾Ⅲ级应急响应。8月12日至22日，甘肃省部分地区发生洪涝灾害，造成7个市州19个县区7.39万人受灾，迅速启动省级自然灾害救助Ⅳ级和Ⅲ级救灾应急响应。全年共紧急转移安置1.87万人，下拨中央和省级冬春生活救助资金3.86亿元，下拨省级2022年度自然灾害生活救助资金1500万元，下拨中央自然灾害救灾资金1100万元，下拨救灾物资4300件，有力支持基层一线做好应急期群众安置救助。

【安全生产】2022年，以省委、省政府名义印发《关于进一步强化安全生产责任落实坚决防范遏制重特大事故的实施意见》。修订《甘肃省安全生产条例》《甘肃省安全生产约谈办法》《甘肃省安全生产预警办法》。紧盯高危行业领域，认真组织实施安全专项治理、安全生产“四不两直”诊断式督导检查和驻点包抓等工作，排查治理一大批安全隐患问题。统筹组织12个省级工作组，从8月初至10月底，对各市州安全生产工作实施驻点包抓，同时分批次组织开展安全生产“四不两直”诊断式督导检查，覆盖全省所有市州和县区以及规模以上企业。共检查行业部门191个，生产经营单位984家，排查治理问题隐患15412条（其中重大安全隐患594条），责令停产停业整顿企业122家。

【突发事件处置】2022年，完成青海门源6.9级地震、张掖市肃南县5.1级地震应对处置工作，并成功应对12次较大范围降雨过程和63起地质灾害。在事故灾难方面，全省共发生较大以上生产安全事故12起，重点完成兰州野生动物园观光车侧翻事故、兰州新区滨农科技有限公司爆炸事故、白银景泰边坡坍塌事故应对处置工作，全省未发生较大以上城市火灾事故。

【自然灾害应急能力建设】2022年，编制并提请省政府印发《甘肃省地质灾害应急预案》。购置地质灾害应急监测预警设备，有效提升地质灾害应急监测预警能力。妥善处置定西市漳县武当乡景家门社滑坡险情。组织开展黄土区域滑坡地质灾害成灾机理研究、舟曲县地质灾害综合治理和重大地质灾害链应急处置技术研究。

【应急物资储备】2022年，印发《关于做好抗震救灾物资储备工作的通知》《关于做好应急救灾物资保障工作的通知》，经省政府同意，列支年度省级自然灾害救助预算资金1000万元，动用省级财政接收到“8·13”陇东南暴洪灾害剩余捐赠资金552.37万元，用于采购省级救灾物资。

【防灾减灾宣传】2022年，创建国家级示范社区20个、省级减灾示范社区64个。组织各地各部门开展丰富多彩的“5·12”“10·13”防灾减灾宣传系列活动。举办“减轻灾害风险·守护美好家园”2022甘肃省防灾减灾知识网络竞赛活动，进一步普及防灾减灾知识，提高社会公众防范各类自然灾害的意识和自救互救能力，活动答题平台流量1267090人次。

（甘肃省应急管理厅　郭娟娟）

甘肃省森林消防总队张掖市市支队在祁连山国家自然保护区执勤（甘肃省应急管理厅供图）

## 消防救援

【概况】2022年，甘肃省消防救援队伍实现全省火灾形势和队伍内部“两个稳定”。总队被应急管理部荣记集体二等功，连续三年被省委、省政府表彰为“优秀领导班子”，连续三年被消防救援局表彰为“安全工作先进总队”。全省消防救援队伍40个集体、85名个人获省级部门以上表彰。

【安全责任落实】2022年，与各市州、部门签订消防工作目标管理责任书，并将消防安全工作纳入“平安建设”等考核评价指标；将消防安全大检查、基层防火力量发展、化工园区灭火救援能力建设，以及自建房、高层建筑、易地扶贫搬迁安置点消防安全治理等全部纳入贯彻安全生产“15条硬措施”内容；发文明确电动自行车、密室逃脱、冰雪活动、农家乐、校外托管、校外培训机构等职能交叉和新业态安全监管职责。省安委会、消安委20余次召开会议、印发文件、督导检查，常态化部署推进火灾防控工作。省文旅、文物部门将消防安全纳入“十四五”文物保护和科技创新规划，投入9000余万元，对50余家国家和省级文保单位消防设施更新改造。省住建部门将消防安全纳入老旧小区改造，1748个老旧小区增设消防设施。会同省发改、住建、乡村振兴等部门部署开展安置点综合治理，71个高层安置点隐患整改率达到92%。推动各行业部门累计开展联合检查1700余次，检查行业单位7300余家，督促整改隐患8500余处。

【消防安全检查】2022年，持续推进消防安全专项整治三年行动巩固提升阶段各项任务，先后部署开展消防安全大检查、自建房综合治理、高层建筑专项整治、城市消防安全、冬春消防安全专项整治等多个专项行动，统筹推进打通消防生命通道、劳动密集型企业、危化品重大危险源企业、易燃可燃彩钢板建筑、燃气等专项排查整治。全省累计排查自建房2.7万余栋、连片区域455处、高层建筑5类重点整治对象2163栋、30人以上劳动密集型企业306家、危化品重大危险源企业97家、燃气重点场所3917家，督促整改各类隐患问题3.1万处，挂牌督办重大火灾隐患单位89家，指导7313家单位、5430个住宅小区完成消防车通道标识化管理，拆除易燃可燃彩钢板建筑90余万平方米，清理违规住人2700余人。全力维护涉疫场所消防安全，累计检查定点医疗机构、方舱医院、集中隔离点461次，远程指导4422次，督促整改火灾隐患3732处。

【重大活动任务保障】2022年，圆满完成“应急使命·2022”高原高寒地区抗震救灾实战化演习任务，整个演习过程做到训练安全无事故、队伍管理无违纪、疫情防控无感染。完成重要安保任务，成功处置“3·8”白银靖远红会支线列车脱轨坠桥、“6·16”兰州新区滨农科技有限公司爆炸、“7·23”白银景泰泓胜煤矿边坡坍塌等事故。

【消防物联网建设】2022年，持续推进消防物联网建设，坚持每日网上巡查，5900余家单位接入消防物联网，“四系统”全要素接入联网单位占比较去年增加4.1%，联网单位消防设施完好率达80%以上。督促指导4400个消控室在线注册，规范落实值班人员签到签出制度，每周组织远程查岗，全年查岗应答率达83%，较去年提升14%。推动6800家单位委托技术服务机构落实消防设施专业维保，组织开展消防技术服务机构专项检查，每周下发《消防技术服务全过程监管系统运行报告》，督导消防设施故障及时排查整改。累计配备专职消防网格员1641人，优化日常考评办法，落实每周提醒、每月考评通报

5月11日上午，国务院抗震救灾指挥部办公室、应急管理部、甘肃省人民政府在甘肃省张掖市等地联合举行“应急使命·2022”高原高寒地区抗震救灾实战化演习（省消防救援总队供图）

机制，持续推动基层网格员真实开展消防检查、宣传教育、信息采集等工作，各级网格员全年累计开展宣传培训135.3万场次、排查检查248.8万家次。

【消防宣传教育】2022年，部署开展“九小场所”、村居民住宅、自建房、燃气安全、防疫防火等专项宣传活动，联合团省委、省教育、司法、人社等行业部门策划开展“线上+线下”培训和宣传教育活动120余次，教育群众达180万人。与甘肃省广播电视总台、《甘肃法制报》建立战略合作协议，开设《橙耀陇原》《消防时刻》等专题栏目，在央视、新华社、人民网、应急管理报、甘肃日报等中央、省级媒体刊发专题报道新闻3500余条，策划主题网络直播活动20余场。建成消防主题公园4个，应急消防科普教育基地135个，市级建成率突破100%。面向辖区党政机关、学校、医院等单位招募发展消防志愿者25万名，组建消防志愿服务行动队926支，开展公益宣传活动5000余场。协调地铁、火车站、客运站、公交车、出租车公司等移动媒介，全天候高频次滚动播放宣传标语、消防公益广告、消防警示片5000万次。

7月23日，白银景泰一煤矿突发矿区边坡坍塌，有人员被困。甘肃省消防救援总队第一时间赶赴现场救援（省消防救援总队供图）

【专业能力建设】2022年，抢抓甘肃省“数字政府”建设机遇，研发重大灾害场景融合数据平台，采集收录9处大型地下建筑、72家大型城市综合体、316家石油化工企业、851幢一类高层公共建筑等2万余条全域信息，定制开发44项个性化实战业务功能，建立健全常态数据治理、故障响应反馈、日常运维监管等机制。围绕“运行管理、响应出动、督导帮扶、保障支撑、奖惩措施”等5个环节，做实做细警情跟踪与随行出动试点工作，调整覆盖11个行业部门39名内外专家的灭火救援专家组，优化《总（支）队主官遂行出动工作规定》《全勤指挥部到场指挥任务清单》等18项措施，制定30类重点单位及灾害事故力量调派方案，建立西北片区邻近省份灭火救援勤务区域协作机制。整合消防、应急、地质、交通等部门工作流程，协调中国移动、中国电信、三一重工、中联重科、徐工机械等企业优势资源，签署战略合作协议。以总队地震救援、抗洪抢险、化工处置等专业队伍为主体，优化重构专业队伍83支。与省气象局、地震局建立极端气象灾害应急协同工作机制，接入省气象防灾减灾预警服务平台、省气象智能网格预报一体化服务平台。

【指挥体系建设】2022年，统一建成全省智能接处警系统、实战指挥平台和消防一张图，定制开发44项个性化实战业务功能，建立健全常态数据治理、故障响应反馈、日常运维监管等机制，提升接处警和指挥调度智能化、信息化水平。抢抓甘肃省“数字政府”建设机遇，研发重大灾害场景融合数据平台，采集收录9处大型地下建筑、72家大型城市综合体、316家石油化工企业、851幢一类高层公共建筑等2万余条全域信息。

（省消防救援总队　张亚博、陈璇）

## 兰州市

【综述】 兰州位于北纬35°34′20″～37°07′07″、东经102°35′58″～104°34′29″之间，地处青藏高原向黄土高原过渡地带。东部和南部与白银市的会宁县和定西市的安定区、临洮县及临夏回族自治州的永靖县相邻；西南部和西部与青海省民和县相连；北部和东北部毗邻白银市的白银区和景泰县、靖远县；西北部与武威市的天祝藏族自治县接壤。设城关、七里河、西固、安宁、红古5区，永登、皋兰、榆中3县，辖14乡，47镇，53个街道办事处，442个社区，731个村。有国家级新区1个——兰州新区，国家级开发区2个——兰州高新技术产业开发区、兰州经济技术开发区。地域总面积1.31万平方千米，市区面积1631.6平方千米。平均海拔1530米到1580米，属温带大陆性气候。2022年，市区年平均气温12℃，年日照2238.2小时，年降水量260.3毫米，比上年增加13.5毫米。全年全市空气质量优良天数比率82.5%，比上年提高1.4个百分点。全年全市总用水量10.92亿立方米。土地资源分中低山林牧区、河谷川台蔬菜瓜果区、低山丘陵粮油区，复杂多样的土地类型。矿产资源主要有煤、石英石、石灰石、玻璃硅质原料、水泥黏土等。全市森林覆盖率8.35%，草原综合植被覆盖率54.94%。有陆生野生脊椎动物4纲28目83科427种。珍稀动物有黑鹳、藏雪鸡、金钱豹、蓝马鸡等。

2022年，全市常住人口441.53万人，比上年末增加3.1万人。户籍人口336.98万人，比上年末增加0.7万人。其中，城镇人口248.73万人；乡村人口88.25万人。

2022年，全市地区生产总值3343.5亿元，比上年增长0.8%。其中，第一产业增加值65.0亿元，增长5.0%；第二产业增加值1150.8亿元，下降2.9%；第三产业增加值2127.8亿元，增长2.4%。三次产业结构比为1.94∶34.42∶63.64。

【农业农村经济】 全年全市粮食作物播种面积132.13万亩，比上年增加5.35万亩。油料种植面积13.73万亩，减少1.02万亩。蔬菜种植面积94.67万亩，增加2.9万亩。中药材种植面积16.93万亩，增加0.91万亩。果园面积12.97万亩，减少0.38万亩。全年粮食产量33.8万吨，比上年增产1.51%。蔬菜产量215.06万吨，比上年增产3.29%。水果产量11.31万吨，减产12.77%。中药材产量4.29万吨，增产7.05%。

全年牛奶产量9.28万吨，增长2.7%。年末大牲畜存栏7.29万头，增长3.09%，其中牛存栏6.13万头，增长14.14%。羊存栏77.19万只，增长4.04%；生猪存栏52.03万头，增长1.2%。牛出栏1.25万头，增长3.09%；羊出栏47.67万只，增长0.01%；生猪出栏54.14万头，增长2.7%。

**【工业与建筑业】**全市工业增加值935.4亿元，比上年下降2.1%。规模以上工业增加值下降0.4%。规模以上工业中，国有控股企业增加值增长0.7%，集体企业增加值增长2.6%，股份制企业增加值下降1.1%，外商及港澳台投资企业增加值下降5.1%。中央企业增加值增长0.4%，地方企业增加值下降2%。轻工业增加值下降11.5%，重工业增加值增长3.9%。采矿业增加值增长1.3%，制造业增加值下降1.2%，电力、热力、燃气及水生产和供应业增加值增长4.9%。

年末，全市发电装机容量647万千瓦，比上年末增长16.05%。全年规模以上工业企业利润总额95.8亿元，比上年下降34.5%。规模以上工业企业每百元营业收入中的成本为82.69元。全年建筑业增加值218.4亿元，比上年下降4.9%。年末具有资质等级的总承包和专业承包建筑业企业440个，比上年末增加2个。

**【固定资产投资】**全市固定资产投资比上年下降3.5%。第一产业投资下降25.0%；第二产业投资增长40.2%，其中工业投资增长40.3%；第三产业投资下降10.3%。基础设施投资增长11.3%。民间固定资产投资下降16.7%。高技术产业投资增长35.3%。全年项目投资比上年增长7.9%。其中，制造业投资增长51.9%；电力、热力、燃气及水的生产和供应业投资增长12.3%；交通运输、仓储和邮政业投资增长11.3%；房地产业投资下降5.3%，水利、环境和公共设施管理业投资下降8.0%。

房地产开发投资比上年下降19.0%，其中住宅投资下降21.3%。房屋施工面积4861.7万平方米，下降14.2%，其中住宅施工面积3328.8万平方米，下降12.3%。在房屋施工面积中，房屋新开工面积437.7万平方米，下降60.5%，其中住宅新开工面积347.4万平方米，下降57.2%。房屋竣工面积482.3万平方米，增长10.0%，其中住宅竣工面积368.1万平方米，增长14.0%。商品房销售面积282.5万平方米，下降64.9%，其中住宅销售面积259.8万平方米，下降66.1%。

**【商贸流通】**全市社会消费品零售总额1598.2亿元，比上年下降9.1%。城镇消费品零售额1405.3亿元，下降8.6%；乡村消费品零售额192.9亿元，下降12.4%。商品零售额1470.4亿元，下降6.2%；餐饮收入额127.8亿元，下降33.1%。

全年全市进出口总额168.8亿元，比上年增长19%。其中，出口65.3亿元，增长77.7%；进口103.5亿元，下降1.5%。全年外商直接投资合同项目17个，实际利用外资额2956.28万美元。对外承包工程完成营业额35801.79万美元，增长2%。对外承包工程新签合同金额57782.84万美元，增长34.4%。

**【交通通信】**全市交通运输、仓储和邮政业增加值294.9亿元，增长14.6%。全年各种运输方式完成货物周转量375.09亿吨千米，比上年增长42.34%；旅客周转量12.39亿人千米，下降69.39%。兰州中川国际机场完成旅客吞吐量594.24万人次，比上年下降51.18%；货邮吞吐量5.55万吨，下降24.08%。年末全市公路里程1.03万千米，其中等级公路0.98万千米。

年末全市机动车保有量119.76万辆，比上年末下降0.93%。民用轿车保有量48.81万辆，下降0.4%。

全年邮政业务总量15.82亿元，比上年下降10.58%。邮政业完成邮政函件业务475.5万件；包裹业务8.25万件；快递业务量8108.09万件，下降0.39%；快递业务收入14.77亿元，下降1.54%。全年完成电信业务总量91.38亿元，增长20.98%。年末移动电话基站数4.35万个。其中，4G基站2.65万个，5G基站1.65万个。全市年末电话用户689.12万户，其中移动电话用户630.89万户，4G移动电话用户196.82万户，5G移动电话用户368.17万户。固定互联网宽带接入用户252万户，比上年末增加9.34万户。年末互联网宽带接入端口444.67万个，下降10.72%。

**【财政金融保险】**全年全市一般公共预算收入221.0亿元，按自然口径下降20.14%，扣除增值税留抵退税因素，同口径下降7.8%。一般公共预算支出498.8亿元，增长2.9%。年末全市金融机构本外币各项存款余额10109.12亿元，比上年末增长5.55%；金融机构人民币各项存款余额10071.61亿元，比上年末增长5.73%。金融机构本外币各项贷款余额15016.19亿元，比上年末增长5.51%，其中金融机构人民币各项贷款余额14911.71亿元，比上年末增长6.06%。年末全市境内上市公司21家。股票总市值1309.33亿元，下降7.37%。全年发行、配售股票筹集资金56.70亿元。全年保费收入144.90亿元，比上年下降1.55%；赔付额53.22亿元，下降23.54%。

**【科技与教育】** 全市共有国家工程技术研究中心3个。全年登记市级科技成果1229项。专利授权量10120件，下降11.43%，其中发明专利授权1904件，增长8.43%。有效发明专利8522件，每万人口发明专利拥有量19.44件。签订技术合同7639项，增长5.28%；技术合同成交金额100.52亿元，增长1.94%。

全年中等职业教育招生1.23万人，在校生3.28万人，毕业生0.93万人。普通高中招生2.47万人，在校生6.7万人，毕业生2.15万人。普通初中招生3.79万人，在校生10.96万人，毕业生3.54万人。普通小学招生4.69万人，在校生26.35万人，毕业生3.97万人。特殊教育招生290人，在校生1850人。幼儿园在园幼儿13.42万人。学龄儿童入学率100%，九年义务教育巩固率100.1%，高中阶段入学率99.59%。

**【文化与旅游】** 全市有直属图书馆8家、文化馆9家、美术馆1家、剧院2家。A级景区30家（4A级7家）国保单位10处（含长城）、省保单位40处、市保单位109处；博物馆29家，藏品18987件。国家级非遗保护项目4个、省级非遗保护项目36个，国家级非遗保护基地4个。年末广播综合人口覆盖率99.84%；电视综合人口覆盖率100%。全年接待国内游客0.29亿人次，比上年下降57.8%；国内旅游收入148.3亿元，下降75%。旅游人均消费506元，比上年减少349元。

**【医疗卫生与体育】** 全市共有医疗卫生机构2059个。卫生技术人员4.5万人。疾病预防控制中心（防疫站）10个，疾病预防控制中心（防疫站）卫生技术人员737人；卫生监督所（中心）10个，卫生监督所（中心）卫生技术人员270人。乡镇卫生院60个，乡镇卫生院卫生技术人员0.13万人。医疗卫生机构拥有床位数3.49万张。全年总诊疗人次1613.87万人次，出院人数69.72万人。全市共有体育场地9625个，体育场地面积878.22万平方米，人均体育场地面积2.3平方米。

**【人民生活与社会保障】** 全市城镇就业人员79.64万人。全年城镇新增就业7.85万人，其中失业人员再就业3.16万人。全年输转城乡富余劳动力25.25万人，创劳务收入76.27亿元。全市城镇职工基本养老保险人数101.37万人，比上年末增加2.71万人。城乡居民基本养老保险人数76.62万人，增加0.28万人。基本医疗保险人数338.52万人，减少0.09万人。失业保险人数73.22万人，增加2.14万人。年末全市领取失业保险金人数3541人。工伤保险人数81.6万人，增加1.21万人，其中参加工伤保险的农民工9.44万人，增加2.58万人。生育保险人数85.05万人，增加1.8万人。

全年全市城镇居民人均可支配收入45277元，增长4.7%；农村居民人均可支配收入17178元，增长6.1%。全市城镇居民人均消费支出29465元，比上年增长3.8%，恩格尔系数31.18%；农村居民人均消费支出13239元，比上年增长5.1%，恩格尔系数32.86%。年末全市共有2.59万人享受城镇居民最低生活保障，3.64万人享受农村居民最低生活保障，0.37万人享受农村特困人员救助供养。年末全市共有各类社区服务机构和设施527个。其中，社区服务指导中心8个；社区服务中心110个；社区服务站409个。共有社区养老照料机构和设施779个。

**【兰州新区十年】** 兰州新区位于兰州北部秦王川盆地，地处兰州、西宁、银川三个省会城市共生带的中间位置，距兰州市区38.5千米，规划面积821平方千米，核心区规划建设面积246平方千米。

2022年是兰州新区获批国家级新区10周年，全年生产总值增长13.5%以上，工业固定资产投资增长52%，经济增速连续6年领跑国家级新区。广东宏宇20万吨负极材料等项目落地建设，德福11.5万吨高档铜箔等项目建成投产，形成全球最大的年产35万吨高性能铜箔生产基地、百万吨级“新能源材料之谷”。绿色化工园区获批省级代表性园区，入驻朗玛旗云、康巴斯等优质化工企业73家。新建大科学装置科技创新创业园一期、省同位素制造业创新中心等科创平台43个，海亮3.5微米铜箔、医用重离子治癌成套设备技术达到世界一流水平。加入黄河流域自贸试验区联盟，成功发运首列伊朗海铁联运回程班列和中亚玉米进口班列，获批国家进口贸易促进创新示范区。推行企业开办“分钟制”，创新推动碳核算体系建设，获批国家普惠金融发展示范区。实施重点项目166个，中国生物西北地区健康科技产业园等项目开工建设，中牧股份兰州生物药厂生产区整体搬迁等项目建成投产，生物医药产业集群效应显现，跻身2022中国生物医药园区百强榜。

【为民兴办实事】实施扩大教育资源和落实“双减”政策项目，新建改扩建中小学和幼儿园10所，新增学位1.2万个，免除市属义务教育阶段家庭经济困难学生参加课后延时服务收费，对相关学校课后延时服务经费给予补助；职业技能培训项目，面向全市各类企业职工和脱贫人口、登记失业人员、就业困难人员、零就业家庭成员、退役军人、残疾人等重点群体开展职业技能培训5万人次以上；实施医疗卫生保障能力提升项目，改造升级市一院、市中医院发热门诊，购置救护车6辆，为市辖区在册的3480名失独家庭成员购买综合保险，为三年内未参加过“两癌”检查的21510名农村妇女免费检查；小游园增量提质项目，新建改建小游园20个；冬季清洁取暖项目，改造农户63850户，低氮改造城区燃气锅炉1610蒸吨，建成天然气管网110千米，改造和新建供热管网400千米，新增清洁取暖面积200万平方米；社会保障兜底项目，提高全市6.5万名城乡低保、5000名特困救助供养对象基本生活保障标准，购买“和谐金城”民生综合保险，为全市60岁及以上户籍老年人购买意外伤害保险，在27个街道（乡镇）建设综合养老服务中心；老旧空间治理项目，改造老旧小区300个、加装电梯445部，建设智慧安防小区300个；文体惠民项目，承办甘肃省第十五届运动会（含残运会），组织开闭幕式展演和大众组比赛，开展文化惠民演出16场；农村公路提升项目，重点养护600千米、新改建100千米；基层社会治理智慧平台项目，完善丰富“小兰帮办”应用内容，增强“小兰帮办”便民服务功能。

【强省会战略实施】聚力强省会，围绕交通、枢纽、产业、科技、生态、安全等领域，坚持项目化、工程法，谋划实施兰西城市群生态廊道、临空产业基地、战区级战勤保障基地等一批重大带动项目，加快“五个中心”建设，增强省会城市辐射带动力。聚力强科技，建立“兰白两区”关键技术联合攻关、产学研联席会议制度，与上海张江、粤港澳大湾区共建中医药、先进能源、超算等研发平台。组建化工新材料、中医药产业省级创新联合体，成立兰州石化科技创新中心，研究攻克钍基熔盐泵、氯化聚乙烯等重大技术。新认定高新技术企业121家，入库科技型中小企业788家，技术合同成交额超过90亿元，创新策源地城市升档进位，跻身全球创新百强科技集群城市。聚力强工业，围绕重振“兰州制造”，实施规模以上工业企业倍增计划，加快推进兰州石化“减油增化”、中铝源网荷储、中化能化共轨等重大项目，布局建设兰州新区氢能产业园、信创新算力等新兴产业项目，建成七山300兆瓦、坪城95兆瓦等风光电项目，西北首个国家新型工业化产业示范基地数据中心落户兰州。新增规上工业企业60家，创建省级以上绿色工厂7户、智能工厂（数字车间）29家。聚力强县域，因地制宜推进八个县区错位发展，加快实施金川科技城、酒钢产业园等重点项目，推动梨韵什川、甘味树屏等10个城乡融合示范镇建设，建成省级乡村建设示范村镇40个和美丽乡村示范村5个。

【黄河国家战略落实】多元拓展生态项目融资渠道，黄河流域兰州段白塔山生态环境治理工程纳入国家EOD试点，庄浪河流域生态发展共同体项目加快实施。持续开展大规模国土绿化，获批建设百万亩国家储备林项目，推进北拓片区未利用地生态综合治理和土地整理、陇中地区生态保护和修复等重点工程。完成营造林4.2万亩、草原生态修复5.5万亩，新增改造城市绿地80公顷。严控低空面源污染，构建“天地人车”综合监管平台，完成燃气锅炉低氮改造1610蒸吨，环境空气质量优良天数预计超过301天、优良天数比例82.5%，空气质量综合质量指数4.46，同比下降6.3%，六项污染物首次达到国家二级标准，兰州市正式迈入空气质量达标城市行列。持续强化水环境保护治理，实施呢嘛沙沟等重点河洪道综合治理，黄河兰州段干、支流国控、省控断面水质达标率100%，出境断面水质稳定达到二类，县级及以上饮用水水源地水质达标率100%，城区8条黑臭水体无返黑返臭情况。全面开展土壤污染隐患排查整治，重点建设用地和受污染耕地安全利用得到有效保障，土壤环境安全稳定，受污染耕地安全利用率稳定达到90%以上。全市未发生突发环境事件。制定实施碳达峰、碳中和“1+N”政策体系，开展石油化工、有色冶金、建材等重点行业企业节能监察，完成绿色建筑认定435.57万平方米，绿电消纳比率持续提高，清洁能源使用比例达到49%，成功入选国家废旧物资循环利用体系建设重点城市。

【社会保障】创新开展“一十百千万”就业创业服务提升行动，发放稳岗返还资金2.65亿元，一次性留工培训补助2.34亿元，新增城镇就业7.75万人，输转城乡富余劳动力25.25万人。健全多层次社保体系，城乡低保标准分别提高8%和10%，发放各类救助资金5.88亿元，减免失业保险费4.8亿元，缓缴社会保险费1.11亿元。全域创建社会信用体系建设示范城市，兰州市综合信用指数排名在全国36个省会及副省级以上城市中从第27位上升至第6位。落实“双减”政策，推进“智慧教育”示范区建设，完成东郊学校未来城市分校等10所中小学和幼儿园新建改扩建，全市新增学位1.2万个。兰州新区职教园区新入驻师生2.3万人。稳步扩大公共医疗资源供给，与中山大学附属医院合作建设国家肿瘤区域医疗中心，实施国家西北区域应急救援中心、省市共建公共卫生应急救治中心项目，建成省康复医院新区分院和省人民医院新区分院重大疫情救治基地。兰州奥体中心全面投运，成功举办省第十五届运动会、省第十一届残疾人运动会。与白俄罗斯格罗德诺市、乌兹别克斯坦扎克市缔结友好城市关系，建立多领域多层次合作机制。推进“保交楼”稳民生工作。支持市属国有企业和高风险机构化解债务风险和金融风险，守牢不发生系统性区域性金融风险的底线。兰州新区承接舟曲等地生态和地质灾害避险搬迁群众1.5万人。推进市域社会治理现代化试点，持续完善社会治安防控体系，常态化推进“五清行动”和扫黑除恶斗争，严厉打击电信网络诈骗等突出违法犯罪活动，建设智慧安防小区310个。开展国防动员和“双拥”共建。扎实推进国家食品安全示范城市创建工作，抓好安全生产专项整治三年行动，安全生产四项指标持续下降。

（兰州市地方志办公室　马颖）

## 嘉峪关市

【综述】嘉峪关市位于甘肃省西北部，河西走廊中西部，介于东经97°51′14″～98°31′59″，北纬39°39′47″～39°59′47″之间。境内辖域分布于酒泉盆地西沿的祁连山北、合黎山南、讨赖河中游，海拔1500米～1800米，属大陆荒漠型气候。年平均气温9.6℃，年总降水量77.4毫米。市域规划区面积1224平方千米，耕地面积7962公顷，林地面积19956公顷，草地面积49444公顷。现有水库16座，库容量8124万立方米。水资源总量为4.78亿立方米，可利用量3.55亿立方米。发现各类矿产8种，主要矿种有金、铸型用黏土、冶金用白云岩、水泥用黄土、建筑用石材、建筑用砂、地热等。全域以戈壁荒漠型植被为主，从西南向东北由超旱生的灌木、半灌木砾质荒漠类型及夏雨型或短命型的草木和碎屑石戈壁荒漠类型转为禾草类、旱芦苇、芨芨草等植被。野生动物有哺乳动物、鸟类、爬行动物、鱼类、两栖动物、软体动物、昆虫等。

2022年，全市常住人口31.63万人。全年出生人口0.27万人，人口出生率为8.41‰；死亡人口0.19万人，人口死亡率为6‰；人口自然增长率为2.41‰。0～15岁人口为5.23万人，占全市常住人口的比重为16.52%；16～59岁的劳动年龄人口21万人，占全市常住人口的比重为66.39%；60岁及以上人口5.41万人，占全市常住人口的17.09%，其中65岁及以上人口3.8万人，占全市常住人口的12.01%。城镇常住人口29.88万人；乡村常住人口1.75万人；城镇人口占全市常住人口比重（城镇化率）为94.47%。

全年城镇居民人均可支配收入49634元，比2021年增长3.7%；城镇居民人均生活消费支出33941元，增长2.0%；城镇居民人均食品烟酒消费支出10732元，增长1.2%，占人均生活消费支出的32%。农村居民人均可支配收入26284元，比2021年增长6.3%；农村居民人均生活消费支出18872元，增长4.1%；农村居民人均食品烟酒消费支出5495元，增长2.1%，占人均生活消费支出的29%。

【经济发展】2022年，全市完成地区生产总值362.6亿元，比2021年增长4.8%。其中，第一产业增加值6.5亿元，增长5.5%。第二产业增加值241.9亿元，增长4.8%，其中工业增加值235.7亿元，增长4.9%；建筑业增加值6.3亿元，增长1.0%。第三产业增加值114.1亿元，增长4.9%。其中批发和零售业增加值17.4亿元，增长5.7%；交通运输仓储和邮政业增加值12.2亿元，增长10.4%；住宿和餐饮业增加值4.7亿元，下降1.9%；金融业增加值18亿元，增长0.8%；房地产业增加值8.9亿元，增长1.8%；营利性服务业增加值28.8亿元，增长3.7%；非营利性服务业增加值23.9亿元，增长8.7%。固定资产投资增长9.4%，一般公共预算收入同口径增长5.2%。

【乡村振兴】压实粮食生产责任，粮食作物种植面积4.87万亩，完成省级下达目标任务的121.8%。强化农业基础支撑，新建高标准农田7000亩，新增农产品冷链储藏能力1400吨。以产业振兴为牵引，加快发展现代农业，实施蔬菜产业园、现代农业物流园、鲜果采摘园等项目，祁牧乳业万头牛场、天兆宏源种猪基地建成达产。推进乡村建设行动，建成文殊镇综合养老服务中心，投用6个村级快递综合服务站，完成1个省级乡村建设示范镇、3个示范村创建工作，农村生产生活环境持续改善。

【现代产业体系】坚持“三新一高”导向，主动融入“一核三带”区域发展格局，立足“三地两点”功能定位，围绕强工业、抓项目、促发展总体思路，抓实延链补链强链工作，“2+6+N”产业集群发展态势更加强劲。制定印发《中共嘉峪关市委 嘉峪关市人民政府关于贯彻落实省第十四次党代会精神的实施意见》《中共嘉峪关市委办公室 嘉峪关市人民政府办公室关于印发〈嘉峪关市贯彻落实“四强”行动实施意见〉的通知》，全力支持酒钢集团公司等重点企业转型升级发展，酒钢1号2号焦炉优化升级建设、智慧电网及新能源就地消纳示范等项目进展顺利，国家核基地综合保障区建设快速推进。着力实施强科技行动，编制《嘉峪关市“十四五”科技创新规划》《嘉峪关市强科技行动实施方案》，推进科技型企业梯次培育和高新技术企业“十四五”倍增计划，深化钢铁新材料研发及产业化应用、民用核技术应用两个创新联合体建设。召开全市优化营商环境大会，着力构建法治营商环境、诚信政府建设“6+1”政策体系，派单解决企业诉求。落实加快建设全国统一大市场部署，着力破解市场准入不合理限制和隐性壁垒问题。制定文旅融合创新产业链实施方案和招商方案，推动三大景区融合贯通。争取国家补助资金8000万元，加快推进长城国家文化公园（嘉峪关段）建设，关城景区改造提升、长城石关峡段保护维修、草湖国家湿地公园基础设施等项目开工建设。面对疫情严重冲击，实施“引客入嘉”精准营销，落实省市补助资金715万元，助力文化旅游行业发展。

【支柱产业】坚持强龙头、补链条、聚集群，壮大钢铝优势产业，实施碳钢薄板厂45万吨热轧酸洗板镀锌铝镁、嘉东料场绿色智能化改造、东兴铝业公司电解槽阴极全石墨化结构优化（三期）等钢铝产业项目34个，甘肃藏建年产180万吨胶凝材料（一期）、天成彩铝绿色短流程铸轧铝深加工填平补齐项目一期工程等项目建成投产，钢铝产业链占工业产值比重由61.2%提升至85.3%。统筹新能源项目建设与配套产业发展，“十四五”第一批1000兆瓦光伏发电、酒钢集团240万千瓦智慧电网及新能源就地消纳等项目进展顺利。工业园区加快提档升级，新增入园企业21户，工业产值增长14.5%，蝉联全省优秀开发区“十连冠”和优秀省级高新区“三连冠”。推进“强工业”行动，工业固定资产投资增长52.6%；规模以上工业企业达到65家，比上年增加2家；规模以上工业增加值增长7.2%，总产值首次突破千亿大关。加快发展现代物流、研发设计、技术服务等生产性服务业，西部现代物流港、顺恒冷链物流园等项目顺利进展，25家中核四〇四供应链企业在嘉峪关市注册，促进消费增长。

【重大项目和招商引资】2022年，实施重点项目192个，开复工率达到98%；国家核基地综合保障区、S06酒嘉绕城高速、“一馆两中心”项目等省列重大项目投资完成率121%。实施招商引资突破行动，设立嘉峪关市首支招商引资产业发展基金。将招商引资内嵌到市委、市政府日常工作，创新机制、完善措施、靠实责任，引进招商引资协议、合同项目44项，合同金额809亿元。地企联合开展精准招商，索通低碳产业园、甬金22万吨精密不锈钢板带等重大项目落地实施，拉动民间投资增速由负转正；文丰600万吨氧化铝及新材料生产项目成功签约，第28届兰洽会签约金额增长9.2倍，全年招商引资到位资金增长249%。

【改革开放】深化“放管服”改革，712个政务服务事项从“最多跑一次”实现“零跑动”，审批办理时限缩短68%。数字政府建设系统在全省率先整体上线，超过94.5%的事项实现网上办理。国企改革三年行动在全省市州评估中获得A级第一名。大友嘉能在新三板成功挂牌。加大开放合作力度，酒钢集团金塔白水泉光伏和玉门红柳泉风电及送出工程、酒钢集团—酒泉市热电联产集中供热项目等区域合作项目加快实施；新开通昆明、武汉、郑州等热点城市航线，嘉峪关机场改扩建工程全面开工；支持重点企业加强经贸合作，外贸进出口总值增长27.9%。强化创新引领，全社会研发经费占GDP比重2.71%，居全省首位。

【社会事业】践行以人民为中心的发展思想，民生支出比重保持在80%以上。16件省市为民办实事全面完成。实施“10+N”就业服务活动，带动新增就业6012人，城镇登记失业率2.87%。优先发展教育事业，投入1.5亿元新建3所公办幼儿园、改扩建2所中小学，新增学位1110个，招聘教师207名；高中阶段办学质量稳步提升，本科录取率67.7%，居全省各市（州）首位，双一流院校录取人数增长12%。补齐医疗卫生短板，投入3.52亿元实施嘉峪关市中医院门诊楼、嘉峪关市一院住院部综合楼改扩建等项目，创建省级重点专科4个、市级重点专科10个。发展群众性文化体育事业，开展各类文化活动1100余场次。完成北市区游泳馆、体育场维修改造等项目，成功举办甘肃省第五届中学生运动会。增强企业创新主体地位，企业研发投入占全社会研发投入比重达98%，3项科技成果获“甘肃省科技进步奖”，酒钢集团潘吉祥获“甘肃省科技功臣奖”。

【城市建设】围绕群众需求，系统谋划幸福新雄关建设。新建改造城市道路26.4千米、各类管网128.8千米，新增机动车停车泊位8927个，改造老旧小区39个、10595户，完善居民小区、背街巷道、城市公园的绿化、照明、休闲桌椅等设施，提升城市公共服务能力。完善南市区功能布局，建成南湖幼儿园，实施金港路以东基础设施建设等项目。加强城市精细化管理，制定实施《嘉峪关市城市供热管理办法》，提请审议《嘉峪关市物业管理条例》。开展城市犬患专项整治，规范临时便民交易点，实现餐厨垃圾处理市场化运行。

【生态保护】统筹山水林田湖草沙系统治理，综合施策加大国土空间绿化、矿山地质环境修复、地下水超采综合治理等重点领域工作力度。城市建成区绿地率和绿化覆盖率分别达39.57%、40.67%，森林覆盖率12.57%。讨赖河嘉峪关市区段生态治理工程全面竣工，成为全省首个美丽幸福示范河湖。持续打好污染防治攻坚战，推进钢铁产业超低排放改造，投入11.3亿元实施生态环保项目22个。全市空气优良天数319天，环境空气优良率87.4%，较2021年提高1.9个百分点。中央、省级生态环保督察信访投诉问题全部整改完毕。“重点流域水环境质量改善明显”受到国务院督查激励和生态环境部通报表扬，成为全国9个、全省首个在生态环境领域获激励的城市。

【社会治理】聚焦“防风险、保安全、迎二十大”，深入推进市域社会治理现代化试点工作，全面排查整治各领域风险隐患，启动社区治理改革三年行动。加大矛盾纠纷化解力度，开展“百日攻坚”专项行动，累计调解矛盾纠纷2713件，调处化解率99.9%。强化社会面稳控，常态化开展扫黑除恶，严厉打击违法犯罪活动，刑事案件、治安案件分别下降30.39%、28%。防范化解金融风险，开展非法集资、非法金融等专项整治，金融机构不良率持续下降、风险可控。集中整治拖欠农民工工资问题，欠薪清欠率100%。加强应急管理和安全生产，集中开展危化品、自建房、城镇燃气专项整治，强化道路交通、食品药品、建筑施工、消防安全、防灾减灾等领域隐患排查化解，安全生产专项整治三年行动成效明显，事故起数、死亡人数、直接经济损失同比分别下降16.67%、33.33%、12.32%，人民群众幸福感、获得感、安全感更加充实、更有保障。

（注：人口数据和生产总值数值由嘉峪关市统计局提供，其他数据来自中共嘉峪关市委十二届六次

全体会议上关于市委常委会工作的报告、2022年政府工作报告和有关部门。）

（嘉峪关市党史和市志研究院　张文欢）

## 金昌市

【综述】金昌市地处甘肃省西北部，河西走廊东段，祁连山脉北麓，阿拉善台地以南。北东与民勤县相连，东南与武威市相靠，南与肃南裕固族自治县相接，西南与青海省门源回族自治县搭界，西与民乐、山丹县接壤，西北与内蒙古自治区阿拉善右旗毗邻。有色金属矿藏储量丰富，特别是以镍为主的铂族贵金属矿藏得天独厚，总储量仅次于加拿大萨德伯里镍矿，居世界同类矿床第2位，与镍铜伴生的铂、钯、锇、铱、钌、铑等稀贵金属储量居全国之首。全市总面积8927.68平方千米，辖一县（永昌县）一区（金川区）。2022年末全市常住人口43.44万人，比上年末减少0.09万人。全年出生人口0.26万人，出生率5.88‰；死亡人口0.43万人，死亡率9.86‰；人口自然增长率-3.98‰。有汉、回、藏、满等32个民族。

2022年，全市地区生产总值达522.52亿元，同比增长13.5%。连续三个季度获全省高质量发展贡献奖第1名。大型有色金属企业金川集团股份有限公司实现营业收入3315亿元，工业总产值2199亿元，利税总额突破188亿元，其中利润105亿元；位列“世界500强企业”第339位，“中国500强企业”第100位，“中国500强制造业企业”第39位。

【市企融合发展】2022年，金昌市坚持市企融合一体化高质量发展，市企共同成功承办2022年下半年全省重大项目开工活动，组织2次重大项目集中开工和2次观摩活动，实施亿元以上项目142个，355个重点项目完成投资265亿元。市企联合举办新能源电池产业招商引资推介暨项目签约大会，第28届兰洽会签约项目47个267亿元，实施招商引资项目140个，到位资金182亿元。向上争取资金50亿元，增长15%。金昌经济技术开发区位列全国217家国家级经开区第78位、全省国家级经开区第1位，河西堡工业园被列为全国发展农药产能重点园区，永昌工业园被评为全国和谐劳动关系创建示范工业园区。

【城乡融合发展】2022年，金昌市坚持乡村振兴和新型城镇化双轮驱动，打造全省城乡融合发展示范区。新建改造城市道路13条、地下管网32.5千米，打通“断头路”7条。推进20个老旧小区改造，新增城区绿地3450亩。全民参与共创共建全国文明典范城市。争取并实施生态及地质灾害避险搬迁，获得国家和省上补助资金2.48亿元，2476户6971名群众乔迁新居。编制完成《金昌市城乡融合发展示范区建设规划（2022—2030年）》，永昌县列入全省以县城为重要载体的城镇化试点示范县，金川区首家城乡学校共同体揭牌成立、城乡公交一体化上线运营，在全省率先开展村居融合试点。

【生态环境建设】2022年，祁连山生态修复与保护、北部荒漠化治理等重大生态工程深入实施，完成造林2.14万亩、义务植树115.8万株、沙化土地综合治理10.79万亩，修复保护湿地1000亩，建成绿色矿山7家，完成废弃矿山生态修复24家。落实河湖长制、林长制，市区环境空气质量综合指数排名全省第5位，成功入围国家“无废城市”建设名单。全市地表水资源总量5.716亿立方米（含引硫济金工程调水0.4亿立方米），地下水资源总量0.58亿立方米。全年全市空气质量优良天数比率87.5%（316天），比上年下降0.4个百分点。

【社会民生事业】2022年，民生类支出占全市财政总支出的75%，省市民生实事全部兑现。新增城镇就业9584人，输转城乡富余劳动力8万余人。推进教育“五好工程”，县五幼、区二幼建成招生，金昌冶金学院立项甘肃“双高”建设计划。提升城乡居民医保、养老、低保、特困供养等保障标准，市精神卫生福利中心、残疾人托养服务中心建成，城市社区日间照料中心、农村互助老人幸福院覆盖率分别达91%、85%。国有土地上已售城镇住宅历史遗留“登记难”房屋发证率99.4%，排名全省第1位。建成自然村组道路126千米，金川区获评“四好农村路”全国示范县。

2022年，全市城镇居民人均可支配收入47292元，增长3.6%；农村居民人均可支配收入19647元，增长6.2%。金昌市城镇新增就业人数9869人，输转城乡富余劳动力8.04万人，创劳务收入21.39亿元。全市居民消费价格总指数同比上涨2.3%。全市城镇棚户区住房改造新开工1336套（货币化安置）。年末全市参加城乡居民基本养老保险人数15.43万人，比上年减少0.11万人。参加生育保险人数7.98万人，增加0.42万人。全市共有社区服务机构和设施354个。

【农林牧业】2022年，全市农作物播种面积136.3万亩，比上年增长1.96%。其中，粮食作物播种面积92.42万亩，增长0.57%。蔬菜播种面积27.45万亩，比上年增长10.77%。全市肉类产量1.55万吨，比上年下降2.3%。牛奶产量12.28万吨，比上年增长100.91%。年末大牲畜存栏7.1万头（只），出栏1.81万头（只）。

【服务业发展】2022年，全市批发和零售业增加值比上年下降11.8%，交通运输、仓储和邮政业增加值增长18.6%，住宿和餐饮业增加值下降7%，金融业增加值增长16.7%，房地产业增加值下降7%。规模以上服务业企业营业收入增长19.48%。年末全市注册机动车总量137924辆，比上年末增加6186辆。全市邮政行业寄递业务量1367.75万件，比上年增长22.50%。

【贸易经济】2022年，全市完成社会消费品零售总额104.57亿元，同比下降6.3%。粮油食品类商品零售额增长1.9%；烟酒类商品零售额下降2.8%；家用电器和音像器材类下降12.3%。全市实现外贸进出口总值232.2亿元，同比增长22.7%，占全省进出口总值的39.7%。

【财政金融】2022年，全市大口径财政收入96.48亿元，增长29.8%；一般公共预算收入28.72亿元，增长6.41%。一般公共财政预算支出77.23亿元，增长34.8%。年末全市金融机构本外币各项存款余额607.37亿元，比上年末增长20.64%。金融机构本外币各项贷款余额475.8亿元，增长30.66%。

【科教文卫】2022年，全市共有国家工程技术研究中心1个。登记市级科技成果95项。有效发明专利484件。全市中等职业教育招生1158人，在校生3039人，毕业生968人。普通高中招生2945人，在校生8908人，毕业生2987人。初中招生4078人，在校生12672人，毕业生4653人。普通小学招生3547人，在校生22526人，毕业生4118人。特殊教育招生12人，在校生85人。广播综合人口覆盖率100%，电视综合人口覆盖率100%。共有各级各类医疗卫生机构542家，总诊疗人次269.46万人次，出院人数8.62万人。

【项目建设】2022年，金昌市加快推进产业链重点项目建设，355项市列重点项目开复工350项，开复工率98.6%，年度计划投资完成率89.2%。全市城区、县城热源清洁化改造及老旧小区节能改造已开工项目15项，完成投资约6.2亿元。兰张三四线铁路（金昌段）项目完成线路定测、地勘等工作，可研报告通过国铁集团专家组审查。金山高速公路建设项目完成工程可行性研究报告，路线方案已确定；G312线永昌过境段改建项目预工可报告获批，试验段开工建设。甘肃紫金云大数据开发有限责任公司聚焦产业布局推进项目建设，全年完成投资31756.42万元，完成营业收入6938.38万元。

【“四强”行动】2022年，金昌市实施“四抓四促”（抓强链、促集群，抓监测、促生产，抓服务、促增长，抓培育、促倍增）行动，推进“三化”改造，实现市区主城区5G信号连续覆盖、重点地区深度覆盖目标，龙首矿5G+有轨运输无人驾驶等项目建成投运。对联合省内外高校院所、围绕“2+4”（有色金属新材料、新能源和新能源电池2个千亿，数字经济、化工循环、资源综合利用、高品质菜草畜4个百亿）产业链开展延链补链强链科技攻关的项目，优先推荐申报省级科技计划项目，根据项目实际投资总额，列入市级重点科技计划。成功重组“镍钴共伴生资源开发与综合利用全国重点实验室”。金昌市博物馆和金昌植物园被成功认定为省级科普基地。推动城镇化和“强县域”行动互融互促，加快构建新型工农城乡关系，全力促进县域经济高质量发展。

【特色产业】2022年，金昌市坚持工业强市、产业兴市，大力实施强工业行动，出台新能源电池及电池材料发展等政策措施。精准培育提升“2+4”产业链，实施延链补链强链项目216个。5000吨电子铜箔、10吉瓦单晶切片、40万吨合成金红石、60万吨新型作物专用肥、低镍高硫阳极泥及含铜含镍固危废资源综合利用等项目竣工投产。新建成风光电250万千瓦，新能源装机规模突破500万千瓦，新能源电池原材料及辅材本地供应率达75%。金昌网络货运数字产业园交易额达30亿元，建成5G基站340个，紫金云数据中心获评国家绿色数据中心。火星1号基地、紫金花城景区、金川公园入选“2022甘肃文旅100个美好目的地”。全年全市实现工业增加值348.35亿元，增长19.5%。工业用电量82.45亿千瓦时，同比增长2.92%。

【改革创新】2022年，金昌市110项改革任务落地落实，国企改革三年行动获评全省A级等次。深化“放管服”改革，成立市大数据管理局和大数据中心，“数字政府”全面上线运行，政务服务事项“全程网办”率达97.5%，在全省率先实现首件涉企不动产登记业务在线网办，“市长热线”获全国价值创造优秀单位和客服明星班组。新设立市场主体6000户，全市存贷款余额增速均居全省第1位，营商环境评价位居全省第3位。全国首例进口铁路运输铜精矿监管通关模式落地金昌，外资企业达9家、使用外资2300万美元，实现外贸进出口总值232.2亿元，同比增长22.7%，总量稳居全省第1位。

（金昌市地方志编纂委员会办公室　杨献文）

## 白银市

【综述】白银市位于黄河上游、甘肃省中部，属腾格里沙漠和祁连山余脉到黄土高原的过渡地带，地理位置位于东经103°3′～105°34′和北纬35°33′～37°38′之间，东西宽174.75千米，南北长249.25千米。总面积2.12万平方千米，占甘肃总面积的4.4%。地势由东南向西北倾斜，全境呈桃叶形狭长状，黄河呈“S”形在腰中贯穿全境，将境内地形分为西北与东南两部分。自西北向东南，景泰、靖远、会宁三县城呈一字形构成桃叶主茎；自西向东，白银区、靖远县、平川区呈一字形横列桃叶中心。海拔在1275～3321米之间。白银市气候在中国气候区划上为中温带半干旱区向干旱区的过渡地带。年平均气温6℃～9℃，年降雨量180～450毫米之间，多集中在7、8、9三个月，占全年降水量的60%以上，属东南季风气候西北部边缘区，年蒸发量达1500～1600毫米，是平均降水量的4.5倍。北部景泰县年蒸发量最高达3390毫米。全市由南向北分三个气候区，干燥度华家岭至会宁县城间在1.0～1.5之间，属半干旱区。靖远县城向北至白银、景泰间，干燥度由2.0逐渐增大为4.0，属干旱区。白银气候四季分明，日照充足，夏无酷暑，冬无严寒。全市辖会宁、靖远、景泰3县和白银、平川2区。共有回族、满族、东乡族、藏族等36个少数民族。

【社会经济】落实稳住经济一揽子政策和接续政策措施，打出稳实体、扩投资、促消费组合拳，推动全市经济稳中加固、稳中向好。政策落实精细精准。及时细化出台稳住经济57条、全面恢复经济社会发展正常生产生活秩序30条及强科技、强工业、强县域政策措施，以等不起慢不得的紧迫感加快复工复产，以更大力度政策对冲经济下行压力，为实体经济留抵退税19.56亿元，发放普惠小微企业贷款83.9亿元，清欠中小微企业账款7758万元，稳住了市场预期，稳定了经济大盘。项目建设实现突破。举行3次重大项目集中开工活动，151个市列重点项目完成投资305.6亿元，预计全市固定资产投资增长11%以上。强化要素保障，供应国有建设用地327.8公顷，争取政府债券资金38.21亿元。甘肃中部生态移民供水工程总干渠建成通水，靖远金滩黄河大桥建成通车。省道103线沿黄快速通道靖远段、靖会大型灌区续建配套与现代化改造等重点项目加快建设。全市人民期盼已久的中兰客专通车运行，白银驶入高铁时代。社会消费稳步拓展。组织开展“乐享消费·惠购陇原”等促销活动，加快发展直播带货、同城配送等新业态和新模式，预计网络零售总额增长22.75%以上。新增靖远水岸三合4A级旅游景区1家、3A级旅游景区2家，打造文旅振兴乡村旅游样板村5个，白银区水川镇入选全国乡村旅游重点镇，会宁红色驿站建成启用，全市实现文化产业增加值13亿元、旅游综合收入22.9亿元。预计全年地区生产总值增长7%、力争实现650亿元；一般公共预算收入32.53亿元；社会消费品零售总额增长5.5%；城乡居民人均可支配收入分别达到37365元、12709元，增长5%和7%，实现量的合理增长和质的稳步提升，展现出良好韧性和活力。

【工业产业】聚焦强龙头、补链条、聚集群，绘制完成“5+5+X”产业链图谱，建立重点产业链链主制度，现代产业体系加快构建。工业经济持续向好。有色、化工、煤炭、稀土等传统产业焕发生机，产业链向上下游和中高端延伸拓展，预计全市规上工业增加值增长6.5%以上。有色金属、稀土冶炼分离产品产量分别达到63万吨、3.4万吨，创历史新高。白银集团位列中国企业500强第323位，较上年提升10位。新材料、新能源、生物医药等新兴产业加速发展，十大生态产业增加值占地区生产总值比重达到28%。争取新能源项目指标100万千瓦，21个风光项目并网发电，新增装机规模81.29万千瓦。我市7户企业、4名企业家荣获全省“先进企业”和“优秀企业家”称号。拥有自主知识产权的银光集团百吨级改性硅油、国内行业单体产能最大的稀土萃取生产线等项目建成投产。白银集团白银炉技术升级、靖远煤电清洁高效气化气、东方钛业30万吨循环化钛白粉、中瑞铝业高端铝合金、长通超微线材产能提升、宏达30万吨铝合金新材料等项目加快实施。现代农业提质增效。成功承办全省高标准农田建设撂荒地整治现场推进会，新增高标准农田16.97万亩，整治撂荒地74.02万亩，粮食总产量达到100.1万吨，超额完成目标任务。新增储备原粮4万吨，产购储加销协同保障进一步强化。深入推进现代丝路寒旱农业优势特色产业三年倍增行动，建成标准化种养产业园324个，优势特色种养业规模分别达到521万亩、2030万头（只）。景泰入选国家级玉米制种大县，开工建设品高中央厨房、晨光前进乳业、景泰畜禽屠宰冷链加工等大型农业产业化项目，新增龙头企业7家。创建“甘味”农产品区域公用品牌6个、“甘味”企业商标品牌42个。数字经济快速发展。利用5G、大数据、人工智能、物联网等新一代信息技术，赋能传统产业数字化转型和智能化升级，加快推进云创空间数字科创园建设，全市数字经济类市场主体9703家，数字经济核心产业营业收入74亿元，初步形成“基础领先、产业集聚、核心壮大、融合创新”的数字经济发展新格局。

**【振兴城乡】**加快中心城区建设，推动县域经济发展与乡村振兴互促互进，城乡融合步伐加快，预计全市常住人口城镇化率达到59%左右。城市品位持续提升。以创建全国文明城市为抓手，下足绣花功夫，让城市更加宜居宜业，实施银西一路等市政道路15条、22.8千米，建成工农路十字等人行天桥2座，新建改造污水管网32.8千米，改造老旧小区9208户、棚户区203户，新增绿化面积110公顷，城市绿地率达到35.38%，城市美誉度、吸引力明显增强。县域经济亮点纷呈。引导各县区按照五大发展类型，走差异化、特色化发展路子。会宁县实施“坡改梯”“旱变水”工程，脱贫人口人均纯收入增长15.6%，位居全省第3位。靖远县立足县域优势打造品牌农业，枸杞、文冠果等品牌农业产值达到87.4亿元，入选国家地理标志助力乡村振兴典型案例。景泰县因地制宜发展“农光互补”“渔光互补”等项目，新能源装机总量达到72万千瓦。平川区实施筑巢引凤工程，建设25万平方米标准化工业地产。白银区招大引强，在延链聚势赋能上下功夫，经济总量占全市四成以上。在全省县域经济发展综合评价排名中，白银区、平川区、靖远县分别居第3、第15和第27位，白银区荣获全省“十强县”和“先进县”荣誉称号。乡村振兴势头良好。落实各级财政衔接推进乡村振兴补助资金13.35亿元。健全落实“五覆盖一督查”巩固拓展脱贫攻坚成果长效工作机制，深入开展“十聚焦十到位”专项行动，新识别纳入监测对象669户3015人，户均落实帮扶措施3.7项，消除返贫致贫风险2921户、12562人，全市脱贫人口人均纯收入突破万元大关、达到1.1万元。编制“多规合一”村庄规划139个，硬化自然村组道路958千米，生态及地质灾害避险搬迁979户，新改建卫生户厕4万余座，8个村入围全国传统村落名录，靖远三合村被评为全国乡村特色产业超亿元村，创建省市县示范村100个、乡镇13个，会宁县入选国家乡村振兴示范县创建名单，并被评为全国“四好农村路”示范县。

**【科技创新创业】**深化兰白自创区和兰白试验区建设，科技进步对经济增长的贡献率达到56%。园区发展质量不断提升。推动创新资源要素向园区集聚，有色金属、光气化工等“园中园”加快建设。白银高新区在国家综合考核中上升12位。西区经济开发区在省级考核评价中居第5位，获得优秀等次。景泰工业集中区晋升为省级开发区。创新主体作用日益凸显。实行“揭榜挂帅”机制，争取国家和省级重大科技专项及奖补资金3000万元，新立项市级科技计划项目72项。申报高新技术企业31家，新认定省级科技创新型企业30家，入库省级科技型中小企业118家。郝氏炭纤维“低密度碳复合筒材制备方法”获得中国专利优秀奖，图微新材料“硫酸（胺）酯类连接子聚合物的聚合方法”取得国际发明专利。开发科研助理岗位518个，得到科技部充分肯定。产学研合作持续深化。加强与西安交通大学、兰州大学等省内外高校、科研院所的交流合作，积极搭建良好产学研合作平台，巨亨孵化器获批国家小型微型企业创业创新示范基地，组建光化特种新材料创新中心、高端稀土新材料创新联合体，累计建成省级及以上创新平台60家、工程研究中心16家。科技成果加快转移转化。白银集团固废协同利用技术等6项成果荣获省科学技术奖。举办兰白自创区科技成果转移转化对接活动，签订技术合作协议6项。登记科技成果64项，完成技术合同交易额9亿元。示范推广农业新品种15个、新技术20项，应用面积超30万亩。有效发明拥有量561件，居全省第2位，综合科技创新水平持续提升。

【生态环境】加强生态环境系统治理、源头治理，美丽白银建设迈出新步伐。黄河国家战略全面落实。黄河流域生态保护和高质量发展“1+5+N”规划深入实施，市级国土空间总体规划形成中期成果。加快推进兰西城市群生态廊道建设，祖厉河流域水环境综合治理与可持续发展试点、文冠果国家示范基地及生态修复、水土保持等项目深入推进，新增耕地1.29万亩，治理水土流失340平方千米。河湖长制、林长制有效落实，整治黄河流域入河排污口92个，完成国土绿化36.6万亩。生态环境质量持续改善。中央和省生态环保督察反馈问题整改扎实推进，污染防治攻坚成效明显。空气质量优良率达到90.1%，连续4年达到国家二级标准。我市成功入选全国首批区域再生水循环利用试点城市，黄河、祖厉河国控断面水质全部达到考核要求。土壤环境质量总体稳定，东大沟治理成为全国重金属污染治理样板。“双碳”工作稳步推进。编制完成碳达峰碳中和实施意见和工作方案，坚决遏制“两高”项目，能耗强度控制在合理区间。平川区创新“储备林+N”模式，谋划实施45万亩国家储备林项目，当年开工、当年造林11.5万亩，实现“地下挖煤、地上储碳”良性循环，为全省作出示范。

【抓改革扩开放】聚焦制约高质量发展的难点堵点，向改革要动力，向开放要活力。重点领域改革深入推进。国企改革三年行动任务圆满完成，4家市属国有企业实现公司制运营。水利体制改革打通堵点，靖会电灌工程职工养老保险历史遗留问题有效化解。市级融媒体中心挂牌运行。全程电子化商事登记改革走在全省前列，市场主体电子化办照率达到99.21%。新建商品房“交房即交证”改革试点进展顺利，化解历史遗留“登记难”问题房屋2.04万套。“放管服”改革成效明显。数字政府运营指挥中心启动运行，政务服务事项网上可办率98.98%、全程网办率97.48%。政府投资房建市政项目审批时限由85个压缩至45个工作日。创新运用“不见面开标+远程异地评标”模式，荣获全国公共资源交易科技创新成果奖。为企业开办提供“一窗通办”集成服务，新登记各类市场主体16448户，预计全市民营经济增加值占地区生产总值比重达到48%以上。营商环境评价居全省第6位。对外开放水平不断提升。与兰西城市群、兰州经济圈城市交流合作力度持续加大。“白银号”中欧班列累计发运69列2822车。支持鼓励骨干外贸企业拓展东南亚新兴市场，外贸进出口总值增长13%以上。招商引资签约项目75个、签约金额202.53亿元，到位资金126.57亿元、增长20.8%，三季度招商引资成效考核位居全省第2位。

【民生支出】民生支出占一般公共预算支出比重达81.91%，省市20项民生实事全部办结，群众幸福指数持续攀升。疫情防控有力有效。坚持以快制快，连续打赢多轮疫情防控阻击战。及时调整优化防控措施，有序恢复正常生产生活秩序，设置定点医院2家、亚定点医院5家、方舱医院6家，全力保健康、防重症，最大程度守护了群众生命安全和身体健康。就业社保不断加强。城镇新增就业2.61万人，输转城乡富余劳动力29.58万人，完成职业技能培训2.97万人次。城乡居民基本养老金最低标准提高到每人每月118元。城乡低保标准分别提高8%和10%，孤儿和事实无人抚养儿童保障标准提高8%，为困难群众发放一次性生活补贴和价格临时补贴4000余万元。市县两级智慧养老服务平台正式启用，建成乡镇综合养老服务中心4个。

【社会事业】大力改善办学条件，建成唐道实验学校等中小学幼儿园9所，新增普惠性学位6525个。

"双减"政策有效落实，高考综合改革稳步推进，县域高中质量提升行动有序实施，会宁一中被列入省级卓越高中计划，全市一本上线率达到30.22%。全面完成市属职业院校资源整合，靖远职业教育产教融合实习基地开工建设。医药卫生体制改革持续深化，我市被列为全省城市医疗集团试点城市，建成城市医联体和县域医共体15个，市第二人民医院住院部综合楼、市中心医院易地迁建等项目加快建设。深入开展爱国卫生运动，创建省级卫生乡镇街道35个、卫生村149个。建成全民健身场地场馆127个，靖远"七馆一中心"投入使用，我市在省十五运和第五届特奥会上取得竞赛成绩和精神文明双丰收。社会治理持续深化。深刻汲取景泰县"7·23"事故教训，深入开展重点领域安全隐患排查整治，坚决遏制较大以上安全生产事故，努力减少一般事故，推动全市安全生产形势持续平稳。金融领域风险化解有力有序，处置化解不良资产25.71亿元，占五年总任务的74.96%。大力推进基层社会治理"五治融合"，排查调处各类矛盾纠纷1.1万件。扎实开展疑难信访事项攻坚活动，化解信访积案237件，化解率93.31%，一批"骨头案""钉子案"得以解决。常态化扫黑除恶专项斗争和"守护平安"系列行动纵深开展，破获刑事案件2098起，社会大局保持和谐稳定，白银市荣获全省禁毒工作市州综合奖。民族团结进步创建深入推进，会宁县成功创建全省民族团结进步示范县，12家单位被命名为全省民族团结进步示范区示范单位。人民防空、双拥共建、退役军人工作持续强化。老龄、工会、青少年、妇女儿童、残疾人、红十字、慈善、关心下一代等事业协调发展。统计调查、外事、供销、气象、地震、住房公积金、机关事务、地方志、档案、科协、社科等工作全面进步。

【政府效能】弘扬伟大建党精神，常态长效抓好党史学习教育，会宁干部学院入列全国党性教育干部学院目录。坚持重大问题向市委请示报告，自觉接受人大法律监督和政协民主监督，提请市人大常委会制定地方性法规2部，68件人大代表建议、221件政协提案全部办结。持续推进法治政府建设，行政复议体制改革在全省率先突破难点，"八五"普法规划深入实施，公共法律服务体系不断完善，村居法律顾问实现全覆盖。充分发挥审计监督常态化"经济体检"作用，中央预算执行审计反馈问题全部整改到位，乡村振兴审计白银经验被审计署推广。坚决落实全面从严治党要求，力戒形式主义、官僚主义，政府自身建设持续加强。

（白银市地方志编纂委员会办公室　朱广文）

## 天水市

【综述】天水市位于甘肃省东南部，地处陇中黄土高原与陇南山地的过渡地带，是中国版图的几何中心。东以陇山为界与陕西省毗邻，南跨西秦岭与陇南市相接，西到桦林山、天爷梁与定西市相连，北越葫芦河中游与平凉市接壤。介于北纬34°05′～35°10′和东经103°35′～106°44′之间。东西长197千米，南北宽122千米，面积14325平方千米。地势呈西高东低走势，海拔在1000～2100米之间，辖秦州、麦积两区和武山、甘谷、秦安、清水、张家川回族自治县5县区，有113个乡镇、10个街道办事处，2491个村委会，116个居民委员会，总人口295.44万人。

2022年，全市地区生产总值813.88亿元，同比增长5.3%。其中，第一产业增加值155.65亿元，增长6%；第二产业增加值220.32亿元，增长4.9%；第三产业增加值437.91亿元，增长5.2%。规模以上工业增加值增长4.5%。固定资产投资增长14.8%，其中，项目投资增长11%；房地产开发投资增长20.6%。实现社会消费品零售总额279.37亿元，同比下降5.7%。限额以上22类商品零售类值中，有8类增长，14类下降。重点行业中，石油及制品类同比增长9.4%，汽车类下降10.5%。一般公共预算收入45.38亿元，按自然口径下降21.6%，扣除增值税留抵退税和上年一次性收入因素，同口径下降13.38%。一般公共预算支出321.14亿元，增长2.88%。居民消费价格同比上涨0.4%。分类别看，食品烟酒上涨3.1%，衣着下降1.9%，居住类下降4.2%，生活用品及服务上涨0.6%，交通和通信上涨3.7%，教育文化和娱乐上涨1.4%，医疗保健下降0.3%，其他用品和服务上涨2.4%。

【农业农村经济】2022年，天水市完成粮食播种面积481.38万亩，总产量134.98万吨，较上年增加1.96万吨、增长1.47%。其中夏粮收获200.45万亩、产量45.67万吨，秋粮280.93万亩、产量89.31万吨。蔬菜产量255.68万吨，增长9.14%；园林水果产量188.42万吨，增长8.46%。全市猪、牛、羊、家禽出栏分别增长7.9%、3.95%、5.19%、2%。完成旱作农业示范面积78.65万亩，全市旱作农业示范区项目田平均亩产593.85公斤，较对照半膜覆盖亩增产84.5公斤，增产率达16.59%，粮食总产量46706.3万公斤，总增粮6645.9万公斤。完成大豆玉米带状复合种植面积5.18万亩，占任务的103.6%。开展撂荒地排摸整治，落实奖补资金1.51亿元，排摸撂荒地61.16万亩，整治撂荒地21.28万亩，整治率95.8%。推广全膜双垄沟播技术78.65万亩；示范展示农作物新品种141个7.42万亩、完成良种繁殖20.57万亩，选育出具有知识产权的农作物新品种5个；推广测土配方施肥技术657.4万亩；建立主要病虫害监测点120个、防治各类作物面积1997.3万亩次；创建主要农作物全程机械化示范点28个1.15万亩。完成灾毁农田修复项目20.44万亩，占总任务的100%；建成2022年高标准农田8.95万亩、超额完成年内80%的目标任务。

【项目建设】2022年，争取到位国家债券资金73.36亿元，居全省第二位。实施亿元以上项目339个，437个省市列重大项目完成投资687亿元。争取中央预算内资金7.5亿元，安排项目68个；落实专项债券资金60亿元，同比增长21.2%，安排项目150个；争取政策性开发金融工具项目1个，落实基金3000万元。三阳川隧道全线贯通，甘谷白石45兆瓦风电项目并网发电，14个智慧城市项目建成投用。清水汤浴水库全面开工，天陇铁路天水段启动征地拆迁。山东华贸复合陶瓷一体化项目开工建设。新签约招商引资项目116项，总投资568.89亿元，新建和续建项目到位资金456亿元，同比增长10%。

【文化旅游】2022年，天水市累计接待游客约3200万人次，旅游综合收入185亿元，同比分别增长10%。卦台山、天水古城、清水北山生态园等景区创建为3A级旅游景区，推荐天水古城创建省级和国家级旅游休闲街区。研发40多种文创旅游商品，举办文创旅游商品展示展销活动。推出线上诵读、知识答题、主题展、讲座等系列活动，举办全民阅读相关活动407场次，其中线上活动297场次、线下活动110场次，参与人数达350万余人次。独角戏《村长开会》入围文旅部十九届群星奖戏剧类决赛。举办“走近古籍典藏 弘扬伏羲文化——天水市图书馆珍藏古籍特展”晒书活动。34个在建文保项目完成投资7313万元，16个续建项目全部完工；18个新建项目，其中8个完工。组织秦安小曲、武山旋鼓舞、清水剪纸、清水木人摔跤等非遗项目的传承人长期在中小学授课，培养学员1600余人。甘谷雅路人非遗文创产品研发中心开发的38件作品进驻故宫进行产品销售。推出“千山万水·就爱天水”文旅印象主题表情包46个，用“小表情”宣传“大文旅”。确定3批次69个重点招商引资推介项目，对100个文旅项目进行定期调度。

【社会民生事业】2022年，天水市投入学前教育专项资金1.06亿元，实施完成幼儿园建设项目29个。学前教育三年毛入园率达到95.04%。新增城镇学位2.1万个，市实验小学分校、市幼儿园分园主体完工，建二小学分校、武山一中、甘谷西城区九年制学校等一批城区学校建成投用，“双减”年度任务全面完成。加强老年健康服务，23家二级以上医疗机构全部开通老年人就医绿色通道，二级以上医疗机构开设老年病科13家，申报老年友善医疗机构12家。成立优生优育服务指导中心和3岁以下婴幼儿照护服务指导培训中心，全市托育机构注册17家。天水市第四医院综合楼和秦安县医院异地迁建项目完工，张家川县中医院完成整体搬迁，61个县域内医学及重症救治中心投入使用。建成村级农民健身工程80个、多功能运动场13个、笼式足球场2个，建成秦州区南郭寺、武山县鸳鸯湖及甘谷县大像山镇滨河路健身步道3条，全市人均体育场地面积由2021年的1.34平方米增加到1.98平方米。举办2022年“全民健身日”主题活动暨秦州区社区广场舞大赛、2022天水“万达杯”五人制足球挑战赛、天水市象棋网络擂台赛、“荣耀之路·万达杯”天水足球超级联赛、天水市青少年乒乓球比赛、青少年围棋比赛。全年举办赛事活动50余次，参与群众达30万人次。

2022年，全市城镇居民人均可支配收入33541

元，同比增长4%；农村居民人均可支配收入10716元，增长6.8%。城镇居民人均消费支出18013元，同比增长3.8%；农村居民人均消费支出11355元，同比增长2.9%。城镇居民恩格尔系数26.9%，农村居民恩格尔系数30.5%。民生领域支出达268亿元，占一般公共预算支出的80%以上。省、市列民生实事全部完成。开展“援企稳岗、强企惠民”系列活动，新增城镇就业4.1万人，输转城乡富余劳动力73.26万人，创劳务收入194亿元。城乡低保标准分别提高8%、10%。

【生态环境】2022年，天水市环境空气质量优良天数352天，优良比率96.4%，同比增加1.9个百分点。剔除沙尘影响，空气质量综合指数3.45，同比下降0.58%；六项空气因子浓度均达到国家二级标准；14个地表水国、省控断面水质综合评价结果均达标，县级及以上水源地水质达到考核要求。推进65蒸吨及以上供暖燃煤锅炉超低排放改造，改造完成甘谷县城区集中供热锅炉1台，办结秦州区、武山县、开发区燃煤锅炉超低排放改造项目前期手续。完成4万户城乡居民清洁取暖改造工作。建成市污水处理厂麦积分厂扩容提标改造项目。整治入河排污口352个。长江流域排查出入河排污口108个，进入溯源监测工作。天水市集中式饮用水水源地规范化建设项目、秦安县叶堡饮用水水源保护项目全部完工。完成疑似污染地块污染状况调查，全市重点建设用地安全利用率100%。强化固体废物综合监管，338家固体废物（含危险废物）产生单位全部纳入全省统一监管平台，危险废物安全处置率100%。完成营造林37.5万亩，治理水土流失面积150平方千米。争取所有县区纳入国家储备林建设规划，武山县国家储备林项目进入财政部PPP项目库。清水县被命名为全国第六批生态文明建设示范区。

【强科技】2022年，制定出台《天水市强科技行动实施方案（2022—2025年）》《关于深化科技体制机制改革创新推动高质量发展的若干措施》，提出24项具体工作任务和35条奖补措施。全年获科技创新专利19项，取得实用新型专利7项，实现工业生产总值2.1亿元。争取实施国列和省列科技项目37项，新增众创空间8家、技术创新中心8家。全市高新技术企业总数达到94家。全年新认定省级科技创新型企业62家，科技型中小企业评价入库10批次211家。强化企业人才支撑，为219户企业引进普通高校毕业生847人。支持企业与高校、科研院所开展产学研合作，华天集团牵头组建“甘肃省集成电路制造材料创新联合体”，华洋科技与中科院兰州化物所共建联合实验室。星火机床公司被列为国家级专精特新“小巨人”企业，海林公司圆锥滚子轴承入选国家制造业单项冠军产品，天水科力高新技术创业服务中心获评国家级科技企业孵化器。

【强工业】2022年，天水市围绕“建设区域中心城市”和“推动老工业基地走出高质量发展新路子”的目标定位，实施“强工业”行动。把建设“集成电路封测产业聚集区”和“先进制造业转型升级示范区”作为贯彻落实“强工业”行动的主攻方向，制定出台《天水市建设先进制造业转型升级示范区实施方案》《天水市建设集成电路封测产业聚集区实施方案》《天水市强工业行动实施方案（2022—2025）》等一系列政策措施。全年实施总投资337.6亿元的工业和信息化项目117个，累计完成投资142亿元。聚焦“强龙头、补链条、聚集群”，一手抓传统产业“三化”改造和提质增效，一手抓新兴产业培育壮大。117个工业项目完成投资142亿元，46个“三化”改造项目完成投资106.4亿元。引进橙色云工业产品协同研发平台，推动50户工业企业数字化转型，一批老企业通过“三化”改造。推荐26户工业企业纳入全省重点产业链供应链“白名单”，为企业申办全省重点物资运输车辆通行证230余张，先后协调解决困难问题185个。举行金融助力“强工业”银企合作签约仪式，8家金融机构为15家工业企业授信154.23亿元。争取到国家和省级各类奖补资金5946万元。实施新产品、新技术、新工艺项目108项。

【特色产业体系建设】2022年，制定出台《天水市果菜畜药高品质现代化特色农业先行区建设实施方案》《天水市特色农产品及食品加工产业链实施方案》《天水市道地中药材标准化提升工程建设方案》。整合涉农资金27.94亿元，其中用于特色产业发展16.24亿元、占58.13%，落实各级财政衔接资金30.32亿元，其中用于特色产业发展17.09亿元、占56.4%。完成甘肃省现代丝路寒旱农业果品产业三年倍增行动各项任务落实，指导县区完成果树清园210万亩、修剪190万亩、果园施肥170万亩、果园病虫害综合防治205万亩，培训果农5.1万人次。创建秦州区玉泉镇杨何村大樱桃市级标准化示范园等20个市级果品标准化示范园；筛选确定秦州区皂郊镇贾家寺大樱桃标准化生产示范基地等3个现代丝路寒旱农业优势特色产业市级果品抓点示范基地。完成果园防灾减灾基础设施建设面积8038.5亩，其中建成防雹网7284.5亩，三防棚、钢架大棚等保护地果园防灾减灾基础设施建设754亩。全市果品面积230.94万亩、产量257.44万吨、产值108.62亿元。开展全市设施蔬菜“千人指导万人培训”农技提升行动，新建改建钢架大棚7983座5548.8亩，建成蔬菜标准园21个和“秦州区万亩钢架大棚番茄和辣椒标准化生产核心示范基地”“武山县万亩架豆标准化生产示范基地”“甘谷县万亩辣椒标准化生产示范基地”省级指导市级抓点示范点3个。全年蔬菜种植面积111.2万亩、产量272.4万吨、综合产值102.4亿元。完成蔬菜集约化育苗3.3亿株，标准化生产面积85.7万亩，标准化生产水平达到77.1%。建设标准化示范基地22个1.9万亩，张家川县大阳镇、清水县永清镇建立市级抓点示范点2个0.2万亩，在武山县山丹镇、甘谷县礼辛镇、麦积区渭南镇建设药圃园3个，建成优良种子种苗繁育基地0.26万亩，清水县投资2亿元建设日加工500吨万寿菊鲜花生产线、6吨万寿菊油膏萃取生产线各1条。繁育万寿菊等种苗1.6亿株，标准化种植面积15.4万亩，标准化种植水平58%。全市中药材面积26.5万亩、产量5.8万吨、综合产值16亿元。修订的《半夏生产技术规程》(DB62/T1492-2022)、《北五味子生产技术规程》(DB62/T1378-2022) 两项地方标准获批准发布实施。

【花牛苹果产业】2022年，制定《天水苹果宣传推介营销活动方案》《天水花牛苹果地理标志运用促进工程项目》。落实苹果产业项目资金1.29亿元。向全市41家经营主体颁发“天水花牛苹果”地理标志证明商标和专用标志准用证。组织举办“天水市庆祝第五个‘中国农民丰收节’暨天水花牛苹果产销对接宣传推介活动”、2022年天水花牛苹果大奖赛、天水农产品品牌孵化及产销对接会等一系列线上线下宣传促销活动。“东方甄选”等一批在国内具有一定影响力的直播间带货花牛苹果，果品产业实现产销两旺。“花牛苹果”被评为甘肃省首届十大网货品牌，位列“2022中国区域农业产业品牌影响力指数TOP100”第75位，连续5年荣登中国果品品牌价值榜。央视CCTV—13新闻直播间、CCTV—2财经频道先后4次对花牛苹果进行宣传报道。截至年底，全市以花牛苹果为主的果品总面积达到230万亩，年产量257万吨，总产值近108亿元。

（中共天水市委党史和地方志研究室　安莉）

## 武威市

【概况】武威市地处甘肃省中部、河西走廊东端，位于北纬36°29'~39°27，东经101°49'~104°16'之间。东靠白银市、兰州市，南部隔祁连山与青海省为邻，西与张掖市、金昌市接壤，北与内蒙古自治区相连。南北最大距离326千米，东西最大距离204千米，总面积32347平方千米。2022年，全市常住人口144.51万人，比上年末增加0.18万人。其中，城镇人口71.31万人，占常住人口比重（常住人口城镇化率）为49.35%。

2022年，坚定不移走生态优先、绿色发展之路，深入实施强科技、强工业、强县域行动，推动经济运行逆势而进、稳步提质，全市国民经济发展稳中向好，民生保障有力有效，社会事业蓬勃发展。全年实现地区生产总值663.4亿元，比上年增长6.0%。其中，第一产业增加值215.1亿元、增长6.5%，第二产业增加值121.3亿元、增长7.5%，第三产业增加值327.0亿元、增长5.2%。三次产业结构比为32.4∶18.3∶49.3。按常住人口计算，人均地区生产总值45932元、增长6.5%。武威市获甘肃省人民政府高质量发展重点工作“进步奖”。

【特色产业】武威市发挥风光资源富集、特色农业领先、文旅资源丰厚等比较优势，确定7条重点产业链，攻坚突破引培“链主”，持续发力打造“链条”，不断完善“链长”机制，推动形成更具竞争力的现代产业格局。2022年，实施新能源及装备制造产业链项目38项、总投资226亿元。开工建设风光电项目360万千瓦，并网125万千瓦，装机规模累计达到465万千瓦。创新“板上发电、板下种植、板间养殖、治沙改土、特色旅游”光伏治沙模式，治理沙漠8万亩。新能源及装备制造产业实现产值62亿元，是2021年的3倍。形成乳制品、奶牛养殖、饲料加工、生物医药、彩印包装、物流物联等奶产业集群，奶牛存栏达到10万头、增长41%，居全省第1位，奶业全产业链产值突破60亿元、增长71%。深化拓展肉牛、肉羊、生猪、食用菌、粮食、蔬菜6个分产业链，食品工业全产业链产值达到318亿元，增长16.9%。特色医药补链加速。实施10万亩中药材种植产业园、5000万盒宣肺止嗽合剂生产线项目，与甘肃药投集团合作建立医药物流配送体系，祖师麻膏药、宫瘤宁片等3个品种被列为陇药大品种大品牌目录。坚持生态产业化方向，实施污染防治、垃圾资源化利用等项目35个，完成投资16.1亿元。实施重点文旅项目22个、完成投资19.2亿元，优势资源“布点串线”“串珠成链”。武威市被新华网评为“最具文化魅力城市”。数字经济赋能聚力。构建数字经济发展体系，新建5G基站645个、累计建成1784个，建成现代农业技术服务中心（MAP）、数字化车间、万头智慧牧场，“天马行”“金融通”“文旅通”上线运营，应用场景不断拓展。

【生态建设】统筹山水林田湖草沙系统治理，保护祁连山，呵护石羊河，美丽武威建设取得新进展。全市完成造林面积24.11万亩。其中林业重点工程完成造林面积10.8万亩。森林覆盖率（含保护区）达到19.01%。启动建设全流域美丽幸福河湖，实施“五赋两转一打造”工程，完成79条市级河流、18座湖库划界和岸线规划编制。全年水资源总量14.93亿立方米，人均水资源量1036立方米。2022年7座重点水库蓄水总量1.04亿立方米，比上年末增长20%。全年总用水量14.37亿立方米，比上年下降3.3%。全年平均气温8.1℃，比上年下降0.1℃。年日照时数2691.8小时，比上年增加26.9小时。年降水量244.8毫米，比上年减少25.7毫米。全市气象雷达观测站点1个，卫星云图接收站点2个。有环境监测站4个，生态环境综合行政执法机构4个、执法人员71人，环境监测人员44人。全市14个地表水监测断面中，达到或优于Ⅲ类断面比例为100%。全市城市空气质量优良天数达到289天，优良天数比率为79.4%，比上年下降6.4个百分点。全市城市污水处理厂日处理能力9万立方米，城市污水处理率98.61%。城区集中供热面积2321.3万平方米，城市生活垃圾无害化处理率100%，城市建成区绿地率36.66%。

【现代农业】2022年，不断提升现代农业发展质量，“8+N”优势主导产业产值占农业总产值的比重达75%，同比提高5个百分点。牛存栏76.4万头、比上年增长6.5%，出栏31.5万头、比上年下降5.5%；羊存栏619.1万只、增长11%，出栏483万只、增长9%；生猪存栏91.2万头、增长0.8%，出栏180.4万头、下降1.6%；家禽存栏785.5万只、下降7.7%，出栏550.1万只、增长5.7%。农业增加值连续9年稳居全省第一。全年实现农业总产值379.7亿元、比上年增长7.7%，八大优势主导产业产值287.1亿元、占农业总产值比重75.6%。全年农作物播种面积396.2万亩，其中粮食作物播种面积240.3万亩，经济作物播种面积122.8万亩，饲草播种面积33.1万亩。粮食作物中，夏粮69.1万亩、秋粮171.2万亩。蔬菜种植面积69.5万亩、增长7.8%，油料14.6万亩、增长22.8%，中药材10.9万亩、下降13.9%，瓜类18.5万亩、增长24.6%。全年粮食产量124万吨、比上年增长1.5%。其中，夏粮产量27.4万吨、增长5.6%，秋粮产量96.6万吨、增长0.4%。全年蔬菜产量291.4万吨、比上年增长7.4%；瓜类产量71.9万吨、增长29.2%，其中西瓜产量18.7万吨、增长72.3%；草莓产量498.1吨、增长52.6%。

【重大项目】武威市立足市情，夯实加固发展基础，全年固定资产投资比上年增长18%。实施500万元及以上项目610项，完成投资比上年增长27.72%，其中5000万元及以上项目205项，完成投资增长36.4%。争取中央预算内资金18.5亿元、增长20.1%，争取专项债券资金39.9亿元、增长81.5%，有力支持学校、医院、养老服务中心、城市基础设施等152个民生项目建设。兰张三四线铁路中川机场至武威段控制性工程新乌鞘岭隧道提前2个月贯通，路基、桥梁工程提前完成计划进度，武威东、古浪北、天祝西3个高铁站房全部开工。北仙高速西渠至武威段通车运行，武威至仙米寺段完成投资13.5亿元，路基拉通80%。民勤通用机场站坪和跑道工程基本完工。引大入秦延伸增效工程列入国家《“十四五”水安全保障规划》，可研报告编制、现场勘察设计等前期工作加快推进。总投资18亿元、总容积2000万方的凉州区调蓄水池工程进展顺利，其中西营五干片区2座调蓄水池建成蓄水，全部建成后可形成4河13池水系连通网，实现丰蓄枯用、跨灌区调剂。总投资15.4亿元的西气东输四线武威段工程完成年度建设任务。全年招商引资签约金额300.5亿元，是2021年的2.2倍，落实招商引资到位资金295亿元、增长26%。

**【社会事业】**全力保障教育用地，倾斜安排资金，加大校舍建设力度，新增园位、学位5200个，基础教育扩容提质步伐加快。“双减”政策全面落实，义务教育阶段学科类培训机构全部压减。教育教学质量明显提升，高考“双一流”大学和本科总体录取率稳步提高。加强校企合作，加大技能型人才培养力度，职业教育发展取得新成效。城镇新增就业18281人，其中失业人员再就业5453人。年末城镇登记失业率为3.3%。全年输转城乡富余劳动力40.31万人，其中省外21.84万人、省内18.47万人。兜底保障水平巩固提升，城乡低保、居民养老保险待遇逐年提标，建成乡镇（街道）综合养老服务中心13个、托幼机构5所。健全公共卫生服务体系，市妇幼健康服务中心、方舱医院建成投用，市、县区综合医院区域医学中心、急危重症救治中心全部建成，医疗服务能力明显提升。完善中医药服务体系，基层医疗机构中医馆实现全覆盖。重离子中心累计治疗患者656例，品牌效应日益扩大。2022年，武威市基本医保按病种分值付费全国试点工作获评“优秀”等次。

**【居民生活】**坚持以人民为中心的发展思想，始终把让老百姓过上好日子作为政府工作的出发点和落脚点，加大投入力度，着力为群众办实事办好事。全年居民消费价格指数101.5%；商品零售价格总指数104.3%。城镇居民人均可支配收入35244元、比上年增长4.3%，城镇居民人均消费支出27412元、增长6%；农村居民人均可支配收入15899元、比上年增长7%，农村居民人均消费支出13403元、增长8.7%。为民实事高效办结。民生支出占一般公共预算支出的84.3%，高于全省4.3个百分点。市、县区投入财政资金17.8亿元，有力支持省市列教育医疗、乡村道路、农房改造、城市建设等为民实事。在全省率先推行“互联网+不动产登记”，7.5万户群众拿到了期盼已久的不动产权证，“登记难”问题将成为历史。成功争取实施北方地区冬季清洁取暖项目，获中央预算内补助资金9亿元支持，将有效改善17.8万户城乡居民的供暖条件。改造老旧小区193个、1.3万户，建设保障性住房4179套。新建城市小游园15个，新增和提质改造城市绿地156万平方米。打通“断头路”、整治背街小巷37条，城市信用监测排名跃居全国第33位。出台促进服务业领域困难行业恢复发展41条政策措施，投入资金1025万元开展居民消费促进活动。拓展线上线下服务居发融合消费渠道，完成电商交易35.8亿元、增长19.3%，武威市入选“全国绿色货运配送示范工程”创建城市。

**【雷台文化旅游综合体项目】**武威雷台文化旅游综合体项目是创建5A级铜奔马文化旅游景区的主要载体，也是集遗址保护、历史教育、旅游休闲和文创基地等配套公共服务设施于一体的综合型5A级城市中央文化观光景区。项目于2018年10月开工，2022年完成投资8.26亿元，项目总投资近60亿。雷台文化旅游综合体是省列重大项目，也是目前甘肃省最大的文化旅游综合体PPP项目。项目建设主要包括雷台观和汉墓遗址保护性修建和提升改造工程、游客综合服务接待中心、演艺中心、文创孵化中心、天马文创孵化产业园、非物质文化遗产展厅、民俗节庆广场、河西文化旅游步行街、葡萄美酒文化产业街区、天马漫步园、天马歌体验馆、大汉符体验馆、凉州词体验馆、凉州诗词园、天马文化博览因等。项目实施对打造武威城市形象、创造就业岗位、提升经济发展、促进区域经济一体化发展具有重要的作用，对促进武威产业结构的重塑再造提供有力支撑，为推动武威经济社会高质量发展注入强大活力。

**【武威保税物流中心】**位于武威市凉州区工业园区，是国家在甘肃省批准设立的第一个海关特殊监管区域，甘肃（武威）国际陆港的核心。中心占地面积734亩，建筑面积5.58万平方米，其中仓库5.17万平方米、办公等附属用房0.35万平方米、堆场面积10.2万平方米。2016年，质检总局批准筹建为国家第二个内陆进境木材监管区。2022年，开辟哈萨克斯坦（跨里海）—格鲁吉亚—土耳其—欧洲海铁联运南线新线路，开行武威—莫斯科国际货运班列，发运“天马号”21列，货运总值增长37.6%。新增外贸备案登记企业43家，累计达到387家，助推进出口总额快速增长。

（中共武威市委党史和地方志研究中心）

## 张掖市

**【区域概况】** 张掖市位于甘肃省西北部，河西走廊中段。地处北纬37°28′至39°57′，东经97°12′至102°20′之间。东与金昌市、武威市为邻，西与酒泉市、嘉峪关市相接，南依祁连山与青海省的海北藏族自治州门源县和祁连县接壤，北靠合黎山、龙首山与内蒙古自治区的额济纳旗和阿拉善右旗毗连。辖域东西长210～465千米，南北宽30～148千米。辖甘州1区和临泽、高台、山丹、民乐、肃南裕固族自治县5县。区域总面积4.21万平方千米。属大陆性温带气候（祁连山地属高寒半干旱气候），昼夜温差大，日照时间长，夏季短而酷热、冬季长而严寒，干旱少雨且降水分布不均。2022年全市平均气温为8.0℃，比上年偏高0.2℃。年日照小时数2848.1小时，比上年增加9.3小时。年降水量168.7毫米，比上年减少6.2毫米。

境内分布河流26条，其中，全国第二大内陆河黑河贯穿全境，雪山、草原、湿地、沙漠等地貌景观集成。全域5A级景区1家4A级景区22家。境内各类资源丰富，已发现矿产资源44种，已查明矿床及矿化点504处。动、植物种类多，其中有国家一级保护珍稀动物13种、国家二级保护珍稀动物40余种。拥有2个国家级自然保护区，2个国家地质公园，是全国历史文化名城、中国优秀旅游城市、国家生态文明示范工程试点市。以小麦、玉米、水稻、油菜、胡麻等为主要农作物，是全国重点商品粮基地之一，全国最大的玉米制种基地（国家级杂交玉米种子生产基地）。

2022年，全年实现生产总值581.51亿元，比上年增长6.1%；其中，第一产业增加值170.33亿元，比上年增长6.4%；第二产业增加值118.90亿元，增长8.0%；第三产业增加值292.29亿元，增长5.3%。三次产业结构比为29.3∶20.4∶50.3。年末常住人口112.01万人，比上年末减少0.24万人。按常住人口计算，全年人均地区生产总值51861元，比上年增长6.6%。

全年十大生态产业增加值224.82亿元，占全市地区生产总值的38.7%，比重比上年提升1.2%。固定资产投资比上年增长17.6%；一般公共预算收入31.29亿元。城镇居民人均可支配收入32366元，增速4.1%；农村居民人均可支配收入18854元，增速6.7%；城乡居民人均可支配收入比值为1.72，比上年缩小0.04。三、四季度两次获全省市州重点工作评价“进步奖”。成功举办国家“应急使命·2022”高原高寒地区抗震救灾实战化演习，获评平安甘肃建设示范市。

**【特色高效农业】** 按照省委河西走廊经济带特色高效农业发展布局，持续优化黑河沿岸优势农业、沿山冷凉特色农业、戈壁荒漠设施农业三大板块，全年粮食种植面积318.85万亩，比上年增加0.96万亩，绿色蔬菜供应基地排名全国第六。粮食产量151.17万吨，比上年增长1.4%。蔬菜产量194.25万吨，增长9.5%。园林水果产量8.08万吨，增长9.6%。中药材产量10.28万吨，增长2.9%。全年猪牛羊禽肉产量16.86万吨，比上年增长7.1%。牛奶产量19.24万吨，增长6.5%。完成国家生物育种产业化应用试点任务。20户制种企业设立总部、区域总部或结算中心。坚持“接二连三、农头食尾”方向，打造粮油、乳品、马铃薯等十一条精深加工产业链，新引培龙头企业15家。新认证“三品一标”农产品24个、创建“甘味”企业商标品牌21个。张掖牛肉和食用菌荣获国家“名优特新”农产品。农产品加工转化率达69%。甘州区成功创评全国首批农业现代化示范区和农村产业融合发展试点示范县。临泽县入围国家农业现代化示范区。

**【新能源发展】** 盘道山、皇城2个抽水蓄能电站在全省率先开工，新建续建65个新能源及装备制造业项目，完成投资124.1亿元；年内建成15个风光电项目，实现并网235万千瓦。融万科技10万吨凹凸棒石干法提纯生产、锦拓生物年产1万吨糠醛等29个项目建成投产，LNG储备中心等15个项目进入试生产，晋昌源120万吨捣固炼焦、河西硅业20万吨硅系新材料综合利用、维尔沃100吨硼同位素生产等项目加快建设，日产4000吨熟料新型干法水泥生产、甘电投张掖2×100万千瓦燃煤机组扩建项目获批实施。东水泉煤矿90万吨矿井改造提升项目进入联合试运转，花草滩煤矿180万吨产能核增项目获批实施。全年工业投资增长128.9%，创近十年最好水平。

【现代服务业】 加快建设全省区域消费中心城市，建成地标性商业综合体3座、特色商业步行街9条、便民智慧生活服务圈11个、便民市场18个，甘州区甘泉文化旅游街区入选全国夜间文旅消费集聚区培育名单。全年社会消费品零售总额245.33亿元，比上年增长7.3%。按经营地统计，城镇消费品零售额174.40亿元，增长9.3%；乡村消费品零售额70.93亿元，增长2.7%。按消费形态统计，商品零售额209.93亿元，增长7.7%；餐饮收入额35.40亿元，增长5.2%。推进电子商务进农村，建成县级电商运营服务中心6个、乡级电商服务站44个。深入实施数字经济赋能行动、会展产业培育发展行动和现代服务业壮大行动，“一国一品”品牌项目启动建设，张掖被确定为国家骨干冷链物流基地承载城市。在跨省旅游受疫情影响数度“熔断”、旅游业遭遇前所未有冲击的形势下，坚持内夯基础、外扩影响，打造“金张掖·六乐”品牌，七彩丹霞启动世界级旅游景区创建工作，平山湖大峡谷、马蹄寺创建5A级景区有序推进，甘州区前进村入选全国乡村旅游重点村。大力推进文旅企业纾困，发行文旅年卡1万多张。

【项目建设】 全年新建续建各类项目661项，完成固定资产投资350.7亿元。争取中央和省级预算内投资、地方政府专项债券、专项基金59.28亿元，比去年增加19.51亿元。S593元明二级公路、G30高速新城互通立交完成建设任务，G569武仙高速肃南皇城段、G213元白二级公路等项目加快建设。新建二级及以上公路128公里，新改建农村公路643公里，全省推进“四好农村路”高质量发展现场会在张掖市召开。新建续建酥油口下库、小堵麻等水库工程7座，实施民乐苏油口大中型灌区改造等重点水利项目106项，完成水利投资13.7亿元。建设城建项目235项，完成投资86.7亿元。

【改革创新】 工业园区7项重点改革逐步推开，72个村级集体经济公司化改革试点村注册成立公司116个，国企改革三年行动主体任务完成。深化村级集体经济“提标倍增”行动，836个村集体经济收入全部达到5万元以上，创新开展村级集体经济公司化改革，12个市级试点村实现收入2069万元。行政复议、农村金融等改革稳步推进。实施市级“揭榜挂帅”科技项目8项，新入库科技型中小企业282家，认定省级科技创新型企业31家，新备案复审高新技术企业44家，登记科技成果153项，完成技术合同交易34.1亿元，整体创新能力保持全省前列。成立市大数据管理局和大数据中心，建成数字政府运营指挥中心，上线运行“数字政府”。政务服务事项网上可办率达99.36%，全程网办率达97.5%。公共资源实现全领域全流程电子化“不见面”交易。新增进出口企业5家、出口备案基地2万亩，实现进出口总额4.5亿元，比上年增长20.8%。深入开展优化营商环境对标提升行动，申报创建全国社会信用体系建设示范区，市州信用状况排名全省前列。

【生态建设】 围绕建设“一屏一带一廊一城”生态功能区，推进祁连山和黑河湿地两个国家级自然保护区生态保护。祁连山国家公园达到正式批建标准，祁连山自然保护区荣获2022绿色亚太环保成就奖。国土绿化试点示范等重大项目加快实施，完成义务植树350万株、营造林30万亩、草原生态修复治理232万亩。国家森林城市创建通过国家林草局备案批复。投资165亿元的138万亩国家储备林建设规划获批。投资9.05亿元的“双重”规划项目列入国家重大项目库。全市优良天数比例89.3%，8个国家级、7个省级地表水考核断面水质优良比例连续保持100%，8个县级及以上城市集中式饮用水水源地水质稳定达标。黑河(张掖段)“美丽河湖”优秀案例排名全省第一，山丹河水质稳定达到Ⅳ类目标要求，入选全国首批区域再生水循环利用试点城市。首单400万亩草原碳汇VCS项目成功签发。总投资50亿元的2个国家EOD试点项目稳步实施，黑河水电西部碳汇交易平台建成运营。国家“零碳”城市和全国氢能示范城市创建有序推进。

【创建全省乡村振兴示范区】 严格落实“四个不摘”要求，落实到位各级财政衔接推进乡村振兴补助资金8.3亿元。健全完善防止返贫动态监测和帮扶机制，1495户4610名监测对象落实帮扶措施7752

项，脱贫群众人均可支配收入达到18055元、增长13.2%。全省乡村振兴示范区建设规划全面完成，编制“多规合一”村庄规划511个。54个省级示范村“多规合一”实用性村庄规划获批实施，15个省市级示范镇、177个示范村建设积极推进。乡村振兴考核连续三年全省排名第一，获评全国促进乡村振兴重点工作成效明显激励市，省委农村工作会议首次在张掖召开。生态及地质灾害避险搬迁项目完成搬迁安置1.5万户5.3万人。“三联四保”投融资模式和农业农村执法改革等做法在全省推广。深入实施农村人居环境整治提升五年行动，所有村庄均达到省级“清洁村庄”标准，农村生活垃圾治理工作第二批次成效评价位列全省第一，甘州区黑河林场、山丹县大黄山(焉支山)入选国家级森林康养试点建设基地。甘州区古城村、高台县暖泉村、山丹县马营村等9个村庄列入第六批中国传统村落。制定党建引领乡村振兴和基层治理清单指引，推行“党建+产业”组织振兴模式，组建片区党委、党建联盟等功能型党组织85个。实施村集体经济“提标倍增”行动，75.1%的村达到10万元以上。“敬比赛夸”等一批乡村治理新模式，“晒被子・比孝心”经验在全国推广。实施强县域项目597个，完成投资318.98亿元，其中亿元以上项目205个，县域经济百花齐放。

【社会民生】“双减”政策落地实施，张掖中学卓越高中创建扎实推进，张掖开放大学挂牌成立，高台干部学院跻身全国干部党性教育大平台。培黎职业学院二期、市特殊教育学校异地新建等项目加快建设。实施市幼儿园扩建工程，市区新建公办幼儿园3所、新增园位1800个。建立市级区域松散型医疗集团1个、专科医联体12个，县域医共体18个。河西走廊（张掖）公共卫生医疗中心、河西区域医疗救治中心等项目进展顺利。市融媒体中心挂牌成立，《血色高台》《英雄的旗帜》等剧目相继推出。数字档案馆、张掖奥体中心加快建设，市五运会成功举办。全年体育获得各类奖牌54枚，其中金牌19枚。

成功申报全国2022年公共就业服务能力提升示范项目。全年城镇新增就业2.01万人，城镇登记失业率为2.69%。争取就业补助资金1.3亿元，发放创业担保贷款5.13亿元。开展职业技能培训2.5万人次。1000名未就业普通高校毕业生到基层就业。全年输转城乡富余劳动力29.67万人，实现劳务收入81.1亿元。企业职工养老保险全国统筹稳步推进，城乡居民养老保险参保率达97%。发放社会救助资金5.9亿元。全国2022年居家和社区基本养老服务提升行动试点落地实施，完成7个乡镇综合养老服务中心建设任务。全面做好退役军人服务保障，为7554名优抚对象发放优抚金4968万元。加强医保基金监管，药品集采累计节约费用2.5亿元、资助参保群众11.24万人；DIP支付方式改革进入模拟付费阶段，人均新增医保补助标准30元。建设保障性租赁住房1490套，发放住房租赁补贴2691户666万元。实施棚户区改造350套，改造老旧小区92个8753户，改扩建城市道路28条60公里，配套污水管网52公里。城市生活垃圾分类有序推进，建成废旧资源回收站点210个、餐厨垃圾处理厂2座。新建5G基站742个，A级以上景区通信网络实现全覆盖。城市精细化管理工作评估位居全省首位。实施“彩虹”城市项目38项，完成投资10.4亿元。甘州白塔彩虹公园、临泽彩虹文旅示范区、高台彩虹体育公园、山丹和谐彩虹街、民乐乐民新城彩虹商业综合体、肃南裕固民俗度假区等项目建成投用。投入财政资金2600多万元开展促消费活动，拉动社会消费5亿元。真金白银支持企业渡过难关，发放稳岗返还、留工培训、一次性扩岗补助4266万元；增值税留抵退税9.2亿元、办理缓税7840万元、减免“六税两费”6050万元。发放中小微企业专项贷款156.6亿元。积极对冲疫情冲击，千方百计激发市场活力，新增市场主体9348户。

【全国文明城市创建工作】《张掖市文明行为促进条例》公布施行。积极争创全国市域社会治理现代化示范区、社会治安防控体系建设示范市，顺利通过中央“雪亮工程”重点支持城市验收。深化安全生产专项整治三年行动和安全生产大检查，扎实开展矿山、危化品、自建房、城镇燃气等安全专项整治，完成全国自然灾害综合风险普查第一阶段任务。全力化解城镇住宅历史遗留“登记难”问题，总体登记率达97.7%。“保交楼、稳民生”工作有力有效，恒大御澜庭项目一期完成交付。积极化解金融领域风险，超额完成省上下达不良资产清收处置任务，银行不良贷款率下降2.2个百分点。全国民族团结进步示范市创建通过国家民委评估验收。肃南县各民族共同富裕先行区建设稳步推进。69个乡镇街道完成基层食药安委办规范化建设。

（张掖市地方史志办公室　刘曦蔚）

## 酒泉市

**【综述】**酒泉市地处甘肃省河西走廊西端，地理坐标为北纬38°09′～42°48′，东经92°20′～100°20′之间，总面积19.2万平方千米。东邻张掖市，东南与青海省德令哈市相接，南与青海省西蒙古族藏族自治州接壤，西与新疆维吾尔自治区哈密市、若羌县相邻，北与内蒙古自治区阿拉善盟相连，少部分与蒙古国接壤。马鬃山口岸是甘肃省唯一边境口岸。平均海拔1500～2500米，属典型性的温带大陆性气候。2022年，全市平均气温9.1℃，平均日照时数3058.3小时，平均降水量55.9毫米。境内有16条河流，分属疏勒河、黑河和哈儿腾三大水系，河流总长945千米，流域面积10.19万平方千米。2022全市农作物播种面积324.4万亩，森林面积1120.8万亩，森林覆盖率5.55%。已探明地下矿藏34种、大中型矿床80处（含伴生矿，不含石油），其中铬、钒、石棉探明储量居全国第三位，菱镁矿探明储量居全国第五位，钨矿探明储量在国内北方居首位。风能可开发利用面积4.7万平方千米，风能资源理论储量2.4亿千瓦，可开发8000万千瓦以上，占甘肃省可开发量的85%以上。年太阳辐射总量6300兆焦/平方米，年平均日照时数3300小时，储量20亿千瓦。

全市辖肃州区1个市辖区，金塔、瓜州、肃北、阿克塞4县，代管玉门、敦煌2市（县），辖53镇、15乡、10个街道办事处、438个村委会、82个社区居委会、2532个村民小组。2022年末，全市常住人口105.31万人，其中，城镇人口69.4万人。有汉、哈萨克、回等40个少数民族。2022年，酒泉市紧紧围绕区域中心城市建设目标，积极履行甘肃省“一核三带”区域发展格局和“四强”行动的新使命，扩投资、畜产业、惠民生、补短板，全市经济社会发展稳健增长，高质量发展取得成效。全年全市地区生产总值840.9亿元，比2021年增长6.1%。其中，第一产业增加值143.3亿元，增长6.5%；第二产业增加值371.3亿元，增长5.6%；第三产业增加值326.3亿元，增长6.5%。第一产业增加值占地区生产总值比重为17%，第二产业增加值比重为44.2%，第三产业增加值比重为38.8%。按常住人口计算，全年人均地区生产总值79840元，比上年增长6.2%。全年全市一般公共预算收入37.3亿元，扣除增值税留抵退税因素，同口径增长7.3%。全年全市城镇居民人均可支配收入44420元；农村居民人均可支配收入23414元。连续10个季度获省政府高质量发展贡献或进步奖。肃州区和玉门市获评甘肃省2021年度县域经济发展十强县，分别入围2022中国西部百强县市和百强区；肃州区、敦煌市、金塔县、阿克塞县获甘肃省2021年度县域经济发展先进县。

**【酒泉市委五届五次全会】**2022年8月，酒泉市委召开五届五次全会，审议通过《关于建设酒泉区域中心城市的意见》。明确“建设酒泉区域中心城市”（区域协同发展中心、河西走廊经济带龙头、甘肃向西开放门户、西北繁荣稳定纽带）的目标定位，打造“六个区域中心”（区域商贸消费、科技创新、优质教育、医疗服务、金融服务和文化旅游中心）的目标路径，推进强科技、强工业、强县域行动。

**【“两极”建设】**坚持“1246”总体思路，立足建设区域中心城市这一定位，坚持“两级联动”发展格局，把“酒嘉双城经济圈”建设作为以肃州区为主体的区域中心增长极建设的重要内容，成立工作推进专班，推进重点产业同频共振，公共服务共建共享。S06酒嘉绕城高速全线贯通，酒钢—肃州热电联产集中供热项目开工建设，酒嘉两市达成《深化两市农业协同发展合作框架协议》，义务教育阶段招生户籍限制全面取消，医保定点医院实现互认、就医刷卡互认。酒泉城区打造历史文化名城和商贸聚集地，新城区三期建成文教科创康养相结合的生态园林城市，城市综合承载能力及核心竞争力逐步提升；把“大敦煌文化旅游经济圈”建设作为以敦煌为主体的文化旅游经济增长极建设的重要内容，编制雅丹、玉门关、大阳关景区规划，实施鸣沙山·月牙泉景区基础设施提升、悬泉置遗址保护利用、莫高窟数字展示中心（二期）、乐动敦煌文旅综合体等项目73个，玉门油田红色旅游景区、肃北紫亭湖创建为4A级景区，大敦煌文化旅游品牌知名度持续提升。敦煌市被列入全省以县城为重要载体的城镇化建设试点示范城市，党河敦煌段创建为省级美丽幸福河湖。

【重大项目建设】坚持项目为王，一手抓谋划，一手抓推进，通过深入解读政策、培训申报流程、动态包装推送等措施，采取清单管理、旬月调度、领导包抓、现场督导、全程服务等方式，督促项目加快建设。全年储备项目1568个，实施各类项目1046个，其中亿元以上项目337个，省列重大项目考核排名全省第一。招引落地10亿元以上项目24个，引进省外到位资金395.2亿元，增长26.1%，招商引资综合考评位居全省第一。酒泉入选全国18个“中国投资热点城市”。中国风电铸件龙头企业日月重工铸件制造项目当年落地、当年投产。上市公司金刚光伏、首航高科总部迁入酒泉，昌马抽水蓄能电站项目核准开工，青骐骥绿氢装备制造项目开始建设，氢能装备制造实现“零”突破。省市两级出让矿权29宗，实现收益10.9亿元。世界500强企业陕煤集团落户玉门。玉门建化园区列入“十四五”全国农药产业发展规划。瓜州工业集中区升级为省级开发区，西部矿业石煤提钒改扩建等项目建成运营。龙和处置场一期等4个核产业项目建成投产，核及核关联产业链实现突破。酒泉经开区被认定为全省代表性园区和省级高新技术产业开发区。

【新能源产业】酒泉市推动新能源和新能源装备制造业联动发展，培育风、光、热、储、氢、网六大装备制造产业链，全产业链推进新能源装备制造业基地建设的典型经验受到国务院和省政府通报表扬。年末，全市并网电力装机2499.5万千瓦，同比增长21.3%；其中风电1463万千瓦，增长17.5%；光伏618万千瓦，增长54.1%；光热21万千瓦，增长31.3%；生物质发电3万千瓦、水电50.2万千瓦、火电344.3万千瓦，与2021年装机持平。全年累计发电量532.8亿千瓦时，同比增长11.6%。酒湖工程存量项目、“十四五”第一批风光电项目建成，年内新增风光电装机超过500万千瓦，发电量迈上500亿千瓦时新台阶。运达、明阳大型风机制造顺利投产，形成风电装备的聚集效应。宝丰多晶硅上下游协同及阿特斯二期、正泰二期电池及组件项目进展顺利。世界首台人工硐室中能数科300兆瓦压缩空气储能项目年底开工，实现大规模大容量长时间储能调峰。寰泰全钒液流储能项目开建。酒泉市承办“兰洽会”新能源专场活动，荣获全省绿色布展奖和优秀组织奖。

【戈壁农业】酒泉是全国最大的戈壁生态农业和有机质栽培示范基地、蔬菜花卉外贸制种基地。2022年，建成戈壁生态设施农业17.6万亩，占全省44%，带动蔬菜种植面积60万亩，较上年增加6万亩；全市开工建设戈壁生态农业产业园和示范点122个，其中万亩园区9个、千亩园区22个；有229家农业企业、428家专业合作社、1.65万户种植户参与戈壁生态设施农业建设；配套建成年产10万立方米以上的有机基质厂8个，年产有机基质100万立方米，建成300万株以上的育苗中心12个，年育苗12亿株，主要生产番茄、辣椒、人参果等反季节蔬果，年产果蔬450多万吨，实现主要果蔬四季生产、周年供应。全市标准化种子生产基地共计20万亩，年产种量达1.34亿公斤以上。建成以肃州区、金塔县和玉门市为主的高效瓜菜、花卉种子生产基地30万亩。2022年种子企业198家，其中国家级种子生产经营龙头企业1家、省级10家、市级15家。注册资本在3000万元以上的企业30家，全市种子企业固定资产投资60亿元，带动全市从事种子生产经营的人员达到12万人，制种农户达到7.2万户。

【生态建设】深入打好污染防治攻坚战，积极谋划争取中央、省级生态环境保护项目14个，落实资金1.13亿元。

全市城区空气质量优良天数313天，同比增加16天，空气优良天数比率83.2%，空气质量综合指数2.82%。区域环境噪声平均值50.1dB（A），交通干线噪声平均值57.8dB（A）。县级及以上饮用水水源地水质达标率100%，地表水质达标率100%。重点建设用地安全利用率达到100%，安全利用处置危险废物13.64万吨，安全收集、处置医疗废物2171.625吨，中央污染防治攻坚战考核连续两年获评“优秀”等次。全市共有自然保护区14个，其中国家级自然保护区5个，省级自然保护区9个，自然保护区总面积419.4万公顷。国家地质公园1个，省级地质公园4个。新设立甘肃省金塔县红墩子国家沙化土地封禁保护区，新建立甘肃省肃州区天锣城国家沙漠公园，祁连山国家公园肃北县盐池湾片区生态文明示范区管理委员会挂牌成立。科学推进国土绿化，强化水源涵养区治理，全年全市造林面积20万亩，比上年增加1.7万亩，其中，人工造林面积13万亩。

【文旅融合发展】印发《酒泉市创建国家文化旅游融合发展示范区实施方案》。2022年组织申报文物本体保护、安全防护、馆藏文物修复项目33个，总投资14.5亿元。“肃北蒙古族祝赞词”成功入选第五批国家级非遗名录，新评选公布市级非遗项目42项、传承人92名。“敦煌流散海外文物复制展”入选2020年度国家主题展览推介项目。完成红西路军革命遗址风貌改善一期工程建设，保护维修锁阳城遗址塔尔寺，悬泉置遗址景区交旅融合综合体项目建设完成一期工程。依托文物资源，开发九色鹿双面渔夫帽、极乐系列丝巾等73件套原创文化产品。共建成国家、省级全域旅游示范区5个，各类省级以上旅游示范基地和示范点35个，全年共接待国内外游客1539.8万人次，比上年下降60%；实现旅游收入82.8亿元，比上年下降76%。

【乡村振兴】落实帮扶资金528万元、财政衔接推进乡村振兴补助资金57584.76万元、整合涉农资金35036.13万元，帮扶项目290个。集中连片开展50万亩高标准农田建设，实施产业发展类项目186个，培育形成市级及以上农业产业化龙头企业117家、示范性家庭农场418家、农民合作社示范社572家。全市开工建设农房改造点117个、10072户；新建农村公路1200千米，投资1.19亿元集中实施农村供水保障工程4处、维修养护工程152处，建设集中式污水处理站117个，全市农村饮用水合格率达到83.5%。全市农村低收入人口医疗保险参保率达100%，脱贫人口和三类监测户大病专项救治覆盖率达100%。完成脱贫劳动力就业技能培训1564人，有组织输转务工就业22933人，实现劳务收入5.75亿元，开发乡村公益性岗位1271个。投入1.52亿元，实施义务教育薄弱环节改善与能力提升项目113个；发放各类教育资助资金2.3亿元，全市没有一例学生失学辍学。全市创建省级以上文明乡镇39个、文明村43个，玉门市铁人村、红旗村和瓜州县新堡村被评为全国乡村治理示范村。

【社会事业】全年全市城镇居民人均可支配收入44420元，比2021年增长3.8%；农村居民人均可支配收入23414元，比2021年增长6.8%。城乡居民人均可支配收入比值为1.9，比2021年缩小0.05。城镇居民人均生活消费支出30614元，比2021年增长4.6%；农村居民人均生活消费支出16635元，比2021年增长5.4%。全市城镇居民恩格尔系数28%，比2021年降低0.2个百分点；农村居民恩格尔系数28.8%，与2021年相同。

全年登记省级科技成果88项，其中，基础理论3项，应用技术类成果84项，软科学成果1项。专利授权量1227件，增长4%，其中发明专利授权量45件，增长40.6%。有效发明专利270件，每万人口发明专利拥有量2.56件。全年签订技术合同430项，比上年增长157%；技术合同成交额44.1亿元，增长21.1%。全市共有各级各类学校347所。其中幼儿园190所，小学96所，初中32所，高中15所，特殊教育学校2所，中等职业学校10所，技工学校1所，高等职业技术院校1所。共有艺术表演团体3个，剧场6个，文化馆8个，各类博物馆、纪念馆46个。公共图书馆8个，图书总藏量105.3万册。全年出版报纸673万份，出版杂志1.3万册，发行图书514万册。年末全市共有医疗卫生机构1024个。其中医院41个，基层医疗卫生机构959个，专业公共卫生机构24个。年末卫生技术人员9572人，医疗卫生机构床位8484张。全年总诊疗人次532.3万人次，出院人数19.4万人次。共有体育场地3330个，体育场地面积254.1万平方米，人均体育场地面积2.28平方米。全年体育获得各类奖牌113.5枚，其中金牌40.5枚。举办运动赛会300次，比上年增加40次。

【民生保障】坚决落实国家防控政策，提级指挥，扁平化调度，先后扑灭32起输入性疫情。发放各类困难群众救助补助资金4.1亿元，发放临时物价补贴和一次性生活补贴1362万元，为优抚对象和企业军转干部发放解困资金3810万元。落实大病救助9万人次，按时足额发放失业金4550万元，支付工伤保险8050万元。发放养老金34亿元、养老服务补贴1324万元，全市养老床位达到6835张，每千名老人拥有床位37张。新建保障性租赁住房1421套，10.1万户群众领取房产证。出台稳经济一揽子支持政策，为132家企业缓缴社会保险费1797.89万元，为7700户企业减收失业保险费2327万元，为1605名失业人员发放失业补助金1125万元，为923名失业农民工发放临时生活补助144万元。共计发放各类补助资金8264.55万元，减、缓社保费4124.89万元。

【新型城镇化建设】2022年，酒泉市积极打造新型城镇化“酒泉样板”，年末城镇人口69.4万人，占常住人口65.9%，城乡居民人均可支配收入比值为1.9，比上年缩小0.05。编制《酒泉市新型城镇化规划（2021—2025年）》《酒泉市住房和城乡建设事业发展规划》等专项规划26项，形成城镇化建设统一规划体系。全市改造棚户区6553套、老旧小区1.7万户，新建改造各类市政管网292千米，新建公共停车场19个，增加停车位1.2万个。实施安全生命防护工程149千米，将城市公交线路向农村延伸和农村班线公交化28条，投入车辆112辆。建立城乡一体化垃圾收运处置体系，全市435个行政村全部建立垃圾收运处置体系和日常保洁机制，乡村生活垃圾处理率达95%。全市生活垃圾分类运输收集体系基本建立，生活垃圾分类设施实现全覆盖，累计创建绿色社区35个。

【国家陆港型物流枢纽示范城市建设】酒泉市形成具有酒泉特色的“枢纽+通道+平台+产业”枢纽经济发展新模式。敦煌国际空港、S302等一批重点交通基础设施项目顺利实施，巨龙物流港被认定为全省农产品物流代表性园区，酒泉市成功入选国家陆港型物流枢纽建设城市、第三批绿色货运配送示范工程创建城市。中老铁路国际货运列车从敦煌首发，酒泉-钦州港—鹿特丹种子专列成功发车，“铁海联运”实现零的突破，全面融入新亚欧大陆桥经济走廊，物流枢纽货物吞吐量达2000万吨，货物吞吐量实现翻番。山东陆港新丝路物流有限公司明水马鬃山公铁物流园、金塔县卓运冷链物流产业园项目开工建设。全年公路运输货运量3541万吨，货物周转量98.6亿吨千米，增长41.2%。年末全市公路总里程17529.3千米，其中高速公路里程1083.8千米，等级公路里程16206.6千米。肃北至若羌高速列入国家公路网规划，计划投资124亿元。国内首条智慧公路——酒明自动驾驶公路筹建。七瓜公路、马桥公路建成通车。

【深化改革】持续深化“放管服”改革，在全省率先完成12345热线工单系统、知识库系统与省平台的数据汇聚和对接，“信用状况”考核排名全省第一；全面规划数字政府建设项目，实现政务外网一、二平面互联互通，乡镇覆盖率达100%，建成市级数字政府运营指挥中心，玉门市作为深化商事制度改革成效明显的市县被国务院予以督查激励，被省政府办公厅通报表扬。国企改革三年行动高质量收官，获得省级评估A级等次。健全完善水权交易制度体系，完成水权交易33宗，交易水量456万立方米。抢抓“双碳”机遇，出台《酒泉市碳达峰碳中和先行示范区创建2022—2025行动方案》。深化市直中小学岗位管理和职称改革，推进高考综合改革，高考本科上线率提高5个百分点。全市共组建37个中小学（幼儿园）教育集团，我市成功入选全省首批产教融合型试点城市。健全完善重特大疾病医保和救助政策，与上海市第一人民医院合作启动建设国家区域医疗中心，玉门市医疗卫生乡村一体化改革被国务院列为全国医改经验推广。加快司法体制改革，推进派出所“一窗通办”试点改革，落实首次申领居民身份证“跨省通办”、新生儿落户“一件事一次办”，在全省率先实现“一窗通办”。推进文化体制改革，完成市属国有文化企业改革组建，成立酒泉市融媒体中心，建成“云上酒泉”客户端，完成与“新甘肃云”平台对接。

（酒泉市地方史志办公室）

## 平凉市

【综述】平凉市位于甘肃省东部，是甘肃开放开发的“东大门”，辖1区1市5县（崆峒区、华亭市和泾川、灵台、崇信、庄浪、静宁5县），有102个乡（镇）、3个街道、1456个村、81个城市社区。总面积1.1万平方千米，耕地面积522.2万亩，中心城区建成区面积42平方千米。有汉、回、满等34个民族，其中，以回族为主的少数民族17.6万人，占7.5%。2022年底，全市户籍人口230.7万人，常住人口182.25万人，城镇人口比重46.79%。平凉坐落于北纬35°线上，属温带半干旱大陆性气候，海拔890~2857米，年均气温7.3℃~10.1℃，年均降水量449~618毫米，无霜期156~188天，气候温和、四季分明，夏无酷暑、冬无严寒。生态环境良好，动植物资源多样，森林覆盖率33.8%，是国家生态文明建设示范市、国家森林城市、全国绿化模范城市。

2022年，平凉市全面贯彻党的十九大、十九届历次全会和二十大精神，深入落实习近平总书记对甘肃重要讲话重要指示批示精神，认真贯彻省第十四次党代会精神，紧扣全市“3659”发展思路和经济总量过千亿元目标，统筹疫情防控和经济社会发展，实施“四强”行动，做好“五量”文章，全面承接国省稳经济一揽子政策措施，配套10个方面60条政策清单，建立项目工作“4+2”管理机制，全市经济社会发展呈现出稳中加固、质效兼取、提速进位的良好态势，连续三个季度获全省经济发展“贡献奖”。全市完成地区生产总值641.58亿元，同比增长8.2%；规上工业增加值126.9亿元，增长12.6%；固定资产投资341.3亿元，增长10.6%；社会消费品零售总额197.21亿元，增长3.1%；一般公共预算收入40.97亿元，同口径增长13%；城乡居民人均可支配收入分别达到34867元、11566元，增长4.4%和7.1%。

**【产业链建设】**全面实施产业链链长制，推行市级领导分链包抓、牵头部门统筹调度、工作专班集中推进的“三位一体”机制，建立“财政+”支持平台，设立全市产业发展投资基金，推动资源要素向产业链集聚成势。谋划储备重点产业链项目1842项、总投资3473亿元，实施产业链项目401项。加快煤炭清洁高效利用，出让煤炭矿业权6宗，安家庄煤矿完成可研、稳评报告编制及评审，唐家河煤矿启动可研修编，邵寨煤矿达产达标并通过产能调增初核，五举煤矿建设规模调增获批，灵台电厂加快建设，20万吨聚丙烯建成投产，聚丙烯高值化产业园建设有序推进。灵台10万千瓦农光互补、崆峒12.5万千瓦风电项目全容量并网发电，崆峒15万千瓦光伏项目开工建设，预计全市煤炭产量2284万吨，较上年增产100万吨；发电量205亿度，创历史新高。国维淀粉一期全面投产，优然牧业高产奶牛牧场、昊康万头牛场、泾河川万亩现代农业产业园等一批农业产业化项目加快实施，新建饲草加工、牛肉分割、果品加工、蔬菜加工、有机肥生产线41条，平凉红牛交易中心建成运营，“平凉红牛”“静宁苹果”入选国家农业品牌精品培育计划，平凉红牛列入国家重要特色物种联合育种攻关计划。中药材种植突破10万亩，全国基层中医药示范市启动创建。装配式建筑综合加工、微型扬声器制造、生活垃圾焚烧发电等一批绿色建材、智能制造、生态环保产业链项目建成投运。市县（市、区）财政列支1420万元开展系列促销活动，外贸内销并举、线上线下发力挖掘消费潜力。理顺崆峒山景区管理运营体制，与省公航旅集团签订战略合作协议，共同推进崆峒山大景区开发建设，实施崆峒山景区质量提升行动，开通“环西部火车游·崆峒号”旅游专列，全市实现旅游综合收入153.21亿元。

**【项目建设】**坚持把项目建设作为主抓手，大小并重，质效兼顾，全力以赴抓对接、促落地、赶进度，争取中央预算内投资、专项债券项目158项40.5亿元，实施投资清单项目552项，投资对经济增长的贡献率达到60%以上。全面推行重大项目包抓责任制，建立项目谋划储备、前期工作、推进落实、要素保障4项制度和招商引资项目评估、重大项目前期费管理2个办法，全过程加强项目计划执行、实施进度、资金使用、质量安全监管。对中央预算内投资、专项债券项目落实周调度、周通报、周预警制度，“一项一策”破解项目建设梗阻问题，资金支付率达到国省进度要求。建立涵盖市县（市、区）两级、市直行业部门的项目储备库，市级综合库储备项目1736项、总投资3659亿元，18个行业库储备项目1311项、总投资2671亿元，8个县区二级库储备项目2312项、总投资6269亿元。加快推进项目前期，平庆铁路可研即将获批，平凉机场完成预可研评审，宝中铁路扩能改造可研鉴修审查会顺利召开，定平铁路、白水至千阳高速公路正式启动前期工作，郭家河至长庆桥铁路专用线编制完成可研，平凉火车站综合交通枢纽及站城一体化开发完成设计方案研究。彭大高速三期、灵华高速一期、G312线改造进展顺利，引洮二期静宁城乡供水配套工程全线建成，庄浪应急供水工程、新集水库和刘李河等4个小型水库加快推进；建成110千伏变电工程3处，新建改造配农网线路2326千米，新建5G基站677个。

**【城乡发展】**坚持新型城镇化和乡村振兴双轮驱动，持续推进城乡深度融合发展。开展全国文明城市创建，推进城市体检、乱象整治行动，全市实施城市更新项目490项，城乡拆违（危）拆临445万平方米，实施老旧小区、棚户区改造4793户，加装电梯152部，新增停车位1.97万个。中心城区活力公园建成开放，泾河干流综合治理一期、天门塬路网工程加快建设。成功申报系统化全域推进海绵城市建设示范城市，三年将获得中央财政补助资金11亿元，当年实施海绵化项目104项。巩固拓展脱贫成果，创新推行防止返贫“十步动态管理法”和“四圈管理”措施，“一户一策”加强“三类户”监测帮扶，返贫风险消除率73.43%，高于全省平均水平。推进乡村建设，编制完成240个发展类村庄规划，完成生态及地质灾害避险搬迁487户。建成自然村硬化路520千米，改造自来水入户设施8000户，更换老旧管网500千米，新建改建农村户厕5万座。抓建省级乡村建设示范村35个、市级示范村100个，全省乡村建设工作现场会在崇信召开。华亭市跻身全国新型城镇化质量百强县市。庄浪万泉镇连续两年被农业农村部认定为全国乡村特色产业超十亿元镇。

【深化改革】坚持以硬措施改善软环境，着力破除障碍、完善政策、创优服务。持续深化“放管服”改革，324项行政许可事项实现清单化管理，203项政务服务事项跨省通办、省内通办，企业投资备案类项目“即来即办、秒批秒办”。全市数字政府应用平台上线运行。加快推动重点领域改革，国企改革三年行动和市属国企分类改革重点任务全面完成，重组成立市城乡投、市基础产业投集团。崆峒山景区管理运营体制进一步理顺，市文旅投集团加速瘦身提质。深化工业园区（集中区）管理体制改革，“标准地”改革启动实施。市融媒体中心挂牌成立。落实助企纾困政策措施，出台进一步优化营商环境38条措施、金融助力实体经济高质量发展23条等政策措施，各类市场主体享受“组合式”税费支持政策11亿元，全市新增市场主体1.5万户，培育“四上”企业124户。建立融资需求“白名单”，办理企业贷款延期44.7亿元，发放普惠小微企业首贷9.1亿元，静宁县入选全国首批中央财政支持普惠金融发展示范区。围绕产业链部署创新链，新增高新技术企业9家、省级科技创新型企业18家。静宁县红牛外贸转型升级基地获批。组团参加兰洽会等重大节会活动，举办九大重点产业链项目（云上）推介大会，全市实施招商引资项目364项。

【生态环境建设】深入践行“两山”理念，扛牢黄河上游生态保护政治责任，全力构筑陇东黄土高原区生态安全屏障。中央两轮和省级第一轮督察反馈问题整改全部清零，2021年国家黄河警示片披露的3个问题全部整改完成，省级第二轮督察反馈问题完成整改30个，11个问题达到阶段性整改目标。建立黄河流域生态保护和高质量发展在线项目库，入库项目334项、总投资577亿元。陇中地区生态保护修复和水土流失综合治理、泾河干流综合治理、汭河水源涵养及生态保护等项目加快推进。治理水土流失面积150平方千米。完成造林21.4万亩，成功创建全省首个国家森林城市。集中开展地下水超采治理、主要河流水环境治理、中心城区大气污染防治等专项行动，全市地表水、地下水和饮用水水源地水质全部达标，土地安全利用率100%，中心城区空气质量持续提升。全面推行全域垃圾闭环处理模式，崆峒区利用水泥窑协同处理固废及生活垃圾焚烧发电项目建成投运，庄浪县生活垃圾焚烧发电项目开工建设，全域垃圾闭环处理走在全省前列。落实“双碳”战略，编制完成“十四五”节能减排、碳达峰碳中和、碳普惠制试点等实施方案，建成西北首家通过碳中和认定的“零碳”绿色供电所。

【民生发展和社会事业】始终坚持人民至上，省市列民生实事全部办结，民生支出占到一般公共预算支出的82.5%。落实稳就业政策性资金5.9亿元，选聘1000名高校毕业生到社区公益性岗位就业，新增城镇就业2.67万人，输转城乡劳动力47万人。养老、失业、工伤保险和城乡低保、特困人员救助等提标政策全面落实，城乡居民医保住院实际报销比例提高6.5个百分点，发放困难群众生活救助补助10.9亿元；建成乡镇综合养老服务中心7个。编制完成“一老一小”整体解决方案、应对人口老龄化中长期规划。中心城区集团化办学启动实施，新建改扩建校舍51万平方米，新增城区义务教育学位5680个、幼儿园园位2550个，普通高考应届一本上线率高出全省平均线10个百分点；实施各类医疗卫生项目54项，市中医医院主体建成；市体育运动公园基本建成，平凉健儿在省十五运会上取得优异成绩，泾川文汇队晋级2022赛季中国足协杯16强。化解已售城镇住宅历史遗留“登记难”问题4.85万套，“保交楼·稳民生”工作扎实推进。

【安全发展】全面落实粮食安全考核任务，扛牢粮食安全政治责任，整治撂荒地和荒废苗木地11万亩，“五个一批”措施得到省上肯定，粮食播种面积431.2万亩、预计产量114万吨。深化安全生产专项整治三年行动，开展隐患排查整治，事前防范化解风险隐患，强力推进经营性自建房、城镇燃气、危险化学品、高层建筑重大火灾风险专项整治，落实防灾减灾各项措施，顺利通过国务院安委会延伸考核，全面完成应急管理综合行政执法体制改革，基层乡镇消防所全覆盖建设经验在全国推广，全市安全生产和防灾减灾总体形势稳定趋好。与2021年同期相比，安全生产“四项指标”分别下降44.1%、62.2%、89.1%、74%，未发生较大以上生产安全事故。全国市域社会治理现代化试点、国家食品安全示范城市、全省民族团结进步示范市创建积极推进，宗教事务管理法治化水平不断提升。扫黑除恶斗争常态化开展，平凉市荣获“平安甘肃建设示范市”称号。

【平凉红牛产业】2022年，全市肉牛饲养量为97.62万头，出栏41.42万头，同比分别增长6.9%、6.51%，牛产业综合产值达到128.7亿元。推进以平凉红牛区域公用品牌为支撑的品牌体系建设，“平凉红牛”入选国家64个重要特色物种联合攻关育种计划，“平凉红牛”品牌入选2022年农业农村部农业品牌精品培育计划，同时入选“甘味”系列十大地方公用精品品牌，“平凉红牛肉”入选2022年第三批全国名特优新农产品目录，品牌知名度不断提升。聚焦全链条发展这一重点，三端并举，同步发力。前端重点抓饲草保障，实施粮改饲项目，落实粮改饲面积65.5万亩，完成秸秆青贮265.03万吨；新（扩）建华亭嘉禾、庄浪岳堡等饲草加工企业12家。中端重点抓扩繁增量，集中实施“万千百十”工程，新（扩）建千头以上规模养殖场10个，新培育万头养牛乡镇2个，新创建千头养牛专业村18个，培育肉牛养殖标准化示范场（窑洞养牛示范带）18个，新增十头以上养牛大户375户。后端重点抓屠宰加工和粪污处理，新建红牛分割精深加工生产线2条，新增餐饮品鉴体验店4家，建成有机肥加工厂5家。2022年共谋划实施平凉红牛产业链重点项目34个，完成投资12.73亿元。引进落地招商引资项目9个，完成投资6.29亿元。甘味平凉红牛产业集群、粮改饲等项目全面完成年度任务。列入市上重点调度的静宁昊康牧业万头牛场、平凉红牛交易中心已建成投用。优然牧业灵台高产奶牛牧场、崇信县富通公司千头肉牛养殖场新（扩）建、庄浪县2000头平凉红牛养殖小区建设等一大批项目建设进展顺利。市委、市政府出台《关于加快平凉红牛产业高质量发展助推乡村振兴的实施意见》，各县（市、区）均制定出台相关扶持政策，助推红牛产业发展。累计投入各类衔接资金2.08亿元，撬动社会资本投入6.64亿元，同比分别增长9.7%、15.7%。探索金融扶持政策，全面推广“小额担保贷”“红牛活体抵押贷”等融资模式，融通金融资金1.5亿元。崆峒区坚持龙头带动、场户结合，走“小规模、大群体”扩繁增量的路子。华亭市集中建场、分户饲养，打造饲草全产业链示范园区。泾川县建立健全科技创新平台，持续强化科技支撑。灵台县坚持“双牛并驱”，在招大引强上取得新突破。崇信县盘活利用原有养殖场扩大再生产，在产业链后端延伸上大胆实践，构建了较为完备的产业体系。庄浪县以国有养殖平台改制为牵引，多点式布局，全链条发展。静宁县以工业化思维谋划产业布局，建办大园区，发挥了示范引领作用。

【静宁苹果产业】2022年，静宁苹果产业链按照“稳面积、调结构、扩内涵、拓市场、创品牌”的发展定位，立足省委、省政府三年倍增行动计划和平凉市委、市政府打造百亿级静宁苹果产业链，强龙头、补链条、聚集群，抓果园提质增效管理，保障全年稳产增收，认定全市果园面积150.92万亩。完成黄河流域林草生态扶贫项目苹果新植0.595万亩，老果园更新改造15.34万亩。开展病虫害绿色防控158.86万亩、搭建防雹网5620亩。认证出口备案基地38.04万亩、GAP基地3.3万亩，建设绿色食品基地99.27万亩、有机食品基地4.11万亩、生态循环果园43万亩。打造绿色食品标准化示范基地68个5.28万亩、水肥一体化示范基地34个1.49万亩、标准化示范基地134个3.32万亩、矮化密植示范园54个6万亩、机械化示范园37个2.66万亩、老果园更新改造示范园54个2.8万亩。建设苹果产业园7个，其中省级产业园4个。建设物流园区5个，引进初加工生产线14条、精深加工生产线2条，新建保鲜库21座，新建果品市场5个。引进培育龙头企业7家，全市培育大户1051户、家庭农场227个、合作社565个、经营企业69个，果园规模化经营27.8万亩，培育“甘味”农产品品牌20个。全市累计开展各类技术培训1209期，培训果农21.67万人次。全市引进栽植烟富优系、瑞雪、瑞阳等新优品种21个，引进G系列、青砧等抗重茬砧木2类，在7县（市、区）抓建保鲜贮藏、郁闭园改造、老果园提质、绿色有机技术推广、核桃高接换优、果园标准化管理、现代矮砧密植示范园建设等8个市级示范点项目，打造水肥一体化、标准化生产、果园机械化、老果园更新改造等示范点259个示范面积10.27万亩，探索庄浪县梯田生态有机果园、静宁老果园更新、泾川插空补植等多元化建园模式，优化产业布局。推广果园托管、大户经营、企业代管等新经营机制，全市培育大户1051户、家庭农场227个、合作社565个、经营企业69个，果园规模化经营27.8万亩。2022年，全市苹果产量达到215万吨，累计入库96万吨，地头销售179.5万吨，地头均价在每市斤3.5~4.8元之间，与2021年相比增长（1.2~1.5）元/斤左右，一产产值达到115亿元。“静宁苹果”搭乘“雪龙”号出征南极，入选国家2022农业品牌精品培育计划，品牌价值达到160.54亿元，庄浪县万泉镇（苹果）入围全国乡村特色产业超十亿元镇。

（平凉市地方志编纂委员会办公室）

## 庆阳市

【综述】庆阳市位于甘肃省东端，习称“陇东”。地处东经106°20′至108°45′与北纬35°15′至37°10′之间。南北长207千米，东西跨208千米，总面积2.71万平方千米。地形风貌独特，山、川、塬兼有，沟、峁、梁相间，且南低北高，南部政平河滩最低为885米，北部马家大山最高为2089米，高差千余米。全境有20平方千米以上大塬12条，董志塬面积为910平方千米，平均海拔1421米，平畴沃野、一望无垠，是世界上面积最大、土层最厚、保存最完整的黄土塬面，堪称“天下黄土第一塬”。2022年末全市常住人口215.84万人，其中，城镇人口94.92万人，占常住人口比重（常住人口城镇化率）为43.98%。

2022年，庆阳市全年地区完成生产总值1022.26亿元，同比增长4.4%。其中，第一产业增加值124.83亿元，同比增长6.3%；第二产业增加值551.94亿元，同比增长5.0%；第三产业增加值345.49亿元，同比增长3.0%。全市社会消费品零售总额199.75亿元，同比增长0.9%；一般公共预算收入70.33亿元，同比增长13.4%；城镇居民人均可支配收入37585元，同比增长4.3%；农村居民人均可支配收入12276元，同比增长6.4%。

【重大项目】全市加快重大项目建设，压实领导包抓责任，建立项目“三张清单”，及时跟进分析调度，全链条打通项目落地堵点难点。全年实施500万元以上项目802个，完成固定资产投资400亿元；能源项目完成投资250.35亿元，同比增长30.36%；先后协调5户省外企业在庆阳成立子公司，与10户企业签订框架合作协议，引进投资122亿元；西部重工风电设备制造项目建成投产，陇电入鲁前期进展顺利，核准、在建的679万千瓦风光电项目加快实施，年产20万立方米天然气提氦项目投产，年产20万吨双氧水项目建成。

【农业发展】全市聚焦农业现代化，以现代丝路寒旱农业三年倍增行动为抓手，采取“腾、补、垦、加”多种办法保障耕地面积；积极探索“一年两熟”或“两年三熟”种植模式，发展复种套种等设施农业、高效农业，粮食生产增长8.9%；按照“保粮、扩畜、提果、增菜、养菌”思路，以畜禽养殖牵引农业产业结构优化升级，种养菌“三元双向”循环农业模式全面推广，带动“牛羊猪鸡果菜菌药”主导产业高质高效发展。县乡物流配送体系不断健全，网络零售10.2亿元，其中农产品7.1亿元，增长15%。

【社会事业】2022年，科技创新指标综合排名全省第10位，较2021年上升5个位次，综合科技进步水平指数达到37.87%；省内外24家高校院所、产业龙头企业与市内企业签订科技合作协议28份，登记技术合同922份，完成技术合同交易额23.05亿元，同比增长158%。全市实施九大类471所学校1130个校舍建设和设备购置项目，共新建改扩建校舍11.7万平方米、运动场14.9万平方米、农村教师周转宿舍88套、中小学校食堂93个，维修改造农村学校厕所46个，为163所中学教室安装防近视护眼灯29280个，购置设施设备41922套。小学学龄儿童净入学率100%，小学毕业生升学率100%，九年义务教育巩固率99.7%。新增学位3600个，有效缓解西峰城区大班额、入学难的问题。2022年秋季学期全市应安置义务教育适龄残疾儿童150人，义务教育安置61人（普通学校随班就读46人，特殊学校就读6人，送教上门9人），同比增长8%。

【民生保障】年内对标国家、省上稳经济一揽子政策措施，研究制定稳经济11个方面56项100条具体措施；新增专项债券41.7亿元，增长57.3%；争取政策性开发性金融工具44.1亿元，占全省总盘子五分之一；全力促进消费恢复，投入1400万元开展“购车赠油卡”促销活动，带动汽车销量增长6.7%、成品油销售增长31.1%，拉动消费20.3亿元；认真办好省列、市列为民办实事项目，民生支出占到财政支出的80%以上；抓好重点群体就业创业工作，新增城镇就业2.5万人，输转城乡富余劳动力54.3万人，引进高层次人才420人，就业形势总体稳定；实施健康庆阳行动，县域外转诊率下降1.8个百分点，城乡居民基本医保参保率稳定在95%以上。

【巩固拓展脱贫攻坚成果与乡村振兴】全市严格落实“四个不摘”要求，各级投入衔接资金44.2亿元，坚决防止“两不愁三保障”方面问题反弹；全面做好防返贫监测与帮扶工作，识别纳入监测对象1004户4427人，采取针对性帮扶措施，脱贫人口人均纯收入增长14.2%，高于全市城乡居民人均收入增速；建设省市级示范乡镇15个、示范村55个；认真做好东西部协作和定点帮扶工作，天津市援助3.3亿元，实施帮扶项目166个，合 作打造乡村振兴示范村17个；天津市和中央定点帮扶单位直采、助销农特产品3.9亿元；驻村帮扶、社会帮扶持续加强，“万企兴万村”成效明显。

【生态环境建设】全市深入实施大气、水、土壤污染防治行动，开展扬尘污染治理攻坚、打击重点区域大气污染物违法排放等专项行动，173台燃煤锅炉全部达标排放，市区优良天气率89.2%；建设城镇污水处理厂14座，境内23个地表水考核断面全部达标，水质优良比例91.3%；油区污染治理基本实现“废气不上天、泥浆不落地、废水不外排”；持续推进“再造一个子午岭”提质增效行动、固沟保塬和“一村万树”工程，完成造林135万亩，治理水土流失1005平方千米。

【防范化解风险】全市10家高风险机构清收处置不良贷款27.6亿元，完成向高风险机构配资注资13.5亿元；积极化解“登记难”问题，化解问题小区449个、住房7.4万套，总体登记发证率93.3%，清缴税费4.7亿元，6万多户群众拿到不动产权证书；开展矛盾纠纷大排查大起底大化解专项行动，排查各类矛盾纠纷1.3万件，调解1.26万件；开展以婚姻家庭、邻里纠纷为主的命案防范化解百日攻坚行动，全市命案发案同比下降36%。

【优化营商环境】年内将营商环境建设作为推动全市经济高质量发展的一项长远大计、根本大计。市本级以内46个部门单位，1291个事项全部入驻政务大厅，数字政府平台上线运行，公共资源交易全流程电子化；开展“千名干部帮千企”行动，全市900多名干部每人联系帮扶一户企业，推动“退免减缓补”优惠税费24亿元，为市场主体办理贷款延期还本74亿元、发放信用贷款106.6亿元，清欠账款1.3亿元，最大限度激发市场活力和社会创造力。企业开办实现零费用，时间压缩至0.5个工作日，工程建设项目审批效率大幅提升。12345热线获“全国政务热线价值创造优秀单位奖”。

【深化改革】全市坚持“全市一盘棋、一县一园区、3+X”布局，将西峰、驿马、长庆桥3个工业园区由市级开发建设，西峰工业园被认定为全省代表性园区；大力推进教育体制改革，制定推动教育高质量发展的意见及6个配套方案，构筑起促进全市教育高质量发展的政策体系；有序推进高考综合改革，落地落细“双减”政策；持续深化县管校聘教师管理改革，在全市12所高中阶段学校开展职普融通改革试点，招收“双向互通型”学生，在全省改革力度最大，拓宽学生个性化发展成长路径；深层次推进农村综合改革，农村集体产权制度改革与“三变改革”深度融合，现代环境治理体系加快构建，卫生、科技、文化等社会事业及党的建设、纪检监察、民主法治等领域改革深入推进，体制机制运行更加顺畅。

**【生产总值首次突破千亿元大关】**全面学习贯彻党的十九大及二十大精神，围绕省第十四次党代会提出的构建“一核三带”发展布局、实施“四强”行动战略部署，紧扣庆阳市第五次党代会确定的“双轮驱动、三化并进、四建支撑，高质量发展”总体思路，坚持抓项目、强产业、稳经济不动摇，坚持防风险、守底线、惠民生不懈怠，坚持转作风、提效能、优环境不停步，全力以赴促进转型升级，加快赶超跨越，实现经济量的较快增长和质的稳步提升。全年生产总值首次突破1000亿元大关，地方财政总收入87亿元，庆阳成为省会兰州外首个产值千亿级城市。

**【“东数西算”经验做法】**全市把“东数西算”作为高质量发展的最大机遇、最大增量，坚持周调度、专班推进、一体化招商，实行“两张清单”制度，建立3名院士领衔、208名专家组成的智库；高水平谋划建设全国一体化算力网络国家枢纽节点，在建拟建数据中心6个；全方位开展数字产业招商引资，中能建、秦淮数据、金山云、京东等48家头部企业签约落地，投资113亿元的12个重大项目开工，占地1.7万亩的“东数西算”产业园建设全面铺开。9月27日，国务院办公厅发布国务院第九次大督查发现的典型经验做法，庆阳市全力打造“东数西算”大数据产业集群位列其中，受到通报表扬。

**【庆阳市油煤气资源开发实现新突破】**全市油气资源开发实现了新突破，原油产量达到1049.51万吨，同比增加6.5%，原油产量占全省94%。其中，长庆油田、玉门油田、华北油田年内分别生产原油1008.68万吨、28.83万吨、12.00万吨；原油加工量305.04万吨；生产原煤499.56万吨、煤炭产能超过1000万吨；开采天然气5.3亿立方米，占全省97.6%。2022年，庆阳市加快推动油煤气资源和新能源规模化、绿色化、智能化开发，油田企业持续推进油气扩能上产，核桃峪煤矿、甜水堡二矿正式投产，刘园子煤矿安全复产；新能源乘势而上，正宁2×100万千瓦调峰煤电项目快速推进，主厂房钢屋架吊装、2号锅炉大板梁吊装、百万吨级二氧化碳捕集利用与封存项目开工建设，陇东综合能源化工基地建设步入多能互补、链式开发新阶段。

**【“一企一策”改革持续走深走实】**全市坚持“一企一策”分类推动23户市属企业优化资本布局，市属企业资产总额、营业收入分别比改革前增长6.94%、97%。针对能源类企业，优先推动庆阳能化集团脱困改革，组建永庆天然气、华钻能源、瑞庆新能源、沃德石化公司，瑞庆新能源公司已核准获批50万千瓦风电和光伏发电项目；针对平台类企业，加快推进政企、政事分开，庆阳交投集团、水务公司等4户企业审核上报项目8个，规划总投资260.77亿元；针对科创类企业，坚持以科技创新驱动产业发展，庆阳沃德石化公司联合陇东学院研究申报“耐高温高压压裂液交联剂开发应用科研项目”，被评为高新技术企业、省级“专精特新”中小企业。

**【新增2家国家4A级旅游景区】**持续加快推进文旅融合发展，市文化馆、图书馆、画院和黄土缘演艺公司整体搬迁入驻新址，市融媒体中心、市新时代文明实践中心办公室挂牌投运。西峰区龙栖谷景区、环县环州故城景区成功创建国家4A级景区。合水县花溪谷景区、合水县陕甘红军纪念园、庆城县庆州古城历史文化景区、宁县义渠百花园、宁县中村正阳万亩苹果采摘基地顺利创建为国家3A级景区。

**【新时代践行“马锡五审判方式”研讨会】**庆阳市深入贯彻落实习近平法治思想，大力弘扬南梁精神，认真践行群众路线，不断丰富和完善“马锡五审判方式”的内涵，发扬重视调解、心系群众、方便诉讼的优秀传统，通过智慧法院建设、设立“马锡五审判方式”工作室、优化“窑洞法庭”、建立巡回审判点等措施，积极探索服务群众法治方式，全力促进司法为民，保障人民群众权益，维护社会和谐稳定，推动基层治理体系和治理能力法治化现代化。9月27日，由最高人民法院、中华司法研究会主办的新时代践行“马锡五审判方式”研讨会在庆阳市召开。

（庆阳市地方志编纂委员会办公室）

## 定西市

【综述】定西市位于甘肃中部，通称“陇中”，现辖安定区及通渭县、陇西县、临洮县、渭源县、漳县、岷县7县区，现有119个乡镇3个街道、1887个村、88个社区。总面积1.96万平方千米（市区面积65.8平方千米，主城区建成区面积26平方千米），总耕地1240.5万亩，户籍人口302.5万人，常住人口250.58万人。地处黄土高原、青藏高原和西秦岭交会地带，大致分为黄土丘陵沟壑区和高寒阴湿区两个自然类型区，海拔1420~3941米，年降水量400~600毫米，年平均气温7℃。2003年撤地设市，2008年被党中央确定为全国改革开放18个典型地区之一，荣获全国社会治安综合治理“长安杯”奖，荣膺“全国双拥模范城”、首批“全国禁毒示范城市”，成功创建“省级文明城市”。

2022年全市地区生产总值达到557.93亿元，增长7.8%，首次获得全省经济增长“贡献奖”。其中，第一产业增加值112.46亿元，增长6.2%；第二产业增加值96.6亿元，增长11.2%；第三产业增加值348.87亿元，增长7.5%。三次产业结构比调整优化为20.2∶17.3∶62.5，对经济增长的贡献率分别为16.5%、22.2%、61.3%。全年全市固定资产投资比上年增长16.7%，连续31个月实现两位数增长。其中，第一产业投资增长67.8%，第二产业投资增长40.1%，第三产业投资增长8.1%，占固定资产投资的比重分别为3.9%、26.2%、69.9%。民间固定资产投资增长19.6，基础设施投资下降10%。城乡镇居民人均可支配收入31077元、10141元，分别比上年增长4.6%、3.8%。

年末全市常住人口250.58万人，比上年末减少0.2万人。其中，城镇人口100.99万人，占常住人口的比重（常住人口城镇化率）为40.3%，比上年提高0.79个百分点；乡村人口149.59万人，占常住人口的比重为59.7%。全年出生人口2.19万人，出生率为8.73‰；死亡人口2.31万人，死亡率为9.21‰；自然增长率为-0.47‰，比上年下降1.52个千分点。

【项目投资】落实项目建设“3246”调度机制，靠实“1+1托4”机制包抓责任，压茬推进项目集中开工，实施清单项目728个，完成全社会固定资产投资563亿元、增长16.7%。争取到中央预算内投资11.1亿元、地方政府债券额度62.3亿元。入库国家金融工具备选项目61项，总投资260.5亿元。陇漳高速建成通车，成为我市主导建成的第一条地方高速；通定高速主线贯通，定临高速主体工程基本建成，凤合高速岷县段一期、漳县至三岔高速加快推进；凤合高速岷县段二期开工建设，成为全省首个高速公路延长合作期融资试点建设项目。定西生态科创城建设全面铺开，先行起步区11个项目开工建设，智慧停车场建成投用，区域医疗影像中心、科创城第一小学完成主体。岷州国际陆港已具雏形，多式联运物流中心基本建成。

【农业生产】紧盯“5678”关键指标支撑下的“三更有、三倍增”发展目标，加快农村一、二、三产业融合发展。全年全市各类农作物播种面积841.66万亩，比上年增长1.7%。其中粮食面积603.45万亩、增长0.4%，经济作物面积238.2万亩、增长5.2%。粮食总产量161.94万吨，增长1.9%。猪、牛、羊、禽存栏分别为80.97万头、47.63万头、144.25万只、631.40万只。陇西、岷县、渭源、漳县被列入创建中药材国家产业集群实施县，安定区国家现代农业产业园认定为全省代表性现代农业园区，渭源县国家农村产业融合发展示范园通过国家五部委认定。积极推进“定西宽粉”地理商标申请，新增“甘味”农产品企业商标品牌13个，安定区马铃薯育种繁种制种全链体系入选全国农业生产“三品一标”典型案例。

【工业】落实“强工业”行动，纵深推进“工业产业攻坚大突破年”行动，持续实施工业发展“333”行动计划，全市工业保持平稳增长。全年全市工业增加值53.3亿元，比上年增长7.2%。其中，规模以上工业增加值增长7.7%，规模以下工业增加值增长12.5%。新增入库规上企业55户，实现增加值5.2亿元，增长81.8%，拉动全市规模以上工业增加值增长5个百分点。152户规模以上民营企业实现增加值28.9亿元，增长12.2%，占全市规模以上工业增加值的比重由上年的47.7%提高至52.7%。创建省级“专精特新”企业4户、工业设计中心4家，西北铝箔公司评定为国家级绿色工厂。为94户企业投放应急纾困资金8.6亿元。十大产业链产值达到506亿元、增长25.2%。各开发区和工业园区新入驻企业60户，陇西经济开发区认定为全省代表性开发区。

【消费市场】实施“强服务业”行动，健全十大服务业产业链“1+10+N”推进体系，实施重点项目40个，培育限上企业5户，完成服务业增加值351亿元、增长7.7%。27户规模以上服务业企业实现营业收入25.5亿元，增长8.5%。渭源成功创建全省乡村旅游示范县，岷县大庄等5个村评为省级文旅振兴样板村。全年全市接待游客1258.6万人次，同比增长8.2%；实现旅游综合收入56.4亿元，增长9.3%。全面兑现冬春促消费一揽子政策，全年全市实现社会消费品零售总额201.49亿元，比上年增长8.6%。实施招商引资项目223个，到位省外资金501.13亿元、增长65.49%。第28届兰洽会签约项目72个、签约额393.7亿元，承建的生物医药馆获绿色布展奖。新备案外贸企业15户，全年全市进出口总额2.9亿元，增长43%，比上年同期提升38个百分点。

【财政金融】全年全市完成一般公共预算收入30.92亿元，剔除上年留抵退税因素同口径增长8.1%。其中，税收收入17亿元，增长4.6%；非税收入13.9亿元，增长13.3%。完成一般公共预算支出313.92亿元，增长11.6%。其中，教育、社会保障和卫生健康等10类民生支出263.4亿元，占一般公共预算支出的83.9%。12月末，全市金融机构人民币各项存款余额1286.76亿元，比上年末增长10.9%；人民币各项贷款余额970.69亿元，增长7.3%。

【生态建设】实施“双碳”战略，全面启动兰西城市群定西片区生态建设，实施项目305个，完成投资145亿元。全年全市生态产业增加值195.7亿元，增长8.8%，占地区生产总值的比重为35.1%，比上年同期提升0.7个百分点。渭河源林草生态扶贫巩固提升工程完成投资6.8亿元，较上年增加4.6亿元。扎实开展“绿满陇中”行动，完成造林封育56万亩，全民义务植树1786万株。治理河道49千米，新建高标准淤地坝11座、改造提升42座，新增水土流失治理面积520平方千米，水土保持率提高到66.6%。空气质量优良率达到96.2%，地表水、地下水及水源地水质全部达标，临洮建成全省首个县级智慧水利综合服务平台。从严从实抓好生态环保问题整改，39个省级第二轮生态环境保护督察反馈问题完成整改37个。

【改革创新】争取省级科技资金3958万元，落实企业研发补助资金558万元，市县财政科技支出占比分别达到1.6%和0.6%，全社会研发投入增长69.7%，科技对经济增长的贡献率提高到52%。入库国家科技型中小企业158家，新增省级创新平台3家、创新型企业33家、高新技术企业15家，定西工业发展研究院成立运行，陇西经济开发区获批国家火炬中医药特色产业基地。持续深化“放管服”改革，政务服务事项办理时限压减82.6%，一般企业投资项目审批50天内办结，公共资源交易实现全领域全流程电子化。市大数据中心建成启用，网上政务服务能力保持全省前列。国企改革三年行动任务全面完成，市属企业实现主营业务收入20.2亿元、增长15.6%。开展“交房即交证”试点改革，受益群众706户。党政一体督考机制改革荣获“中国改革2022年度典型案例”。

【民生保障】省市20件民生实事全部办结，财政用于民生支出保持在80%以上。发放解困纾困资金4.66万人1.98亿元，保障救助资金14.4亿元。出台就业创业和激励城乡居民增收“双二十条”措施，发放“双创”贷款56亿元，扶持1000名高校毕业生到基层就业，新增城镇就业1.7万人。开展各类职业技能培训3.3万人次，全市输转城乡劳动力62.2万人次，实现劳务收入168.5亿元、比上年增长5.4%。9所城区学校建成招生，新增学位9200个。定西职业技术学院获批筹建，全省首家体育职业学院落户定西。实施市重点卫生项目31个，新增床位4380个，乡镇卫生院和社区卫生服务中心实现中医馆全覆盖。积极备战参加十五届省运会，金牌位列全省三甲，成功申办十六届省运会。

【社会治理】落实中央“疫情要防住、经济要稳住、发展要安全”要求，因时因势优化调整防控措施，从严从紧筑牢防控屏障，多轮输入性疫情在7—10天内得到有效处置，没有造成经济停摆现象。深入开展安全生产大检查和自建房、城镇燃气安全整治、水利设施风险排查等专项行动，事故起数、死亡人数、受伤人数和直接经济损失分别同比下降10%、14.81%、18.18%、1.53%，安全生产形势总体稳定。出台《关于加强党建引领全面提升市域社会治理效能的决定》，建立落实“五级九天”矛盾问题排查化解机制，坚持“先稳后治拔根子”，对重点县区下派督导提升组，靠实县区委书记信访积案化解第一责任人职责，国家信访局和省上交办的40件历年信访积案和19件重大风险隐患全部化解。乡镇“八大员”、城区“烂尾楼”、城镇已售房屋“登记难”等一批历史遗留问题得到有效解决。

【项目包抓】制定《2022年项目包抓“1+1托4机制”工作任务推进方案》，确定30名市级领导、73个市直部门，推进建设项目49个、服务重点企业73个、招引产业项目83个、推进项目前期26个。2022年，市级责任领导、市直包抓部门和项目主管部门先后召开工作推进会79次，现场督办推进项目90次，深入企业开展调研活动89次、开展洽谈招引对接活动81次，推进项目前期调研活动65次。49个推进建设项目开复工48个，完成投资92.5亿元。73个市直包抓部门服务重点企业73家，共梳理企业反映问题166个，目前已解决162个。30名市级责任领导和77个责任部门围绕83个重点招商项目，对接企业、商会129家，30个项目签订正式协议、签约额54.87亿元，10个项目签订框架协议、总投资13.27亿元，20个项目达成初步合作意向、总投资4.97亿元。26个推进前期项目中，12个项目已开工建设，12个项目完成可研编制审批。

【“十大工业产业链”建设】出台《“十大工业产业链”建设实施方案》，推进产业基础高级化和产业链现代化。2022年，全市“十大工业产业链”实现总产值506亿元，同比增长25.2%，其中规上工业完成总产值287.9亿元，占全市规上工业总产值的94.7%。中医药加工产业链。链上47户规上企业完成产值57.04亿元，同比增长22.9%。实施重点项目19个，完成投资14.8亿元；新签约产业链项目14个，签约金额39.1亿元，累计到位资金16.05亿元。马铃薯加工产业链。链上6户规上企业完成产值14.97亿元，同比增长61.3%。实施重点项目7个，完成投资2.99亿元；新签约产业链项目7个，签约金额9.67亿元，到位资金8.7亿元。草牧加工产业链。链上8户规上企业完成产值4.23亿元，同比下降28.9%。实施重点项目24个，完成投资5.76亿元。新签约产业链项目18个，签约金额37.25亿元，累计到位资金21.4亿元。有色冶金及加工产业链。链上7户规上企业完成产值103.6亿元，同比增长6%。实施重点项目10个，完成投资2.85亿元；新签约产业链项目4个，签约金额8.53亿元，累计到位资金7.68亿元。装备制造产业链。链上11户规上企业完成产值12.3亿元，同比增长12.9%。实施项目11个，完成投资4.65亿元；新签约产业链项目4个，签约金额4.58亿元，累计到位资金3.9亿元。新型建材产业链。链上55户规上企业完成产值47.72亿元，同比增长9.7%。实施重点项目26个，完成投资10.13亿元；新签约产业链项目12个，签约金额15.13亿元，累计到位资金11.98亿元。新能源产业链。规上企业达到30户，完成产值47.26亿元，同比增长12.2%。实施项目9个，完成投资15.39亿元；新签约产业链项目14个，签约金额131.3亿元，累计到位资金58.89亿元。矿产加工产业链。新增矿产加工产业链企业3户，全市矿产企业达到6户。链上1户规上企业完成产值7776.6万元，同比增长71.9%。实施重点项目1个，完成投资1亿元；新签约产业链项目1个，签约金额3.09亿元，累计到位资金1.8亿元。种子种业产业链。种子种业产业链完成总产值111.87亿元，同比增长19.64%。实施项目50个，完成投资4.32亿元；招引项目5个，总投资0.5亿元。盐产业链。1户规上企业武阳盐化处于停产状态。积极对接成都文澜智谷科技有限公司，总投资6.51亿元的漳县年产60万吨“出城入园”电能替代节能减排制盐项目开工建设。

【县域经济】主动融入“一核三带”区域发展格局，深入推进强县域行动，实施县域经济倍增进位计划，出台《定西市强县域行动实施方案（2022—2025）》《关于推进以县城为重要载体城镇化建设大力实施强县域行动的若干措施》，打造工业强县、农业大县、文旅名县和生态优县。2022年，各县区地区生产总值分别为：安定区143.18亿元，同比增长8.0%；通渭县67.30亿元，同比增长7.6%；陇西县97.68亿元，同比增长7.8%；渭源县51.32亿元，同比增长7.9%；临洮县101.97亿元，同比增长7.5%；漳县33.26亿元，同比增长7.8%；岷县63.21亿元，同比增长8.1%。分产业看，第一产业增加值增速为渭源县6.4%、安定区6.3%、陇西县6.3%、通渭县6.1%、漳县6.1%、临洮县6.0%、岷县6.1%；第二产业增加值增速为渭源县17.2%、临洮县13.9%、岷县13.8%、通渭县9.8%、陇西县8.9%、安定区8.7%、漳县8.7%；第三产业增加值增速为漳县8.3%、安定区8.2%、陇西县8.0%、岷县8.0%、通渭县7.6%、渭源县7.6%、临洮县6.0%。

【乡村振兴】2022年新识别监测人口1919户8631人，共有监测对象2.02万户8.0万人，落实针对性帮扶措施，风险消除率64%。安排优势特色产业资金5000万元、发放贷款17.96亿元、整合各类资金23.36亿元支持特色优势产业发展。出台稳岗就业23条支持措施，输转劳动力62.2万人（脱贫人口32.97万人），实现劳务收入168.5亿元。投入资金3.29亿元实施义务教育薄弱环节改善与能力提升项目，脱贫人口三重保障后住院政策范围内报销比例达到89.15%。建立农村脱贫人口住房安全动态监测机制，3126户抗震农房竣工，实施生态及地质灾害避险搬迁2722户。7项农村供水保障工程、69项易地搬迁后续扶持项目全部建成。

青岛市落实财政帮扶资金4.56亿元，引进企业25家、完成投资3.36亿元，帮助销售农产品10.8亿元，组织输转3.07万名农村劳动力，协作共建现代农业产业园区7个，协力打造乡村振兴示范村34个。7家中央定点帮扶单位直接投入资金6473万元、引进资金3.68亿元，帮助销售农特产品7417万元。围绕补齐3个国家级重点帮扶县工作短板和更好发挥省定重点帮扶县示范带动作用，谋划项目2143个、总投资180亿元，为3个国家级和1个省级重点帮扶县倾斜投入财政衔接资金18.64亿元，实施各类项目787个，发放“富民贷”0.9亿元。建立国家重点帮扶县科技特派团成员包乡联村机制，44名科技特派团成员组建产业小组11个。对780个发展类村庄全覆盖编制“多规合一”的实用性发展规划。统筹整合各类资金18.55亿元，完成5个省级示范乡镇、33个省级示范村和33个市级示范村、106个县级示范村创建任务。制定《定西市乡村建设行动实施方案》，实施“七大工程”，全市卫生厕所覆盖率达到60.5%，行政村卫生公厕覆盖率100%；创建清洁村庄1807个，166个村庄完成污水治理；119个乡镇垃圾处理站、村庄垃圾收集点、无害化处理设施实现全覆盖。

（定西市地方志编纂委员会办公室）

## 陇南市

【综述】陇南市位于甘肃南部，北与天水市秦州区、麦积区、武山县、甘谷县接壤；南与四川广元市青川县、绵阳市平武县和阿坝州九寨沟县毗连；西与甘南的迭部县、舟曲县和定西市的岷县比邻；东接秦巴山地，与陕西省汉中市宁强县、略阳县、勉县和宝鸡市凤县为邻。全市东西长约237千米，南北宽约230.5千米。土地面积2.79万平方千米（其中耕地面积834万亩），占甘肃省面积的8.67%。境内地势西北高、东南低，境内有大小河流3760条，年径流量279亿立方米，水利理论蕴藏量425万千瓦可开发量223万千瓦，是甘肃省唯一属于长江水系并拥有亚热带气候的地区。已探明金属和非金属矿34种，矿产地445处。有水杉、红豆杉等国家保护植物和大熊猫、金丝猴等20多种珍稀动物。拥有白水江和甘肃裕河2个国家级自然保护区，文县尖山1个省级自然保护区，文县天池、宕昌官鹅沟、成县鸡峰山3个国家森林公园，文县黄林沟和康县梅园2个国家湿地公园，是中国主要中药材和油橄榄产地之一。

【经济发展】2022年，全市实现地区生产总值562.4亿元，同比增长7.8%。其中：第一产业增加值104.2亿元，同比增长6.1%；第二产业增加值148.4亿元，同比增长7.6%；第三产业增加值309.8亿元，同比增长8.4%。第一、二、三产业对全市地区生产总值的贡献率分别为14.5%、22.3%和63.2%，第三产业成为拉动经济增长的主要动力。按常住人口计算，全年人均地区生产总值23548元，同比增长8.1%。全年全市十大生态产业增加值129.37亿元，占全市地区生产总值的23%。第一、二、三产业增加值占全市地区生产总值的比重分别为18.5∶26.4∶55.1，与上年相比，第一产业所占比重下降0.5百分点，第二产业所占比重上升1.5个百分点，第三产业比重下降1百分点。年末全市常住人口238.91万人，比上年末增加0.18万人。其中：城镇人口91.95万人，占常住人口比重（常住人口城镇化率）为

38.49%，比上年末提高1.21个百分点。全年出生人口2.06万人，出生率为8.63‰；死亡人口2.33万人，死亡率为9.74‰；人口自然增长率为-1.11‰。全年全市居民消费价格比去年上涨1.9%。商品零售价格上涨3.1%。

【特色产业】2022年，深入推进产业转型升级行动，特色优势逐步显现。坚持一县一园区、一业一链条，大力发展县域经济，启动建设新能源（装备制造）、核桃、花椒、油橄榄、中药材、文旅康养、白酒酿造、有色冶金、非金属、现代物流、茶叶等11条优势产业链，打造有色冶金、非金属、文旅康养等3个百亿级产业集群，谋划重点产业链项目461个、总投资2490亿元，产业链条不断延伸。特色山地农业提质增效，大力实施特色产业三年倍增行动，新建经济林果示范基地30.4万亩，发展中药材111.2万亩、食用菌4400万袋，畜牧业发展持续向好，全年实现农业增加值103亿元、增长5.5%。农业固定资产投资增长3.3倍。引进培育农业龙头企业15家，规范提升农民专业合作社986个，新发展家庭农场467家。引进兰州佛慈制药公司，投资设立控股子公司陇南佛慈纹党参产业发展有限公司。全市国家地理标志保护产品和新入选“甘味”农产品品牌数量居全省第一。成功举办2022中国农民丰收节·甘肃陇南油橄榄节。传统优势工业提级转型，实施市列重点工业项目33个，西和中宝矿业小东沟金矿等10个项目建成投产，文县新材料产业园等在建项目稳步推进。工业固定资产投资增长近2倍，增速居全省第1位。恒康医疗完成破产重组，金徽股份成功上市。新增入规企业30户。工业总产值达到250亿元。24户重点工业企业实现利税24亿元。推动矿业经济高质量发展，15家矿山企业复工复产，矿业经济对工业的贡献率达到53.8%。文旅康养产业提档升级，积极培育生态、中医药、历史文化等文旅康养新业态，武都万象、文县天池、康县青龙山、两当云屏、西和云华山等大景区建设加快推进。宕昌官鹅沟成功创建为国家5A级景区，康县创建为省级全域旅游示范区。建成省级文旅振兴样板村5个、国家等级旅游民宿5家。康县、文县、两当县入选“2022健康中国·康养旅游百强县”，金徽矿业获评“国家工业旅游示范基地”。新兴数字产业提速崛起，市本级落实数字经济发展专项资金500万元，加快数字技术与传统产业融合发展，产业数字化取得新进展。扎实推进大数据产业园建设。制定出台《陇南市数字赋能产业方案》，建成金徽酒业数字化应用综合平台、油橄榄数字农业示范基地、陇南绿茶质量溯源区块链、礼县苹果大数据平台。深入推进智慧文旅、智慧交通、智慧教育、智慧社区等建设，5G+智慧健康一期工程建成投用。新建5G基站709个。建成陇南电商数据平台，全年电商销售额突破60亿元，创历史最好水平。各类园区竞相发展，编制实施陇南经济开发区总体发展规划，制定出台推进园区加快发展的20条政策措施，健全理顺开发区体制机制，园区基础配套设施建设、招商引资工作进展顺利，在省级开发区考核中获得优秀等次。西和县工业集中区创建为省级开发区。武都区花椒产业园、宕昌县中药材产业园、西和县中药材马铃薯产业园创建为省级现代农业产业园。陇南东盛国际商贸物流港认定为省级代表性园区。礼县三国文化、金徽现代农业等一批产业园区重点项目落地开工。建成市供销智慧冷链物流园、文县纹党参和即墨现代农业产业园，启动武都区国家现代农业产业园创建工作。

【生态建设】坚持生态优先、绿色崛起，深入践行“两山”理念，系统推进生态修复治理，河湖长制、林长制全面实施，“三线一单”（即生态保护红线、环境质量底线、资源利用上线和生态环境准入清单）分区管控制度有效落实。积极实施天然林保护、公益林补偿、自然保护区建设，人工造林45万亩，全市森林覆盖率达到45.27%。“三江一水”河道生态治理、白龙江流域水环境综合治理成效明显，河湖“四乱”（即乱占、乱采、乱堆、乱建）实现动态清零。落实跨界河流联防联控联治机制，在文县、康县召开甘陕川三省联席会议。中央和省级生态环保督察反馈问题整改完成年度任务。大气、土壤、水三大污染防治攻坚战取得阶段性成效，全市空气质量综合指数、优良天数占比分别位居全省第二、第一。制定碳达峰碳中和“1+N”（“1”即《中共中央 国务院关于完整准确全面贯彻新发展理念做好碳达峰碳中和工作的意见》；“N”即国务院《2030年前碳达峰行动方案》为首的政策文件，包括能源、工业、交通运输、城乡建设等分领域分行业碳达峰实施方案）政策体系和实施方案，九县区全域纳入国家储备林建设规划，启动林业碳汇交易项目开发。统筹创建“两山”实践创新基地、国家生态文明建设示范市、国家森林城市，两当县创建为第六批国家“两山”实践创新基地，陇南市荣获“2022绿水青山就是金山银山实践优秀城市”和“绿色生态高质量发展十佳城市”称号。

【社会事业】坚持民生优先，落实各项惠民政策，财政民生支出占一般公共预算支出的比重达到82.6%。年度省、市列民生实事全部办结。就业形势保持稳定，多渠道促进高校毕业生充分就业，城镇新增就业1.5万人，输转城乡富余劳动力68.5万人。教育事业稳步发展，实施教育建设项目371个，义务教育“双减”政策全面落实，陇南师专升本、陇南职业技术学院创建工作进展顺利，开工建设教师安居住房7981套，全市高考本科上线率62.5%，全省教育信息化现场会在陇南市召开。健康陇南建设全面推进，市级区域医疗中心、市公共卫生应急中心加快建设，建成县域医学中心45个，城乡医疗卫生服务水平、公共卫生应急处置能力不断提升。开展科技文化卫生“三下乡”活动，公共文化服务供给能力不断加强。文县白马文化和武都高山戏文化列入省级文化生态保护区名录。10个村入选第六批中国传统村落名录。陇南第九届运动会成功举办，组团参加省第十五届运动会、省第十一届残运会取得历史最好成绩，全民健身设施日趋完善。兜底保障政策全面落实，县级特困供养机构实现全覆盖，城乡低保标准分别提高8%、10%。及时启动社会救助保障价格补贴联动机制，发放价格临时补贴2180万元，投放冻肉72.7吨。深入整改礼县临时救助资金审计反馈问题。“一老一小”（即加快建设养老服务体系，发展普惠托育服务，实现老有所养、幼有所育）工作持续推进，“三留守”关爱服务积极开展。西和县中部人口密集区及礼县雷王片区供水工程开工建设。市区管道天然气开通投运，居民用气价格下降29.4%。探索新建商品房“交房即交证”，摸排化解城镇住宅历史遗留“登记难”问题31373套。全面启动生态及地质灾害避险搬迁工作，创新政策服务保障“12345”工作机制（“1”即规范“一套工作流程”；“2”即实现搬迁群众生活品质提高、群众收入稳定增长“两个确保”；“3”即聚焦于新型城镇化、乡村振兴、产业园区“三个结合”；“4”即建立统筹协调、资金整合、要素保障、后续扶持“四项机制”；“5”即做实政策、服务、责任、项目、产业“五张清单”）。开工建设集中安置点34个，拟安置搬迁群众1.46万户5.73万人，全面完成了今年4155户的搬迁任务，全省生态及地质灾害避险搬迁工作现场观摩会在陇南市召开。

【居民生活】2022年，全市城镇居民人均可支配收入29899元，同比增长4.2%。农村居民人均可支配收入10013元，同比增长7.5%。城乡居民收入比值为2.99，比上年缩小0.09。全市失业保险参保人数55792人，同比增加1.98%；城乡居民养老保险参保人数1666713人，同比下降1%，工伤保险参保人数138926人，同比增长6.08%。城镇居民最低生活保障对象28625人，发放低保金2.11亿元；农村最低生活保障对象179025人，发放低保金7.47亿元。

【项目建设】坚持抓项目扩投资，全力打通项目建设“五点”（即项目建设中的堵点、痛点、难点、断点、卡点），稳增长效应逐步显现。市县两级安排项目前期费1.4亿元，争取到位省级预算内前期费2086万元，谋划实施500万元以上投资项目748个。落实债券资金50.1亿元、增长49.5%。加快完善立体交通网络，天陇铁路全线开工，武九高速年内实现区间通车，景礼高速、康略高速加快推进，和昌高速开工建设。实施普通省道及乡镇通三级公路337千米，建成自然村组硬化路1436千米，成县创建为全国“四好农村路”（即建好、管好、护好、运营好农村公路）示范县。加大江河干支流、中小河流、山洪灾害防治等水利工程建设，实施“四抓一打通”（即抓续建、抓配套、抓更新、抓改造，打通“最后一千米”）水利项目121项。新能源建设实现零的突破，礼县10万千瓦风电年内并网发电，宕昌县农光互补光伏发电、武都区风光储一体化发电等项目加快建设，武都区生活垃圾焚烧发电、国家电投50万千瓦风光储氢一体化示范项目开工建设，抽水蓄能项目前期工作进展良好。加强与省直厅局汇报对接，与省发改委、省交通厅、省自然资源厅、省公航旅集团、省农发行等单位企业签订合作框架协议。

**【招商引资】** 坚持招大引强、招新引优，制定落实招商引资优惠政策，健全重大招商引资项目领导包抓、协同推进、专人专班、跟踪服务机制，强化节会招商、驻点招商、精准招商，加大宣传推介，设立驻长三角、珠三角、川渝地区招商服务中心，成功举办"民企陇南行"、网络招商推介会等系列招商活动，组团参加第二十八届兰洽会等省内外招商活动，论证储备产业链招商项目114个579亿元。全市签约招商引资合同项目136个，签约资金385.6亿元、增长2.3倍，落地开工招商引资项目129个，实现省外到位资金173.2亿元、增长1.1倍，招商引资实现新突破。

**【巩固拓展脱贫攻坚成果与乡村振兴】** 坚持精准施策、固强补弱，深入开展"抓巩固促增收"百日提升活动，脱贫攻坚成果得到有效巩固拓展。坚决扛牢粮食安全政治责任，扎实整改省委涉粮问题巡视反馈意见，整治撂荒地29万亩，建设高标准农田27.5万亩，粮食总产量达到89.9万吨，超额完成目标任务。加强防返贫动态监测和跟踪帮扶，新识别监测对象1085户4644人，稳定消除返贫风险1.6万户6.29万人，脱贫人口人均可支配收入12163元、增长12.3%。整合涉农资金37.65亿元，加快六个重点帮扶县全面发展，强化易地扶贫搬迁后续扶持。扎实推进"2510"（即打造20个叫响全国的文旅康养品牌村、50个全省一流的乡村建设示范村、100个具有旅游功能的生态文明清洁村）乡村振兴和"5155"〔即在全省创建5个省级示范市（州）、10个省级示范县（市、区），建成50个省级示范乡（镇），新建500个省级示范村〕乡村建设示范行动，编制完成多规合一和实用性村庄规划355个，创建乡村振兴示范村55个、乡村建设示范村101个、精品村20个、示范乡镇10个、示范县1个。设立乡村振兴花椒产业子基金。持续加强与青岛交流合作，实施东西部协作项目264个，引进企业17家，完成消费帮扶7.3亿元。八家中央定点单位全方位帮扶取得新成效。积极开展线上线下促销活动，在上海、青岛、北京等地设立电商直营店31家，新发展限上商贸流通企业40户、外贸企业12户，外贸出口实现新突破。陇南市荣膺"2022乡村振兴绿色实践优秀城市"，两当县杨店镇灵官店村获评"中国美丽休闲乡村"，康县长坝水美乡村全国试点建成。

**【城市品质提升与城乡环境整治】** 坚持建管并重、内外兼修，科学编制国土空间规划，"三区三线"（即城镇空间、农业空间、生态空间，城镇开发边界、永久基本农田保护红线、生态保护红线）划定通过省级审核。统筹新城区开发与老城区改造，实施城市品质提升项目399个，完成投资92.4亿元。橄榄新城市政路网项目开工建设，两水组团段河坝片区规划编制完成。一批城镇供水供气供热和污水处理等市政设施项目开工建设。实施老旧小区改造1.88万户、棚户区改造873套、农房抗震改造2169户。前三季度全市建筑业增加值增长10.8%、居全省第3位。50个中心镇建设稳步推进，常住人口城镇化率逐步提升。加强城市精细化、智慧化管理，扎实开展"一难两乱"（即城市停车难、收费乱、管理乱）专项整治，数字城管平台实现互联互通，建设智慧停车泊位7782个。

深入推进城乡环境整治行动，坚持常抓不懈、全域整治，聚焦"一净三畅"（即全域整洁干净，路畅、河畅、市畅）"九个美丽"（即创建美丽城市、美丽村庄、美丽小区、美丽机关、美丽校园、美丽医院、美丽河道、美丽公路、美丽景区）六个一样"（即城市乡村一个样、村里村外一个样、左邻右舍一个样、户内户外一个样、房前屋后一个样、晴天雨天一个样）目标任务，全面整治城市农村、地面立面、室内室外环境卫生，城乡环境不断完善。全市铺设城区、重点镇区污水管网37千米，违章建筑、城市"飞线"、占道经营得到有效整治。统筹推进农村"五大革命"（即厕所革命、垃圾革命、污水革命、风貌革命、庭院革命），新改建农村户用卫生厕所7.26万户，新建乡镇垃圾处理站10座，设置垃圾收集点3.5万个。启动国家卫生城市创建工作，创建省市级卫生乡镇、村社、单位251个、清洁村庄400个，在西和县、两当县召开全市城乡环境综合整治行动、美丽幸福河湖创建现场推进会，环境革命深入人心。

（陇南市地方志办公室）

## 临夏回族自治州

【区域概况】临夏回族自治州位于黄河上游、甘肃省中部西南面，地处黄土高原向青藏高原过渡地带，黄河从中北部蜿蜒而过，北邻兰州、东邻定西，西邻青海省，南与甘南藏族自治州毗邻。州内地形复杂，河谷纵横，丘陵起伏，海拔在1563～4585米之间，平均海拔2000米。山旱地占全州面积的90%，河谷阶地面积为10%。是全国两个回族自治州和甘肃两个少数民族自治州之一，成立于1956年11月，总面积8169平方千米，下辖临夏市、临夏县、康乐县、永靖县、广河县、和政县、东乡族自治县、积石山保安族东乡族撒拉族自治县7县1市。123个乡镇、7个街道办、1090个行政村、102个社区，户籍人口244.85万人，常住人口212.41万人（截至2022年底），有回、汉、东乡、保安、撒拉等42个民族，东乡族和保安族是以临夏为主要聚居区的甘肃特有少数民族。

临夏州大部分地区属温带半干旱气候，东北部属冷温带半干旱气候，西南部属冷温带半湿润气候。其特点是西南部山区高寒阴湿，东北部干旱，河谷川塬区温和。年平均气温5.6～9.7℃，极端最高气温40.7℃，极端最低气温-32.2℃。年平均降水量273.7～592.7毫米，呈南多北少分布。年平均蒸发量1190.8～1551.7毫米，年日照总时数2360.6～2571.1小时，年平均相对湿度59%～70%，无霜期122～199天，最大冻土深度85～121厘米。

全州水资源总量336.15亿立方米，其中过境水324亿立方米，占总量的96.4%，自产水资源量12.15亿立方米，占总水量的3.6%；人均自产水资源量576立方米；全州水能理论蕴藏量225.5万千瓦。临夏回族自治州地处西秦岭与祁连山多金属成矿带的延伸交会部，区域成矿地质条件较好。至今发现的矿种有金、银、锰、铁、铬、铜、铅、锌、钨、钼、锑、铂、钽、铌、铍、磷钇、（煤、泥炭）、萤石、石膏、方解石、硅灰石、水泥用灰岩、白云岩、冶金用石英岩、建筑用砂、耐火黏土、砖瓦用黏土、水泥配料用红土、建筑用玄武岩、建筑用花岗岩、建筑用凝灰岩等43种，各类矿床（点）、矿产地80多处。在“十三五”期间金属类、非金属类矿产资源量基本上未增加；砖瓦用黏土、建筑用砂石及建筑石材等矿产资源量有不同程度的增加。

2022年实现生产总值408.6亿元、同比增长6.0%，固定资产投资增长30%，农村居民人均可支配收入9672元、增长7.4%，城镇居民人均可支配收入25773元、增长3.5%，一般公共预算收入20.9亿元。受疫情影响，全州完成社会消费品零售总额108.6亿元、同比下降7.5%，增速较去年回落17.5个百分点。其中城镇消费品零售额87.9亿元、同比下降7.8%，乡村消费品零售额20.7亿元、同比下降6.3%；商品零售92.4亿元、同比下降7.1%，餐饮收入16.2亿元、同比下降10.0%。

【公共资源交易】全年公共资源进场交易项目1597项，交易额291.47亿元，同比增长36.51%，占全省的11.6%，位居全省各市州第一，其中工程建设项目招投标交易额246.37亿元，明显高于其他市州。阳光招标采购平台完成29777项，同比增长29.94%，成交额34.59亿元，同比增长12.82%，阳光招标采购平台使用率同比增速全省第一。

【重点项目建设】临夏州坚持把项目建设作为推动高质量发展的“主抓手”，抢抓国家省上稳经济政策机遇窗口期，加强与省州行业部门衔接汇报，在资金争取上赢主动、抢先机、抓重点、谋长远。2022年共争取到中央省级预算内投资项目148个、争取到资金25.12亿元，争取资金量比2021年增加3.89亿元，增长16.49%，资金量创历史之最；共争取到三批专项债务资金55.9亿元，比2021年增加2.9亿元，增长5.47%，争取额度居全省前列。全年全州共开复工重点项目841个、超计划160个，完成投资464亿元。

【招商引资项目】成功承办2022鲁企走进甘肃·临夏投资洽谈会，全年实施招商引资项目304个，到位资金204.75亿元、增长49.17%；持续用好央企助力的重大机遇，与13家央企达成合作项目（事项）126项、总投资444.4亿元，累计完成投资98.7亿元。

【交通运输】2022年，兰永临和永大（积石山）2条高速动工建设，兰临合铁路、临大高速、临康广高速加速推进，形成高铁和4条高速公路同时在建的喜人局面，安临一级公路东乡和政连接线、临夏市环城北路东线、临夏市（四家咀）至和政县（三岔沟）二级公路、临夏县环湖公路和折双公路、达板至三甲集公路东乡段建成通车。全州已开辟营运航线15条，通航里程211千米，其中等级航线106.2千米（六级54千米、七级52.2千米），等外航道104.8千米。全州有客运站2家，水（航）运企业15家，有船乡镇21个，渡口码头47处。

**【教育事业】**截至2022年底，全州有各级各类学校2496所，其中幼儿园1276所，小学1093所，九年一贯制学校21所，初级中学68所，完全中学7所，高级中学15所，中等职业学校12所，开放大学（州教师培训中心）1所，特教学校2所，高职院校1所。学前三年毛入园率95.92%，比2018年增加3.77个百分点，九年义务教育巩固率98%，比2018年增加1.71个百分点，高中阶段毛入学率86.08%，比2018增加7.33个百分点，人均受教育年限9年，比2018年增加0.9个百分点。

**【医疗卫生】**截至2022年底，全州共有公立医疗卫生机构1357个。其中，州级医疗卫生机构8个（医院2个，妇幼保健院、疾控中心、中心血站、中医药研究所、卫生健康服务中心、监督执法局各1个），县级医疗卫生机构66个（医院17个、妇幼保健院8个、疾控中心8个、地病办8个、计生服务站4个、监督执法局8个、门诊部11个、急救站和疗养院各1个），乡级医疗卫生机构136个（乡镇卫生院127个、社区卫生服务中心9个），有村卫生室1138个，社区卫生服务站9个。按医院等级划分，二级以上医院中三级医院3家，二级甲等11家，二级乙等3家。全州有民营医院36家。

**【居民收入消费】**农村居民人均可支配收入9672元、同比增长7.4%。全州城镇居民人均可支配收入达到25773元、同比增长3.5%；农村居民人均可支配收入达到9672元、同比增长7.4%；城乡居民人均收入比值为2.66，比上年缩小0.11。全年城镇新增就业1.9万人，共输转城乡富余劳动力58.4万人。全州居民消费价格上涨2%，涨幅控制在合理范围内。

**【科学技术】**全州创建高新技术企业23家；省级科技创新型企业14家；国家级众创空间1家、省级众创空间4家、省级科技企业孵化器3家、省级工程技术研究中心2家、省级新型研发机构1家。临夏州综合科技进步水平指数达到33.21%。

**【文化事业】**全州现有图书馆9个（州级1个、县级8个），文化馆9个（州级1个、县级8个），美术馆3个（州级2个，县级1个），博物馆（纪念馆）16个（国有14个、非国有2个）；乡镇综合文化站123个、街道综合文化站7个，乡村舞台1150个；文物遗址829处，其中：世界文化遗产1处（炳灵寺石窟）、全国重点文物保护单位7处、省级文物保护单位21处；国家级非物质文化遗产项目11项、代表性传承人9人，省级非物质文化遗产项目29项、代表性传承人39人，州级非物质文化遗产项目148项、代表性传承人327人。

**【体育事业】**全州现有各类大型体育场馆15个，其中：州级3个大型体育场馆，临夏市、永靖县、积石山县均有1个体育场、1个体育馆，广河县有2个体育场、1个体育馆，东乡县1个体育场，和政县、临夏县1个体育馆；乡镇体育场地103个，占全州乡镇总数的83.74%；村级体育场地1211个，占全州行政村总数的111.10%。全州有体育协会65个，其中：州级体育协会17个，县级体育协会48个（临夏市13个，临夏县2个，广河县5个，东乡县3个，积石山县4个，和政县7个，永靖县8个，康乐县6个）。

**【旅游拓展】**全州有国家A级旅游景区37家，〔其中：5A级1家（炳灵寺世界文化遗产旅游区）、4A级9家、3A级24家、2A级3家；省级大景区2家（黄河三峡、松鸣岩—和政古动物化石地质公园）〕，旅游投资公司8家（州级1家，县级7家）；星级酒店16家、旅行社21家、在册导游员162名；全国乡村旅游重点村4个、省级乡村旅游示范村21个，省级全域旅游示范区2个（临夏市、永靖县），省级旅游度假区3个（折桥湾、黄河三峡、刘家峡）；正在创建国家级省级全域旅游示范区1个（康乐县）；民宿40家。2022年，全州共接待游客1118.75万人次，实现旅游综合收入43.7亿元。其中乡村旅游接待人数540.08万人次，旅游收入17.32亿元。

**【生态文明建设】**经过全州上下的不懈努力，生态环境质量持续改善。实现“绿水长流”。完成全州37个集中式饮用水水源地环境问题和667个入河排污口排查整治工作；实施污水处理厂扩容与提标改造，全州污水处理能力达到每日13.15万吨，8县市城区生活污水处理厂均达到一级A排放标准；5个国控断面、7个省控断面优良率达到100%，37个水源地水质达标率均为100%；实现“空气常新”。临夏市PM10均值为54微克每立方米，PM2.5均值为28微克每立方米，优良天数比率为91.5%，三项考核指标均达省上考核要求。其余县环境空气质量相比2021年均有改善；实现“青山常在”。实施16个以农村生活污水治理为主的农村环境综合整治项目，完成农村黑臭水体排查整治、重点建设用地土壤污染状况补充调查和水源地、自然保护区等生态敏感区内4445户搬迁对象的审核认定工作。

【十有临夏】临夏历史悠久、文化灿烂，物华天宝、人杰地灵，是镶嵌在甘肃这柄“玉如意”上的一颗璀璨明珠，拥有一个个独具魅力、独树一帜的自然标识、历史符号、人文名片。具体来说就是“十有”：有见证变迁、地质演化的奇特地貌。临夏盆地被学术界誉为“最漂亮的陆地磁性剖面”“全球盆地研究亮点”，有距今3000万年至170万年的多处连续天然剖面和160万年以来黄河7级阶地的黄土沉积，是揭开板块运动、青藏高原隆升、黄土高原和黄河形成神秘面纱的“金钥匙”。有跨越时空、享誉世界的丰富化石。距今7亿年至2.3亿年的海洋生物化石、距今2亿年至6500多万年的刘家峡恐龙足印化石群、距今3000万年至100多万年的和政古动物化石群，占据了多项世界之最、荣获“吉尼斯世界纪录”认证，临夏被誉为“古动物的伊甸园”。有星罗棋布、探源文明的史前遗迹。临夏是中华文明的重要发源地之一，现有世界级遗址点1个、国家级7个、省级21个，马家窑、半山、边家林、齐家等遗址星罗棋布，出土了“彩陶王”、天下第一铜镜、天下第一铜刀、玉七联璧等珍贵文物，是中国彩陶文化唯一没有中断的地区，被誉为“中国彩陶之乡”。有灿烂辉煌、多元一体的优秀文化。黄河文化、大禹文化、非遗文化、花儿文化、牡丹文化等交相辉映，有世界文化遗产炳灵寺石窟、世界非物质文化遗产“花儿”，有临夏砖雕、保安腰刀锻制技艺、河州木雕、临夏刻葫芦等11项国家非遗和29项省级非遗，享有“中国花儿之乡”“中国砖雕文化之乡”的美誉。有雄浑壮丽、钟灵毓秀的山水美景。临夏是黄河上游重要的水源补给区和生态安全屏障，有黄河三峡、炳灵石林、莲花山、松鸣岩等自然美景和八坊十三巷、保安三庄等人文景观，现有各类景区景点109处，其中国家5A级旅游景区1处，4A级旅游景区9处。有琳琅满目、品味俱佳的特色美食。临夏美食源远流长、种类繁多，制作精良、品鲜味美，东乡手抓、平伙、康美牛排、临夏八大碗、牛肉面、河沿面片、河州包子、油馃馃、发子面肠、甜醅子等菜品自成体系，色香味俱全，品意形绝佳。有三道交会、四方通达的优越区位。临夏自古以来就是古丝绸之路南道要冲、唐蕃古道重镇、茶马古道枢纽，是明代著名的四大茶马司之一，改革开放以来商贸流通极其活跃，享有“西部旱码头”“河湟雄镇”“东有温州、西有河州”等美誉。有深深植根、流淌不息的红色基因。临夏的革命先驱胡廷珍是甘肃最早加入中国共产党的党员之一，导河特别支部是甘肃最早成立的三个党支部之一，红军长征经过康乐，王震大军在临夏抢渡黄河解放大西北，我国自行设计建造的第一座百万千瓦级大型水电工程刘家峡水电站，都是不可磨灭的红色印记。有顽强拼搏、脱贫攻坚的典型缩影。“全国脱贫看甘肃，甘肃脱贫看临夏”。全州上下始终牢记习近平总书记考察临夏时的殷切嘱托，敢死拼命、攻坚克难，夺取了脱贫攻坚战的全面胜利，与全国全省同步全面建成小康社会，谱写了新时代精准扶贫精准脱贫的“临夏篇章”，在共和国脱贫档案中留下了浓墨重彩的“临夏印记”。有守望相助、手足相亲的各族人民。长期以来，生活在临夏这片热土上的各族儿女交往交流交融，像石榴籽一样紧紧抱在一起，在共建共治共享中铸牢了中华民族共同体意识，凝聚了“爱国爱党爱家乡，团结奋进创一流”的新时代临夏精神。

（临夏回族自治州地方史志办公室）

## 甘南藏族自治州

【综述】甘南藏族自治州位于甘肃省西南、甘青川三省结合部，东与定西、陇南毗邻，南与四川阿坝藏族羌族自治州接壤，西与青海省果洛、黄南州相连，北靠临夏回族自治州，是甘肃省两个少数民族自治州之一，成立于1953年10月，总面积4.5万平方千米。全州分为三个自然类型区，南部为岷迭山区，气候温和，是全国“六大绿色宝库”之一；东部为丘陵山地，农牧兼营；西部为广阔的草甸草原，是全国“五大牧区”之一，最高海拔4920米，最低海拔1172米，年平均气温1.7℃。甘南地处黄河、长江上游，是洮河、大夏河、白龙江的发源地。境内河流众多，溪流密布，主要河流有黄河、洮河、大夏河和白龙江（统称三河一江），州境所辖的玛曲、碌曲、卓尼、临潭、夏河5县境属黄河流域，主要河流有黄河（首曲）及其支流洮河、大夏河，是黄河上游重要的水源涵养区和补给区；迭部、舟曲两县全境及碌曲县的郎木寺一带属长江流域，主要河流为白龙江。境内有国家一类保护动物大熊猫、梅花鹿、白唇鹿、雪豹、黑鹳、金雕、胡兀鹫、白肩雕、斑尾榛鸡、红尾虹雉、红雉、黑颈鹤、丹顶鹤、赤颈鹤等；野生植物1820种，重点保护的有大果青杆、岷江柏木、秦岭冷杉、连香树等20余种：药用植物643种。境内有铅、锌、铁、汞、锑等42种矿产。

2022年末全州总人口（户籍人口）74.82万人，比上年末减少0.52万人，其中藏族人口42.98万人，增加0.04万人，占总人口数的57.4%。常住人口68.37万人，其中，城镇人口30.28万人，占常住人口比重（常住人口城镇化率）为44.3%。全年出生人口0.70万人，出生率10.25‰；死亡人口0.54万人，死亡率7.89‰；人口自然增长率2.36‰。

**【经济发展】**2022年，全年全州实现地区生产总值245.12亿元，按不变价格计算，比上年增长4.0%。其中，第一产业增加值41.98亿元，下降6.1%，对经济的贡献率-30.05%，下拉经济增长1.2个百分点；第二产业增加值28.14亿元，下降4.1%，对经济的贡献率-11.90%，下拉经济增长0.5个百分点；第三产业增加值175.00亿元，增长8.3%，对经济的贡献率141.94%，拉动经济增长5.7个百分点。

按常住人口计算，全州人均地区生产总值35662元，同比增长4.6%。三次产业结构比由2021年的18.5∶12.3∶69.2调整为17.1∶11.5∶71.4，第一产业比重下调1.4个百分点，第二产业下调0.8个百分点，第三产业上调2.2个百分点。

全年全州大口径财政收入18.37亿元，同口径下降2.4%。公共财政预算收入9.79亿元，增长1.1%，其中：税收收入5.19亿元，增长8.9%；非税收入4.60亿元，下降7.2%。公共财政预算支出231.77亿元，增长16.8%。年末全州金融机构人民币各项存款余额451.74亿元，比上年增长8.7%，

全年全州城镇居民人均可支配收入30660元，比上年增长4.0%。城镇居民人均生活消费支出25262元，增长11.9%。城镇居民恩格尔系数35.6%，下降0.4个百分点；农村居民人均可支配收入10883元，比上年增长7.3%，农村居民人均消费支出8734元，增长6.6%。农村居民恩格尔系数为41.4%，降低0.2个百分点。社会消费品零售总额46.72亿元，比上年下降4.2%。居民消费价格比上年上涨1.9%。商品零售价格上涨2.1%。

**【乡村振兴】**2022年内动态监测“三类户”3743户1.61万人，消除风险2474户10627人，未发生规模性返贫。维修改造集中供水点496处，农牧村安全饮水得到有效保障。实施易地搬迁后续扶持项目16个，搬迁户户均至少有1人实现稳定就业。实施年度土地增减挂钩节余指标跨省域调剂项目，复垦新增耕地632亩。推进乡村建设行动，2022年投资14.5亿元，建设提升生态文明小康村218个，新建改建卫生户厕1.06万座，4个乡镇、45个村完成省级示范创建，农牧村人居环境、基础设施和公共服务水平有了明显提升。实施公益性岗位动态管理，选聘生态护林员1.09万名，182家帮扶车间吸纳就业2265人，脱贫人口人均可支配收入同比增长12.2%，达到1.34万元。2022年争取财政衔接补助资金13.94亿元，发放到户贷款4.66亿元，实施乡村基础设施、产业振兴项目1486个，培育引进龙头企业13家，“五有”合作社达到2586家，扶持家庭农牧场1432家，产业发展资金得到保障。东西部协作和中央单位定点帮扶落实资金4.72亿元，实施产业合作、劳务协作、消费帮扶、人才培训、园区建设等项目194个，为甘南的乡村振兴注入了动力活力。

**【生态保护与建设】**推进黄河流域生态保护和高质量发展战略，投资33.8亿元，实施山水林田湖草沙一体化保护和系统治理项目193个，国土绿化9万亩，义务植树208万株，人工种草11.4万亩，修复湿地41.3万亩，修复退化草原68万亩，退耕还林和

天然林保护修复工程通过国家验收。若尔盖国家公园创建和合作美仁、玛曲阿万仓国家草原自然公园试点有序推进。落实河湖长制、林长制，境内所有江河、湖泊、森林有人巡、有人管、有人治。查处生态环境违法案件54起，中央和省级共六轮生态环保督察反馈的465项问题全部整改销号。持续推进污染防治“三大治攻坚战”，落实施工抑尘、餐饮油烟治理等大气污染防治重点任务“十张清单”，整治水质超标隐患15处、入河排污口529个，实施土壤污染风险管控项目8个，修复历史遗留无主矿山53个，全州空气优良天数比例达到97.1%，空气质量综合指数居全省首位，水质优良比例、受污染地块安全利用率均达到100%，乡村生活垃圾收运设施实现村组全覆盖，有机肥走进田间地头，“白色污染”问题得到根本解决，创建“五无甘南”取得明显成效。

**【特色产业】**推进现代丝路寒旱农业三年倍增计划，壮大“牛羊猪鸡果菜菌药”八大特色产业，年内新建牦牛繁育核心群11个，调引牦牛种牛1100头，建成千头牦牛、万只藏羊和蕨麻猪、从岭藏鸡养殖基地38个，新建碌曲洮源牧场和玛曲昌翔标准化屠宰精深加工生产线，改扩建养殖暖棚6.6万平方米，饲草料基地20万亩。年末各类牲畜存栏269.08万头、只，牲畜总增率、出栏率、商品率分别达到35%、40%和37%。年内种植高原夏菜3万亩、食用菌0.6万亩、药材28万亩，迭部苹果、卓尼木耳、舟曲花椒等农产品走向国内市场。全年农作物种植面积127.59万亩，比上年增长5.3%，建成青稞良种繁育基地5万亩，建设高标准农田7.5万亩，整治撂荒地2.59万亩，粮食种植面积、产量分别提高3.6%和5.6%，粮食安全得到有效保障。农牧业保险增品扩面、提标降费，保险品种达到40个，受益群众8.8万户。年内新认证“三品一标”产品8个，阿孜畜牧科技示范园认定为国家级牦牛保种场，甘南州入选第二批国家农业绿色发展先行区创建名单。深入推进“强工业”行动，围绕新能源、有机肥等九个重点产业链条，实施千万元以上工业项目27个，年内新入规工业企业4家，合作高原牦牛乳产品加工、舟曲天河食用菌生产线等一批“三化”改造项目建成投用。创建创业孵化园等中小微企业公共服务平台，扶持中小微企业发展，为9247户企业发放贷款63.2亿元，培育“专精特新”企业2家。纵深推进“一十百千万”工程，投资2.6亿元提升改造文化旅游标杆村15个，投资8.7亿元实施景区景点基础设施改善提升项目16个。培育组建旅游地接公司11家，景区管理公司5家，开发“甘南有礼”系列文创产品50余种。减免景区门票1200万元，全年接待国内外游客498.8万人次，比上年下降62%；实现旅游综合收入24.65亿元，下降65%。洛克之路上榜全国热门经典徒步越野线路，迭部扎尕那村、临潭池沟村被评为全国乡村旅游重点村，碌曲尕秀村上榜全国美丽休闲乡村。

**【民生与社会事业】**财力物力倾向民生领域，年内完成省州列民生实事20件，财政民生支出9.94亿元、增长14.4%。城镇新增就业4562人，失业人员再就业2075人，就业困难人员再就业1595人，城镇登记失业率控制在4%以内。全年输转城乡富余劳动力11.85万人，劳务创收26.2亿元，通过东西协作，提供就业岗位使5353名劳动力就业。全年应届高校毕业生报到注册3545名，就业3318名。组织输转富余劳动力11.85万人，创收26亿元。发放创业担保贷款2.49亿元，带动1116人就业。坚持教育优先发展，投入9.66亿元，新改扩建幼儿园57所、中小学156所，城镇入学难、大班额问题得到缓解。兰州新区甘南实验中学完成投资4.7亿元，建设进度达到72%。建成医疗机构重点专科4个、县级区域医学中心38个、急危重症救治中心21个，危重孕产妇和新生儿急救中心实现县级全覆盖，州人民医院成功创建三级乙等医院，县级中藏医院全部创建为二级甲等医院。城乡居民养老和医保参保率分别达到99%、98%，城镇职工和城乡居民基本医疗费用报销比例分别达到93%和75%以上，职工长期护理保险提标扩面。591种藏药院内制剂纳入医保支付范围并在全州医疗机构调剂使用。城乡低保标准分别提高8%和10%，全年为37630名农村低保对象发放低保金10963万元；为10260名城市低保对象发放低保金7502万元；为3706名特困供养对象发放供养金3440万元；为848名孤儿和事实无人抚养儿童发放生活补助1306万元；为7371名困难残疾人和10267名重度残疾人发放生活补贴和护理补贴2716万元。全年实施临时救助6.28万人次；救助各类流浪乞讨和临时遇困人员149人次。新建乡镇、街道综合养老服务中心5个、社会服务站24个，托育服务纳入公共服务体系。实施科技项目29项，取得成果13项，各类创新平台和主体达到38家，选派347名科技人才开展技术服务，科技成果转化率达到52%。新注册商标582件，获专利102件。开展非遗宣传展示系列活动，完成广电融合提升，音乐剧《达玛花开》荣获“敦煌文艺奖”。全民健身活动广泛开展，群众“15分钟健身圈”实现县市全覆盖，举办甘南州第二届运动会，组织参加省第十五届运动会并取得历史最好成绩。投资1286万元，实施烈士纪念设施提质改造工程。建成退役军人服务中心（站）805个，完成全州退役军人和其他优抚对象优待证申领发放工作，舟曲、迭部被命名为全省双拥模范县。

**【基础建设】**2022年全州固定资产投资比上年增长10%。新建续建5000万元以上重大项目32个，55个省州列重大项目完成投资88.5亿元。兰合、西成铁路甘南段开工建设，王格尔塘至夏河高速全线通车，卓尼至合作、合作至赛尔龙高速顺利推进，完成扎古录至江车养护工程，舟曲至永和（一期）、双岔至阿拉、贡去乎至则岔公路通车，65个自然村建成硬化路315公里。舟曲至迭部、玛曲至久治高速项目完成可研。赛尔龙至郎木寺、迭部至九寨沟高速，江果河至迭部一级公路启动前期，引洮济合工程并网供水，实施水土保持和中小河流整治项目14个，治理水土流失面积76平方公里。舟曲立节北山滑坡治理工程完成投资8000万元。市政设施不断完善，实施桥梁、供热、供水、管网等市政基础设施项目36项，完成投资10.23亿元。新增改造污水管网15.6公里。改造老旧小区2810户、棚户区4240户。分批实施110万千瓦光伏项目，玛曲5万千瓦光伏并网发电，合作多合至渭河源330千伏输电工程开工，建成5G基站1315个，城乡覆盖率分别达到98.8%和96.7%。招商引资引进项目64个，到位资金26.9亿元。核实认定可用于占补平衡的新增耕地指标1.53万亩，重大建设项目用地得到保障。

**【特色亮点】**2022年甘南州启动“大抓基层、大抓基础、大抓治理”三年攻坚行动，创新推动“8+”基层社会治理机制，开展“包村驻寺、入格联户”，上线运行综治云平台，立体化、信息化社会治安防控体系初步健全，高质量完成党的二十大安保维稳工作。以铸牢中华民族共同体意识为主线，不断深化民族团结进步教育，推进“沿黄河—洮河提升带”行动，建成全省首家铸牢中华民族共同体意识教育实践馆。加大信访事项化解力度，化解率达到90%以上。稳步推进高风险金融机构化险工作，年内清收处置不良资产27.81亿元。清偿拖欠中小微企业账款1453万元。清欠农民工工资5200万元。基层应急和消防体系建设不断完善，安全生产形势持续稳定向好，年内各类生产安全事故起数、死亡人数、受伤人数、直接经济损失“四项指标”大幅下降，全年未发生较大及以上生产安全事故。自然灾害综合风险普查全面完成，夯实了防灾减灾基层基础。科学防控、精准防控，积极有效应对多轮疫情冲击，最大限度保障了人民群众的生命安全和身体健康，先后选派6批514名医护人员驰援兰州，向天津、西藏和兰州、临夏、陇南等地捐赠1100万元抗疫物资，在全国全省抗疫大局中体现了甘南担当，做出了甘南贡献。

2002年，甘南州认真贯彻落实党中央、国务院生态及地质灾害避险搬迁重大决策部署，全面动员、精心组织、强化保障、全力推动，顺利完成了舟曲、碌曲、玛曲、夏河四县2848户1.17万人的生态及地质灾害避险搬迁任务，实现了搬得出、稳得住、有就业、能发展的目标，解决了生态红线区和地质灾害隐患区群众的生存和发展问题。

2022年，甘南州坚持重在保护、要在治理，深入践行“绿水青山就是金山银山”理念，强化源头治理、系统治理、综合治理，扎实开展山水林田湖草沙一体化保护和修复工程，组织动员10余万干部群众，清理河道，拆违治乱，整治污染，植绿复绿，以实际行动筑牢生态安全屏障。

2022年甘南州坚持市场主导、政策引领，高位谋划和全力推进甘南牦牛产业高质量发展，持续优化产业布局，转变发展方式，加快良种繁育，促进精深加工，打造高端品牌，拓宽消费市场，甘南牦牛系列产品逐步走向高端市场，牦牛产业质量和效益明显提升，总产值同比增长5%以上，对农牧民群众增收致富的拉动效应持续显现，甘南牦牛产业呈现出健康快速发展的良好势头。

（甘南藏族自治州地方史志编纂委员会办公室）

# 先进集体

## 国家部委表彰

### 全国机关事务工作先进集体

甘肃省兰州市七里河区机关事务管理局
甘肃省定西市机关事务管理局
甘肃省机关事务管理局公务用车管理中心

### 全国信访系统先进集体

平凉市信访局
天水市信访局

### 全国司法行政系统先进集体

甘肃省监狱管理局兰州医院医务处
甘肃省第三强制隔离戒毒所教育矫治大队
甘肃勇盛律师事务所
甘肃省兰州市榆中县司法局
甘肃省金昌市公共法律服务中心（法援中心）
甘肃省天水市武山县山丹司法所
甘肃省平凉市泾川县高平司法所
甘肃省白银市景泰县司法局
甘肃省张掖市临泽县司法局

### 全国文物系统先进集体

金昌市博物馆
八路军兰州办事处纪念馆

### 全国绿化先进集体

古浪县八步沙林场
甘州区黑河林场
庆阳市林业和草原局
兰州市林业局
定西市林业和草原局
白银市白银区林业和草原局
甘肃民勤连古城国家级自然保护区管护中心
平凉市崆峒区林业和草原局

### 全国统计系统先进集体

甘肃省酒泉市统计局
甘肃省临夏市统计局

国家统计局甘肃调查总队财务管理处

### 全国纪检监察系统先进集体

甘肃省纪委监委案件审理室违纪违法审理处
甘肃省定西市纪委监委

### 中国人民银行先进集体

中国人民银行兰州中心支行内审处

### 全国科技管理系统先进集体

兰州市科学技术局
天水市科学技术局
张掖市科学技术局
嘉峪关市科学技术局

### 全国气象工作先进集体

甘肃省临夏回族自治州气象局

### 全国老龄系统先进集体

省卫生健康委老龄健康处

### 全国三八红旗集体

国家税务总局定西市安定区第一税务分局
天水市秦州区城乡环境卫生治理服务中心清扫清运大队
甘南藏族自治州人民医院
兰州新区市场监督管理局企业注册登记监督管理科

### 全国"人民满意的公务员集体"

甘肃省兰州市城关区广武门街道办事处
甘肃省卓尼县尼巴镇人民政府

### 全国五一劳动奖章

中核兰州铀浓缩有限公司
方大炭素新材料科技股份有限公司
兰州生物制品研究所有限责任公司

### 全国工人先锋号

兰州铭帝铝业有限公司喷涂车间
兰州奇正生态健康品有限公司制剂车间
酒钢集团甘肃东兴铝业有限公司嘉峪关电解四作业区一工区
甘肃海涛集团酒泉地方铁路管理有限公司机车运行班
金川集团股份有限公司二矿区采矿五工区生产班
甘肃福雨塑业有限责任公司创研中心
甘肃红峰机械有限责任公司疏水阀厂608车间焊钳班
甘肃华羚乳品股份有限公司生产车间
中核四〇四有限公司第三分公司二车间一班
中国石油天然气股份有限公司甘肃临夏销售分公司城北加油站
甘肃省农业科学院马铃薯研究所陇中高寒阴湿区（渭源）马铃薯综合实验站（会川实验站）
兰州空间技术物理研究所真空计量技术研究中心真空计量组
中国铁路兰州局集团有限公司兰州车站兰州西车站
国家税务总局武威市凉州区税务局第一税务分局
中国移动通信集团甘肃有限公司临夏分公司临夏县移动公司中心营业厅
中国石油长庆油田分公司第二采油厂南梁采油作业区梁三转中心站
中车兰州机车有限公司转向架车间
兰州大学第一医院重症医学科

## 省委、省政府表彰

### 甘肃省三八红旗集体

**兰州市**

兰州市疾病预防控制中心
兰州市城关区水车园小学
兰州市公安局七里河分局出入境管理大队
兰州黄河生态旅游开发集团有限公司综合信息管理中心
甘肃方舟救援志愿服务队女子突击队
榆中县文成小学

**嘉峪关市**

嘉峪关市人民政府雄关街道胜利社区服务中心
嘉峪关市第二幼儿园

**金昌市**

金昌市"市长热线"受理中心
国家税务总局金昌市金川区税务局第一税务分局

**酒泉市**

肃州区行政服务中心

金塔县东北街社区

国家税务总局敦煌市税务局第一税务分局

**张掖市**

张掖市女企业家商会

甘州区妇幼保健院

民乐县人力资源和社会保障局

**武威市**

武威市公安局出入境管理科

天祝县藏医院

国家税务总局古浪县税务局第一税务分局

**白银市**

白银市第二人民医院

白银有色集团股份有限公司档案馆

景泰县中医医院

**天水市**

天水市第三人民医院医学心理科

秦州区城乡环境卫生治理服务中心清扫清运大队

武山县城关镇第五小学

甘谷县大像山镇西关社区

**平凉市**

平凉市妇幼保健院产科

泾川县城市社区管委会北街社区居委会

庄浪县第一小学语文教研组

灵台县环卫队

**庆阳市**

庆阳市公安局交警支队车辆管理所

庆阳市中医医院血液病科

西峰区兰州路街道社区卫生服务中心

国家税务总局宁县税务局第一税务分局

**定西市**

陇西县妇幼保健院

渭源县人民法院

漳县融媒体中心

**陇南市**

陇南市实验小学

成县中医医院

康县公安局交通警察大队

国家税务总局陇南市武都区税务局第一税务分局

**甘南州**

碌曲县文体广电和旅游局

舟曲县人民政府办公室妇联

国家税务总局迭部县税务局第一税务分局

**临夏州**

临夏州人民医院新生儿科

临夏县融媒体中心

和政县公安局交警大队车管所

康乐县人民医院

**兰州新区**

国家税务总局兰州新区税务局第一税务所

**省直单位及其他**

甘肃省环境监测中心站生态环境监测分析测试室

甘肃省药品和医疗器械不良反应监测中心

甘肃省住房资金管理中心

甘肃省人才中心

甘肃省图书馆典阅部

甘肃省工业和信息化厅财务审计处

甘肃省康复辅具技术中心

甘肃省女子监狱五监区

甘肃省疏勒河流域水资源利用中心昌马灌区管理处东北干渠

灌溉管理所川北镇管理段

甘肃省武威市天祝藏族自治县消防救援大队

甘肃省疾病预防控制中心病原生物实验室

甘肃省紧急医疗救援中心信息调度科

甘肃省肿瘤医院预检分诊护理单元

甘肃新媒体集团融传媒运营分公司

甘肃中医药大学附属医院护理部

兰州理工大学医院

兰州大学大学化学实验教学中心

兰州东高速公路收费所

兰州万尊智慧为老家政服务有限公司

天水市公安局秦州分局出入境管理科

白银市人民检察院第七检察部

平凉市医疗保险中心

合作市人民法院立案庭

敦煌市公安局出入境管理大队

国家税务总局兰州市城关区税务局第一税务分局

华能平凉发电有限责任公司运行部化验班

## 甘肃省五一劳动奖

兰鑫钢铁集团有限公司
兰州顺丰速运有限公司
兰州石化公司炼油厂
兰州兰石雅生活物业服务有限公司
甘肃机械化建设工程有限公司
兰州黄河生态旅游开发集团有限公司
酒钢集团宏兴钢铁股份有限公司不锈钢分公司
酒泉市消防救援支队
甘肃省民乐县第一中学
甘肃金拓锂电新能源有限公司
武威伊利乳业有限责任公司
古浪县八步沙林场
靖远高能环境新材料技术有限公司
甘肃海林中科科技股份有限公司
天水浩瀚钢结构有限责任公司
史丹利化肥定西有限公司
甘肃德美地缘现代农业集团有限公司
华池县恒烽中药材苗林有限公司
金徽矿业股份有限公司
陇南市祥宇油橄榄开发有限责任公司
广河县吉明鞋业有限公司
甘肃德福新材料有限公司
甘肃省第三人民医院
甘肃蓝天救援队
兰州资源环境职业技术大学
兰州大学第二医院
中国烟草总公司甘肃省公司
国网甘肃省电力公司电网建设事业部
中国铁路兰州局集团有限公司陇南工务段
甘肃省核地质二一三大队
甘肃省地质矿产勘查开发局水文地质工程地质勘察院
甘肃省嘉峪关公路事业发展中心
中国邮政集团有限公司天水市分公司
中国移动通信集团甘肃有限公司甘南分公司
甘肃省武威监狱
甘肃省兰州北山生态建设管护中心
中国农业发展银行甘肃省分行
国家税务总局高台县税务局
甘肃省治沙研究所
甘肃农垦金昌农场有限公司
中国铁塔股份有限公司甘肃省分公司
中国石油长庆油田分公司第十二采油厂
甘肃省有色金属地质勘查局天水矿产勘查院
大唐甘肃发电有限公司碧口水力发电厂
中铁二十一局集团电务电化工程有限公司
华能陇东能源有限责任公司
甘肃银行股份有限公司天水分行
甘肃公航旅建设集团有限公司
中铁一局集团市政环保工程有限公司
甘肃工大舞台技术工程有限公司
甘肃省建材科研设计院有限责任公司

## 甘肃省五一巾帼奖

中国石油兰州石化公司化工储运中心铁路运输车间货运内勤班
兰州市城关区锦华东湖幼儿园
兰州市七里河区消防救援大队
酒钢医院普通儿科、新生儿科
金川集团热电有限公司供热二公司水务班
金昌市第一人民医院妇产科
靖远县第五中学英语教研组
白银有色集团股份有限公司成州锌冶炼厂中心化验室综合班
天水市儿童福利院收养中心
天水市第一人民医院护理部
武威市政府政务服务中心
天祝藏族自治县人民医院护理部
张掖市第二人民医院
高台县顺馨社会工作服务中心
国家税务总局崆峒区税务局第一税务分局
平凉市不动产登记中心
中国水电四局（酒泉）新能源装备有限公司天车班组
酒泉市实验幼儿园
镇原县疾病预防控制中心
合水县三里店小学
定西市安定区福台幼儿园
渭源县中西医结合医院儿科
两当兵变纪念馆
成县妇幼保健院

永靖县消防救援大队
国网临夏供电公司互联网部（数据中心）
国家税务总局夏河县税务局第一税务分局
兰州新区中川镇卫生院
省农科院陇椒遗传育种创新团队
窑街煤电集团有限公司海石湾煤矿监测队自动化集控班
中国电信定西分公司定西市营业厅
中国邮政集团有限公司甘肃省张家川回族自治县分公司龙山邮政支局
兰州移动定西南路营业厅
甘肃省女子监狱一监区
兰州农商银行天水路支行
兰州庄园牧场股份有限公司品控部
甘肃股权交易中心股份有限公司
兰州大学第一医院心内科ECMO中心护理团队
兰州交通大学外国语学院大学英语第二教研室
甘肃银光化学工业集团有限公司理化检测中心
国网甘肃省电力公司财务部资金集约中心
中国铁路兰州局集团有限公司兰州车站客运车间
甘肃第七建设集团股份有限公司技术中心
甘肃省高速公路运营服务中心酒泉高速公路处清嘉高速公路收费所“金胡杨”团队
玉门油田分公司炼油化工总厂联合运行四部15万吨／年轻汽油醚化装置主操岗位
中国石油长庆油田分公司第十二采油厂板桥采油作业区庄二联合站
中国东方航空股份有限公司甘肃分公司地面服务部生产协调分部载重平衡室
甘肃省历史遗留矿山核查工作项目组
甘肃兰海渭武高速公路运营管理有限公司哈达铺收费站
中核四〇四有限公司第二分公司分析室分析二班

## 甘肃省工人先锋号

甘肃陇原妹巾帼家政服务有限责任公司陪护中心
甘肃机械化建设工程有限公司岷县项目经理部
甘肃中石油昆仑燃气有限公司维抢修中心
酒钢集团榆中钢铁有限责任公司炼钢分厂连铸丁班
兰州市轨道交通有限公司运营分公司客运部站务中心
兰州石化公司建设公司维护保运公司保运三班
兰州石化公司检维修中心炼油维修一车间钳工一班
兰州兰石重型装备股份有限公司炼化公司装焊一车间铆工一班
兰州兰石重型装备股份有限公司炼化公司加工中心数控班组
兰州城市供水（集团）有限公司第二水厂运行组
兰州星火机床有限公司装配喷包分厂
兰州公交集团有限公司50路公交线
甘肃镜铁山矿业有限公司桦树沟矿区铲运机六班
甘肃广银铝业有限公司熔铸车间
嘉峪关索通预焙阳极有限公司成型车间
中交一公局第五工程有限公司G215线马鬃山至桥湾公路工程MQ2标项目经理部
敦煌市盛世时光企业管理有限公司美团外卖敦煌站—雷霆站
中国水电四局（酒泉）新能源装备有限公司焊接班组
国网甘肃省电力公司酒泉供电公司输电运检中心110千伏东风输电运维班
张掖市建筑勘察设计研究院有限公司监理公司
张掖交通建设投资有限责任公司张掖交投公路养护有限责任公司
甘肃新乐连锁超市有限责任公司西关一店
高台县晨翔农膜制造有限公司农膜生产班组
永昌海量辣椒专业合作社
金川集团股份有限公司镍冶炼厂高锍磨浮车间磨浮大班
八冶建设集团有限公司安装建设公司自动化工程公司陈建宏班组
金昌市人民医院（南院区）检验科
甘肃普安制药股份有限公司生产技术攻坚班组
古浪祁连山水泥有限公司水泥制造部熟料班组
甘肃邦德实业有限公司生态农膜生产车间
甘肃绿能农业科技股份有限公司绿能农科科研小组
国网白银供电公司白银变电运检中心银城集控站
甘肃银光化学工业集团有限公司聚银公司PVC厂聚合工艺组
甘肃城通物流危货汽车运输有限公司城通公司运输一组
会宁县瑞祥老年人服务中心居家养老服务部
甘肃成纪生物药业有限公司质量控制部QC班组
天水市人民政府政务大厅帮办代办团队
天水大成隆源建筑新材料有限公司冷弯薄壁型钢装配式建筑制造技术与施工工艺研究创新工作室

甘谷县世扬职业培训学校高世扬劳模创新工作室
国网定西供电公司变电运检中心电气试验班
甘肃顾地塑胶有限公司滚塑班组
定西金帆现代物流有限公司物流配送科
中铁七局集团有限公司定临高速施工总承包项目经理部
平凉新世纪物业服务集团有限责任公司绿化班
崇信县百贯沟煤业有限公司综采工区检修班
庄浪县农业技术推广中心马铃薯脱毒种薯繁育中心
甘肃蓝康医疗器械科技有限公司防护服制作车间
庆阳市人民医院检验科
庆阳市消防救援支队九龙特勤站
庆阳神盾远创保安服务有限公司保安部
庆阳市西峰瑞信村镇银行股份有限公司中街支行
国网甘肃省电力公司陇南供电公司两水供电所
陇南东盛物流有限公司园区市场运营部
甘肃琦琨农业发展有限公司生产部
陇南市消防救援支队武都区江南消防救援站
国网甘肃省电力公司卓尼县供电公司洮北供电所
玛曲县玛雄兴隆围栏制造有限公司生产车间
迭部九龙峡水电开发有限公司运行维护部
国网和政县供电公司松鸣供电所
甘肃拓奇实业有限公司一号车间
甘肃兰亚铝业有限公司质检部
兰州新区科技创新发展管理有限公司
兰州新区双良热力有限公司运行保障部
长飞光纤光缆兰州有限公司光缆制造班组
甘肃省消防救援总队应急通信与车辆勤务大队
甘肃省民族歌舞团
甘肃日报报业集团有限责任公司印务分公司印报车间
兰州理工大学有色冶金成套装备及信息集成技术团队
甘肃省中医院肺病科（呼吸与危重症医学科）
中国科学院近代物理研究所直线加速器中心
敦煌研究院文物数字化研究所
甘肃农业大学机电工程学院旱作农业装备研发团队
甘肃中油交通油品有限公司马莲井服务区加油（气）站
甘肃天马物流股份有限公司物流生产部
兰州市烟草专卖局（公司）城关区局稽查大队
中核四〇四有限公司第四分公司一车间一组
甘肃银光化学工业集团有限公司化工二厂硝化工组
兰州万里航空机电有限责任公司照明电子装配分厂照明工段
兰州飞行控制有限责任公司精密制造单元
国网甘肃省电力公司超高压公司变电检修中心电气试验一班
国网甘肃省电力公司刘家峡水电厂机械分场起重班
国网甘肃省电力公司平凉供电公司泾川县供电公司汭丰供电所
中国铁路兰州局集团有限公司天水车站天水南站“东方微笑”客运服务团队
中国铁路兰州局集团有限公司兰州工务机械段焊轨车间焊接工班
中国铁路兰州局集团有限公司兰州北车站调度车间甲班
甘肃省地质矿产勘查开发局第三地质矿产勘查院甘肃省敦煌市钒多金属矿普查项目组
甘肃省地质环境监测院地质灾害防治技术指导中心
甘肃省水利水电勘测设计研究院有限责任公司勘探公司
甘肃省景泰川电力提灌水资源利用中心土建维修队管道渡槽维护班
中国市政工程西北设计研究院有限公司第二设计院
甘肃省科工建设集团有限公司“奋斗者”下料班组
甘肃第三建设集团有限公司兰州新区大数据产业园项目部
甘肃省兰州公路事业发展中心榆中公路段
甘肃省甘南公路事业发展中心玛曲公路段尼玛养管站
路桥集团甘肃五环公路工程有限公司“桥之志”职工创新工作室
靖远煤业集团有限责任公司红会一矿综放一队生产三班
华亭煤业集团有限责任公司砚北煤矿综采一队检修班
窑街煤电集团天祝煤业有限责任公司综掘队掘进四班
中国电信股份有限公司甘南分公司中电万维甘南分公司
中国电信股份有限公司天水分公司武山分公司
中国邮政集团有限公司嘉峪关市分公司新华北路营业所
中国邮政集团有限公司平凉市崆峒区分公司崆峒营业部
中国移动通信集团甘肃有限公司白银分公司网络部客户响应中心
中国移动通信集团甘肃有限公司兰州分公司西固区公司天鹅湖营业厅
甘肃省白银风机厂有限责任公司铆焊车间机壳班组
中国人民银行兰州中心支行支付结算处支付市场监管科
中国平安人寿保险股份有限公司甘肃分公司行政部

国家税务总局甘肃省税务局大企业税收服务和管理局
甘肃省小陇山林业保护中心李子林场景观树木园
甘肃瓜州农村商业银行股份有限公司营业部
甘肃农垦药物碱厂有限公司生产技术部
中国石油天然气股份有限公司玉门油田分公司环庆采油厂环庆作业区
中国石油天然气股份有限公司玉门油田分公司生产服务保障中心机械工程部钻前班
中国石油长庆油田分公司第十采油厂华庆采油作业区庆八接中心站
中国石油长庆油田分公司第七采油厂耿湾采油作业区环三联合站
中车兰州机车有限公司风电事业部技术质量组
中铁一院兰州铁道设计院有限公司工程管理所新建铁路朱家窑至中川线PPP项目EPC项目部
甘肃白龙江博峪河省级自然保护区管护中心中路河保护站
甘肃省民航机场集团有限公司敦煌莫高国际机场公司地面服务部鸿雁班组
中国东方航空股份有限公司甘肃分公司地面服务部站坪分部二班组
中国民用航空西北地区空中交通管理局甘肃分局技术保障部自动化室
甘肃省有色金属地质勘查局白银矿产勘查院地质工程公司Z12机台
大唐甘肃发电有限公司酒嘉新能源事业部昌马东北风电场检修班
中铁二十一局集团第五工程有限公司东乡县沿洮河经济带开发建设项目部
中国石油天然气股份有限公司西北销售分公司业务营运部综合营运指挥中心
中国石油西北化工销售公司独山子分公司调运科
华能兰州西固热电有限公司检修部试验班
甘肃电投武威热电有限责任公司运行三值
中国华电集团有限公司甘肃分公司毛井风电场
中国广电甘肃网络股份有限公司定西市分公司安定营维公司
甘肃银行股份有限公司酒泉分行金塔支行
甘肃圆峰交通工程有限公司工程管理部
黄河财产保险股份有限公司甘肃省分公司工程保险部／重点客户部
甘肃焉支山文化旅游有限责任公司运营管理部
中铁二十局集团市政工程有限公司兰州新区农投玫瑰花园移民安置项目部
中铁一局集团市政环保工程有限公司兰州市盐场污水处理厂扩建工程项目经理部
兰州电机股份有限公司大中型电机制造部大立车班
兰州助剂厂有限责任公司烷基装置班组
中国石油川庆钻探工程公司长庆固井公司GJ12214队
中国石油川庆钻探工程公司钻采工程技术研究院长庆增产稳产实验室

## 甘肃省模范职工之家

**兰州市总工会**

兰州宏建建业集团有限公司工会委员会
兰鑫钢铁集团有限公司工会委员会
兰州蓝星纤维有限公司工会委员会
兰州顺丰速运有限公司工会委员会
兰州金川科力远电池有限公司工会委员会
兰州能源投资集团有限公司工会委员会
甘肃永坤房地产开发有限公司工会委员会
青岛啤酒股份有限公司甘肃销售分公司工会委员会
榆中县夏官营镇总工会

**嘉峪关市总工会**

甘肃嘉瑞电力工程有限公司工会委员会
嘉峪关市远东房地产开发有限公司工会委员会
金昌市总工会
中国移动通信集团金昌分公司工会委员会
金昌市源达农副果品有限责任公司工会委员会
金昌正旭工贸有限责任公司工会委员会

**酒泉市总工会**

酒泉市委党校工会委员会
国电电力甘肃新能源开发有限公司工会委员会
甘肃巨龙供销（集团）股份有限公司联合工会委员会
瓜州县货车司机行业工会联合会
敦煌市出租车行业工会委员会

**张掖市总工会**

张掖市宇通农机汽贸有限责任公司工会委员会
甘肃广川工程建设有限公司工会委员会

甘肃旺达绿禾肥业有限责任公司工会委员会
山丹县新城热力有限责任公司工会委员会
甘肃和邦同成新材料有限公司工会委员会
张掖市中医医院工会委员会

**武威市总工会**

国家税务总局武威市税务局机关工会委员会
武威联硕生物科技有限公司工会委员会
天祝康德养老服务有限责任公司工会委员会

**白银市总工会**

白银有色集团股份有限公司工会委员会
会宁县金宏源建材有限公司工会委员会
甘肃品高食品有限公司工会委员会
白银市平川区泓澎保安有限公司工会委员会
靖远高能环境新材料技术有限公司工会委员会
靖远县家政服务行业工会联合会

**天水市总工会**

天水西电长城合金有限公司工会委员会
天水市财政局工会委员会
甘肃丰收农业科技有限公司工会委员会
天水博通职业培训学校工会委员会
清水县运安机动车安全综合检测有限公司工会委员会
甘谷中晟汽车服务有限公司工会委员会

**平凉市总工会**

平凉新安煤业有限责任公司工会委员会
庄浪县宏达淀粉加工有限公司工会委员会
甘肃德美地缘现代农业集团有限公司工会委员会
甘肃红太阳热力有限公司工会委员会

**庆阳市总工会**

镇原县卫生健康局工会委员会
庆阳圣元环保电力有限公司工会委员会
宁县恒瑞康生物科技有限公司工会委员会
宁夏金鹰保安物业庆阳分公司工会委员会

**定西市总工会**

甘肃众康药业有限公司工会委员会
临洮县恒康医药有限公司工会委员会
甘肃九州天润中药产业有限公司工会委员会
中铁八局定西至临洮高速公路建设项目施工总承包项目经理部机电分部工会委员会

**陇南市总工会**

陇南东盛物流有限公司工会委员会
甘肃陇小南电子商务有限公司工会委员会
西和青羊矿业有限责任公司工会委员会
陇南市快递行业联合工会委员会

**甘南州总工会**

合作市水务热力有限责任公司工会委员会
甘南海羚安全环保服务有限公司工会委员会
碌曲县郎木寺镇总工会

**临夏州总工会**

甘肃省爱豆云数字科技有限公司工会委员会
临夏汇创科技有限责任公司工会委员会
国家税务总局广河县税务局工会委员会

**兰州新区工会**

正威（甘肃）铜业科技有限公司工会委员会
兰州新区市政投资管理集团有限公司工会委员会
甘肃丝绸之路文商旅游开发有限公司联合工会委员会

**省直属机关工会**

甘肃省司法厅机关工会委员会
甘肃省妇幼保健院工会委员会

**省教科文卫工会**

甘肃省和政疗养院工会委员会
甘肃省中医院工会委员会
甘肃财贸职业学院工会委员会

**省经贸工会**

甘肃省物产集团兰州物流园有限公司工会委员会
甘肃中金实业有限公司工会委员会

**省国防工会**

航天长征化学工程股份有限公司兰州分公司工会委员会

**兰州铁路局工会**

中国铁路兰州局集团有限公司陇南工务段工会委员会

**省建设工会**

中国市政工程西北设计研究院有限公司工会委员会

**省交通工会**

甘肃省高速公路运营服务中心工会委员会
甘肃省庆阳公路事业发展中心工会委员会

**省煤炭工会**

甘肃靖远煤电股份有限公司物资供应公司工会委员会

**省电信工会**

中国电信集团甘肃省客户服务中心工会委员会

**省移动工会**

中国移动通信集团嘉峪关分公司工会委员会

**省监狱系统工会**

甘肃省女子监狱工会委员会

**省农村信用联社工会**

皋兰县农村信用合作联社工会委员会

国家税务总局甘肃省税务局系统工会

国家税务总局兰州新区税务局工会委员会

**省农垦系统工会**

甘肃亚盛实业（集团）股份有限公司条山农工商开发分公司工会委员会

**玉门油田工会**

中国石油天然气股份有限公司玉门油田分公司环庆采油厂工会委员会

白龙江林业保护中心工会

甘肃省迭部生态建设管护中心工会委员会

中铁二十一局工会

中国铁路中铁二十一局集团轨道交通工程有限公司工会委员会

华能甘肃能源开发有限公司工会

华能甘肃能源开发有限公司工会委员会

省公航旅投资集团有限公司工会

甘肃省金融资本集团有限公司工会委员会

中铁一局集团市政环保工程有限公司工会

中国铁路中铁一局集团市政环保工程有限公司工会委员会

## 甘肃省模范职工小家

**兰州市总工会**

甘肃瑞远柳工机械设备有限公司天水办事处工会小组

兰州丽尚国潮实业集团股份有限公司亚欧餐饮分公司宾馆工会小组

兰州市公安局交通治安分局工会

兰州伊利乳业有限责任公司污水班组工会小组

兰州三毛实业有限公司染整厂工会

兰州石化公司化工储运中心铁路车辆车间工会

甘肃天庆集团物业管理有限公司工会小组

甘肃机械化建设工程有限公司岷县项目经理部工会小组

甘肃兆远建材（集团）有限责任公司生产2班工会小组

兰州市红古区消防救援大队工会小组

**嘉峪关市总工会**

酒钢集团宏兴钢铁股份有限公司炼铁厂三烧作业区工会小组

嘉峪关市开通商贸有限责任公司房务部工会小组

嘉峪关索通炭材料有限公司成型车间工会小组

**金昌市总工会**

金川集团股份有限公司镍冶炼厂铜熔炼车间工会小组

甘肃元生农牧科技有限公司饲料生产车间工会小组

金川区速派快餐配送中心后勤保障工会小组

**酒泉市总工会**

甘肃省酒泉公路事业发展中心肃州公路段工会委员会

金塔县腾宇物流服务有限责任公司工会委员会

甘肃田福农业科技开发股份有限公司工会委员会

玉门市艾郎风电科技发展有限公司工会委员会

敦煌市恒诚商品混凝土有限责任公司工会委员会

**张掖市总工会**

张掖市小余开锁服务有限公司工会小组

高台县奇正商品混凝土有限公司工会委员会

张掖市宏能煤业有限公司生产车间工会小组

民乐县金俊劳务有限公司工会小组

甘肃西游文化传媒有限责任公司工会小组

张掖交通建设投资有限责任公司机关工会委员会

**武威市总工会**

甘肃腾宇云供应链科技有限公司物流服务创新型班组工会小组

甘肃澳邦科技开发有限责任公司生产车间工会小组

古浪县城关街道新苑社区工会委员会

甘肃振达食品有限公司挂面生产车间工会小组

天祝岱源新能源科技发展有限公司后勤部工会小组

**白银市总工会**

白银有色集团股份有限公司选矿公司多金属选别作业区工会

白银京宇新药业有限公司技术部工会小组

白银庆祥钢制品有限公司钢构生产工会小组

甘肃银宇通仓储发展有限公司库房部工会小组

景泰县金龙化工建材有限公司石膏板线甲班工会小组

**天水市总工会**

武山县人民医院骨科病区工会小组

甘肃福雨塑业有限责任公司机修班工会小组

天水天光半导体有限责任公司芯片制造中心工会小组

太极集团甘肃天水羲皇阿胶有限公司质管部工会小组

**平凉市总工会**

甘肃虹光电子有限责任公司军品装配厂工会小组
华亭市新康中药材有限公司基地生产组工会小组
平凉市永成制药有限责任公司中药饮片生产车间工会小组
泾川县新裕新型建材有限公司生产技术部工会小组
国家税务总局静宁县税务局第二税务分局工会小组

庆阳市总工会

宁县恒守保安服务有限公司集中办公区保安工会小组
庆阳职业技术学院艺术教育系工会小组
庆城县金虹鑫餐饮管理有限公司后厨部工会小组
甘肃远达云仓供应链管理有限公司货运部工会小组
甘肃圣越农牧发展有限公司肉鸡加工厂工会小组

**定西市总工会**

定西金帆现代物流有限公司物流配送工会小组
甘肃华庆堂药业饮片有限公司生产车间工会小组
陇西嘉英文化发展有限公司艺术培训中心工会小组
甘肃天华旅游开发有限责任公司维修部工会小组
国网定西供电公司输电运检中心工会小组

**陇南市总工会**

甘肃巧姐妹家政服务有限责任公司社会服务部工会小组
陇南祁连山水泥有限公司生产部工会小组
金徽酒股份有限公司酿酒二车间工会小组
礼县陇上春天商贸有限责任公司科标检测技术有限公司工会小组

**甘南州总工会**

甘肃雪顿牦牛乳业股份有限公司冰水班组工会小组
迭部县天然食品有限公司蕨麻猪肉加工车间工会小组

**临夏州总工会**

临夏海螺水泥有限责任公司制造分厂原料工段工会小组
临夏回香斋食品有限公司生产班组工会小组
临夏市韵达快递服务有限公司分拣中心工会小组
临夏科司特电子科技有限公司电源车间工会小组
甘肃阳光智家网络科技有限责任公司医疗器械生产车间工会小组

**兰州新区工会**

兰州新区农业科技开发有限公司工会委员会
兰州新区双良热力有限公司锅炉运行部工会小组
甘肃大禹防水科技发展有限公司SBS防水卷材车间工会

**省直机关工会**

中共甘肃省委办公厅机关工会委员会

省教科文卫工会

西北民族大学中国语言文学学部工会

省经贸工会

甘肃圆盛通速递有限公司分拨中心工会小组
甘肃江子为民养老服务股份有限公司人力资源事业部工会小组

省国防工会

兰州空间技术物理研究所二次电源事业部工会小组

省电力工会

国网甘南供电公司玛曲县公司分工会

兰州铁路局工会

中国铁路工会中国铁路兰州局集团有限公司兰州货运中心柳沟货运营业部委员会

省地质工会

甘肃省地矿局第二勘查院地质灾害防治中心工会小组

省水利工会

甘肃省引大入秦水资源利用中心兰州新区供水处尖山庙水库管理所工会小组

省建设工会

中国建筑第八工程局有限公司甘肃分公司工会委员会
甘肃第四建设集团有限责任公司七公司工会委员会

省交通工会

甘肃省高速公路路政执法总队秦州大队工会委员会
甘肃华运高速公路服务区管理有限公司接驾嘴服务区司机之家工会小组

省煤炭工会

窑街煤电集团有限公司海石湾煤矿掘进一队工会小组

省电信工会

中国电信集团玛曲县分公司工会委员会

省邮政工会

中国邮政集团有限公司兰州市城关区分公司甘南路营业部工会小组

省移动工会

中国移动甘肃公司白银平川区分公司工会

省联通工会

中国联合网络通信集团兰州市红古区分公司工会小组

中国人民银行兰州中心支行工会
中国人民银行古浪县支行工会委员会
省监狱系统工会
甘肃省武威监狱十二监区工会小组
省农村信用联社工会
甘肃岷县农村商业银行股份有限公司锁龙分理处工会小组
国家税务总局甘肃省税务局系统工会
永昌县税务局工会委员会
省金融工会
浙商银行兰州分行机关工会委员会
省农垦系统工会
甘肃亚盛实业（集团）股份有限公司饮马分公司工会委员会
玉门油田工会
中国石油天然气股份有限公司玉门油田分公司炼油化工总厂储运运行部工会委员会
长庆油田工会
中国石油长庆油田分公司第一采气厂作业七区工会委员会
中国石油长庆油田分公司第十二采油厂板桥采油作业区工会委员会
中车兰州机车工会
中车兰州机车有限公司动电供应维修分公司热力中心工会小组白龙江林业保护中心工会
甘肃省洮河生态建设管护中心大峪林场工会委员会
大唐集团甘肃分公司工会
大唐甘肃发电有限公司碧口水力发电厂水工监测中心观测维工会小组
中国电建集团甘肃能源投资有限公司工会
中电建电力运维管理有限公司哈密项目部工会小组
中铁二十一局工会
中铁二十一局集团第三工程有限公司景礼项目工会
中国石油西北销售分公司工会
中国石油西北销售兰州分公司西固油库工会小组
中国石油西北化工销售分公司工会
中国石油西北化工销售乌鲁木齐分公司工会委员会
华能甘肃能源开发有限公司工会
华能平凉发电有限责任公司运行部工会小组
省电力投资集团公司工会
甘肃电投九甸峡水电开发有限责任公司运行部工会小组
省公航旅投资集团有限公司工会
黄河财产保险股份有限公司甘肃省分公司工会委员会
中铁二十局市政工程公司工会
中国铁路兰州兰发星华建筑材料有限公司工会委员会
省铁路投资建设集团有限公司工会
中兰铁路客运专线有限公司工会委员会
中铁一局集团市政环保工程有限公司工会
中国铁路中铁一局集团市政环保工程有限公司兰州市盐场污水处理厂扩建工程项目工会委员会
甘肃电气装备集团有限公司工会
兰州电机股份有限公司小发电机制造部工会委员会

## 甘肃省先进企业

**突出贡献奖（32户）**

国网甘肃省电力公司
中国石油天然气股份有限公司兰州石化分公司
中国石油天然气股份有限公司长庆油田陇东油气开发分公司
中国石油天然气股份有限公司庆阳石化分公司
中国石油天然气股份有限公司玉门油田分公司
甘肃烟草工业有限责任公司
华能甘肃能源开发有限公司
华亭煤业集团有限责任公司
兰州生物制品研究所有限责任公司
中国移动通信集团甘肃有限公司
中电万维信息技术有限责任公司
中国石油天然气股份有限公司西北销售分公司
中核四〇四有限公司
中国航天科技集团有限公司第五研究院第五一〇研究所
兰州万里航空机电有限责任公司
酒泉钢铁（集团）有限责任公司
金川集团股份有限公司
白银有色集团股份有限公司
甘肃省电力投资集团有限责任公司
靖远煤业集团有限责任公司
兰州兰石集团有限公司
丝绸之路信息港股份有限公司
甘肃省建设投资（控股）集团有限公司
天水华天电子集团股份有限公司

甘肃稀土新材料股份有限公司
大禹节水集团股份有限公司
甘肃光轩高端装备产业有限公司
甘肃东方钛业有限公司
甘肃德福新材料有限公司
金徽矿业股份有限公司
定西高强度紧固件股份有限公司
陇南市祥宇油橄榄开发有限责任公司

**贡献奖（66户）**

中国烟草总公司甘肃省公司
正威（甘肃）铜业科技有限公司
兰州新区石化产业投资集团有限公司
兰州铝业有限公司
窑街煤电集团有限公司
甘肃广银铝业有限公司
兰州众邦电线电缆集团有限公司
金昌水泥（集团）有限责任公司
嘉峪关索通炭材料有限公司
腾达西北铁合金有限责任公司
中核兰州铀浓缩有限公司
方大炭素新材料科技股份有限公司
甘肃金风风电设备制造有限公司
金徽酒股份有限公司
甘肃省农垦集团有限责任公司
甘肃瓮福化工有限责任公司
中国水电四局（酒泉）新能源装备有限公司
甘肃滨河食品工业（集团）有限责任公司
天华化工机械及自动化研究设计院有限公司
陇西一方制药有限公司
中车兰州机车有限公司
甘肃达利食品有限公司
中国电信股份有限公司甘肃分公司
中国联合网络通信有限公司甘肃省分公司
中国铁塔股份有限公司甘肃省分公司
中国华电集团有限公司甘肃分公司
中国石油天然气股份有限公司天然气销售甘肃分公司
中国石油天然气股份有限公司甘肃销售分公司
甘肃省公路航空旅游投资集团有限公司
甘肃省公路交通建设集团有限公司
甘肃省国际物流集团有限公司
甘肃省新业资产经营有限责任公司
武威伊利乳业有限责任公司
白银中天化工有限责任公司
国药集团兰州生物制药有限公司
海默科技（集团）股份有限公司
嘉峪关大友企业集团有限责任公司
甘肃省国有资产投资集团有限公司
甘肃海林中科科技股份有限公司
甘肃重通成飞新材料有限公司
靖远高能环境新材料技术有限公司
兰州飞行控制有限责任公司
耐驰（兰州）泵业有限公司
天水星火机床有限责任公司
兰州佛慈制药股份有限公司
中农威特生物科技股份有限公司
兰州蓝天浮法玻璃股份有限公司
天水天光半导体有限责任公司
甘肃金昌化学工业集团有限公司
甘肃长风电子科技有限责任公司
庆阳瑞华能源有限公司
张掖市大弓农化有限公司
天水华洋电子科技股份有限公司
兰州和盛堂制药股份有限公司
甘肃广晟稀土新材料有限公司
嘉峪关市聚鑫达实业有限公司
兰州国器装备制造集团有限公司
天祝玉通碳化硅有限责任公司
兰州康鹏威耳化工有限公司
燎原乳业股份有限公司
甘肃皓天医药科技有限责任公司
武威金仓生物科技有限公司
酒泉奥凯种子机械股份有限公司
甘肃红峰机械有限责任公司
甘肃金拓锂电新能源有限公司
国家能源集团甘肃电力有限公司

# 先进人物

## 国家部委表彰

### 全国五一劳动奖章

**董兵天** 甘肃有色冶金职业技术学院教师，副教授、高级技师

**万家辉** 甘肃鸿鹏建筑工程有限公司钢筋班班长，中级工

**赵润泰** 天水嘉通建筑工程（集团）有限责任公司钢筋工，工程师

**杨德瑞** 庆城县疾病预防控制中心驾驶员，医师

**唐　亮** 金徽酒股份有限公司研发中心主任，工程师、高级工

**吕忠生** 青岛啤酒武威有限责任公司酿造部部长，助理工程师

**马东花** （女，东乡族）东乡族自治县柳树学区区长、东乡族自治县柳树小学校长，中小学高级教师

**吴王锁** 兰州大学核科学与技术学院教师，教授

**罗节昌** 甘肃第一建设集团有限责任公司友建项目管理公司砌筑工，高级工

**田春花** （女）甘肃爱兰马铃薯种业有限责任公司组培室主任

**鄂天龙** （达斡尔族）国网甘肃省电力公司电网建设事业部总经理助理兼综合管理部主任，高级工程师

**马志祥** 甘肃前进牧业科技有限责任公司董事长

**张成都** 甘肃白龙江阿夏省级自然保护区管护中心林检站副站长，助理工程师、高级工

### 第五届全国中青年德艺双馨文艺工作者

**牛　乐** 西北民族大学美术学院教授、西北民族民间美术研究所所长

### 第四届国医大师

**王自立** 甘肃省中医院主任医师

### 机关事务工作先进个人

**张国麟** 甘肃省天水市机关事务服务中心副主任

**聂玉琴** 甘肃宁卧庄宾馆房务总监

### 全国信访系统先进个人

**杨学文** 天水市麦积区委办副主任、信访局局长

**任锋年** 张掖市甘州区信访局副局长、三级主任科员

### 全国司法行政系统先进工作者

**冯　怡** 甘肃省司法厅办公室主任、一级调研员

**牛维强** 甘肃省白银监狱一监区监区长、一级警长

**海晓君** （回族）甘肃省女子强制隔离戒毒所政治处副主任、一级警长

**王永刚** 甘肃省庆阳市合水县司法局社区矫正安置帮教股股长

**袁　野** （高山族）甘肃省张掖市民乐县丰乐司法所科员

**张兴虎** 甘肃省嘉峪关市司法局法治调研科科长

**王　森** 甘肃省临夏市司法局七级职员

### 全国司法行政系统劳动模范

**陈　灿** 甘肃锐城律师事务所主任

**潘　虹** 甘肃省敦煌市莫高法律服务所主任

**王祖国** 甘肃金城律师事务所主任

### 全国文物系统先进工作者

**陈国科** 甘肃省文物考古研究所党总支书记、所长、研究馆员

**裴强强** 甘肃省敦煌文物保护研究中心常务副主任、

敦煌研究院保护研究所副所长、研究馆员

**张自娟** 甘肃省白银市博物馆馆长、副研究馆员

## 全国绿化劳动模范

**张彦伟** 甘肃子午岭林业管理局华池分局林镇林场工人

**康茂金** 武山县林业勘察设计队队长

**许文亮** 甘肃滨河食品工业（集团）有限责任公司总经理

**马俊河** 民勤县国栋生态沙产业专业合作社理事长

## 全国绿化先进工作者

**徐先英** 甘肃省治沙研究所所长

**龚志勇** 陇南市武都区林业调查规划队队长

**彭新军** 甘南藏族自治州林业和草原局造林绿化科科长

**杨建业** 甘肃白龙江博峪河省级自然保护区管护中心造林办主任

**张立蓉** 酒泉市林业和草原局绿化产业科科长

## 全国统计系统先进工作者

**刘怀忠** 国家统计局环县调查队队长、一级主任科员

## 全国纪检监察系统先进工作者

**贾建飞** 甘肃省兰州市纪委监委第九审查调查室副主任、一级主任科员

## 中国人民银行先进工作者

**郭晓飞** 中国人民银行陇西县支行党组书记、行长

## 第十六届中华技能大奖

**潘从明** 贵金属冶炼工　特级技师　金川集团铜业有限公司

## 全国技术能手

**刘　磊** 电工　高级技师　兰州铁路技师学院

**邹　斌** 车工　高级技师　兰州兰石集团有限公司

**高　鹏** 砌筑工　技师　甘肃第七建设集团股份有限公司

**柴国梁** 湿法冶炼工　高级技师　金川集团股份有限公司

## 全国科技管理系统先进工作者

**成　于** 甘肃省科学技术厅社会发展科技处处长

**甘玉伟** （土族）甘南藏族自治州科技开发交流中心农业技术推广研究员、州科技局党组成员

**杨佐风** 白银市科技创业服务中心主任

**高汇学** 兰州高新技术产业开发区经济发展和科技局局长

## 全国气象工作先进工作者

**狄潇泓** 兰州中心气象台正高级工程师

## 全国老龄系统先进工作者

**布凤俊** 兰州市卫生健康委老龄健康科科长

## 全国“人民满意的公务员”

**崔海洋** 甘肃省永靖县刘家峡镇三级主任科员

**刘锋军** 甘肃省嘉峪关市公安局网络安全保卫支队支队长

**黄沿钧** 甘肃省平凉市信访局网信科科长

**魏彦坤** 甘肃省庆阳市司法局党组成员、副局长

**姜莉玲** 甘肃省民勤县退耕还林办公室四级主任科员

**豆丽娟** 甘肃省兰州市七里河区人民法院立案庭一级法官

**常青华** 甘肃省金昌市金川区妇女联合会主席、四级调研员

**魏振乾** 甘肃省陇西县菜子镇党委书记、三级调研员

**荆　花** 甘肃省玉门市政府办公室党组成员、副主任，市行政服务中心主任

**张　怡** 甘肃省兰州市公安局刑事警察支队电信网络案件侦查大队副大队长

## 第十七届中国青年科技奖

**张东菊** 兰州大学

## 全国三八红旗手

**张　继** 西北师范大学二级研究员

**康　丽** 酒泉市公安局肃州分局东城关派出所副所长

**房　睿** 宁县妇女联合会党组书记、主席

**姜莉玲** 民勤县退耕还林办公室技术员

**刘建玲** 临泽县福荣大酒店总经理

**岳彩霞**　华亭市河西镇仿真花加工扶贫车间负责人

### 全国三八红旗手标兵

**脱亚莉**　庆阳市人民医院重症监护室护士长

## 省委、省政府表彰

### 甘肃省三八红旗手

兰州市

**郭冬梅**　兰州市口腔医院牙体牙髓科主任

**张潇月**　兰州市农业农村局（乡村振兴局）办公室主任兼人事科科长

**王向晖**　城关区华侨实验学校校长

**雷　芳**　城关区民政局社区工作服务中心副主任

**陈晓红**　七里河区人民法院党组成员、副院长

**吴桂贤**　永登县政协委员工作委员会主任

**金秀兰**　皋兰县石洞镇涧沟村党支部书记、村主任

嘉峪关市

**高　静**　嘉峪关市第一人民医院护理部主任

**陈秀香**　嘉峪关市农业技术推广站高级农艺师

**王　瑾**　酒钢集团宏兴股份公司钢铁研究院碳钢板带研究所涂镀品种研发高级工程师

金昌市

**赵　颖**　金昌市妇联城乡妇女发展部部长

**王永秀**　金川区疾病预防控制中心主任

**李　琳**　永昌县东寨镇党委书记

酒泉市

**韩　蕾**　酒泉日报社编辑部副主任

**荆　花**　玉门市政府办副主任、行政服务中心主任

**新　慧**　肃北县蒙古族学校高级教师

**阿吾列・别尔德汉**　阿克塞县公安局国保大队大队长

**石金秀**　瓜州县渊泉镇渊泉社区党委书记

**尤雯娟**　瓜州县西湖镇人民政府卫计专干

张掖市

**葛会萍**　张掖市妇联宣传发展科科长

**李　芳**　张掖市第二人民医院疼痛科主任、门诊部副主任

**张丽霞**　甘肃省张掖公路事业发展中心女工主任

**张　蓉**　临泽县公安局城关派出所教导员、一级警长

**姚艳玲**　高台县九发妇女民间手工制品专业合作社理事长

**邱雪梅**　肃南县县城园林绿化管理站高级工程师

武威市

**席彩霞**　甘肃武威肿瘤医院呼吸内科副主任

**祁玉花**　古浪县妇幼保健计划生育服务中心主任

**刘笙萍**　凉州区西苑实验小学校长

**王英琼**　天祝县图书馆党支部书记、馆长

**姜忠燕**　民勤县昌宁镇铧尖村党支部副书记

**杨　霞**　民勤县巴腾生物有机肥料有限公司董事长

白银市

**李芳莉**　白银市第一人民医院护理部主任

**闵　英**　甘肃辰铭养老服务有限责任公司董事长

**冯治慧**　平川区妇联党组成员、副主席

**张丽梅**　靖远县第一中学教师

**王　晶**　会宁永坤农业科技发展有限公司董事长

天水市

**卢小娟**　天水市麦积区北道埠街道办事处铁路社区书记

**计卫珍**　天水市逸夫实验中学校长

**汪　静**　国家税务总局天水市税务局企业所得税科科长、系统妇联主席

**安　琪**　天水锻压机床（集团）有限公司四分厂焊工班班长

**宋慧芳**　天水四〇七医院护理部主任

**刘巧爱**　清水县红堡镇红堡村妇联主席

**郭莉君**　麦积区滨河路幼儿园党支部书记、园长

平凉市

**张素梅**　平凉市农业科学院科研管理科科长

**魏惠民**　平凉市第四中学德育科科长

**张宁洁**　甘肃省农业广播电视学校静宁县分校高级讲师

**郝红红**　崆峒区执法局党组成员、区环卫处党支部书记、主任

**曲文姣**　中共华亭市委党校副教授

**王军霞**　崇信县人民医院儿科主任

庆阳市

**孙澜洪**　庆阳市妇联党组书记、主席

**李文燕**　庆阳市第二人民医院神经内科护士长

**赵会琳**　北京师范大学庆阳附属学校幼儿园园长

**王海英**　甘肃省农业广播电视学校合水县分校校长

**任艳艳**　庆阳妙丽香文化传播有限公司总经理

田海燕　庆城县高楼镇党委书记

定西市

邢惠琴　定西市疾病预防控制中心副主任医师
张立京　定西市幼儿园园长
党春香　安定区符川春香农资农副专业合作社社长
杨佛玉　岷县寺沟镇卫生院院长
成晓花　通渭县什川镇党委书记
宋小侠　甘肃美宜家家政服务有限公司总经理
温存庆　定西市妇幼保健院护理部主任

陇南市

李江红　武都区东江幼儿园园长
邓　星　中共宕昌县阿坞镇党委书记
张永香　礼县农村商业银行党委书记、董事长
王丽平　西和县大桥镇白五村党支部书记兼村委会主任
杨雪瑞　文县融媒体中心事业管理八级职员
王　琴　甘肃兆丰农业开发有限责任公司董事长

甘南州

张巧霞　合作市第四幼儿园党支部书记、园长
苏玉琴　临潭县妇联党组书记、主席
冯晓红　卓尼县洮砚镇人民政府八级职员
张　菊　夏河县乡村振兴局扶贫发展中心主任

临夏州

冯坤蓉　临夏州农业科学院行政办公室副主任
马秀梅　临夏州民族日报社副总编辑
刘　琳　临夏市第一　中学副校长
马翠芳　国家税务总局广河县税务局党委委员、副局长
胥丽阳　永靖县妇幼保健院孕产保健部部长
唐小翠　临夏县翠梦飞服装加工有限责任公司总经理

兰州新区

俞冬梅　兰州新区第一人民医院副院长

省直单位及其他

王潇晖　省纪委监委办公厅行政装备处一级主任科员
金　鑫　省委组织部人才工作处处长
李敏娜　省委宣传部文化艺术处处长
舒　欣　省委统战部政策法规处三级主任科员
王　玲　省委政法委办公室职工
徐　桃　省委直属机关工委办公室四级调研员
周　磊　省科技厅科技人才与科学普及处副处长、三级调研员
陈　芳　省农业工程技术研究院中药材研究所副所长
王　芸　省民族事务委员会人事处副处长
冯宝玲　省司法厅政府法律事务处处长
冯春捷　省住房和城乡建设厅计划财务处处长
李清霞　省卫生健康委员会基层卫生健康处处长
刘　晛　省交通运输厅投融资管理办公室副主任
张　元　省民政厅信息中心办公室副主任
李晓非　省人社厅事业单位人事管理处副处长
季慧琳　省文化和旅游厅政策法规处处长
谢　琚　省广播电视总台广播新闻中心播音员
伏　蓉　省电化教育中心网络安全与运行科科长
张亚群　省生态环境科学设计研究院水生态环境研究所所长
王　瑾　省科协组宣部副部长、三级调研员
李月霞　省住房和城乡建设厅勘察设计监管处（省抗震办公室）一级主任科员
霍文静　省农业农村厅种植业管理处副处长
马海霞　省粮食和储备局粮食储备处副处长
张　楠　省市场监督管理局财务审计处一级主任科员
孙惠娜　省知识产权保护中心预审服务部部长
唐小娟　省水利科学研究院组织人事科科长
房　鑫　省福利彩票发行管理中心九级职员
刘馨蔓　省商务厅幼儿园党支部书记、园长
李际鹏　省农村集体经济经营指导站会计科科长
张新艳　省田径曲棍球运动管理中心副领队兼运动员
周　华　省妇联宣传部一级调研员
谢海瑜　省女子强制隔离戒毒所一大队大队长
左　丽　省舞蹈家协会常务副主席、一级演员
马东平　省社会科学院社会学研究所所长、研究员
邓生菊　省社会科学院资源环境与城乡规划研究所研究员
田吉利　省广播电视局机关党委二级主任科员
左慧超　省广播电视局信息中心八级职员
刘全锡　省生态环境科学设计研究院正高级工程师
于晋娴　省广播电视总台电视公共频道播音员
辛瑞瑞　省平凉生态环境监测中心分析科副科长
赵琳蕾　省康复中心（医院）门诊部主任
马慧元　省人民医院心内科干部病区副主任医师
张晓岚　省中医院主任护师
罗向霞　省中医院眼科主任医师

吕　玲　省妇幼保健院（省中心医院）国际医疗部LDR区主任
薛秀芳　省第二人民医院组织人事科科长
赵剑芳　省第三人民医院消化科副主任
张　继　省女科技工作者协会会长
陈天竺　读者出版传媒股份有限公司《读者》杂志社副社长、副总编辑
胡芳弟　兰州大学药学院教授
王玉芳　西北师范大学美术学院院长
张艳平　兰州城市学院教师
王海燕　甘肃省陇南公路事业发展中心试验检测室主任
任玉娜　敦煌市人民法院民事审判庭副庭长、一级法官
王红燕　甘肃尕海则岔国家级自然保护区管护中心组织人事科科长
田雯婷　天水市秦州区消防救援大队初级专业技术职务
潘　红　兰州市公安局七里河分局刑事技术大队警务技术三级主管
郭　华　武威市公安局凉州分局信访办公室主任
张书秀　陇南市礼县公安局指挥中心主任
张樱凡　庆阳市公安局西峰分局出入境管理大队大队长
吕文茹　平凉市公安局崆峒分局合成作战指挥中心主任
杜　艳　临洮县人民检察院第一检察部副主任
王　睿　国家税务总局金昌市税务局考核考评科三级主办
杜　鹃　敦煌研究院融媒体中心副主任
孔祥媛　兰州铝业有限公司主管工程师
曹　磊　甘肃蓝天救援队培训中心副主任
何红霞　积石山县医疗保障局医保中心职工股股长
魏花萍　兰州大学第一医院护理部副主任
季春晖　甘肃明睿心理服务中心理事长
吕斐斌　甘肃爽口源生态科技股份有限公司董事长

## 甘肃省五一劳动奖章

邵旭平　兰州市城关区农业综合保障服务中心主任，农业技术推广研究员
周恒斌　兰州能源投资集团有限公司党委书记、董事长，高级工程师，技师
余林林　兰州万家馨园艺职业培训学校职工，工程师，高级工
杨学森　兰州市轨道交通有限公司运营分公司客运部值班员
孙海会　兰州万城物业集团有限公司项目经理
张　译　甘肃省通信产业物业管理有限公司项目管理，信息系统项目管理师，高级工
张桂兰　方大炭素新材料科技股份有限公司技术研发部工程师，正高级工程师
王　刚　兰州万尊为民环境卫生工程综合服务有限公司董事长，工程师，中级工
何　江　国家税务总局兰州市税务局党委书记、局长
宋艾芳　甘肃陇原妹巾帼家政服务有限责任公司董事长
赵卫东　兰州石化公司维达公司大乙烯维修分公司机泵维修钳工，技师
刘惠俊　兰州公交集团有限公司第三客运公司20路公交车驾驶员
王富国　兰州顺丰速运有限公司收派员
李志亮　兰州市消防救援支队特勤大队二站三级消防长，高级工
石爱国　兰州佛慈制药股份有限公司党委书记、董事长，审计师
赵　锐　兰州市公安局城关分局大教梁派出所教导员
张　贤　甘肃酒钢集团宏兴钢铁股份有限公司不锈钢分司热轧作业区轧钢首席技师，工程师，高级技师
王有乾　嘉峪关索通预焙阳极有限公司焙烧车间主任，技师
张希云　甘肃元生农牧科技有限公司总经理
白　翔　金川集团股份有限公司镍冶炼厂产品配送中心副主任，技师
马泽业　金昌市源达农副果品有限责任公司总经理，助理工程师
周惠莲　酒泉市双禧面粉有限责任公司职工
阿塞提·布开（哈萨克族）阿克塞县疾病预防控制中心干部，主治医师
王　敏　甘肃省酒泉市人民医院新城医院呼吸与危重症医学科负责人，主任医师
杨　涛　酒泉市农业科学研究院棉花研究所所长，副研究员
杜　勇　甘肃黑河水电实业投资有限责任公司党委书记，高级工程师
宋　霞　临泽县中医医院院感科主任，副主任护师

**车文燕** 甘肃嘉宝机械制造有限公司机加工组组长，助理工程师

**贺颖春**（裕固族）肃南裕固族自治县第一中学副校长，高级教师

**吴　燕** 凉州区疾病预防控制中心主管护师

**王延鹏** 武威韵达快递有限责任公司分拨中心经理

**陈立宏** 古浪县园艺技术工作站农艺师

**杨　明** 民勤县育民蔬菜产销专业合作社职工，中级农艺师

**胡　琰** 白银市中西医结合医院心病科护士长，副主任护师

**宁尉彭** 白银有色集团股份有限公司安全管理部矿山救护队小队长

**马永宏** 甘肃稀土新材料股份有限公司204车间党支部书记、主任，工程师

**李存海** 甘肃寿鹿山水泥有限责任公司党总支副书记、董事、经济顾问

**李军锋** 天水中通快递有限公司通勤车司机

**侯攻科** 天水市秦州区林业有害生物防治检疫站站长，高级工程师，高级工

**安明堂** 天水市麦积区凤栖源种植农民专业合作社技术指导，高级农艺师

**徐　姣** 天水市虚拟养老院院长

**郭相相** 三和数码测绘地理信息技术有限公司测量员，工程师，技师

**蒙智绢** 甘肃金江建筑安装工程有限公司直属第二项目部瓦工班班长，技师

**吕文茹** 平凉市公安局崆峒分局合成作战指挥中心主任，警务技术一级主管

**薛立军** 平凉市新世纪柳湖春酒业有限责任公司生产管理部主任，高级工程师

**王永宏** 静宁县中医医院骨科主任、科教科主任，主任医师

**李　珲** 庆阳市人民医院胸心外科主任，主任医师

**张红艳** 国网庆阳供电公司党委党建部主任，高级政工师

**牛仲杰** 庆阳陇象集团电子商务有限公司员工

**脱亚莉** 庆阳市人民医院重症监护室护士长，主任护师

**侯代英** 中交一公局第五工程有限公司甘肃通定高速第四合同段项目经理部经理兼党支部副书记，工程师

**何　靖** 甘肃兴陇建筑安装工程有限责任公司质量员，助理工程师

**林　茂** 西北铝业有限责任公司科技管理部主任，工程师

**丁小平** 陇西县第三中学教研室副主任，高级教师

**段　锋** 中铁二十局陇漳高速公路第一项目经理部项目经理，高级工程师

**张文颖** 定西市安定区文化馆副研究馆员

**万　欣** 陇南康瑞文化旅游有限公司讲解员

**焦彩虹** 陇南市第一人民医院内分泌科主任、门诊部副主任，主任医师

**李　军** 两当县金洞乡袁家沟村扶贫车间两当鑫博材料加工厂工人

**刘玉红** 陇南市祥宇油橄榄开发有限责任公司董事长，经济师

**杨志英**（藏族）迭部县藏族中学副高级教师

**魏维东** 燎原乳业股份有限公司乳粉包装车间班长，中级工

**鲁毛才让**（藏族）甘南州特殊教育学校党支部书记、校长，正高级教师

**王英刚** 甘肃明丰建筑工程集团有限公司总经理，工程师

**石海平** 临夏能成古典建筑装饰工程有限责任公司砖雕雕刻技师，副高级雕刻艺术师，高级技师

**刘　琳**（回族）甘肃省临夏市第一中学副校长，副高级教师

**金明明** 甘肃黄河三峡旅游投资开发有限公司船舶驾驶员，技师

**成采霞** 兰州市实验幼儿园新区分园执行园长，高级教师

**张森林** 甘肃智资医药有限公司研发总监

**满吉龙** 兰州新区水务管理投资集团有限公司职员，助理工程师，高级工

**王　鹏** 兰州市烟草专卖局七里河区局副局长

**刘子兴** 兰海集团有限公司兰州新胜利宾馆有限责任公司职业经理人，高级技师

**张文燕** 中国石油甘肃白银销售分公司西区加油站主管，初级工

**焦绍明** 金昌市农产品质量安全检测中心农艺师

张菁菁　兰州市食品药品检验检测研究院食品三科副科长，工程师

刘小燕　甘肃省药品检验研究院分析测试中心副主任，工程师，中级工

苟　尚　甘肃省气象局兰州中心气象台天气预报员，高级工程师

朱建宁　甘肃省药品监督管理局审核查验中心（甘肃省疫苗检查中心）主任，正高级工程师

王志亮　甘肃省发展和改革委员会西部开发办一级主任科员

牛泽龙　（藏族）中共甘肃省委组织部研究室二级主任科员

常雅琼　甘肃省歌剧院演员，一级演员

陈健堂　皋兰县劳动保障监察大队大队长

张占军　陇东学院农林科技学院教授

谢兴文　甘肃省第二人民医院院长，主任医师

秦大平　甘肃中医药大学中医临床学院教学科研科副主任，主治医师

陈　垣　甘肃农业大学农学院教授

蔺鹏臻　兰州交通大学科技处处长，教授

袁　媛　甘肃省人民医院重症医学一科主任，主任医师

张　磊　兰州大学第一医院普外科行政副主任，主任医师

赛　音（蒙古族）西北民族大学音乐学院院长，教授

胡建民　中核兰州铀浓缩有限公司第九车间车工，高级技师

耿　海　兰州空间技术物理研究所电推进事业部总经理，研究员

刘延星　甘肃长风电子科技有限责任公司电子技术研究所主持设计，高级工程师

杨蓉蓉　甘肃银光化学工业集团有限公司聚银公司PVC厂盘面操作工，工程师，高级工

王廷禹　中核四〇四有限公司第三分公司生产运行部技术员，助理工程师，技师

黄惠芬　甘肃省核地质二一九大队核工业天水工程勘察院院长、党支部书记，高级工程师

陈永红　中国铁路兰州局集团有限公司兰州高铁基础设施段张掖西综合维修车间军马场高铁接触网运行工区工长，技师

张建军　中国铁路兰州局集团有限公司嘉峪关车务段嘉峪关车站调度员，高级工

刘润福　中国铁路兰州局集团有限公司信息技术所高级工程师

雷　俊　国网甘肃省电力公司电力科学研究院副院长、党委委员，高级工程师

郑晓婷　国网甘肃省电力公司兰州供电公司城关供电分公司窗口服务班班长，助理工程师，技师

李明东　国网甘肃省电力公司工会副主席，教授级高级工程师

朱全海　甘肃水利机械化工程有限责任公司党委副书记、总经理，高级工程师

程玉菲　甘肃省水利科学研究院水资源与环境研究所所长，正高级工程师

姚宾宾　甘肃省地质矿产勘查开发局第四地质矿产勘查院三分队分队长兼技术负责，工程师

张　琪　甘肃省地质调查院兰州大地矿业有限责任公司高级工程师，工程师

闫汝刚　甘肃第七建设集团股份有限公司高级工程师

夏小兵　中建四局西北公司兰州分公司兰州富力住宅和CBD项目技术工程师，高级工程师

杜善启　中建八局甘肃分公司兰州中川国际机场三期扩建工程航站楼工程一标段项目指挥，高级工程师，中级工

王国玺　甘肃第七建设集团股份有限公司架子工班班长，高级工

程　魚　甘肃第四建设集团有限责任公司劳务公司钢筋工。曾获甘肃建投“劳动模范”等荣誉

杨汉文　甘肃信达通信技术有限公司安宁经营分部装维支撑分部经理，助理工程师

张柱林　中国电信股份有限公司甘肃分公司无线通信事业部机动应急中心应急队员

鱼小平　甘肃顺达路桥建设有限公司职工，技师

关惠军　甘肃路桥第三公路工程有限责任公司副总经理，高级工程师

梁胜利　靖远煤业集团有限责任公司大水头矿综放二队机电副队长，高级钳工

王双红　华亭煤业集团有限责任公司华亭煤矿综采队生产二班班长，中级工

谢　勇　窑街煤电集团有限公司海石湾煤矿自动化办公室副主任，助理工程师、技师

**赵元瑞** 中国邮政集团有限公司甘肃省华池县分公司城壕邮政所负责人兼投递员，中级工

**年新龙** 中国邮政集团有限公司甘肃省礼县分公司城区揽投部经理

**金晓燕** 中国移动通信集团甘肃有限公司网络运营中心班长，工程师

**蔡　辉** 中国移动通信集团甘肃有限公司网络部无线优化中心网络优化员，工程师

**梁晓君** 甘肃省合作监狱党委书记、监狱长，二级高级警长

**孟召福** 甘肃省金昌监狱监察室副主任、三级警长

**赵文林** 中国人民银行兰州中心支行人事处综合科科长，经济师

**马海鹏** 新华人寿保险股份有限公司甘肃分公司党委书记、总经理

**陈芸芸** 招商银行兰州分行天鹅湖支行理财主管

**贾丹丹** 国家税务总局兰州市城关区税务局一级行政执法员

**高启宁** 国家税务总局庆阳市税务局一级行政执法员

**马建成** 甘肃祁连山国家级自然保护区管护中心寺大隆自然保护站向阳台资源管护站站长

**莫天成** 甘肃陇西农村商业银行股份有限公司党委书记、董事长，经济师

**师　洁** 兰州农村商业银行股份有限公司金融市场部经理，助理经济师

**郑富国** 甘肃亚盛种业集团有限责任公司科研部经理，农艺师

**王　瑞** 中国石油天然气股份有限公司玉门油田分公司老君庙采油厂老君庙作业区603岗位岗位长、高级技师

**高燕军** 中国石油天然气股份有限公司玉门油田分公司炼油化工总厂联合运行二部催化装置运行一班班长，技师

**苏衡玉** 中国石油长庆油田分公司第二采油厂樊家川作业区技术组技术员，技师

**李　敏** 中国石油长庆油田分公司第二输油处曲子集输作业区生产岗职工，高级技师

**董　凌** 中车兰州机车有限公司机车车间电一班班长，技师

**李守刚** 中铁一院兰州铁道设计院有限公司桥梁隧道设计所副所长，正高级工程师

**文　超** 甘肃省迭部生态建设管护中心电尕林场资润山瞭望哨林务员，中级工

**马正亮** 兰州中川国际机场有限公司消防护卫部急救二班班长

**马健钟** （东乡族）中国东方航空股份有限公司甘肃分公司飞行部飞行教员，二级飞行员

**王　川** 甘肃省有色金属地质勘查局兰州矿产勘查院中心实验室主任，高级工程师

**杨作飞** 大唐甘肃发电有限公司兰白武新能源事业部景泰乾丰、沙塘子风电场副场长，工程师

**马银春** 中铁二十一局集团公司第二工程有限公司项目经理，高级工程师

**李官政** 中铁二十一局集团有限公司水冶南至安李铁路联络线工程项目部经理，工程师

**江许辉** 中国石油天然气股份有限公司西北销售武汉分公司操作工，技师

**陆绍青** 中国石油天然气股份有限公司西北化工销售公司总经理助理兼规划计划处处长，高级经济师

**甄长红** 华能兰州范坪热电有限公司检修部主任，工程师，高级工

**马剑滢** 甘肃电投大容电力有限责任公司设备技术部检修高级专责，高级工程师，高级技师

**张国山** 甘肃电投常乐发电有限责任公司设备技术部副主任，高级工程师，高级技师

**王志强** 中国华电集团有限公司甘肃公司瓜州风电场主运检员，助理工程师，中级工

**火克山** 甘肃银行股份有限公司兰州市城关支行公司业务部经理

**苏爱军** 甘肃公航旅通定高速公路管理有限公司正高级工程师

**李文芙** 甘肃公路建设管理集团有限公司平凉（华亭）至天水高速公路项目平凉段管理办公室正高级工程师

**马建农** 中铁二十局集团市政工程有限公司陇漳项目经理，助理工程师

**张勇利** 中铁一局集团市政环保工程有限公司项目经理，高级工程师

**何　伟** 天水二一三电器集团有限公司产品设计员，

工程师

**黄　亮**　中国石油川庆钻探工程公司川东钻探公司50506队副队长，技师

**李录科**　中国石油川庆钻探工程公司长庆钻井总公司致密油气藏工程技术中心钻井工艺一级工程师，高级工程师

**祁二小**　中建七局建筑装饰工程公司兰州盛达项目工程师，中级工

**栗世伟**　（满族）中建三局甘肃分公司甘肃省妇女儿童医疗综合体项目工程师，技师

## 甘肃省五一巾帼奖

**闫丽娜**　兰州市第五医院护士长

**赵　宇**　兰州市公安局合成作战指挥中心副主任

**季军艳**　兰州顺丰速运有限公司收派员

**邵　莉**　国家税务总局兰州市税务局一级行政执法员

**马玉洁**　兰州兰石集团有限公司高级主管

**张　欣**　兰州市七里河区马滩小学副校长

**田甜甜**　嘉峪关市疾病预防控制中心检验科科员

**夏　娟**　嘉峪关市第六中学教师

**张晓玲**　嘉峪关宏晟电热有限责任公司嘉北区域配电班班长

**张　玲**　国网甘肃省电力公司金昌供电公司女工主任

**杨玉芳**　金昌市金川区北京路街道党工委书记

**段亚平**　会宁县红军会宁会师旧址管委会女子讲解队副队长

**来进红**　景泰县第七小学教师

**刘天霞**　白银市第二人民医院检验科副主任

**李亚萍**　白银市中心医院神经外科护士长

**王　星**　天水市妇幼保健院护士

**李　蕾**　甘肃益康家政养老服务有限公司家政服务员

**冯　杰**　甘肃海林中科科技股份有限公司质量管理中心副主任

**张映红**　天水市秦州区太京镇中心敬老院厨师

**王玲玲**　清水县住房和城乡建设局城镇清洁队环卫工人

**梁莉萍**　武威市疾病预防控制中心传染病预防控制科科长

**赵　荣**　武威市凉州区第五幼儿园副园长

**姜莉玲**　民勤县退耕还林办公室四级主任科员

**贾媚丽**　古浪县黄花滩综合养老服务福利中心主任

**丁丽君**　张掖市甘州区妇幼保健院副院长

**王凤娇**　山丹县公安局城关派出所副所长

**李志勇**　张掖市幼儿园园长

**王　霞**　民乐县中医院护理部主任

**李小琴**　甘肃虹光电子有限责任公司技术质量部部长

**吕润霞**　静宁县文化馆副馆长

**任瑞玲**　灵台县人民医院护士

**胡松翠**　平凉市公安局刑警支队刑事科学技术研究所副所长

**王媛媛**　甘肃省酒泉中学教师

**郑　荣**　酒泉市农业科学研究院研究员

**周爱玲**　酒泉日报社记者

**运桂兰**　酒泉天煜机械有限公司董事长

**侯娟娟**　庆阳市人民医院主任检验师

**李晓莉**　华池县蔬菜产业办公室主任

**郑亚梅**　宁县人民医院副主任护师

**吕　红**　庆阳市疾病预防控制中心主管检验技师

**安晓莉**　定西市中医院感染性疾病门诊护士长

**张荟中**　甘肃腾远建材科技股份有限公司质检部经理

**毛焕云**　定西中医药科技中等专业学校教师

**移　欣**　漳县实验幼儿园教师

**王小琴**　陇南市武都区幼儿园园长

**张　玲**　宕昌县妇幼保健院超声科主任

**袁　英**　文县碧口幼儿园园长

**杨玲娣**　临夏州妇幼保健院副院长

**陈　婷**　国网甘南供电公司地区调度班班长

**汪晓梅**　中国石油天然气股份有限公司甘肃甘南销售分公司副主任

**芦秀红**　兰州新区实验幼儿园园长

**赵　丹**　甘肃省陇剧院二级演员

**袁　洁**　省直机关团工委书记

**管金莲**　甘肃靖远煤电股份有限公司红会一矿机修厂焊接技工

**刘小茸**　中国电信庆阳分公司油田营销服务中心副总经理

**白金花**　中国邮政集团有限公司酒泉市肃州区分公司营销中心经理

**麦桃吉**　中国邮政集团有限公司甘肃省玛曲县分公司邮政营业员兼乡邮员

**岳艳丽**　中国移动甘肃公司白银分公司数据接入网

运行维护

**王雪萍** 甘肃省天水监狱一级警长

**杨瑞霞** 皋兰县农村信用联社工会主席

**彭丽梅** 中国人民人寿保险股份有限公司甘肃省分公司部门负责人

**张月娥** 甘肃亚盛实业（集团）股份有限公司黄花分公司企业管理部副部长

**陈　旭** 甘肃国投集团党委办公室主任助理

**李晓敏** 甘肃省农业工程技术研究院党政办副主任、工会女工委主任

**孙　英** 中国石油甘肃武威销售分公司加油站经理

**张东菊** 兰州大学资源环境学院教授

**王旭霞** 甘肃省疾病预防控制中心科长

**任向红** 甘肃农业职业技术学院基础部副部长

**魏麟懿** 甘肃教育社办公室主任

**才德泱姬** 甘肃省保育院财务计划科科长

**黄　敏** 中核兰州铀浓缩有限公司机械设计科科长

**孙雯君** 兰州空间技术物理研究所党支部书记

**牟彩霞** 甘肃长风电子科技有限责任公司主持检验师

**杨梅霞** 国网定西供电公司工会副主席

**刘生红** 国网平凉供电公司五级职员

**郑晶晶** 国网甘肃综合能源服务有限公司多能供应部经理

**宋　佳** 中国铁路兰州局集团有限公司嘉峪关机务段副主任工程师

**徐　甜** 中国铁路兰州局集团有限公司兰州电务段信号工

**王彩霞** 甘肃省地矿局第一地质矿产勘查院地环中心总工程师

**赵　丹** 甘肃省水利厅三级主任科员

**李　建** 中国市政工程西北设计研究院有限公司第二设计院总工

**摆会荣** 平凉公路事业发展中心崆峒公路段养护工

**王　阳** 甘肃省交通科学研究院集团有限公司桥梁所副所长

**宁蕊娥** 陇南市宕昌县官亭镇邓桥村货车司机

**刘仿芳** 长庆油田第七采油厂洪德采油作业区采油技工

**杨伟伟** 长庆油田勘探开发研究院副主任

**孟祥建** 中车兰州机车有限公司技术组组长

**蔡淑文** 甘肃省白龙江林业中心医院主管护师

**孙丽萍** 兰州中川国际机场有限公司配载员

**叶　玲** 民航甘肃空管分局技保部自动化室党支部书记

**韩璟轶** 大唐甘肃发电有限公司兰白武新能源事业部发展建设部副主任

**郑　艳** 中铁二十一局集团电务电化工程有限公司信号工

**李　燕** 甘肃电投河西水电开发有限责任公司人力资源部主任

**郭　静** 中国广电甘肃网络股份有限公司陇南市分公司营销经理

**李　超** 甘肃省金融资本集团有限公司高级经济师

**李　蓉** 中铁二十局集团市政工程有限公司纪委办公室主任

**高　婷** 中铁一局集团市政环保工程有限公司工会副主席

**刘　晔** 中国石油天然气股份有限公司西北化工销售分公司经济师

**李旭梅** 甘肃银行股份有限公司武威分行公司业务部经理

**那娟娟** 中核四〇四有限公司第四分公司主任

## 甘肃省优秀工会工作者

兰州市总工会

**辛玉梅** 甘肃瑞远柳工机械设备有限公司工会经费审查委员会委员

**张雪梅** 兰州城市供水集团有限公司工会主席

**顾彩著** 皋兰县总工会社会化工会工作者

**赵志萍** 兰州高新技术产业开发区工会工作委员会主任

**李红梅** 腾达西北铁合金有限责任公司工会干事

**李孝涵** 甘肃兰海商贸集团有限公司工会主席

**唐延凯** 兰州水运集团有限公司工会主席

**唐仲海** 兰州市七里河区土门墩街道总工会主席

**李树洪** 国家税务总局兰州市税务局系统工会主席

嘉峪关市总工会

**单润娜** （满族）酒泉钢铁（集团）有限责任公司工会副主席

**王兴明** 嘉峪关市总工会经济技术部部长

**陈显伟** 嘉峪关市总工会宣教女工部职工

金昌市总工会

**许春梅** 金昌市总工会组织民管部部长

**王秋水** 永昌县总工会党组书记、主席

酒泉市总工会

**王建强** 敦煌市总工会党组成员、副主席

**伍春玲** 酒泉永顺路桥建筑有限公司副总经理、工会主席

**唐加尔克**（哈萨克族）酒泉兴安民爆器材有限公司工会主席

**魏宏生** 瓜州广汇能源物流有限公司党支部书记、工会主席

**邹　勇** 肃北县博伦矿业开发有限责任公司党务干事、工会干事

张掖市总工会

**傅雪玫** 甘肃黑河水电实业投资有限责任公司机关工会主席、女职工委员会主任、甘州区总工会兼职副主席

**宋学福** 临泽屯玉绿源种业有限公司副总经理、党支部副书记、工会主席

**刘　娟** 甘肃天宇旅游文化开发有限公司办公室主任、工会主席

**钟小莉** 甘肃丝路盛丰生物科技集团有限公司副经理、工会主席

**易好杰** 民乐县总工会党组书记、主席、四级调研员

**安玉泉**（裕固族）肃南裕固族自治县祁隆建筑安装有限责任公司副经理、工会主席

**刘晓红** 张掖市总工会党组书记、常务副主席、一级调研员

武威市总工会

**李　娜** 古浪县总工会社会化工会工作者

**李文东** 民勤县总工会党组书记、主席

**裴玉花** 国家税务总局天祝藏族自治县税务局二级主办、工会女职工委员会委员

白银市总工会

**魏列翠** 白银市白银区总工会党组书记、常务副主席

**孟秀英** 甘肃城通物流危货汽车运输有限公司党办主任、工会主席

**张乾栋** 中创博利科技控股有限公司执行总裁、工会主席

**米　红** 白银市天然气有限公司副总经理、工会主席

**师来芳** 白银市总工会经费审查委员会办公室主任

天水市总工会

**张景荣** 天水市总工会党组成员、副主席

**周晓明** 天水经济技术开发区工会联合会主席

**陈琳琳** 天水长城开关厂集团有限公司工会干部

**张意欣** 甘肃益康家政养老服务有限公司工会主席

**文自学** 天水市麦积区总工会副主席、机关工会主席、元龙村第一书记、工作队长

**王　晶** 甘谷精卫康复医院人事科科长、工会主席

**赵继刚** 武山县中医医院住院部第一支部书记、工会主席

平凉市总工会

**王爱卿** 华能灵台邵寨煤业有限责任公司党委副书记、纪委书记、工会主席

**乔小云** 平凉市崆峒区快递行业协会办公室主任、工会联合会副主席

**潘军华** 平凉新阳光农副产品有限公司工会主席

**崔　鹏** 庄浪县农扶发投资集团有限责任公司总经理助理、养殖业公司副经理、瑞发农业科技公司经理、工会副主席

**王仲平** 平凉市总工会党组成员、副主席

**赵丽梅** 平凉市市直公安系统工会副主席、二级警长

庆阳市总工会

**许晓远** 庆阳市人力资源和社会保障局党组成员、副局长、工会主席

**杨贵权** 华池县为民城乡建设服务有限公司副总经理、工会主席

**高广红** 环县回生果品有限责任公司党支部书记、工会主席

**刘国丽** 合水县交通运输集团有限公司党支部副书记、工会委员会委员

**彭小霞** 正宁县世通汽贸有限公司副经理、工会主席

**程　瑜** 中国石油天然气股份有限公司庆阳石化分公司工会干事、工会委员会委员

**李保林** 庆阳市西峰区总工会党组书记、常务副主席

定西市总工会

**马鹏程** 临洮县总工会党组书记、常务副主席、三级调研员

**田　华** 陇西县总工会党组书记、常务副主席

**马小平** 渭源县宏源新型建筑材料有限责任公司工会主席

张　魄　定西市第二人民医院副院长、工会主席
王祎军　国家税务总局定西市税务局党委委员、副局长、机关委员会书记、税务系统工会主席
崔旭雄　甘肃公航旅陇漳高速公路管理有限公司纪检委员、联合工会主席

陇南市总工会

张新宁　陇南市财政局党组成员、副局长，工会主席
刘小江　宕昌县官鹅沟旅游开发有限责任公司党支部纪检委员、工会主席
邢彦君　陇南祁连山水泥有限公司党总支副书记、副总经理、工会主席
马　源　甘肃礼县久联民爆器材有限公司党支部宣传委员、副总经理，工会主席
李淑琼　陇南市人力资源和社会保障局职称管理科科长、四级调研员，工会主席
赵　斌　陇南市总工会团支部书记、办公室一级科员
彭　敬　陇南东盛物流有限公司综合部经理、工会委员会委员

甘南州总工会

杨永仓　（土族）甘南州总工会支部委员会副书记、办公室主任
来发春　卓尼县总工会工资集体协商指导员

临夏州总工会

马海霞　(东乡族)临夏州总工会党组书记、常务副主席
李成章　临夏州总工会组宣部负责人
马东云（保安族）积石山县总工会党组书记、主席
马进明（回族）临夏州燎原乳业有限公司党支部书记、工会副主席
丁　娟　永靖县金德商贸有限责任公司办公室主任、女职工委员会主任
杜建军　甘肃良恒实业有限公司副经理、工会主席
胡慧文　临夏县腾顺机动车驾驶员培训学校办公室主任、工会主席

兰州新区工会

王丽莉　兰州新区科技文化旅游集团有限公司工会主席
刘　倩　兰州新区中川园区党群工作部工会干事、中川园区工会副主席
安瑞刚　兰州新区石化产业投资集团有限公司工会专干

省直机关工会

郭家玮　省农业科学院工会经费审查委员会主任、团委书记、青工委副主任
辛　娟　甘肃科技馆财务部副部长、甘肃省科学技术协会工会经费审查委员会委员甘肃科技馆工会经费审查委员会委员

省教科文卫工会

汪　洋　兰州大学工会党支部书记、常务副主席

省经贸工会

马　敏　中国石油甘肃销售分公司党群工作部高级主管、工会办公室主任

省国防工会

张利星　中核四〇四有限公司党群工作部群团处工会干部

省电力工会

王效原　国网武威供电公司党委党建部（宣传部、工会、团委）主任、党支部书记
李海燕　甘肃送变电工程有限公司党委党建部（党委宣传部、工会、团委）主任、党支部书记

兰州铁路局工会

马兰花　（回族）中国铁路兰州局集团有限公司工会组织部副部长
王春艳　中国铁路兰州局集团有限公司嘉峪关工务段工会干事

省建设工会

寇娟娟　甘肃第七建设集团股份有限公司工会副主席、女职工委员会主任

省交通工会

郭倩如　甘肃省高速公路运营服务中心工会副主席

省电信工会

路笃良　中国电信股份有限公司金昌分公司工会副主席

省移动工会

乔　蠲　中国移动通信集团甘肃有限公司甘南分公司工会事务管理

省监狱系统工会

温小红　甘肃省兰州监狱工会党支部书记、副主席、一级警长

省农村信用联社工会

苏　强　甘肃靖远农村商业银行股份有限公司党委办公室主任、工会办主任

玉门油田工会

肖生科　中国石油天然气股份有限公司玉门油田分

公司党委宣传部（工会、团委）副部长（副主席）

长庆油田工会

**王海峰** 中国石油长庆油田分公司第十采油厂党委宣传部副部长、工会副主席

中车兰州机车工会

**潘新虎** 中车兰州机车有限公司电器车间工会主席

有色甘肃地勘查局工会

**杨　鹰** 甘肃省有色金属地质勘查局天水矿产勘查院工会副主席

中铁二十一局工会

**雒宏伟** 中铁二十一局集团德盛和置业有限公司党委副书记、工会主席

华能甘肃能源开发有限公司工会

**胡建萍** 华能八〇三热电有限公司纪检审计部主任、工会经费审查委员会主任

省电力投资集团公司工会

**潘存斌** 甘肃省电力投资集团有限责任公司工会民主管理主管、机关工会副主席

华电甘肃公司工会

**白晶晶** （蒙古族）华电甘肃能源有限公司工会专责、第四党支部组织兼宣传委员、第四分工会主席

甘肃银行股份有限公司工会

**李　莉** 甘肃银行股份有限公司酒泉分行党委委员、副行长、工会主席

甘肃省公路航空旅游投资集团有限公司工会委员会

**孙　洁** 甘肃省公路航空旅游投资集团有限公司工会组织科副科长

中铁二十局市政工程公司工会

**王海刚** 中铁二十局集团市政工程有限公司星锐建材公司党支部书记、副总经理、工会办公　室主任

## 甘肃省优秀工会积极分子

兰州市总工会

**许瑞慧** 兰州威特焊材科技股份有限公司监事、管理部部长

**张　妍** 兰州市轨道交通有限公司机关第三党支部书记

**满江红** 兰州市红古区交通局运输办主任、红古区货车司机行业工会女职工委员会主任

**牛克良** 兰州兰石重型装备股份有限公司炼化公司装焊三车间手工焊二班班长

**黄峰珺** 中国人民解放军第二七六五工厂党群工作部部长、团委书记、工会委员会委员

**田　颖** 兰州海红技术股份有限公司行政主管、女职工委员会主任

**付兴钢** 甘肃东兴铝业有限公司党群工作办公室党群室主任、工会委员会委员

**钟　蕾** 兰州铝业有限公司动力一厂检修作业区综合维修工、女职工委员会委员

**杨苍善** 国家统计局兰州调查队劳动力调查科副科长

**魏宏武** 兰州铭帝铝业有限公司行政副总经理、工会委员会委员

**达宇博** 兰州市西固区城乡发展投资有限公司党委书记、董事长

**吴　晶** 酒钢集团榆中钢铁有限责任公司党政工作部干事、工会委员会委员

**魏存兴** 榆中县朝阳学校党支部副书记、副校长

嘉峪关市总工会

**刘锦涛** 嘉峪关市大唐路小学教师

**王涵正** （回族）嘉峪关市人力资源和社会保障局档案管理中心八级职员

**李　萍** 嘉峪关市妇幼保健计划生育服务中心妇产科副主任

**岳炎宏** 嘉峪关大友企业集团有限责任公司党委办公室主任、工会副主席

**杨　娟** 甘肃嘉恒产业发展（集团）有限公司党群工作部综合业务主管

金昌市总工会

**张盛华** 金昌市公安局金川公安分局金川交警大队综合办公室主任

**马玉梅** 金昌市人民医院督导组组长、效能医院建设办公室主任、工会副主席

**张明学** 金昌经济技术开发区管委会九级职员

**李建文** 金川集团铜业有限公司党群工作部副主任、机关党支部书记、铜业公司工会副主席、机关分会主席

**白　晶** 甘肃电投金昌发电有限责任公司党群工作部副主任、工会委员会委员

酒泉市总工会

**卢晓萍** 金塔县信访局副局长 、工会主席

**茹作超** 酒泉市人力资源和社会保障局办公室主任、工会委员会委员

**陈纪梅** 甘肃省酒泉汽车运输总公司监事会主席、工会主席

**茹作伟** 国网甘肃省电力公司酒泉供电公司变电运维技术管理专责、变电运维中心分会主席

**张　琳** 酒泉市中医院内一科主任、临床第二党支部书记

**于宝阳** 酒泉市汉鑫科技有限公司副总经理

**赵红英** 肃州区西峰镇人民政府党政办干部、工会委员会委员、女职工委员会主任、九级职员

张掖市总工会

**逯远香** 甘肃中鹏满满物业服务有限公司临泽分公司副经理

**罗　龙** 高台县新宇塑业有限公司董事长、总经理

**赵志宏** 山丹县全路通物流有限责任公司（中通快递）经理、工会主席

**韩积松** 甘肃锦世化工有限责任公司综合管理部部长、工会专干

**牛　静** （藏族）肃南裕固文化长廊旅游景区管理中心副主任

武威市总工会

**王斌龙** 武威市交通运输综合行政执法队九级职员

**施晓芬** 武威市邮政管理局行业管理科科长，女职工委员会委员

**艾鹏元** 凉州区人力资源和社会保障局办公室四级主任科员、机关工会主席

**孟庆风** 北控城市服务（甘肃）有限公司古浪分公司人工作业部经理、工会主席

**何吉成** 天祝县鑫煜通快递服务有限公司负责人、天祝县快递行业劳动者工会联合会主席

白银市总工会

**党爱娟** 靖远县糜滩镇上滩小学教师、工会小组长

**唐　艳** 甘肃金宏桥集团有限公司车间主任、工会委员会委员

**田丽华** 白银市向阳医养院宣传科主任

**王剑飞** 白银有色集团股份有限公司第三冶炼厂党委宣传部副部长

**王　帅** 甘肃祁连雪淀粉有限公司车间主任、工会专干

**魏宏强** 中材甘肃水泥有限责任公司党务专员、纪检专员、工会干事

**肖银萍** 靖远嘉盛物业管理有限责任公司后勤主管、工会干事

**杨建勇** 白银市人民政府办公室财务科科长

**赵建丽** 甘肃新新地房地产开发有限公司行政总监、工会经费审查委员会委员

天水市总工会

**杜　晅** 中共天水市委办公室综合科科长

**李　亮** 天水市一级公路收费处办公室主任

**赵志强** 国家税务总局天水市税务局稽查局副局长

**马　强** （回族）张家川回族自治县水暖公司办公室主任、工会经费审查委员会委员

**王建军** 天水锻压机床（集团）有限公司第一联合分厂钻钳班班长、工会组长

**崔旭文** 清水天嘉公交旅游实业有限公司副经理、工会主席

**高国栋** 天水市人力资源和社会保障局考试中心工勤人员

**郗　瑞** 天水华天电子集团党群工作部宣传干事、工会干事

**刘三录** 甘肃圆通电子商务有限公司快递员、工会宣传员

平凉市总工会

**杨海生** 庄浪县天盾保安服务有限公司经理、工会委员会委员

**雷小康** 平凉兴安民爆器材有限公司办公文秘、工会干事

**柳冬梅** 平凉市振兴小汽车出租有限责任公司人力资源部经理、工会主席

**何永锋** 国家税务总局泾川县税务局一级主办、工会副主席

**李登攀** 华亭市友安物流服务有限公司总经理、华亭市快递行业工会联合会主席

**宋晓红** 崇信县芮鞠惠民投资发展有限责任公司财务部主管、工会主席

**姚亚琼** 灵台县惠民热力有限责任公司出纳、工会委员会委员

**赵永翔** 中共平凉市委办公室人事科科长、市委机关工会副主席

庆阳市总工会

**付文才** 国家税务总局庆阳市税务局三级高级主办、系统工会常务副主席、机关工会主席

**朱军峰** 庆阳市人民医院公共卫生管理科管理员、工会副主席

**牛仲杰** 庆阳陇象集团电子商务有限公司办公室主任、工会委员会委员

**姚发发** 甘肃金泰源建设工程有限公司董事长

**郭清武** 庆阳神盾远创保安服务有限公司副经理、工会主席

**宋平英** 环县公共交通集团有限公司办公室主任、工会主席

**穆　宏** （回族）庆阳市黄土缘演艺有限责任公司办公室主　任、工会委员会委员

**赵会琳** 京师范大学庆阳实验学校幼儿园园长、工会主席

**任红瑞** 庆阳市金盾保安守护押运有限公司财务资产部会计、工会副主席

定西市总工会

**刘向伟** 中铁七局集团有限公司定临高速项目部工程部长、工会委员会委员

**杨雯钰** 西北铝业有限责任公司挤压制造部综合安全业务室主管、工会委员会委员

**藏　博** 临洮县非物质文化遗产展示中心主任、临洮县临农农产品电子商务有限公司工会经费审查委员会主任

**朱　玲** 陇西县妇幼保健院副主任护师、文峰镇曲家山村第一书记、驻村帮扶工作队队长

**王军琦** 通渭县人民医院党委书记

**张进红** 定西经济开发区党工委副书记、管委会副主任

**谢洮霞** 定西市安定区东方红中学教师

陇南市总工会

**段军国** 甘肃宝徽实业集团有限公司党委委员、工会副主席

**何德锋** 康县独一味生物制药有限公司人事专员、工会副主席

**李小军** 甘肃红川酒业有限责任公司勾调中心主任、工会主席、国家一级品酒师

**刘烈国** 西和县中宝矿业有限公司党建部部长、工会副主席

**张育虎** 文县祁连山水泥有限公司党总支副书记、副总经理、工会主席

**赵玥钒** 甘肃省陇南市陇运汽车运输（集团）有限责任公司机关团支部书记

**杨玉娟** 陇南市快递行业协会办公室主任、市快递行业联合工会经费审查委员会委员

甘南州总工会

**刘　平** 国家税务总局合作市税务局党委副书记、副局长、工会主席

**马　胜** （回族）兰州顺丰速运有限公司临潭分公司仓管员、工会主席

**王浩旭** （藏族）甘南州人力资源和社会保障局机关党总支专职副书记、机关工会委员会委员

**魏　娜** （藏族）甘南藏族自治州邮政管理局四级主任科员、会计、机关工会经费审查委员会委员

**朱　虹** 甘肃省甘南藏族自治州公安局三级警长、工会女职工委员会委员

临夏州总工会

**祁昌俊** 临夏市交通运输局副局长

**薛美琼** 和政县和政中学教师

**李正刚** 东乡族自治县喇嘛川木雕工艺制品有限公司副经理、工会主席

**杨文宏** 甘肃昌隆房地产开发有限公司副总经理、工会主席

**刘岗虎** 临夏同乐雨具有限公司厂务部经理、工会干事

**童爱花** 甘肃金发鸿瑞假日大酒店集团有限公司副总经理、工会女职工委员会主任

**郭　妍** 临夏百益现代农业科技有限责任公司人事行政经理、工会主席

**张钊哲** （回族）甘肃鑫国源皮业制品有限公司车间主任、工会主席

**宋夏兰** 国网临夏供电公司党委党建部副主任、工会女职工委员会主任

兰州新区工会

**王　淼** 兰州新区秦川园区党群工作部科员、秦川园区工会女职工委员会委员

**范富芳** 兰州新区栖霞中心社区干部、工会联合会副主席

**柴晓娟** 兰州新区商贸物流投资集团有限公司党群工作部副部长、工会干事、助理政工师

省直机关工会

**梁启军** 甘肃省医疗保障服务中心基金征缴科科长

省电力工会

**沈黎明** 国网白银供电公司党委党建部（宣传部、工会、团委）宣传文体、生产生活专责

兰州铁路局工会

**曾　志** 中国铁路兰州局集团有限公司兰州供电段宣传助理员

省建设工会

**杨锁柜** 中国建筑第四工程局有限公司西北公司兰州分公司工会纪检监督管理岗、工会委员会委员

省交通工会

**洪平海** 甘肃省高速公路路政执法总队政策法规科科长

省邮政工会

**杨佐东** 中国邮政集团有限公司白银市分公司人力资源干事

国家税务总局甘肃省税务局系统工会

**肖远平**（土族）国家税务总局临夏回族自治州税务局税务学会副会长、机关工会主席

中国铁塔工会甘肃委员会

**冯淑慧** 中国铁塔股份有限公司天水市分公司党群纪检专岗

长庆油田工会

**胡　霄** 中国石油长庆油田分公司培训中心西安油气综合实训基地服务部主任

铁一院兰州铁道设计院工会

**夏　锋** 中铁一院兰州铁道设计院有限公司党群工作部团委书记、工会委员会委员

甘肃机场集团公司工会

**田润宇** 甘肃省民航建设（集团）有限公司党委副书记、纪委书记、工会主席、职工董事

东航甘肃公司工会

**杨丽萍** 中国东方航空股份有限公司甘肃分公司办公室综合行政、工会女职工委员会委员

民航西北空管局甘肃分局工会

**杨　芳** 中国民用航空西北地区空中交通管理局甘肃分局党办副主任、工会副主席

甘肃人力资源服务股份有限公司工会

**魏延红** 甘肃人力资源服务股份有限公司财务经理、工会经费审查委员会主任

省广电网络公司工会

**李亚雄** 中国广电甘肃网络股份有限公司职员

## 甘肃省优秀企业家名单

**叶　军** 国网甘肃省电力公司党委书记、董事长

**吴　凯** 中国石油天然气股份有限公司兰州石化分公司党委书记、执行董事

**李永平** 中国石油天然气股份有限公司长庆油田陇东油气开发分公司经理

**刘战君** 中国石油天然气股份有限公司玉门油田分公司党委书记、执行董事

**秦海峰** 华能甘肃能源开发有限公司党委书记、董事长

**蔺翻红** 甘肃烟草工业有限责任公司党组书记、总经理

**高雪军** 兰州生物制品研究所有限责任公司总经理

**霍　伟** 中国移动通信集团甘肃有限公司党委书记、董事长、总经理

**吕继兵** 中国铁塔股份有限公司甘肃省分公司党委书记、总经理

**蒋哲峰** 中电万维信息技术有限责任公司党委书记、总经理

**刘守德** 中国石油天然气股份有限公司西北销售分公司党委书记、执行董事

**张安山** 国药集团兰州生物制药有限公司党总支书记、总经理

**刘士鹏** 中核四〇四有限公司党委书记、董事长

**王小军** 中国航天科技集团有限公司第五研究院第五一〇研究所党委副书记、所长

**胡绍华** 中核兰州铀浓缩有限公司党委书记、董事长

**晁世元** 兰州万里航空机电有限责任公司党委书记、董事长

**陈得信** 酒泉钢铁（集团）有限责任公司党委书记、董事长

**王普公** 白银有色集团股份有限公司党委书记、董事长

**许继宗** 窑街煤电集团有限公司党委书记、董事长

**石培荣** 甘肃省公路航空旅游投资集团有限公司党委书记、董事长

**蒲培文** 甘肃省电力投资集团有限责任公司党委书记、董事长

**王月成** 甘肃省国际物流集团有限公司党委书记、董事长

**阮　英**　兰州兰石集团有限公司党委书记、董事长
**吴育红**　丝绸之路信息港股份有限公司党委书记、董事长
**杨重存**　甘肃省公路交通建设集团有限公司党委副书记、总经理
**肖胜利**　天水华天电子集团股份有限公司董事长
**刘培勋**　甘肃稀土新材料股份有限公司党委书记、董事长
**王浩宇**　大禹节水集团股份有限公司董事长
**党锡江**　方大炭素新材料科技股份有限公司董事长
**王德亮**　甘肃东方钦业有限公司董事长
**韦诗彬**　甘肃德福新材料有限公司董事长
**刘　勇**　金徽矿业股份有限公司党委书记、董事长、总经理
**朱　平**　定西高强度紧固件股份有限公司党委副书记、董事长
**刘玉红**　陇南市祥宇油橄榄开发有限责任公司董事长
**姜　锦**　兰州新区石化产业投资集团有限公司党委书记、董事长
**朱世发**　嘉峪关索通炭材料有限公司党委书记、总经理
**高治学**　中国水电四局（酒泉）新能源装备有限公司总经理
**阆　韬**　陇西一方制药有限公司总经理
**宋建强**　靖远高能环境新材料技术有限公司董事长
**史道柯**　耐驰（兰州）泵业有限公司支持流程总经理
**蒋保权**　天水星火机床有限责任公司董事长
**陈嘉彪**　甘肃金昌化学工业集团有限公司党委书记、董事长
**张　涛**　兰州国器装备制造集团有限公司党委书记、董事长
**窦剑文**　海默科技（集团）股份有限公司董事长、首席执行官
**曾国才**　庆阳瑞华能源有限公司董事长
**罗　顺**　甘肃健顺生物科技有限公司董事长、总经理
**康小明**　天水华洋电子科技股份有限公司董事长
**夏　祥**　兰州和盛堂制药股份有限公司董事长
**杨志军**　甘肃广晟稀土新材料有限公司总经理
**葛黎明**　兰州康鹏威耳化工有限公司总经理
**贾　峻**　酒泉奥凯种子机械股份有限公司党委副书记、董事长
**安贞虎**　甘肃红峰机械有限责任公司党委书记、董事长、总经理
**马志祥**　甘肃前进牧业科技有限责任公司董事长
**沈金山**　甘肃红太阳面业集团有限责任公司董事长、总经理
**马鹏举**　燎原乳业股份有限公司董事长
**牛文斗**　甘肃虹光电子有限责任公司党委书记、董事长、总经理

# 文献辑存

## 政府工作报告

2023年1月15日在甘肃省第十四届人民代表大会第一次会议上

甘肃省省长 任振鹤

各位代表：

我代表省人民政府，向大会报告工作，请予审议，并请省政协委员和其他列席人员提出意见。

**一、本届政府工作回顾**

过去五年，是甘肃战贫困、建小康，促发展、谋跨越的五年。在党中央坚强领导和省委直接领导下，全省上下坚持以习近平新时代中国特色社会主义思想为指导，深入贯彻党的十九大和二十大精神，牢记习近平总书记殷殷嘱托，负重自强、顽强拼搏，“十三五”顺利收官，“十四五”良好开局，踏上全面建设社会主义现代化新征程，谱写了加快建设幸福美好新甘肃、不断开创富民兴陇新局面的时代篇章。

在五年经济社会发展历程中，四个方面的成就意义尤为重大。一是决战决胜脱贫攻坚，历史性解决绝对贫困问题，与全国一道全面建成小康社会。二是经济总量迈上万亿台阶，财政收入跨过千亿大关，综合经济实力实现较大跃升。三是祁连山生态保护“由乱到治、大见成效”，生态文明建设发生全局性变化，国家西部生态安全屏障筑牢加固。四是民族团结、社会和谐呈现新气象，坚定不移听党话、矢志不渝跟党走，成为全省各族人民的共同心声。

这些标志性成就，是建设幸福美好新甘肃的生动缩影，是开创富民兴陇新局面的真实写照，极大增强了陇原人民的志气底气，极大改善了甘肃发展的形象预期。

陇原大地圆梦小康，呈现了富民兴陇崭新气象。坚持精准扶贫、尽锐出战，如期打赢脱贫攻坚战，接续推进乡村振兴，广大农村面貌发生翻天覆地的变化。

*脱贫攻坚任务全面完成*。75个贫困县全部摘帽，7262个贫困村全部退出，552万农村建档立卡贫困人口全部脱贫，书写了我国减贫史上的甘肃篇章。49.9万农村贫困人口通过易地扶贫搬迁拔掉穷根。具备条件的建制村全部通硬化路、通客车、通邮路。行政村动力电全覆盖，光纤宽带和4G网络覆盖率达到99%。东部协作省市和中央定点帮扶单位投入资金172.06亿元，实施项目9789个，帮助销售农产品206.18亿元。脱贫地区农村居民人均可支配收入年均增长9.8%，高于全省城乡居民收入增幅。

*脱贫成果有效巩固拓展*。保持过渡期帮扶政策总体稳定，防止返贫动态监测和帮扶机制作用有效发挥，教育、医疗、住房和饮水保障成果巩固提升。就业和产业支持力度不断加大，易地搬迁后续扶持有效开展。脱贫人口小额信贷总量、贷款余额和新增贷款均居全国首位。涉农整合资金58%用于脱贫地区产业发展。倾斜支持39个乡村振兴重点帮扶县。2021年我省在国家巩固脱贫成果后评估和东西部协作考核评价中均获“好”的等次。

*乡村振兴扎实推进*。全省一产增加值年均增长6.3%，连续位居全国前列。建成高标准农田1409.8万亩。粮食产量连续三年稳定在240亿斤以上。农业产业化龙头企业、农民专业合作社分别达到3360家和9.3万个。创建7个国家现代农业产业园，获批6个国家农业现代化示范区、50个全国乡村旅游重点村（镇），会宁、民勤、临泽创建国家乡村振兴示范县，建设4个国家级产业集群和35个特色产业强镇。“甘味”品牌连续两年荣登中国区域农业形象品牌影响力指数100强榜首。设立30亿元乡村振兴投资基金。启动“5155”乡村建设示范行动，编制完成6750个实用性村庄规划。张掖、甘南、陇南、临夏打造乡村振兴示范样板成效突出。

高质量发展步伐加快，厚植了富民兴陇强劲动能。着力盘活存量、引入增量、提高质量、增强能量、做大总量，全省地区生产总值连跨八千亿、九千亿和万亿台阶，年均增长5.5%，增速从2017年全国第30位提升到第3位。

*产业动能持续增强*。聚焦“强龙头、补链条、聚集群”，大力推进工业强省、产业兴省，规上工业增加值增速提升到全国第13位，工业占生产总值比重提高1.9个百分点。新增规上工业企业1277户。建立产业链链长制，培育链主企业101家，实施“三化”改造重点项目719个。煤炭、原油、天然气产量达到5875万吨、1090万吨、5.2亿立方米，分别比2017年增长57%、32%、190%。建成陇东千万吨油气生产基地。新能源并网装机3800万千瓦，比2017年增加1732万千瓦，成为省内第一大电源。陇电入鲁工程启动实施。张掖盘道山、肃南皇城抽水蓄能工程开工建设。酒泉新能源及新能源装备制造、金昌镍铜钴新材料和新能源电池、白银硫磷铁钛锂新材料等产业基地加快建设。国内行业单体产能最大的稀土萃取生产线在白银建成投产。战略性新兴产业、高新技术产业发展提速。深化央地合作，签约实施项目204个、投资5927亿元。

*科技赋能提质增效*。综合科技创新水平不断提升，保持在全国第二梯队。兰白自创区、兰白试验区创新引擎作用逐步彰显。获批省部共建干旱生境作物学国家重点实验室，组建中国工程科技发展战略甘肃研究院。建成中国（甘肃）知识产权保护中心。国产首台自主知识产权碳离子治疗系统在武威投入临床应用，实现重离子超大型装置国产替代，成套设备加工制造基地在兰州新区建成投运。技术合同成交额由163亿元增加到338.57亿元。高新技术企业达到1683家，是2017年的2.7倍。新认定省级“专精特新”企业195户、国家级小巨人企业45户。科技进步贡献率达到58.2%。29项科技成果荣获国家奖。6名科学家当选“两院”院士。

*区域发展协同并进*。编制完成“多规合一”国土空间规划。加大兰西城市群、关中平原城市群共建力度。制定实施“十四五”兰州经济圈、河西走廊经济带、陇东南区域发展规划。庆阳市生产总值跨越1000亿，武威、白银、平凉、张掖、陇南、定

西、金昌突破500亿。兰州新区经济增速持续领跑国家级新区，生产总值由2017年162.09亿元增加到342亿元。县域经济加快发展，生产总值超过百亿的县达到30个。新认定省级开发区18个、代表性园区12个。榆中、敦煌2个国家县城新型城镇化示范区加快建设。全省城镇化率54.19%，比2017年提高6.07个百分点。

基础设施固强补弱，强化了富民兴陇支撑条件。着眼破瓶颈、强保障，狠抓交通、水利、新基建等基础设施建设，经济社会发展的硬件支撑不断增强。

*交通瓶颈有效破解*。公路总里程、铁路运营里程、高铁里程达到15.7万千米、5765千米和1600千米，分别比2017年增加1.5万千米、730千米和447千米。高速（一级）公路里程突破7400千米，通高速县市区达到72个，实现与相邻6省区高速公路全联通。12个市通铁路，8个市通高铁，酒额铁路、敦格铁路、银西高铁、银兰高铁中兰段建成通车，兰张三四线中川机场至武威段、兰合铁路、西成铁路加快建设，以兰州为中心的放射型快速铁路网趋于完善。干支线机场9个，航空运输服务市州覆盖率达到79%。

*水利建设润泽陇原*。实施一批骨干水网、民生水利、水生态保护和防洪抗旱减灾工程，建成引洮二期骨干、甘肃中部生态移民扶贫开发供水工程总干渠、黄河干流甘肃段防洪一期、民勤红崖山水库加高扩建等工程。白龙江引水等重大项目前期工作取得突破。兰州、天水告别单一水源历史。新增年供水能力5亿多立方米，全省缺水少水状况有效改善。

*新基建扩面增效*。建成3.15万个5G基站、66个数据中心、15个工业互联网平台。5G网络实现市州城区全覆盖。兰州获评全国5G网络速率最佳城市。全国一体化算力网络国家枢纽节点获批建设，兰州国家级互联网骨干直联点、庆阳数据中心集群、全省算力资源统一调度服务平台加快建设。张掖、金昌、酒泉、兰州新区云计算大数据项目有序推进。

*生态环境整体向好，夯实了富民兴陇绿色根基*。践行“两山”理念，美丽甘肃建设全面推进，大美陇原的天更蓝、山更绿、水更清。

生态建设水平稳步提升。“三线一单”生态环境分区管控制度全面实施。新增造林2392万亩，完成草原种草改良2278万亩、沙化土地综合治理1348万亩、水土流失治理5386.4万亩。五级河（湖）长、林长体系全面建立。祁连山生态环境进入常态长效保护监管阶段。祁连山国家公园完成试点，大熊猫国家公园正式设立，若尔盖国家公园创建扎实推进。新增黄河首曲和敦煌西湖国际重要湿地。平凉成功创建国家森林城市。平凉、张掖和两当、崇信、迭部、合作、清水获国家生态文明建设示范市、示范县。古浪八步沙林场等4地被命名为全国“两山”实践创新基地。石羊河成为全国首批美丽示范河湖。甘南环境革命实现雪域藏乡“绿色蝶变”。

黄河国家战略深入实施。扛牢上游责任，建立完善“1+N+X”规划政策体系。推动兰州在保持黄河水体健康上发力带头，“黄河之滨也很美”成为靓丽名片。黄河首曲湿地保护修复、祁连山北麓水源涵养、秦岭西段生物多样性保护恢复、石羊河中下游防沙治沙综合治理、陇中地区水土流失综合治理等重大生态项目加快实施。启动黄河流域兰西城市群甘肃片区生态建设行动。积极推动建立横向生态补偿机制。开展省级层面黄河流域生态保护地方立法与污染现状调查。黄河干流出境断面水质连续7年达到Ⅱ类。

污染防治攻坚纵深推进。两轮中央和省级生态环境保护督察整改任务基本完成，连续两年获得国家污染防治攻坚战成效考核“优秀”等次。14个市州空气质量首次全面达到国家二级标准。全省国考断面水质优良比例达到95.9%。土壤环境质量保持总体稳定。能耗“双控”有效落实。张掖、兰州实现林草碳汇交易率先突破。平凉完成全省首笔国际绿色碳交易。

*改革开放走深走实，激发了富民兴陇动力活力*。以改革破难题，以开放拓空间，经济社会发展的动能更加强劲，客商看好甘肃、投资甘肃的预期不断向好。

重点领域改革取得突破。国企改革三年行动任务如期完成，省属企业公司制改革全覆盖，混改面达57.8%，比2017年提高17个百分点。整合组建天然气管网公司、国际物流集团。新增上市公司5家。兰州新区绿色金融改革创新试验区建设取得阶段性成果。开展科研成果赋权改革试点。国有未利用地、城镇批次建设用地和土地征收成片开发方案审批权限下放市（县）政府。“标准地”改革实现“拿地即开工”。农村土地制度改革、“三变”改革、集体产权制度改革稳妥推进。电价改革年均降低企业用电成本近百亿元。

营商环境持续改善。“放管服”改革不断深化，数字政府建设取得突破性进展，“甘快办”特色应用加速拓展，全省政务服务事项全程网办率达到98%以上。工程建设项目、建设用地审批时限分别压减至90个和20个工作日以内。市场主体从2017年的148.86万户增加到217.06万户。减税降费近2150亿元，惠及市场主体93万户。民间投资占比达到42%。招商引资到位资金1.55万亿元，年均增长17%。

开放空间纵深拓展。新开通21条国际货运班列线路、11条国际货运包机航线，中欧班列常态化运营。在“一带一路”沿线国家和地区设立13个商务代表处，建立121个国际营销服务网点、海外仓和商品展销中心。跨境电商交易额从2018年的0.6亿元增加到14.3亿元。建成运营7个海关指定监管场地。兰州新区综合保税区进出口贸易额达到180亿元，比2017年增长76.2%。全国首例进口铁路运输铜精矿监管通关模式落地金昌。

**民生福祉改善提升，促进了富民兴陇共建共享。**多措并举保障改善民生，民生支出连年保持在80%左右，每年兴办10件民生实事，广大群众获得感幸福感安全感明显增强。

民生保障持续强化。城镇新增就业183.3万人。基本医保参保率稳定在95%以上，基本医疗保险、大病保险、医疗救助跨省和省内异地就医直接结算全面实现。城乡低保标准分别提高49%和51%。帮扶援助困难退役军人36.5万人次。实施城镇棚户区住房改造66.74万套，建成保障性安居工程39.57万套。化解国有土地上已售城镇住宅历史遗留“登记难”问题84.92万套。

社会事业全面发展。学前三年、高中阶段、高等教育毛入学率达到93.3%、95.3%和48.3%，分别比2017年提高2.3、1.3和12.8个百分点。义务教育均衡发展目标全面实现。“双减”政策有效落实。获批国家级一流本科专业建设点182个。建成15个国家临床重点专科。人均预期寿命由2017年的73.41岁提高到75.64岁。武威吐谷浑、灵台桥村、夏河白石崖溶洞、张家川圪垯川、庆阳南佐遗址入选“考古中国”。推出《八步沙》《又见敦煌》《布楞沟的春天》等文艺精品。 创建国家5A级景区3家。临夏八坊十三巷被认定为国家级旅游休闲街区。村级公共文化设施实现全覆盖。市、县两级公共体育场覆盖率分别达到93%和87%。成功举办第十四届、第十五届省运会和第十届、第十一届残运会。金昌、嘉峪关蝉联全国文明城市，兰州获评全国文明城市。

平安甘肃深化建设。民族团结进步事业长足发展。宗教事务管理法治化水平不断提升。国防动员和后备力量建设得到加强。食品药品安全专项整治成效明显。应急管理体系基本建成，安全生产专项整治全面深化，防灾减灾救灾能力持续增强。扫黑除恶专项斗争深入开展，连续4年现行命案全破。金融机构化险工作有力有效，近两年金融领域清收处置不良资产698.3亿元。

五年来，政府系统坚持严字当头、实字在先、干字为要，持续加强自身建设。开展“不忘初心、牢记使命”主题教育和党史学习教育，狠抓中央巡视、国务院大督查、审计等发现问题整改。“七五”普法规划全面完成。行政复议体制改革走在全国前列。自觉接受省人大及其常委会法律监督、工作监督和省政协民主监督，办理省人大代表意见建议2871件、政协提案3541件，提请省人大常委会审议地方性法规议案134件，制定、修改和废止政府规章60部。创新优化工作机制，加大政策激励力度，建立完善经济运行调度、重大项目协调推进、重点工作领导包抓等机制。制定实施市州重点工作完成情况评价办法、县域经济综合评价考核办法，引导各地形成大干快上、竞相发展的良好氛围。我省8项典型经验获国务院大督查通报表扬、18项工作获国务院督查激励。严格执行中央八项规定精神，深入推进政府系统党风廉政建设和反腐败斗争，政治生态持续向好。

老龄、工会、青少年、妇女儿童、残疾人、红十字、慈善、关心下一代等事业成效明显，审计、外事、信访、粮食和物资储备、统计、气象、地震、机关事务、地方志、参事、文史、档案、社科、供销、人防等工作取得新进展。

各位代表！2022年是本届政府的收官之年。全省上下认真学习贯彻党的二十大精神，全面落实疫情要防住、经济要稳住、发展要安全的要求，按照省第十四次党代会部署，统筹疫情防控和经济社会发展，统筹发展和安全，在多重超预期因素冲击下，全省经济承压而上、逆势而进。全省地区生产总值增长4.5%；高于全国1.5个百分点；一般公共预算收入同口径增长4.9%；规上工业增加值增长6%；固定资产投资增长10.1%；居民消费价格指数上涨1.9%，控制在预期目标3%以内；城镇新增就业32万人，城镇调查失业率与年初目标基本持平；城乡居民人均可支配收入分别增长3.8%和6.4%。10件民生实事全部办结。一年工作中，三个方面倾心最重、用力最大：

*一是坚决有力防疫情。*坚持人民至上、生命至上，全面落实国家第九版方案、二十条和新十条等政策措施，健全完善应急指挥体系，有效统筹常态化疫情防控和局部应急处置，以快制快阻断疫情传播，打赢多轮较大突发疫情。围绕“保健康、防重症”，及时调整优化防控措施，全力储备医疗资源，保障药械供应，有序开展分级诊疗，向重点人群发放“爱心药包”，将7种“甘肃方剂”纳入医保，成为全国首个在全部统筹区开启新冠感染患者门诊直接结算的省份。在历时三年的抗疫大战大考中，广大干部群众特别是医务人员、基层工作者不畏艰辛、勇毅坚守，付出了巨大努力，谨向他们表示崇高敬意！

*二是迎难而上稳经济。*认真贯彻全国稳住经济大盘电视电话会议部署，积极承接国家一揽子政策，细化出台我省“53条”“24条”配套措施。争取中央预算内投资、用于项目建设专项债券214.9亿元和780亿元，分别比上年增加14亿元和106亿元；争取国家政策性开发性金融工具投放项目36个、229.5亿元。存贷款总额双双突破2.5万亿元。举办多次重大项目集中开工活动，234个省列重大项目完成投资2648亿元，其中交通投资突破千亿，水利投资突破200亿。工业投资增速连续两年保持全国第1位。省属企业实现营业总收入8950.5亿元、利润总额194.4亿元，均创历史最好水平。出让矿业权269宗，收益380.12亿元。新增减税降费82亿元、增值税留抵退税272.2亿元，发放中小微企业专项贷款729.19亿元，新增市场主体27.67万户、注销13.59万户。兰洽会签约金额5311.1亿元，增长35.9%。外贸进出口580亿元，增长18%。与“一带一路”沿线国家贸易额占比达到48%。

*三是高效统筹保安全。*能源供需平稳有序、保障有力，支援21个省份电力需求。全面启动生态及地质灾害避险搬迁，制定实施“10+5+N”补助标准，搬迁4.58万户17.05万人，超额完成年度任务。构建防范化解金融风险“1+N”责任和政策体系，不良资产清收处置成效明显，高风险机构由55家减至41家。有效应对干旱、洪涝等自然灾害。圆满完成国家“应急使命·2022”高原高寒地区抗震救灾实战化演习。安全生产形势总体稳定，事故起数、死亡人数、受伤人数分别下降12.37%、17.74%、23.65%。

各位代表，五年工作难中求成，五年发展振奋人心。成绩的取得，根本在于习近平总书记掌舵领航，在于习近平新时代中国特色社会主义思想科学指引，在于习近平总书记亲自为甘肃把脉定向，是党中央、国务院亲切关怀和大力支持的结果，是省委带领全省人民拼出来、干出来、奋斗出来的。我谨代表省人民政府，向全省各族人民，向人大代表、政协委员，向各民主党派、工商联、无党派人士、各人民团体，向驻甘解放军指战员、武警官兵、公安干警、消防指战员和中央在甘单位，向关心支持甘肃发展的兄弟省份、社会各界和海内外朋友，表示衷心的感谢！

各位代表，实践中我们深切地体会到：做好政府工作，推动甘肃发展，必须毫不动摇坚持党的全面领导，把“两个维护”作为最高政治原则和根本政治规矩，坚决维护党中央权威和集中统一领导，坚持不懈用习近平新时代中国特色社会主义思想凝心铸魂，始终沿着习近平总书记指引的方向前进。必须坚定不移贯彻新发展理念，坚持把新发展理念作为行动先导，完整准确全面贯彻到经济社会发展全过程各领域，牢牢抓住纲举目张、牵动全局的工作，以新发展理念引领高质量发展。必须竭尽全力抓好国家所需甘肃所能的大事要事，始终牢记“国之大者"，把国家重大战略同自身优势结合起来，融入发展大局，展现甘肃担当，守牢底线任务，既为一域争光，又为全局添彩。必须一以贯之践行以人民为中心的发展思想，坚持把人民对美好生活的向往作为奋斗目标，更深感情为民服务，更大力度为民办事，更实举措为民谋利，让陇原人民过上更好日子。必须大力弘扬求真务实的优良作风，坚持实事求是，尊重客观规律，一切从实际出发，抢抓历史机遇，多干打基础工作，善为利长远之事，弘扬工匠精神，当好"施工队长"，一步一个脚印把美好蓝图变成现实图景。

各位代表，我们也清醒地认识到，全省发展不平衡不充分的问题依然比较突出，政府工作还存在许多不足：产业集聚集群发展水平不高，创新主体活力不足，城乡发展差距较大，县域经济实力较弱，基础设施欠账较大，民生领域仍有许多短板，生态环保仍需加力，营商环境亟待优化，民营经济发展滞后，特别是受疫情影响，消费等行业受损较大，中小微企业经营困难；政府系统行政效能还需提升，形式主义、官僚主义现象不同程度存在，等等。对这些问题，我们一定勇于面对、敢于斗争，尽心竭力加以解决。

## 二、今后五年政府工作总体考虑

今后五年是全面建设社会主义现代化国家开局起步的关键时期，是甘肃蓄势发力、爬坡过坎、追赶进位的关键阶段。党的二十大擘画了以中国式现代化全面推进中华民族伟大复兴的宏伟蓝图，吹响了全面建设社会主义现代化国家的时代号角，为我们奋进新征程提供了根本遵循和行动指南。省第十四次党代会及省委十四届二次全会，对全面建设社会主义现代化幸福美好新甘肃作出系统部署，甘肃发展的方位更加清晰、前景更为广阔。当前，随着一系列国家重大战略深入实施和国内国际市场深刻变革，我省生态屏障、能源基地、战略通道、开放枢纽的功能定位空前凸显，资源禀赋、科教人才、工业基础、地理区位的组合优势加快释放，高质量发展的基础支撑、内生动力、环境氛围不断蓄积升温，广大干部群众干事创业、追求跨越、奋力争先的信心干劲激情昂扬。只要我们牢记习近平总书记殷切嘱托，把握好全面建设现代化的战略机遇，扬长补短、拼搏进取，就一定能够开创甘肃更加美好的明天。

今后五年工作中，我们将聚焦中国式现代化的甘肃实践，锚定全面建设社会主义现代化幸福美好新甘肃这一目标，加快破解"三个不平衡"，努力迈上"五个新台阶"，着力强化"四个主引擎"，全面完成"十四五"规划，启动实施"十五五"规划，迈出甘肃现代化建设的坚实步伐。

**加快破解"三个不平衡"。**加快破解城乡发展不平衡。坚持农业农村优先发展，坚持城乡融合发展，全面推进乡村振兴，加快以县城为重要载体的城镇化建设，深入实施"强县域"行动，统筹城乡基础设施和公共服务建设，持续抓好生态及地质灾害避险搬迁，提升乡村治理水平，推动形成工农互促、城乡互补、协调发展、共同繁荣的新型工农城乡关系。加快破解区域发展不平衡。围绕构建"一核三带"区域发展格局，实施"强省会"行动，提升兰州首位度、开放度、贡献度，增强综合竞争力、城市影响力，打造以兰州为中心、以兰白一体化为重点、辐射带动定西临夏一小时经济圈，驱动全省高质量发展。河西走廊经济带重点发展清洁能源及新材料和特色高效农业，陇东南经济带重点发展综合能源和先进装备制造产业，黄河上游生态功能带重点实施水源涵养和水土保持。加快天水、酒泉区域中心城市建设，提升城市群发展能级和辐射功能。加快破解产业发展不平衡。着力构建现代化产业体系，以"强工业"行动为抓手，推动石化、有色、装备制造等特色优势产业不断壮大，新能源、新材料、电子信息、生物医药、军民融合等战略性新兴产业加速发展，打造千亿级产业集群和百亿级产业园区，提升产业整体实力和综合竞争力。

**努力迈上"五个新台阶"。**综合经济实力迈上新台阶。经济增速高于全国平均水平，经济总量显著提升，经济结构不断优化。力争地区生产总值年均增长6.5%，一般公共预算收入与经济增长同步，固定资产投资年均增长8%。加快向农业强省迈进、向工业强省转变、向"风光"强省跨越、向文化强省进军。科技创新驱动迈上新台阶。打造西北地区重要的科创中心，以"强科技"行动为牵引，打造西北地区重要的科创中心，提升研发投入强度，推进创新平台培育、研发能级提升、急需技术攻关、科技成果转化计划，高新技术企业数量实现翻一番，力争科技进步贡献率达到68%以上。绿色低碳发展迈上新台阶。扎实推进美丽甘肃建设，打造全国重要的清洁能源及新材料基地，加快发展方式绿色转型，积极稳妥推进碳达峰、碳中和，建立完善生态产品价值实现机制，提升生态系统碳汇能力，推动生态产业化、产业生态化实现更大突破。基础设施支撑迈上新台阶。统筹传统设施与新型设施，优化基础设施布局、结构、功能和系统集成，实施一批重大交通、水利、能源、新基建项目，城乡基础设施更为完善，全面实现县县通高速，覆盖城乡、功能完备、支撑有力的现代化基础设施体系加快构建，不断增强对经济社会发展的支撑保障能力。人民生活品质迈上新台阶。促进高质量充分就业，提升基本公共服务均等化水平，在幼有所育、学有所教、劳有所得、病有所医、老有所养、住有所居、弱有所扶上取得更为明显成效，全体居民人均可支配收入年均增长7%左右，共同富裕取得更多实质性进展。

着力强化“四个主引擎”。始终把改革作为推动高质量发展的关键一招。坚持以改革的办法抓发展、用市场的手段激活力，勇于在思维观念上“破冰”，敢于在体制机制上“破题”，善于在堵点难点上“破局”，激发和调动一切积极因素，推动经济发展质量变革、效率变革、动力变革。始终把开放作为推动高质量发展的必由之路。持续抓住用好“一带一路”最大机遇，做实做强平台载体，放大节会品牌效应，加快构建“东出、西进、南向、北拓”开放格局，打造“一带一路”开放枢纽，以高水平开放助推高质量发展。始终把创新作为推动高质量发展的最大增量。坚持创新在现代化建设全局中的核心地位，协同推进科技创新、制度创新、文化创新以及其他各方面创新，大力发展新产业新业态新模式，充分释放全社会创新创造潜能，不断开辟新领域、制胜新赛道。始终把人才作为推动高质量发展的第一资源。实施人才强省战略，支持青年发展型城市建设，采取更大力度、更加灵活、更为柔性的人才政策，目光敏锐选才，加大力度育才，多措并举引才，放手大胆用才，真心实意留才，让各类优秀人才为富民兴陇事业贡献智慧力量。

各位代表，破解“三个不平衡”，迈上“五个新台阶”，强化“四个主引擎”，必须始终把高质量发展作为全面建设社会主义现代化的首要任务，一年接着一年干，一锤接着一锤敲，努力实现更高质量、更有效率、更加公平、更可持续、更为安全的发展，不断谱写甘肃高质量发展的崭新篇章。

**三、2023年重点工作**

今年是全面贯彻党的二十大精神的开局之年，是推进中国式现代化的起步之年，也是“十四五”发展承上启下的重要之年。根据中央部署及省委经济工作会议安排，政府工作的总体要求是：**以习近平新时代中国特色社会主义思想为指导，全面贯彻落实党的二十大和习近平总书记对甘肃重要指示精神，紧紧围绕省第十四次党代会和省委十四届二次全会安排部署，坚持稳中求进工作总基调，完整、准确、全面贯彻新发展理念，加快融入和服务新发展格局，着力推动高质量发展，更好统筹疫情防控和经济社会发展，更好统筹发展和安全，全面深化改革开放，大力提振市场信心，把实施扩大内需战略同深化供给侧结构性改革有机结合起来，突出做好稳增长、稳就业、稳物价工作，有效防范化解重大风险，推动经济运行效速兼取，实现质的有效提升和量的合理增长，为全面建设社会主义现代化幸福美好新甘肃开好局起好步。**

全省经济社会发展的主要预期目标是：**地区生产总值增长6%，实际工作中力争更好结果；规上工业增加值增长7%，固定资产投资增长10%，社会消费品零售总额增长10%，一般公共预算收入同口径增长6%。居民消费价格指数涨幅控制在3%以内，城镇调查失业率控制在5.5%左右，城镇和农村居民人均可支配收入分别增长6%和7.5%。粮食产量保持在240亿斤以上。主要污染物排放等指标完成国家下达目标。**

围绕上述总体要求和预期目标，推动经济发展乘势而上、向上向好，必须抢抓中央加强宏观政策调控、实施“五大政策”机遇利好，在工作中抓主抓重、统筹推进。突出做好“9个聚力”：

聚力实体经济振兴，构建现代产业体系。坚持放大优势、拓存创增，加快产业转型升级，不断增强高质量发展新动能。

**大力改造提升传统产业**。深入实施产业链链长制。推进300个以上“三化”改造重点项目。加快兰州石化120万吨乙烯、金川集团28万吨硫酸镍、海亮集团15万吨高性能铜箔、嘉峪关文丰600万吨氧化铝、中科电气10万吨负极材料等重点项目建设。争取实施庆阳石化年产200万吨重油催化裂解项目。推进兰州新区化工园区数字赋能。

**放大能源资源优势**。围绕打造全国重要的清洁能源基地，建成国家第一、二批大型风电光伏基地，实施我省“十四五”第二批风光电项目，推进抽水蓄能电站建设，全面建设陇电入鲁、核准开工陇电入浙工程，做好酒泉外送特高压工程前期工作。鼓励大型工业企业有序推进“源网荷储”一体化。释放先进煤炭产能，开工建设平山湖一号井、安家庄、九龙川等煤矿，扩大红沙梁、邵寨等煤矿规模，建成投产新庄、五举、吐鲁东、东水泉等大中型煤矿，新增煤炭产能1775万吨。建设680万吨中央和地方政府可调度煤炭储备基地。巩固提升陇东地区油气产量，原油产量超过1060万吨、天然气产量达到6亿立方米。持续开展找矿突破行动，组建省属矿产资源集团，推动矿业权公开出让常态化。

**培育壮大新兴产业**。大力发展新能源、新材料、先进装备制造业，支持酒泉做大新能源及新能源装备制造产业基地，金昌建设全国重要的新材料基地、新能源电池和电池材料供应基地。打造生物医药产业集群，建设中国生物西北地区健康科技产业园，建成甘肃生物制品批签发中心。支持定西建设国家中医药产业发展综合试验区。加快集成电路封测产业发展，推动天水华天集成电路多芯片封装扩大规模。促进数字经济发展，加快全国一体化算力网络国家枢纽节点建设，建成兰州国家级互联网骨干直联点。谋划布局氢能、新型储能、航空航天等未来产业。

**增强园区发展能级**。加大开发区考核激励力度，对省级及以上开发区和12个代表性园区基础设施给予支持，全面提升园区承载力和吸附力。加快园区主导产业发展，培育壮大特色产业集群，探索推动“飞地经济”。提升园区绿色发展水平，对具备条件的园区实施循环化改造，促进绿色低碳转型。支持嘉峪关高新区、酒泉高新区创建国家高新区。

**提升金融服务质效**。精准落实稳健货币政策，实施金融“四大工程”，畅通经济循环，激发市场活力。大力推进企业上市，提高直接融资比重。搭建智慧金融平台，提升企业融资便利度。加大财政奖补力度，提高政府性融资担保覆盖面和普惠性。积极申创国家科创金融改革试验区。有序推进高风险机构化险，稳妥推进农信社改革，组建甘肃农商联合银行。建设地方金融监管大数据平台。健全企业债务风险监测预警机制，稳妥化解金融风险。

**聚力恢复扩大消费，加速推动市场回暖**。把恢复和扩大消费摆在优先位置，提升传统消费，培育新型消费，扩大服务消费，增强消费对经济发展的基础性作用。

强化消费政策支持。实施“服务业提升计划”，推动服务业优化升级。制定重点行业扶持政策，全面推动复工复产、复商复市，促进商贸经济繁荣发展。优化消费环境，创新消费模式，拓展消费场景，激发居民消费热情。支持举办美食节、美食周等餐饮促销活动，提振餐饮市场消费。细化配套激励政策，促进住房改善、新能源汽车、养老服务等消费。发挥供销合作社流通服务功能，健全农村电商三级服务体系，推动农产品进城、消费品下乡。完善中央厨房供应保障机制，增强应急保供能力，保障生活必需品供应稳定。打造兰州、天水、酒泉、张掖、庆阳区域特色消费中心城市。

推动旅游业加快复苏。加大“引客入甘”力度，促进跨省旅游全面恢复。争取武威铜奔马文化旅游区、甘南冶力关景区创建国家5A级景区，推动张掖七彩丹霞景区创建世界级旅游景区，永靖刘家峡旅游度假区创建国家级旅游度假区。擦亮“陇上乡遇”乡村旅游品牌，创建6个乡村旅游示范县、60个文旅振兴乡村样板村，打造乡村旅游重点村镇和精品民宿，推出一批乡村旅游精品线路。推动红色旅游创新融合发展。加快文创产业发展，打造“交响丝路·如意甘肃”精彩文创高地。

大力培育新型消费。支持线上线下商品消费融合发展，拓展无接触式消费模式。发展“互联网+社会服务”，培育社群营销、直播带货、“云逛街”等新业态，支持共享经济和新个体经济多样化经营。

大力发展在线文娱，鼓励传统线下文化娱乐业态线上化，支持打造数字精品内容和新兴数字资源传播平台。搞活夜间经济、商圈经济、路衍经济。推进冰雪运动发展，带动群众“喜冰乐雪”。

**聚力科教人才支撑，塑造发展动能优势**。坚持科技是第一生产力、人才是第一资源、创新是第一动力，深入实施科教兴省、人才强省战略，更好赋能经济社会发展。

建设高质量教育体系。坚持教育优先发展，统筹基础教育、职业教育、高等教育创新发展。实施学前教育普惠性资源扩容提质工程。开展义务教育优质均衡推进行动，有序扩大城镇学位供给。推进县域普通高中标准化建设。实施职业学校办学条件达标工程，健全完善职普融通、产教融合、科教融汇机制。实施“双一流”突破工程，加快建设新时代振兴中西部高等教育改革先行区。推进“校企共生融合发展创新港”建设。深入实施“陇原名师”工程，培养一流教师队伍和人才队伍。

深化科技创新驱动。推动兰白自创区和兰白试验区提质增效，支持兰州科学城建设。积极争取全国重点实验室在我省重组布局。启动高新区、农业科技园区高质量发展三年攻坚行动。实施高新技术企业梯次培育计划，构建龙头企业牵头、高校院所支撑、创新主体相互协同的创新联合体。新增高新技术企业300家，新培育认定“专精特新”中小企业60户以上。推进科技人才评价工作，加大青年科技人才培养力度，设立企业工匠创新创业人才和高技能领军人才培育项目。省级科技重大专项由企业牵头承担的比例不低于70%。

**聚力基础设施建设，发挥投资关键作用**。抢抓扩大内需政策机遇，强化大抓项目、抓大项目鲜明导向，着力补短板、打基础，不断夯实高质量发展的支撑条件。

强化交通基础设施建设。加快构建全省“三廊六通道”综合交通运输主骨架。完善兰州综合交通网络，实施兰州铁路枢纽优化提质工程，建设兰州北绕城高速、九州至兰州南高速，开通运营轨道交通2号线一期工程。开工建设景礼高速景泰至靖远段、永靖至井坪高速、正宁至镇原一级公路，建成临夏至大河家、庄浪至天水、灵台至华亭一期、打扮梁至庆城等项目，新增东乡、积石山、清水、张家川、崇信、灵台、华池、通渭8县通高速公路。开工建设平庆铁路、兰张三四线武张段，加快兰合、西成、天陇铁路建设，争取定平铁路项目获批实施。推进兰州中川国际机场三期、嘉峪关机场改扩建工程，做好天水、平凉、武威军民合用机场和临夏、定西民用机场前期工作，力争庆阳华池、武威民勤通航机场建成投运。

加大水利工程建设力度。深入实施“四抓一打通”工程，持续破解缺水问题。建成甘肃中部生态移民扶贫开发供水、引洮二期配套城乡供水、盐环定甜水堡调蓄饮水、南阳渠提质增效等水利工程。力争白龙江引水项目获批建设。加快建设阿克塞生态保护及城乡供水、天水曲溪城乡供水、酒泉洪水河水库等工程。积极推进黄河甘肃段河道防洪治理、引大入秦延伸增效、景电二期提质增效、临夏供水保障生态保护水源置换项目前期工作，力争年内开工建设。实施一批小型水库、中小河流治理、水库除险加固项目。积极配合国家开展黄河黑山峡河段开发、南水北调西线（一期）工程前期论证研究工作。

强化城镇建设补短板。加强市政水、电、气、路、热、信等体系化建设，实施地下综合管廊工程，加强城市内涝治理。推进平凉、天水国家系统化全域海绵城市建设。加快城镇污水和垃圾收集处理体系建设进度。深入实施城市更新行动，新开工改造老旧小区1251个13.78万户。加快新型城市基础设施建设。坚持“房住不炒”，促进房地产市场平稳发展，扎实做好保交楼工作。支持刚性和改善性住房需求，加快发展保障性租赁住房，探索长租房市场建设，解决好新市民、青年人等住房问题。全面落实新建商品房“交房即交证”。

**聚力乡村全面振兴，促进城乡融合发展**。加快农业强省建设，大力推进农业农村现代化，提高城乡一体化发展水平。

守牢巩固成果和粮食安全底线。持续加强动态监测管理，巩固提升“三保障”和饮水安全水平，坚决防止整村整乡返贫。集中支持乡村振兴重点帮扶县，深化津甘、鲁甘协作和中央单位定点帮扶，抓好国家考核评估反馈问题整改。深入实施“藏粮于地、藏粮于技”战略，落实国家新一轮千亿斤粮食产能提升行动，粮食、大豆种植面积稳定在4000万亩和90万亩以上。开展粮食绿色高质高效创建抓点示范行动，打造一批省级“百亩攻关方”“千亩示范田”“万亩示范片”。新建高标准农田265万亩、改造提升94万亩，整治撂荒地100万亩。持续推进种业振兴“五大行动”，打造全国玉米制种基地、加工基地、集散中心和价格形成中心。树立大食物观，构建多元化食物供给体系。

打造现代寒旱特色农业高地。坚持强龙头、补链条、兴业态、树品牌，做好“土特产”文章，推动乡村产业全链条升级。持续开展现代寒旱特色农业倍增行动，大力发展高附加值节水农业、旱作农业、设施农业。新建戈壁设施农业6万亩。壮大提升平凉—天水—庆阳优质苹果产业带。打造张掖—武威、平凉—庆阳、甘南—临夏3个百万头肉牛产业带，河西走廊、中部沿黄、陇东南3个千万只肉羊产业带。建设河西走廊50万头奶牛产业带。依托农业农村特色资源，大力开发休闲农业、文化体验、健康养老、电商直采等农业产业新功能、新业态，推动一二三产融合发展。持续开展龙头企业引培提升行动。高质量建设中以（酒泉）绿色生态产业园。实施现代农业产业园创建行动，支持国家现代农业产业园、农业现代化示范区、农业产业融合发展示范园建设，打造20个省级现代农业产业园。

发展壮大县域经济。因地制宜、特色发展，做大县域经济规模，加快提升综合竞争力，构建特色鲜明、优势互补、繁荣兴旺的县域经济发展新格局。支持县域冷链物流、产地市场、集散地市场、农贸市场建设和改造。促进特色小镇规范健康发展。强化县域发展综合考核评价，大力表彰“先进县”“十强县”“进步县”，激励比学赶超、争先创优。支持金昌打造全省城乡融合发展示范区。支持嘉峪关推进全域城市化建设。

建设宜居宜业和美乡村。全面落实乡村建设行动实施方案，开展“8大行动”，实施“7大工程”。优化村庄规划布局，抓实“5155”乡村建设示范行动和农村人居环境整治提升行动，推进村庄清洁和绿化美化，因地制宜建设污水处理、垃圾收处等基础设施，新建省级乡村建设示范村500个，完成卫生户厕改造20万户以上。支持张掖创建全省乡村振兴示范区。

**聚力美丽甘肃建设，加快绿色转型步伐。**坚决扛牢生态保护政治责任，坚持山水林田湖草沙一体化保护和系统治理，协同推进降碳、减污、扩绿、增长，促进人与自然和谐共生。

强化黄河流域生态保护。制定出台《甘肃省黄河流域生态保护条例》。实施一批生态修复治理工程，推进黄河流域兰西城市群甘肃片区生态建设行动，高标准建设黄河生态廊道。开展黄河干流及马莲河、葫芦河、祖厉河、散渡河等主要支流综合治理，基本消除劣Ⅴ类水体。加强黄河流域水资源节约集约利用，优化水资源配置格局，提升配置效率。开展黄河干流市际间横向生态补偿试点。支持甘南建设青藏高原绿色现代化先行区。

全面改善生态环境质量。科学推进大规模国土绿化，抓好兰州、白银等地国家储备林建设。加强生态功能区建设，强化生态保护监管，巩固深化祁连山生态环境治理成效。争取设立祁连山国家公园，完成若尔盖国家公园创建。推进湿地分级管理，加强生物多样性保护。全面打好污染防治攻坚战，有序开展新污染物治理。开展省级生态环境保护督察，持续抓好突出生态环境问题整改，不断提升群众对优美生态环境的满意度。

深入落实“双碳”战略。分行业制定碳达峰实施方案，开展节能降碳技术改造，有序推动钢铁、建材、石化等重点行业绿色低碳转型。稳步推进碳排放权等市场化交易，健全企业碳排放管理和监管体系，编制省、市两级温室气体排放清单。开展兰州国家气候投融资试点，创建兰州、金昌、天水、兰州新区“无废城市”。积极推进国家大宗固废综合利用基地和资源循环利用基地建设。发挥张掖、白银典型示范作用，做好区域再生水循环利用工作。加快陇南“两山”实践创新基地建设。

**聚力深化改革开放，大力提振市场信心。**推进更深层次改革、更宽领域开放，积极融入全国统一大市场，不断拓展外向发展空间。

统筹推进综合改革。支持兰州新区进一步深化改革，切实发挥先行先试示范引领作用。持续推进省以下财政体制改革，健全地方税费体系，依法加强财税监管，提高财政收入质量和资金使用绩效，严格控制和压减一般性支出。深化电价形成机制改革，完善居民用气阶梯价格制度，加快水资源有偿使用制度改革。探索建设农村产权流转交易市场，稳慎推进农村集体经营性建设用地入市试点改革。

倾力营造一流营商环境。对标市场化、法治化、国际化标准，开展“优化营商环境攻坚突破年”活动，复制推广营商环境创新试点改革举措，着力改善投资环境和市场预期。持续深化“放管服”改革，打通政务服务“最后一千米”。落实投资项目信用承诺制，构建公共资源交易“全省一张网”。加强数字政府建设，完善全省一体化政务大数据体系，全面提升“一网通办”水平，做实“甘快办”特色品牌，推动更多高频事项“集成办”“异地办”“掌上办”。加快打造诚信甘肃，支持兰州、张掖、金昌创建国家社会信用体系建设示范区。

坚定落实“两个毫不动摇”。巩固拓展国企改革三年行动成效，开展一流企业创建行动，推动国有企业做强做优做大。持续深化央地合作，吸引更多央企来甘投资兴业。深入实施市场主体培育“五转”工程，力争新增规上工业企业300户以上。安排用好纾困专项资金，加强对中小微企业纾困支持。开展涉企违规收费专项整治行动。着力构建亲清统一的新型政商关系，建立领导干部包联企业“六必访”制度，真心实意为民营企业解难题、办实事，给予公平政策支持，提振企业发展信心。

提升开放能级水平。发挥国际物流集团集聚带动作用，推动陆港、空港、保税物流、海关指定监管场地等平台整合提升。建好兰州新区国家进口贸易促进创新示范区。持续申建中国（甘肃）自由贸易试验区。提升国际货运班列运营规模和质量。积极开辟国内国际货运新航线，发展壮大临空经济。支持企业建立海外仓、营销公司、冷链物流设施，扩大优势特色产品出口。参与“一带一路”电子商务大市场建设。打造中医药服务出口基地，培育建设兰州、敦煌国家文化出口基地。积极推动马鬃山口岸复通工作。

全面加强招商引资。坚持以招商引资论英雄，形成大引资引大资、大招商招大商的火热局面。开展“引大引强引头部行动”，紧盯长三角、珠三角、京津冀重点地区和“三个500强”及行业龙头企业，强力推动“走出去”“请进来”招商推介活动。高水平办好兰洽会、敦煌文博会、药博会、“一带一路”美丽乡村国际论坛。拓宽境外招商渠道，更大力度吸引和利用外资，开展跨国公司走进甘肃暨海外专场投资洽谈系列活动。

**聚力增进民生福祉，夯实共同富裕基础。**坚持尽力而为、量力而行，兜牢基本民生底线，加快补齐民生领域短板，努力形成经济发展与民生改善的良性循环。

大力推进创业就业。强化就业优先政策，实施重点群体创业推进行动，支持高校毕业生、农民工、退役军人、就业困难人员等就业。深入实施“援企稳岗·服务千企”行动、“百千万”创业引领工程、“陇原惠岗贷”。完善促进创业带动就业保障制度，支持发展新就业形态。加强困难群体就业兜底帮扶，健全终身职业技能培训制度。因地制宜规划布局一批零工市场。

优化提升医疗服务。加快国家区域医疗中心和省公共卫生医学中心建设。推进国家级重点专科、优势学科、疑难病诊治和省级区域医疗中心建设，提升省市县医院服务水平和急危重症救治能力。强化基层医疗卫生服务功能，加强老年人等重点人群慢性病健康管理。进一步发挥中医药优势，推进中医药事业产业融合发展。

扎实做好社会保障。落实社会救助和保障标准与物价上涨挂钩联动机制，保障好困难群众基本生活。优化基本养老服务供给，鼓励引导社会力量参与提供基本养老服务，支持因地制宜发展多样化居家养老服务。落实三孩生育政策及配套支持措施，完善普惠托育服务体系。推动失业保险、工伤保险省级统筹，建立职工基本医疗保险门诊共济保障机制，完善大病保险和医疗救助制度。扎实开展全民国防教育工作，深入实施军民融合发展战略，巩固发展军政军民团结。健全退役军人服务保障体系，提升“双拥”共建水平。积极发展慈善等公益事业。

繁荣发展文体事业。加大文物保护利用和文化遗产保护传承力度，实施好中华文明探源工程和“考古中国”重大项目，支持敦煌研究院建设世界文化遗产保护的典范和敦煌学研究的高地。办好公祭伏羲大典。推进长城、长征、黄河国家文化公园项目建设，启动实施丝路黄河文化博物馆、玉门关遗址保护利用设施、凉州会盟纪念地、大地湾国家考古遗址公园等重点项目。创建临夏世界地质公园。实施国家级非遗代表性传承人记录工程，建成非遗大数据平台。常态化开展“春绿陇原”文艺展演展播。建设“书香陇原”。加快省临洮体育训练基地二期建设。广泛开展全民健身活动。

各位代表，民之所望，施政所向。我们将继续集中财力，办好10件民生实事：一是实施义务教育中小学“建宿舍增学位扩食堂改厕所”项目，新建、改扩建教师周转宿舍900套，增补14个市州政府所在地城区义务教育中小学学位2万个，改扩建农村中小学食堂400个，改造中小学厕所250个；二是城镇新增就业32万人、支持1万名未就业普通高校毕业生到基层就业；三是建设100个乡镇综合养老服务中心；四是建设300个村级互助幸福院；五是继续对困难家庭子女普通高校入学给予资助，录取到本科院校的一次性补助1万元、专科（高职高专）院校的一次性补助8000元；六是实施86个县市区医院重症救治能力提升工程，新增重症床位860张；七是对20万城乡妇女进行“两癌”免费检查；八是完成4万户15.23万人生态及地质灾害避险搬迁；九是实施农村水利惠民工程，建设125个调蓄设施、灌区改造和农村供水项目；十是新建4000个自然村（组）硬化路1万千米，力争全省自然村（组）通硬化路率达到86%。

**聚力统筹发展安全，保持社会大局稳定**。全面贯彻总体国家安全观，夯实安全发展和社会稳定基层基础，牢牢守好经济社会发展安全线，以新安全格局保障新发展格局。

做好新阶段疫情防控。当前，疫情防控进入新阶段，仍是吃劲的时候，坚持就是胜利。要按照“乙类乙管”政策要求，严格执行国家第十版方案，做好政策平稳有序衔接，加强重点人群保护，做好重点机构和重点行业防控。优化医疗救治资源配置，加强发热门诊设置管理，全力保障群众就医用药需求。重点做好老年人、儿童和患基础疾病群体的防护和救治，强化重点人群疫苗接种和健康管理。加强农村地区疫情防控。深入开展爱国卫生运动，用文明健康小环境筑牢公共卫生大防线，守护人民群众生命安全和身体健康。

全面强化社会治理。深化平安甘肃建设，坚持和发展新时代“枫桥经验”，完善城乡社区治理和服务体系。以铸牢中华民族共同体意识为主线，创新推进民族团结进步创建“一廊一区一带”行动，有形有感有效促进民族团结进步事业。坚持我国宗教中国化方向，不断提升宗教事务治理法治化水平，积极引导宗教与社会主义社会相适应。畅通群众诉求表达、利益协调、权益保障渠道，完善公共法律服务体系。高质量完成第五次全国经济普查。持续开展根治欠薪专项行动，切实维护农民工合法权益。常态化开展扫黑除恶，严厉打击诈骗老年人、侵害妇女儿童权益和新型网络违法犯罪。

提升公共安全治理水平。严格落实“四个最严”要求，纵深推进“食安甘肃”建设，开展“守底线、查隐患、保安全”专项行动，保障广大群众舌尖上的安全。健全完善安全生产主体责任、隐患排查、监督管理、宣传培训、应急救援体系，持续推进安全生产专项整治行动，全面提升应急救援水平。强化基层应急管理体系和能力建设。完善地质、气象、水旱、地震、森林草原火灾等灾害风险预警防范机制，夯实应急物资保障基础。全面落实意识形态工作责任制。强化系统观念，坚持抓早抓小，严密防范各类安全风险。

**四、加强政府自身建设**

各位代表！新征程要有新气象，新使命呼唤新作为。全省政府系统将不负人民重托，强化担当精神，擦亮实干底色，在新的赶考之路上交出优异答卷。

**坚定捍卫“两个确立”**。深刻领悟“两个确立”的决定性意义，增强“四个意识”、坚定“四个自信”、做到“两个维护”，自觉在思想上政治上行动上同以习近平同志为核心的党中央保持高度一致，不断提高政治判断力、政治领悟力、政治执行力，任何时候任何情况下保持对党绝对忠诚。坚持学思用贯通、知信行统一，全面学习把握落实党的二十大精神，深学细悟习近平新时代中国特色社会主义思想，掌握贯穿其中的世界观和方法论，切实把党的创新理论转化为坚定理想、锤炼党性和指导实践、推动工作的强大力量。时常对标对表、及时校正偏差，完善落实机制、创新方式方法，不折不扣推动党中央、国务院及省委重大决策部署落地见效。

*始终站稳人民立场*。形势越复杂，任务越繁重，越要把人民放在心中最高位置，不忘为民初心，树牢群众观点，与人民群众想在一起、干在一起，风雨同舟、同甘共苦。时刻关注群众安危冷暖，用心用情解决急难愁盼问题，及时主动回应群众关切，群众的事再小也是大事，决不能事小而不应、善小而不为，切实让群众看到变化、得到实惠。坚持把为民造福作为最大政绩，由群众评判工作得失、检验工作成效，让民生服务更有温度，民生福祉更具质感，努力做到发展为了人民、发展依靠人民、发展成果由人民共享。

*严格做到依法行政*。全面落实法治政府建设实施纲要，深入开展法治政府建设示范创建活动。推进政府机构、职能、权限、程序、责任法定化，严格落实重大行政决策程序，深化行政执法体制改革，加大关系群众切身利益的重点领域执法力度。把诚信施政作为重要准则，强化契约精神，健全政府守信践诺机制，打造诚信政府。落实全过程人民民主，主动接受人大法律监督、工作监督和政协民主监督，自觉接受监察、司法、社会、舆论监督，加强审计监督、统计监督，让权力在阳光下运行。

*大力发扬斗争精神*。开展“抓学习促提升、抓执行促落实、抓效能促发展”行动，突出问题导向，直面困难挑战，勇于改革创新，让干部敢为、地方敢闯、企业敢干、群众敢首创蔚然成风。用好调查研究“传家宝”，多到基层一线去，多到困难多、群众意见集中、工作打不开局面的地方去，接地气、察实情、听真话、解难题。强化能力提升，不断增强推动高质量发展、服务群众、防范化解风险本领。发扬“人一我十、人十我百”的甘肃精神，以时时放心不下的责任感、积极担当作为的精气神，咬定目标不放松，只争朝夕抓落实，一张蓝图绘到底，依靠顽强斗争打开事业发展新天地。

*永葆廉洁干事本色*。弘扬伟大建党精神，牢记“三个务必”，保持全面从严治党永远在路上的清醒，深化政府系统党风廉政建设和反腐败斗争，确保严的基调贯穿政府工作始终。从严落实“一岗双责”，做到严于律己、严负其责、严管所辖。锲而不舍落实中央八项规定精神，坚决反对形式主义、官僚主义，着力整治不担当不作为问题。坚持艰苦奋斗、勤俭节约，带头过紧日子。建设廉洁文化，打造廉洁政府，营造风清气正的干事创业环境。

各位代表！力量生于团结，幸福源自奋斗。让我们更加紧密地团结在以习近平同志为核心的党中央周围，在省委的领导下，振奋精神、勠力同心，踔厉奋发、勇毅前行，为全面建设社会主义现代化幸福美好新甘肃而团结奋斗！

# 地方立法

## 甘肃省草原条例

2006年12月1日甘肃省第十届人民代表大会常务委员会第二十六次会议通过
2022年3月31日甘肃省第十三届人民代表大会常务委员会第三十次会议修订

### 第一章　总　则

**第一条**　为了保护、建设和合理利用草原，发展现代畜牧业，促进草原生态系统良性循环和可持续发展，根据《中华人民共和国草原法》和有关法律、行政法规，结合本省实际，制定本条例。

**第二条**　在本省行政区域内从事草原规划、保护、建设、利用和管理活动，适用本条例。

本条例所称草原是指天然草原和人工草地。天然草原包括草地、草山、草坡；人工草地包括改良草地和退耕还草地，不包括城镇草地。

法律、行政法规对草原规划、保护、建设、利用和管理已有规定的，依照其规定执行。

**第三条**　各级人民政府应当加强对草原保护、建设和利用的管理，将草原的保护、建设和利用纳入国民经济和社会发展计划。

县级以上人民政府应当保障草原资源保护和建设资金投入。

**第四条**　县级以上人民政府草原行政主管部门负责本行政区域内的草原规划、保护、建设、利用和监督管理工作；依法设立的草原监督管理机构，按照职责负责草原法律、法规执行情况的监督检查，对违反草原法律、法规的行为进行查处。

乡（镇）人民政府应当加强对本行政区域内草原保护、建设和利用情况的监督检查，根据需要可以设专职或者兼职人员负责具体监督检查工作。

承接草原行政处罚权的乡（镇）人民政府应当加强执法能力建设，依照规定范围和法定程序实施行政处罚。

**第五条**　县级以上人民政府自然资源、应急、农业农村、水利、公安、市场监管、生态环境、住建、交通运输、文旅、气象等有关部门和机构应当根据各自职责，做好草原保护工作。

### 第二章　权属、规划与建设

**第六条**　草原权属的确认和登记、草原承包经营及承包经营权的流转、草原所有权和使用权的争议处理等，依照《中华人民共和国民法典》《中华人民共和国草原法》《中华人民共和国农村土地承包法》等法律、行政法规的规定执行。

**第七条**　承包草原应当相对集中，留出牧道、饮水点、配种点等公共用地，方便农牧民生产生活和草原的综合建设。

**第八条**　县级以上人民政府草原行政主管部门应当会同同级有关部门依法编制本行政区域的草原保护、建设、利用规划，报本级人民政府批准后实施。

草原保护、建设、利用规划应当与本行政区域国土空间规划相衔接，国土空间规划应当严格控制工程建设使用草原面积。

**第九条**　县级以上人民政府草原行政主管部门应当根据本级人民政府批准的草原保护、建设、利用规划，划定草原分布范围，设立标志、建立档案，绘制草原分布图及利用现状图，并予以公告。

**第十条** 草原调查应当按照国家有关规定进行。县级以上人民政府草原行政主管部门根据草原调查结果和草原质量，依据国家草原等级评定标准，对草原进行评等定级。

**第十一条** 各级人民政府应当按照草原保护、建设、利用规划，对退化、沙化、盐碱化、荒漠化和水土流失的草原，划定治理区，组织有关部门实施专项治理。

**第十二条** 各级人民政府应当根据草原保护、建设、利用规划，因地制宜地推广和采用免耕补播、撒播或者飞播等保护草原原生植被的方式改良草原，通过建设人工草地、饲草饲料基地、草原水利设施及人畜饮水工程，引导农牧民转变生产生活方式。

**第十三条** 各级人民政府应当组织科研部门和专业技术人员开展草原退化机理、生态演替规律等基础性研究，加强草原生态系统恢复、优质抗逆牧草品种选育、畜种改良和饲养方法等先进技术的研究和开发，积极推广草原科研成果。

**第十四条** 在草原上种植牧草或者饲料作物，应当符合草原保护、建设、利用规划和技术规程。

不得在下列天然草原建设旱作人工草地：

（一）年平均降水量在三百五十毫米以下的；

（二）坡度二十五度以上的；

（三）土壤条件不适宜种植的。

**第十五条** 县级以上人民政府应当按照草原保护、建设、利用规划加强草种基地建设，鼓励和支持选育、引进、推广适合当地条件的优良草品种。

县级以上人民政府草原行政主管部门应当依法加强对草种生产、加工、引进、推广、经营、检验和检疫的监督管理，保证草种质量。

任何单位和个人不得引进、经营、播种未经检验、检疫或者检验、检疫不合格的草种。发现有病虫害的草种，草原行政主管部门应当组织力量进行无害化处理。

**第十六条** 各级人民政府应当建立健全草原防火责任制、草原火情监测网络和应急机制，加强草原防火灭火物资储备、防火隔离带等基础设施建设，完善草原防火灭火组织机构，组建防火灭火队伍，推广先进防火灭火技术，提高草原防火灭火能力。

每年十月一日至第二年五月三十一日为草原防火期。

## 第三章　保护利用

**第十七条** 省人民政府可以按照自然保护区管理的有关规定在下列地区建立草原自然保护区：

（一）具有代表性的草原类型；

（二）珍稀濒危野生动植物分布区；

（三）具有重要生态功能和经济科研价值的草原。

**第十八条** 各级人民政府应当落实以草定畜、草畜平衡制度。

县级以上人民政府草原行政主管部门应当按照国务院草原行政主管部门制定的草原载畜量标准，结合草原前五年平均生产能力，核定草原载畜量。载畜量每五年核定一次。

草原使用者或者承包经营者饲养的牲畜量不得超过核定的载畜量，保持可利用饲草饲料总量与其饲养牲畜所需饲草饲料量的动态平衡。

**第十九条** 县级以上人民政府草原行政主管部门应当每年对草畜平衡情况进行抽查，并建立草畜平衡档案。

**第二十条** 县级以上人民政府农业农村、草原行政主管部门应当分别依照各自的职责负责指导草原使用者和承包经营者，采取种植和储备饲草饲料、增加饲草饲料供应量、调剂处理牲畜、改良牲畜品种、优化畜群结构和提高出栏率等措施，合理利用草原。

草原使用者和承包经营者应当改变传统畜牧业生产方式，采取禁牧、轮牧、休牧和舍饲圈养等措施，提高草原的综合生产能力。

**第二十一条** 各级人民政府应当对国家给予依法实施退牧（耕）还草、禁牧、休牧、舍饲圈养等措施开展畜牧业生产的草原使用者和承包经营者的补助资金，加强审计监督，做到专款专用，任何单位或者个人不得截留、挪用。

**第二十二条** 县级以上人民政府草原行政主管部门应当加强草原鼠害、病虫害和毒害草监测与防治工作，建立监测站点，及时发布鼠害、病虫害和毒害草预报。

禁止猎取、捕杀、买卖、运输草原鼠虫害天敌和草原珍稀、濒危野生动物。

**第二十三条** 禁止采集、出售、收购国家一级保护草原野生植物。

因科学研究、人工培育、文化交流等特殊需要，采集国家一级保护草原野生植物的，或者采集国家二级保护草原野生植物的，实行采集证制度。采集证按照国家有关规定办理。

出售、收购国家二级保护草原野生植物的，应当经省人民政府草原行政主管部门批准。

**第二十四条** 采集国家重点保护草原野生植物的，应当按照采集证规定的种类、数量、地点、期限和方法进行。

**第二十五条** 禁止开垦草原。对水土流失严重、有沙化趋势、需要改善生态环境的已垦草原，应当有计划、有步骤地退耕还草；已造成沙化、盐碱化、荒漠化的，应当限期治理。

**第二十六条** 禁止在荒漠、半荒漠和严重退化、沙化、盐碱化、荒漠化、水土流失的草原以及生态脆弱区的草原上采挖植物和从事破坏草原植被的其他活动。

**第二十七条** 对严重退化、沙化、盐碱化、荒漠化的草原和生态脆弱区的草原，应当实行禁牧、休牧制度。对轻度退化的草原应当实行季节性休牧，并按照草原退化程度采取综合改良措施，改善草原植被。实行禁牧、休牧的草原，应当设立明显标志。

禁牧、休牧具体办法按照国务院和省人民政府的规定执行。

**第二十八条** 在草原上从事采土、采砂、采石等作业活动，应当报县（市、区）人民政府草原行政主管部门批准；开采矿产资源的，并应当依法办理有关手续。

经批准在草原上从事本条第一款所列活动的，应当在规定的时间、区域内，按照准许的采挖方式作业，并采取保护草原植被的措施。作业活动结束后，应当限期恢复植被。

在他人使用的草原上从事本条第一款所列活动的，还应当事先征得草原使用者的同意。

**第二十九条** 任何单位或者个人不得向草原排放工业废水、废气、废渣以及其他有害污染物。

禁止在草原上使用剧毒、高残留及可能导致二次中毒的农药。

**第三十条** 除抢险救灾和牧民搬迁的机动车辆外，禁止机动车辆离开道路在草原上行驶，破坏草原植被；因从事地质勘探、科学考察等活动确需离开道路在草原上行驶的，应当事先向所在地县（市、区）人民政府草原行政主管部门报告行驶区域和行驶路线，并按照报告的行驶区域和行驶路线在草原上行驶。

**第三十一条** 在草原上开展经营性旅游活动应当符合有关草原保护、建设、利用规划，并不得侵犯草原所有者、使用者和承包经营者的合法权益，不得破坏草原植被。

**第三十二条** 草原防火期内，在草原上进行爆破、勘察和施工等活动，应当经县级以上人民政府草原防火主管部门批准，并采取防火措施，配备相应的灭火设备，防止失火。

**第三十三条** 矿藏开采和工程建设应当依法进行建设项目环境影响评价。建设项目环境影响报告应当包括草原生态环境保护方案。

**第三十四条** 矿藏开采和工程建设应当不占或者少占草原；确需征收、征用或者使用草原的，应当经省级以上人民政府草原行政主管部门审核同意后，依照有关土地管理的法律、行政法规办理建设用地审批手续。

征收、征用或者使用草原超过七十公顷的，报国务院草原行政主管部门审核；征收、征用或者使用草原七十公顷及其以下的，报省人民政府草原行政主管部门审核。

**第三十五条** 在草原上修建直接为草原保护和畜牧业生产服务的工程设施，需要使用草原的，由县级以上人民政府草原行政主管部门批准；修筑其他工程，需要将草原转为非畜牧业生产用地的，应当依法办理建设用地审批手续。

使用草原超过十公顷的，报省人民政府草原行政主管部门审批；五公顷至不超过十公顷的，报市（州）人民政府草原行政主管部门审批；不超过五公顷的，报县（市、区）人民政府草原行政主管部门审批。

**第三十六条** 因建设征收、征用或者使用草原的，应当交纳草原植被恢复费。

草原植被恢复费专款专用，由草原行政主管部门按照规定用于恢复草原植被，任何单位和个人不得截留、挪用。

**第三十七条** 需要临时占用草原的，应当经县级以上人民政府草原行政主管部门审核同意。

临时占用基本草原超过十五公顷的，报省人民政府草原行政主管部门审核同意；五公顷至十五公顷的，报市（州）人民政府草原行政主管部门审核同意；不超过五公顷的或者临时占用非基本草原的，报县（市、区）人民政府草原行政主管部门审核同意。

临时占用草原的期限不得超过二年，并不得在临时占用的草原上修建永久性建筑物、构筑物；占用期满，用地单位必须恢复草原植被并及时退还。

## 第四章　法律责任

**第三十八条** 违反本条例规定，草原使用者或者承包经营者超过核定的载畜量放牧的，由县级以上人民政府草原行政主管部门或者承接草原行政处罚权的乡（镇）人民政府责令限期改正；逾期未改正的，按照下列规定进行处罚，并限期出栏：

（一）超过载畜量百分之十至百分之三十的，每个超载羊单位罚款一百元；

（二）超过载畜量百分之三十至百分之五十的，每个超载羊单位罚款二百元；

（三）超过载畜量百分之五十以上的，每个超载羊单位罚款三百元。

**第三十九条** 违反本条例规定，在禁牧区、休牧期草原放牧的，由县级以上人民政府草原行政主管部门或者承接草原行政处罚权的乡（镇）人民政府责令改正，可以处以每个羊单位三百元以下的罚款。

**第四十条** 草原行政主管部门工作人员及其他国家机关有关工作人员，滥用职权、玩忽职守、徇私舞弊的，依法给予处分；构成犯罪的，依法追究刑事责任。

**第四十一条** 违反本条例规定的行为，法律、行政法规已有处罚规定的，依照其规定执行。

## 第五章　附　则

**第四十二条** 本条例所称羊单位是指一只体重四十五公斤、日消耗一点八公斤标准干草的成年绵羊，或者与此相当的其他家畜。

**第四十三条** 本条例自2022年5月1日起施行。

# 甘肃省非物质文化遗产条例

2015年3月27日甘肃省第十二届人民代表大会常务委员会第十五次会议通过
2022年6月2日甘肃省第十三届人民代表大会常务委员会第三十一次会议修订

## 第一章 总 则

**第一条** 为了继承和弘扬中华民族优秀传统文化，加强非物质文化遗产保护、保存工作，推动华夏文明传承创新，推进文化强省建设，根据《中华人民共和国非物质文化遗产法》等法律、行政法规，结合本省实际，制定本条例。

**第二条** 本省行政区域内非物质文化遗产的保护、保存活动，适用本条例。

法律、行政法规对非物质文化遗产保护、保存活动已有规定的，依照其规定执行。

**第三条** 本条例所称非物质文化遗产，是指各族人民世代相传并视为其文化遗产组成部分的各种传统文化表现形式，以及与传统文化表现形式相关的实物和场所。包括：

（一）传统口头文学以及作为其载体的语言；

（二）传统美术、书法、音乐、舞蹈、戏剧、曲艺和杂技；

（三）传统技艺、医药和历法；

（四）传统礼仪、节庆等民俗；

（五）传统体育和游艺；

（六）其他非物质文化遗产。

非物质文化遗产组成部分中属于文物的实物和场所，适用文物保护法律法规的有关规定。

**第四条** 非物质文化遗产保护应当坚持中国共产党的领导，坚持以人民为中心，坚持以社会主义核心价值观为引领，坚持创造性转化、创新性发展，贯彻保护为主、抢救第一、合理利用、传承发展的工作方针，坚持政府负责、部门协同、社会参与的原则。

保护非物质文化遗产，应当注重其真实性、整体性和传承性，有利于增强中华民族的文化认同，有利于维护国家统一和民族团结，有利于促进社会和谐和可持续发展。

**第五条** 县级以上人民政府应当加强对非物质文化遗产保护、保存工作的领导，将非物质文化遗产保护、保存工作纳入本级国民经济和社会发展规划，纳入考核评价体系，并将保护、保存经费列入本级财政预算。

县级以上人民政府应当设立非物质文化遗产保护专项资金，主要用于非物质文化遗产的调查、抢救、记录、研究、宣传、教育、展演展示和资料实物的征集收购等。

省人民政府对民族地区、革命老区、边疆地区、脱贫地区和黄河流域的非物质文化遗产保护、保存工作，应当在项目、资金、基础设施建设、人才培养等方面给予扶持。

**第六条** 县级以上人民政府文化和旅游主管部门负责本行政区域内的非物质文化遗产保护、保存工作。

发展改革、财政、人社、住建、教育、民族、宗教、卫生健康、体育、新闻出版、广电、市场监管、文物、乡村振兴等有关部门，在各自职责范围内负责非物质文化遗产保护、保存相关工作。

乡镇人民政府、街道办事处应当协助县级人民政府文化和旅游主管部门做好辖区内非物质文化遗产保护、保存工作。

**第七条** 县级以上人民政府文化和旅游主管部门应当建立非物质文化遗产保护、保存工作专家参与机制和专家库，组织相关领域的专家参与调查、评审、政策咨询等工作。

**第八条** 县级以上人民政府文化和旅游主管

部门以及其他有关部门应当加强对非物质文化遗产保护工作的宣传，普及非物质文化遗产知识，提高全社会非物质文化遗产保护意识。

鼓励、支持公民、法人和其他组织建立非物质文化遗产保护志愿者队伍，引导公众参与非物质文化遗产的保护和宣传。

鼓励、支持公民、法人和其他组织以捐赠、资助、奖励、提供商业保险、设立基金、技术支持、咨询服务等形式，参与非物质文化遗产的保护传承。

**第九条** 县级以上人民政府应当对在非物质文化遗产保护、保存工作中做出显著成绩的组织和个人，按照国家有关规定予以表彰、奖励。

## 第二章 调查与名录

**第十条** 县级以上人民政府根据非物质文化遗产保护、保存工作需要，组织非物质文化遗产调查，具体实施由文化和旅游主管部门负责。县级以上人民政府其他有关部门可以对其工作领域内的非物质文化遗产进行调查。

县级以上人民政府文化和旅游主管部门以及其他有关部门进行非物质文化遗产调查，应当对非物质文化遗产予以认定、记录，建立档案，健全调查信息共享机制。

公民、法人和其他组织可以依法进行非物质文化遗产调查。

**第十一条** 开展非物质文化遗产调查，应当征得调查对象的同意，尊重其风俗习惯，不得损害其合法权益；不得歪曲和滥用调查成果；不得非法占有或者损毁实物和相关资料。

**第十二条** 县级以上人民政府文化和旅游主管部门应当全面了解非物质文化遗产有关情况，建立非物质文化遗产档案及相关数据库。除依法应当保密的外，非物质文化遗产档案及相关数据信息应当公开，便于公众查阅。

**第十三条** 县级以上人民政府应当建立本级非物质文化遗产代表性项目名录。列入非物质文化遗产代表性项目名录的项目应当符合下列条件：

（一）体现中华民族优秀传统文化，具有典型性、代表性；

（二）具有历史、文学、艺术、科学价值；

（三）在一定群体或者地域范围内世代传承，具有清晰的传承脉络，至今仍以活态形式存在；

（四）特色鲜明，在本行政区域内有较大影响。

相同的非物质文化遗产项目，其形式和内涵在本行政区域内两个以上地区均保持完整的，可以同时列入同级非物质文化遗产代表性项目名录。

**第十四条** 公民、法人和其他组织可以向县级以上人民政府文化和旅游主管部门提出列入非物质文化遗产代表性项目名录的建议。

鼓励公民、法人和其他组织向县级以上人民政府文化和旅游主管部门提供非物质文化遗产线索。

**第十五条** 县级以上人民政府可以从本级非物质文化遗产代表性项目名录中，向上一级人民政府文化和旅游主管部门推荐列入上一级非物质文化遗产代表性项目名录的项目。

**第十六条** 推荐列入非物质文化遗产代表性项目名录，应当向文化和旅游主管部门提交以下材料：

（一）项目介绍，包括项目的名称、历史、现状和价值；

（二）传承情况介绍，包括传承范围、传承谱系、传承人的技艺水平、传承活动的社会影响；

（三）保护要求，包括保护应当达到的目标和应当采取的措施、步骤、管理制度；

（四）有助于说明项目的视听资料等材料。

**第十七条** 县级以上人民政府文化和旅游主管部门应当建立非物质文化遗产代表性项目专家评审制度。

非物质文化遗产代表性项目的评审应当遵循公开、公平、公正原则。

**第十八条** 县级以上人民政府文化和旅游主管部门应当将专家评审后拟列入本级非物质文化遗产代表性项目名录的项目予以公示，征求公众意见，公示时间不得少于二十日。

公示期间，公民、法人和其他组织提出异议的，县级以上人民政府文化和旅游主管部门应当进行核查。经核查，认为异议不成立的，在二十日内书面告知异议人并说明理由；认为异议成立的，重新组织专家进行复审。

**第十九条** 县级以上人民政府文化和旅游主管部门根据专家评审意见和公示结果，拟定本级非物质文化遗产代表性项目名录，报本级人民政府批准、公布，并报上一级人民政府文化和旅游主管部门备案。

**第二十条** 列入非物质文化遗产代表性项目名录的项目，文化和旅游主管部门应当确定相应的项目保护单位。项目保护单位应当履行下列职责：

（一）制定并实施项目保护与传承计划；

（二）收集项目的实物、资料，并登记、整理、建档；

（三）保护项目相关的实物、资料和场所；

（四）开展项目传承、展示、展演、学术研究等活动；

（五）培养、推荐项目代表性传承人；

（六）为项目传承及相关活动提供必要条件；

（七）定期报告项目保护实施情况，并接受监督；

（八）依法应当履行的其他职责。

**第二十一条** 县级以上人民政府文化和旅游主管部门应当每两年对列入本级非物质文化遗产代表性项目名录的项目保护情况进行评估。评估不合格的，责令限期整改。整改后仍不合格的，变更非物质文化遗产代表性项目保护单位。

**第二十二条** 县级以上人民政府文化和旅游主管部门应当对代表性项目的内容、表现形式、核心技艺、传承实践情况、代表性传承人等进行全面、真实、系统的记录。

**第二十三条** 非物质文化遗产代表性项目因客观环境改变，不再呈现活态文化特性而自然消亡的，经县级以上人民政府文化和旅游主管部门组织专家评估调查核实后，报请本级人民政府批准退出名录，并向社会公布。

## 第三章　传承与传播

**第二十四条** 县级以上人民政府文化和旅游主管部门对本级人民政府批准公布的非物质文化遗产代表性项目，可以认定代表性传承人。代表性传承人应当符合下列条件：

（一）长期从事非物质文化遗产传承实践，熟练掌握其传承的非物质文化遗产的知识和核心技艺；

（二）在特定领域内具有代表性，并在一定区域内具有较大影响；

（三）传承谱系清晰，在该项非物质文化遗产的传承中具有重要作用，积极开展传承活动，培养后继人才；

（四）爱国敬业，遵纪守法，德艺双馨。

**第二十五条** 公民、法人和其他组织可以向县级以上人民政府文化和旅游主管部门推荐代表性项目的代表性传承人；推荐时，应当征得被推荐人的书面同意。

公民也可以自荐申请认定为代表性项目的代表性传承人。

推荐或者自荐代表性项目的代表性传承人，应当按照国家和本省有关规定提交材料。

**第二十六条** 县级以上人民政府文化和旅游主管部门认定代表性传承人，参照法律法规有关非物质文化遗产代表性项目评审的规定进行。经认定的代表性传承人名单应当向社会公布，并报上一级人民政府文化和旅游主管部门备案。

**第二十七条** 非物质文化遗产代表性项目的代表性传承人享有下列权利：

（一）传授、展示技艺和开展学术研究；

（二）享受传承人补助费；

（三）开展传承活动有困难的，向县级以上人民政府文化和旅游主管部门申请扶持；

（四）对非物质文化遗产保护工作提出意见、建议；

（五）按照师承形式或者其他方式选择培养后继人才。

非物质文化遗产代表性项目的代表性传承人可以根据国家和本省有关规定，申报农村实用文化人才职称或者工艺美术大师、陇原巧匠等。

**第二十八条** 非物质文化遗产代表性项目的代表性传承人应当履行下列义务：

（一）开展传承活动，培养后继人才；

（二）妥善保存相关实物、资料；

（三）配合文化和旅游主管部门以及其他有关部门进行非物质文化遗产调查和记录；

（四）参与非物质文化遗产公益性宣传、展示、交流等活动。

代表性传承人无正当理由不履行前款规定义务的，文化和旅游主管部门可以取消其代表性传承人资格，重新认定该项目的代表性传承人；丧失传承能力的，文化和旅游主管部门可以重新认定该项目的代表性传承人。

**第二十九条** 县级以上人民政府文化和旅游主管部门根据需要，采取下列措施，支持代表性传承人开展传承、传播活动：

（一）提供必要的传承场所；

（二）提供必要的经费资助其开展授徒、传艺、交流等活动；

（三）支持其参与社会公益性活动；

（四）资助有关技艺资料的整理、出版；

（五）支持其开展传承、传播活动的其他措施。

**第三十条** 县级以上人民政府文化和旅游主管部门应当按照国家和本省有关规定对代表性传承人进行评估。评估结果作为享有代表性传承人资格、给予传习补助的主要依据。

**第三十一条** 县级以上人民政府应当建立非物质文化遗产传承基地和传习所，结合国家文化和自然遗产日、传统节庆、当地民间习俗等组织开展代表性项目的宣传、展示、展演等活动。

博物馆、图书馆、文化馆（站）、美术馆、科技馆等公共文化机构，可以通过设立非物质文化遗产展厅、陈列室、橱窗、宣传栏，举办专题讲座等方式，传播非物质文化遗产代表性项目，并向社会开放。

鼓励、支持有条件的公民、法人和其他组织依法成立研究机构，设立非遗馆、专门展室，研究、展示和传播非物质文化遗产。

**第三十二条** 县级以上人民政府应当统筹建设和合理利用现有公共文化设施，完善非物质文化遗产传承体验设施体系。鼓励社会力量兴办传承体验设施。

**第三十三条** 县级以上人民政府及其有关部门应当支持社区将非物质文化遗产保护工作融入社区建设，加强社区传习展示场所建设，打造社区特色文化。

鼓励、支持代表性项目保护单位、代表性传承人、志愿者协会等在社区开展非物质文化遗产宣传、展示、交流等活动。

**第三十四条** 各级人民政府应当采取有效措施，对与非物质文化遗产相关的、具有较高价值的民居、建（构）筑物、场所等加以维护、修缮，具备条件的向公众开放。

**第三十五条** 鼓励公民、法人和其他组织将其所有的非物质文化遗产资料和实物捐赠给公共文化机构收藏，或者委托公共文化机构保管、展出。接受捐赠的公共文化机构应当登记造册，妥善保管。

**第三十六条** 中、小学校应当依法开设非物质文化遗产特色课程，可以聘请代表性传承人、民间艺人等担任兼职教师，建立工作室，组织学生开展非物质文化遗产教学实践活动。

鼓励具备条件的高等院校、中等职业学校等开设非物质文化遗产相关专业或者课程，建立非物质文化遗产教学和研究基地、重点实验室，开展非物质文化遗产研究和专业人才培养。

**第三十七条** 县级以上人民政府文化和旅游主管部门以及其他有关部门应当组织非物质文化遗产研究基地、重点实验室、各类文化机构等，开展非物质文化遗产原始文献、典籍、资料等的整理、翻译、出版和研究工作。

鼓励、支持以弘扬非物质文化遗产为目的的文学艺术创作。

**第三十八条** 鼓励非物质文化遗产交流互鉴，支持举办、参加国内外非物质文化遗产宣传、展示、传播和交流活动，创新合作模式，联合打造特色文化交流品牌。

## 第四章　保护与利用

**第三十九条** 县级以上人民政府文化和旅游主管部门会同有关部门编制本行政区域非物质文化遗产保护规划，报同级人民政府批准后组织实施。

**第四十条** 县级以上人民政府文化和旅游主管部门应当对存续状态受到威胁、濒临消失的非物质文化遗产代表性项目，制定专项保护规划，实施抢救性保护。

文化和旅游主管部门应当制定濒危项目抢救保护方案，优先安排专项资金，记录、收集、整理、保存项目相关资料和实物，修缮建（构）筑物和场所，改善传承条件，并对濒危项目学艺者予以扶持。

**第四十一条** 对传统文化历史积淀深厚、代表性项目集中、特色鲜明、形式和内涵保持完整的特定区域，可以设立文化生态保护区，实行区域性整体保护。

文化生态保护区的设立，应当尊重当地居民的意愿，保护当地居民合法权益，建立严格的管理制度，保持重点区域和重要场所的历史风貌。因设立文化生态保护区影响当地居民生产、生活的，由文化生态保护区所在地人民政府给予补偿。

**第四十二条** 对具有生产性质和市场需求的传统技艺、传统美术、传统医药类等非物质文化遗产代表性项目，县级以上人民政府应当引导、扶持相关市场主体在有效传承其核心技艺和文化内涵的前提下，实行生产性保护。

**第四十三条** 鼓励、支持公民、法人和其他组织运用数字化采集、处理、存储等技术对非物质文化遗产进行保护，推动文化产品和服务的数字化体验，实现非物质文化遗产有效诠释、展示、传播与开发利用。

**第四十四条** 鼓励、支持公民、法人和其他组织在有效保护的基础上，合理利用非物质文化遗产资源，挖掘非物质文化遗产文化价值和经济价值，开发具有地方特色的传统文化产品、服务和旅游项目，打造特色鲜明的文化品牌。政府有关部门对符合规定的项目，优先给予资金支持。

鼓励和引导金融机构通过创新金融产品等方式，为开发利用代表性项目提供金融支持。

**第四十五条** 鼓励、支持项目保护单位、代表性传承人与高等院校、研究机构、企业等建立产学研合作平台，推动非物质文化遗产与教育、科技、文化创意、康养、旅游等产业融合发展。

**第四十六条** 县级以上人民政府应当建立非物质文化遗产相关文化产品和文化服务的消费促进机制，引导消费者购买、体验相关文化产品和文化服务。

**第四十七条** 鼓励、支持将非物质文化遗产保护与“一带一路”建设，黄河流域生态保护和高质量发展，黄河、长城、长征国家文化公园建设，华夏文明传承创新区建设等有机融合，通过创新体制机制，推动非物质文化遗产保护、传承与弘扬。

**第四十八条** 县级以上人民政府应当在实施乡村振兴战略和新型城镇化建设中，将非物质文化遗产保护与美丽乡村建设、农耕文化保护、传统村落保护发展、城市建设相结合，支持非物质文化遗产特色村镇、特色街区建设，发展乡村文化旅游和研学活动。

鼓励、支持脱贫地区的公民、法人和其他组织利用本地区非物质文化遗产资源特色优势，通过非遗工坊、电商等方式，助力乡村振兴。

**第四十九条** 鼓励、支持代表性传承人、项目保护单位、行业协会或者其他组织将符合条件的传统技艺、传统美术和艺术表现方法等，申请专利、注册商标、申报地理标志、登记版权等。

鼓励、支持知识产权公共服务机构、法律服务专业机构等，依法为代表性传承人、项目保护单位、行业协会或者其他组织提供专业指导、咨询、代理和信息服务。

**第五十条** 使用非物质文化遗产项目应当注明项目名称及所在地、所属民族等相关信息，不得进行虚假或者误导性宣传。

**第五十一条** 使用非物质文化遗产，应当尊重其形式和内涵。

禁止以歪曲、贬损等方式使用非物质文化遗产。

**第五十二条** 县级以上人民政府编制和实施国土空间规划时，应当对与非物质文化遗产代表性项目相关联的建（构）筑物、场所、遗迹、附属物及其环境采取保护措施。

工程建设涉及前款规定的建（构）筑物、场

所、遗迹、附属物及其环境的，施工单位应当采取相应的保护措施。

**第五十三条** 未认定为非物质文化遗产代表性项目保护单位、代表性传承人的，不得以保护单位、代表性传承人的名义开展传承、传播活动。

非物质文化遗产代表性项目保护单位、代表性传承人不得实施与其资格不相符的传承、传播活动。

**第五十四条** 县级以上人民政府应当加强非物质文化遗产保护人才队伍建设，培养非物质文化遗产研究、传承、保护、管理等专门人才。

县级以上人民政府文化和旅游主管部门应当配备非物质文化遗产管理保护专门人员，保障非物质文化遗产保护工作的正常开展。

## 第五章 法律责任

**第五十五条** 违反本条例规定，在申请、推荐代表性项目、代表性传承人、项目保护单位中弄虚作假的，由文化和旅游主管部门取消参评资格。已列入代表性项目名录的，由公布该名录的人民政府予以撤销；已认定为代表性传承人、项目保护单位的，由文化和旅游主管部门予以撤销，并责令其退还传承补助经费、项目保护资金。

**第五十六条** 县级以上人民政府文化和旅游主管部门以及其他有关部门的工作人员，有下列行为之一的，对直接负责的主管人员和其他直接责任人员依法给予处分；构成犯罪的，依法追究刑事责任：

（一）不履行保护管理职责，造成严重后果的；

（二）不采取有效保护措施，造成列入代表性项目名录的项目失传的；

（三）截留、挤占、挪用、贪污非物质文化遗产保护、保存经费的；

（四）进行非物质文化遗产调查时侵犯调查对象风俗习惯，造成严重后果的；

（五）其他玩忽职守、滥用职权、徇私舞弊的行为。

**第五十七条** 违反本条例规定的行为，法律、行政法规已有处罚规定的，依照其规定执行。

## 第六章 附 则

**第五十八条** 本条例自2022年8月1日起施行。

# 甘肃省兰州白银国家自主创新示范区条例

2022年7月29日甘肃省第十三届人民代表大会常务委员会第三十二次会议通过

## 第一章　总　则

**第一条**　为了全面实施国家创新驱动发展战略，促进和保障兰州白银国家自主创新示范区建设，提升自主创新能力，发挥示范引领和辐射带动作用，推动高质量发展，根据有关法律、行政法规，结合本省实际，制定本条例。

**第二条**　兰州白银国家自主创新示范区的规划、建设、服务、管理，适用本条例。

兰州白银国家自主创新示范区（以下简称兰白自创区）是指经国务院批准建设国家自主创新示范区的兰州、白银国家高新技术产业开发区。

**第三条**　兰白自创区坚持政府推动、规划引领、创新驱动、先行先试、开放合作、绿色发展的原则。

**第四条**　兰白自创区应当建立健全有利于自主创新的体制、机制和制度，健全创新体系，营造崇尚创新、勇于突破、激励成功、宽容失误的创新创业环境。

**第五条**　省人民政府应当加强对兰白自创区建设的组织领导，设立兰白自创区建设协调机构，制定支持兰白自创区发展的政策，决定重大改革措施，研究解决兰白自创区建设和改革中的重大问题。

兰白自创区建设协调机构办公室设在省人民政府科技行政主管部门，承担日常的组织、协调、指导和推进工作。

兰州市、白银市人民政府应当建立健全相应的领导体制和工作机制，明确工作机构，统筹协调本行政区域内兰白自创区的建设发展。

**第六条**　兰州、白银国家高新技术产业开发区管理委员会（以下简称兰州、白银高新区管委会）是兰白自创区的管理机关，履行兰白自创区建设职责，行使省人民政府和兰州市、白银市人民政府依法赋予的经济和社会管理权限。

兰州、白银高新区管委会享有人事管理优化调整的自主权，实行以聘用制为主的人事管理制度，创新符合兰白自创区实际的选人用人机制、薪酬激励机制和人才培养、评价、交流机制。

## 第二章　规划建设

**第七条**　兰白自创区建设应当纳入本省国民经济和社会发展规划，统筹各种创新资源，科学规划产业布局，合理设置产业功能区，形成优势互补、特色明显的产业发展格局。

**第八条**　省人民政府应当组织编制兰白自创区发展规划，作为兰白自创区建设的主要依据。

省人民政府有关部门和兰州市、白银市人民政府有关部门编制的与兰白自创区相关的专项规划，应当与兰白自创区发展规划相衔接。

**第九条**　兰白自创区重点发展生物医药、高端装备制造、新能源、新材料、信息技术、节能环保等产业，加快发展物联网、云计算、人工智能、区块链、大数据应用服务以及科技服务、金融服务等现代服务业。

**第十条**　兰州市、白银市人民政府应当在国土空间规划中为兰白自创区建设和发展预留空间，统筹安排使用新增建设用地计划指标和增减挂钩指标等各类相关指标，按照国家有关政策，保障兰白自创区发展用地需求。

兰白自创区应当集约节约用地，实施差别化土地管理政策，建立土地集约利用评价和动态监测机制，重点支持创新创业发展，提高土地利用效率和水平。

**第十一条**　兰州市、白银市人民政府和兰州、白银高新区管委会应当统筹兰白自创区与周边地区基础设施、公共设施和其他配套设施的建设与管理，完善配套服务功能。

除国家另有规定外，兰白自创区国有土地使用权出让收入的留成部分，依法可以作为兰白自创区基础设施建设资金实行专项管理。

**第十二条** 兰州市、白银市人民政府应当加强兰白自创区规划建设的协调，争取国家战略性项目在兰白自创区落地，培育和发展具有核心竞争力的创新型产业集群。

## 第三章 技术创新与成果转化

**第十三条** 兰白自创区应当建立支持技术创新发展工作机制，加大技术创新经费保障力度，完善以企业为主体、市场为导向、产学研深度融合的技术创新体系，形成研究开发、应用推广、产业发展贯通融合的技术创新新局面。

鼓励高等院校、科研机构科研人员到兰白自创区企业兼职开展研发和成果转化。

**第十四条** 鼓励企业、高等院校和科研机构在兰白自创区创建自主创新平台，加大研发投入，积极开展基础研究、共性技术研究和应用研究，提高自主创新能力。

**第十五条** 有关科技行政主管部门在科技计划项目组织管理中，应当充分发挥企业、高等院校和科研机构的攻关作用，组织实施技术攻关，推动突破产业发展技术瓶颈，取得原创科技成果和自主知识产权。

**第十六条** 鼓励兰白自创区内企业与高等院校、科研机构通过合作开发、委托研发、技术入股等方式开展产学研合作，共同开展技术研发。

**第十七条** 支持兰白自创区培育发展高新技术企业，对符合培育条件的企业可以按照规定给予奖励、补助。

优化高新技术企业认定程序。对经认定的高新技术企业按照规定给予奖励、补助，并依据国家规定给予税收优惠。

**第十八条** 兰州市、白银市人民政府和兰州、白银高新区管委会可以根据需要，设立或者参与设立新型研发机构。

鼓励兰白自创区内企业、高等院校和科研机构建立技术研发中心、产业研究院等新型研发机构。

新型研发机构的培育和建设应当突出投资主体多元化、管理制度现代化、运行机制市场化、用人机制灵活等特点。

新型研发机构在承担政府项目、职称评审、引进和培养人才、申请建设用地、投资融资服务等方面可以参照适用科研事业单位的相关优惠政策。

**第十九条** 兰州市、白银市人民政府和兰州、白银高新区管委会应当结合兰白自创区产业链布局需要，推动各类创新主体建立科技成果转化合作机制，拓宽合作领域和渠道，提高科技成果转化水平。

**第二十条** 鼓励高等院校、科研机构采取转让、作价投资等方式向兰白自创区内的企业或者其他组织转移科技成果，或者在兰白自创区内自行实施科技成果转化。

鼓励兰白自创区内企业与高等院校、科研机构以及其他组织联合建立技术转移机构、技术创新联盟或者知识产权运营机构等，共同开展成果应用推广、团体和企业标准制定等活动。

**第二十一条** 兰州市、白银市人民政府应当支持兰州、白银高新区管委会加快各类科技成果转移转化平台和分支机构建设，建立成果购买储备和协同转化机制。

兰白自创区应当促进军民创新融合，构建军民融合协同创新机制、军民信息和设施共享机制，支持企业承担国家军民融合重大专项计划项目或者与军工单位开展研发合作，推进军民两用技术研发与科技成果转化。

鼓励兰白自创区与其他园区采取一区多园、合作共建、委托管理等模式，加强成果转化合作交流，实现协同发展。

**第二十二条** 兰州市、白银市人民政府和兰州、白银高新区管委会应当完善科技成果转化激励机制，对科技成果转化绩效突出的单位和人员按照规定给予奖励。

**第二十三条** 兰白自创区应当推进科研管理改革，可以通过简化科研项目经费预算编制、扩大科研经费使用自主权、科研机构分类支持、赋予科研人员职务科技成果所有权或者长期使用权等措施，激发创新活力。

## 第四章　金融支持与人才支撑

**第二十四条**　省人民政府有关部门和兰州市、白银市人民政府有关部门支持各类金融机构和创业投资机构在兰白自创区注册或者设立分支机构，支持在科技金融产品、服务模式等方面的创新。

**第二十五条**　兰白创新驱动基金管理单位应当完善基金运营模式，适时扩大基金规模，发展创业投资，重点支持兰白自创区企业开展技术创新，推动产业创新升级。

**第二十六条**　鼓励民间资本创办或者参与投资科技创业投资机构；鼓励民间资本参与重大科技基础设施建设。

兰白自创区内国有资本可以按照规定发起设立科技投融资平台，通过资本运营参与创业投资。

**第二十七条**　支持银行业金融机构在兰白自创区内设立科技金融专营机构，开展知识产权质押、股权质押等信贷业务。

支持在兰白自创区内依法设立民营银行，主要为兰白自创区内的科技型中小企业提供金融服务，促进科技型中小企业创新发展。

**第二十八条**　鼓励在兰白自创区内依法设立信用担保机构、再担保机构；鼓励担保机构加入再担保体系，为创新型企业提供融资信用担保。

鼓励信用担保机构、再担保机构扩大科技创新信用担保业务规模。

**第二十九条**　支持创业投资机构、银行业金融机构、小额贷款公司、商业保险机构、信用担保机构等在兰白自创区内开展金融服务创新，进行科技金融合作，为兰白自创区内初创期创新型企业提供综合性金融服务。

**第三十条**　支持兰白自创区内符合条件的科技型企业加快上市培育，在境内外证券市场公开发行股票。

**第三十一条**　兰州、白银高新区管委会应当加强与金融监管部门、金融机构和企业的沟通协调，建立金融业务风险防范联动机制。

**第三十二条**　兰州市、白银市人民政府和兰州、白银高新区管委会应当以兰白自创区产业需求为导向，推进人才管理改革，探索建立政府引导、企业使用的人才库，加强完善战略性科学技术人才储备。

兰州、白银高新区管委会应当制定创新创业型人才发展规划，健全人才培养、引进、流动、评价、激励、服务和保障机制，设立人才发展专项资金，对兰白自创区引进的顶尖人才、领军人才、高端人才等高层次人才、团队及其创新创业项目予以支持。

**第三十三条**　兰州市、白银市人民政府和兰州、白银高新区管委会可以通过政府购买服务等方式，引入高端智库、咨询机构参与创新发展决策咨询。

**第三十四条**　兰州市、白银市人民政府和兰州、白银高新区管委会应当建立人才综合服务平台，对境内外高层次人才在社会保障、户籍办理、住房、子女入学、配偶随迁、签证居留、市场主体登记、创业扶持等方面提供便利化服务。

**第三十五条**　支持兰白自创区深化职称制度改革。

兰州、白银高新区管委会对符合条件的系列（专业）设立相应的高级职称评审委员会，开展相关系列（专业）高级职称评审。

对兰白自创区引进高层次人才、急需紧缺人才，实行特殊人才职称评价。

**第三十六条**　省级人才引进相关项目优先支持兰白自创区发展，国务院特殊津贴以及省高级人才等津（补）贴享受人员评选优先向兰白自创区倾斜。

**第三十七条**　鼓励兰白自创区内企业、行业协会以及其他组织和个人设立科技奖励资金，对关键共性技术、前沿引领技术、现代工程技术、颠覆性技术创新项目，以及在科学研究、技术开发、科技成果推广应用、高新技术产业化、科学技术普及等方面作出突出贡献的单位和个人予以奖励。

## 第五章　开放合作与辐射带动

**第三十八条**　兰州、白银高新区管委会应当推进科技服务、知识产权服务、金融服务、商贸服务、文化服务和社会服务等领域扩大开放，营造有利于各类投资者平等准入的市场环境。

兰白自创区依照相关法律、行政法规，实行外商投资准入前国民待遇加负面清单管理模式。

**第三十九条**　支持兰白自创区与其他国家和地区的科技园区、跨国公司交流合作，建设离岸创新创业及人才基地，推动人才交流、协同创新和产业合作。

支持兰白自创区与国内、省内的其他区域和城市建立战略合作关系，共建产业园区，加强产业分工和协作，推动区域科技创新和产业优化升级。

**第四十条** 支持兰白自创区内企业通过申请国际专利、注册国际商标、境外参展和产品国际认证等途径，提高企业创新能力和国际竞争力。

**第四十一条** 鼓励兰州、白银高新区管委会采取市场化模式，整合或者托管区位相邻、产业互补的省级高新区或者各类工业园区等，打造集中连片、协同互补、联合发展的创新共同体，增强兰白自创区辐射带动能力。

支持兰州新区、兰州经济技术开发区等作为兰白自创区的政策辐射区，在省级权限内赋予政策先行先试权。

## 第六章　法治保障

**第四十二条** 兰州市、白银市人民政府和兰州、白银高新区管委会应当坚持全面深化改革，持续深化简政放权、放管结合、优化服务，加强和规范事中事后监管，着力提升政务服务能力和水平，积极推动法治化营商环境建设。

**第四十三条** 兰州、白银高新区管委会应当建立科学、民主、依法决策机制，对重大行政决策事项依法履行公众参与、专家论证、风险评估、合法性审查、集体讨论决定等程序，提高决策质量和效率。

**第四十四条** 兰州、白银高新区管委会应当建立合作协调、联动执法的工作机制，实施集中统一的综合行政执法。

**第四十五条** 兰州、白银高新区管委会应当加强知识产权保护力度，建立知识产权行政执法协作机制、行政执法与刑事司法衔接机制。

建立健全知识产权侵权举报投诉、维权援助、纠纷调处、仲裁、侵权查处机制，建设知识产权快速维权中心，支持企业开展知识产权维权。

**第四十六条** 兰州、白银高新区管委会应当建立民商事纠纷多元化解决机制。支持专业调解机构完善调解制度，发挥行业协会、商会等组织的作用，及时妥善化解各类纠纷。

**第四十七条** 兰白自创区应当建立创新容错机制，对改革创新、先行先试未取得预期效果，但符合程序规定、勤勉尽责、未谋取私利的，可以免除责任。

兰白自创区在科技创新项目实施、财政科技资金管理、科技成果转移转化等方面，建立区别于其他领域的评价监管机制，赋予科研单位和科研人员更大的自主权；对探索性强、前沿引领性高的科研项目，项目承担人和项目管理单位勤勉尽责、未谋私利但未能形成预期科技成果的，不作负面评价。

**第四十八条** 省人民政府应当完善兰白自创区绩效评价考核机制，提高兰州市、白银市人民政府和兰州、白银高新区管委会科技创新和高质量发展工作以及业绩考核权重。

## 第七章　法律责任

**第四十九条** 违反本条例规定的行为，法律、行政法规已有处罚规定的，依照其规定执行。

**第五十条** 有关行政主管部门和兰州、白银高新区管委会及其工作人员，滥用职权、玩忽职守、徇私舞弊的，依法给予处分；构成犯罪的，依法追究刑事责任。

## 第八章　附　则

**第五十一条** 本条例自2022年11月1日起施行。

# 甘肃省义务教育条例

2011年9月29日甘肃省第十一届人民代表大会常务委员会第二十三次会议通过
2022年11月25日甘肃省第十三届人民代表大会常务委员会第三十四次会议修订

## 第一章　总　则

**第一条**　为了保障适龄儿童、少年享有平等接受义务教育的权利，促进义务教育均衡发展，保证义务教育的实施，根据《中华人民共和国教育法》《中华人民共和国义务教育法》等法律、行政法规，结合本省实际，制定本条例。

**第二条**　本省行政区域内义务教育的实施和管理，适用本条例。

法律、行政法规对义务教育的实施和管理已有规定的，依照其规定执行。

**第三条**　本省实行国家统一的九年义务教育制度，适龄儿童、少年应当接受义务教育。

义务教育是各级人民政府予以保障的公益性事业，对接受义务教育的学生不收学费、杂费，免费提供教科书，对家庭经济困难学生补助生活费。

**第四条**　义务教育应当贯彻国家的教育方针，实施素质教育，提高教育质量，使适龄儿童、少年德智体美劳全面发展，为培养有理想、有道德、有文化、有纪律的社会主义建设者和接班人奠定基础。

**第五条**　本省义务教育实行省人民政府统筹规划实施，市（州）人民政府协调指导，县（市、区）人民政府为主管理，乡（镇）人民政府和街道办事处协助实施的体制。

县级以上人民政府教育行政部门具体负责本行政区域义务教育实施工作。

县级以上人民政府发展改革、财政、人社、住建、自然资源、公安、市场监管、文旅、卫生健康等有关部门和机构，依照各自职责做好义务教育的相关工作。

**第六条**　县级以上人民政府应当将义务教育事业纳入本级国民经济和社会发展规划，合理配置教育资源，缩小城乡之间、区域之间、学校之间办学条件和办学水平的差距，保障农村地区、民族地区、欠发达地区实施义务教育，加快义务教育优质均衡发展和城乡一体化。

县级以上人民政府应当保障家庭经济困难和残疾的适龄儿童、少年以及进城务工人员的适龄子女接受义务教育。

**第七条**　县级以上人民政府及其有关部门应当建立义务教育目标责任制，把实施义务教育作为考核主要领导及有关负责人的重要内容。

发生违反本条例的重大事件，妨碍义务教育实施，造成重大社会影响的，负有领导责任的人民政府或者人民政府教育行政部门负责人应当引咎辞职。

**第八条**　县级以上人民政府教育督导机构对本级人民政府有关部门、下级人民政府及其有关部门定期开展履行教育职责评价工作，重点督导义务教育法律法规执行情况、义务教育均衡发展状况、办学行为、教育教学质量等重大教育决策部署落实情况。

县级以上人民政府教育督导机构应当加强对学校和其他教育机构的督导，重点督导学校落实立德树人情况。

督导报告应当定期向社会公布。督导评估结果应当作为有关部门对被督导单位及其主要负责人政绩考核、奖惩任免的重要依据。

**第九条**　各级人民政府和县级以上人民政府有关部门对在义务教育实施工作中做出突出贡献的组织和个人，按照相关规定给予表彰、奖励。

## 第二章　学　生

**第十条**　凡年满六周岁的儿童，其父母或者其他法定监护人应当送其入学接受并完成义务教育；农村山区或者边远地区等条件不具备的地区的儿童，可以推迟到七周岁。

适龄儿童、少年因身体状况需要延缓入学或者休学的，其父母或者其他法定监护人应当按照规定提出申请，由当地乡（镇）人民政府或者县（市、区）人民政府教育行政部门批准。

**第十一条** 适龄儿童、少年免试入学。学校不得采取或者变相采取考试、考核、测试等形式选拔学生，不得将各种竞赛成绩、各类考级证书、奖励、捐助等作为入学的条件和编班的依据。

**第十二条** 县级以上人民政府应当采取措施，保障适龄儿童、少年在户籍所在地就近入学。父母或者其他法定监护人在非户籍所在地工作或者居住的适龄儿童、少年，在其父母或者其他法定监护人工作或者居住地接受义务教育的，当地人民政府应当为其提供平等接受义务教育的条件。

就近入学的范围，由县级以上人民政府教育行政部门根据本行政区域内适龄儿童、少年数量和学校分布、学校规模、行政区划、交通状况等因素以及国家和省级有关办学标准科学划定，并向社会公布。

县（市、区）人民政府教育行政部门按照有关规定，对本行政区域内的军人、国家综合性消防救援队伍人员、烈士的子女接受义务教育予以保障。

适龄儿童、少年中的流浪人员或者孤儿，在未找到或者未确定监护人前，由未成年人救助保护机构或者儿童福利机构送其就近入学，接受义务教育。

**第十三条** 县（市、区）人民政府教育行政部门和乡（镇）人民政府、街道办事处应当组织和督促适龄儿童、少年入学，帮助解决适龄儿童、少年接受义务教育的困难，定期对适龄儿童、少年接受义务教育的情况进行检查，并采取措施防止适龄儿童、少年辍学。公安、人社、民政等部门应当配合做好适龄儿童、少年入学相关工作。

学校应当及时向乡（镇）人民政府或者街道办事处报告适龄儿童、少年辍学情况，并配合乡（镇）人民政府和街道办事处做好辍学学生的复学工作。

村民委员会、居民委员会协助政府做好工作，督促适龄儿童、少年入学。

适龄儿童、少年的父母或者其他监护人以及有关社会组织和个人有义务使适龄儿童、少年接受并完成规定年限的义务教育。

**第十四条** 学生因户籍变更或者其他原因需要转学的，转出和转入的学校应当及时办理有关手续，不得拒转、拒收或者附设条件。

学生转学、休学和复学等学籍管理的办法由省人民政府教育行政部门制定。

**第十五条** 禁止任何单位和个人招用或者变相招用应当接受义务教育的适龄儿童、少年。

根据国家有关规定经批准招收适龄儿童、少年进行文艺、体育等专业训练的社会组织，应当保证所招收的适龄儿童、少年接受义务教育；自行实施义务教育的，应当将招生情况、办学条件、课程设置和教学计划等，报所在地县（市、区）人民政府教育行政部门批准。

**第十六条** 学生应当遵守学生行为规范，尊重教师，服从学校管理。

## 第三章 学 校

**第十七条** 县级以上人民政府应当结合本行政区域适龄儿童、少年的数量和分布状况、地理环境、交通条件以及城镇化和人口发展趋势等因素，按照国家规划标准，制定学校设置规划，合理布局中小学校点，将其纳入国土空间规划，并组织实施。

学校设置规划应当根据城镇建设、乡村振兴以及当地适龄儿童、少年的数量增减情况适时调整。

**第十八条** 新建、扩建居民区应当按照学校设置规划和实施义务教育的需要设置相应规模的学校，并与住宅建设首期项目同步规划、同步建设、同步验收、同步投入交付使用。设置学校的建设项目竣工验收时应当有教育行政部门参加。

新建、扩建居民区每一万人口区域内预留一所二十四个班规模的小学建设用地；每两万人口区域内预留一所三十六个班规模的中学用地。

**第十九条** 学校建设应当符合国家和本省有关建设工程抗震设防、消防、防洪等安全和环境保护建设标准。对存在安全隐患的校舍，县级以上人民政府应当采取修缮加固或者迁建避险等措施，及时消除安全隐患，确保学生和教职工的安全。

学校的校舍、教学设施和其他设施设备的建设、配备应当符合国家和本省规定的办学标准。新建学校达不到标准的，不得投入使用；现有学校未达到标准的，县级以上人民政府应当采取措施，使其达到规定的标准。

鼓励企业事业组织、社会团体及其他社会组织和个人，可以通过适当形式，支持学校的建设。

**第二十条** 县级以上人民政府及其有关部门应当建立健全学校产权登记制度，明确产权关系，防止学校国有资产流失。学校应当加强资产管理，提高资产使用效益。

未经依法批准，任何单位和个人不得改变学校土地使用性质，不得将校舍、场地和教育教学设施转让、出租或者改变用途；经依法批准转让、出租或者采取其他方式处置校舍、场地和教育教学设施所得收入，应当按照政府非税收入管理规定，实行收支两条线管理，由本级财政部门统筹用于义务教育。

任何单位和个人不得侵占、破坏学校校舍、场地和教育教学设施设备。

**第二十一条** 学校教师、校长的配备，教学班级的设置、师生比例等应当符合办学标准。

义务教育学校办学标准由省人民政府教育行政部门会同有关部门制定。

**第二十二条** 县（市、区）人民政府根据需要设置寄宿制学校，按照标准配套建设师生宿舍、食堂、卫生保健和校园安保等设施。

**第二十三条** 县级以上人民政府应当根据适龄残疾儿童、少年数量、类别和分布状况，按照国家和本省的规定设置特殊教育学校（班），配备特殊教育教师，规范使用国家通用手语和国家通用盲文，保障适龄残疾儿童、少年接受并完成义务教育。

特殊教育学校（班）应当具备适应残疾儿童、少年学习、康复、生活特点的场所和设施。

普通学校应当接收具有接受普通教育能力的适龄残疾儿童、少年随班就读，并为其学习、生活、康复提供辅导和支持。

县级以上人民政府教育行政部门应当统筹安排特殊教育学校和普通学校教育资源，为确实不能到校就读的重度残疾儿童、少年提供送教上门或者远程教育等服务，并将其纳入学籍管理。

**第二十四条** 省人民政府应当将专门教育发展和专门学校建设纳入经济社会发展规划。

县级以上人民政府成立专门教育指导委员会，根据需要合理设置专门学校，为具有预防未成年人犯罪法规定的严重不良行为的适龄少年实施义务教育。

专门学校的设置、建设、管理等工作按照有关规定执行。

**第二十五条** 县级以上人民政府及其教育行政部门应当严格控制涉及中小学校和教师的督查、检查、评比、考核等事项；未经教育行政部门同意，任何单位不得到学校开展有关活动。

**第二十六条** 县级以上人民政府及其教育行政部门不得将学校分为或者变相分为重点学校和非重点学校。

学校应当规范实施学生随机均衡编班，合理均衡配备师资，禁止以任何名义设立重点班、快慢班、实验班等。

**第二十七条** 县级以上人民政府应当加强教育信息化、教育资源数字化基础设施建设，促进优质教育资源的开发和普及共享。

**第二十八条** 各级人民政府以及有关部门应当依照《甘肃省中小学校安全条例》等有关规定，严格落实学校安全工作职责，维护学校周边秩序，保护学生、教师、学校的合法权益，为学校提供安全保障。

**第二十九条** 县级以上人民政府应当按照有关规定在校园周边合理设定安全保护区，落实校园安全保护区工作职责。

禁止在校园安全保护区内设立易燃易爆、剧毒、放射性、腐蚀性等危险物品以及其他可能影响学校安全和教师、学生健康物品的生产、经营、储存、使用的场所和设施。已建成的场所或者设施，由县级以上人民政府采取措施排除妨害。

禁止在校园安全保护区内设立营业性网吧和游艺、歌舞等娱乐场所以及其他未成年人不宜进入的场所；已经开办的，应当限期关闭或者迁移。

禁止在校园安全保护区内摆摊设点、设置经营性占道棚亭。

禁止向未成年人出售烟酒、电子烟及其他违法违禁物品。

**第三十条** 县级以上人民政府应当定期组织教育、公安、应急、卫生健康、住建等部门，对学校及周边进行安全检查，及时维修改造学校安全设施，督促落实安全防范措施，消除安全隐患。

学校应当建立健全安全制度，制定地震、火灾、气象灾害、公共卫生等突发事件的应急预案，每月组织学生进行演练，提高学生安全防范能力。

在校学生发生意外伤害事故，学生父母或者其他监护人应当与学校通过协商、调解或者诉讼的方式妥善处理，不得干扰学校正常的教育教学秩序。

县（市、区）人民政府教育、司法行政部门根据需要会同有关部门，依法开展学校安全事故纠纷调解工作。

**第三十一条** 学校应当建立学生欺凌防控和预防性侵害、性骚扰等专项制度，建立对学生欺凌、性侵害、性骚扰行为的零容忍处理机制和受伤害学生的关爱、帮扶机制。

**第三十二条** 学校不得违反国家和本省规定向学生收取费用。学校和教师不得以向学生推销或者变相推销商品、服务等方式谋取利益，不得组织学生参加商业性活动。

**第三十三条** 学校和教师不得占用国家法定节假日、休息日及寒暑假，组织学生集体补课、参加各类学科类培训等活动。

**第三十四条** 学校实行党组织领导的校长负责制。校长由当地教育行政部门按照管理权限及相关规定聘任，任职期间应当公开校务，接受监督。

学校应当建立健全校务会议和教职工代表大会等管理制度和议事规则，不断完善科学民主决策机制。

**第三十五条** 县级以上人民政府教育行政部门应当会同人民法院、人民检察院、公安机关、司法行政部门负责本地区学校法治副校长聘任与管理工作。

学校应当为法治副校长履职提供必要的便利条件，按年度对法治副校长工作情况作出评价。

法治副校长应当认真履职尽责，主动参与学校工作，定期到学校协助开展法治教育、学生保护、预防犯罪、安全管理、依法治理等工作。

**第三十六条** 学校应当按照有关规定，建立学生管理制度。对违反学校管理制度的学生，应当批评教育或者给予相应的纪律处分。

学校不得开除或者变相开除学生，不得以长期停课、劝退等方式，剥夺学生在校接受并完成义务教育的权利。

## 第四章 教 师

**第三十七条** 教师应当具有国家规定的教师资格，享有法律规定的权利，履行法律规定的义务。

教师应当为人师表、言行雅正，有理想信念、有道德情操、有扎实学识、有仁爱之心，忠诚于党和人民的教育事业。

全社会应当尊重教师。

**第三十八条** 教师在教育教学中应当平等对待学生，关心爱护学生，关注个体差异，因材施教，促进学生的全面发展。

教师应当尊重学生的人格，不得歧视学生，不得对学生实施体罚、变相体罚或者其他侮辱人格尊严的行为，不得侵犯学生合法权益。

教师应当履行教育教学职责，按时完成教育教学计划，不得擅自停课或者改变教育教学计划。

**第三十九条** 各级人民政府应当保障教师的工资福利和社会保险待遇，实行统一的绩效工资项目、标准、资金来源和发放办法，改善教师工作和生活条件，每年定期组织教师体检，并因地制宜安排教师进行休养。

教师的平均工资收入水平应当不低于当地公务员的平均工资收入水平。

**第四十条** 县级以上人民政府应当在核定的中小学教职工编制总量内，根据教育事业发展规划、学校布局和生源变化情况，动态调配、合理使用中小学教职工编制。中小学教职工编制总量的核定及调整，按规定程序办理。

县级以上人民政府应当按照核定的编制足额配备各学科教师。教师编制不得挤占、挪用、截留，不得长期空编和有编不补。

县级以上人民政府应当按照规定配备寄宿制学校、特殊教育学校（班）和专门学校的教学辅助和生活管理人员。

**第四十一条** 县级以上人民政府教育行政部门应当会同有关部门，根据本地区义务教育学校教育教学需要，按照公平竞争、择优录用、以德为先的原则，面向社会公开招聘教师。

**第四十二条** 新聘任教师应当接受由县级以上人民政府教育行政部门组织的上岗培训，未经培训或者培训不合格者，不得上岗；在岗教师经培训仍不能胜任教育教学工作的，应当安排其转岗或者解聘。

**第四十三条** 县（市、区）人民政府教育行政部门应当均衡配置本地区学校师资力量，组织校长、教师的培训和流动。

教师在晋升高级职称前应当在农村学校或者薄弱学校任教一年以上。

**第四十四条** 县级以上人民政府应当加强农村地区学校教师周转宿舍建设，加大保障性住房供应力度。学校应当加强教师周转宿舍的管理，不得作为其他用途占用。

## 第五章 教育教学

**第四十五条** 教育教学工作应当符合教育规律和学生身心发展特点，践行社会主义核心价值观，铸牢中华民族共同体意识，落实立德树人根本任务，提升智育水平，加强体育美育，落实劳动教育，注重培养学生的学习能力、独立思考能力、创新能力、实践能力和社会责任感，促进学生健康、全面发展。

**第四十六条** 县级以上人民政府及其教育行政部门应当规范学校办学行为，建立学生课业负担监测和公告制度，保障课后服务规范开展，严格校外培训机构管理。

教育行政部门和学校应当严格执行国家义务教育课程方案和课程标准，不得随意增减课时、改变难度、调整进度。

学校和教师应当按照确定的教育教学内容和课程设置开展教育教学活动，优化教育教学方式，加强作业和考试管理，促进信息技术与教育教学融合应用，推进综合学习，提升学生核心素养。

学校应当使用国家通用语言文字进行教育教学。

**第四十七条** 县级以上人民政府教育行政部门应当发挥教研支撑作用，加强基础教育理论、政策和实践研究，引领课程教学改革；深入研究学生学习和成长规律，指导学校和教师改进教学方式，服务教育教学。

学校应当健全校本教研制度，开展经常性教研活动，提高教师专业能力和课堂教学水平。

**第四十八条** 县级以上人民政府教育行政部门应当建立科学的义务教育质量评价体系和学生综合素质评价体系，发挥示范性普通高中和中等职业学校招生名额合理分配的引导作用，推进实施素质教育。

县级以上人民政府及其教育行政部门不得向学校下达升学指标，不得以学生考试成绩、升学率考核评价学校和教师。

学生的考试成绩、名次等学业信息，学校应当便利学生本人和家长知晓，但不得公开，不得宣传升学情况。

**第四十九条** 学校应当坚持育人为本、德育为先，寓德育于教育教学之中。以学生日常行为规范教育为基础，将学校教育与家庭教育、社会教育相结合，进行爱国主义、集体主义、中国特色社会主义教育，进行社会公德、传统美德、国家安全、民主法治、民族团结、生命安全、心理健康、环境保护等教育，继承和弘扬中华优秀传统文化、革命文化、社会主义先进文化，培养学生良好的思想品德和行为习惯，形成健康的人格。

学校应当按照素质教育的要求，组织学生开展体育、文艺、科技和社会实践活动，参观博物馆、科技馆、纪念馆和爱国主义教育基地等其他适合青少年活动的场所，参加与学生年龄相适应的社会公益活动。

公共文化体育设施应当按照有关规定对学生免费开放。

**第五十条** 学校应当深化思想政治课改革创新，落实思想政治课教学目标，全面提升学生做社会主义建设者和接班人的思想意识。

学校应当开展音乐、美术等教学活动，培养学生的审美情趣，提高学生的艺术实践和鉴赏能力。

学校应当加强体育教学工作，保证学生的体育课时和每天一小时校内体育活动时间，使学生达到国家规定的体质健康标准。

学校应当加强常见病、传染病和近视防控工作，每年组织一次在校学生健康体检。

学校应当把劳动教育纳入人才培养全过程，与德育、智育、体育、美育相融合。

**第五十一条** 学校应当加强学生的心理、生理健康教育。学校应当设置心理咨询室，配备专业人员，为学生提供心理咨询、辅导。

**第五十二条** 县级以上人民政府教育行政部门应当支持、指导、监督学校及其教师依法依规实施教育惩戒。

学校、教师应当依法履行职责，通过积极管教和教育惩戒，及时纠正学生错误言行，培养学生的规则意识、责任意识。

**第五十三条** 学校应当建立家校协同育人体系，

发挥好家长委员会作用，办好家长学校，定期组织公益性家庭教育指导服务和实践活动。

学生父母或者其他法定监护人应当履行家庭教育主体责任，主动学习家庭教育知识，正确履行家庭教育职责，配合学校实施素质教育，促进学生健康、全面发展。

**第五十四条** 县级以上人民政府教育行政部门应当建立教材选用、使用监测机制，定期对教材的使用情况进行评价并通报结果。义务教育学校的教材应当在国家和省教育行政部门审定的中小学教学用书目录中选用。未经审定或者擅自更改内容的教材，不得选用。

任何组织和个人不得以任何形式强迫学校、教师、学生购买教辅材料。

学校和教师不得以任何形式组织学生统一征订教辅材料。

教育行政部门和学校应当加强课外读物进校园管理。

## 第六章 经费保障

**第五十五条** 县级以上人民政府应当建立健全义务教育经费保障机制，将义务教育经费纳入财政保障范围，并按照教职工编制标准、工资标准和学校建设标准、学生人均公用经费标准以及教育督导、教材建设实际需求等，及时足额拨付。

县级以上人民政府应当确保用于实施义务教育的财政一般公共预算教育支出逐年只增不减，确保按在校学生人数平均的一般公共预算教育支出逐年只增不减。

**第五十六条** 省人民政府统筹落实全省义务教育经费，根据各地财力状况，确定省、市（州）、县（市、区）人民政府分担义务教育经费的项目和比例。

**第五十七条** 省人民政府应当规范义务教育专项转移支付，支持和引导各级人民政府增加对义务教育的投入。

各级人民政府应当将上级人民政府义务教育转移支付资金按照规定用于义务教育，并不得减少本级人民政府应当承担的义务教育经费投入比例。

**第五十八条** 县级以上人民政府根据实际需要，设立专项资金，用于落实义务教育政策，重点扶持农村地区、民族地区实施义务教育，改善薄弱学校办学条件。

县级以上人民政府从土地出让收益中，按规定比例计提的教育资金，应当用于学校建设。

**第五十九条** 县（市、区）人民政府编制预算，除向农村地区学校和薄弱学校倾斜外，应当均衡安排义务教育经费。

特殊教育学校（班）、随班就读残疾学生人均公用经费标准应当高于普通学校学生人均公用经费标准，并落实国家有关要求。

**第六十条** 教育费附加由税务机关依法足额征收，主要用于实施义务教育，不得因教育费附加纳入预算专项资金管理而抵顶教育事业费拨款。

地方教育费附加实行专项资金管理，用于改善中小学教学设施和办学条件，不得用于职工福利和发放奖金。

**第六十一条** 县级以上人民政府拨付的义务教育经费和专项资金，任何组织和个人不得侵占、截留、挪用。

县级以上人民政府应当建立科学合理的义务教育经费管理和定期公告制度，审计机关应当依法依规对义务教育经费和专项资金进行审计监督。

**第六十二条** 县级以上人民政府应当定期向同级人民代表大会常务委员会报告义务教育经费预算执行情况，接受监督。

## 第七章 法律责任

**第六十三条** 违反本条例规定的行为，法律、行政法规已有法律责任规定的，从其规定。

**第六十四条** 适龄儿童、少年的父母或者其他法定监护人无正当理由未依照本条例规定送适龄儿童、少年入学接受义务教育的，由当地乡（镇）人民政府或者县（市、区）人民政府教育行政部门给予批评教育，责令限期改正；必要时督促其接受家庭教育指导。

## 第八章 附 则

**第六十五条** 民办学校实施义务教育的，依照民办教育法律法规的规定执行；民办教育法律法规未作规定的，适用《中华人民共和国义务教育法》和本条例规定。

**第六十六条** 本条例自2023年1月1日起施行。

# 省政府令

## 甘肃省消防安全责任制实施办法

### 第一章　总　则

**第一条**　为了健全和落实消防安全责任制，提高公共消防安全水平，预防火灾和减少火灾危害，保护人身、财产安全，根据《中华人民共和国消防法》和《甘肃省消防条例》等法律、法规，结合本省实际，制定本办法。

**第二条**　本省行政区域内消防安全责任的落实和监督管理适用本办法。

法律、法规对消防安全已有规定的，依照其规定执行。

**第三条**　消防安全工作坚持政府统一领导、部门依法监管、单位全面负责、公民积极参与的原则，坚持权责一致、依法履职、失职追责，实行消防安全责任制。

**第四条**　各级人民政府统一领导和负责本行政区域内的消防安全工作。

政府主要负责人为本行政区域消防安全工作第一责任人，对消防安全工作负全面领导责任；分管消防安全工作的负责人为主要责任人，对消防安全工作负直接领导责任；分管其他业务工作的负责人按照“一岗双责”的要求，对分管领域内的消防安全工作负领导责任。

**第五条**　县级以上人民政府应急管理部门对本行政区域的消防工作实施监督管理，本级人民政府消防救援机构负责具体实施。

县级以上人民政府其他有关部门应当在各自职责范围内，依法做好消防安全工作。

**第六条**　机关、团体、企业、事业等单位是消防安全的责任主体，坚持安全自查、隐患自除、责任自负。其法定代表人、主要负责人或者实际控制人是本单位、本场所的消防安全责任人，对本单位、本场所的消防安全工作全面负责。

消防安全重点单位应当确定消防安全管理人，负责组织实施本单位的消防安全工作。

**第七条**　任何单位和个人都有维护消防安全、保护消防设施、预防火灾、报告火警的义务。任何单位和成年人都有参加有组织的灭火工作的义务。任何单位和个人对危害消防安全的行为，都有权劝阻、制止或者向应急管理部门、消防救援机构投诉、举报。

### 第二章　各级人民政府消防安全工作职责

**第八条**　县级以上人民政府应当履行下列消防安全职责：

（一）贯彻执行消防法律法规、方针政策和有关要求，研究部署本行政区域消防安全工作重大事项，每年向上级人民政府专题报告消防安全工作情况；

（二）将消防安全工作纳入国民经济和社会发展规划，将消防规划纳入国土空间规划，并负责组织实施；

（三）成立本级人民政府消防安全委员会，定期召开成员单位联席会议，根据本行政区域的消防安全形势，研究制定加强消防安全工作的政策措施；

（四）将消防安全工作经费纳入本级财政预算，保障消防事业发展所需经费；

（五）组织有关部门针对本行政区域内的火灾特点制定应急预案，建立应急反应和处置机制。督促所属部门和下级人民政府落实消防安全责任制，根据本行政区域火灾形势和特点，在农业收获季节、森林和草原防火期间、重大节假日期间及火灾多发季节，组织开展有针对性的消防宣传教育，采取防火措施，进行消防安全检查；

（六）建立常态化火灾隐患排查整治机制，实行重大火灾隐患挂牌督办制度，对应急管理部门报请挂牌督办的重大火灾隐患和责令停产停业整改报告，在7个工作日内作出同意或者不同意的决定，并组织有关部门督促隐患单位采取措施予以整改；

（七）按照规定建立综合性消防救援队、专职消防队，并按照标准配备消防装备，承担火灾扑救工作；

（八）加强公共消防设施建设，改善城乡消防安全条件；积极发展消防公益事业，推动消防科学研究和技术创新；组织开展经常性的消防宣传工作；

（九）法律、法规规定的其他消防安全职责。

**第九条** 乡（镇）人民政府应当履行下列消防安全职责：

（一）建立消防工作组织，确定专人负责消防工作，规范消防安全网格化管理，明确各级网格管理人员及其职责，落实消防安全管理措施和要求；

（二）保障公共消防设施建设及消防业务经费；

（三）将消防安全工作纳入乡镇国土空间规划，并组织实施；

（四）组织开展消防安全专项治理，督促整改火灾隐患，及时将重大火灾隐患、区域性火灾隐患情况报告上一级人民政府；

（五）建立专职消防队伍或者志愿消防队伍，承担火灾扑救、综合救援、消防宣传、防火巡查、隐患查改等工作，并协助消防救援机构做好现场保护、火灾调查等工作；

（六）指导、支持和帮助村民委员会、居民委员会建立消防安全管理组织，开展群众性消防安全工作；

（七）加强对住宿、生产、储存、经营合用场所和群租房的消防安全治理，做好城乡结合部等重点区域的消防工作；

（八）法律、法规规定的其他消防安全职责。

街道办事处应当履行前款第（一）、（四）、（五）、（六）、（七）、（八）项职责。

**第十条** 县级以上人民政府在开发区、工业园区等设立的管理机构及其负责人，负责管理区域内的消防安全工作。

**第十一条** 县级以上人民政府消防安全委员会由政府主要负责人或者分管负责人和同级人民政府有关部门负责人组成，履行下列职责：

（一）协调、指导本行政区域消防工作，督促解决消防工作重大问题；

（二）定期召开联席会议，听取成员单位消防工作情况汇报，分析研判本行政区域消防安全形势；

（三）向本级人民政府报告消防工作情况，提出加强和改进消防工作的建议；

（四）提请本级人民政府对下一级人民政府和本级人民政府有关部门落实消防安全责任制的情况进行考核，并负责具体实施；

（五）建立行业消防工作信息互通和行业系统火灾情况、突出问题定期通报等工作机制；

（六）法律、法规规定的其他职责。

消防安全委员会办公室设在消防救援机构，承担委员会日常工作。

## 第三章 政府工作部门消防安全监督管理职责

**第十二条** 县级以上人民政府工作部门应当在各自职责范围内，履行下列消防安全职责：

（一）贯彻执行消防法律、法规和方针政策；

（二）将消防安全工作纳入本部门工作计划及主管行业发展规划，编制应急预案，定期组织对消防安全工作履职情况进行检查和考评；

（三）组织制定本部门及主管行业消防安全工作规定，建立消防安全管理制度，明确消防安全职责，确定专（兼）职管理人员，在主管行业推行消防安全标准化管理；

（四）督促主管行业落实消防安全责任制，定期分析消防安全形势，明确薄弱环节和管理重点，落实建设工程消防设计审查验收等制度，部署开展消防安全检查，消除火灾隐患；

（五）对本部门及主管行业的从业人员开展经常性消防安全宣传教育、培训，定期组织开展灭火和应急疏散演练；

（六）协助消防救援机构开展灭火救援、火灾事故调查、火灾事故责任追究等工作；

（七）对涉及消防安全的审批项目，负责行政审批的部门依照有关法律、法规规定，审查是否取得消防行政许可，并对许可事项加强事中事后监管；

（八）积极推广采用先进的消防安全技术、标准和产品，提高火灾防范水平；

（九）完成本级人民政府和消防安全委员会交办的其他工作任务；

（十）法律、法规规定的其他消防安全职责。

**第十三条** 负有行政审批职责的部门，对审批事项中涉及消防安全的法定条件应当依法严格审批，凡不符合法定条件的，不得核发相关许可证照或者批准开办；对已经依法取得批准的单位，不再具备消防安全条件的，应当依法予以处理。

负有行业领域管理职责的部门依法依规履行消防安全管理职责，将消防安全工作作为行业领域管理重要内容，从行业规划、产业政策以及执行法规标准等方面加强行业领域消防安全工作，根据需要开展消防安全标准化管理。

**第十四条** 应急管理部门履行下列消防安全职责：

（一）监督管理消防工作，指导火灾预防、灭火救援等工作，督促、协助有关单位做好消防宣传教育工作；

（二）将消防救援机构确定的本行政区域内消防安全重点单位报本级人民政府备案；

（三）将消防救援机构发现的城乡消防安全布局、公共消防设施不符合消防安全要求的情况，或者影响公共安全的重大火灾隐患，书面报告本级人民政府；

（四）拟责令停产停业的，报请本级人民政府依法决定；

（五）依法实施有关行政许可，凡不符合法定条件的，不予核发安全生产许可；

（六）法律、法规规定的其他消防安全职责。

**第十五条** 消防救援机构履行下列消防安全职责：

（一）指导和督促机关、团体、企业、事业等单位落实消防安全责任制；

（二）依法开展消防监督检查，加强消防技术服务活动和使用领域消防产品的监督管理；

（三）根据本行政区域火灾规律、特点和火灾多发季节、重大节日、重大活动的消防安全需要，指导相关部门和行业开展针对性的消防安全专项治理，消除火灾隐患；

（四）组织和指挥火灾现场扑救，承担或者参加重大灾害事故和其他以抢救人员生命为主的应急救援工作；

（五）负责调查火灾原因，统计火灾损失，依法对火灾事故作出处理；

（六）法律、法规规定的其他消防安全职责。

**第十六条** 住房和城乡建设部门履行下列职责：

（一）依法实施建设工程消防设计审查、消防验收、备案和抽查，开展施工现场消防安全检查，加强消防安全源头管控；

（二）依法对建设工程消防设计以及房屋建筑和市政基础设施工程施工、监理等责任主体遵守消防法律法规、贯彻执行消防技术标准情况进行监督检查；在组织制定工程建设规范以及推广新技术、新材料、新工艺时，应当充分考虑消防安全因素，满足有关消防安全性能及要求；

（三）指导、督促物业服务企业按照合同约定做好住宅小区共用消防设施的维护管理工作；指导业主按照有关规定使用住宅专项维修资金对住宅小区共用消防设施进行维修、更新、改造；督促行业建设单位落实建设工程消防设计审查、验收、备案、抽查等职责；

（四）法律、法规规定的其他消防安全职责。

**第十七条** 市场监督管理部门履行下列职责：

（一）依法对生产、流通领域的消防产品质量实施监督管理，对容易引起火灾事故的产品加大质量监督抽查力度；

（二）依法对生产、经营、使用等环节的特种设备安全实施监督管理；

（三）依法查处消防产品质量违法行为；

（四）法律、法规规定的其他消防安全职责。

**第十八条** 公安部门履行下列职责：

（一）依法查处消防安全管理中违反《中华人民共和国治安管理处罚法》有关规定的行为，指导公安派出所依法开展日常消防监督检查、消防宣传教育工作；

（二）依据工作职责承担在消防救援行动中消防车辆通行、停靠保障和消防救援现场及周边道路的交通管制、指挥、疏导工作；

（三）法律、法规规定的其他消防安全职责。

**第十九条** 发展和改革部门应当将消防工作纳入国民经济和社会发展中长期规划，支持公共消防设施建设项目实施；指导督促能源行业加强消防安全管理，督促能源企业严格遵守国家消防技术标准，落实消防安全主体责任。

**第二十条** 教育部门负责学校、幼儿园及其他教育机构的行业消防安全监督管理；指导开展消防安全教育宣传工作，将消防安全教育纳入学校安全教育活动统筹安排。

**第二十一条** 民政部门负责养老服务、特困供养、儿童福利、未成年人保护、救助管理、殡葬服务及其他民政服务机构的行业消防安全管理。

**第二十二条** 人力资源和社会保障部门负责职业培训机构、技工院校、人力资源市场、人力资源服务机构的消防安全监督管理；做好政府专职消防队员、企业专职消防队员依法参加工伤保险工作；将消防安全知识纳入职业培训内容。

**第二十三条** 自然资源部门负责依据国土空间规划配合编制消防设施布局专项规划，合理布局和预留消防站用地，并负责监督实施。

**第二十四条** 交通运输部门负责公路水路行业消防安全管理；在客运车站、港口、码头及交通工具管理中依法督促有关单位落实消防安全主体责任和有关消防工作制度；保障消防救援车辆在执行火灾扑救或应急救援任务时享受道路优先通行权。

**第二十五条** 文化和旅游部门履行下列职责：

（一）负责文化娱乐场所审批和管理中的行业消防安全工作；

（二）指导、监督公共图书馆、文化馆（站）、剧院等文化单位履行消防安全职责；

（三）依法对营业性演出、文化艺术经营活动、重大文化活动执行有关消防法律法规的情况进行监督检查；

（四）依法指导景区建立具备开放的消防安全条件；

（五）法律、法规规定的其他消防安全职责。

**第二十六条** 卫生健康部门负责医疗卫生及其他医疗机构的行业消防安全管理，协助有关部门做好火灾事故和灭火抢险救援工作中受伤人员的医疗救护。

**第二十七条** 科技部门负责将消防科技进步纳入科技发展规划和各级财政科技计划（专项、基金等）并组织实施；组织指导消防安全重大科技攻关、基础研究和应用研究，会同有关部门推动消防科研成果转化应用；将消防知识纳入科普教育内容。

**第二十八条** 工业和信息化部门指导督促民用爆炸物品生产、销售的消防安全管理；依法落实国家危险化学品生产、储存的行业规划和布局；推动信息技术在消防安全领域的应用，支持消防信息化建设。

通信管理部门负责通信业、通信设施建设的消防安全管理。

**第二十九条** 司法行政部门负责监狱和司法行政强制隔离戒毒所的消防安全监督管理；将消防法律、法规纳入普法宣传教育内容。

**第三十条** 财政部门应当健全消防经费保障机制，按照规定对消防资金进行预算管理。

**第三十一条** 商务部门指导、督促商贸行业的消防安全管理工作。

**第三十二条** 农业农村部门负责指导、督促农业农村消防安全工作。

**第三十三条** 水利部门负责所属水库、水电站大坝、农村水电站及其配套电网的消防安全监督管理；将消防水源等公共消防设施纳入相关基础设施建设工程。

**第三十四条** 林业和草原部门负责本行政区域草原（场）、森林防火的监督管理工作，负责职责范围内林区、林场、自然保护区、森林公园和其他涉林生产经营单位的消防安全监督管理工作。

**第三十五条** 国有资产监督管理部门按照出资人职责，指导、督促所监管企业加强消防安全管理和落实消防安全主体责任。

**第三十六条** 退役军人事务部门负责本部门管理的烈士纪念设施、军休服务、优抚医院、光荣院等机构的消防安全管理。

**第三十七条** 燃气管理部门负责加强城镇燃气安全监督管理工作，督促燃气经营者指导用户安全用气并对燃气设施定期进行安全检查、排除隐患，会同有关部门制定燃气安全事故应急预案，依法查处燃气经营者和燃气用户等各方主体的燃气违法行为。

供水、供电有关部门应当确保消防供水、消防供电等公共消防设施的完好有效。

**第三十八条** 体育、宗教事务、粮食等部门负责加强体育类场馆、宗教活动场所、储备粮储存环节等消防安全管理，指导开展消防安全标准化管理。

农业农村、水利、交通运输等部门应当将消防水源、消防车通道等公共消防设施纳入相关基础设施建设工程。

新闻出版、广播电视、通信管理等部门应当督促、指导有关单位和媒体开展消防安全宣传教育。

气象、水利、地震部门应当及时将重大灾害事故预警信息通报消防救援机构。

负责公共消防设施维护管理的单位应当保持消防供水、消防通信、消防车通道等公共消防设施的完好有效。

**第三十九条** 人防部门负责指导、检查和督促人民防空工程的消防安全工作。

**第四十条** 文物部门负责文物保护单位、世界文化遗产和博物馆的行业消防安全管理。

**第四十一条** 邮政管理部门监督检查寄递企业及其分支机构和末端网点执行消防法律法规及落实消防安全保障制度情况。

**第四十二条** 银行、证券、保险等行业监管机构负责督促银行、证券公司、保险公司及其服务网点、派出机构落实消防安全管理。保险监管机构负责指导保险公司开展火灾公众责任保险业务，鼓励保险机构发挥火灾风险评估管控和火灾事故预防功能。

煤炭、石油、电力、新能源等行业组织应当加强行业消防安全自律管理，推动本行业消防工作，引导行业单位落实消防安全主体责任。

## 第四章　单位消防安全主体责任

**第四十三条** 机关、团体、企业、事业单位应当履行下列消防安全职责：

（一）明确各级、各岗位消防安全责任人及其工作职责，制定消防安全制度和操作规程，制定灭火和应急疏散预案，定期组织灭火和应急疏散演练，承办大型活动时履行活动期间消防安全职责；

（二）按照相关标准配置消防设施、器材，设置消防安全标志，对消防设施、器材和消防安全标志定期检验维修，确保完好有效；

（三）保障消防车通道、疏散通道和安全出口畅通，保证防火防烟分区、防火间距、建筑构件、建筑材料和室内装修、装饰材料符合消防安全技术标准，人员密集场所的门窗不得设置影响逃生和灭火救援的障碍物；

（四）定期进行防火安全检查，及时消除火灾隐患；对不能当场整改的火灾隐患，应当确定整改措施、期限及整改的责任部门和责任人；在隐患未消除之前，应当采取相应的防范措施；

（五）定期开展消防安全宣传教育和消防安全培训，公众聚集场所至少每半年对工作人员开展一次消防安全培训；

（六）建立专（兼）职消防队、志愿消防队（微型消防站）等消防组织，提高火灾扑救的能力；

（七）消防控制室实行二十四小时专人值班制度，每班不少于两人，操作人员应当持证上岗；

（八）建立消防安全工作考核机制，加强消防安全责任制落实情况的监督考核，保证各项规章制度的落实；

（九）法律、法规规定的其他消防安全职责。

**第四十四条** 发生火灾可能性较大以及发生火灾可能造成重大的人身伤亡或者财产损失的消防安全重点单位，除履行本办法**第四十三条**规定的职责外，还应当履行下列消防安全职责：

（一）明确消防安全管理机构和专职消防安全管理人，组织实施本单位的消防安全管理工作；消防安全管理人应当经过消防培训；

（二）建立消防安全档案，确定消防安全重点部位，设置防火标志，实行严格管理；

（三）实行每日防火巡查，并建立巡查记录，公众聚集场所营业期间应当每两小时至少开展一次防火巡查，营业结束时应当对营业现场进行检查，消除遗留火种；

（四）运用消防远程监控、电气火灾监测、物联网技术等技防、物防措施，对单位消防安全状况进行实时监控；

（五）组织工作人员进行岗前消防安全培训，每季度至少组织一次消防安全培训，每半年至少开展一次灭火和应急疏散演练；

（六）每季度至少对本单位的消防安全状况进行一次评估；

（七）按照规定建立微型消防站，开展消防区域联防联控，提高自防自救能力；

（八）法律、法规规定的其他消防安全职责。

**第四十五条** 容易造成群死群伤火灾的人员密集场所、易燃易爆单位和高层、地下公共建筑等火灾高危单位，除履行本办法第四十三条、第四十四条规定的职责外，还应当履行下列消防安全职责：

（一）定期召开消防安全工作例会，研究本单位落实消防安全责任制、火灾隐患整改等重大消防安全问题；

（二）按照国家标准配备防毒面具、应急逃生设施和疏散引导器材等设备；

（三）专职消防队或者微型消防站应当根据本单位火灾危险性配备相应的消防装备器材，储备足够的灭火救援药剂和物资，定期组织消防业务学习和灭火技能训练；

（四）严格落实火灾高危单位消防安全评估制度，委托消防技术服务机构每年开展一次评估，评估结果向社会公开，作为单位信用评级的参考依据；

（五）参加火灾公众责任保险；

（六）法律、法规规定的其他消防安全职责。

**第四十六条** 实行承包、租赁或者委托经营管理的单位，产权单位提供的建筑物或者场所应当符合消防安全要求，当事人在订立的合同中应当明确各方的消防安全责任；消防车通道、涉及公共消防安全的疏散设施和其他建筑消防设施，应当由产权单位或者委托管理的单位管理。

承包、承租或者受委托经营管理的单位或者个人应当在其使用、管理范围内履行消防安全职责。

**第四十七条** 对于有两个以上产权单位和使用单位的建筑物，应当明确消防车通道、涉及公共消防安全的疏散设施和其他建筑消防设施管理责任，也可以委托统一管理。各产权单位、使用单位对其专有部分的消防安全负责，对共有部分的消防安全共同负责。

**第四十八条** 个体工商户的经营者是经营场所的消防安全责任人，对其经营场所的消防安全工作负责。

个体工商户应当根据生产经营特点，加强生产经营场所用火、用电、用油、用气及仓储物品的消防安全管理，落实防火措施，配置必要的消防设备，保障疏散通道畅通，开展经常性的防火安全自查，消除火灾隐患。

有固定生产经营场所且经营场所面积、从业人员数量达到一定规模的个体工商户，应当履行本办法规定的单位消防安全职责，具体规模标准由省级消防救援机构制定并向社会公布。

**第四十九条** 物业服务企业应当在管理区域内履行下列消防安全责任：

（一）制定消防安全制度，落实消防安全责任制，组织对员工进行消防安全培训，开展消防安全宣传教育；

（二）开展防火巡查、检查，对管理区域内的共用消防设施、器材以及消防安全标志进行维护管理，消除火灾隐患；

（三）保障疏散通道、安全出口、消防车通道畅通，保障消防车作业场地不被占用；及时劝阻和制止占用、堵塞、封闭疏散通道、安全出口、消防车通道、消防车登高操作场地、违规停放电动自行车或充电等行为，劝阻和制止无效的，立即向街道办事处、乡（镇）人民政府或者消防救援机构报告；

（四）制定灭火和应急疏散预案，定期开展消防演练。

**第五十条** 建设工程的建设、设计、施工和监理等单位应当遵守消防法律、法规和工程建设消防技术标准，落实消防审验制度，并对建设工程的消防设计和施工质量的消防安全负责。

**第五十一条** 消防设施维护保养检测、消防安全评估等消防技术服务机构应当符合从业条件，执业人员应当依法获得相应的资格；依照法律、行政法规、国家标准、行业标准和执业准则，接受委托提供消防技术服务，并对服务质量负责。

**第五十二条** 村民委员会、居民委员会应当协助做好消防安全工作，履行下列消防安全职责：

（一）确定消防安全管理人员，健全消防安全制度，组织制定防火安全公约，开展消防宣传教育；

（二）落实消防安全网格化管理措施和要求，划分消防安全网格化管理责任区，明确网格管理人员及其工作职责；

（三）根据消防安全工作需要，建立志愿消防队伍（微型消防站），组织开展群众性自防自救工作。鼓励有条件的农村、社区建立专职消防队；

（四）每月对居民小区（楼、院）、村民集中居住区域进行防火安全检查，督促整改火灾隐患；不能立即消除的火灾隐患，及时向乡（镇）人民政府、街道办事处、消防救援机构、公安派出所报告；

（五）法律、法规规定的其他消防安全职责。

## 第五章　消防安全责任落实与追究

**第五十三条**　各级人民政府、部门和单位实施消防安全责任制，应当按照下列规定签订消防安全责任书：

（一）上级人民政府与下级人民政府；

（二）县级以上人民政府与所属部门；

（三）乡（镇）人民政府、街道办事处与村民委员会、居民委员会。

部门与内设机构之间、单位内部可以通过签订消防安全责任书明确消防安全责任。

消防安全责任书应当明确消防安全责任主体、责任范围、目标任务、工作措施、奖惩办法等内容。

**第五十四条**　县级以上人民政府每年应当对下级人民政府和本级人民政府有关部门落实消防安全责任制情况进行考核，考核结果作为对下级人民政府和本级人民政府有关部门负责人及领导班子绩效和综合考核评价的依据。

单位消防安全责任制落实情况应当纳入本单位内部年度考核内容。

**第五十五条**　发生造成人员死亡或产生社会影响的，一般火灾事故由事故发生地县（市、区）人民政府负责组织调查处理；较大火灾事故由事故发生地的市（州）人民政府负责组织调查处理；重大火灾事故由省人民政府负责组织调查处理。发生特别重大火灾事故的，按照国家有关规定调查处理。

较大以上火灾事故调查结案后一年内，负责事故调查的人民政府应当组织有关部门或委托第三方机构开展整改措施落实情况评估，及时向社会公开评估结果。

**第五十六条**　各级人民政府和有关部门未落实消防安全责任制，有下列情形之一的，由上级人民政府给予通报，并对有关人员进行约谈：

（一）未完成消防安全责任书主要工作任务的；

（二）不执行上级人民政府或者消防安全委员会挂牌督办工作指令的；

（三）在涉及消防安全行政审批、公共消防设施建设、重大火灾隐患整改、消防力量发展等方面履职不到位，影响消防安全工作发展的；

（四）本行政区域或者本行业、本领域发生较大以上亡人火灾事故或者火灾事故造成恶劣社会影响的；

（五）本行政区域或者本行业、本领域连续发生火灾事故且影响重大的；

（六）本行政区域或者本行业、本领域发生较大以上火灾事故未进行责任追究的；

（七）法律、法规规定的其他情形。

各级人民政府和有关部门有前款第（四）项情形的，实行年度消防安全工作一票否决。

**第五十七条**　各级人民政府和有关部门不依法履行职责，在涉及消防安全行政审批、公共消防设施建设、重大火灾隐患整改、消防力量发展等方面滥用职权、玩忽职守、徇私舞弊的，对直接负责的主管人员和其他直接责任人员依法给予处分；构成犯罪的，依法追究刑事责任。

**第五十八条**　机关、团体、企业、事业等单位违反本办法第四十三条、第四十四条、第四十五条、第四十六条、第四十七条、第四十九条规定，不履行职责的，责令限期改正；逾期不改正的，对其直接负责的主管人员和其他直接责任人员依法给予处分；构成犯罪的，依法追究刑事责任。

**第五十九条**　违反本办法规定的行为，法律、法规另有规定的，依照其规定执行。

## 第六章　附　则

**第六十条**　本办法自2022年3月1日起施行。2018年1月9日甘肃省人民政府发布实施的《甘肃省消防安全责任制实施办法》同时废止。

# 甘肃省政务服务事项告知承诺制实施办法

**第一条** 为了深化“放管服”改革，优化营商环境，根据《中华人民共和国行政许可法》《优化营商环境条例》等法律法规及国家相关规定，结合本省实际，制定本办法。

**第二条** 本办法所称政务服务事项告知承诺制，是指公民、法人和其他组织（以下统称行政相对人）办理政务服务事项时，政务服务机构以书面形式（含电子文本，下同）将证明义务和内容、许可条件以及不实承诺的法律责任一次性告知行政相对人，行政相对人书面承诺已经符合告知的相关要求并愿意承担不实承诺的法律责任，政务服务机构不再索要有关材料并依据书面承诺予以办理的工作机制。

政务服务事项包括行政许可、行政给付、行政确认以及为行政相对人履行法定义务提供便利的行政权力事项和利用公共资源提供的教育、医疗卫生、社会保障、劳动就业、住房保障、文化体育、救助帮扶、法律服务、创业需求等与生产生活密切相关的公共服务事项。

**第三条** 本省行政区域内政务服务机构在告知承诺制工作中确定适用对象、规范工作流程、事中事后核查、信用惩戒监管等活动适用本办法。

本办法所称政务服务机构是指负有政务服务职责的行政机关和法律法规授权具有管理公共事务职能的组织。

**第四条** 政务服务事项告知承诺制工作应当坚持问题导向、便民利企、协同推进、风险可控的原则。

**第五条** 县级以上人民政府应当建立审改、政务服务、信息公开、电子政务、发展改革、司法行政、公安、财政、税务、市场监管等单位参加的政务服务事项告知承诺制工作协调机制，明确具体牵头负责单位，加强对政务服务事项告知承诺制工作的指导协调和督促检查。

**第六条** 政务服务机构在办理政务服务事项时，所涉事项风险可控、通过事中事后监管能够及时纠正不符合条件情形的，可以适用告知承诺制。

本省地方性法规、政府规章设定的涉企经营许可事项实行告知承诺制的，由审改部门会同相关部门研究提出建议，报同级人民政府批准。

**第七条** 办理政务服务事项有下列情形之一的，一般不适用告知承诺制：

（一）直接涉及国家安全、国家秘密、公共安全、金融业审慎监管、生态环境保护的；

（二）直接关系人身健康、生命财产安全的；

（三）重要涉外等风险较大、纠错成本较高、损害难以挽回的；

（四）行政相对人有严重不良信用记录或者曾作出虚假承诺，尚未完成信用修复的。

**第八条** 办理政务服务事项时，行政相对人可自主选择是否采用告知承诺制方式。

行政相对人不愿承诺或者无法承诺的，应当按照一般程序办理。

**第九条** 各级政务服务机构应当编制本机构实行告知承诺制的政务服务事项目录、工作规程、办事指南和告知承诺书格式文本，并在服务场所、官方网站和全国一体化政务服务平台进行公布。

**第十条** 政务服务机构应当向行政相对人书面告知承诺事项名称、证明内容、办理条件、行政机关核查的权力、不实承诺的法律责任和后果等必要内容。

**第十一条** 采取告知承诺制办理政务服务事项时，行政相对人应当书面承诺已经符合告知的相关要求，愿意承担不实承诺的法律责任和后果。

**第十二条** 行政相对人自愿签署告知承诺书并按要求提交其他材料后，政务服务机构应当依据书面承诺当场办理相关政务服务事项；对不能当场办结的，应当按照规定告知行政相对人办结期限。

**第十三条** 在政务服务事项办结前行政相对人有合理理由的，可以撤回告知承诺书，撤回后该事项应当按照一般程序办理。

**第十四条** 对涉及社会公共利益、第三人利益或者确因客观条件无法进行核查的政务服务事项，政务服务机构可以按照告知承诺制先予受理，同时要求行政相对人承诺在规定的期限内补充完善相关材料。

行政相对人在承诺期限内不能补充材料的，政务服务机构应当终止办理，由此产生的后果由行政相对人自行承担。

**第十五条** 政务服务机构应当针对政务服务事项特点，分类确定核查办法，制定对应监管措施，将承诺人的信用状况作为确定核查办法的重要因素，明确核查时间、标准、方式以及是否免予核查。

对免予核查的事项，政务服务机构应当综合运用“双随机、一公开”监管、重点监管、智慧监管等方式实施日常监管。

**第十六条** 政务服务机构应当利用政务信息共享平台、政务服务移动客户端、区块链技术等收集、比对相关数据，实施在线核查，也可以通过检查、勘验等方式开展现场核查。

**第十七条** 确因特殊情况无法开展线上和线下核查的，可以请求其他政务服务机构协助核查，被请求协助的政务服务机构应当及时履行协助义务，不得推诿或者拒绝；确实无法提供协助的，应当书面告知请求协助的政务服务机构并说明理由。

**第十八条** 对在核查或者日常监管中发现承诺不实的，政务服务机构应当依法终止办理、责令限期整改、撤销行政决定或者予以行政处罚，并纳入信用记录；涉嫌犯罪的，依法移送司法机关。

行政相对人因虚假承诺而获得的利益不受保护，由此造成的损失由行政相对人自行承担。

**第十九条** 政务服务机构可以建立事前信用预警系统，对行政相对人进行信用评估，加强事前风险防控。

**第二十条** 政务服务机构应当依托各级信用信息共享平台和行业信用信息系统，将不实承诺或者逾期不履行承诺的不诚信行为记入行政相对人信用信息档案，并通过“信用中国（甘肃）网”予以公示。

政务服务机构将行政相对人的不诚信行为记入信用信息档案前，应当告知行政相对人拟作出的处理决定及事实、理由、依据，并告知行政相对人依法享有陈述、申辩等权利。

**第二十一条** 行政相对人对政务服务机构将其不诚信行为记入信用信息档案有异议的，可以向作出决定的政务服务机构申请复核。

受理单位应当在收到异议申请之日起七个工作日内作出是否更正的决定，并将异议处理结果告知异议申请人；作出不予更正决定的，应当说明理由。

**第二十二条** 有不诚信记录的行政相对人，在符合相关条件后，可以申请信用修复，受理单位应当按照国家和本省有关规定进行处理。

**第二十三条** 政务服务机构及其工作人员违反本办法规定，不履行或者不适当履行告知承诺制工作职责的，由有权机关责令改正；造成不良影响或者严重后果的，应当依法对直接负责的主管人员和其他直接责任人员给予处分。

对在告知承诺制工作中出现错误、失误但属于合理容错情形的，应当依法从轻、减轻或者免除责任。

**第二十四条** 利用公共资源提供公共服务的企事业单位参照本办法执行。

**第二十五条** 法律法规以及国家在告知承诺制方面另有规定的，依照其规定执行。

**第二十六条** 本办法自2022年3月1日起施行。

# 省委、省政府重要意见 通知

## 中共甘肃省委 甘肃省人民政府<br>关于完整准确全面贯彻新发展理念做好碳达峰碳中和工作的实施意见

为深入贯彻《中共中央、国务院关于完整准确全面贯彻新发展理念做好碳达峰碳中和工作的意见》精神，稳妥有序推进碳达峰碳中和工作，推动全省经济社会发展全面绿色转型，结合实际，提出如下实施意见。

**一、总体要求**

（一）指导思想

以习近平新时代中国特色社会主义思想为指导，全面贯彻党的十九大和十九届历次全会精神，深入贯彻习近平生态文明思想，深入落实习近平总书记对甘肃重要讲话和指示精神，立足新发展阶段，完整、准确、全面贯彻新发展理念，加快构建新发展格局，坚持系统观念，处理好发展和减排、整体和局部、长远目标和短期目标、政府和市场的关系，把碳达峰碳中和纳入全省经济社会发展和生态文明建设整体布局，同实施黄河流域生态保护和高质量发展战略紧密结合，同实施“四强”行动、做好“五量”文章有机融合，以经济社会发展全面绿色转型为引领，以能源绿色低碳发展为关键，以绿色低碳科技创新为支撑，加快形成节约资源和保护环境的产业结构、生产方式、生活方式、空间格局，坚定不移走生态优先、绿色低碳的高质量发展道路，促进降碳、减污、扩绿、增长协同推进，力争与全国同步实现碳达峰碳中和。

（二）工作原则

——坚持主动担当。将碳达峰碳中和作为全省经济转型升级、加快发展的重大机遇，切实增强责任感、使命感、紧迫感，多措并举、多管齐下，循序渐进、持续发力，以更加积极的姿态、更加务实的举措扎实推进碳达峰碳中和工作，在全国一盘棋中作出甘肃贡献。

——坚持全省统筹。加快构建全省碳达峰碳中和政策体系，实行党政同责，压实各方责任，凝聚工作合力，形成目标明确、分工合理、衔接有序的工作格局。立足各地发展水平和阶段特征，鼓励具备条件的市州和企业积极作为，科学推动梯次达峰，不搞齐步走、“一刀切”。

——坚持节约优先。把节约能源资源放在首位，深入实施全面节约战略，强化重点行业节能增效，持续提升能源资源配置和利用效率，显著降低单位产出能源资源消耗和碳排放，倡导简约适度、绿色低碳生活方式，从源头形成有效的碳排放控制阀门。

——坚持双轮驱动。政府和市场两手发力，推动有为政府和有效市场更好结合，强化科技创新、制度创新、管理创新，加快构建推动经济社会全面绿色转型制度体系。发挥市场机制作用，形成有效激励约束机制，激发市场主体绿色低碳转型内生动力和创新活力。

——坚持防范风险。坚持减排不减生产力，把握工作时、度、效，科学处理减污降碳和能源安全、产业链供应链安全、粮食安全、群众正常生活的关系。加强形势预判和风险防控，积极应对绿色低碳转型可能伴随的经济、金融、社会风险，防止过度反应，确保安全降碳。

（三）主要目标

到2025年，全省绿色低碳循环发展的经济体系初步形成，重点行业能源利用率大幅提升。单位地区生产总值能耗比2020年下降12.5%，单位地区生产总值二氧化碳排放确保完成国家下达目标任务；非化石能源消费比重达到30%，风电、太阳能发电总装机容量达到8000万千瓦以上；森林覆盖率达到12%，森林蓄积量达到2.8亿立方米，为实现碳达峰碳中和奠定坚实基础。

到2030年，经济社会发展绿色转型取得明显成效，重点耗能行业能源利用效率达到国际先进水平。单位地区生产总值能耗大幅下降；单位地区生产总值二氧化碳排放比2005年下降65%以上；非化石能源消费比重达到35%左右，风电、太阳能发电总装机容量达到1.3亿千瓦以上；森林覆盖率达到12.5%，森林蓄积量达到3亿立方米左右，力争与全国同步实现碳达峰目标。

到2060年，绿色低碳循环发展的经济体系和清洁低碳安全高效的能源体系全面建立，能源利用效率达到国际先进水平，非化石能源消费比重达到80%以上，与全国同步实现碳中和目标，生态文明建设取得丰硕成果，开创人与自然和谐共生新境界。

**二、推进经济社会发展全面绿色转型**

（四）强化绿色低碳发展规划引领。将碳达峰碳中和目标任务全面融入全省经济社会发展中长期规划，强化省级发展规划、国土空间规划、专项规划、区域规划和市州、县（市、区）规划的支撑保障。加强全省各级各类规划间的衔接协调，确保全省各市州、各领域、各行业落实碳达峰碳中和的主要目标、发展方向、重大政策、重大工程等协调一致。（牵头单位：省发展改革委、省自然资源厅；参加单位：省直有关部门，各市州和兰州新区。以下各项任务均需各市州和兰州新区负责落实，不再一一列出）

（五）优化绿色低碳发展区域布局。立足我省在全国生态屏障、能源基地、战略通道、开放枢纽的功能定位，用足用好“一带一路”建设最大机遇，深入推进新时代推进西部大开发形成新格局、黄河流域生态保护和高质量发展等国家重大战略。按照“一核三带”区域发展格局，持续优化重大基础设施、重大生产力和公共资源布局，做大做强以兰州和兰州新区为中心、以兰白一体化为重点、辐射带动定西临夏的一小时核心经济圈，大力发展河西走廊经济带、陇东南经济带和黄河上游生态功能带，积极构建有利于碳达峰碳中和的国土空间开发保护新格局。（牵头单位：省发展改革委、省自然资源厅；参加单位：省直有关部门）

（六）加快形成绿色生产生活方式。大力推动节能减排，全面推进清洁生产，加快发展循环经济，加强资源综合利用，不断提升绿色低碳发展水平。扩大绿色低碳产品供给和消费，倡导绿色低碳生活方式，开展绿色低碳社会行动示范创建。把绿色低碳发展纳入国民教育体系，加大全民宣传教育，提高公众低碳发展认知认可度，凝聚全社会共识，加快形成全民参与的良好格局。（牵头单位：省发展改革委、省工信厅、省市场监管局、省教育厅、省生态环境厅；参加单位：省直有关部门）

**三、深度调整产业结构**

（七）推动产业结构优化升级。坚持质量兴农、绿色兴农，大力发展现代丝路寒旱农业，壮大黄土高原旱作农业、河西走廊生态农业、黄河上游特色种养业、陇东南山地特色农业，促进农业固碳增效。制定实施我省能源、钢铁、有色金属、石化化工、建材、交通、建筑等行业和领域碳达峰实施方案。以节能降碳为导向，积极探索和有序推进重点行业清洁能源替代、低碳工艺技术改造，加快工业领域低碳转型和数字化工艺革新，全面提升工业领域高端化智能化绿色化水平。巩固钢铁、煤炭行业去产能成果。鼓励有条件的市州开展碳达峰试点园区建设，打造零碳产业园，着力构建绿色低碳工业体系。提升生产性服务业、生活性服务业和新兴服务业的低碳发展水平，推动商贸流通、信息服务提质增效、绿色低碳发展。（牵头单位：省农业农村厅、省发展改革委、省工信厅、省住建厅、省交通运输厅、省商务厅、省委网信办；参加单位：省直有关部门）

（八）坚决遏制高耗能高排放低水平项目盲目发展。对高耗能高排放低水平项目实行清单管理、分类处置、动态监控。新建、扩建钢铁、水泥、平板玻璃、电解铝等高耗能高排放低水平项目严格落实产能等量或减量置换。落实国家煤电、石化、煤化工等产能控制政策，新建改扩建炼油和新建乙烯、对二甲苯、煤制烯烃等石化及现代煤化工项目，须纳入国家有关领域产业规划后实施。合理控制煤制油气产能规模。加强产能过剩分析预警和窗口指导。提升高耗能高排放低水平项目能耗准入标准，严格落实环保要求，严禁建设不符合要求的高耗能高排放低水平项目。（牵头单位：省工信厅、省发展改革委、省生态环境厅；参加单位：省直有关部门）

（九）大力发展绿色低碳产业。培育新兴产业，大力发展新能源、新材料、生物医药、新能源汽车、电子信息、先进装备制造等产业，促进特色集群发展。以沙漠、戈壁、荒漠为重点建设大型风光电基地，加快构建风电、光伏发电装备制造全产业链体系，促进风电、光伏发电及相关装备制造业协同发展，打造全国重要的新能源及新能源装备制造基地。加大科技创新力度，谋划布局一批生命健康、靶向药物开发、凹凸棒、晶质石墨等未来产业。依托全国一体化算力网络国家枢纽节点（甘肃）建设，大力发展数字经济，开展“上云用数赋智”行动，推动互联网、大数据、人工智能、第五代移动通信（5G）等新兴技术与绿色低碳产业深度融合，建设绿色制造体系和服务体系，提高绿色低碳产业在全省经济总量中的比重。（牵头单位：省发展改革委、省工信厅；参加单位：省直有关部门）

## 四、加快构建清洁低碳安全高效能源体系

（十）完善能源消费强度和总量双控制度。严格控制全省能耗和二氧化碳排放强度，落实国家二氧化碳排放总量控制相关制度，创造条件尽早实现能耗“双控”向碳排放总量和强度“双控”转变。做好产业布局、能源规划、重大项目与能耗管理、二氧化碳排放、环境容量等目标统筹衔接，对能耗强度下降目标完成形势严峻的地区实施窗口指导，严控新上高耗能高排放低水平项目，落实能耗等量或减量替代，推动能源要素向单位能耗产出效益高的项目优化配置。强化节能监察和执法，加强固定资产投资项目节能审查，认真落实国家关于项目审批管控及能耗置换工作要求。结合发展阶段、产业特点和资源禀赋，合理分解全省能源消费强度控制目标和二氧化碳排放强度降低目标，强化能耗和二氧化碳排放控制目标分析预警，严格目标责任落实和评价考核，压实市州责任。逐步加强甲烷等非二氧化碳温室气体管控。（牵头单位：省发展改革委、省生态环境厅、省工信厅；参加单位：省直有关部门）

（十一）大幅提升能源利用效率。把节能贯穿于全省经济社会发展全过程和各领域，持续深化工业、建筑、交通运输、公共机构等经济社会重点领域节能，提升数据中心、新型通讯设施能效水平。瞄准国际先进水平，开展工业高耗能行业能效对标达标，持续提升电力、钢铁、有色、建材、石化化工等重点行业能效水平，大力发展绿色低碳建筑，降低建筑能耗强度和碳排放强度。积极推广新能源与清洁能源运输工具。健全能源管理体系，强化重点用能单位节能管理和目标责任，加快推进节能降碳改造升级，持续打造重点领域、重点行业能效“领跑者”。（牵头单位：省工信厅、省住建厅、省交通运输厅、省机关事务局、省发展改革委；参加单位：省直有关部门）

（十二）严格控制化石能源消费。坚持先立后破、通盘谋划，在新能源安全可靠替代基础上推动传统能源逐步退出。加快传统能源绿色高效发展，促进传统能源布局优化、结构优化、效益优化。加快煤炭清洁高效利用步伐，“十四五”时期合理控制煤炭消费增长，“十五五”时期逐步减少。统筹煤电发展和保供调峰，适度增加煤电装机规模，推动煤电节能降碳改造、灵活性改造、供热改造“三改联动”，持续压降散煤消费，降低煤炭消费占一次能源消费比重。加大常规油气、非常规油气资源综合开发和清洁高效利用力度，石油消费“十五五”时期进入峰值平台期，推进工业领域燃煤替代，推动供气设施向农村延伸，合理引导扩大天然气消费。强化风险管控，加强煤气油储备能力建设，推进先进储能技术规模化应用，确保能源安全稳定供应和平稳过渡。（牵头单位：省发展改革委、省生态环境厅、省住建厅、省农业农村厅；参加单位：省直有关部门）

（十三）积极发展非化石能源。立足资源禀赋和区位优势，坚持集中式和分布式并举，坚持电力外送与就地消纳结合，统筹谋划布局新型能源、调峰电源、外送通道、电能存储，稳步提升电网调峰能力，不断提高非化石能源消费比重。优先推动风能、太阳能、光热就近开发利用，持续推进酒泉千万千瓦级风电基地向特大型风光电基地迈进，打造金

（昌）张（掖）武（威）千万千瓦级风光电基地。积极安全有序发展核电。合理利用生物质能。积极开展新能源配套储能建设，大力发展抽水蓄能、电化学储能、压缩空气储能和飞轮储能等，着力推动“风光储”一体化和“源网荷储”一体化建设。构建以新能源为主体的新型电力系统，提高电网对高比例可再生能源的消纳和调控能力。稳步推进氢能产业，打造规模化绿氢生产基地，构建氢能制运储用体系。（牵头单位：省发展改革委；参加单位：省直有关部门）

（十四）深化能源体制改革。全面推进电力市场化交易，稳步推进售电侧改革，加快培育配售电侧环节独立市场主体，大力推进直购电交易，全面放开竞争性环节电价，逐步放开公益性调节性以外的发用电计划，加快推动跨省、跨区域电力交易，探索形成中长期交易为主、现货交易为补充的电力交易机制。推进电网体制改革，明确以消纳可再生能源为主的新增配电网、微电网和分布式能源的市场主体地位，加快形成以储能和调峰能力为基础支撑的新增电力装机发展机制。完善煤炭、油气等市场化改革。（牵头单位：省发展改革委；参加单位：省直有关部门）

**五、加快推进低碳综合交通运输体系建设**

（十五）优化交通运输结构。推动现代信息技术与交通运输智能管理服务全面融合发展，打造现代化、高质量、智能化的综合立体交通网络体系。加快完善铁路货运网络，推动大宗货物及中长距离货物运输“公转铁”，推进大型矿区、物流园区、重要产业园区铁路专用线等“最后一千米”建设。优化客运组织，引导客运企业规模化、集约化经营。深度融入“一带一路”等建设，推进物流优化配置和物流活动系统化组织，发展“一站式”多式联运服务，持续推进国家物流枢纽、骨干冷链物流基地设施建设。（牵头单位：省交通运输厅、省发展改革委、中铁兰州局集团公司；参加单位：省直有关部门）

（十六）推广绿色低碳型交通工具。加快发展新能源和清洁能源交通工具，不断提升城市公共交通、出租车使用新能源汽车比重，探索推进氢燃料、液化天然气动力重型货运、冷链运输车辆应用。持续提升铁路电气化水平，普及民用机场飞机辅助动力装置（APU），积极推进码头岸电设施标准化配置。在公路服务区、机场、高铁站、城市停车区等公共区域配建充电设施，鼓励社会资本参与居民区充电设施建设、运营、管理，推动新能源汽车充电设施网络化布局。提高燃油车船能效标准，加速更新淘汰高能耗高排放老旧车船及农业机械。（牵头单位：省工信厅、省发展改革委、省交通运输厅、省公安厅、省财政厅、省生态环境厅、省商务厅、省住建厅、省市场监管局、中铁兰州局集团公司；参加单位：省直有关部门）

（十七）积极引导低碳出行。持续完善城市公共交通服务体系，加快推进兰州城市轨道交通建设，合理布局公交专用道和城市停车场、首末站交通枢纽等基础设施建设，完善共享单车等投放体系，加强城市慢行交通系统建设和环境治理，持续提升公共交通出行分担水平。采取综合措施，加大城市交通拥堵治理力度。（牵头单位：省住建厅、省公安厅、省交通运输厅；参加单位：省直有关部门）

**六、提升城乡建设绿色低碳发展质量**

（十八）推进城乡建设和管理模式低碳转型。优化城乡空间布局，推动兰白、酒嘉、张掖、金武、天成、平庆组团式发展，引导全省城乡空间高效、集约、协调发展，将绿色低碳要求纳入城乡规划建设管理各环节。合理规划城市建筑面积发展目标，严格管控高能耗公共建筑建设。在工程建设全过程实施绿色建造，加强建筑拆除管理，杜绝大拆大建。倡导低碳生活与绿色消费，创建绿色社区。加强城乡生态建设，提高城市绿化水平，提升城市固碳释氧能力。充分发挥乡村生态优势，加强城乡统筹建设，促进县城、小城镇、村庄融合发展，结合实施乡村建设行动，提升城乡绿色低碳发展水平。（牵头单位：省自然资源厅、省发展改革委、省住建厅、省乡村振兴局；参加单位：省直有关部门）

（十九）大力发展节能低碳建筑。持续提高新建建筑节能标准，加快提升建筑能效水平，大力发展超低能耗、近零能耗、低碳零碳建筑。推动既有建筑和市政基础设施节能改造，提升市政基础设施智能化水平，降低单位建筑面积能耗。全面推广绿色低碳建材，推动建筑材料循环利用，推广绿色建造方式，发展装配式建筑。逐步开展建筑能耗限额管理，推行建筑能效标识，开展建筑领域低碳发展绩效评估。完善农村建筑节能标准，引导和推动农村新建建筑按照节能标准进行建设，发展一批功能现代、风貌乡土、成本经济、结构安全、绿色环保的“宜居型”绿色农房。(牵头单位：省住建厅、省工信厅；参加单位：省直有关部门)

(二十) 加快优化建筑用能结构。因地制宜推进可再生能源建筑应用，推广光伏发电与建筑一体化，加快推动建筑用能电气化和低碳化。大幅提高建筑采暖、生活热水、炊事等电气化普及率。加快推进城镇热电联产集中供暖，加快工业余热供暖规模化发展，科学推进热泵、生物质能、地热能等清洁低碳供暖。(牵头单位：省住建厅、省发展改革委；参加单位：省直有关部门)

**七、加快绿色低碳重大科技攻关和推广应用**

(二十一) 强化基础科学研究和前沿技术布局。聚焦国家碳中和技术发展路线图，紧扣我省经济社会发展对绿色低碳技术需求，制定实施全省科技支撑碳达峰碳中和实施方案。采用“揭榜挂帅”机制，聚焦低碳零碳负碳关键技术需求，推进规模化可再生能源储能、多能互补智慧能源系统等研究，促进新材料、新能源、新一代信息技术等交叉融合。加强气候变化成因及影响、生态系统碳汇等基础理论和方法研究。推进高效率太阳能电池、氢能产业技术、空间核动力同位素电池、超高温储热能岛、电化学储能等前沿和颠覆性低碳技术攻关和应用。整合升级一批国家级和省级重点实验室、技术创新中心、重大科技创新平台，积极承担国家碳达峰碳中和重大科技项目。加快培养高水平科技人才队伍，优化高校学科结构，增设碳达峰碳中和相关学科专业。(牵头单位：省科技厅、省发展改革委、省工信厅、省委组织部、省教育厅；参加单位：省直有关部门)

(二十二) 加强先进适用技术研发和推广。深入研究支撑风电、太阳能发电大规模友好并网的智能电网技术，重点加强特高压输电、柔性输电、大规模可再生能源并网与消纳、分布式能源、能源互联网、能源微网等技术研发及运用。加快推动钍基熔盐堆核能系统研发与示范应用及配套装备开发。加强电化学、压缩空气等新型储能技术攻关、示范和产业化应用。加强氢能生产、储存、应用关键技术研发、示范和规模化应用。推广园区能源梯级利用等节能低碳技术。推动气凝胶、碳基材料、稀土功能材料等新型材料研发应用。探索规模化碳捕集利用与封存技术研发、示范和产业化应用。完善绿色低碳技术评估、交易体系和科技创新服务平台，广泛引进、推广适用于我省经济社会发展的先进绿色低碳技术。(牵头单位：省科技厅、省发展改革委、省工信厅、省生态环境厅；参加单位：省直有关部门)

**八、持续巩固提升碳汇能力**

(二十三) 巩固生态系统碳汇能力。严格执行国土空间规划和用途管控，严守生态保护红线，严控生态空间占用，强化北方防沙带、黄河重点生态区(含黄土高原生态屏障)、青藏高原生态屏障区等重点生态功能区建设，统筹黄河流域生态保护、生态修复和碳汇能力提升，稳定现有森林、草原、湿地、土壤、冻土等固碳作用。严格控制新增建设用地规模，推动城乡存量建设用地盘活利用。严格执行土地使用标准，加强节约集约用地评价，推广节地技术和节地模式。(牵头单位：省自然资源厅、省林草局；参加单位：省直有关部门)

(二十四) 提升生态系统碳汇增量。落实国家重要生态系统保护修复重大工程和林业草原保护发展、黄河流域生态保护和高质量发展、青藏高原生态环境保护和可持续发展等规划和方案，开展山水林田湖草沙冰一体化保护和系统治理。科学推进大规模国土绿化行动，巩固退耕还林还草成果，实施森林质量精准提升工程，持续增加森林面积和蓄积量。加强草原生态保护修复。强化湿地保护，加强自然保护地建设。强化土地沙化防治，加强荒漠化综合治理。开展耕地质量提升行动，提升生态农业碳汇。(牵头单位：省自然资源厅、省林草局、省农业农村厅；参加单位：省直有关部门)

**九、提高对外开放绿色低碳发展水平**

(二十五) 着力扩大绿色贸易规模。严格落实国家高耗能高排放产品出口政策，大力发展高质量、高技术、高附加值绿色产品贸易，持续推动集成电路、新能源、新材料、绿色农畜、文化产品等优势产品出口，持续优化贸易结构。积极扩大绿色低碳产品、节能环保服务、环境服务等进口，进一步提升全省产业装备水平和技术含量。（牵头单位：省商务厅、省发展改革委；参加单位：省直有关部门）

（二十六）深度融入绿色“一带一路”建设。抢抓“一带一路”最大机遇，发挥战略通道和开放枢纽等优势，加快投资合作绿色转型，在中亚地区探索共建“一带一路”绿色产业合作示范基地和清洁能源合作基地。积极参与南南合作项目建设，加强与相关国家在绿色技术、绿色装备、绿色服务、绿色金融、绿色基础设施建设等方面的交流与合作，积极推动全省新能源等绿色低碳技术和产品走出去，让绿色低碳成为我省融入“一带一路”的鲜明底色。加强应对气候变化领域省际间交流与合作，积极参与国家应对气候变化和环境治理工作。（牵头单位：省发展改革委、省商务厅、省生态环境厅；参加单位：省直有关部门）

**十、健全法规标准和统计监测体系**

（二十七）健全法规体系。清理我省现行地方性法规中与碳达峰碳中和工作不相适应的内容，做好与国家相关法律法规的衔接。适时制（修）订我省循环经济、生态保护、清洁生产等方面地方性法规，增强相关法规制度的针对性和有效性。加大对违法违规行为的查处力度。（牵头单位：省人大法工委、省人大财经委、省人大环资委、省发展改革委、省司法厅、省生态环境厅；参加单位：省直有关部门）

（二十八）完善标准计量体系。落实国家碳达峰碳中和标准计量体系，严格执行能耗限额、产品设备能效强制性国家标准和工程建设等国家最新节能标准。按照国家统一规范，完善全省能源核算、检测认证、评估、审计等配套标准。严格执行国家区域、行业、企业、产品等碳排放核查核算报告标准。健全节能低碳、绿色环保产品的质量认证标准体系，构建绿色低碳技术与服务的评价标准体系，推进降碳标准化管理。执行国家重点行业和产品温室气体排放标准，落实低碳产品标准标识制度。（牵头单位：省市场监管局、省发展改革委、省生态环境厅、省统计局、省工信厅；参加单位：省直有关部门）

（二十九）提升统计监测能力。强化电力、钢铁、建筑等重点行业领域能耗统计监测，加强全省重点用能单位能耗在线监测系统建设。加强二氧化碳排放统计核算能力建设，提升信息化实测水平。依托和拓展全省自然资源调查监测体系，建立生态系统碳汇监测核算体系，开展全省森林、草原、湿地、土壤、冻土等碳汇本底调查和碳储量评估，加强生态保护修复碳汇成效监测评估能力建设。加强统筹协调，形成统计核算工作合力。（牵头单位：省统计局、省市场监管局、省住建厅、省发展改革委、省自然资源厅、省林草局；参加单位：省直有关部门）

**十一、完善政策机制**

（三十）完善投融资政策。充分发挥政府投资引导作用，构建与碳达峰碳中和相适应的投融资体系，落实煤电、钢铁、电解铝、水泥、石化等高碳项目投资政策，加大对节能环保、新能源、低碳交通运输装备和组织方式、碳捕集利用与封存等项目的支持力度。落实国家支持社会资本参与政策，激发市场主体绿色低碳投资活力。省属国有企业要加大绿色低碳投资，积极开展低碳零碳负碳技术研发应用。（牵头单位：省发展改革委、省政府国资委、省金融监管局、人行兰州中心支行；参加单位：省直有关部门）

（三十一）积极发展绿色金融。发挥兰州新区绿色金融改革创新试验区示范引领作用，有序推进绿色低碳金融产品和服务开发，将绿色信贷纳入宏观审慎评估框架，运用碳减排货币政策工具，引导银行等金融机构为绿色低碳项目提供长期限、低成本资金。争取开发性政策性金融机构按照市场化法治化原则为全省碳达峰碳中和提供长期稳定融资支持。支持符合条件的企业上市融资和再融资用于绿色低碳项目建设运营，争取扩大我省绿色债券规模。通过对接国家低碳转型基金、运用全省绿色生态产业基金等方式，撬动社会资本参与全省碳达峰碳中和重大项目建设，推动经济社会绿色低碳发展。鼓励社会资本设立绿色低碳产业投资基金。建立健全绿色金融标准体系。（牵头单位：人行兰州中心支行、甘肃银保监局、甘肃证监局、省财政厅；参加单位：省直有关部门）

（三十二）完善财税价格政策。积极争取中央财政资金，加大全省各级财政投入，支持绿色低碳产业发展和技术研发。认真执行政府绿色采购标准，加大绿色低碳产品采购力度。落实环境保护、节能节水、新能源和清洁能源车船税收优惠。执行国家碳减排相关税收政策。建立健全促进可再生资源规模化发展的价格机制。完善差别化电价、分时电价和居民阶梯电价政策。严禁对高耗能、高排放、资源型行业实施电价优惠。有序推进供热计量改革和按供热量收费。（牵头单位：省财政厅、省税务局、省发展改革委、省住建厅、省生态环境厅；参加单位：省直有关部门）

（三十三）推进市场化机制建设。积极参与全国碳排放权市场交易，根据国家部署逐步扩大市场覆盖范围，丰富交易品种和交易方式，做好纳入全国碳排放权交易市场重点排放单位的碳排放报告核查、配额分配、清缴履约等工作，建立健全能够体现碳汇价值的生态保护补偿机制。逐步推进企业、金融机构等碳排放报告和信息披露制度。探索全省用能权有偿使用和交易制度，积极参与全国用能权交易市场建设。推行合同能源管理、直购电交易等多样化市场手段，构建用能市场化调节机制。（牵头单位：省生态环境厅、省工信厅、省发展改革委、省财政厅、省金融监管局、人行兰州中心支行；参加单位：省直有关部门）

## 十二、切实加强组织实施

（三十四）加强组织领导。全面加强省委、省政府对碳达峰碳中和工作的领导，省碳达峰碳中和工作领导小组指导和统筹做好全省碳达峰碳中和工作，研究解决实施过程中遇到的重大事项重大问题。支持有条件的市州、重点行业、重点企业适时组织开展碳达峰碳中和先行示范。将碳达峰碳中和作为干部教育培训体系的重要内容，切实提升各级领导干部推动绿色低碳发展的能力和水平。（牵头单位：省委组织部、省碳达峰碳中和工作领导小组办公室；参加单位：省直有关部门）

（三十五）强化统筹协调。省碳达峰碳中和工作领导小组办公室要加强重大政策、重大改革、重大事项的统筹，推动落实全省碳达峰实施方案，加强碳中和工作谋划，定期调度各市州、兰州新区和省直有关部门落实碳达峰碳中和目标任务进展情况，加强跟踪评估和督促检查，及时报告遇到的重大问题。省直有关部门要加强协调配合，形成工作合力，确保政策取向一致、步骤力度衔接。（牵头单位：省碳达峰碳中和工作领导小组办公室；参加单位：省直有关部门）

（三十六）压实主体责任。落实领导干部生态文明建设责任制，各地要坚决扛起碳达峰碳中和责任，建立健全长效机制，明确目标任务，制定具体举措，全力推动落实，自觉为全省实现碳达峰碳中和作出贡献。（牵头单位：各市州党委和人民政府，兰州新区党工委、管委会）

（三十七）严格监督考核。将碳达峰碳中和相关指标纳入全省经济社会发展综合评价体系，增加考核权重，加强指标约束。强化碳达峰碳中和目标任务落实情况考核，对工作突出的集体、单位和个人按规定给予表彰奖励，对未完成目标任务的地区、部门依法依规实行通报批评和约谈问责，有关落实情况纳入省级生态环境保护督察。各市州、各有关部门贯彻落实情况每年向省委、省政府报告。（牵头单位：省碳达峰碳中和工作领导小组办公室，各市州党委和人民政府，兰州新区党工委、管委会；参加单位：省直有关部门）

# 中共甘肃省委 甘肃省人民政府<br>关于深入打好污染防治攻坚战的实施意见

为进一步加强全省生态环境保护，深入打好污染防治攻坚战，根据中共中央、国务院《关于深入打好污染防治攻坚战的意见》，结合我省实际，制定以下实施意见。

**一、总体要求**

以习近平新时代中国特色社会主义思想为指导，全面贯彻落实党的十九大和十九届历次全会精神，深入落实习近平生态文明思想、习近平总书记对甘肃重要讲话和指示精神，坚持以人民为中心的发展思想，立足新发展阶段，完整、准确、全面贯彻新发展理念，构建新发展格局，坚持方向不变、力度不减；问题导向、环保为民；精准科学、依法治污；系统观念、协同增效；改革引领、创新驱动的基本原则，以实现减污降碳协同增效为总抓手，以改善生态环境质量为核心，以精准治污、科学治污、依法治污为工作方针，统筹污染治理、生态保护和应对气候变化，以更高标准打好蓝天、碧水、净土保卫战，确保国家重大战略落实落地，协同推进祁连山和黄河流域生态保护、兰西城市群生态建设等重点工作，以高水平保护推动高质量发展，促进经济社会全面绿色转型，努力建设人与自然和谐共生的美丽甘肃。

到2025年，全省生态环境持续改善，细颗粒物平均浓度控制在25微克／立方米以下，空气质量优良天数比率达到93.8%，臭氧浓度稳中有降，不发生人为导致重度及以上污染天气；74个地表水国控断面水质优良（达到或优于Ⅲ类）比例达到94.6%，基本消除县级及以上城市建成区黑臭水体；氮氧化物、挥发性有机物、化学需氧量、氨氮重点工程减排量分别达到1.84万吨、0.7万吨、2.27万吨和0.03万吨，单位国内生产总值二氧化碳排放完成国家下达任务；土壤污染风险有效管控，固体废物和新污染物治理能力明显增强；黄河流域生态保护水平进一步提高，生态系统质量和稳定性持续提升，生态环境治理体系更加健全，生态文明建设达到新水平，国家西部生态安全屏障更加牢固。到2035年，全省广泛形成绿色低碳生产生活方式，碳排放达峰后稳中有降，生态环境根本好转，生态环境保护管理制度健全高效，美丽甘肃建设目标基本实现。

**二、坚持减污降碳协同控制，有效促进绿色转型发展**

（一）深入实施碳达峰行动

处理好减污降碳和能源安全、产业链供应链安全、粮食安全、群众正常生活的关系。完成甘肃省碳达峰“1+N”政策体系编制工作，制定印发《贯彻落实〈中共中央国务院关于完整准确全面贯彻新发展理念做好碳达峰碳中和工作的意见〉的实施意见》《甘肃省碳达峰实施方案》。制定分领域、分行业和重点企业（酒钢集团、金川集团、白银公司、兰州石化等）碳达峰实施方案及相关保障方案，积极推进能源、工业、城乡建设、交通运输等领域和钢铁、有色金属、建材、石化化工等行业碳达峰行动。在国家统一规划的前提下，支持有条件的地方和重点行业、重点企业率先达峰。加强碳排放权配额分配，推进温室气体重点排放单位参与全国碳排放权市场交易。落实国家二氧化碳排放总量控制制度。常态化编制省、市（州）两级温室气体排放清单，加强甲烷等非二氧化碳温室气体排放管控。积极推进低碳和适应气候变化试点工作。健全排放源统计调查、核算核查、监管制度，将温室气体管控纳入环评管理。

（二）推动能源清洁低碳转型

要立足以煤为主的基本省情，抓好煤炭清洁高效利用，增加新能源消纳能力，推动煤炭和新能源优化组合。着力增加风电、光伏发电、太阳能热发电、抽水蓄能发电等非化石能源供给，到2025年，非化石能源消费总量比重达到30%。持续推进河西清洁能源基地、陇东煤炭清洁转化基地建设，推动形成风电、光电、光热、储能融合发展的新能源格局。加快实施可再生能源替代行动，支持自备燃煤机组实施清洁能源替代，鼓励自备电厂转为公用电厂。加大民用散煤替代力度，大力推进兰州市清洁取暖改造工程实施。新增天然气优先保障居民生活和清洁取暖需求。

（三）坚决遏制高耗能高排放项目盲目发展

严把高耗能高排放项目准入关口，对照《甘肃省“两高”项目处置清单》要求，对不符合规定的“两高”项目坚决停批、停建，依法依规淘汰落后产能和化解过剩产能。严格落实污染物排放区域削减要求，新建、扩建石化、化工、焦化、有色金属冶炼、平板玻璃项目应布设在产业园区。

（四）推进清洁生产和能源资源节约高效利用

持续推进清洁生产，全面开展工业企业强制清洁生产审核，引导重点行业深入实施清洁生产改造，根据国家安排依法开展自愿性清洁生产评价认证。推行重点产品绿色设计、绿色制造，加快构建资源循环利用体系。推进园区循环化发展，提高资源利用效率。大力推动煤炭等化石能源清洁高效利用。加强重点领域节能，提高能源使用效率。实施国家节水行动，强化农业节水增效、工业节水减排、城镇节水降损。

（五）强化生态环境分区管控

衔接国土空间规划分区和用途管制要求，将生态保护红线、环境质量底线、资源利用上线的硬约束落实到环境管控单元，强化优先保护单元、重点管控单元和一般管控单元分区管控，推动“三线一单”成果在政策制定、环境准入、园区管理、执法监管等方面落地应用，建立动态更新与定期调整相结合的工作机制。黄河干流所在市州要严格控制石油、化工、冶炼、医药等行业企业环境风险，合理布局生产装置及危险化学品仓储等设施。严格执行《祁连山国家公园产业准入清单》，以节水绿化、防沙治沙和生态修复为主要方向，加强生态保护建设和环境风险防控，持续强化祁连山生态环境保护。健全以环评制度为主体的源头预防体系，积极推动国土空间基础信息数据和生态环境分区管控数据共享，严格规划环评审查和项目环评准入，开展重大经济技术政策生态环境影响分析和重大生态环境政策社会经济影响评估。推动园区规划环评和跟踪评价全覆盖。

（六）稳步推动绿色环保产业发展

推动绿色环保产业健康发展，充分发挥重点企业带动作用，积极培育绿色环保产业龙头企业。加大高效节能、先进环保、资源循环利用等领域技术研发、装备制造、勘察设计与施工、咨询服务发展力度，大力推动绿色矿山创建工作。制定支持绿色环保产业发展配套政策，大力发展第三方治理模式，加快市场化发展进程。鼓励国有资本向绿色环保产业倾斜，引导非公企业和社会资本积极参与生态修复治理。

（七）加快形成绿色低碳生活方式

将生态文明教育纳入国民教育体系，编写生态文明知识读本，建设生态文明教育场馆，引导公众积极践行绿色生活方式。因地制宜推进垃圾分类制度，加快快递包装绿色转型，加强塑料污染全链条防治。建立绿色生活消费激励机制，推进绿色产品认证、标识体系建设，营造绿色低碳生活良好氛围。

**三、深入打好蓝天保卫战，推动细颗粒物和臭氧污染协同治理**

（一）深入打好秋冬季大气污染防治攻坚战

聚焦秋、冬季细颗粒物污染，加大结构调整和污染源治理力度，实施分区差异化精准管控。兰州市全面开展秋冬季大气污染防治专项行动，金昌市、白银市、嘉峪关市、天水市重点加强工业企业排放监管，武威市、张掖市严防秸秆焚烧，平凉市、庆阳市关注通道传输污染，临夏州强化市县联防联控，各地加强散煤管控，做好节日烟花爆竹禁限放。按照“省—市—县”三级重污染天气应急预案体系，实施重点行业企业绩效分级管理，坚决防止人为导致重污染天气发生。科学应对沙尘天气，全面做好预报预警。

（二）着力打好臭氧污染防治攻坚战

聚焦夏秋季臭氧污染，大力推进挥发性有机物和氮氧化物协同减排。以兰州、庆阳、酒泉为重点区域，以兰州新区化工园区和兰州石化、庆阳石化、玉门石化为重点，全面推进石化、化工、涂装、医药、包装印刷、油品储运销等行业领域挥发性有机物全流程、全环节综合治理，实施原辅材料和产品源头替代工程，规范开展泄漏检测与修复。按照国家要求，执行挥发性有机物产品标准，落实挥发性有机物含量产品标识制度。积极推动钢铁、水泥、焦化行业及锅炉超低排放改造，2025年底前，全省65蒸吨／小时及以上燃煤锅炉（含电力）全面实现超低排放。开展涉气产业集群排查及分类整治，推进企业升级改造和区域环境综合整治。

（三）持续打好柴油货车污染治理攻坚战

深入实施清洁柴油车（机）行动，基本淘汰国三及以下排放标准汽车，有序推广清洁能源汽车。按照国家部署，有序推进兰州等城市公共交通、公务用车电动化进程。统筹油、路、车治理，提升交通运输轨道化、电气化、清洁化水平。加快充电设施建设。全面实施轻型车和重型车国六b排放标准，加强重型货车路检路查。推进全省黑烟车抓拍系统建设，力争实现县市区全覆盖。全面保障油品质量，实施更加严格的车用汽油质量标准。持续优化调整货物运输结构，完善大型工矿企业和物流园区铁路运输网络，打通铁路运输“最后一千米”，健全运输结构调整长效激励机制，推动煤炭、矿石等大宗货物中长距离运输以铁路为主，短途接驳优先使用新能源车辆运输。到2025年，铁路货运量占全社会货运量比例达到10%。

（四）加强大气面源和噪声污染治理

以城市建成区及周边为重点，深化扬尘污染综合治理，全面推行绿色施工，严格执行“六个百分之百”。加强城市保洁和清扫。开展餐饮油烟污染及恶臭异味专项治理，加强餐饮油烟污染治理和执法监管。强化秸秆综合利用和焚烧管控。以化工、制药、工业涂装等行业为重点，实施恶臭综合治理。深化消耗臭氧层物质和氢氟碳化物环境管理。实施噪声污染防治行动，适时调整划分声环境功能区并开展评估，出台《甘肃省噪声污染防治条例》，加强工业、施工、交通、社会生活噪声监管，提升噪声自动监测能力，加快解决群众关心的突出噪声问题。到2025年，县级及以上城市全面实现功能区声环境质量自动监测，声环境功能区夜间达标率达到85%。

**四、深入打好碧水保卫战，建设美丽河湖**

（一）持续打好城市黑臭水体治理攻坚战

统筹推进城市黑臭水体治理。巩固地级城市建成区黑臭水体整治成效，充分发挥河湖长制作用，建立防止水体返黑返臭的长效机制，杜绝地级城市新增黑臭水体。强化溯源整治，加强工业、农业、生活源水污染防治，推进城镇污水管网全覆盖和雨污分流改造，杜绝污水直接排入雨水管网，有效控制入河污染物排放。对进水情况出现明显异常的污水处理厂，开展片区管网系统化整治。因地制宜开展水体内源污染治理和生态修复，增强河湖自净功能。加强县级城市建成区黑臭水体治理力度，按照国家部署有序推进县级城市建成区黑臭水体整治工作，2022年6月底前，完成县级城市建成区黑臭水体排查工作，并制定整治方案，统一由县级城市政府公开黑臭水体名单及达标期限。到2025年，县级城市建成区基本消除黑臭水体。

（二）着力打好黄河生态保护治理攻坚战

严格落实“四水四定”要求，深入落实《甘肃省“十四五”黄河流域生态保护和高质量发展实施方案》。维护甘南黄河上游水源涵养功能，推动以草定畜、定牧。以陇中陇东黄土高原水土保持综合治理为重点，加强子午岭、六盘山和渭河源区等区域水土保持。加强黄河干流及渭河、泾河、马莲河、祖厉河等污染负荷较重支流污染防治，统筹推进沿线城镇污水处理厂提标改造和尾水湿地建设，完善配套收集管网，持续推动沿黄工业园区污水集中收集处理设施建设和运行监管，提升马铃薯淀粉加工等行业废水治理水平。开展黄河流域“清废行动”，基本完成尾矿库污染治理。持续推进国家黄河流域生态环境警示片问题整改。到2025年，确保我省黄河干流水质达到Ⅱ类，干流及主要支流生态流量得到有效保障。

（三）重点打好饮用水安全保障保卫战

巩固城市饮用水水源保护与治理成果，持续加强城市饮用水水源地规范化建设，推动刘家峡水库、九甸峡水库等跨区联片供水集中式饮用水水源地综合整治，建立联保共治机制。组织完成已有县级及以上集中式饮用水水源地保护区矢量边界信息校准核实工作，规范制作新建各级水源保护区矢量图，有序构建全省饮用水水源保护区“一张图”。基本完成全省乡镇级集中式饮用水水源保护区划定、勘界立标并开展问题整治，提升乡镇级集中式饮用水水源地规范化建设水平。加强农村水源地保护。

（四）“三水”统筹做好重点流域水生态环境保护

统筹水环境、水资源和水生态做好重点流域水生态保护。优化实施地表水生态环境质量目标管理，未达到水质目标要求的市州，制定实施限期达标方案。持续加大工业集聚区污水治理力度，加强已建成的工业集聚区污水集中收集处理设施运行管理，持续推进省级及以下工业集聚区污水集中收集处理，鼓励有条件的集聚区实施化工企业废水“一企一管、明管输送、实时监测”。加快推进全省城中村、老旧城区、城乡结合部、易地扶贫搬迁安置区生活污水管网建设。深入落实最严格水资源管理制度，严控高耗水行业发展，严格实行水资源消耗总量和强度双控。制定全省河湖生态流量保障实施方案，构建完善的流域生态流量及过程监管机制，有效推进全省生态流量管理全覆盖。有序开展河湖岸线带划分工作，逐步推进河湖生态缓冲带修复与建设试点。探索开展重点流域水生生物调查工作。

（五）加强城市再生水循环利用

加快推动城镇生活污水资源化利用，以县级及以上城市生活污水处理厂为主要水源，构建再生水循环利用系统，在工业生产、城市绿化、道路清扫、建筑施工及生态景观等领域优先使用再生水。缺水城市新城区要提前规划布局再生水管网，有序开展建设。鼓励嘉峪关、金昌、酒泉、张掖、庆阳、定西6个地级缺水城市和兰州市积极开展区域再生水循环利用试点示范。到2025年底前，6个缺水城市达到国家节水型城市标准要求，全省县级及以上缺水城市再生水利用率达到25%以上。

（六）深化水岸污染协同治理

加强入河排污口排查整治，到2025年底前，全面完成黄河、长江和西北诸河流域我省境内入河排污口排查，基本完成黄河干流我省境内入河排污口整治。加强化学需氧量、氨氮等主要水污染物排放总量控制，积极推进重点减排工程项目建设，减少入河污染物排放总量。加强跨界流域水污染联防联控，有效防范跨界流域突发水污染事件。积极推进美丽河湖保护与建设，鼓励有条件的市（州）积极申报美丽河湖试点示范，持续推进河湖水生态环境质量改善。

**五、深入打好净土保卫战，让老百姓吃得放心住得安心**

（一）持续打好农业农村污染治理攻坚战

注重统筹规划、有效衔接，持续改善农村人居环境。因地制宜推进农村厕所革命。梯次推进农村生活污水治理。以房前屋后河塘沟渠和群众反映强烈的农村黑臭水体为重点，有序开展农村黑臭水体排查和治理。持续加强农村垃圾治理。实施化肥农药减量增效行动。实施农膜回收行动，健全完善农膜回收利用体制机制与网络体系。加强畜禽粪污资源化利用。规范工厂化水产养殖尾水排污口设置，在永靖、景泰等水产养殖主产区推进养殖尾水治理。到2025年，新增完成1200个行政村农村环境整治，农村卫生厕所普及率达到常住农户的80%左右，农村生活污水治理率达到25%，基本消除较大面积农村黑臭水体，基本实现农村生活垃圾进行无害化处理的行政村比例达到80%以上，主要粮食作物化肥农药利用率达到43%，废旧农膜回收率达到85%，畜禽粪污综合利用率达到80%以上。

（二）深入推进农用地土壤污染防治和安全利用

印发实施《甘肃省农用地土壤镉等重金属污染源头防治行动工作方案》，2022年底前完成矿区历史遗留固体废物首批排查，在矿产资源开发活动集中区域、耕地安全利用和严格管控任务较重区域实施重金属污染物特别排放限值。依法推进农用地分类管理制度，以白银、陇南、甘南为重点，强化受污染耕地安全利用和风险管控；在受污染耕地集中的县级行政区探索开展污染溯源，制定实施安全利用方案。支持白银市白银区开展农用地安全利用示范建设。严格落实粮食收购和销售出库质量安全检验制度与追溯制度。到2025年，全省受污染耕地安全利用率达到93%左右。

（三）有效管控建设用地土壤污染风险

严格建设用地土壤污染风险管控和修复名录内地块的准入管理。未依法完成土壤污染状况调查和风险评估的地块，不得开工建设与风险管控和修复无关的项目。土地规划用途变更为住宅、公共管理与公共服务用地、食用农产品以及食品生产加工和储存场所用地的，变更前应当依法开展土壤污染状况调查。从严管控农药、石油化工等行业的重度污染地块规划用途，确需开发利用的，鼓励用于拓展生态空间。加强重点行业企业用地调查成果应用，纳入优先管控名单内的关闭搬迁遗留地块应在2022年底前完成土壤污染状况调查。完成兰州、金昌、临夏等重点地区危险化学品生产企业搬迁改造，推进腾退地块风险管控和修复。

（四）加强固体废物和新污染物治理

出台《甘肃省固体废物污染环境防治条例》。推进国家大宗固体废弃物综合利用示范基地建设。推动兰州、庆阳、甘南等城市开展“无废城市”试点建设。加强白银、金昌、酒泉、嘉峪关固体废物综合利用。提升危险废物环境监管、利用处置和环境风险防范能力。加强新污染物治理，编制我省新污染物治理行动方案，建立新污染物治理管理机制，开展新污染物调查评估，实施全过程环境风险管控。

（五）强化地下水污染协同防治

持续开展全省地下水污染状况调查评估，2022年底前完成化工园区地下水环境状况调查。开展地下水型饮用水水源补给区划分试点，逐步划定全省地下水饮用水水源补给区并强化保护措施，逐步开展地下水污染防治重点区划定及污染风险管控。推进地下水环境监管能力和监测网络建设，健全分级分类的地下水环境监测评价体系。实施水土环境风险协同防控。探索开展土壤和地下水污染风险管控与修复、地表水和地下水污染协同防治，在地表水、地下水交互密切的典型地区开展污染综合防治试点。

**六、提升生态系统质量和稳定性，保障生态环境安全**

（一）建立健全祁连山生态环境长效监管考核机制

全面落实《关于加强祁连山生态环境保护的意见》《关于加快推进祁连山国家公园甘肃省片区建设的意见》，强化祁连山地区生态系统保护，积极推进祁连山国家公园建设。加强祁连山河西走廊地区绿洲和湿地生态保护恢复，推进石羊河、黑河和疏勒河流域综合治理，不断增强祁连山区水源涵养补给功能。制定《甘肃省祁连山生态环境保护考核办法》，完善生态环境监管体系，建立健全长效监管考核机制。

（二）巩固提升重点区域生态系统质量

巩固提升河西内陆河地区、南部秦巴山地区、甘南高原地区、陇东陇中黄土高原地区和中部沿黄河地区生态系统质量，实施甘南黄河上游水源涵养区山水林田湖草沙冰一体化保护和修复等重点工程。积极推进民勤生态示范区建设、河西走廊北部风沙源综合治理。不断加强陇东陇中固沟保塬综合治理。积极推进历史遗留矿山生态修复治理工作。持续深入开展大规模国土绿化行动。强化尕海、首曲、黑河、盐池湾等国际重要湿地保护。加快推进兰西城市群生态建设。加强生态保护修复监督评估。到2025年，全省森林覆盖率达到12%，草原综合植被盖度达到53.5%，湿地保护率大于44.16%。

（三）加强生物多样性保护

认真落实《关于进一步加强生物多样性保护的意见》，加强生物多样性监督执法力度。有序推进生物多样性本底调查。加强雪豹等国家重点保护野生动物和黑颈鹤、黑鹳等候鸟栖息地保护，完善以国家公园为主体的自然保护地体系，构筑生物多样性保护网络。加强濒危野生动植物抢救性保护力度。加强生物遗传资源保护和管理，严格外来入侵物种防控。

（四）强化生态保护监管

加快构建和完善生态监测网络，加强重点区域流域、生态保护红线、自然保护地、县域重点生态功能区等生态状况监测评估，不断提升生态保护监管能力。深入推进“绿盾”自然保护地强化监督专项行动，严肃查处各类自然保护地内破坏生态环境的违法违规行为。积极开展国家生态文明建设示范区和“绿水青山就是金山银山”实践创新基地创建，不断巩固创建成效。

（五）强化核与辐射监管

强化核技术利用、伴生放射性矿开发利用和放射性物品运输安全监管。推进放射性废物、伴生放射性废物处置，开展城市放射性废物库安全风险评估并建立定期清运机制。加强电磁辐射监管及污染防治。强化风险预警监测和应急响应，提升信息化监管水平，强化辐射事故应急监测与处置能力。推动核技术产业园、放射性废物集中处置场等重点项目建设。配合做好核设施和核技术利用项目的监督检查工作。加强全省核与辐射监管队伍、能力建设。

（六）严密防控环境安全风险

加强重点流域环境风险综合管控，完成重点河流突发水污染事件“一河一策一图”全覆盖。有序开展涉危险废物涉重金属企业、化工园区等重点领域环境风险调查评估和风险管控。加强化工园区有毒有害气体环境风险预警体系建设。探索在黄河、嘉陵江、内陆河三大流域开展流域级风险防控工程体系建设。选取危险化学品公路运输高风险路段开展环境风险防控工程建设。完善环境应急管理体系，提升省市县应急响应能力。2023年底前建成黄河、长江、黑河、石羊河、疏勒河5个流域级环境应急物资库。开展涉铊企业排查整治行动。推进水质监测预警站点建设。加强重金属污染防控，到2025年，全省重点行业重点重金属污染物排放量比2020年下降7%。

**七、夯实工作基础，提高生态环境治理体系和治理能力现代化水平**

（一）全面强化生态环境法治保障

健全地方性法规规章和生态环境地方标准体系，加强标准实施情况监督检查和全过程管理。强化生态环境行政执法与刑事司法衔接，加大破坏生态环境违法犯罪行为侦办查处力度，严厉打击群众反映强烈、主观恶意的生态环境违法犯罪行为。推动建立联合执法机制。进一步完善生态环境损害赔偿机制。探索建立我省强制性环境治理信息披露制度。加强生态环境保护法律宣传普及。

（二）健全生态环境经济政策

加大财税政策支持力度，全面落实企业购置并实际使用节能节水和环境保护专用设备享受企业所得税优惠政策。落实绿色电价政策。全面落实森林、草原、湿地、耕地、水流、沙化土地等领域生态保护补偿制度，积极推进黄河流域生态补偿工作。落实用能权、排污权、碳排放权等市场化交易制度。发挥环境保护综合名录引导作用。深化企业环保信用制度建设。加强金融政策扶持力度，大力发展绿色金融。在环境高风险领域依法推行环境污染强制责任保险。

（三）完善生态环境资金投入机制

要持续加大生态环境资金投入力度，切实保障污染防治攻坚战各项任务落实。生态环境质量不达标地区，政府当年环境治理投入不得低于上年。按照生态环境领域省与市县财政事权划分和支出责任划分改革方案要求，落实支出责任。加强有关转移支付分配与生态环境质量改善相衔接。综合运用土地、规划、金融、税收、价格等政策，引导鼓励社会资本投入生态环境领域。

（四）实施环境基础设施补短板行动

逐步构建污水、垃圾、固体废物、危险废物、医疗废物处理处置设施和监测监管能力于一体的环境基础设施体系。开展污水处理厂差别化建设和精准提标。强化农村生活污水处理设施建设和监测监管。制定实施危险废物集中处置设施建设规划，补齐危险废物收集处置设施短板，2022年底前全省危险废物利用处置能力与产废情况总体匹配。提升医疗废物处置能力和水平，加快完善医疗废物收运转运处置体系。

（五）提升生态环境监管执法效能

全面落实排污许可制度，构建固定污染源“一证式”监管体系。加大监管执法力度，创新执法监管方式，充分利用科技手段，推行非现场监管方式，提升移动源监管能力，提高执法效能。开展生活垃圾焚烧发电行业达标排放专项整治。巩固“洋垃圾”零进口成效。严肃查处监测、环评等领域弄虚作假行为。

（六）建立完善现代化生态环境监测体系

构建全省生态环境监测新格局，补齐细颗粒物和臭氧协同控制、水生态环境、温室气体排放等监测短板，实现环境质量、生态质量、污染源监测全覆盖，完善现代生态环境监测网络。强化全省生态环境监测质量监督管理，建成运行实验室信息管理系统和社会化生态环境监（检）测机构监管平台。持续推动省市县生态环境监测能力建设。

（七）构建服务型科技创新体系

聚焦污染防治、生态保护与修复治理等重点领域，探索推进“揭榜挂帅”制度，不断推动生态环境科技攻关和技术创新，规范布局建设各类创新平台。推广生态环境整体解决方案、托管服务和第三方治理。加强生态环境科技成果转化应用。

## 八、保障措施

（一）强化组织保障

全面加强党对生态环境保护工作的领导，进一步完善省负总责、市县抓落实的攻坚机制。各地各有关部门要对照重点任务分工，加强日常督促落实，统筹做好政策指导和解读，确保按期高质量完成各项任务。强化各级生态环境保护委员会作用，确保日常工作机构有场所、有人员、有经费。省生态环境保护委员会办公室要加强统筹协调，督促各地各部门加快推进污染防治攻坚战任务落地实施。各市州党委政府负责地方具体攻坚任务的落实，确保各项任务措施落地见效。

（二）强化责任落实

全面落实“党政同责、一岗双责”要求，坚决扛起生态文明建设政治责任，各级党委政府有关部门要严格落实生态环境保护指导监督责任和主体责任，各级人大有关部门要严格落实生态环境保护立法和监督责任，各级政协有关部门要严格落实生态环境保护民主监督责任，各级法院和检察院要加强生态环境保护司法责任。各级生态环境部门要做好任务分解，加强调度评估，重大情况及时向同级地方党委、政府报告。各市州党委政府每年向省委、省政府报告生态文明建设和生态环境保护履职情况。

（三）强化监督考核

完善省级生态环境保护督察体制机制，将污染防治攻坚战部署落实情况纳入省级生态环境保护督察重要内容。健全完善定期调度和督查督办机制，确保目标任务落实。加强污染防治攻坚战成效考核，强化考核结果运用。按照有关规定表彰在污染防治攻坚战中成绩显著、贡献突出的先进单位和个人。

（四）强化宣传引导

强化污染防治攻坚战成效、典型经验、先进事迹宣传引导，发挥网站、微信公众号、微博及新媒体作用，健全生态环境新闻发布机制，完善环境信息公开制度。深入开展环保设施向公众开放。健全公众监督，鼓励人人参与生态环境保护，凝聚深入打好污染防治攻坚战的社会合力。讲好生态文明建设“甘肃故事”。

（五）强化队伍建设

完善省以下生态环境机构监测监察执法垂直管理制度，全面推进生态环境监测监察执法机构能力标准化建设，将生态环境保护综合执法机构列入政府行政执法机构序列，加强基层执法力量配备，统一保障执法用车和装备配备，强化岗位练兵，提升执法能力。持续加强生态环境保护铁军建设，注重选拔任用在生态文明建设和生态环境保护工作中敢于负责、勇于担当、善于作为、表现突出的优秀干部。

# 中共甘肃省委 甘肃省人民政府
# 印发《关于优化生育政策促进人口长期均衡发展的实施方案》的通知

为全面贯彻落实《中共中央、国务院关于优化生育政策促进人口长期均衡发展的决定》，积极实施三孩生育政策及配套支持措施，促进人口与经济、社会、资源、环境协调可持续发展，结合我省实际，制定本实施方案。

**一、总体要求**

**（一）指导思想。**以习近平新时代中国特色社会主义思想为指导，全面贯彻落实党的十九大和十九届历次全会精神，坚持以人民为中心、以均衡为主线、以改革为动力、以法治为保障的原则，优化生育政策，激发生育潜能，稳定人口规模，建立健全覆盖全生命周期的人口服务体系，落实积极应对人口老龄化国家战略，实施三孩生育政策及配套支持措施，大力推进服务管理制度改革，积极搭建支持家庭生育的政策平台，推动实现适度生育水平，促进人口长期均衡发展，为全面建设社会主义现代化幸福美好新甘肃提供坚实基础和持久动力。

**（二）主要目标。**到2025年，全省积极生育支持政策体系基本建立，各项服务管理制度基本完备，优生优育服务水平明显提高，孕产妇死亡率、婴儿死亡率分别控制在14.5／10万、5‰以下。普惠托育服务体系基本健全，千人口托位数达到4.5个，生育、养育、教育成本显著降低，生育水平适当提高，出生人口性别比保持正常，人口结构逐步优化，人口素质进一步提升。

到2035年，促进人口长期均衡发展的政策法规体系更加完善，服务管理机制运转高效，生育水平更加适度，人口结构进一步改善，优生优育、幼有所育服务水平与人民群众对美好生活的需求相适应。

**二、积极有序落实三孩生育政策**

**（三）依法依规优化生育政策。**深入贯彻落实新修订的《中华人民共和国人口与计划生育法》《甘肃省人口与计划生育条例》，进一步完善生育支持政策和配套措施。积极推动实施一对夫妻可以生育三个子女政策。（省直各有关部门，各市州、兰州新区按职责分工负责）

**（四）取消相关生育制约措施。**取消社会抚养费，清理和废止相关政策规定。将入户、入学、入职等与个人生育情况全面脱钩。按照“谁制定、谁清理”的原则，全面清理与优化生育政策有关精神不一致、不衔接的规定。依法依规妥善处理历史遗留问题，促进相关惠民政策与生育政策有效衔接，有序推进工作落实。（省卫生健康委、省司法厅、省教育厅、省公安厅、省财政厅、省人社厅、省民委、省乡村振兴局，各市州、兰州新区按职责分工负责）

**（五）健全人口服务体系。**落实生育登记制度，取消再生育审批，做好生育咨询指导。推进出生医学证明、儿童预防接种、户口登记、医保参保、社保卡申领等“出生一件事”联办。建立健全以“一老一小”为重点、覆盖全生命周期的人口服务体系，增强抚幼养老功能，促进医疗机构与养老托育机构协同发展。（省卫生健康委、省民政厅、省发展改革委、省住建厅、省公安厅、省医保局、省人社厅、省残联按职责分工负责）

**（六）加强人口分析监测。**密切监测生育形势和人口变动趋势，开展分析研判和预测预警。落实国家生命登记管理制度，健全覆盖全人群、全生命周期的人口监测体系。完善人口监测统计调查制度，加强人口监测网络建设。健全人口基础数据库，促进教育、公安、民政、卫生健康、医保、社保、统计等人口服务基础信息融合共享、动态更新。（省卫生健康委、省统计局、省教育厅、省公安厅、省民政厅、省医保局、省工信厅、省人社厅按职责分工负责）

**三、全面提升优生优育服务水平**

（七）健全妇幼健康服务体系。实施“健康陇原”母婴安全行动提升计划，严格执行妊娠风险筛查与评估、高危孕产妇专案管理、危急重症救治、孕产妇死亡个案报告和约谈通报等贯穿孕产期服务与管理全过程的母婴安全五项制度。实施妇幼健康保障工程，加强妇幼保健机构标准化建设和规范化管理。加强危重孕产妇和新生儿救治中心建设与管理，提升临床救治能力，确保孕产妇死亡率和新生儿死亡率稳定在低位水平。夯实县乡村三级服务网络，加快补齐生育相关公共卫生服务短板，促进生殖健康服务融入妇女健康管理全过程。加强儿童早期发展基地建设，加强对儿童青少年近视、营养不均衡、龋齿等风险因素和疾病的筛查、诊断、干预。做好儿童基本医疗保障工作。充分发挥中医药在孕产妇和儿童保健服务中的作用。（省卫生健康委、省发展改革委、省医保局、省教育厅、省科技厅、省人社厅、省财政厅按职责分工负责）

（八）加强出生缺陷综合防治。加强部门联动，健全出生缺陷防治网络，形成孕前、孕期、新生儿、儿童各环节的防治链条，落实三级预防措施。提供出生缺陷防控咨询，提升公众健康素养。强化婚前孕前保健，积极推动婚前医学检查、孕前优生健康检查和优生咨询指导等服务。加强产前筛查与诊断，推动围孕期、产前产后一体化管理服务和多学科协作。扩大新生儿疾病筛查病种范围，促进早筛早诊早治。做好出生缺陷患儿基本医疗和康复救助工作。（省卫生健康委、省医保局、省残联、省财政厅按职责分工负责）

（九）规范人类辅助生殖技术应用。严格人类辅助生殖技术审批，逐步建立供需平衡、布局合理、规范发展的人类辅助生殖技术服务体系，努力满足人民群众生殖健康需求。加强人类辅助生殖技术服务监管，严格规范相关技术应用。开展孕育能力提升专项攻关，规范不孕不育诊治服务。（省卫生健康委、省科技厅、省工信厅、省市场监管局、省药监局按职责分工负责）

**四、积极推进普惠托育服务体系建设**

（十）多举措强化托育政策支持。将婴幼儿照护服务纳入经济社会发展规划，婴幼儿照护服务设施和非营利性婴幼儿照护服务机构建设用地符合《划拨用地目录》的，可采取划拨方式予以保障。在新建居住区规划、建设与常住人口规模相适应的婴幼儿照护服务设施及配套安全设施，并与住宅同步验收、同步交付使用。老城区和已建成居住区无婴幼儿照护服务设施的，要限期通过新建、改扩建、购置、置换、租赁等方式配置。将托育服务建设作为重大民生工作，以市州为单位制定整体解决方案。推动托育机构用水、用电、用气、用热按照居民生活类价格执行。综合运用土地、住房、财政、金融、人才等支持政策，引导社会力量积极参与。加大专业人才培养力度，积极引导符合条件的高校和职业学校设置婴幼儿照护相关专业，依法逐步实行从业人员职业资格准入制度。大力发展智慧托育等与托育服务相关的新业态，开发与托育服务相关的产品，培育托育服务、乳粉奶业、动画设计与制作等行业品牌。鼓励银行业金融机构为托育机构提供多种金融产品和服务。鼓励保险机构开发相关保险产品。（省直各有关部门、人行兰州中心支行、甘肃银保监局，各市州、兰州新区按职责分工负责）

（十一）多渠道发展普惠托育服务。发挥中央预算内投资的引导和撬动作用，实施普惠专项行动，推动省市县三级建设一批承担指导功能的托育服务指导中心、公办托育服务机构、普惠托育服务机构。加大财政投入力度，通过政府购买服务、公建民营、民办公助、以奖代补等方式，鼓励引导社会力量提供价格可承受、质量有保障的普惠性托育服务。支持机关、企事业单位等主体积极参与普惠托育服务体系建设。支持社会力量在产业聚集区、工业园区等就业人群密集区域以及社区建立婴幼儿照护服务机构。加强社区托育服务设施建设，鼓励社区低价提供场所引入具有相应资质的托育机构开展普惠托育服务。鼓励和支持有条件的幼儿园提供婴幼儿照护服务，招收2至3岁幼儿。规范家庭托育点管理，鼓励支持隔代照料、临近家庭互助等模式提供照护服务。加快推进公共场所无障碍设施和母婴设施的建设及改造。促进婴幼儿照护服务和家政服务业融合发展。鼓励有条件的市县探索建立托育机构运营补贴、建设补贴和托位补助等制度。（省卫生健康委、省发展改革委、省总工会、省政府国资委、省住建厅、省商务厅、省教育厅，各市州、兰州新区按职责分工负责）

（十二）多形式完善托育服务监管。各类机构开展托育服务要符合国家及我省相关标准和规范，按照规定对依法登记、备案承诺、履约服务、质量安全、人身安全、食品安全、健康安全、应急管理、消防安全等承担主体责任。市县政府要承担监管责任，严格落实登记备案制度、信息公示制度、动态评估制度，加强常态化管理，建立机构关停等特殊情况应急处置机制，依法依规处置违法违规行为。建立健全婴幼儿照护服务机构信用档案，积极推行信用承诺制度，全面实施信用分级分类监管，及时将婴幼儿照护服务机构相关信用信息纳入省信用信息共享平台，通过“信用中国（甘肃）”网站等渠道依法向社会公开。（省直各有关部门，各市州、兰州新区按职责分工负责）

**五、积极构建生育友好环境**

（十三）减低生育成本。严格落实产假、哺乳假、男方护理假、育儿假等制度。建立健全假期用工成本分担机制。继续做好生育保险对参保女职工生育医疗费用、生育津贴待遇等保障，做好城乡居民医保参保人生育医疗费用保障，减轻生育医疗费用负担。鼓励有条件的市县探索建立育儿补贴、住院分娩补助、托育补助等制度。（省直各有关部门，各市州、兰州新区按职责分工负责）

（十四）降低养育成本。落实3岁以下婴幼儿照护费用纳入个人所得税专项附加扣除。有条件的市县可通过发放购房补贴等形式，减轻家庭养育负担。市县政府在配租公租房时，对符合当地住房保障条件且有未成年子女的家庭，可根据未成年子女数量在户型选择等方面给予照顾。各市县政府可以研究制定根据养育未成年子女负担情况实施差异化租赁和购买房屋的优惠政策。（省财政厅、省税务局、省住建厅、省司法厅、省卫生健康委，各市州、兰州新区按职责分工负责）

（十五）降低教育成本。推进城镇小区配套幼儿园治理，持续提升普惠性幼儿园覆盖率，适当延长在园时长或提供托管服务。推进义务教育优质均衡发展和城乡一体化，共享优质教育资源，有效解决“择校热”难题。依托学校教育资源，以公益普惠为原则，全面开展课后文体活动、社会实践项目和托管服务，改进校内教学质量和教育评价。落实“双减”工作，全面压减作业总量和时长，提升课后服务水平，满足学生多样化需求。严格规范校外培训，平衡家庭和学校教育负担。加强对学生参加课外培训频次和费用等情况的督导。（省教育厅、省住建厅、省发展改革委、省财政厅、省人社厅、省自然资源厅、“双减”工作专门协调机制成员单位按职责分工负责）

（十六）保障女性就业合法权益。规范机关、企事业等用人单位招录、招聘行为，促进女性平等就业。落实好《女职工劳动保护特别规定》，定期开展女职工生育权益保障专项督查。为因生育中断就业的女性提供再就业培训公共服务。对生育二孩和三孩的女性劳动者，优先给予就业帮扶。落实好现有生育保险相关政策，保障企业女职工享有相应合法权益。将生育友好作为用人单位承担社会责任的重要方面，鼓励用人单位制定有利于职工平衡工作和家庭关系的措施，依法协商确定有利于照顾婴幼儿的灵活休假和弹性工作方式。深入推进劳动保障诚信制度建设，将用人单位女职工权益维护情况作为诚信评价的重要内容记入守法诚信档案。（省人社厅、省总工会、省妇联、省卫生健康委、省医保局、省司法厅、省工商联按职责分工负责）

**六、保障计划生育家庭权益**

（十七）切实维护计划生育家庭合法权益。对全面两孩政策实施前，符合条件的独生子女家庭、农村独女户家庭、农村二女户家庭继续实行现行各项奖励扶助制度和优惠政策。落实独生子女父母陪护假制度。（省卫生健康委、省财政厅、省人社厅，各市州、兰州新区按职责分工负责）

（十八）全力帮扶计划生育特殊家庭。对全面两孩政策实施前，符合条件的计划生育特殊家庭继续给予经济扶助，落实计划生育家庭特别扶助制度、计划生育特殊家庭一次性补助制度、计划生育特殊家庭老年夫妻住院护理补助制度等，扶助标准根据经济社会发展水平等因素动态调整，确保符合条件的计划生育特殊家庭成员及时享受城乡居民基本养老、基本医疗保障。对符合条件的计划生育特殊家庭成员住房困难的，优先纳入住房保障。对符合最低生活保障、特困人员救助供养条件的计划生育特殊困难家庭或成员，按规定纳入相应保障范围。对符合条件的计划生育特殊家庭老年人，优先安排入住公办养老机构，提供无偿或低收费的托养服务。落实完善经济困难老年人补贴制度，为计划生育特殊家庭中60周岁及以上生活长期不能自理、经济困难的老年人发放经济困难老年人补贴。（省卫生健康委、省财政厅、省住建厅、省民政厅、省人社厅、省医保局，各市州、兰州新区按职责分工负责）

（十九）建立健全计划生育特殊家庭扶助关怀工作机制。广泛动员社会各界力量，以精神慰藉和心理疏导为重点，深入开展“暖心行动”，给予计划生育特殊家庭扶助关怀。建立定期巡访制度，落实好计划生育特殊家庭“双岗”联系人制度、就医绿色通道和家庭医生签约服务“三个全覆盖”，扎牢织密帮扶安全网。统筹相关经费支持开展社会关怀活动，促进计划生育特殊家庭的稳定。探索建立计划生育家庭帮扶公益金或基金，重点用于计划生育特殊家庭关怀帮扶工作。（省卫生健康委、省民政厅，各市州、兰州新区按职责分工负责）

**七、加强组织领导**

（二十）加强党的领导。各级党委和政府要提高政治站位，坚持一把手亲自抓、负总责，将落实优化生育政策、促进人口长期均衡发展作为长期坚持的重要任务，抓好统筹规划、政策协调和工作落实。坚持和完善目标管理责任制，推动出台积极生育支持措施，确保责任到位、措施到位、投入到位、落实到位。

（二十一）强化部门协作。建立健全重大经济社会政策与人口发展影响评估机制，促进相关经济社会政策与新时期的计划生育政策有效衔接。各有关部门要认真履行职责，重点解决好政策配套、公共服务保障、执法协调、信息互通等问题。各级发展改革、财政、卫生健康、教育、人社、医保等部门要为三孩政策实施做好前瞻性安排，在妇幼保健、婴幼儿照护、学前教育、生育保险等领域提供优质公共服务。

（二十二）动员社会力量。工会、共青团、妇联等群团组织积极参与人口工作，保障女性就业权益，消除女性就业歧视，增强生育意愿，加快生育意愿向生育行为转化，在促进人口发展、家庭建设、生育支持等方面发挥重要作用。强化基层能力，夯实服务基础，切实加强基层计划生育协会组织能力建设和村民自治，更好地承担宣传教育、生殖健康咨询服务、优生优育指导、计划生育家庭帮扶、权益维护和家庭健康促进等工作。鼓励社会组织开展健康知识普及、婴幼儿照护服务等公益活动。以满足老年人生活需求和营造婴幼儿健康成长环境为导向，开展活力发展城市创建活动。

（二十三）加强舆论宣传。各地各部门要充分利用媒体平台，加强优化生育政策宣传解读，及时妥善回应社会关切，营造良好的社会舆论环境。要大力宣传计划生育取得的伟大成就，宣传人口基本国情和新时期人口政策，引导社会各界正确认识人口的结构性变化，增强全社会的国情意识。弘扬中华民族传统美德，尊重生育的社会价值，提倡适龄婚育、优生优育，鼓励夫妻共担育儿责任，破除高价彩礼等陈规陋习，构建新型婚育文化，营造落实三孩生育政策的良好氛围。

（二十四）强化工作督导。各地各有关部门要切实履行主体责任，做好政策衔接，结合实际制定具体实施细则，细化具体工作任务，积极主动作为，确保各项优化生育政策落到实处。各市州党委和人民政府、兰州新区党工委和管委会每年要向省委、省政府报告本地区人口工作情况，省委、省政府将适时开展督查。

# 甘肃省人民政府办公厅关于印发甘肃省2022年深化“放管服”改革优化营商环境工作要点的通知

各市、自治州人民政府，兰州新区管委会，省直有关部门，中央在甘有关单位：

《甘肃省2022年深化“放管服”改革优化营商环境工作要点》已经省政府领导同志同意，现印发给你们，请结合实际，认真抓好贯彻落实。

## 甘肃省2022年深化“放管服”改革优化营商环境工作要点

为认真贯彻落实党中央、国务院关于深化“放管服”改革优化营商环境的决策部署，全面做好2022年度全省深化“放管服”改革优化营商环境工作，根据省委、省政府安排部署，提出如下工作要点。

**一、总体要求**

坚持以习近平新时代中国特色社会主义思想为指导，深入贯彻党的十九大和十九届历次全会精神，深入落实习近平总书记对甘肃重要讲话和指示精神，坚持以人民为中心的发展思想，加快转变政府职能，深化“放管服”改革，持续优化营商环境，全面推动“放管服”改革与数字政府建设融合发展，着力提升政务服务标准化规范化便利化水平，加快打造市场化法治化国际化营商环境，更大激发市场主体活力，增强企业和群众的获得感、满意度，为推动经济社会高质量发展赋能增效。

**二、重点任务**

（一）持续深化简政放权。扎实推进行政许可事项清单管理、“证照分离”改革等重点任务落实，深化投资审批、工程建设项目审批等领域改革，进一步破除市场准入隐性壁垒。

1.推进行政许可事项清单管理。按照国务院办公厅统一部署，开展行政许可基本清单、实施规范、办事指南的编制和发布工作，明晰行政许可权力边界，规范行政许可运行。组织编制并发布省、市、县三级行政许可事项清单，将依法设定的行政许可事项全部纳入清单管理，切实做到程序公开透明，清单之外一律不得违法设立和实施行政许可。组织有关市（州）和省直部门逐个事项编制并发布我省地方性法规、省级政府规章设定的行政许可实施规范、办事指南。（牵头单位：省政府办公厅〔省大数据管理局〕；责任单位：各市州政府、兰州新区管委会、省直有关部门、中央在甘有关单位）

2.全面实施市场准入负面清单管理。健全市场准入负面清单管理及动态调整机制，抓紧完善与市场准入负面清单、外资准入负面清单制度相适应的审批和监管机制，清理自行发布的带有市场准入性质的隐性壁垒。（牵头单位：省发展改革委、省商务厅；责任单位：各市州政府、兰州新区管委会、省直有关部门、中央在甘有关单位）

3.深化投资建设领域审批制度改革。进一步优化规范审批程序、事项和申报材料。推行企业投资建设项目信用承诺制改革，完善投资建设项目“一网通办”审批服务平台，推行“一张图”审批、可视化审批。推动工程建设项目审批管理系统与省级各相关部门业务系统功能融合，优化工程建设项目全流程在线审批，强化中介机构监管，提升审批效率。兰州市先行先试，优化再造工程建设项目审批流程，形成可复制可推广的经验做法。（牵头单位：省发展改革委、省住建厅；责任单位：各市州政府、兰州新区管委会、省直有关部门、中央在甘有关单位）

4.深入推进“证照分离”改革。对照省政府办公厅《关于深化“证照分离”改革进一步激发市场主体发展活力的实施方案》，开展全面自查，重点自查直接取消审批事项是否存在保留审批或变相审批情况；自查审批改为备案事项，省级主管部门是否制定具体备案要求、办事指南、业务规范和流程，并向社会公布；自查实行告知承诺事项，省级主管部门是否制定公布《告知承诺制示范文本》并按要求实行告知承诺；自查优化审批服务事项是否落实清单办理要求；自查本部门行政许可业务系统是否对接“甘肃省部门协同监管平台”，实现数据自动推送；自查市场监管部门推送的企业登记注册数据是否得到及时接收和反馈、公示。5月底前完成自查，6月底前完成自查发现问题的整改工作。（牵头单位：省政府办公厅〔省大数据管理局〕、省市场监管局、省司法厅；责任单位：各市州政府、兰州新区管委会、省直有关部门、中央在甘有关单位）

5.持续推行告知承诺制。有序推进落实《甘肃省政务服务事项告知承诺制实施办法》，重点在涉企经营许可、证明事项、投资项目审批等领域推行告知承诺制，推动减材料、减环节、减时限、减费用，优化办事流程。（牵头单位：省政府办公厅〔省大数据管理局〕、省市场监管局、省司法厅、省发展改革委；责任单位：各市州政府、兰州新区管委会、省直有关部门、中央在甘有关单位）

（二）加快推进数字政府建设。紧盯“中西部领先、全国一流”目标，加快推进数字政府项目建设、数据共享、深化应用等工作，全面提升“全程网办”率和“一网通办”能力，推动“掌上办、指尖办”，让企业和群众享受实实在在的数字红利。

6.推进项目建设。全力推进数字政府项目建设，确保平稳运行。加强一体化政务服务平台建设，推进政务服务事项应上尽上，规范网上办事指引。按照“应进必进、应进全进、应进快进”原则，做好数据整合迁移、归集共享工作。完善政务云管理平台功能。强化数字政府安全防护体系建设，做好数据容灾备份工作。（牵头单位：省大数据中心；责任单位：各市州政府、兰州新区管委会、省直有关部门、中央在甘有关单位）

7.深化特色应用。建成覆盖全省、统一联动的“12345”政务服务便民热线体系，推动各行业领域政务服务和公共服务应用接入“甘快办”，持续升级惠企政策“不来即享”系统，加快建设“甘政通”，推动实现政务服务“一码通”。（牵头单位：省大数据中心、省工信厅；责任单位：各市州政府、兰州新区管委会、省直有关部门、中央在甘有关单位）

8.推动数字政府运营指挥中心实体化运行。充分发挥数字政府运营指挥中心功能，加强对各地各部门推进政务服务、优化营商环境等工作的数据监测和呈报，推动实现“一屏知全省、一键政务通”。（牵头单位：省大数据中心；责任单位：各市州政府、兰州新区管委会、省直有关部门、中央在甘有关单位）

9.推进电子证照库建设。加快推进电子证照扩大应用领域和全国互通互认，基本建立全省一体化政务服务平台电子证照共享服务体系，推行电子印章、电子签名、电子合同在社保、医疗、教育、就业等政务服务领域的广泛应用，推广“免证办”服务。（牵头单位：省大数据中心；责任单位：各市州政府、兰州新区管委会、省直有关部门、中央在甘有关单位）

10.健全制度规范。梳理制定数字政府建设数据共享、政务云管理、特色品牌等制度机制和标准规范。组织开展《数据管理条例》前期研究工作。相关部门制定行业数据管理等标准规范。（责任单位：省政府办公厅〔省大数据管理局〕、省大数据中心、省直有关部门、中央在甘有关单位）

（三）激发市场主体活力。持续推动营商环境优化升级，树立“企业带着资金项目来，剩下的事情我来办”的服务理念，紧盯事关市场主体生存发展的关键环节，着力培育和激发市场主体活力。

11.优化企业开办（注销）“一网通办”服务平台功能。完善全程电子化登记系统，实现全省企业开办线上“一网通办”、线下“一窗通办”。建立健全市场主体歇业制度，研究出台税务、社保等方面配套政策。（牵头单位：省市场监管局；责任单位：各市州政府、兰州新区管委会、省公安厅、省人社厅、省住建厅、省税务局、省商务厅、人行兰州中心支行、兰州海关）

12.加快推动招商引资项目落地。持续推行重大招商引资项目“管家式”服务，对经省招商引资工作领导小组认定的省级重大招商引资项目建立省、市、县三级领导包抓机制，落实土地供给、财政奖补、要素保障等扶持政策，全力推动项目落地建设。推广“标准地”改革，推动项目“拿地即开工”。（牵头单位：省商务厅、省发展改革委、省自然资源厅、省财政厅；责任单位：各市州政府、兰州新区管委会、省直有关部门、中央在甘有关单位）

13.推动惠企政策“不来即享”提档升级。完成涉企政策精准推送和“不来即享”服务系统三期建设，优化再造业务流程，加快构建移动端服务体系，实现创业担保贷款、土地增值税免税等更多政策业务在线办理，推动“不来即享”向社保费、非税收入等领域拓展，让更多惠企政策直达直享。（牵头单位：省工信厅、省人社厅、省税务局；责任单位：各市州政府、兰州新区管委会、省直有关部门、中央在甘有关单位）

14.加大财政、金融支持力度。用好普惠小微贷款支持工具，增加支农支小再贷款。继续对受疫情影响严重的行业企业给予融资支持。推进涉企信用信息共享，加快税务、海关、电力等单位与金融机构信息联通，加强政府性融资担保体系建设，加大中小微企业专项贷款投放。深化政银企互动，依托省级信用平台网站和“甘肃信易贷”平台，构建全省一体化融资信用服务平台网络，提升金融服务实体经济水平。规范金融服务收费，清理政府部门、中介机构在中小微企业融资环节违规和不合理收费，鼓励商业银行等机构进一步降低票据业务、助贷服务等费用。（责任单位：省发展改革委、省财政厅、省市场监管局、省金融监管局、兰州海关、省税务局、人行兰州中心支行、甘肃银保监局、各市州政府、兰州新区管委会）

15.推行公共资源交易全流程电子化和远程异地评标。全面上线运行公共资源交易全流程电子化系统，以数据电文形式完成公共资源交易全过程。深入推进全省远程异地评标体系建设和常态化运用，促进优质专家资源跨地区跨行业共享。建成公共资源交易电子档案系统。（责任单位：省发展改革委、省公共资源交易中心、各市州政府、兰州新区管委会）

16.助力市场主体纾困解难。用好“减免缓返补”组合政策，对受疫情影响严重的行业给予倾斜帮扶。鼓励对中小微企业在减免房屋租金和水、电、气、热、通信费等方面给予支持。开展涉企违规收费专项治理。发挥甘肃省违约拖欠中小企业款项投诉（登记）平台作用，严厉整治拖欠中小企业账款问题。（责任单位：省工信厅、省市场监管局、省发展改革委、省商务厅、省税务局、甘肃能源监管办、国网甘肃省电力公司、各市州政府、兰州新区管委会）

**（四）加大事中事后监管力度**。严格落实行业主管部门、相关部门监管责任和地方政府属地监管责任，加快建立健全全方位、多层次、立体化监管体系。

17.推进行政许可事项全链条全领域监管。按照“谁审批、谁监管，谁主管、谁监管”原则，对地方性法规、省级政府规章设定的行政许可事项制定公布监管规则和标准。对列入相应层级行政许可事项清单的事项，科学划分风险等级，明确监管重点环节，实施针对性、差异化的监管政策；对取消和下放的行政许可事项同步落实监管责任，明确监管层级、部门、措施。（责任单位：各市州政府、兰州新区管委会、省直有关部门、中央在甘有关单位）

18.强化“互联网+监管”。强化投资项目审批监管、工程建设项目审批等平台应用功能，依托“互联网+监管”系统实现各相关部门监管信息互联互通、对接共享，增强经济调节、市场监管、社会管理、公共服务、生态环境保护的科学性、实效性。（牵头单位：省市场监管局、省发展改革委、省住建厅、省生态环境厅、省大数据中心；责任单位：各市州政府、兰州新区管委会、省直有关部门、中央在甘有关单位）

19.加强信用分级分类监管和包容审慎监管。依托省级社会信用信息平台，深入开展公共信用综合评价，结合行业信用评价等结果，对监管对象进行分级分类，实施差异化监管，合理降低对诚信守法企业的抽查比例和频次。按照“谁处罚、谁公示，谁列入、谁修复”原则，做好行政处罚、经营异常名录、严重违法失信名单等信息公示及信用修复管理工作。继续推行“两轻一免”柔性执法，对新产业新业态实行包容审慎监管。（牵头单位：省发展改革委、省司法厅、省市场监管局；责任单位：各市州政府、兰州新区管委会、省直有关部门、中央在甘有关单位）

20.强化重点安全领域监管。对疫苗、食品药品、危险化学品、特种设备等涉及安全生产和人民身体健康、生命安全等事项实行全主体全链条重点监管。严格执行“谁审批（备案）、谁负责，谁主办、谁负责，谁主管、谁负责”要求，分级分类加强对公共安全活动和潜在风险大、社会风险高的重点领域的安全监管。加强生态环境监管，持续开展排污许可证质量核查，构建固定污染源“一证式”监管体系。（牵头单位：省应急厅、省市场监管局、省生态环境厅、省药监局；责任单位：各市州政府、兰州新区管委会、省直有关部门、中央在甘有关单位）

**（五）提升便民利民服务质效**。坚持以人民为中心的发展思想，聚焦群众所思所盼所忧，打造政务服务升级版。

21.规范政务服务场所办事服务。在政务服务中心设置综合咨询、综合办事、帮办代办、“跨省通办”“省内通办”“办不成事反映”等窗口，年底前实现政务服务中心综合窗口全覆盖。除场地限制或涉及国家秘密等情形外，原则上政务服务事项均应纳入政务服务中心集中办理。加强乡镇（街道）便民服务中心、村（社区）便民服务站建设。提供线上线下并行服务，做到线上线下无差别受理、同标准办理。（牵头单位：省大数据中心；责任单位：各市州政府、兰州新区管委会、省直有关部门、中央在甘有关单位）

22.持续推进政务服务事项集成化办理。围绕企业从设立到注销、个人从出生到身后的全生命周期，推动关联性强、办事需求量大、企业群众获得感强的多个跨部门、跨层级政务服务事项集成化办理，提供主题式、套餐式服务，推出优化不动产登记、车辆检测等便民举措，加快推动政务服务“一件事一次办”。（牵头单位：省大数据中心、省自然资源厅、省公安厅；责任单位：各市州政府、兰州新区管委会、省直有关部门、中央在甘有关单位）

23.深化政务服务“跨省通办”“省内通办”。在国家“跨省通办”事项清单基础上，聚焦我省外出务工人员居住、就业、婚姻、生育、子女入学、社保、养老等高频办事需求，主动对接相关省市，推动“跨省通办”。基本实现高频政务服务事项“省内通办”。推动户口迁移及开具户籍类证明“跨省通办”等业务在全省推广应用。加快推进全省医保公共服务事项网上“省内通办”。推动全省残疾人证办理、残疾人按比例就业情况联网认证“省内通办”“跨省通办”。开展结婚登记“市内通办”试点，推动实现“跨省通办”。（牵头单位：省政府办公厅〔省大数据管理局〕、省大数据中心、省公安厅、省医保局、省残联、省民政厅；责任单位：各市州政府、兰州新区管委会、省直有关部门、中央在甘有关单位）

24.推动更多便民措施落地。鼓励政务服务中心开展延时错时服务。推广24小时自助服务，推动集成式自助终端向村（社区）、园区、商场、楼宇和银行、邮政、电信网点等场所延伸，推进更多事项全程自助办理，实现政务服务“就近办、家门口办”。推动公共教育、劳动就业、社保、医疗卫生、养老服务、社会服务、户籍管理等领域群众经常办理且基层能有效承接的政务服务事项以委托受理、授权办理、帮办代办等方式下沉至便民服务中心（站）办理。（牵头单位：省政府办公厅〔省大数据管理局〕、省大数据中心；责任单位：各市州政府、兰州新区管委会、省直有关部门、中央在甘有关单位）

25.优化特殊人群服务。坚持传统服务方式与智能化服务创新并行，加快各类政务服务平台适老化、无障碍改造升级，为老年人、残疾人等特殊群体提供大字版、语音版等应用服务，增设授权代理、亲友代办、一部手机绑定多人等功能，切实解决特殊人群使用智能技术难的问题。（牵头单位：省大数据中心；责任单位：各市州政府、兰州新区管委会、省直有关部门、中央在甘有关单位）

26.完善政务服务“好差评”工作。在各级政务服务机构、政务服务平台、政务服务便民热线全面开展“好差评”工作，形成评价、整改、反馈、监督全流程衔接的政务服务评价机制，实现“政务服务好不好，让企业和群众说了算”。（牵头单位：省大数据中心；责任单位：各市州政府、兰州新区管委会、省直有关部门、中央在甘有关单位）

**三、保障措施**

（一）加强统筹协调。各级深化“放管服”改革推进政府职能转变领导小组办公室要发挥牵头抓总和统筹协调作用，重大问题及时提请领导小组研究解决。重点任务牵头单位要切实负起责任，协调各地各有关部门形成工作合力；相关责任单位要积极配合，按职责分工推动各项改革举措落地见效。各地各部门要于2022年12月上旬向省政府报告深化“放管服”改革优化营商环境年度工作情况。

（二）严格督导落实。省委、省政府已将深化“放管服”改革优化营商环境推进落实情况列入年度督查计划，各地各部门要充分发挥“12345”政务服务便民热线、政务服务“好差评”系统、“互联网+监管”系统作用，完善企业和群众反映问题接诉即办、闭环整改机制，切实消除改革堵点难点，提升改革质效。

（三）抓好示范引领。各地各部门要及时总结推广深化“放管服”改革优化营商环境工作好的经验做法，利用报刊、广播、电视、网络等主流媒体加强宣传引导，营造深化改革、推动发展的良好氛围。

# 索 引

**说明：**

1. 本索引为综合性主题索引。
2. 索引款目按汉语拼音字母（同音字按声调）顺序排列。表格在其款目后注明“表”。
3. 款目后的阿拉伯数字表示内容所在的页码，数字后的字母A、B分别表示版面区域。
4. 同一主题的内容在文中多处出现的，在其款目后用不同的页码标明。
5. 对特载、大事记、先进集体、先进人物、附录栏目不做索引。

## A



## B

## C



## D

## E



## F

## G

## H



## J

## K



## L

## M



## N

## P



## Q

## R



## S

## T

W

## X

## Y